国家重点档案专项资金资助项目

抗日战争档案汇编

长沙市档案馆藏抗日战争善后和祭悼英烈档案汇编

长沙市档案馆　编

中華書局

图书在版编目（CIP）数据

长沙市档案馆藏抗日战争善后和祭悼英烈档案汇编 / 长沙市档案馆编. – 北京：中华书局，2021.12
（抗日战争档案汇编）
ISBN 978-7-101-15423-8

Ⅰ. 长… Ⅱ. 长… Ⅲ. 抗日战争 – 革命烈士 – 档案资料 – 汇编 – 长沙 Ⅳ. K820.864.1

中国版本图书馆 CIP 数据核字 (2021) 第 223783 号

书　　名	长沙市档案馆藏抗日战争善后和祭悼英烈档案汇编
丛 书 名	抗日战争档案汇编
编　　者	长沙市档案馆
策划编辑	许旭虹
责任编辑	徐麟翔
装帧设计	许丽娟
出版发行	中华书局 （北京市丰台区太平桥西里38号 100073） http://www.zhbc.com.cn E-mail:zhbc@zhbc.com.cn
图文制版	北京禾风雅艺文化发展有限公司
印　　刷	天津艺嘉印刷科技有限公司
版　　次	2021年12月北京第1版 2021年12月第1次印刷
规　　格	开本889×1194毫米 1/16 印张25½
国际书号	ISBN 978-7-101-15423-8
定　　价	400.00元

抗日战争档案汇编编委会

湖南省抗日战争档案汇编编纂出版工作领导小组

组　长　胡振荣

副组长　白明标

袁健康　莫大德　黄光斌　龚超群　蒋刚生　谭春兰

熊　平

编纂委员会

主　任　胡振荣

副主任　蔡振武　罗碧野　白明标

成　员（按姓氏笔画为序排列）

丁希范　王　汪　王福民　仇壮丽　石泽彬　庄劲旅

刘　亚　刘湘宁　刘楚武　许勇球　李清海　肖　峰

邹　伟　陈育松　易小青　单　谦　赵　平　秦清龙

编纂出版工作领导小组办公室

主　任　庄劲旅

副主任　王明贵　黄加来

成　员　彭　玉　黄赛雯　欧阳甜甜　颜文展　龙　琛　杨　鹏

王　茜　钟竹君

长沙市档案馆藏抗日战争善后和祭悼英烈档案汇编编委会

总序

为深入贯彻落实习近平总书记「让历史说话，用史实发言，深入开展中国人民抗日战争研究」的重要指示精神，国家档案局根据《全国档案事业发展「十三五」规划纲要》和《「十三五」时期国家重点档案保护与开发工作总体规划》的有关安排，决定全面系统地整理全国各级综合档案馆馆藏抗战档案，编纂出版《抗日战争档案汇编》（以下简称《汇编》）。

中国人民抗日战争是近代以来中国反抗外敌入侵第一次取得完全胜利的民族解放战争，开辟了中华民族伟大复兴的光明前景。这一伟大胜利，也是中国人民为世界反法西斯战争胜利、维护世界和平作出的重大贡献。加强中国人民抗日战争研究，具有重要的历史意义和现实意义。

全国各级档案馆保存的抗战档案，数量众多，内容丰富，全面记录了中国人民抗日战争的艰辛历程，是研究抗战历史的珍贵史料。一直以来，全国各级档案馆十分重视抗战档案的开发利用，陆续出版公布了一大批抗战档案，对揭露日本帝国主义侵华罪行，讴歌中华儿女勠力同心、不屈不挠抗击侵略的伟大壮举，弘扬伟大的抗战精神，引导正确的历史认知，发挥了积极作用。特别是国家档案局组织有关方面共同努力和积极推动，「南京大屠杀档案」被联合国教科文组织评选为「世界记忆遗产」，列入《世界记忆名录》，捍卫了历史真相，在国际上产生了广泛而深远的影响。

全国各级档案馆馆藏抗战档案开发利用工作虽然取得了一定的成果，但是，在档案信息资源开发的系统性和深入性方面仍显不足。正如习近平总书记所指出的：「同中国人民抗日战争的历史地位和历史意义相比，同这场战争对中华民族和世界的影响相比，我们的抗战研究还远远不够，要继续进行深入系统的研究。」「抗战研究要深入，就要更多通过档案、资料、事实、当事人证词等各种人证、物证来说话。要加强资料收集和整理这一基础性工作，全面整理我国各地抗战档案、照片、资料、实物等……」

国家档案局组织编纂《汇编》，对全国各级档案馆馆藏抗战档案进行深入系统地开发，是档案部门贯彻落实习近平总书记重要指示精神，推动深入开展中国人民抗日战争研究的一项重要举措。本书的编纂力图准确把握中国人民抗日战争的历史进程、主流和本质，用详实的档案全面反映一九三一年九一八事变后十四年抗战的全过程，反映中国共产党在抗日战争中的中流砥柱作用以及中国人民抗日战争在世界反法西斯战争中的重要地位，反映国共两党「兄弟阋于墙，外御其侮」进行合作抗战、共同捍卫民族尊严的历史，反映各民族、各阶层及海外华侨共同参与抗战的壮举，展现中国人民抗日战争的伟大意义，以历史档案揭露日本侵华暴行，揭示日本军国主义反人类、反和平的实质。

编纂《汇编》是一项浩繁而艰巨的系统工程。为保证这项工作的有序推进，国家档案局制订了总体规划和详细的实施方案，明确了指导思想、工作步骤和编纂要求。为保证编纂成果的科学性、准确性和严肃性，国家档案局组织专家对选题进行全面论证，对编纂成果进行严格审核。

各级档案馆高度重视并积极参与到《汇编》工作之中，通过全面清理馆藏抗战档案，将政治、军事、外交、经济、文化、宣传、教育等多个领域涉及抗战的内容列入选材范围。入选档案包括公文、电报、传单、文告、日记、照片、图表等多种类型。在编纂过程中，坚持实事求是的原则和科学严谨的态度，对所收录的每一件档案都仔细鉴定、甄别与考证，维护档案文献的真实性，彰显档案文献的权威性。同时，以《汇编》编纂工作为契机，以项目谋发展，用实干育人才，带动国家重点档案保护与开发，夯实档案馆基础业务，提高档案人员的业务水平，促进档案馆各项事业的发展。

守护历史，传承文明，是档案部门的重要责任。我们相信，编纂出版《汇编》，对于记录抗战历史，弘扬抗战精神，发挥档案留史存鉴、资政育人的作用，更好地服务于新时代中国特色社会主义文化建设，都具有极其重要的意义。

抗日战争档案汇编编纂委员会

编辑说明

抗日战争时期，作为湖南省会的长沙，是中国抗战正面战场的重要战略支撑点。从一九三七年十一月日军飞机轰炸长沙，至一九四五年八月日军投降，在八年抗战中，长沙既是抵御日军侵略的重要战场，也是遭受日军侵略破坏最惨烈的重灾区之一。一九三九年九月至一九四四年五月间，日军先后四次发动大规模进攻，对长沙进行狂轰滥炸、烧杀掳掠，数十万长沙军民同仇敌忾奋起抵抗，中国军队同日军在以长沙为中心的第九战区展开激烈的攻防战。一九四四年六月十八日，长沙失陷。随着战争形势的变化，湖南军队开赴全国其他战区并远征缅甸浴血奋战，大批爱国将士、湖湘子弟为抵御日军侵略、捍卫国家领土献出了宝贵的生命。抗战胜利后，长沙的首要任务就是妥善处理战争遗留下来的各种问题，开展平毁战时碉堡、拆除作战工事、重建家园以及尽快掩埋殉难将士遗体、设立烈士公墓并祭悼烈士、抚恤和慰问烈士遗属等一系列善后工作。

《长沙市档案馆藏抗日战争善后和祭悼英烈档案汇编》系长沙市档案馆馆藏有关抗日战争善后与祭悼英烈史实相关档案汇编而成，选稿起自一九四二年，迄至一九四七年。全书按照主题分为抚恤遗属、拆除战争设施、祭悼英烈三个部分，以档案形成时间先后分别排序。

本书选用档案均据长沙市档案馆馆藏原件全文影印，未作删节；如有缺页及档案内容不全，为档案自身缺失。档案中原标题完整或基本符合要求的使用原标题，原标题有明显缺陷的进行了修改或重拟，无标题的加拟标题。标题中的人名使用通用名，机构名称使用机构全称或规范简称，历史地名沿用当时地名。

档案形成时间一般以发文时间为准，少数无发文时间的采用收文时间，并加以注明。档案所载时间不完整或不准确的，作了补充或订正。档案时间只有年份和月份的，排在该月末；档案无时间且无法考证的标注「时间不详」。

全书使用规范的简化字，对标题中的繁体字、不规范异体字等予以径改。限于篇幅，本书不作注释。

由于时间紧、档案公布量大、编者水平有限，书中可能存在舛误疏漏之处，欢迎学者同人、广大读者指正，是为至幸。

编　者

二〇二〇年九月

目录

二、拆除战争设施

三、祭悼英烈

一、抚恤遗属

长沙市政府与湖南省财政厅等关于拨发黄应岐、李宇衡、彭志刚等案恤款事的一组文书（一九四三年七月至九月）

长沙市政府致湖南省财政厅的代电（一九四三年七月三日）

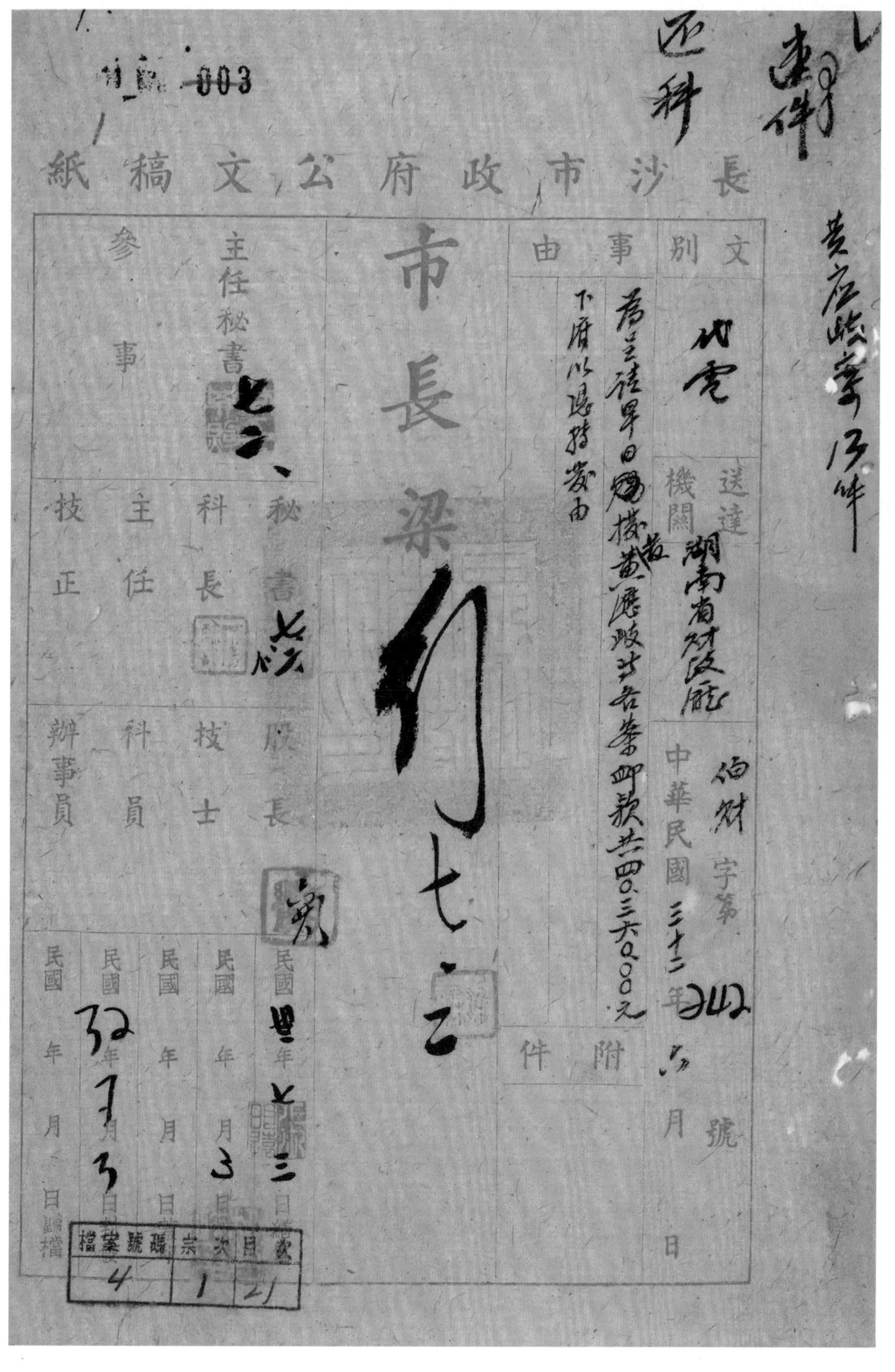

長沙市政府公文稿紙

文別：代電

送達機關：湖南省財政廳

事由：為呈請早日將撥黃應岐等四名卹款共四〇三六〇〇〇元下府以憑轉發由

中華民國三十二年六月　日　　伯財字第342號

市長梁

主任秘書　參事　秘書　科長　主任　技正　股長　技士　科員　辦事員

民國卅二年七月三日

民國32年7月3日

附件

2

全衔代电

湖南省财政厅厅长胡钧鉴：案准王前任市长年五月航财移字第零零九一号咨以良任内业经核同请卹书据呈请拨发卹款尚未奉到之案计黄应岐等四十六人共应领卹金二四三一〇〇〇元，蔡鹏等十四人七九五〇〇〇元，谭凤祥等十四人七二六〇八元，张海清一人八四〇八元，合计四〇三六〇八元，移请贵厅查照办理等由。现此项卹金各领卹人时时向本府催领甚急，理合电恳早日赐拨，以便转发为祷。长沙市市长

果〇伯 财年（ ）印

彭志刚遗属彭王氏致长沙县政府的呈（一九四三年七月十日）

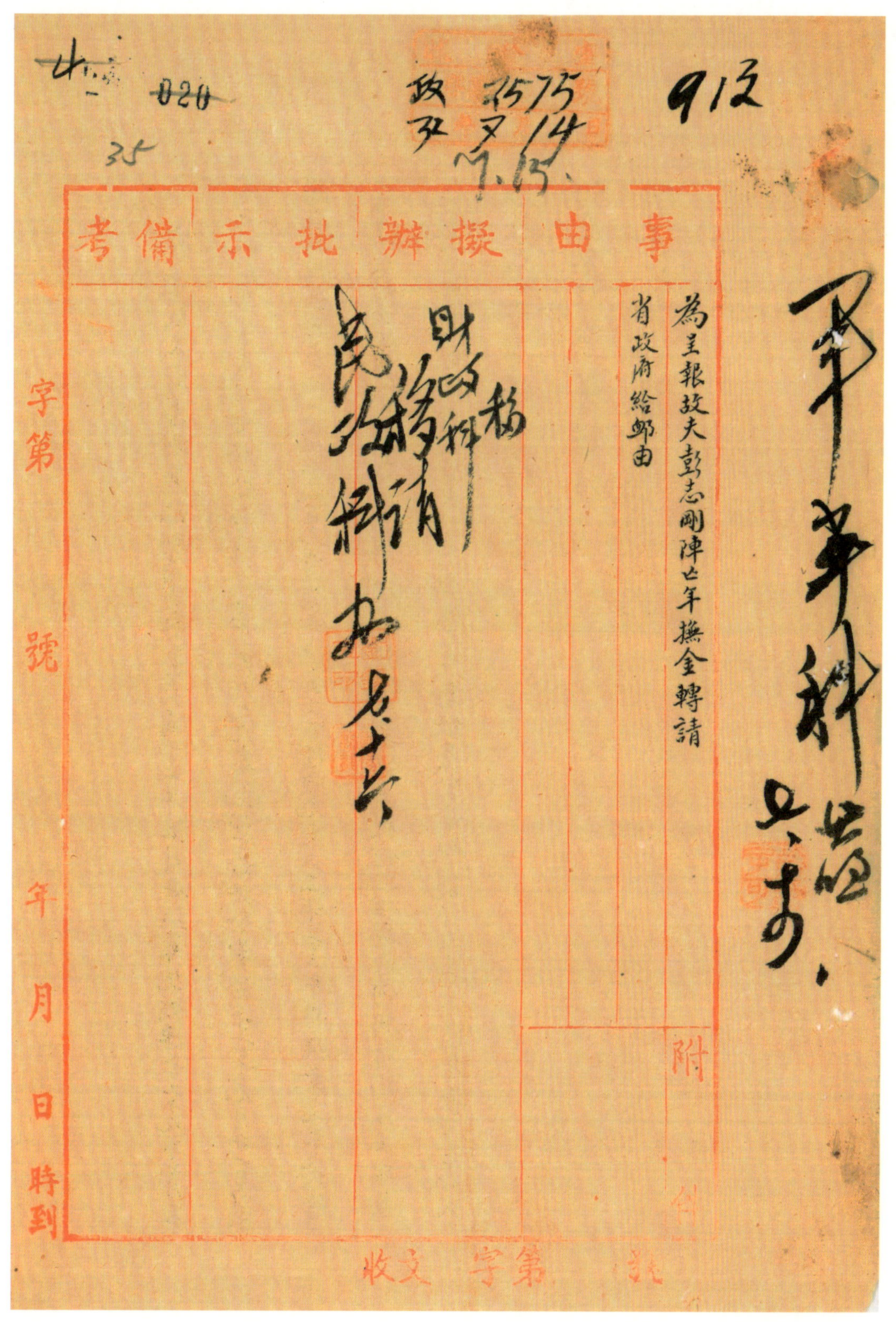

事由	擬辦	批示	備考
為呈報故夫彭志剛陣亡年撫金轉請省政府給郵由			

附件

收文　字第　號

36

竊氏故夫彭志剛，籍隸湖南長沙，於民國二十七年五月，在江蘇抗戰陣亡，二十九年七月，奉
國民政府軍事委員會發給會撫字第一零九九九零號卹亡給與令，曾於三十一年元月廿一日由瀏
陽縣政府發給三十年一次卹金八百元，遺族年撫金三百陸拾元，至三十一年三十二年年撫金，迄未發給，
茲遵照卹亡給與令附記第四項，以「得有此令者，無論遷徙何地，但與條例相符，均可呈報各
在地民政機關轉請該省政府或特別區域之最高級長官給卹」，現氏率子女遷居長沙市北大
馬路王家巷十九號，理合備文呈報
鈞府鑒核，伏懇據情轉請
湖南省政府給卹。
謹呈
長沙縣政府

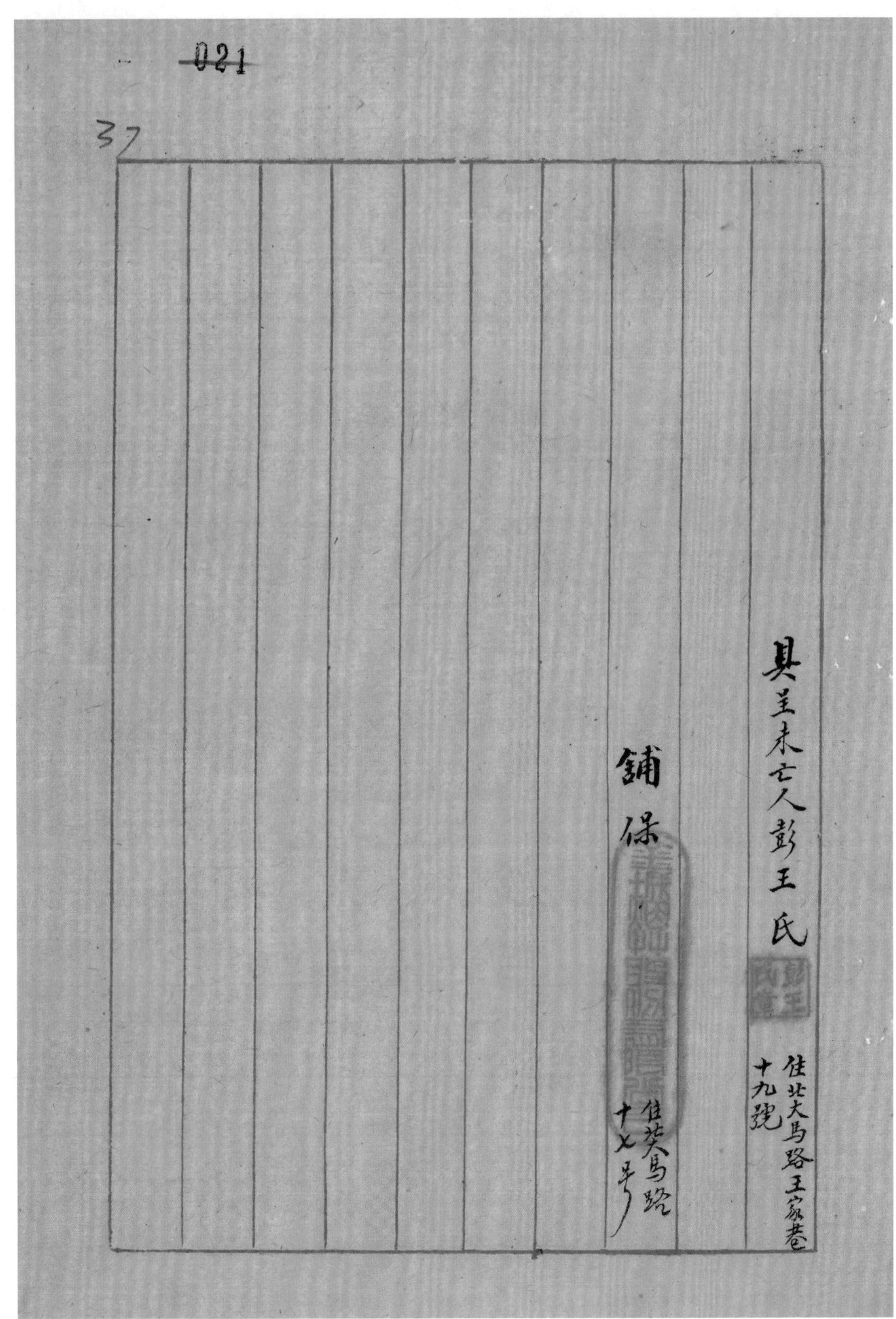

021

37

具呈未亡人彭王氏
住北大馬路王家巷十九號

鋪保
住大馬路十七号

38

中華民國三十二年七月十日

湖南省财政厅致长沙市政府的指令（一九四三年七月十二日）

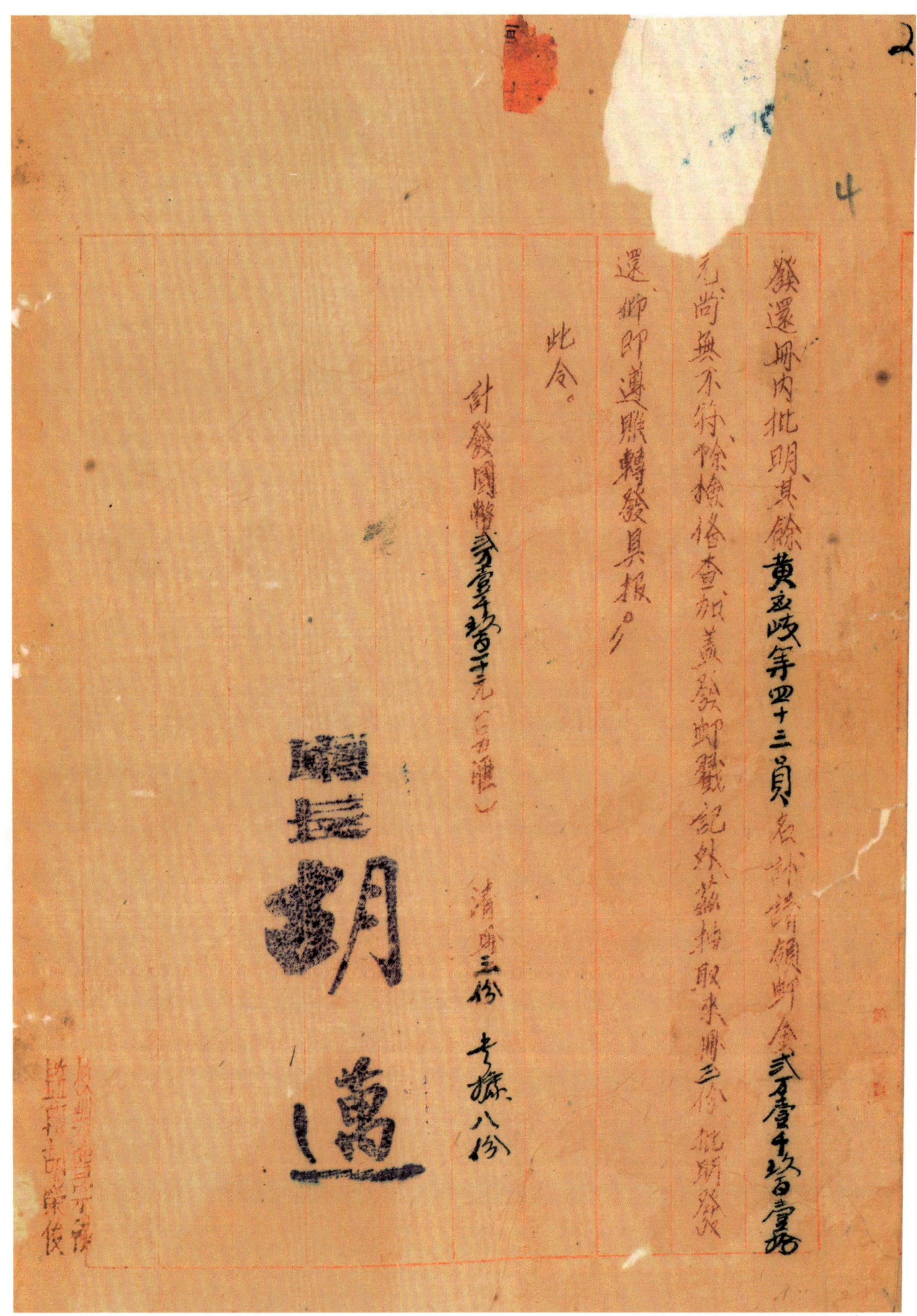
發還冊內批明，其餘黃立岐等四十三員名，計請領郵金貳万壹千玖百壹拾元，尚無不符，除檢條查，加蓋發郵戳記外，茲抽取來冊三份批明發還，仰即遵照轉發具報。

此令。

計發國幣貳万壹千玖百[illegible]元（[illegible]匯）

清冊三份　存據八份

廳長 胡邁

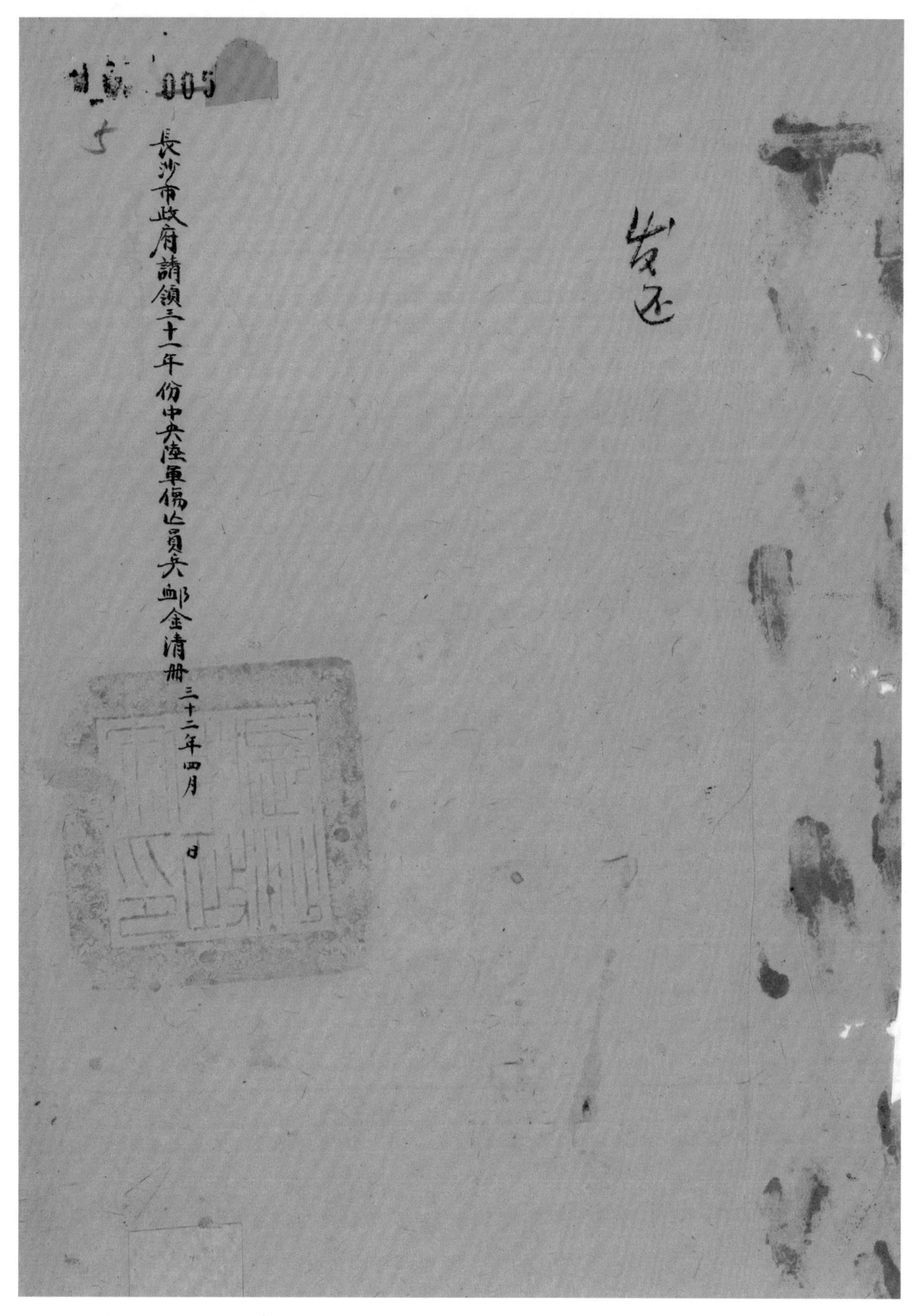

005

長沙市政府請領三十一年份中央陸軍傷亡員兵卹金清册

三十二年四月　日

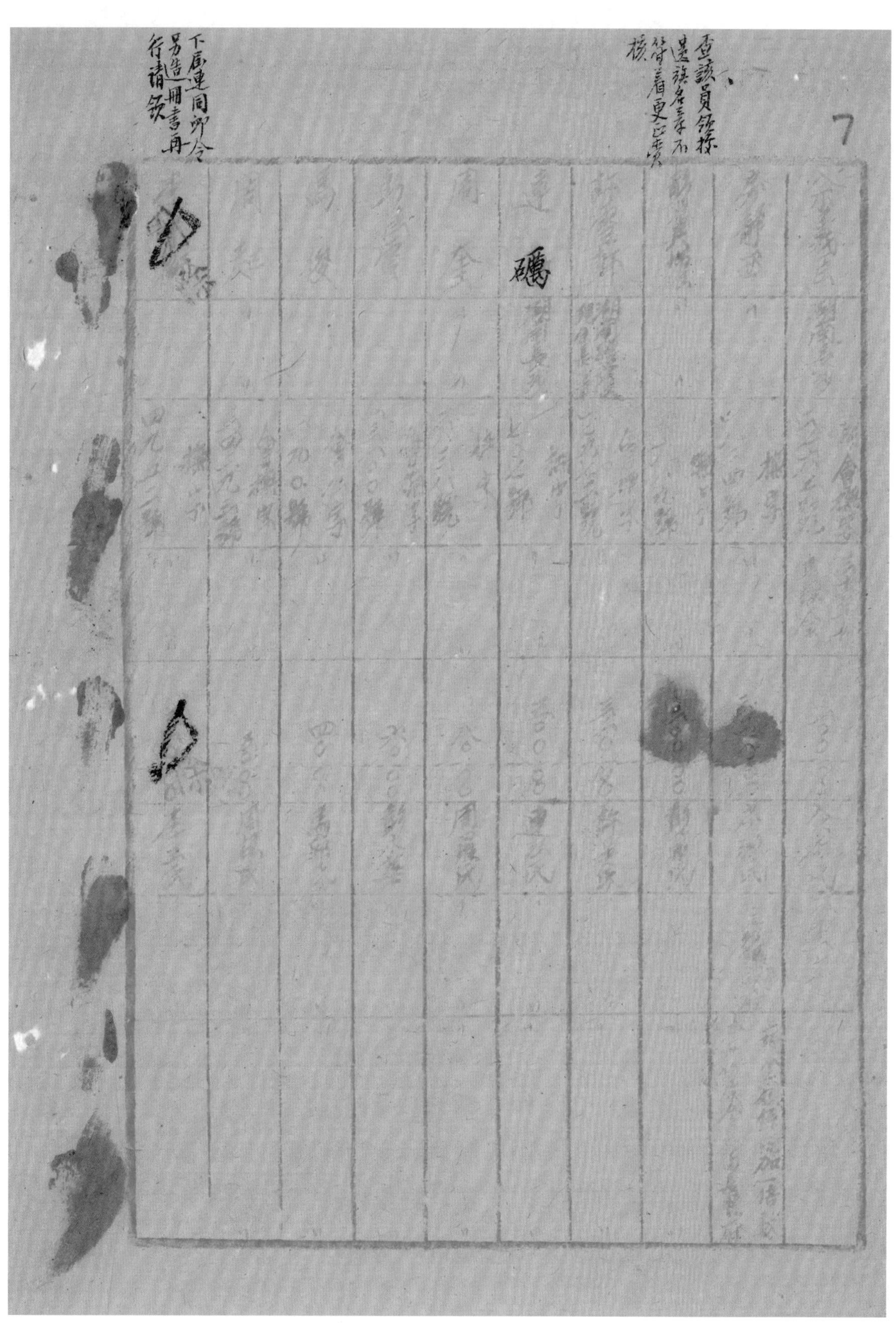

查該員領據
是旗名字不
符着更正呈賚
核

下届連同部令
另造冊書再
行請領

7

礪

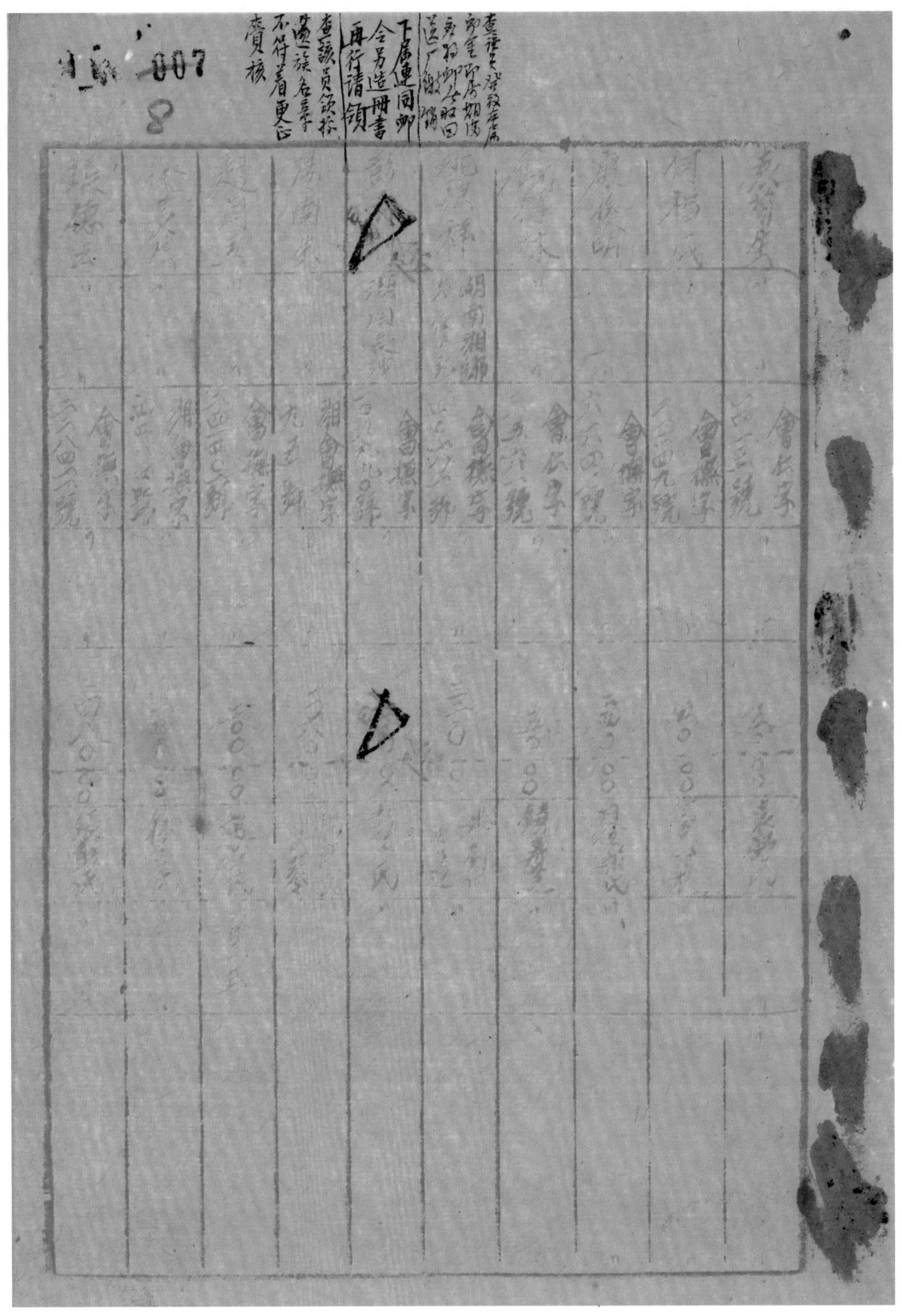

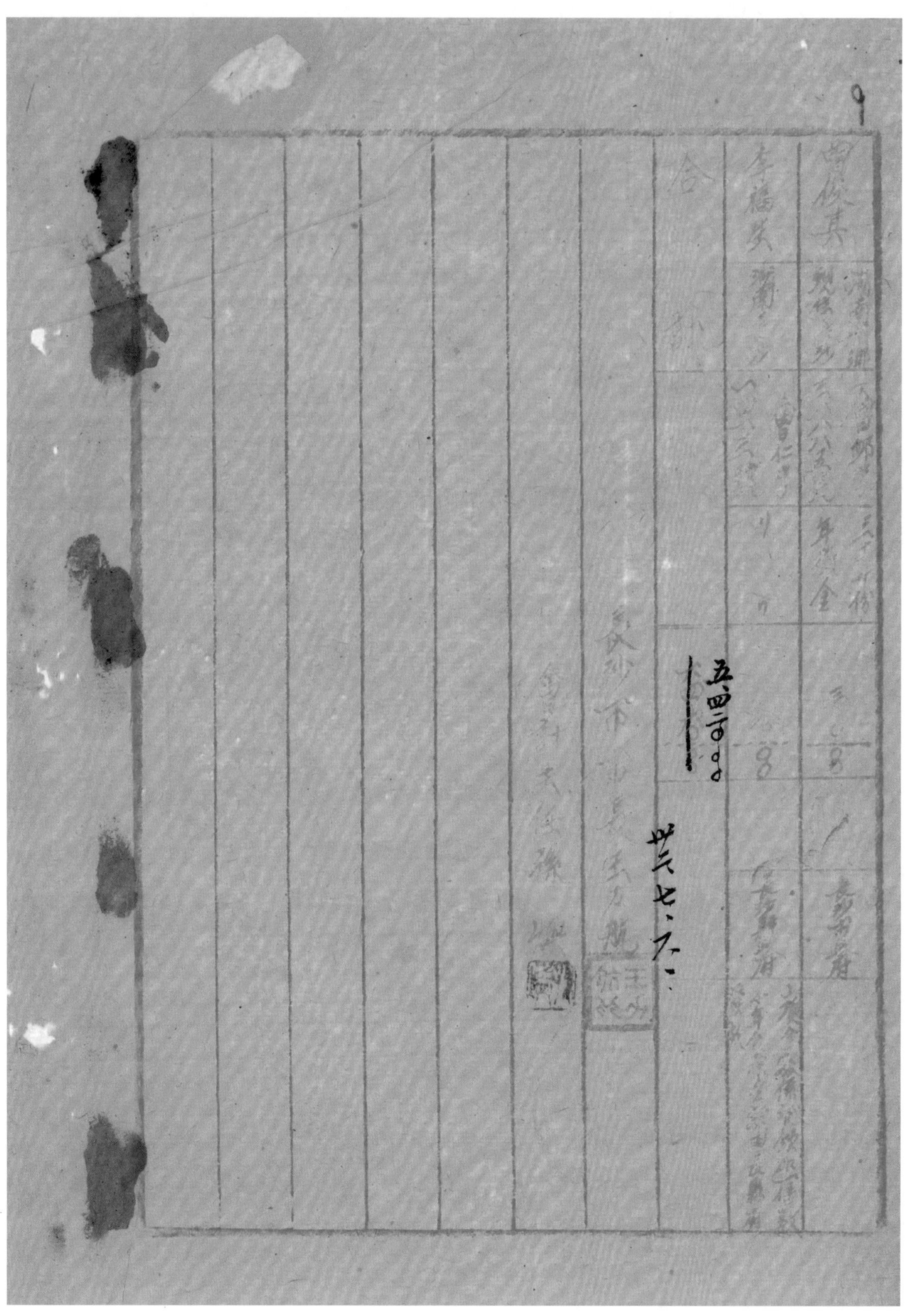

附（二）长沙市政府请领一九四三年中央陆军伤亡员兵恤金清册（一九四三年四月）

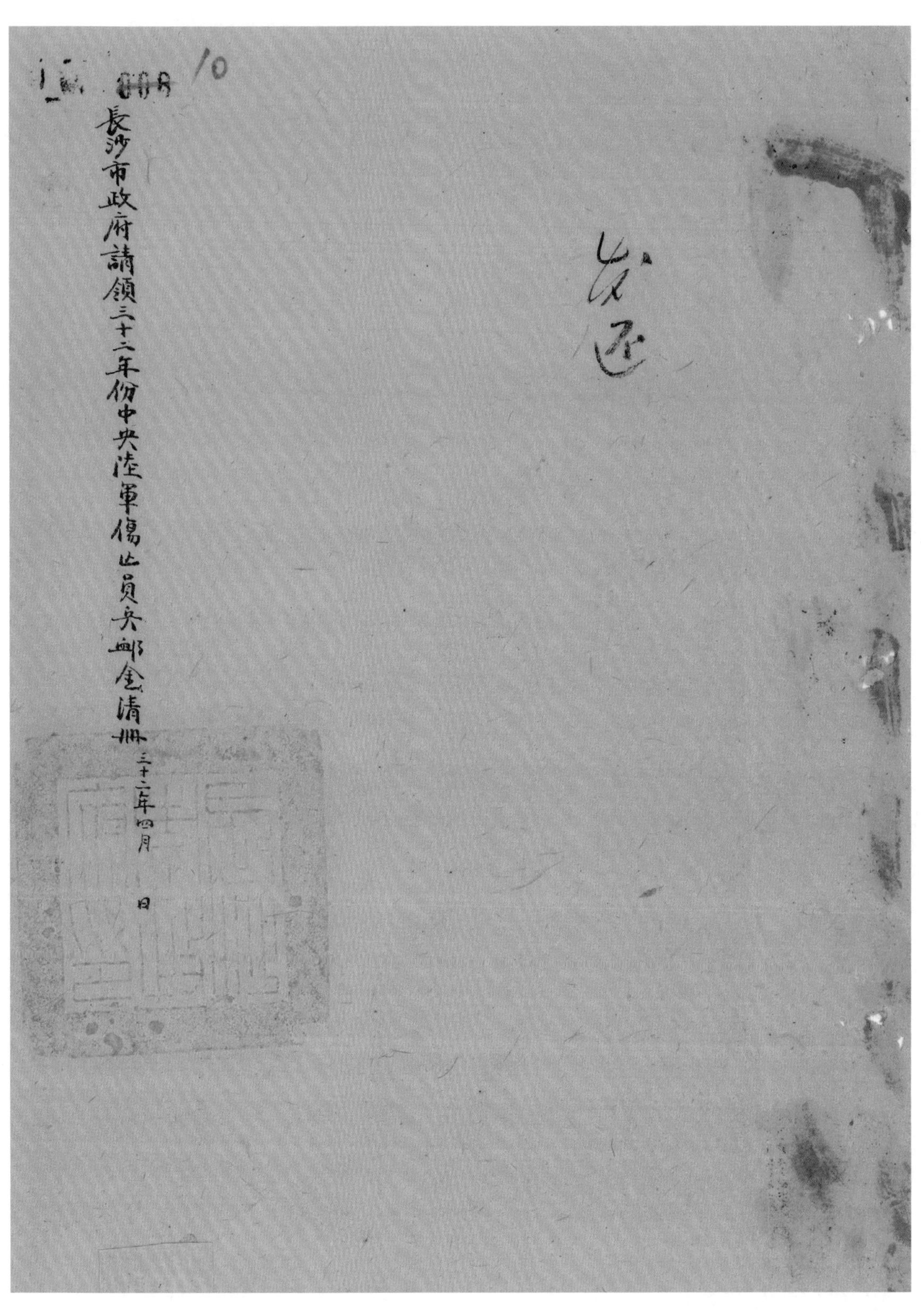
长沙市政府請領三十二年份中央陸軍傷亡員兵卹金清册
三十二年四月　日

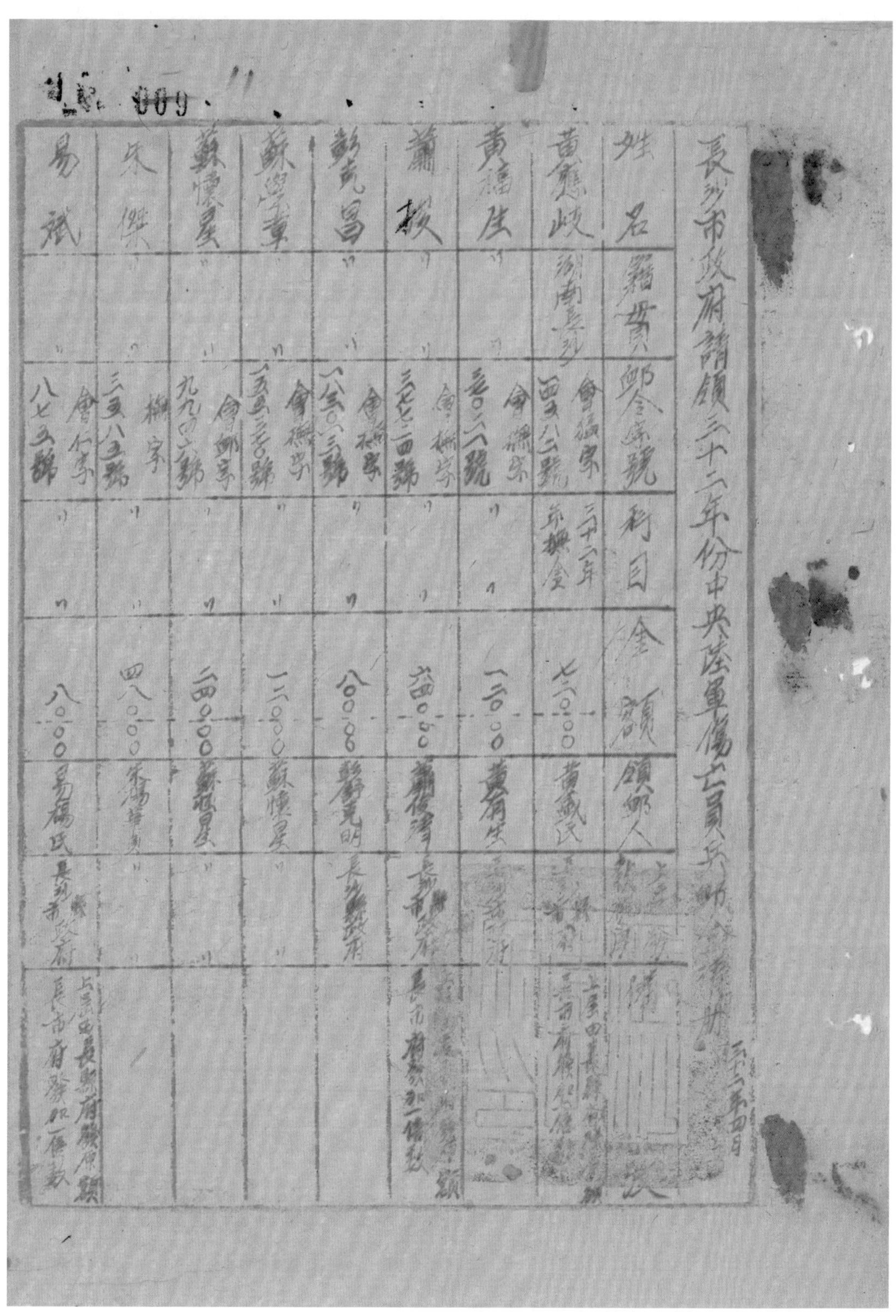

009

長沙市政府請領三十二年份中央陸軍傷亡員兵邮金清册

姓名	籍貫	郵金號數	科目	金額	領郵人	[illegible]	備考
黃應岐	湖南長沙	會編字四五八〇號	三十二年份撫金	七〇〇.〇〇	黃盛氏	[illegible]	上[illegible]長[illegible]府[illegible]
黃福生	〃	會撫字五〇八號	〃	一六〇.〇〇	黃府生	[illegible]	
蕭校	〃	會撫字三七二四號	〃	五四〇.〇〇	蕭俊濤	長沙市政府	長市府發[illegible]一併[illegible]額
彭克昌	〃	會撫字八〇〇三號	〃	八〇〇.〇〇	彭覺明	長沙縣政府	
蘇學章	〃	會撫字一五三三號	〃	一二〇〇.〇〇	蘇懷星	〃	
蘇懷星	〃	會撫字九九四六號	〃	二四〇〇.〇〇	蘇恆星	〃	
朱傑	〃	撫字三五八五號	〃	四八〇.〇〇	朱[illegible]	〃	
易斌	〃	會撫字八七五號	〃	八〇〇.〇〇	易楊氏	長沙市政府	上[illegible]長縣府發原額長市府發[illegible]一併數

三十二年四月

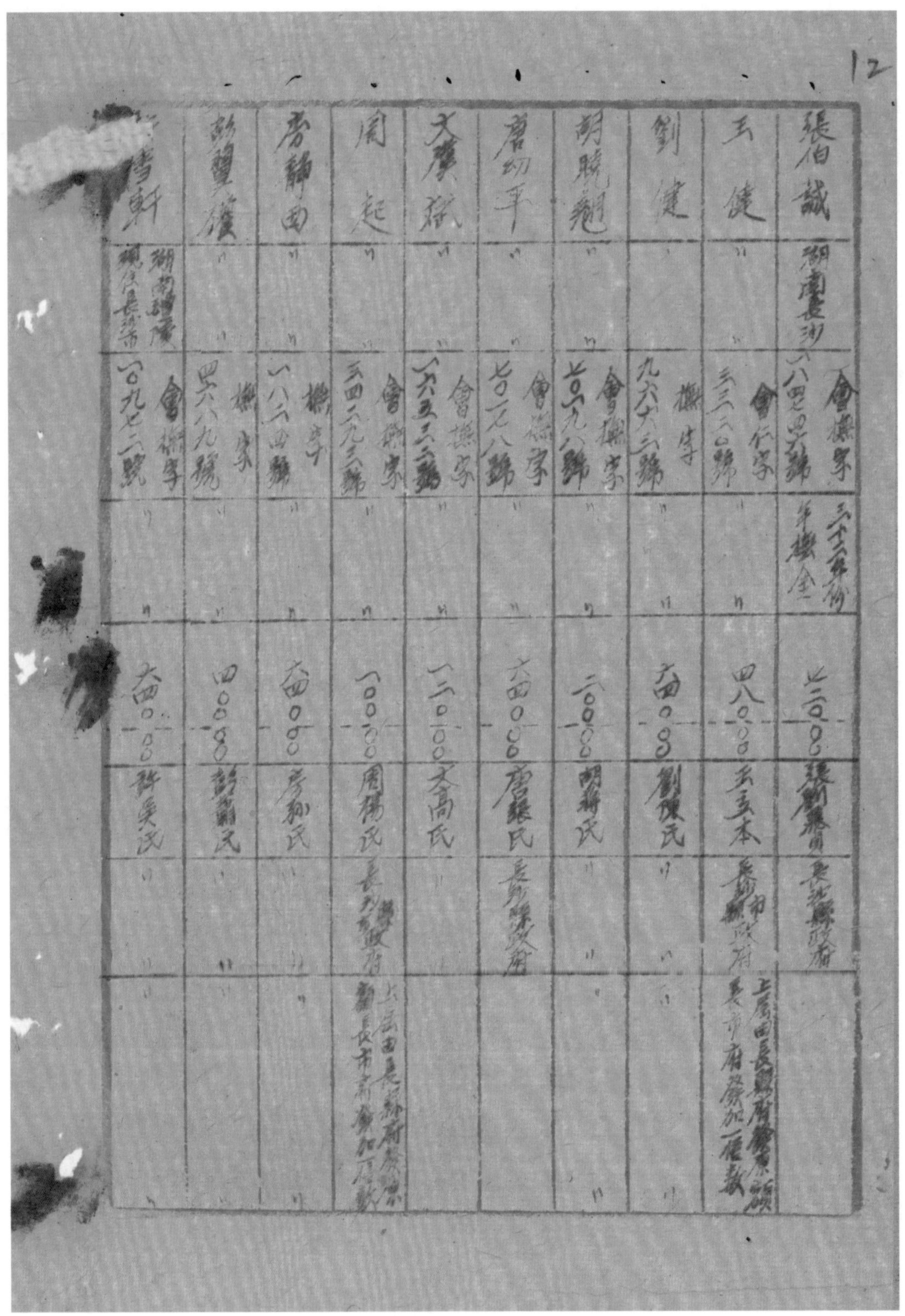

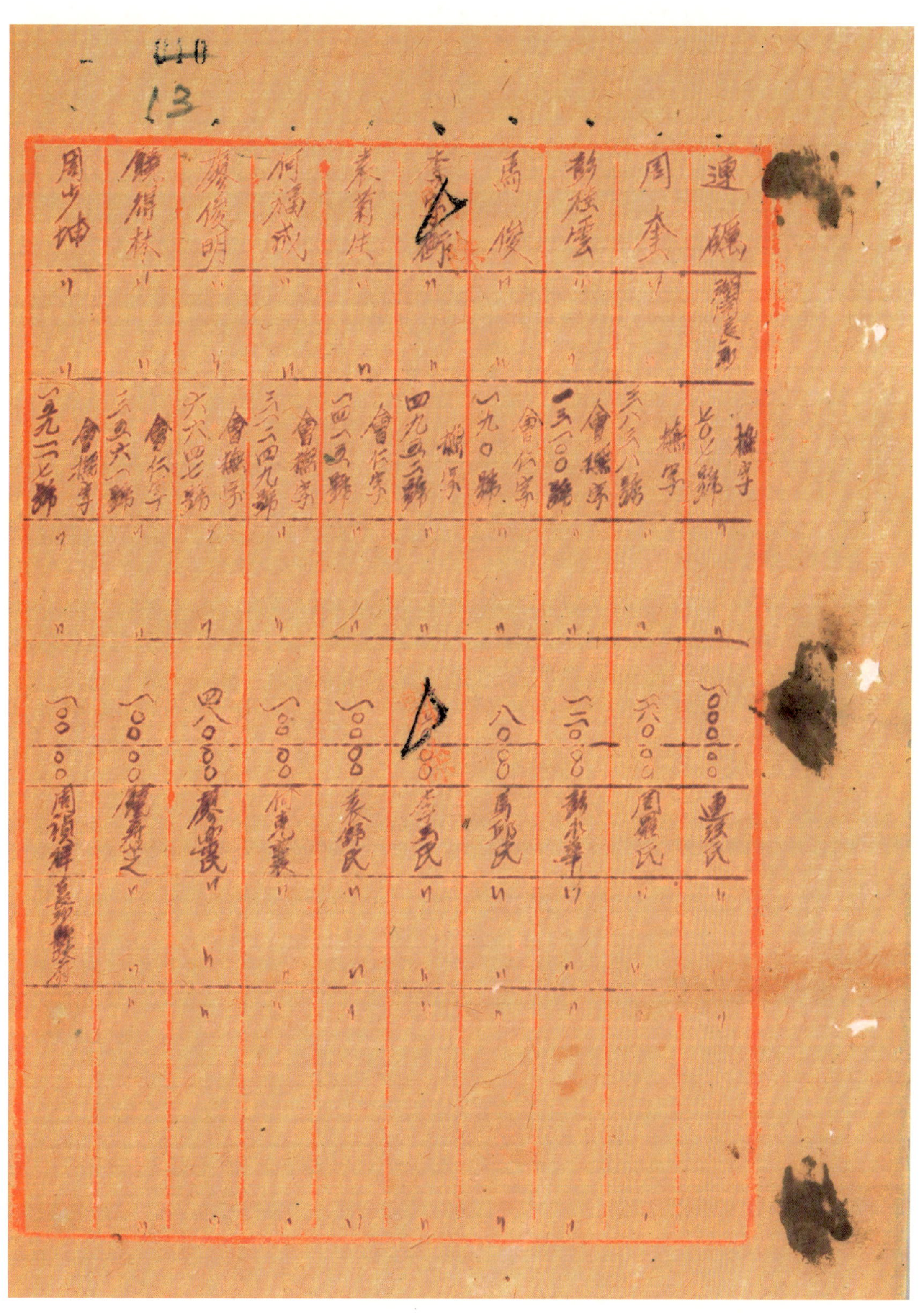

13

姓名	籍貫		字號			金額		領款人
連礪	湖南長沙		撫字廿七號	〃	〃	一〇〇〇	〇〇	連孫氏
周奎	〃	〃	撫字三六三八號	〃	〃	六〇	〇〇	周羅氏
彭梓雲	〃	〃	會撫字一三〇〇號	〃	〃	一二〇	〇〇	彭亦華
馬俊	〃	〃	會仁字一九〇號	〃	〃	八〇	〇〇	馬鄧氏
李[illegible]	〃	〃	撫字四九五二號	〃	〃	[illegible]	〇〇	李[illegible]氏
袁菊生	〃	〃	會仁字一四一五號	〃	〃	一〇〇	〇〇	袁鄧氏
何福成	〃	〃	會撫字三八二四九號	〃	〃	一〇〇	〇〇	何惠蘭
廖俊明	〃	〃	會撫字六六四七號	〃	〃	四〇〇	〇〇	廖[illegible]氏
饒[illegible]林	〃	〃	會仁字三五六八號	〃	〃	一〇〇	〇〇〇	饒[illegible]之
周少坤	〃	〃	會撫字一九一一七號	〃	〃	一〇〇	〇〇	周領祥[illegible]

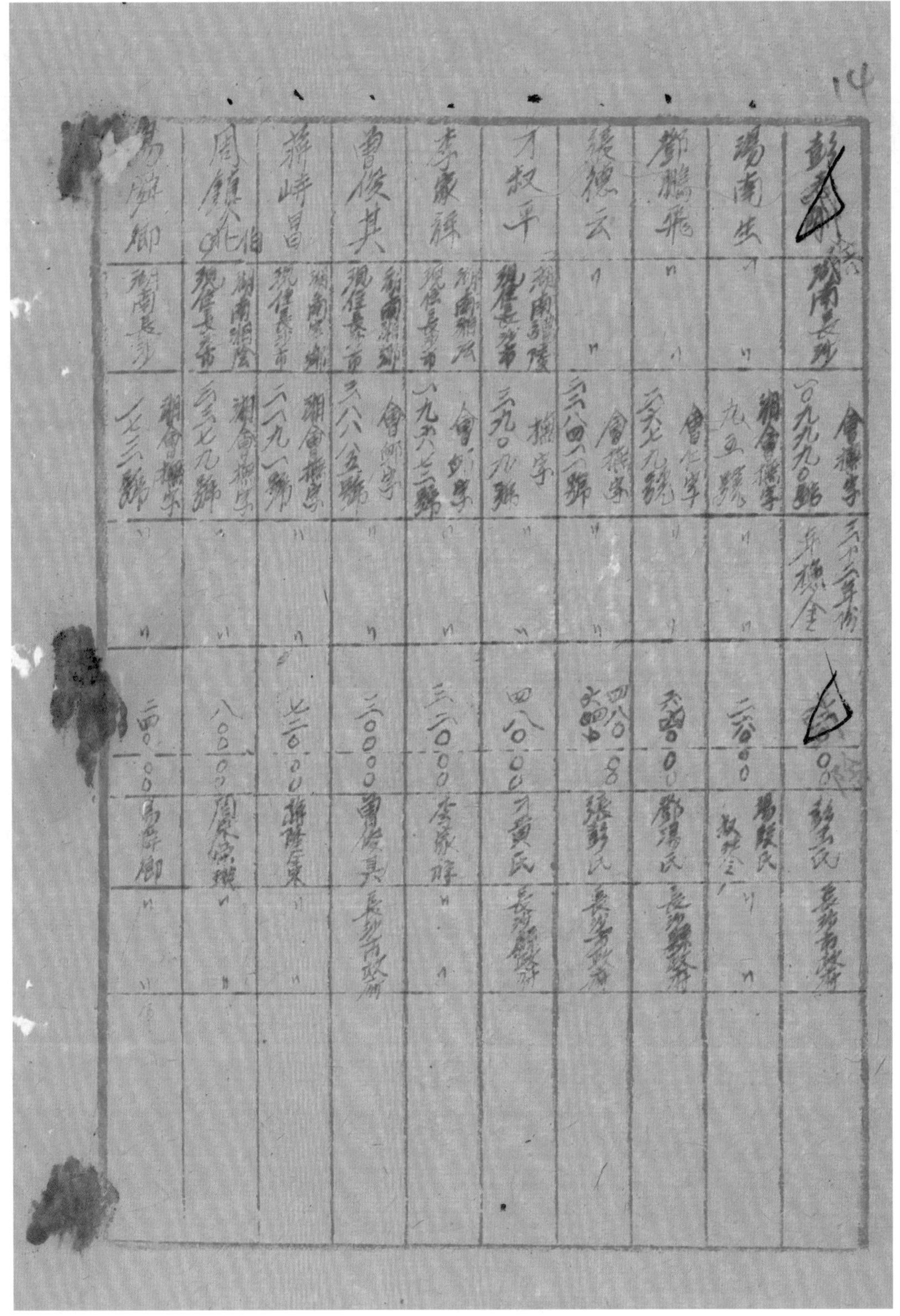
14

彭[illegible]	湖南長沙	會撫字一〇九九〇號	三十六年份	年撫金	[illegible]〇〇	彭[illegible]氏	長沙市政府	
湯南生	〃	湘會撫字九五號	〃	〃	二〇〇〇〇	湯陳氏 叔林全	〃	〃
鄧鵬飛	〃	會化字二六七九號	〃	〃	六四〇〇〇	鄧湯氏	長沙縣政府	
張德云	〃	會撫字三八四〇八號	〃	〃	四八〇〇〇 六四〇〇〇	張彭氏	長沙縣政府	
丁叔平	湖南醴陵 現住長沙市	撫字三九〇九號	〃	〃	四八〇〇〇	丁黃氏	長沙縣政府	
李家祿	湖南湘陰 現住長沙市	會卹字一八九六七二號	〃	〃	三二〇〇〇	李家[illegible]	〃	〃
曾俊其	湖南湘鄉 現住長沙市	會卹字三八八〇五號	〃	〃	二〇〇〇〇	曾俊其	長沙市政府	
蔣峙昌	湖南寧鄉 現住長沙市	湘會撫字二八九一號	〃	〃	七二〇〇〇	蔣[illegible]	〃	〃
周鎮九	湖南湘陰 現住長沙	湘會撫字三三七九號	〃	〃	八〇〇〇〇	周[illegible]	〃	〃
易[illegible]卿	湖南長沙	湘會撫字一七三號	〃	〃	二四〇〇〇	易[illegible]卿	〃	〃

附（三）长沙市政府请领中央陆军伤亡员兵一次恤金清册（一九四三年四月）

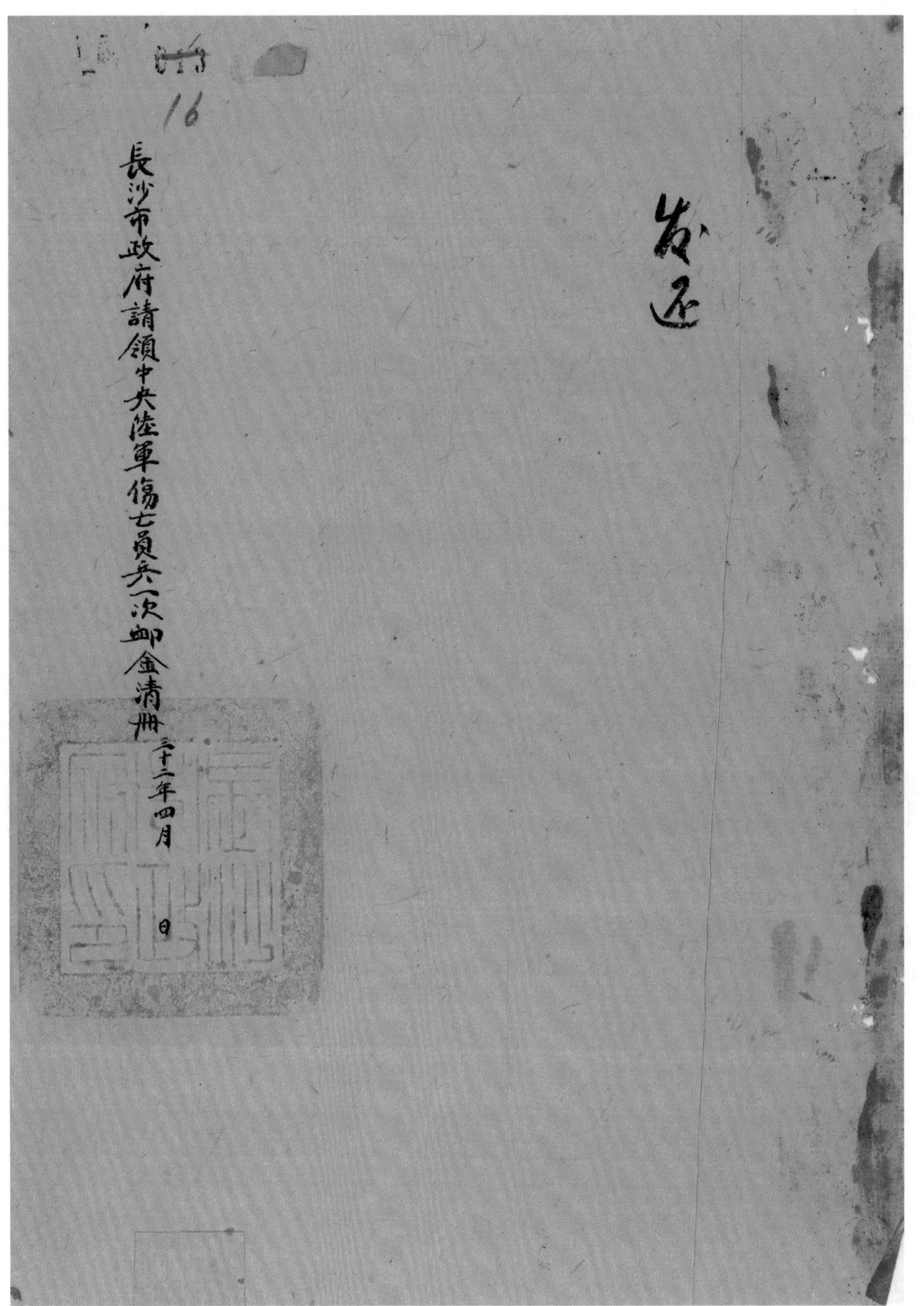
长沙市政府請領中央陸軍傷亡員兵一次卹金清册 三十二年四月 日

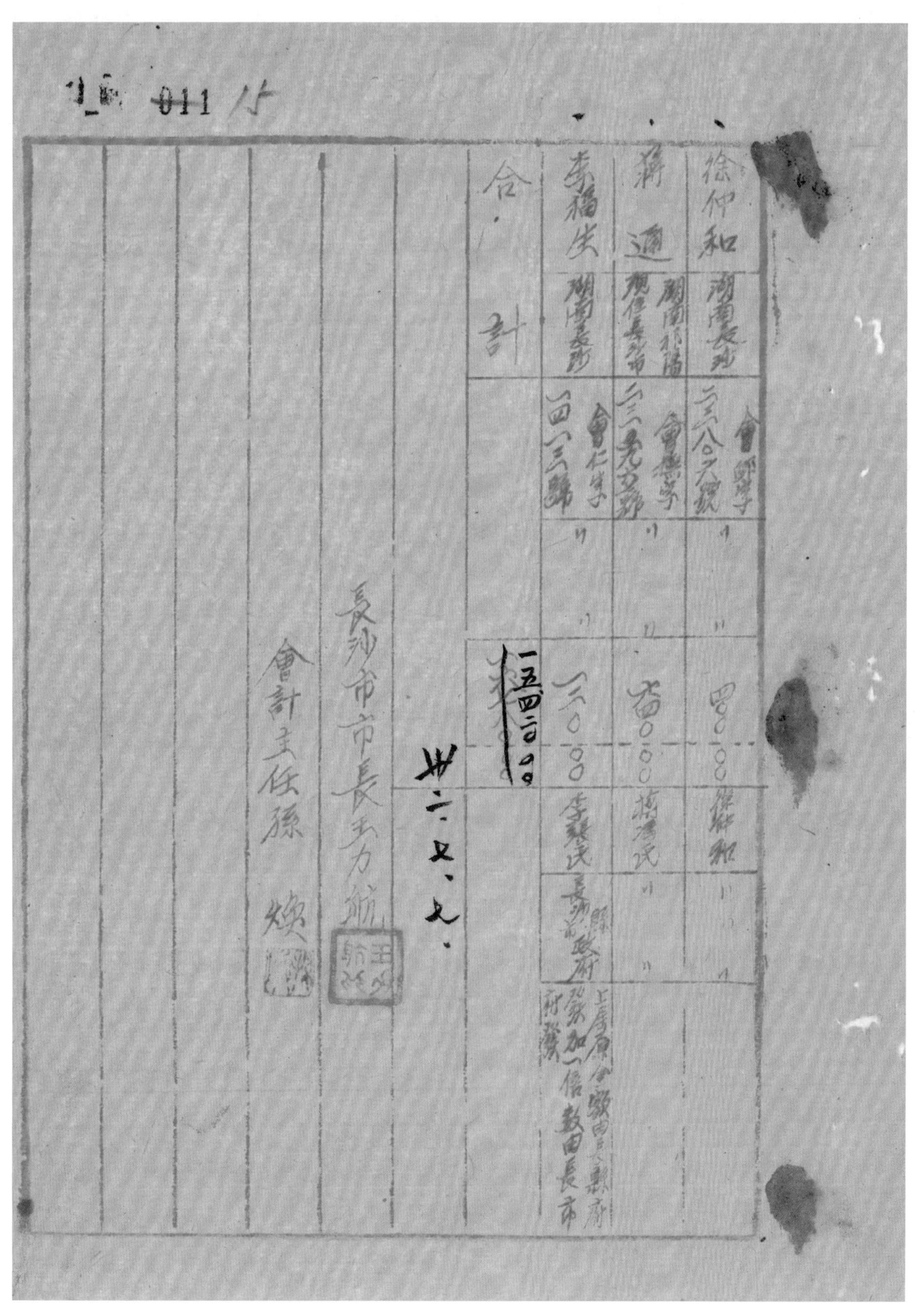

1-011

姓名	籍貫	證號			金額	具領人		備考
徐仲和	湖南長沙	會郵字二三八〇六號	〃	〃	四〇〇〇	徐仲和	〃	〃
蔣適	湖南祁陽 現住長沙市	會興字二三八九五號	〃	〃	六〇〇〇	蔣適氏	〃	〃
李福生	湖南長沙	會仁字四一八三號	〃	〃	一二〇〇〇	李福生	長沙市縣政府	上表原令發由各縣府發加一倍數由長市府發
合計					一五四〇〇			

卅二、九、九、

長沙市市長王□□

會計主任孫煥

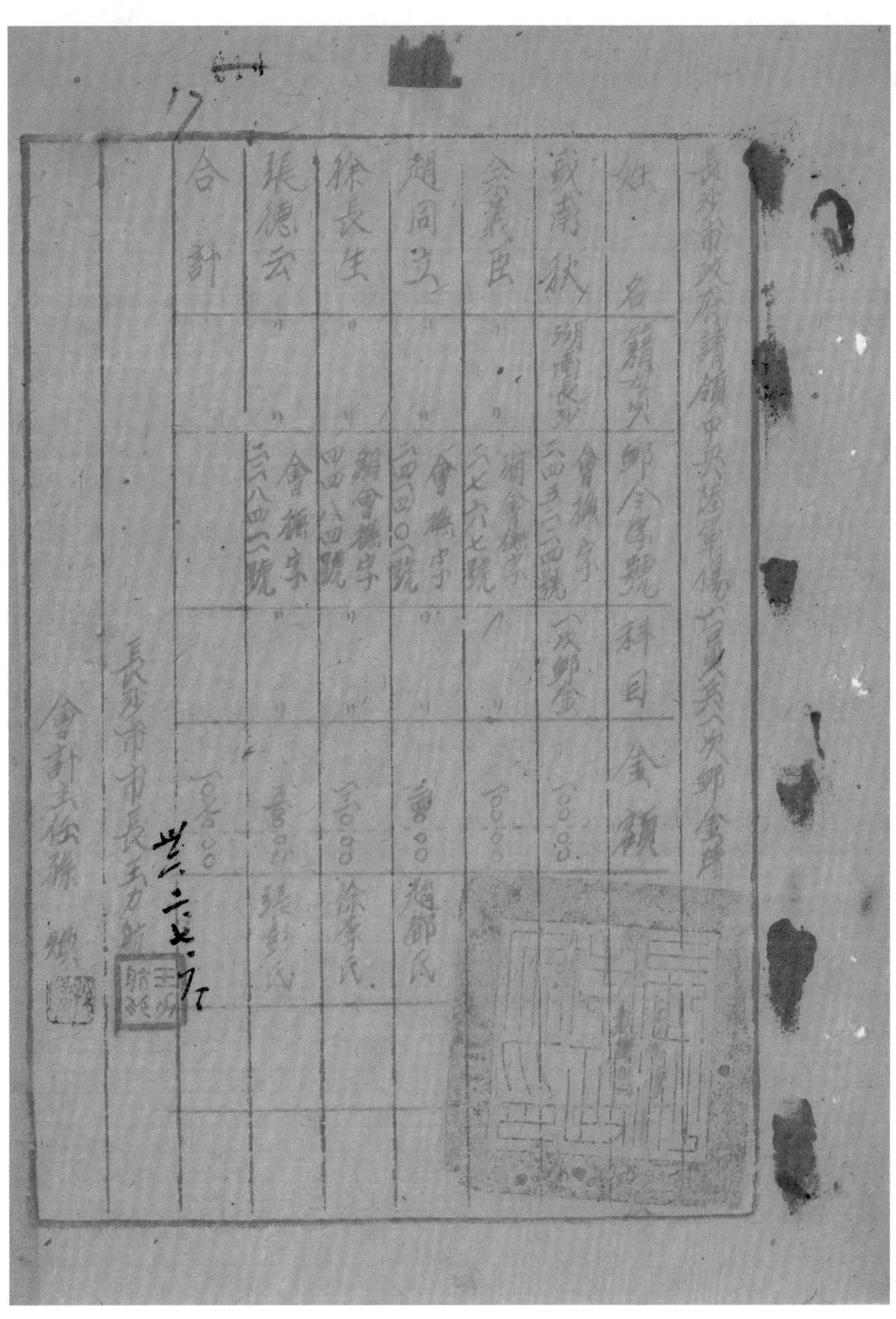

17

長沙市政府請領中央陸軍傷亡官兵一次卹金冊

姓名	籍貫	卹令字號	科目	金額	
戴南秋	湖南長沙	會撫字八四五三四號	一次卹金	一〇〇.〇〇	
余義臣	〃 〃	湘會撫字六七六七號	〃 〃	一〇〇.〇〇	
趙同文	〃 〃	會撫字二四四〇八號	〃 〃	二〇〇.〇〇	趙鄧氏
徐長生	〃 〃	湘會撫字四四八四號	〃 〃	三〇〇.〇〇	徐李氏
張德云	〃 〃	會撫字三八四〇八號	〃 〃	三〇〇.〇〇	張彭氏
合計				一〇〇〇.〇〇	

長沙市市長王乃新 卅六、二、十七

會計主任孫煥

长沙市政府致李王氏、彭王氏的通知（一九四三年七月二十八日）

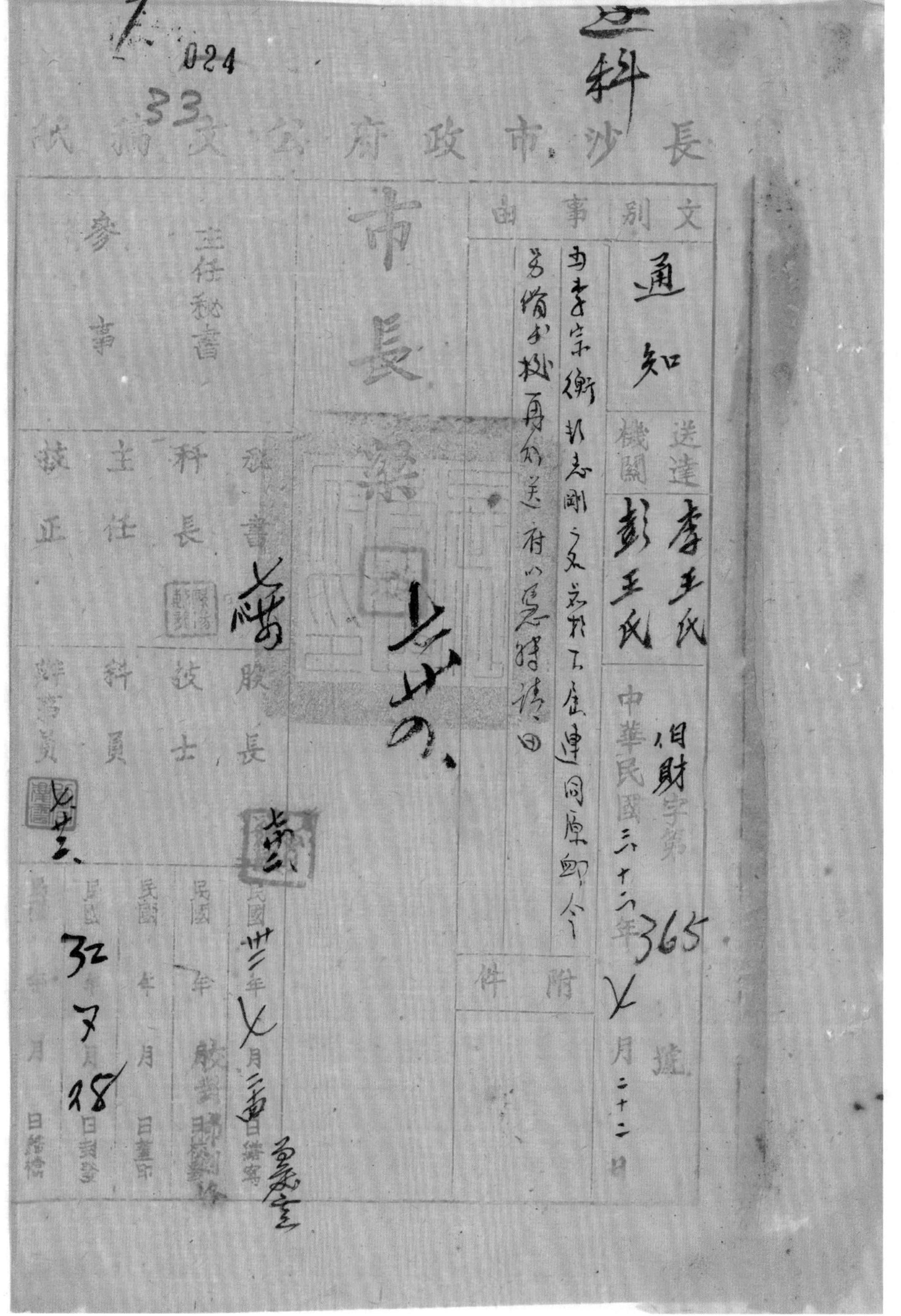

長沙市政府公文稿紙

文別	通知
送達機關	李王氏 彭王氏
中華民國	三十二年七月二十二日　財字第365號
事由	
附件	

市長

主任秘書

參事

秘書　科長　主任　技正

股長　技士　科員　辦事員

民國卅二年七月二十二日繕寫

民國　年　月　日校對

民國　年　月　日蓋印

民國　年　月　日封發

民國32年7月28日歸檔

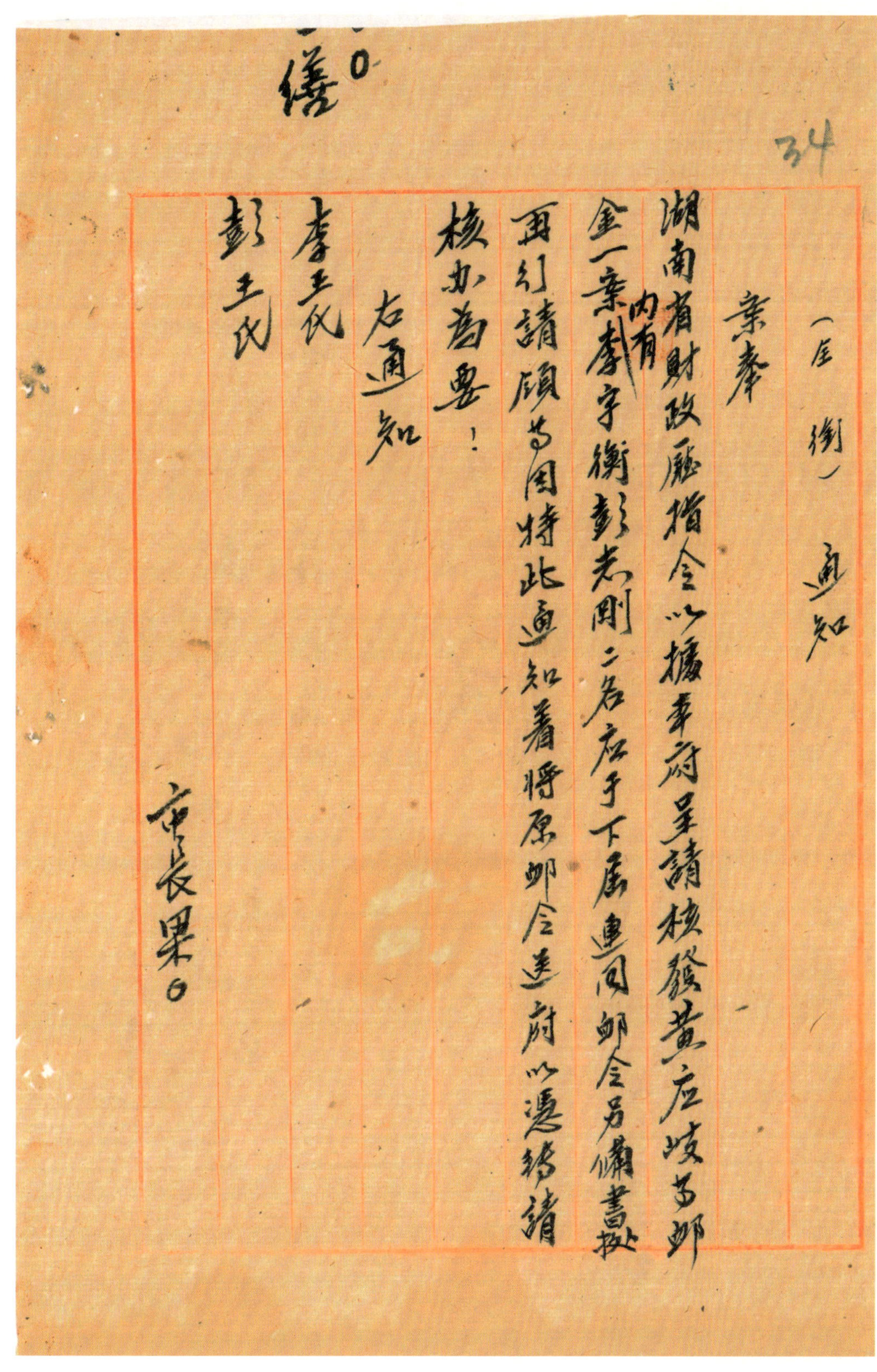
（左衡）通知

案奉

湖南省財政廳指令，以據本府呈請核發黃啟岐等邺金一案，內有李守衡、彭志剛二名，應予下屆連同邺金另備書據再行請領等因，特此通知，着將原邺金送府，以憑轉請核辦為要！

右通知

李王氏

彭王氏

市長梁〇

繕〇

34

长沙市政府致彭王氏的批（一九四三年七月三十日）

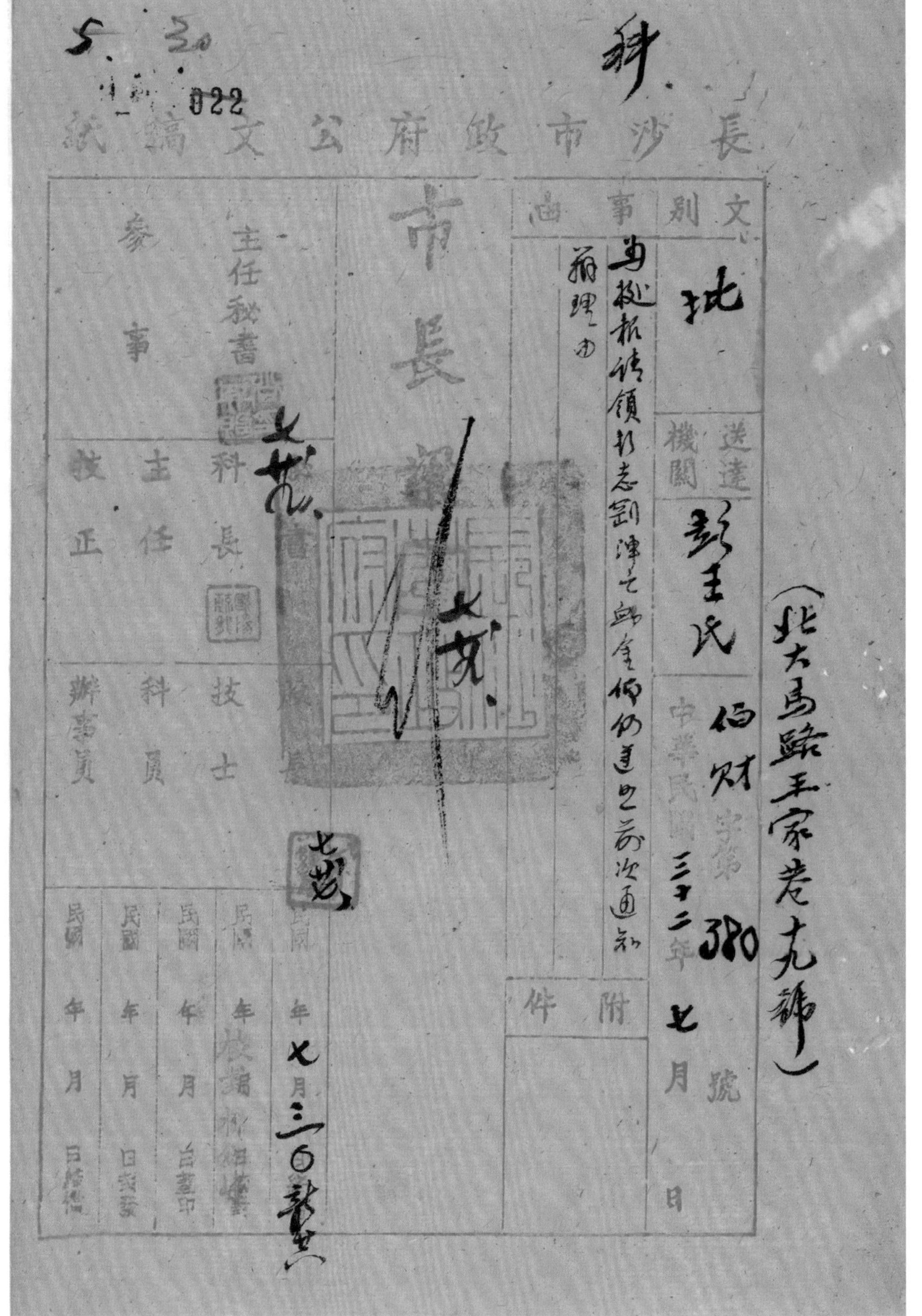
長沙市政府公文稿紙

文别：批

送達機關：彭王氏（北大馬路王家巷九號）

事由：為擬據請領彭志剛陣亡恤金仰仍遵照前次通知辦理由

佰財字第380號

中華民國三十二年七月　日

市長

主任秘書

參事

科長

主任

技正

技士

科員

辦事員

附件

民國　年七月三〇日　擬稿

31

全衔 批

具呈人彭王氏

本年七月三一件 为呈报故夫彭志刚阵亡年抚金请转请省政府

给卹由

呈悉。查本案前据呈赍颁卹书据到府，当经汇案转请核发卹款。嗣奉财厅指令节开：「孝字卫彭志刚一名应予列除，于赍还册内批注，着于下届检同原卹令另造册书再行请颁」等因，曾经通知将原令赍府以凭核办在案。仰仍遵照前次通知办理为要。

此批

市长 梁○

长沙市政府致湖南省财政厅的呈（一九四三年九月二十三日）

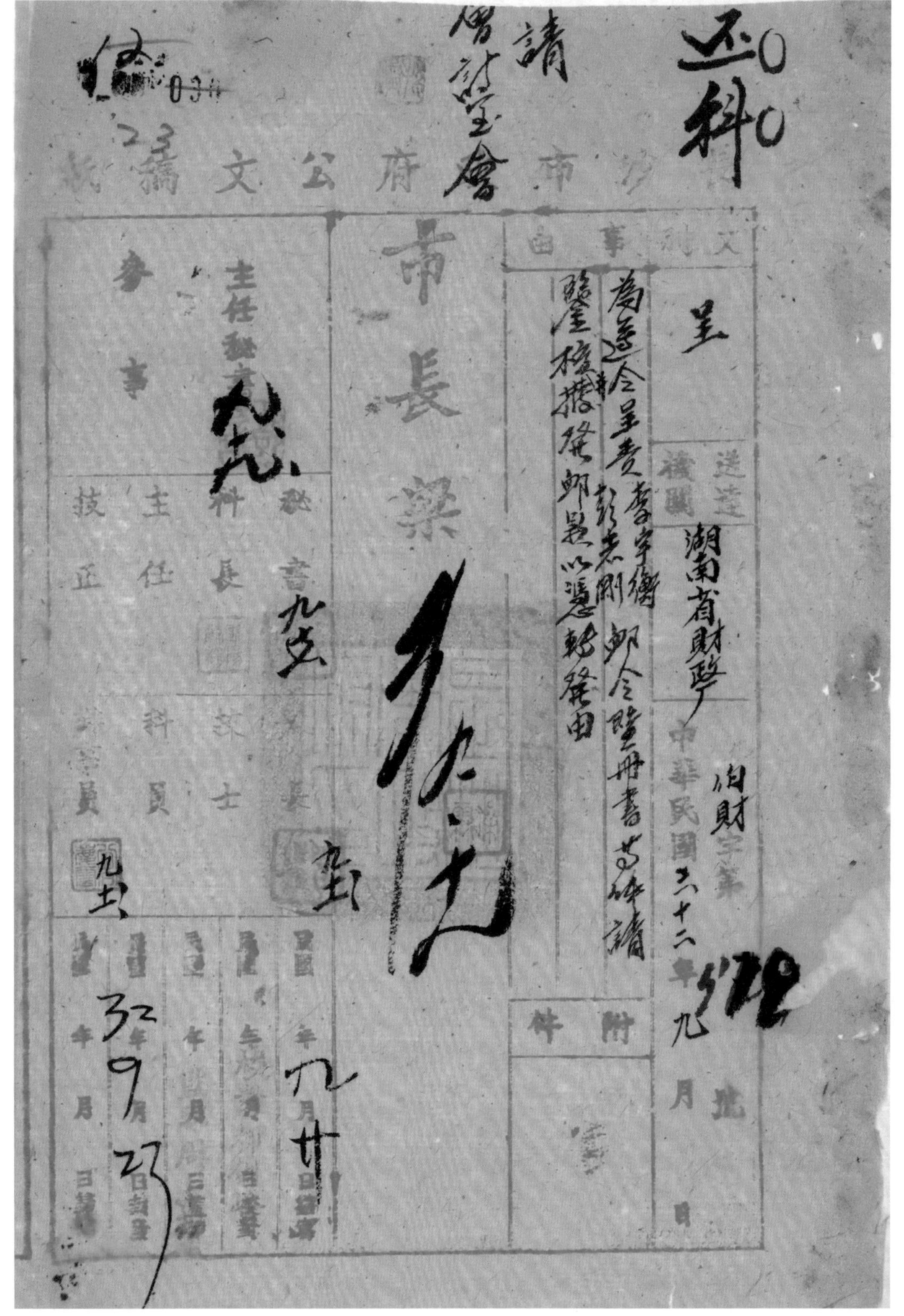

[illegible]沙市政府公文稿[illegible]

文别：呈

送达机关：湖南省财政厅

中华民国三十二年九月　日

事由：为送今呈赍李宇衡、彭志刚、郑全璧册书共四件，请鉴核拨发邺恩，以凭转发由

市长

主任秘书

参事

秘书

科长

主任

技正

科员

文书

24

（全銜）呈

案奉

鈞廳本年七月十二日未彥郵字第2218號指令以核發黃應岐等郵金一案，別諉李宇衡、彭志剛等二名於發還書冊內概不下屬，連同郵金另造冊書再行請領，及彭翼叔、湯蔚生二名書據名字未符，着更正呈核，飭遵照轉發辦理具報等因，計發國幣叁万壹仟玖伯壹拾元，另匯清冊三份、書據八份，奉此自應遵辦，〔除奉發郵款[illegible]轉發各[illegible]取據存外〕所有彭翼叔、湯蔚生二名書據業經遵照更正呈核在案，兹將李宇衡應補領三十年份年撫金叁伯貳拾元、三十二年份年撫金陸伯肆拾元，彭志剛三十一年份年撫金柒伯貳拾元、三十二年份年撫金柒伯貳拾元，二名計貳仟肆伯元，另造請領郵金清冊並填具請領書，連同原郵金暨原懸請郵

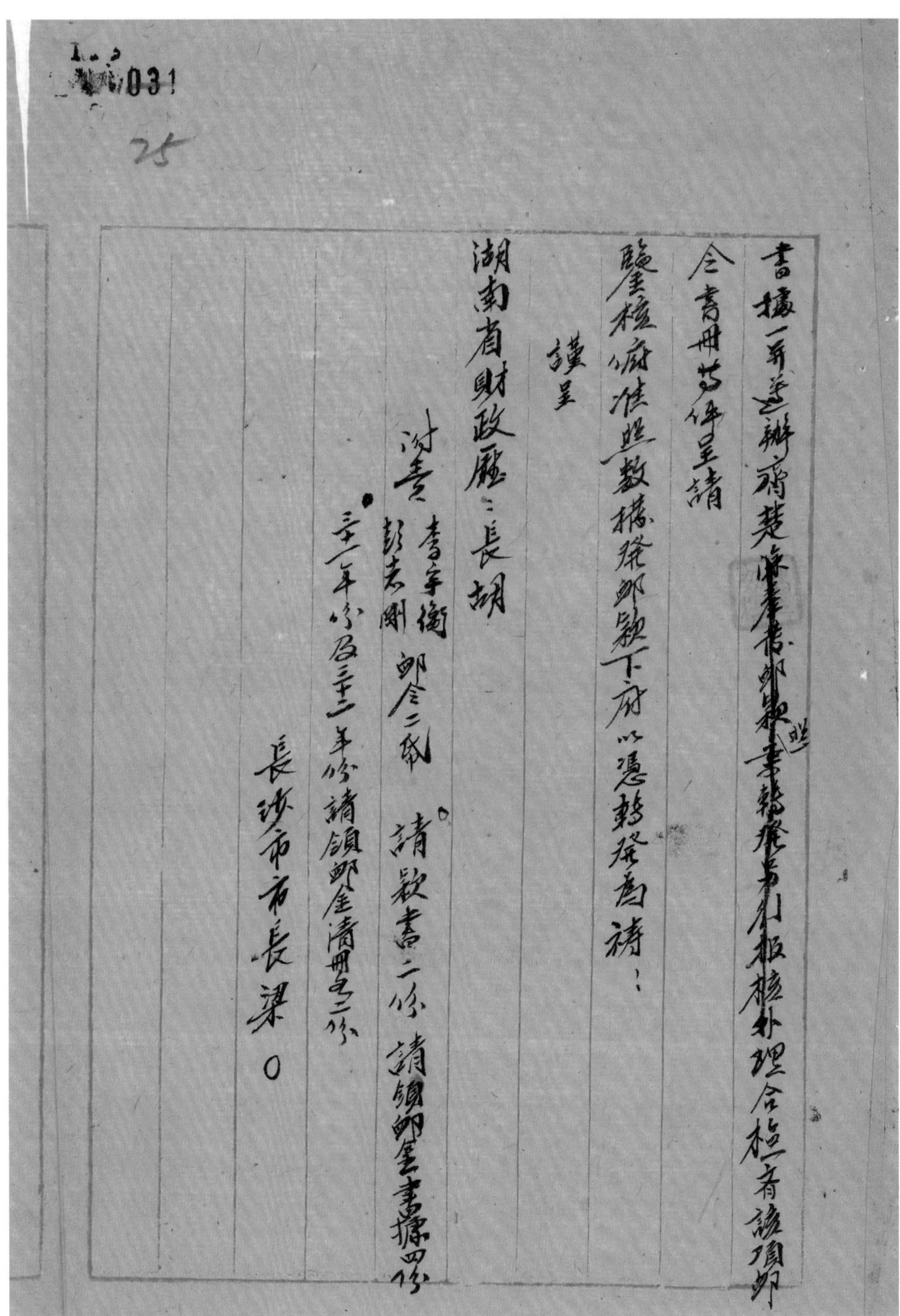

书据一并送办，除将楚怆郎款书据转发各刘振模外，理合检齐该项邮金清册书据呈请

鉴核，俯准照数拨发邮款下府，以凭转发为祷！

谨呈

湖南省财政厅厅长胡

附呈：书据　邮金二纸　请款书二份　请领邮金书据四份
彭志刚三十一年份及三十二年份请领邮金清册各二份

长沙市市长梁○

29

請款書 存根聯

預算編次	門	
	部	
	份	
	款	
	項	
	目	
領款機關	長沙市政府	
年月份	三十一年份	
用途	中央陸軍防空兵部金	
金額	壹仟零肆拾元	
備考	係李宇衡為三十一年四月至本年八月份兵公費	

長官梁〇

主辦會計人員孫〇

主辦出納人員陳〇〇

中華民國三十一年九月日

（此聯存請領機關）

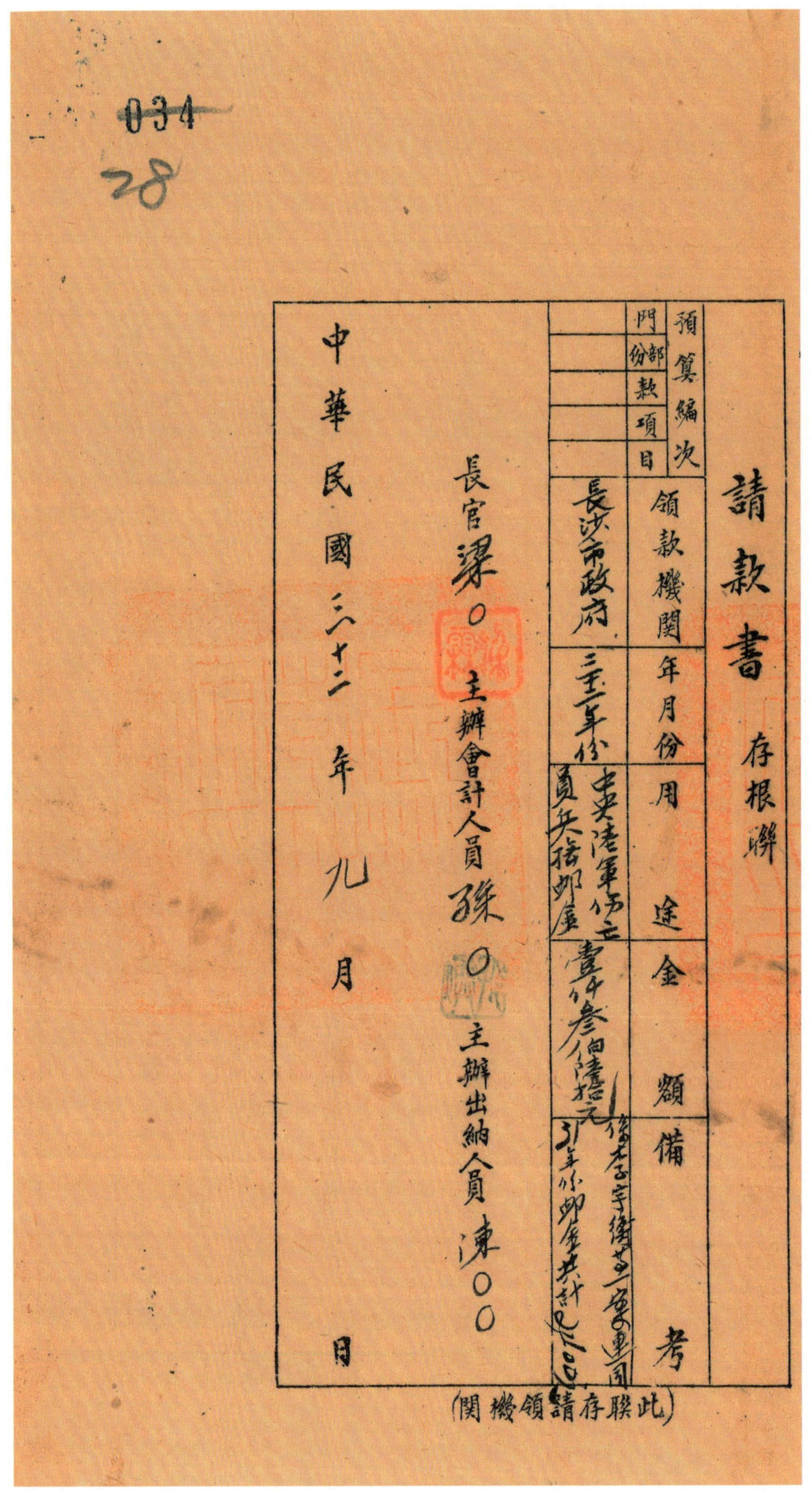

034

28

請款書 存根聯

預算編次	
部門	
部份	
款	
項	
目	
領款機關	長沙市政府
年月份	三十二年份
用途	中央陸軍傷亡員兵撫卹金
金額	壹仟叁佰陸拾元
備考	係李子宇衛生第一連三十二年份卹金共計

長官 梁〇

主辦會計人員 孫〇

主辦出納人員 陳〇〇

中華民國三十二年九月 日

(此聯存請領機關)

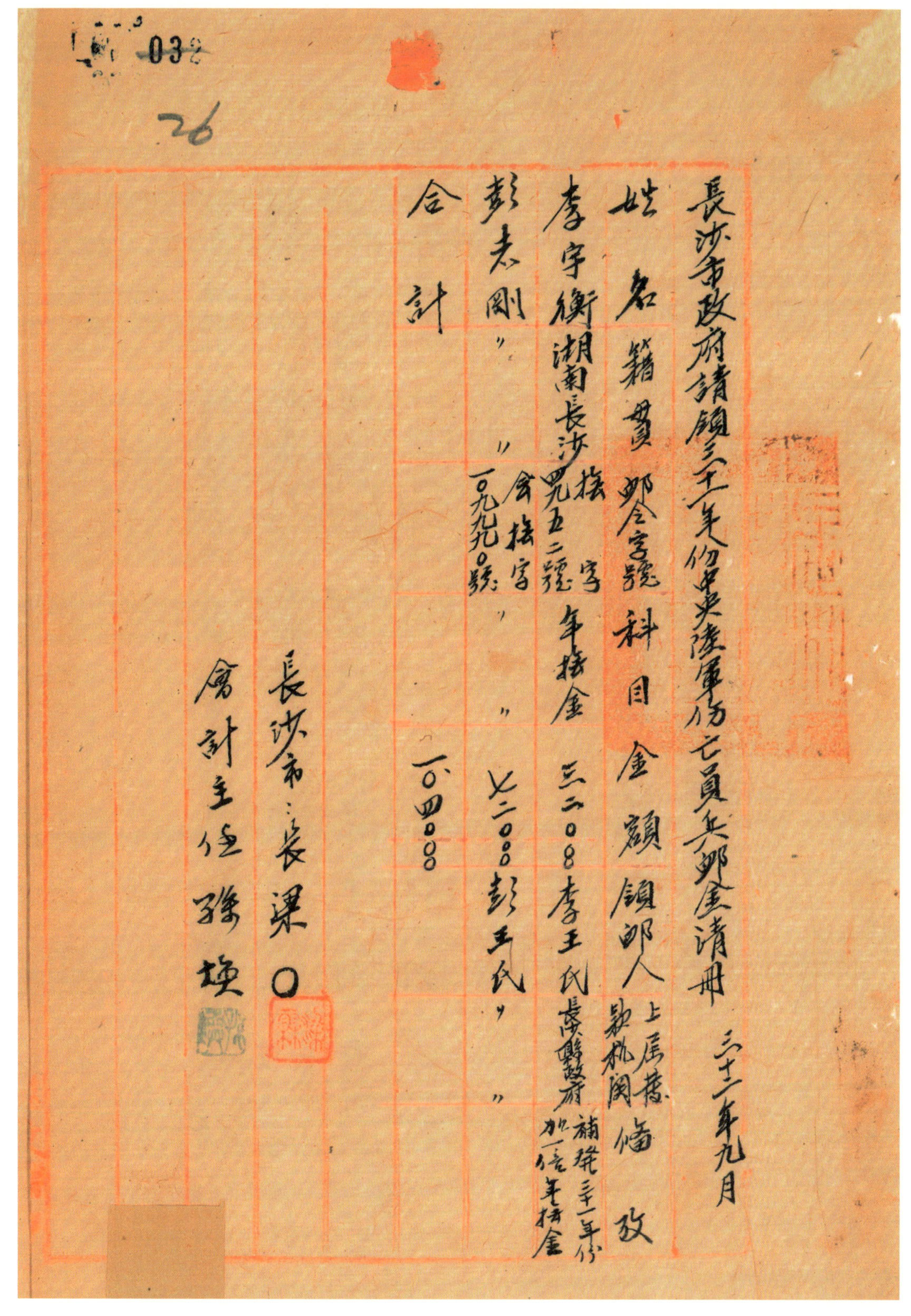

032

26

長沙市政府請領三十一年份中央陸軍傷亡員兵卹金清冊　三十二年九月

姓名	籍貫	卹金字號	科目	金額	領卹人	上屆發款機關	備攷
李宇衡	湖南長沙	撫字四九五二號	年撫金	三二〇〇	李王氏	長沙縣政府	補發三十一年份加一倍年撫金
彭志剛	〃	會撫字一〇九九〇號	〃	七二〇〇	彭王氏	〃	〃
合計				一〇四〇〇			

長沙市市長　梁〇

會計主任　孫楨

附（二）长沙市政府请领一九四二年及一九四三年中央陆军伤亡员兵恤金清册（一九四三年九月）

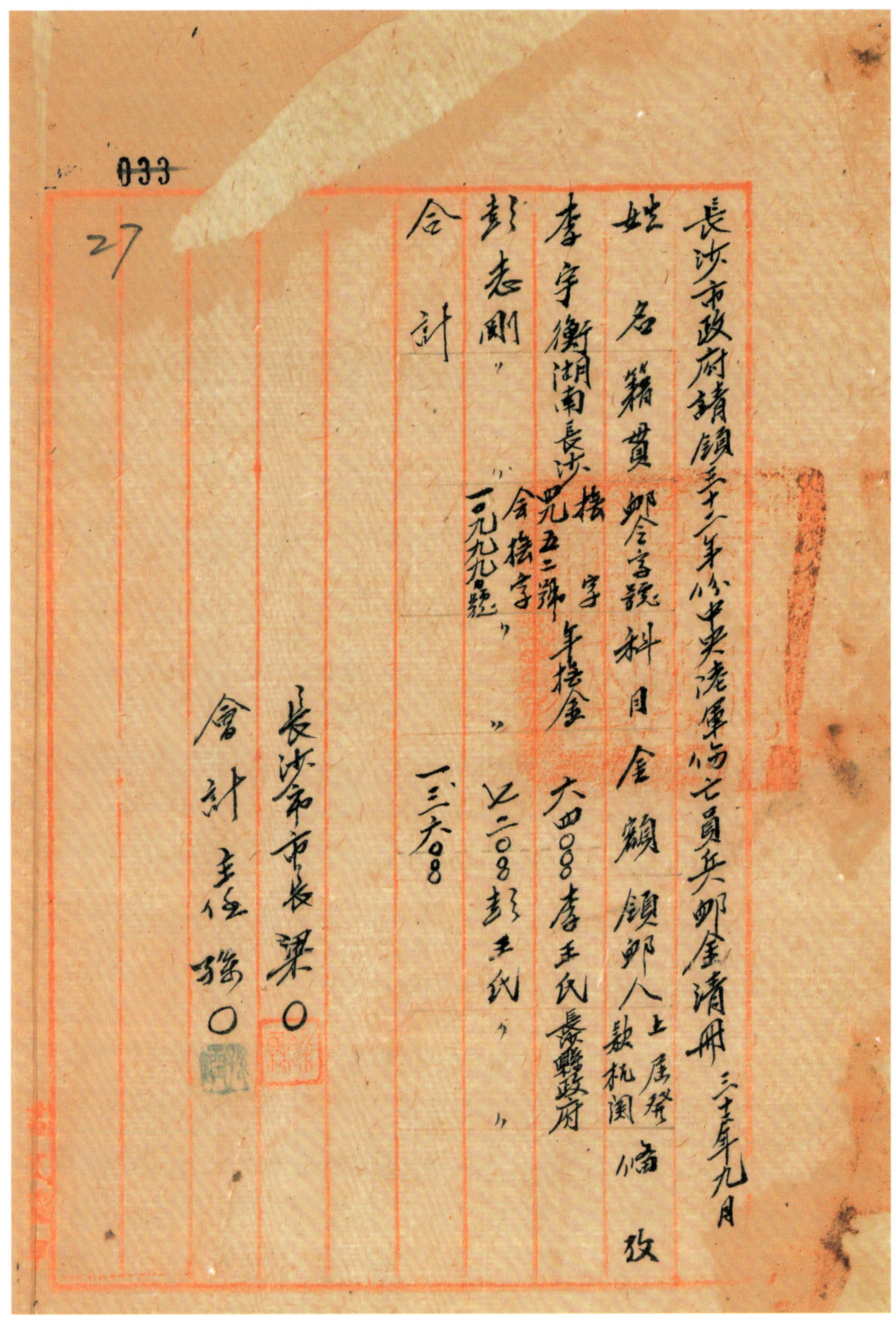

長沙市政府請領三十二年份中央陣亡官兵卹金清冊　三十二年九月

姓名	籍貫	卹令字號	科目	金額	領卹人	上屆發款機關	備考
李宇衡	湖南長沙	撫字四九五二號	年撫金	六四〇〇	李王氏	長沙縣政府	
彭志剛	〃	合撫字一〇九九九號	〃	七二〇〇	彭王氏	〃	
合計				一三六〇〇			

長沙市市長　梁〇

會計主任　孫〇

陆军突击第一纵队司令部关于该纵队胡定民积劳病故希填送请恤调查表转报核恤致胡李氏的通告（一九四五年八月）

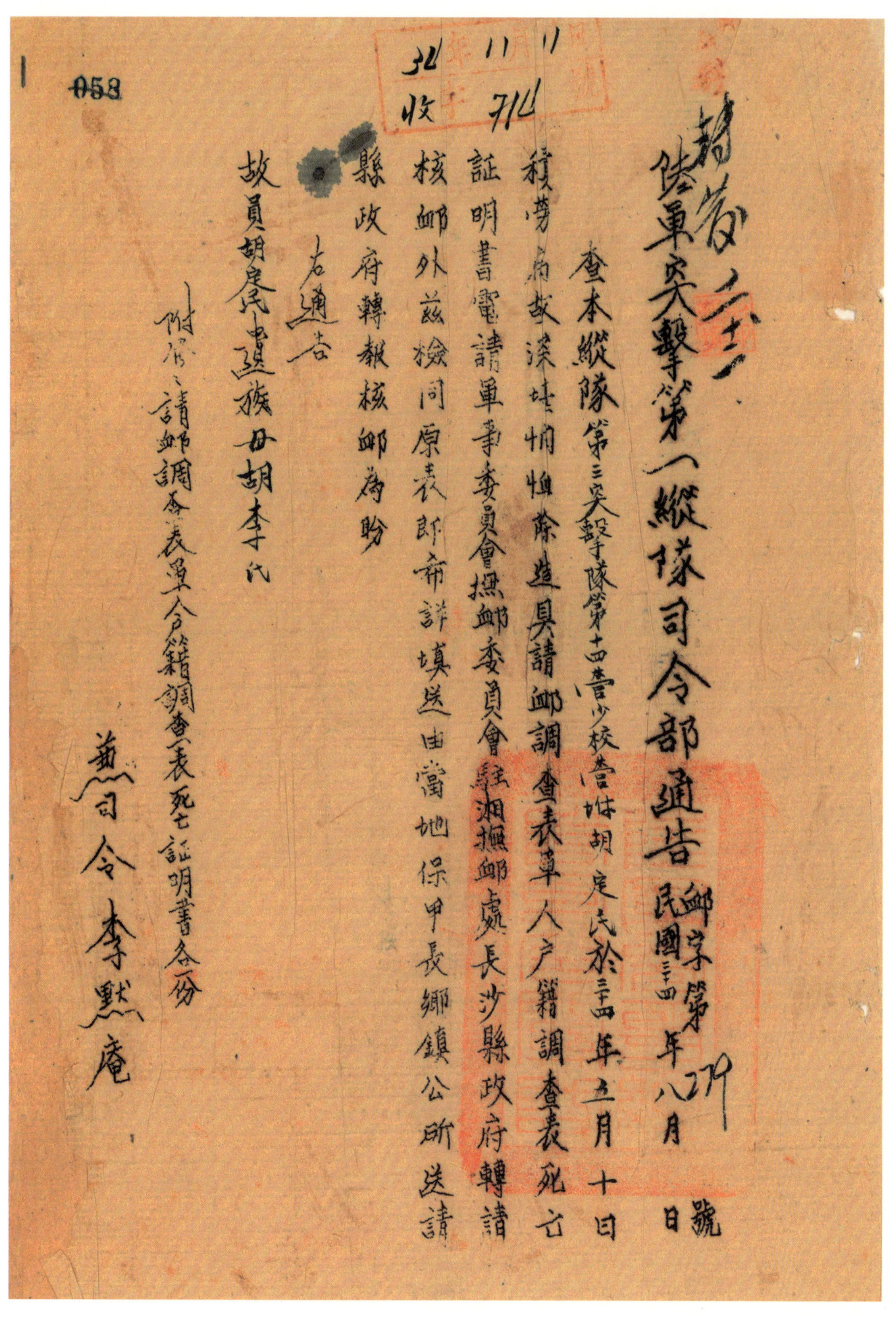

陸軍突擊第一縱隊司令部通告　卹字第　號　民國三四年八月　日

查本縱隊第三突擊隊第十四營少校營附胡定民於三十四年五月十日積勞病故，業經檢具請卹調查表、死亡證明書，電請軍事委員會撫卹委員會駐湘撫卹處、長沙縣政府轉請核卹外，茲檢同原表，即希詳填，送由當地保甲長、鄉鎮公所送請縣政府轉報核卹為盼。

右通告

故員胡定民遺族母胡李氏

附請卹調查表、單人户籍調查表、死亡證明書各一份

兼司令　李默庵

附（一）陆军官佐士兵死亡请恤调查表（一九四五年五月十日）

059

陸軍官佐士兵死亡請卹調查表

隊號	陸軍突擊挺隊第三突擊隊第十四營營部
級職	少校營附
姓名	胡定民
年齡	三十二歲
籍貫	湖南長沙
家屬	祖父　歲　祖母　歲　父國昌歿　母李氏五四歲　兄　歲　弟　歲　妻　歲　子　歲　女　歲　孫　歲
名號	永久通訊住址湖南長沙福星街四三號
官佐士兵入伍日期	三十二年十二月二十日
官佐出身及履歷 士兵原來職業	湖南陸軍幹部學校六期步科西南將幹班五期 曾充排員副官參謀連長營附副營長等職
負傷發病原因及治療經過	患者面色蒼白消瘦心悸亢進盜汗手足無粘而冷咳嗽粘液濃痰胸部刺痛呼吸急促聽診兩肺尖有著名水泡音長以奧咳卸痰劑並注射右旋糖精腦油及對症治療終以虛脫而死亡
死亡經過	病故
死亡事由	積勞
死亡年月日·地點	三十三年五月十日 浦城吳山下
收殮情形 埋葬地點	衣棺俱全 浦城漈下大橋附近山麓
收殮證明人	陸軍突擊挺隊第三突擊隊第十四營中尉代副官朱樹棠 陸軍突擊挺隊第三突擊隊第十四營少校指導員韋建武
遺族領卹人名號及住址	胡李氏 湖南長沙福星街四三號
診斷醫官	陸軍突擊挺隊第二突擊隊野戰醫院二等一級軍醫趙肅清
證明長官	陸軍突擊挺隊第三突擊隊少將司令劉建修
備考	

中華民國三十四年五月十日　陸軍突擊挺隊兼司令李默庵

130 5 4

現役軍人户籍調查表

姓名	胡雯民	别號	叔	服務機關部隊	陸軍突擊總隊第三突擊隊第十四營營部	調查時之級職	少校營附	年齡	三十二歲	出生年月日	民三年十一月二十六日
出身	湖南陸軍幹部學校大别步科西南游幹班五期	任職或入伍日期	三十三年十二月二十日	相貌特徵		永久及現在通訊處	湖南長沙福星街四三號	相片			
住址	湖南長沙福星街四三號										

家屬及同居親族人口	稱謂	姓名	年齡及存殁	職業	服務處所	是否中國國民黨員	備考
	祖父						
	祖母						
	父	國昌	殁				
	母	李氏	五四歲				
	妻						
	子						
	女						
	胞弟						
	胞妹						
	雜						

調查人

年 月 日

附（二）现役军人户籍调查表

附（三）死亡证明书（一九四五年五月十日）

060

3

死亡證明書

隸屬部隊	陸軍突擊總隊第三突擊隊第十四營營部
級職	少校營附
姓名	胡定民
年齡籍貫	三十二歲 湖南長沙
發病原因	積勞
入院日期	三四、五、八、
死亡日期	三四、五、一〇、
死亡地點	浦城吳山下
[illegible]所在地	第三突擊隊第十四營 浦城溪下營房
診斷	肺結核
治療經過	患者面色蒼白而消瘦心悸亢進盜汗手足濕粘而冷咳嗽粘液膿痰胸部刺痛呼吸急促聽診兩肺尖有著明水泡音投以鎮咳劑祛痰劑並注射右旋糖樟腦油及對症治療終以虛脫而死亡
致死原因	肺結核
收殮情形	衣棺俱全
埋葬地點	浦城溪下大橋附近山麓

陸軍突擊總隊[illegible]醫院 院長 張雲林

主治軍醫 趙肅清

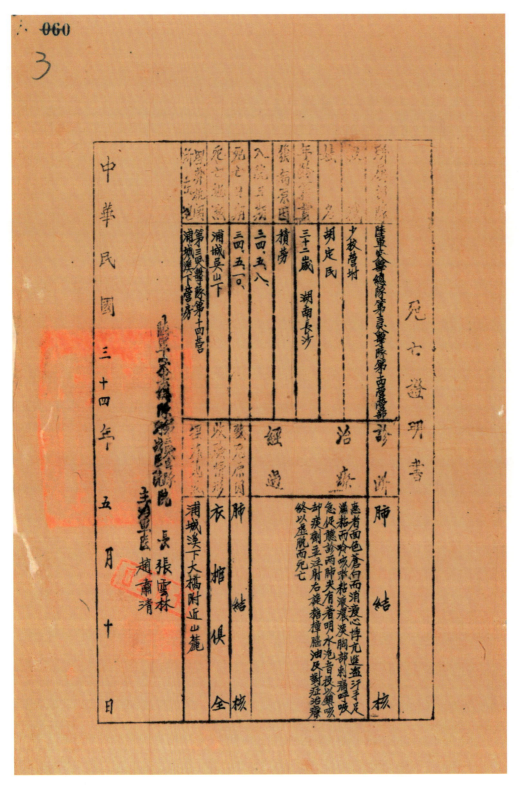

中華民國三十四年五月十日

长沙市政府关于在抗战期间未请恤之伤亡官兵应切实查明给恤致该市城西区公所的训令（一九四五年十二月三日）

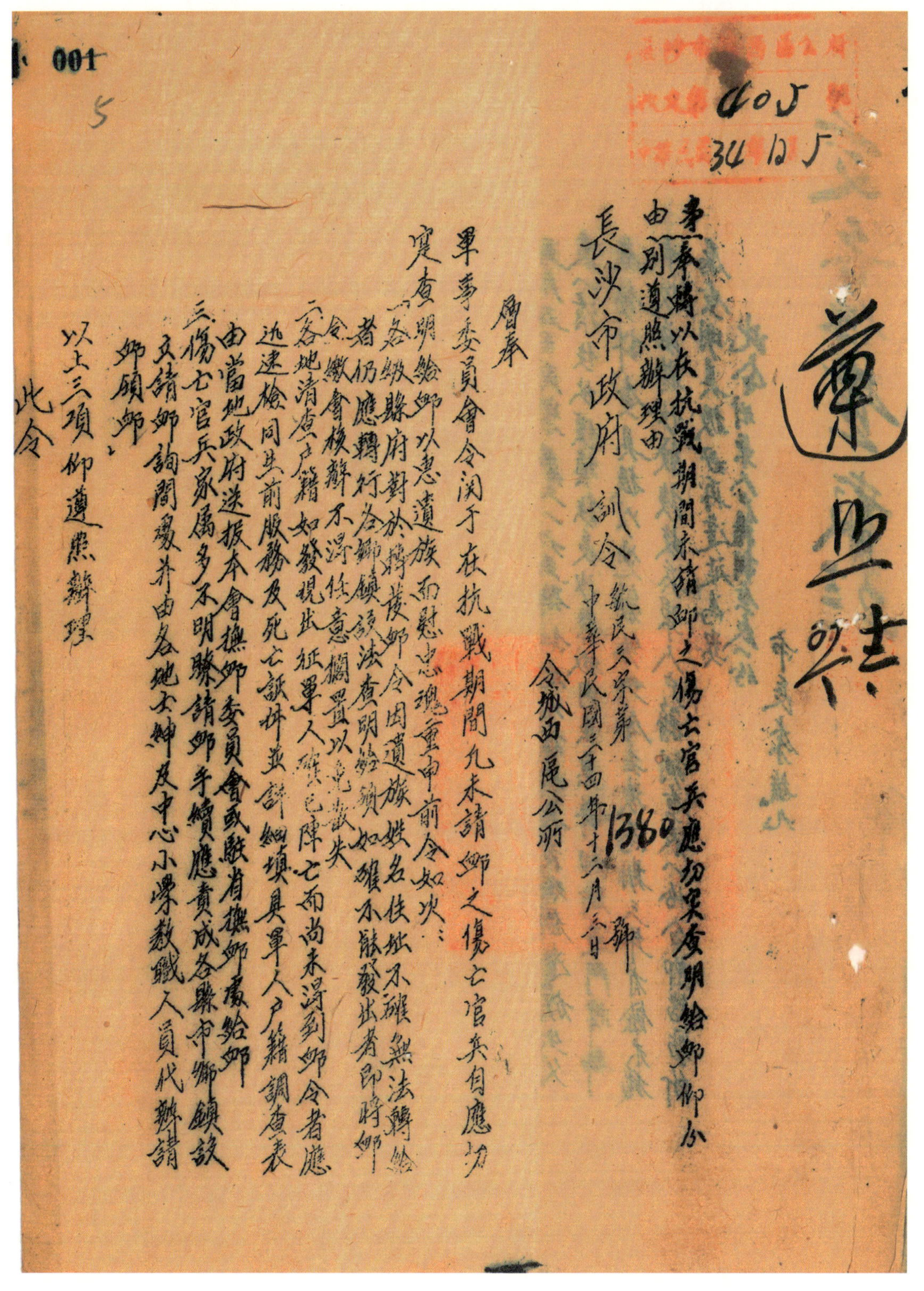

005
34 12 5

遵照

事由：奉令以在抗戰期間未請卹之傷亡官兵應切實查明給卹仰分別遵照辦理由

長沙市政府訓令 欽民文字第1380號

中華民國三十四年十二月三日發

令城西區公所

層奉

軍事委員會令開：「在抗戰期間凡未請卹之傷亡官兵自應切實查明給卹，以惠遺族而慰忠魂，重申前令如次：

一、各級縣府對於轄境卹令因遺族姓名住址不確無法轉給者，仍應轉行各鄉鎮設法查明給領，如確不能發出者，即將卹令繳會核辦，不得任意擱置，以免散失。

二、各地清查戶籍，如發現此種軍人確已陣亡而尚未得到卹令者，應迅速檢同其前服務及死亡証件并詳細填具軍人戶籍調查表，由當地政府送報本會撫卹委員會或駐省撫卹處給卹。

三、傷亡官兵家屬多不明瞭請卹手續，應責成各縣市鄉鎮設立請卹詢問處，并由各地士紳及中心小學教職人員代辦請卹領卹。

以上三項仰遵照辦理。」

此令

长沙市政府关于再令查报二十一师故兵袁瑞树遗族住址致该市城西区公所的训令（一九四五年十二月三日）

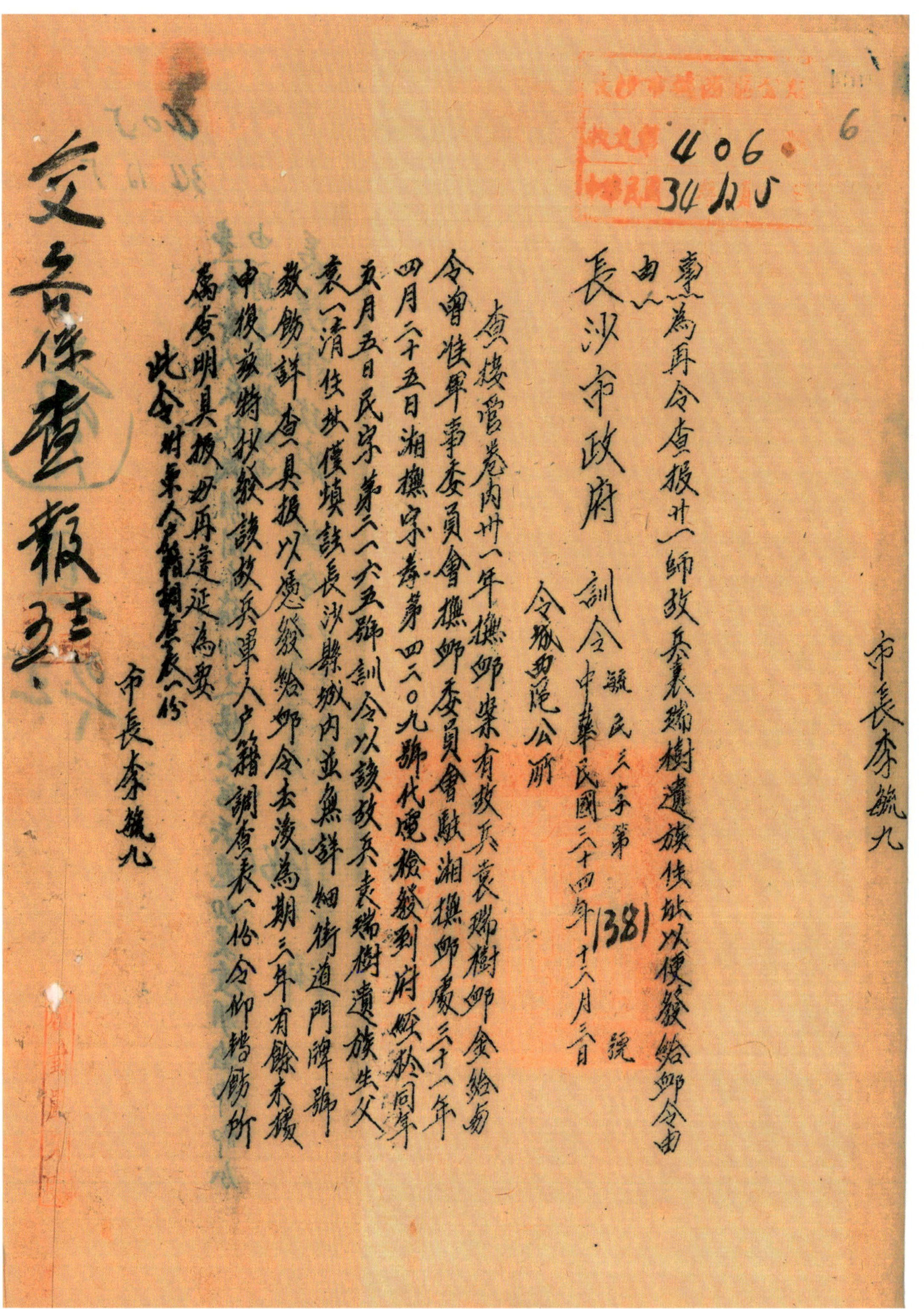

406
34.12.5

市長李毓九

事由：為再令查報廿一師故兵袁瑞樹遺族住址以便發給卹令由

長沙市政府訓令 教民三字第1381號
中華民國三十四年十二月三日

令城西區公所

查據當卷內卅一年撫卹案有故兵袁瑞樹卹金給與令，曾准軍事委員會撫卹委員會駐湘撫卹處三十一年四月二十五日湘撫字第四〇九號代電檢發到府，旋於同年五月五日民字第二六五號訓令以該故兵袁瑞樹遺族生父袁清住址僅填該長沙縣城內，並無詳細街道門牌號數，飭詳查具報，以憑發給卹令去後，為期三年有餘，未據申復。茲將抄發該故兵軍人戶籍調查表一份，令仰轉飭所屬查明具報，毋再違延為要。

此令

附軍人戶籍調查表一份

市長李毓九

交吾保查報

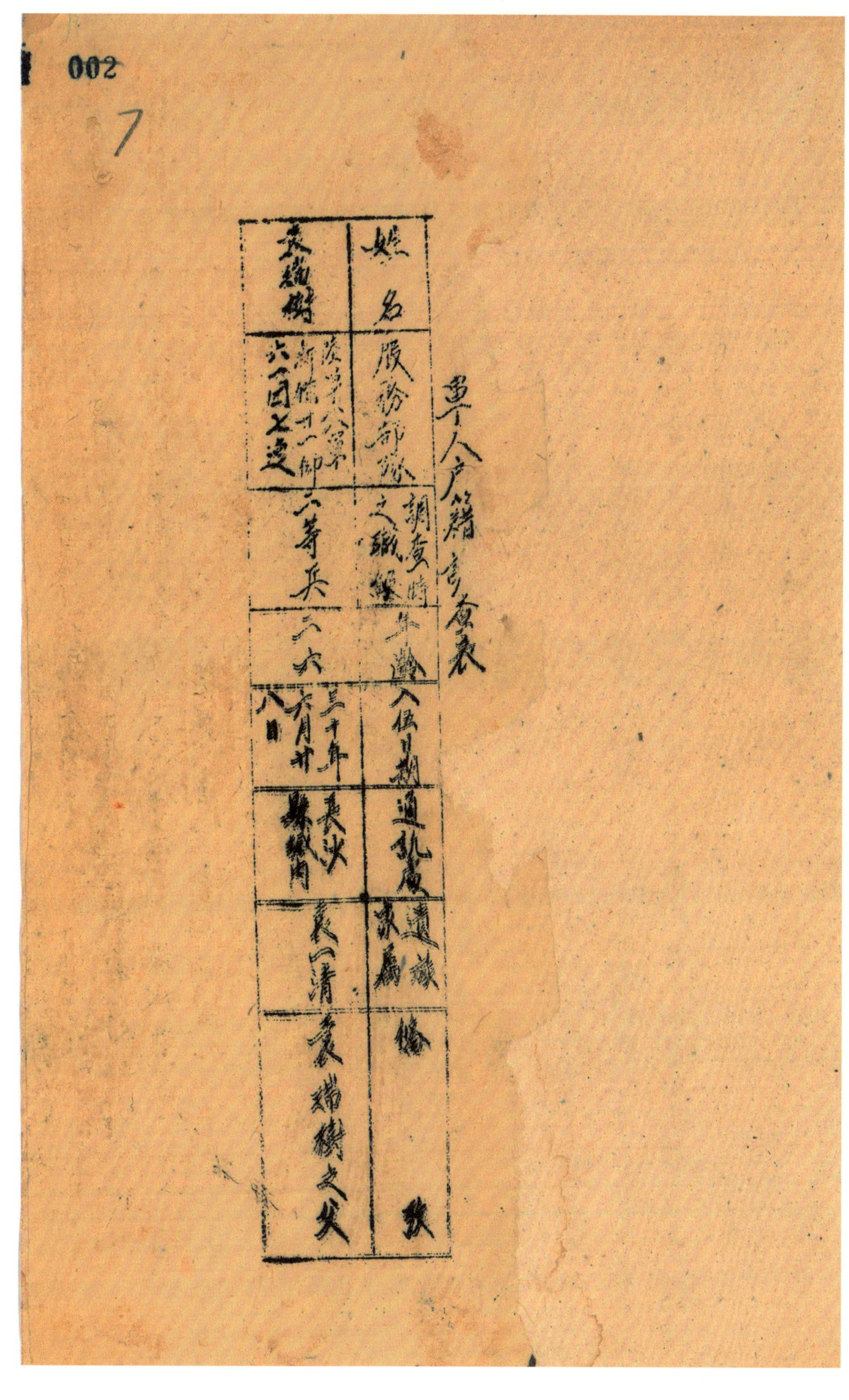

軍人戶籍調查表

姓名	袁瑞樹
服務部隊	廣東第八公安第新編十一師六一團七連
調查時之職級	二等兵
年齡	二六
入伍日期	三十年六月廿八日
通訊處	長沙縣城內
遺族家屬	袁八清
備攷	袁瑞樹之父

长沙市政府关于奉电查报战地人民守土伤亡事实致该市城西区公所的训令（一九四六年一月一日）

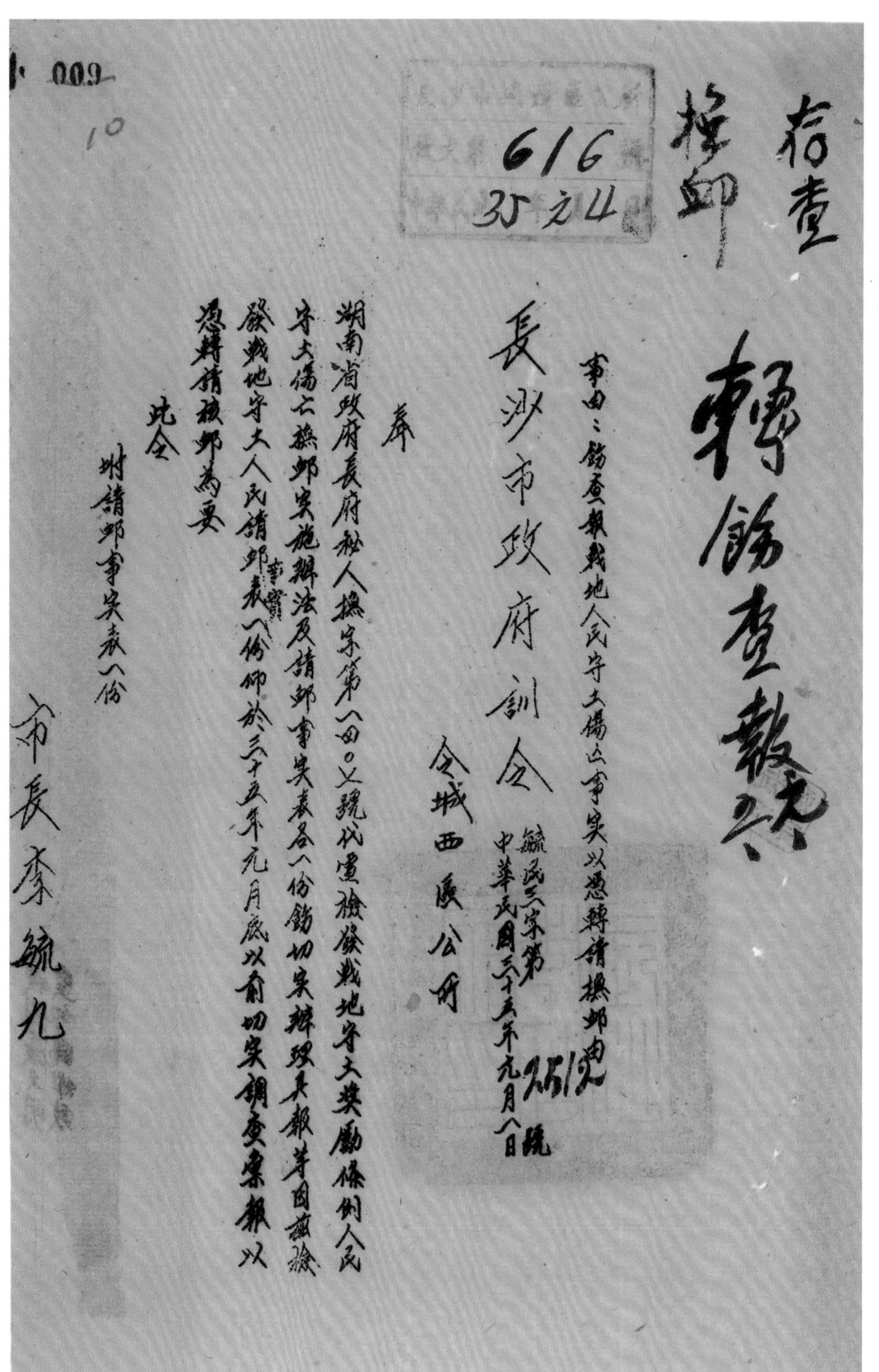

存查

核印

轉飭查報

616
35.1.4

事由：飭查報戰地人民守土傷亡事實以憑轉請撫䘏由

長沙市政府訓令

鈞民三六字第2516號
中華民國三十五年元月一日

令城西區公所

奉

湖南省政府長府秘人撫字第八四〇又號代電檢發戰地守土獎勵條例人民守土傷亡撫䘏實施辦法及請䘏事實表各八份飭切實辦理具報等因；茲檢發戰地守土人民請䘏事實表八份仰於三十五年元月底以前切實調查呈報以憑轉請核䘏為要

此令

附請䘏事實表八份

市長 李毓九

附：战地守土人民请恤事实表（表式）

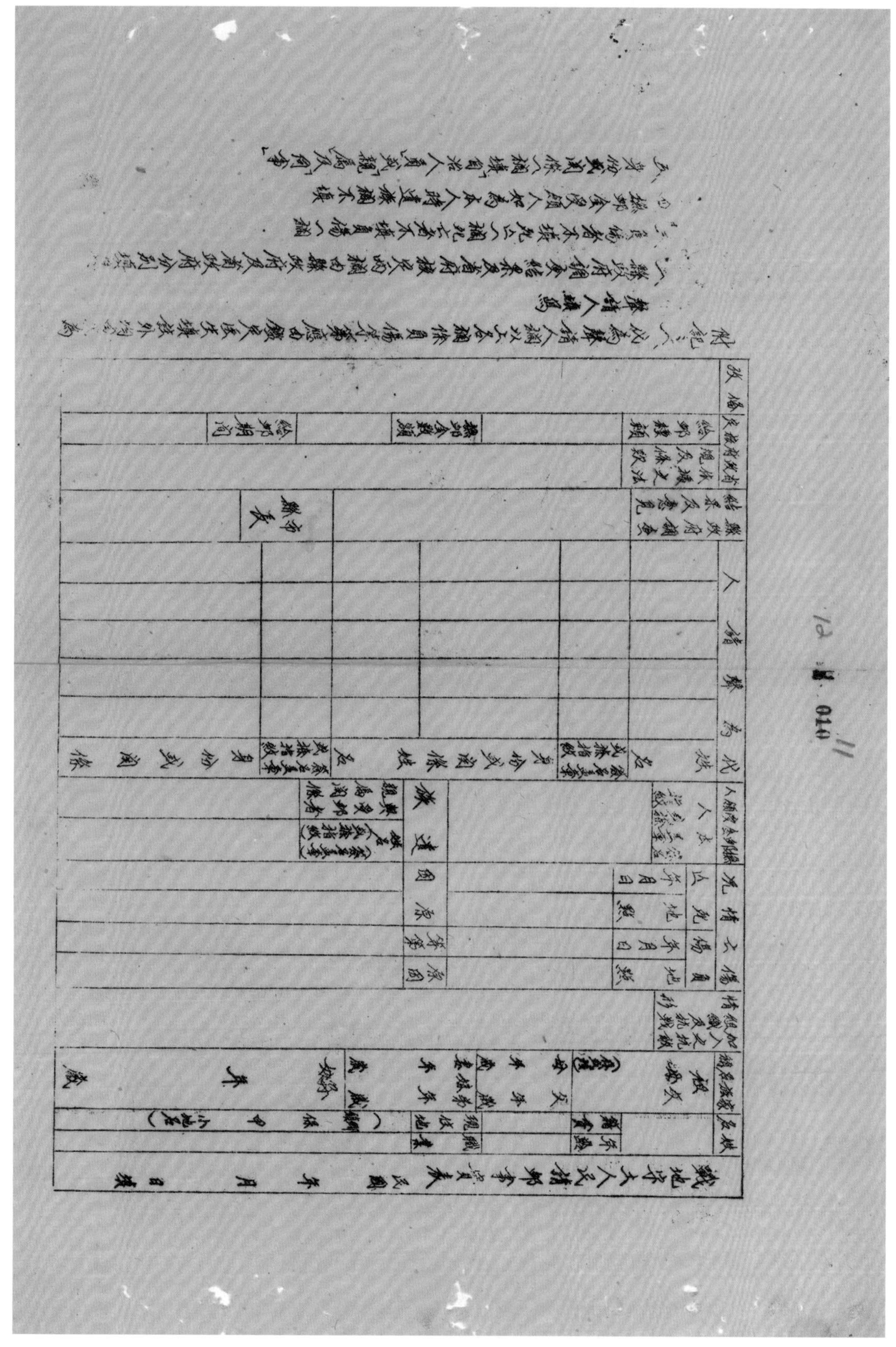

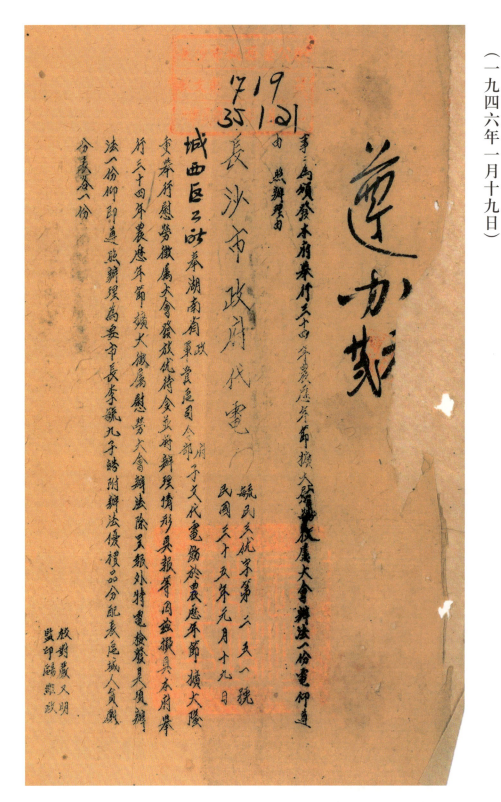

长沙市政府关于颁发该府举行一九四五年农历年节扩大慰劳征属大会办法致该市城西区公所的代电

（一九四六年一月十九日）

遵办

事由：为颁发本府举行三十四年农历年节扩大慰劳征属大会办法一份电仰遵照办理由

長沙市政府代電

號 民三玖字第二三八一號

民國三十五年元月十九日

城西區公所：奉湖南省政府、軍管區司令部府子文代電，飭於農歷年節擴大隆重舉行慰勞征屬大會，發放優待金，並將辦理情形具報等因。茲擬具本府舉行三十四年農歷年節擴大征屬慰勞大會辦法，除呈報外，特電檢發原頒辦法一份，仰即遵照辦理為要。市長李毓九子皓。附辦法、優禮品分配表、區域人員分表各一份。

校對嚴又明

監印歸繼政

附（一）长沙市政府举行一九四五年农历年节扩大慰劳征属大会办法

長沙市政府舉行三十四年農歷年節擴大慰勞徵屬大會辦法

1、本辦法遵照湖南省政府軍管區司令部子文代電並參酌本市實際情形訂定之

2、為便利徵屬集中起見本市慰勞徵屬大會分區舉行之

3、大會定名為長沙市〇〇區舉行三十四年農歷年歲擴大慰勞徵屬大會

4、本府為優待征屬每戶發放食米二市斗豬肉代金二千元並贈[illegible]刀以示優禮（各區優禮數目如附表（一））

5、由本市各機關首長分組領隊參加各區慰勞徵屬大會並將[illegible]劃分如附表（二）

6、優禮征屬以冊報本府有案者為限

7、征屬領取優禮實物須填具領據分別蓋章以明責任（領據如附件三）

8、各區舉行慰勞征屬大會應先通知左列機關團體參加

1、出征抗敵軍人家屬

2、保甲人員

3、當地機關團體

4、當地士紳

9、大會日期一律定於（元）月二十七日（農歷十二月二十五）上午十時

10、各組發放人員由本府每人每日開支交通伙食費六〇〇元

11、本辦法呈報湖南省政府軍管區司令部備核並請派員指導之

附（二）长沙市政府一九四五年农历年节举行扩大慰劳征属大会区域人员划分表

长沙市政府卅四年农历年节举行扩大慰劳征属大会区域人员划分表

组别	区别	上级机关指导人员	组长姓名	组员姓名	大会及发放慰劳品日期	大会及发放地点	应到征属户数	携带人数	备考
第一组	城东区	省政府	李毓凡	欧阳振鼎、李方援、林德交	元月二十七日（农历十二月二十五日）	正义戏院	34	1	
第二组	城南区	省政府	齐嵩亮	伏碑福、张炳章、张[illegible]谈		新新舞台	65	2	
第三组	城西区	省政府	滕天锡	欧阳默山、李蔡梁、戴家武		区公所	111	1	
第四组	城北区	军管区司令部	梁式儒	金光廷、李筱卿、黄祝熙		城北区第八中心学校	198	2	
第五组	[illegible]区	军管区司令部	张凤楼	郭东[illegible]、陈建中、王寿达		区公所	28		
第六组	文艺区	省政府	周翰	谢式派、刘忠亭、罗志诚		文艺中学	147	2	
第七组	[illegible]区	军管区司令部	陈净天	谭祖谦、黄震夏、贺益[illegible]		区公所	67	2	
第八组	岳麓区	军管区司令部	张福云	龙[illegible]斡、雷景春、黄越中		区公所	10	1	

附记

一、各组组员须向民政局第三科具领发放征属食米、急赈费、代金现款、印刷品及该区征属名册及交通中餐费。

二、各组组员于发放后二日内应将征属领款名册、发放情形分别逐项报核。

三、大会布置由各区公所负责布置之。

四、参加各组人员于元月二十七日上午九时在市政府集合分别出发。

长沙市政府关于通令彻查各阵亡员兵遗族住址致该市城西区公所的通令（一九四六年一月十九日）

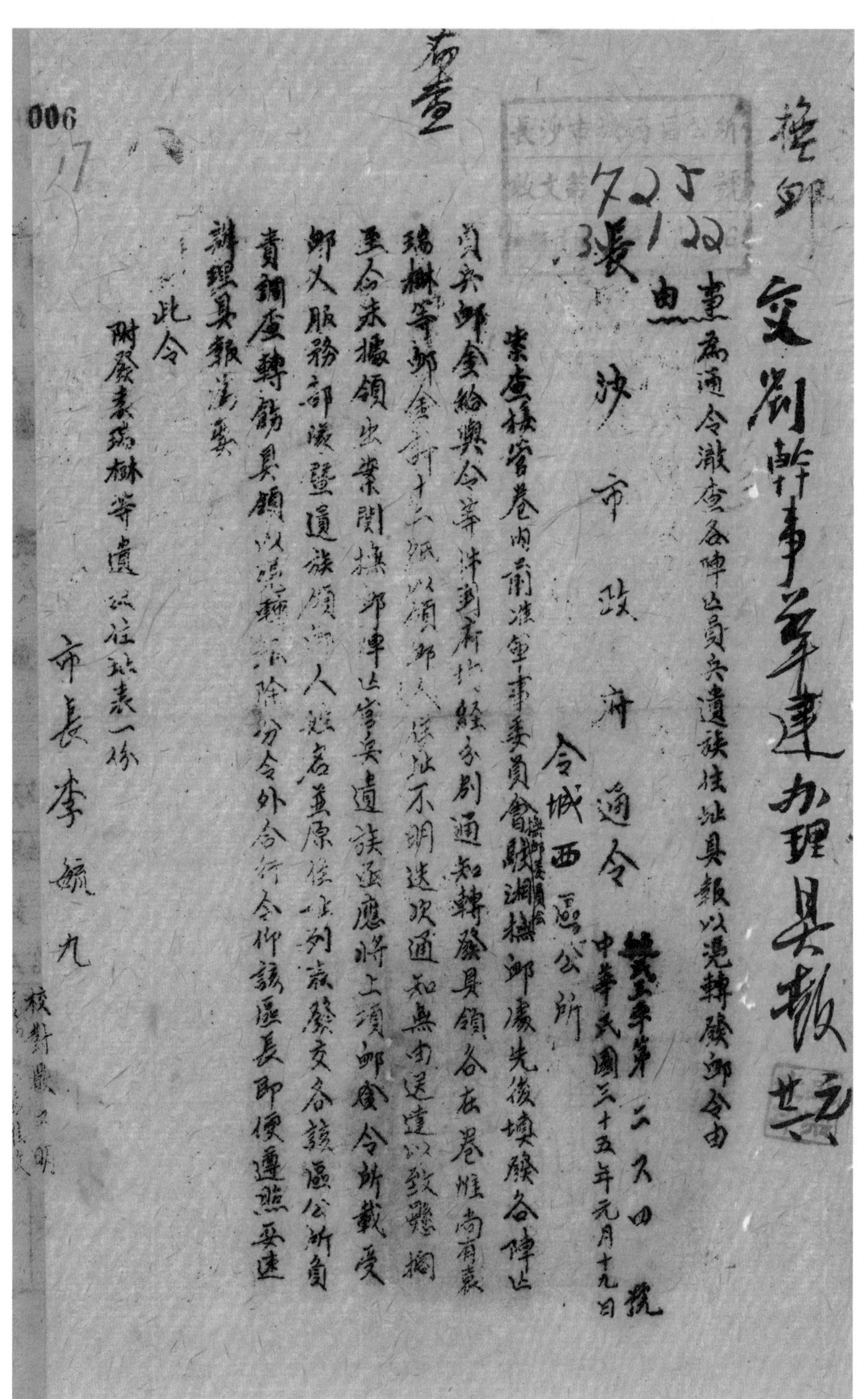

極卹

交劉幹事華達辦理具報 廿六

長沙市政府公所 收文第 號 725 1/22

事由：為通令澈查各陣亡員兵遺族住址具報以憑轉發卹令由

長沙市政府通令 叁五字第二六四號

中華民國三十五年元月十九日

令城西區公所

案查核管卷內前准軍事委員會撫卹處先後填發各陣亡員兵卹金給與令等件到府後經分別通知轉發具領各在卷惟尚有袁瑞林等卹金計十六紙以領卹人住址不明迭次通知無由送達以致懸擱至今未據領出事關撫卹陣亡官兵遺族亟應將上項卹金令所載受卹人服務部隊暨遺族領卹人姓名並原住址列表發交各該區公所負責調查轉飭具領以憑轉報除分令外合行令仰該區長即便遵照妥速辦理具報為要

此令

附發袁瑞林等遺族住址表一份

市長 李毓九

校對 戴 明

附：长沙市各阵亡员兵遗族领恤人姓名住址表

長沙市各陣亡員兵遺族領卹人姓名住址表

員兵姓名	番號職級	領卹人姓名	原址
袁瑞麟	陸軍第八十八軍新編廿一師六十一團七連二等兵	袁一清	長沙市西區內
徐震	陸軍第三師工兵營同中尉書記	徐勳農 田氏	長沙市正街
張繼衡	陸軍第一九〇師一營三部上士	張陳氏	長沙市南門外張家沖
莫九生	陸軍第七十軍六十師一八〇團一營二連二等兵	莫長 何氏	長沙市小吳門
鄧林林	陸軍第四師四十二團三營機三連上等兵	鄧懷仁 李氏	長沙市沈大街
劉得勝	陸軍第九〇師二六八團機一連二等兵	劉德堂 周氏	經武門外分路口二十號
寧孟厚	陸軍第九八師二九二團二營六連中士班長	唐氏 寧桂材 寧楚榮	長沙市大西門外[illegible]
傅祿生	陸軍新編第十三師三七團七連二等兵	傅華寬	長沙市大小西門同五知
胡貴初	陸軍第五師三七三團一營三連一等兵	胡鳳鳴	長沙市北大街
袁常勝	陸軍第一九七師五九一團機二連二等兵	袁龍明 李氏	長沙市小吳門蕪園菜園（或北正街瑞興長店）
傅兆龍	陸軍第七師四六二團八連下士	孫氏 傅芝桂	長沙市北正街瑞興長店
鄭聯民	陸軍第一五五師二四一團二營二連一等兵	鄭發貴 [illegible]	長沙市南門外三十七號

长沙市城西区抗战军人暨家属的一组调查表册（一九四六年一月至一九四七年三月）

（一）长沙市城西区第九保出征抗敌军人家属调查册（一九四六年一月）

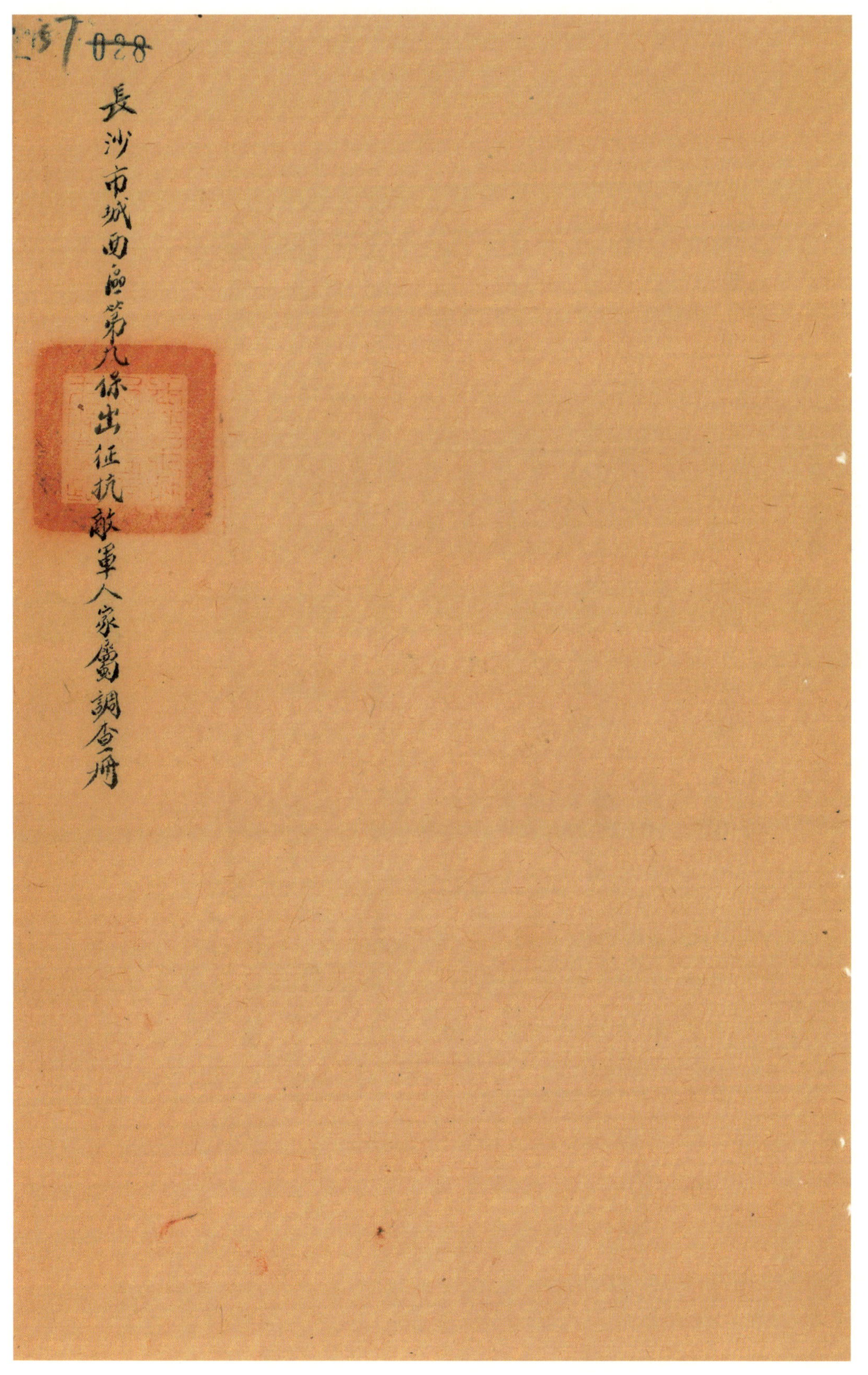
長沙市城西區第九保出征抗敵軍人家屬調查册

58
~~030~~

已籤卡 已籤卡

長沙市城西區第九保出征抗敵現役軍人家屬調查表

中華民國三十五年元月 保長劉杏華

家屬姓名	年齡	籍貫	性別	部隊番號及職級	出征軍人姓名	証書字號	眞系親屬	甲保	住址	家庭狀況	備攷
易枚生	五〇	本	男	九戰區輸送隊兵	易德明	遺失	父枚生 母化氏 弟國均	八	鹽道坝	貧	
程尹氏	三九	〃	女	四八師輸送連兵	程佐才	〃	妻尹氏 子兵兵 女春兵	武	〃	〃	
陳茂生	五六	〃	男	八武兵团下士	陳玄香	〃	父茂生 弟和桃	1	〃	〃	
徐萩氏	四八	〃	女	九戰區下士	徐國福	精識字14号	母萩氏 兄國清	六	〃	〃	
易漢章	六八	〃	男		易漢文		兄漢章	四	〃	〃	
劉鶴年	六〇	〃	〃	九戰區准尉測绘	劉鳳祥	遺失	父全祈 母吳氏 兄鶴年	二	〃	〃	
〃	〃	〃	〃	〃 少尉助教	劉鶴保	介字[illegible]	〃〃〃	〃	〃	〃	
〃	〃	〃	〃	吾集团軍電台中尉	劉萍	遺失	〃〃〃	〃	〃	〃	

59

已发卡　已发卡

刘陈氏	四五	〃	女	刘正藩	兵站监 列兵	信件	母陈氏 弟兆藩	二	〃	〃
易德生	三六	〃	男	一三师兵	易汉祺		兄德生	五	〃	〃
陈李氏	三四	〃	女	青年战卫队队附	陈基峰		妻李氏 兄桂秋	六	〃	〃
张海文	三四	〃	男	独三师下士	张若岩	操号10886号	父福泉 兄海文	十八	〃	〃
陈基明	六一	湖北	〃	鄂湘二团三营十二连	陈玉书			十四	〃	〃
徐卓先	五八	本	〃	济阳部副官	徐刘峰			四	〃	〃
王金凤	四八	河南	女	四军一百三师上士	王岩区	卸令		六	〃	〃
〃	〃	〃	〃	〃 上等兵	王桂贞	〃		〃	〃	〃
〃	〃	〃	〃	〃 〃	吴元富	〃		〃	〃	〃
柳田家顺	四九	本	〃	一九师野战医院	柳炳生	〃		〃	〃	〃

106户

（二）长沙市城西区第八保出征抗敌现役军人、荣誉军人、阵亡官兵遗族调查表（一九四六年二月二十八日）

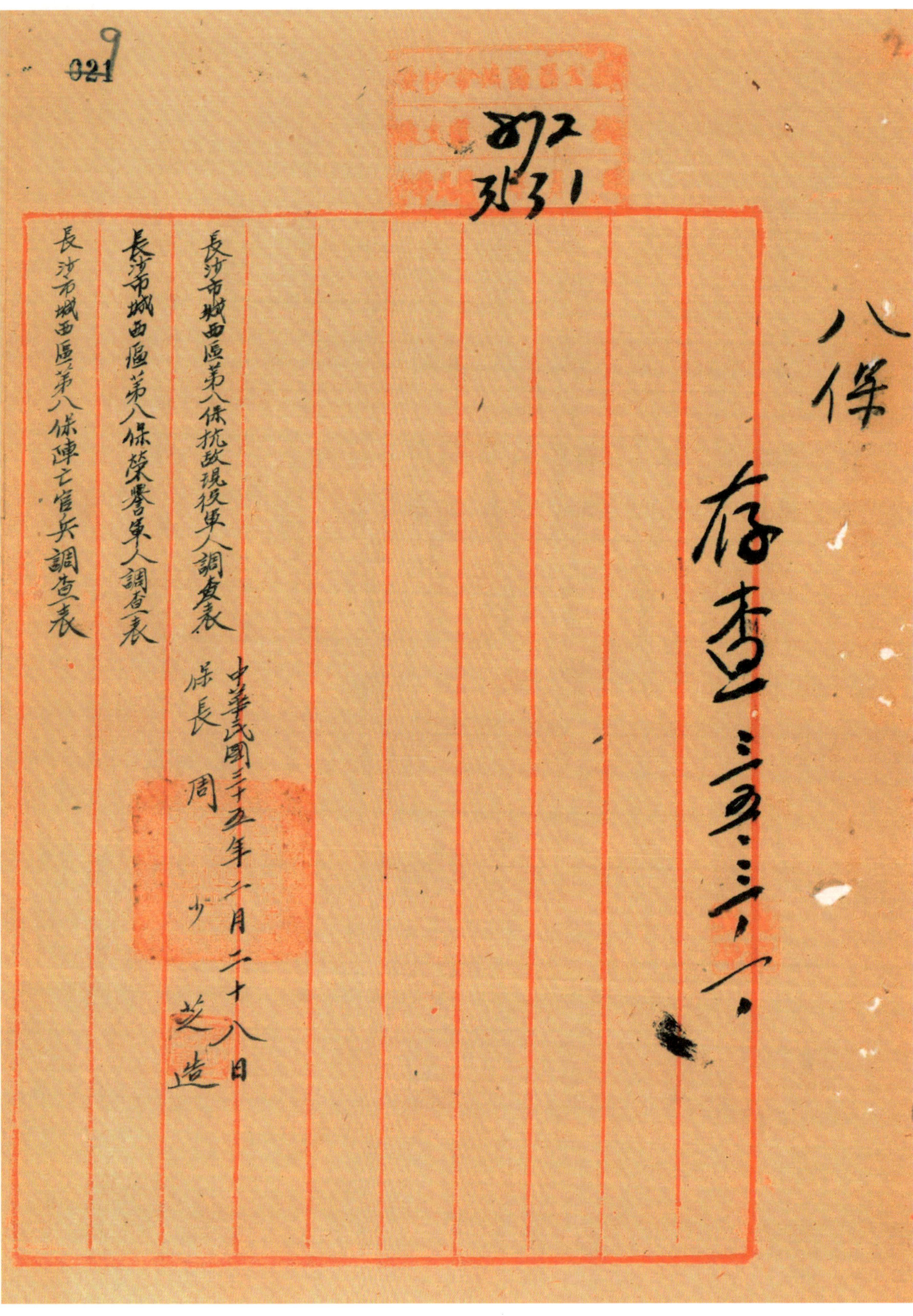

八保

存查 三五、三、一

長沙市城西區第八保抗敵現役軍人調查表

中華民國三十五年二月二十八日

保長 周少芝造

長沙市城西區第八保榮譽軍人調查表

長沙市城西區第八保陣亡官兵調查表

長沙市城西區出征抗敵現役軍人調查冊

征屬姓名	年齡	籍貫	性別	出征軍人姓名	部隊番號及職級	証明書字第号	直系親屬	現住住址保甲	門牌号數	家庭狀況	備考
梁張氏	六一	湘陰	女	梁孔明	建延部師管區司令部	信件	共五口	八保九甲	提下街十三号	次貧	
劉龔氏		長沙	女	劉振武	西南運輸處	〃	三口	八保四甲	吉祥巷同仁里三号	〃	
劉南藩	五四	湘鄉	男	劉楚橘	陸軍一〇九師六三九团輸送二連	信件	共五口	〃八甲	明月池九号	〃	
熊梅云（邢）		長沙	男	熊孝鈞（邢）	陸軍新一軍五〇師輜重營六連	〃	共六口	〃十甲	如意街一号	赤貧	廣州九龍
杜祥云	六七	湖北	女	傅健偉	軍事委員會戰時運送管理處	〃	五口	〃十甲	〃	次貧	
袁國分	二〇	浙江	女	郁康明	〃	〃	四口	〃	〃	〃	
袁莆華	二五	〃	女	張金寶	〃	〃	三口	〃	〃	〃	
馬鳳英	六七	〃	女	郜勇泥	〃	〃	三口	〃	〃	〃	

18

周雋英	二七	浙江	女	許磊	軍事委員会戰時運送管理處	信件	六口	八係如意街十二甬号	次貧	
鄭熊氏	七〇	長沙	女	鄭偉興	二六軍四八師	〃	四口	〃明月池六甬二十四号	赤貧	
熊松喬	五四	〃	男	熊燮坤	二〇五師六一五团二營四連二等列兵	1124号	三口	八徐吉祥巷罒甬四号	次貧	
劉袁氏	五一	〃	女	劉長生	九戰区軍粮處	最近信件	十口	〃史家巷甬十一号	〃	現扎江西吉安
劉厚坤	五一	〃	男	彭重寬	二〇五師六一四团本部軍需	最近信件	〃	〃	〃	現扎貴陽大夏大學
黃青棚	四六	〃	〃	黃震	財政部税警總团所長	2194号	六口	〃	〃	
黎煥章	六二	〃	〃	黎純生	陸軍六大軍一九九師五九七团特務排長	信件	四口	〃福星街十甬三十一号	赤貧	
吳少秋	五二	〃	〃	吳德華	湖南警務處警察十四大隊第中隊特務長	〃	四口	永興丁鋪鉄巷甬号	〃	
易福生	六〇	〃	〃	易毓棣	防空學校砲兵四十二团五營十五連	最近信件	六口	〃吉祥巷罒甬十号	〃	
李春階	六六	〃	〃	李先明	砲兵十一团二營	最近信件	七口	〃十三号	〃	現扎河南鄭州二馬路

黃子庆	七二	長沙	男	黃　珧	甘肅蘭州汽車兵团十五团三營駕駛員	最近信件	四口	八條吉祥巷四甲三七号	赤貧	
王彭氏	六六	〃	女	王振昆	浙江省保安第二团第二大隊	政警2666号	八口	〃一路吉祥廿甲八号	〃	現扎浙江
王彭氏	六六	〃	〃	王振明	〃	政警2667号	〃	〃	〃	〃
栁鄒氏	五八	長沙	安	栁金生	三十五師二營上等兵	〃	三口	〃十甲如意丁号	〃	
曾福生	五二	〃	男	曾榮藩	四十三師一二七团团本部特務排長	〃	四口	〃	〃	
陳周氏	五八	〃	女	陳興國	陸軍独立野戰工兵第十六团三營	〃	四口	〃道正街号	次貧	現扎浙江長興
徐立成	四八	湘陰	男	徐永茂	交通指揮部第二团三營十五連	〃	六口	〃大甲二十号明月池	赤貧	
張慶和（王氏）	四八	長沙	女	張慶和	陸軍新三十六師一二三团三營七連上等兵	交警6217号	六口	〃十甲九号道正丁	〃	
曾擬瓚（握）	四〇	〃	女	黃　滌	航空第九總站輸送股	最近信件	六口	〃一甲七号先鋒厂	次貧	現扎漢口飛机場

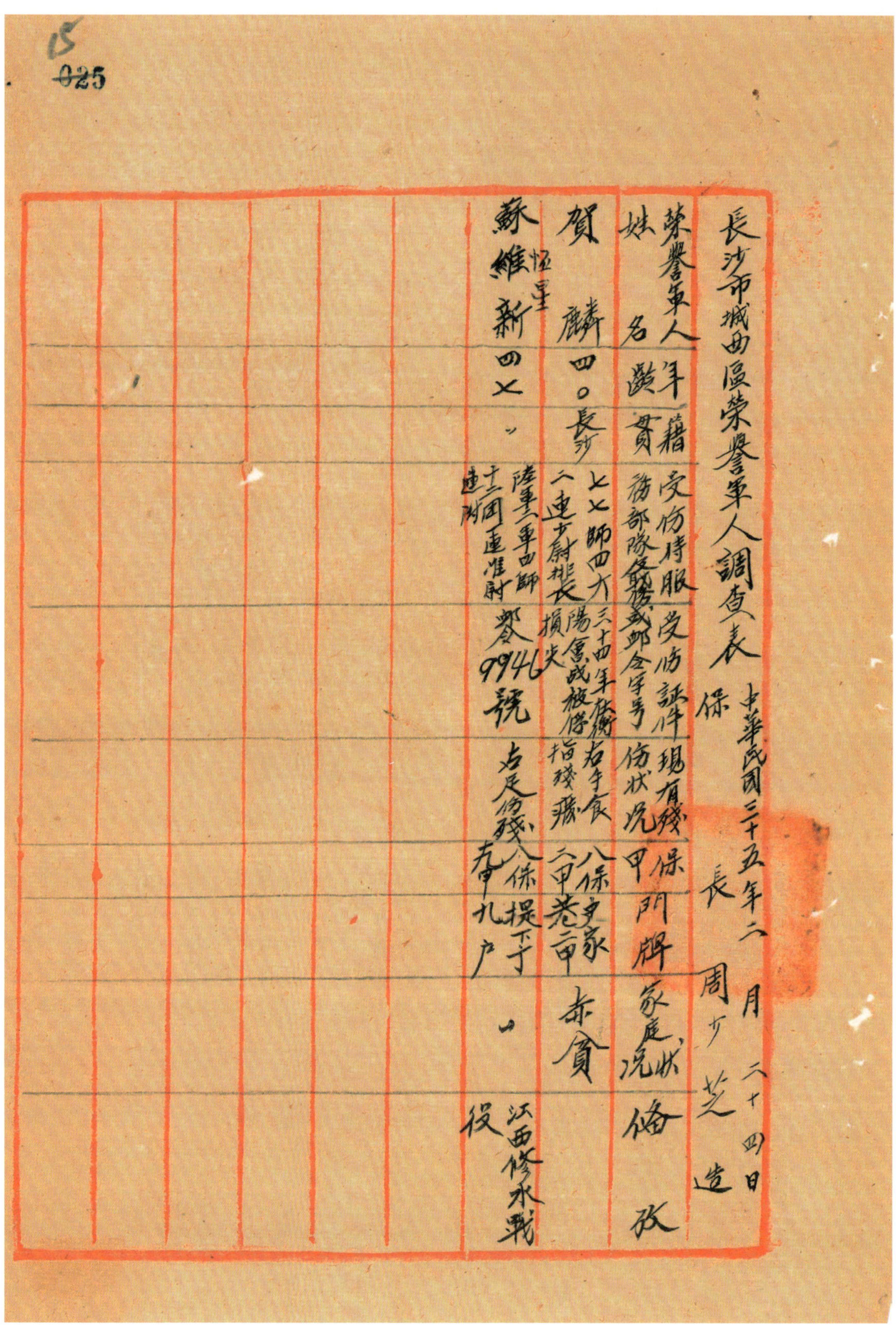

15
025

長沙市城西區榮譽軍人調查表

保　長　周少芝　造　　　中華民國三十五年二月二十四日

榮譽軍人姓名	年歲	籍貫	受傷時服務部隊及官職	受傷証件及號碼	現有殘傷狀況	保甲門牌	家庭狀況	備考
賀麟	四〇	長沙	七七師四六一團二連少尉排長	三十四年衡陽會戰被俘損失	右手食指殘廢	八保二甲荒市	赤貧	
蘇維新（恆星）	四七	〃	陸軍二軍四師十二團連準尉連附	鄂參9946號	右足傷殘	八保提下丁九甲九戶	〃	江西修水戰役

~~024~~
14

長沙市城西陣亡官兵遺族調查表

遺族姓名	年齡	性別	籍貫	與陣亡官兵關係	陣亡官兵姓名	陣亡時服務部隊及職務	陣亡證明文件或郵令号	直接親屬	保甲門牌号次現在住址	家庭狀況
鄭周炎云	三〇	女	長沙	夫妻	鄭業榮	二四師七〇旅一四〇團六營六連上校連長	現有郵令收條為據	鄭周炎云	八保永興丁鐵鋪巷十甲一号	赤貧陣亡江西康石
蘇王氏	六〇	女	〃	夫妻	蘇學章	五〇師一四八旅二九五團四連上等兵	郵令155370号	蘇王氏	八保明月池十甲九户	赤貧陣亡江蘇運河
張紹景	五六	男	〃	父子	張定國	陸軍三十六軍團國本部准尉事務員	陣亡時文件被燬保甲長證明書	張紹景	〃福吳興浙江會館十甲卅一号	赤貧
周李氏	五七	女	〃	母子	周振國	長沙三次會戰邑部	陣亡時文件被燬併長證明書	周李氏	〃如意丁十甲八号	赤貧陣亡東鄉天華市

（三）长沙市城西区第四保出征抗敌现役军人家属调查表（一九四六年三月）

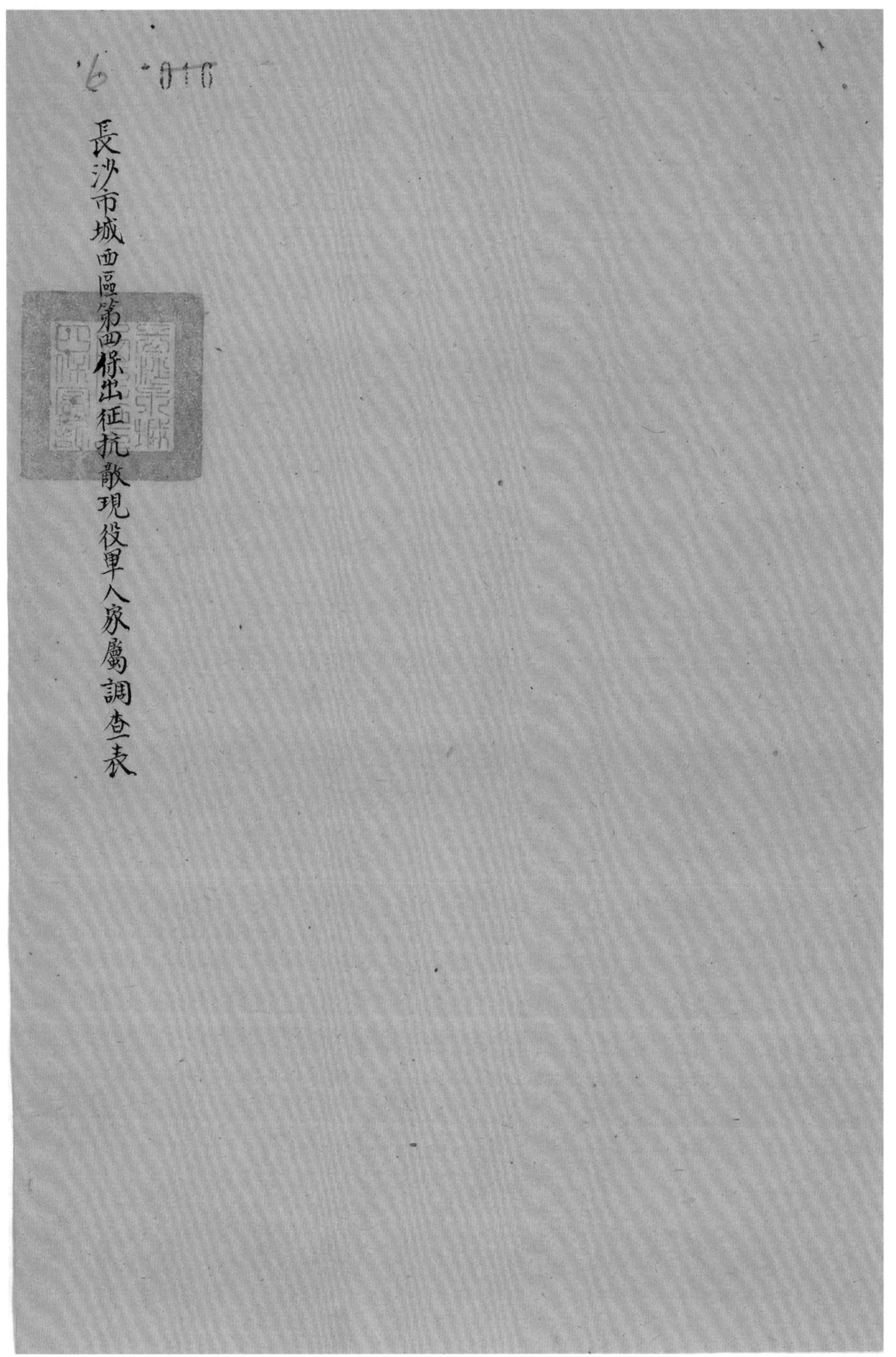

7 · 917

長沙市城西區第四保出征抗敵現役軍人家屬調查表

民國三十五年三月　日

保長　馮慶勛

征屬姓名	年齡	籍貫	性別	出征軍人姓名	部隊番號及職務	証明書字號	直係親屬	保甲	現在住址門牌號數	家庭狀況	備攷
毛張氏	六六	湘陰	女	毛根雲	七八軍軍需處軍需	遺失	母張氏　妻顏氏	十	木牌樓一条巷一號		
巢連生	五八	〃	男	巢惠蒙	新四師十二團一營營長	〃	父連生　母張氏	十	木牌樓一四號		
陳張氏	四八	〃	女	陳一新	第十師	〃	妻張氏	九	上太平街一二號		

（四）长沙市城西区阵亡官兵遗族调查册（第五保、第六保）（一九四六年四月二日）

0006

214

長沙市城西區陣亡官兵遺族調查冊

長沙市城西區陣亡官兵遺族調查冊

中華民國三十五年四月二日

保長陳維新造具

遺族姓名	年齡	性別	籍貫	與陣亡官兵關係	陣亡官兵姓名	陣亡時服務部隊及職務	陣亡證明文件或卹令字號	直系親屬	保甲	現在住址門牌號數	家庭狀況	備考
張德華	六一	男	長沙		張鳴崗	陸軍十六師車[illegible]隊少尉軍械員	撫卹證明書二四一三一六號	妻張譚氏 子張健昆 父張德華 母張周氏	五保七甲	西牌樓太平里內八號	赤貧	
李胡氏	二五	女	湖北		李楚平	軍政部一九衛生船舶一等軍醫佐	卹令字號二四六二九一號	妻李胡氏 子李春芳 母李余氏	五保八甲	三泰街三五號胡順興	〃	
謝春華	六六	男	長沙		謝文漢	八七師五一八團二營上尉書記	卹令字號一七七〇〇九號	妻謝石氏 父謝春華 母謝周氏 弟銀玉 妹桂卿	五保十八甲	堤下街明月池仁興園四號	〃	

長沙市城西區陣亡官兵遺族調查册

民國三十五年四月二日

保長周盈科 造具

遺族姓名	年齡	性别	籍貫	與陣亡官兵關係	陣亡時服務部隊及番號	陣亡時證明文件或郵令字號	直係親屬	保甲	現在住址門牌號數	家庭狀况
魏有為	六〇	男	長沙	父	陸軍突擊總隊第一縱隊司令部	郵令已呈撫委会	父有為 母楊氏 妻張氏	六保九甲	皇倉坪魏順和	貧
胡劉氏	五〇	女	〃	妻	十五師四四旅八八團二營	〃	妻劉氏 女文卿	六保八甲	觀音井十八號	〃
易贊周	六四	男	〃	父	四師十旅一九團	〃	父贊周 子成業	六保六甲	怡長街三四號	〃
楊新	五五	〃	〃	〃	撫委会第二處	撫字二六四二六四號	母陳氏 妻吳氏 子振寰球	六保二十八甲	皇倉街五七號	〃
姚胡氏	三九	女	〃	妻			妻胡氏 子鉄伦	六保十二甲	皇倉坪四號	〃
陳薛氏	三二	〃	〃	〃	五八師三四七團	二六九五二號	母談氏 妻薛氏 子保英 女愛英	六保十二甲	萬壽街二十二號	極貧

周盈科印

（五）长沙市城西区出征抗敌现役军人家属调查表（第六保）（一九四六年四月二日）

28
063

長沙市城西區出征抗敵現役軍人家屬調查表

民國三十五年四月二日　保長周盈科造具

征屬姓名	年齡	籍貫	性別	出征軍人姓名及職務	部隊番號證明書字號	直係親屬	保甲	現在住址門牌號數	家庭狀況	備考
潘伯安	三七	平江	男	潘長生 三十六軍通訊二連排長	務字五二七號		六保十八甲	皇倉灣九十號	貧	
馮紹成	六三	長沙	〃	馮云鵬 中央航空第一無線電台上尉班長	简信		六保十甲	皇倉坪四十三號	〃	
吳厚祥	五一	〃	〃	吳澤南 七九軍夕械處上等兵	務字二三四三號	父厚祥 母彭氏	六保二十五甲	倉后街	〃	
吳舜民	五〇	〃	〃	吳淞 九戰區兵站總監部軍需	照岩命令		六保三十甲	軒轅井巷四號	〃	
盛得雲	四五	〃	〃	盛鑑興 三二集團軍兵站分監部上士	简信	父得雲 母湛氏 妻李氏	六保二十四甲	倉后街二十二號	〃	
師立成	六六	長沙	〃	師蔭藻 軍政部軍需	最近简信為証	父立成 母朱氏	六保二十一甲	紫荊街九號		
師立成	六六	〃	〃	師文詠 九戰區軍械處書記	〃	〃	〃	〃		
舒徐氏	六二	〃	女	舒濱 四九軍一〇五師衛生隊上等兵	未列號	母徐氏	六保二十三甲	〃十號	極貧	

（六）长沙市城西区第九保受伤官兵登记册（一九四六年七月十八日）

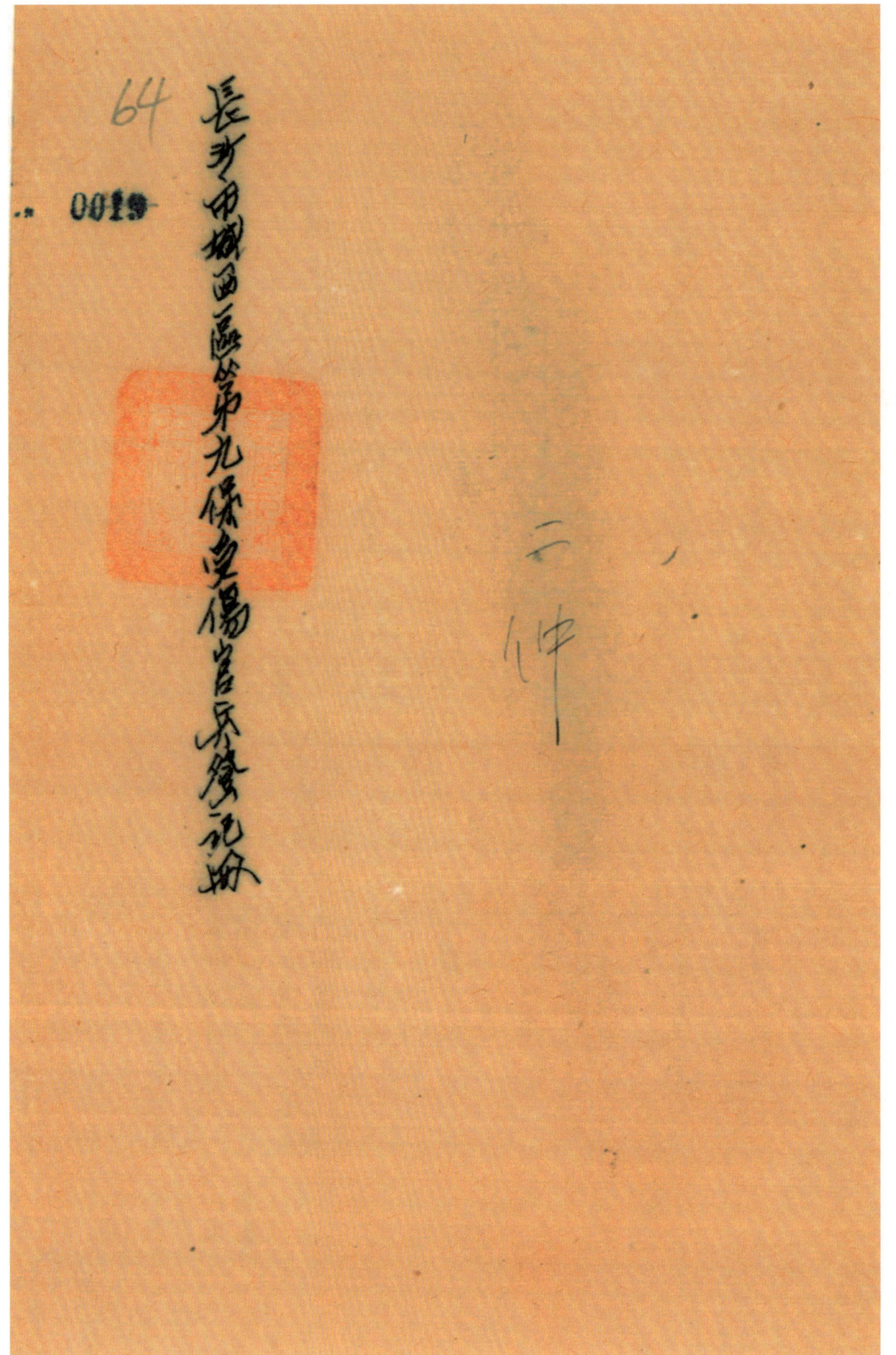
64

0019

長沙市城西區第九保受傷官兵登記冊

二仲

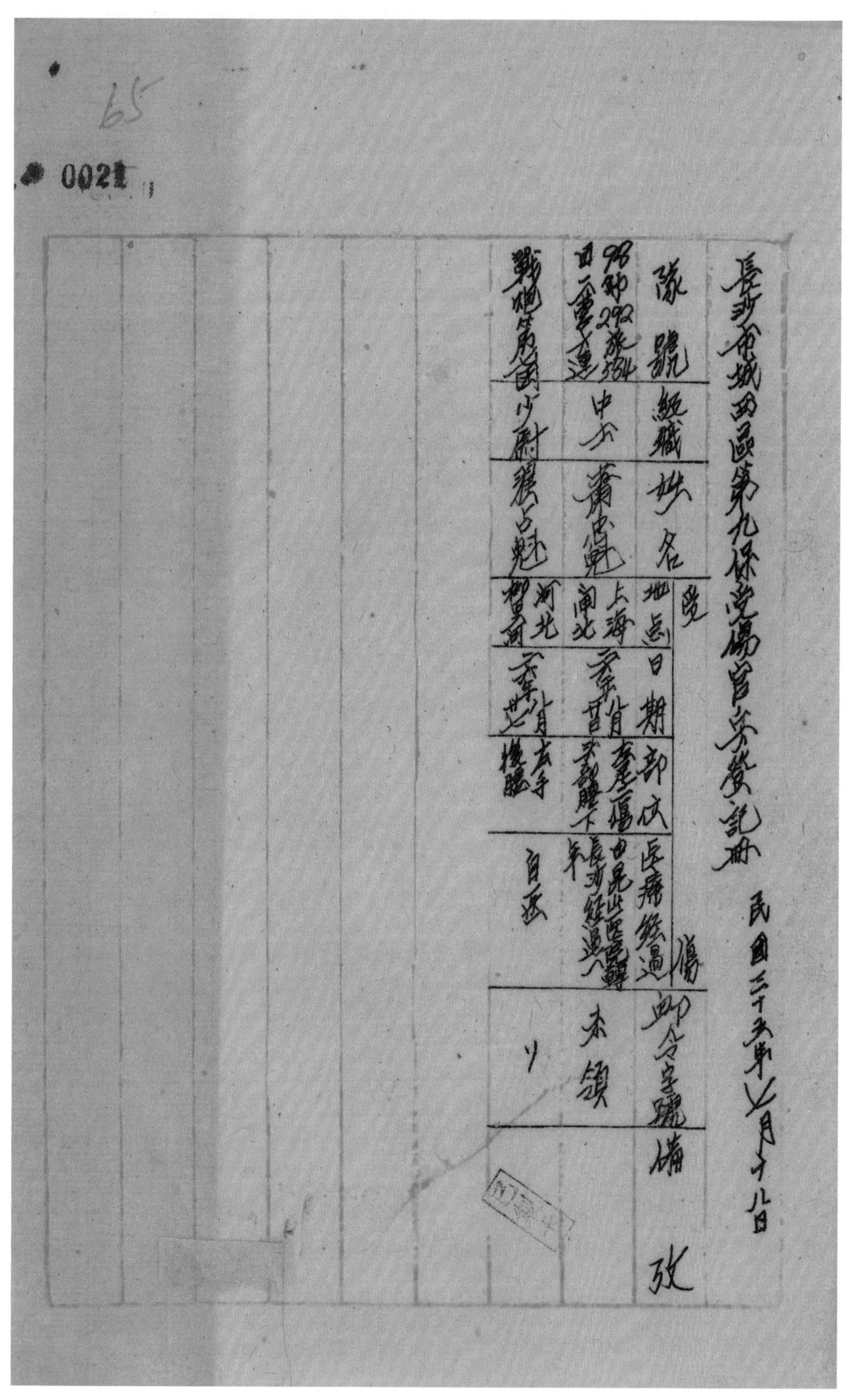

65

0021

長沙市城西區第九保受傷官兵登記冊　　民國三十五年七月十八日

隊號	級職	姓名	受傷地點	日期	部位	傷癒經過	卹令字號	備攷
98師292旅584團一營七連	中士	蕭忠魁	上海閘北	二六年八月廿日	左足右腳腿下	由昆山醫院轉長沙經過八年	未領	
戰地第[illegible]團	少尉	張占魁	河北柳里河	二六年八月廿七	左手[illegible]	自癒	〃	

（七）长沙市城西区第八保受伤官兵登记册（一九四六年七月）

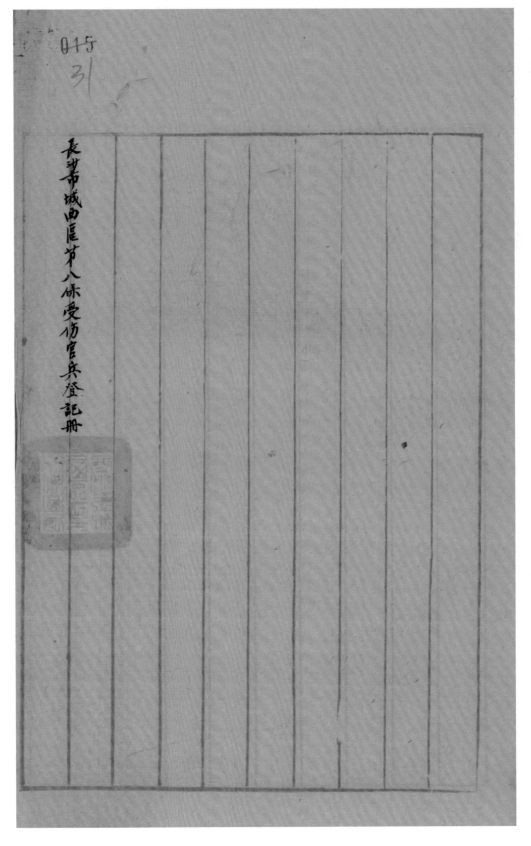
015
31
長沙市城西區第八保受傷官兵登記册

長沙市城西區第八保受傷官兵登記冊

中華民國三十五年七月　日

保長　周少芝　造

隊號	級職	姓名	受傷地点日期	受傷部位	医療經過	鄉令字號	備致
七七師四五九團三營七連	少尉排長	賀麟	上海刘行二六年九一八	右手食指		全縣字13号	第十軍衛隊作戰鄉令遺失
第四師一二三團一連	准尉排長	蘇懷昱	江西修水一五年三月	右腳	已廢	全鄉字9916号	

（八）长沙市城西区第六保出征军人家属调查名册（一九四七年一月十日）

21 56 062

長沙市城西區第六保出徵軍人家屬調查名冊 民國三十六年元月十日 保長 張步華

征屬姓名	年齡	籍貫	性別	出征人姓名	出征軍部隊番號及職務	證明書字號	直系親屬	現在住址 保	甲	街道	門牌	家庭狀況	備攷
馮紹成	六三	本	男	馮云鵬	中央航空第一運輸總隊上尉附員	函信		六	十	寡婦坪	45	貧	
盛德雲	四五	〃	〃	盛鑑興		〃	父得云 母崔氏 妻李氏	六	三	六倉巷		〃	
吳厚祥	五一	〃	〃	吳澤南	七九軍〃械交連上等兵	務字三四三號	父厚祥 母彭氏	六	五	倉後街		〃	
師立成	六六	〃	〃	師耀藩	[illegible]軍需	函信	父立成 母朱氏	〃	二	紫荊街	9	〃	
師立成	六六	〃	〃	師文祁	九戰區軍械處書記	〃	〃	〃	〃	〃	〃	〃	
周瑞祥	六〇	〃	〃	周青山			父瑞祥 母[illegible]氏	〃	一	藥王街		〃	本屋晴明街兵人[illegible]
李禹氏	四六	〃	女	李佑成			母禹氏	〃	七	[illegible]亭		〃	
曾太全	二〇	〃	男	曾太生			弟太仁	〃	九	[illegible]		〃	
黃鴻生	一六	〃	〃	黃佩藩			弟鴻生	〃	一〇	〃		〃	
王				王智才									

（九）长沙市城西区第五保出征抗敌现役军人家属调查表（一九四七年一月十二日）

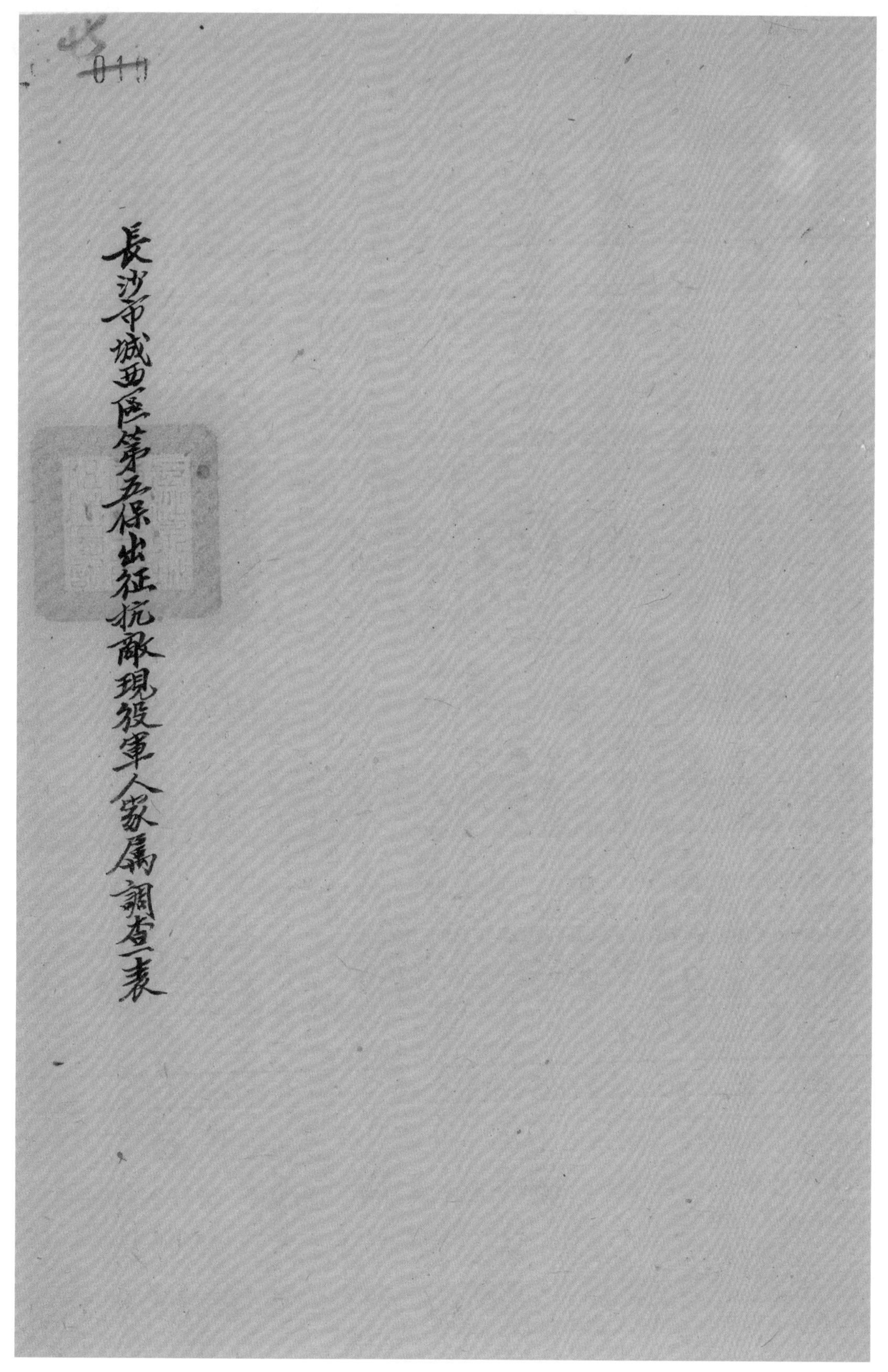

長沙市城西區第五保出征抗敵現役軍人家屬調查表

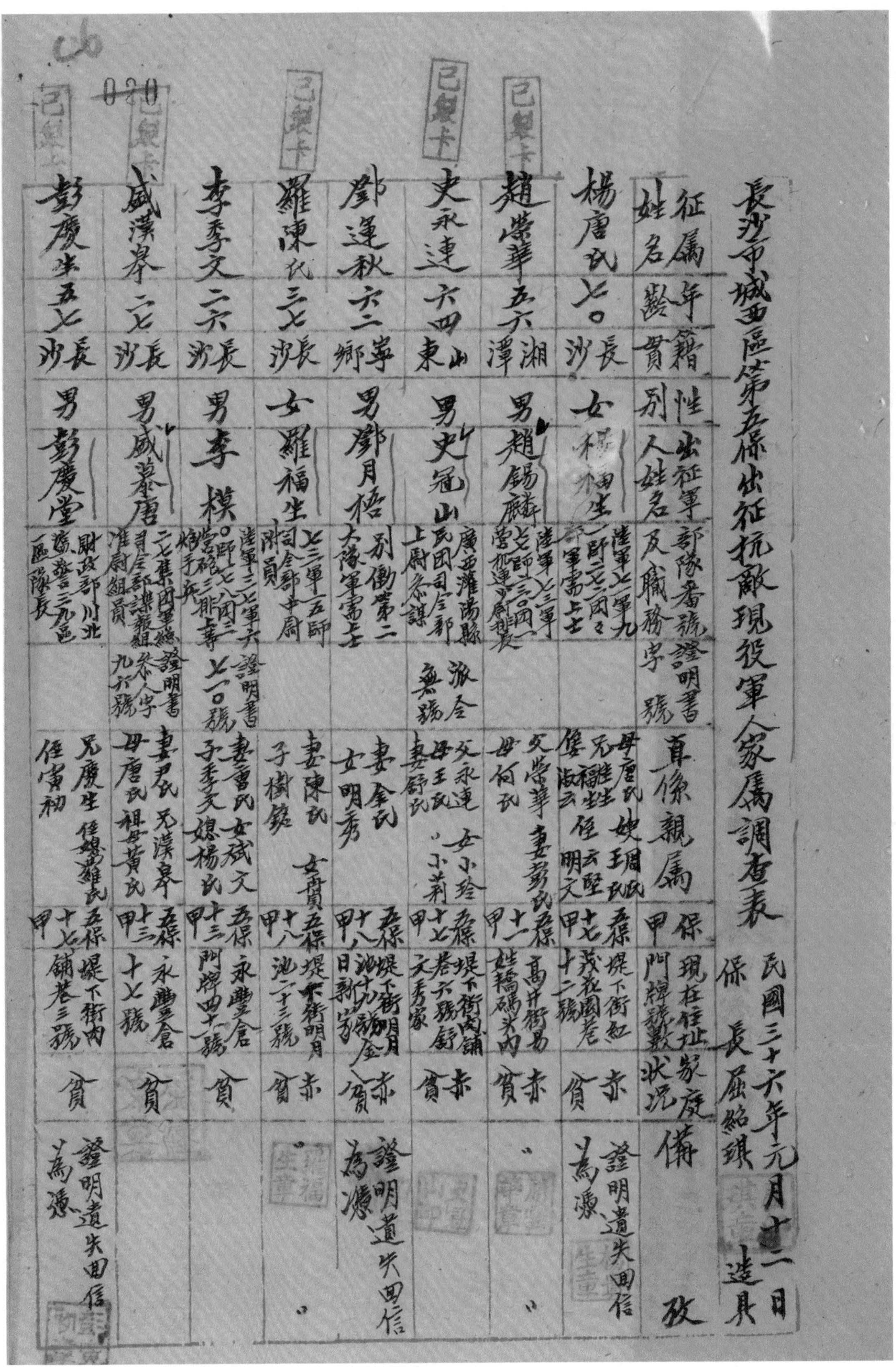

长沙市城西区第五保出征抗敌现役军人家属调查表

民国三十六年元月十二日造具

保长 屈绍琪

征属姓名	年龄	籍贯	性别	出征军人姓名	出征军部队番号及职务	证明书字号	直系亲属	保甲	现在住址门牌号数	家庭状况	备考
杨唐氏	七〇	长沙	女	杨[illegible]生	陆军七一军九一师二七一团军需上士		母唐氏 嫂王珊氏 兄福生 侄云坚 侄女淑云 侄明文	五保十七甲	堤下街红茂花园巷十二号	赤贫	证明遗失田信为凭
赵棠华	五六	湘潭	男	赵锡麟	陆军七三军七七师二三〇团一营机枪连少尉排长		父棠华 妻彭氏 母何氏	五保十一甲	高井街易姓轿码头内	赤贫	〃
史永连	六四	山东	男	史冠山	广西濉阳县民团司令部上尉参谋	派令无号	父永连 母王氏 妻舒氏 女小珍 女小莉	五保十七甲	堤下街肉铺巷六号舒文秀家	赤贫	
邓逢秋	六二	宁乡	男	邓月梧	别働第二大队军需上士		妻金氏 女明秀	五保十八甲	堤下街明月池十九号加金日新寓	赤贫	证明遗失田信为凭
罗陈氏	三七	长沙	女	罗福生	七三军一五师司令部中尉附员		妻陈氏 子树铨 女再贞	五保十八甲	堤下街明月池二十三号	赤贫	〃
李季文	二六	长沙	男	李模	陆军三七军六〇师一七八团三营炮三排上等炮手兵	证明书七一〇号	妻曹氏 女斌文 子季文 媳杨氏	五保十三甲	永丰仓门牌四十一号	贫	
戚汉皋	二七	长沙	男	戚慕唐	二七集团军总司令部谍报组准尉组员	证明书参人字九六号	妻尹氏 兄汉皋 母唐氏 祖母黄氏	五保十三甲	永丰仓十七号	贫	
彭庆生	五七	长沙	男	彭庆堂	财政部川北盐务警察三九区一区队长		兄庆生 侄媳周雄氏 侄寅初	五保十七甲	堤下街内铺巷三号	贫	证明遗失田信为凭

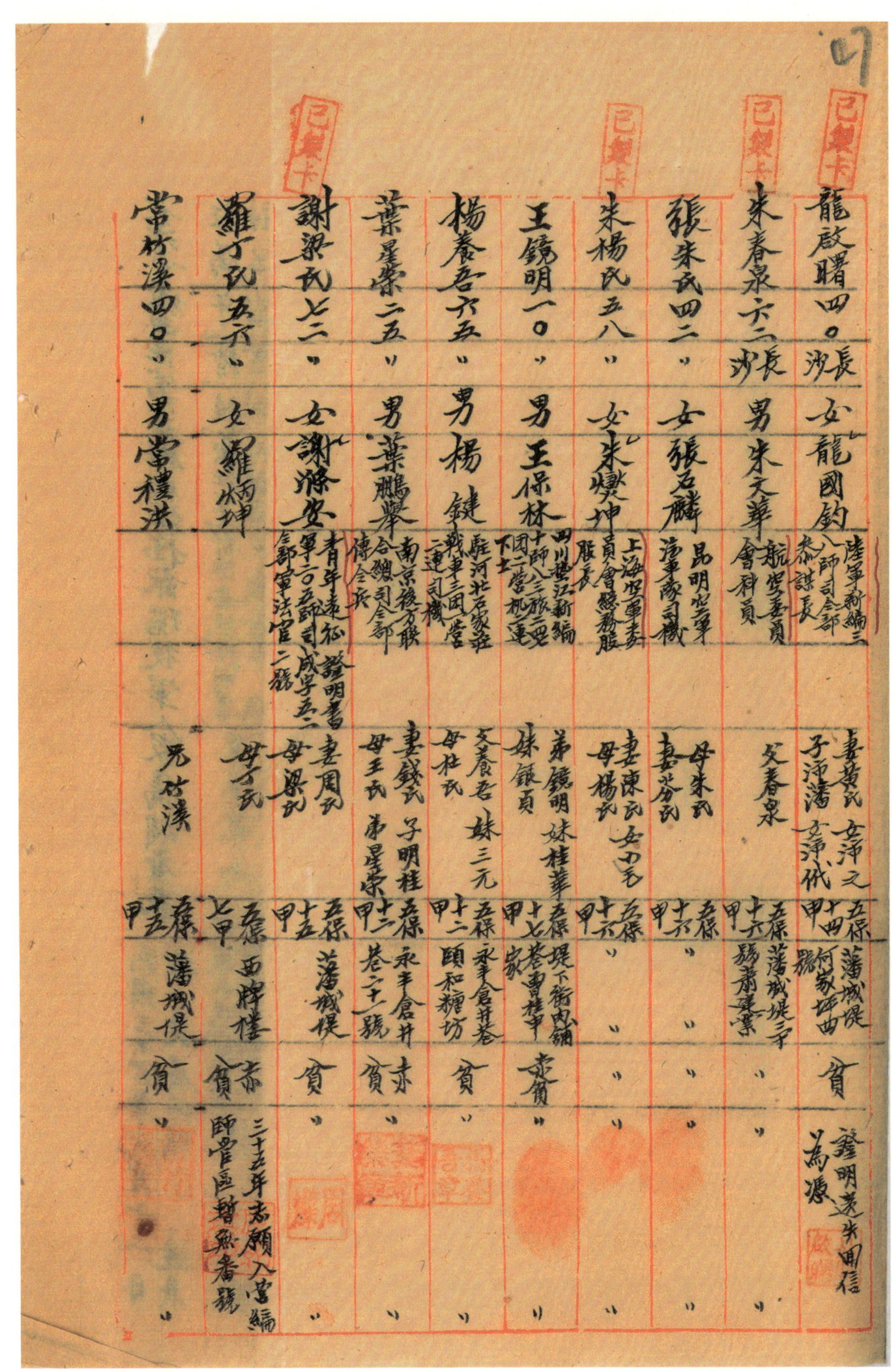

已製卡	龍啟曙	四〇	長沙	女	龍國鈞	陸軍新編三八師司令部參謀長	妻黃氏 女沛之 子沛藩 沛岱	五保十四甲	藩城堤何家坪西號	貧	朱田信證明爲憑 〃
已製卡	朱春泉	六二	長沙	男	朱文華	航空委員會科員	父春泉	五保十六甲	藩城堤三號蕭慶棠	〃	〃 〃
	張朱氏	四二	〃	女	張石麟	昆明空軍汽車隊司機	母朱氏 妻芷芬氏	五保十六甲	〃	〃	〃 〃
已製卡	朱楊氏	五八	〃	女	朱燮坤	上海空軍委員會總務股股長	妻陳氏 女㓜毛 母楊氏	五保十六甲	〃	〃	〃 〃
	王鏡明	一〇	〃	男	王保林	四川樓江新編十師八三旅二團二營機連下士	弟鏡明 妹桂華 妹銀貞	五保十七甲	堤下街肉舖巷曹桂中家	赤貧	〃 〃
	楊養吾	六五	〃	男	楊鍵	駐河北石家莊戰車三團營二連司機	父養吾 妹三元 母杜氏	五保十二甲	永豐倉井巷頤和糖坊	貧	〃 〃
	葉星棠	二五	〃	男	葉鵬舉	南京後方聯合總司令部傳令兵	妻錢氏 子明桂 母王氏 弟星棠	五保十二甲	永豐倉井巷二十一號	赤貧	〃 〃
已製卡	謝梁氏	七二	〃	女	謝滌安	青年遠征軍二〇五師司令部軍法官 證明書成字五二二號	妻周氏 母梁氏	五保十五甲	藩城堤	貧	〃 〃
	羅丁氏	五六	〃	女	羅炳坤		母丁氏	五保七甲	西牌樓	赤貧	三十五年志願入營編師管區暫編番號
	常竹溪	四〇	〃	男	常禮洪		兄竹溪	五保十五甲	藩城堤	貧	〃 〃

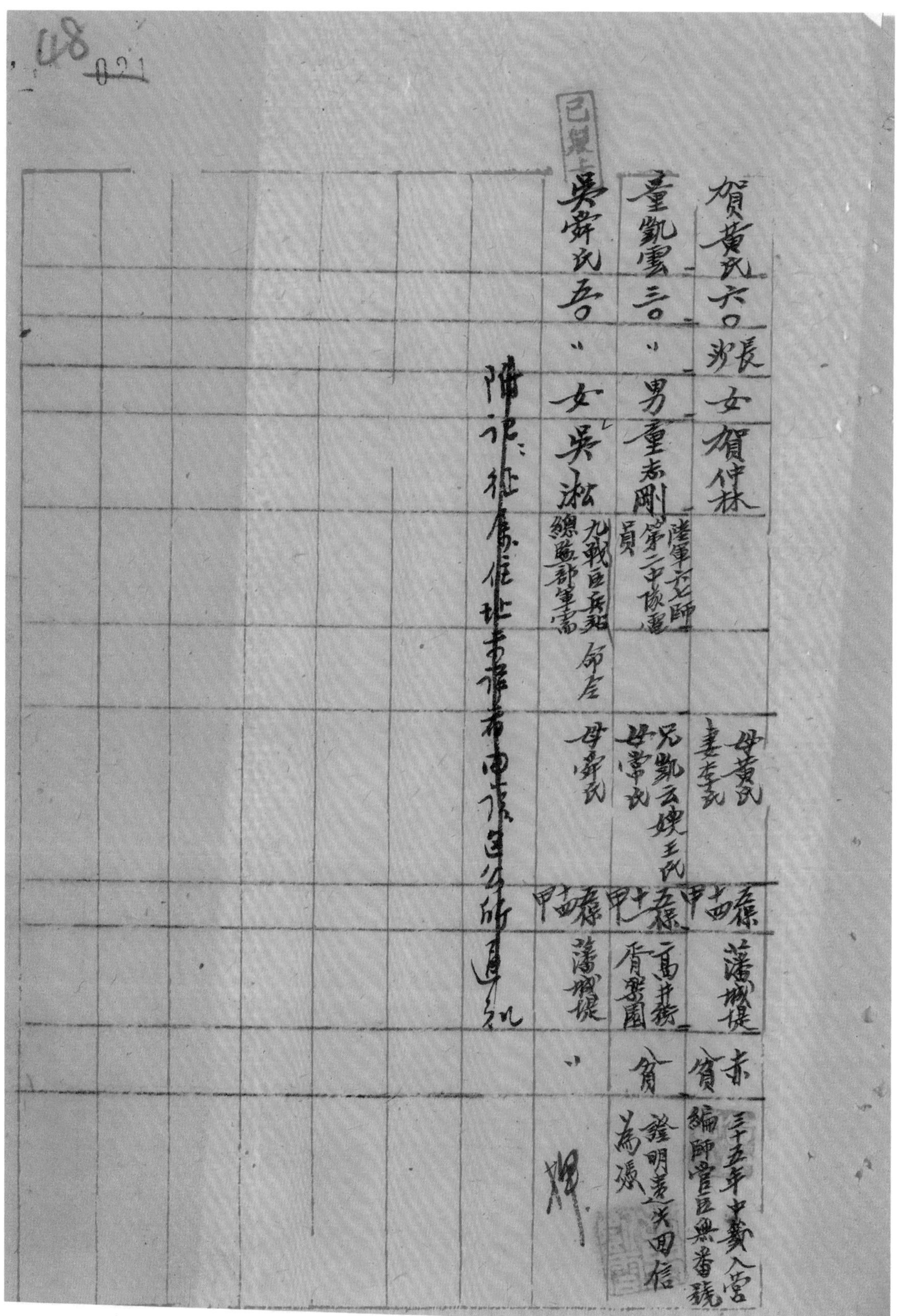

賀黄氏	六〇	沙長	女	賀仲林		母黄氏 妻李氏	甲十四保	瀟湘堤	赤貧	三十五年中黄入営 編師管區無番號
董凱雲	三〇	〃	男	董志剛	陸軍六七師第二中隊運員	兄凱云 嫂王氏 母常氏	甲十五保	高井街 賀家園	貧	證明書為憑
吳舜氏	五〇	〃	女	吳淞	九戰區兵站總監部軍需 亡	母舜氏	甲十四保	瀟湘堤	〃	

附註：继属住址均由本區公所查明

輝

（十）长沙市城西区第二保死难将士、出征军人家属慰劳调查册（一九四七年一月十三日）

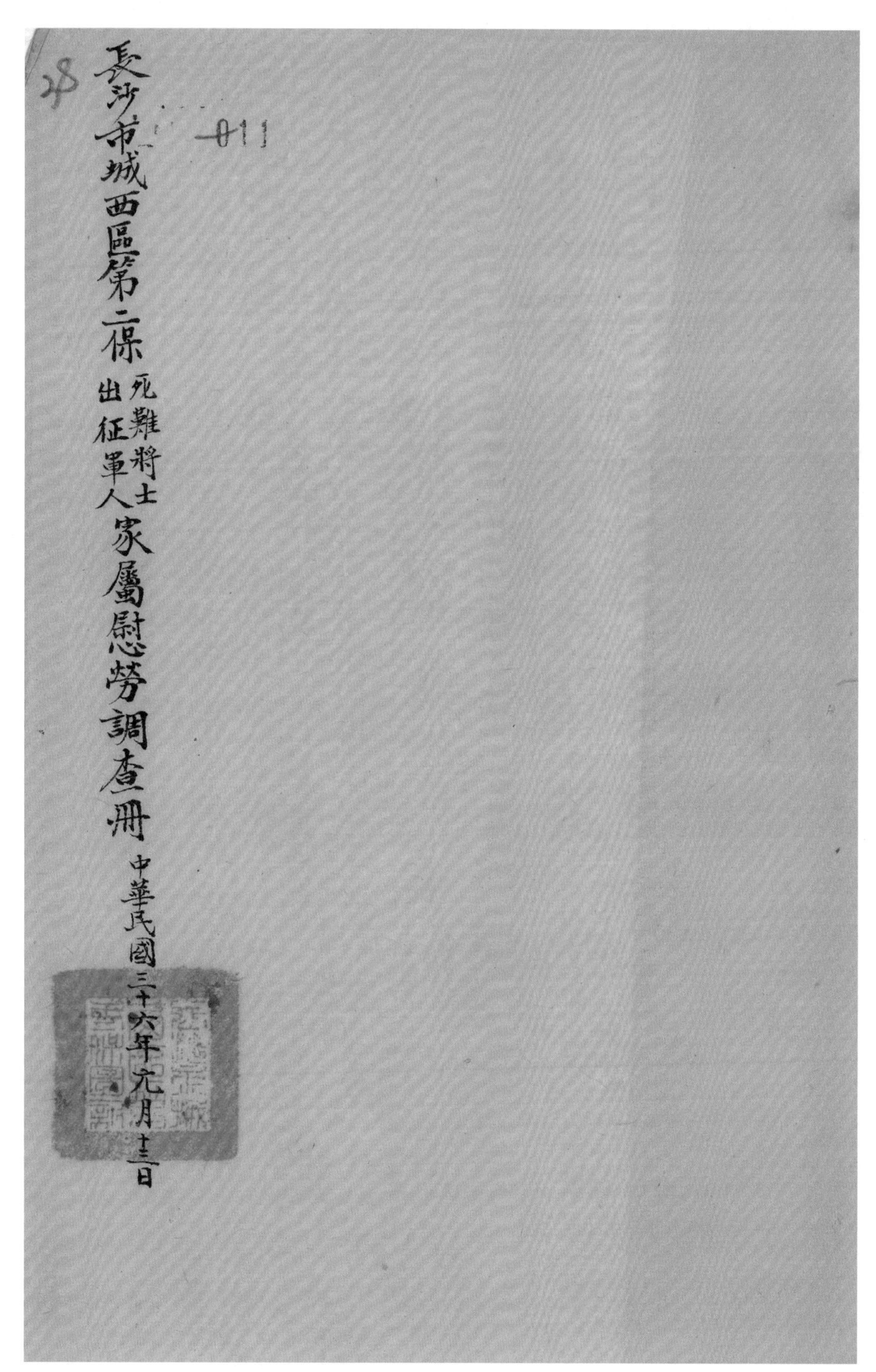
長沙市城西區第二保死難將士出征軍人家屬慰勞調查冊
中華民國三十六年元月十三日

39

~~012~~

長沙市城南區第八保死難將士家屬慰勞調查冊 民國三十六年元

保長 屈南孜

死難者部隊	階級	姓名	遺族姓名	年齡	籍貫	住址保甲	慰勞金額	備考
陸軍第五〇師	少校	黃雲生	黃逵山	五八	長沙	洪家井二保二甲	四〇〇〇〇元	
省會事務公產局	主任	甘斌	甘壽松	七〇	湘陰	上坡子街六保六甲	五〇〇〇〇元	
陸軍第五三師	上等兵	徐振球	徐李氏	五〇	長沙	泉[illegible]街八保八甲		
合計								

附註：該家住址未詳者由該公所函通知

60

~~013~~

長沙市城西區第八保出征軍人家屬慰勞調查冊

中華民國三十五年九月 日

征屬姓名	年齡	籍貫	性別	出征軍人姓名	部隊番號及職務	證明書或優待證字號	直系親屬人數	甲別	住址	貧富	備攷
王長生	四八	長沙	男	王海秋	青年遠征軍第八〇八師六〇六團六營機六連		祖母父母親三人	10	城西街崇陵南號	赤貧	
龔漢海	三三	湖北黃陂	男	龔玉華	陸軍一八九七師偵探隊中士			17	集賢街漢昌祥	貧	抗戰陸軍第[illegible]委会男師部証據[illegible]
楊長興	[illegible]	長沙	男	楊萬華			父母妻子四人	15	三王巷八號	赤貧	由保征証介管 久無音信
蔣棣生	五三	瀏陽	男	蔣幸渠	陸軍七十三軍一九三師五七七團九連		父母兄弟四人	15	三王巷五八戶	〃	
蔣梅生	五三	〃	男	蔣文林	[illegible]兵		父母兄弟四人	15	三王巷	〃	
周德生	六六	長沙	男	周德貴	由長岳師管區而去		父母	15	三王巷	赤貧	由保徵調入營
常周氏	[illegible]	長沙	女	常德榮	陸軍新一軍特務營特務連	洞字第一八八九号	母親	18	集賢街一五戶		

（十一）长沙市城西区第一保出征军人家属姓名册（一九四七年一月）

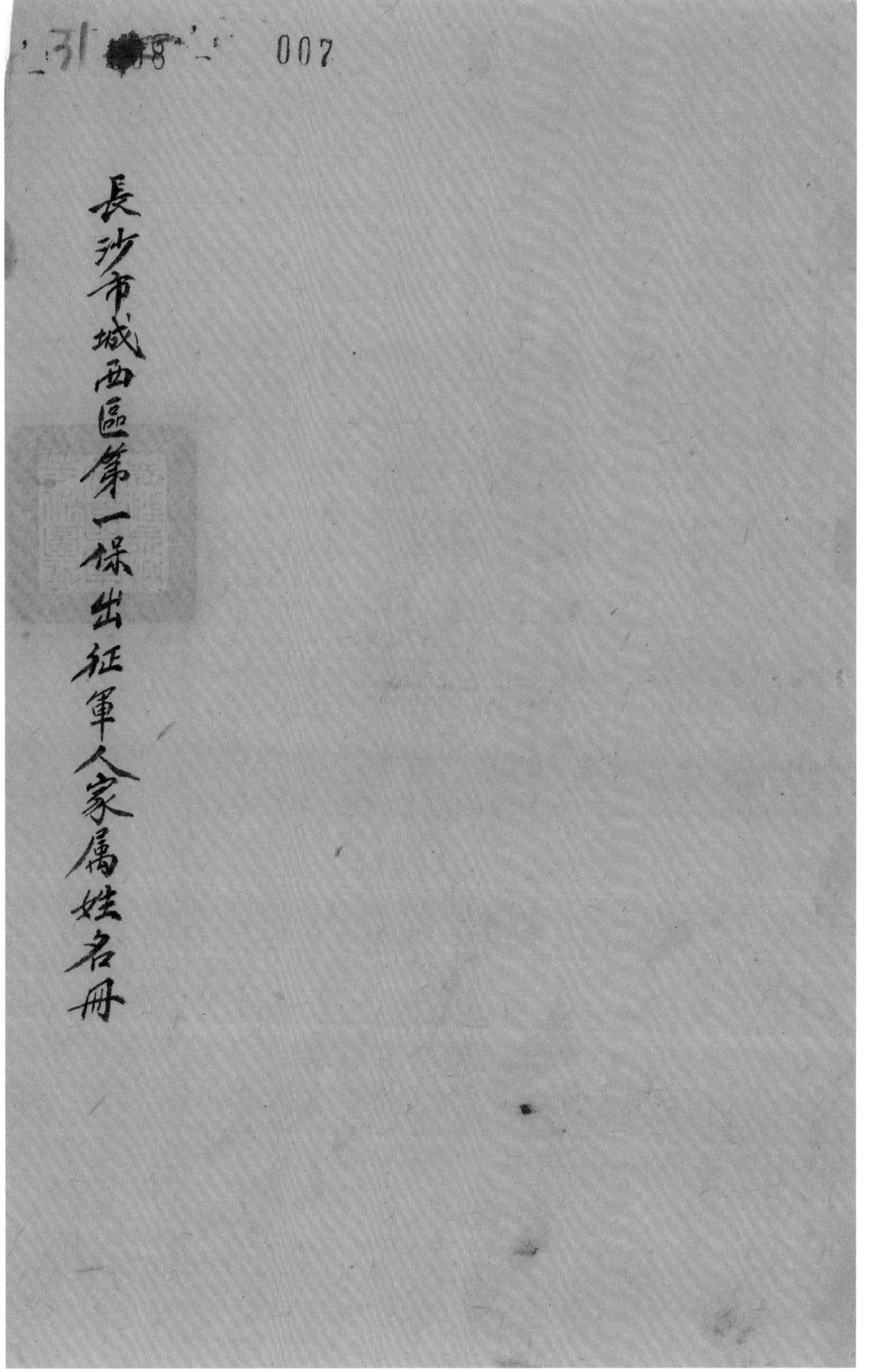

007

長沙市城西區第一保出征軍人家屬姓名冊

008

長沙市城西區第一保出征軍人家屬姓名冊

民國三十六年元月　日　填報

保長王東元

出征軍人姓名	家屬姓名	年齡	籍貫	住址	家庭狀況	備攷
朱澤芝		二七	長沙	白鶴巷	小康棚戶	
	父朱紹文	五〇	〃			
	母張氏	五〇	〃			
	弟澤南	一〇	〃			
	澤志	六	〃			
	妹利君	一八	〃			
	敏君	八	〃			
田俊卿		三八	長沙	小西門外正街	小康棚戶	

妻田譚氏 三三 〃

舒云卿 三六 湘陰 半湘街41

父舒仲章 五〇 〃

母巢氏 五〇 〃

妹雪梅 一四 〃

彭緒沛 三四 湘潭 半湘街 彭福太雜貨店

父彭錫疇 六〇 〃

母趙氏 五二 〃

妻刘氏 三一 〃

弟緒翥 一〇 〃

34
009

	妹應輝	一三	〃	
彭緒漢		二四	湘潭半湘街 彭福太雜貨店	小康
	父彭錫疇	六〇	〃	
	母趙氏	五二	〃	
	嫂劉氏	三一	〃	
	弟緒菊	一〇	〃	
	妹應輝	一三	〃	
顏立山		三二	長沙半湘街	赤貧
	母顏李氏	六八	〃	
李松樵		三三	長沙半湘街	貧

35

叔李光焱 四一 〃

孀周 氏 四〇 〃

兄吟棋 六三 〃

嫂榮 氏 三四 〃

女柯瓊 一三 〃

黃桂林 三〇 湘潭 X 永湘新街 号 赤貧

父黃祿生 五四 〃

弟遐齡 二八 〃

弟婦任 氏 二二 〃

妹利容 一四 〃

36

宋仁傑　二四　長沙半湘街　竹記山貨店　赤貧、
父宋炳漢　七二

連德生　二〇　長沙半湘街河边　赤貧
父連海安　五〇　〃
母蘇氏　四五　〃
弟貴山　一三　〃
妹伯純　四　〃

張克俊
父張明發　五六　湖北　水道巷老四平
母鍾氏　五〇　長沙

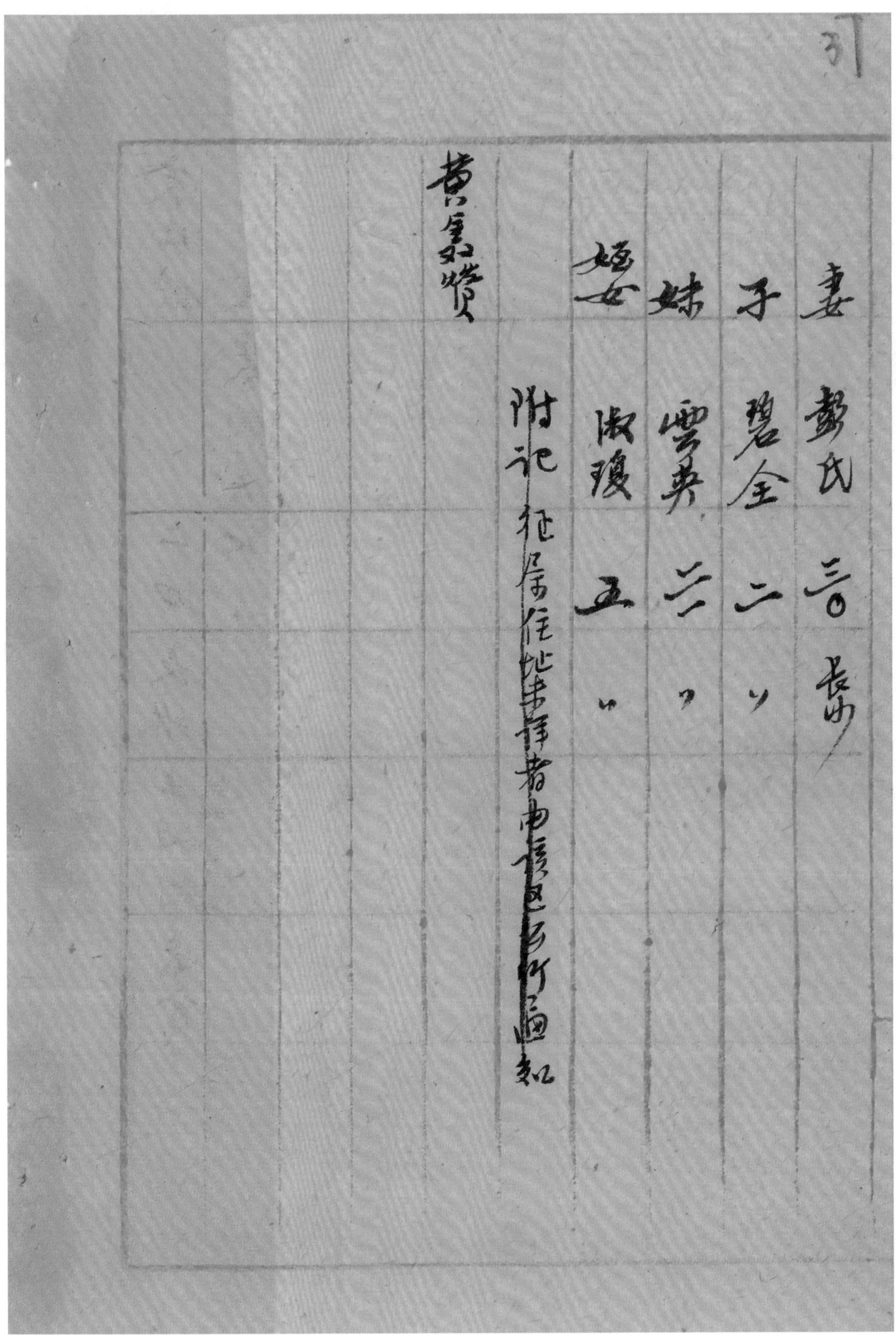
37

妻 彭氏 三〇 長沙
子 碧全 二 〃
妹 雲英 二一 〃
姪女 淑瓊 五 〃
附记 征属住址未详者由该区公所通知

黄[illegible]贊

（十二）长沙市城西区出征军人家属调查表（一九四七年三月十一日）

長沙市城西區出征軍人家屬調查表

中華民國卅六年三月十一日

區別	保別	出征軍人人數	出征軍人家屬之生活情形	最近優待狀況	備攷
城西區	第一保	二	甚貧困，不能自立維生活（?）[illegible]	二	四名在前
	二	一五	赤貧者甚多，無力維持生活；活貧者多以苦力或小販維生	提報八名在前	
	三	八	尤以家庭負担較重者為甚，赤貧維生（?）	〃	三名〃
	四	七		〃	四名在前
	五	二五		〃	七名在前
	六	一四		〃	六名在前
	七	三		〃	七名在前
	〃	廿		〃	六名在前

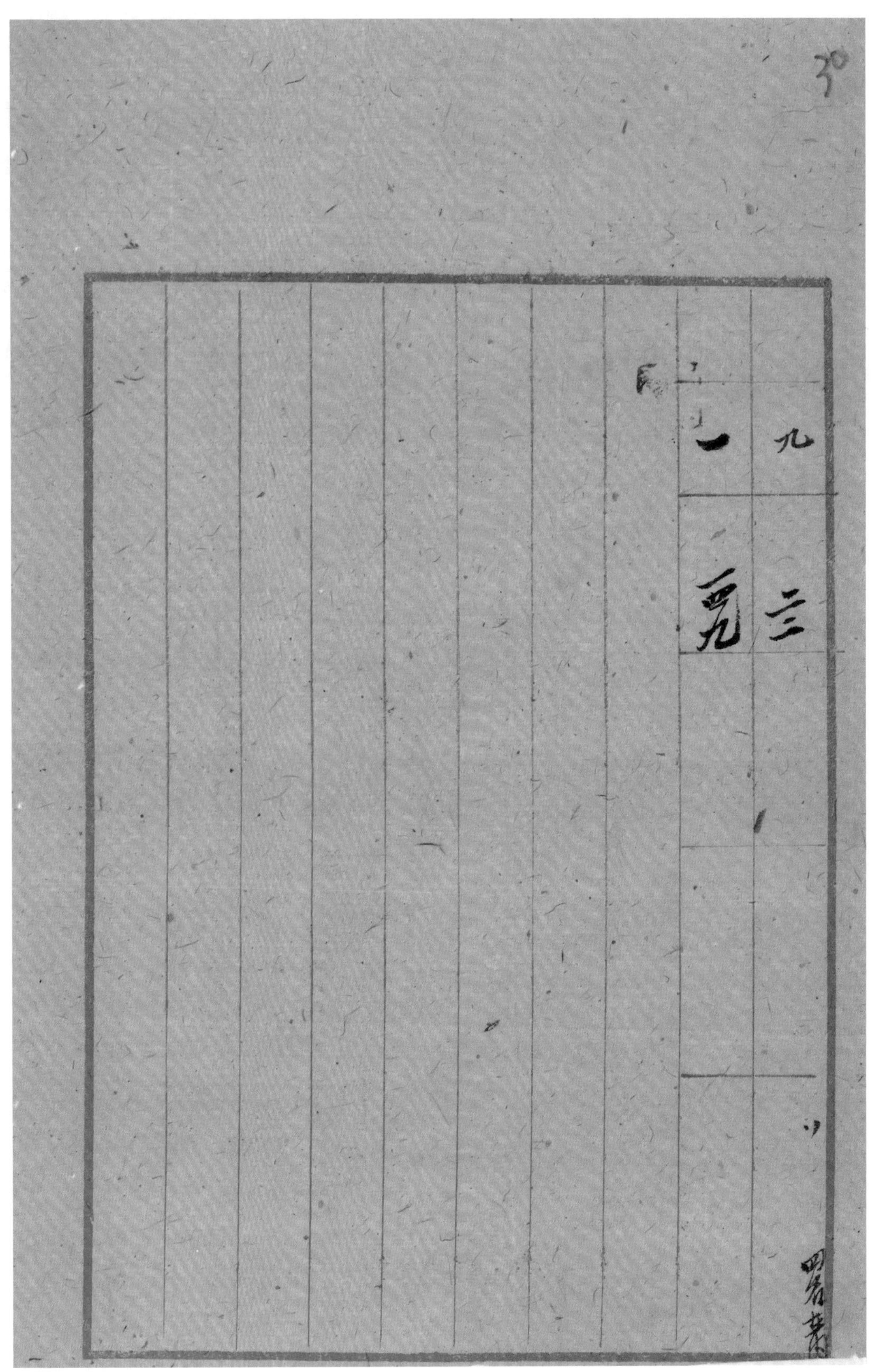

（十三）长沙市城西区第三保出征抗敌现役军人家属调查表

長沙市城西區第三保出征抗敵現役軍人家屬調查表

015

長沙市城西區第三保出征抗敵現役軍人家屬調查表

保長唐金山

家屬姓名	年齡	籍貫	性別	住址	出征姓名	隊別	備考
魯吳氏	六五	廣東	女	大西門上河街高陞商號	魯治光	空軍第五大隊芷中隊機械士	
李陳氏	五四	長沙	〃	大西门上河街十中介[illegible]號	李順國	不明番號	
徐桂林	六〇	仝	男	右青煙店[illegible]号 全家移[illegible]街 三甲十三号	徐漢桃	〃	〃 徐桂林

（十四）长沙市城西区第七保出征军人家属调查表

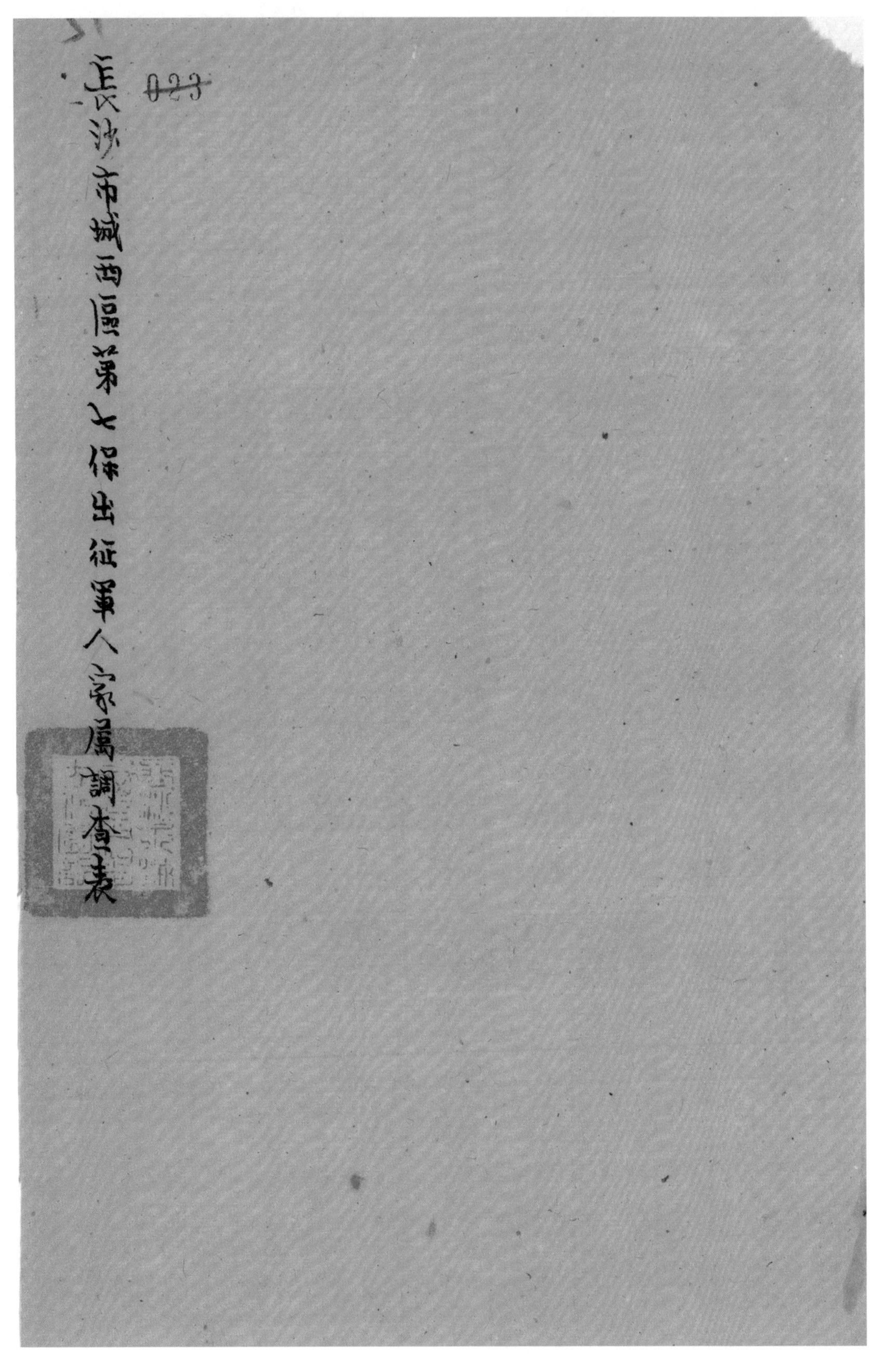
023

長沙市城西區第七保出征軍人家屬調查表

長沙市城西區第七保出征軍人家屬調查表

姓名	年齡	籍貫	住址	備攷
黃鑫贊	四五	湘陰	下太平街十一號	出征人黃振鵬
張彭氏	四三	長沙	落棚橋六號	出征人張啓云
毛炳濤	四八	長沙	西長街四五号	出征人毛桂雨
吳禹三	六七	武昌	西長街七一号	出征人吳蔭龍
汪楊氏	六四	湘陰	吉福街四九号	出征人汪其美
蘇滋生	七〇	湘陰	吉福街四九号	出征人蘇佑生

附記：征屬住址未詳者由該區公所通知

三青团长沙分团关于该团团员王新田抗日殉国请豁免遗族捐款致长沙市城西区公所的公函
（一九四六年二月二十一日）

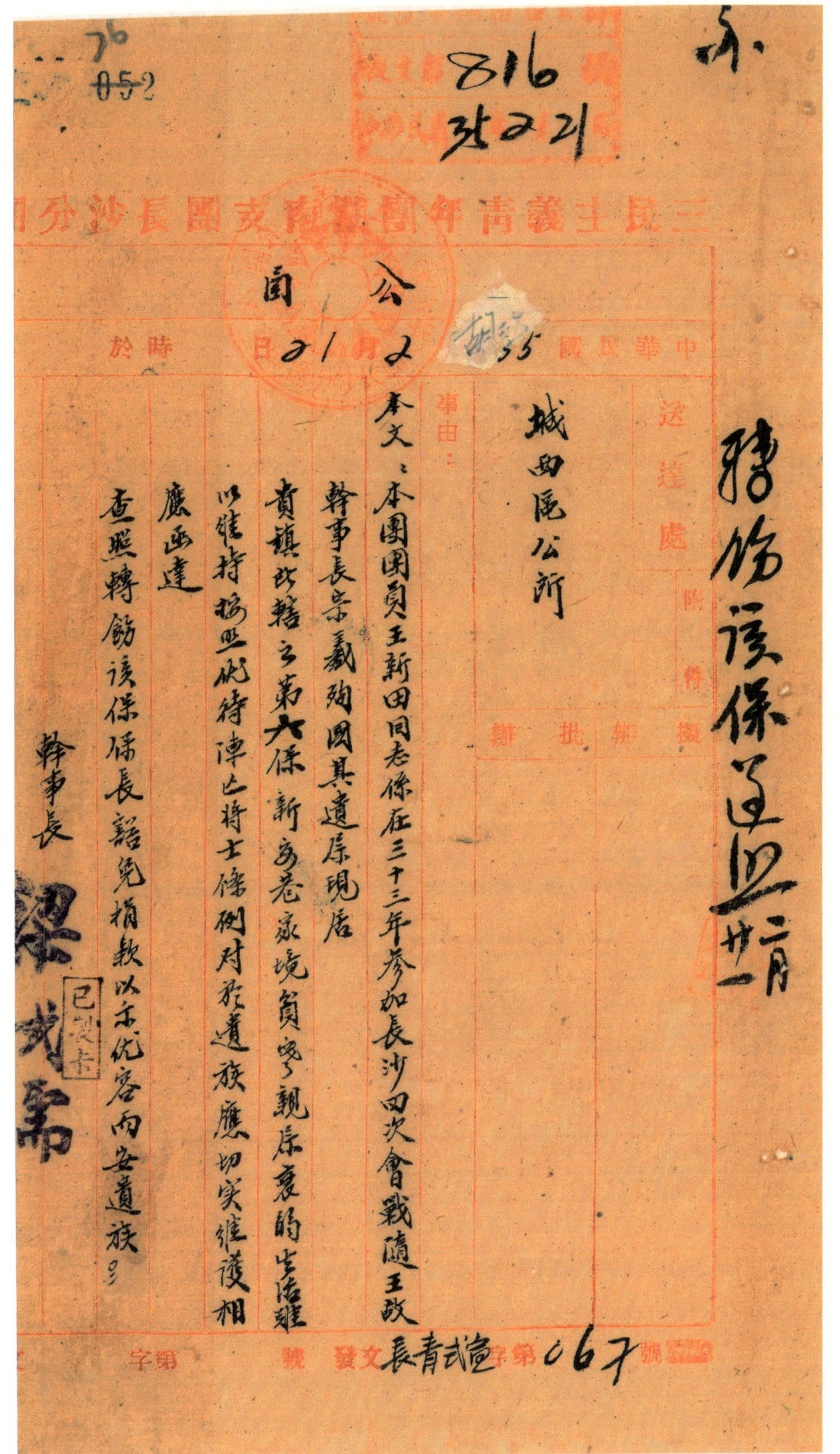
三民主義青年團湖南支團長沙分團

公函

中華民國35年2月21日

送達處：城西區公所

事由：

本文：本團團員王新田同志係在三十三年參加長沙四次會戰殉國。茲據王故幹事長宗義殉國，其遺屬現居貴鎮所轄之第六保新安巷，家境貧寒，親屬衰弱，生活難以維持，按照優待陣亡將士條例，對於遺族應切實維護。相應函達，查照轉飭該保保長豁免捐款，以示優容而安遺族為荷。

幹事長 梁式第

長青武字第067號

轉飭該保照辦 廿一日

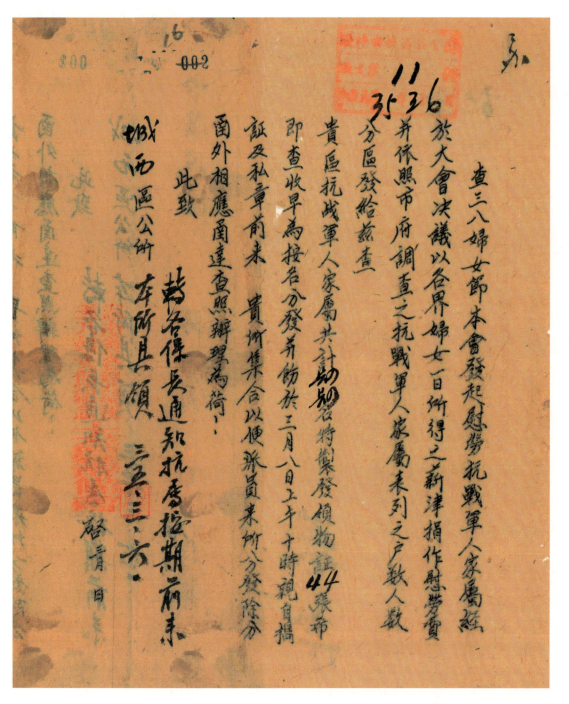

湖南省各界庆祝三八妇女节纪念大会筹备会关于分发慰劳抗战军人家属领物证致长沙市城西区公所的函（一九四六年三月六日收）

11
3536

查三八婦女節本會發起慰勞抗戰軍人家屬經
於大會決議以各界婦女一日所得之薪津捐作慰勞費
并依照市府調查之抗戰軍人家屬表列之户數人數
分區發給茲查
貴區抗戰軍人家屬共計四十四名特製發領物証44張希
即查收早為按名分發并飭於三月八日上午十時親自攜
証及私章前來 貴所集合以便派員來所分發除分
函外相應函達查照辦理為荷！
此致
城西區公所

飭各保長通知抗屬按期前來
本所具領
三五、三、六

啓 月 日

参政表件

城西區

出征軍人姓名	直系親屬	區保甲	備註
唐楚華	六人	一保〇六甲	唐楚華
鄒云欽	五人	〃〃甲	[illegible]
逹德生	四人	〃〇一甲	海安
顏立山	四人	〃	
湯福生	三人	〃	
朱澤芝	七人	〃九甲	朱澤芝章
毛根云	一人	四保十甲	毛顏氏
巢惠蒙	二人	〃	巢英華

出征軍人姓名	直系親屬	區保甲	備註
楊福生	八人	五保一七甲	楊貴生章
張鳴崗	四人	〃七甲	[illegible]
趙錫麟	七人	〃十一甲	趙榮
易崑樑	五人	八保三甲	[illegible]
李先明	六人	〃四甲	[illegible]
黄□	三人	〃	[illegible]
王振昆	八人	〃七甲	王祥麟章
王振明	八人	〃	[illegible]

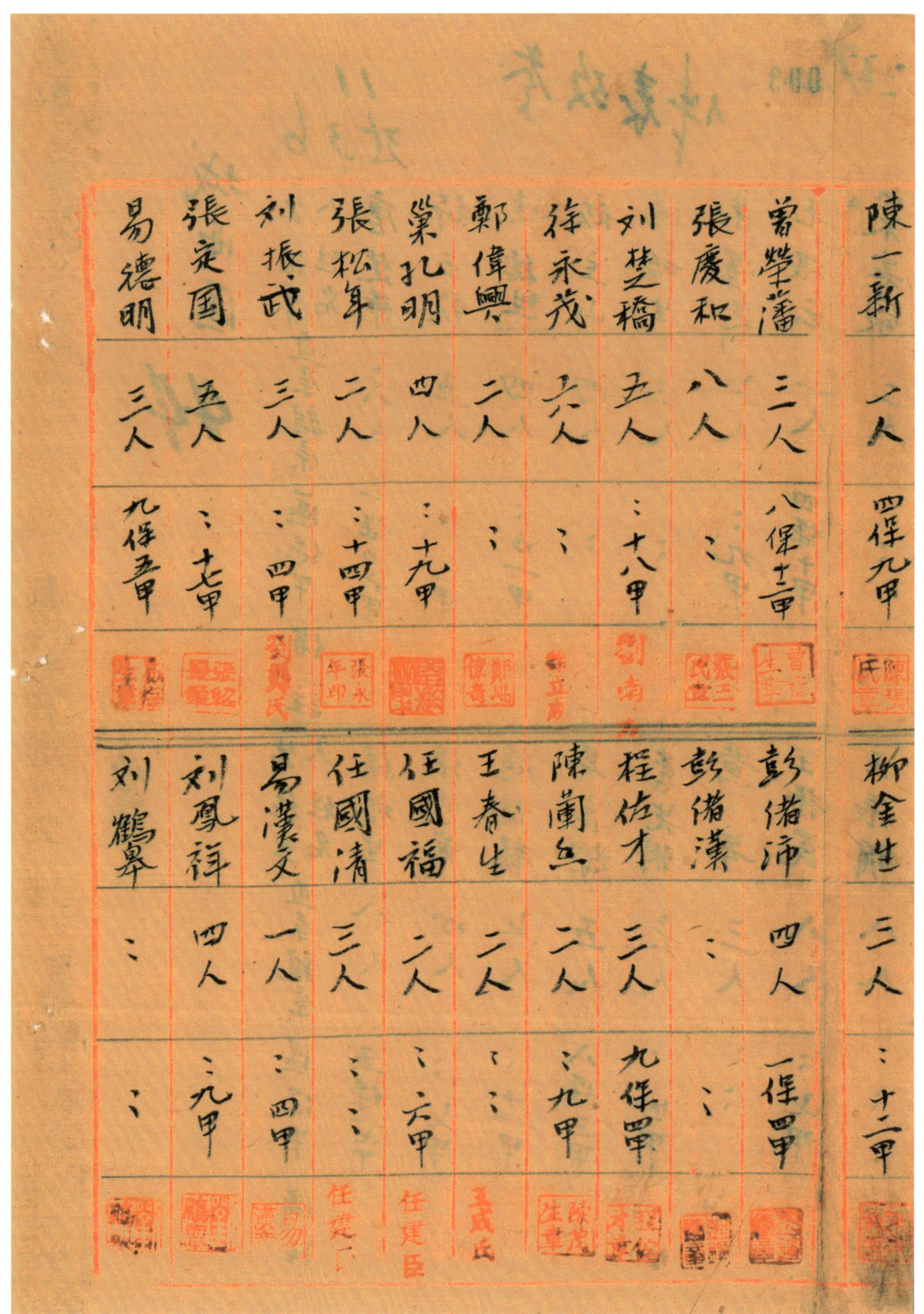

姓名	人数	住址	盖章
陳一新	一人	四保九甲	[illegible]
曾學藩	三人	八保十一甲	[illegible]
張慶和	八人	〃	[illegible]
刘楚橋	五人	〃十八甲	[illegible]
徐永茂	六人	〃	[illegible]
鄭偉興	二人	〃	[illegible]
巢孔明	四人	〃十九甲	[illegible]
張松年	二人	〃十四甲	張永年印
刘振武	三人	〃四甲	[illegible]
張定国	五人	〃十七甲	[illegible]
易德明	三人	九保五甲	[illegible]

姓名	人数	住址	盖章
柳金生	三人	〃十二甲	[illegible]
彭備沛	四人	一保四甲	[illegible]
彭備漢	〃	〃	[illegible]
程佐才	三人	九保四甲	[illegible]
陳蘭亞	二人	〃九甲	陳茂生章
王春生	二人	〃〃	王戚氏
任國福	二人	〃六甲	任建臣
任國清	三人	〃〃	任定一
易漢文	一人	〃四甲	[illegible]
刘凰祥	四人	〃九甲	[illegible]
刘鶴皋	〃	〃	[illegible]

18 ~~001~~

刘正藩	三人	九保十一甲
馮云鵬	七人	六保二三甲
臧紹卿 郜瑤璋	四人	六保六甲
胡定氏	二人	〃
魏長松	三人	〃
楊晉祥	五人	〃

第一次調查錯誤

军事委员会抚恤委员会死亡官兵遗族登记册（一九四六年四月二日）

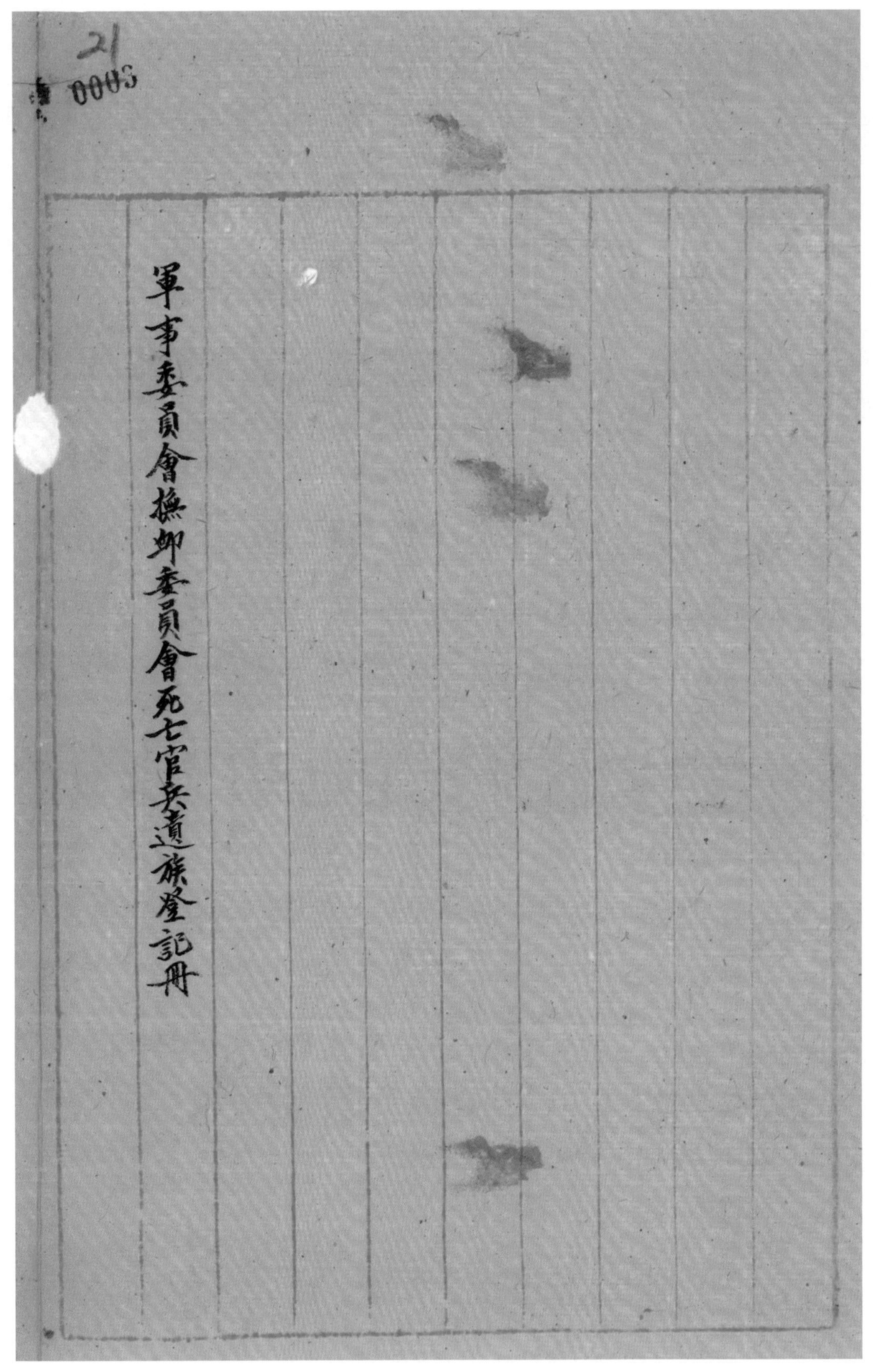
21
0003
軍事委員會撫卹委員會死亡官兵遺族登記册

軍事委員會撫卹委員會死亡官兵遺族登記冊

中華民國三十五年四月二日　保長陳維新造具

隊號	級職	姓名	遺族名氏	職業	年齡	詳細住址	卹令字號	備攷
陸軍一六師車炮隊	少尉軍械員	張鳴崗	張德華	工	六一	西牌樓洞庭春對照太平里內八號	撫卹證明書二四一二一六號	
軍政部二九衛生船舶	一等軍醫佐	李楚平	李覲	〃	二五	三泰街三五號胡順興	卹令字號二四六二九一號	
八七師五一八团二營	上尉書記	謝文漢	謝春華	〃	六六	堤下街明月池口仁興園四號	卹令字號一七七〇〇九號	

长沙市城西区公所关于奉令查明尚未请恤人数姓名致各保保长的通告（一九四六年四月七日）

事由：為奉令轉飭查明該保尚未請卹人數姓名具報由

通　告　前民字第123号

中華民國卅五年四月七日

層奉

湖南省政府長府秘人撫字第七四六三號訓令節開：查清查出征軍人如確係死亡尚未請卹者，迭經本府令飭各該縣市政府切實辦理，飭其遺族填具軍役戶籍調查表連同各該死亡員兵生前服務及死亡證件呈請撫卹在卷，自應切實查明速辦等因。除分令外，合亟通告，仰各保保長遵照查明具報為要。

右通告

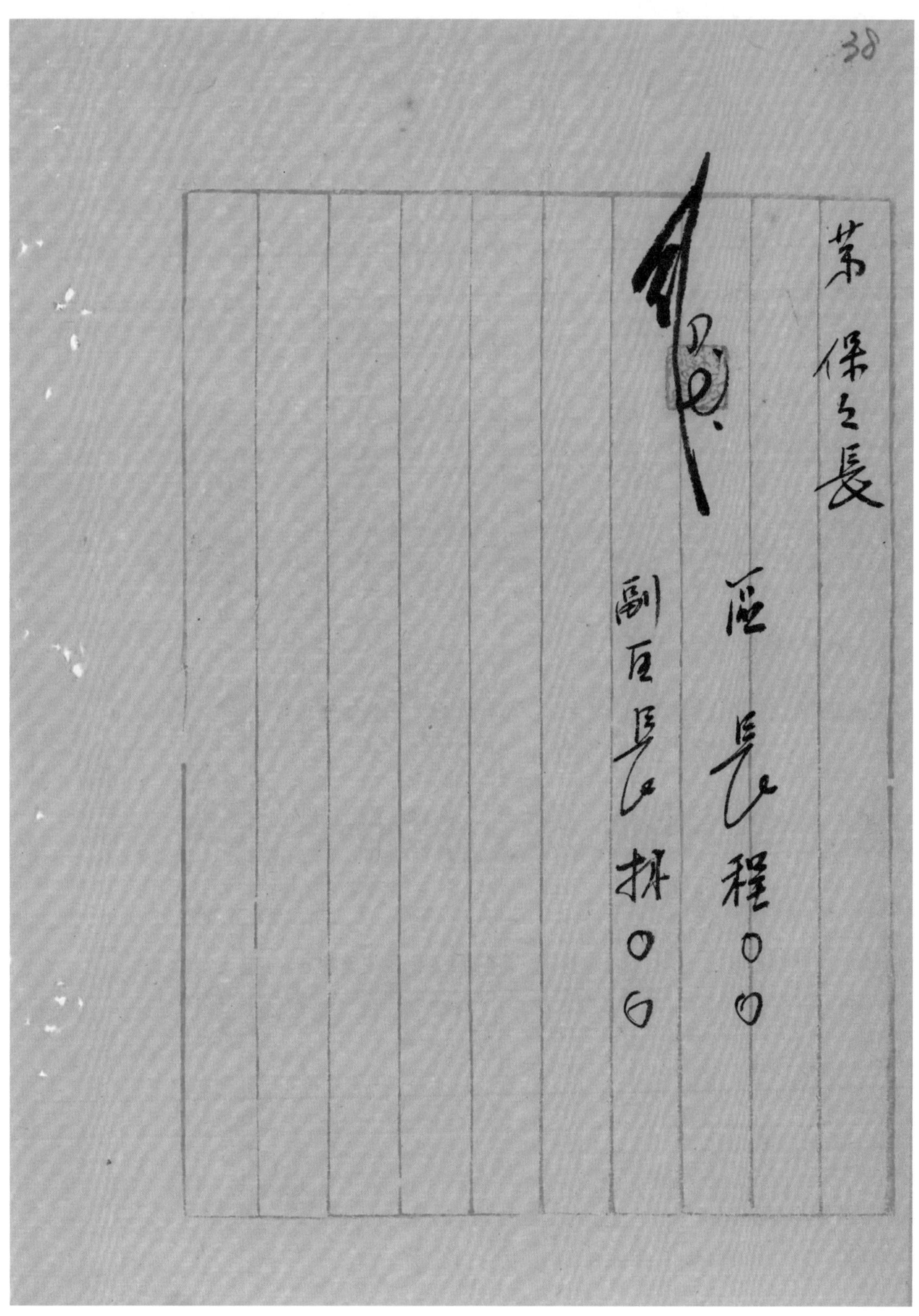
38

茅保之長

區長程〇〇

副區長林〇〇

长沙市城北区公所、城西区公所等关于张庆和在缅甸抗战阵亡抚恤其遗族事的一组文书（一九四六年四月至五月）

长沙市城北区公所致该市城西区公所的代电（一九四六年四月十五日）

036

242
35.4.18

交刘幹事查照前案具識查表
三五、四、一八

為轉函查明故士張慶和遺族填表逕送縣政府由

代電 祝經卹字第276號 中華民國三十五年四月十五日

城西區程區長公鑒案准長沙縣政府唯財卹字第1437號代電開案准中國遠征軍陸軍新編第一軍新三十八師司令部三十四年十二月三十一日鴻撫字第566號公函檢送故士張慶和空白戶籍調查表各一份囑詳細查明填註從速寄還以憑轉請撫卹俾安遺族而慰忠魂等由查該故士遺族住址係屬貴區公所轄境相應檢同空白戶籍調查表結各三份希貴區長轉飭所屬保甲長查填呈賚貴區長於調查欄內簽名蓋章迅予送還本府以憑轉寄爲荷等由并附件准此本所當以地址不明電復註明地址須准該府唯財卹字第537號代電抄明故士張慶和遺族住址現遷如意街五號等由特檢附原表結電請貴區查照派員查明填表逕送該府爲荷城北區區長黃祝熙副區

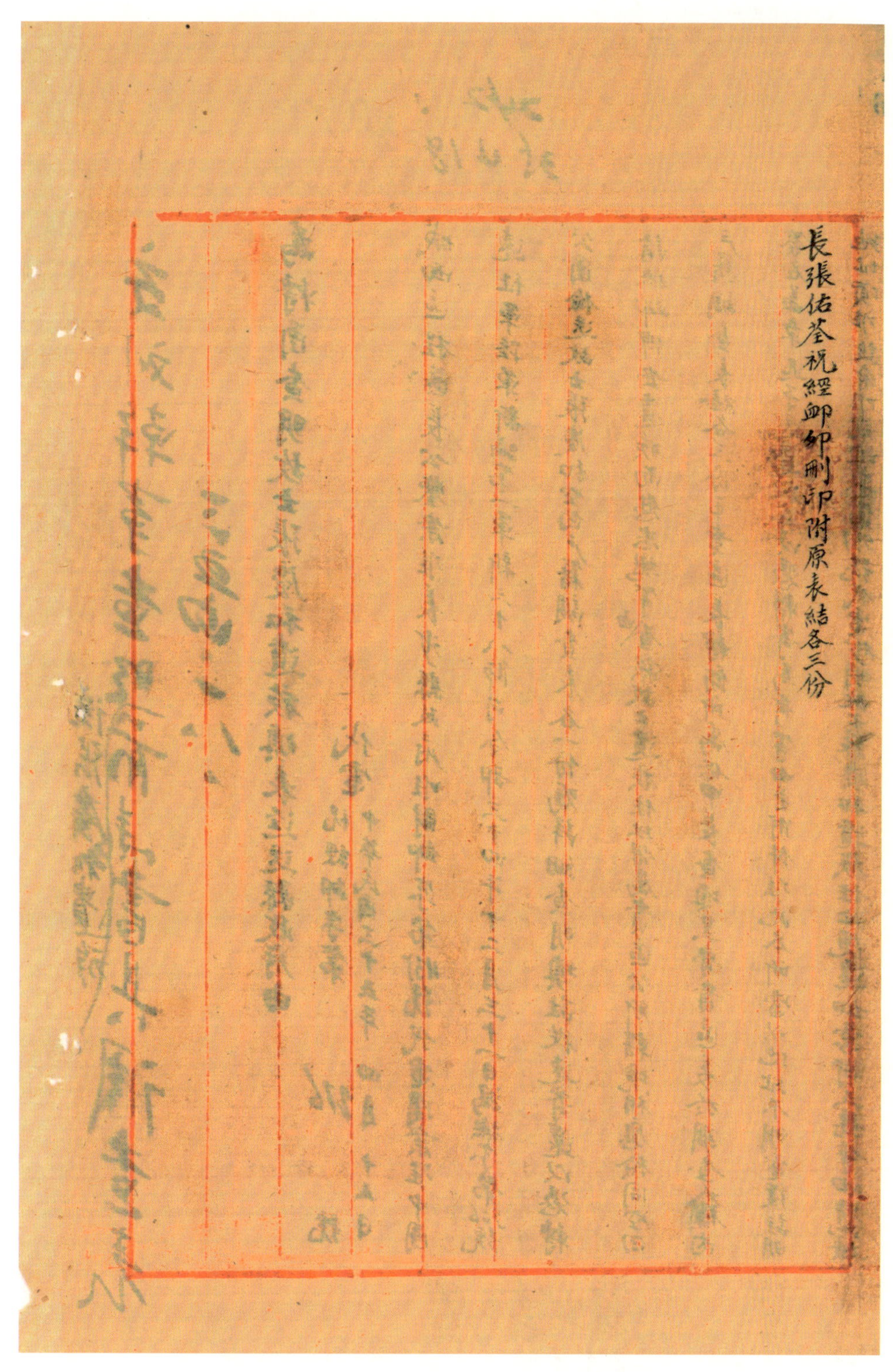
長張佑荃祝經郵卯刪印附原表結各三份

长沙市城西区第八保致该市城西区公所的报告（一九四六年四月二十六日）

转呈 三五、四、二八

報告　三十五年四月二十六日　于第八保

茲據本保十二甲居民張王氏報稱「窃氏之子慶和在緬甸新三八師一一三團三營七連任下士副班長，於三十四年十二月卅一日抗日陣亡，為呈請軍委會湘鄂撫卹處發給卹金，懇請轉呈，層峯賜轉湘撫卹處，以便領卹」等情。據此，經職查明確係屬實，理合據情轉呈鈞所，懇予轉呈市政府賜轉湘撫卹處批發該故員家屬卹金，以慰忠魂，為禱。謹呈

區長程
副區長林

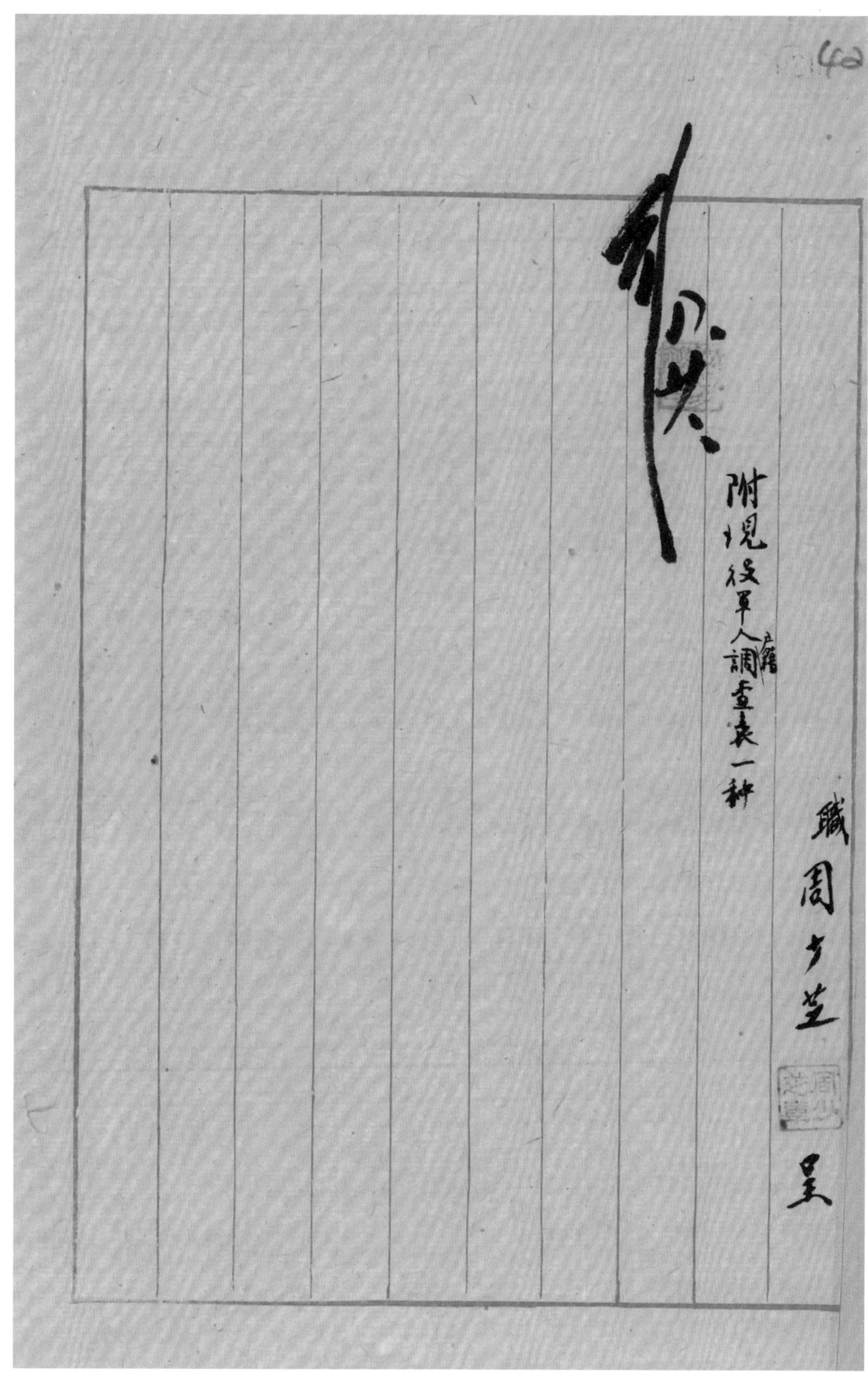

附抄役軍人調查表一紙

職周少芝呈

长沙市城西区公所致该市政府的报告（一九四六年四月二十八日）

四月廿八 [seal]

報告　中華民國三十五年四月廿八日　於西區區公所

事由　為呈賫張慶和請卹調查表及保結乞鑒核轉請由

案據本區第八保保長周少芝轉呈十二甲居民張王氏報告：竊氏之子慶和在緬甸新三八師一一三團三營七連任下士副班長，於三十四年十二月三十一日抗日陣亡，云云，請發該故員家屬卹金以慰忠魂等情。據此，除批答外，理合備文賫呈

鑒核，准予轉請，寔為公便。謹呈

市長李

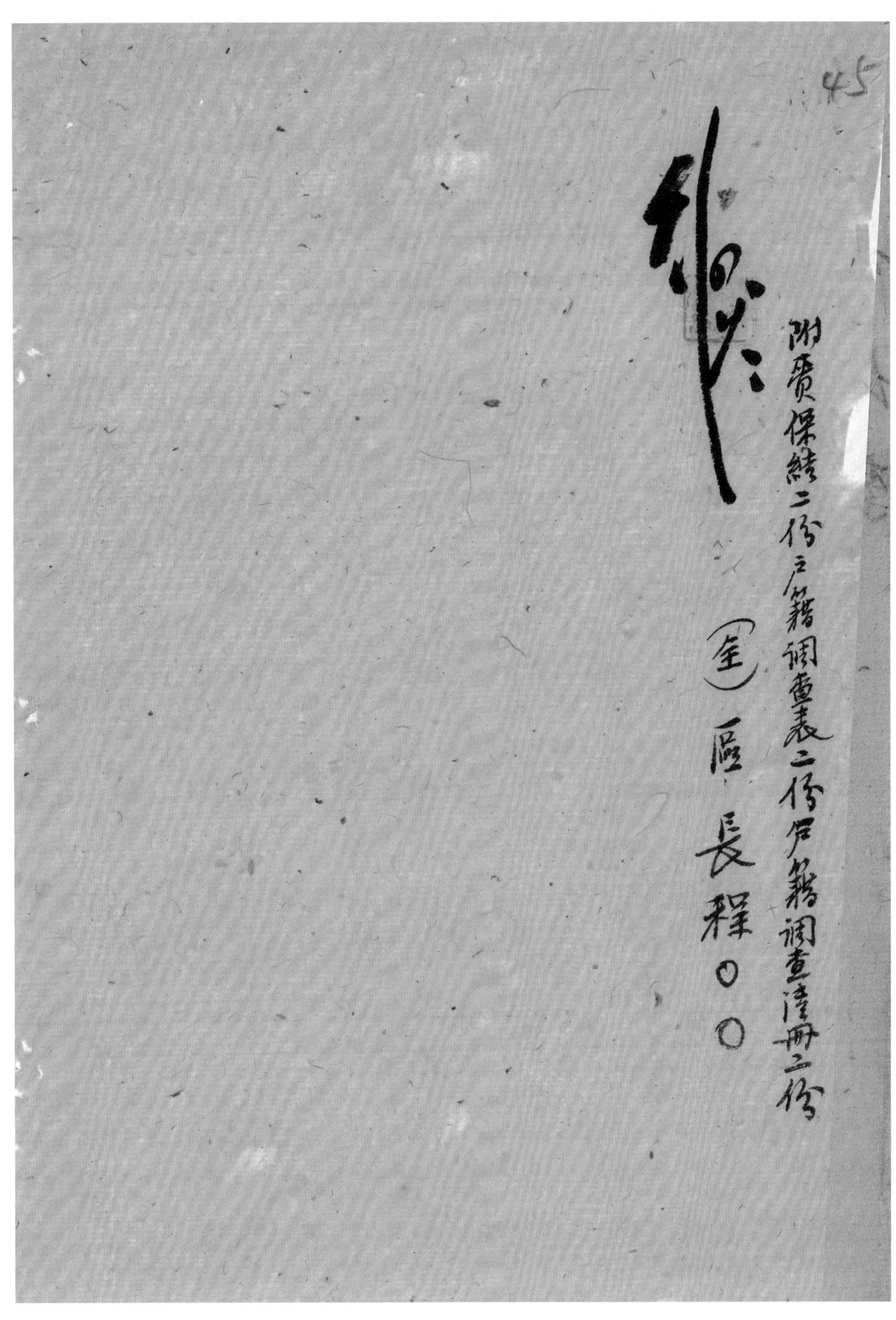

45

附賫保結二份户籍調查表二份户籍調查清册二份

抄發

全區區長程○○

附（一）保结（一九四六年四月）

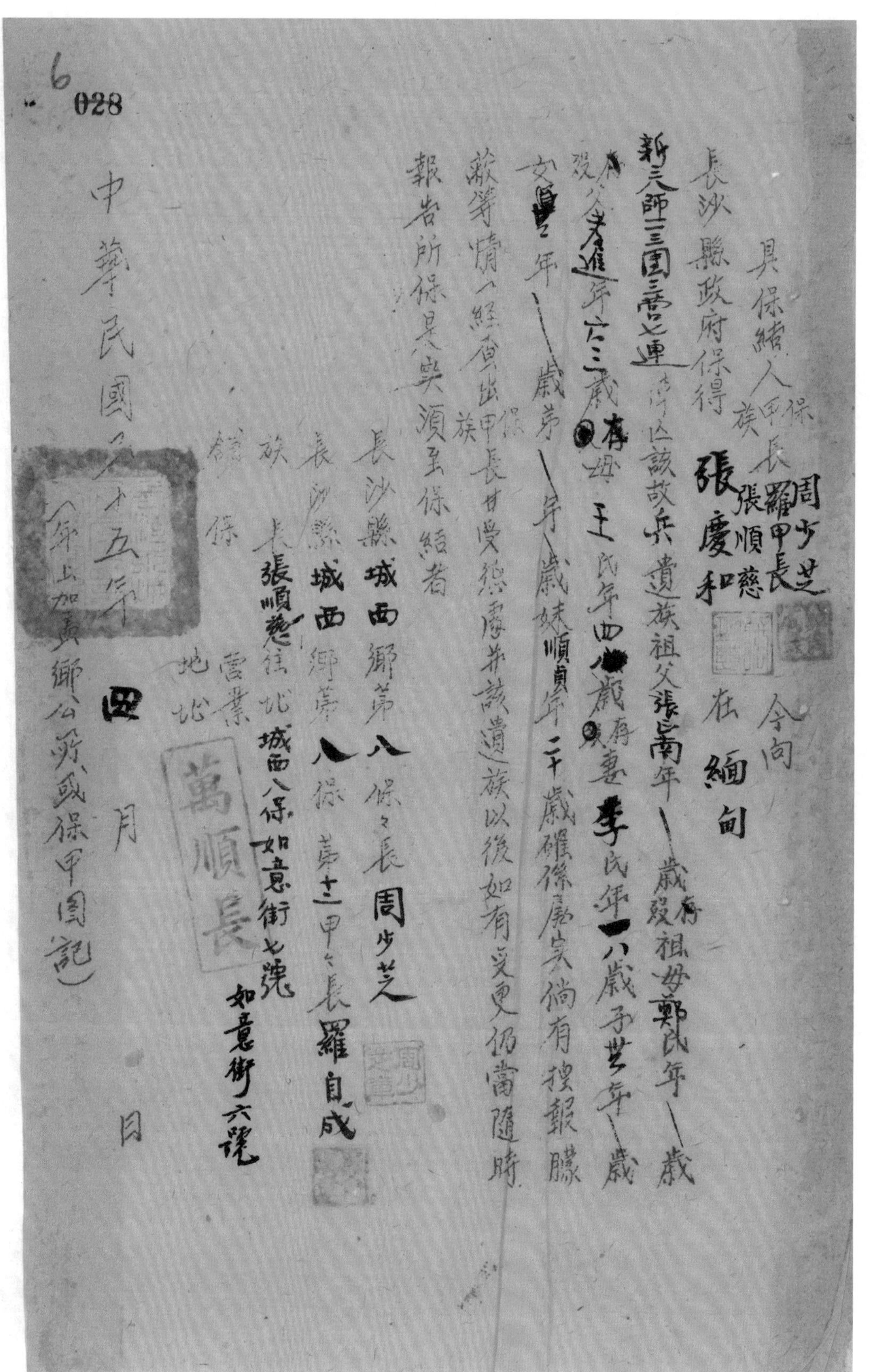

6 028

具保結人 保長 周少芝 甲長 羅 族 張順慈 張慶和 今向

長沙縣政府保得 在緬甸

新三八師一一三團三營七連陣亡該故兵遺族祖父張長南年—歲 殁存 祖母鄭氏年—歲

殁存 父張□進年六三歲 存 母王氏年四八歲 存 妻李氏年一八歲 子芸年—歲

女□年—歲 弟—年—歲 妹順貞年二十歲確係屬實倘有捏報朦

蒙頂等情一經查出甲長甘受懲處并該遺族以後如有變更仍當隨時

報告所保是實須至保結者

保 長沙縣城西鄉第八保々長周少芝

甲 長沙縣城西鄉第八保第十三甲々長羅自成

族 長張順慈 住址 城西八保如意街七號

鋪保 營業 萬順長 地址 如意街六號

中華民國三十五年 四 月 日

（年上加蓋鄉公所或保甲圖記）

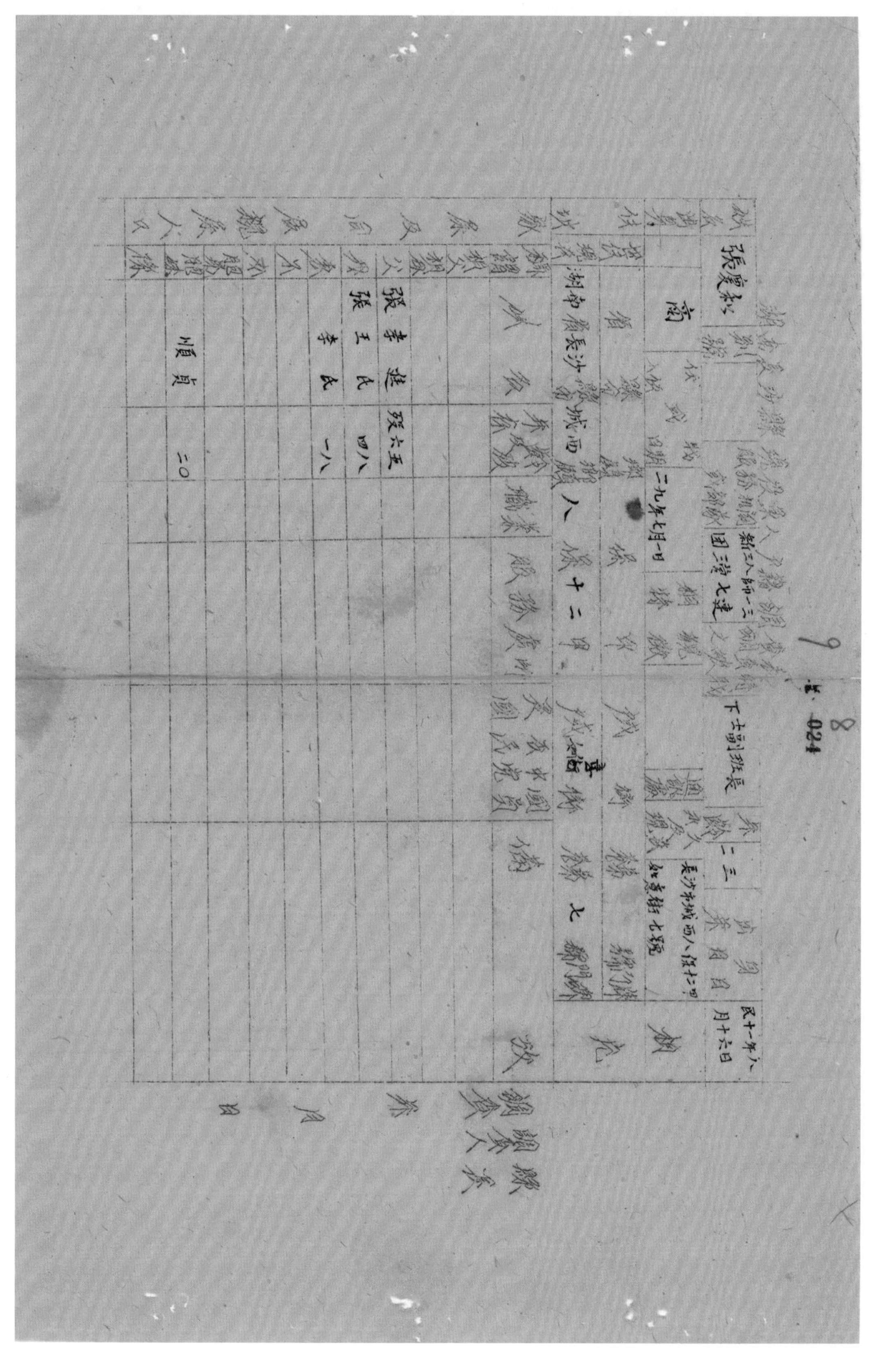

附（三）补送死亡官兵现役军人户籍调查表清册（一九四六年四月二十日）

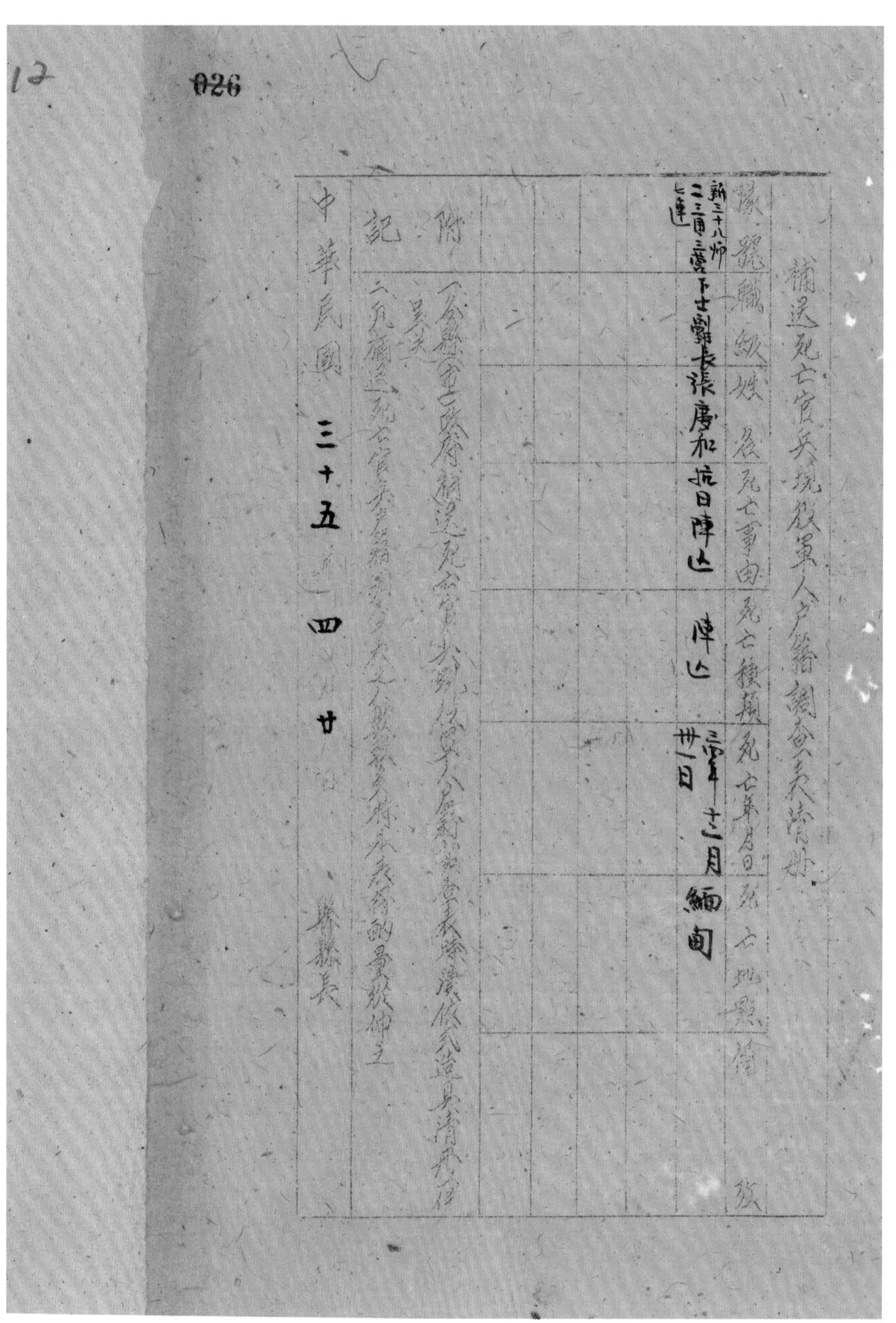

12

026

補送死亡官兵現役軍人户籍調查表清冊

隊號職級	姓名	死亡事由	死亡種類	死亡年月日	死亡地點	備攷
新三十八師一一三團三營七連下士副班長	張賡和	抗日陣亡	陣亡	三十三年十二月卅一日	緬甸	

附記：一、各縣（市）政府補送死亡官兵現役軍人户籍調查表除應依式造具清冊二份呈送

二、凡補送死亡官兵户籍調查表之人數應與清冊所列數量相符

中華民國三十五年四月廿日　縣縣長

长沙市城西区公所致该市政府的报告（一九四六年五月二十八日）

為已故張慶和請卹金呈核由

報告

案奉

鈞府善民三十五字第九三號指令略以本所呈賚故士張慶和請卹件內尚缺該故士生前服務及死亡證明仰即補具來府以憑核辦等因奉查經飭據該故士家屬繳送來所理合檢同上項證明備文呈賚

鑒核准予轉請核卹實為公便

謹呈

市長汪

042

華湘印刷局精製

全 衔程○○

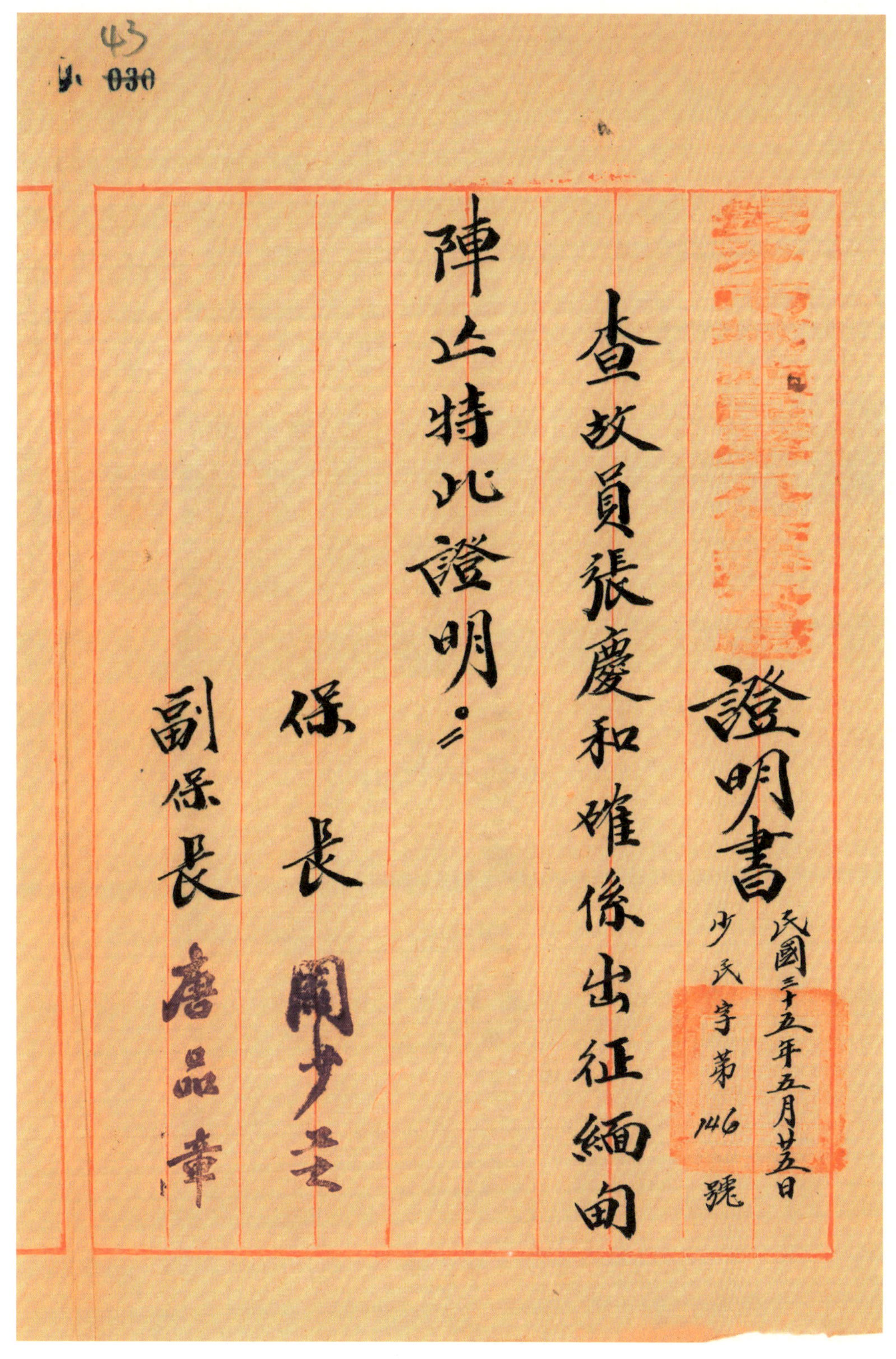
證明書

民國三十五年五月廿五日

少民字第146號

查故員張慶和確係出征緬甸陣亡特此證明。

保長 關少圭

副保長 唐品章

长沙市城西区公所、长沙市政府等关于张定国因公殉职请从优抚恤的一组文书（一九四六年四月至五月）

张绍景致长沙市城西区公所的呈（一九四六年四月二十四日）

66
033
288
35 4 27
事由
為調任軍職槍傷斃命懇准據情轉請優給卹金以慰遺族而妥幽魂由
擬辦
擬呈
三五、四、二八
批示
備考
附件
字第　號
年　月　日　時到
收文　字第　號

67

竊民張紹景之子定國居於福星街浙江會館第卅三號已歷有年矣曾充
陸軍第七十四軍軍部准尉排附民國廿七年十月隨軍部由江西德安開抵省
垣案奉
軍長調充長株警備司令部服供原職禍於是年十一月廿九日奉
令隨同陳連長（希真）前往長沙縣屬之長樂鄉觀音港調查案件該鄉自衛團
部不明情況開槍擊射因而殉職當經長沙縣政府張縣長（翰儀）籌贈喪葬費
洋柒百元比運柩回省歸葬九峯鄉第二保境內新橋祖山次年民正請撫卹間適因
軍部開赴高安等處抗敵作戰民偕孀媳等亦轉徙流離行止無定請卹一節致將
擱置去（卅四）年冬戰事勝利國土重光民等遠道歸來仍在原處棲止頃閱報載
中央頒佈撫卹陸軍死亡官兵條例優給卹金慰勞軍人遺族等因凡屬國民同聲感激

68
~~034~~

竊民一介寒儒年將花甲次子湘震投筆從軍由湘入桂今已十年杳無音信不料長子定國奉 令調任斯職又被槍傷殞命雖為黨國爭光實乃家庭不幸現有青年寡媳並有八歲孫兒教讀維艱生活窘迫種種苦況筆難盡言鄰甲皆知儘可詢調除請憑街坊鄰居署名證明外用特備文呈懇

鑒核准予據情轉請依照撫卹陸軍死亡官兵成案優賜卹金給民具領以維遺族生計而慰死者英靈存歿均感待命維殷謹呈

長沙市城西區第八保保長 周 轉呈

區 長 程

具呈人 張紹景

住福星街浙江會館新33號

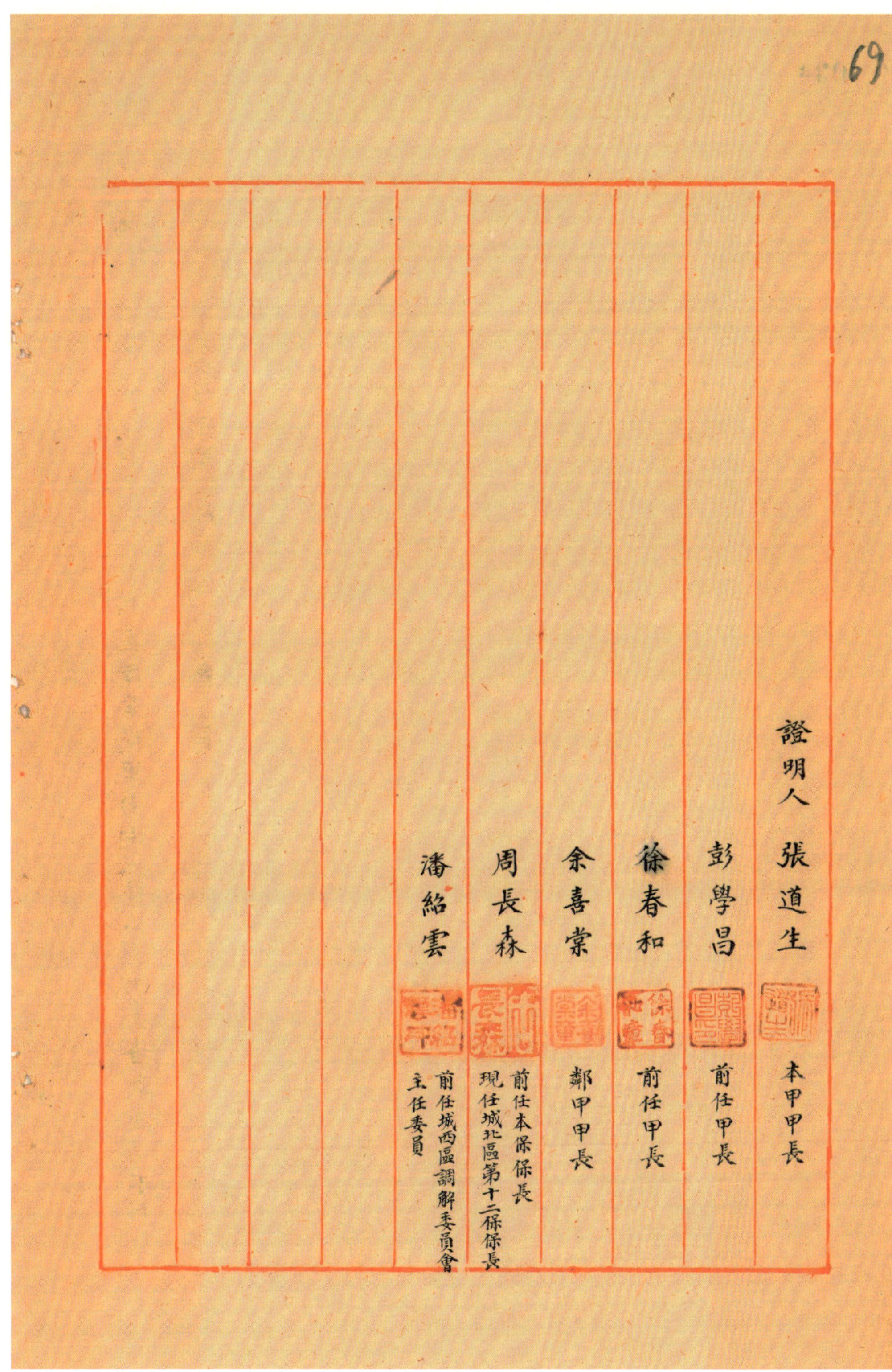
69

證明人　張道生　本甲甲長

彭學昌　前任甲長

徐春和　前任甲長

余喜棠　鄰甲甲長

周長森　前任本保保長　現任城北區第十二保保長

潘紹雲　前任城西區調解委員會主任委員

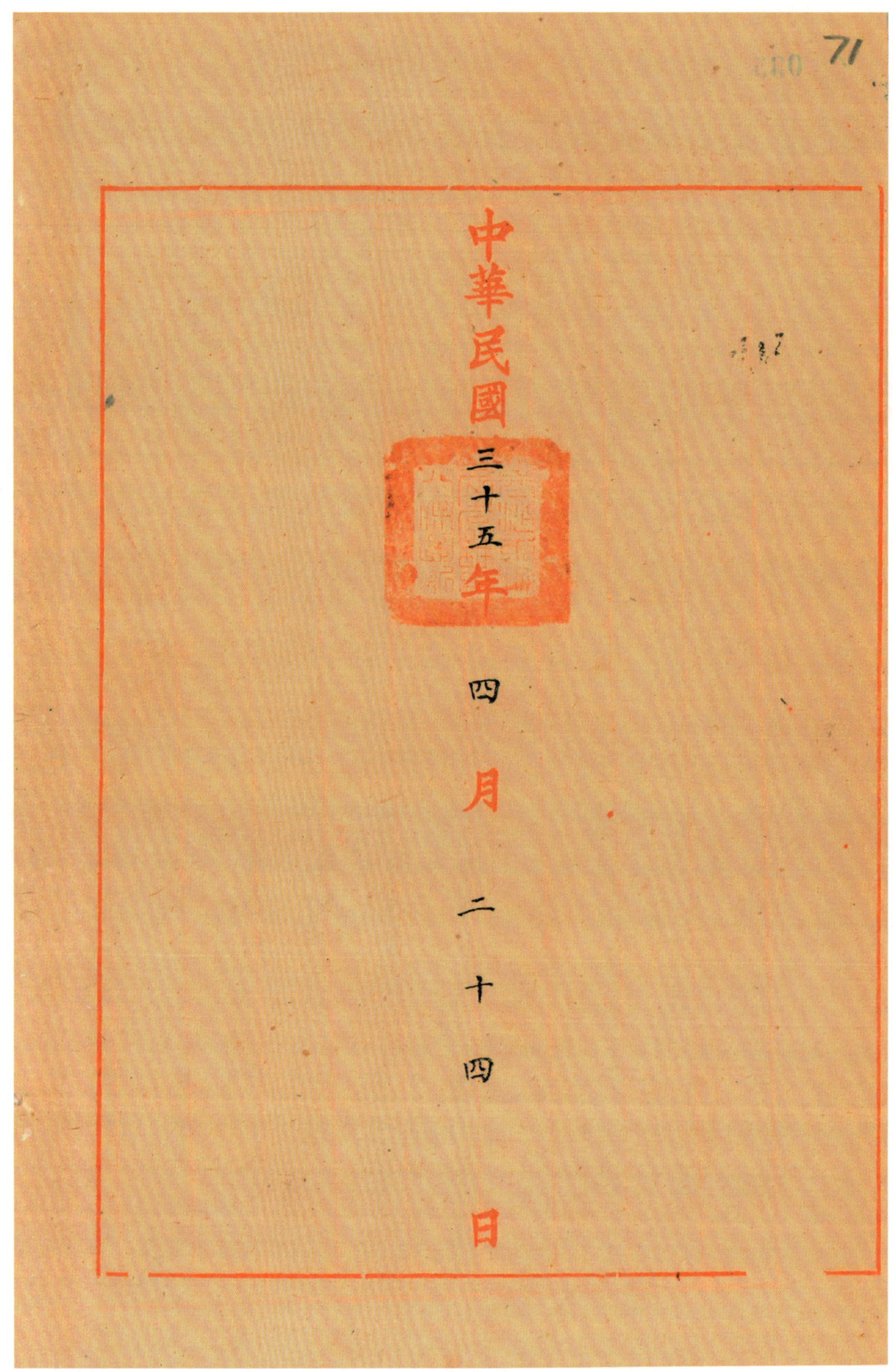
中華民國三十五年四月二十四日

報告

於西区区公所

中華民國三十五年四月二十八日

事由：為轉呈張定國因公殉職懇轉請從優撫卹乞鑒核由

案據本區第八保保長周少芝轉呈居民張紹畢報告：竊民之子定國，居於福星街浙江會館第廿三號，已歷有年，曾充陸軍第七十四軍之部准尉排附，云准予據情轉請依照撫卹陸軍死亡官兵成案，優賜卹金，給民具領，以維遺族生計，而慰死者英靈，存歿均感，待命。繼殷等情，據此，除批答外，理合備文呈請鑒核，准予所請，實為公便。謹呈

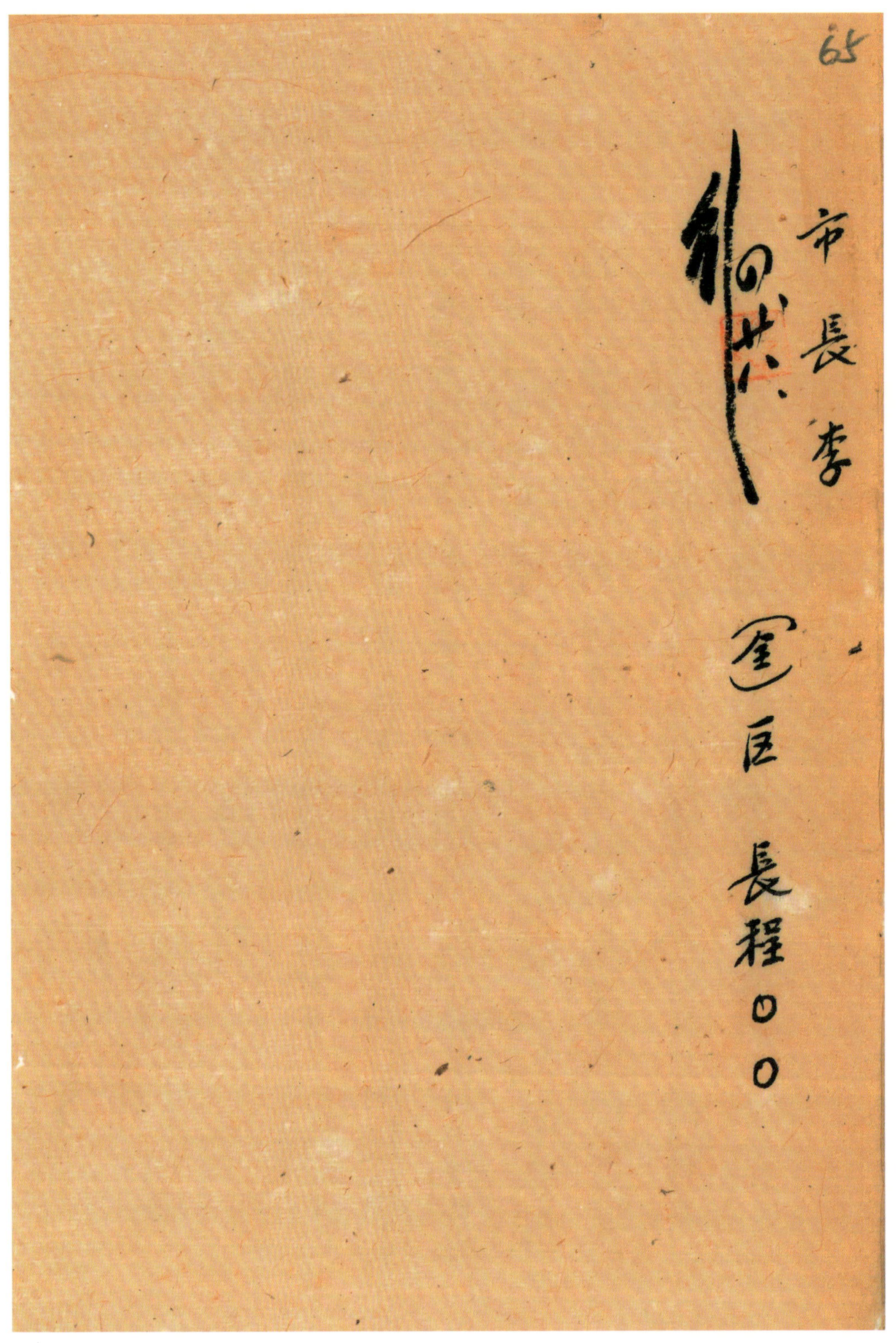

65

市長李

全區長程〇〇

长沙市政府致该市城西区公所的指令（一九四六年五月十七日）

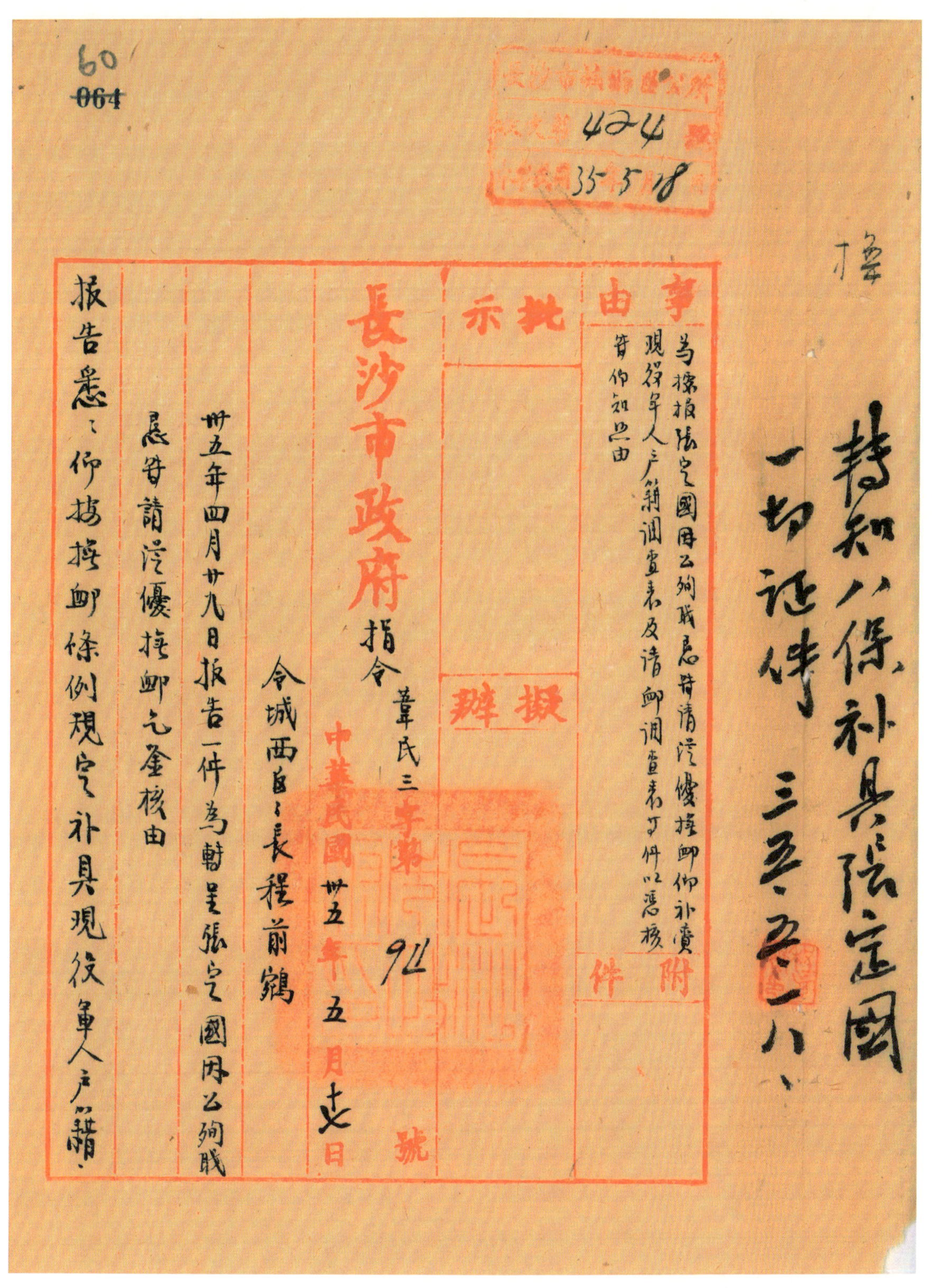

60
~~064~~

长沙市城西区区公所 收文第 424 号 中华民国 35-5-18

事由：为据报张定国因公殉职恳请从优抚恤仰补赉现役军人户籍调查表及请恤调查表各件以凭核夺仰知照由

附件

长沙市政府指令 葦民三字第94号 中华民国卅五年五月十七日

令城西区区长程前鹤

卅五年四月廿九日报告一件，为转呈张定国因公殉职恳请从优抚恤乞鉴核由。

报告悉。仰按抚恤条例规定补具现役军人户籍、

抄

特知八保补具张定国一切证件

三五、五、一八、

61

調查表及請卹調查表各二份保結三份證該故員生前服務及死亡証明等件賫府憑核為要

此令。

市長 王東原

长沙市城西区公所致该市政府的报告（一九四六年五月二十八日）

为赍呈张定国结印表据乞鉴核由

报告

案奉

钧府华民三字第九四号指令略以本所呈赍故员张定国请恤表件内尚缺现役军人之私籍调查表及请恤调查表各二份保结二份暨该故员生前服务及死亡证明等件仰即补具来府以凭核办等因。遵经饬据该故员张定国家属填缴来所，理合检同上项表件备文呈赍

鉴核准予转请核恤，实为公便。

谨呈

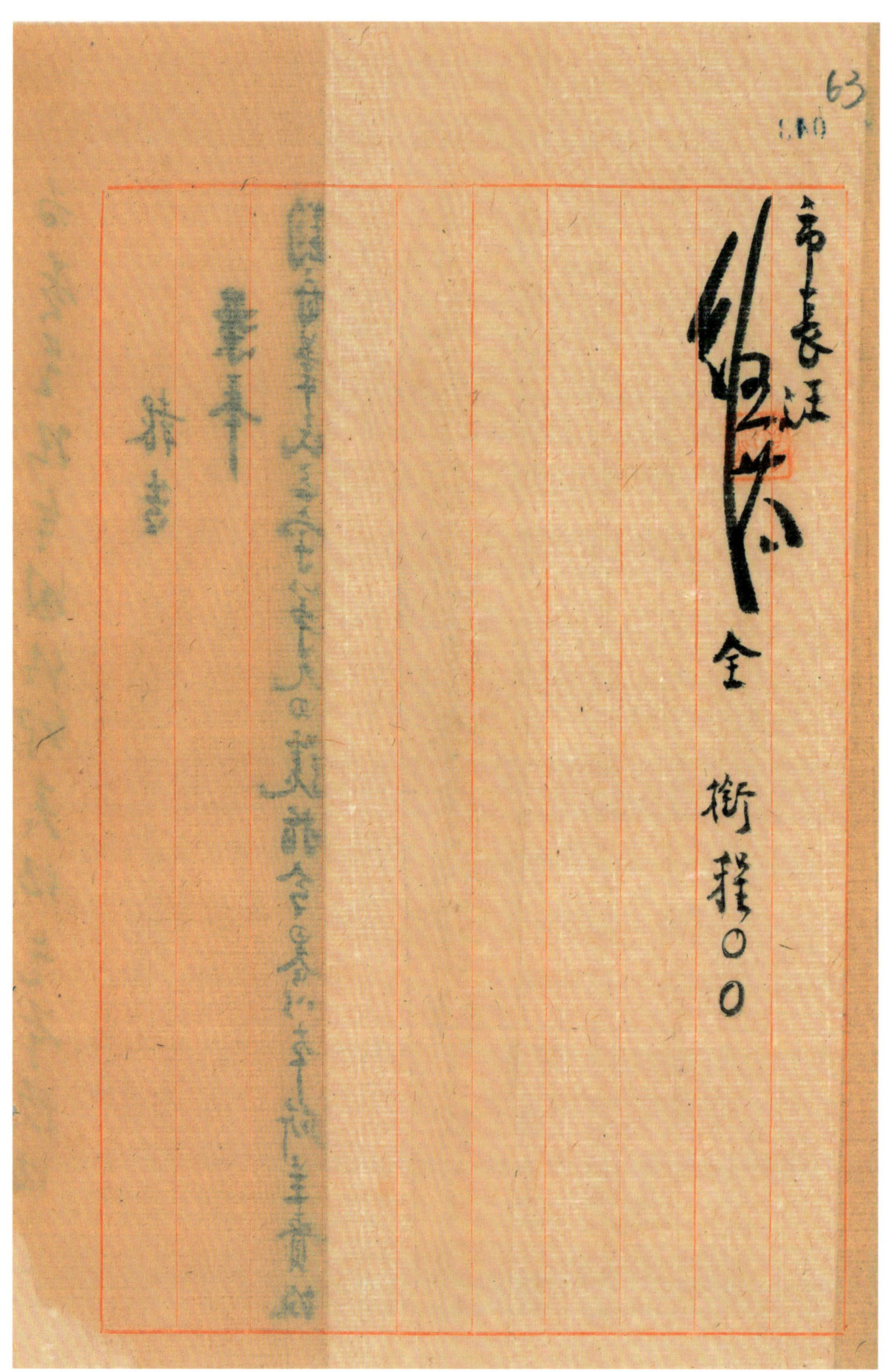
市长汪
全衔
程〇〇

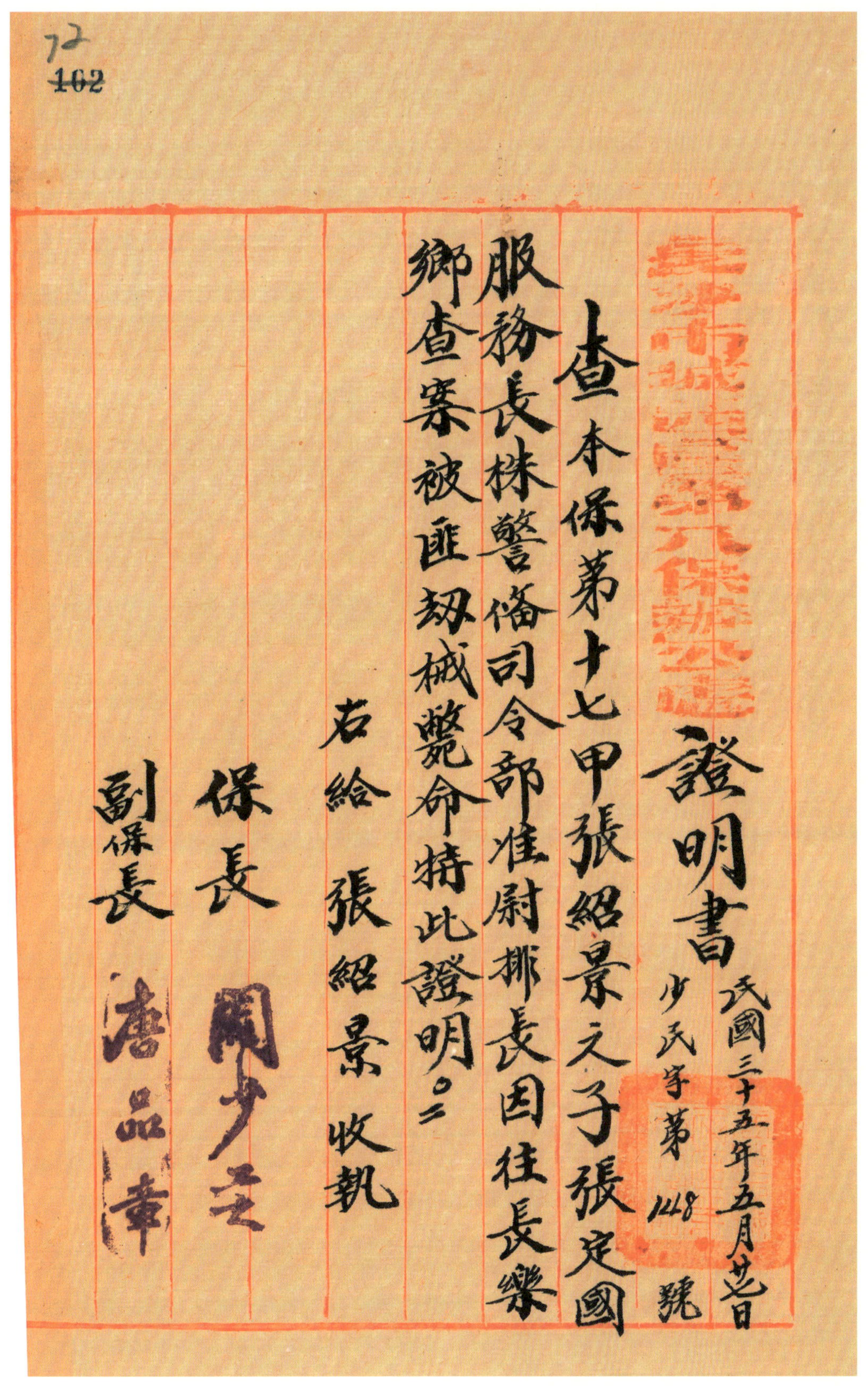

72

162

長沙市城南區第八保辦公處

證明書

少民字第1148號

民國三十五年五月廿七日

查本保第十七甲張紹景之子張定國服務長株警備司令部准尉排長因往長樂鄉查寨被匪刼械斃命特此證明。

右給 張紹景 收執

保長 關少之

副保長 唐品章

附：张定国殉职证明书（一九四六年五月二十七日）

长沙市城西区第八保及长沙市城西区公所等关于邹俊庭因公殒命请领恤金事的一组文书（一九四六年四月至五月）

长沙市城西区第八保保长周少芝致该市城西区公所的报告（一九四六年四月二十八日）

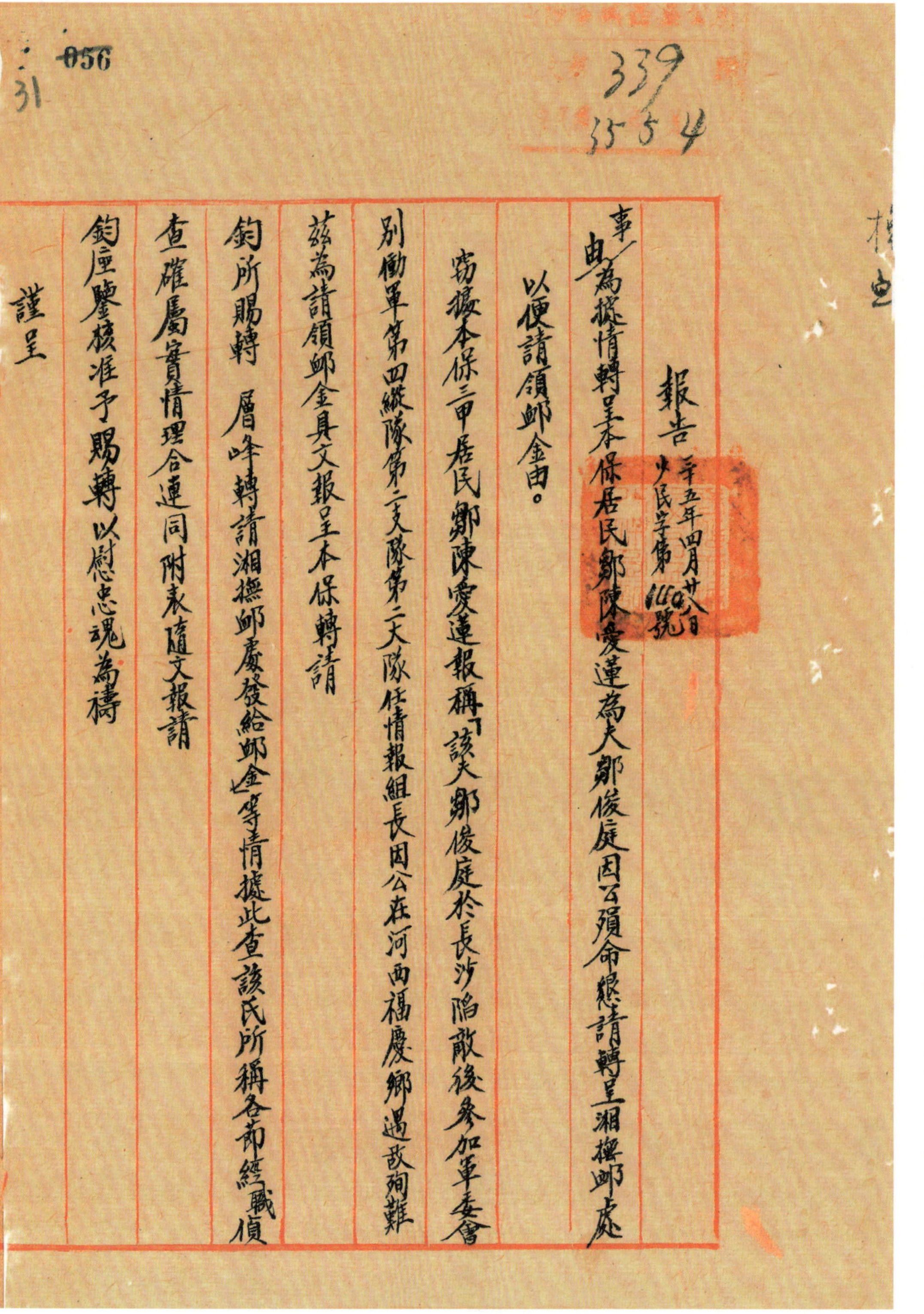

報告 卅五年四月廿八日 少民字第1160號

事由：為擬情轉呈本保居民鄒陳愛蓮為夫鄒俊庭因公殞命懇請轉呈湘撫卹處以便請領卹金由。

竊據本保三甲居民鄒陳愛蓮報稱：「該夫鄒俊庭於長沙陷敵後參加軍委會別働軍第四縱隊第二支隊第二大隊任情報組長，因公在河西福慶鄉遇敵殉難，茲為請領卹金具文報呈本保轉請鈞所賜轉層峰轉請湘撫卹處發給卹金」等情。據此，查該氏所稱各節經職偵查確屬實情，理合連同附表隨文報請鈞座鑒核，准予賜轉，以慰忠魂，為禱。

謹呈

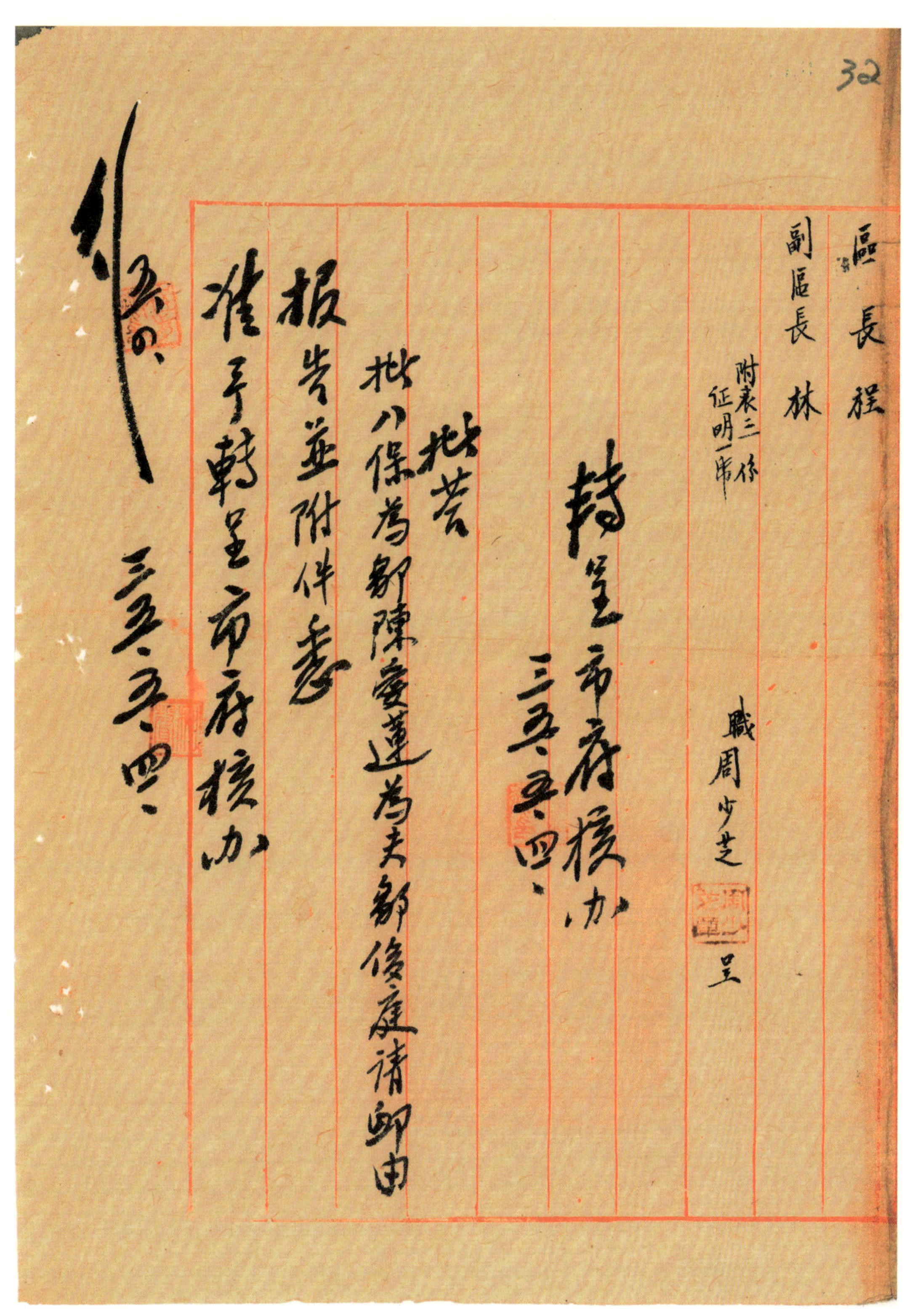

32

區長程

副區長林

附表三份
征明一紙

職周少芝呈

轉呈市府核辦

三五、五、四

批答

批八保為鄒陳愛蓮為夫鄒俊庭請卹由

報告並附件悉

准予轉呈市府核辦

三五、五、四

长沙市城西区公所致该市政府的报告（一九四六年五月四日）

报告 中华民国三十五年五月四日 於西区区公所

事由　为据情转呈邹俊庭因公殒命恳请转呈核发卹金乞鉴核由

案据本区第八保保长周步芝报告称：窃据本保三甲居民邹陈爱莲呈称：云云。准予赐转，以慰忠魂等情。据此，除批答外，理合备文连同表册赍呈鉴核，准予转请中央抚卹委员会湖南分处照案核卹，以慰幽魂，实为公便。谨呈

市长　李汪

附赍：保结一份　证明书一份　现役军人户籍调查表一份

亡过官兵户籍调查表情形一份

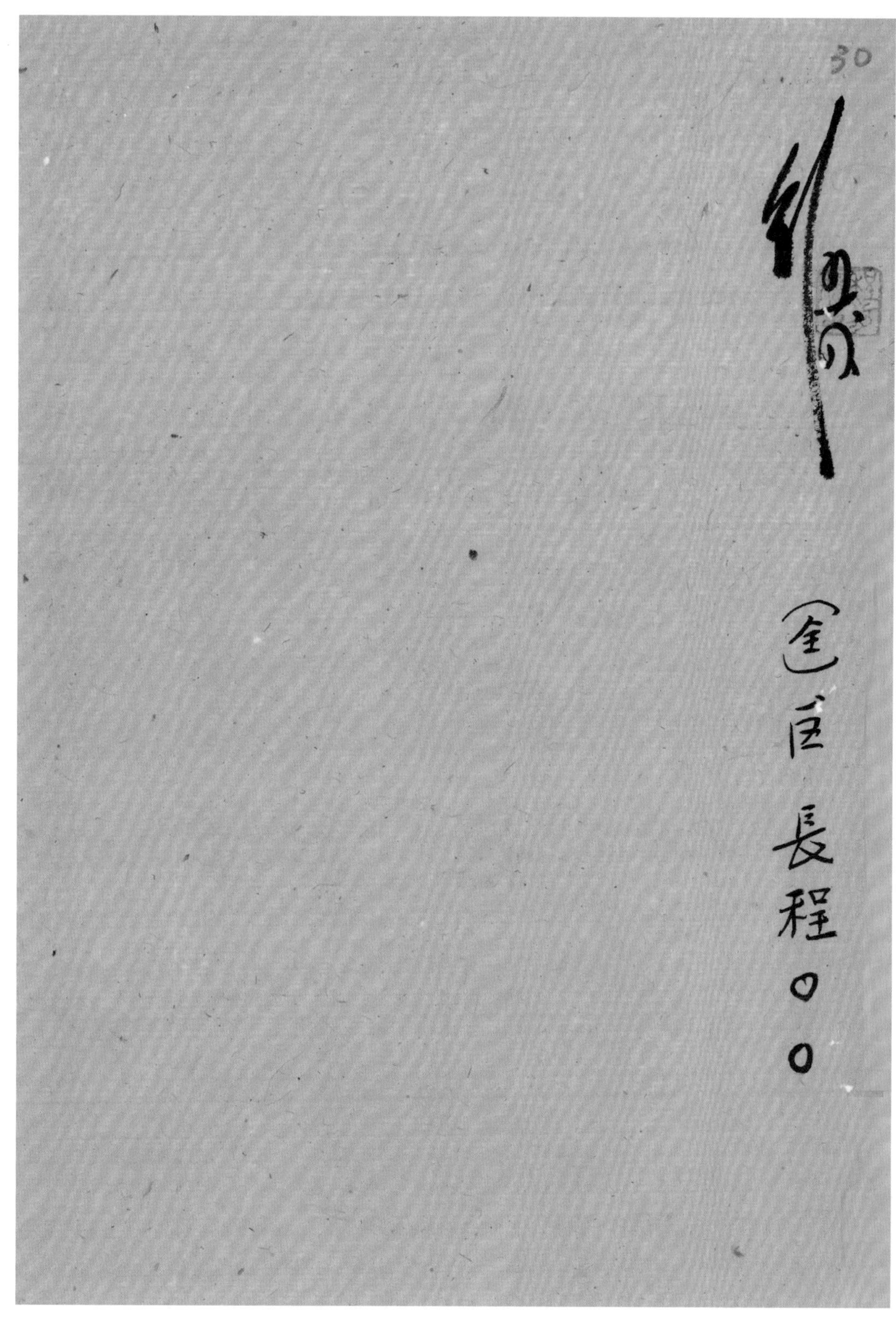
30
絹貴
(全)臣 長程〇〇

长沙市政府致该市城西区公所的指令（一九四六年五月九日）

27
057

369
35 5 10

事由：為令仰轉飭故員鄒俊庭遺族來府更正請卹表件由

批示

附件

擬辦

長沙市政府指令

中華民國三十五年五月九日 第11號

令城西區區長程前鵠

三十五年五月五日報告一件為據轉賫鄒俊庭因公殞命請卹表件懇核發卹令以便請領卹金由

報告暨附件均悉。查所賫表件不敷存轉且填寫錯誤過多

28

仰即轉飭該故員遺族親來本府民政局遵照規定更正錯填表件并補具該故員鄧俊庭生前服務証明以憑核轉爲要。（件存）

此令。

市長汪　浩

校對陳天灝

胡祖翊遗属、长沙市城西区公所与长沙市政府等关于胡祖翊因公殒命请领恤金事的一组文书（一九四六年五月）

胡祖翊之母胡王氏致长沙市城西区公所的呈（一九四六年五月二日）

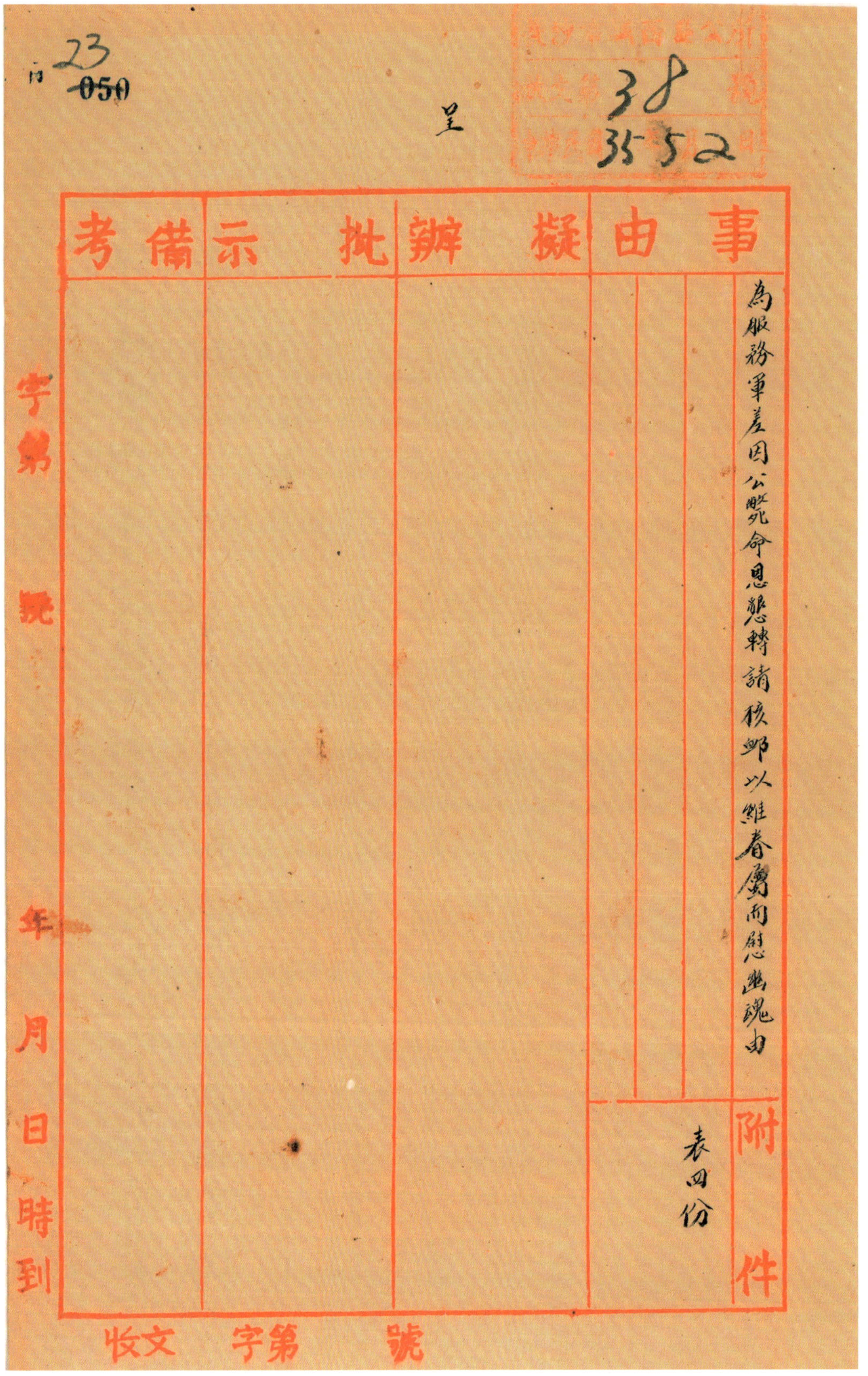

23
050

呈

38
35552

事由：為服務軍差因公殞命恳懇轉請核卹以維眷屬而慰幽魂由

附件：表四份

擬辦

批示

備考

字第　號　年　月　日　時到

收文　字第　號

為服務軍差因公斃命懇懇轉請核卹以維眷屬而慰幽魂事竊 孀婦之子祖翊於民九年
送入長沙孤兒院至民十六年充任河南省綏靖公署文書復經令派軍樂連職務禍緣中日戰
事發生敵軍進犯 氏子奉令將連部西樂疏散安全地點當即搭乘快車由河南起行
繞道往重慶正開抵湖北劉家廟地方不意敵機多架猛勇飛來投擲重彈濫施狂
炸沿河兩岸死亡枕藉同行者有沈隊長及少數士兵當機擒掃射時 氏子祇以公物
為重以生命為輕伏伺火車道旁儘力維護樂器不幸身重流彈立即斃命時在民二十七
年八月十二日(即古七月十七日)上午九時當經該隊長命同行士兵等檢驗尸首擡厝沙洲迄今
數年莫聞詳悉直至去(三四)年十月抗戰勝利 氏傾聆沈隊長眷屬由贛回湘詳悉一
切情形歷歷如繪 氏得悉之餘異常悲悼竊 氏一介女流柏舟矢志所生二子祖翊居長
次子早已出繼夫兄為嗣家境貧寒原冀此子以維生活今因公斃命致使 氏生活

25

051

堪虞况劫后余生痛苦尤甚米珠薪桂合古骇闻午夜思维千行泪下用特泣恳附表

四份呈请

钧长俯赐察核恩恳转请核准并准发给三十四年份增发遗族公粮以维眷属生计

感戴之德有若二天谨呈

保长成　转呈

城西区公所　区长程　副区长林

附呈表四份

具呈人　胡王氏

现住福星街七〇号

证明人第十四甲甲长彭树庭

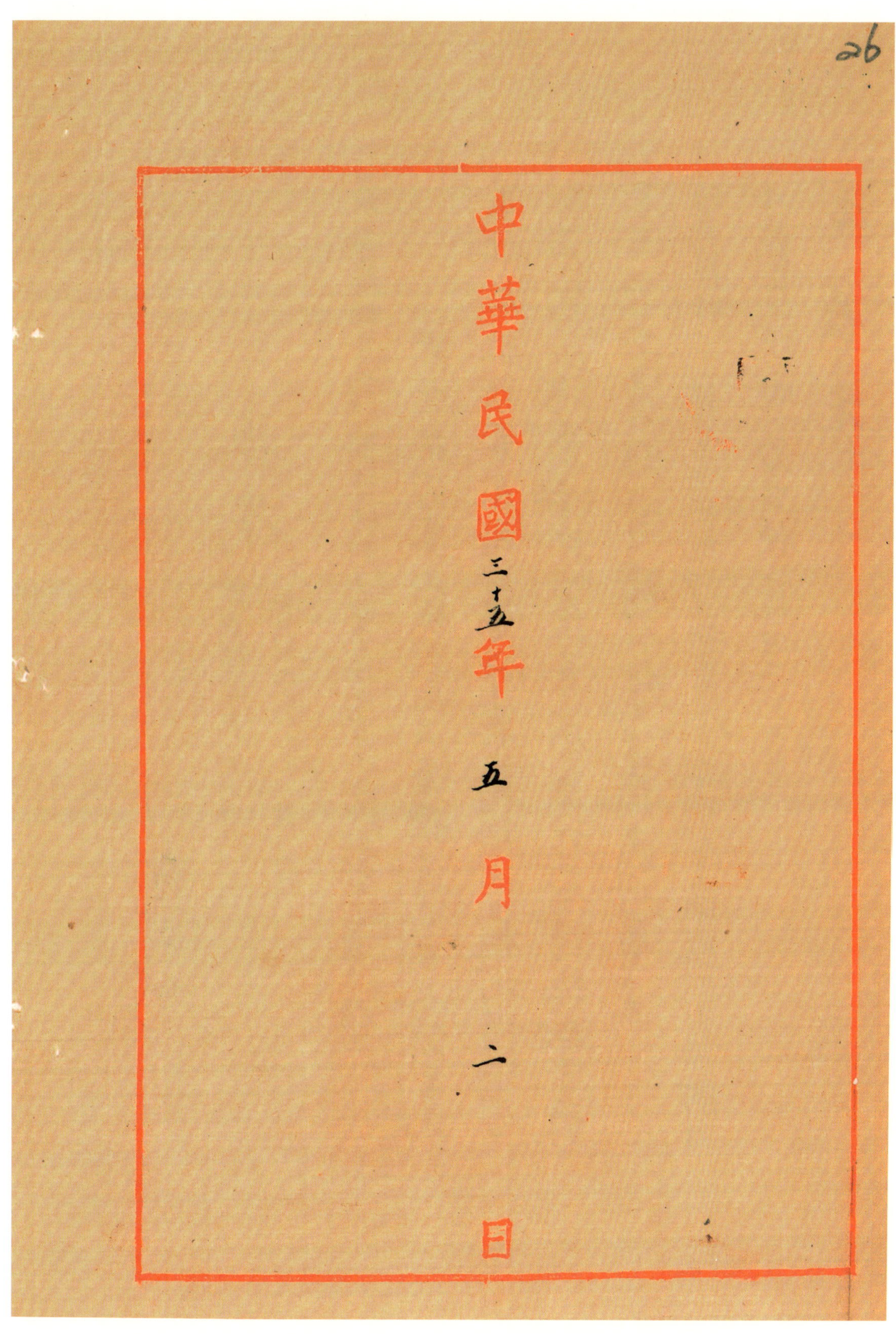
中華民國三十五年五月二日

长沙市城西区公所致该市政府的报告（一九四六年五月三日）

18

报告

中華民国三十五年五月　日

於城西区区公所

事由：為轉呈各種表冊懇請轉呈核發陣亡官兵胡祖翊卹金乞鑒核由

案據本區第九保保長成奎轉呈具呈人胡王氏呈稱為服務軍差因公殞命恩懇轉請核卹以維眷屬而慰幽魂事云云云云以維眷屬生計等情據此查所呈各節事屬確實理合備文連同表冊賫呈

鑒核准予轉呈中央撫卹委員会湖南分處照案核卹以慰幽魂實為公便謹呈

市長李

王三（印）

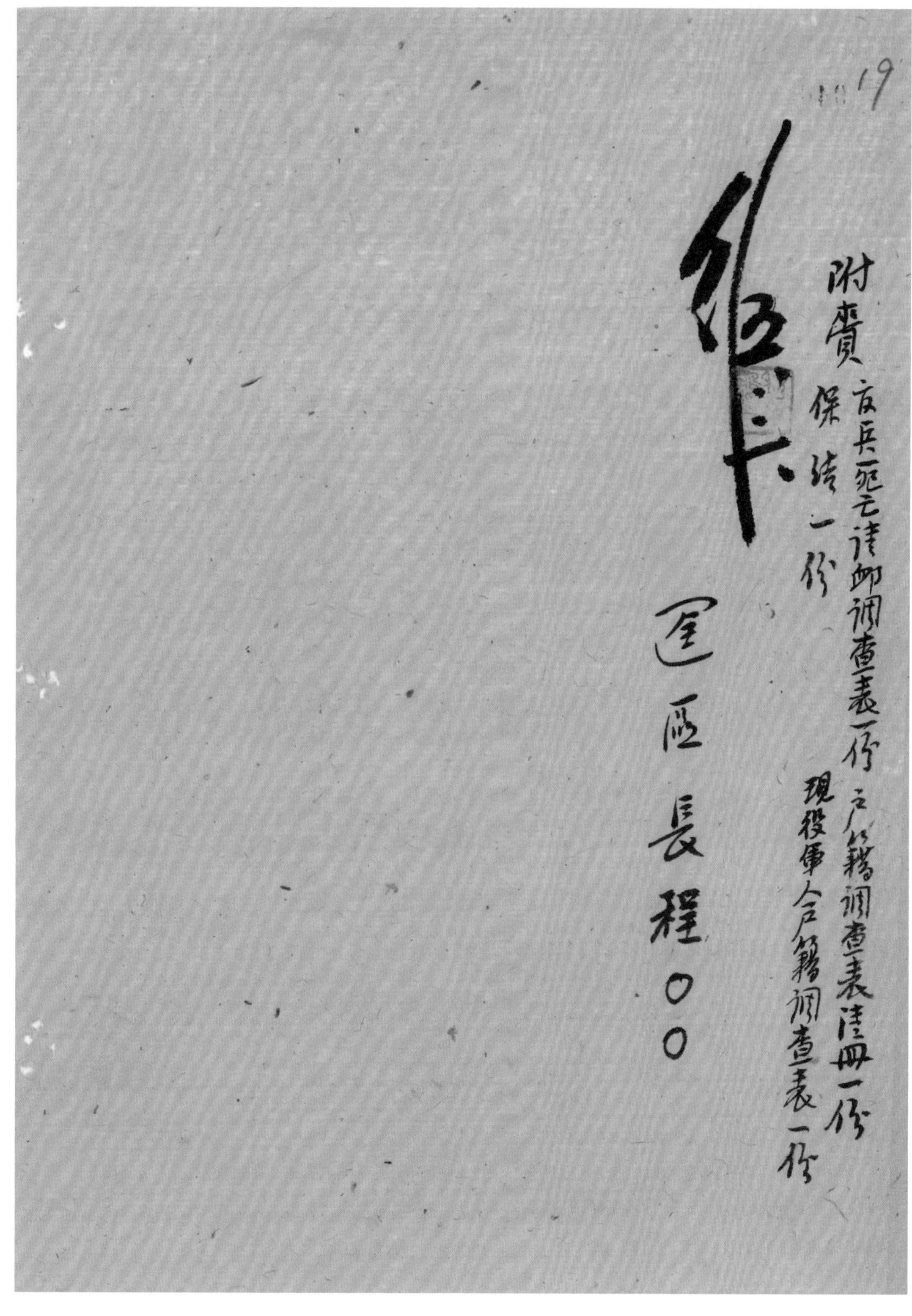

19

附賫　官兵死亡請卹調查表一份　亡戶籍調查表清冊一份

保結一份　現役軍人戶籍調查表一份

區長程〇〇

长沙市政府致该市城西区公所的指令（一九四六年五月九日）

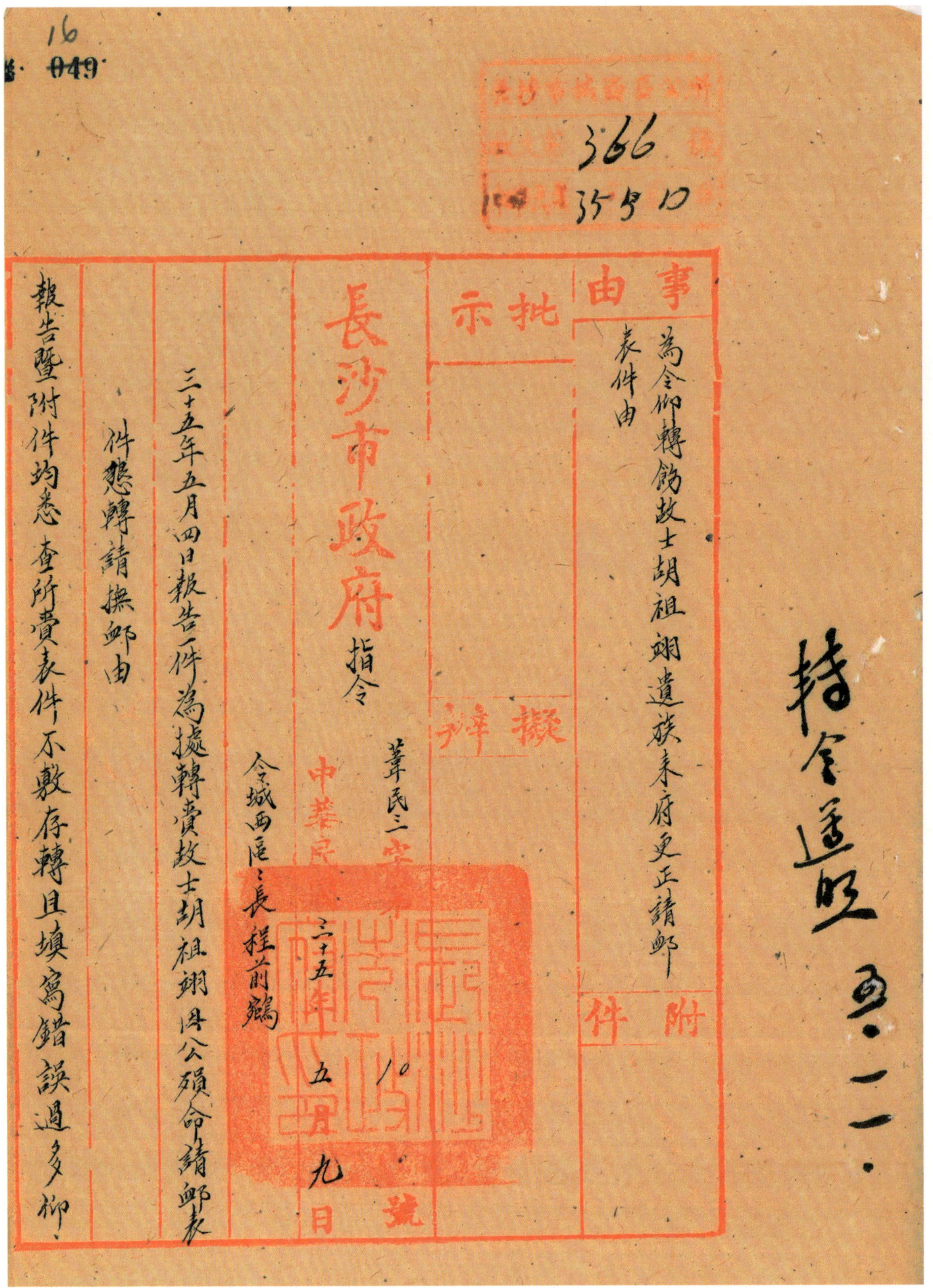
16
049

長沙市城西區公所收文
366
35 5 10

轉令遵照 五·十一·

事由：為令仰轉飭故士胡祖翊遺族來府更正請卹表件由

附件

批示

擬辦

長沙市政府指令 華民三字第 10 號

中華民國三十五年五月九日

令城西區區長程前鶴

三十五年五月四日報告一件為據轉賚故士胡祖翊冊公殞命請卹表件懇轉請撫卹由

報告暨附件均悉 查所賚表件不敷存轉且填寫錯誤過多仰

17

即轉飭該故士遺族親來本府民政局遵照規定更正并補具故士胡祖翊生前服務暨死亡証明以憑核轉爲要。（件存）

此令。

市長汪　浩

长沙市城西区第九保出具胡祖翊阵亡证明书（一九四六年五月十一日）

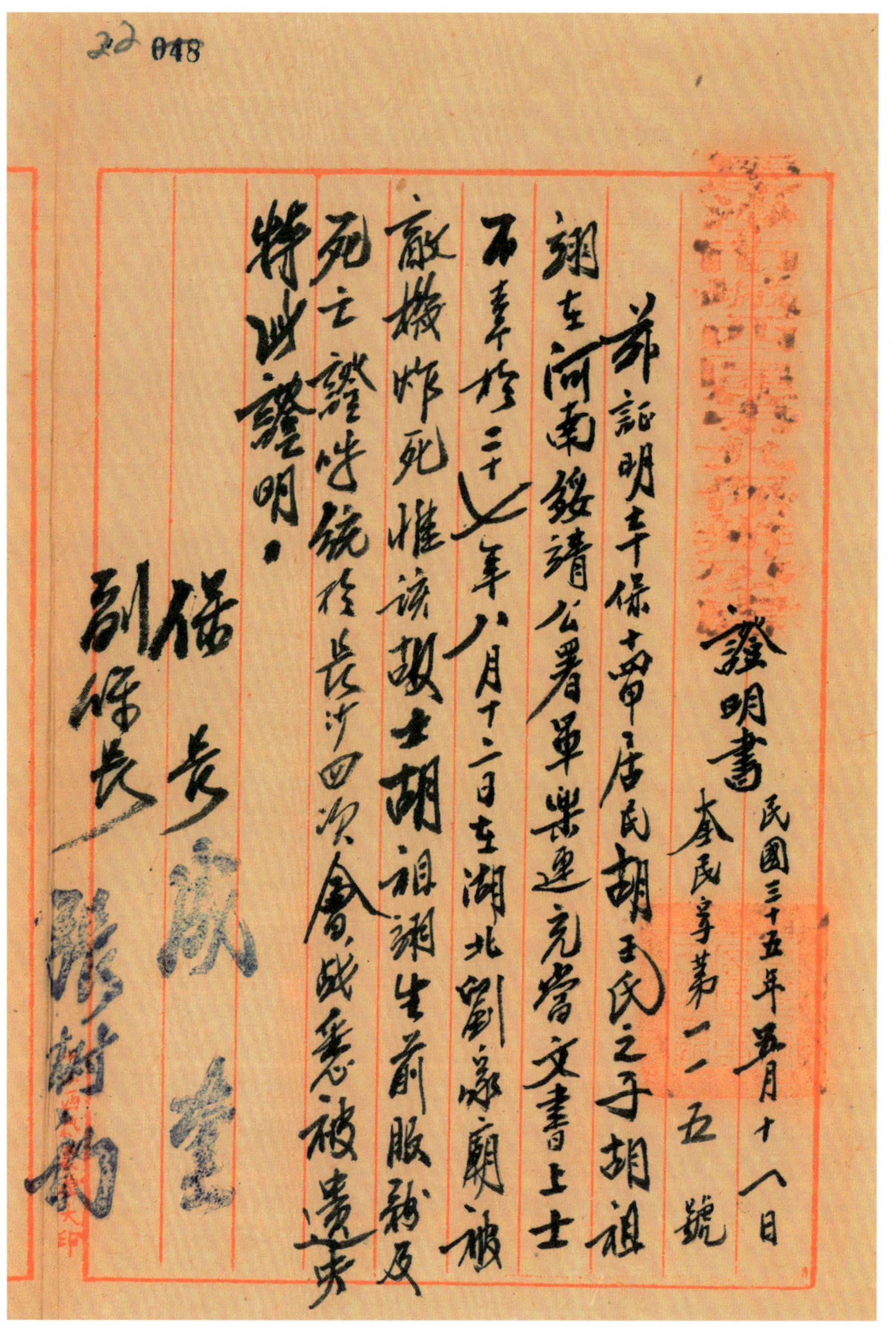

證明書　民國三十五年五月十一日

本民字第一二五號

兹證明本保十甲居民胡王氏之子胡祖翊在河南綏靖公署軍樂連充當文書上士，不幸於二十七年八月十二日在湖北劉家廟被敵機炸死，惟該故士胡祖翊生前服務及死亡證件統於長沙四次會戰悉被遺失，特此證明。

保長

副保長

长沙市政府致该市城西区公所的指令（一九四六年五月二十一日）

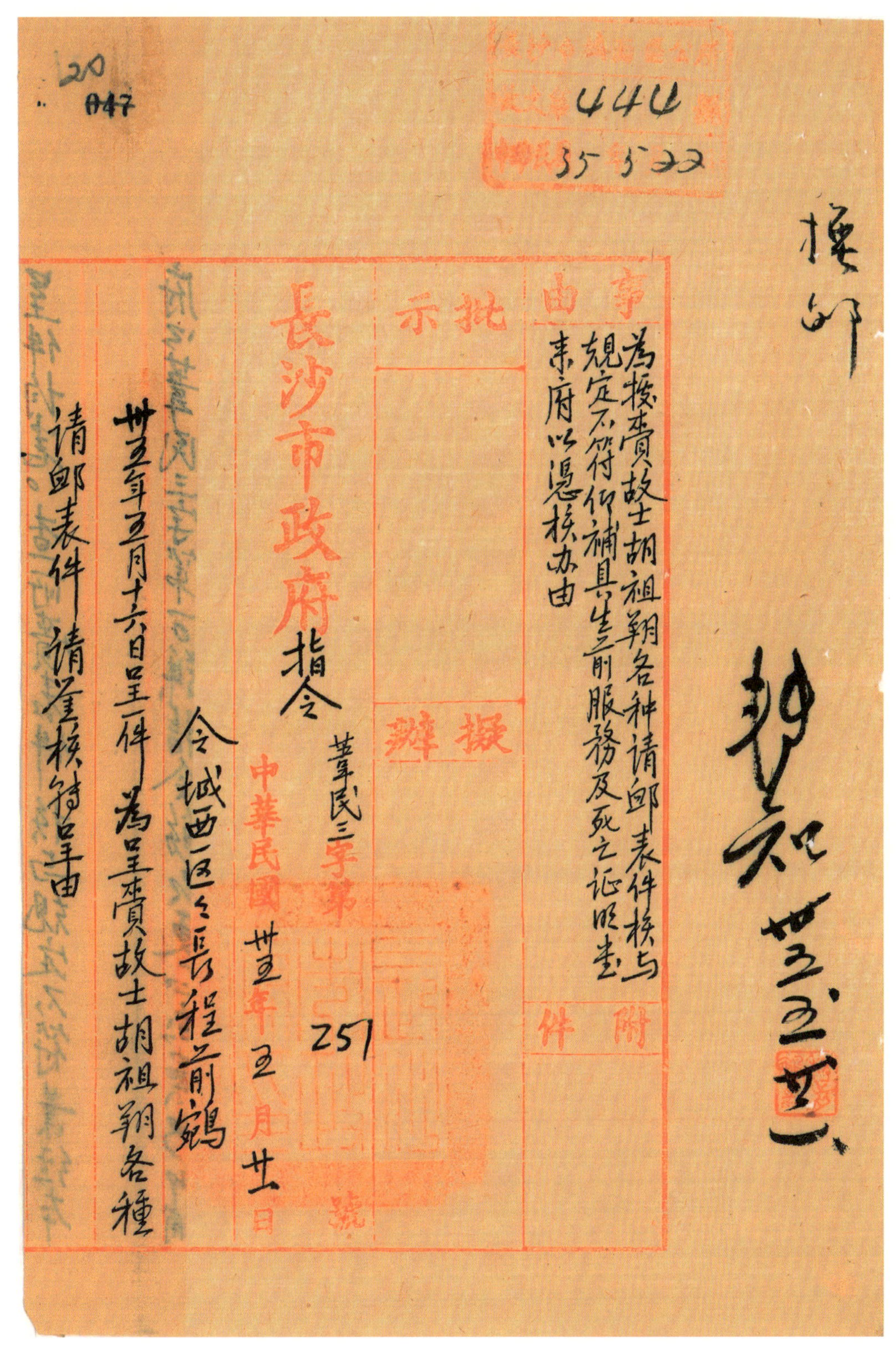
長沙市政府指令

事由：為據賫故士胡祖翔各种請卹表件核与規定不符仰補具生前服務及死亡証明呈來府以憑核办由

令城西區區長程前鶴

卅五年五月十六日呈一件，為呈賫故士胡祖翔各種請卹表件請予核轉呈由。

呈件均悉。

中華民國卅五年五月廿日

呈件均悉。查所赍表件核与规定不符，业经本府以葦民三字第一〇号指令饬即更正在案，仰补具该故士生前服务及死亡证明书来府以凭核转为要。此令。

赍件暂存

市长 汪浩

范连云遗属、长沙市城西区公所与长沙市政府等关于范连云抗敌阵亡请领恤金事的一组文书（一九四六年五月）

范连云遗属范张氏致长沙市城西区公所的呈（一九四六年五月二日）

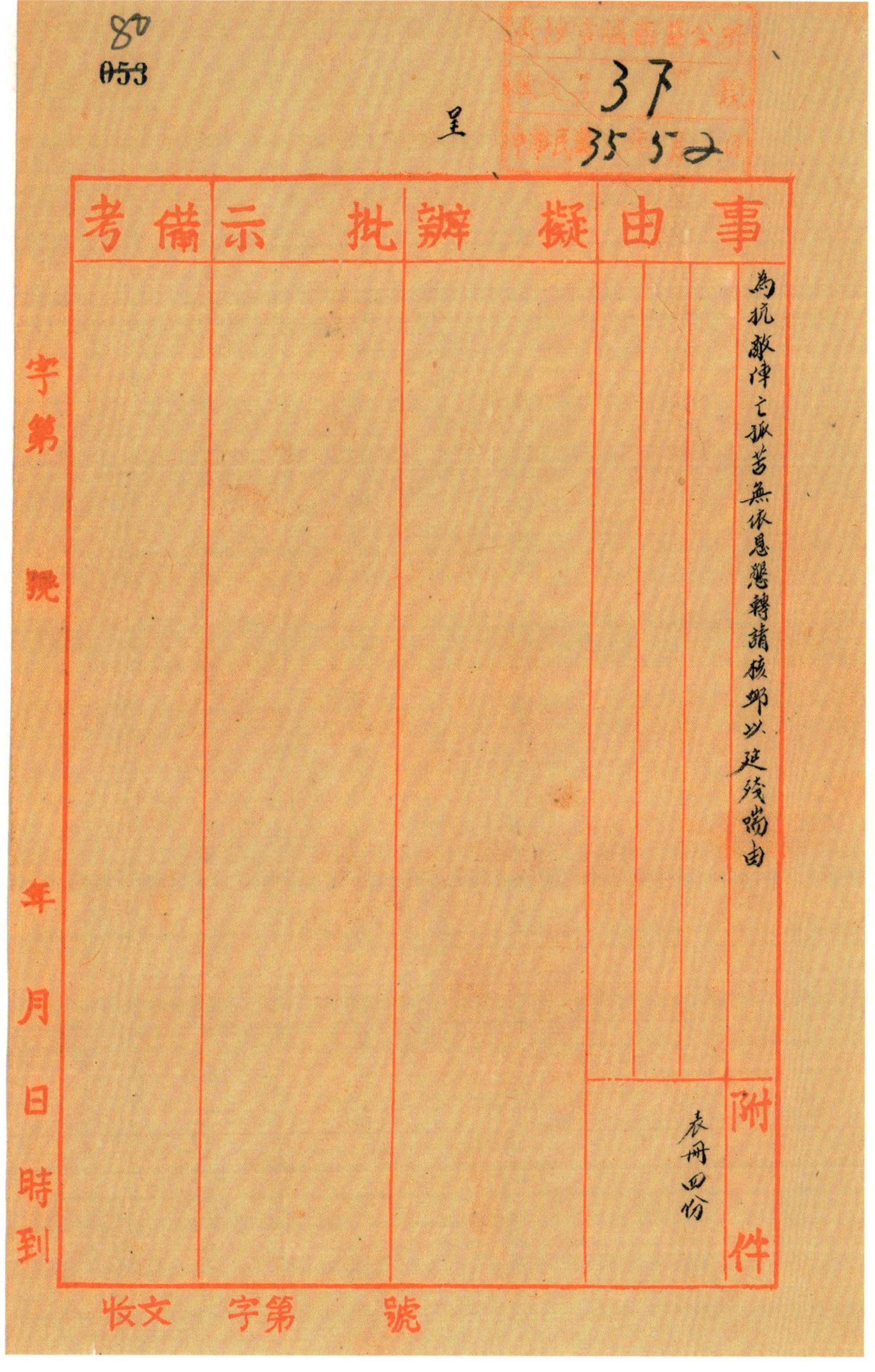
80
053
呈
37
35 5 2

事由	擬辦	批示	備考
為抗敵陣亡孤苦無依懇懇轉請核卹以延殘喘由			
附件：表冊四份			

字第　號　年　月　日　時到

收文　字第　號

81

為抗敵陣亡孤苦無依恩懇轉請核卹以延殘喘事緣氏夫范連雲出生於甲午歲九月二十六日原籍河南歷在軍界服務自中日戰事發生供職中央獨立砲二旅二團通訊連中尉排長民二十七年敵犯贛之德安作戰身負重傷是年九月不幸死亡於當地美國醫院埋葬東站之傍生前服務証件長沙四次會戰淪陷遇敵燬損妻女孤苦生活無依合懇附表四份備文呈請

鈞長俯賜察核恩懇轉請核卹並准發給三十四年份增發遺族公糧以維生活而慰幽魂

公德兩便謹呈

保長成　轉呈

城四區公所區長程　副區長孫

具呈人范張氏　年齡四二歲現住福星街第七〇號

（附呈表冊四份）

054
82
證明人第六甲甲長彭樹庭

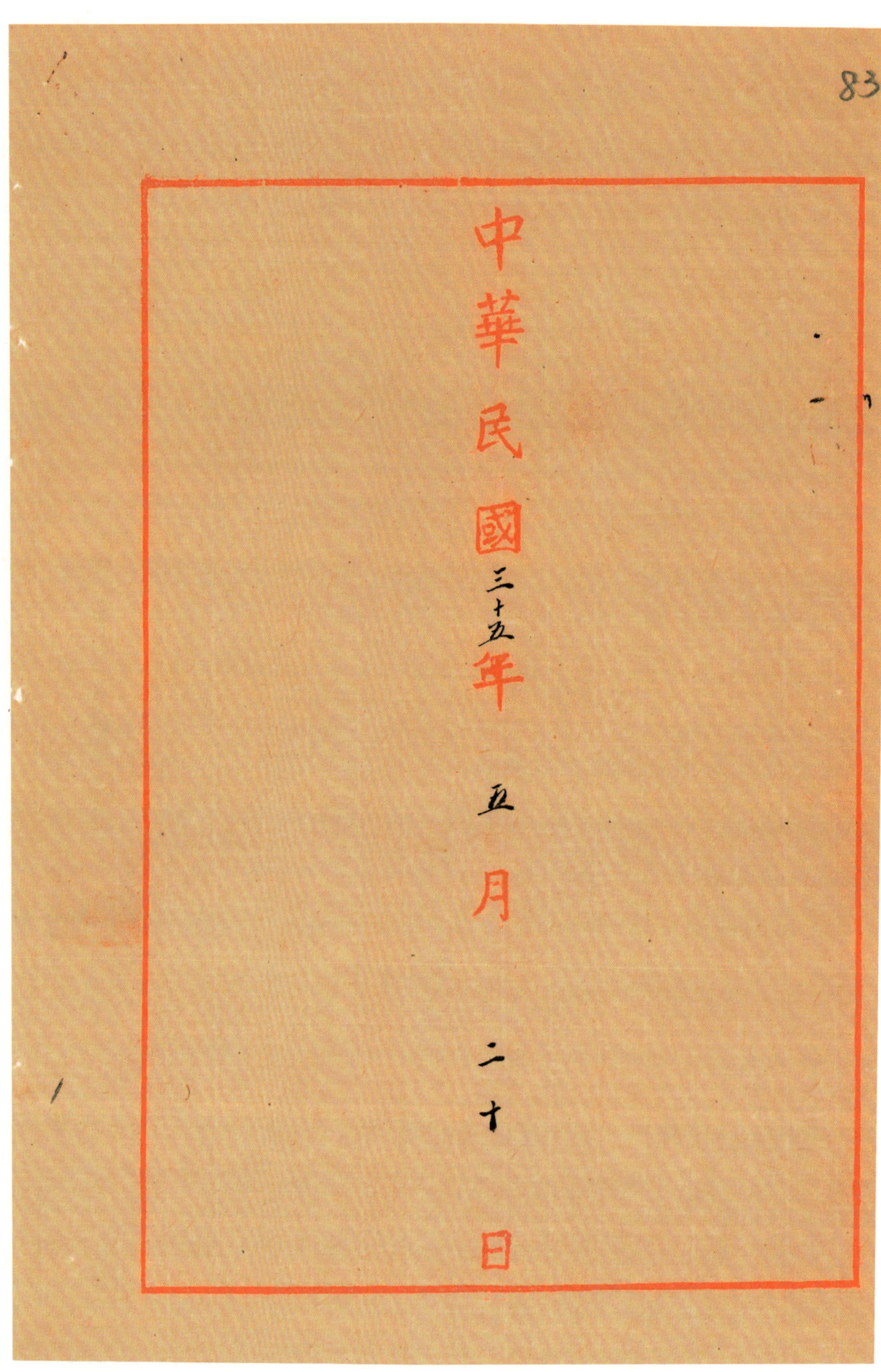

83

中華民國三十五年五月二十日

长沙市城西区公所致该市政府的报告（一九四六年五月三日）

78
~~052~~

報告　中華民國三十五年五月　日　於城西區區公所

事由：為轉呈各種册表懇請核發陣亡官佐范建雲卹金乞鑒核由

案據本區第九保保長陳戌奎轉呈具呈人范張氏呈稱為抗敵陣亡瓠苦無依恩懇轉請核卹以延殘喘事云云，以維生活而慰幽魂等情。據此，查所請各節事屬確實，理合備文賫呈鑒核，准予核卹，以慰幽魂，實為公便。謹呈

市長李

附賫官佐死亡請卹調查表一份、保結一份、户籍調查表清册一份、現役軍人户籍調查表一份

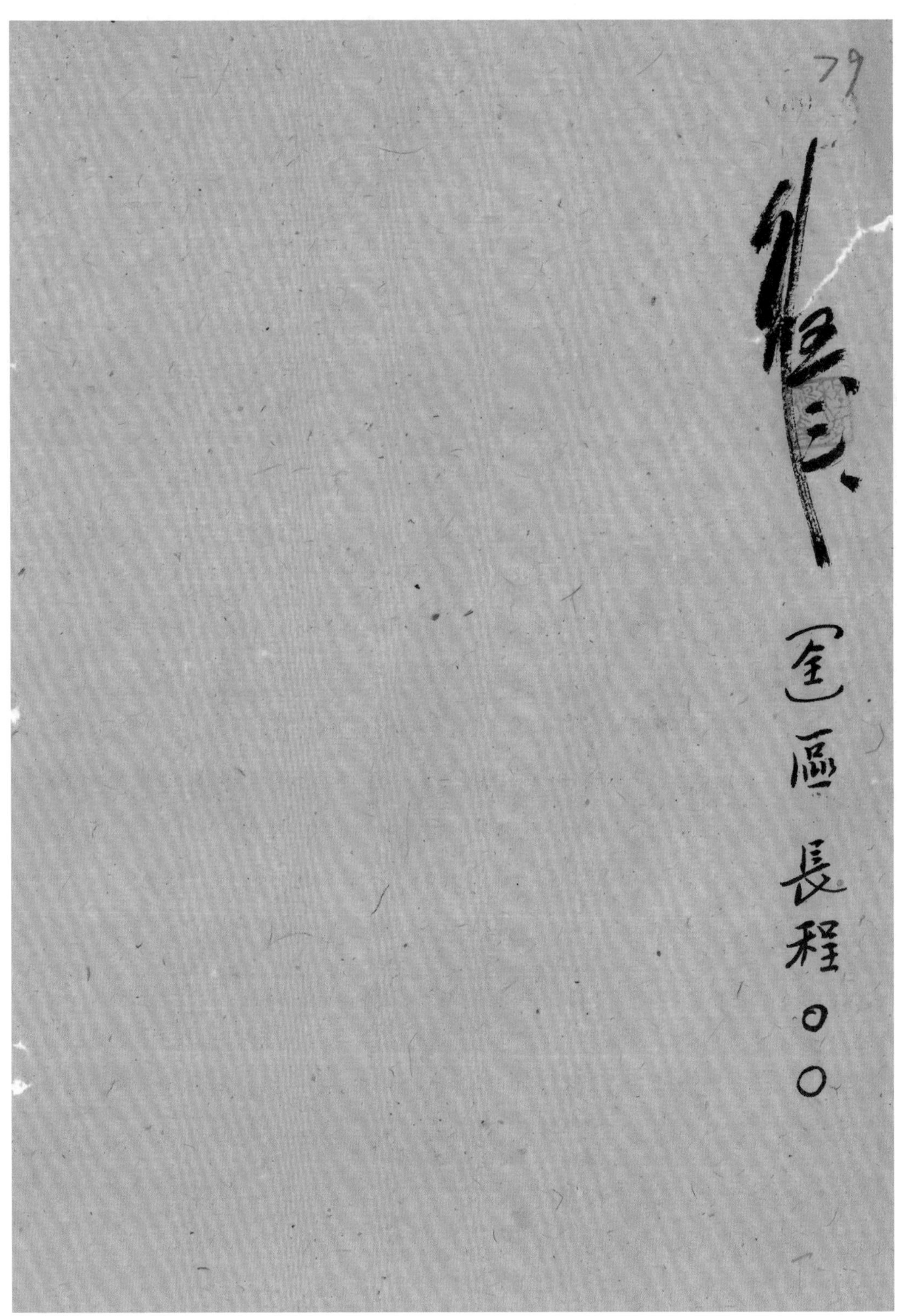
79
全区 長程○○

长沙市政府致该市城西区公所的指令（一九四六年五月九日）

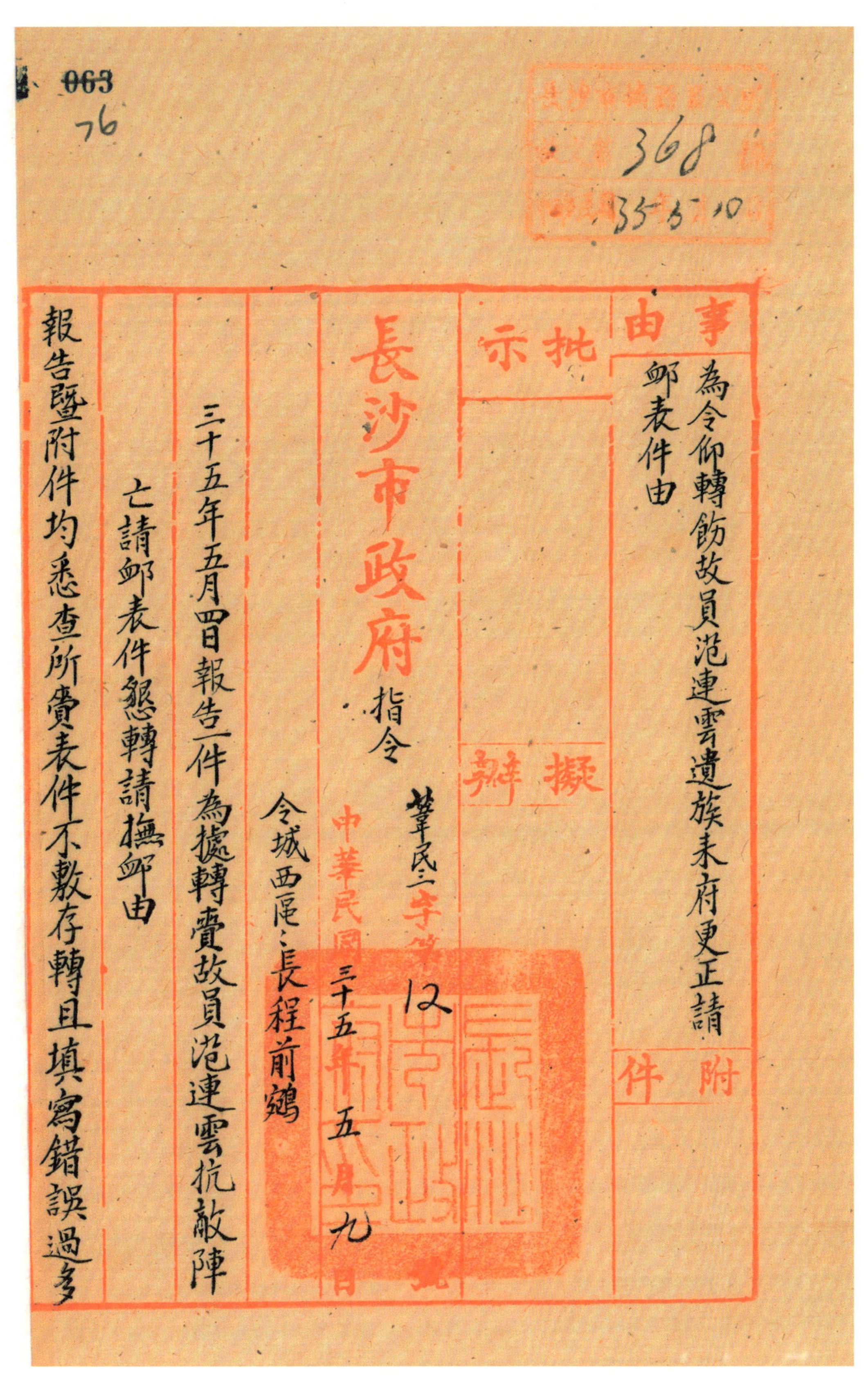
063
76

368
35.5.10

事由：為令仰轉飭故員范連雲遺族来府更正請卹表件由

附件

批示

擬辦

長沙市政府指令

華民三字第12號

令城西區區長程前鵷

三十五年五月四日報告一件為據轉賫故員范連雲抗敵陣亡請卹表件懇轉請撫卹由

報告暨附件均悉查所賫表件不敷存轉且填寫錯誤過多

中華民國三十五年五月九日

77

仰即转饬该故员遗族亲来本府民政局遵照规定更正错填表件并须补具该故员范连云生前服务及死亡证照明以凭核转为要！（件存）

此令。

市长汪浩

校对陈天顺

长沙市城西区第九保出具范连云阵亡证明书（一九四六年五月十一日）

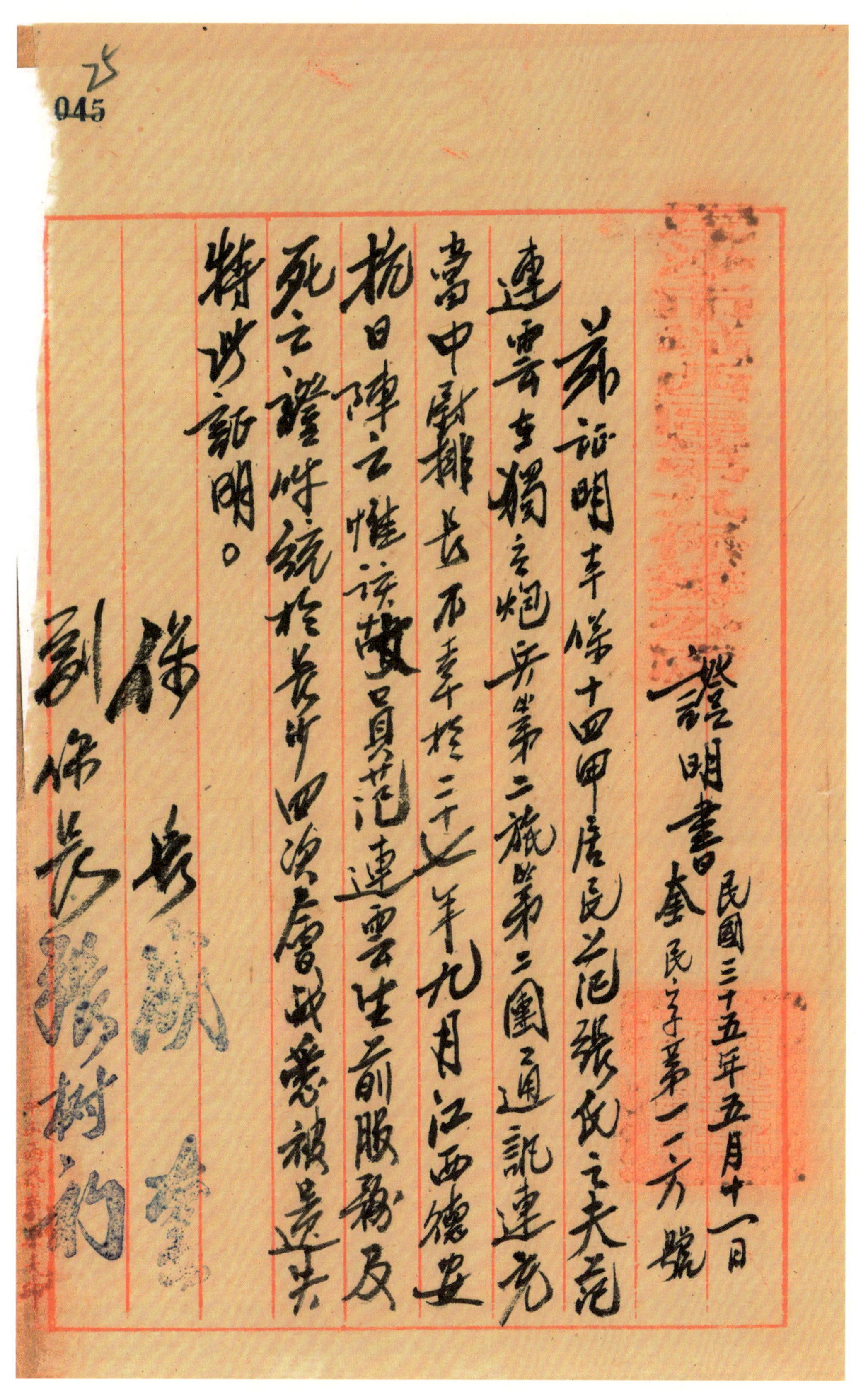

證明書

民國三十五年五月十一日
奉民字第一一六號

茲證明本保十四甲居民范張氏之夫范連雲于獨立炮兵第二旅第二團通訊連充當中尉排長，不幸於三十二年九月江西德安抗日陣亡，惟該故員范連雲生前服務及死亡證件統於長沙四次會戰悉被焚失，特此證明。

保長

副保長 張樹約

长沙市政府致该市城西区公所的指令（一九四六年五月二十一日）

73
044

事由：为据赍故员范云连各种请卹表件核与规定不符仰补具生前服务及死亡证明书来府以凭核办由

批示

拟办

附件

長沙市政府指令　華民三字第252號

中華民國卅五年五月廿一日

令城西區區長程前鶴

三十五年五月十六日報告一件，為呈賫故員范雲連各種請卹表件，請鑒核轉呈由。

呈件均悉。查所賫表件核与規定不符，仰補具

抄知

吴

74

該故兵范雲連生前服務及死亡証明書來府以憑

核辦爲要！

此令。○○賚件暫存

市長　汪　浩

易汉祺遗属、长沙市城西区公所与长沙市政府关于易汉祺抗日阵亡请核给抚恤的一组文书（一九四六年五月）

易汉祺遗属易德生致长沙市城西区公所的呈（一九四六年五月六日）

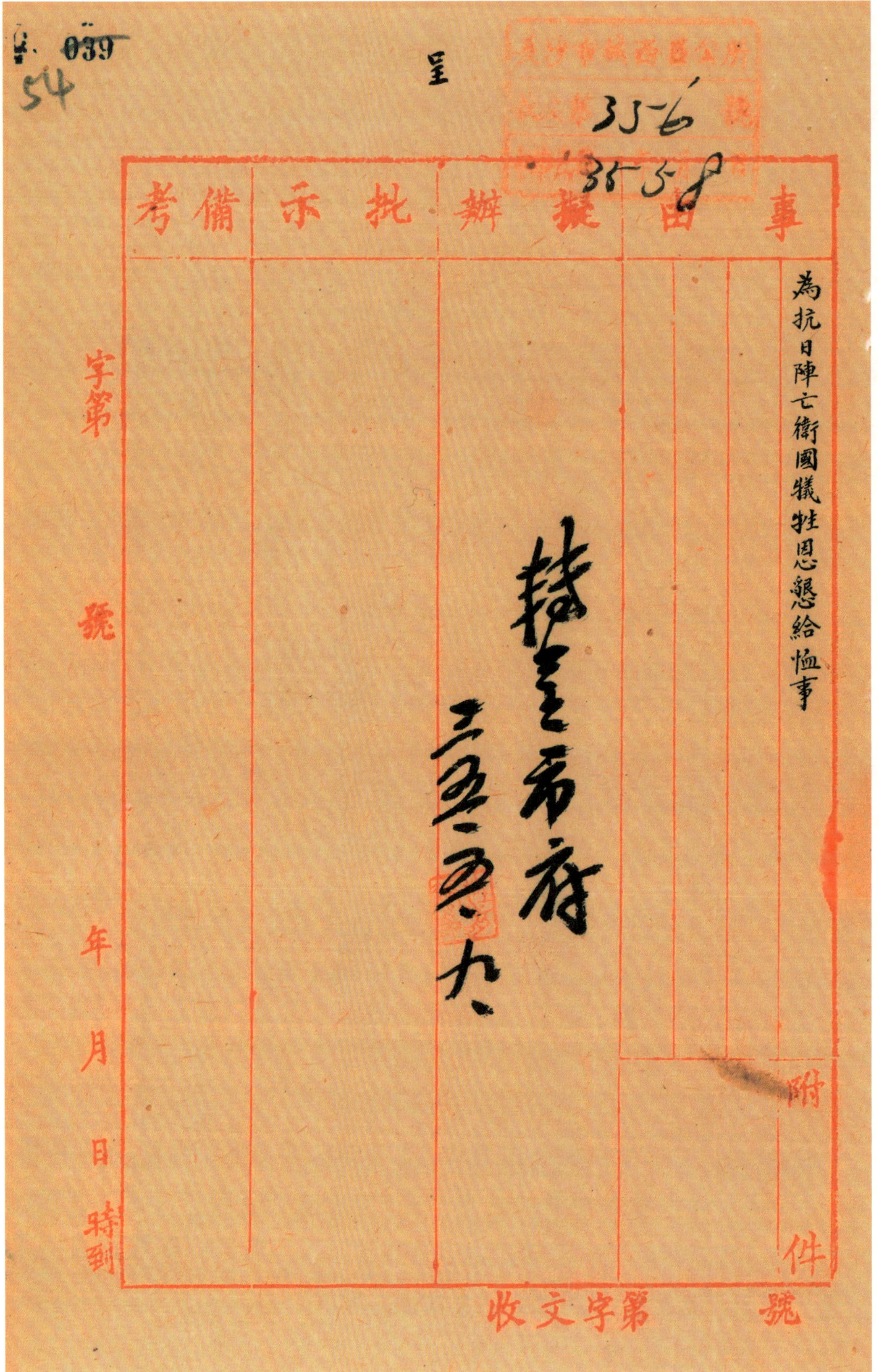
呈

事由	擬辦	批示	備考
為抗日陣亡衛國犧牲恩懇給恤事	轉呈市府 三五、五、六		

第　字　號
年　月　日　時到
附件
收文字第　號

為抗日陣亡衛國犧牲恩懇給恤事緣民胞弟易漢祺於民二十六年農正月初八日加入第十五師四五旅八九團三營九連充當士兵效忠黨國師長王東原旅長汪子斌團長李選清營長王亞鈞連長張七步七七中日戰事發生該師奉令松滬抗日作戰是時暴敵進攻之初武備充足戰爭猛烈我軍損失重大該連長張七步陣亡民胞弟易漢祺從此音信中斷今勝利屬我國土重光復員許久人信杳無定然犧牲敵手衛國陣亡無疑理合呈明

鈞長核給撫恤以慰幽魂而安親屬公德兩便謹呈

保長成　轉呈

城西區　區長　程
副區長　林

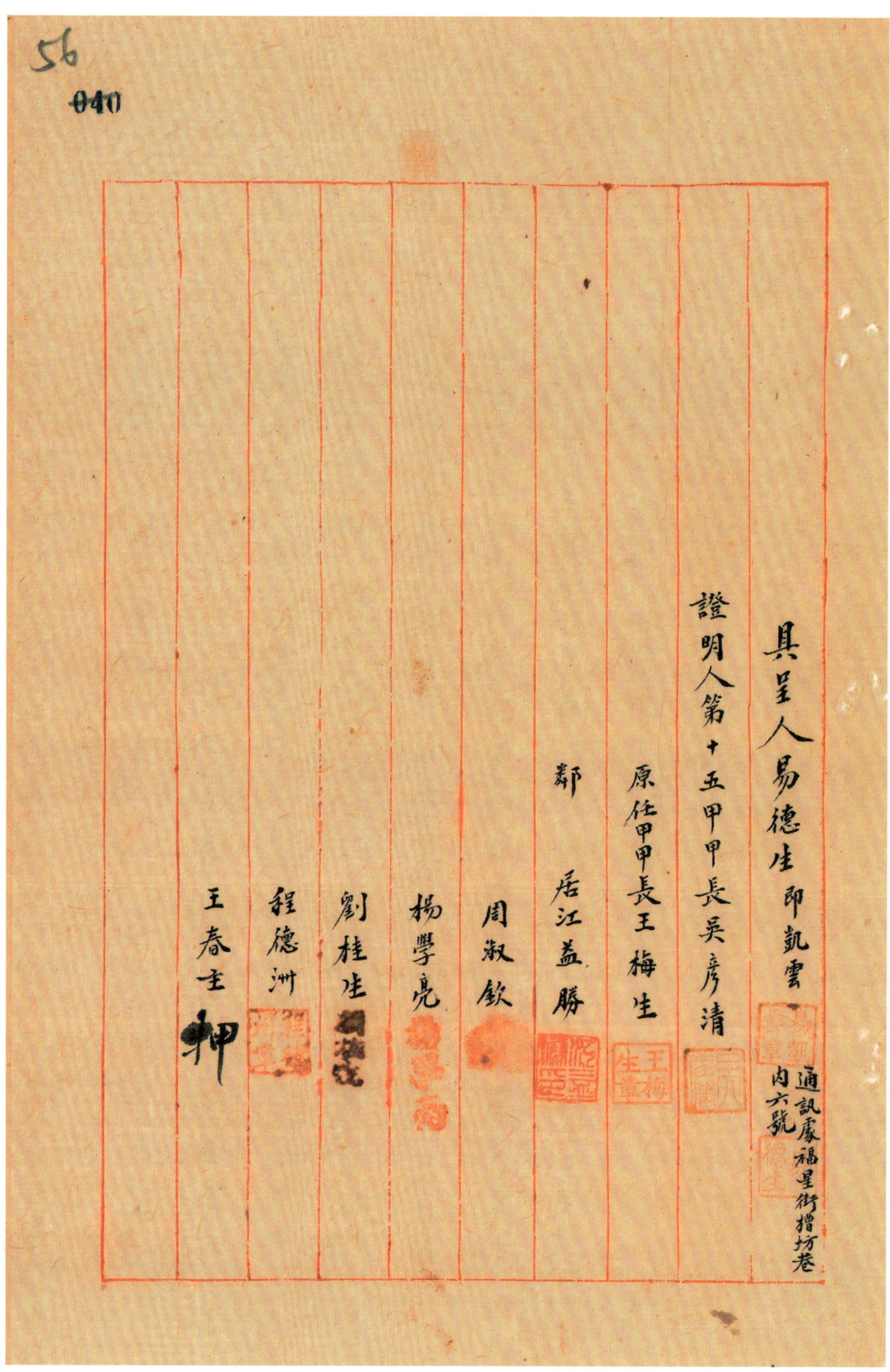
56
040

具呈人易德生即凯雲 通訊處福星街揩坊巷内六號

證明人第十五甲甲長吴彦清

原任甲甲長王梅生

鄰居江益勝

周淑欽

楊學亮

劉桂生

程德洲

王春生 押

中華民國三十五年五月六日

长沙市城西区公所致该市政府的报告（一九四六年五月十日）

报告　中华民国三十五年五月十日

于西区区公所

事由：为呈赍抗日阵亡易汉祺人各种结表乞鉴核转请由

案据本区第九保保长成奎转呈具呈人易德生报告称：为抗日阵亡卫国牺牲恳恩给恤事，以慰幽魂而安亲属等情。据此，除批答外，理合赍呈鉴核，准予转请中央抚恤委员会湖南分处照案核恤，以慰幽魂，实为公便。谨呈

市长汪

附赍请恤保结及调查表四份

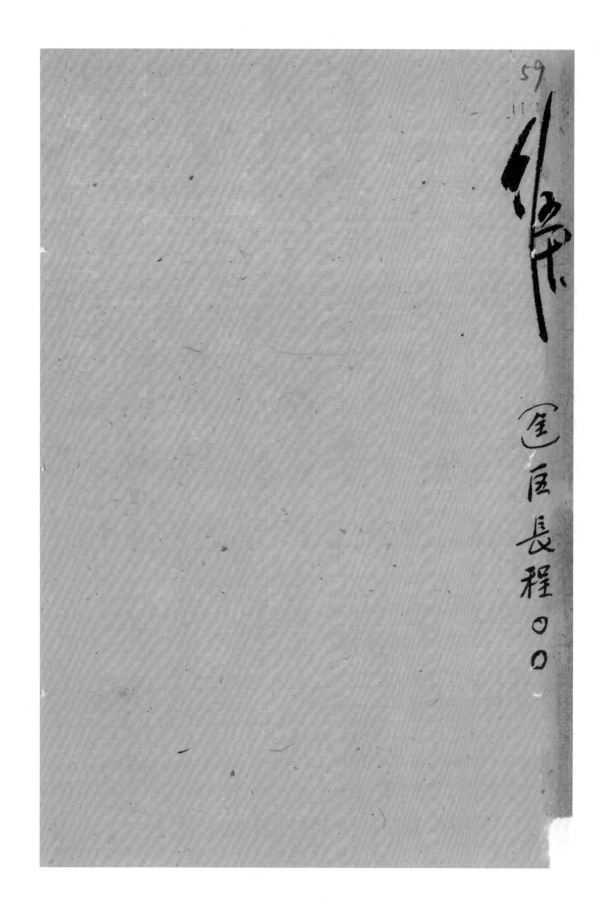

59

长沙市政府致该市城西区公所的指令（一九四六年五月十七日）

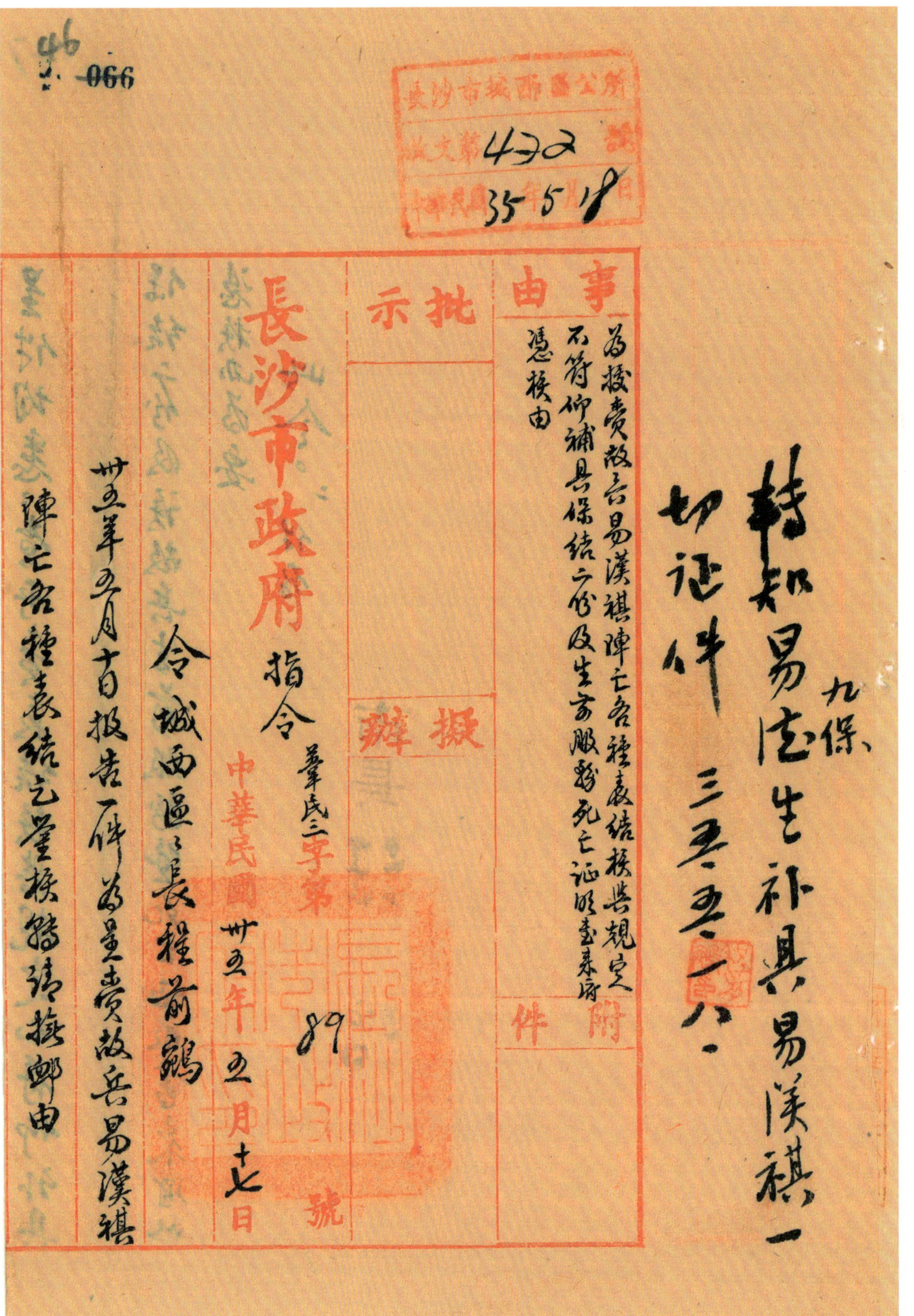
066

長沙市城西區公所 收文第432號 中華民國35年5月18日

事由：為據呈賫該區易漢祺陣亡名種表結核與規定不符仰補具保結六份及生前服務死亡證明書來府憑核由

批示

擬辦

附件

長沙市政府指令 民三字第89號

中華民國卅五年五月十七日

令城西區區長程前鵠

卅五年五月十日報告一件為呈賫該區兵易漢祺陣亡名種表結乞鑒核轉請撫卹由

九保、轉知易德生補具易漢祺一切證件

三五、五、一八

呈件均悉。查所賚表結核與規定不符，仰補具保結、履歷及該故兵生前服務暨死亡證明書來府以憑核辦為要。

此令。二件存。

市長 汪 浩

长沙市政府致该市城西区公所的指令（一九四六年五月二十九日收）

067

事由：為據賚易漢祺請邺各種表件核與規定不符原件發還仰即知照由

批示：

擬辦：

附件：

長沙市政府指令

中華民國卅五年五月 日

華民三字第367號

令城西區區長程前鵠

卅五年五月十日呈一件為呈賚抗日陣亡故兵易漢祺各種表件懇轉請撫邺由

呈件均悉。查所賚表件核與撫邺條例第十八條

擬存

世五、五、卅

撫邺

第二項規定「死亡官兵父母妻（再醮者不在内）給予終身子女給卹至成年止（及成年後仍在學校肄業者繼續給卹女出嫁即停止）祖父母生活艱苦無其他子女扶養者及胞兄弟及孫至成年爲止胞姊妹孫女出嫁或成年爲止」請卹人爲胞兄且已成年又無父母妻子且易漢祺死亡與否尚難臆斷所請轉請換卹核與規定不合礙難照准仰即轉飭知照

此令

附發還戶籍表及保結四份証明書一件

市長  

監印 黃繼長

长沙市城西区公所致该区第九保的通告（一九四六年五月二十九日）

通告 前民字第 号

民国三十五年五月廿九日

案查该保前呈赍抗日阵亡故兵易汉祺各种表件，悬转请抚恤，经本所转呈在卷。顷奉

长沙市政府葺民三字第三六七号指令开："呈件均悉。查所赍表件核与抚恤条例第十八条第二项规定云云，核与规定不合，碍难照准，仰即转饬知照"等因。奉此，仰该保保长转饬知照为要。

右通告

第九保保长

51

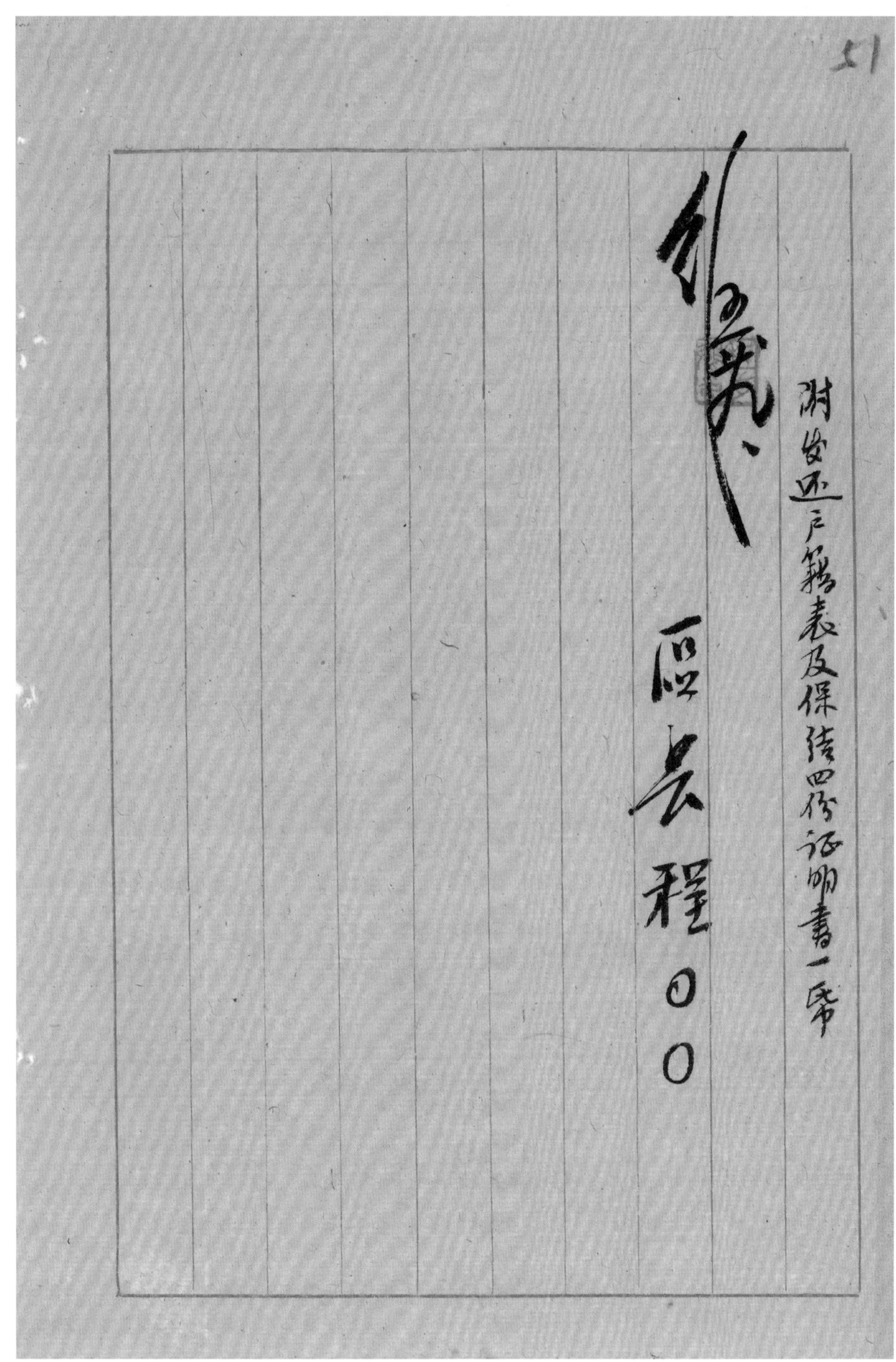

附发还户籍表及保结四份证明书一纸

区长程〇〇

附：证明书（一九四六年五月二十一日）

52

~~163~~

兹証明第九保十五甲居民易德佳之胞弟易漢祺在陸軍第十五師四五旅八九團三營九連充當兵於民國二十六年七月七日在松滬抗日陣亡惟該故兵易漢祺生前服務及死亡證件均未領發特此証明此証

証明人 原任保長 周長馥
原任甲長 王梅生
現任保長 成奎
現任甲長 吳彥清
鄰居 楊学亮

中山西路慶源大印

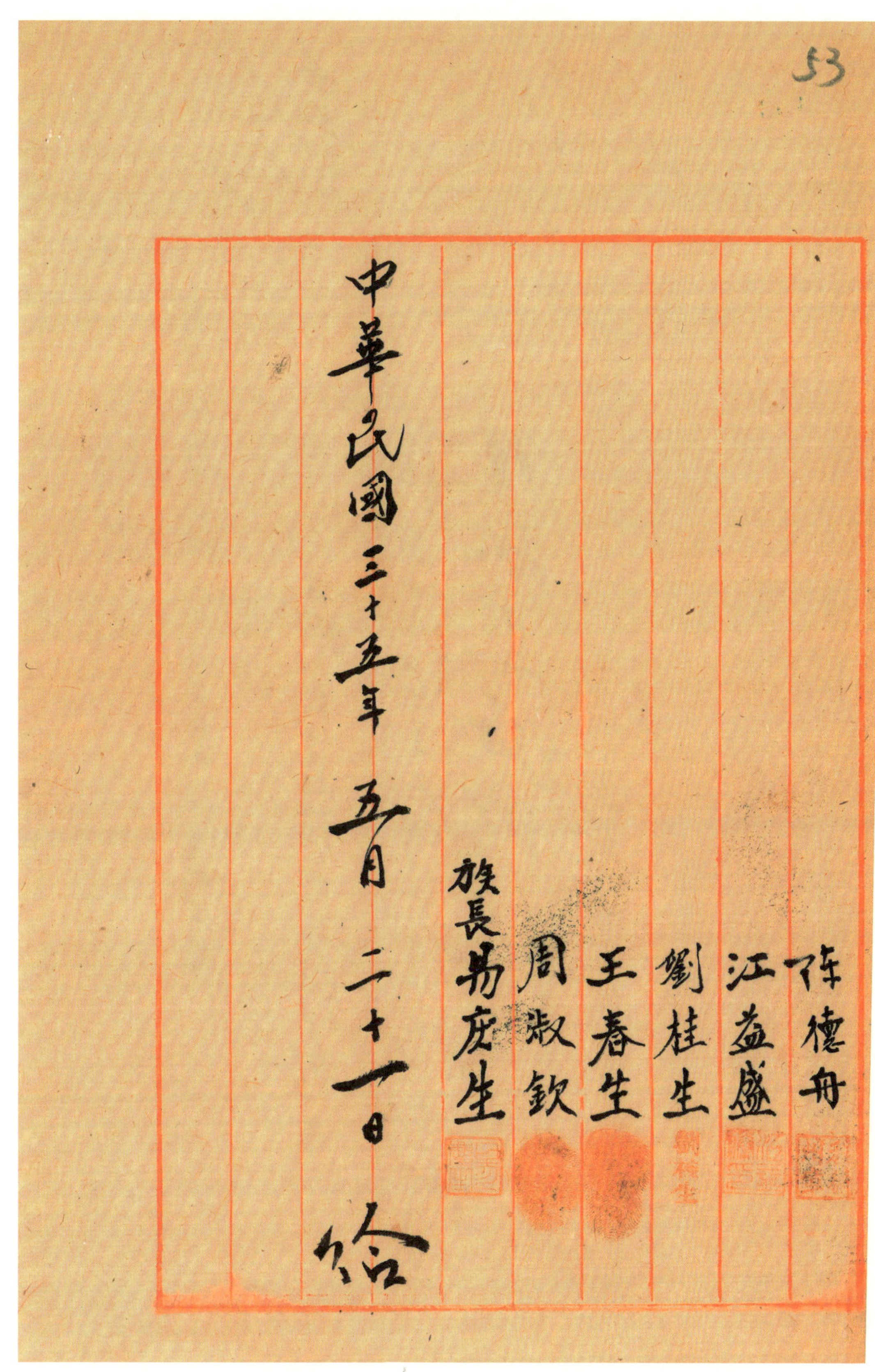
53

陈德舟
江益盛
劉桂生
王春生
周淑欽
族長易庶生

中華民國三十五年五月二十一日給

于俊臣遗属、长沙市城西区公所与长沙市政府关于于俊臣抗日阵亡请核给抚恤的一组文书（一九四六年五月至八月）

于俊臣遗属于胡氏致长沙市城西区公所的呈（一九四六年五月十日）

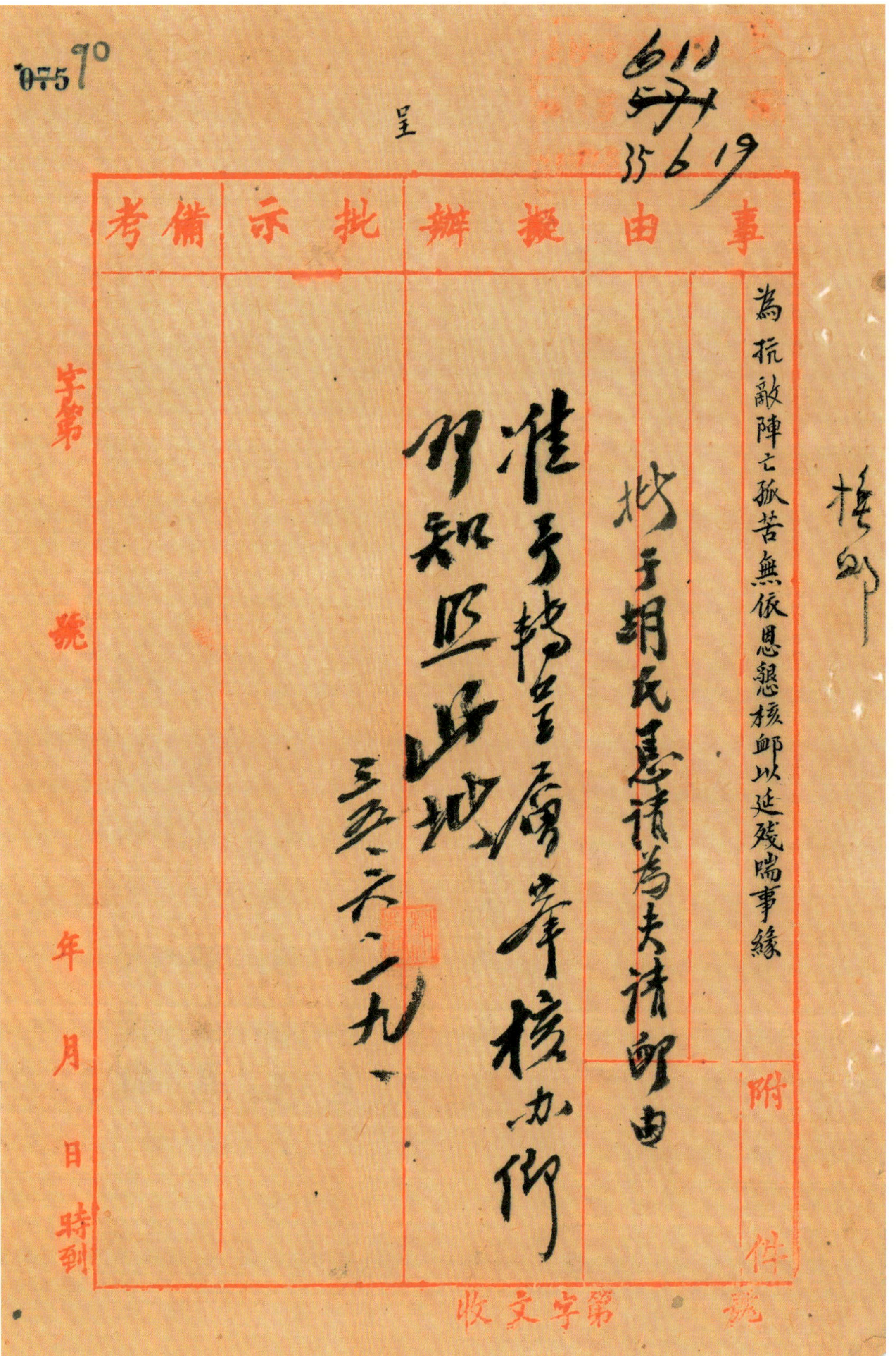
呈

事由：為抗敵陣亡孤苦無依恳懇核卹以延殘喘事緣

批示：准予轉呈府峯核办，仰知照此批

三五、六、一九

擬辦：據于胡氏恳請為夫請卹由

為抗敵陣亡孤苦無依恩懇核卹以延殘喘事緣氏夫于俊臣出生於民前十年九月二十七日原籍湖南衡山縣白果鄉歷在軍界服務自中日戰事發生供職財政部稅警總團步兵第一團團長劉耀寰第一營營長李上珍第二營營長岳中林第三營營長周亞東第八連連長趙廸逵氏夫充任本連中尉排長於民二十六年七七蘆溝橋事變本團駐江蘇東海縣連雲港担任海防每遇潮漲[illegible]際敵艦擾亂海面砲擊墟溝、孫家山、老窑等據點氏夫不幸於民二十六年九月二十一日（即農歷八月十九日）在墟溝車站後山防地敵以重砲轟擊於當日十時許身負重傷斃命埋葬車站之傍生前服務証件長沙四次會戰淪陷氏隨帶在身逃難東鄉遇敵燬損妻兒孤苦生活無依合應請求保甲証明聯名呈請

鈞府俯賜察核恩懇核卹以慰幽魂公德兩便、謹呈

保長周紹芝　轉呈

076 92

城西區區長程
副區長林

具呈人于胡氏（印：于胡竹均）
現住明月街新六號
子福生

證明人第十八甲甲長周紹初（印：紹初）

93

中華民國三十五年五月一十日

长沙市城西区公所致该市政府的报告（一九四六年六月二十五日）

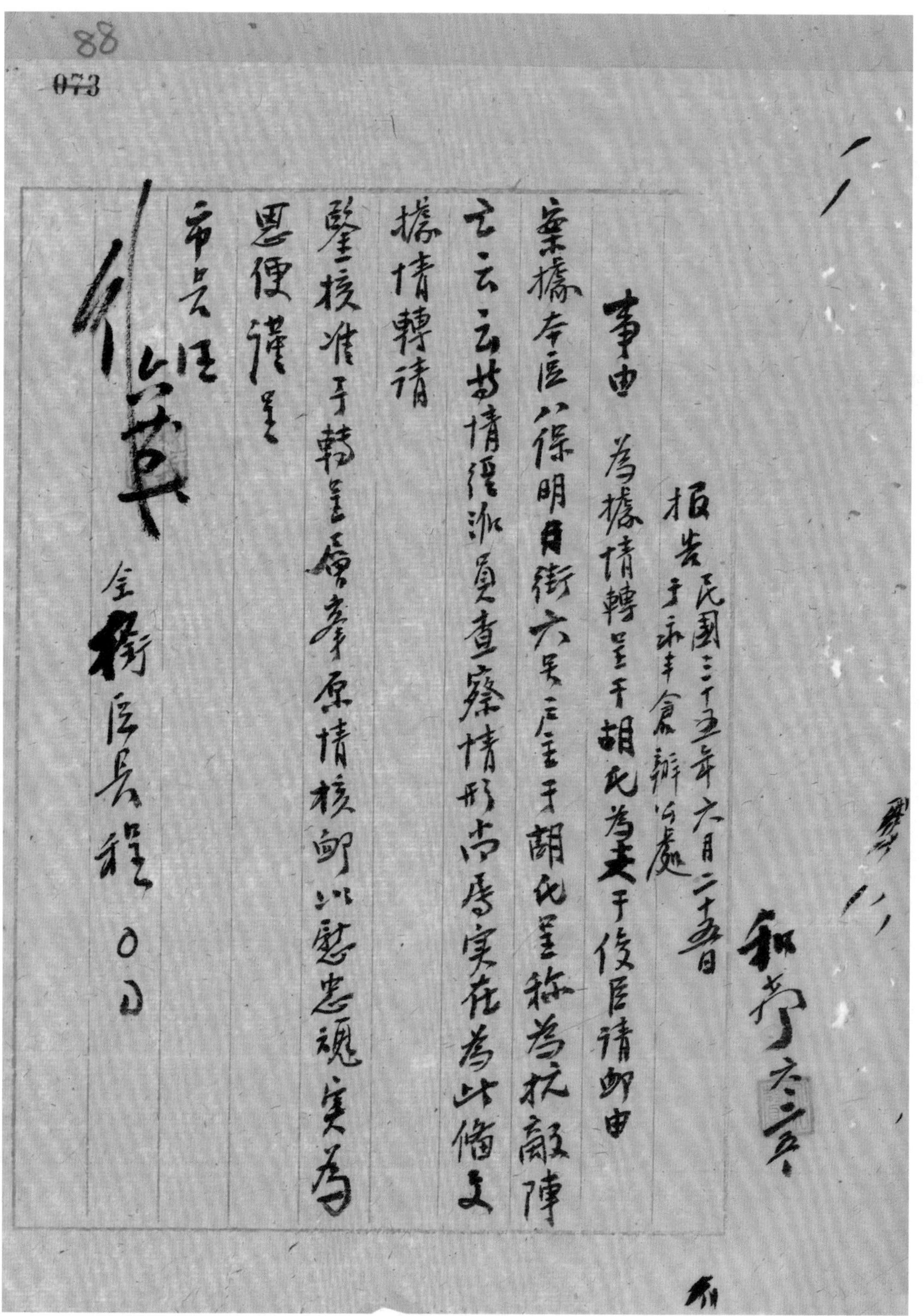

报告 民国三十五年六月二十五日 于永丰仓办公处

事由 为据情转呈于胡氏为夫于俊臣请恤由

案据本区八保明月街六号居民于胡氏呈称为夫抗敌阵亡云云。其情经派员查察情形尚属实在，为此备文据情转请

鉴核，准予转呈层峯，原情核恤，以慰忠魂，实为恩便。谨呈

市长王

全衔区长程〇〇

长沙市政府致该市城西区公所的指令（一九四六年七月十日）

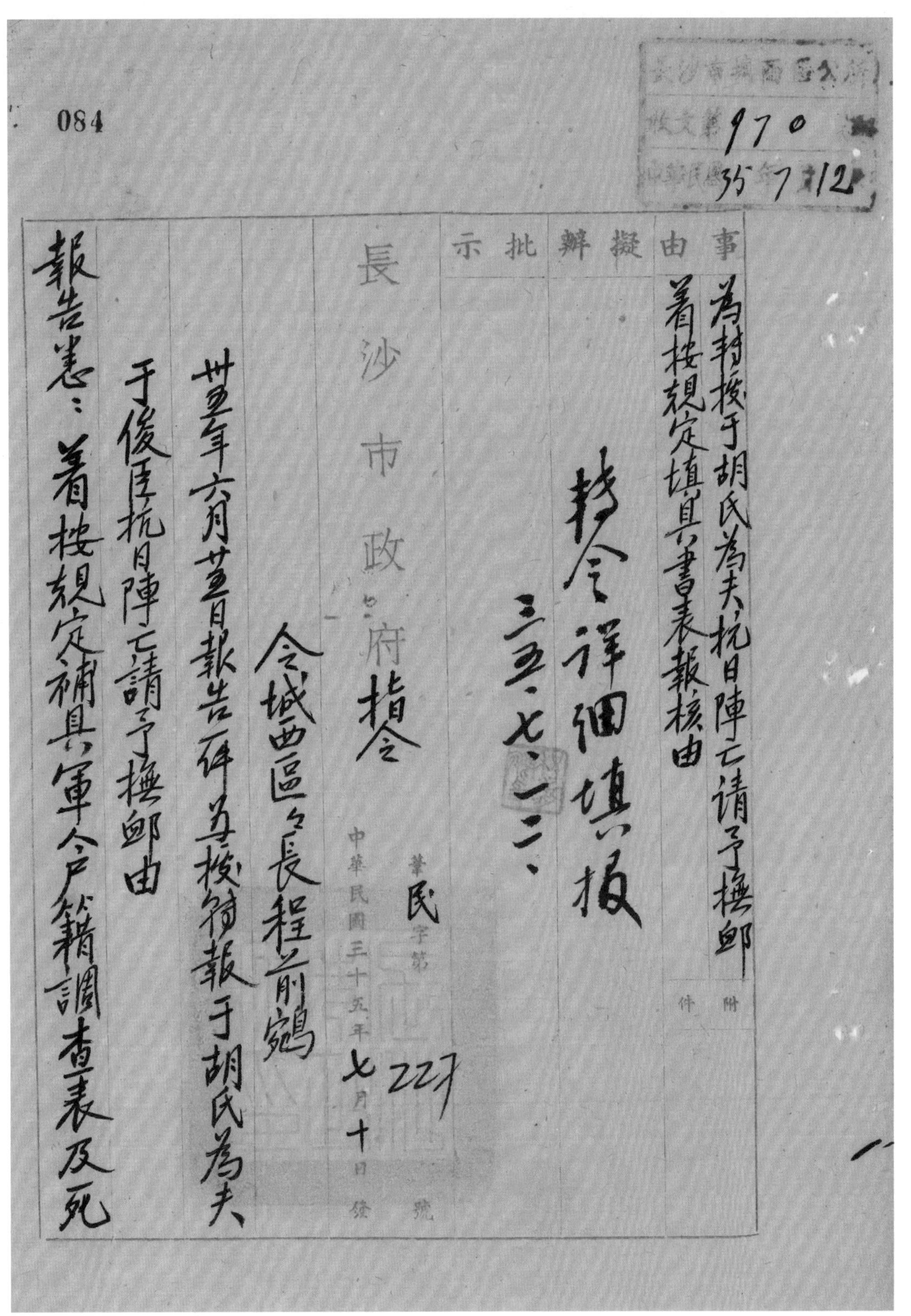
084

长沙市城西区公所
收文第970
中华民国35 7 12

事由：为转据于胡氏为夫抗日阵亡请予抚䘏由
着按规定填具书表报核由

拟办：

批示：转令详细填报
三五、七、一二、

附件

長沙市政府指令

華民字第227號

中華民國三十五年七月十日發

令城西區區長程前鵷

卅五年六月廿五日報告一件，為據情報于胡氏為夫于俊臣抗日陣亡請予撫䘏由。

報告悉。著按規定補具軍人戶籍調查表及死

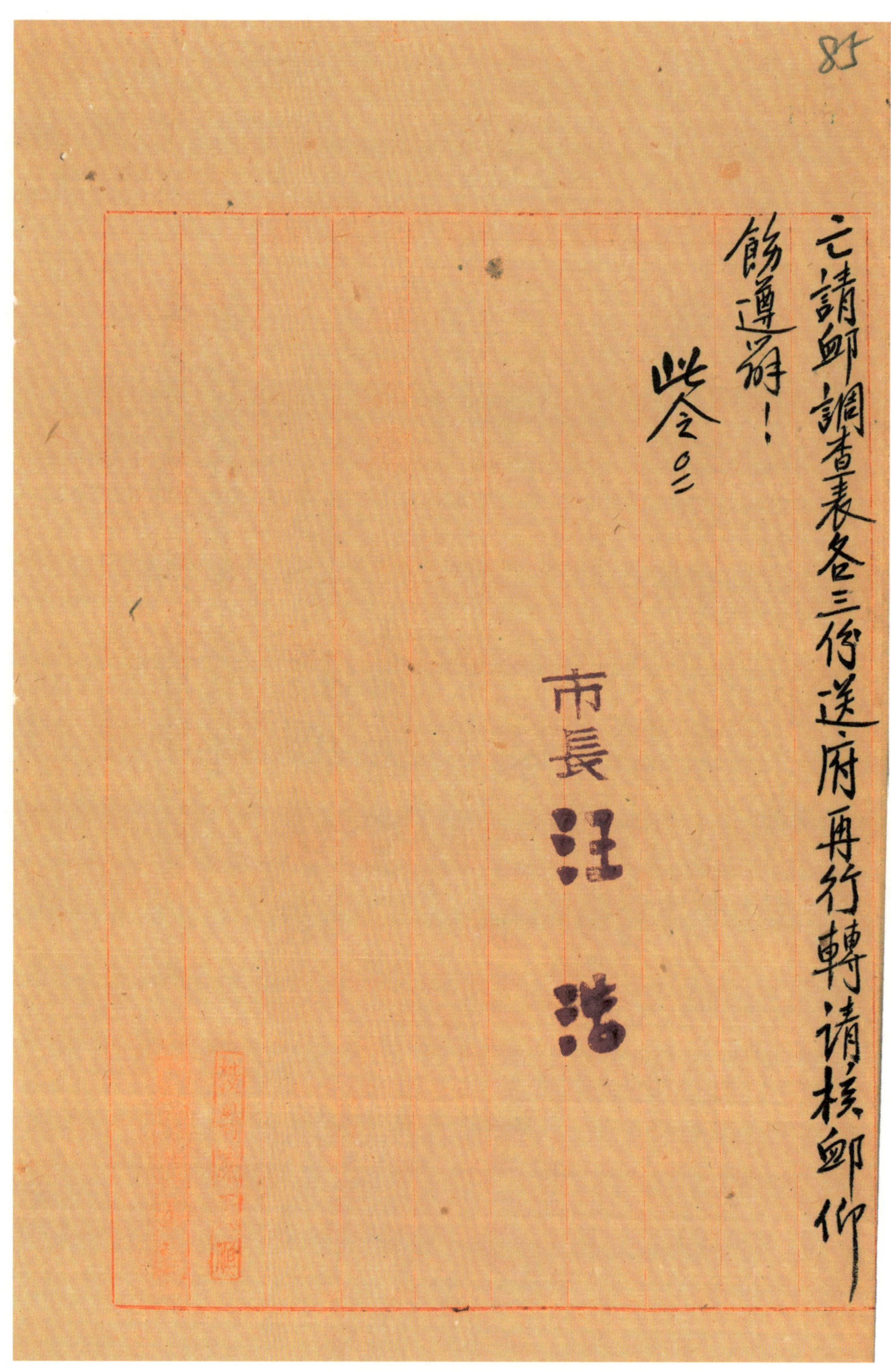
85

亡請卹調查表各三份送府再行轉請核卹仰

飭遵辦！

此令。

市長　汪浩

长沙市城西区公所致该市政府的报告（一九四六年七月二十一日）

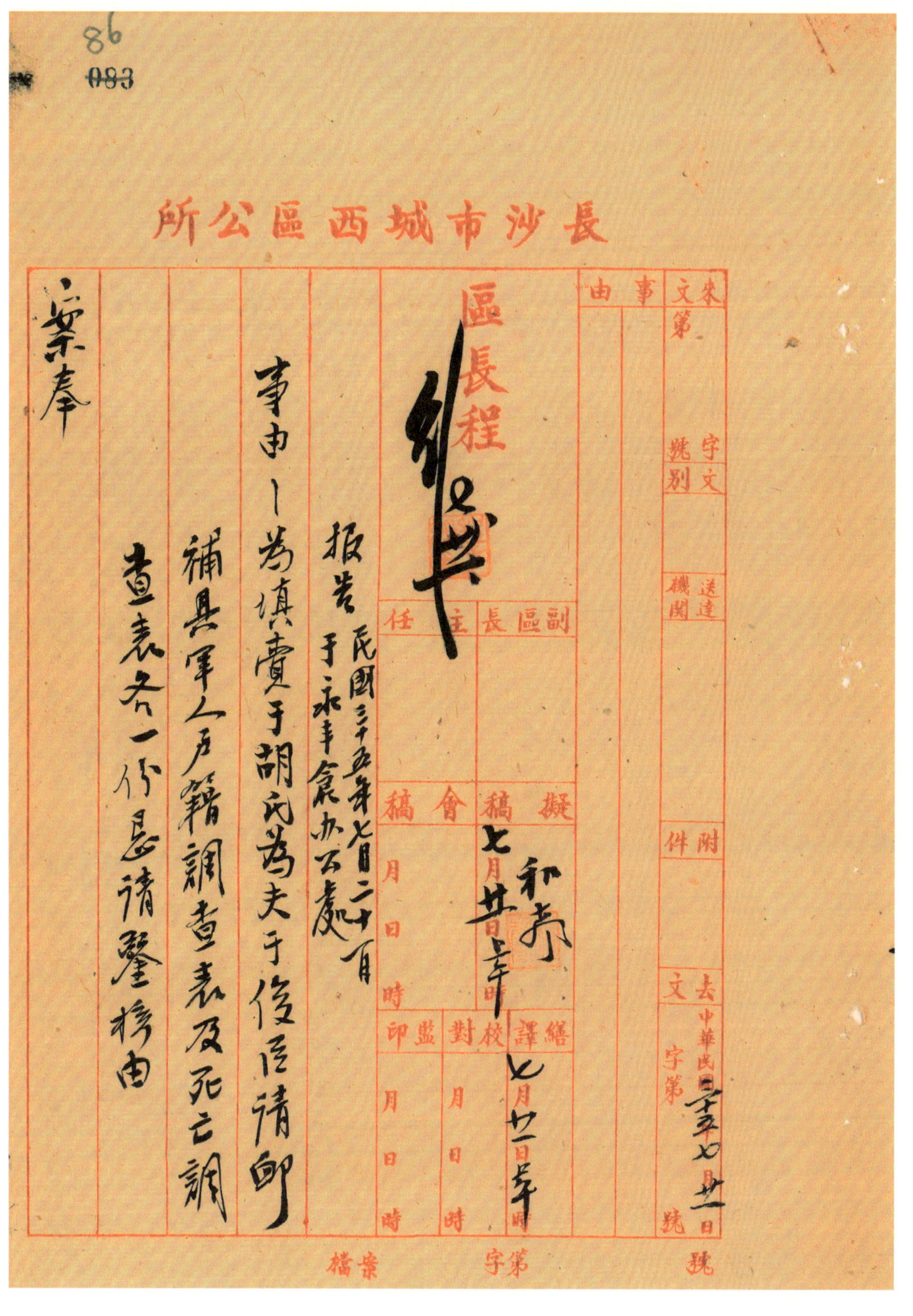

長沙市城西區公所

區長程

報告　民國三十五年七月二十日　于永丰仓办公处

事由：为填賫于胡元为夫于役区请卹补具军人户籍调查表及死亡调查表各一份，恳请鉴核由

案奉

鈞府民字二二七号指令開：「據告悉」云云，「仰飭遵辦」等因，遵即責令于胡氏依表填具，理合備文連同表二件，呈請

鑒核，准予彙轉，以便請卹，實為恩便。

謹呈

市長王

全銜區長程○○

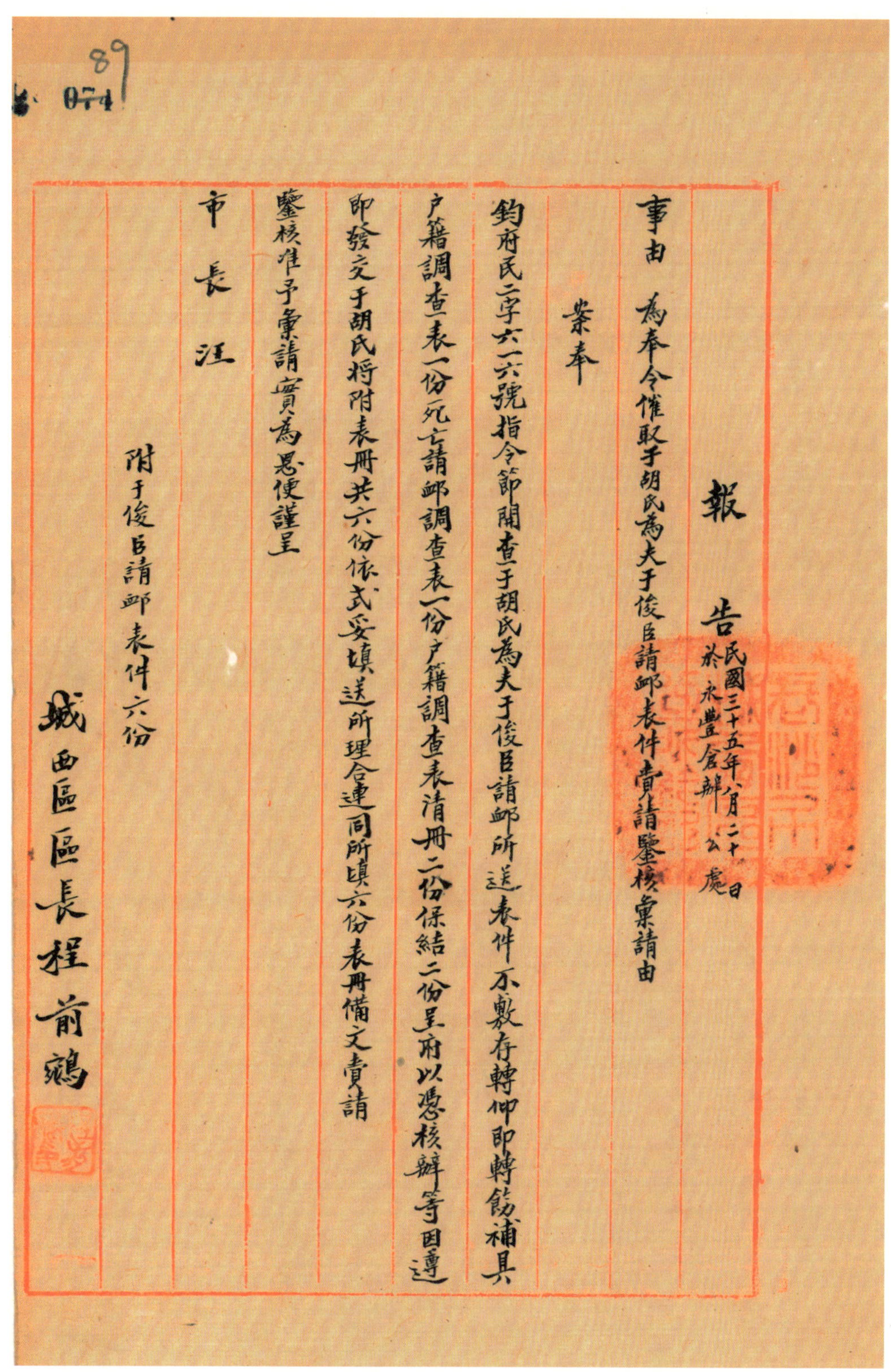

報告　民國三十五年八月二十日於永豐倉辦公處

事由　為奉令催取于胡氏為夫于俊臣請卹表件賚請鑒核彙請由

案奉

鈞府民二字六一六號指令節開查于胡氏為夫于俊臣請卹所送表件不敷存轉仰即轉飭補具户籍調查表一份死亡請卹調查表一份户籍調查表清冊二份保結二份呈府以憑核辦等因遵即發交于胡氏將附表冊共六份依式妥填送所理合連同所填六份表冊備文賚請

鑒核准予彙請實為恩便謹呈

市長　汪

附于俊臣請卹表件六份

城西區區長程前鵷

长沙市政府关于奉颁《抗战阵亡将士家属一次特恤金暨阵（死）亡将士遗族胜利恤金与抚慰金发给办法》致该市城西区公所的训令（一九四六年六月十日）

轉飭知照 三五、六、一三

080

35

事由：為奉頒抗戰陣亡將士家屬一次特邺金暨陣（死）亡將士遺族勝利邺金與撫慰金發給辦法令仰知照由

長沙市政府訓令　府民字第34號

中華民國三十五年六月十日

令城西區公所

案奉

湖南省政府本年五月　日秘一字第〇〇八〇〇號訓令開：「案奉軍委員會本三五年五月七日撫一崇渝字第3158號訓令開：查抗戰八年，我忠勇將士犧牲壯烈，現戰事勝利結束，對各遺族生活除已增加邺金及配發公糧代金并按條例規定優待外，茲特頒發抗戰陣亡將士家屬一次特邺金與陣（死）亡將士遺族勝利邺金、撫慰金，以資安家建業，而示撫慰，除通令并分行外，合行檢發上項發給辦法，令仰轉飭所屬一體知照，并飭各縣張貼布告為要

36

附發抗戰陣亡將士家屬一次特卹金暨陣亡（死）將士遺族勝利卹金與撫慰金發給辦法各一份，奉此，除登載國民日報公告并分令外，合行檢發原辦法各一份，令仰飭屬知照，并錄令佈告週知為要，此令。等因，附發抗戰陣亡將士家屬一次特卹金暨陣亡（死）將士遺族勝利卹金與撫慰金發給辦法各一份，奉此，除登報公告并分行外，抄發原辦法各一份，令仰飭屬知照為要。

此令。

附發抗戰陣亡將士家屬一次特卹金暨陣亡（死）將士遺族勝利卹金與撫慰金發給辦法各一份

市長 汪浩

附：抗战阵亡将士家属一次特恤金发给办法及阵（死）亡将士遗族胜利恤金与抚慰金发给办法

081

37

抗战陣亡將士家屬一次特卹金發給辦法

一、抗战八年各忠勇官兵犧牲壯烈茲战事勝利結束對各忠烈官兵遺族除增加卹金及配發公糧代金外為使遺族战後安家立業特規定办法給一次特卹金以示撫慰

二、本辦法所定之特卹金以一次為止其數目規定如左

級別	陣亡一次特卹金數目	因公殞命一次特卹金暨	積勞病故一次特卹金數目備攷
上將	三〇〇〇〇〇〇元	二〇〇〇〇〇〇元	一五〇〇〇〇〇元
中將	二一〇〇〇〇〇元	一四六〇〇〇〇元	一一〇〇〇〇〇元
少將	一八〇、〇〇〇〇元	一二〇〇〇〇〇元	九〇、〇〇〇〇元
上校	一五〇〇〇〇〇元	一〇〇〇〇〇〇元	七五、〇〇〇〇元
中校	一三〇〇〇〇〇元	八六〇〇〇〇元	六五、〇〇〇〇元
少校	一一〇、〇〇〇〇元	七四、〇〇〇〇元	五五、〇〇〇〇元
上尉	九〇、〇〇〇〇元	六〇、〇〇〇〇元	四五〇〇〇〇元

中尉	八0,000元	五四,000元	四0,000元	
少尉	七0,000元	四六,000元	三五,000元	
准尉	六0,000元	四0,000元	三0,000元	
軍士	五0,000元	三四,000元	二五,000元	
兵役	四0,000元	二六,000元	二0,000元	

三、本办法規定之一次特邺金凡持有軍事委員会頒發之邺金給與令加具保証書逕向撫邺机関請領

四、本办法規定之一次特邺金受領者所持邺令係指左列各种

(一)陣亡官兵遺族

(二)抗战因公殞命或積勞病故出力死事官兵之遺族

(三)因公殞命与積勞病故之官兵在二十六年七月七日以後死亡給邺有案者無論給邺是否期滿均准照前項規定發給

(四)查案補發之不合於上列各款規定自卅二年止已領邺期滿邺令註銷者概不發給

(五)受領者之級别均依照邺令上核定所晋階級為準

(六)應請邺之遺族於拿獲邺令后應行具領不得[illegible]抵押及代領

七、凡有冒領或遺族糾紛情形概由保証人負責并由撫卹機關隨將卹金

八、凡持有卹金分領執照者執照所列數目按本表比例分配發給之

九、海軍在及空軍服務之陸軍官兵之遺族一次特卹金概照本办法規定办理

十、本办法自本准之日起施行

陣亡將士遺族勝利卹金與撫慰金發給办法

一、茲為抗戰勝利慰問陣亡將士遺族以示優異起見特將一次勝利卹金及三十五年元旦一日暨抗戰紀念日發給撫慰金併發給定名為勝利卹金與撫慰金

二、勝利卹金與撫慰金規定於左

級別	陣亡給與數	公殞給與數	病故給與數	備考
上將	一〇〇,〇〇〇元	六六,〇〇〇元	五〇,〇〇〇元	
中將	八五,〇〇〇元	五六,〇〇〇元	四二,五〇〇元	
少將	七五,〇〇〇元	五〇,〇〇〇元	三七,五〇〇元	
上校	六五,〇〇〇元	四二,〇〇〇元	三二,五〇〇元	
中校	五五,〇〇〇元	三六,〇〇〇元	二七,五〇〇元	
少校	四五,〇〇〇元	二六,〇〇〇元	二二,五〇〇元	
上尉	三五,〇〇〇元	二二,〇〇〇元	一七,五〇〇元	
中尉	三〇,〇〇〇元	二〇,〇〇〇元	一五,〇〇〇元	
少尉	二五,〇〇〇元	一六,〇〇〇元	一二,五〇〇元	
准尉	二〇,〇〇〇元	一四,〇〇〇元	一〇,〇〇〇元	

长沙市城西区第五保、长沙市城西区公所与长沙市政府关于许蔡氏为其夫许振球被敌寇杀害请予抚恤事的一组文书（一九四六年六月至七月）

长沙市城西区第五保保长致该市城西区公所的报告（一九四六年六月二十五日）

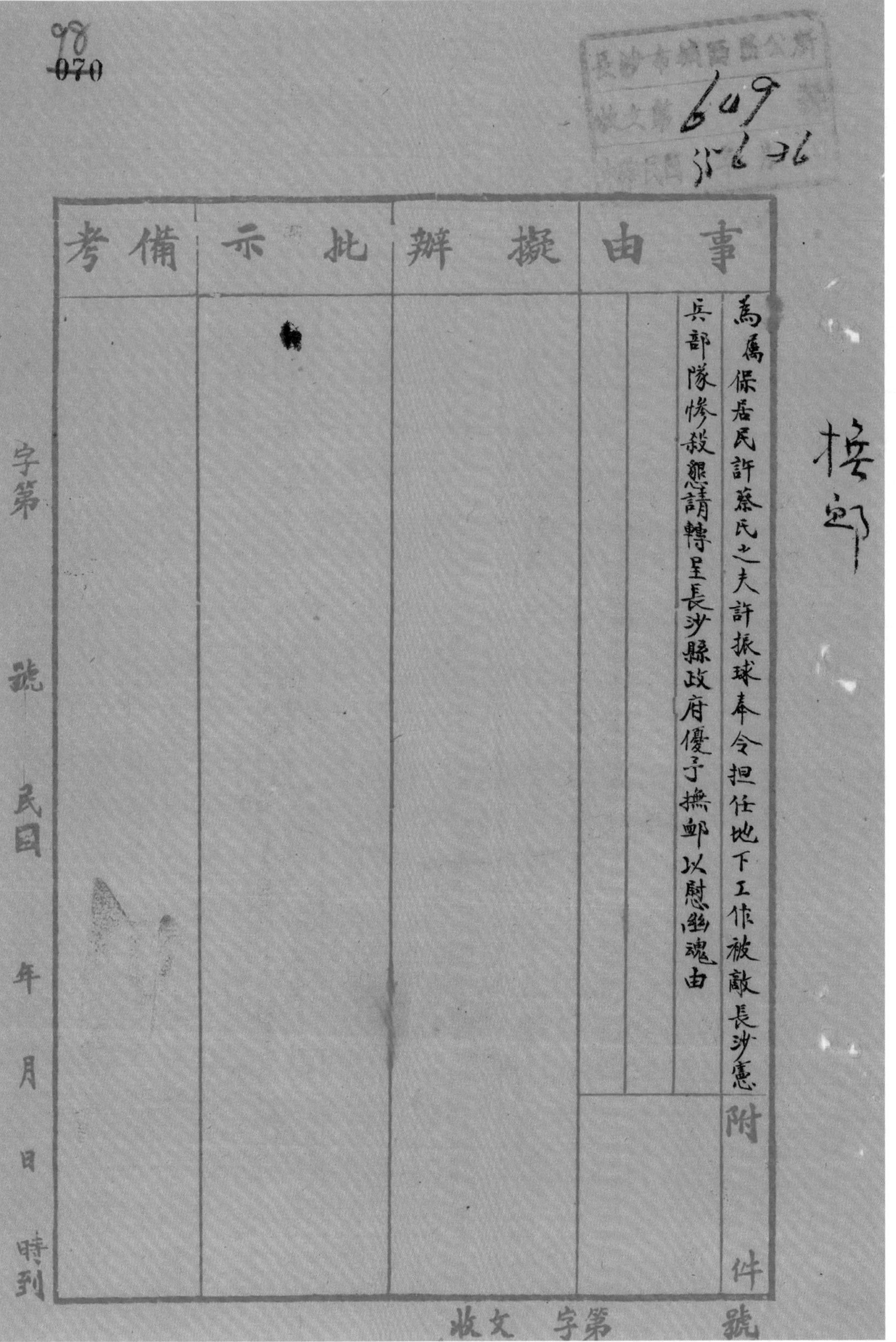

事由	擬辦	批示	備考
爲屬保居民許蔡氏之夫許振球奉令担任地下工作被敵長沙憲兵部隊慘殺懇請轉呈長沙縣政府優予撫卹以慰幽魂由			

報告

中華民國三十五年六月二十三日

業據屬保居民許蔡氏報告稱緣氏世居本市三興街經營飯館業務歷有年所配夫振球年三十八歲原籍湘陰曾肄業於雅里中學服務本省郵局有年嗣因父母相繼去世家計乏人主持遂以辭卸郵局職務繼營飯館業務詎寇敵犯湘長沙淪陷氏夫振球均避難鄉間始於三十四年農歷正月奉中國國民党中華海員特别党部長沙區党部交通站兼站長楊培熾令赴長沙陷區担任地下工作其時寇敵密佈滿市我方地下工作人員時刻危險堪虞若非設法掩護不足達到任務以致氏夫振球多方籌劃仍將原營飯館恢復營業以利本身地下工作隨時偵報敵情供職三月之餘報党報國身立險惡之境無懈無疏祇以命之修短有數人之生死

100
071

有期奚於三十四年七月二日晚被敵長沙憲兵隊拘捕去後未久經多方探悉早被暴敵非刑烤打遭其慘殺屍骸無存思之淚下聞之痛心惟查民夫連遭戰事影響家境蕩然更受暴敵慘殺身首異處雖幸遺子有二長子克明（現在國立八中求學）次子駿德（現在明德中學求學）而一家數口生活頗感難維且死者之超拔生者之教育尤無籌措之方為此報請察核轉呈城西區公所賜予轉呈長沙縣政府優予撫邺以慰幽魂而全遺族不勝感禱等情請求轉呈前來查所稱各節俱係實在情形理合轉報

鈞所伏乞

俯賜鑒核准予所請務懇轉呈從優撫邺以慰幽魂謹呈

區長 程

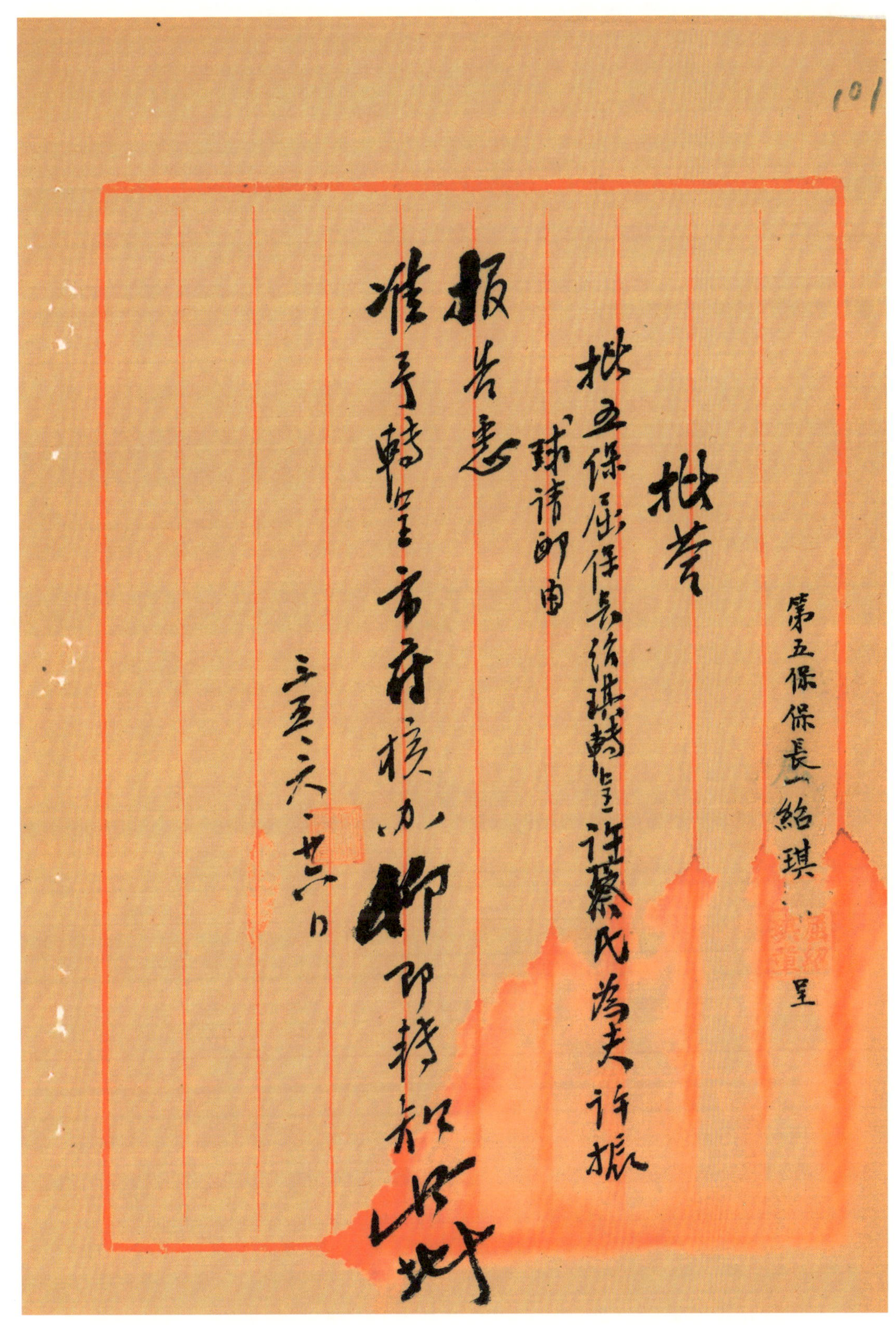

第五保保長紹琪　呈

批答

批五保保長紹琪轉呈許蔡氏為夫許振球請卹由

報告悉

准予轉呈市府核辦，仰即轉知。此批

三五、六、廿六日

103
中華民國三十五年六月二十六

长沙市城西区公所致该市政府的报告（一九四六年六月二十六日）

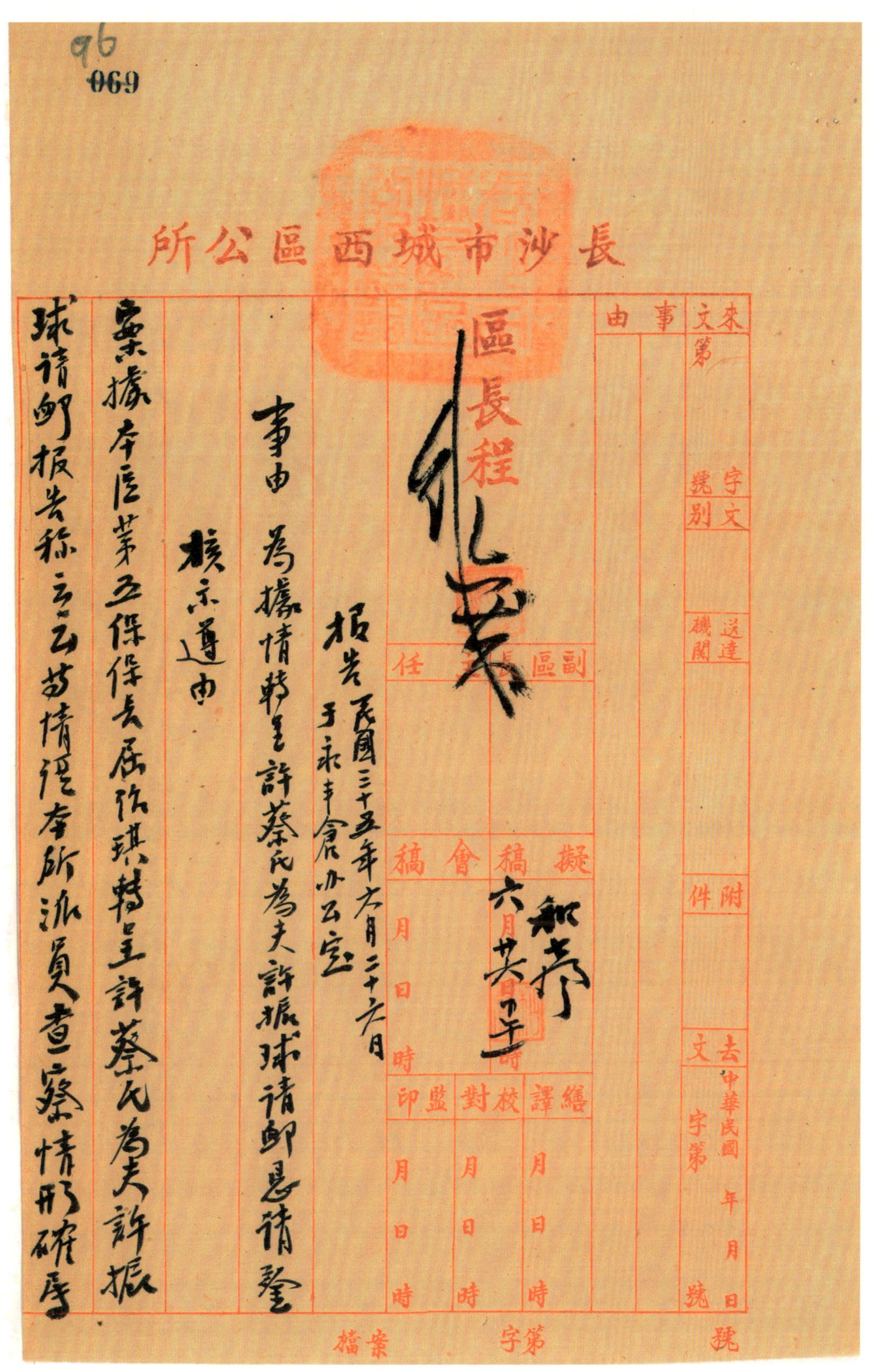

長沙市城西區公所

來文第　字號　文別　送達機關　附件

區長程

副區長　主任

擬稿　六月廿六日　會稿　月日時　稿

繕譯　月日時　校對　月日時　監印　月日時

去文　字第　號　中華民國　年　月　日

報告　民國三十五年六月二十六日　于永豐倉辦公室

事由　為據情轉呈許蔡氏為夫許振球請郵局鑒核示遵由

案據本區第五保保長屈琪轉呈許蔡氏為夫許振球請郵報告稱：云云。茲情經本所派員查察情形確屬

檔案　字第　號

97

實在爲此借支據情轉請

鑒核准予轉呈請領以慰忠魂實爲恩便

謹呈

市長汪

全銜區長程〇〇

长沙市政府致该市城西区公所的指令（一九四六年七月十日）

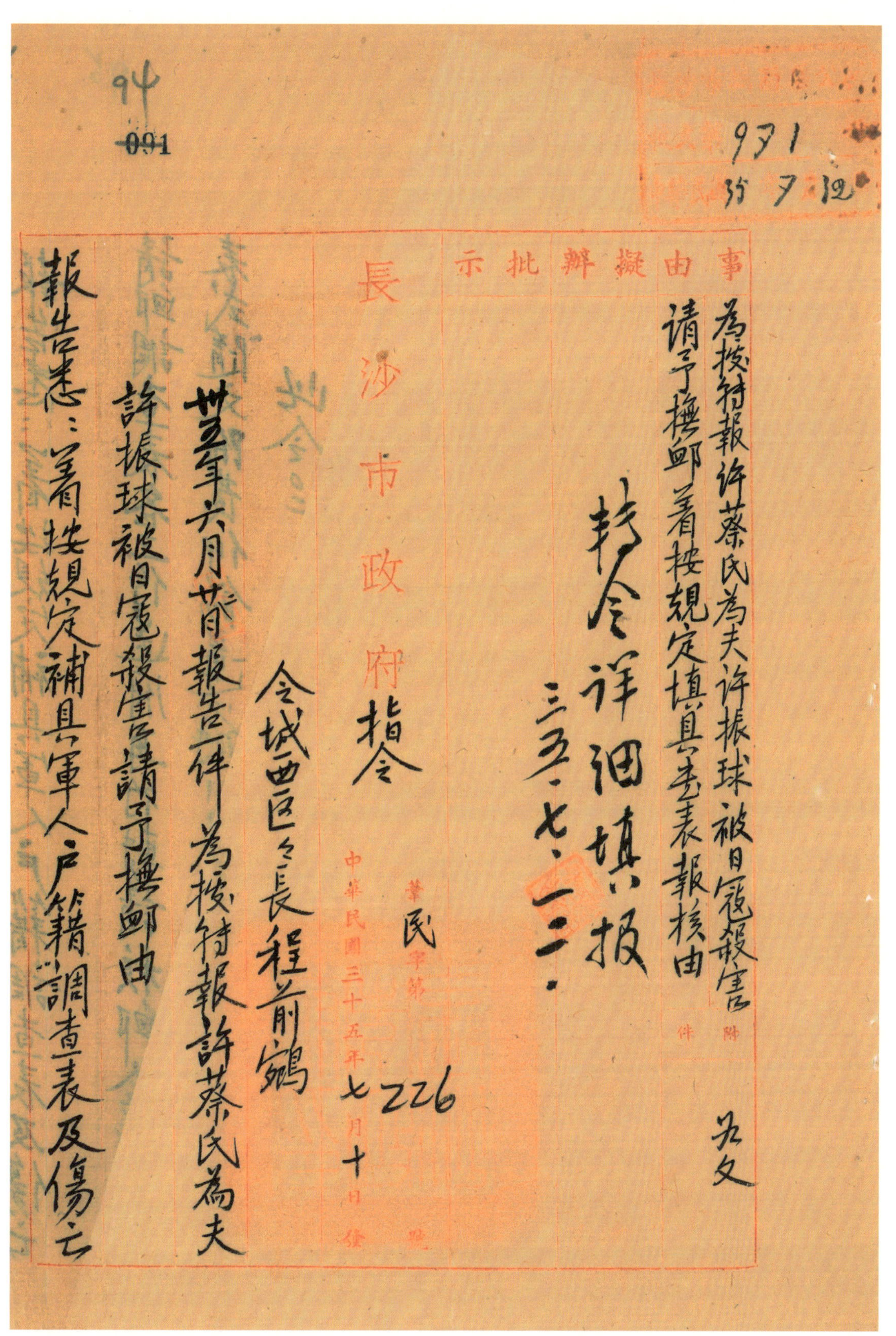
94
~~091~~
931
35 7 12

事由：为据转报许蔡氏为夫许振球被日寇杀害请予抚恤着按规定填具表报核由
拟办：
批示：转令详细填报 三五、七、一三
附件：
长沙市政府指令
令城西区区长程前鹤
卅五年六月廿日报告一件为据转报许蔡氏为夫许振球被日寇杀害请予抚恤由
报告悉。着按规定补具军人户籍调查表及伤亡……
中华民国三十五年七月十日发
市民字第226号
五文

95

请卹调查表各三份送府再行转请核卹。合将该项表式随文附发，仰饬遵办！

此令。

附户籍调查表、死亡请卹表格式各一份

市长 汪浩

长沙市城西区第七保、长沙市城西区公所与长沙市政府关于吴梦龙抗战牺牲请予抚恤的一组文书（一九四六年七月至八月）

长沙市城西区第七保致该市城西区公所的报告（一九四六年七月二十七日）

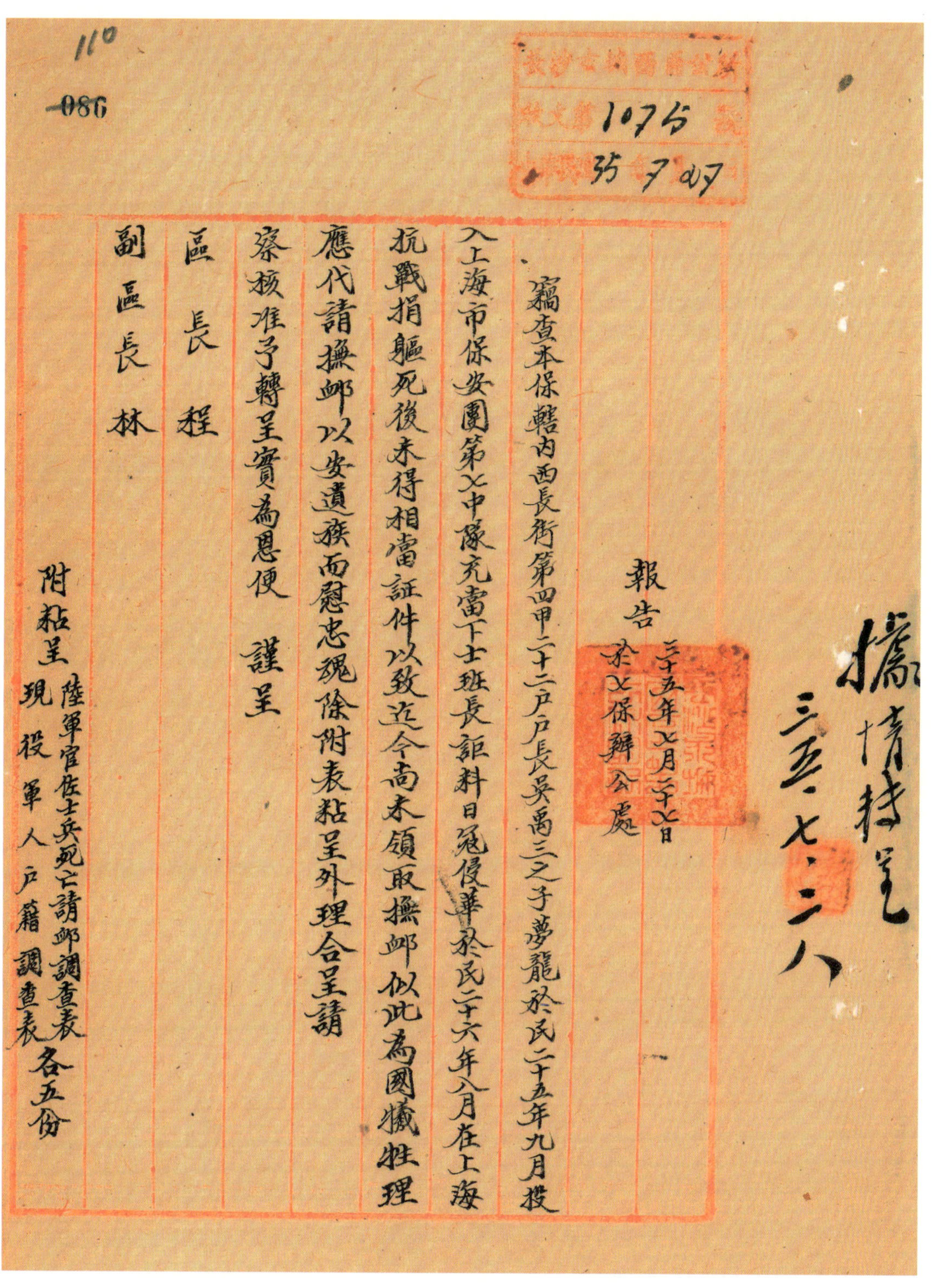

擬情轉呈 三五、七、二八

報告　三十五年七月二十七日　於七保辦公處

竊查本保轄內西長街第四甲二十二戶戶長吳禹三之子夢龍於民二十五年九月投入上海市保安團第七中隊充當下士班長詎料日寇侵華於民二十六年八月在上海抗戰捐軀死後未得相當証件以致迄今尚未領取撫卹似此為國犧牲理應代請撫卹以安遺族而慰忠魂除附表粘呈外理合呈請

察核准予轉呈實為恩便　謹呈

區長　程

副區長　林

附粘呈　陸軍官佐士兵死亡請卹調查表

現役軍人戶籍調查表　各五份

111

保長仇禎祥（仇禎祥章）呈

长沙市城西区公所致该市政府的报告（一九四六年七月三十一日）

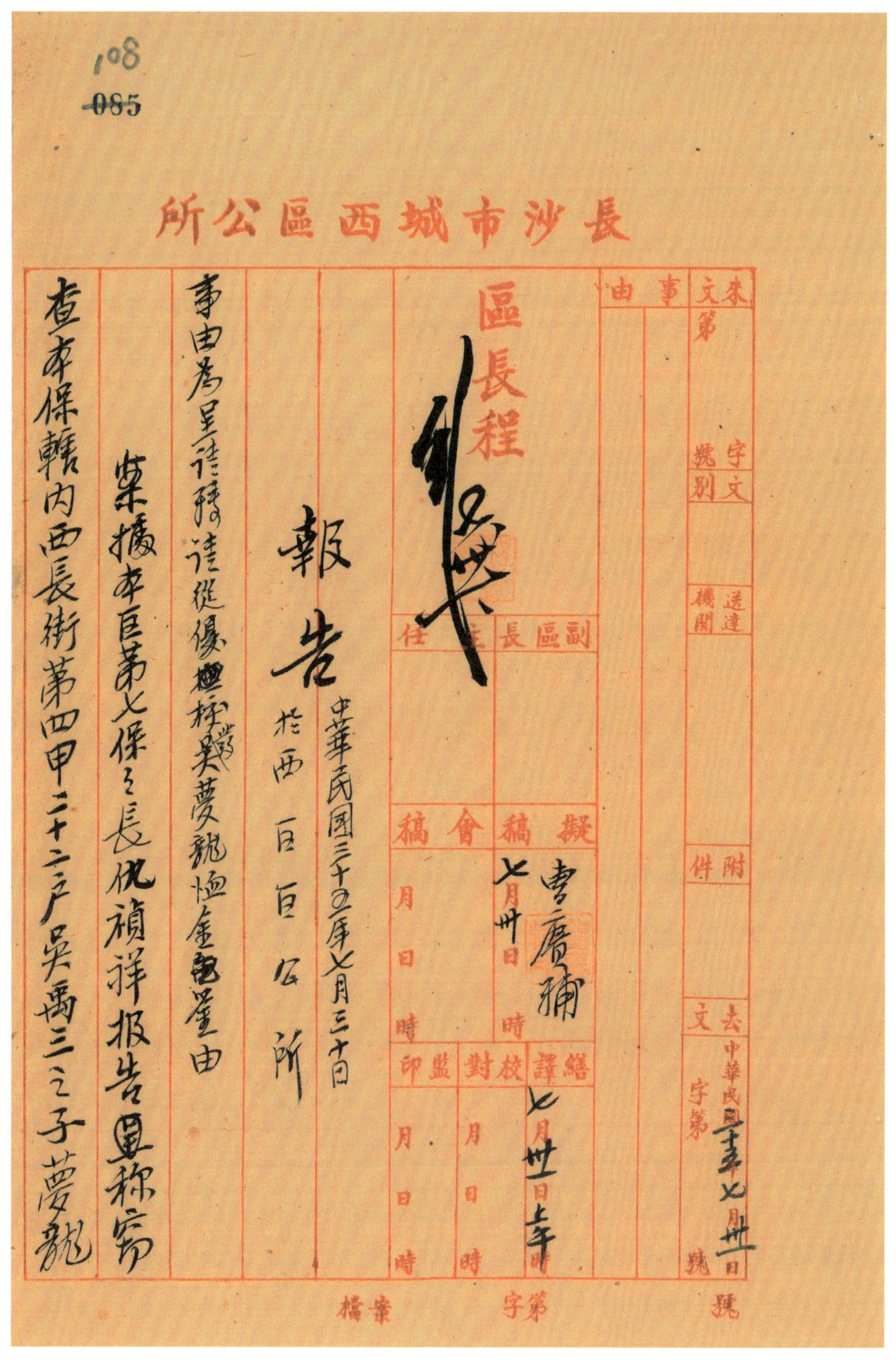
108
~~085~~

長沙市城西區公所

事由：為呈請轉請從優撫恤吳夢龍恤金由

報告　於西區區公所　中華民國三十五年七月三十日

區長程

案據本區第七保保長伍禎祥報告，略稱：竊查本保轄内西長街第四甲二十二户吳禹三之子夢龍

於民二十五年九月投入上海市保安团第七中隊充當
下士班長云云准予轉呈实为恩便等情據此除
批答外理合連同調查表備文轉呈
鑒核准予轉請湖南中央撫卹委員会湖南分處從
優核恤以慰幽魂謹呈
市長汪

附呈名項調查表十份

全銜 區長程〇〇

长沙市政府致该市城西区公所的指令（一九四六年八月十六日）

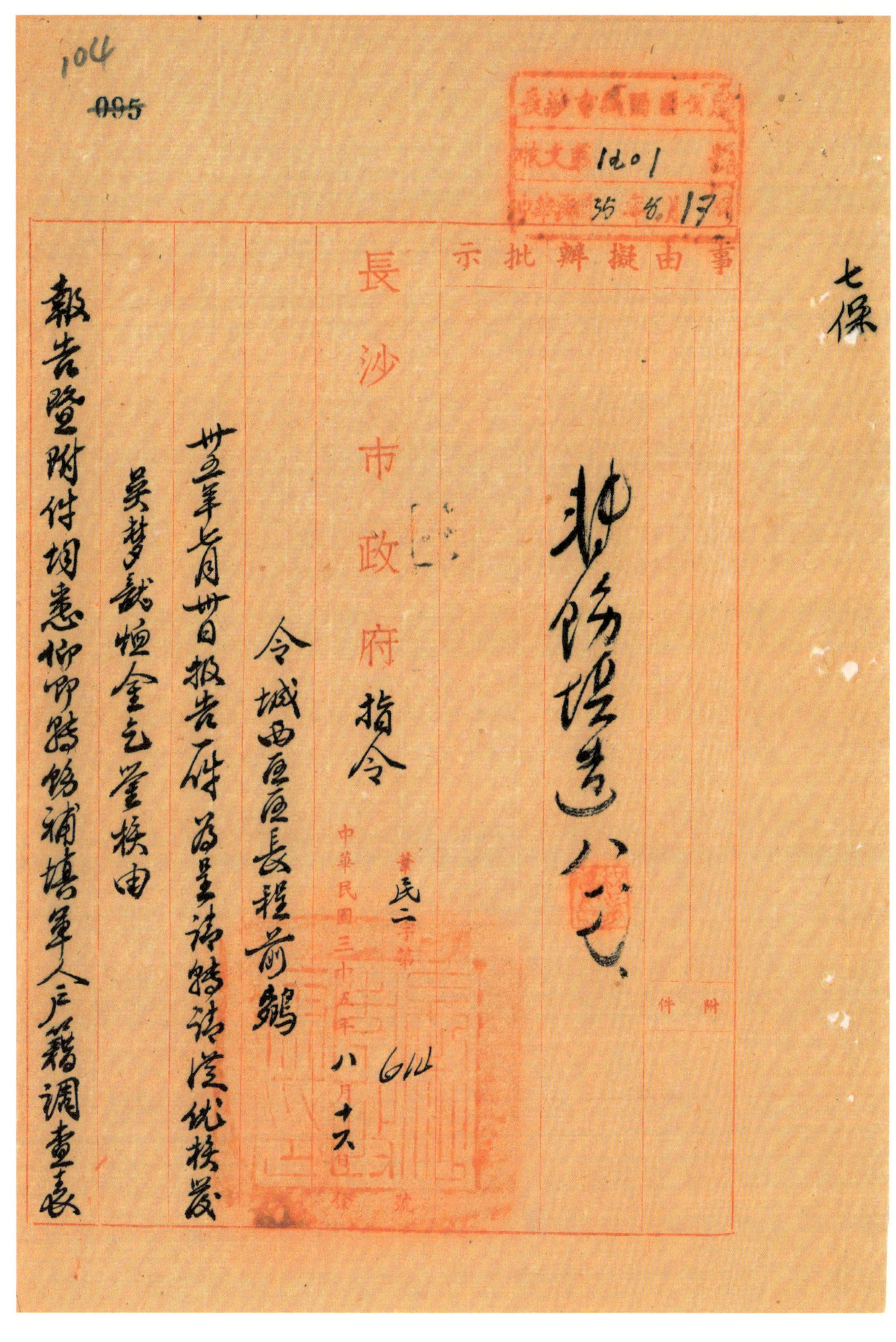
104
~~095~~

長沙市政府收文 1201 35 8 17

事由 擬辦 批示

長沙市政府指令

中華民國三十五年八月十六 發 字第 號

令城西區區長程前鵬

卅五年七月卅日報告壹件為呈請轉請從優核發吳夢龍恤金乞鑒核由

報告暨附件均悉。仰即將飭補填軍人户籍調查表

附件

七保

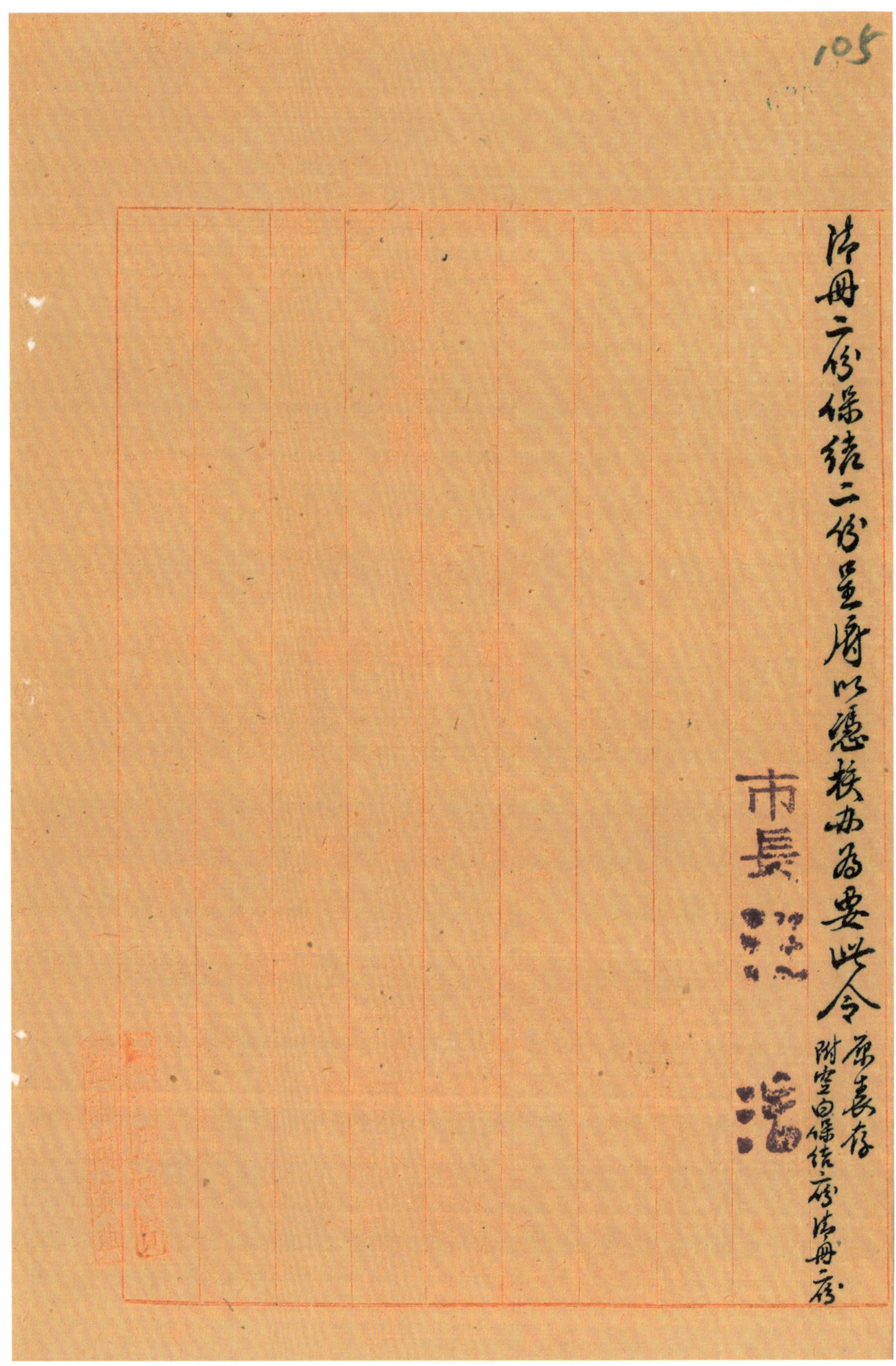

105

清册二份保结二份呈府以凭核办为要此令

原表存　附空白保结存　清册存

市長　[illegible]

长沙市城西区公所致该区第七保保长仇祯祥的训令（一九四六年八月十八日）

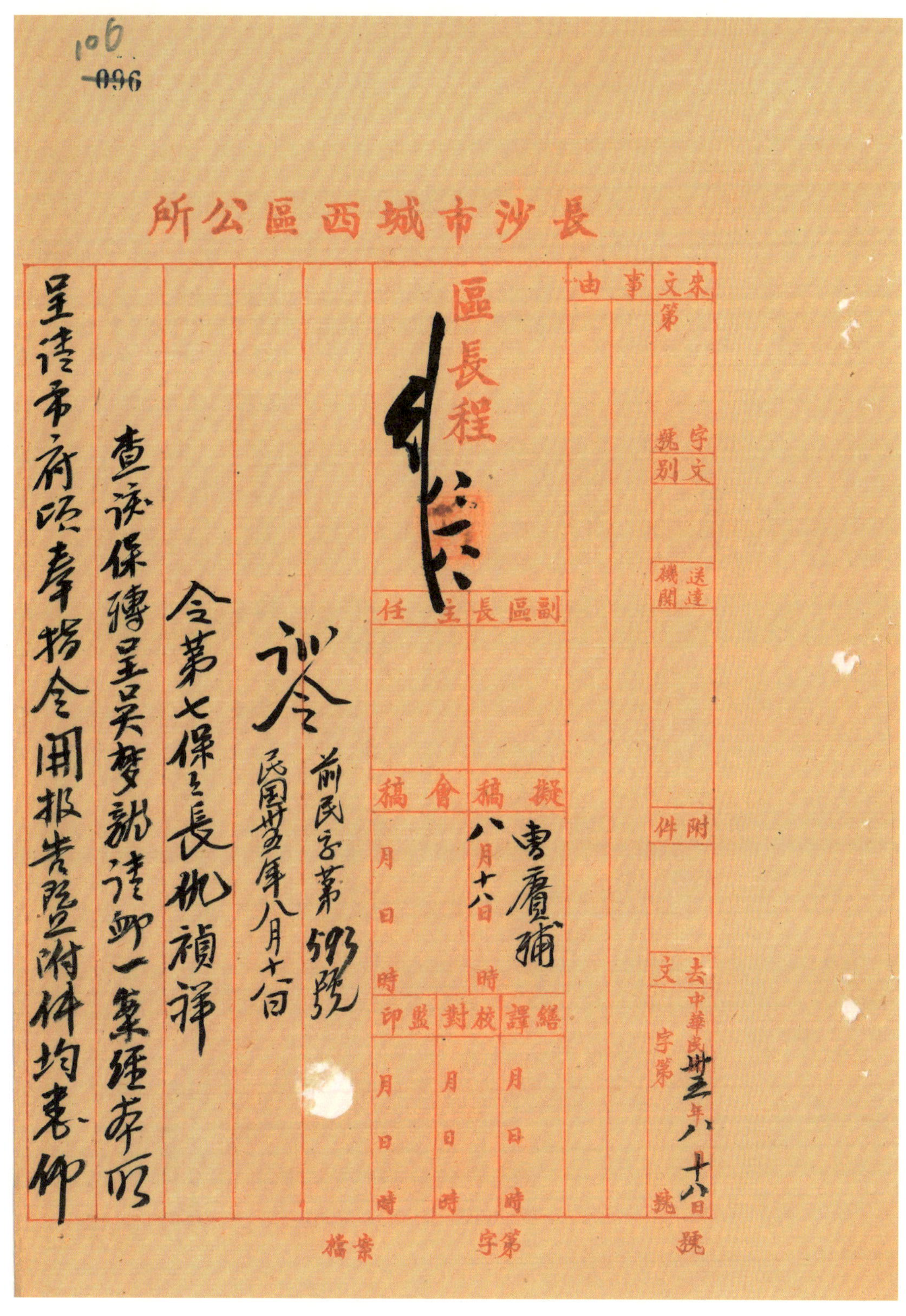
106
096

長沙市城西區公所

來文第　字號
文別
送達機關
附件
去文中華民國卅五年八月十八日字第　號
事由

區長程
副區長
主任
擬稿 曹履楠 八月十八日
會稿

训令
前民字第593號
民国卅五年八月十八日

令第七保保長仇禎祥
查該保轉呈吴夢龍請卹一案經本所
呈請市府頃奉指令開：報告暨附件均悉。卹

107

仰轉飭補填傘人户籍调查表清册二份保結二份呈府以憑核辦等因仰該保長轉飭依式填造賫府憑轉為要此令 附表式四份

區長程〇〇

死亡官兵现役军人吴梦龙户籍调查表清册（一九四六年八月）

110

-088

死亡官兵現役軍人户籍調查表清册

隊號	職級	姓名	死亡事由	死亡種類	死亡年月日	死亡地點	備考
上海市保安團下第七中隊	上士班長	吳夢龍	抗戰陣亡	傷亡	民二六年八月	上海陣亡	

附記

中華民國三十五年八月　日

保结（一九四六年八月）

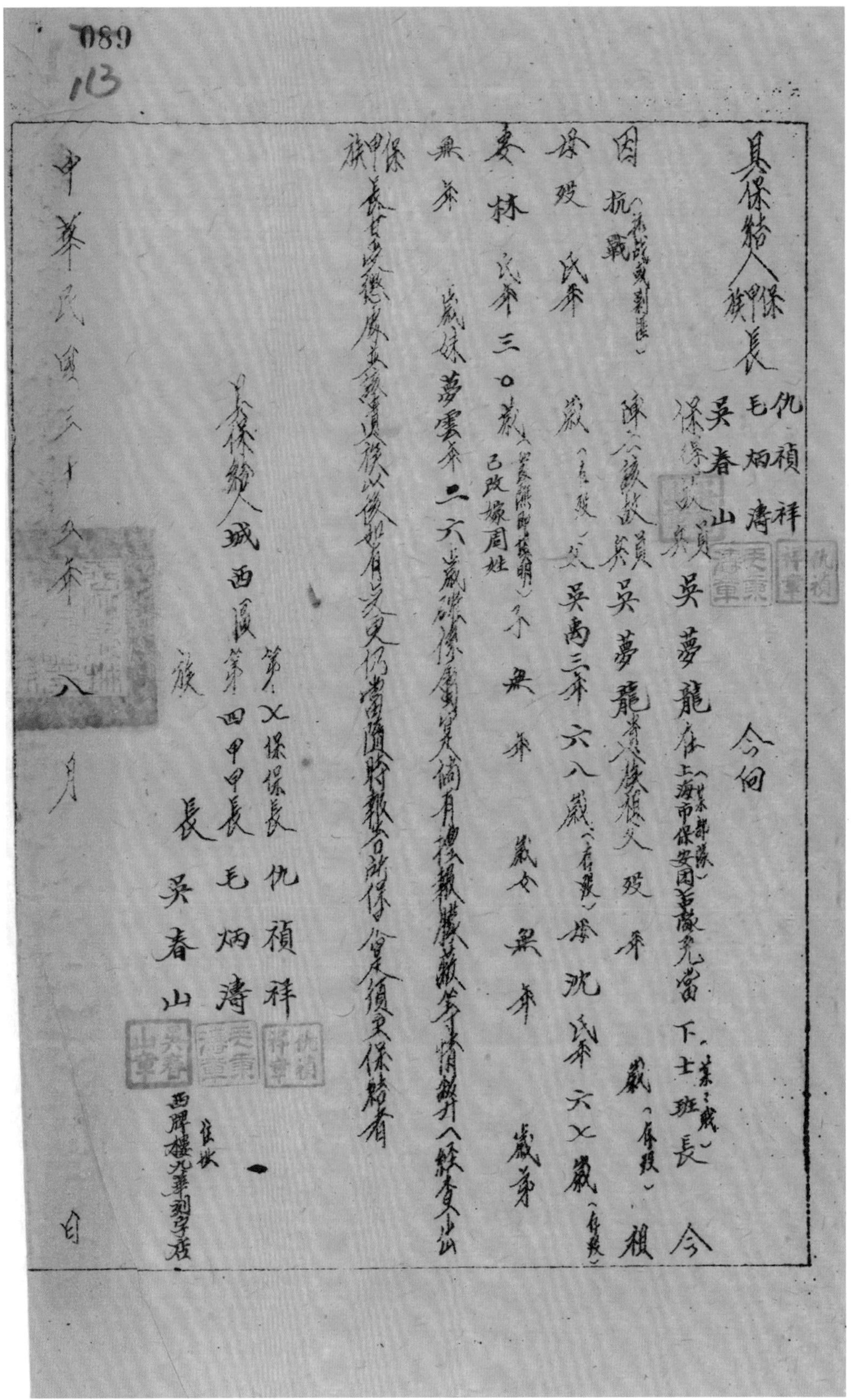

具保結人（保長、甲長、族）仇禎祥、毛炳濤、吳春山今向
保得故員（兵）吳夢龍在（某部隊）上海市保安团第三總隊充當下士班長（業已陣亡）今
因抗戰（作戰或剿匪）陣亡（病故）該故員（兵）吳夢龍遺族祖父歿年歲（存歿）祖
母歿氏年歲（存歿）父吳禹三年六八歲（存歿）母沈氏年六七歲（存歿）
妻林氏年三〇歲（如已改嫁即行註明）已改嫁周姓　子無年歲　女無年歲　弟
無年歲　妹夢雲年二六歲　確係該故員（兵）遺族，倘有隱報、捏報、虛報年歲等情弊，并（經查出）
保甲族長甘受懲處並負責追繳，以後如有上項更動，仍當隨時報告，所保是實，須至保結者

具保結人　城西區第十保保長　仇禎祥
第四甲甲長　毛炳濤
族長　吳春山

西牌樓九華刻字莊

中華民國三十五年八月　日

交通部第三区电信管理局、长沙电信局等关于查明文继贤遗属居址以便核发抚恤款的一组文书（一九四六年七月至八月）

交通部第三区电信管理局致长沙电信局的代电（一九四六年七月三十日）

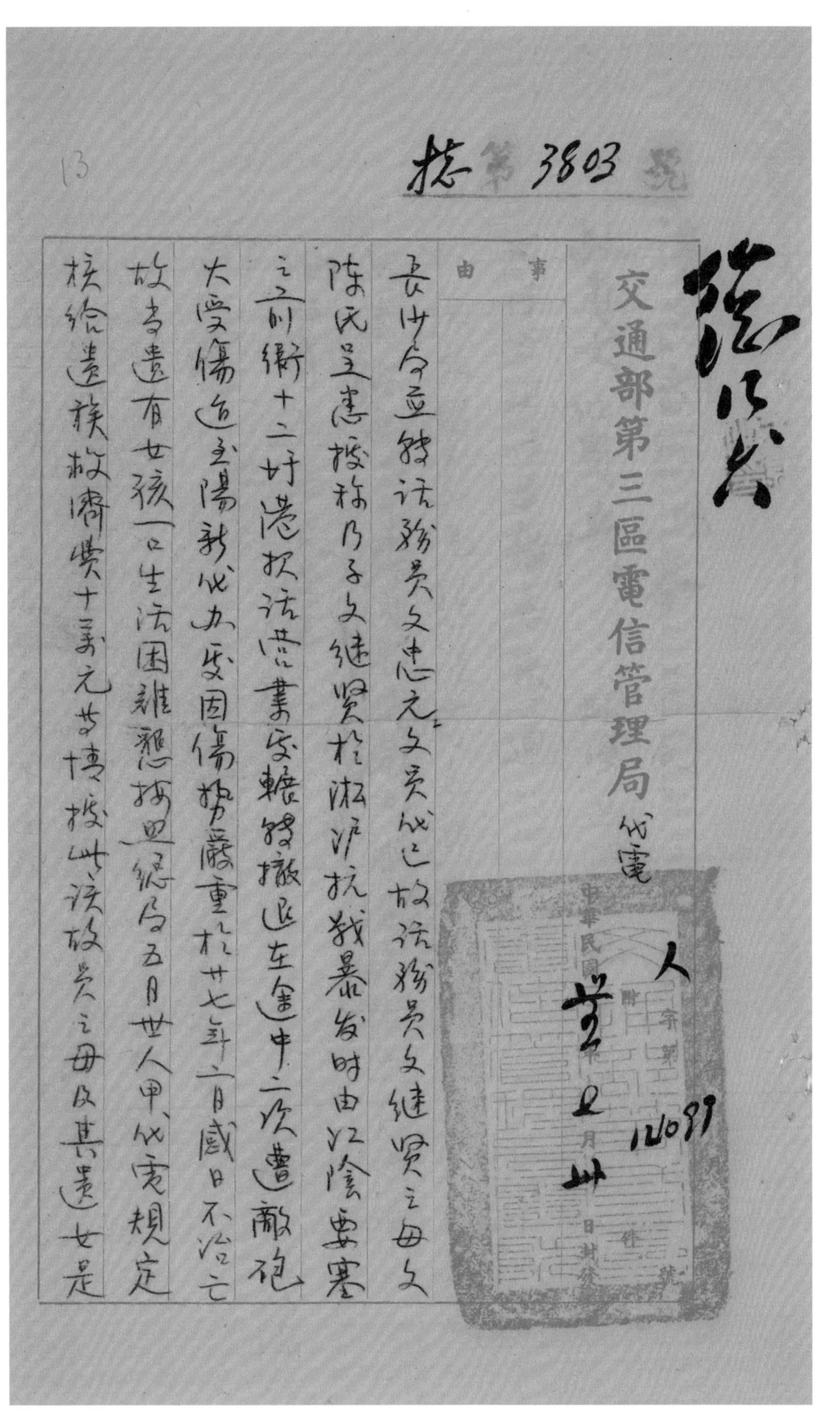

稽第3803號

交通部第三區電信管理局代電

人字第 號 12093

中華民國卅五年七月卅日封發

事由

長沙分局轉話務員文忠元文員代已故話務員文繼賢之母文陳氏呈悉據稱乃子文繼賢於淞滬抗戰暴發時由江陰要塞之前衛十二圩港撤話營業處轉撤退在途中二次遭敵砲大受傷後至陽新他處受困傷勢嚴重於廿七年六月感日不治之故遺有女孩一口生活困難懇按照總局五月廿人甲代電規定核給遺族救濟費十萬元等情據此該故員之母及其遺女是

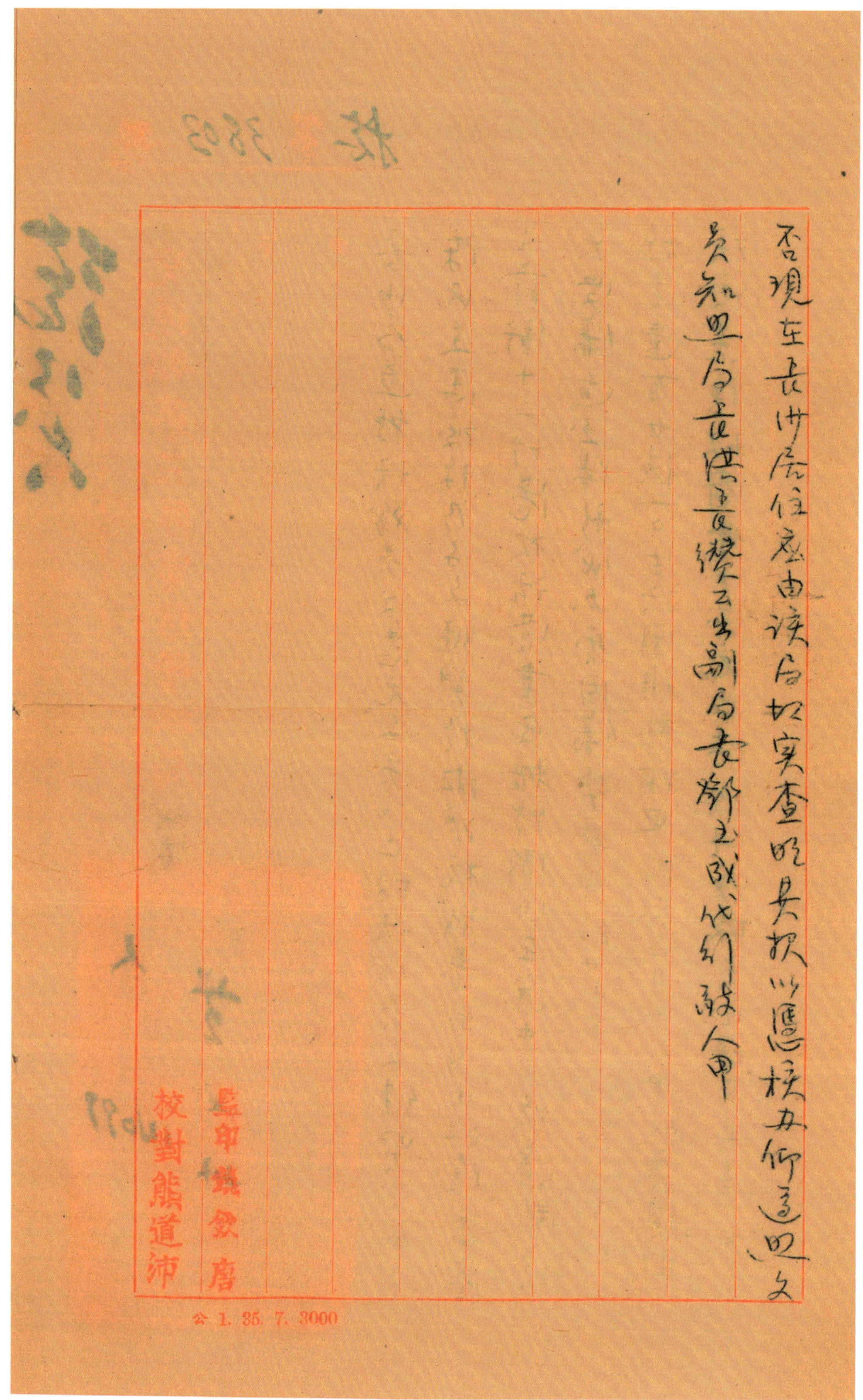

否现在长沙居住应由该局切实查明具报以凭核办仰遵照文

县知照　局长洪长续　王先　副局长郑玉成代行　敦人甲

监印钱钦唐

校对熊道沛

公 1. 35. 7. 3000

话务员文忠元致长沙电信局的签呈（一九四六年八月九日）

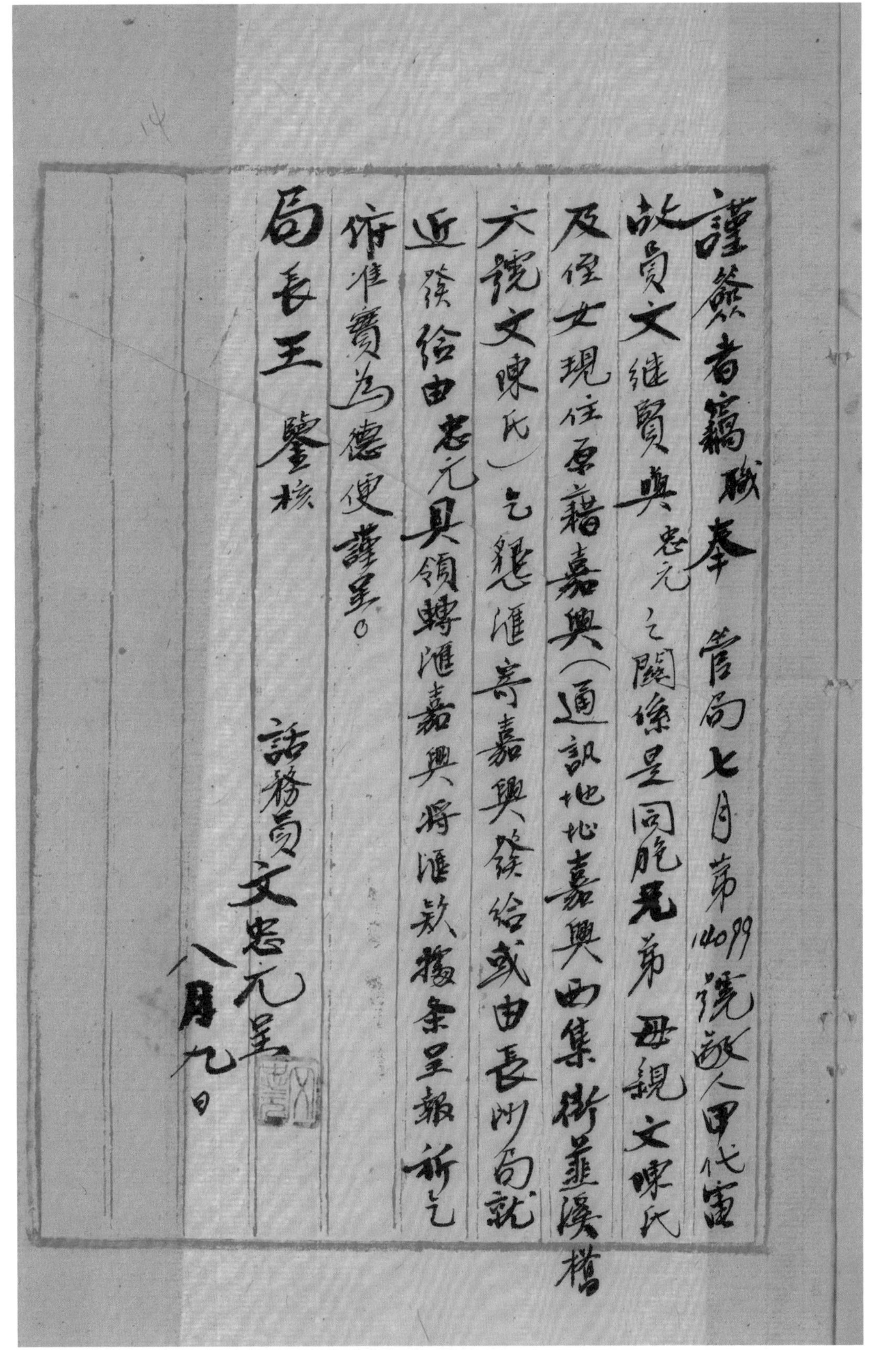

謹簽者竊職奉 管局七月第14099號敞人甲代電故員文継賢與忠元之關係是同胞兄弟 母親文陳氏及侄女現住原籍嘉興（通訊地址嘉興西集街菲溪橋六號文陳氏）乞懇匯寄嘉興發給或由長沙局就近發給由忠元具領轉匯嘉興將匯款據条呈報祈乞俯准實為德便謹呈。

局長王 鑒核

話務員文忠元呈

八月九日

长沙电信局致交通部第三区电信管理局的代电（一九四六年八月十三日）

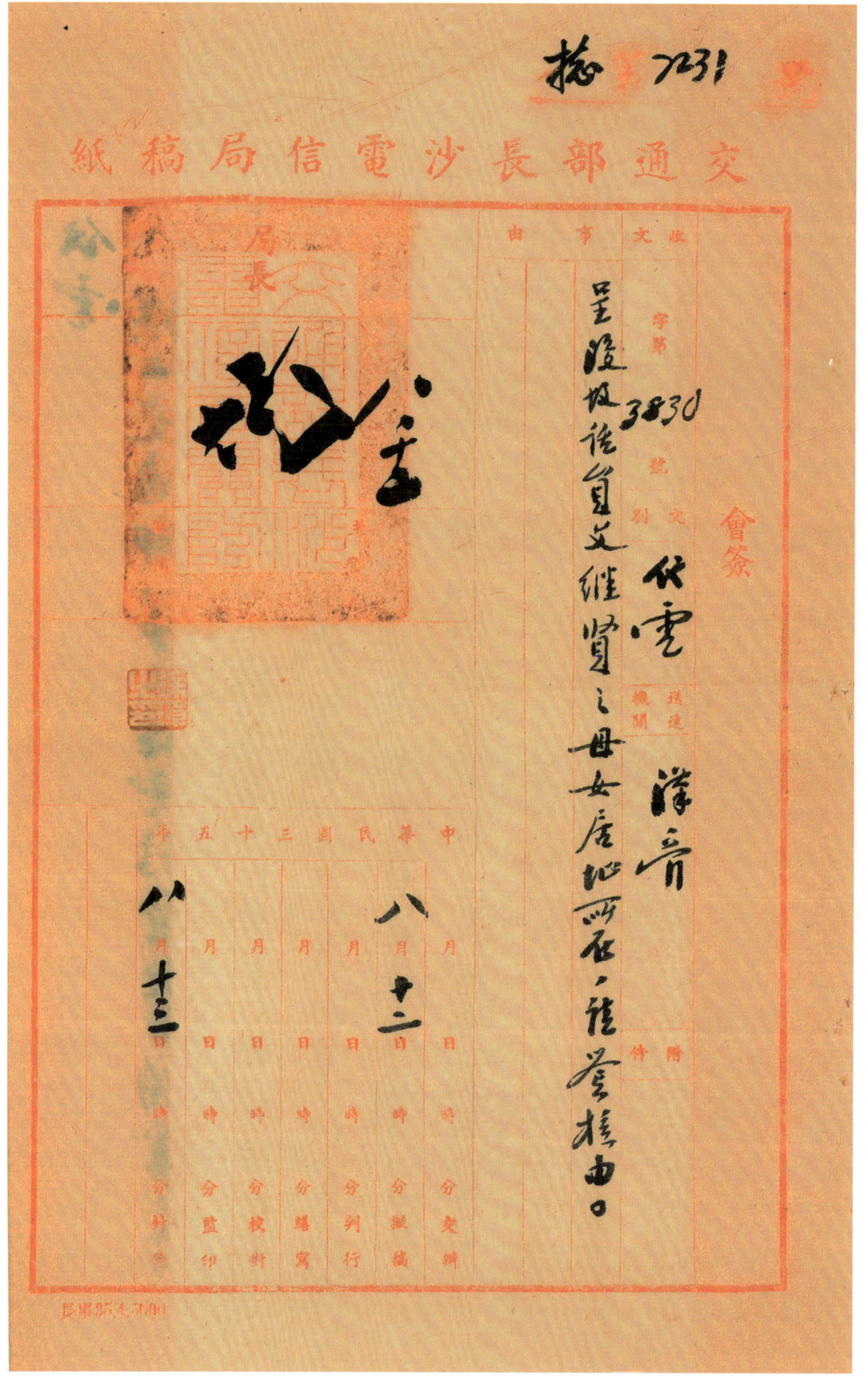
交通部長沙電信局稿紙

代電

呈復坝後發艾維賢之母女居址西區，請鑒核由。

中華民國三十五年八月十二日

八月十三日

代電

漢口交通部第三區電信管理局鈞鑒。三十五年七月三十日人字第14099號敬人甲代電敬悉。查故話員文維賢之母及其遺女，現時均未居長沙原住。並據話員文志元八月九日簽稱：「竊職奉管局七月第14099號敬人甲代電諭詢實告詳便。」等情。理合電復鈞局鑒核。（全銜）局長王○叩未文總

长沙电信局与交通部第三区电信管理局关于核发殉职员差张庆浏、叶铭德、陈立先遗族救济费的来往代电（一九四六年八月至九月）

长沙电信局致交通部第三区电信管理局的代电（一九四六年八月十日）

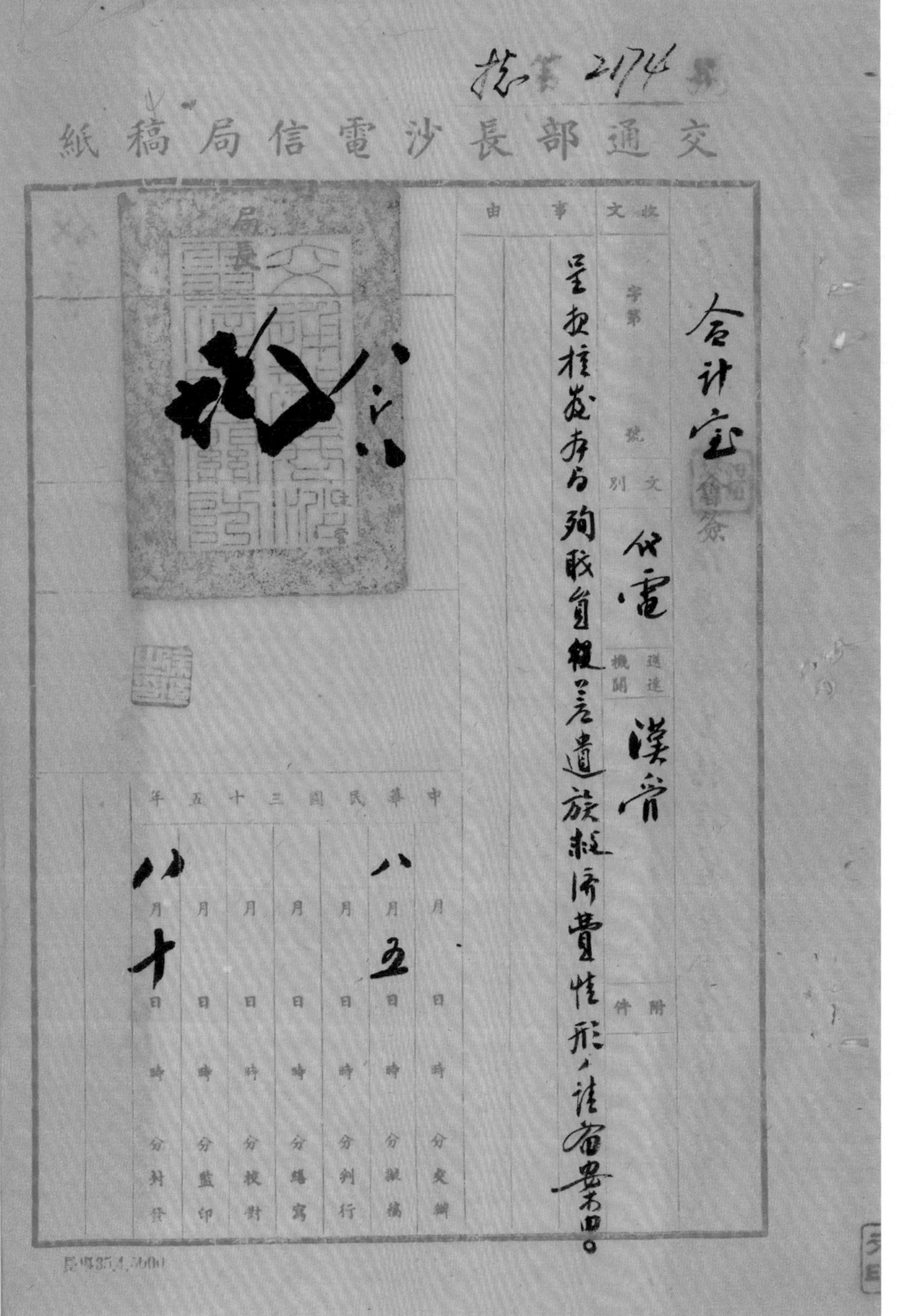
交通部長沙電信局稿紙

局長

合計室 會簽

收文 字第 號

文別 代電

送達機關 漢胥

事由 呈報核發本局殉職員差遺族救濟費情形，請備案由。

附件

中華民國三十五年

八月五日 擬稿

八月十日

長郵35.4.3000

代電

漢口交通部第三區電信管理局鈞鑒。案奉鈞局三十五年八月通人字第224號元人甲代電轉奉總局三十五年八月人字第5344號世人甲代電規定抗戰期間因公殉職及被俘失踪之員工，得分給遺族一次救濟費，計職員拾萬元，差役四萬元，由各該機關審核發給彙報等因。當經公告週知在案。嗣據殉職技員張慶淵之子張承舜呈請核發張員遺族一次救濟費拾萬元，又據殉職技差葉銘法、陳立先之遺族葉集生、陳學初呈請核發葉差等遺族一次

附表應請公長蓋印章

救濟費各四萬元各等情到公。除查所呈各節，均屬實情。除已將桂炎、張各遺族一次救濟費撥華元、葉差、陳差遺族一次救濟費各四萬元外。理合繕具桂炎遺族救濟費彙報表，~~□□□~~賫呈鈞公鑒核備案。（全銜）公長王○叩未魚總

附呈桂炎遺族救濟費彙報表一份

核發遺族救濟費彙報表

證明人 沈全昌 李克儉

亡故或失蹤姓名	最近服務機關	資格	亡故或失蹤年月日	亡故或失蹤經過情形	核發救濟費數目	備註
張慶瀏	交通部長沙電信局	報務員	民國卅年六月九日	湘北二次會戰奉調株州遇敵害命	壹拾萬元	

核發機關主管長官署名蓋章

附（二）核发叶铭德、陈立先遗族救济费汇报表

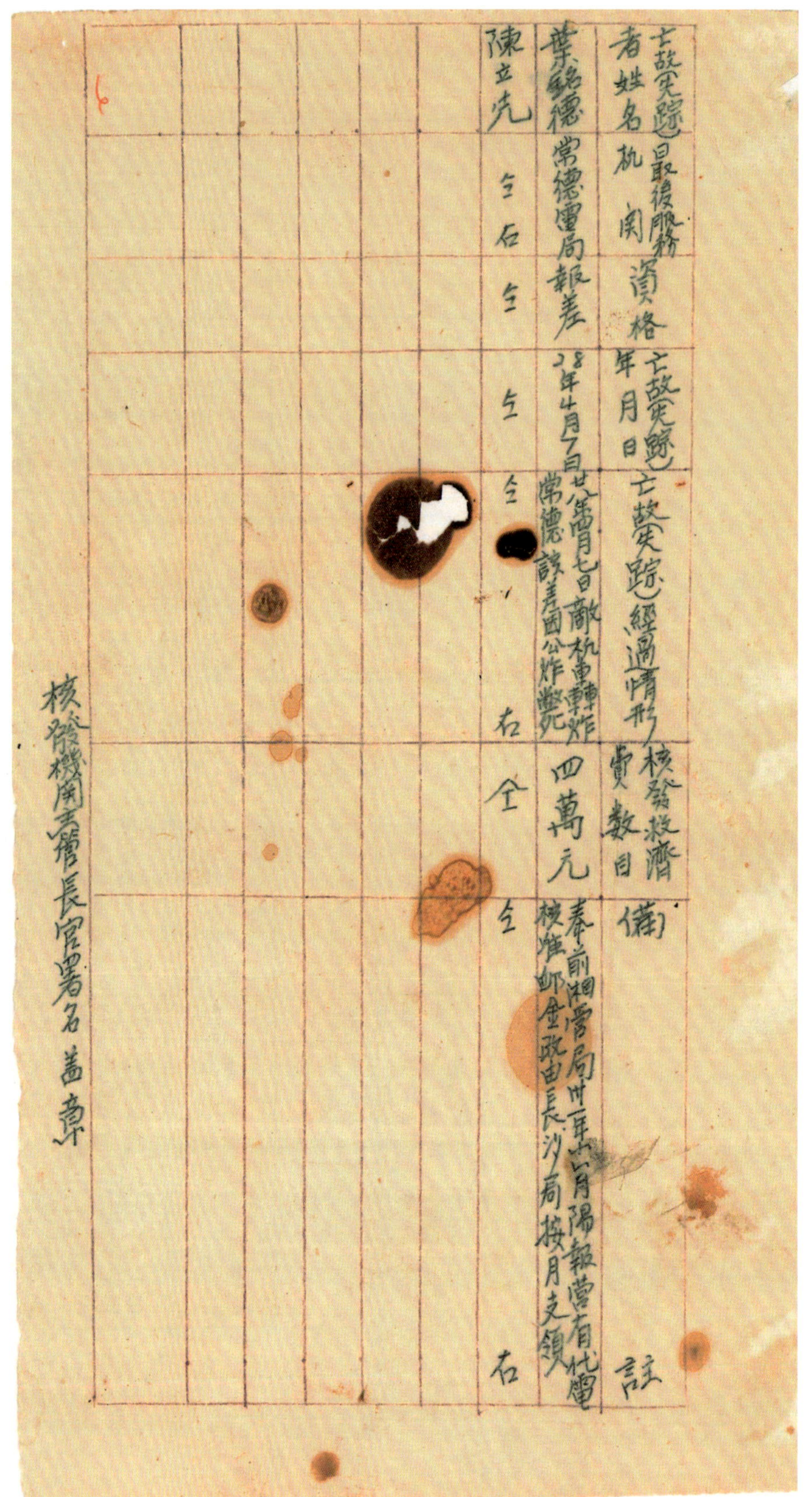

亡故（失踪）者姓名	最後服務機關	資格	亡故（失踪）年月日	亡故（失踪）經過情形	核發救濟費數目	備註
葉銘德	常德電局	報差	28年4月7日	廿八年四月七日敵機轟炸常德謀善國公炸斃	四萬元	奉前湘電局卅一年六月陽報電有代電核准卹金改由長沙局按月支領
陳立先	仝右	仝右	仝右	仝右	仝	仝右

核發機關主管長官署名蓋章

交通部第三区电信管理局致长沙电信局的代电（一九四六年九月七日）

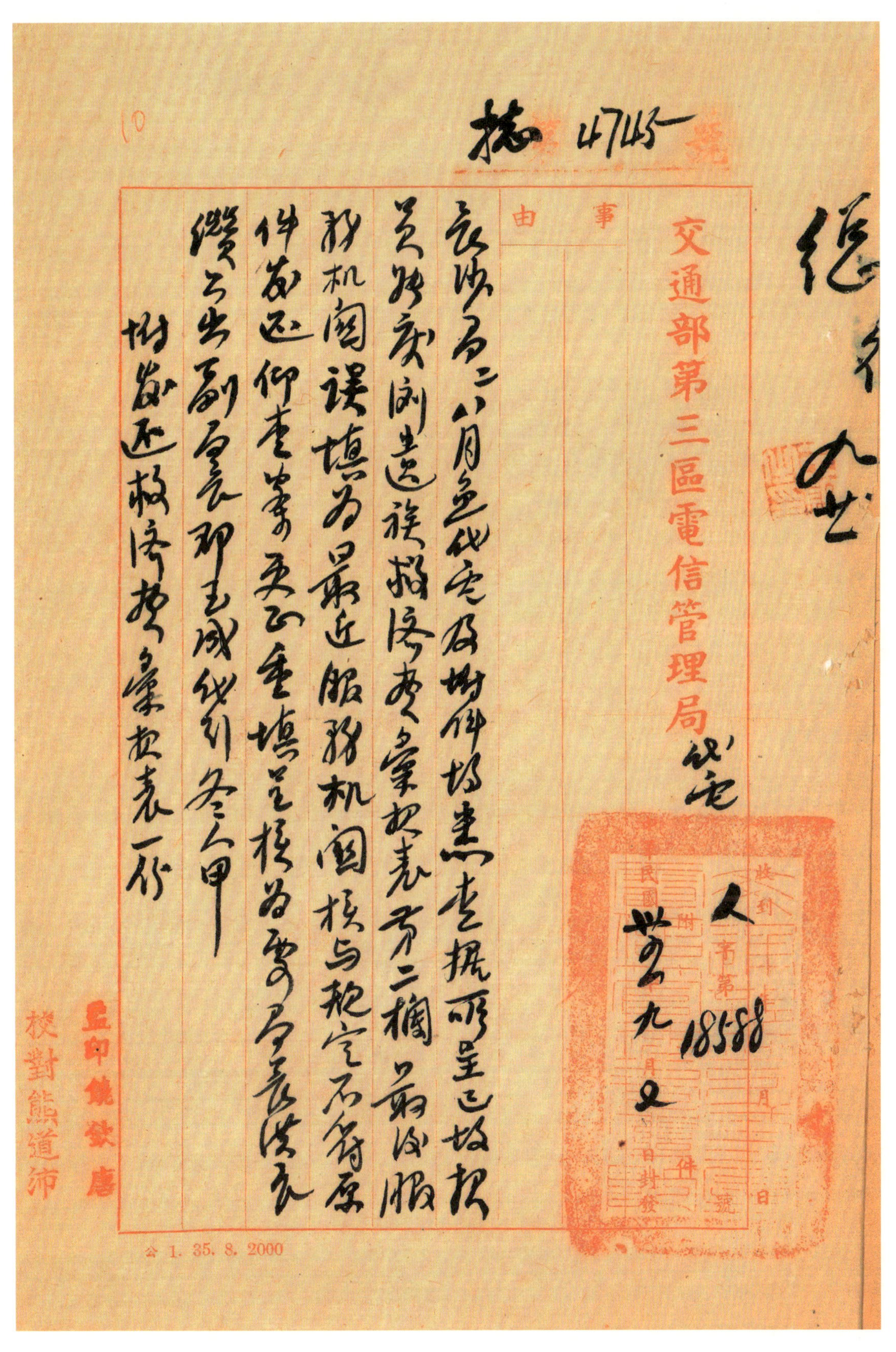

交通部第三區電信管理局代電

事由

校對熊道沛

監印饒鈞唐

公 1. 35. 8. 2000

长沙电信局致交通部第三区电信管理局的代电（一九四六年九月二十三日）

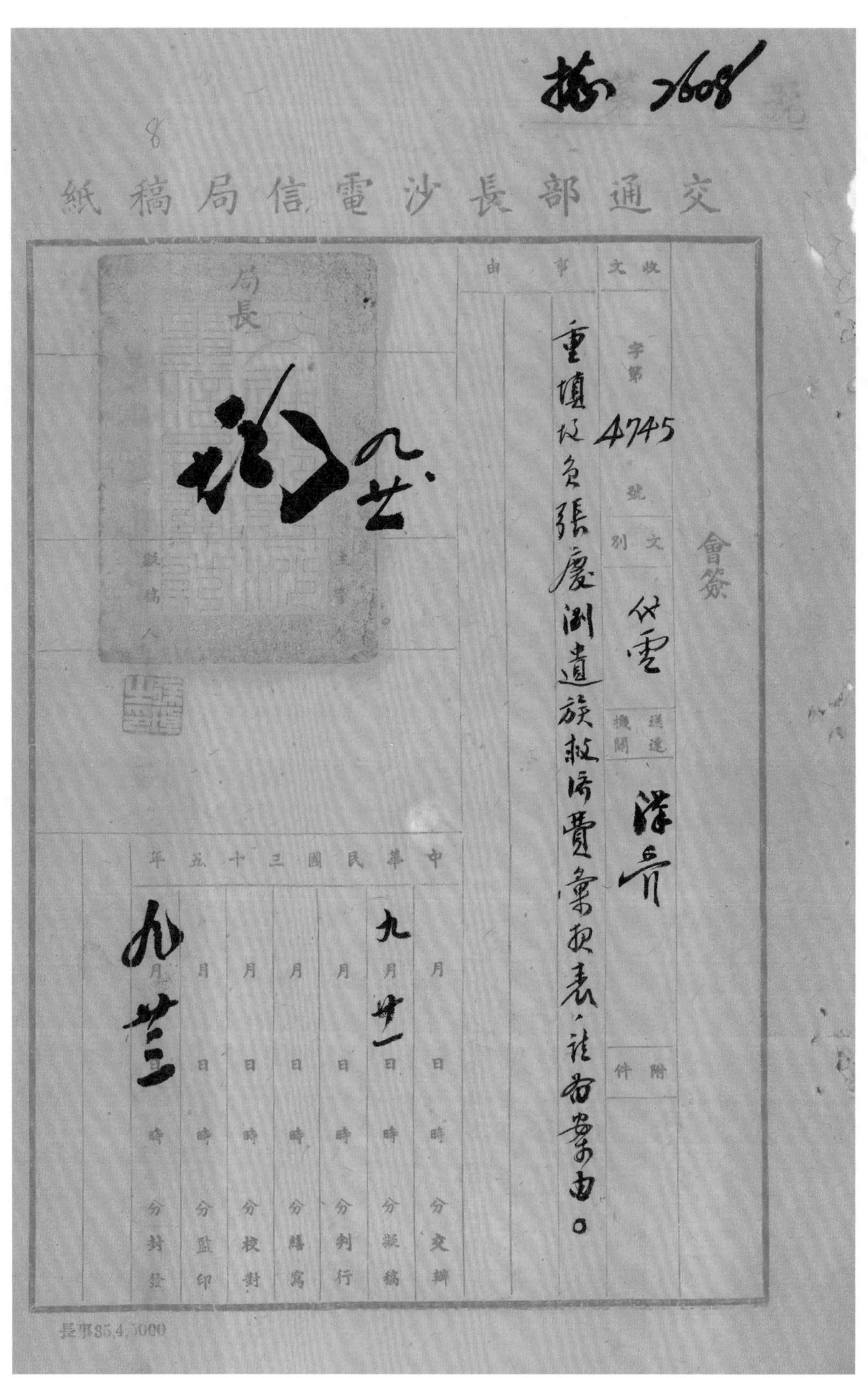

交通部長沙電信局稿紙

收文 字第4745號

文別：代電

送達機關：[illegible]

事由：重填故員張慶渊遺族救濟費彙報表請查案由。

局長

會簽

主管人

擬稿人

中華民國三十五年

交辦	擬稿	判行	繕寫	校對	監印	封發
月 日 時 分	九月廿一日 時 分	月 日 時 分	月 日 時 分	月 日 時 分	月 日 時 分	九月廿三日 時 分

長事35,4,5000

附件存查
長官私章

代電

漢口交通部第三區電信管理局鈞鑒。案奉
鈞局三十五年九月七日人字18588号冬人甲代電，以所呈
已故報員張慶渊遺族救濟費彙報表第二欄
最後服務機關，誤填為最近服務機關，仰更正
重填呈核等因。並發還原表一份，奉此。遵將上項表
份更正重填，賷呈鈞局鑒核备查。（全銜）
局長王○叩申馬總
附呈彙報表一份。

附：重填核发张庆浏遗族救济费汇报表

核發遺族救濟費彙報表

亡故員工者姓名	最後服務機關	資格	亡故員工年月日	亡故員工經過情形	核發救濟費數目	備註
張慶瀏	交通部長沙電信局	報員	民國三十年八月九日	湘北二次會戰奉調株洲遇敵害命	壹拾萬元	

交通部長沙電信局局長王〇 印

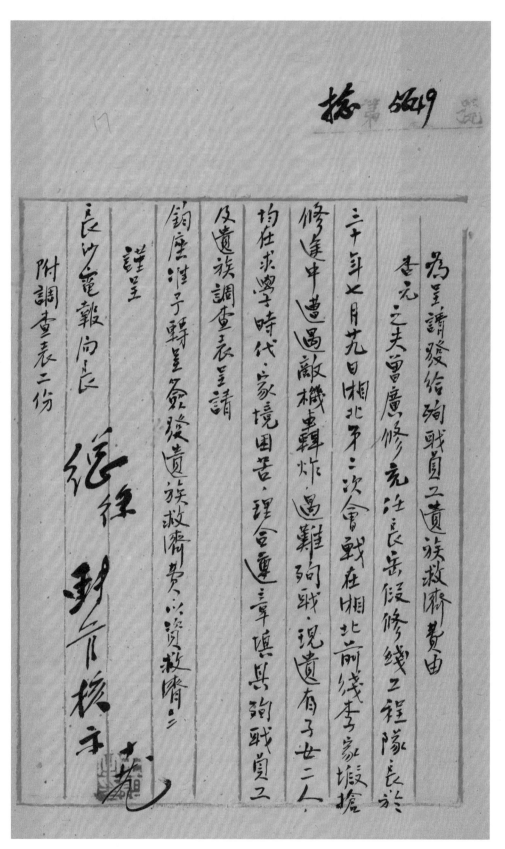

曾广修遗属、长沙电信局与交通部第三区电信管理局关于核发殉职员工曾广修遗族救济费的一组文书（一九四六年十月至十二月）

曾广修之妻曾王杏元致长沙电信局的呈（一九四六年十月二十九日）

為呈請發給殉職員工遺族救濟費由

杏元之夫曾廣修充任長岳段修綫工程隊長，於三十年七月九日湘北第二次會戰在湘北前綫李家塅搶修途中遭遇敵機轟炸，遇難殉職，現遺有子女二人，均在求學時代，家境困苦，理合遵章填具殉職員工及遺族調查表呈請

鈞座准予轉呈並發遺族救濟費，以資救濟。

謹呈

長沙電報局長

附調查表二份

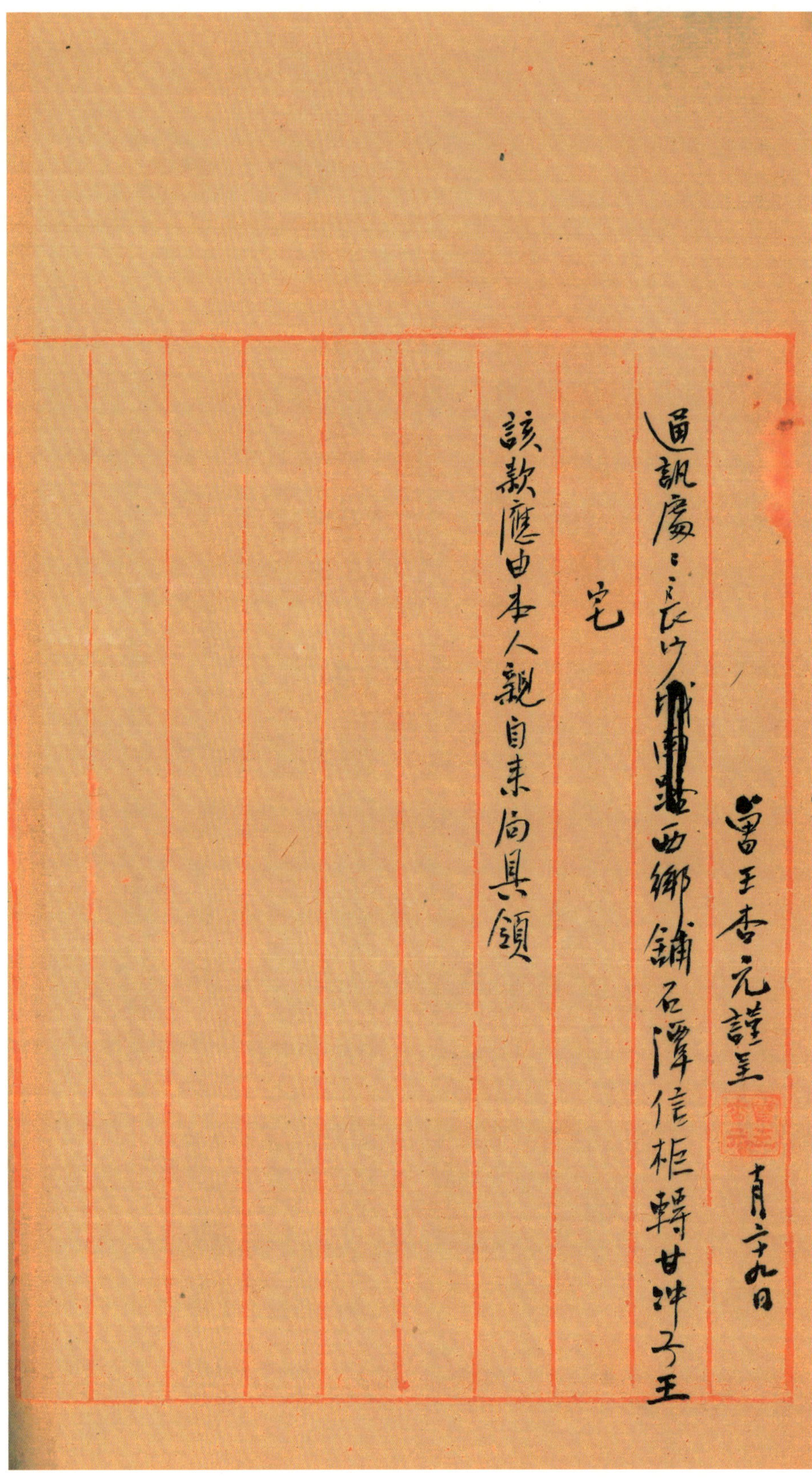

曾王杏元谨呈（印）
月二十九日

通讯处：长沙西乡铺石潭信柜转廿冲子王宅

该款应由本人亲自来局具领

长沙电信局致交通部第三区电信管理局的代电（一九四六年十一月二日）

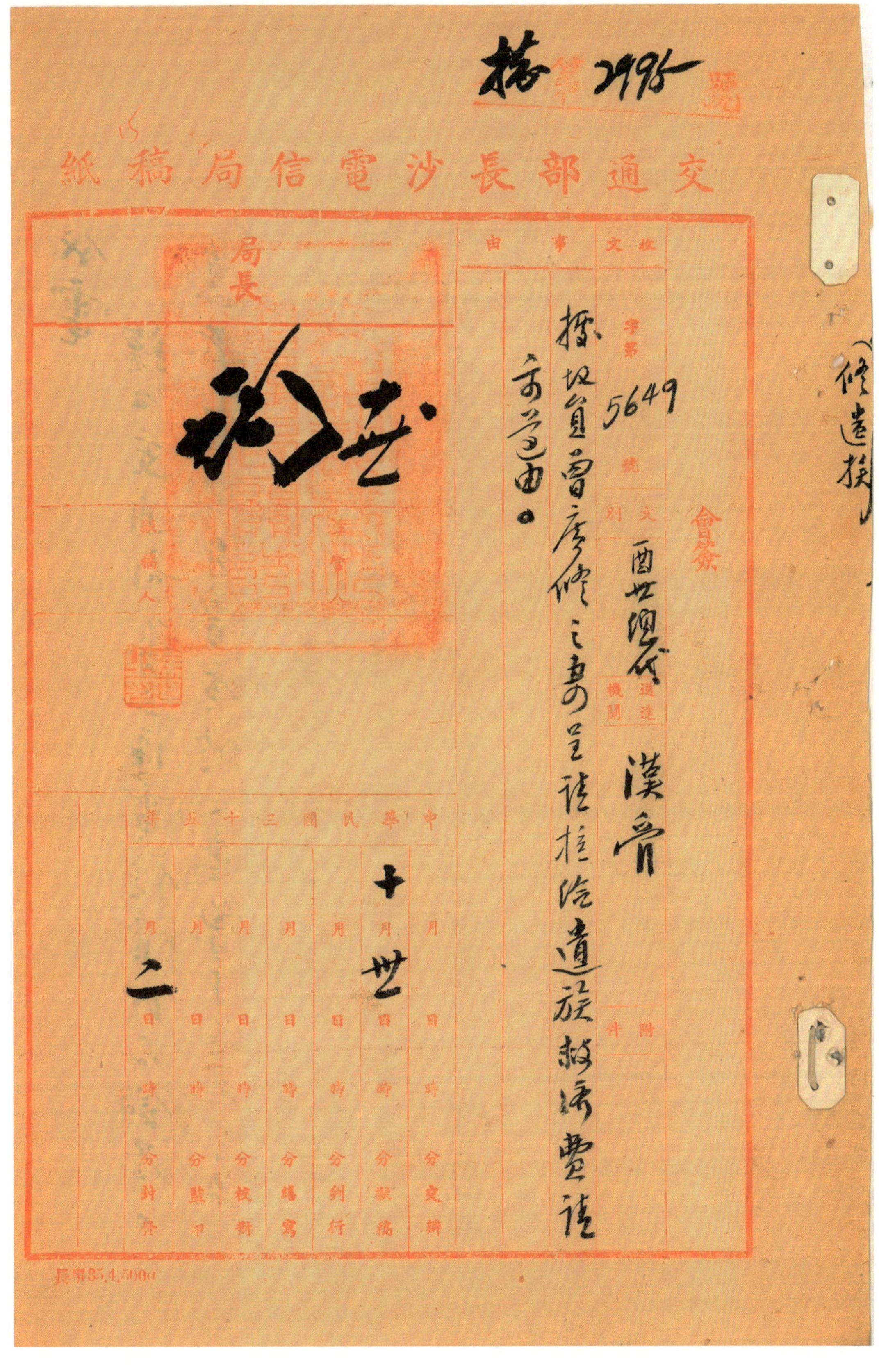
交通部長沙電信局稿紙

代電

漢口交通部第三區電信管理局鈞鑒。案據已故機員曾慶修之妻曾王杏元三十五年十月廿九日呈稱：「杏元之夫曾慶修〇〇〇云云。以資救濟」等情。理合繕具殉職員工調查表，呈請鈞局鑒核示遵。（全銜）局長〇〇。叩酉世總。

附呈調查表兩份。

殉職及失蹤員工調查表

殉職（或失蹤）員工	
姓名	曾廣修
籍貫	湖南長沙
最後服務機關	長岳段修綫工程隊
資年	自民國[illegible]年起至民國三十年七月二十九日止共二十五年
殉職情形及年月日	湘北二次會戰在湘北前綫李家[illegible]搶修途中遭敵機轟炸遇難殉職於民國三十年七月二十九日

遺族

與殉職者關係	姓名	年齡	籍貫	職業	現在地址	永久住址
妻	曾王香元	四九	長沙	無	長沙西鄉鋪石潭甘沖子王宅	同上
子	曾曦	二五	〃	求學	〃	〃
女	曾淑瓊	二十	〃	〃	〃	〃

附註

（填報機關主管長官署名蓋章）

长沙电信局致交通部第三区电信管理局的代电（一九四六年十二月十二日）

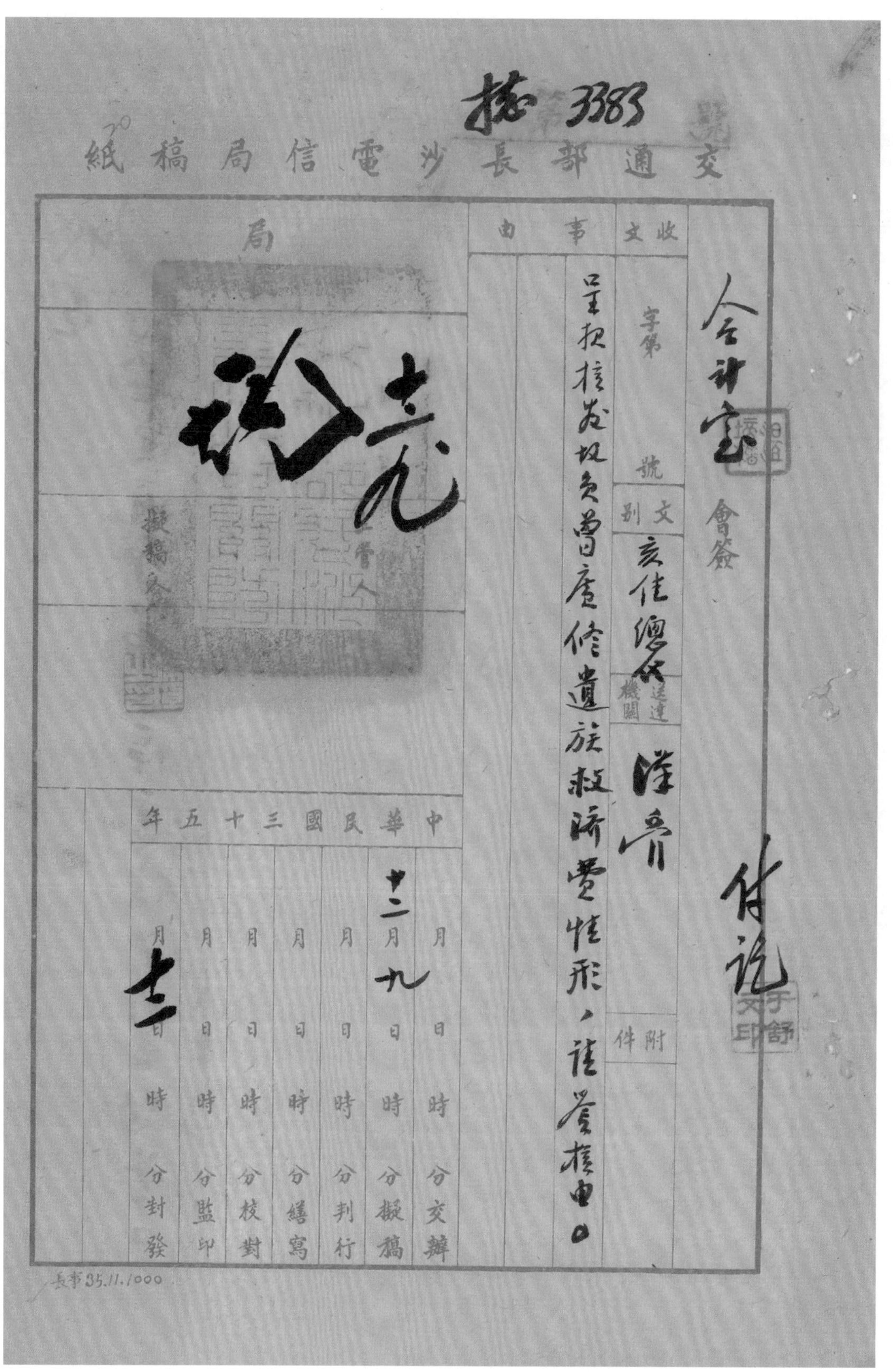

交通部長沙電信局稿紙

擬 3383

收文	字第 號
文別	亥佳總代
送達機關	港管
事由	呈报核发故员曾广修遗族救济费情形，请鉴核由。
會簽	会计室
附件	

中華民國三十五年

交辦	擬稿	判行	繕寫	校對	監印	封發
月 日 時 分	十二月九日 時 分	月 日 時 分	月 日 時 分	月 日 時 分	月 日 時 分	月十二日 時 分

長市35.11.1000

代電

漢口交通部第三區電信管理局鈞鑒。案奉鈞局三十五年十一月人字26909號戌皓人甲五代電，以貴局曾廣修遺族一項救濟費，准由該局飭具在職資深電務人員三人之證明呈局核發等因。除由本局核發上項救濟費拾萬元外。理合檢同證明書，並繕具表冊，呈請鈞局查核備案。（全銜）局長王〇叩亥佳總

附呈保證書一紙，又核發遺族救濟費彙報表一份。

附（一）保证书（一九四六年十二月九日）

兹保證

一、故員曾廣修確係因公殉職

一、曾王杏元確係曾員之妻

一、此次蒙發之救濟費拾萬元確由曾王杏元親領

以上各項如有虚揑情事保證人願負完全責任

具保證人 陈林 王文濤 胡润章

中華民國三十五年十二月九日

核發遺族救濟費彙報表

亡故（負傷）者姓名	最後服務機關	資格	亡故年月日	亡故經過情形	核發救濟費數目	備註
曾廣修	長岳段修復工程隊	技員	三十年七月二十九日	湖北二次會戰在湘北岳綫李家壋搶修途中遭敵機轟炸殉職	拾萬元	奉前令戌皓人甲五代核准

中華民國三十五年十二月九日

交通部長沙電信局局長王〇 [印]

交通部第三区电信管理局致长沙电信局的代电（一九四六年十二月二十七日）

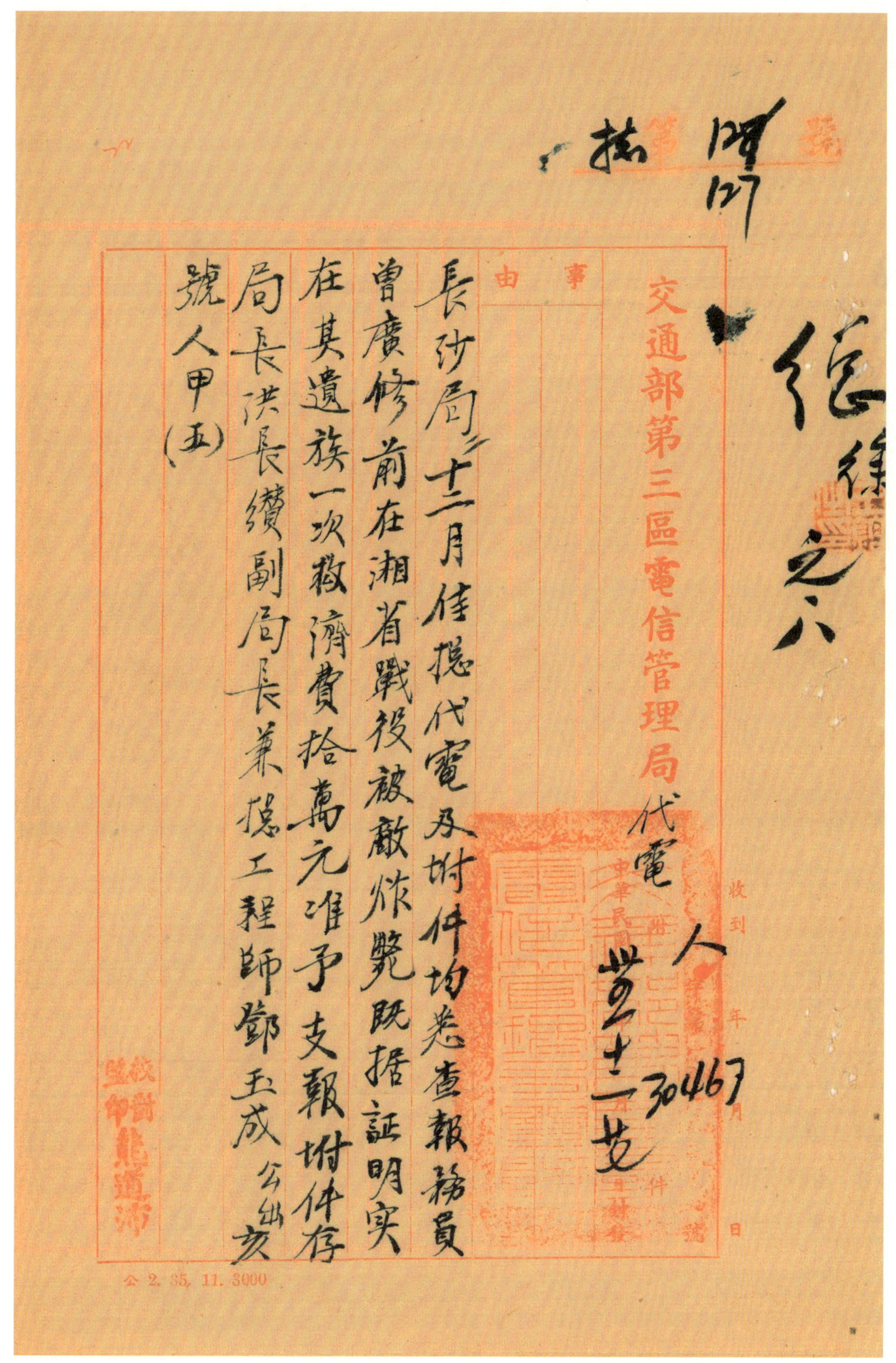

交通部第三區電信管理局代電

長沙局：十二月佳揔代電及附件均悉。查報務員曾廣修前在湘省戰役被敵炸斃，既據証明實在，其遺族一次救濟費拾萬元准予支報，附件存局。局長洪長纘、副局長兼揔工程師鄧玉成公幺亥號人甲（五）

长沙市政府关于转发李烱家属优待证明书致该市城西区公所的训令（一九四七年二月十三日）

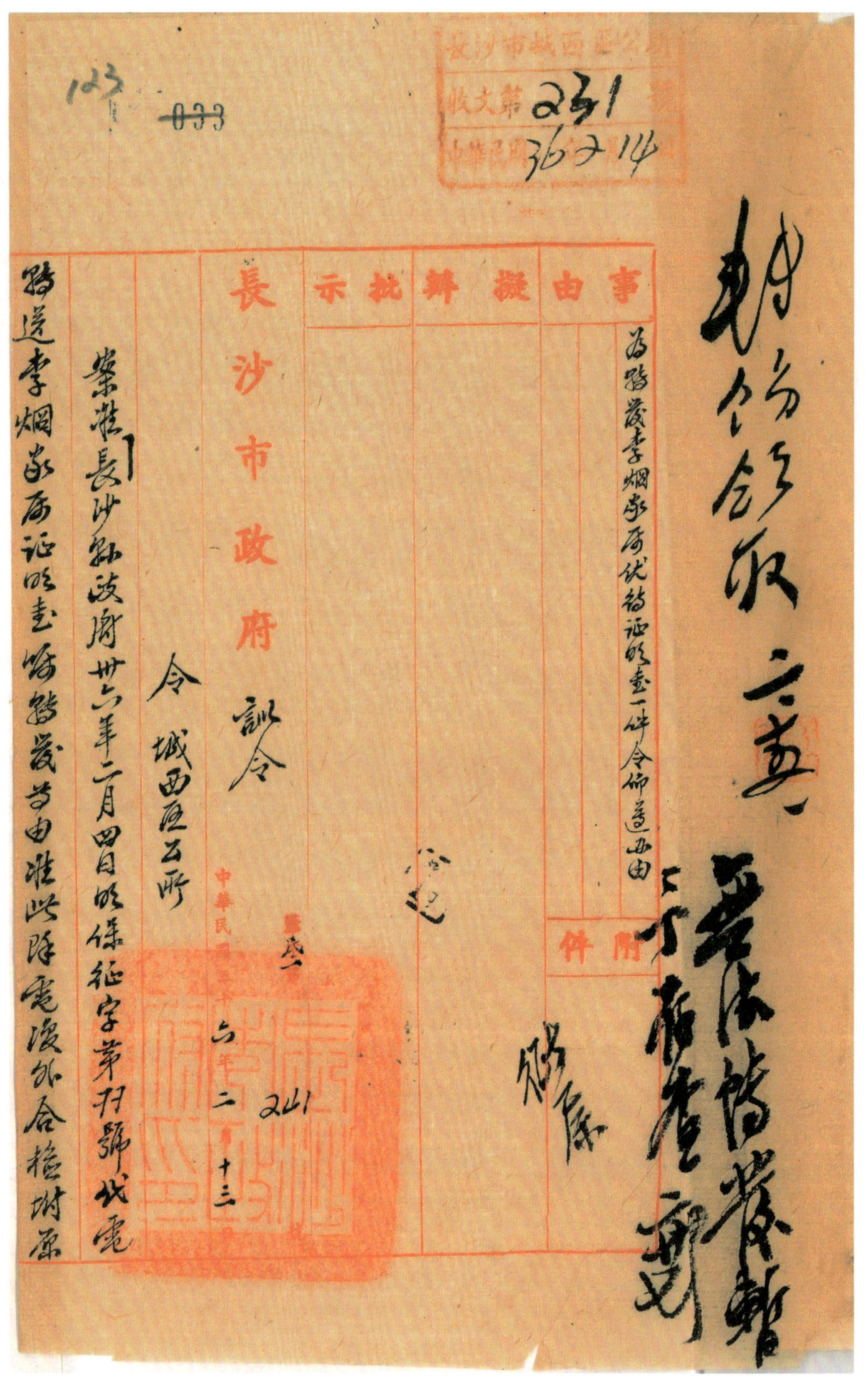

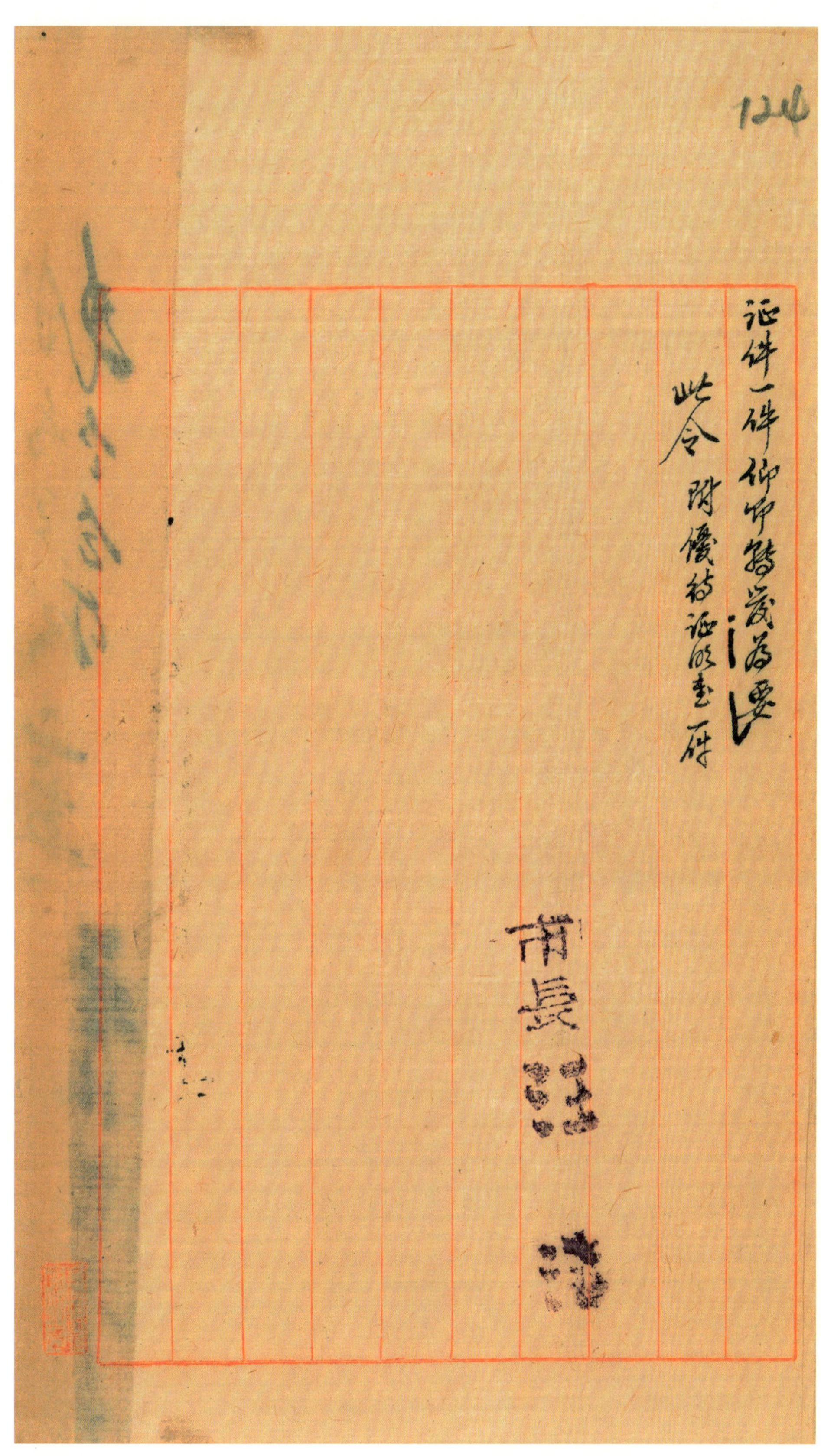

証件一件仰即轉發爲要

此令　附優待証明書一件

市長

附：出征抗敌军人李炯家属优待证明书（一九四六年十二月）

出征抗敵軍人家屬證明書

陸軍輜重兵汽車第十團

茲證明下列表人民為本團

李炯之家屬應得享受優待出征抗敵軍人家屬條例所規定之一切權利此証

李炯家屬表

直係親屬	姓名	別號	年齡	籍貫	職業	現住地址
祖父						
祖母						
父	寿衡		五〇	湖南	商	長沙
母	王氏		五一	〃	〃	
妻						
子						
女						

說明

一、出征者之服役機關部隊填發証明書時應直接寄往該出征者家屬住在地之縣（市）優待委員會轉發其家屬收執不得直接發出征者本人其郵寄費得在其薪餉項下扣除

二、縣（市）優待委員會接到出征者家屬証明書時以當地郵戳為憑于三日內應即轉發其家屬收執並同時予以優待不得藉故羈延遲後新兵訓練處（補充團營）與常備部隊遞寄該出征者家屬之証明書則依次予以註銷作廢存查以常備部隊所發之証明書為該出征者家屬依法享受優待之根據

團長

副團長

中華民國三十五年十二月　日

长沙电信局及朱芷青遗属关于核发朱芷青遗族救济费的一组文书（一九四七年二月）

长沙电信局致交通部第三区电信管理局的代电（一九四七年二月十八日）

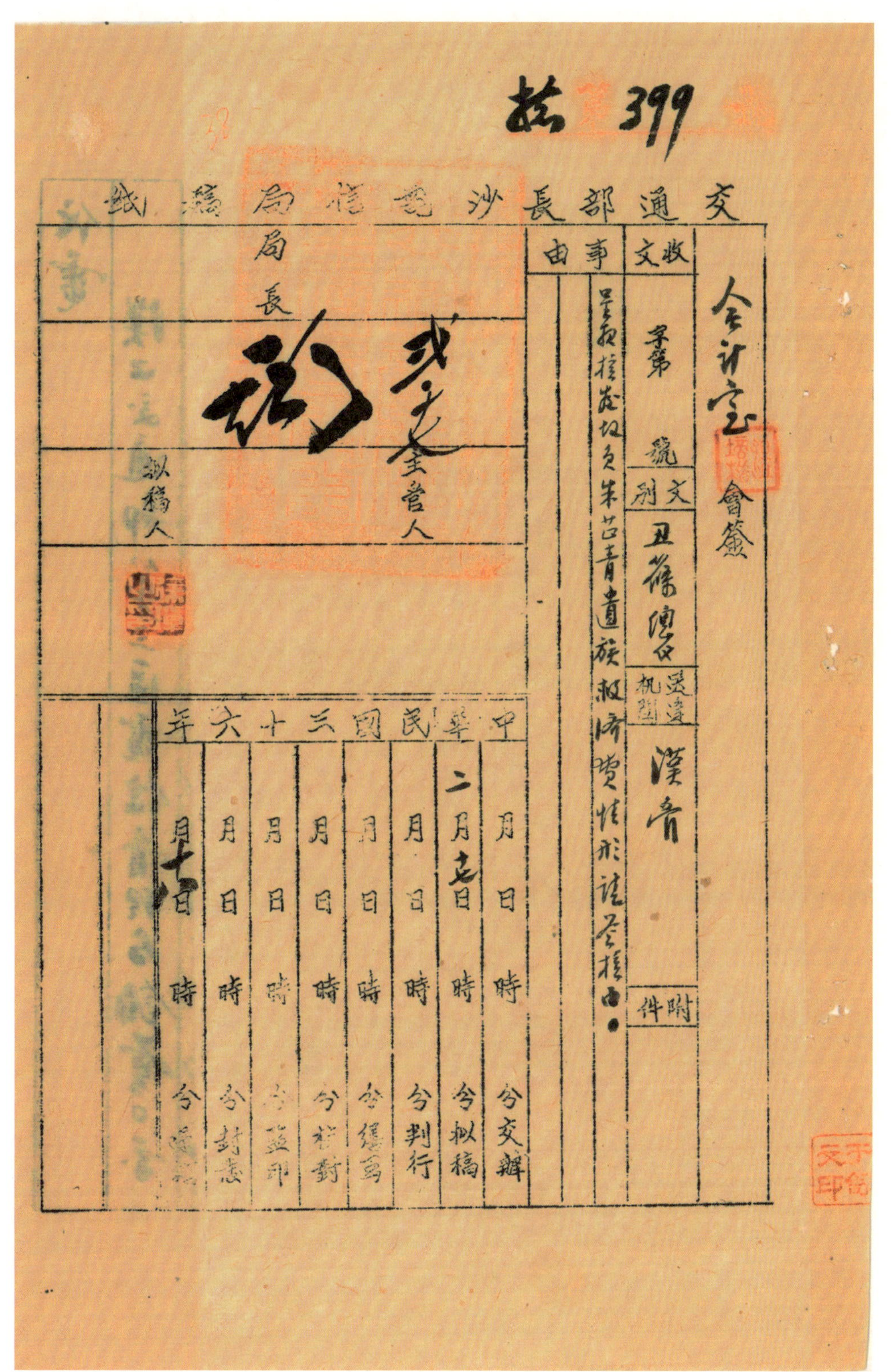
399

交通部長沙電信局稿紙

收文：字第 號
文別：丑篠代電
送達機關：漢肯
附件：

事由：呈報核發故員朱芷青遺族救濟費情形請鑒核由。

局長
主管人
擬稿人
會計室會簽

中華民國三十六年

月 日 時 分 交辦	二月十七日 時 分 擬稿	月 日 時 分 判行	月 日 時 分 繕寫	月 日 時 分 校對	月 日 時 分 蓋印	月 日 時 分 封發	月十八日 時 分 發出

代電

漢口交通部第三區電信管理局鈞鑒。案奉鈞局三十五年十一月人字第28135號戌巧人甲(五)代電核准失蹤話員朱芷青遺族救濟費拾萬元等因。遵即轉令該遺族具領，並請補發「查核表」式樣以便轉飭該郵局存查。現存上項救濟費，業已發給。理合檢具領款表，電呈鈞局查核備案。(全銜)局長王○叩丑篠愢

附呈領款表一紙。

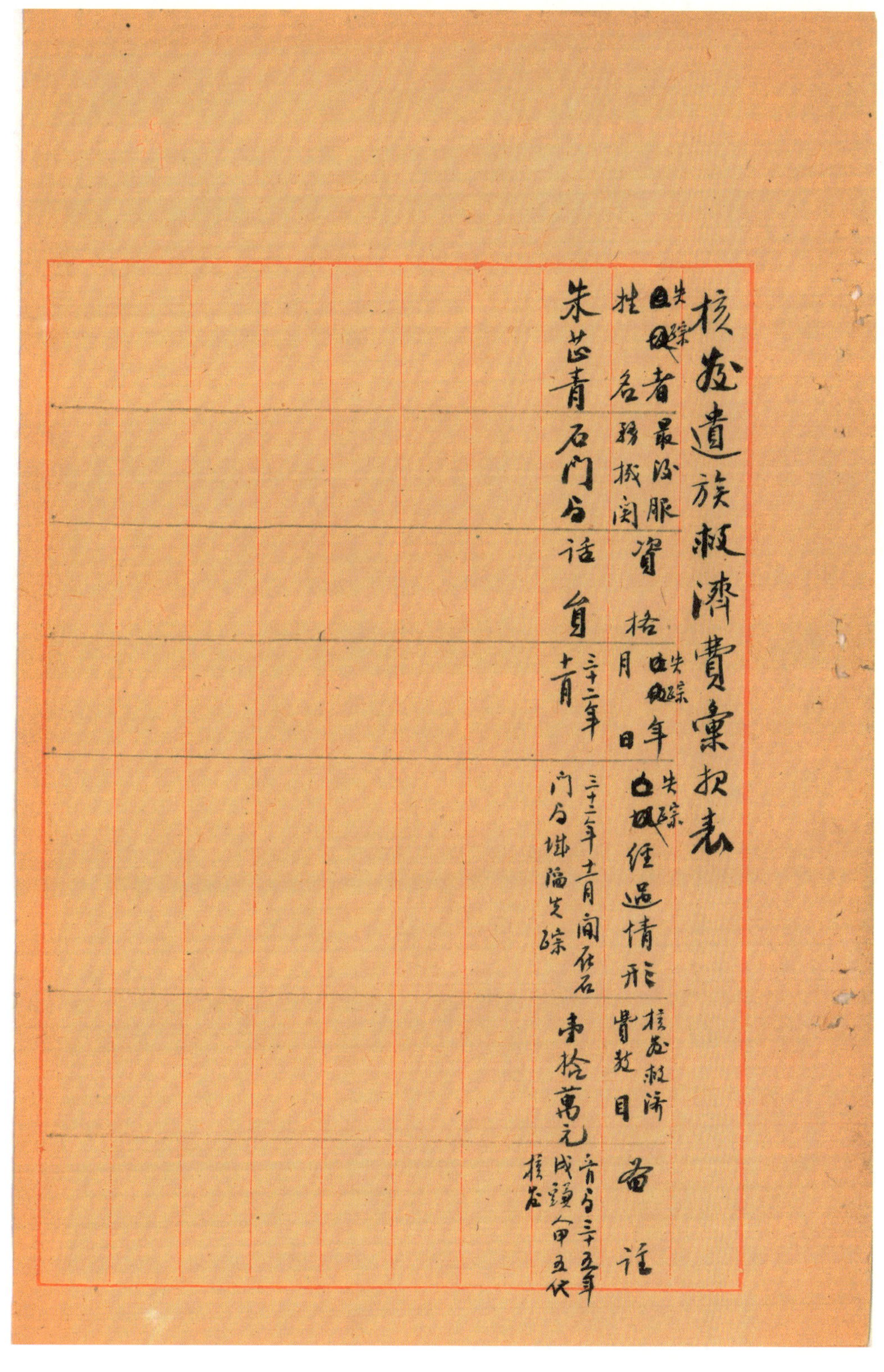
核发遗族救济费汇报表

失踪 出征者 姓名	最后服 务机关	资格	失踪 出征年 月日	失踪 出征经过情形	核发救济 费数目	备注
朱芷青	石门台话	员	三十二年十一月	三十二年十一月间在石门台堵隘失踪	壹拾万元	于三十五年十一月戍领命在代核发

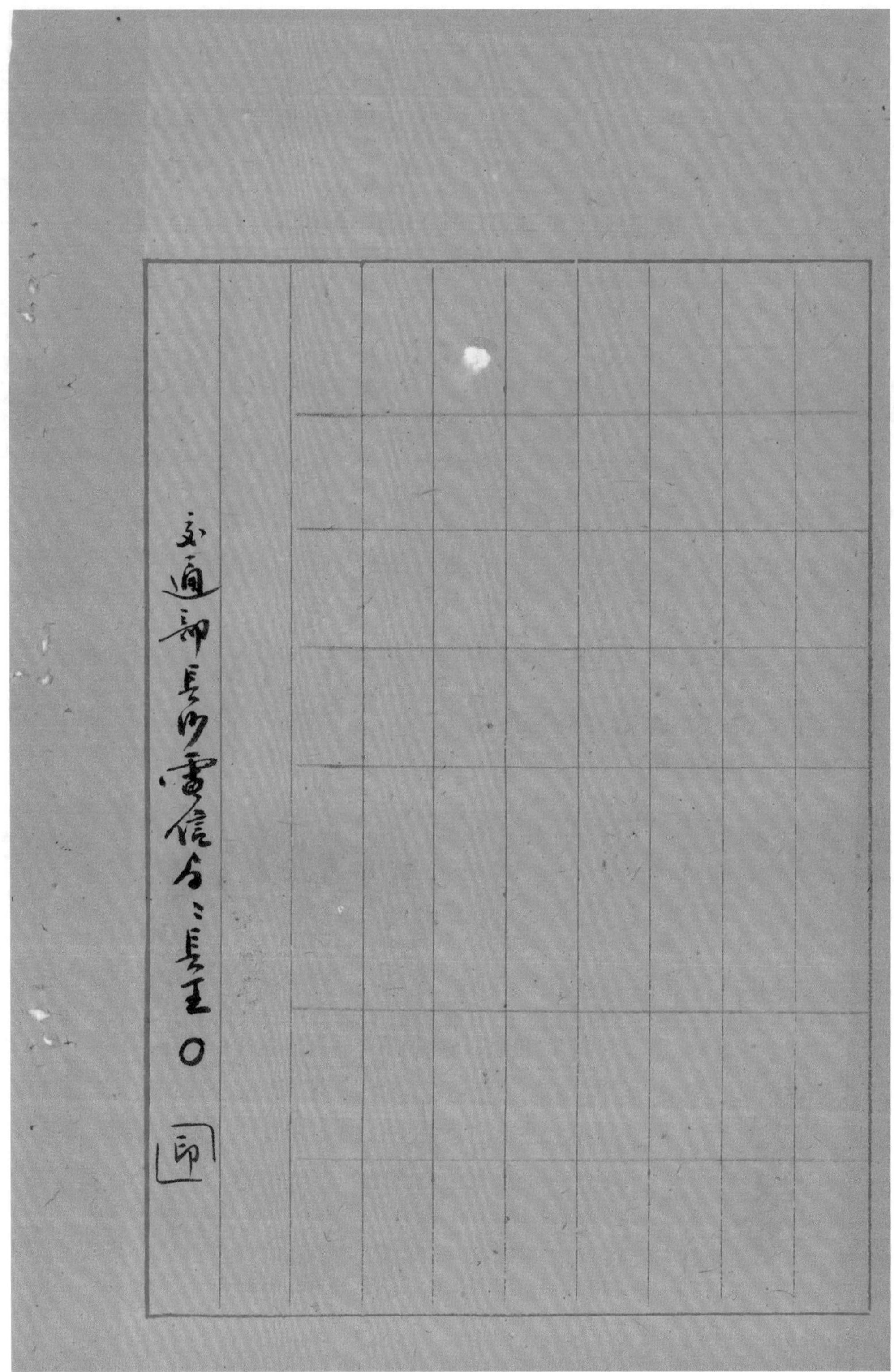

交通部長沙電信局局長王〇 印

朱芷青之父朱抟九致长沙电信局的呈（一九四七年二月二十日）

1113號

事由：為遵式填具聲請書及保證書懇鑒核轉請從優賜郵由

擬辦

批示：緩辦 ［illegible］

備考

附件

第　字　號

年　月　日　時到

收文第　字　號

竊民子朱芷青原前充石門電報局話務班長，三十二年十月石門吃緊，民子擔任最後留守，至城陷時失踪，迄今四年杳無消息，一家生活無依。前經於三十五年十月二十三日呈請

鈞局核發遺族救濟費及從優給䘏，並請發補薪在案。旋奉

鈞局三十年總字第一三三號子銑代電開：「前據該遺族三十五年十月二十三日檢呈朱員失踪證件，請轉呈核發救濟費或從優給恤並發補薪等情，業經本局呈奉漢口交通部第三區電信管理局十二月人字第28133號戌蘇人甲(五)代電開：准總代電暨附件均悉。話員朱芷青於三十二年十一月間在前石門局城陷失踪，迄今仍無踪跡，既據證明實在，應准發給遺族一次救濟費拾萬元外，查失踪情況不明之際，繼續發給薪費以六個月為限，期滿仍未報到者，准以遇害由遺族照章填具撫䘏申

請表備核表呈請撫卹所請繼續自三十三年六月份起補發薪費一節格於規章未便照准除呈總外仰遵照等因希該遺族携帶私章備具保證書即日來局領取上項救濟費並填具撫卹申請表三份另案呈局候轉着並知照等因奉此茲遵式填呈電務人員遺族撫卹聲請書三份覓具保證人及舖保理合備文呈請

鈞局鑒核乞念該朱芷青殉職慘烈遺族無贍迅賜轉呈予以撫卹歿存均感

謹呈

交通部長沙電信局

附電務人員遺族撫卹聲請書三份

具呈人　朱搏九　住落星田二十五號

舖保　裕昌厚興記　地址太平街糧食號

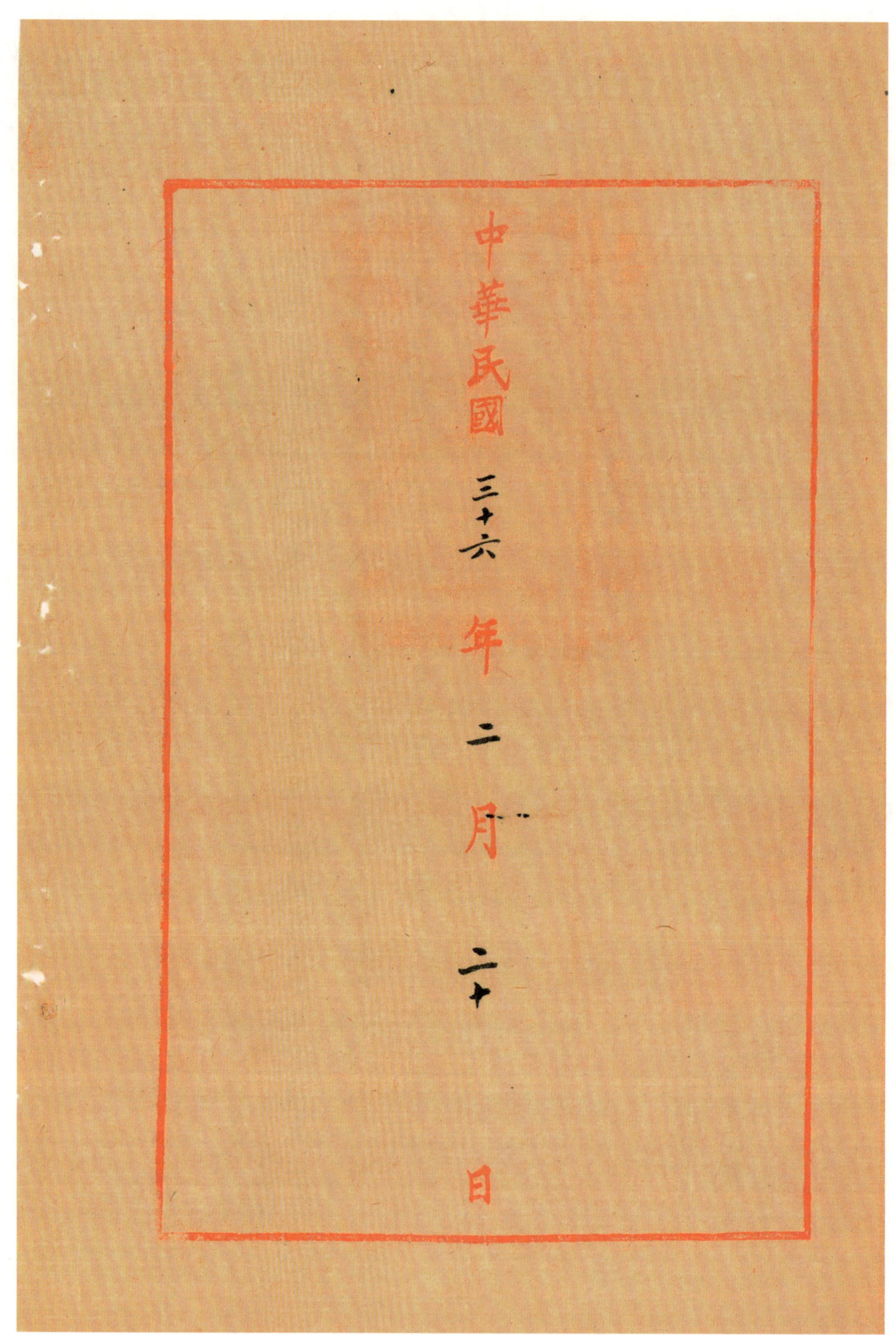

中華民國三十六年二月二十日

注意：（一）本表由服務机關以此表交由遺族填呈時應將「填報說明」一併抄附

電務人員遺族撫卹聲請表（一）（仍）

亡故者			
姓名	朱芷青	服務机關	石門電報局
資格	湖南省立高級工業職業學校電機科畢業	職務	話務班長
亡故年月日	自卅二年十月石門淪陷時失踪	亡故地點	無法查考

亡故事實	
亡故原因	該員於卅二年十月石門吃緊時播任該局最後留守城
及經過	陷即告失踪

以下由遺族填註

各款遺族				
與亡故者關係	姓名	誕生年月日	請卹時住址	備註
父	朱搏九	民前廿七年五月十三	長沙塔里田廿五號（文卷子對門）	以下遺屬贍養教育悉由朱芷青直接負擔
母	周氏	民前廿五年三月二日		
弟	朱海青	民廿四年七月十九日		
妻	楊氏	民九年九月十四日		
子	朱振南	民卅年十二月七日		
子	朱名南	民廿二年九月廿六日		
女	朱琉南	民廿九年四月十二日		
妹	朱應貞	民廿七年八月十七日		

聲請	
交款机關名稱	長沙電信局
領款所憑印鑑	

事項

領款办法及姓名住址：卹款請滙由長沙電信局通知遺族蓋章具領（遺族朱搏九住長沙落星田廿五號）

繳呈証件：附呈保証書一份

以下由保証人填註

右列各欄須依本表填報說明填註其內容全属真实在如有隱偽情事遺族所領各款保証人願依規定負連帶責任並願放棄先訴抗辯權利

保証人

現服務人員

姓名	服務機關	資格	任職年數	簽名蓋章對保時簽章
李紹美	長沙局	技術員	廿五年	
劉端蓀	仝	話務員	十年	
夏思賢	仝	仝	四年	

鋪保

字號：裕昌厚號

書柬：興記 裕昌厚

地址：太平街裕昌厚糧食號

負責人簽名蓋章

以下由轉呈機關簽註

(一)對保人

(二)填報內容

(三)附呈要務人員遺族撫卹備核表兩份

主管長官 周自新

中華民國　年　月　日轉呈

陈保和遗属及长沙电信局关于改核陈保和遗属特恤金事的一组文书（一九四七年四月至六月）

陈保和之妻陈魏氏致长沙电信局的呈（一九四七年四月一日）

電務課第0010號

指第2295號

呈

為孤寡無依，核恤過微，懇賜優恤，以延殘生事。竊氏夫陳保和於三十三年六月長沙會戰，維持最後通信，在圍山坪，慘遭敵殺，仰承漢口管理局三十五年十月人字第二二七五三號寒（人甲伍）代電核給十五年半薪之恤金，月支七十九，并准照通案規定，加倍支給等因。當於是年十一月領到三十三年七月至三十五年十二月恤金，每月壹伯四十九。惟念氏夫因公慘死，所遺孤兒寡婦，孑然無依，雖蒙矜恤，而每月所得此數，值此米珠薪桂之時，難供一餐之飽。且氏遠居岳陽原籍，每次領恤，須沿門乞食，往返經旬，既疲于領取，復所獲過微，實有失撫孤恤寡之宏旨。遍聞大部頒發員工退休金及死亡撫恤金

辦法，有包括薪水加倍數，生活補助費基本數，并另給全年所得百分之三十特恤金之規定，仰見

體念員工，矜憫孤寡，無微不至，用特再瀆，伏乞

鈞核轉請層峯，比照從優改核，以資救濟，而延殘喘，存殁均感。

謹呈

長沙電信局局長王

故綫佐陳保和之妻陳魏氏泣呈

住址：岳陽潼溪街

通信處：長沙電信局胡協邦先生轉

中華民國三十六年四月一日

长沙电信局致交通部第三区电信管理局的代电（一九四七年四月九日）

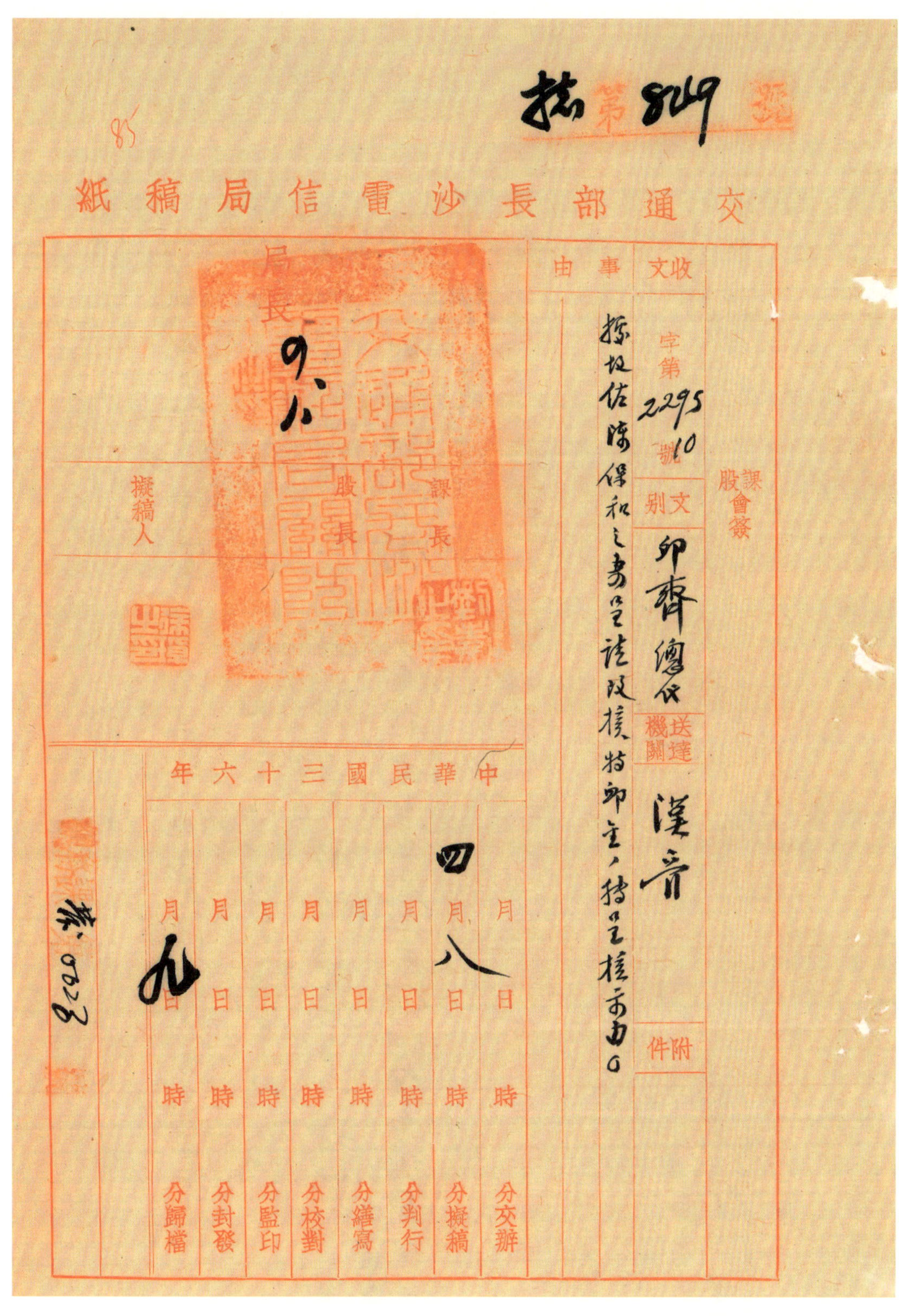

挂 第8149

85

交通部长沙電信局稿紙

收文 字第2295號

文别 卯齊總代

送達機關 漢音

附件

課股會簽

事由

局長 0八

課長

股長

擬稿人

据报佐阵保和之专呈请改核特卯皇八转呈核示为叩

中華民國三十六年 四月八日 時 分交辦

月 日 時 分擬稿

月 日 時 分判行

月 日 時 分繕寫

月 日 時 分校對

月 日 時 分監印

月 日 時 分封發

月 九日 時 分歸檔

發 0828

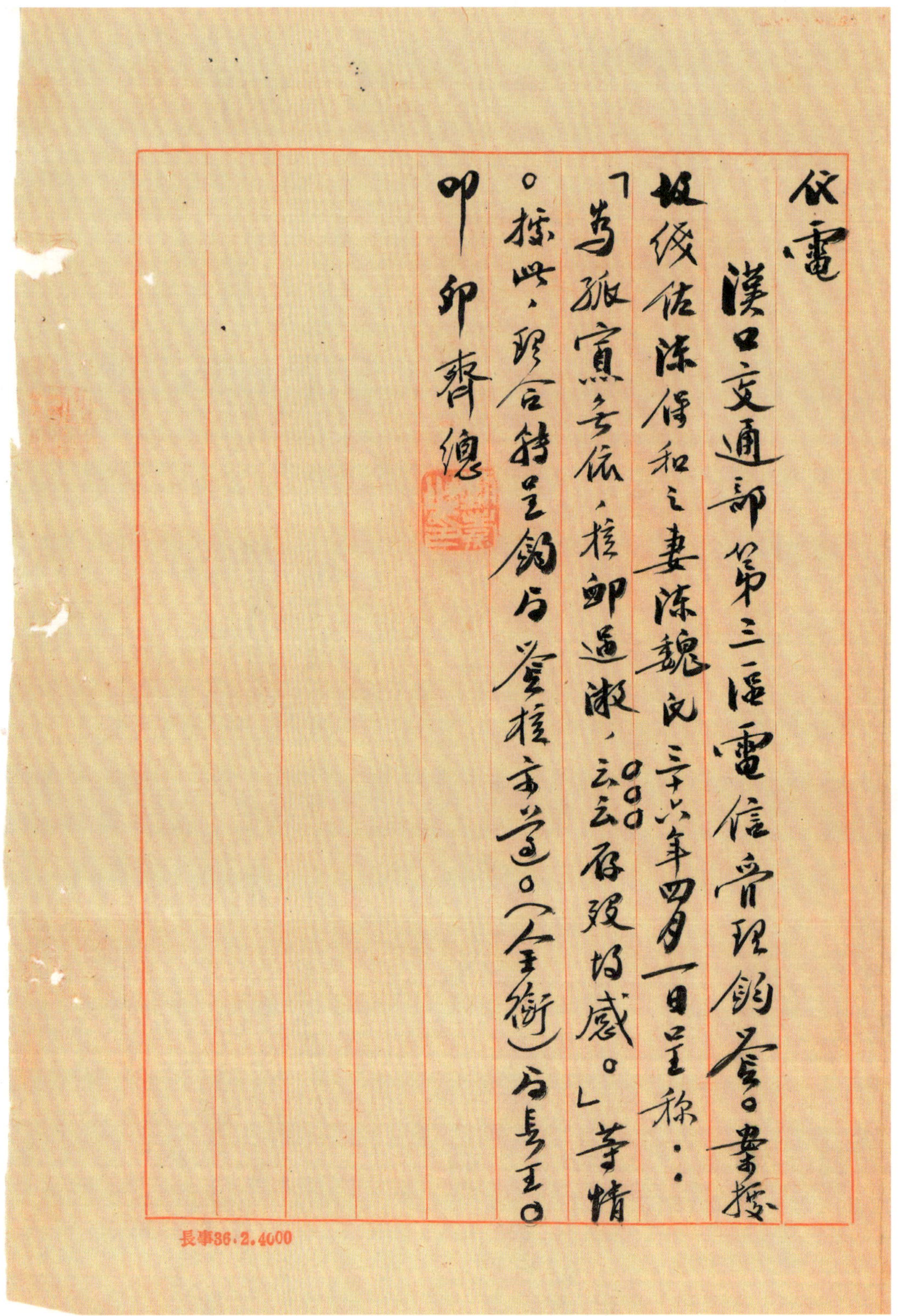

代電

漢口交通部第三區電信管理局養（台）鑒。據援故綫佐陳傳和之妻陳魏氏三十六年四月一日呈稱：「為孤寡無依，懇卹遺澈，云云，存殁均感。」等情。據此，理合轉呈鈞局鑒核示遵。（全銜）局長王。卯齊總

長事36.2.4000

电务人员陈保和遗族抚恤申请表（一九四七年六月五日）

注意：各电政机关以此表交由遗族填呈时，应将「填报说明」一并抄附

電務人員遺族撫卹聲請表（一份）

姓名	陳保和	服務機關	長沙前第六線路段
資格	綫務佐	職務	駐段白水
亡故年月日	卅三年六月廿五月十八日	亡故地點	圍山坪
亡故原因及經過	卅三年六月長沙會戰奉令維持最後通訊撤至易家灣被寇擄至圍山坪戳傷至死		

以下由遺族填註

遺族各欵

與亡故者關係	姓名	誕生年月日	請郵時住址	備註
妻	陳魏氏	民前十三年	岳陽灣塘街	
子	陳牛生	民二十三年	〃	
子	陳紹雲	民二十五年	〃	
女	陳菊仙	民三十二年	〃	

聲式核轉機關名稱	長沙電信局
領款所憑印鑑	

事项 领款办法及姓名住址 恳按月给领 陈魏氏住岳阳滨湖街

缴呈证件

以下由保证人填注

右列各栏须依本表填报说明填注其内容全属实在如有隐瞒情事遗族所领各款保证人愿依规定负追缴责任并愿抛弃先诉抗辩权利

保证人

	服务人	
姓名	胡协邦	曾有三
服务机关	长沙局	长沙线段
资格	报务员	线务佐
俸给或薪饷	12	12
签名盖章		
对保时签章		

	铺保
字号	
地址	
负责人签名盖章	
书柬	

以下由转呈机关签注

（一）对保人
（二）填报内容查一表内所填尚属实在
（三）附呈电务人员遗族抚恤备核表两份

主管长官

中华民国三十六年六月五日转呈

长沙市城西区第一保、长沙市城西区公所与三青团长沙区团第二分团部关于张克俊、杨尚云抗敌阵亡请予抚恤的来往文书（一九四七年五月至九月）

长沙市城西区第一保致该市城西区公所的报告（一九四七年五月二十日）

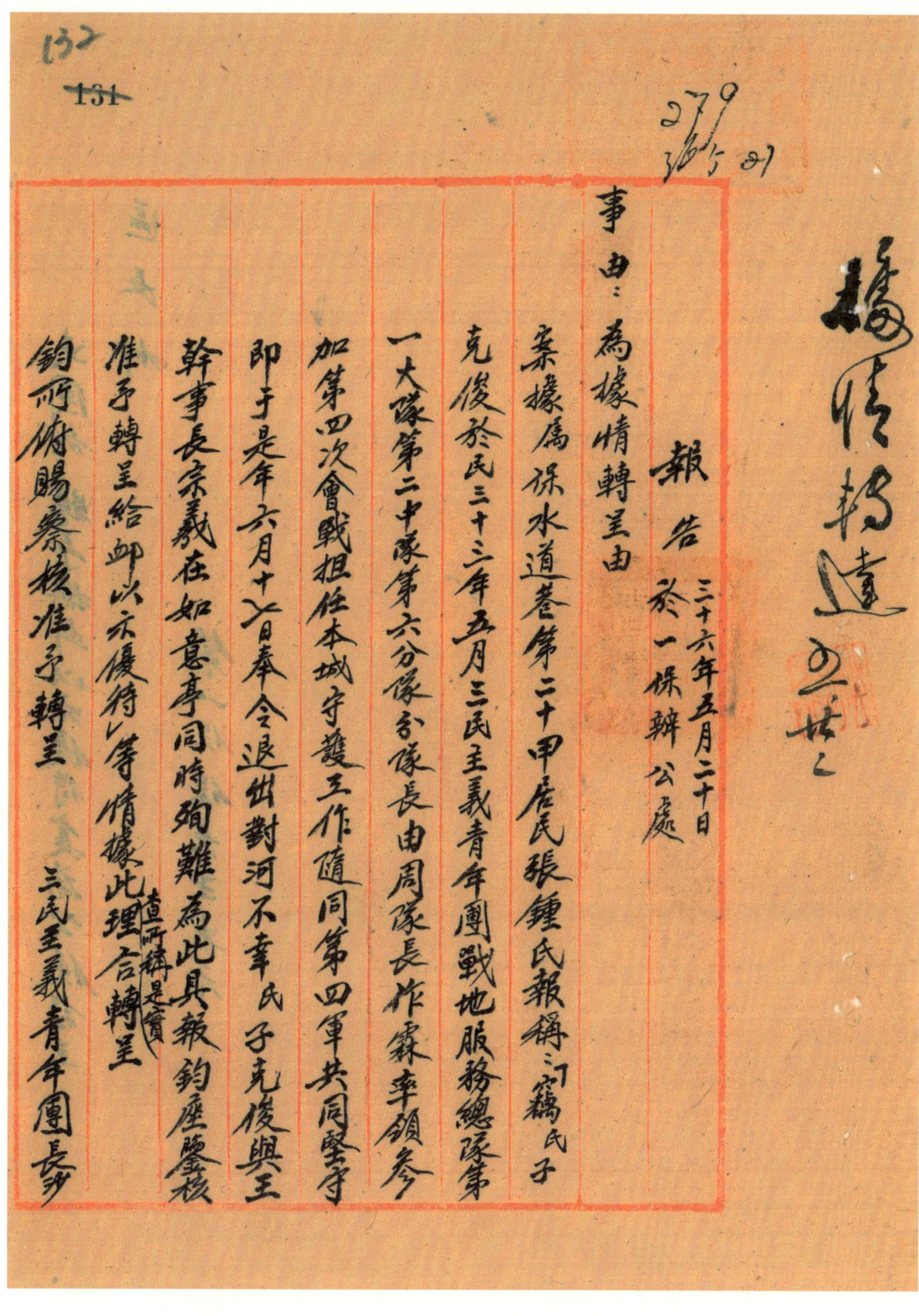

據情轉達

報告　三十六年五月二十日　於一保辦公處

事由：為據情轉呈由

案據屬保水道巷第二十甲居民張鍾氏報稱：氏子克俊於民三十三年五月三民主義青年團戰地服務總隊第一大隊第二中隊第六分隊分隊長由周隊長作霖率領參加第四次會戰担任本城守護工作，隨同第四軍共同堅守，即于是年六月十八日奉令退出對河，不幸氏子克俊與王幹事長宗義在如意亭同時殉難，為此具報鈞座鑒核，准予轉呈給卹以示優待等情。據此，（查所稱是實）理合轉呈

鈞所俯賜察核，准予轉呈。

三民主義青年團長沙

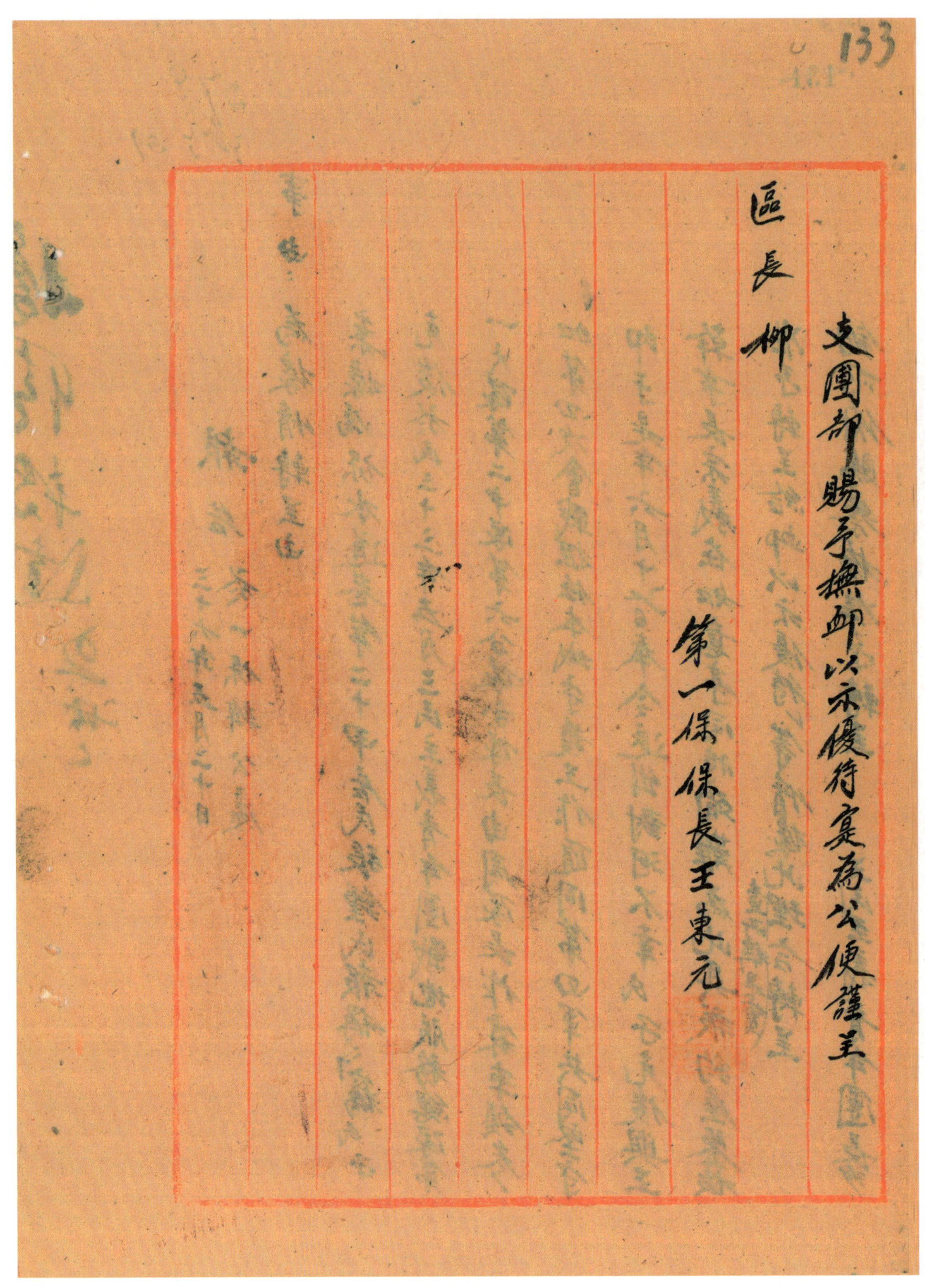

支團部賜予撫卹以示優待寔爲公便謹呈

區長柳

第一保保長王東元

长沙市城西区第一保致该市城西区公所的报告（一九四七年五月二十日）

擬情轉 五廿二

280
36 5 21

報告　三十六年五月二十日　於一保辦公處

事由：案據屬保石門良第三甲居民楊松橋報稱：竊民原籍湘陰，年逾五十，寄居長沙不下三十餘載，素以小販為業，現住本保第三甲。兄弟俱無，僅生一子，名尚雲，于民國三十二年日寇犯湘時参加青年團戰地服務隊第一大隊，隨周大隊長作霖参加四次會戰，不幸在湘潭曉霞鄉三保二甲轄境内臨陣中彈斃命，當經淺埋該處山内，迄今五載，尚未安葬超度。久欲草草從事，藉慰幽魂，奈四壁蕭條，重擎難舉。無值此國土重光，復員已久，政府追悼陣亡將士，優待陣亡家

129

屬不遺餘力為此懇請鈞座轉請三民主義青年團俯念民子尚雲為國捐軀酌予發給安葬費以慰幽魂並懇發給卹金以維現狀寔為存殁兩便〃等情據此查該民所稱各節俱屬寔在理合轉呈鈞所察核准予轉呈三民主義青年團長沙支團部酌予發給安葬費及撫卹金以慰幽魂而維家屬至為公便謹呈

區長卿

第一保保長王東元

长沙市城西区公所致三青团长沙区团第二分团部的公函（一九四七年五月二十一日）

全衔公缄　社民字第146号
民国卅六年五月廿一日

迳启者：据本区第一保报据第三甲居民杨松桥报称其子参加抗敌工作阵亡，请予抚卹，并出具证明书暨保证书，查照转请抚卹，以资优待由

据本区第一保保长王东元报据该保第三甲居民杨松桥报称：……云云。等叙。并据查该民所称各节，经该保查明属实，具结函请查照，即希转请上级予以抚卹

抚卹

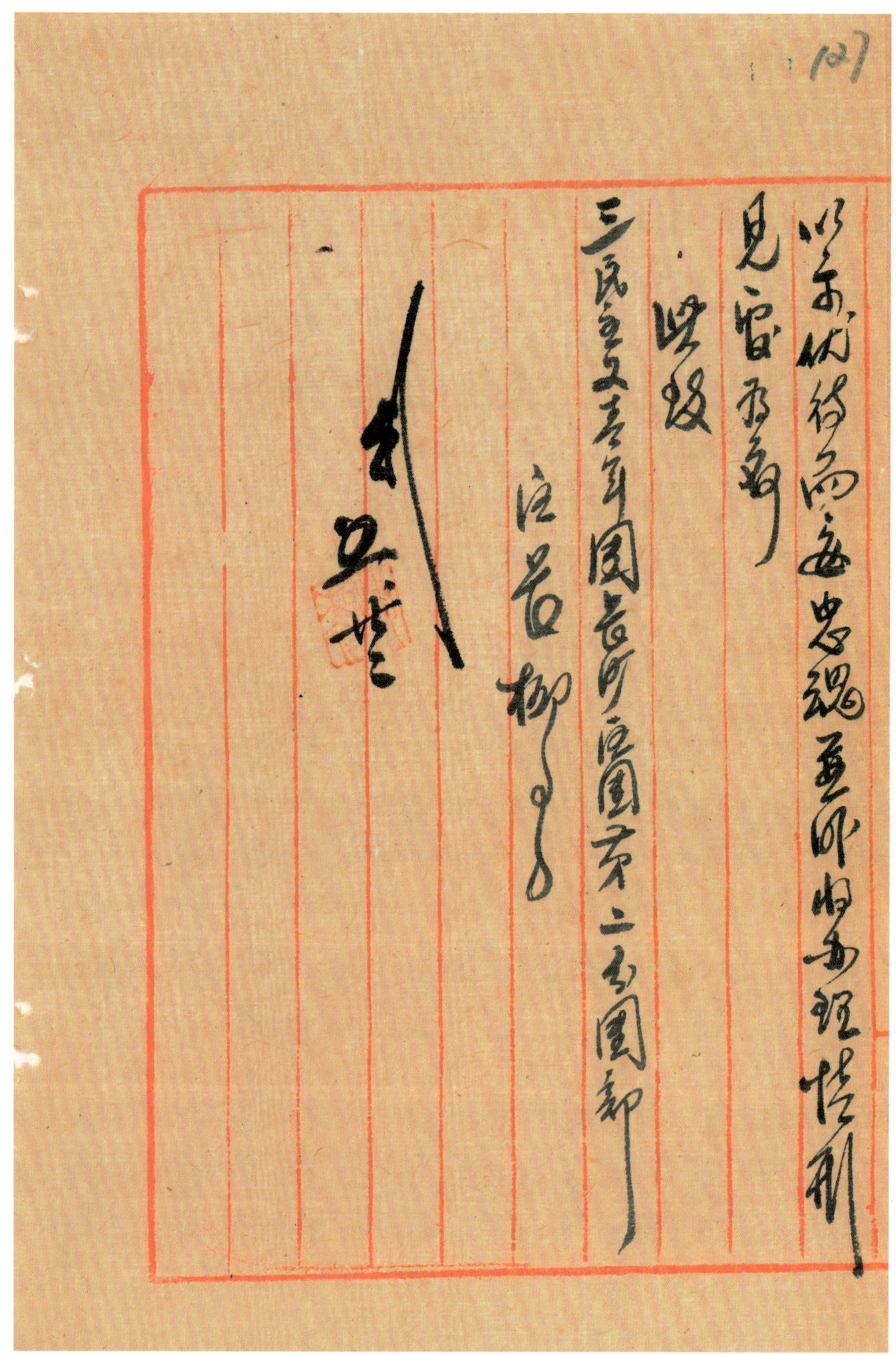

以示优待而安忠魂并即将办理情形

见官示复

此致

三民主义青年团长沙区团第二分团部

主任柳[illegible]

长沙市城西区公所致三青团长沙区团第二分团部的公函（一九四七年五月二十二日）

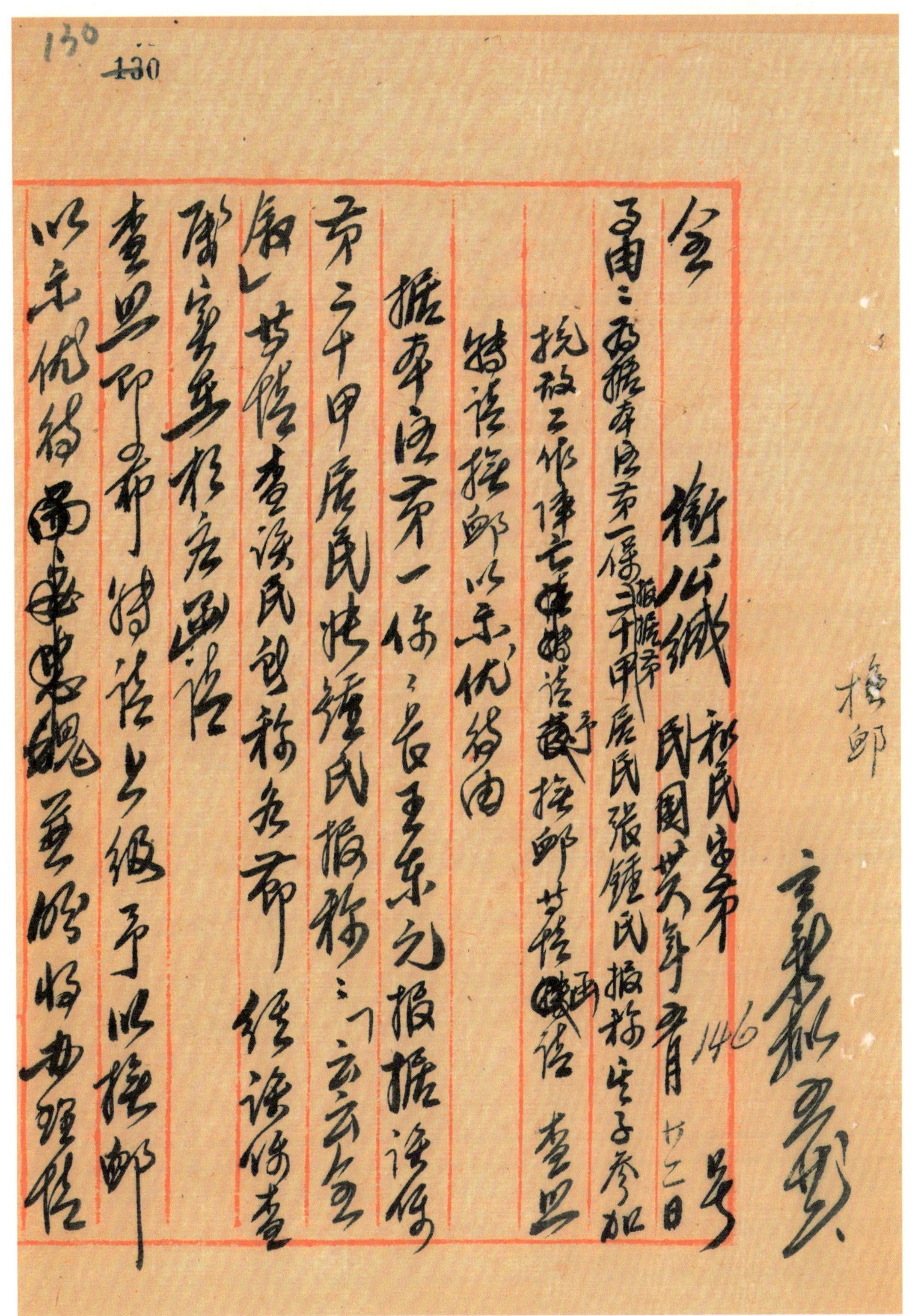

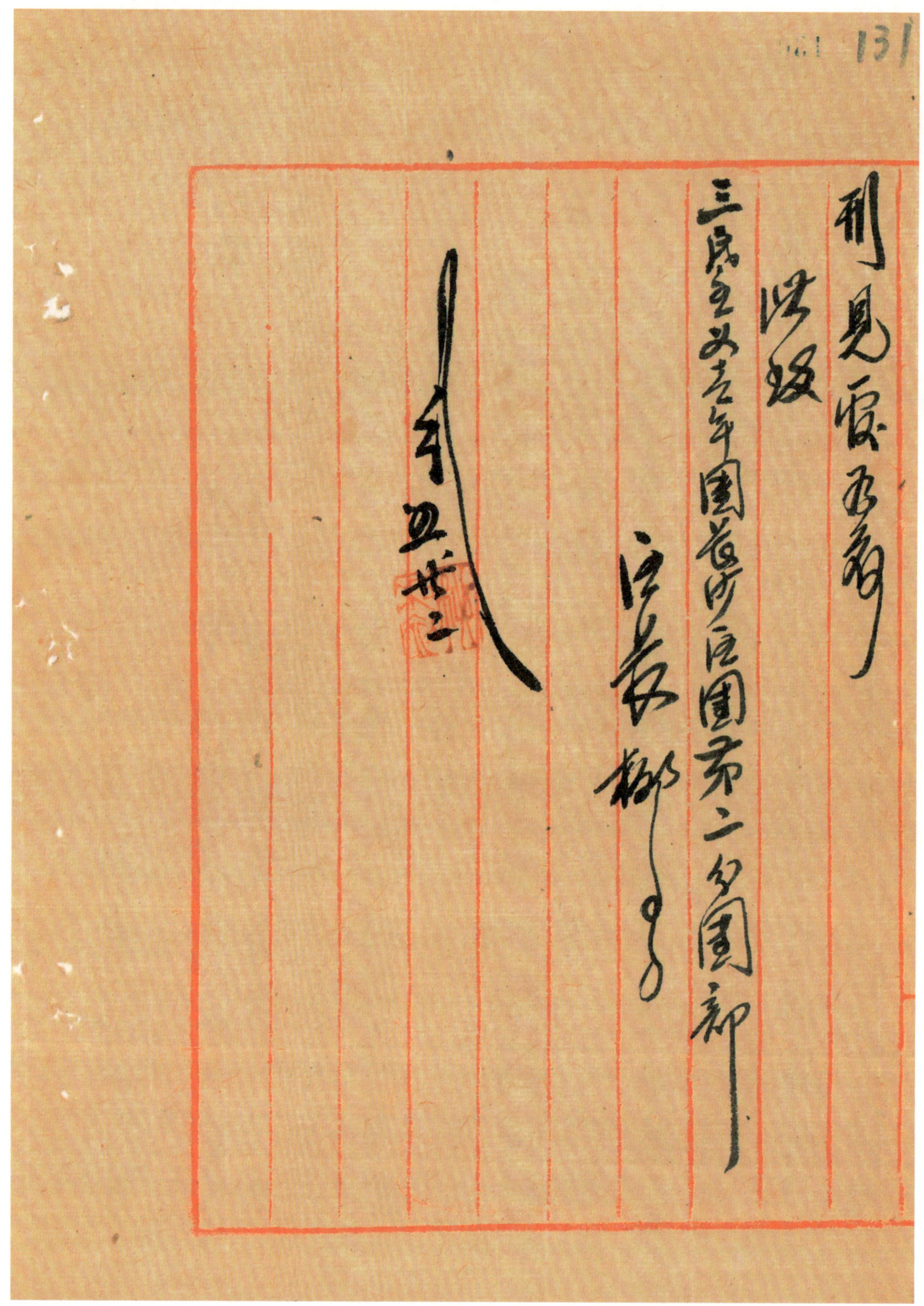

131

前見復函

照缴

三民主义青年团长沙区团第二分团部

区长 [illegible]

行 五廿二

三青团长沙区团第二分团部致长沙市城西区公所的公函（一九四七年九月七日）

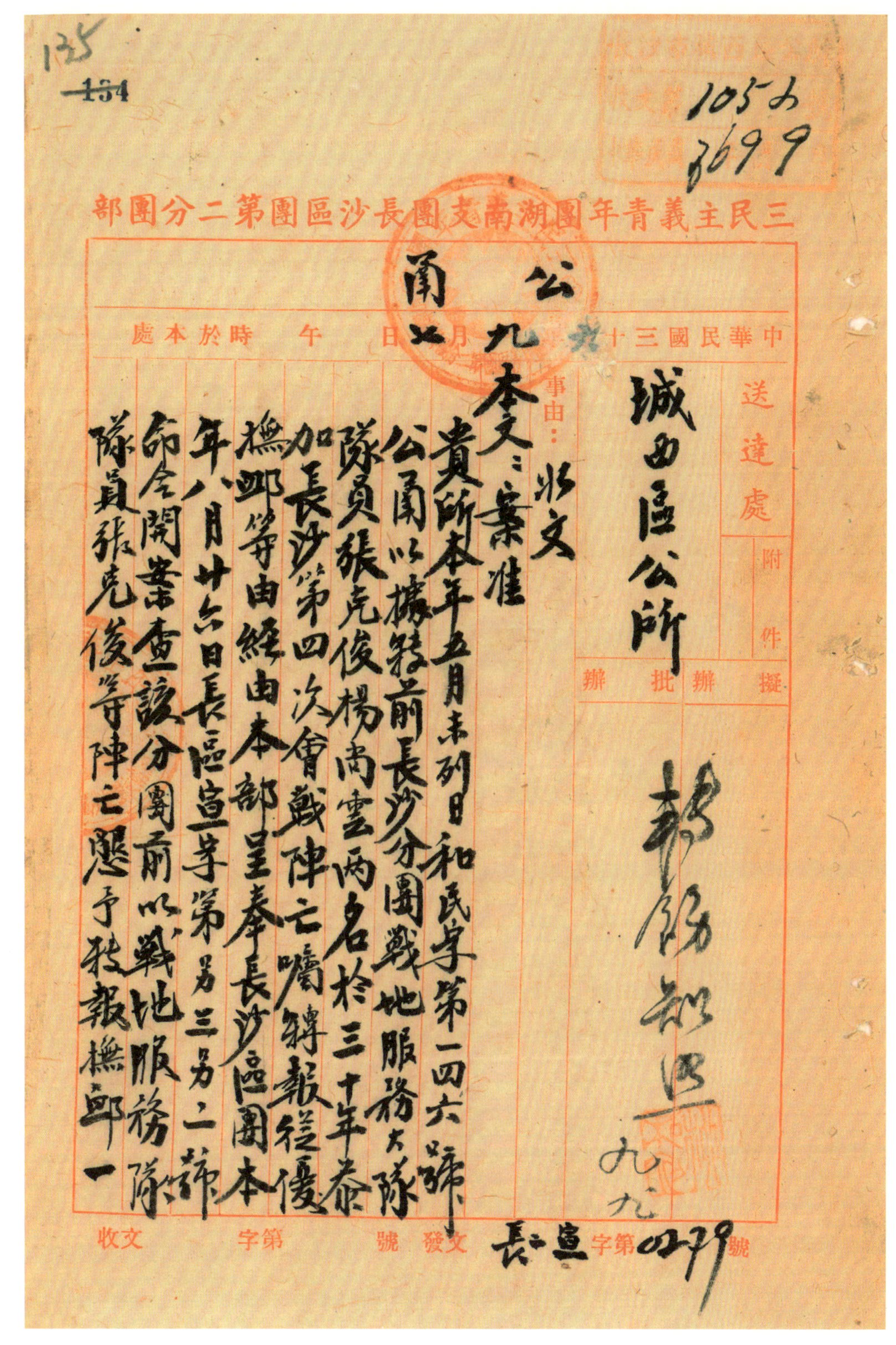

三民主義青年團湖南支團長沙區團第二分團部

公函

中華民國三十六年九月七日　午　時於本處

送達處：城西區公所

附件

擬辦　批　辦

事由：

案准

貴所本年五月未列日和民字第一四六號公函以據轄前長沙分團戰地服務大隊隊員張克俊、楊尚雲兩名於三十年參加長沙第四次會戰陣亡，囑轉報從優撫卹等由，經由本部呈奉長沙區團本年八月廿六日長區宣字第三三二號命令開：「案查該分團前以戰地服務隊隊員張克俊等陣亡，懇予轉報撫卹一

收文　字第　號　發文長區宣字第　號

案經呈奉湖南支團幹事會湘幹直字第二八八三號命令前一查楊尚雲同志業經呈奉中央核准發給卹金陸萬元并於卅五年七月十三日以湘幹直字第一六三三號命令發交長沙分團部轉發并轉知該員家屬逕向該部據領二、張克俊同志奉准發給卹金拾萬元惟卹金尚未匯發到部一俟發到即可轉發并同予布即知照以為妥洽并同相應函復

貴所請即分別轉飭該員等家屬知照為荷

主任 陳宗陶

書記 李雨春

长沙市城西区公所致该区第一保办公处的指令（一九四七年九月）

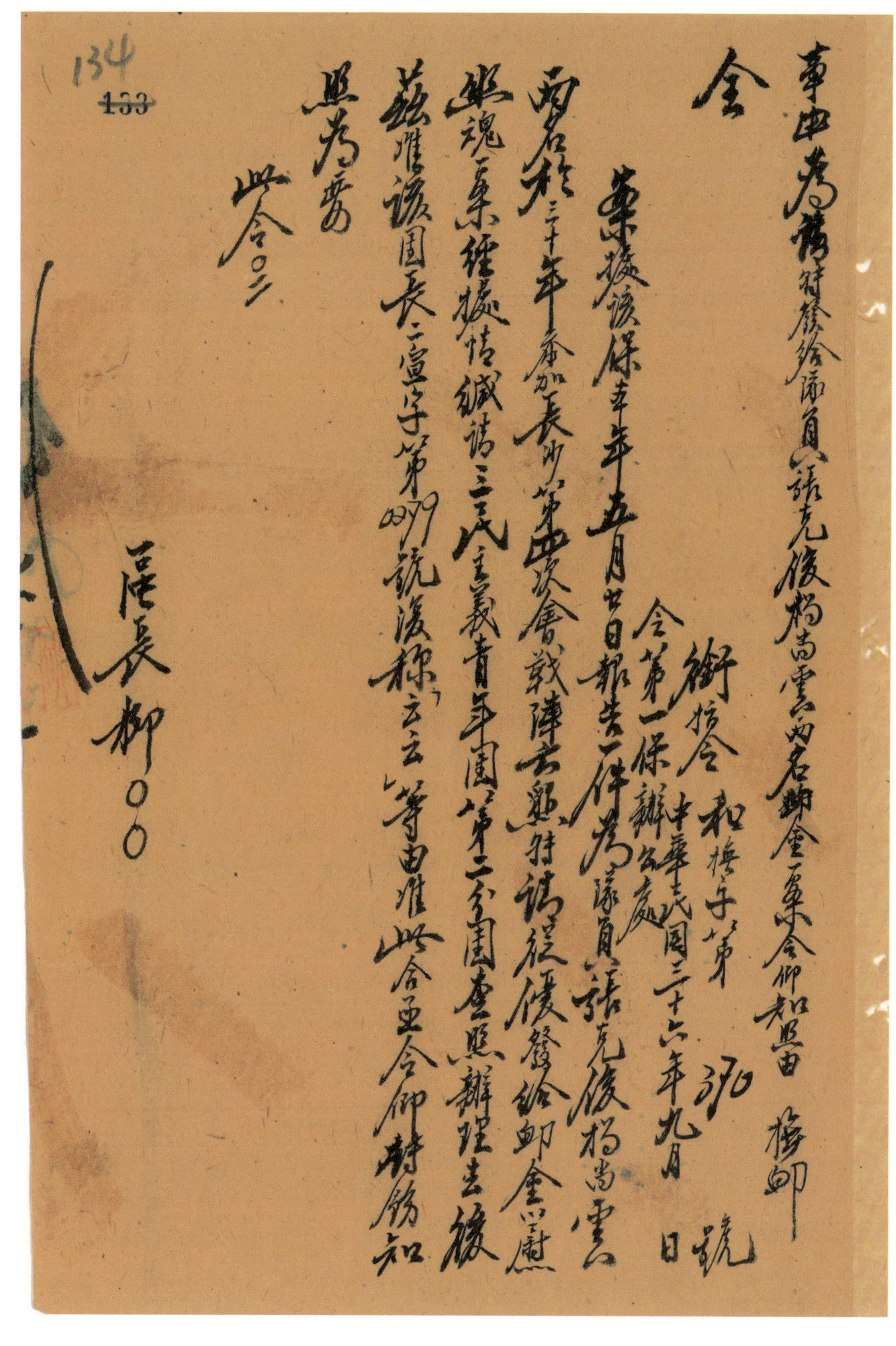

134

~~133~~

事由：為據請特發給隊員張克俊楊尚雲兩名卹金一案令仰知照由　撫卹

令

銜　指令　和撫字第　號

令第一保辦公處　中華民國三十六年九月　日

案據該保本年五月廿日報告一件，為隊員張克俊楊尚雲兩名於三十年參加長沙第四次會戰陣亡，懇特請從優發給卹金，以慰忠魂一案，經據情緘請三民主義青年團長沙第二分團查照辦理去後，茲准該團長一宣字第0079號復稱：「云云」等由，准此，合亟令仰轉飭知照為要。

此令。

區長　柳〇〇

长沙线务段与长沙电信局关于殉职员工喻盛生、陈保和遗族特恤金办理事宜的来往代电（一九四七年六月）

长沙线务段致长沙电信局的代电（一九四七年六月十一日）

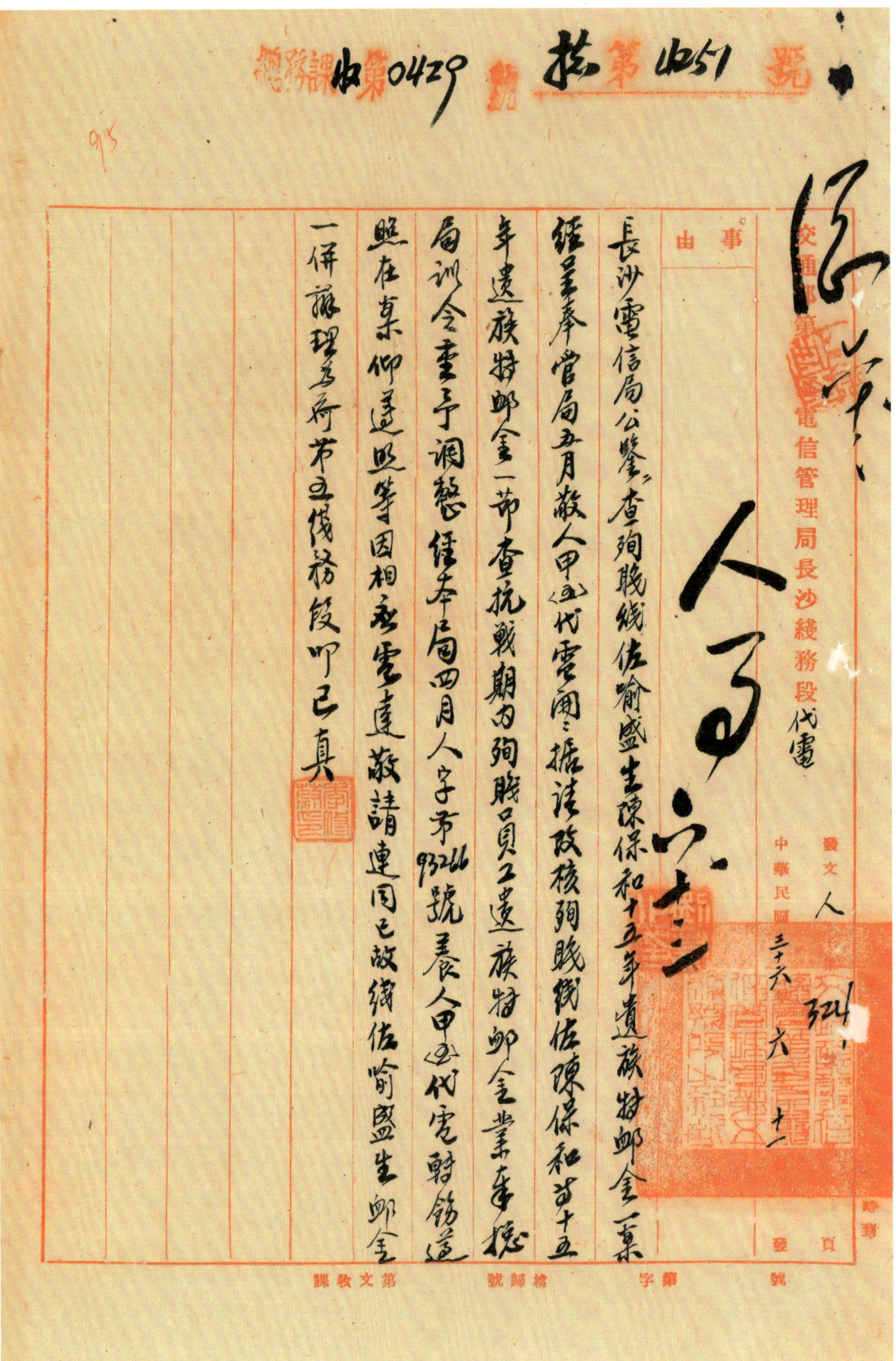

交通部第□區電信管理局長沙綫務段代電

事由

長沙電信局公鑒：查殉職綫佐喻盛生、陳保和卅五年遺族特卹金一案，經呈奉管局五月敍人甲（五）代電開：據請改核殉職綫佐陳保和卅五年遺族特卹金一節，查抗戰期內殉職員工遺族特卹金業奉總局訓令重予調整，經本局四月人字第93266號養人甲（五）代電轉飭遵照在案，仰遵照等因，相應電達，敬請連同已故綫佐喻盛生卹金一併辦理為荷。長沙綫務段叩。巳真

發文　人字第　號

中華民國三十六年六月十一日

长沙电信局致长沙线务段的代电（一九四七年六月十七日）

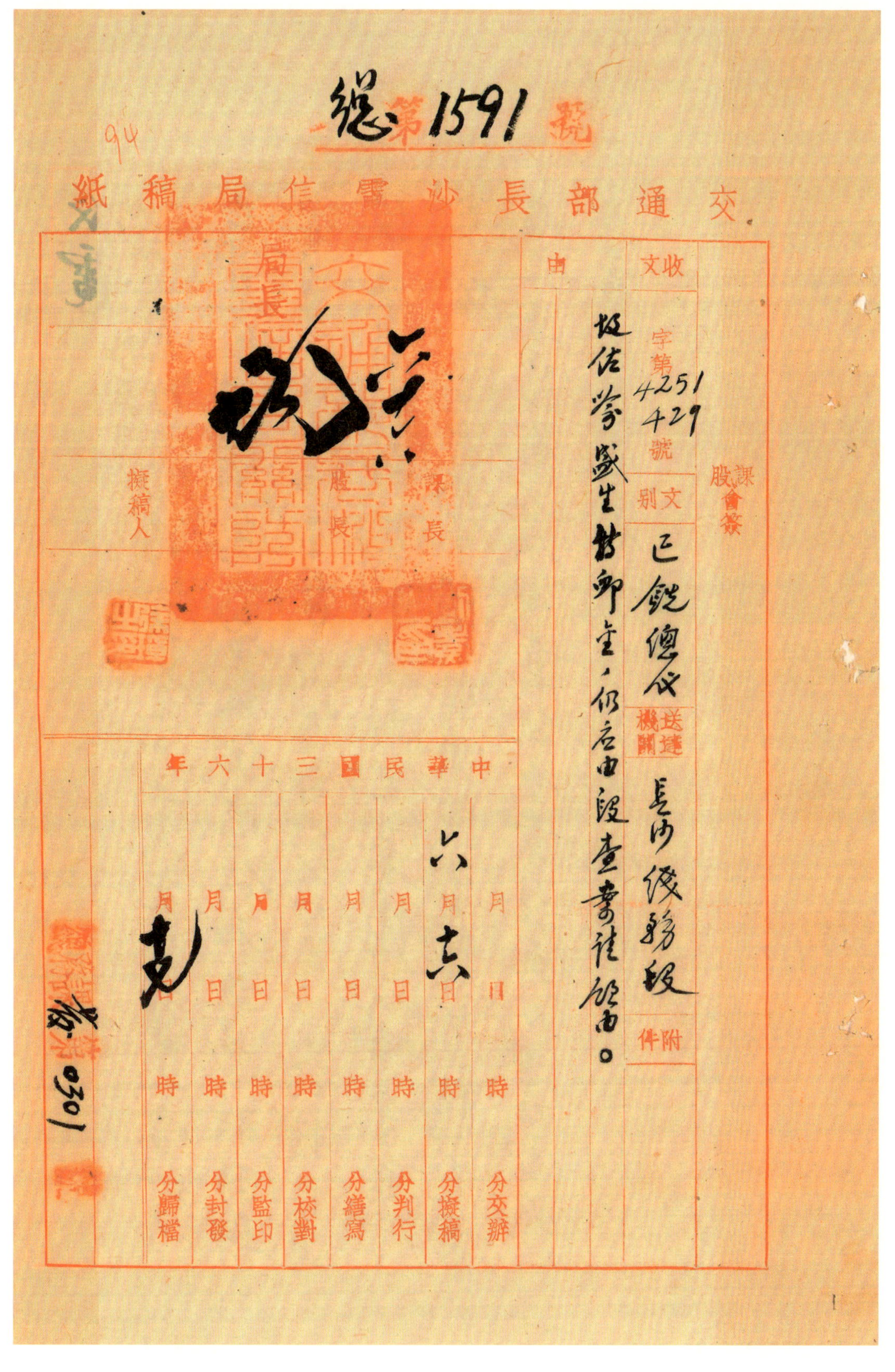

總第1591號

交通部長沙電信局稿紙

收文 字第4251 429號

文別 巳銑總代

送達機關 長沙綫務段

事由 據佑寧函，盛生貽卸查，仍應由段查案詳復由。

中華民國三十六年 六月十六日

代電

長沙後務段公鑒。三十六年八月人字324號巳真代電誦悉。查故佐陳侯和烈遺族特卹金一案，前經本府呈奉府卯巧人甲五代，飭擬該遺族填具格卹申請表，於巳寒總代電呈請院府鑒核在卷。至故佐喻盛生請卹情形，本府無案。自應仍由貴段查案請卹。相應電復，即希查照為荷。（全銜）巳銑總

長導36.2.4000

奖励抗战期间蒙难青年进修办法施行细则（时间不详）

奬勵抗戰期間蒙難青年進修辦法施行細則

一、本細則依照奬勵抗戰期間蒙難青年進修辦法訂定之。

二、所稱抗戰期間蒙難青年，係指曾在公私立中等以上學校畢業或肄業，經黨政軍團機關正式派赴淪陷區執行特殊任務，遭敵偽拘捕處刑，經有關黨政軍團機關正式證明並查核屬實者而言。所稱特殊任務指左列各項：

甲、宣傳抗戰

乙、領導或組織淪陷區民眾從事破壞敵偽之工作

丙、參加游擊

丁、間諜

三、蒙難青年申請進修，須繳呈左列各件：

甲、申請進修登記表（表式另定）

乙、最近二寸半身相片

丙、學歷証件

丁、原機關派遣服務特殊任務之証件

戊、蒙難証件

四、蒙難青年修、進、屬于教育行政人員講習及分發專科以上學校深造者由教育部辦理、屬于中小學師資人講習及分發中等學校深造者由教育部令各省市教育廳局辦理

五、教育部為辦理蒙難青年進修事宜、設置獎勵抗战期間蒙難青年進修委員會由部長指派部内有關各業務主管人員及青年復興就業輔導委員會副主任委員及秘書組織之並以次長一人為主任委員及指定委員一人為秘書助理辦事人員六人至十八人就本部及青年復興就業輔導委員會職員調充之

畢業證書願參加教育行政人員講習者須備文由省市教育廳局或黨部或

團體或各地本部黨務機關保送就業輔導處轉請本部審核予以考試

錄取後講習期間半年其名額暫定為四百人結業後由本部分發各省

市教育廳局任用或派充縣市教育局局長

七、凡蒙藏青年曾在中等學校畢業或肄業得有畢業或肄業證

書及曾在專科以上學校肄業得有肄業證書願入各級學校深造

者依照本辦法第六項規定手續轉請本部審核考試後視其程度

分發各級學校肄業專科以上學校由本部分發中等學校由本部令

知各省市教育廳局分發其待遇除免交學費外並予以書籍制服等費

八、以上各項考試其辦法另定之

九、本辦法呈請　行政院核准施行

二、拆除战争设施

长沙市文艺区公所关于该区第一保蔡家铺地方存有两处日寇建筑防空壕洞致该市政府的报告（一九四五年十一月二十九日）

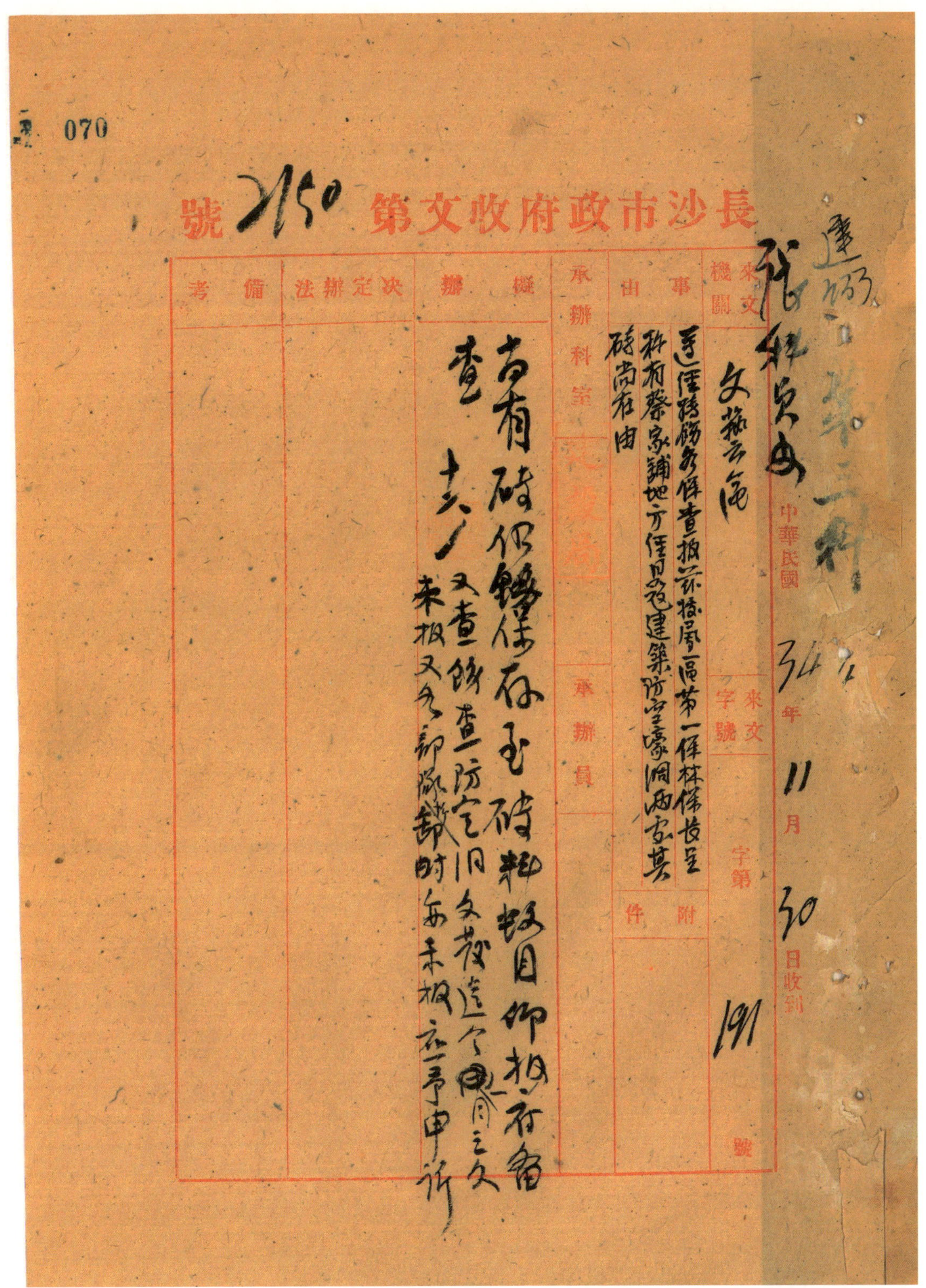

長沙市政府收文第2150號

來文機關	事由	承辦科室	擬辦	決定辦法	備考
文藝區公所	逕復遵飭查報茲據第一區第一保林保長呈稱有蔡家鋪地方存日寇建築防空壕洞兩處其磚尚存由				

中華民國34年11月30日收到
191號

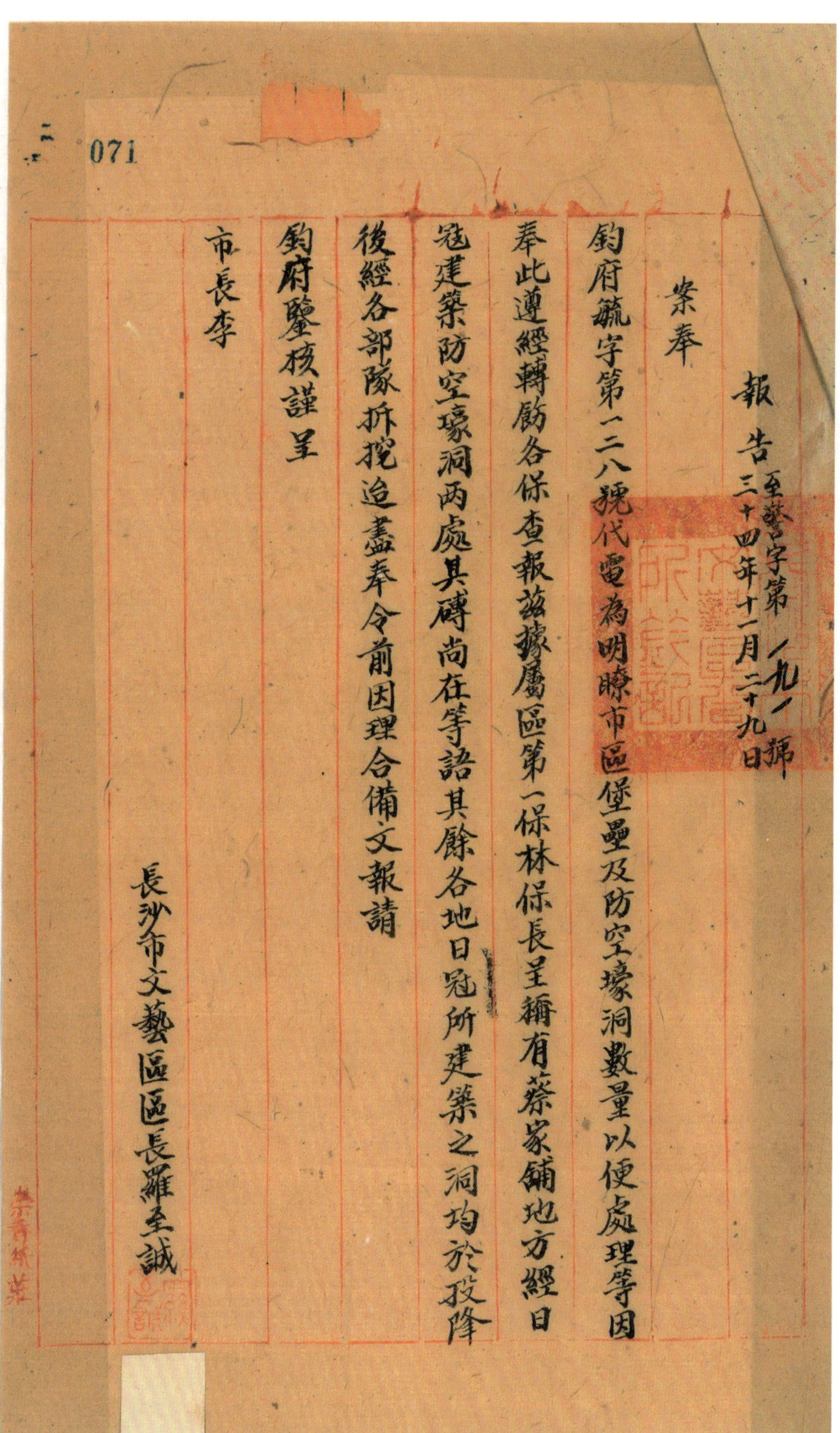

071

報告 至警字第一九一號 三十四年十二月二十九日

案奉

鈞府疏字第一二八號代電為明瞭市區堡壘及防空壕洞數量以便處理等因奉此遵經轉飭各保查報茲據屬區第一保林保長呈稱有蔡家鋪地方經日寇建築防空壕洞兩處其磚尚在等語其餘各地日寇所建築之洞均於投降後經各部隊拆撓迨盡奉令前因理合備文報請

鈞府鑒核謹呈

市長李

長沙市文藝區區長羅至誠

长沙市金盆区公所与长沙市政府关于拆除南大马路残余工事的来往文书（一九四六年七月至八月）

长沙市金盆区公所致该市政府的报告（一九四六年七月二十一日）

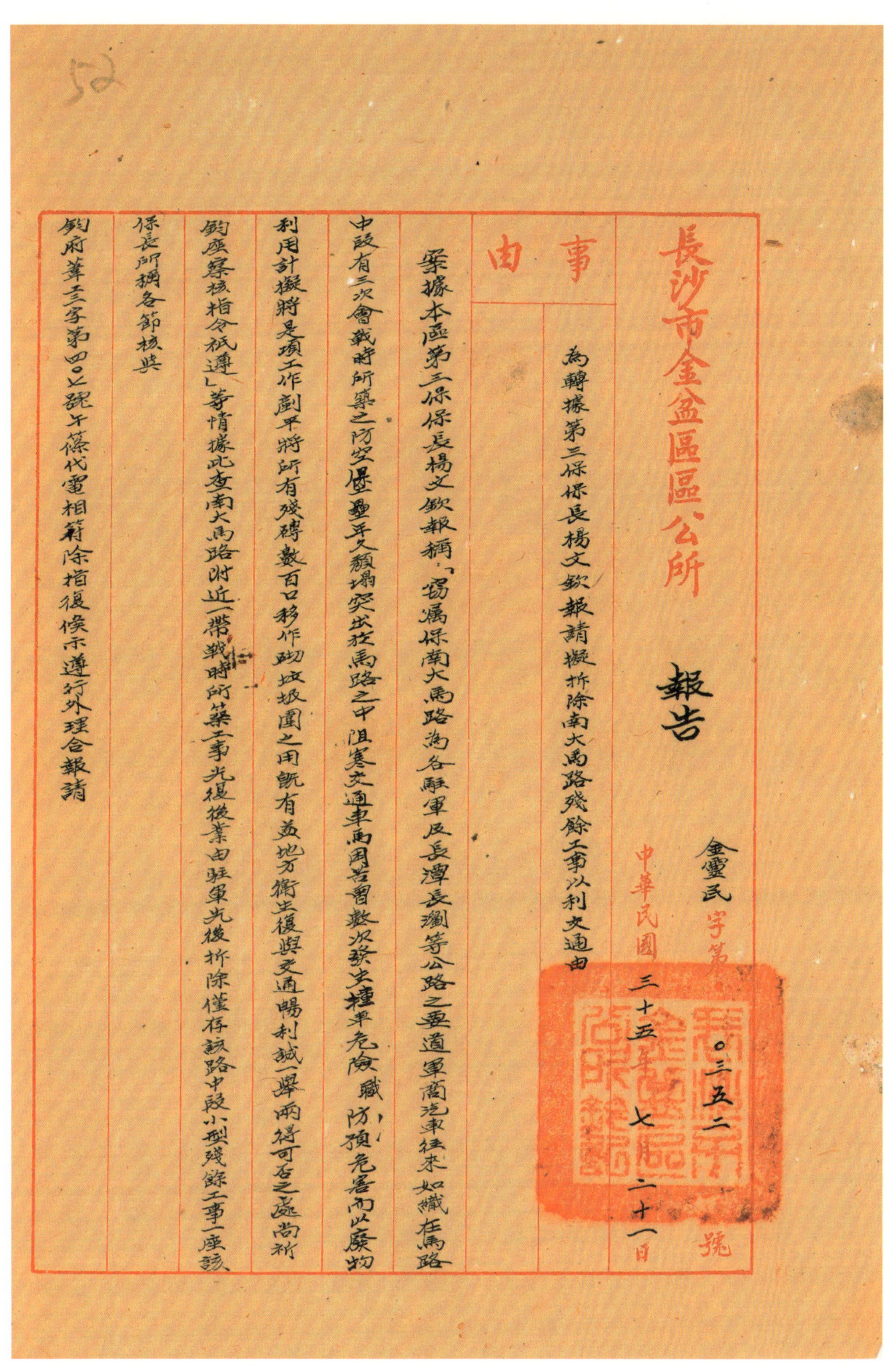

长沙市金盆区区公所 报告

金灵民字第〇三五二号

中华民国三十五年七月二十一日

事由：为转据第三保保长杨文钦报请拟拆除南大马路残余工事以利交通由

案据本区第三保保长杨文钦报称：「窃属保南大马路为各驻军及长潭长浏等公路之要道，军商汽车往来如织。在马路中段有三次会战时所筑之防空堡垒，年久颓塌，突出于马路之中，阻塞交通，车辆因之曾数次发生撞车危险。职为防预危害而以废物利用计，拟将是项工作刬平，将所有残砖数百口移作砌垃圾围之用，既有益地方卫生，复与交通畅利，诚一举两得。可否之处，尚祈钧座察核指令祗遵」等情。据此，查南大马路附近一带战时所筑工事，光复后业由驻军先后拆除，仅存该路中段小型残余工事一座。该保长所称各节核与钧府华三字第四〇八号午篠代电相符。除指复候示遵行外，理合报请

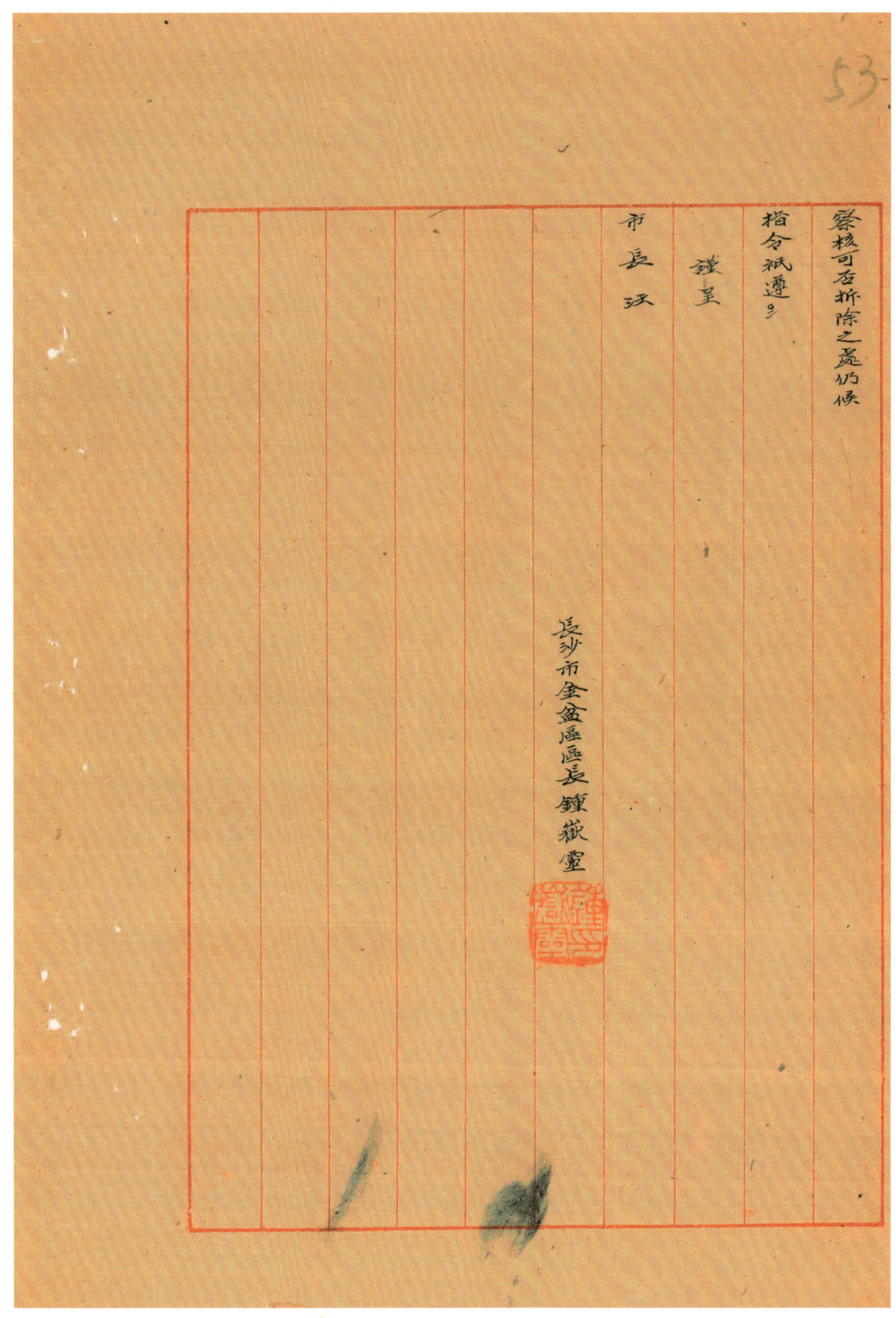
察核可否拆除之处仍候
指令祇遵。
谨呈
市长汪
长沙市金盆区区长钟岳灵

长沙市政府致该市金盆区公所的指令（一九四六年八月一日）

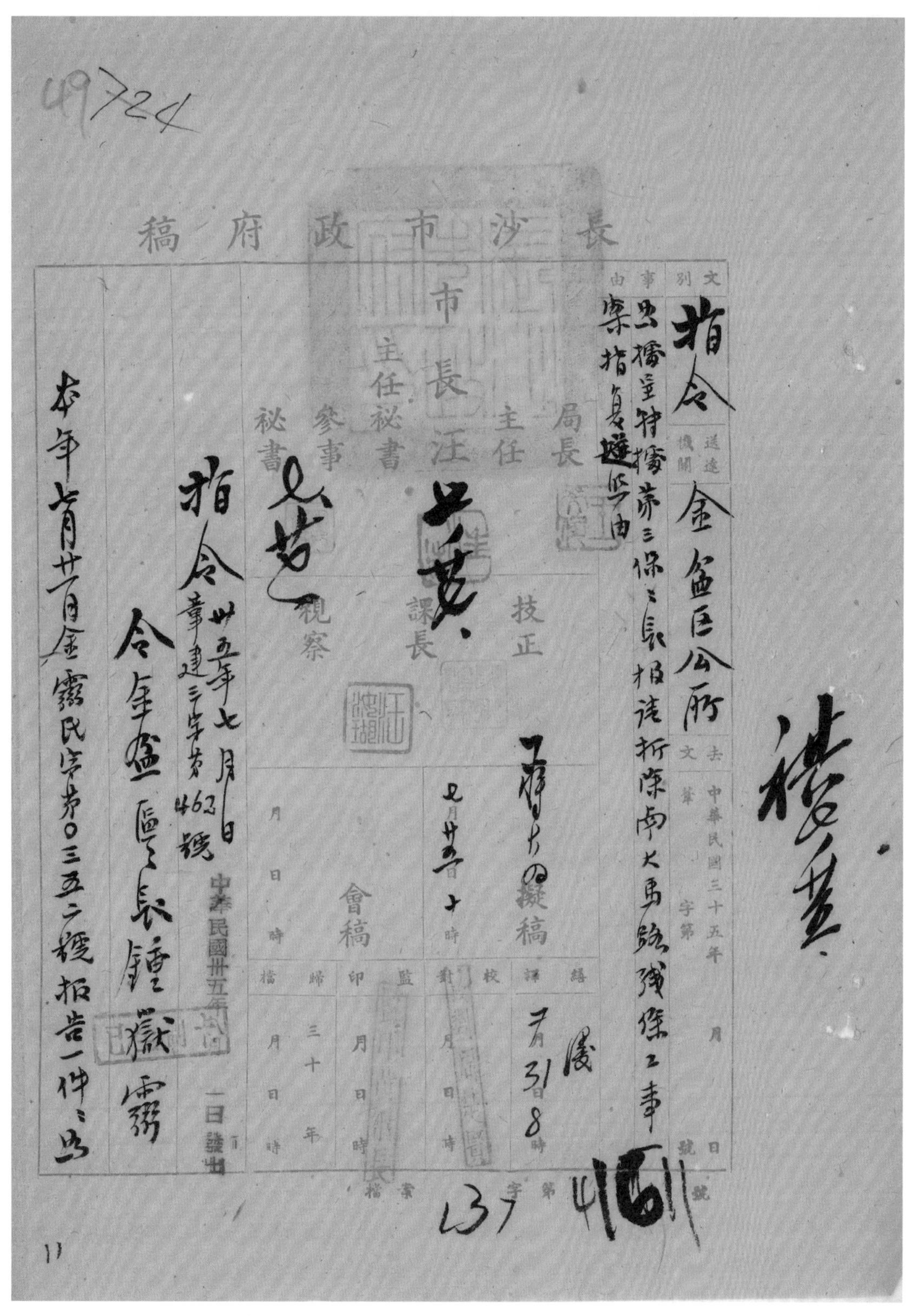

長沙市政府稿

文別：指令

事由：呈報……第三保保長……拆除南大馬路殘餘工事……指復遵照由

送達機關：金盆區公所

去文：中華民國三十五年　月　日　字第　號

市長　汪

主任秘書

局長

主任

秘書

參事

視察

技正

課長

會稿　月　日　時

擬稿　七月廿四日　十時

繕寫

校對

監印

歸檔

檔案　字第

指令　華建三字第463號　卅五年七月　日

令金盆區區長鍾嶽霖

本年七月廿日金（盆）民字第○三五二號報告一件，呈……

中華民國卅五年　月一日發出

轉據第三保保長楊文欽报請拟拆除南大馬路殘餘工事以利交通由

报告悉。市郊軍用工事應暫緩拆除，仰轉飭遵照為要。此令

市長 汪　　日

长沙市会春区公所与长沙市政府关于拆还借用黄华兴砌用碉堡砖料的来往文书（一九四六年七月至八月）

长沙市会春区公所致该市政府的呈（一九四六年七月二十九日）

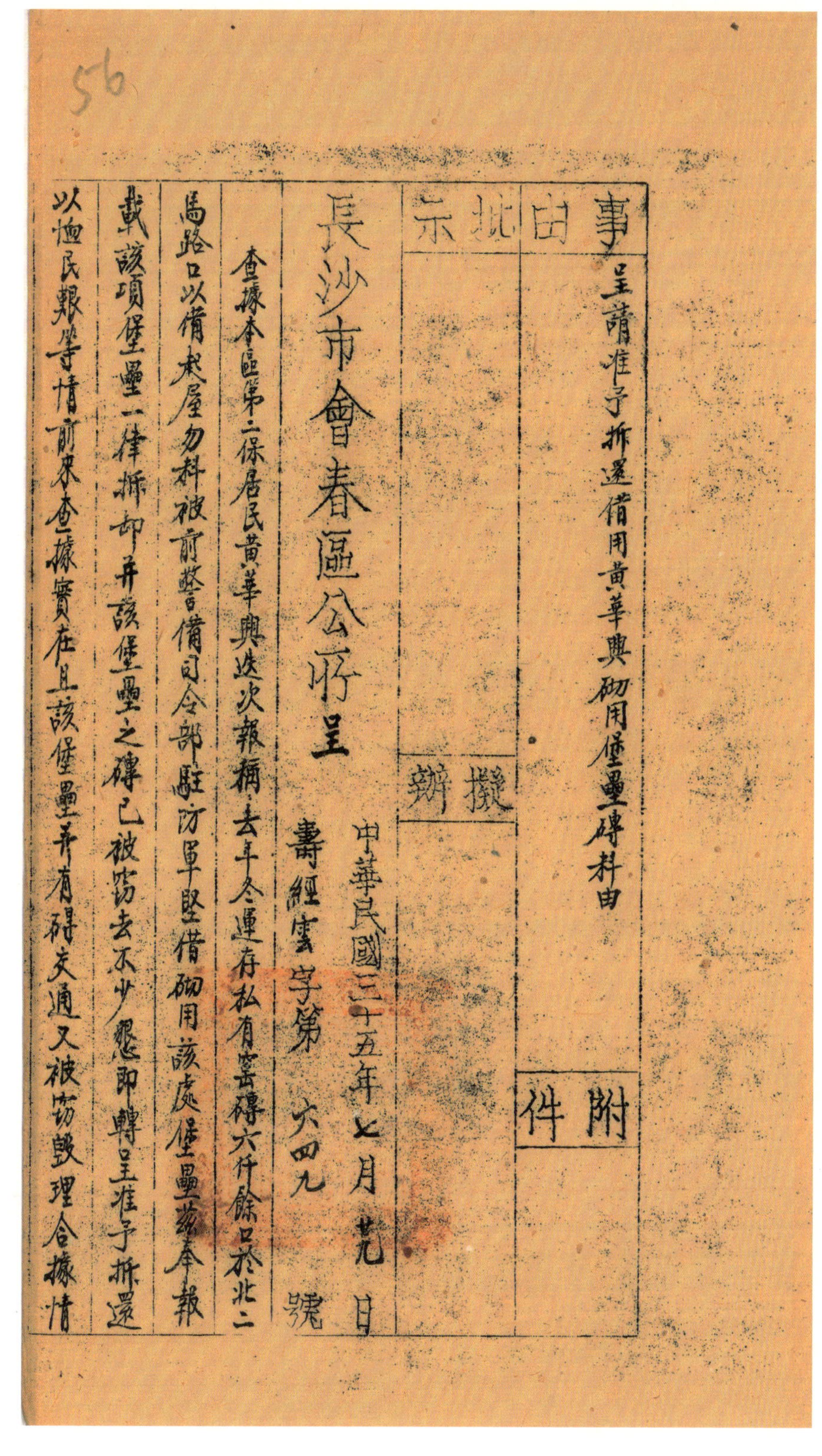

56

事由：呈請准予拆還借用黃華興砌用堡壘磚料由

批示

擬辦

附件

長沙市會春區公所呈

中華民國三十五年七月廿九日

壽經雲字第六四九號

查據本區第二保居民黃華興迭次報稱：去年冬運存私有窑磚六仟餘口於北二馬路口，以備求屋，勿料被前警備司令部駐防軍堅借砌用該處堡壘。茲奉報載，該項堡壘一律拆卸，并該堡壘之磚已被窃去不少，懇即轉呈准予拆還，以恤民艱等情前來。查據實在，且該堡壘并有碍交通，又被窃毁，理合據情

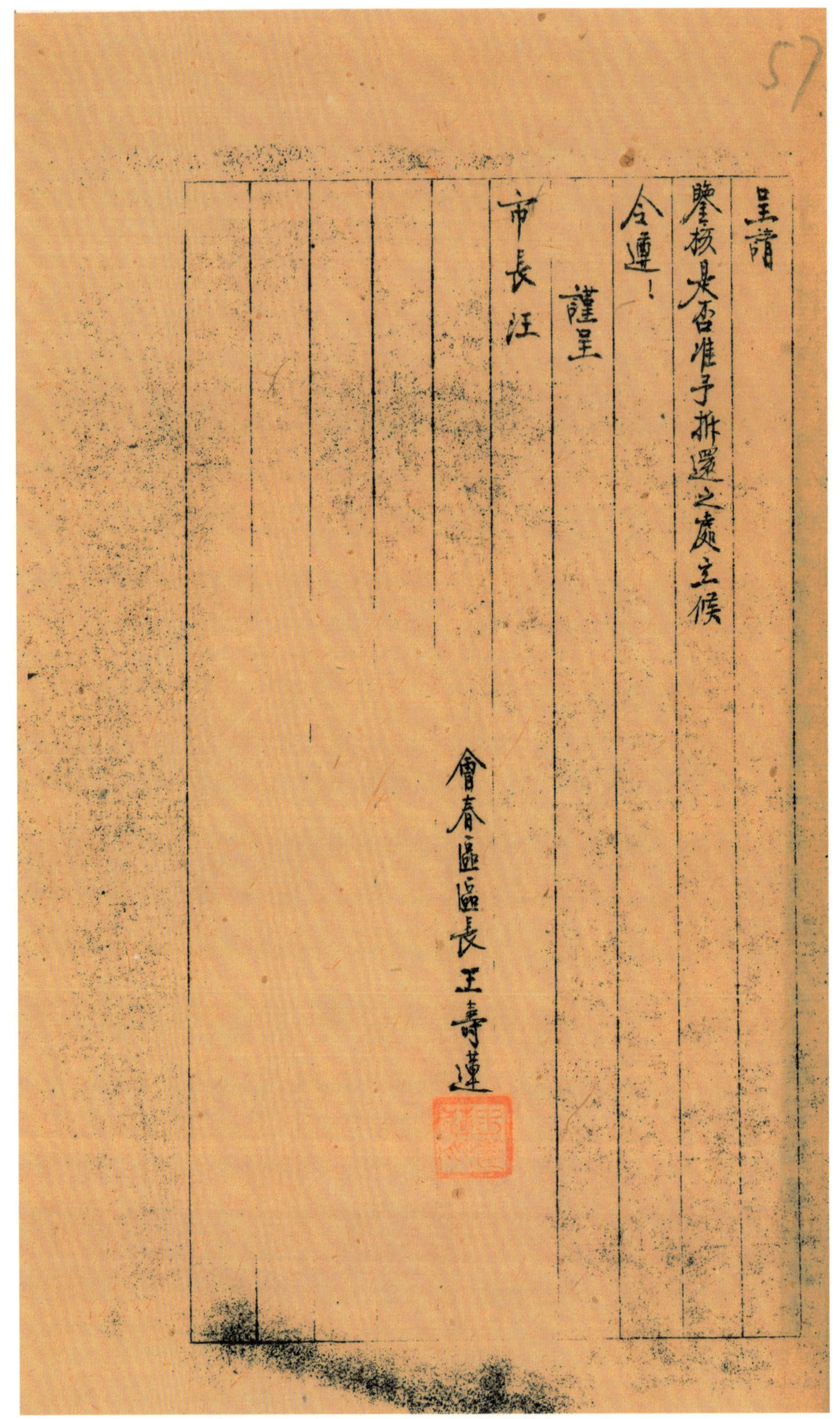
57

呈请

鑒核是否准予拆還之處，並候

令遵！

謹呈

市長汪

會春區區長王壽蓮

长沙市政府致该市会春区公所的指令（一九四六年八月六日）

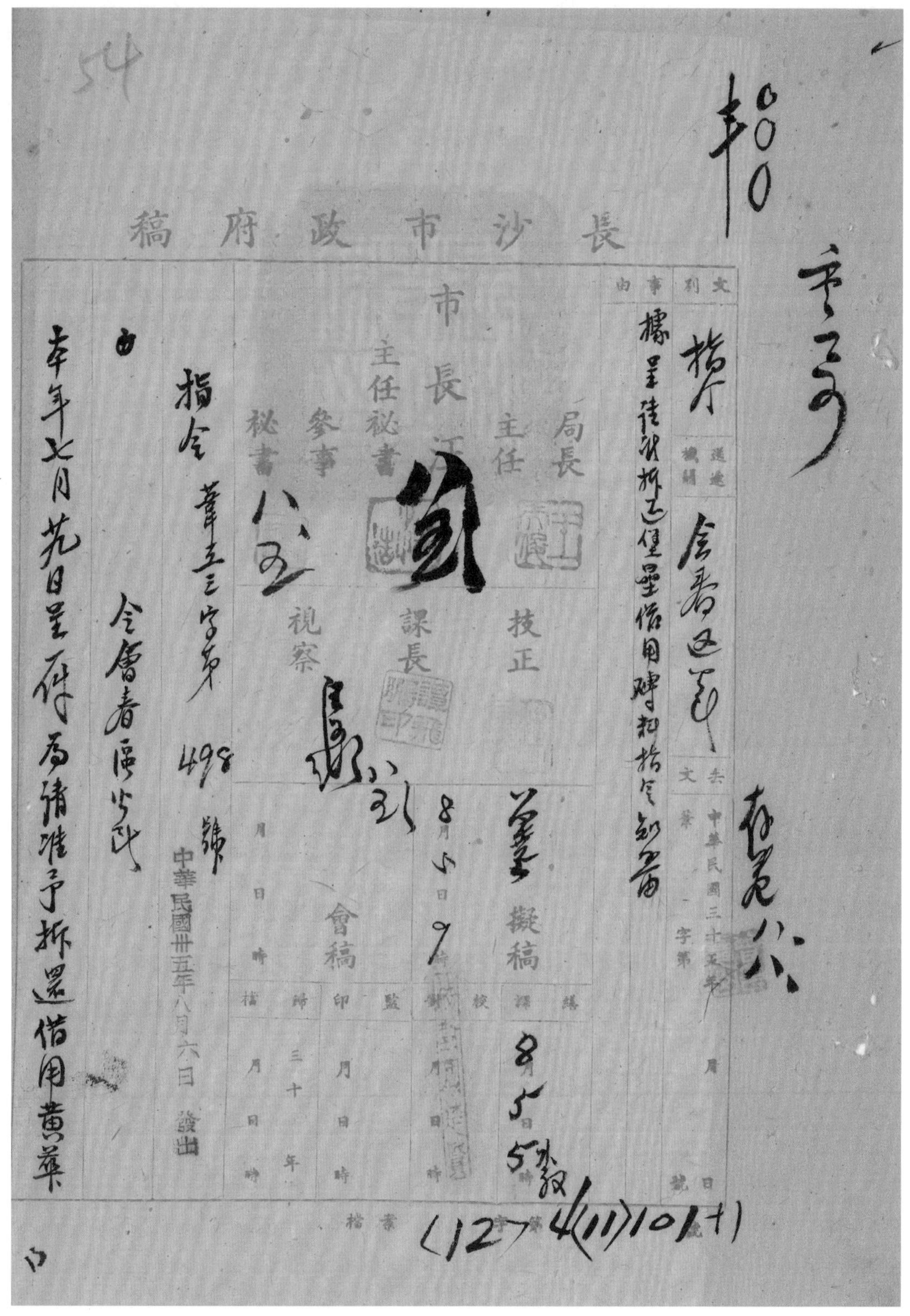

長沙市政府稿

文別：指令

事由：據呈請准拆遷僅呈借用磚塊指令知照

送達機關：會春區公所

市長

主任秘書　參事　秘書

局長　主任

技正　課長　視察

擬稿　會稿

指令　華五三字第498號

令會春區公所

本年七月廿日呈一件為請准予拆遷借用黃華……

中華民國卅五年八月六日發出

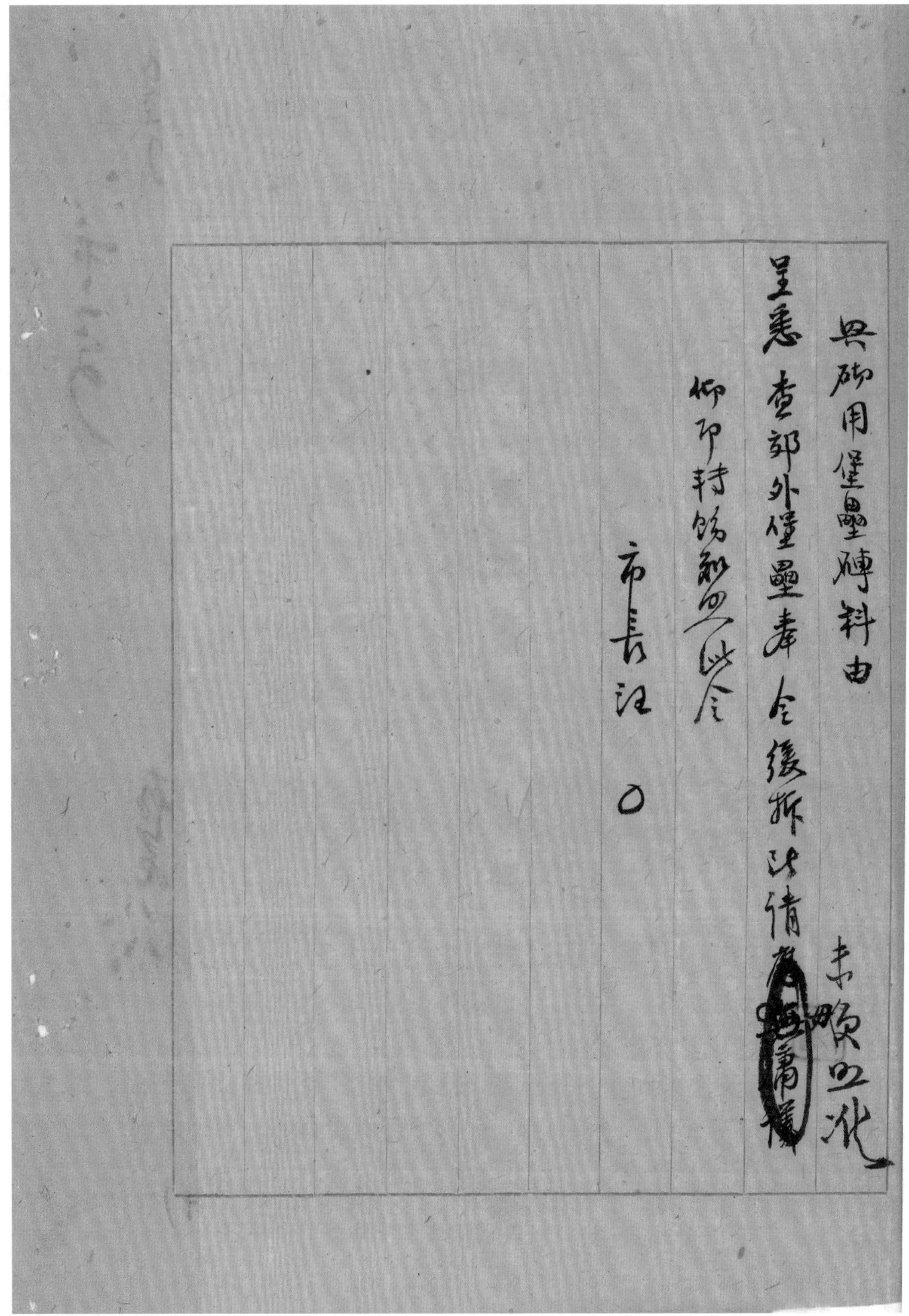

无砂用堡垒砖料由

呈悉。查郊外堡垒奉令缓拆，所请未便照准。

仰即转饬知照。此令。

市长 江〇

长沙市会春区公所与长沙市政府关于烈士祠防空洞填塞事的来往文书（一九四六年七月至八月）

长沙市会春区公所致该市政府的呈（一九四六年七月二十九日）

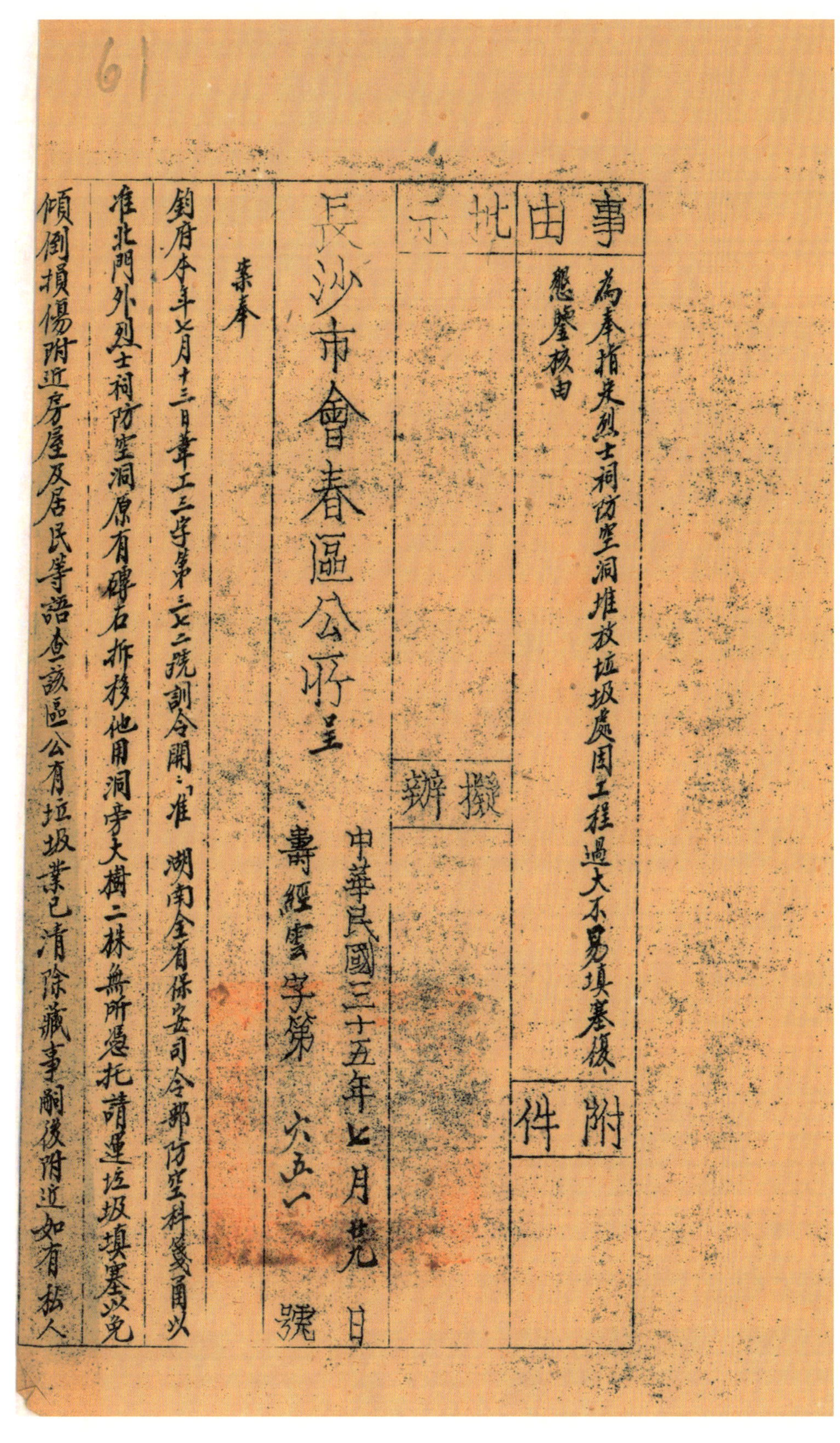

事由：為奉指定烈士祠防空洞堆放垃圾處因工程過大不易填塞復懇鑒核由

附件

批示

擬辦

長沙市會春區公所呈

中華民國三十五年七月廿九日

壽經雲字第六五一號

案奉

鈞府本年七月十三日華工三字第三七二號訓令開：「准 湖南全省保安司令部防空科箋函以准北門外烈士祠防空洞原有磚石拆移他用洞旁大樹二株無所憑托請運垃圾填塞以免傾倒損傷附近房屋及居民等語查該區公有垃圾業已清除藏事嗣後附近如有私人

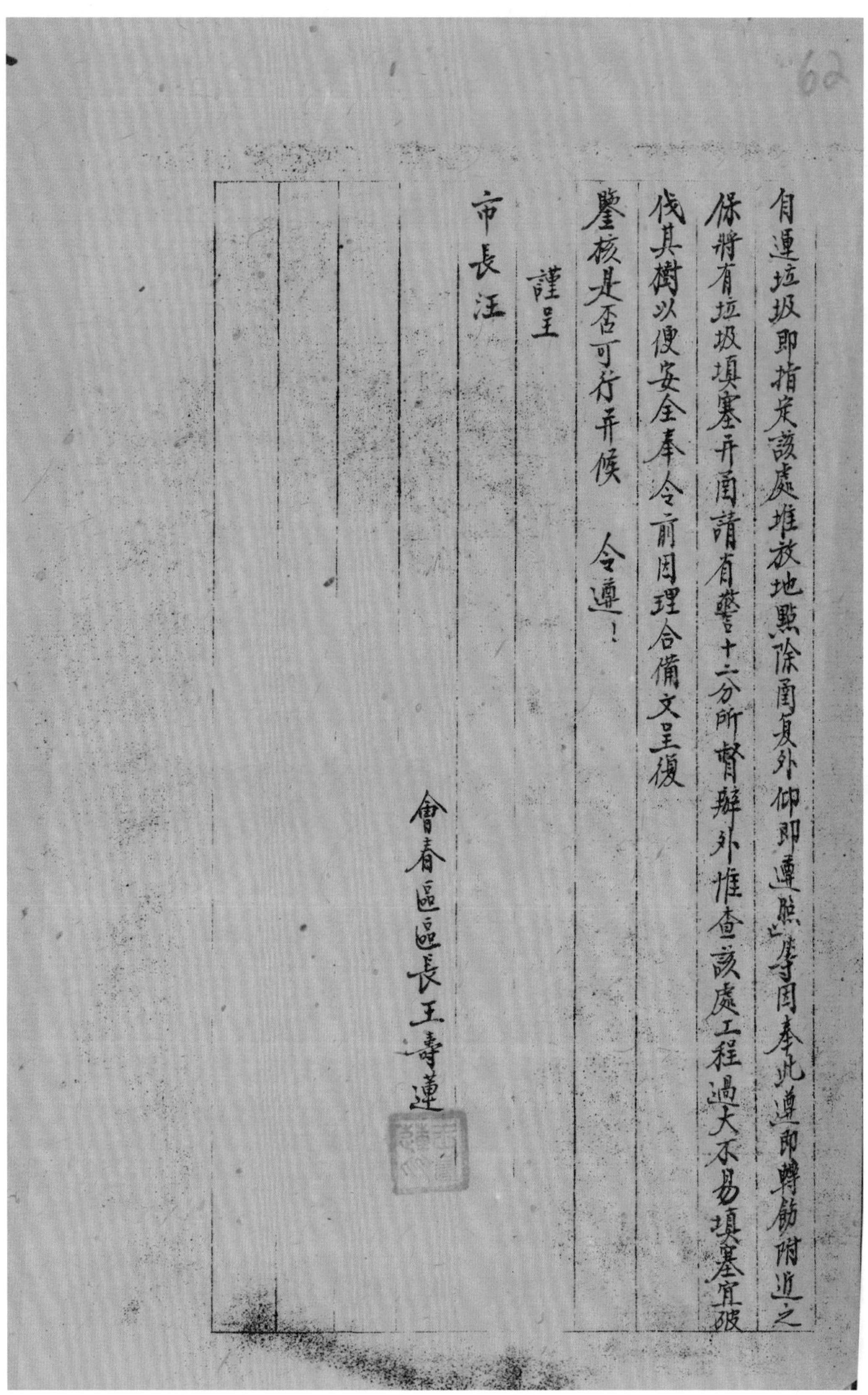

自運垃圾即指定該處堆放地點，除函員外，仰即遵照等因。奉此，遵即轉飭附近之保甲，將有垃圾填塞，并函請省警十二分所督辦外，惟查該處工程過大，不易填塞，宜砍伐其樹，以便安全。奉令前因，理合備文呈復

鑒核是否可行，并候

令遵！

謹呈

市長汪

會春區區長王壽蓮

长沙市政府致该市会春区公所的指令（一九四六年八月六日）

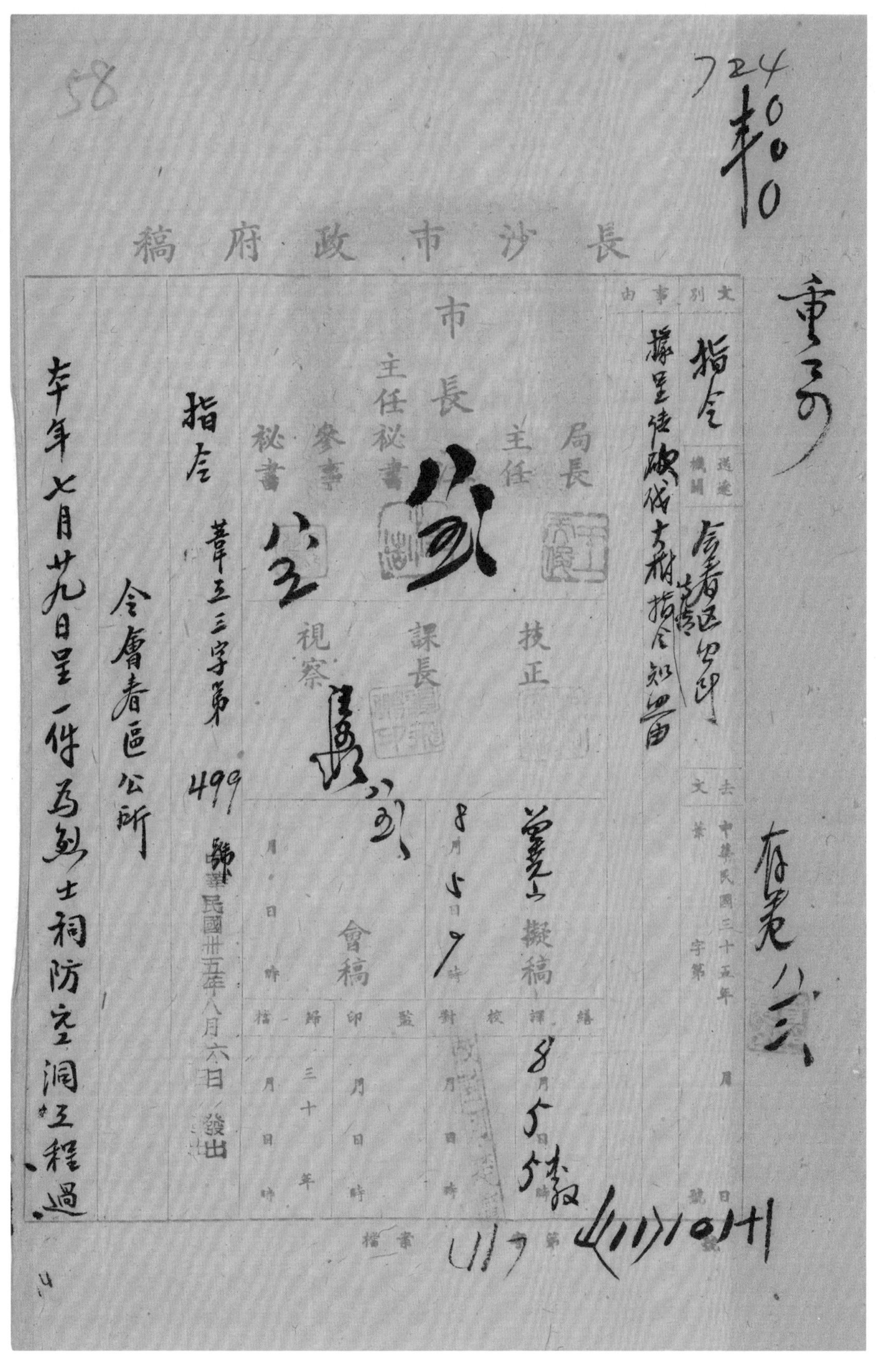

長沙市政府稿

文別：指令

事由：據呈請政府代大柏指令知照由

送達機關：會春區公所

局長　主任　技正

市長　主任秘書　參事　秘書

課長　視察

去文：中華民國三十五年　月　日　字第　號

擬稿：8月5日7時

會稿

繕寫：8月5日

校對

監印

歸檔：三十年

指令　華五三字第499號

中華民國卅五年八月六日發出

令會春區公所

本年七月廿九日呈一件為烈士祠防空洞工程過

檔案　字第

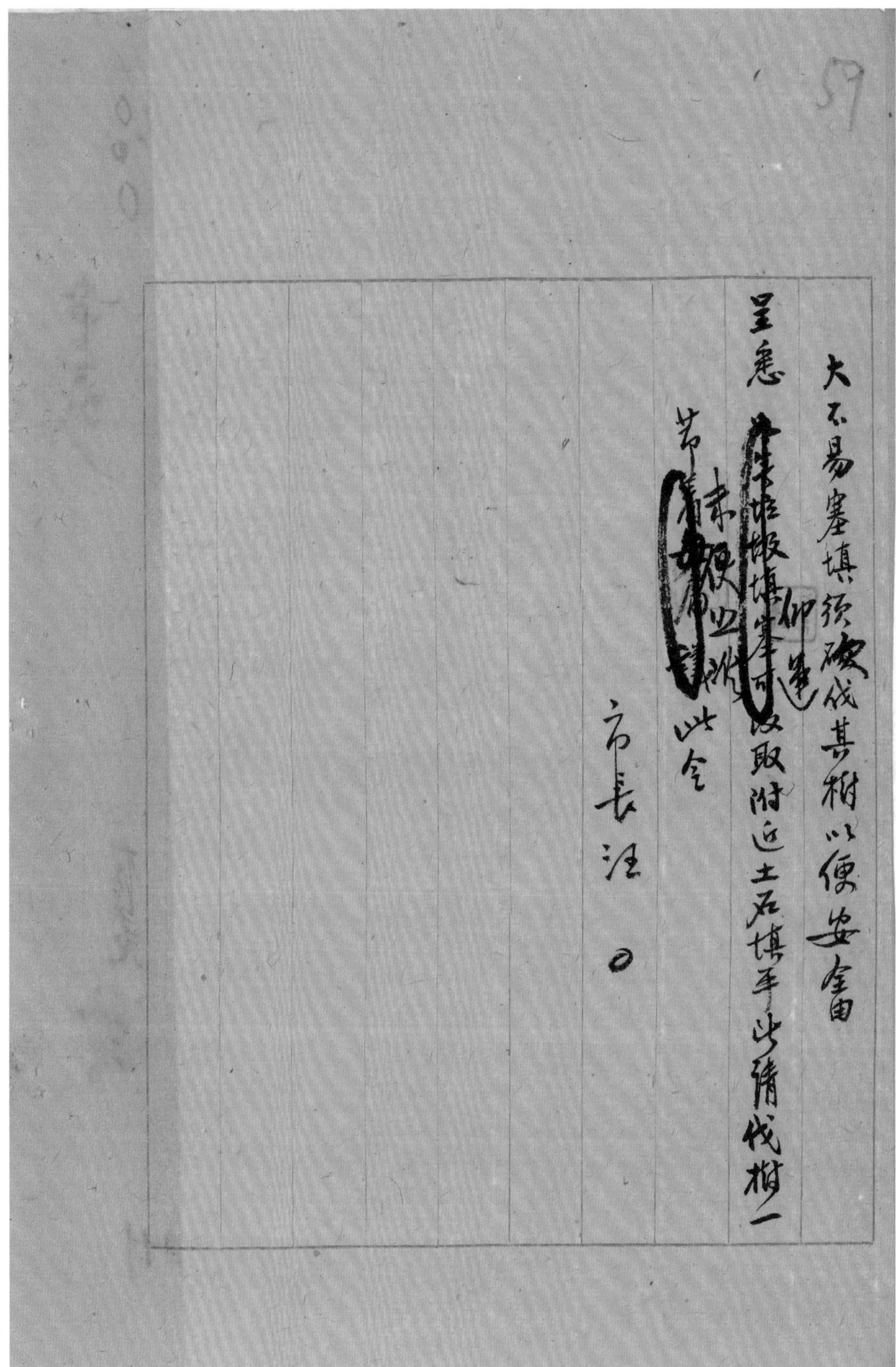

大不易塞填，须砍伐其树，以便安窨。

长沙市城北区第三保、长沙市政府等关于城北区第三保拆毁防空室余砖移作他用的一组文书（一九四六年七月至八月）

长沙市城北区第三保致该市政府的报告（一九四六年七月二十九日收）

二课查案办

工 770

长沙市政府收文第 4110 號

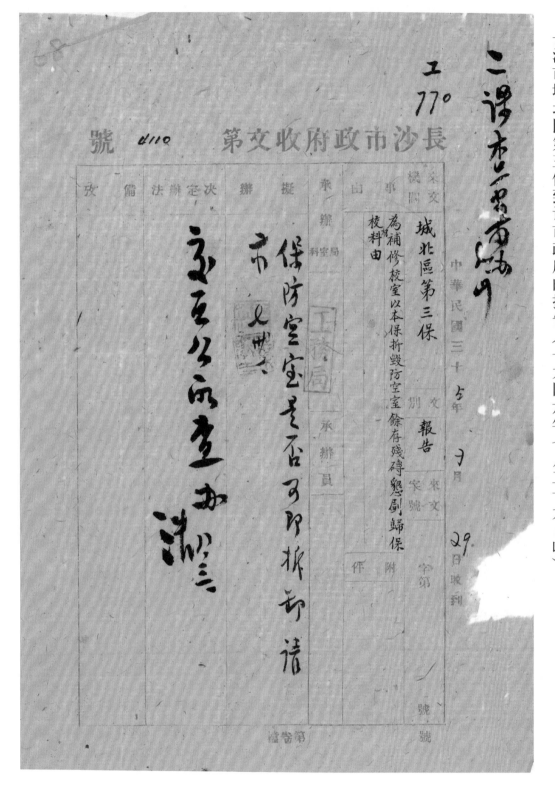

來文機關	城北區第三保
事由	為補修校室以本保拆毀防空室餘存殘磚懇劃歸保校料由
文別	報告
來文字號	字第　號
附件	
主辦科室局	工務局
承辦員	
擬辦	保防空室是否可即拆卸，請市長示
決定辦法	交工務局查辦　洪　八、三
備攷	

中華民國三十五年七月29日收到

報　告　三十五年七月　日
於城北區第三保　呈

事由　為補修校室以本保拆毁防空室餘存殘磚懇劃歸保校材料由

一、竊查職保保校開辦已有年所，而校中器具及什物等項當日組織完善，並無缺乏。因前年日寇犯湘，疏散告急，是時將校室所有物件概行封存於校，詎料淪陷日久，被日軍消滅，一無所有。現時　上峯推行教育，刻不容緩，應遵令急待開辦，非錢莫舉。雖奉令挨戶樂捐，而杯水車薪，無濟於事。況本保尤具地域窄狹，富少貧多，籌欵殊感困難，此種情況久在　鈞座洞鑒之中，無庸贅述。茲拟將校址暫時提前補修，以避風雨，工程亦復不小，所需材料無法可設。日前提交保民大會商討，拟請將本保防空室所存磚石劃歸保校補修校室，為廢物利用〻以公濟

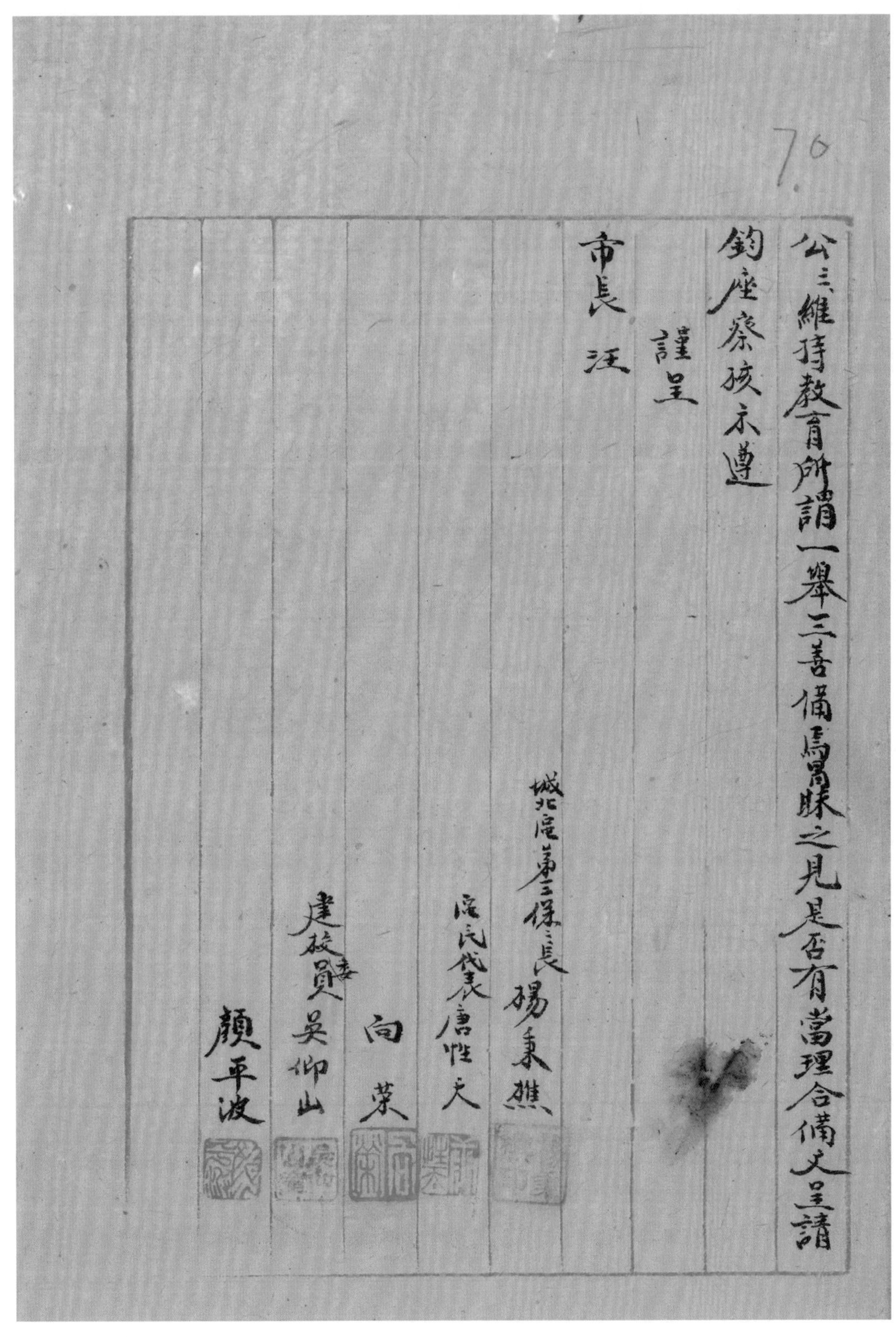
70

公〻維持教育所謂一舉三善備焉冒昧之見是否有當理合備文呈請

鈞座察核示遵

謹呈

市長汪

城北區第三保〻長 楊秉麒

區民代表 唐性夫

向榮

建校籌委員 吳仰山

顏平波

长沙市政府致该市城北区公所的训令（一九四六年八月六日）

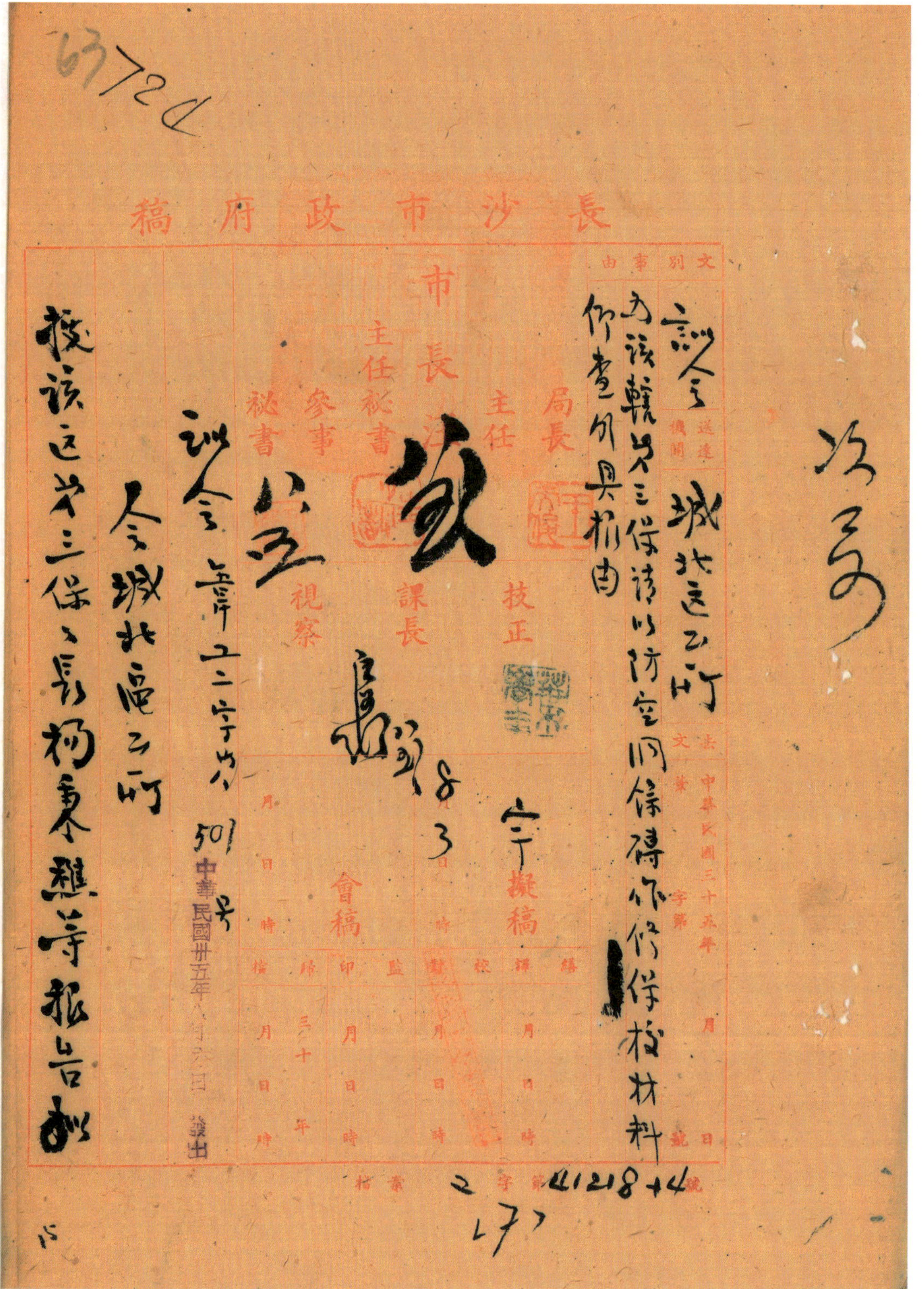

長沙市政府稿

訓令 城北區公所

為該轄第三保請以防空洞條磚作修保校材料仰查明具報由

訓令 年 字第 號

令城北區公所

據該區第三保保長楊壽松等報告稱

中華民國卅五年八月六日 發出

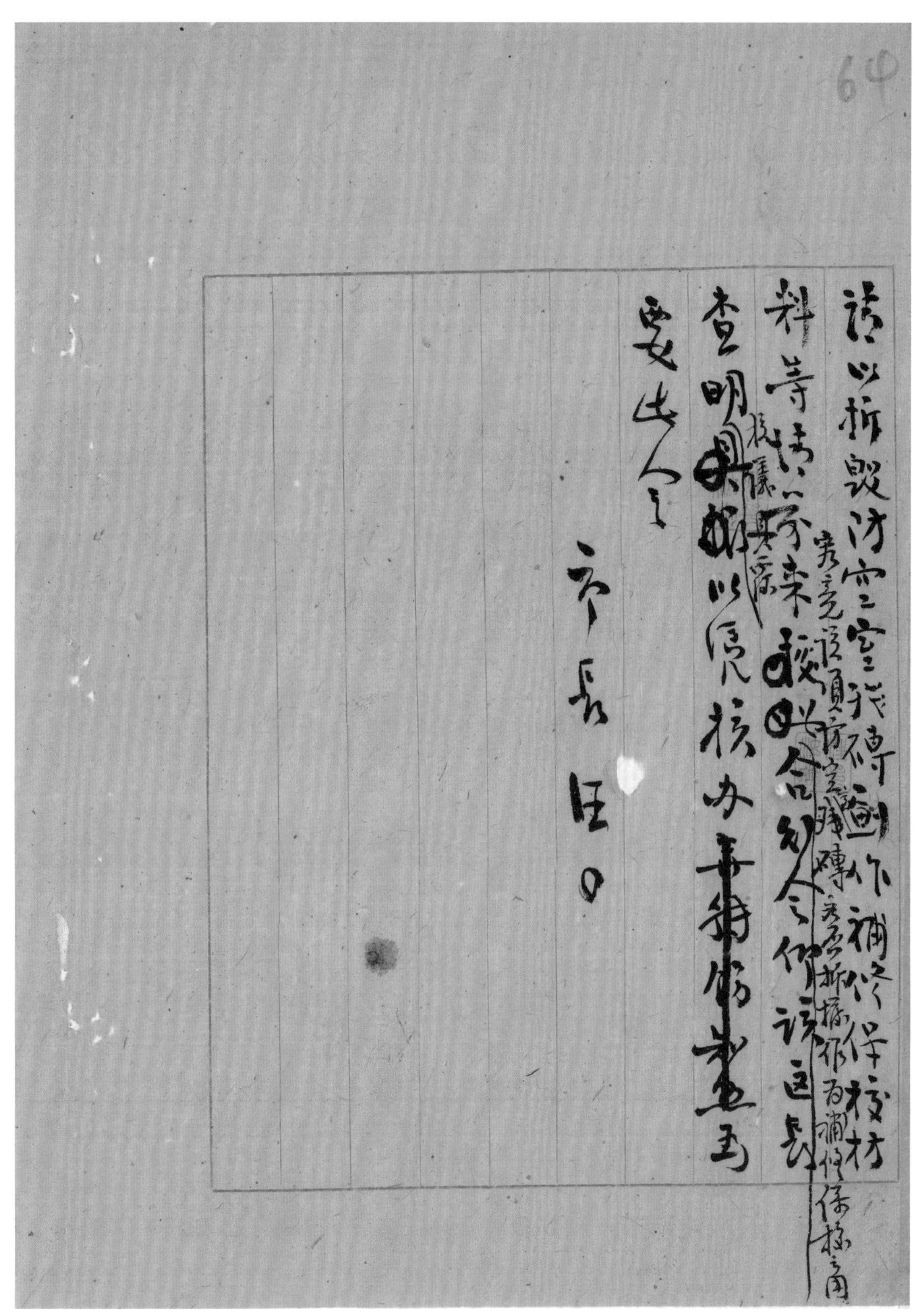

請以拆毀汾空之室之殘磚倒作補修保校材
料等情。據此，除批示外，合行令仰該區長
查明具報，以憑核辦，毋稍延玩，
要此令。

市長 臣〇

长沙市城北区公所致该市政府的报告（一九四六年八月十二日）

長沙市城北區公所報告

祝警字第一零三零號

中華民國三十五年八月十二日

事由

案奉

鈞府本年八月六日華工二字第五零一號訓令開：飭調查第三保防空洞餘磚作修保校材料仰查明具報等因奉此遵於本月八日派員調查此項防空洞係原老市政府建修使用洞内水很深洞外附近以草木遮蔽洞口被人民拆偷破壞不堪使用該項防空洞殘磚可拆除作保校之用時間已久恐被拆除盗偷情事調查情形理合備文呈复

鈞府鑒核是否作為該保校之材料之用伏乞

示遵

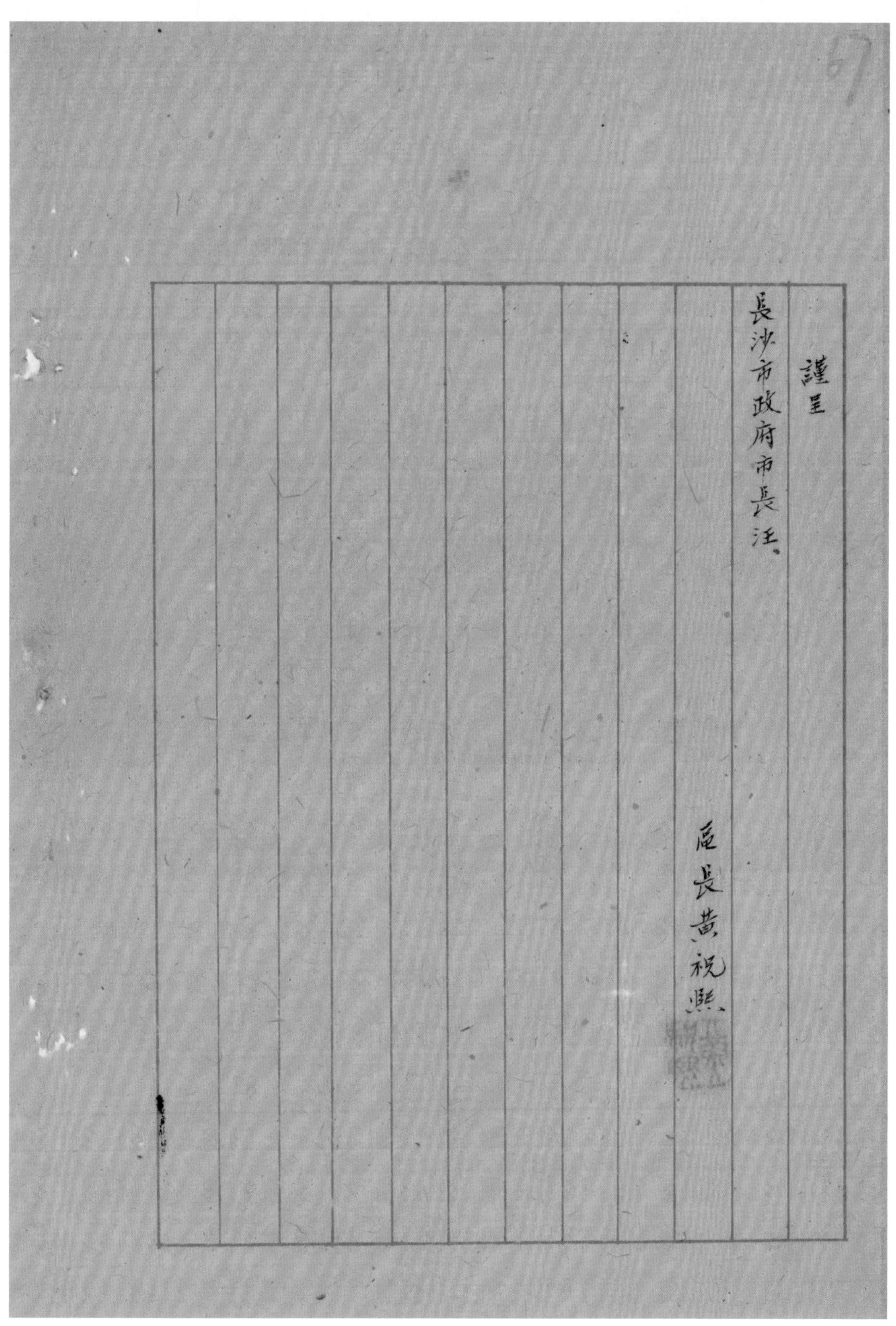
謹呈
長沙市政府市長汪

區長黃祝熙

长沙市工务局致该市政府的签呈（一九四六年八月十五日）

一、八月三日城北区第三保保长杨秉继等呈请以拆毁防空室残砖剷作补修保校材料

二、奉 谕交区公所查办

三、据该区长呈覆 时被市民拆偷 破坏不堪 仍请将残砖修理保校

四、拟准所请 当否乞 示

市长 任

照准 八、十五

工务局 签 八月十五日

长沙市城南区公所、长沙市政府等关于拆卸张公桥侧工事以利交通的一组文书（一九四六年八月至九月）

长沙市城南区公所致该市政府的呈（一九四六年八月二十九日）

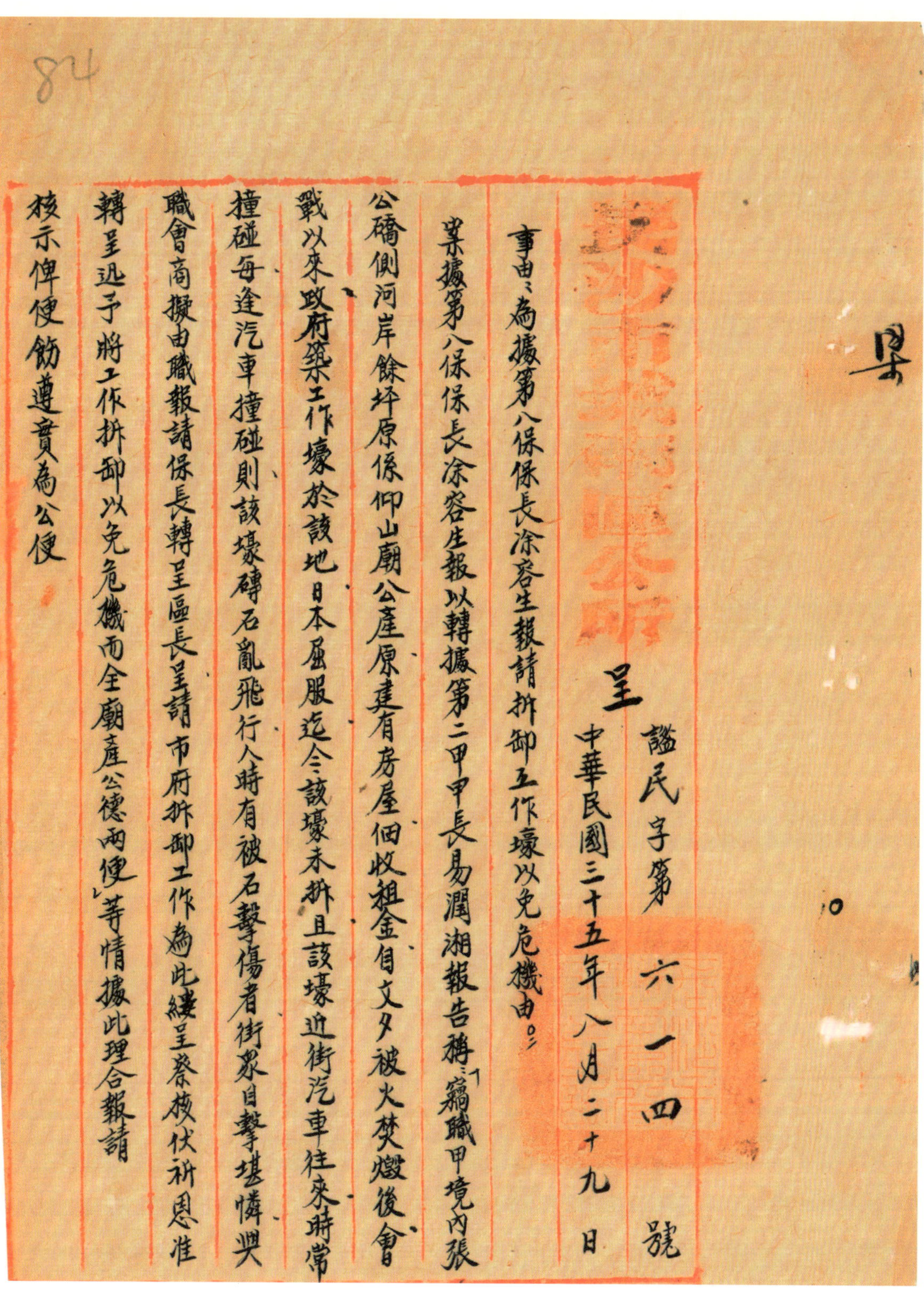
84

呈

长沙市城南区公所　呈　谘民字第六一四号

中华民国三十五年八月二十九日

事由：为据第八保保长涂容生报请拆卸工作壕以免危机由。

案据第八保保长涂容生报以："转据第二甲甲长易润湘报告称：'窃职甲境内张公桥侧河岸余坪原系仰山庙公产，原建有房屋佃收租金，自文夕被火焚毁后，会战以来，政府筑工作壕于该地，日本屈服迄今，该壕未拆，且该壕近街，汽车往来时常撞碰，每逢汽车撞碰，则该壕砖石乱飞，行人时有被石击伤者，街众目击堪怜。兴职会商拟由职报请保长转呈区长，呈请市府拆卸工作，为此缕呈察核，伏祈恩准转呈，迅予将工作拆卸，以免危机，而全庙产公德两便'等情。据此，理合报请核示，俾便饬遵，实为公便"

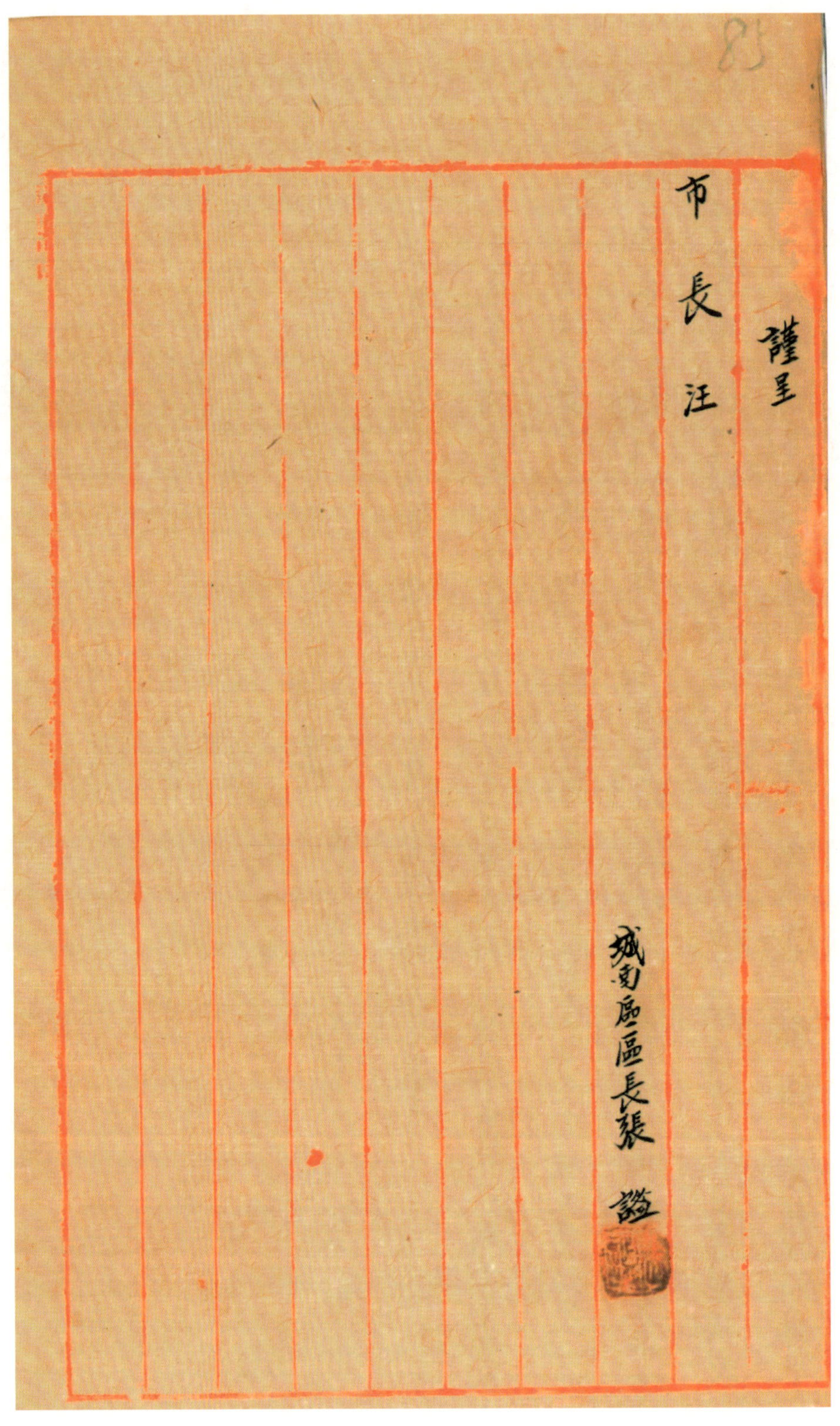
謹呈

市長汪

城南區區長張謐

职员曹治河致长沙市市长等的报告（一九四六年九月四日）

86

報告 卅五年九月四日

竊職奉命派往張公橋調查工作壕但此壕原是戰時工事正在河边橋頭而此基地碓係庙產原立有保校现对于交通正在灣上碓有防碍因此處道路很狹板車汽車裝運樹木等物來往甚多故常發生危險內部材料祗有半節火磚一部份數約三百餘口其次均是木料年久腐爛理合報請

鈞座鑒核示遵

謹呈

技正梁

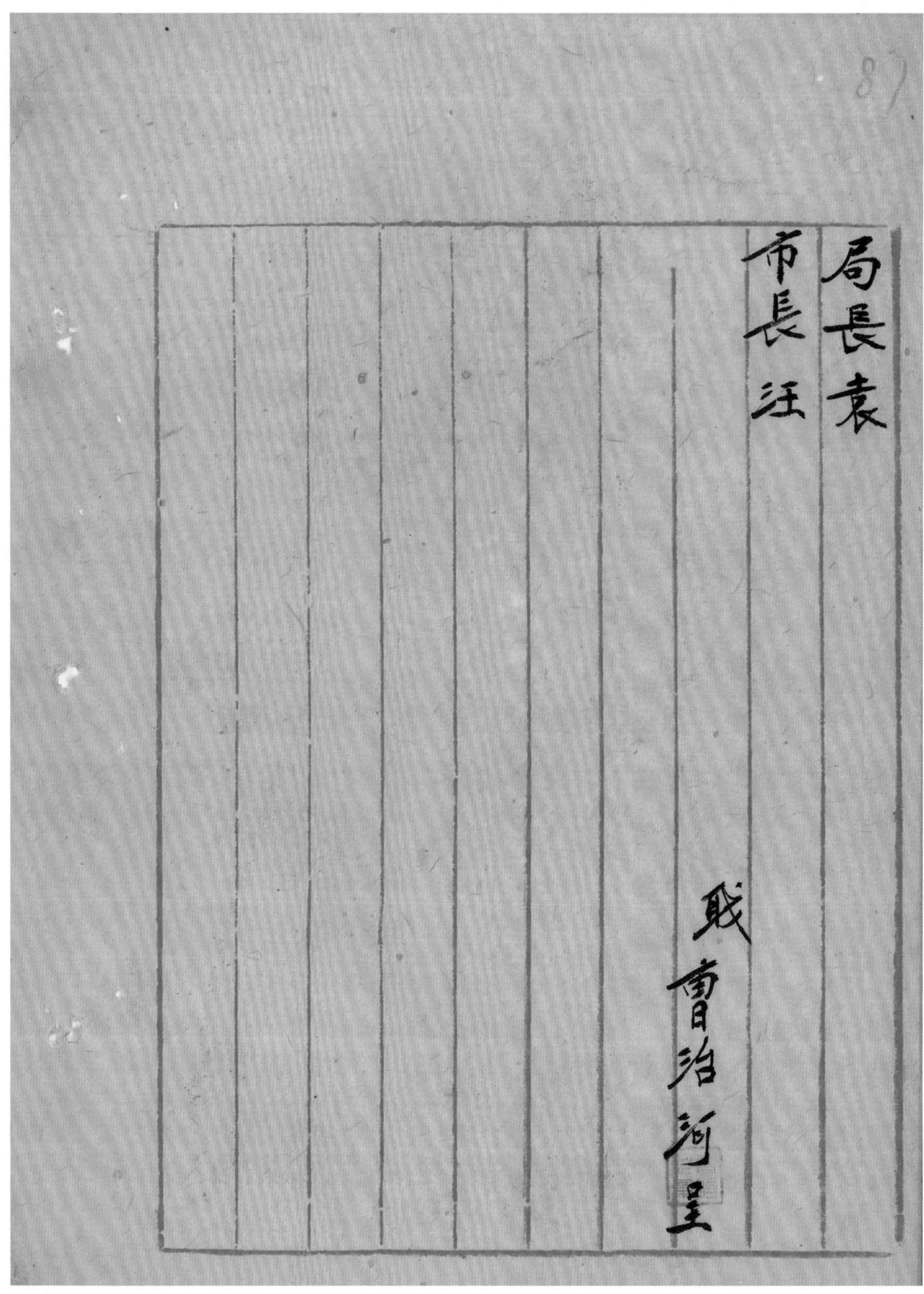
局長袁
市長汪
職曾治河呈

长沙市政府致该市城南区公所的指令（一九四六年九月五日）

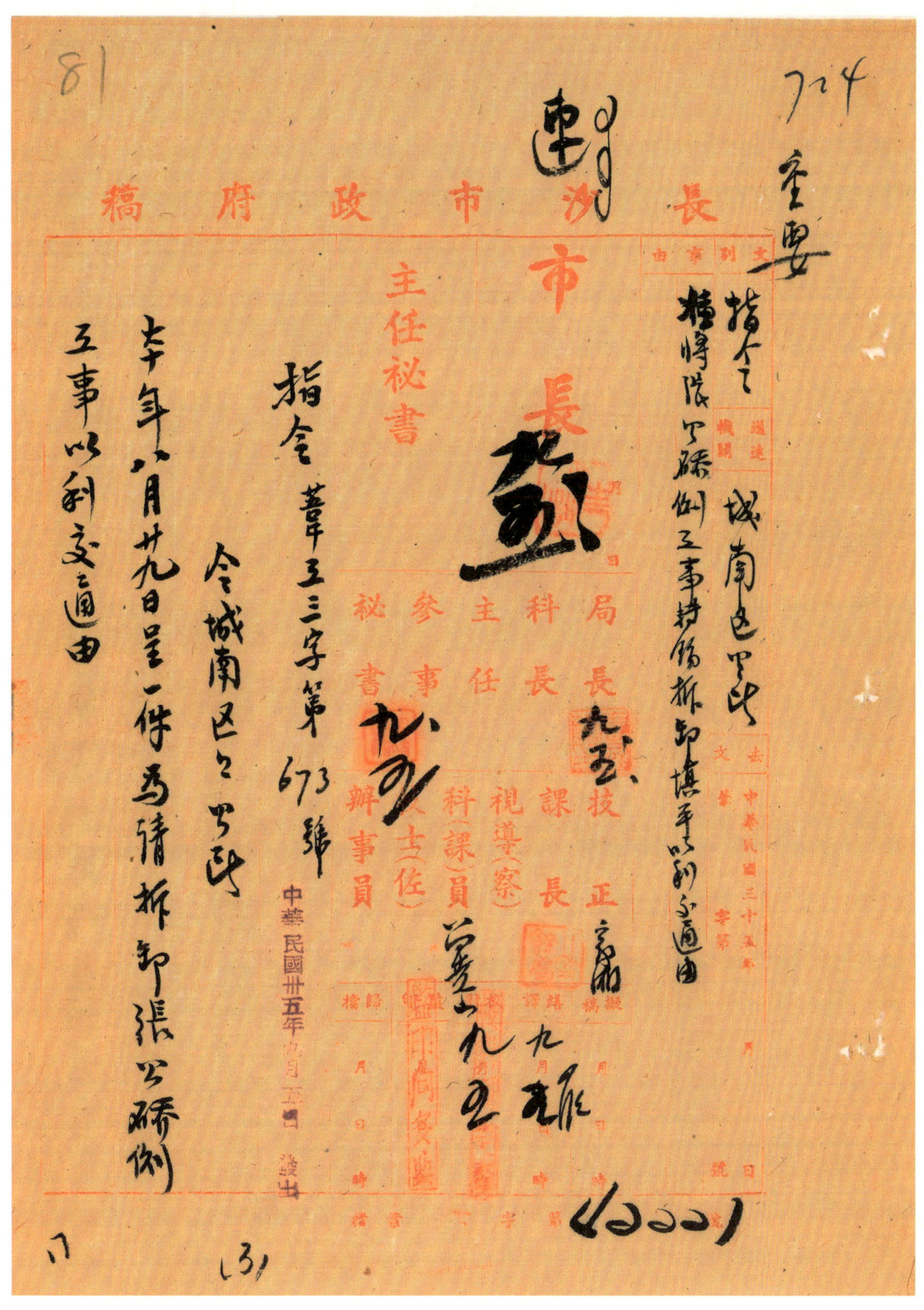

呈悉。准予拆卸，仰即遵照辦理具報為要。此令。

市長 汪○

长沙市政府关于请速派工兵前往经武路挖出炸弹致陆军整编第二十师第一三三旅司令部的代电（一九四六年十月二日）

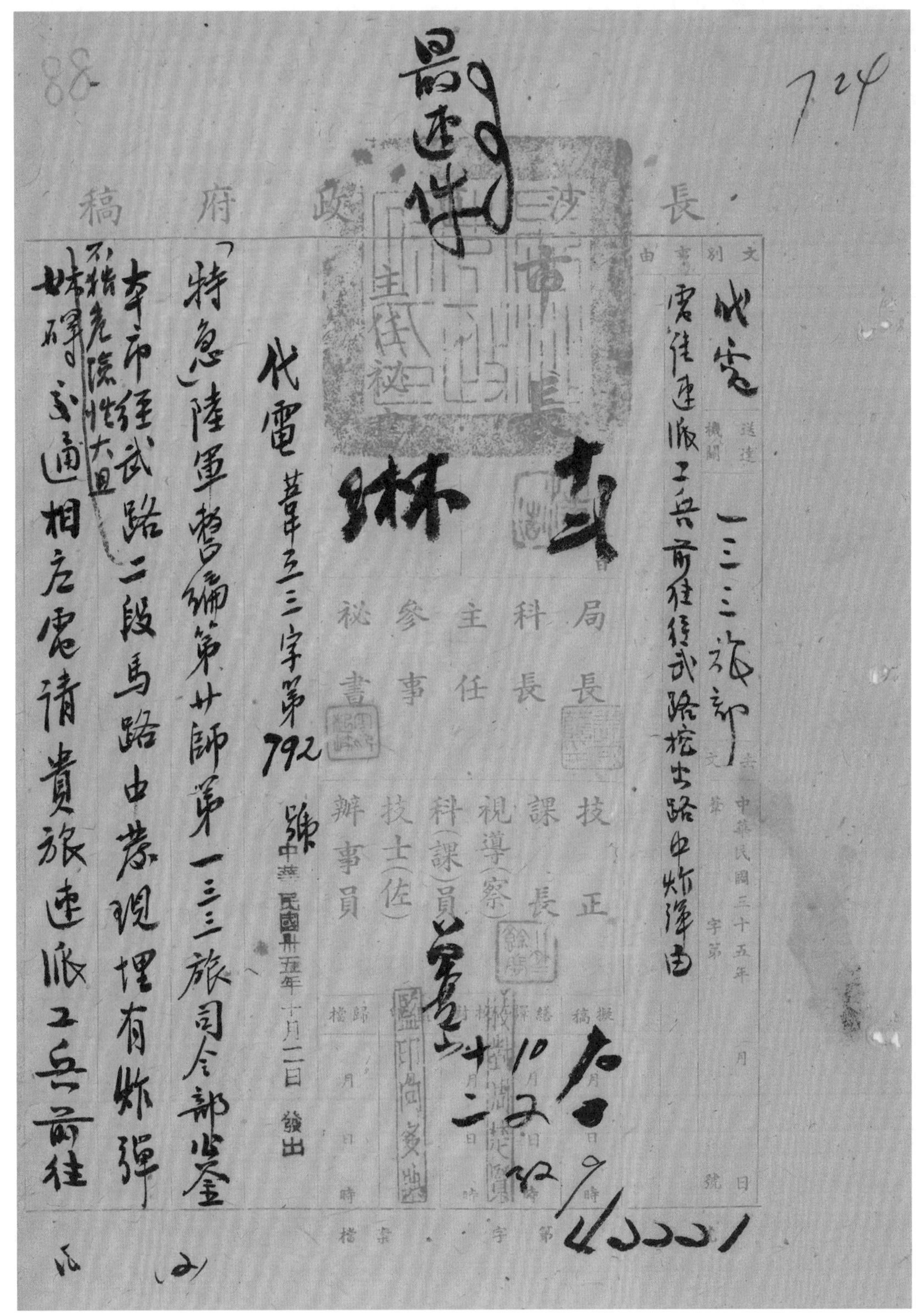

長沙市政府稿

文别：代電

送達機關：一三三旅部

事由：電請速派工兵前往經武路挖出路中炸彈由

代電 華工三字第792號

「特急」陸軍整編第廿師第一三三旅司令部公鑒：本市經武路二段馬路中發現埋有炸彈，不特危險性大且妨碍交通，相應電請貴旅速派工兵前往

中華民國卅五年十月二日發出

长沙市工务局李幹国关于防空洞内挖出铁条砖木情形致该市政府的报告（一九四六年十月二十日）

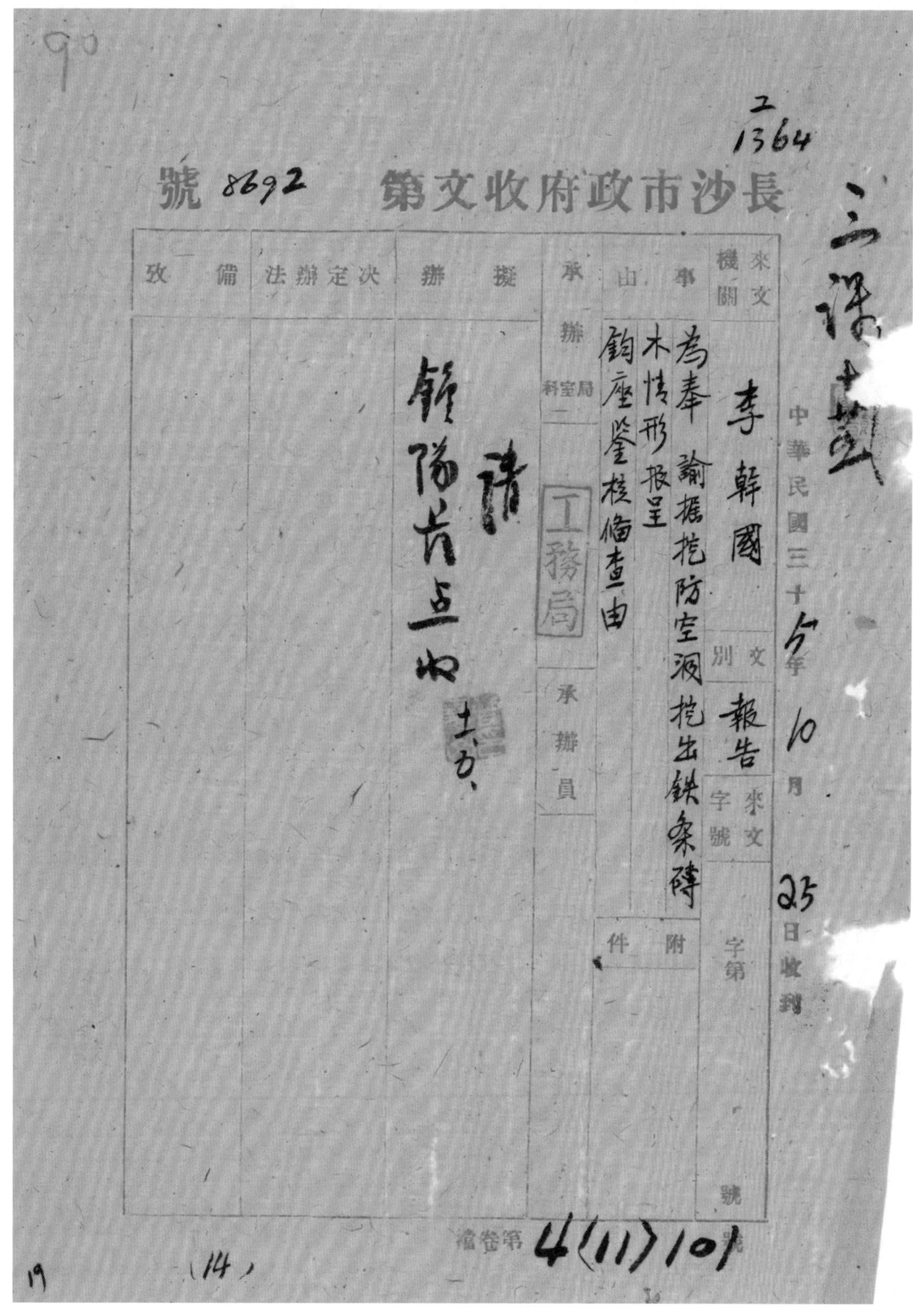
長沙市政府收文第 8692 號

來文機關	李幹國
文別	報告
來文字號	
事由	為奉諭據挖防空洞挖出鉄條磚木情形報呈鈞座鑒核備查由
承辦局室科	二 工務局
擬辦	請鈞陽肯点如
決定辦法	
備攷	

中華民國三十五年10月25日收到

歸卷第4(11)101號

報告 三十五年十月廿日 於收容所

奉諭掘挖防空洞一節於洞內挖出鉄条及磚木等項經職派人監督過點鐵条除洞內未挖外已挖出之實數計二百六十根現以保存窯磚实挖出八百餘口其磚當由掘洞之工人售出四百餘口以備吃煙草鞋之用打灶用出七十餘口除用及售出現尚存三百餘口其木料因埋泥內太久均於濕爛無法點數已存放一堆茲將上項數目報呈

鈞座鑒核備查

右項謹呈

科長鍾 轉呈

市長汪

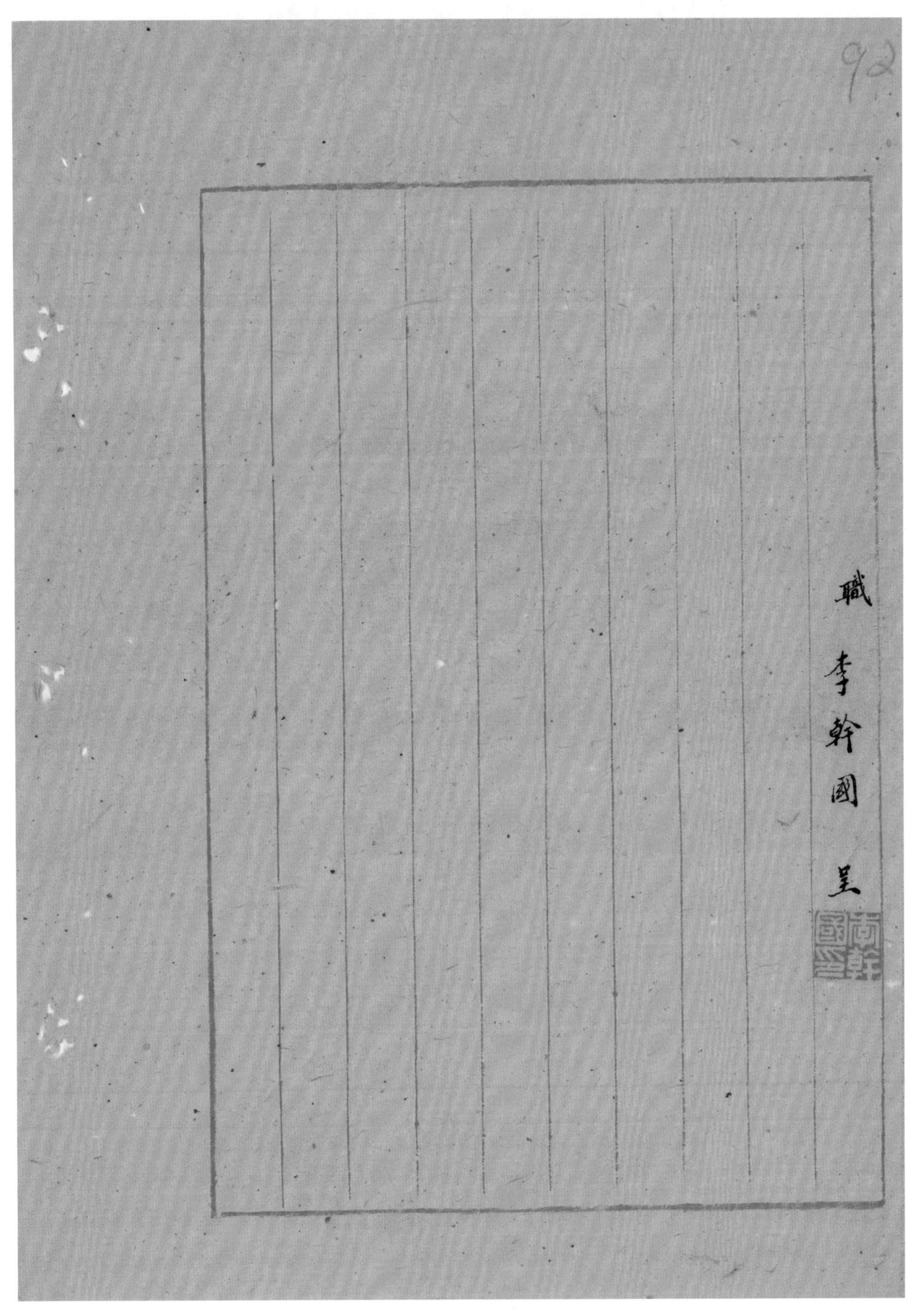

職李幹國呈

三、祭悼英烈

长沙市政府与长沙县岳麓乡公所关于选择适宜山地以作抗战阵亡将士公墓的来往文书（一九四二年一月）

长沙市政府致长沙县岳麓乡公所的命令（一九四二年一月六日）

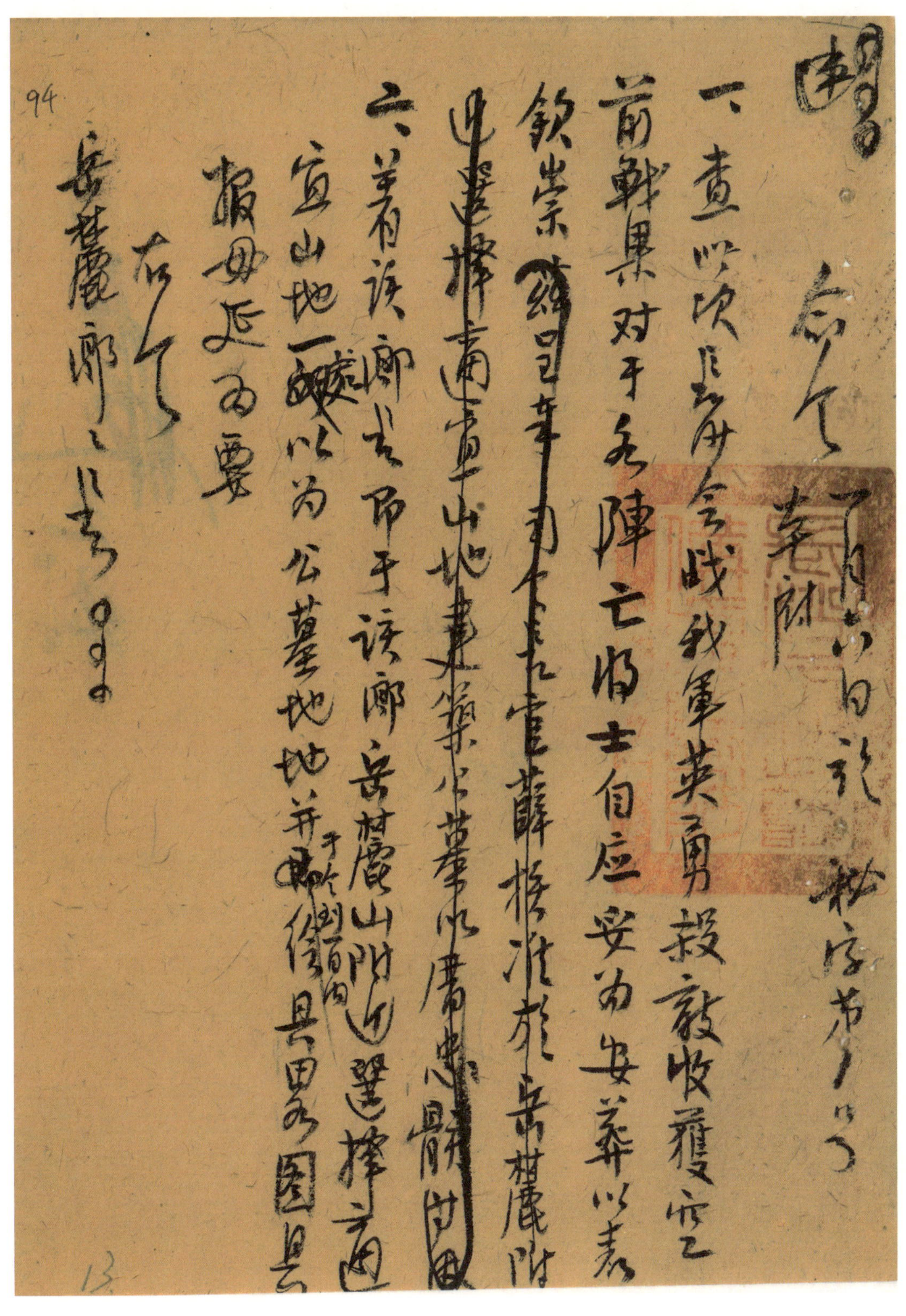

令 一月六日發 秘字第 号

一、查此次長沙會戰我軍英勇殺敵收獲空前戰果對于在陣亡將士自應妥爲安葬以表欽崇

六、茲有該鄉長即于該鄉岳麓山附近選擇適宜山地一處以爲公墓地址並具圖具報

擬毋延爲要

此令

岳麓鄉鄉長

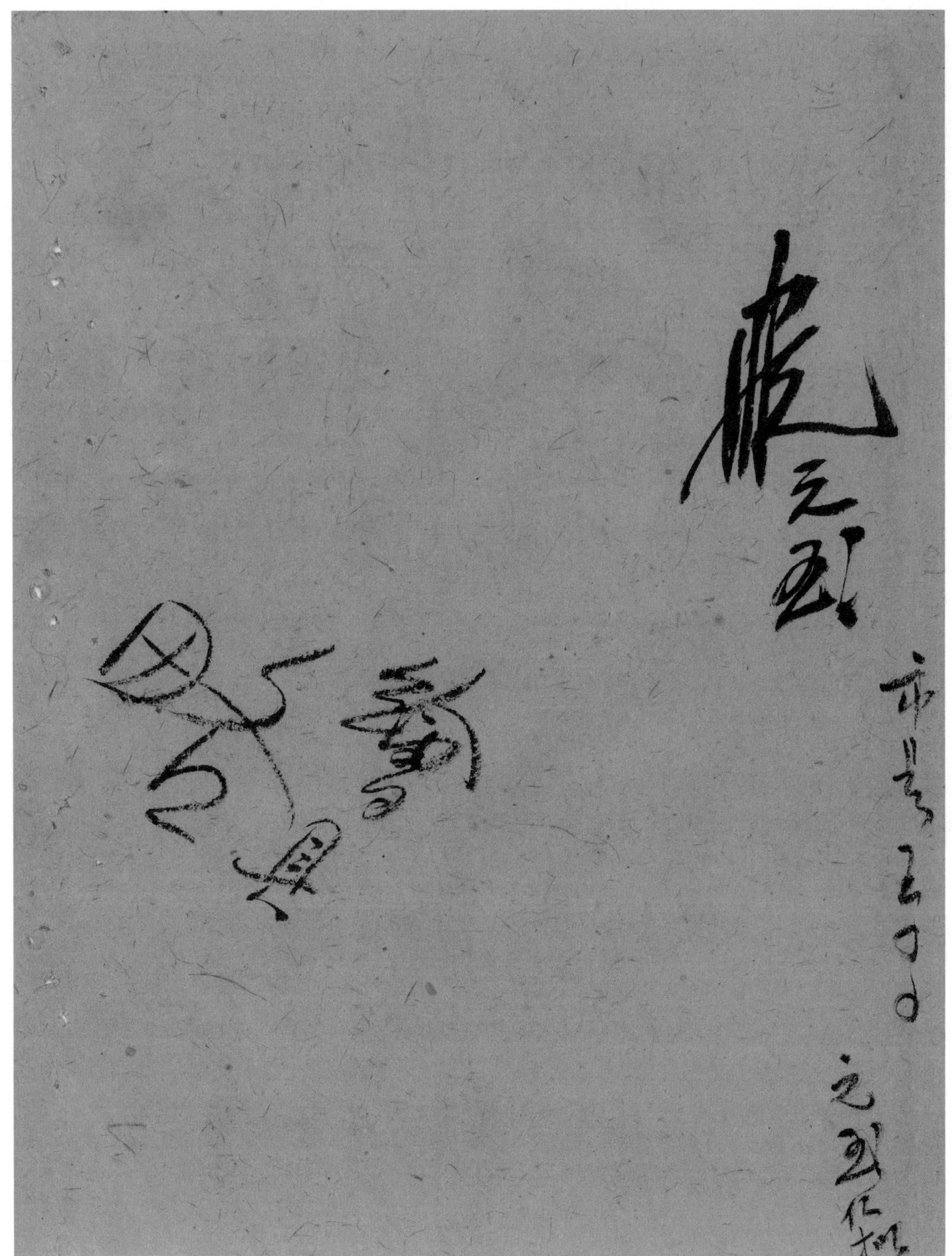

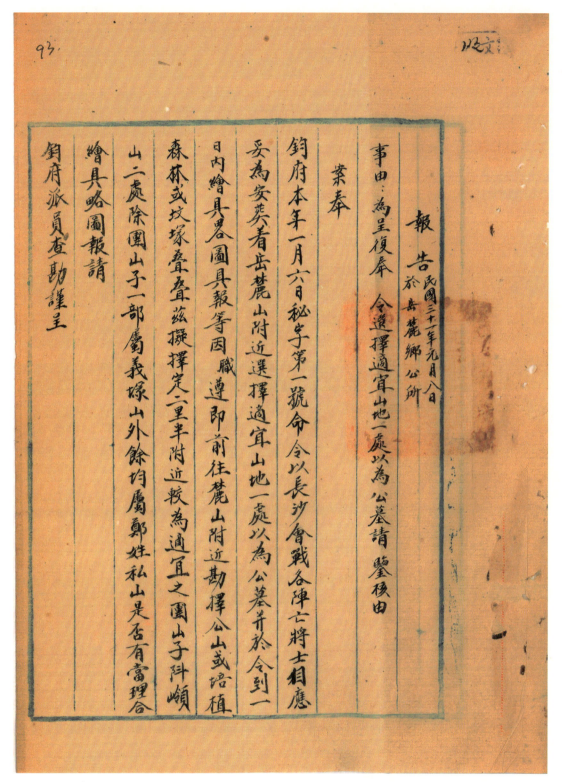

长沙县岳麓乡公所致长沙市政府的报告（一九四二年一月八日）

報告 民國三十一年元月八日 於岳麓鄉公所

事由：為呈復奉令選擇適宜山地一處以為公墓請鑒核由

案奉

鈞府本年一月六日秘字第一號命令以長沙會戰各陣亡將士自應妥為安葬着岳麓山附近選擇適宜山地一處以為公墓并於令到一日內繪具畧圖具報等因職遵即前往麓山附近勘擇公山或培植森林或坟塚纍纍茲擬擇定二里半附近較為適宜之園山子附嶺山二處除園山子一部屬義塚山外餘均屬鄭姓私山是否有當理合繪具略圖報請

鈞府派員查勘謹呈

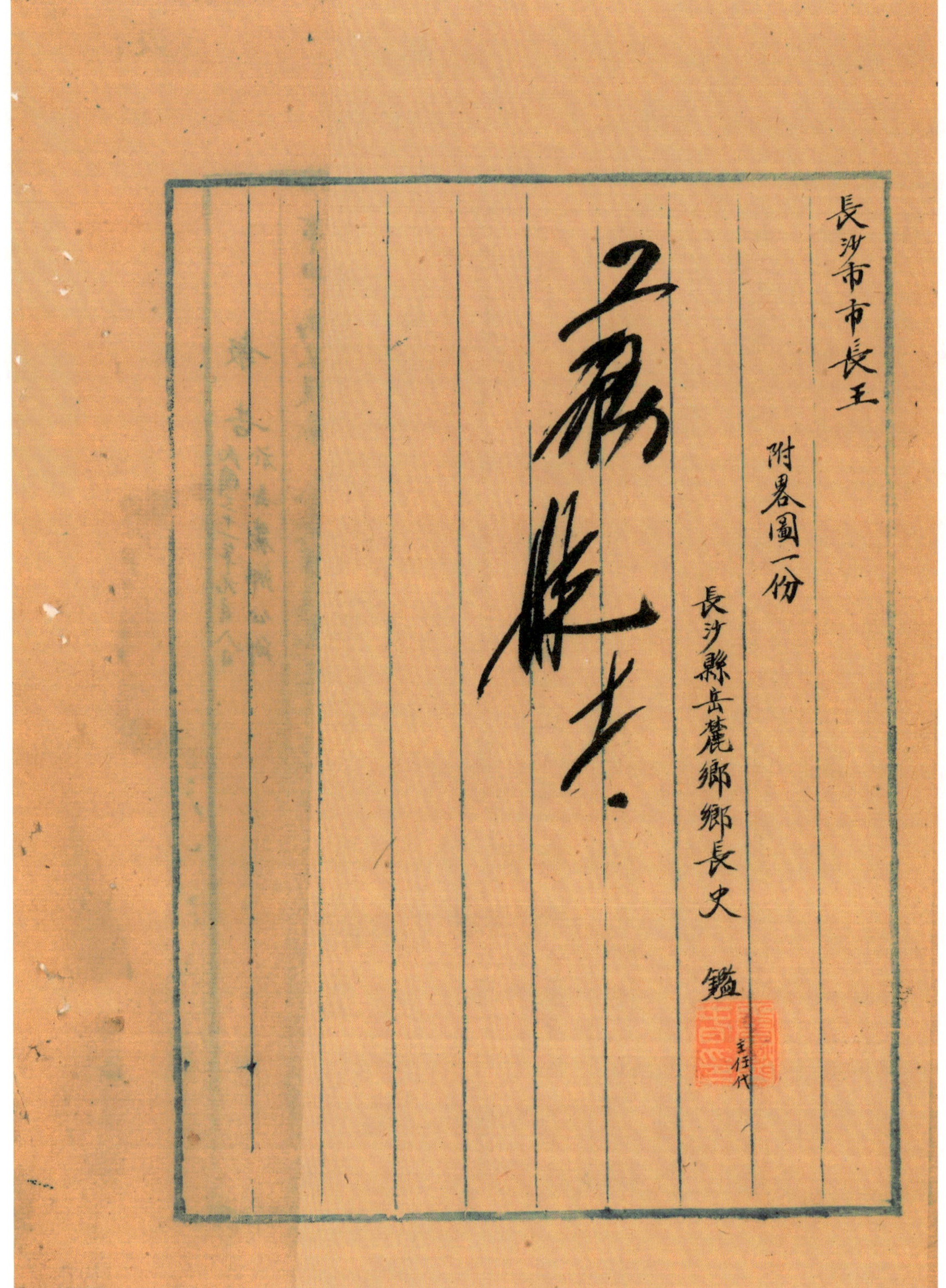
長沙市市長王

附畧圖一份

長沙縣岳麓鄉鄉長史　鑑

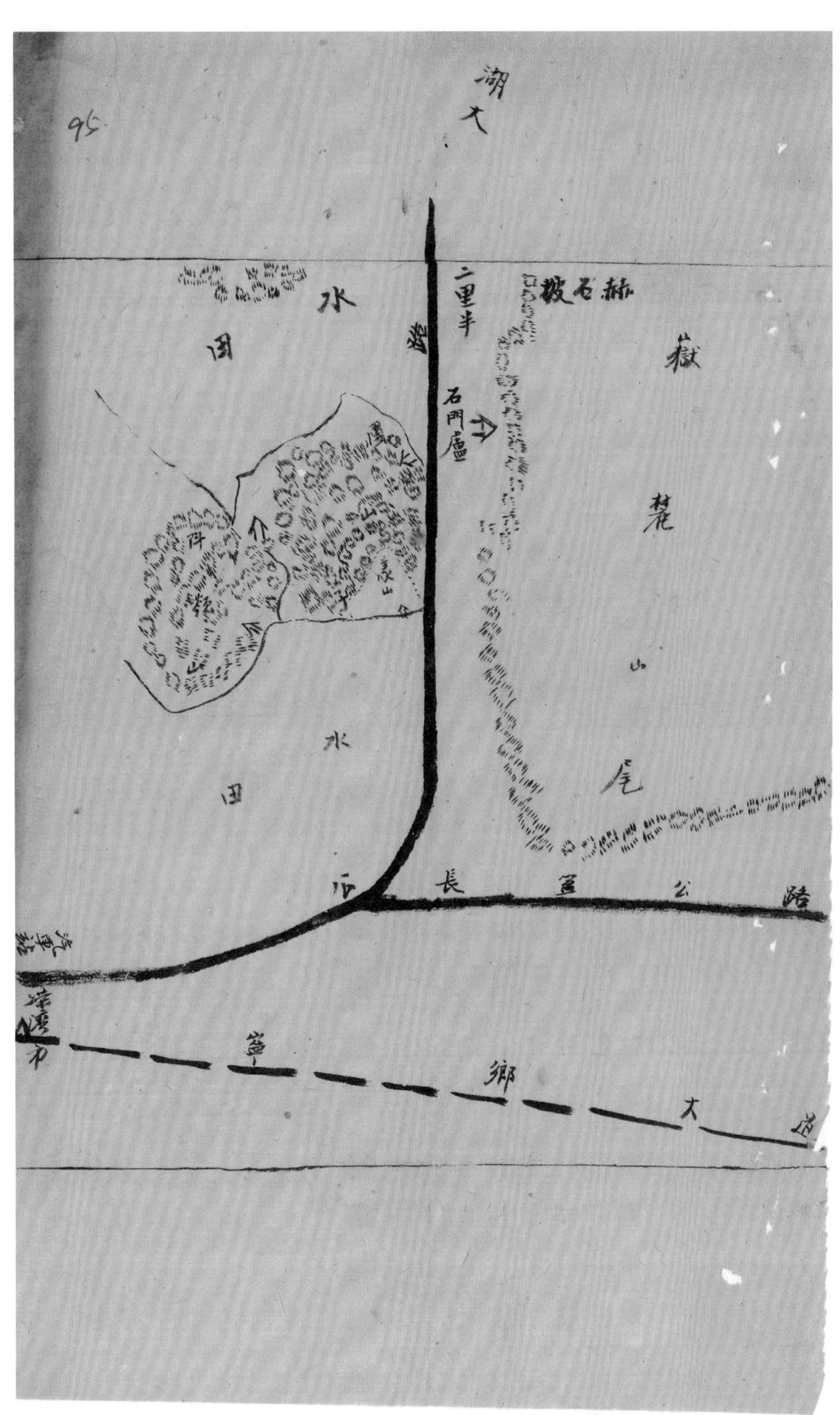
水田
二里半
水田

长沙市政府关于阵亡将士公墓建筑征用民地案致陆军第十军第三次长沙会战阵亡将士公墓建筑委员会的代电（一九四二年八月七日）

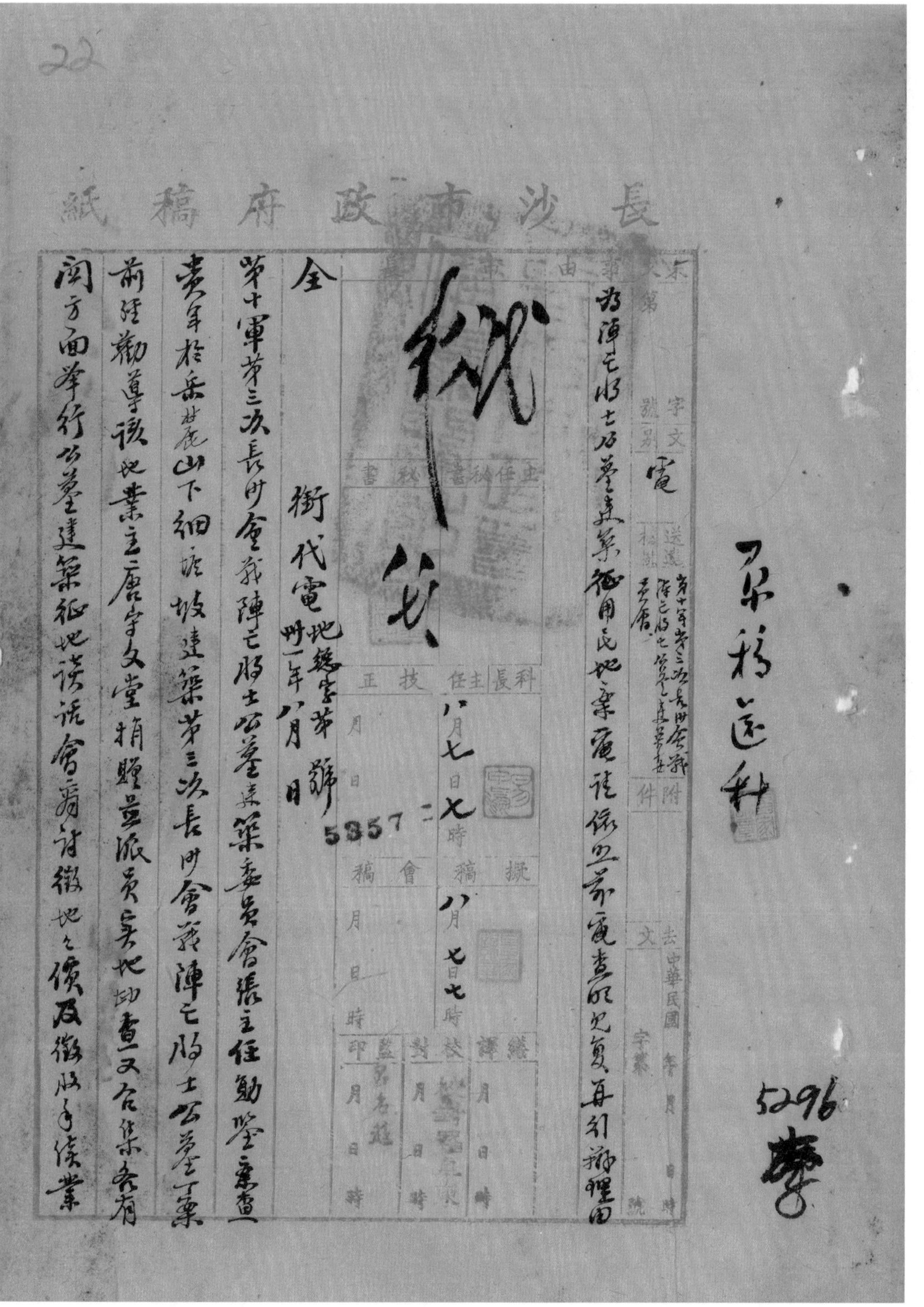
長沙市政府稿紙

事由：为阵亡将士公墓建筑征用民地案电请依照[illegible]見復并引办理由

交地政科

全銜代電 地總字第 號 卅一年八月 日

第十軍第三次長沙會戰陣亡將士公墓建築委員會張主任勛鑒：案查
貴軍於岳麓山下細坡建築第三次長沙會戰陣亡將士公墓業
前經勘導該地業主唐守文堂捐贈並派員會同地方查丈合[illegible]在有
關方面舉行公墓建築徵地談話會商討徵地之價及徵收手續業

經先後電請貴會派工程師來府會同勘測，決定公墓用地面積，又經電請貴會迅將該項公墓基地草圖註記私墳數目移送過府，以便定期召集第二次會議，俾辦理購地及私墳遷葬贖用手續，去冬以來，逾兩月仍未見復，以致征地事宜本府無法進行。頃准

貴省特別黨部書記長張東坤來府，稱陣亡將士公墓工程告竣，應請貴府劃定四址，俾便定界備案等語，自應照辦。惟是該項公墓所佔地基面積多少，征地手續及私墳遷葬費已否依法辦妥，本府無案可查，未敢懸揣劃定四址，定界備案一節，暫時似亦無從著手，仍請貴會將以前電查明見復，再行辦理為荷。

市長王〇〇 地總朱陽印

陆军第十军司令部与长沙市政府关于转饬岳麓山公墓附近保甲就近看护事的一组文书（一九四二年十二月）

陆军第十军司令部致长沙市政府的公函（一九四二年十二月二日）

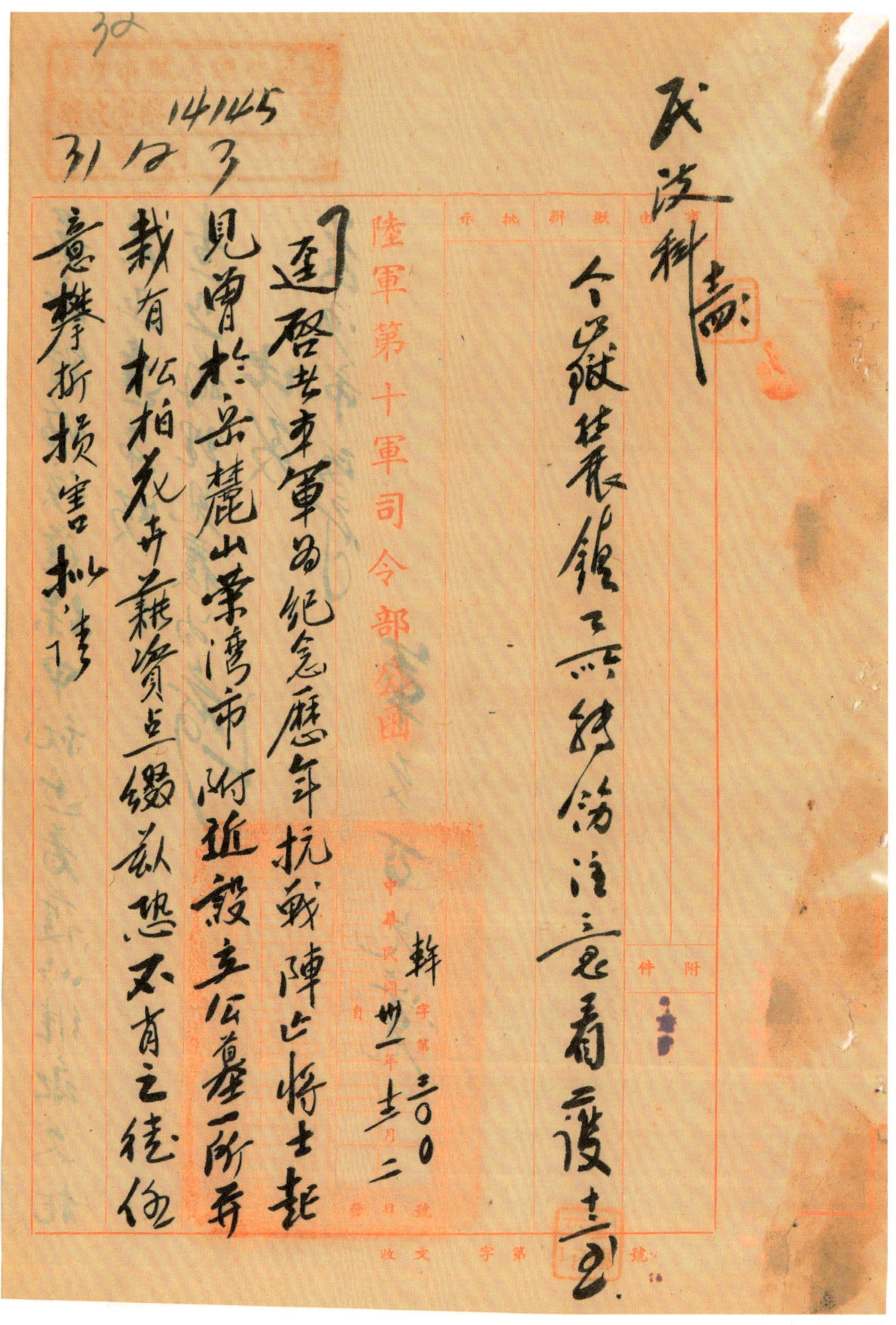

民政科

令岳麓镇公所转饬注意看护。

陆军第十军司令部公函

逕启者：本军为纪念历年抗战阵亡将士起见，曾于岳麓山棠湾市附近设立公墓一所，并栽有松柏花卉藉资点缀。恐不肖之徒任意攀折损害……

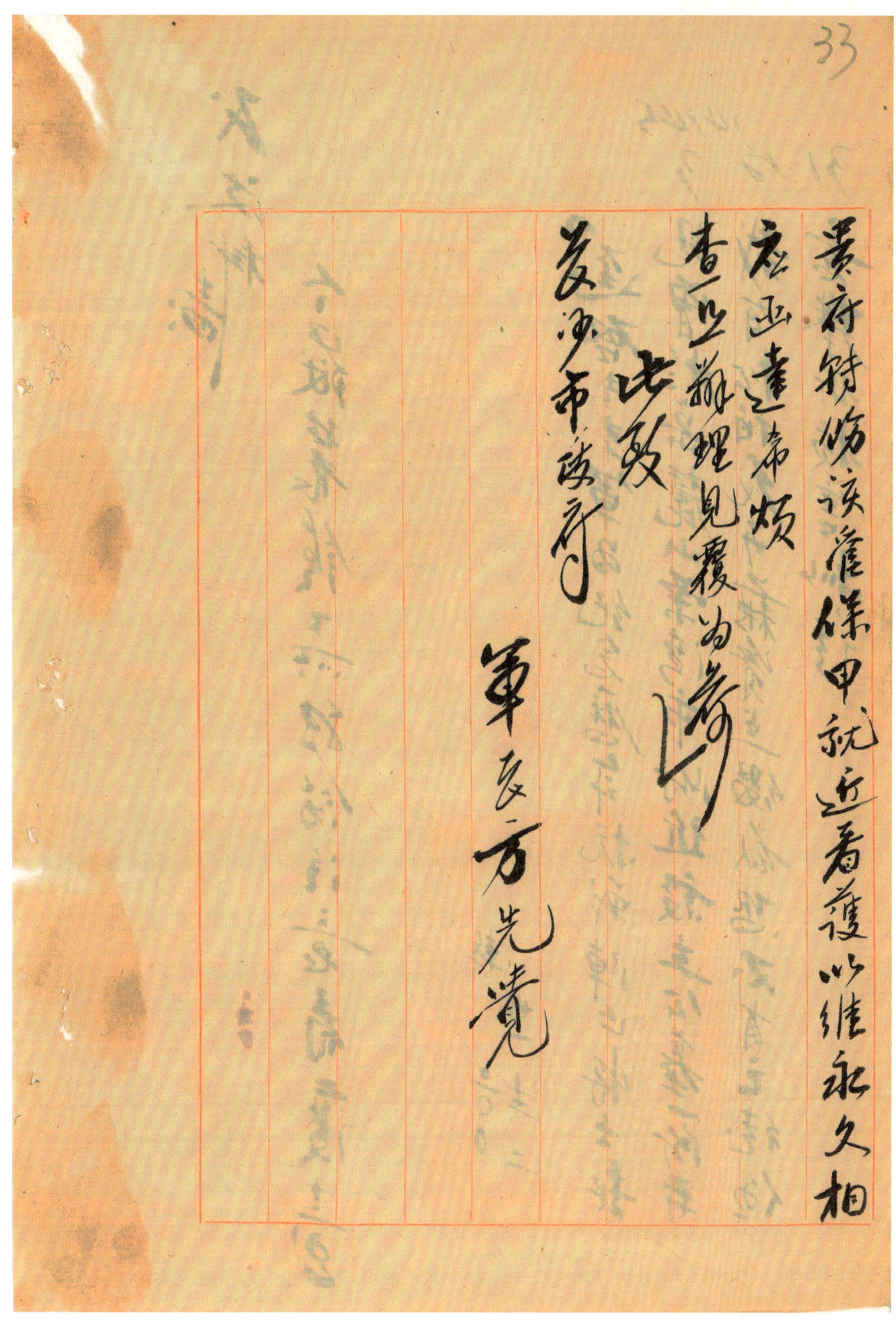
33

貴府轉飭該管保甲就近看護以維永久相應函達希煩

查照辦理見覆爲荷

此致

長沙市政府

軍長方先覺

长沙市政府致该市岳麓镇公所的训令（一九四二年十二月十二日）

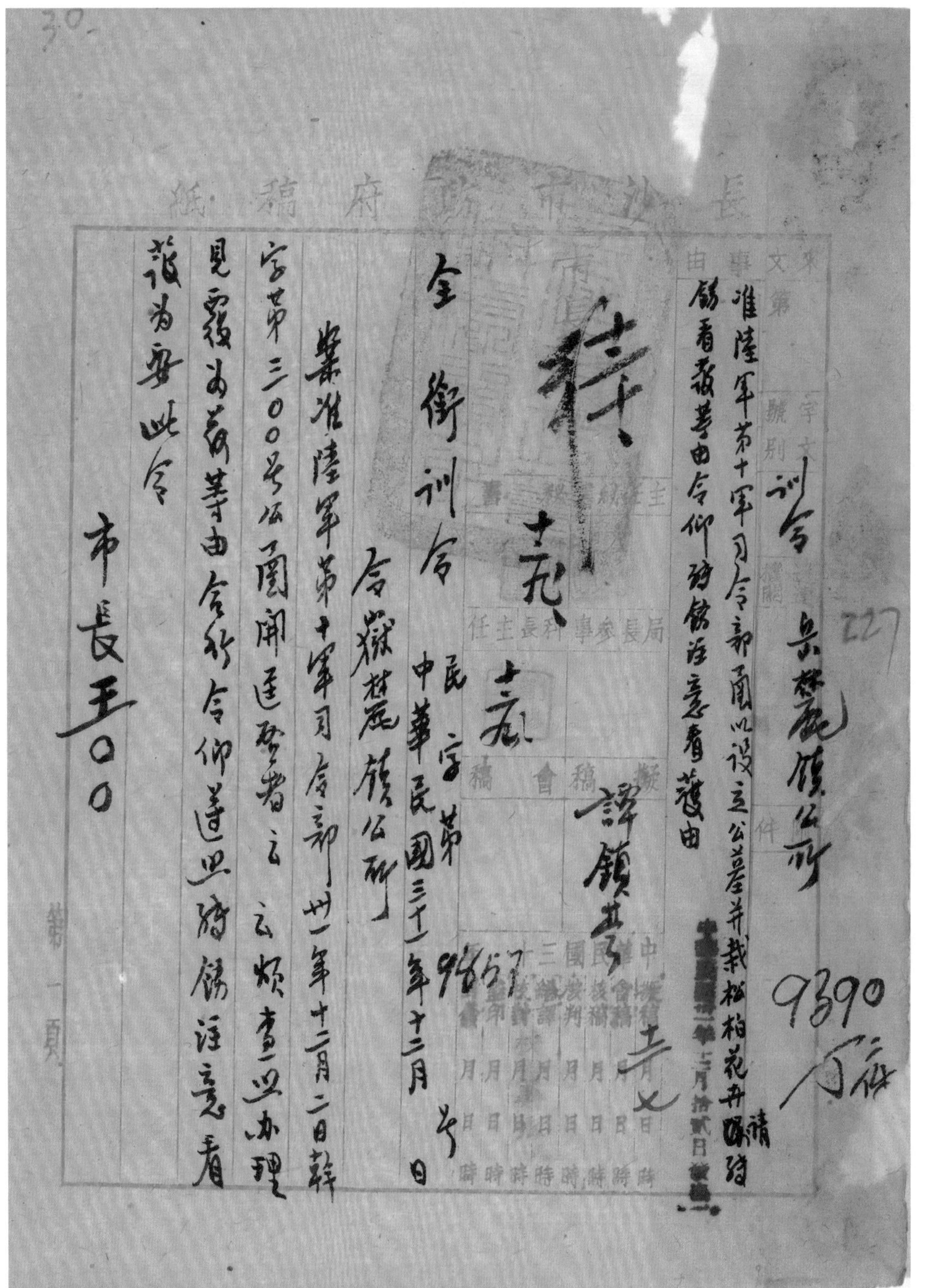

長沙市政府稿紙

事由：准陸軍第十軍司令部函以設立公墓并栽松柏花卉請飭看護等由令仰該鎮注意看護由

訓令 岳麓鎮公所

全銜訓令 民字第 號

令岳麓鎮公所

案准陸軍第十軍司令部卅一年十二月二日韓字第三〇〇号公函開：逕啟者云云，煩查照辦理見覆為荷等由，合行令仰遵照轉飭注意看護為要。此令。

市長 王〇〇

中華民國三十一年十二月 日

长沙市政府致陆军第十军司令部的公函（一九四二年十二月十二日）

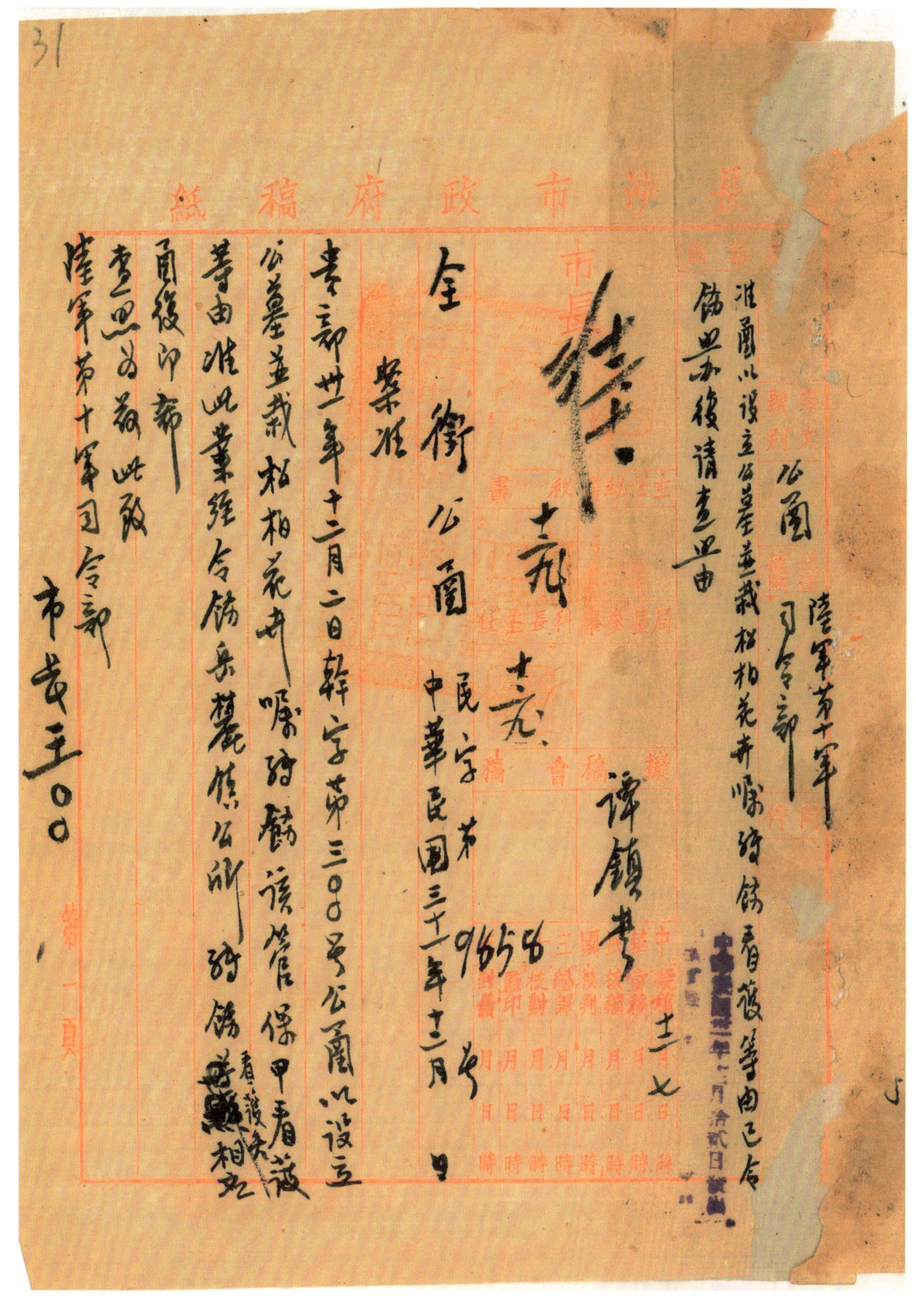
長沙市政府稿紙

陸軍第十軍司令部公函

准函以設立公墓並栽松柏花卉囑轉飭看護等由已令飭保甲後請查照由

市長

譚鎮

全銜公函　民字第 9656 號

中華民國三十一年十二月　日

案准

貴部卅一年十二月二日幹字第三〇〇號公函以設立公墓並栽松柏花卉囑轉飭該管保甲看護等由准此業經令飭岳麓鎮公所轉飭看護矣相應函復即希

查照為荷此致

陸軍第十軍司令部

市長王〇〇

第一頁

军政部第一九五伤病官兵收容所、长沙市政府等关于择选公地作为收容所伤亡将士安葬地的一组文书（一九四二年十二月至一九四三年一月）

军政部第一九五伤病官兵收容所致长沙市政府的代电（一九四二年十二月四日）

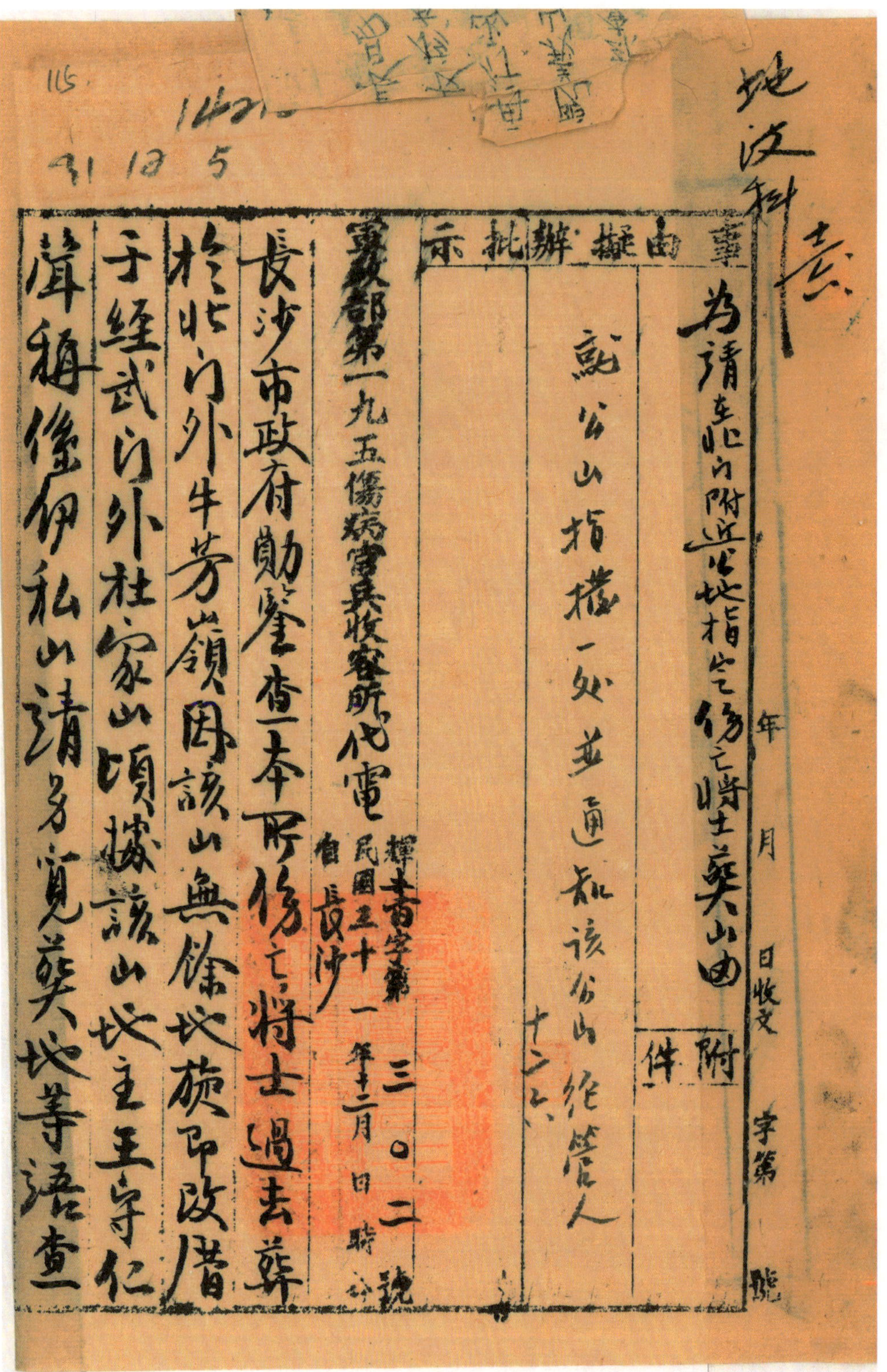
事由：為請在北門附近公地指定傷亡將士葬山由

擬辦：就公山指撥一處並通知該公山經管人 十二、六

批示

附件

軍政部第一九五傷病官兵收容所代電 輝吉字第三〇二號

民國三十一年十二月 日 時 分 自長沙

長沙市政府勛鑒：查本所傷亡將士過去葬於北門外牛芳嶺，因該山無餘地，旋即改厝于經武門外杜家山，頃據該山地主王守仁肆稱係伊私山，請另覓葬地等語。查

公私山地本所未明，該山既係私地，自應
另覓公山安葬，以奠忠魂。除請
貴府查收外，附送指定公地安葬外，
相應電達，請煩查照為荷。長
第一九五收容所主任韓輝相亥支書叩

长沙市政府致军政部第一九五伤病官兵收容所的代电（一九四三年一月五日）

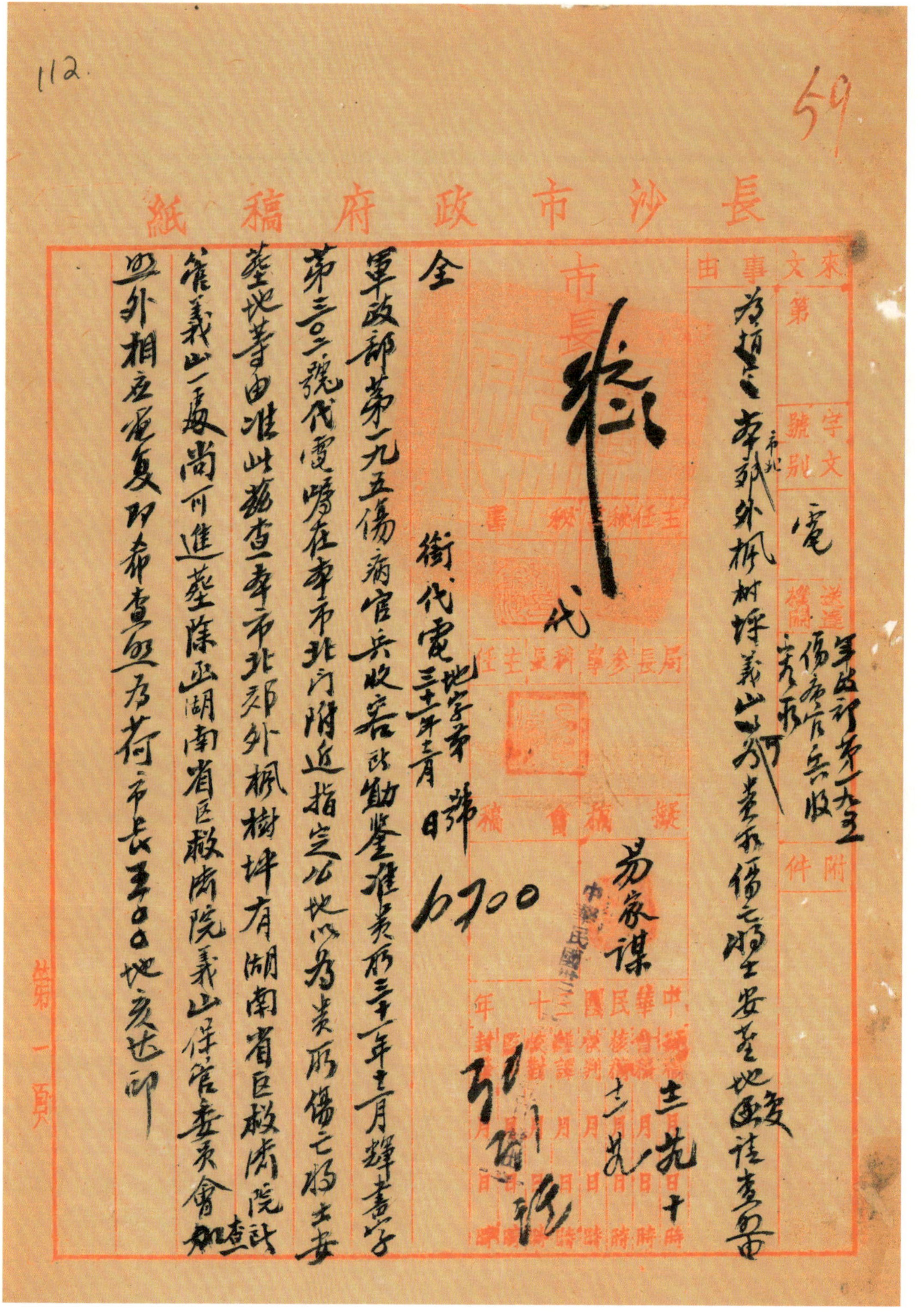

長沙市政府稿紙

來文字號：電

送達機關：軍政部第一九五傷病官兵收容所

事由：為指定本市北郊外楓樹坪義山為貴所傷亡將士安葬地函請查照由

擬稿：易家謀

全銜代電　地字第　號　三十二年一月　日

軍政部第一九五傷病官兵收容所勛鑒：准貴所三十一年十二月輝書字第三〇二號代電，囑在本市北門附近指定公地，以為貴所傷亡將士安葬地等由；准此，茲查本市北郊外楓樹坪有湖南省區救濟院義山，係省區救濟院所管，義山一處尚可進葬，除函湖南省區救濟院義山保管委員會查照外，相應電復，即希查照為荷。市長王〇〇　地灰支印

第一頁

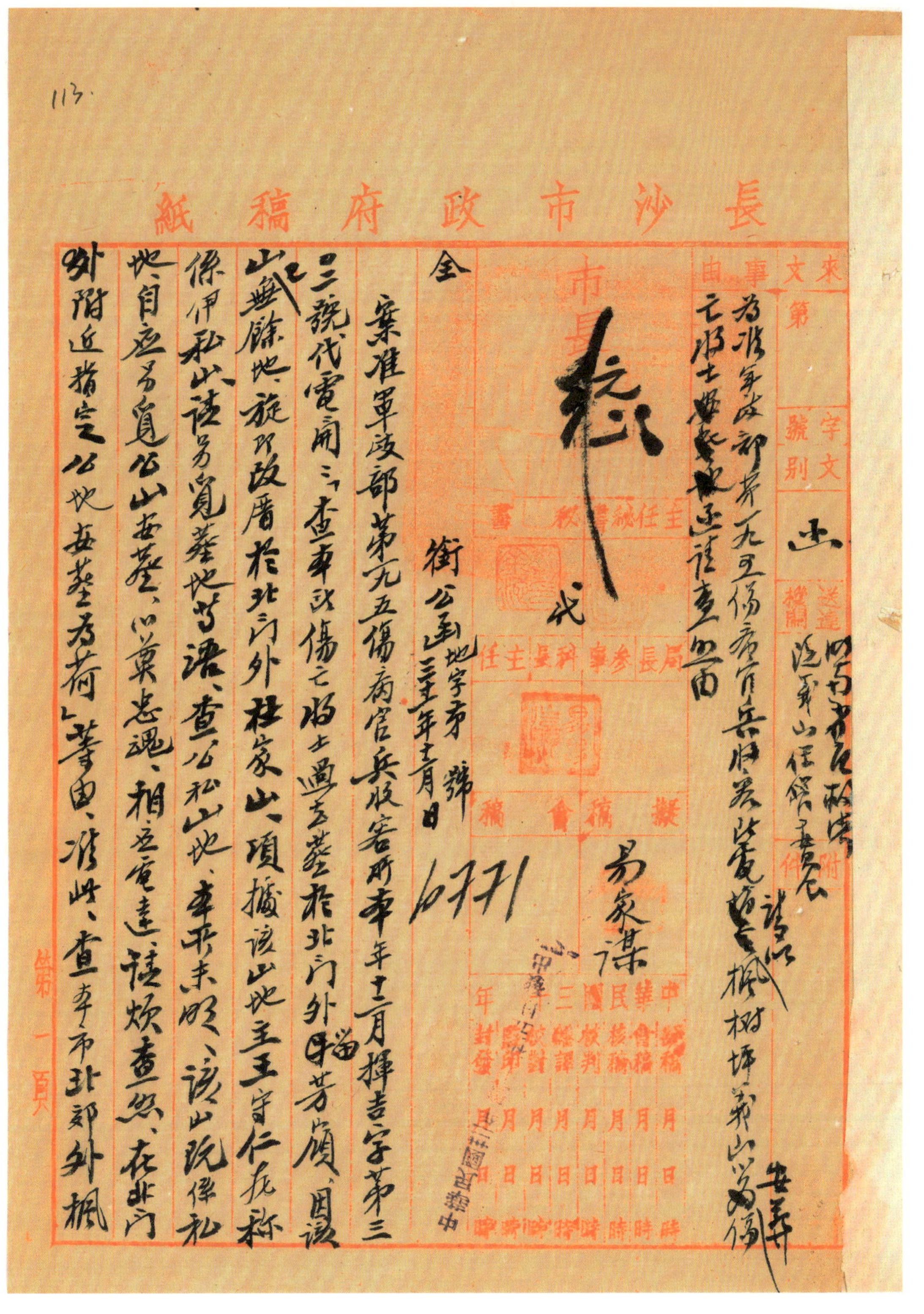

113.

長沙市政府稿紙

來文：第　號

文字號別：出

送達機關：湖南省區救濟院義山保管委員會

事由：為准軍政部第九五傷病官兵收容所請覓地安葬亡故將士，請以楓樹坪義山爲備安葬一案，函達查照由

市長（簽）

代

易家謀

全銜

公函　地字第　號

三十二年一月　日

6771

案准軍政部第九五傷病官兵收容所本年十二月擇吉字第三三號代電開：「查本所傷亡將士過去葬於北門外𤔡芳嶺，因該山無餘地，旋即改厝於北門外杜家山，頃據該山地主王守仁拒稱係伊私山，請另覓葬地等語。查公私山地，本所未明，該山既係私地，自應另覓公山安葬，以慰忠魂。相應電達，請煩查照，在北門外附近指定公地安葬為荷」等由。准此，查本市北郊外楓

第一頁

長沙市政府致湖南省區救濟院義山保管委員會的公函（一九四三年一月五日）

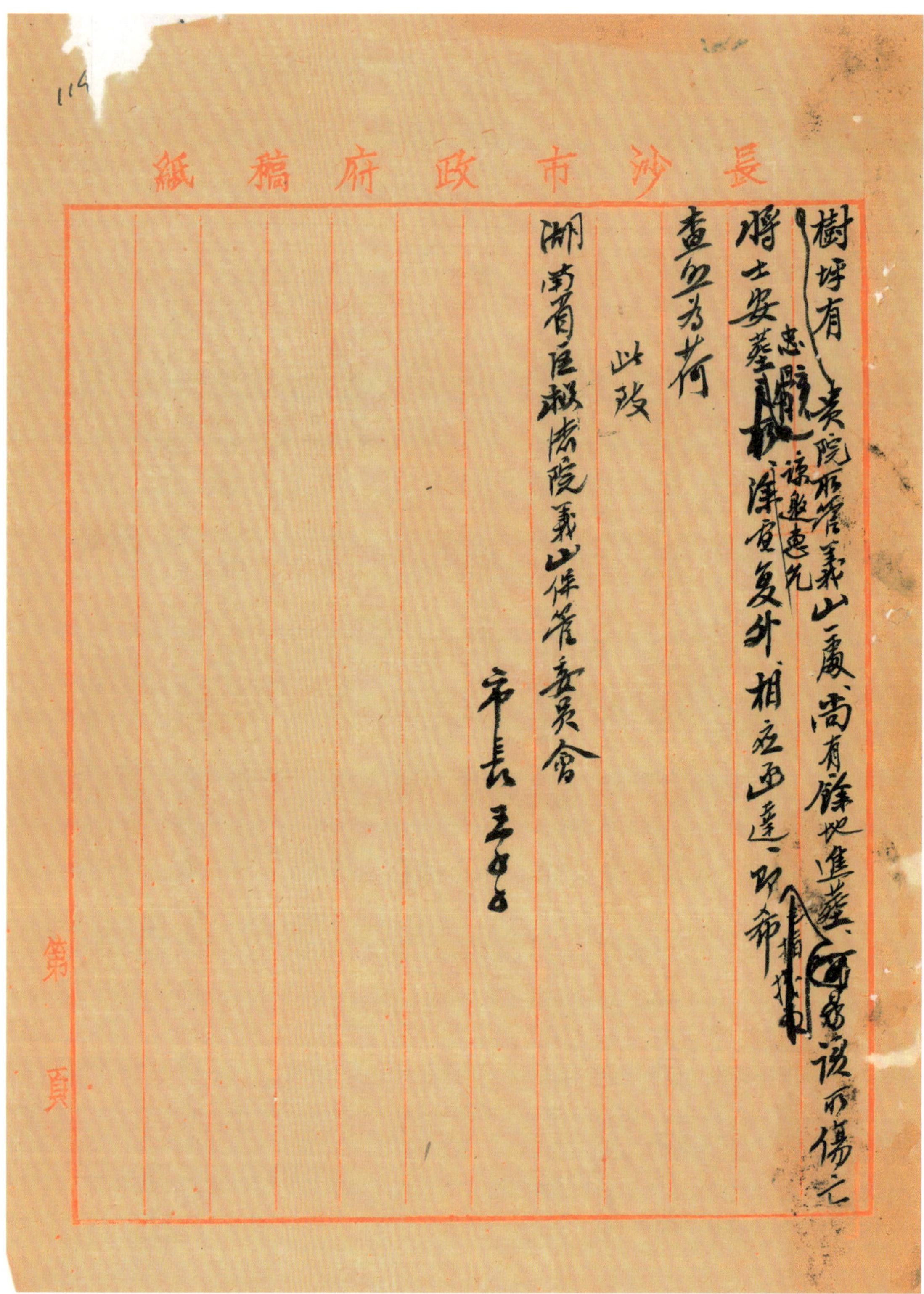

114

長沙市政府稿紙

樹坪有貴院所管義山一處，尚有餘地進葬，……該所傷亡將士安葬忠骸，諒邀惠允，准[illegible]，相應函達，即希查照為荷。

此致

湖南省立救濟院義山保管委員會

市長王[illegible]

第　頁

湖南省区救济院致长沙市政府的公函（一九四三年一月十九日）

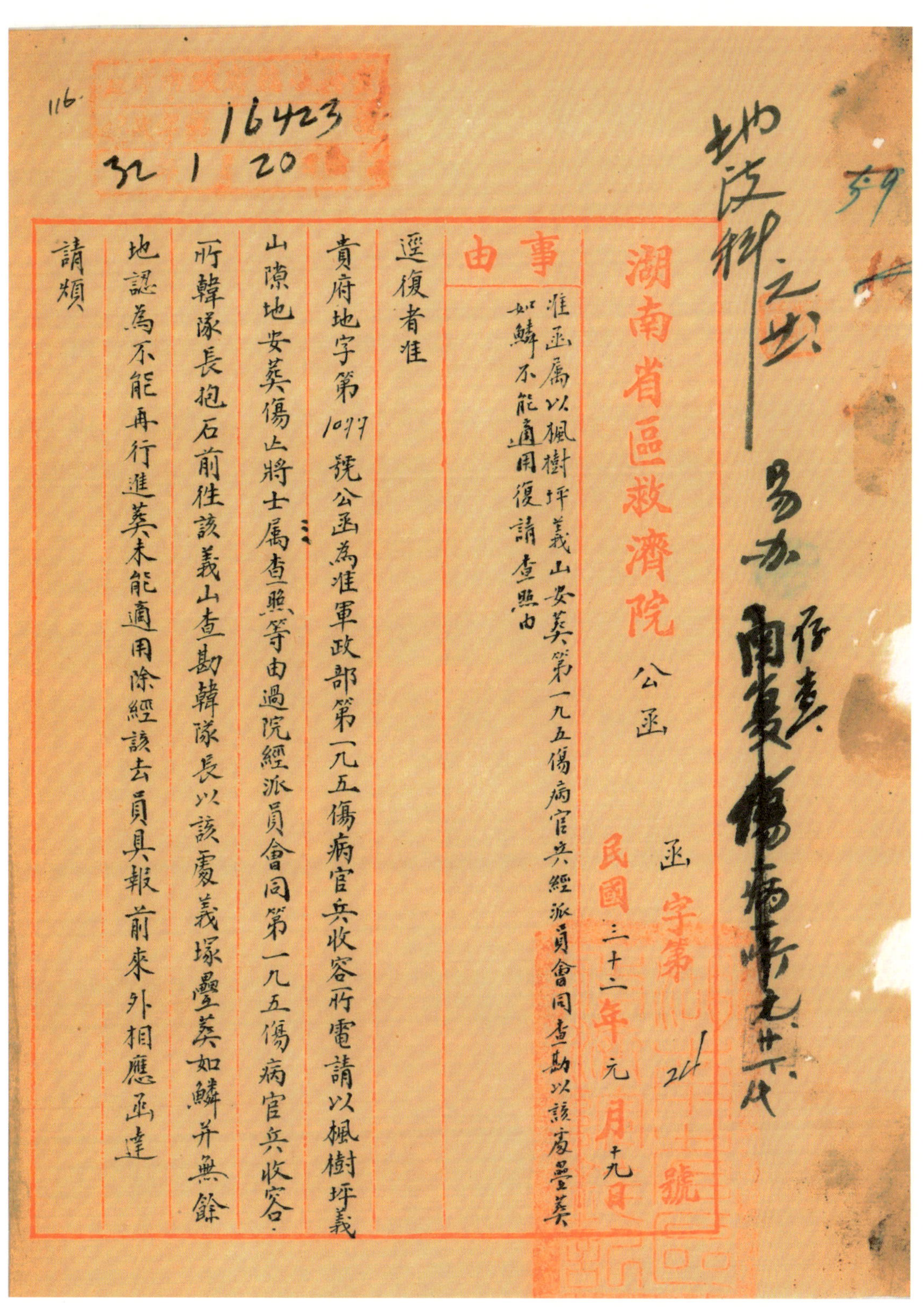

湖南省區救濟院公函

函字第24號

民國三十二年元月十九日

事由：准函屬以楓樹坪義山安葬第一九五傷病官兵經派員會同查勘以該處壘葬如鱗不能適用復請查照由

逕復者准

貴府地字第1097號公函為准軍政部第一九五傷病官兵收容所電請以楓樹坪義山隙地安葬傷亡將士屬查照等由過院經派員會同第一九五傷病官兵收容所韓隊長抱石前往該義山查勘韓隊長以該處義塚壘葬如鱗并無餘地認為不能再行進葬未能適用除經該去員具報前來外相應函達

請煩

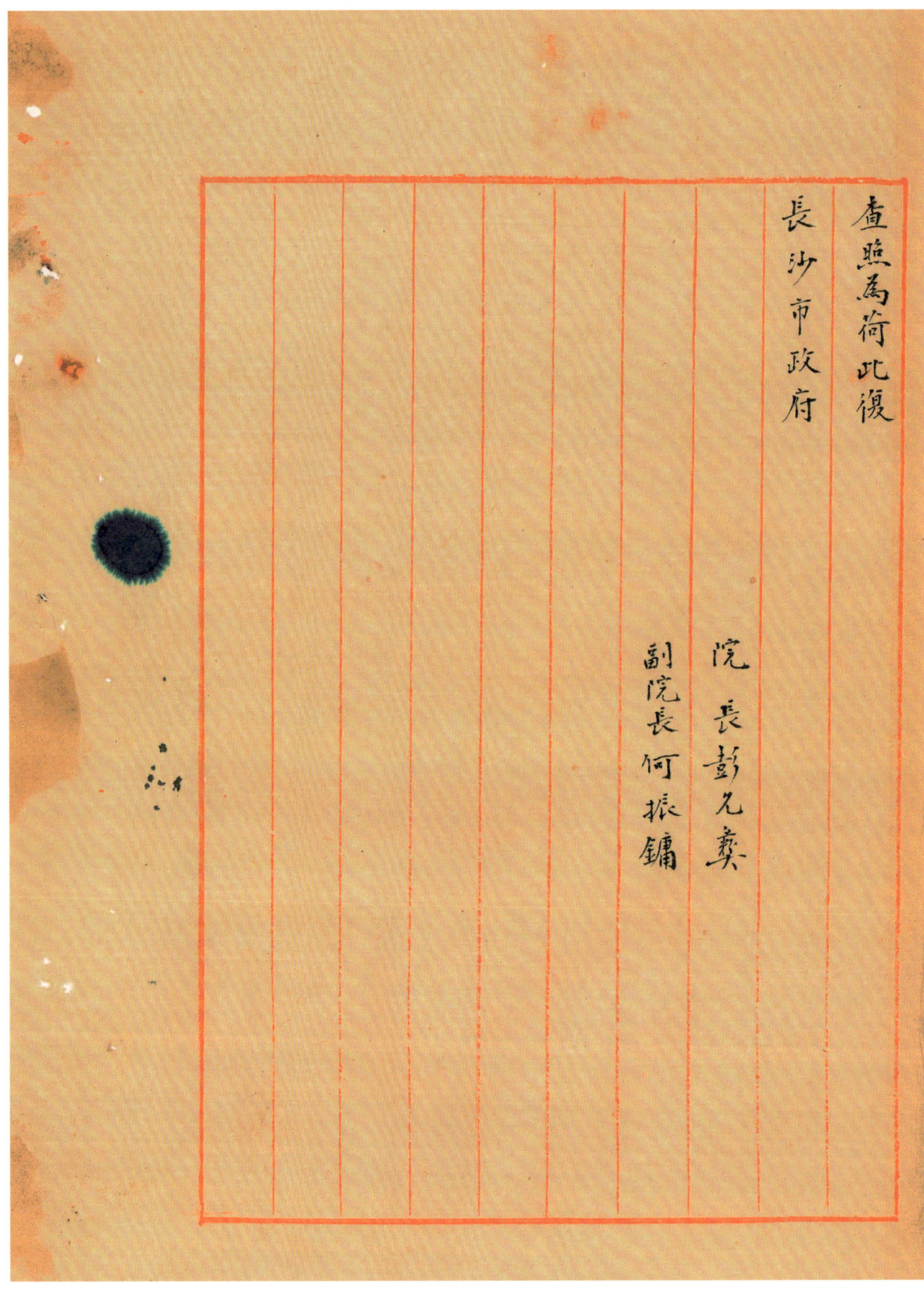
查照爲荷此復
長沙市政府
院　長彭兆蘷
副院長何振鏞

陆军第二十七集团军副总司令李玉堂、第十军军长方先觉关于绘制阵亡将士墓地图及墓地征调手续致长沙市政府的代电（一九四三年六月二十八日）

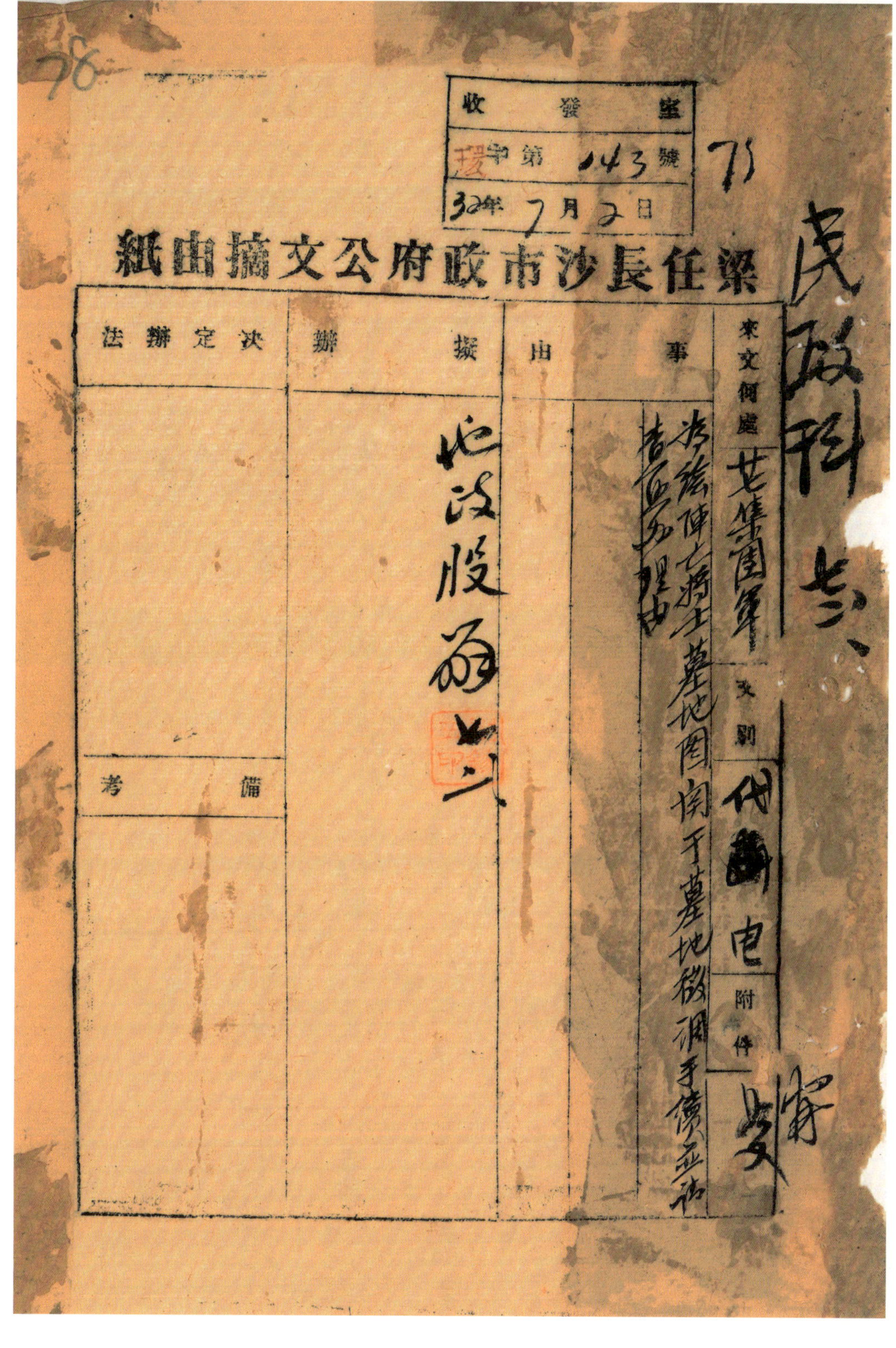

收發室

援字第143號

32年7月2日

梁任 長沙市政府公文摘由紙

民政科

來文何處	事由	擬辦	決定辦法
廿七集团軍	為繪陣亡將士墓地图與關于墓地徵調手續並請查照辦理由	地政股辦	
文別：代電			備考
附件：無			

代電

長沙市梁市長勳鑒：本軍於第三次長沙會戰役在岳麓山下建造陣亡將士公墓，各項工程俱已次第完成，事後方知墓地主權均屬民有，前曾會同市府將所用墓地測繪一次，函准貴府備案在案。嗣後玉堂子珊率同各師長赴公墓勘看數次，僉以前測墓地尚須改整之處甚多，後又於去年四月間偕各參謀長朱團二師長會同王前市長力畋、陳前工務局長並邀各業主親蒞墓地共同勘看協議，釘椿，市府由胡技師福秋測繪、奉令

18

……村長測繪，而關於徵用民地方式，亦經高

定：所有古墓、所用人民地基，歸市政府另行擇就相等價值之地基

調換之，均無異議，各在案。茲以本軍易長他調，各項工程修造

延宕，若非明文規定解決墓地，深恐人民不諒，自行將墓地

損毀。此處所葬者，均為保衛長沙第三次會戰之陣亡將士忠

骸。墓園完成後，不獨為岳麓勝地添一古蹟，亦騷人墨

客登臨憑弔，且為一良好風景綫。春秋佳日，亦可供仕女

遊覽。若此泉壤增輝，陣亡先烈亦可以瞑目矣。茲將

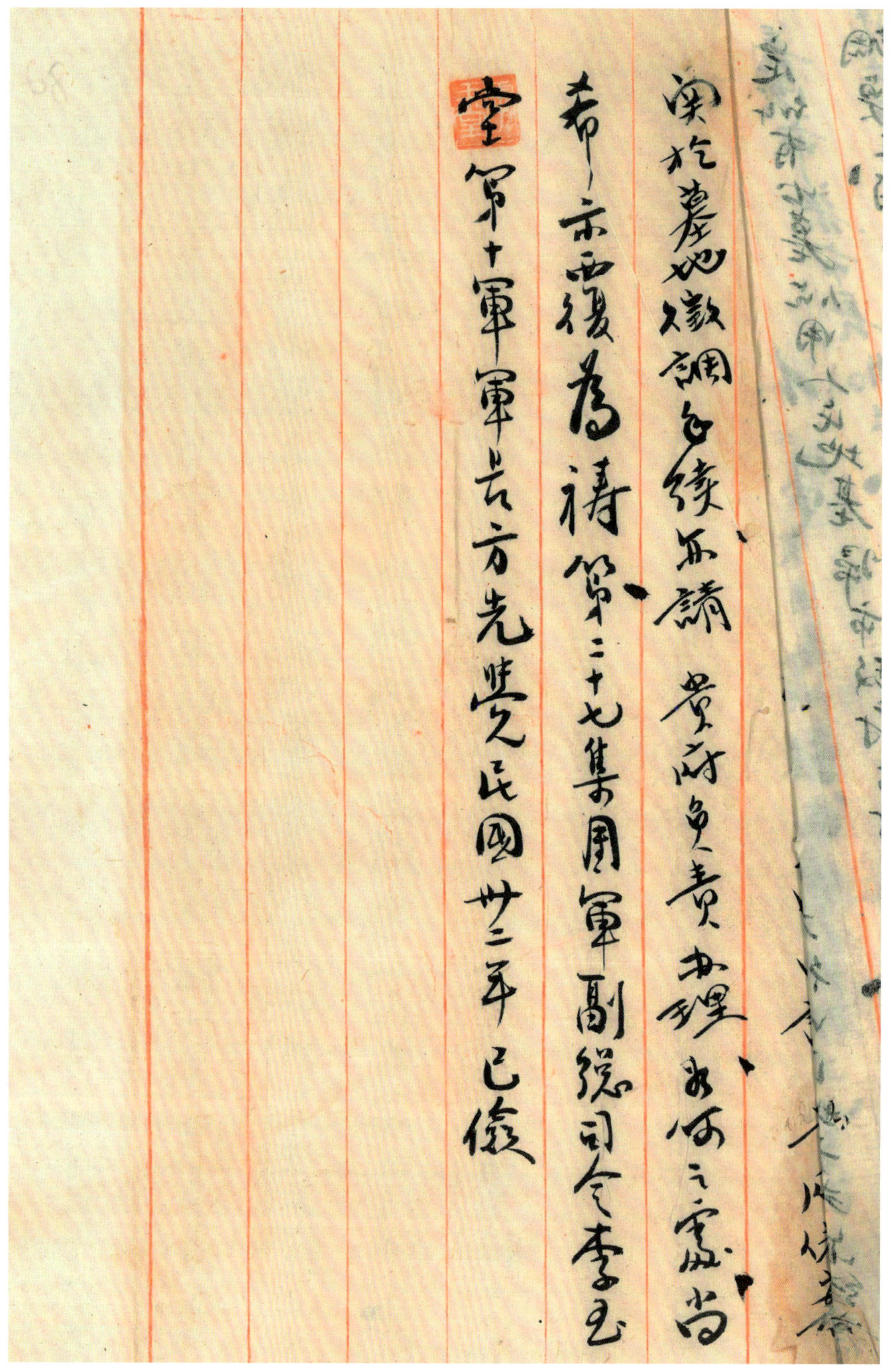

關於墓地徵調手續等請 貴府負責辦理，爲何之處，尚

希 示復爲禱。第二十七集團軍副總司令李玉

堂 第十軍軍長方先覺 民國卅三年巳儀

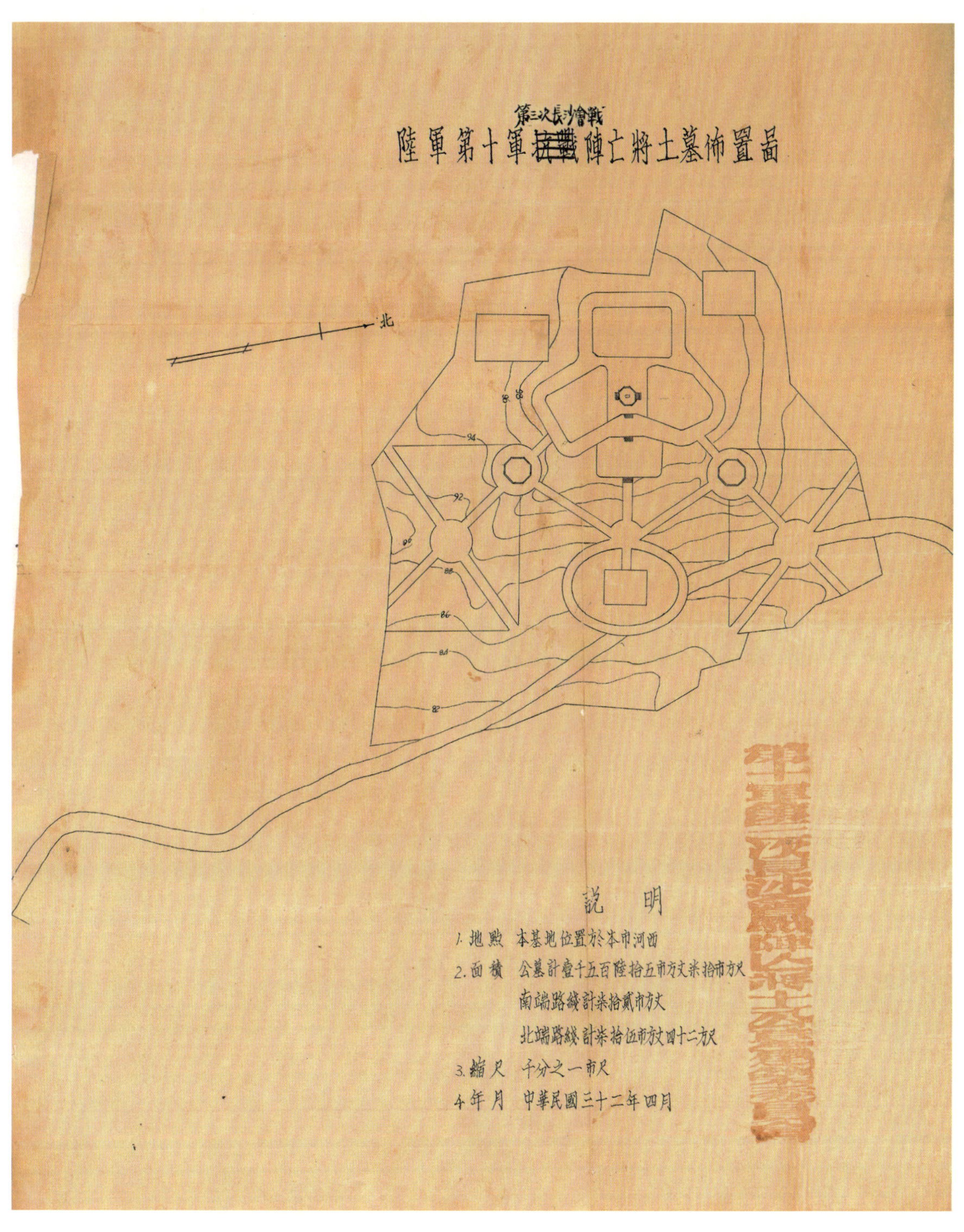

附：陆军第十军第三次长沙会战阵亡将士墓布置图（一九四三年四月）

长沙市政府与湖南省政府关于陆军第十军建筑第三次长沙会战阵亡将士公墓调拨土地事的一组文书（一九四三年七月至十二月）

长沙市政府致湖南省政府的代电（一九四三年七月二十日）

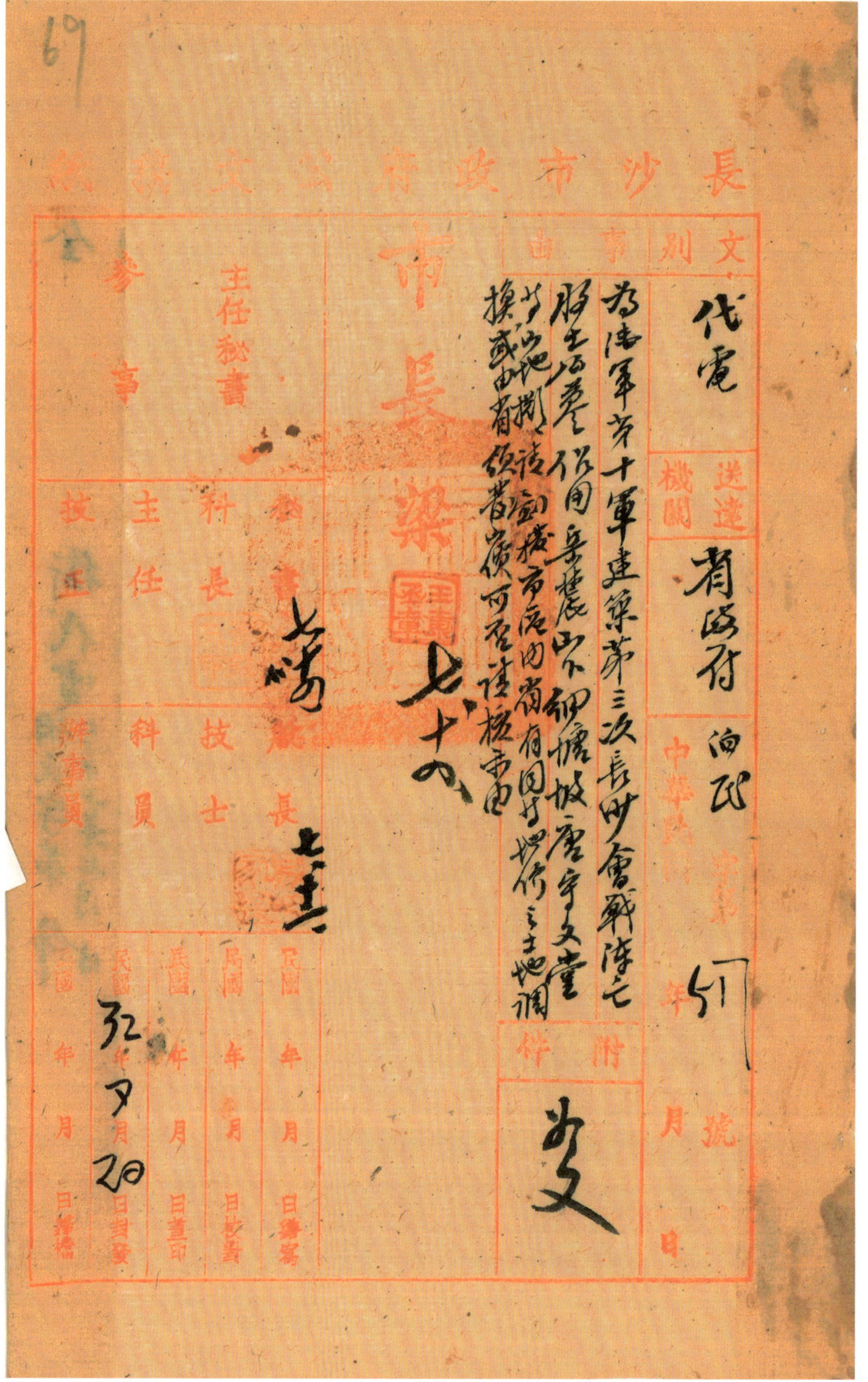

長沙市政府公文稿

文別：代電

事由：為陸軍第十軍建築第三次長沙會戰陣亡將士公墓佔用岳麓山下……

送達機關：省政府

市長 梁

衡代電　伯民字第　號
三十二年七月　日

全

湖南省政府主席薛鈞鑒：查陸軍第十軍為建築第三次長沙會戰陣亡將士公墓，於本市岳麓山下細塘坡佔用業民唐守文堂名山地二八畝六分四厘六毫，當由第十軍發給各業民墳塋遷塟費每塚二百元。關於所佔山地，本府曾經以表揚忠烈之義勸令業民捐贈，惟迭據陳述痛苦，請求領發山價名情前來。查建築陣亡將士公墓係屬公用事業之一，本府又經擬情轉函第十軍按照土地法第三百三十五條及同法第三百三十七條之規定，逕向該業主收買或徵收其土地後，准函

復囑本府函撥公有土地以資調換等由。准此。第十軍
既不肯依法徵收、領發山價，本府又無此廣大市產
可供調換，而各業民所請又屬實情，不可不予以維
護，擬請鈞府撥市區內省有同等地價之土地予以
調換，或由省庫動支，領發山價，表揚忠烈，補償業民，
而昭其便。是否有當，理合造具請第十軍建築第三次長沙
會戰陣亡將士公墓借用岳麓山下細塘坡民地畝
積、地價表，電賫鑒核，如何之處，敬候示遵。長沙市市
長王〇叩佃民午（印）印。附呈請第十軍建築第三
次長沙會戰陣亡將士公墓借用岳麓山下細塘坡民地畝積地價

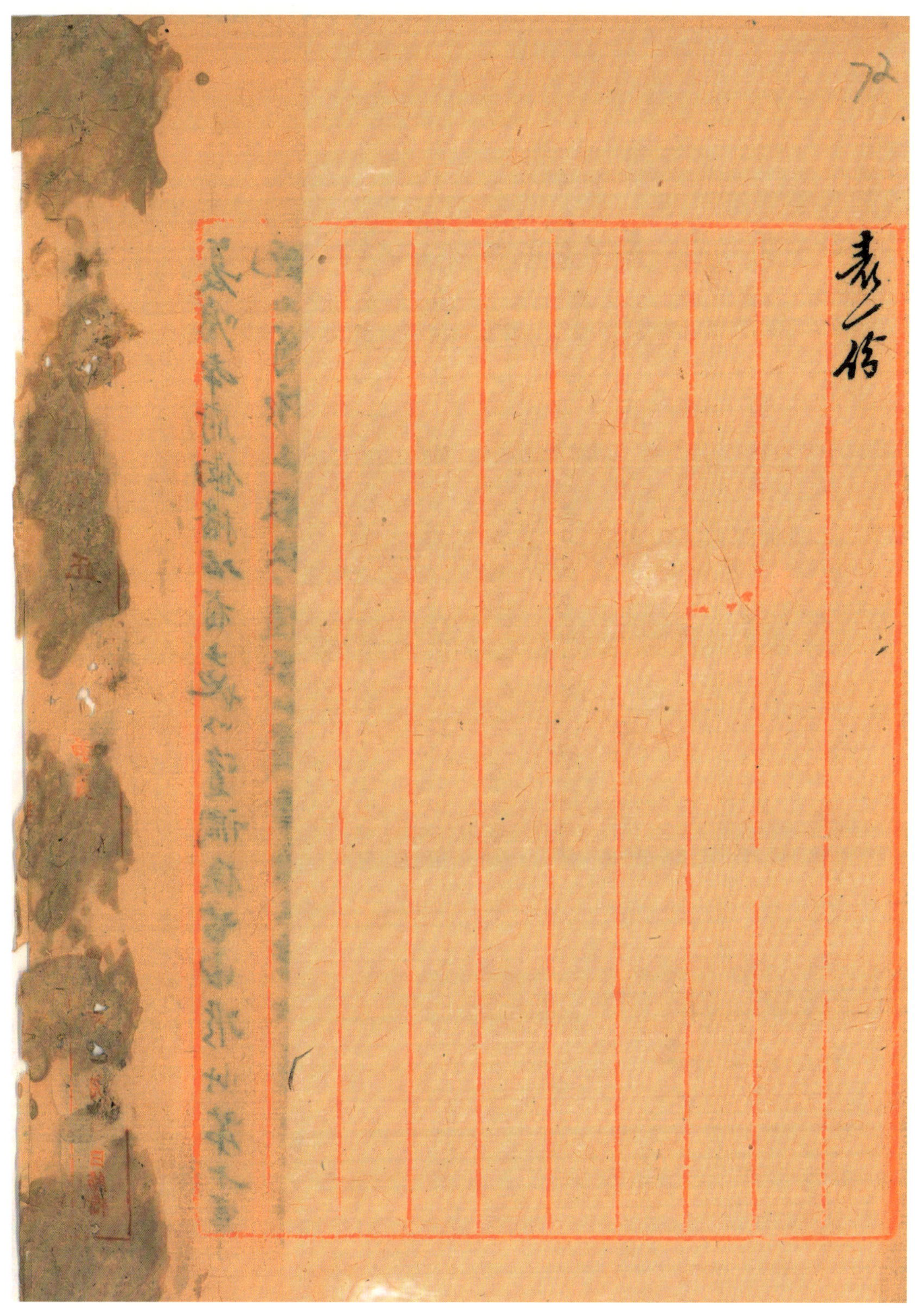

附：陆军第十军建筑第三次长沙会战阵亡将士公墓占用岳麓山下细塘坡民地面积地价表

73

陸軍第十軍建築第三次長沙會戰陣亡將士公墓佔用岳麓山下細塘坡民地面積地價表

業主姓名	地目	土地面積畝	地價 每畝價值	估地價值元	備考
唐守文堂	山	一二.二二四	六〇〇.〇〇〇	七三三四.四〇〇	
鄭桂芳堂	山	四.三九九	六〇〇.〇〇〇	二六三九.四〇〇	
黃姓	山	三.七五二	六〇〇.〇〇〇	二二五一.二〇〇	
南台新村	山	八.二七一	六〇〇.〇〇〇	四九六二.六〇〇	
合計		二八.六四六		一七一八七.六〇〇	

造 十一月十六

湖南省政府致长沙市政府的指令（一九四三年十二月七日）

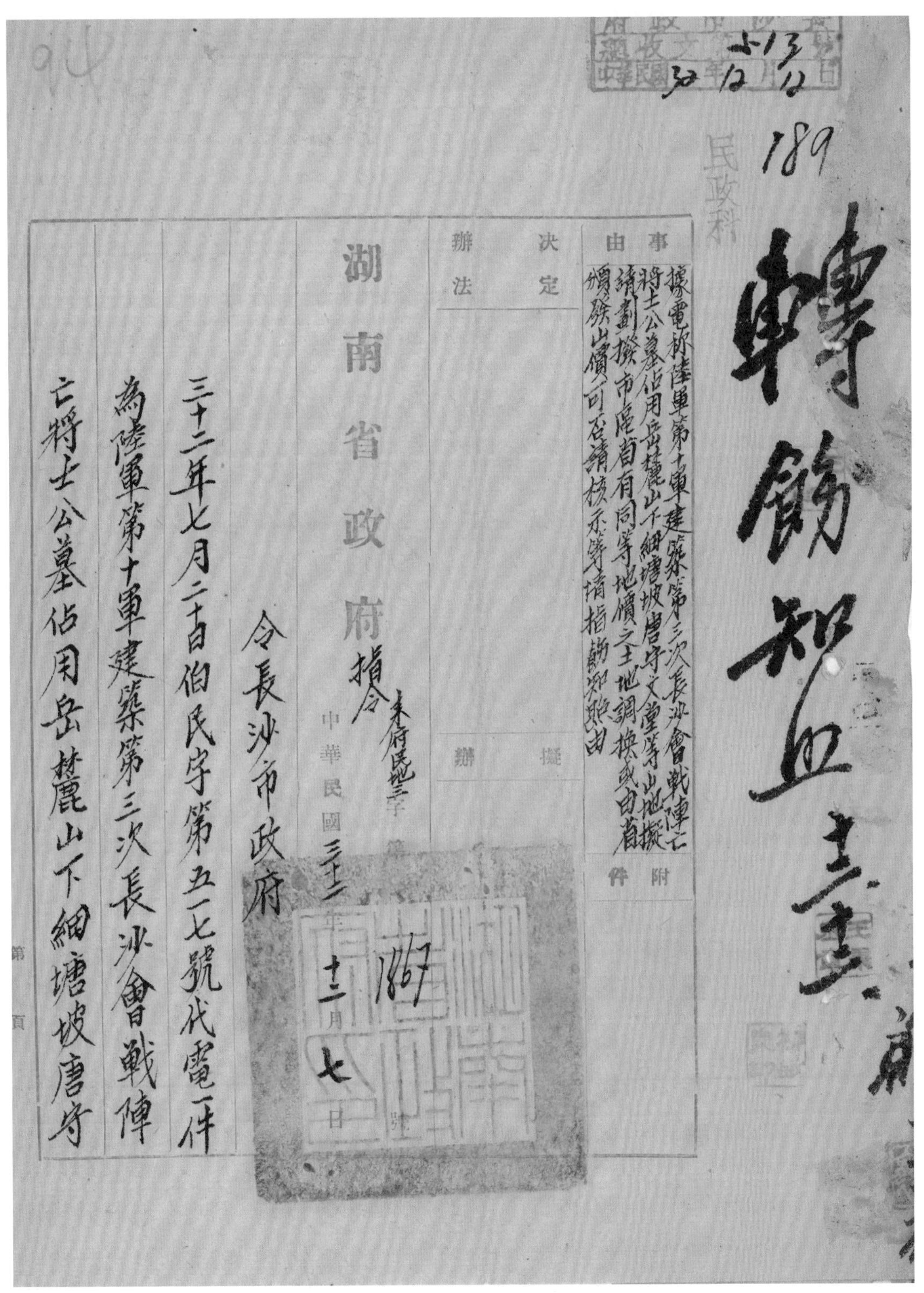
转饬知照 十二、十二

湖南省政府指令 未府民地字第　號
中華民國三十二年十二月七日

事由：據電請陸軍第十軍建築第三次長沙會戰陣亡將士公墓佔用岳麓山下細塘坡唐守文堂等山地擬請劃撥市區首有同等地價之土地調換或由省償發山價可否請核示等情指飭知照由

令長沙市政府

三十二年七月二十日伯民字第五一七號代電一件，為陸軍第十軍建築第三次長沙會戰陣亡將士公墓佔用岳麓山下細塘坡唐守

文堂等山地擬請劃撥市區省有同等
地價之土地調換或由省頒發山價可否請
核示由
代電悉查該市區内并無省有同等土地可
供調換由省庫撥款頒發山價因預算限制
亦感困難當經據情轉請第九戰區長官司
令部轉飭第十軍自行給價去後茲准本年十一月
宏字第零九六二號齊代電開湖南省政府耒府
民地三字一七四七號代電及附件均敬悉已轉飭第十
軍按政府征用山地規定自行給價矣等由准此合行

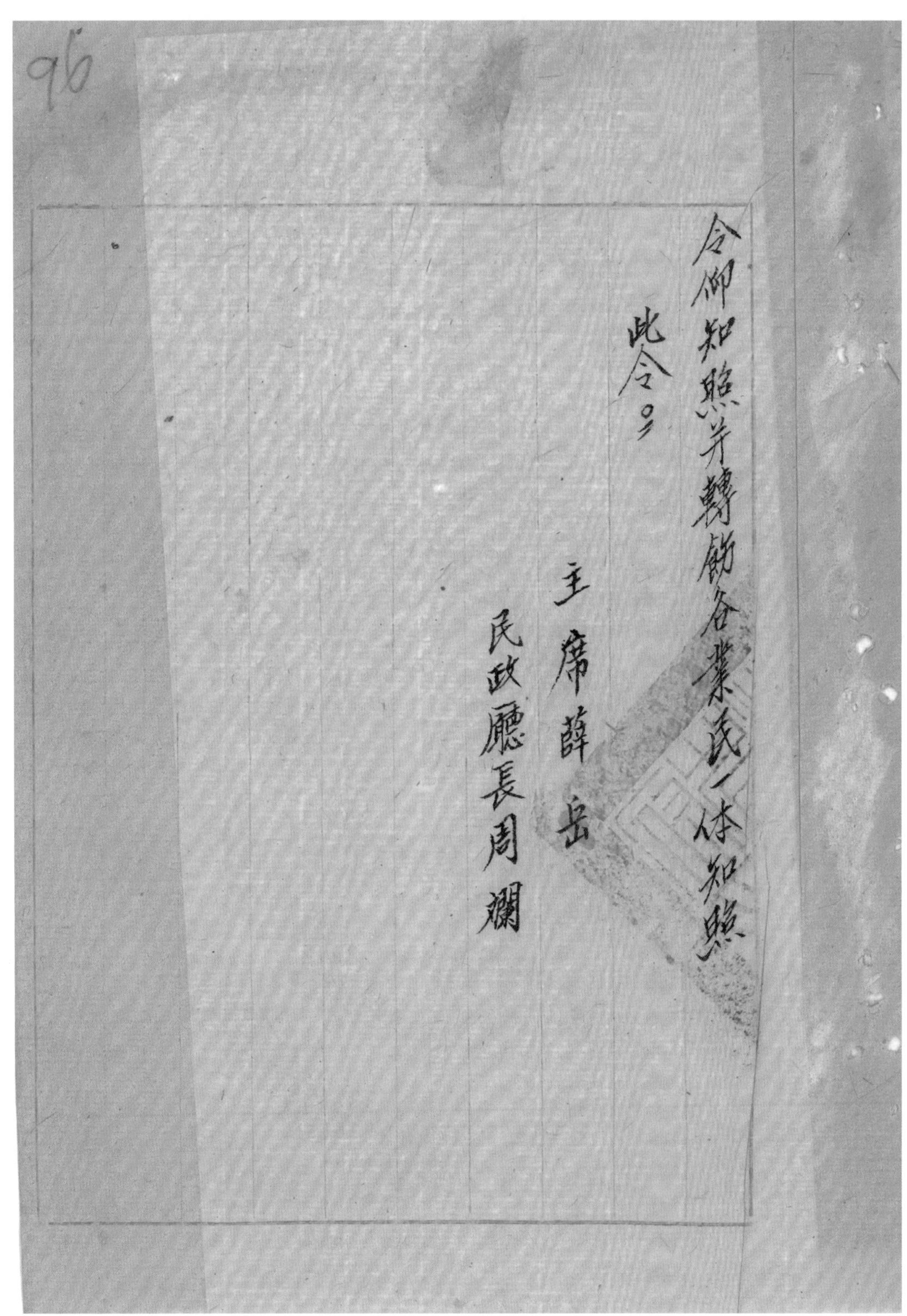
96

令仰知照并轉飭各業民一体知照

此令。

主席薛岳

民政廳長周瀾

长沙市政府致该市岳麓镇公所的训令（一九四三年十二月十四日）

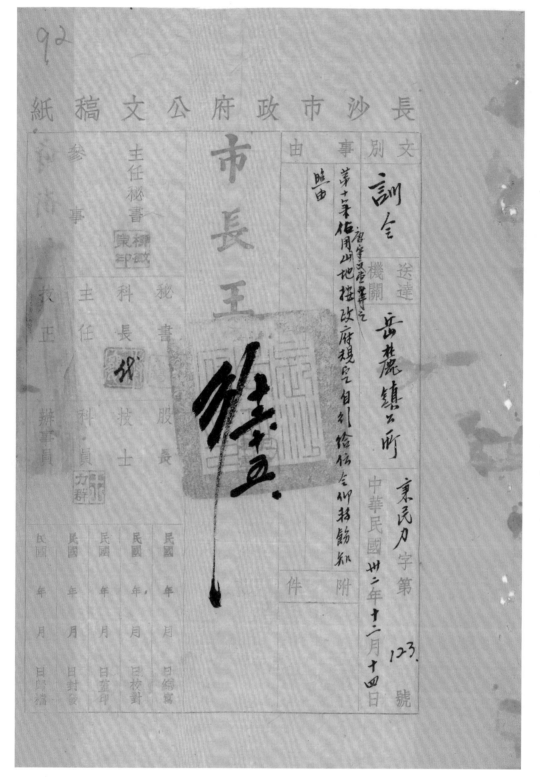

長沙市政府公文稿紙

文別	訓令
送達機關	岳麓鎮公所
事由	第十兵站佔用山地[illegible]按政府規定自行給租令仰轉飭知照由
附件	

東民力字第123號

中華民國卅二年十二月十四日

市長王

府衙訓令

令岳麓鎮公所

案奉

湖南省政府卅二年十二月七日未府民地三字第一八六七號指令開：「照呈原文」

等因奉此，合行令仰該鎮長轉飭該唐守文堂知照為要。

此令。

市長 王□

长沙市迁葬殉难军民骸骨委员会与长沙市城西区公所关于限期调查城西区管境内殉难军民骸骨并造册事的来往文书（一九四六年一月）

长沙市迁葬殉难军民骸骨委员会致长沙市城西区公所的公函（一九四六年一月十五日）

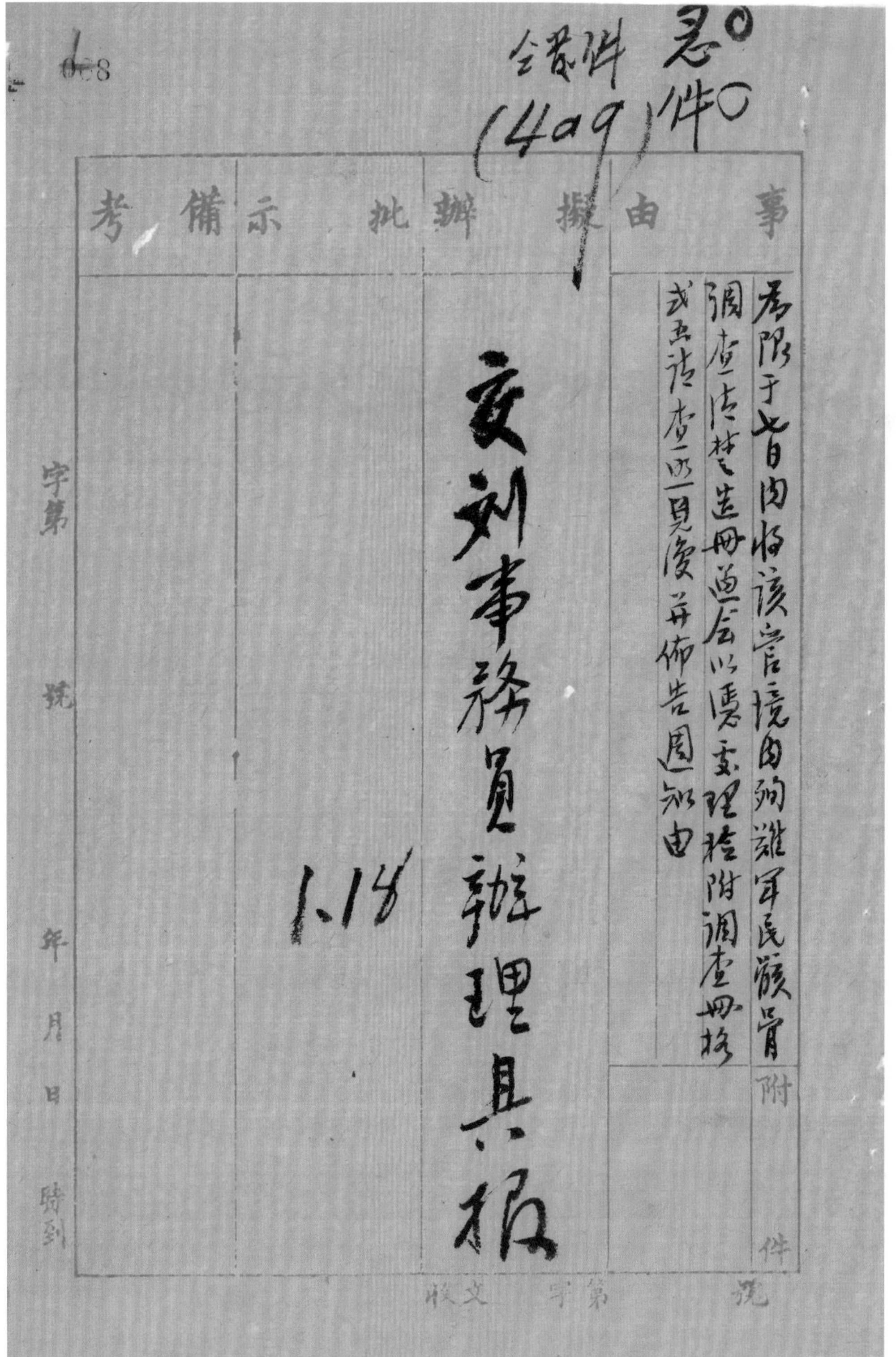

公緘　遷神臺字第004號

查長沙自二十八年寇鋒逼境以還一次大火四次會戰殉難軍民或犧牲於炮火之下或殉難于火海之中枕籍靡壞叢葬浮掩敗瓦頹垣日久經風雨之侵蝕棺材暴露骸骨狼籍所在皆是觸目心傷兼屆春令穢氣薰蒸勢必釀成大疫影响全市人民之健康此尤為嚴重者經當政軍紳耆及慈善團體議定成立本會以資處理惟市區既廣自見難周務請特飭所屬將貴處管境內向于此

3
~~069~~

项骸骨,已觅属收葬,令即日迁葬郊外,无觅属收

检之日内调查清楚造册送贵会以凭处理。除

分函外,用特检附调查册格式函请

查照办理见复,并饰告周知为荷!

此致

城西区区公所

常务委员 舒礼鉴
李毓九
邓如燦
何振镛

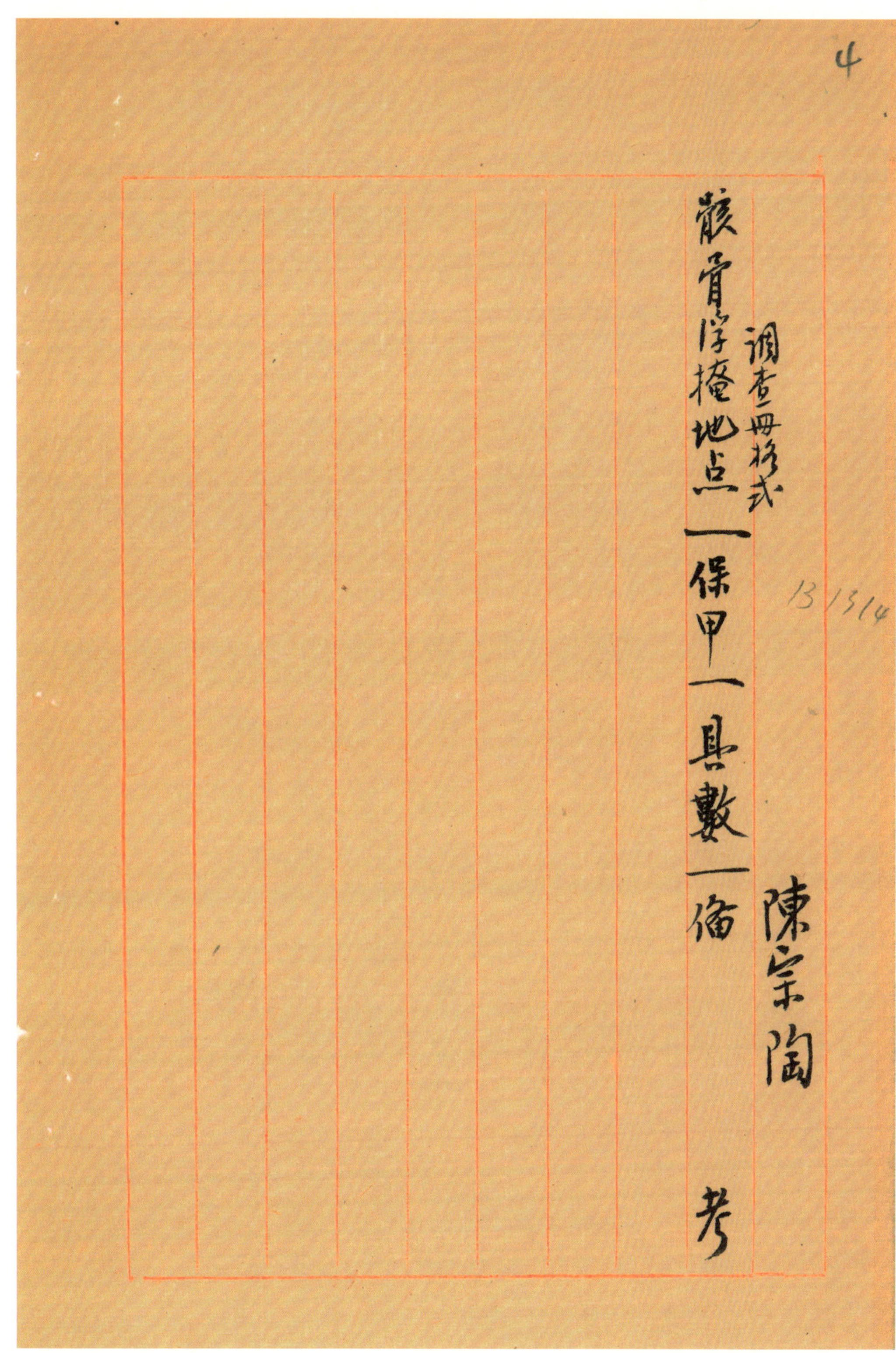

4

陳宗陶

调查冊格式

骸骨浮掩地点 一 保甲 一 县數 一 備　　　考

13 1514

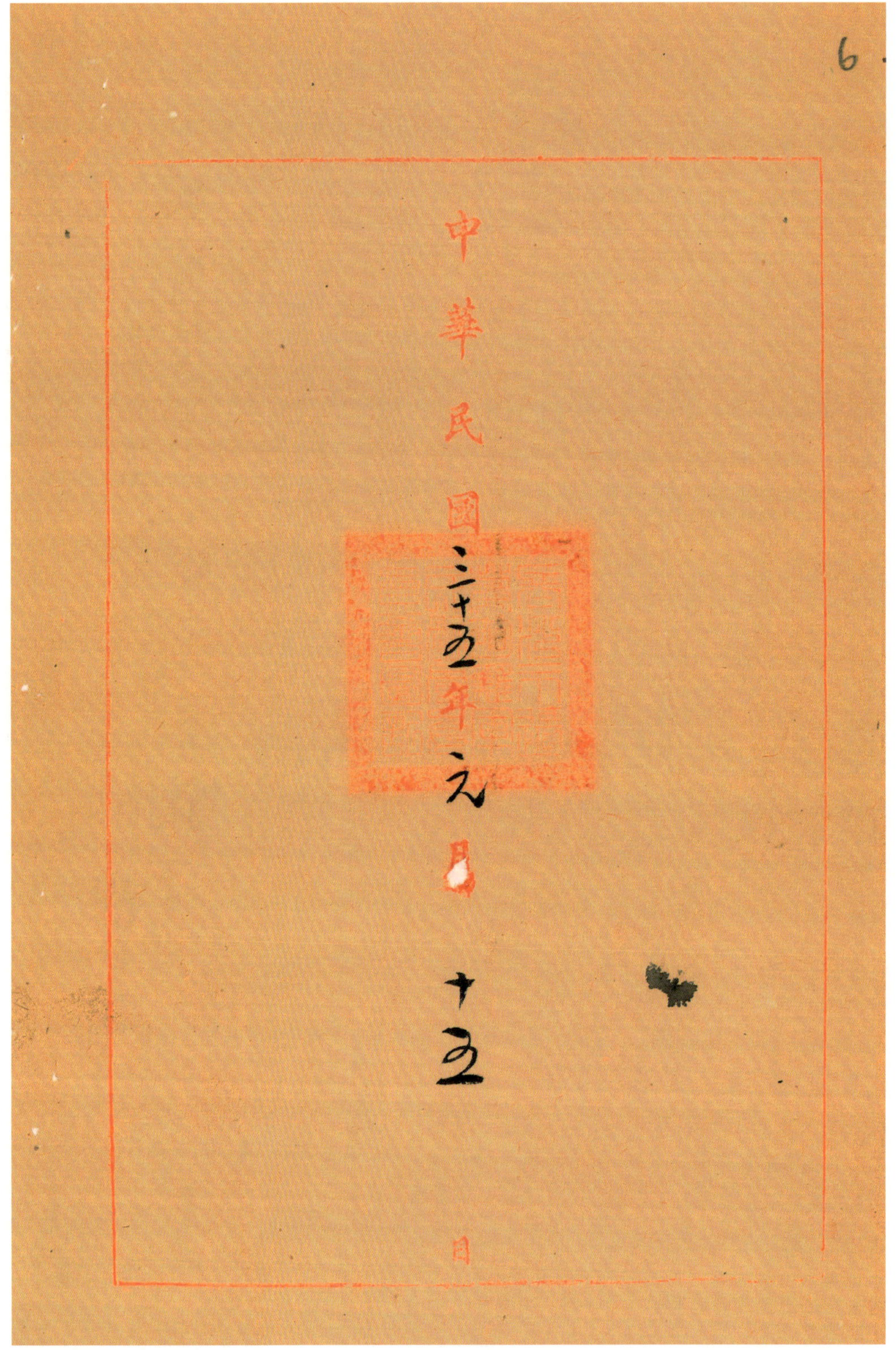

6.

中華民國三十五年元月十五日

长沙市城西区公所致该市迁葬殉难军民骸骨委员会的函（一九四六年一月十九日）

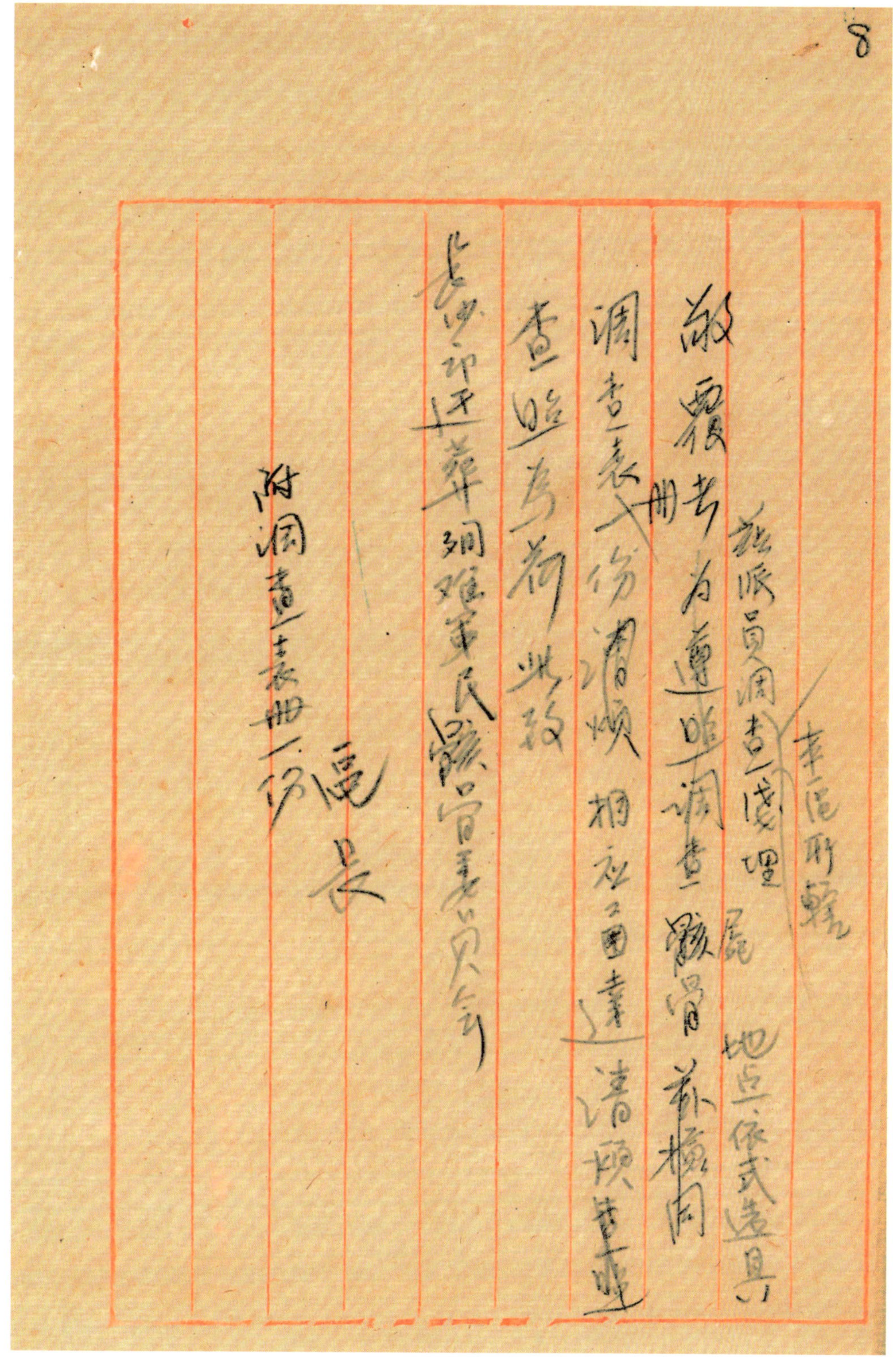

8

敬覆者：为遵照调查骸骨葬[illegible]内，本区所辖兹派员调查浅埋尸地点，依式造具调查表册一份，相应备函送请查照为荷。此致

长沙市迁葬殉难军民骸骨委员会

附调查表册一份

区长

附：长沙市城西区浅埋尸骨调查表（一九四六年一月十九日）

7

长沙市城西区浅埋尸骨调查表

骸骨浅埋地点	保甲	具数	备攷
吉祥巷 书生铺巷口	八保四甲	1	
一路吉祥	〃七甲	2	
先锋所	〃一甲	1	现在菜场坪侧
史家巷	〃二甲	1	
盐道衙内	〃十甲	6	两具有棺材
太平里	四保十二甲	5	
金庭里	四保十二甲		具数不明
木牌楼	四保十甲		〃〃

中京区区长 盛 [illegible]

国三十五年一月十九日

長沙市遷葬殉難軍民骸骨委員會常務委員舒禮鑒關於遷葬市區殉難軍民骸骨事致長沙市市長的函
（一九四六年三月四日）

寬遠
燕謀仁兄先生文席：露遷葬市區殉
難軍民骸骨事，時已仲春，亟應加緊
工作，提速完成。承 市長面告
貴府有工具可資借用，並允派人員協
助，至紉公誼。茲指本會杜幹事達
馨至
貴府接洽，即請 令飭管理工具人員
借用新式齒鋤壹百把，由林春出具借

徐館長：前期歸還工場助理一位，請
派助員一位監督挖掘。屍骨所在積善小
補堂戰後(?)出發掘隊巡視，亦無意工情形。
轉瞬收工時清查所挖屍數是否相符，並監
督工資。一位監查集運葬埋(如經派保甲長協助可作)，尚無流弊。惟
挖掘數目是否相符，並請派一位隨時辦理地
方場(助)了宜，為盛(?)[illegible]。市長政躬違和，請
兄台轉達，即頒照[illegible]是所至盼。即頌
勛安
弟 舒禮鑑(?) 三、四
市長以前代領之請安

长沙市市长关于派员前往迁葬殉难军民骸骨委员会协助监工等事的手令（一九四六年三月四日）

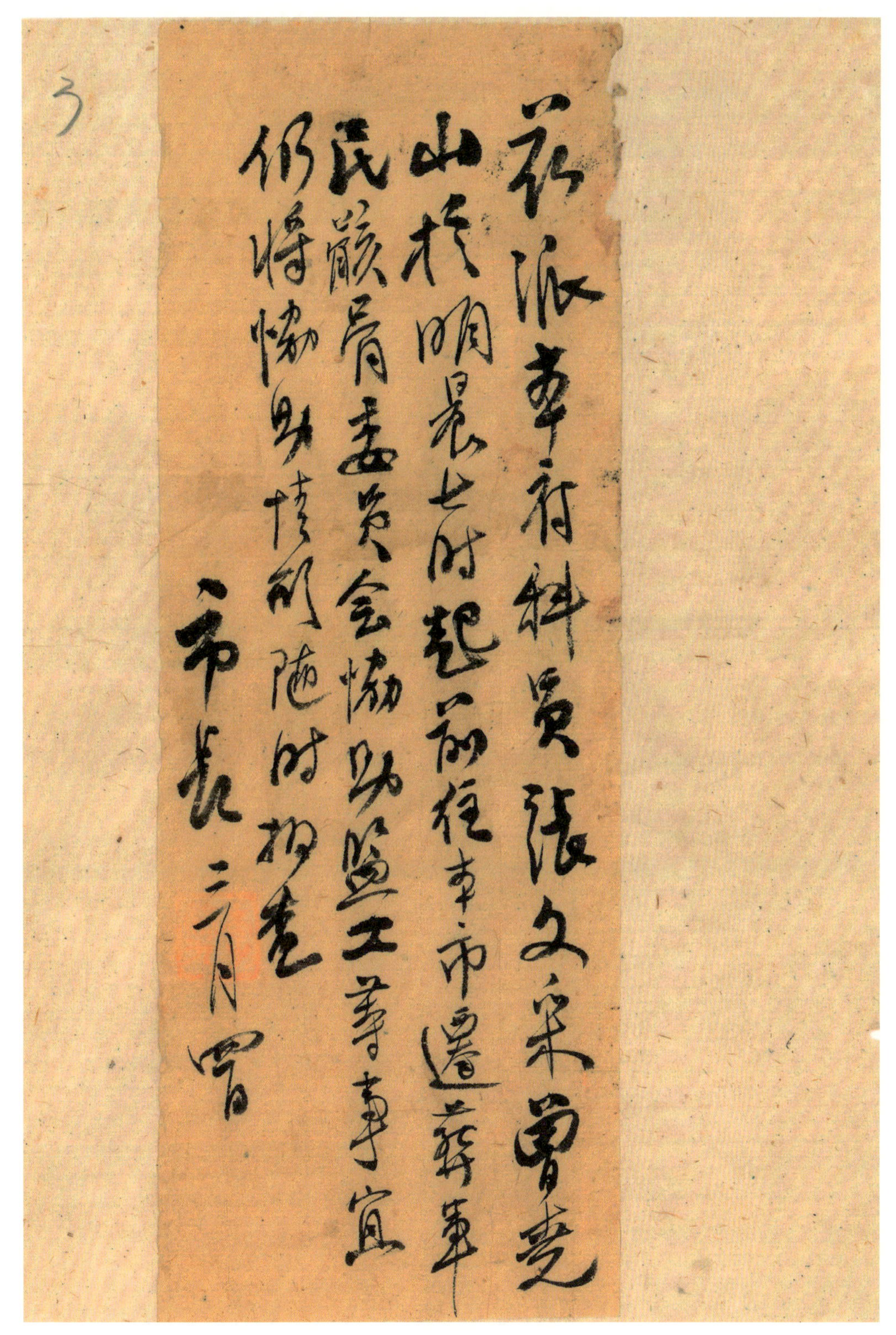
3

兹派本府科员張文采、曾堯山扵明晨七時起前往本市遷葬軍民骸骨委員會協助監工等事宜，仰將協助情形隨時報查。

市長　三月四日

张文采、曾尧山关于奉派协助迁葬市区殉难军民骸骨事致长沙市市长李毓九的一组报告、签呈

（一九四六年三月至四月）

（一）报告（一九四六年三月八日）

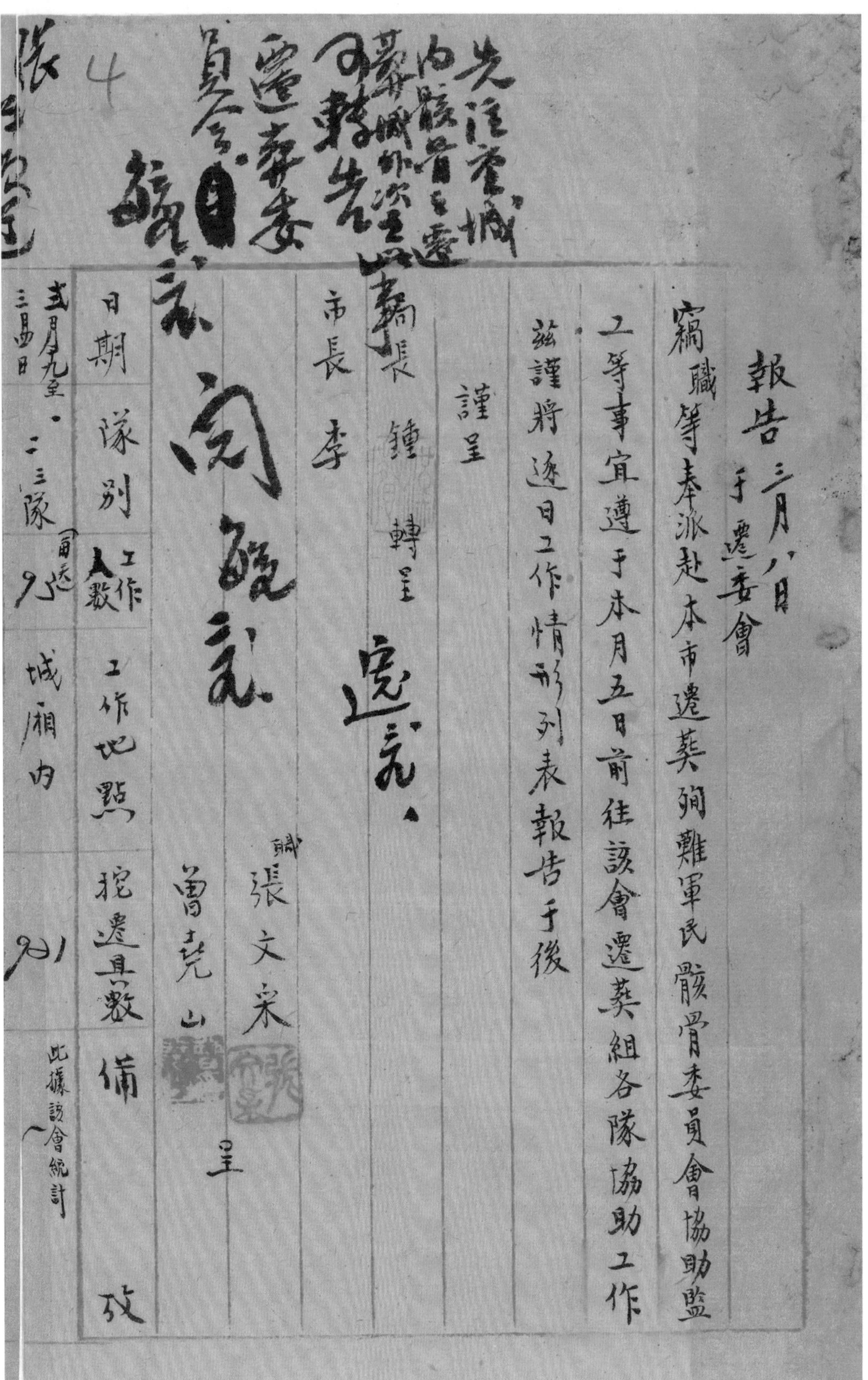

報告 三月八日
于遷委會

竊職等奉派赴本市遷葬殉難軍民骸骨委員會協助監工等事宜遵于本月五日前往該會遷葬組各隊協助工作茲謹將逐日工作情形列表報告于後

謹呈

局長 鍾 轉呈

市長 李

職 張文采
曾堯山 呈

日期	隊別	工作人數	工作地點	挖遷具數	備攷
三月九至三月十四日	二三隊	93	城廂內	2031	此據該會統計

日期	隊別	數	地點	數	備註
三月五日	第一隊	33	東茅巷文庙坪等處	25	
	第二隊	30	新運路和尚山	98	居尸98具
	第三隊	30	中山路經武路等六處	30	
三月六日	第一隊	33	碧湘街一帶	27	童尸最多
	第二隊	29	二里牌和尚山	185	寵尸
	第三隊	27	荷花池一帶	29	
三月七日	第一隊	33	藥王街南門口	19	
	第二隊	30	新運路和尚山	27	寵尸
	第三隊	28	城北軍械局址普善里	28	
合計		1594		1577	

（二一）签呈（一九四六年三月十三日）

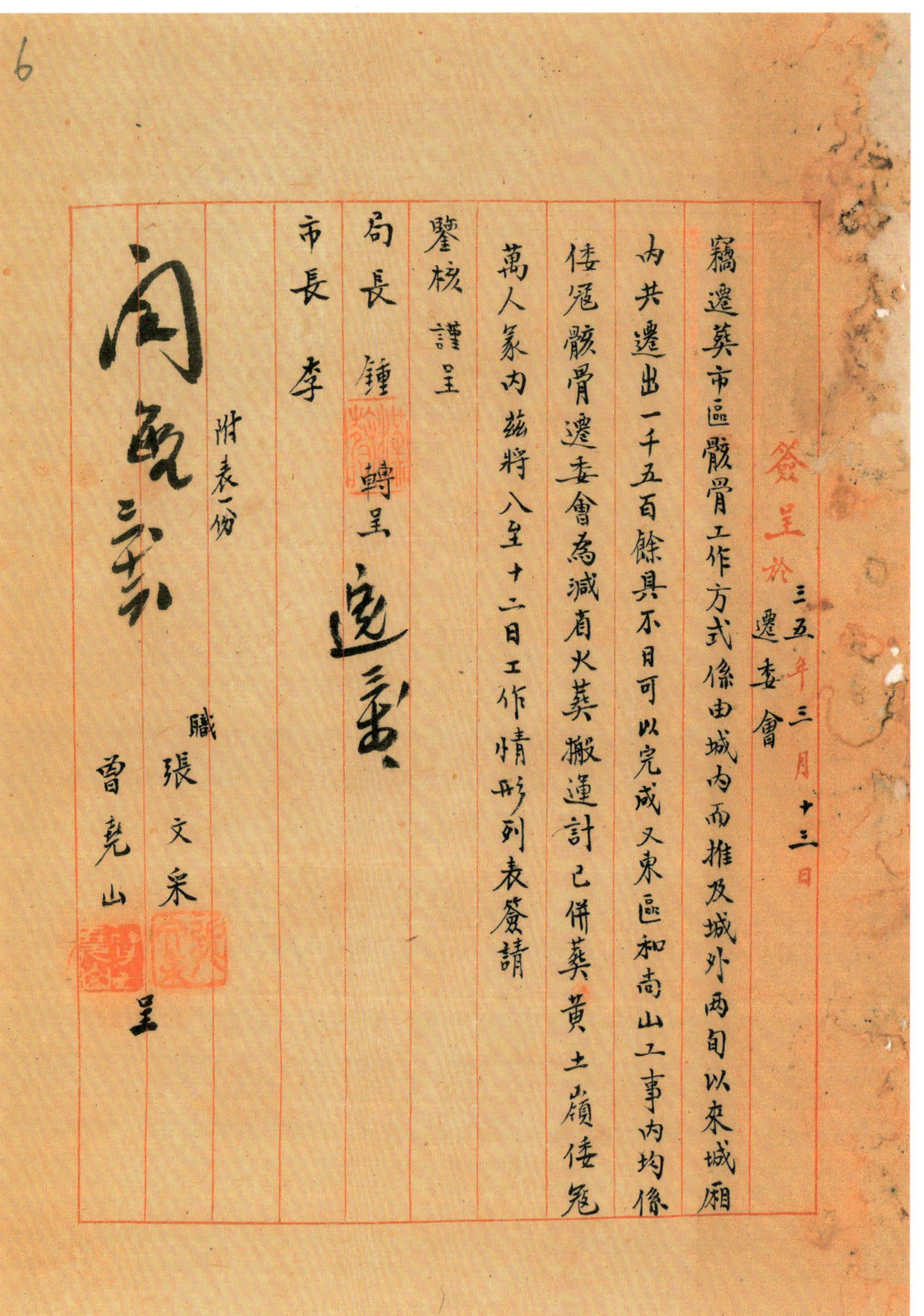

6

签呈 於迁委会 三五年三月十三日

窃迁葬市区骸骨工作方式係由城内而推及城外两旬以来城厢内共迁出一千五百余具不日可以完成又东区和南山工事内均係倭寇骸骨迁委会为减省火葬搬运计已併葬黄土岭倭寇万人冢内兹将八至十二日工作情形列表签请

鉴核 谨呈

局长 锺 转呈

市长 李

职 张文采

曾尧山 呈

附表一份

附：长沙市迁葬军民骸骨工作报告表（一九四六年三月十三日）

長沙市遷葬軍民骸骨工作報告表

三十五年三月十三日

日期	隊別	員工人數	工作地點	挖遷具數	備攷
三月八日	第一隊	33	西湖橋沿河邊	18	
〃	第二隊	30	和尚山	156	冤尸
〃	第三隊	31	北門普善里	35	
三月九日	第一隊				天雨休息
〃	第二隊	30	和尚山	189	冤尸
〃	第三隊	29	普善里保城堤	31	
三月十日	第一隊	31	西湖路青石井	1	
〃	第二隊				

8

日期	隊別		地點		備考
三月十日	第三隊	28	高興巷 文廟坪	14	
三月十一	第一隊	34	蠹山廟 桂樂街	16	
〃〃	第二隊	27	和尚山	87	冠尸
〃〃	第三隊				天雨休息
三月十二	第一隊	34	馬王街 魚塘街	54	
〃〃	第二隊	34	和尚山	132	
〃〃	第三隊	29	營盤街	16	
合計		376		354	
累計		1970		2332	

（三）签呈（一九四六年三月二十一日）

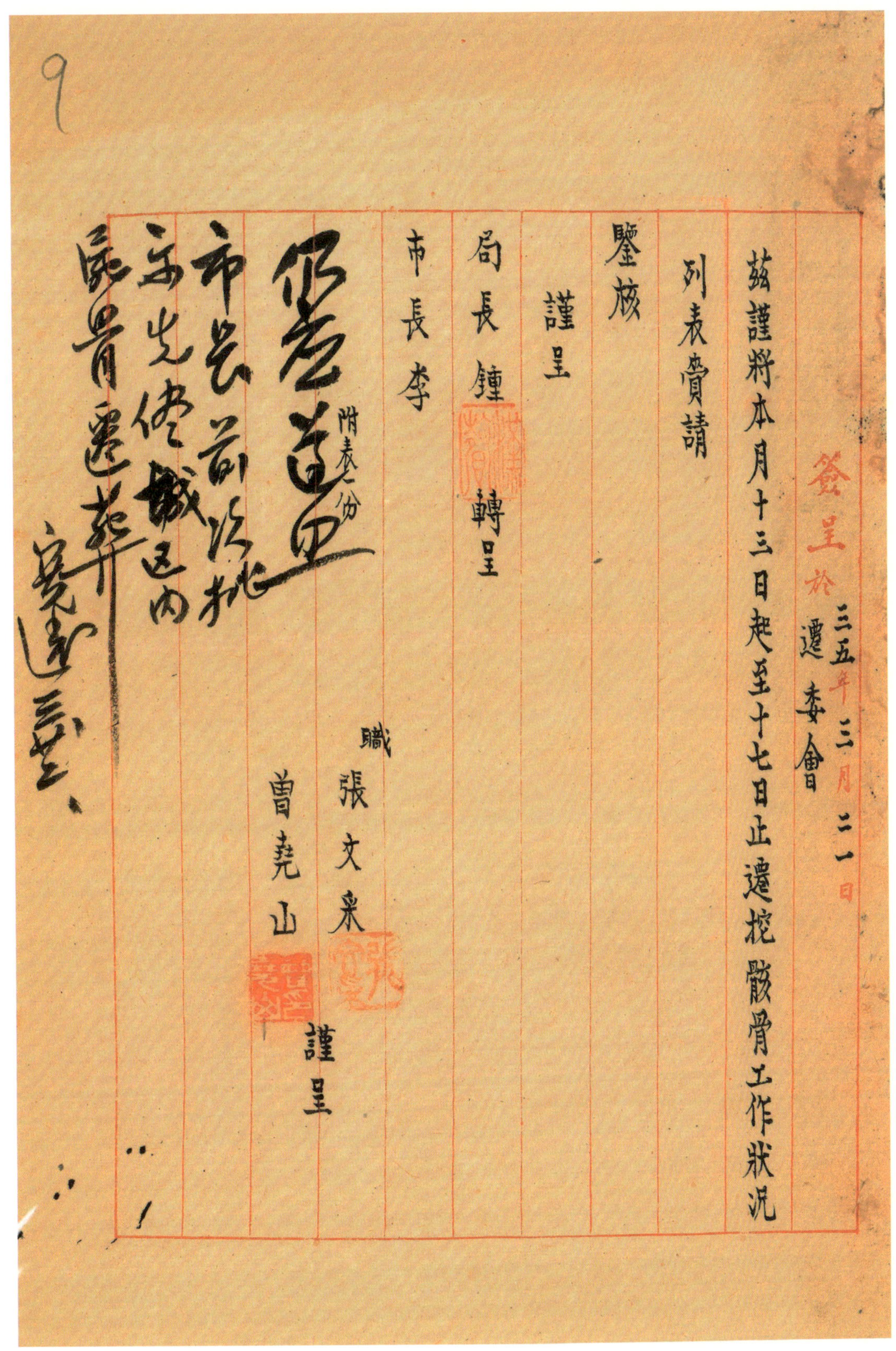

簽呈 於三五年三月二一日 遷委會

茲謹將本月十三日起至十七日止遷挖骸骨工作狀況

列表賫請

鑒核

謹呈

局長鍾 轉呈

市長李

附表乙份

職 張文來

曾堯山 謹呈

附：长沙市迁葬军民骸骨工作状况表（自三月十三日起至三月十七日止）

10

長沙市遷葬軍民骸骨工作狀況表　自三月十三日起至三月十七日止

日期	隊別	工作人數	工作地點	挖遷具數	備攷
三月十三	第一隊	32	蔡公坟南門一帶	29	
	第二隊	55	和尚山	103	罨尸
	第三隊	33	天主堂湘雅医院	28	
三月十四	第一隊	35	燕子嶺居士林	26	
	第二隊	35	和尚山	240	罨尸
	第三隊	33	北馬路	30	
三月十五	第一隊	32	燕子窩及市内補檢	29	
	第二隊	35	和尚山	132	罨尸

日期	隊別		地點		備註
	第三隊	33	湘雅馬路	34	
三月十六	第一隊	31	燕子窩湘鄉碼頭	62	
	第二隊	34	和尚山	112	屍
	第三隊	33	湘雅醫院有府坪	56	
三月十七	第一隊	33	天心路棗碼頭	20	
	第二隊	33	和尚山	133	屍
	第三隊	31	北門會春區一帶	30	
合計		508		1056	
累計		2478		3389	

(1)

（四）签呈（一九四六年三月二十四日）

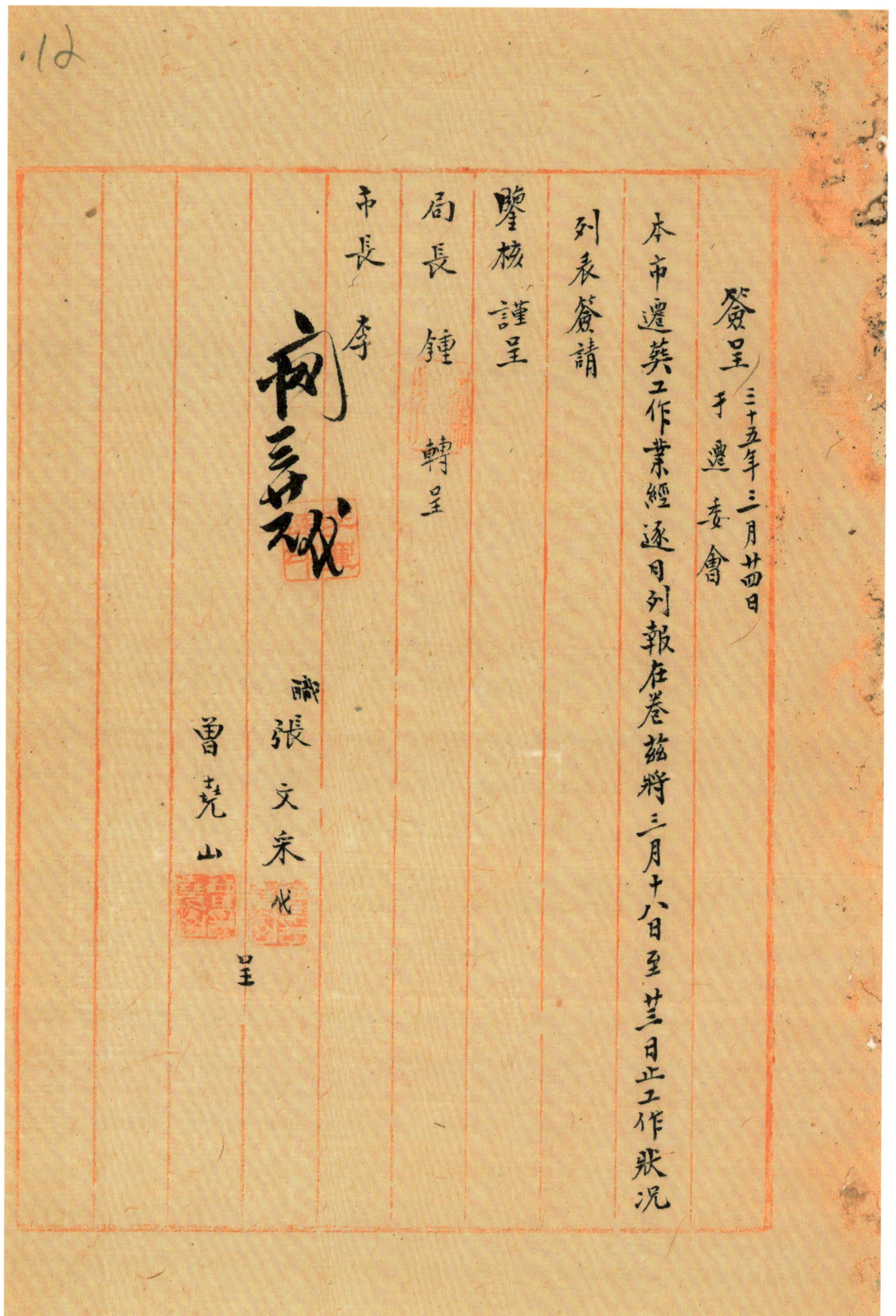

12

簽呈 三十五年三月廿四日 于還委會

本市遷葬工作業經逐日列報在卷茲將三月十八日至廿三日止工作狀況

列表簽請

鑒核 謹呈

局長 鍾 轉呈

市長 李

職 張文采 曾堯山 呈

13.

附：长沙市迁葬军民骸骨工作状况表（自三月十八日至三月二十三日止）

長沙市遷葬軍民骸骨工作狀況表

自三月十八日至廿三日止

日期	隊別	工作人數	工作地點	挖遷具數	備攷
三月十八	第一隊	35	妙高峯 天鵝塘	33	
	第二隊	33	和尚山	275	冤尸
	第三隊	33	會春 文藝 兩區	19	
三月十九					各隊休息一天
三月廿日	第一隊	35	大螞蟻巷一帶	30	
	第二隊	33	和尚山	329	
	第三隊	31	螃蟹橋 新安里	42	
三月廿一	第一隊	35	白沙井 書院坪	33	

514

日期	隊別	數	地點	數
	第二隊	35	和南山	17
	第三隊	33	螃蠏橋	70
三月廿二	第一隊	36	草潮門外 司禁塘	20
	第二隊	33	和南山 分路口	321
	第三隊	33	清水塘	67
三月廿三	第一隊	36	湘雅醫院	28
	第二隊	33	蓉園毛坡巷 和南山	136
	第三隊	31	清水塘	111
合計		511		1551
累計		2989		1940

（五）报告（一九四六年三月三十一日）

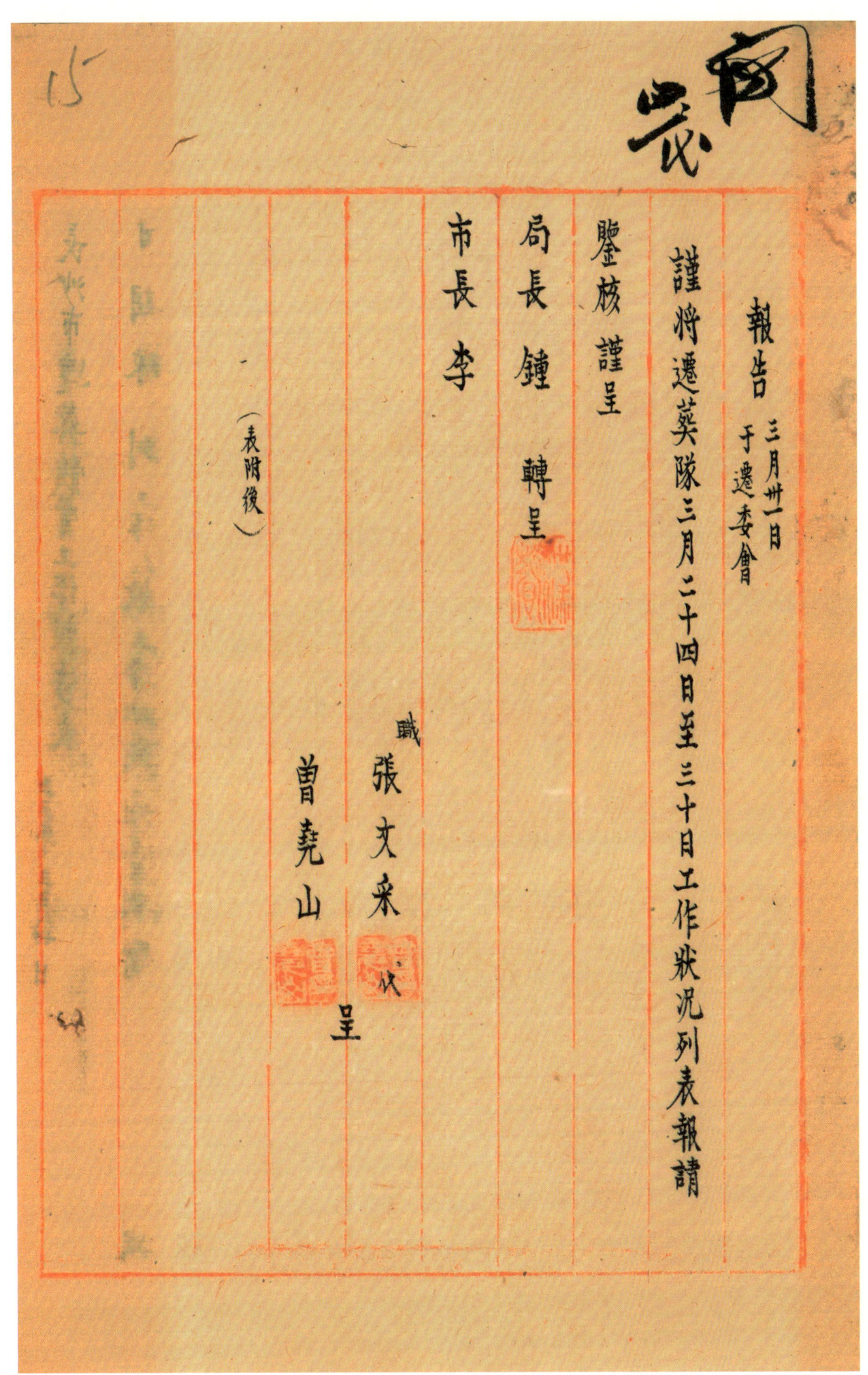

報告　三月卅一日　于遷委會

謹將遷葬隊三月二十四日至三十日工作狀況列表報請

鑒核　謹呈

局長鍾　轉呈

市長李

職　張文釆

曽堯山　仝呈

（表附後）

附：长沙市迁葬骸骨工作报告表（一九四六年三月三十日）

16

長沙市遷葬骸骨工作報告表

三五年三月卅日

日期	隊別	工作人數	工作地點	撿遷具數	備攷
三月廿四	第一隊	36	興漢門留芳嶺	46	
	第二隊	33	千佛林孤兒院茅廬	59	
	第三隊	34		65	
廿五	第一隊	34	毛家橋	45	
	第二隊	33	毛家橋	50	
	第三隊	34			休息一天
廿六	第一隊	34	毛家橋	135	
	第二隊	33	毛家橋	134	

17

	第三隊	33	杜家山	76	
二七	第一隊	34	毛家橋	34	
	第二隊	33	毛家橋	68	
	第三隊	31	新河	24	
二八	第一隊	34	羅湘里協均中校	13	
	第二隊	33	毛家橋	14	
	第三隊	31	開福寺	77	
二九	第一隊	34	大官園	20	
	第二隊	33	新河馬路邊	38	
	第三隊	31	新河北公路	80	榮譽軍人

18

三月卅日				
第一隊	31	大河邊	13	
第二隊	33	新河邊	47	榮譽軍人
第三隊	31	新河邊	80	
合計	696		126	
累計	3685		6182	

（六）签呈（一九四六年四月三日）

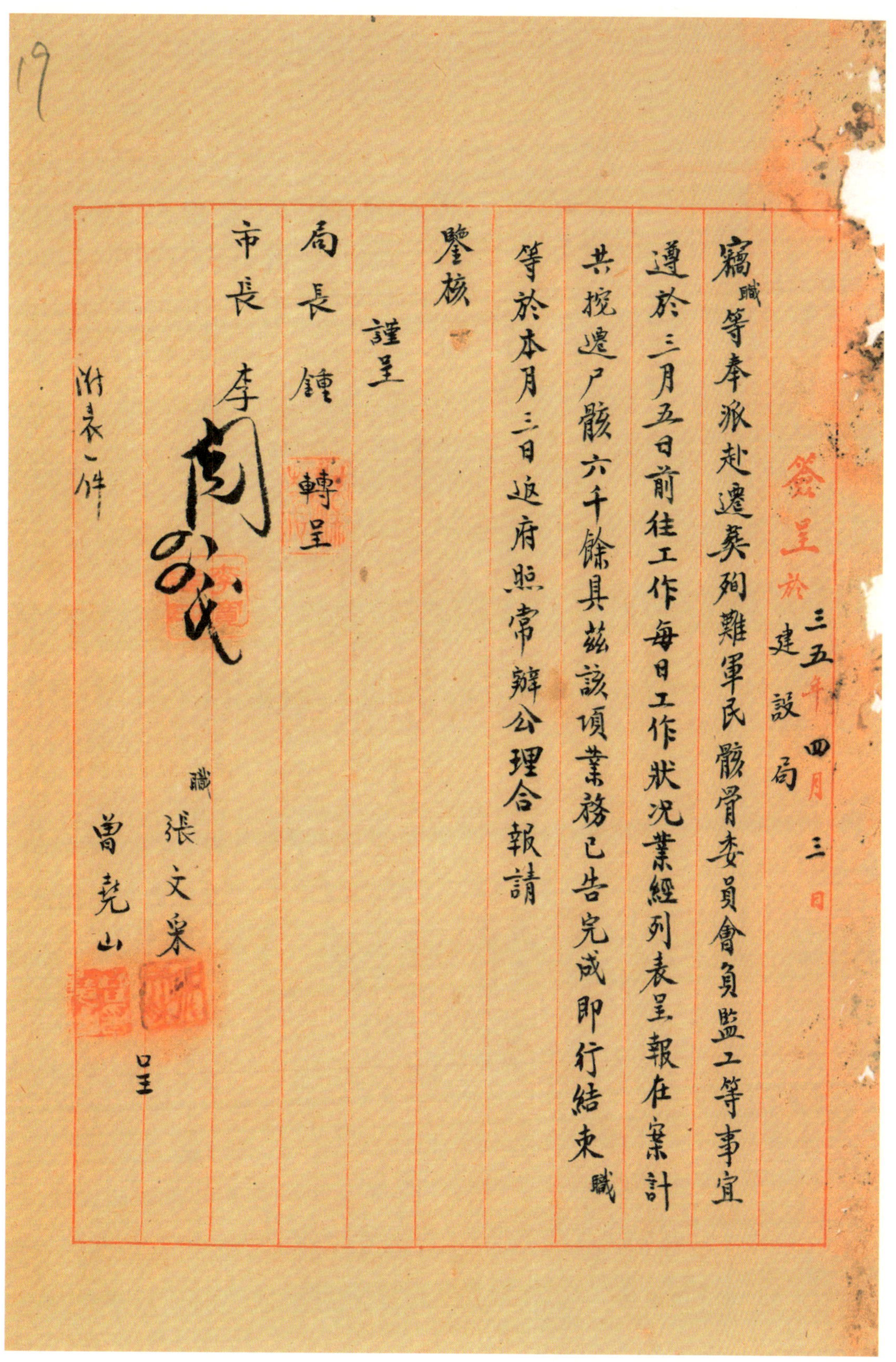

簽呈　於建設局　三五年四月三日

竊職等奉派赴遷葬殉難軍民骸骨委員會負監工等事宜，遵於三月五日前往工作，每日工作狀況業經列表呈報在案，計共挖遷尸骸六千餘具，茲該項業務已告完成，即行結束，職等於本月三日返府照常辦公，理合報請

鑒核

謹呈

局長鍾　轉呈

市長李

職　張文彩
曾堯山　呈

附表一件

附：长沙市迁葬殉难军民骸骨工作报告表（自三月三十一日至四月二日止）

長沙市遷葬殉難軍民骸骨工作報告表

自三月卅一日至四月二日止

日期	隊別	工作人數	工作地點	掘遷具數	備攷
三月卅一日	第一隊	33	狗家冲一帶	11	
	第二隊	32	新河馬路邊	28	
	第三隊	33	杜家山一帶	64	
四月一日	第一隊	33	居士林等處	8	
	第二隊	30	新河馬路邊	61	荣軍尸骸
	第三隊	31	北站一帶	15	
四月二日	第一隊	32	古稻田天心路一帶	2	
	第二隊	31	新河一帶	21	

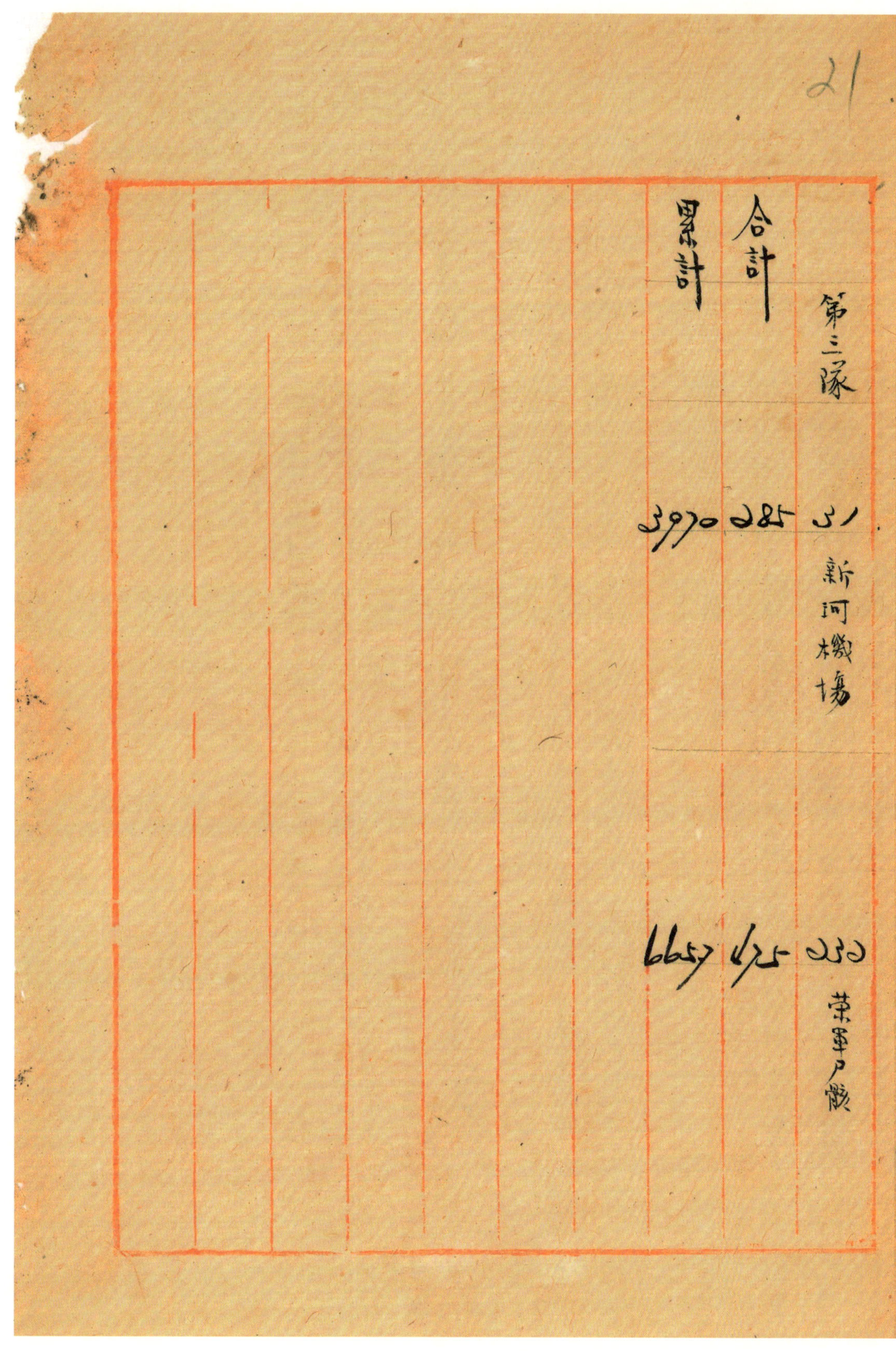
21

第三隊	31	新河機場	232	榮軍尸骸
合計	285		675	
累計	3970		6657	

长沙市城东区公所关于奉令抄发《抗战军人忠烈录征集办法》致城东区第七保的代电（一九四七年一月二十七日）

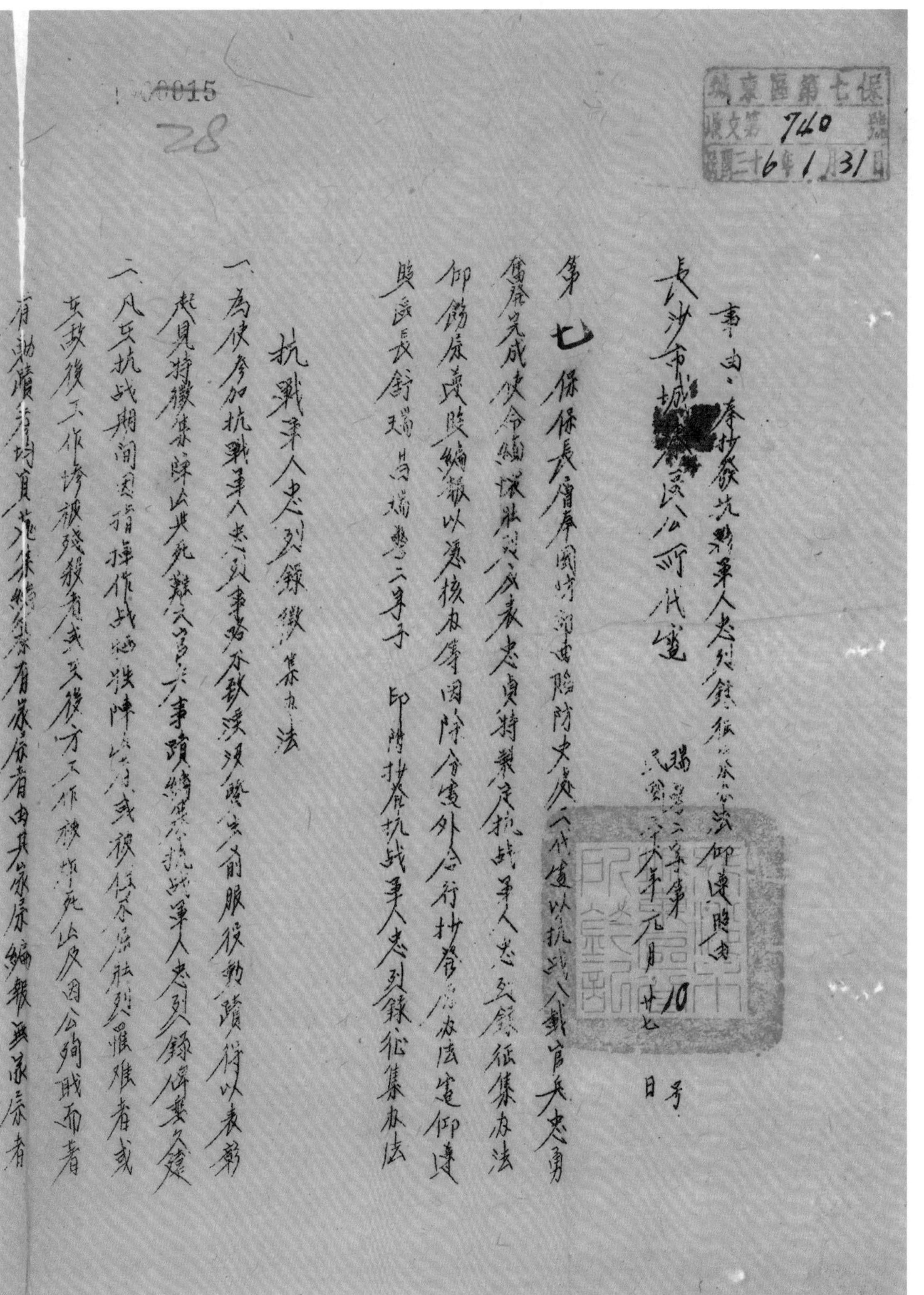

保字第740號
卅六年1月31日

事由：奉抄發抗戰軍人忠烈錄征集辦法仰遵照由

長沙市城東區公所代電 民國三十六年元月廿七日 [illegible]字第 號

第七保保長詹奉國防部電「臨防[illegible]代電以抗戰人數官兵忠勇奮發完成使命編撰壯烈以表忠貞特製定抗戰軍人忠烈錄征集辦法仰飭屬遵照編撰以憑核辦」等因除分電外合行抄發原辦法電仰遵照。區長舒瑞昌 [illegible] 印

附抄發抗戰軍人忠烈錄征集辦法

抗戰軍人忠烈錄徵集辦法

一、為使參加抗戰軍人忠烈事蹟不致湮沒無聞，前服役勤蹟得以表彰起見，特徵集殉職死難之高尚事蹟，編纂抗戰軍人忠烈錄，俾垂久遠。

二、凡在抗戰期間因指揮作戰臨陣死亡，或被俘不屈壯烈殉難者，或在敵後工作被殘殺者，或在後方工作積勞死亡及因公殉職而者，有勳績者，均宜一律徵集，有家屬者由其家屬編報，無家屬者

得則由戚友代編或由原屬機關部隊編報之
三、忠烈錄之篇幅不加限制視其對抗戰事蹟之多寡以為斷但須力求
確實毋得虛造
四、編造体例以記其身世個性學歷經歷言行事功及死難時之情
況事項以明暢之文字敘述之
五、忠烈錄一律用十行紙毛筆楷書加標點(其填具式樣)共呈送兩份以
一份永久保存以一份供彙編之用
六、編造此項忠烈事蹟時以能檢附其所遺存之照片(大小各一張)及
其個人著作書畫墨跡或遺物等為佳
七、此項忠烈事蹟之徵集除飭由各機關部隊與編報外並登報廣
為徵求得由親屬戚友代編逕送南京國防部史料局收
八、凡由徵集所得陣亡將士之血衣遺物著述書畫等擬另設館陳列
以資誌念而示景仰

湖南省会警察局关于奉令搜集该局主管业务有助抗战史实以便汇编转报致该局第四分局的代电（一九四七年一月三十日）

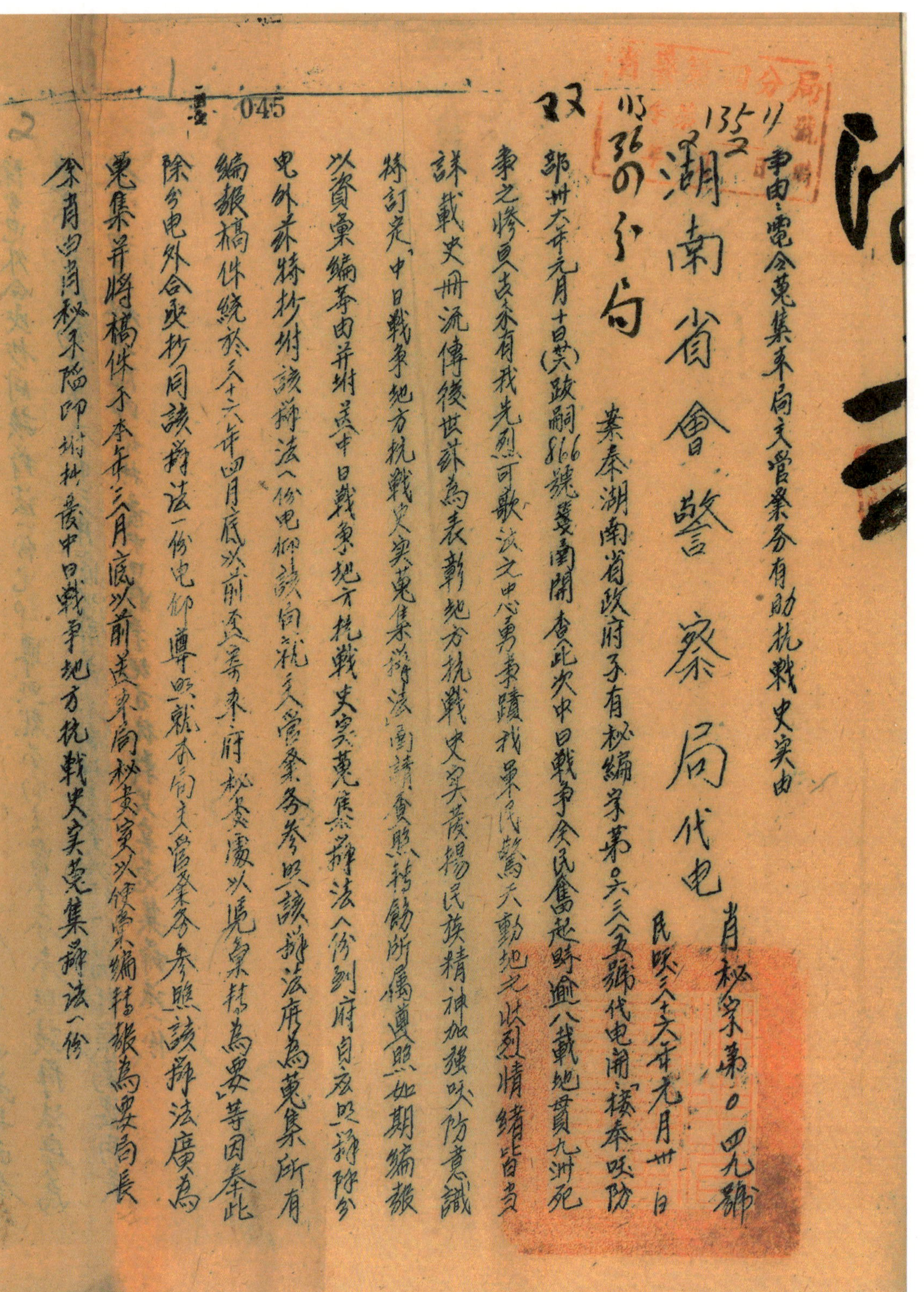

045

事由：電令蒐集本局主管業务有助抗戰史實由

湖南省會警察局代电

肖秘案第〇四九號

民國三十六年元月卅日

第四分局：

業奉湖南省政府子有秘編字第六三五號代電開：「接奉國防部卅六年元月十日（卅六）致嗣866號養電開：查此次中日戰爭，全民奮起，時逾八載，地貫九洲，死事之慘，史未有，我先烈可歌可泣之中心勇事蹟，我軍民驚天動地之壯烈情緒，皆有詳載史冊，流傳後世，藉為表彰地方抗戰史實，發揚民族精神，加強國防意識，特訂定《中日戰爭地方抗戰史實蒐集辦法》，函請查照轉飭所屬遵照，如期編報，以資彙編等由，并附送中日戰爭地方抗戰史實蒐集辦法一份到府，自應照辦。除分電外，茲特抄附該辦法一份，電仰該局就主管業务參照該辦法，廣為蒐集所有編報稿件，統於三十六年四月底以前呈送來府秘書處，以憑彙轉為要」等因。奉此，除分電外，合亟抄同該辦法一份，電仰遵照，就本局主管業务參照該辦法廣為蒐集，并將稿件于本年三月底以前送本局秘書室，以便彙編轉報為要。局長余肖由肖秘子陷印

附抄發中日戰爭地方抗戰史實蒐集辦法一份

046

中日戰爭地方抗戰史實蒐集辦法

甲、目的：

為表彰地方抗戰史績藉以鼓舞民氣發揚民族精神加強國防意識起見特蒐集地方抗戰事蹟編纂「地方抗戰史」以廣流傳而資矜式

乙、蒐集範圍

一、關於黨政方面者

1、對於兵役業務之推行役政改進之實況及征交兵員與損耗兵員之情況及其數量等。

2、對於糧政之推行與軍糧民食之調節及其征交與損耗之情況及其數量等。

3、對於其他庶政之推行如民財教建管養衛生諸端直接間接有裨抗戰者。

4、對於防奸工作之機構措施與成果等。

5、對於難民救濟情形及其有效之方法組織設施等。

6、抗戰期間國民黨地方黨部及青年團之活動

7、其他各黨派活動之情形及對於抗戰功效之評價

8、其他有關戰時行政事項。

1、關於軍事方面者：

1、對於地方團隊之組織情形，及武器裝備訓練之程度等；

2、對於協同友軍作戰之情形，及其所得之成果等；

3、對於防空之設施訓練，及敵機襲擊之情形與損害等。

4、對於協助軍事運輸與慰勞，及其獲得之效果等。

5、對於地方治安之維持如匪情與防勦工作之實施，及其成果等。

三、關於官民英勇忠烈之事蹟等

四、關於敵偽之暴行紀實等

丙、撰述要點：

1、關於行政設施，及軍事設施（不含作戰）之記載，須依組織機構，及人事措施或其經過時期段落等自叙要目辦理

2、關於地方抗戰之軍事作戰部份，其記載要項如左

5-047

1、時間：應就抗戰經過酌分若干階段，如與其他之規作戰配合或有關時，應再依會戰或戰鬥名稱段落等酌為分列之

2、地點：記述地點時并須注意敘及當地重要地理之情形

3、敵情：（番號、指揮官姓名、實力、編制、裝備、態勢、企圖、行動等）

4、我方：（組織、指揮者姓氏、實力、裝備等，及附近友軍之狀況）

5、戰鬥經過。

6、戰果：及忠勇事蹟

7、檢討及所見

三、記載時，對於年度時日應行表明，如為有計劃之作戰行動，應將抗戰期間階段及有關某次會戰或戰鬥之名稱註明，俾能明瞭協助之規模之實際情形

四、記載務須詳實，不得作為標榜誇譽之文，而任意虛構。

五、篇幅不加限制，應盡量蒐集據實載明。

六、軍事與行政兩部份均視必要附具插圖，至少應附具省市縣全圖及作戰戰鬥各要圖

6

七、所有公私財物之損失及人員傷亡，除以文字列記重要數字外，其詳概作附表統計記入之
八、抗戰分期之劃分如左：
自開戰起至武漢失守止為第一期（南京失守止為第一階段，徐州失守止為第二階段，其餘為第三階段）自武漢會戰結束起，至敵人投降止為第二期（自武漢失守起至二十九年六月底止為二期第一階段，自二十九年七月至太平洋戰爭爆發為第二期第二階段，尔後為第二期第三階段）

丁、蒐集辦法
一、由各省市政府辦理，并轉飭所屬，以縣市為單位編報，再由各省市政府彙編，除省級部份列於首篇外，其餘以各縣各成一章為原則，章以下可酌量分節、分款、及一、二、三、1、2、3……等列記之
二、是項抗戰史概用大十六開紙（十六開）毛筆楷書或同式之白紙油印各一份送交內政部，以一份永久保存，一份供編纂之用。
三、是項稿件統希於三十六年五月底以前，寄交南京內政部

048

四、是項抗戰史之史編纂詳細辦法由各省市政府斟酌地方實際情形統籌規定

并函報咨該部備查

戊、其他

本辦法於呈准後實施如有未盡事宜得隨時呈請修正之

湖南省会警察局局长李肖白关于该局认捐重修岳麓山警察纪念堂收支细数清册送请察核的公函（一九四七年八月三日）

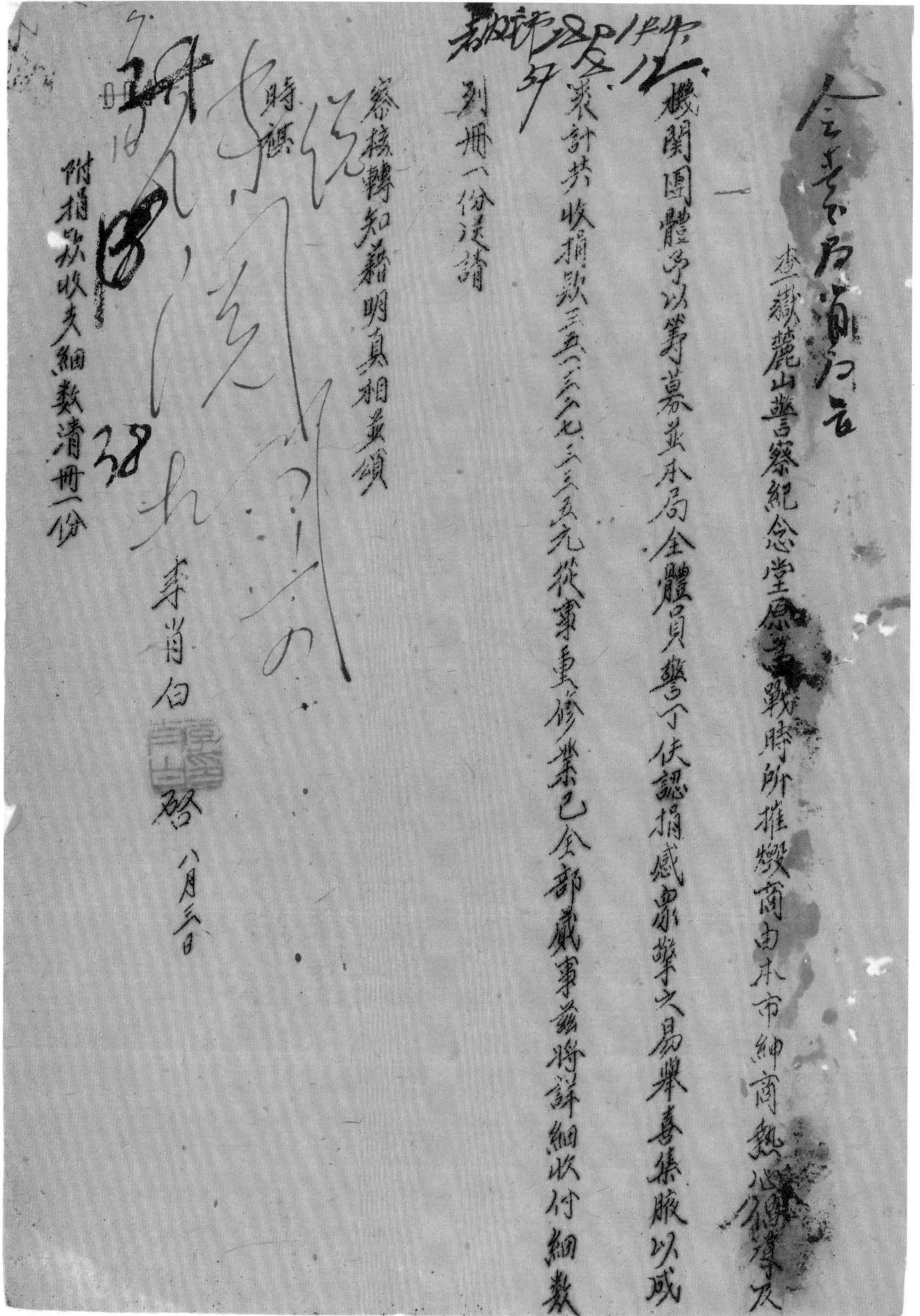
查嶽麓山警察紀念堂原為抗戰時所摧毀，前由本市紳商熱心倡導，及
機關團體等以籌募，並本局全體員警亦伏認捐，感眾擎之易舉，喜集腋以成
裘，計共收捐款三五、三六七、三三五元，從事重修，業已全部蔵事，茲將詳細收付細數
列冊一份送請
察核轉知，藉明真相，並頌
時綏
附捐款收支細數清冊一份
李肖白 啓 八月三日

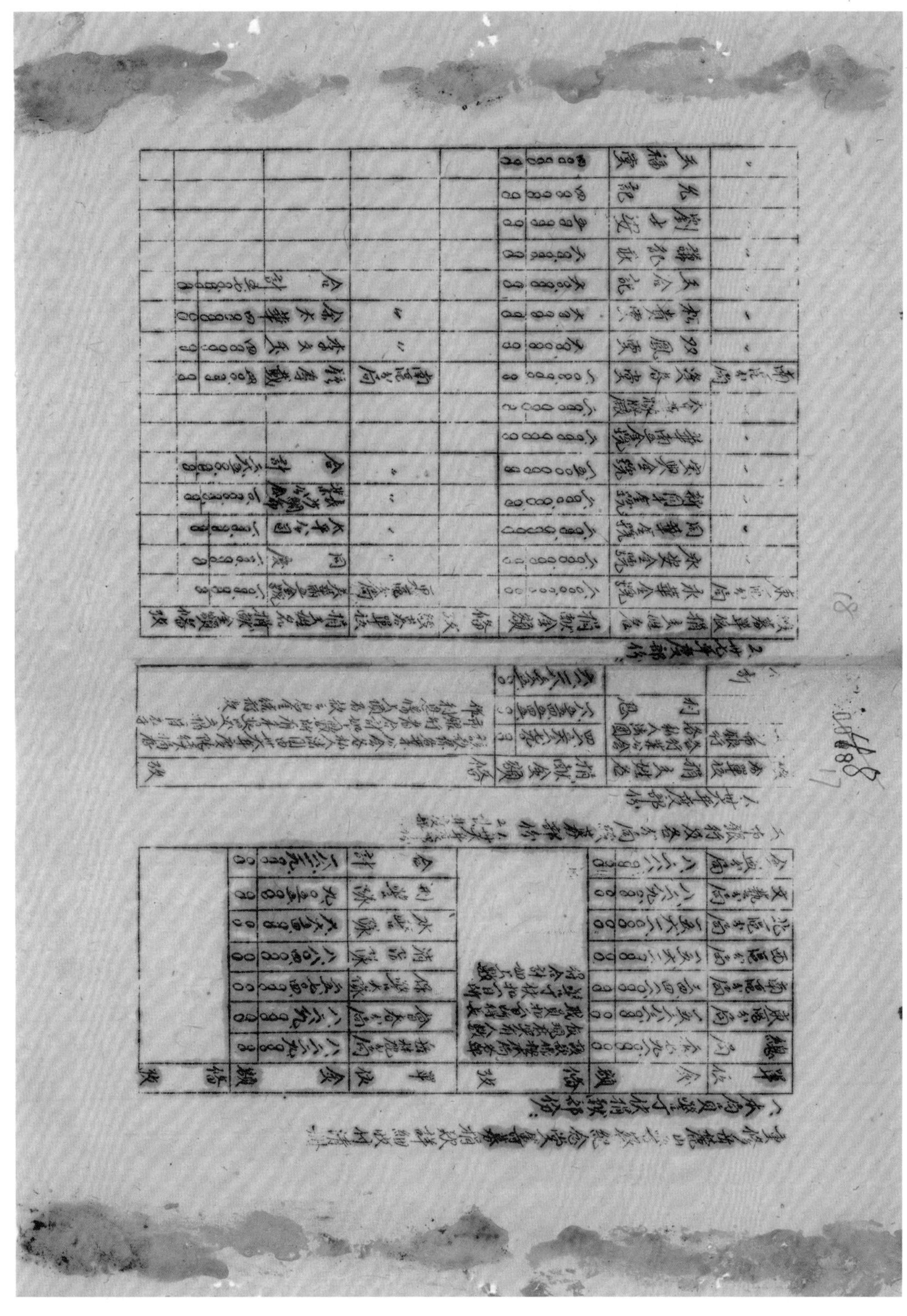

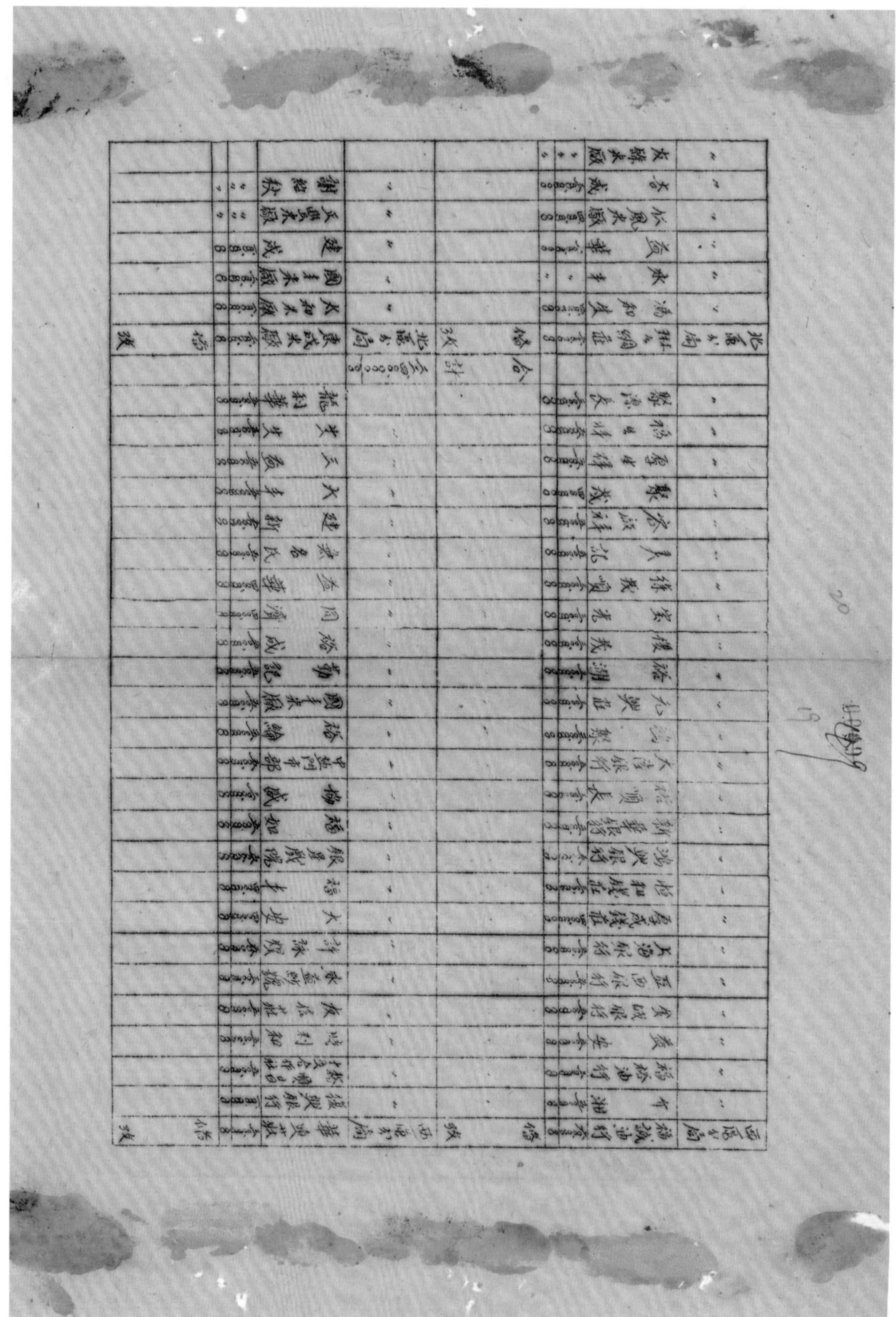

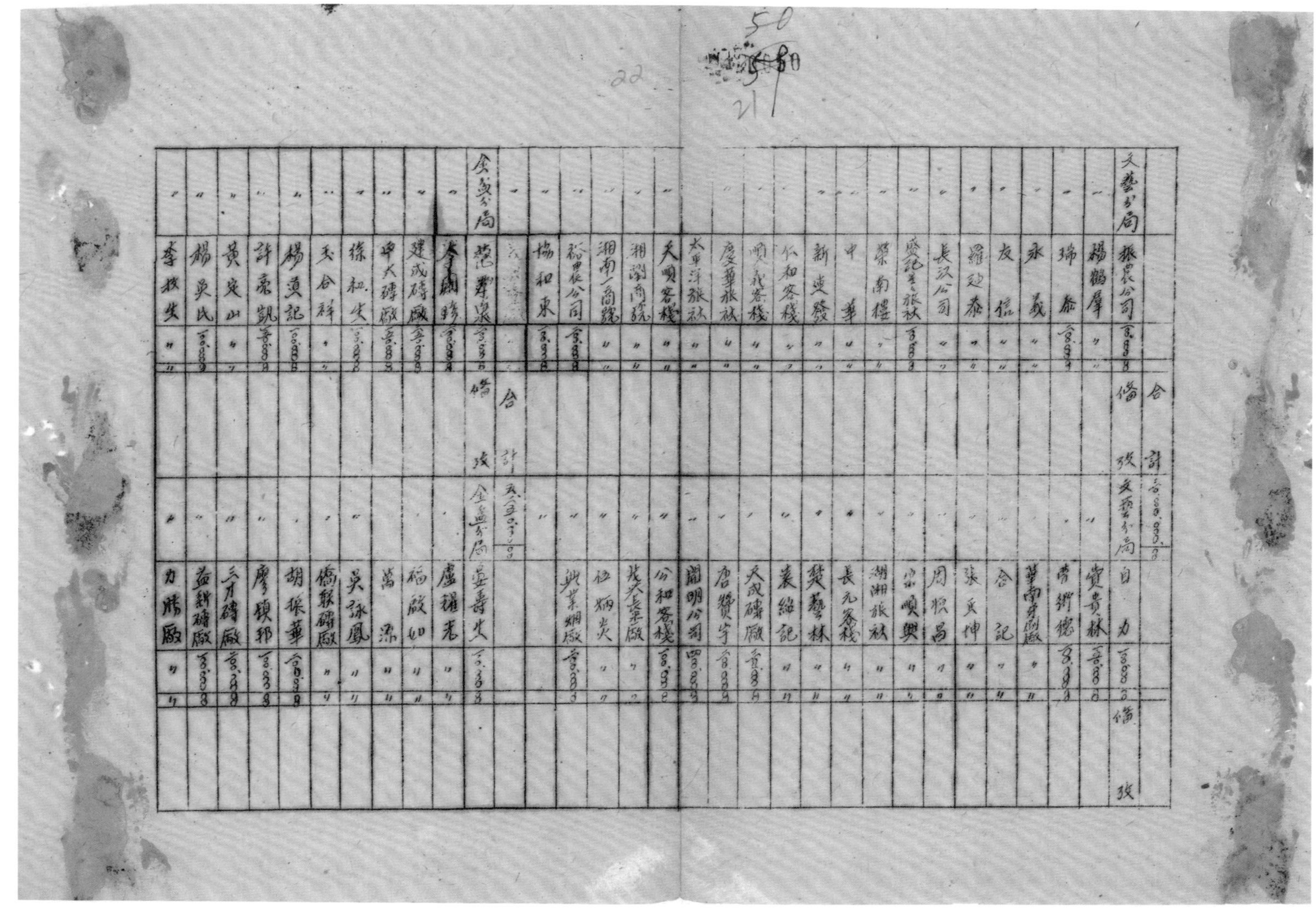

分局	户名	金額
文藝分局	振農公司	一〇〇、〇〇〇
〃	楊鶴羣	〃
〃	瑞泰	六〇、〇〇〇
〃	永義	〃
〃	友信	〃
〃	羅廷泰	〃
〃	長汉公司	〃
〃	發記旅社	一〇〇、〇〇〇
〃	榮南樓	〃
〃	中華	〃
〃	新連發	〃
〃	仁和客棧	〃
〃	順義客棧	〃
〃	慶華旅社	〃
〃	太平洋旅社	〃
〃	天順客棧	〃
〃	湘瀏商號	〃
〃	湘南一商號	〃
〃	裕農公司	六〇、〇〇〇
〃	協和東	一〇〇、〇〇〇
〃	[illegible]	〃
金益分局	范群泉	六〇、〇〇〇
〃	李國勝	六〇、〇〇〇
〃	建成磚廠	六〇、〇〇〇
〃	中大磚廠	六〇、〇〇〇
〃	孫和生	一〇〇、〇〇〇
〃	天合祥	〃
〃	楊道記	一〇〇、〇〇〇
〃	許蘭凱	六〇、〇〇〇
〃	黃定山	〃
〃	楊炎氏	一〇〇、〇〇〇
〃	李敉生	〃
合計	備攷 文藝分局	二六〇、〇〇〇、〇〇〇
合計	備攷 金益分局	五、八五〇、〇〇〇
文藝分局	自力	一〇〇、〇〇〇
〃	賀貴林	一〇〇、〇〇〇
〃	曹衡德	一〇〇、〇〇〇
〃	華南牙刷廠	〃
〃	合記	〃
〃	張兵坤	〃
〃	周煥昌	〃
〃	宋順興	〃
〃	湖湘旅社	〃
〃	長元客棧	〃
〃	龔藝林	〃
〃	袁綿記	〃
〃	天成磚廠	二〇〇、〇〇〇
〃	唐贊宇	六〇、〇〇〇
〃	開明公司	四〇〇、〇〇〇
〃	公和客棧	一〇〇、〇〇〇
〃	龍興長柔廠	〃
〃	極炳炎	〃
〃	興業烟廠	六〇、〇〇〇
金益分局	晏壽生	一〇〇、〇〇〇
〃	盧耀先	〃
〃	福啟如	〃
〃	蕭淼	〃
〃	吳詠鳳	〃
〃	僑聯磚廠	〃
〃	胡振華	六〇、〇〇〇
〃	廖鎮邦	一〇〇、〇〇〇
〃	三力磚廠	二〇〇、〇〇〇
〃	益新磚廠	一〇〇、〇〇〇
〃	[illegible]	〃
〃	力勝廠	〃

地區	商號	金額
〃	大龍	[illegible]
〃	劉子成	〃
〃	長春安	〃
〃	郝美春	[illegible]
〃	劉友生	〃
〃	公順祥	[illegible]
〃	其昌隆廠	[illegible]
〃	永安仁	[illegible]
〃	譚積餘	[illegible]
〃	萬志清	〃
〃	李樹依	〃
〃	沈長富	[illegible]
〃	孫仲昂	[illegible]
〃	梁茂林	〃
安裕龍分商	彭德昌	[illegible]
〃	協大	[illegible]
〃	余泰興	[illegible]
〃	恒升	[illegible]
〃	吳鳳崗	[illegible]
〃	清溪煤公司	〃
〃	譚新發	[illegible]
〃	秦興華	[illegible]
〃	何華記	〃
〃	李祥盛	[illegible]
〃	德茂興	[illegible]
〃	李福清	〃
〃	鴻漢	〃
〃	余興記	〃
〃	吳瑞記	[illegible]
〃	譚興五	〃
〃	裕興祥	[illegible]
〃	吳月生	[illegible]
	趙洪发	[illegible]

偹攷

地區	商號	金額
〃	李炳武	[illegible]
〃	德裕園	〃
〃	吳子源	〃
〃	唐慶豐	[illegible]
〃	協成	〃
〃	譚林先	[illegible]
〃	張福林	〃
〃	湘記	〃
〃	瓦光磚廠	[illegible]
〃	胡義生	[illegible]
〃	楊益波	〃
〃	肖厚云	〃
〃	梁萬壽	〃
〃	左唐氏	[illegible]
合計		[illegible]
安藝分商	吳積有	[illegible]
〃	吳漢章	〃
〃	吳福林	[illegible]
〃	吳自成	[illegible]
〃	吳裕成	〃
〃	黄永康	〃
〃	謝春台	[illegible]
〃	寶慶文德堂	〃
〃	民生食堂	〃
〃	同盟館	[illegible]
〃	譚新發	[illegible]
〃	吳裕興長	[illegible]
〃	夏春和	〃
〃	飛車永	〃
〃	雲河商店	〃
〃	天西	〃
〃	大興銀莊	〃
〃	新華壺	〃

偹攷

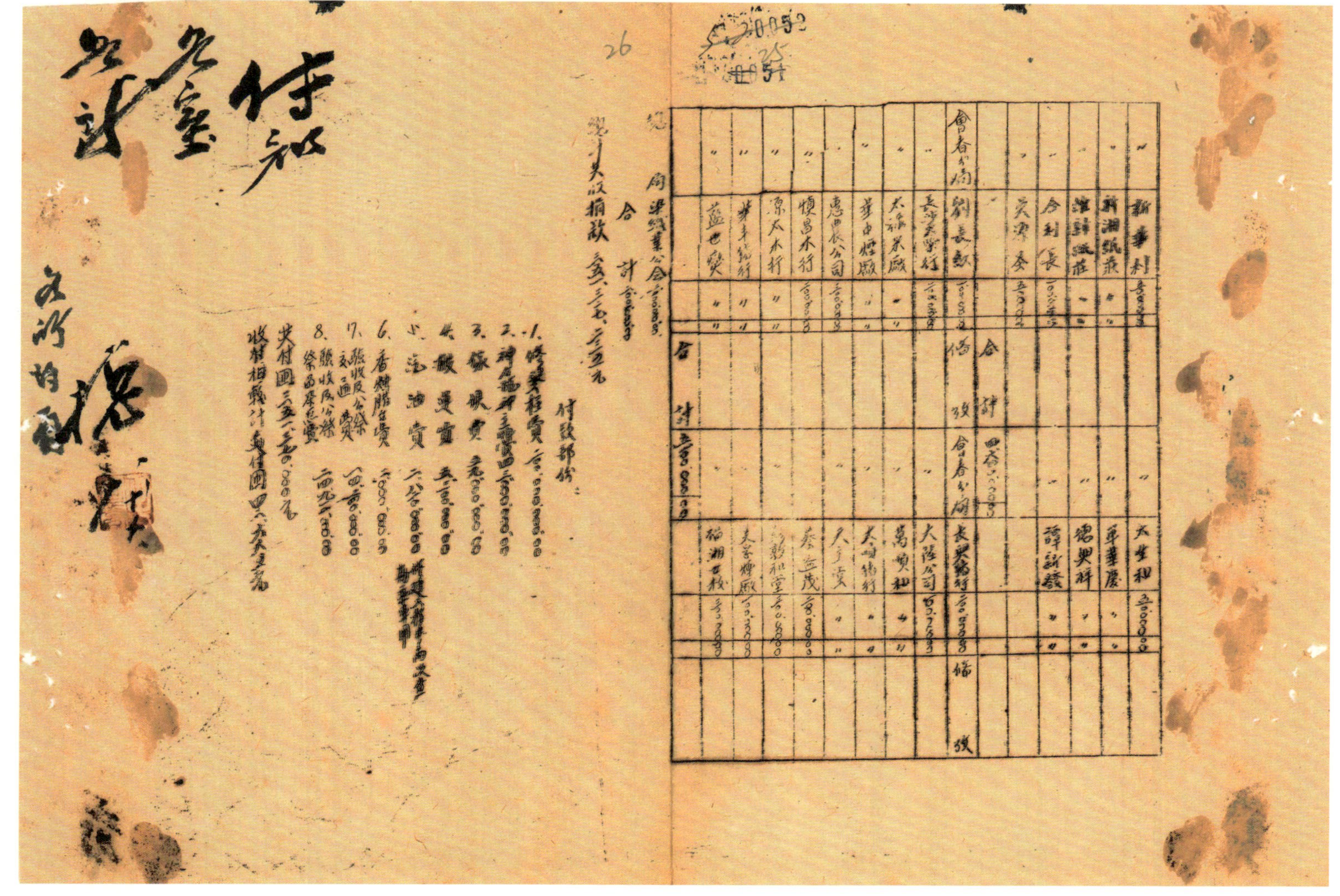

三青团湖南支团干事会关于催请指拨抗战殉难干部及团员公葬基地事致长沙市政府的公函（一九四七年八月十六日）

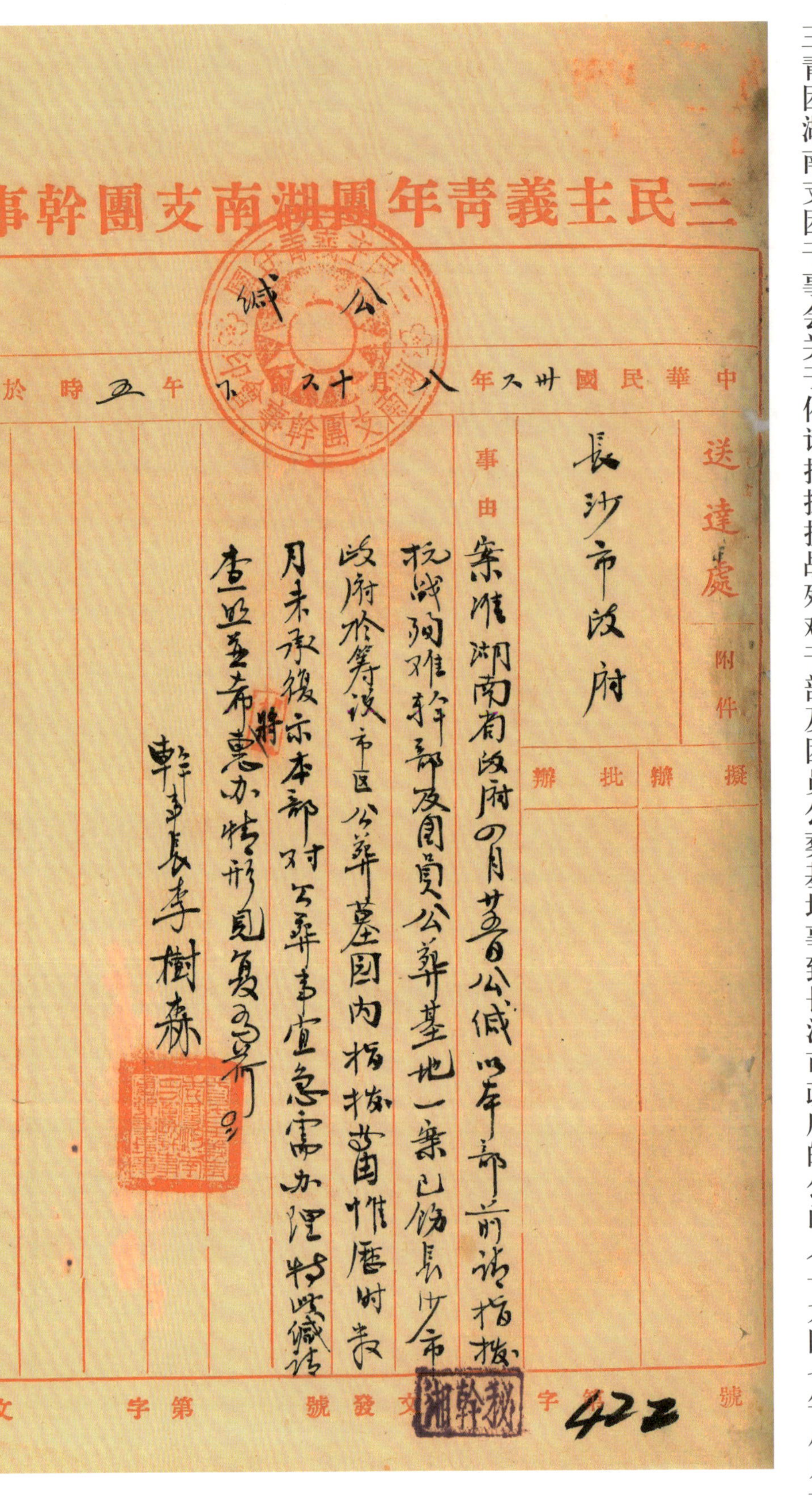
431

三民主義青年團湖南支團幹事會

公緘

中華民國卅六年八月十六日下午五時於長沙

送達處：長沙市政府

附件：

事由：

案准湖南省政府四月廿五日公緘以本部前請指撥抗戰殉難幹部及團員公葬基地一案已飭長沙市政府於籌設市區公葬墓園內指撥當惟歷時叁月未承復示本部對公葬事宜急需辦理特此緘請查照並希將惠辦情形見復為荷

幹事長李樹森

湘幹秘字第422號

前远征军新编三十八师齐学启治丧办事处关于参加公祭事宜致长沙市商会的一组笺函（一九四七年十月）

（一）笺函（一九四七年十月十六日）

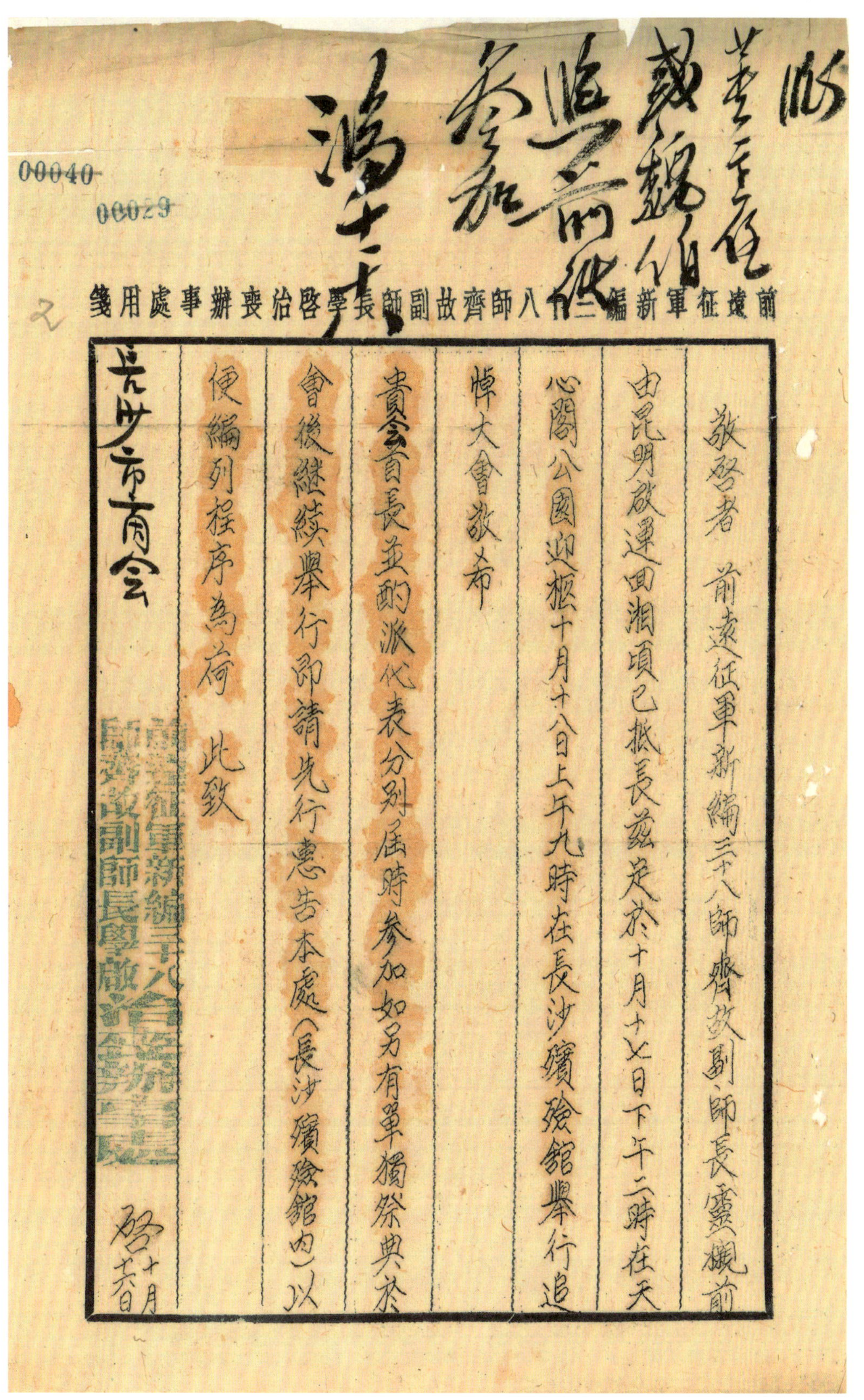
前遠征軍新編三十八師齊故副師長學啓治喪辦事處用箋

敬啓者：前遠征軍新編三十八師齊故副師長靈櫬前由昆明啟運回湘，頃已抵長，兹定於十月十七日下午二時在天心閣公園迎柩，十月十八日上午九時在長沙殯殮館舉行追悼大會，敬希貴會首長並酌派代表分别届時參加。如另有單獨祭奠，於會後繼續舉行，即請先行患告本處（長沙殯殮館内），以便編列程序為荷。此致

長沙市商會

前遠征軍新編三十八師齊故副師長學啟治喪辦事處啓

十月十六日

（二一）笺函（一九四七年十月十七日）

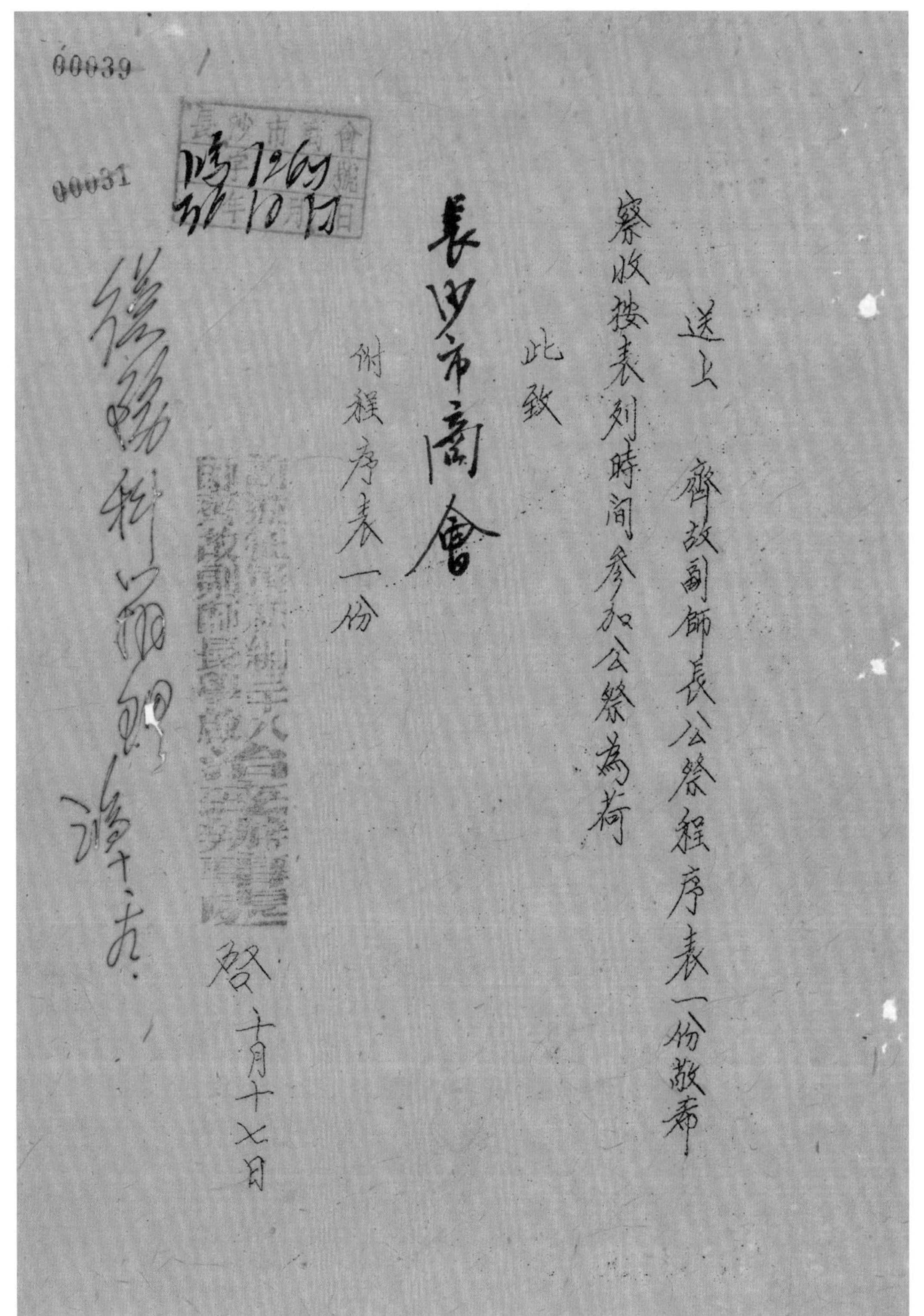
送上齊故副師長公祭程序表一份敬希
察收按表列時間參加公祭為荷
此致
長沙市商會
附程序表一份
啓 十月十七日

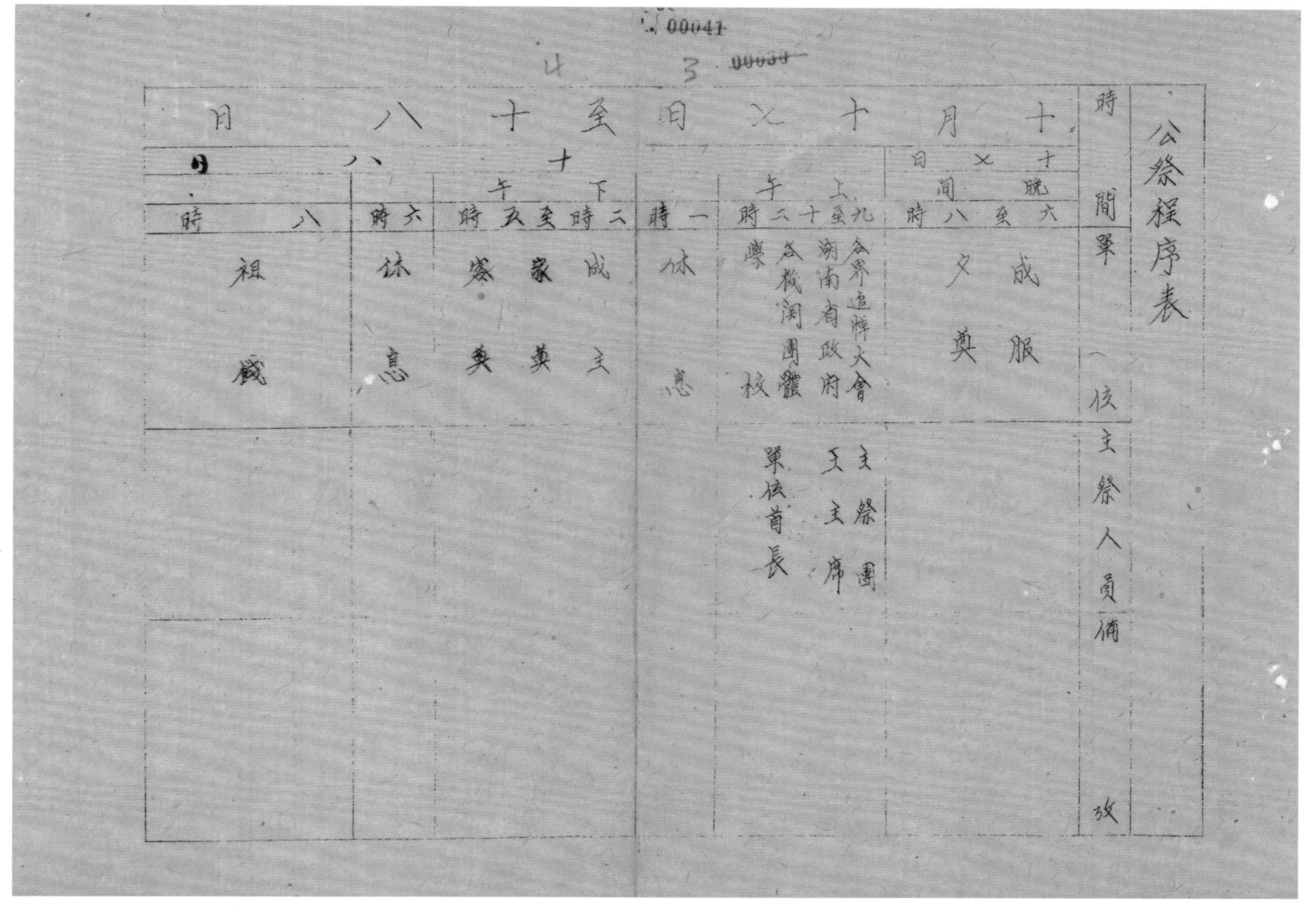

00041

~~00030~~

4　3

公祭程序表

時間：十月十七日至十八日

時間		單位	主祭人員	備攷
十七日晚間	六至八時	成服 夕奠		
十八日上午	九至十二時	各界追悼大會 湖南省政府 各機關團體 學校	主祭團 王主席 單位首長	
	一時	休息		
下午	二至五時	成主 家奠 客奠		
	六時	休息		
	八時	祖餞		

（三）笺函（一九四七年十月十七日）

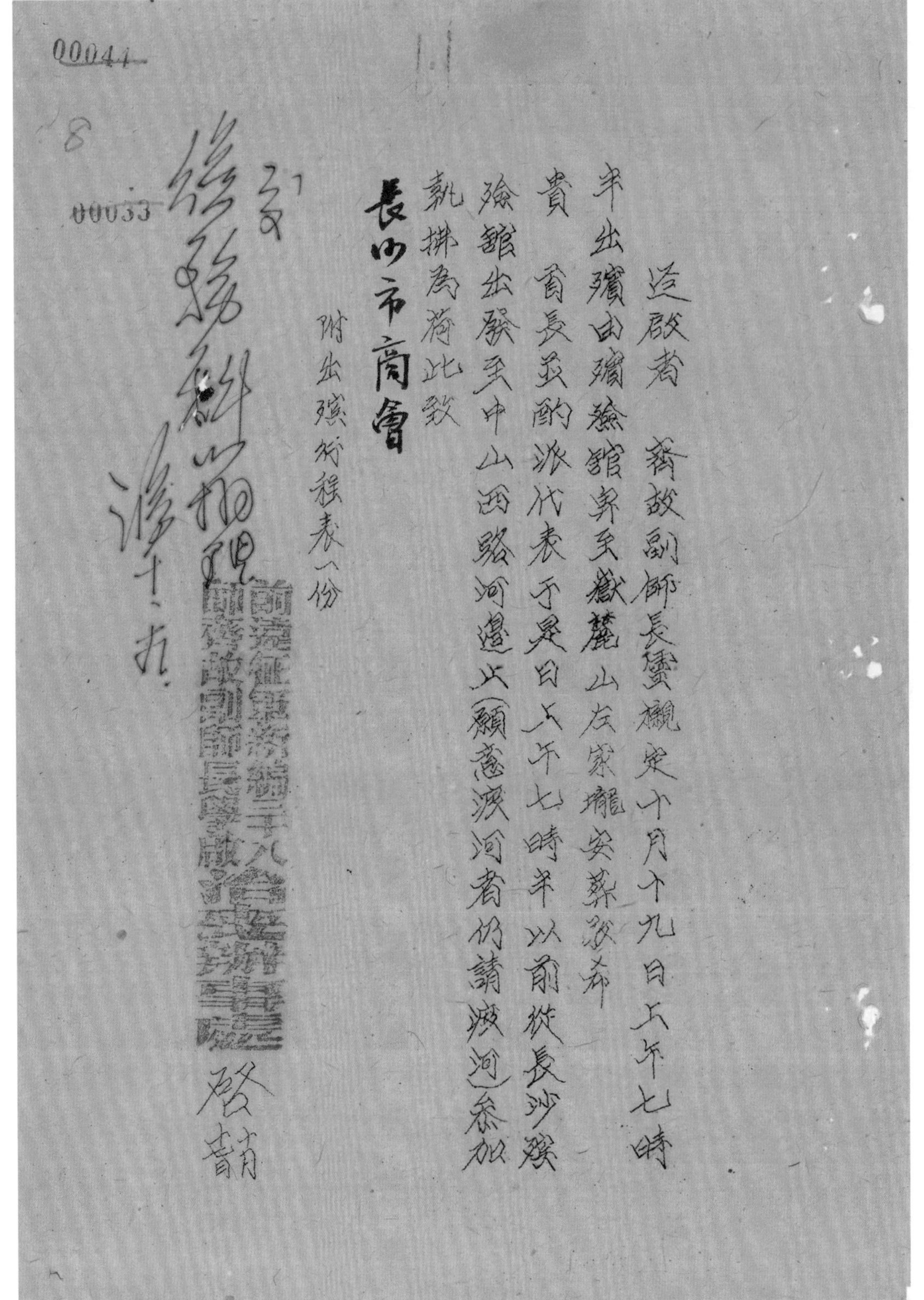
00041

00033

逕啟者：黃故副師長靈櫬定十月十九日上午七時半出殯，由殯儀館舁至嶽麓山左家壠安葬，茲希

貴會長並酌派代表于是日上午七時半以前從長沙殯儀館出發至中山西路河邊止（願送渡河者仍請渡河）參加執紼為荷。此致

長沙市商會

附出殯行程表一份

前[illegible]第二十八[illegible]
[illegible]故副師長黃[illegible]治喪籌備處啓

十月十七

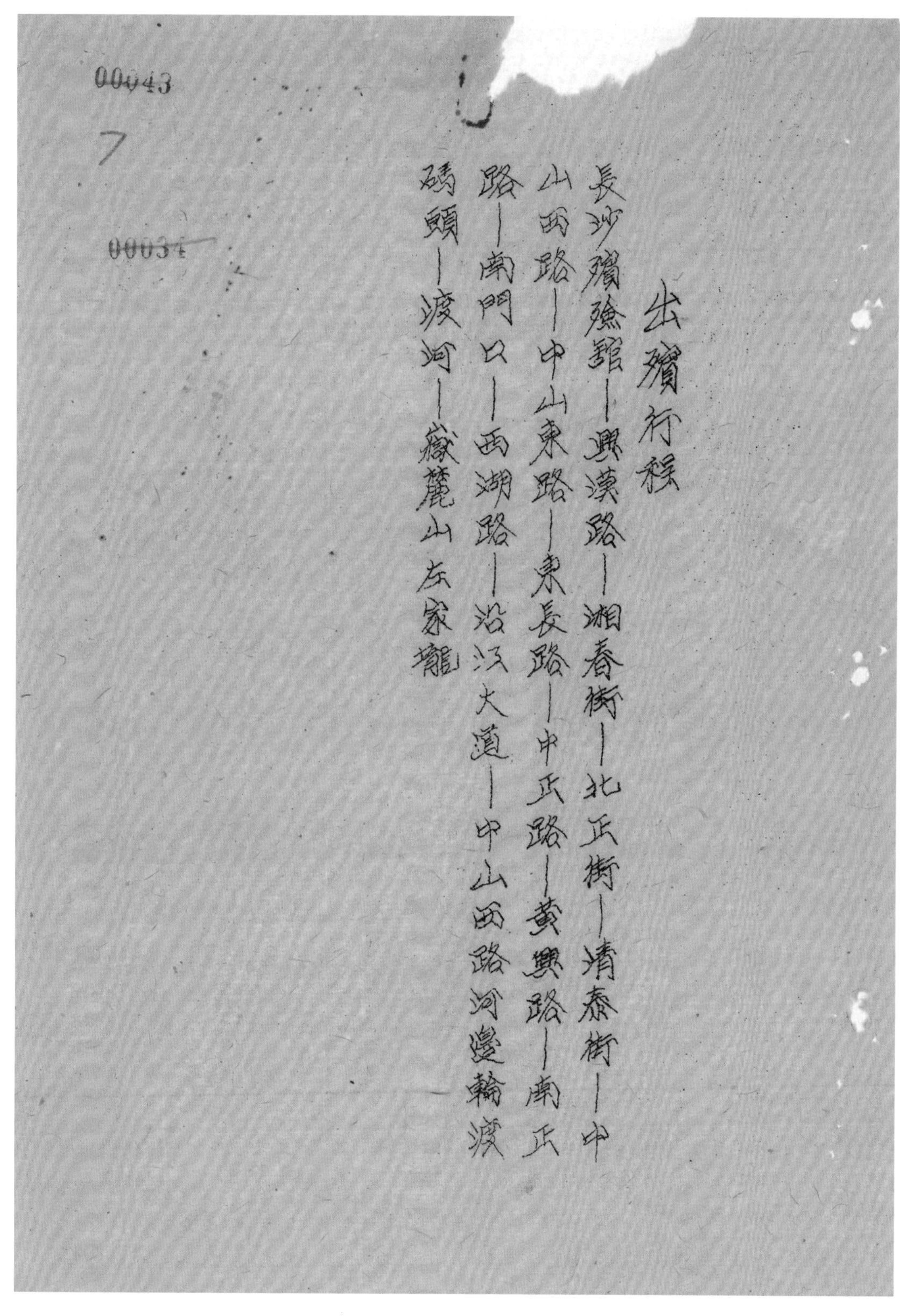

00043

7

00034

出殯行程

長沙殯殮館—興漢路—湘春街—北正街—清泰街—中山西路—中山東路—東長路—中正路—黄興路—南正路—南門口—西湖路—沿江大道—中山西路河邊輪渡碼頭—渡河—嶽麓山左家壠

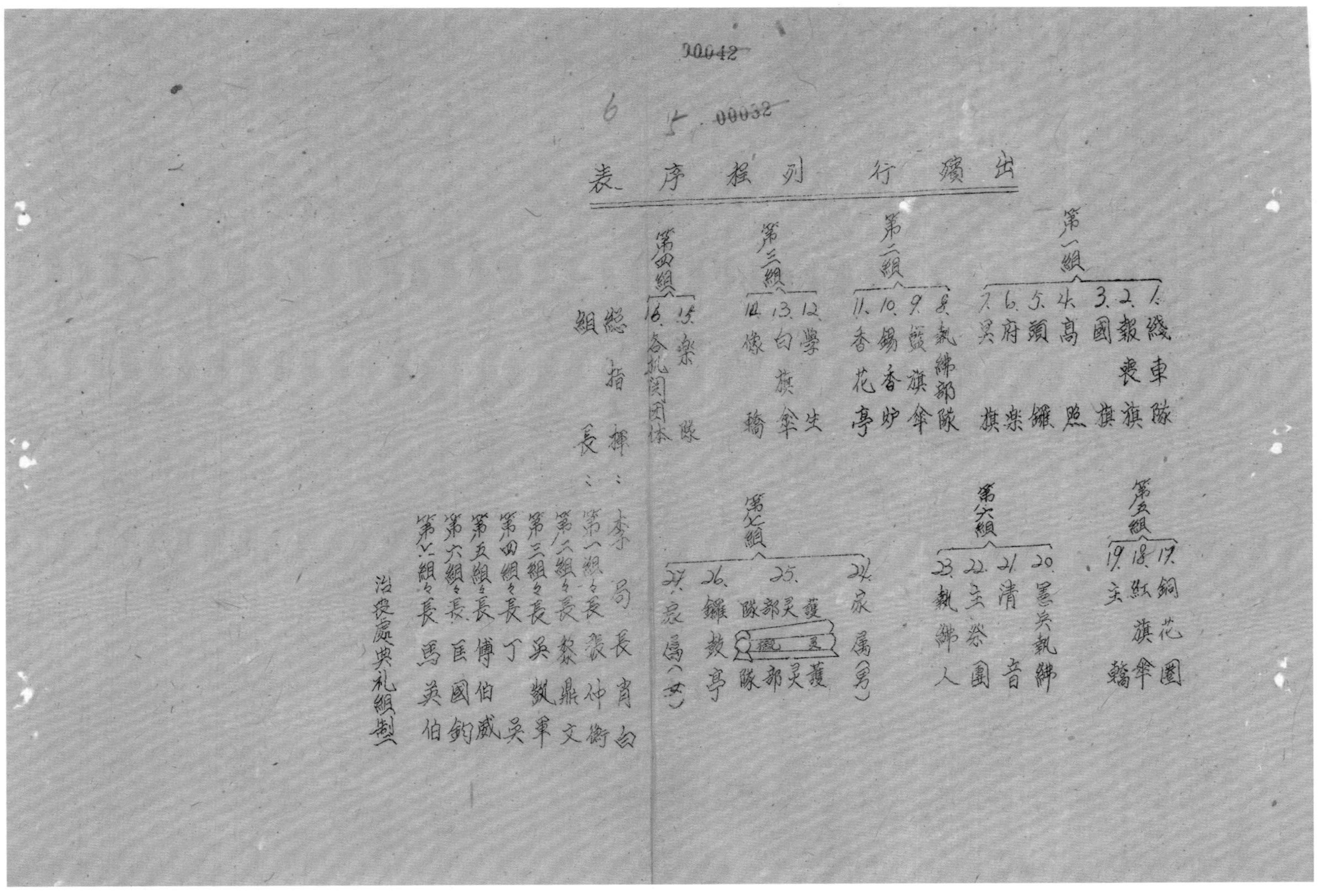

00042

6 5 00032

出殯行列程序表

第一組
1. 綫車隊
2. 報喪旗
3. 國旗
4. 高照
5. 頭鑼
6. 府樂
7. 吳旗

第二組
8. 執紼部隊
9. 鼓旗傘
10. 錫香炉
11. 香花亭

第三組
12. 學生
13. 白旗傘
14. 像轎

第四組
15. 樂隊
16. 各机関团体

第五組
17. 銅花圈
18. 紅旗傘
19. 主轎

第六組
20. 憲兵執紼
21. 清音
22. 主祭團
23. 執紼人

第七組
24. 家屬（男）
25. 護靈部隊 靈柩 護靈部隊
26. 鑼鼓亭
27. 家屬（女）

總指揮：李局長肖白

組長：
第一組々長袁仲衡
第二組々長黎鼎文
第三組々長吳劍軍
第四組々長丁吳
第五組々長傅伯威
第六組々長匡國鈞
第七組々長馬英伯

治喪處典礼組製

湖南省会警察局关于奉转修正《忠烈祠设立及保管办法》第八条条文致该局消防队的训令（一九四七年十月十七日）

F443

0018

15

事由：為奉轉修正忠烈祠設立及保管辦法第八條條文仰知照由

湖南省會警察局訓令

省政警字第四三三號

民國三十六年十月十七日

令 消防隊

案奉

湖南省政府本年十月[illegible]日府民字四字第三五二六八號訓令開：「案奉行政院三十六年九月二十日四內字第三七九七○號訓令以：據浙江省政府呈，以奉頒春秋二季致祭陣亡將士辦法規定秋祭日期為九月三日，與忠烈祠設立及保管辦法第八條規定各地忠烈祠應於每年七月七日公祭，顯有出入，請修正統一日期等情，經轉奉國民政府三十六年九月十二日處字第一四九一號指令：忠烈祠設立及保管辦法第八條內「七月七日」改為「九月三日」等因，除分令外，合行令仰知照，并轉飭所屬知照等因，除分行外，合行令仰知照，飭知，此令」等因，奉此，除分令外，合行令仰知照并飭一體知照為要！

此令。

局長 [illegible]

2

唐呈祥关于唐族山地为陆军第十军阵亡将士公墓进葬三分之二请予免征地税致长沙市政府的呈（一九四七年十二月）

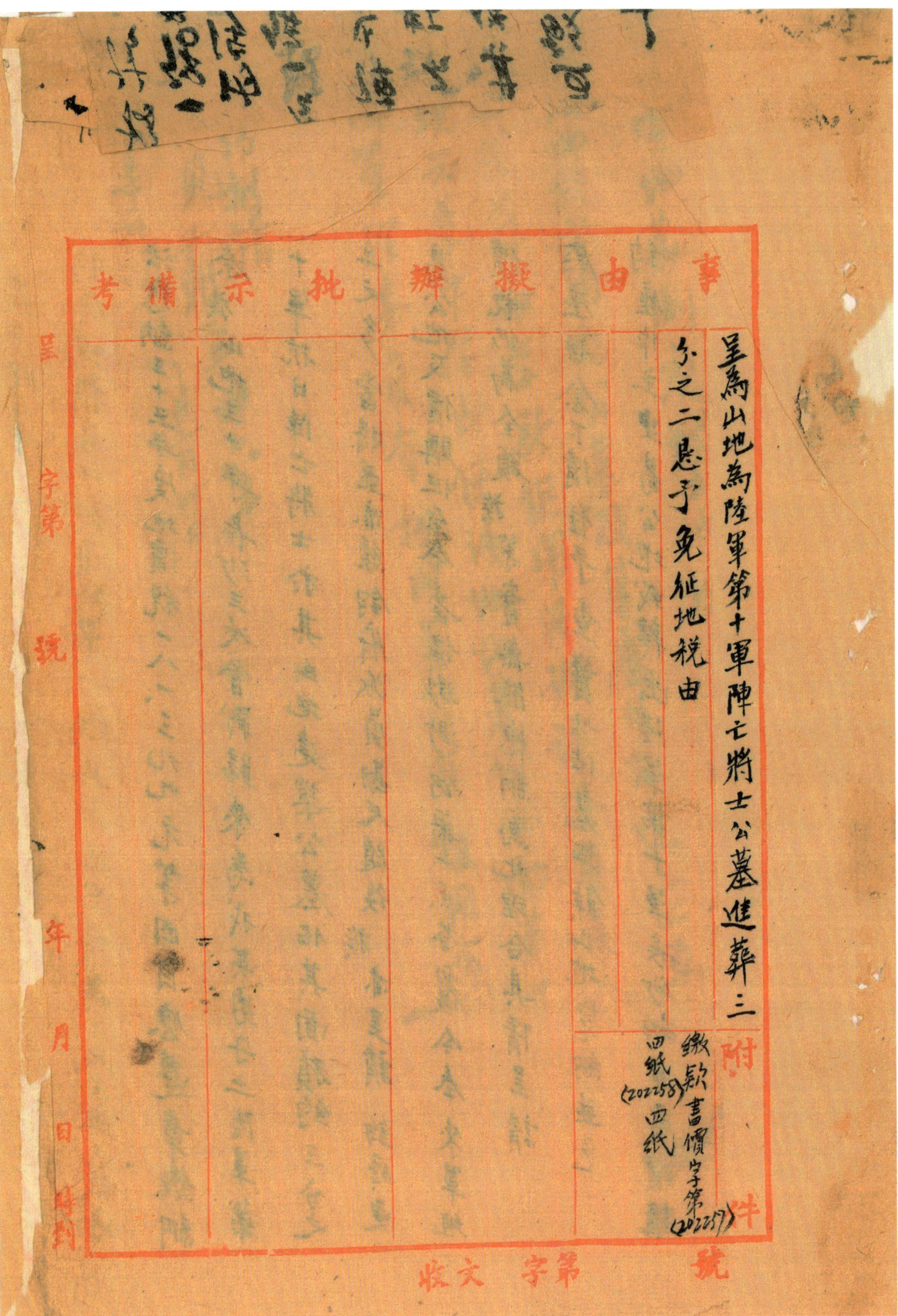
事由：呈为山地为陆军第十军阵亡将士公墓进葬三分之二恳予免征地税由

附件：缴款书四纸（202258）、价字第（202257）四纸

拟办

批示

备考

呈　字第　号　年　月　日　时到

收文　字第　号

竊族頃奉
鈞府稅捐處地稅通知單一紙，其山地面積爲三七、三五八畝，依
法應納三十五年度地價稅一八一、三九九元等因，自應遵章繳納。
奈族山地三十年長沙三次會戰歸來，爲我英勇守土陸軍第
十軍抗日陣亡將士於其山地建築公墓，佔其面積約三分之
二之多，當時並亦經鈞府派員勘丈，隨後族亦呈請鈞府更
易公地及價購，但至今音信渺渺，仍無一點答覆。今奉來單地
價稅仍爲全額，族等實無能應納，爲此理合具情呈請
鈞座撫念下情，准予查實，以佔墓佔餘山地完納，並乞
鈞座作主更易公地，或轉函陸軍第十軍長沙辦事處價購

108.

[illegible]仍厰役，
[illegible]倘再拐
[illegible]自以家

以了手續，不勝迫切待命之至。

謹呈

市長 汪

唐族守文堂代表唐呈祥（印）呈

通訊處：城南區第十保辦公處

批何學清、郎

黄家茂[illegible]

黄桂林

中華民國三十六年十二月　　日

后 记

本书编纂工作在《抗日战争档案汇编》编纂出版工作领导小组和编纂委员会的具体领导下进行。

湖南省档案馆、长沙市档案馆非常重视本书的编纂出版工作。湖南省档案馆审阅书稿并提出了重要指导意见，长沙市档案馆完成了该书查阅、清理、甄选和编纂等工作，梁小进老师多次为本书提供专业指导，为本书的编纂出版付出了辛勤劳动。中华书局对本书出版给予了鼎力支持。谨向上述同志和单位致以诚挚的感谢！

编 者

国家重点档案专项资金资助项目

抗日战争档案汇编

抗战时期怀集财产损失档案汇编

2

怀集县档案馆　编

中華書局

图书在版编目（CIP）数据

抗战时期怀集财产损失档案汇编 . 2 / 怀集县档案馆编 . －北京 : 中华书局 , 2021.8

（抗日战争档案汇编）

ISBN 978-7-101-15306-4

Ⅰ . 抗… Ⅱ . 怀… Ⅲ . 抗日战争－损失－史料－怀集县 Ⅳ . K265.06

中国版本图书馆 CIP 数据核字 (2021) 第 166479 号

书　　名　抗战时期怀集财产损失档案汇编2

丛 书 名　抗日战争档案汇编

编　　者　怀集县档案馆

策划编辑　许旭虹

责任编辑　李晓燕

装帧设计　许丽娟

出版发行　中华书局

（北京市丰台区太平桥西里38号　100073）

http://www.zhbc.com.cn

E-mail:zhbc@zhbc.com.cn

图文制版　北京禾风雅艺文化发展有限公司

印　　刷　天津艺嘉印刷科技有限公司

版　　次　2021年8月北京第1版

2021年8月第1次印刷

规　　格　开本889×1194毫米　1/16

印张41½

国际书号　ISBN 978-7-101-15306-4

定　　价　650.00元

抗日战争档案汇编编委会

编纂出版工作领导小组

组　长　陆国强

副组长　王绍忠　付　华　魏洪涛　刘鲤生

编纂出版工作领导小组办公室

主　任　常建宏

副主任　孙秋浦　石　勇

成　员（按姓氏笔画为序排列）

李　宁　沈　岚　贾　坤

编纂委员会

主　任　陆国强

副主任　王绍忠

顾　问　杨冬权　李明华

成　员（按姓氏笔画为序排列）

于学蕴　于晓南　于晶霞　马忠魁　马俊凡　马振犊
王　放　王文铸　王建军　卢琼华　田洪文　田富祥
史晨鸣　代年云　白明标　白晓军　吉洪武　刘　钊
刘玉峰　刘灿河　刘忠平　刘新华　汤俊峰　孙　敏
苏东亮　杜　梅　李宁波　李宗春　吴卫东　何素君
张　军　张明决　陈念芜　陈艳霞　卓兆水　岳文莉
郑惠姿　赵有宁　查全洁　施亚雄　祝　云　徐春阳
郭树峰　唐仁勇　唐润明　黄凤平　黄远良　黄菊艳
梅　佳　龚建海　常建宏　韩　林　程潜龙　焦东华
童　鹿　蔡纪万　谭荣鹏　黎富文

抗战时期怀集财产损失档案汇编编委会

总序

为深入贯彻落实习近平总书记「让历史说话，用史实发言，深入开展中国人民抗日战争研究」的重要指示精神，国家档案局根据《全国档案事业发展「十三五」规划纲要》和《「十三五」时期国家重点档案保护与开发工作总体规划》的有关安排，决定全面系统地整理全国各级综合档案馆馆藏抗战档案，编纂出版《抗日战争档案汇编》（以下简称《汇编》）。

中国人民抗日战争是近代以来中国反抗外敌入侵第一次取得完全胜利的民族解放战争，开辟了中华民族伟大复兴的光明前景。这一伟大胜利，也是中国人民为世界反法西斯战争胜利、维护世界和平作出的重大贡献。加强中国人民抗日战争研究，具有重要的历史意义和现实意义。

全国各级档案馆保存的抗战档案，数量众多，内容丰富，全面记录了中国人民抗日战争的艰辛历程，是研究抗战历史的珍贵史料。一直以来，全国各级档案馆十分重视抗战档案的开发利用，陆续出版公布了一大批抗战档案，对揭露日本帝国主义侵华罪行，讴歌中华儿女勠力同心、不屈不挠抗击侵略的伟大壮举，弘扬伟大的抗战精神，引导正确的历史认知，发挥了积极作用。特别是国家档案局组织有关方面共同努力和积极推动，「南京大屠杀档案」被联合国教科文组织评选为「世界记忆遗产」，列入《世界记忆名录》，捍卫了历史真相，在国际上产生了广泛而深远的影响。

全国各级档案馆馆藏抗战档案开发利用工作虽然取得了一定的成果，但是，在档案信息资源开发的系统性和深入性方面仍显不足。正如习近平总书记所指出的：「同中国人民抗日战争的历史地位和历史意义相比，同这场战争对中华民族和世界的影响相比，我们的抗战研究还远远不够，要继续进行深入系统的研究。」「抗战研究要深入，就要更多通过档案、资料、事实、当事人证词等各种人证、物证来说话。要加强资料收集和整理这一基础性工作，全面整理我国各地抗战档案、照片、资料、实物等……」

国家档案局组织编纂《汇编》，对全国各级档案馆馆藏抗战档案进行深入系统地开发，是档案部门贯彻落实习近平总书记重要指示精神，推动深入开展中国人民抗日战争研究的一项重要举措。本书的编纂力图准确把握中国人民抗日战争的历史进程、主流和本质，用详实的档案全面反映一九三一年九一八事变后十四年抗战的全过程，反映中国共产党在抗日战争中的中流砥柱作用以及中国人民抗日战争在世界反法西斯战争中的重要地位，反映国共两党「兄弟阋于墙，外御其侮」进行合作抗战、共同捍卫民族尊严的历史，反映各民族、各阶层及海外华侨共同参与抗战的壮举，展现中国人民抗日战争的伟大意义，以历史档案揭露日本侵华暴行，揭示日本军国主义反人类、反和平的实质。

编纂《汇编》是一项浩繁而艰巨的系统工程。为保证这项工作的有序推进，国家档案局制订了总体规划和详细的实施方案，明确了指导思想、工作步骤和编纂要求。为保证编纂成果的科学性、准确性和严肃性，国家档案局组织专家对选题进行全面论证，对编纂成果进行严格审核。

各级档案馆高度重视并积极参与到《汇编》工作之中，通过全面清理馆藏抗战档案，将政治、军事、外交、经济、文化、宣传、教育等多个领域涉及抗战的内容列入选材范围。入选档案包括公文、电报、传单、文告、日记、照片、图表等多种类型。在编纂过程中，坚持实事求是的原则和科学严谨的态度，对所收录的每一件档案都仔细鉴定、甄别与考证，维护档案文献的真实性，彰显档案文献的权威性。同时，以《汇编》编纂工作为契机，以项目谋发展，用实干育人才，带动国家重点档案保护与开发，夯实档案馆基础业务，提高档案人员的业务水平，促进档案馆各项事业的发展。

守护历史，传承文明，是档案部门的重要责任。我们相信，编纂出版《汇编》，对于记录抗战历史，弘扬抗战精神，发挥档案留史存鉴、资政育人的作用，更好地服务于新时代中国特色社会主义文化建设，都具有极其重要的意义。

抗日战争档案汇编编纂委员会

编辑说明

二〇一八年《抗战时期怀集财产损失档案汇编1》出版后，我们充分挖掘馆藏资源，续编出版《抗战时期怀集财产损失档案汇编2》一书。在此书整理编纂过程中，对馆藏怀集县抗日战争时期的档案进行了严格审核筛选。为确保档案目录标题的严谨、准确，我们认真核准了部分档案的形成单位、档案内容及其涉及时间等，重拟了部分文件标题。为确保档案史料的原始性、真实性，未对档案内容进行修改处理。

本书选稿自一九三七年至一九四五年，选取了七甲乡、渡头乡、凤冈乡及龙湾乡四个乡的财产损失档案史料。每个乡按照档案形成时间编排。

选用档案均为本馆馆藏原件全文影印，未作删节，如有缺页情况，为档案自身缺页。书中标题是档案原标题（部分标题因没有「财产」两字故作添加），标题中人名使用通用名写法，历史地名沿用当时地名。

本书使用规范的简化字。对标题中人名、历史地名、机构名称中出现的繁体字、错别字、不规范异体字、异形字，予已径改，不作解释。

由于时间紧，档案公布量大，编者水平有限，在编辑过程中可能存在疏漏之处，考订难免有误，欢迎读者批评指正。

编　者

二〇一九年十月

目录

二、怀集县渡头乡人民财产损失调查报告单

三、怀集县凤冈乡人民财产损失调查报告单

四、怀集县龙湾乡人民财产损失调查报告单

一、怀集县七甲乡人民财产损失调查报告单

七甲乡泽联村黄绍民财产损失报告单（一九四五年十月二十六日）

懷集縣七甲鄉(鎮)　村(街)人民財產損失報告單　(表式4)

受損失者：黃紹民　　填送日期卅四年十月廿六日

損失年月日	事件	地點	損失項目	購置年月	單位	數量	價值(國幣元) 購置時價值	價值(國幣元) 損失時價值	證件
卅三年九月十	敵擾	澤聯村	稻苗			三畝		1500元	
			木薯			一畝		400元	
			甘薯			一畝		300元	
			公雞			二隻		600元	

（本表應加蓋鄉鎮公所圖記）

填報者	姓名	服務處所	所任職務	與受損失者之關係	通訊地址	蓋章
	郑若山	七甲鄉公所	鄉長		七甲鄉公所	[印]

001

七甲乡泽联村黄公民财产损失报告单（一九四五年十月二十六日）

懷集縣七甲鄉(鎮)澤联村(街)人民財產損失報告單　（表式4）

受損失者：黄公民

填送日期卅四年十　月廿六日

損失年月日	事件	地點	損失項目	購置年月	單位	數量	價值（國幣元）購置時價值	損失時價值	證件
卅三九月十一	敵擾	澤联村	稻谷			一畝		500元	
			木薯			一畝		400元	
			甘薯			五分		150元	

（本表須加蓋鄉鎮公所圖記）

填報者	姓名	服務處所	所任職務	與受損失者之關係	通訊地址	蓋章
	鄭若山	七甲鄉公所	鄉長		七甲鄉公所	（印）

七甲乡泽联村黄爱民财产损失报告单（一九四五年十月二十六日）

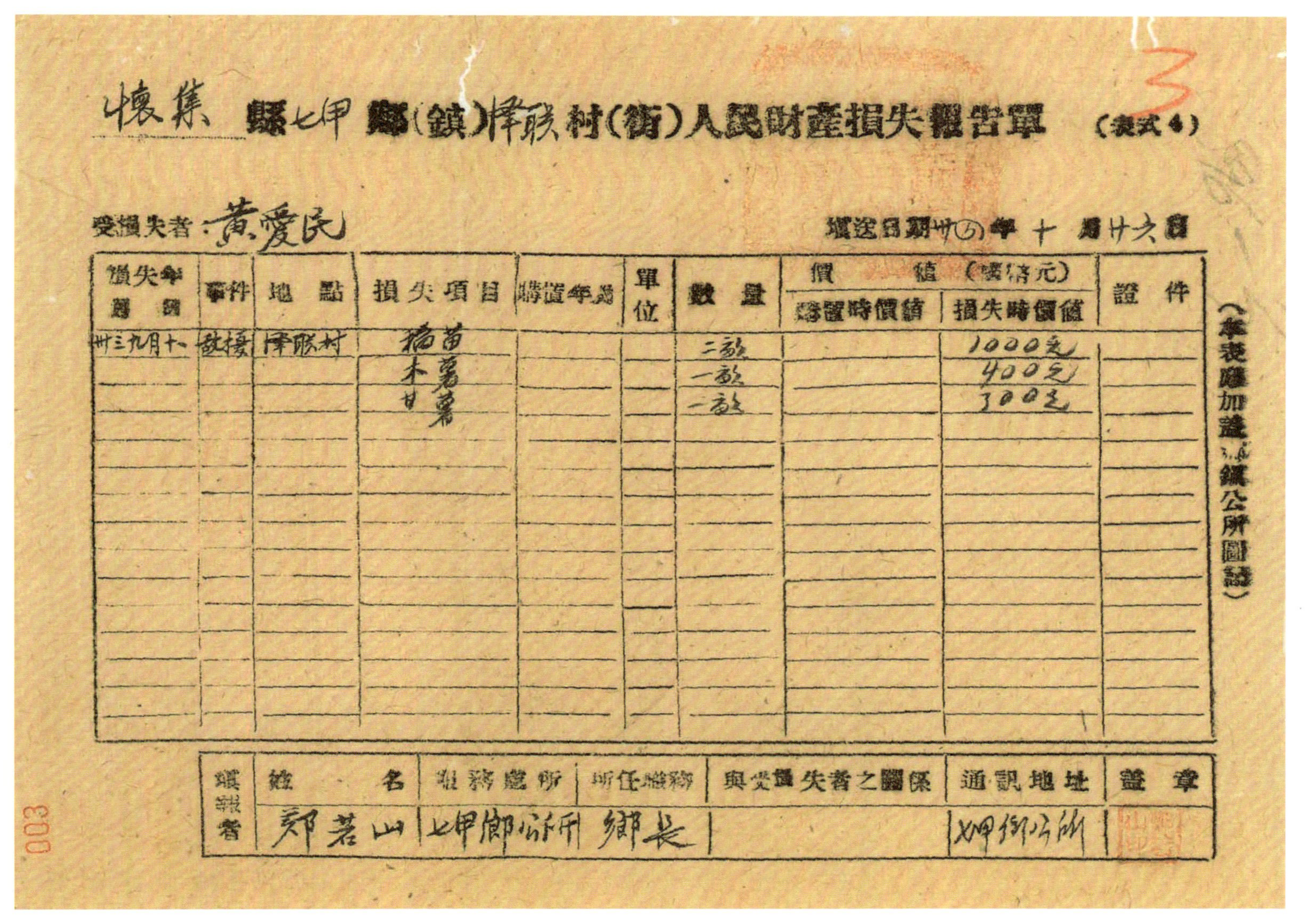

懷集縣七甲鄉（鎮）澤聯村（街）人民財產損失報告單　（表式4）

受損失者：黃愛民　　填送日期卅四年十月廿六日

損失年月日	事件	地點	損失項目	購置年月	單位	數量	價值（國幣元）購置時價值	價值（國幣元）損失時價值	證件
卅三年九月十一	敵擾	澤聯村	稻苗			二畝		1000元	
			木薯			一畝		400元	
			甘薯			一畝		300元	

（本表應加蓋鄉鎮公所圖記）

報告者	姓名	服務處所	所任職務	與受損失者之關係	通訊地址	蓋章
	鄭若山	七甲鄉公所	鄉長		七甲鄉公所	

003

七甲乡泽联村黄颂民财产损失报告单（一九四五年十月二十六日）

004

懷集縣七甲鄉（鎮）泽联村（街）人民財產損失報告單　（表式4）

受損失者：黃頌民

填送日期卅四年十月廿六日

損失年月日	事件	地點	損失項目	購置年月	單位	數量	價值（國幣元）購置時價值	價值（國幣元）損失時價值	證件
卅三九月十一	敵擾	泽联村	稻苗			四畝		2000元	
			木薯			一畝		400元	
			甘薯			一畝		300元	
			大猪			二隻		500元	

填報者	姓名	服務處所	所任職務	與受損失者之關係	通訊地址	蓋章
	鄭若山	七甲鄉公所	鄉長		七甲鄉公所	

（本表應加蓋鄉鎮公所圖記）

七甲乡泽联村黄国延财产损失报告单（一九四五年十月二十六日）

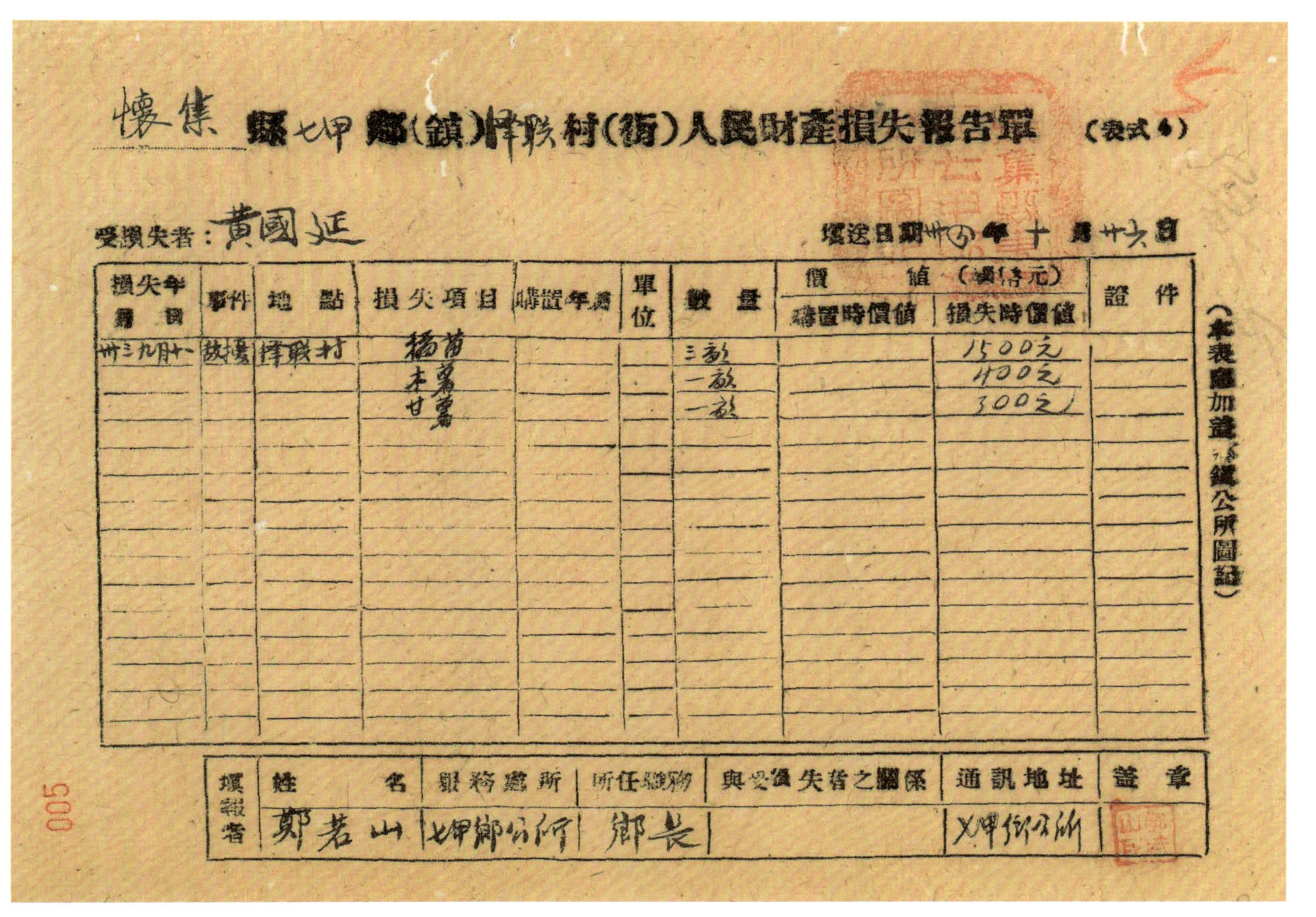

懷集縣七甲鄉（鎮）澤聯村（街）人民財產損失報告單 （表式4）

受損失者：黃國延

填送日期卅四年十月廿六日

損失年月日	事件	地點	損失項目	購置年月	單位	數量	價值（國幣元）購置時價值	價值（國幣元）損失時價值	證件
卅三九月十一	敌擾	澤聯村	稻苗			三畝		1500元	
			木薯			一畝		400元	
			甘薯			一畝		300元	

（本表應加蓋鄉鎮公所圖記）

填報者	姓名	服務處所	所任職務	與受損失者之關係	通訊地址	簽章
	鄭若山	七甲鄉公所	鄉長		七甲鄉公所	

七甲乡泽联村黄兴荣财产损失报告单（一九四五年十月二十六日）

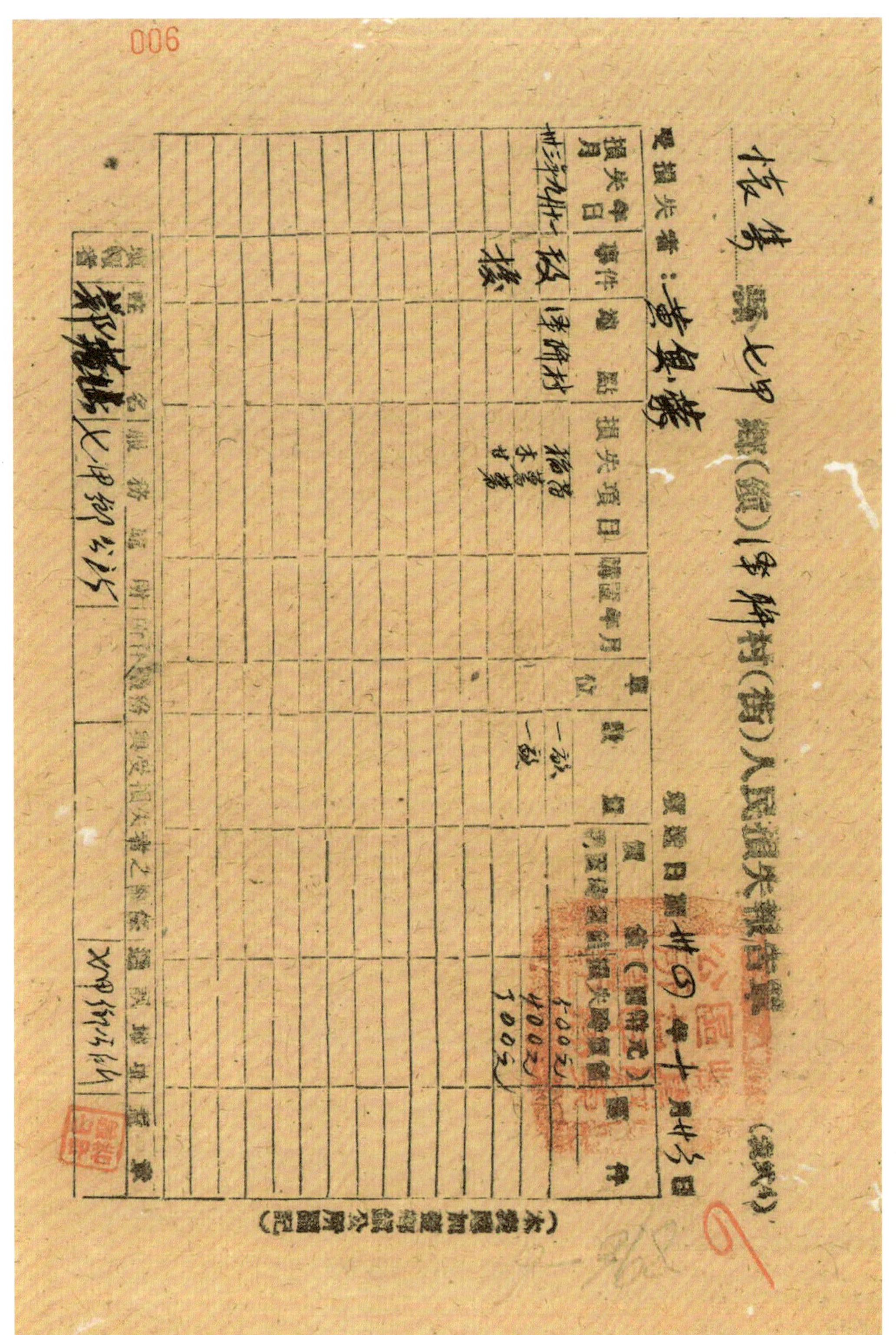

怀集县七甲乡(镇)泽联村(街)人民损失报告单 (表式4)

受损失者：黄兴荣　　填送日期卅四年十月廿六日

损失年月日	事件	地点	损失项目	购置年月	单位	数量	价值(国币元) 购置时价值	损失时价值	证件
卅三年九月卅一	敌扰	泽联村	稻谷			一亩		500元	
			木薯			一亩		400元	
			甘薯					300元	

填报者	姓名	服务处所	与受损失者之关系	通讯地址	盖章
	郑[illegible]	七甲乡公所		七甲乡公所	

(本表应加盖乡镇公所图记)

七甲乡泽联村黄甫生财产损失报告单（一九四五年十月二十六日）

007

懷集縣七甲鄉（鎮）澤聯村（街）人民損失報告單 （表式4）

受損失者：黄甫生 填送日期卅四年十月廿六日

損失年月日	事件	地點	損失項目	購置年月	單位	數量	價值（國幣元）購置時價值	價值（國幣元）損失時價值	證件
卅三年九月十一	敌機	澤聯村	禾苗			三畝	—	1500元	
			木薯			一畝		400元	
			甘薯			一畝		100元	

填報者	姓名	服務處所	與受損失者之關係	通訊地址	蓋章
	鄺茂山	七甲鄉公所	鄉長	七甲鄉公所	[印]

（本表應加蓋鄉鎮公所圖記）

七甲乡泽联村黄秋桂财产损失报告单（一九四五年十月二十六日）

懷集縣七甲鄉(鎮)澤聯村(街)人民損失報告單 (表式4)

受損失者：黄秋桂

填送日期卅四年十月廿六日

損失年月日	事件	地點	損失項目	購置年月	單位	數量	價值（國幣元）購置時價值	價值（國幣元）損失時價值	證件
卅三年九月廿一	敌扰	泽联村	稻谷			二石五斗		750元	
			木薯			一石		400元	
			甘薯			一石		300元	

填報者	姓名	服務處所	所任職務	與受損失者之關係	通訊地址	蓋章
	郑若山	七甲乡公所	乡长		七甲乡公所	

（本表須加蓋鄉鎮公所圖記）

008

七甲乡泽联村黄英华财产损失报告单（一九四五年十月二十六日）

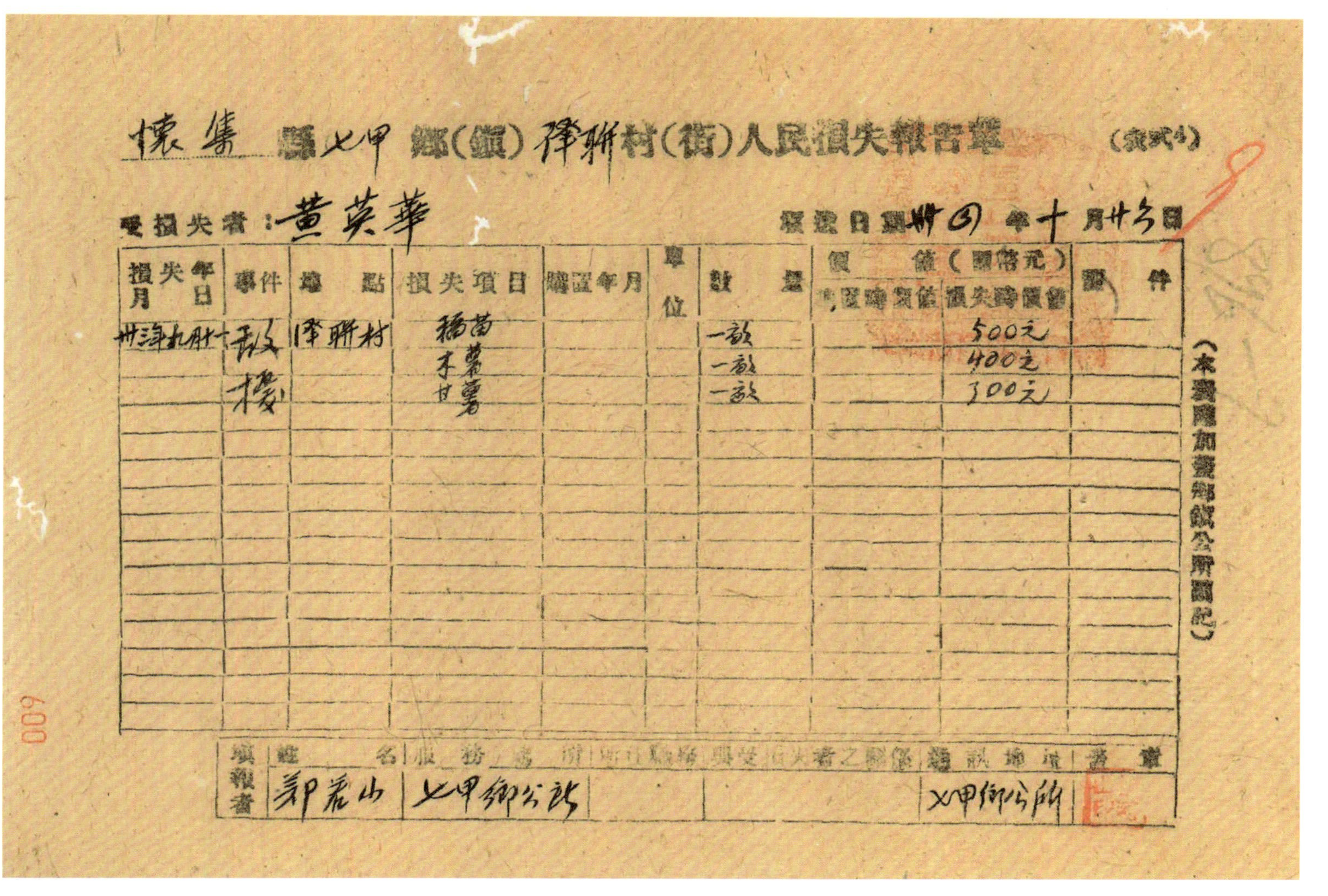

懷集縣七甲鄉(鎮)澤聯村(街)人民損失報告單 （表式4）

受損失者：黃英華　　填送日期卅四年十月廿六日

損失年月日	事件	地點	損失項目	購置年月	單位	數量	價值（國幣元）購置時價值	價值（國幣元）損失時價值	證件
卅四年九月廿一	敌擾	澤聯村	稻苗			一畝		500元	
			木薯			一畝		400元	
			甘薯			一畝		300元	

填報者	姓名	服務處所	所任職務	與受損失者之關係	通訊地址	蓋章
	鄭君山	七甲鄉公所			七甲鄉公所	

（本表應加蓋鄉鎮公所圖記）

七甲乡泽联村黄火清财产损失报告单（一九四五年十月二十六日）

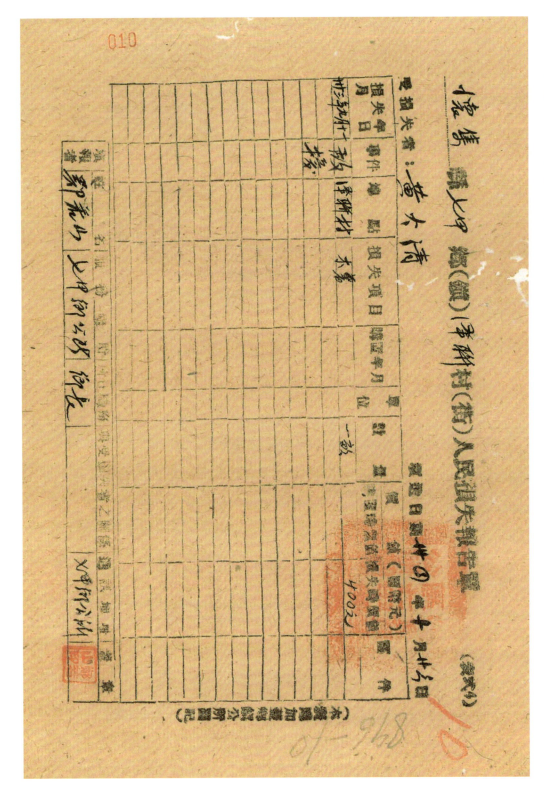

七甲乡泽联村黄祯祥财产损失报告单（一九四五年十月二十六日）

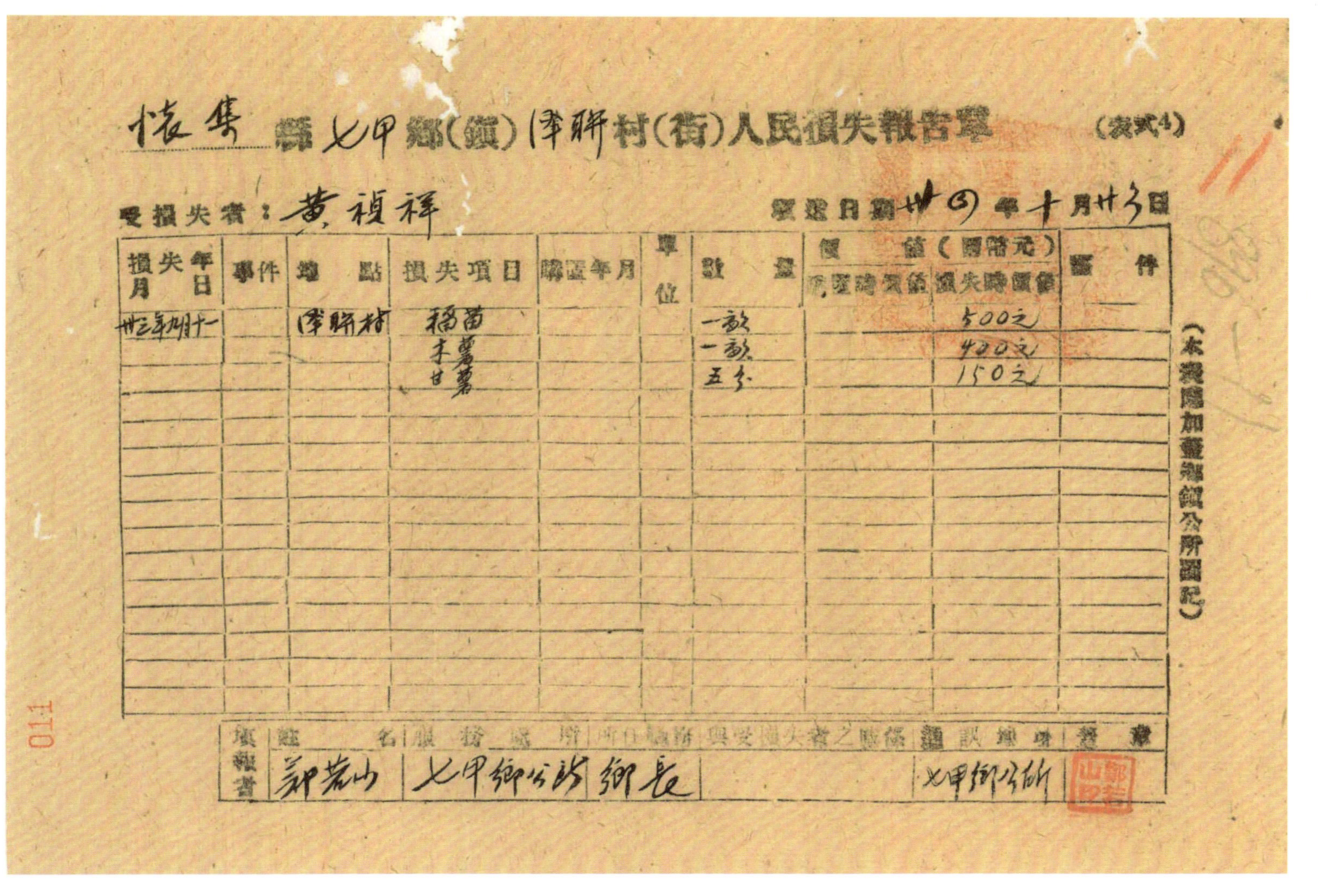

懷集縣七甲鄉（鎮）泽聯村（街）人民損失報告單　（表式4）

受損失者：黄禎祥　　填送日期卅四年十月廿六日

損失年月日	事件	地點	損失項目	購置年月	單位	數量	價值（國幣元）購置時價值	價值（國幣元）損失時價值	證件
卅三年九月廿一		泽聯村	稻苗			一畝		500元	
			木薯			一畝		400元	
			甘薯			五分		150元	

填報者	姓名	服務處所	所任職務	與受損失者之關係	通訊地址	蓋章
	鄭若山	七甲鄉公所	鄉長		七甲鄉公所	〔印〕

（本表應加蓋鄉鎮公所圖記）

七甲乡泽联村黄永华财产损失报告单（一九四五年十月二十六日）

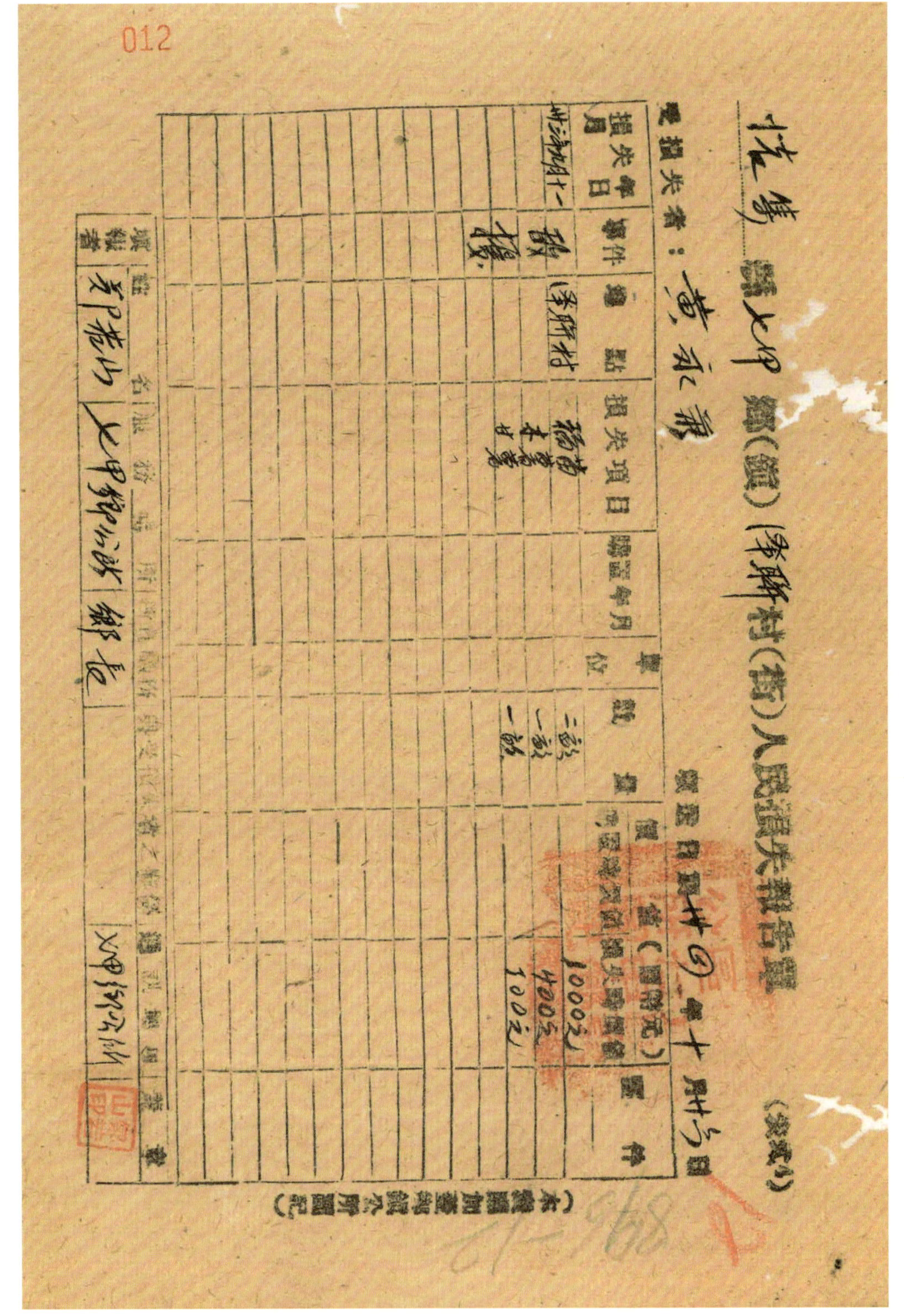

012

（表式1）

怀集县七甲乡（镇）泽联村（街）人民财产损失报告单

填送日期卅四年十月廿六日

受损失者：黄永华

损失年月日	事件	地点	损失项目	购置年月	单位	数量	价值（国币元）购置时价值	价值（国币元）损失时价值	证件
卅四年八月十一	敌人掳去	泽联村	稻谷			二百斤		1000元	
			木薯			一百斤		400元	
			甘薯			一百斤		100元	

直辖机关学校团体或事业：七甲乡公所

名称：七甲乡乡公所

服务处所与受损失者之关系：乡长

通信地址：七甲乡公所

印信：[印]

报告者

（本单用毛笔或钢笔书写，不得用铅笔记）

七甲乡泽联村黄有成财产损失报告单（一九四五年十月二十六日）

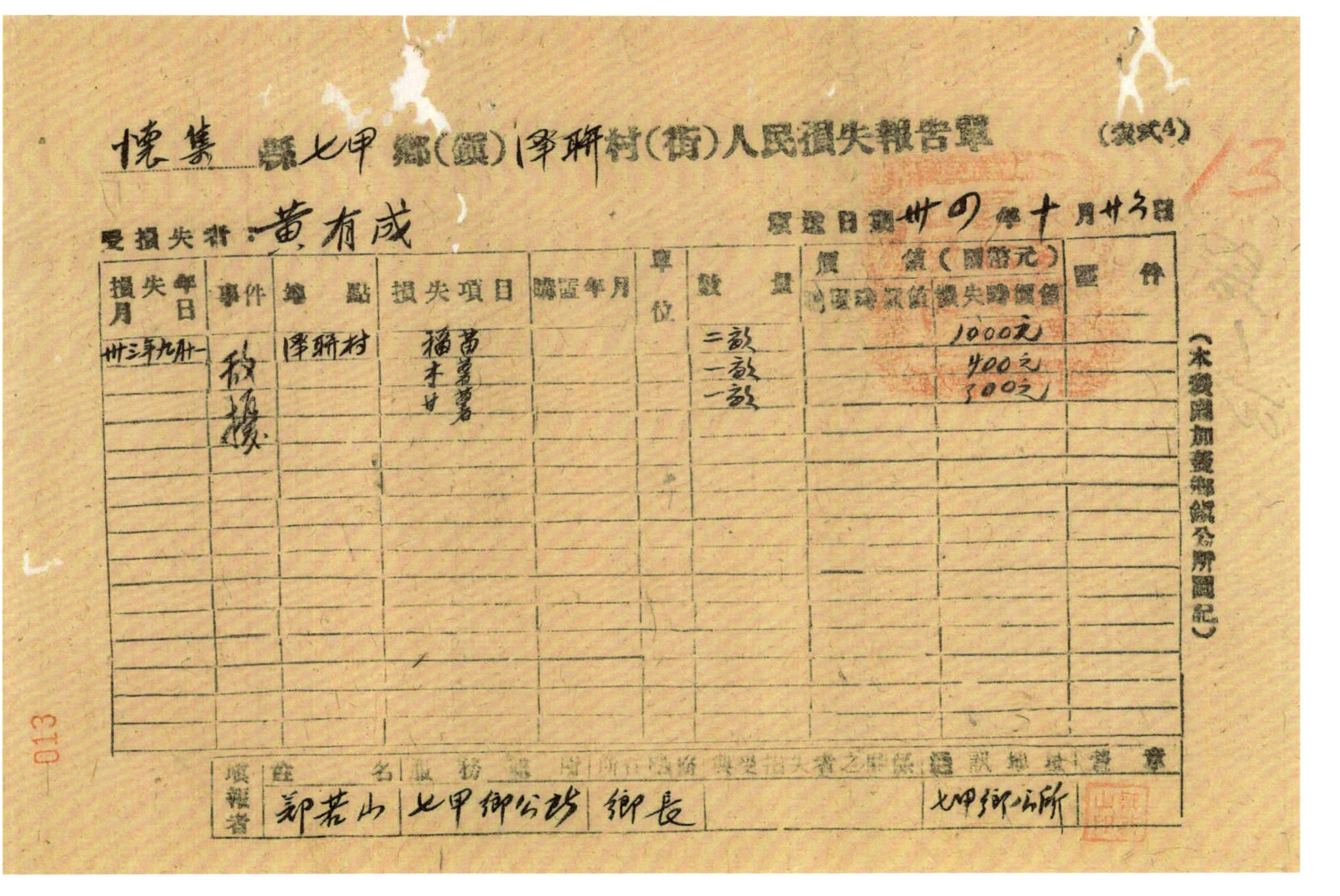

懷集縣七甲鄉（鎮）澤聯村（街）人民損失報告單　（表式4）

受損失者：黄有成　　填送日期 卅四年十月廿六日

損失年月日	事件	地點	損失項目	購置年月	單位	數量	價值（國幣元）購置時價值	損失時價值	證件
卅三年九月廿一	敌搶	澤聯村	稻苗			二畝		1000元	
			木薯			一畝		400元	
			甘薯			一畝		300元	

填報者	姓名	服務處所	所任職務	與受損失者之關係	通訊地址	蓋章
	鄭若山	七甲鄉公所	鄉長			七甲鄉公所

（本表須加蓋鄉鎮公所圖記）

七甲乡泽联村黄仕元财产损失报告单（一九四五年十月二十六日）

七甲乡泽联村黄少球财产损失报告单（一九四五年十月二十六日）

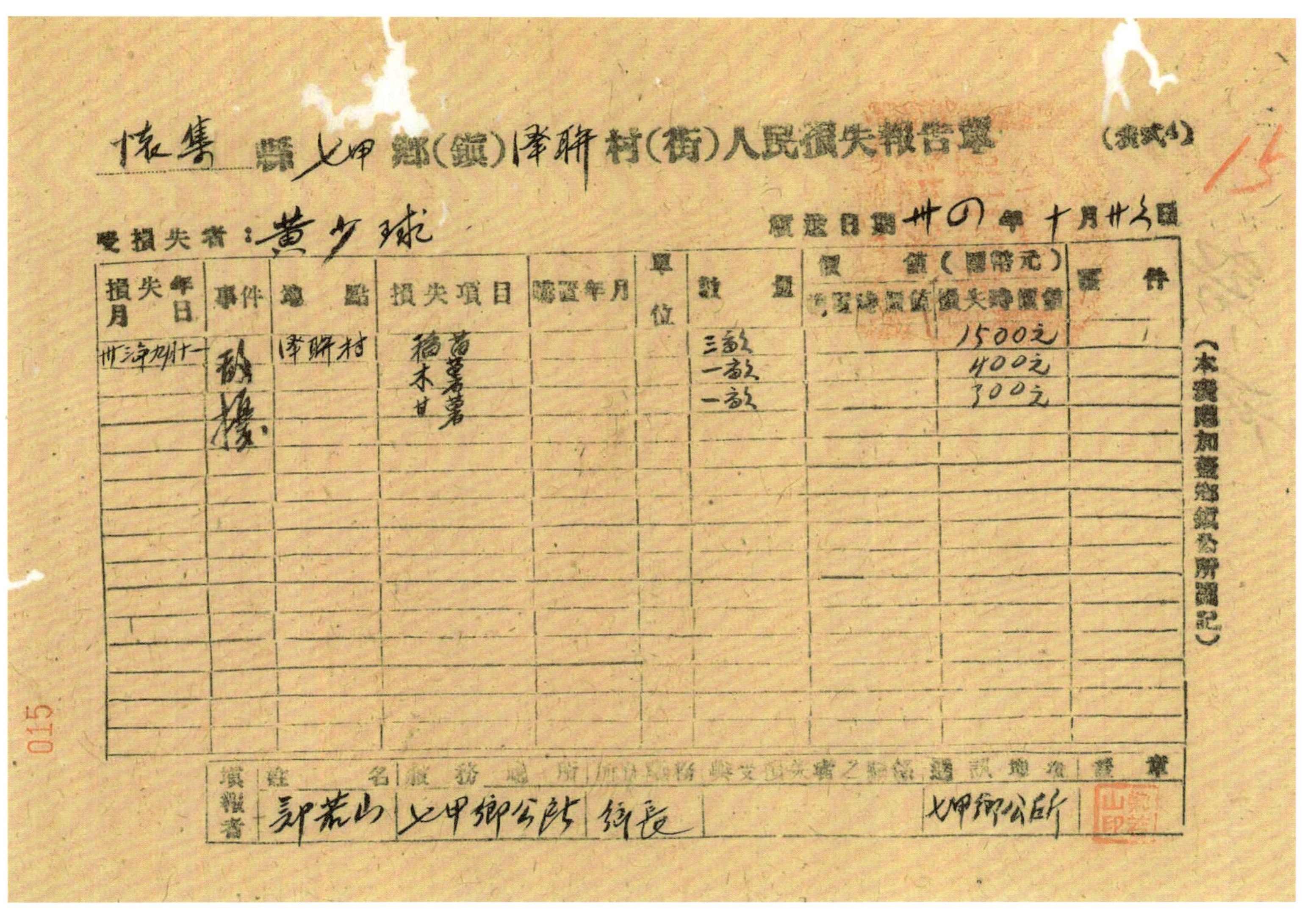

懷集縣七甲鄉（鎮）澤聯村（街）人民損失報告單　（表式4）

受損失者：黄少球　　填送日期卅四年十月廿六日

損失年月日	事件	地點	損失項目	購置年月	單位	數量	價值（國幣元）購置時價值	損失時價值	證件
卅三年九月十一	敵擾	澤聯村	稻谷			三担		1500元	
			木薯			一担		400元	
			甘薯			一担		300元	

（本表應加蓋鄉鎮公所圖記）

015

填報者	姓名	服務處所	所任職務	與受損失者之關係	通訊地址	蓋章
	郭荣山	七甲鄉公所	鄉長		七甲鄉公所	[印]

七甲乡泽联村黄子才财产损失报告单（一九四五年十月二十六日）

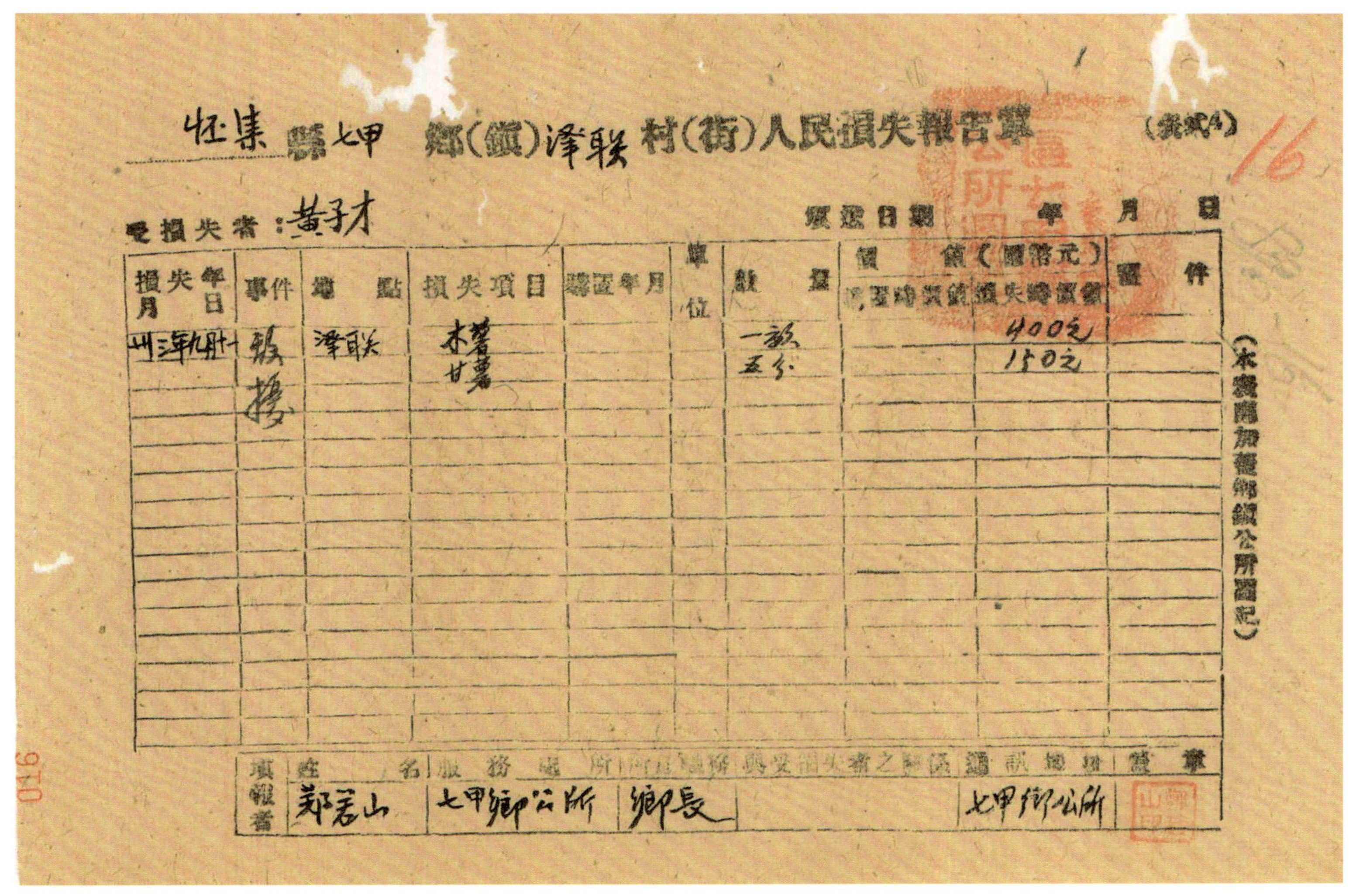

016

怀集县七甲乡（镇）泽联村（街）人民损失报告单　（表式4）

16

受损失者：黄子才　　　填送日期　　年　月　日

损失年月日	事件	地点	损失项目	购置年月	单位	数量	价值（国币元）购置时价值	价值（国币元）损失时价值	证件
卅三年九月十	敌扰	泽联	木薯			一亩		400元	
	敌扰		甘薯			五分		150元	

填报者	姓名	服务处所	与受损失者之关系	通讯地址	盖章
	郑君山	七甲乡公所	乡长	七甲乡公所	（印）

（本表须附加乡镇公所图记）

七甲乡泽联村黄国英财产损失报告单（一九四五年十月二十六日）

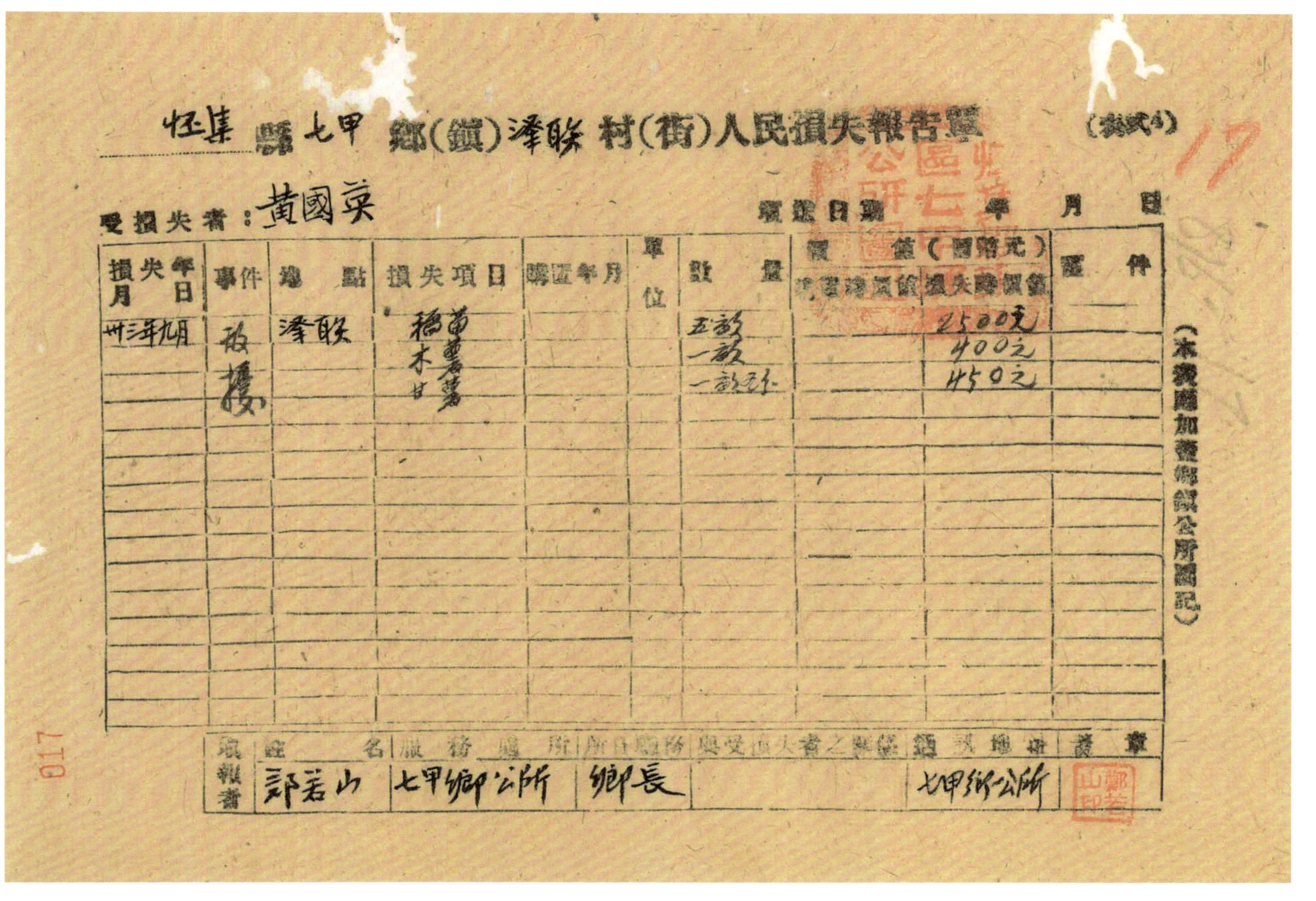

（表式4）

恒集 縣 七甲 鄉（鎮）澤联 村（街）人民損失報告單

受損失者：黃國英　　　　填送日期　　年　　月　　日

損失年月日	事件	地點	損失項目	購置年月	單位	數量	價值（國幣元）購置時價值	價值（國幣元）損失時價值	證件
卅三年九月	敌擾	澤联	稻苗			五畝		2500元	
			木薯			一畝		400元	
			甘薯			一畝五分		450元	

填報者	姓名	服務處所	所任職務	與受損失者之關係	通訊地址	蓋章
	鄧若山	七甲鄉公所	鄉長		七甲鄉公所	鄧若山印

（本表應加蓋鄉鎮公所圖記）

017

七甲乡泽联村黄大赖财产损失报告单（一九四五年十月二十六日）

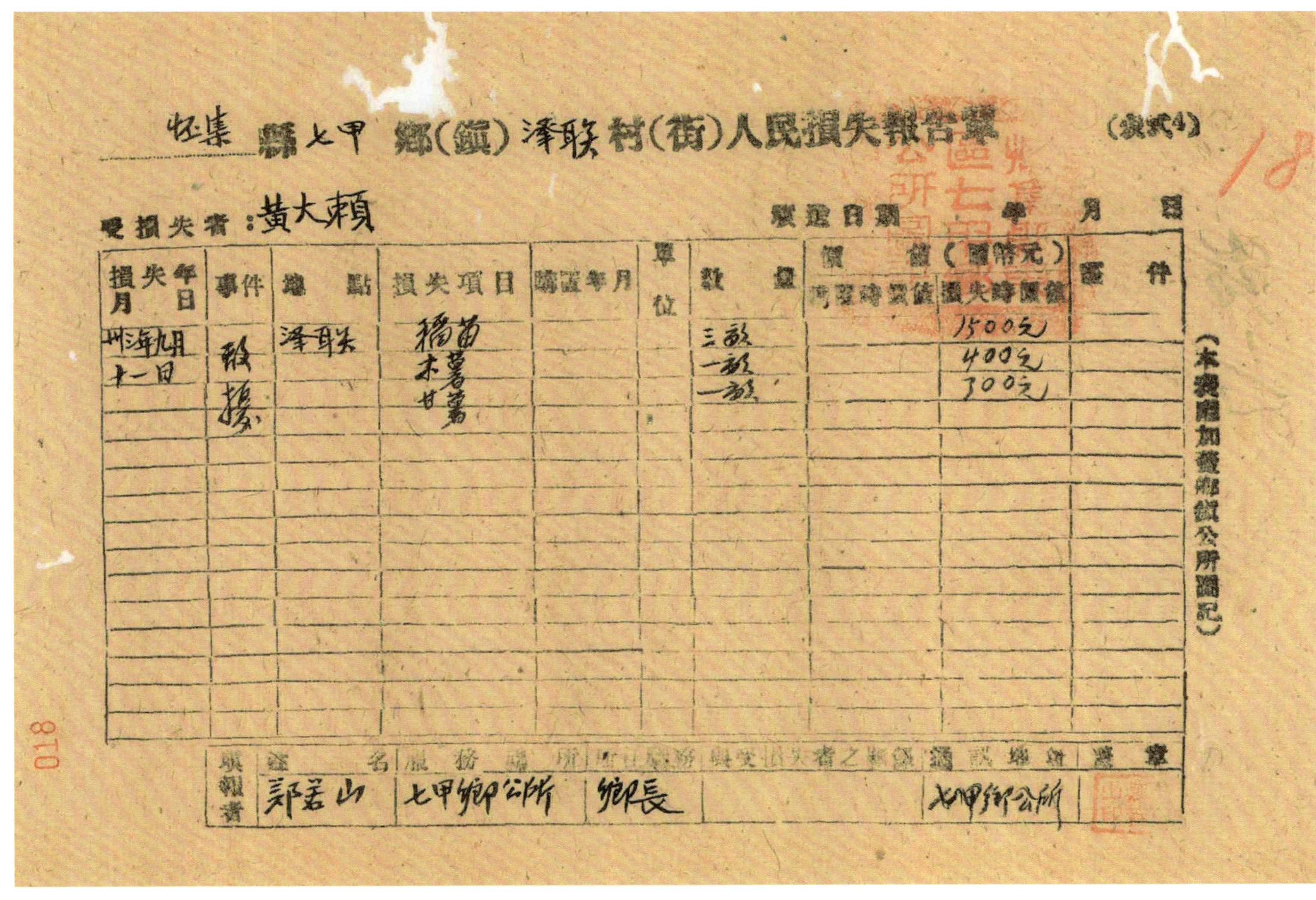

（表式4）

怀集 县 七甲 乡（镇） 泽联 村（街） 人民损失报告单

受损失者：黄大赖　　　　填送日期　　年　　月　　日

损失年月日	事件	地点	损失项目	购置年月	单位	数量	价值（国币元）购置时价值	损失时价值	证件
卅三年九月十一日	敌扰	泽联	稻谷			三担		1500元	
			木薯			一担		400元	
			甘薯			一担		300元	

填报者	姓名	服务处所	所任职务	与受损失者之关系	通讯地址	盖章
	郭若山	七甲乡公所	乡长		七甲乡公所	

（本表须加盖乡镇公所图记）

018

七甲乡泽联村黄颖辉财产损失报告单（一九四五年十月二十六日）

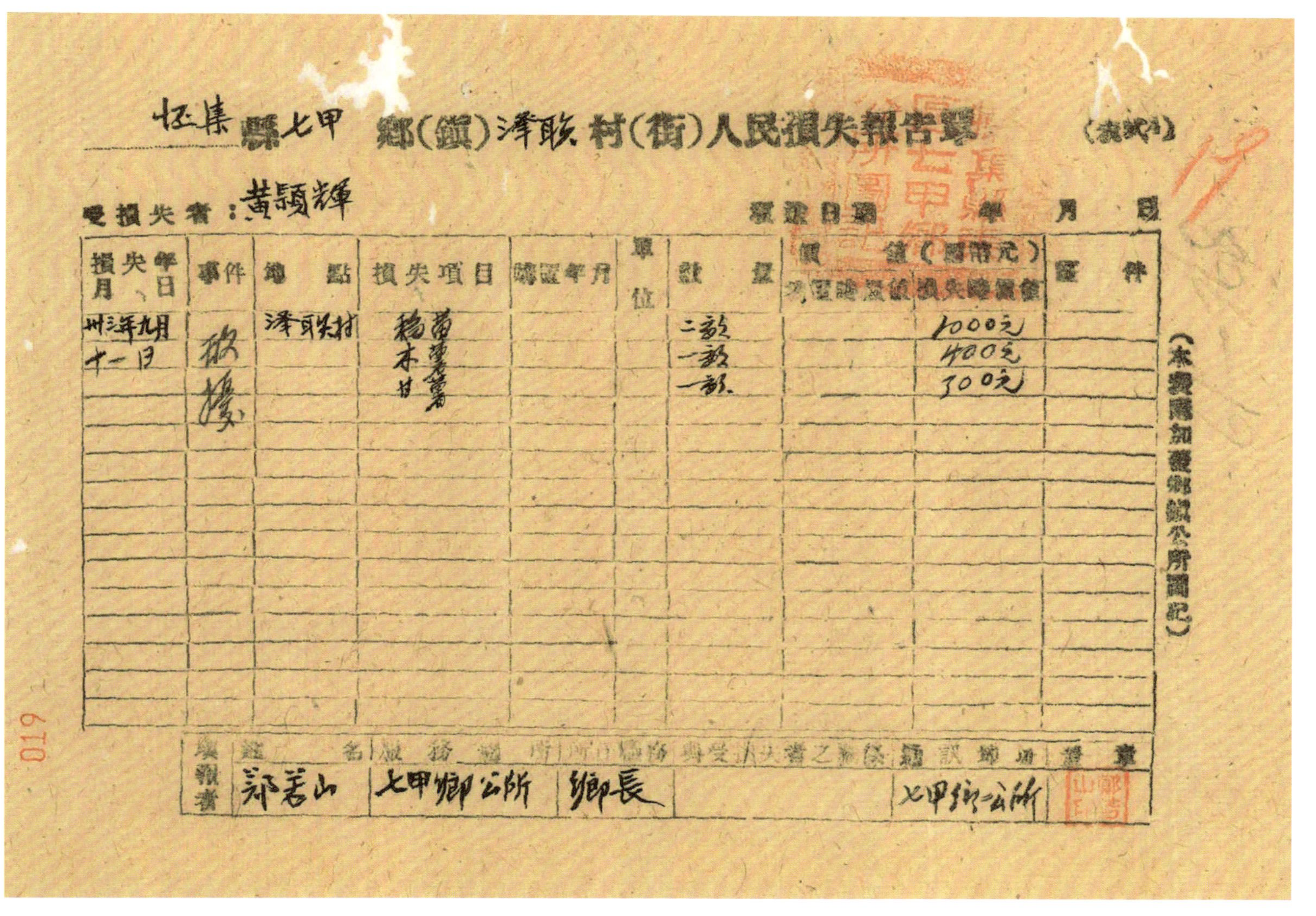

019

（表式1）

怀集縣七甲鄉(鎮)澤聯村(街)人民損失報告單

受損失者：黃頴輝　　　　填送日期　　年　月　日

損失年月日	事件	地點	損失項目	購置年月	單位	數量	價值（國幣元）購置時價值	價值（國幣元）損失時價值	證件
卅三年九月十一日	敵擾	澤聯村	稿草			二教		1000元	
			木薯			一教		400元	
			甘薯			一教		300元	

填報者	姓名	服務處所	所任職務	與受損失者之關係	通訊地址	蓋章
	鄧善山	七甲鄉公所	鄉長		七甲鄉公所	鄧善山印

（本表應加蓋鄉鎮公所圖記）

七甲乡泽联村黄秀华财产损失报告单（一九四五年十月二十六日）

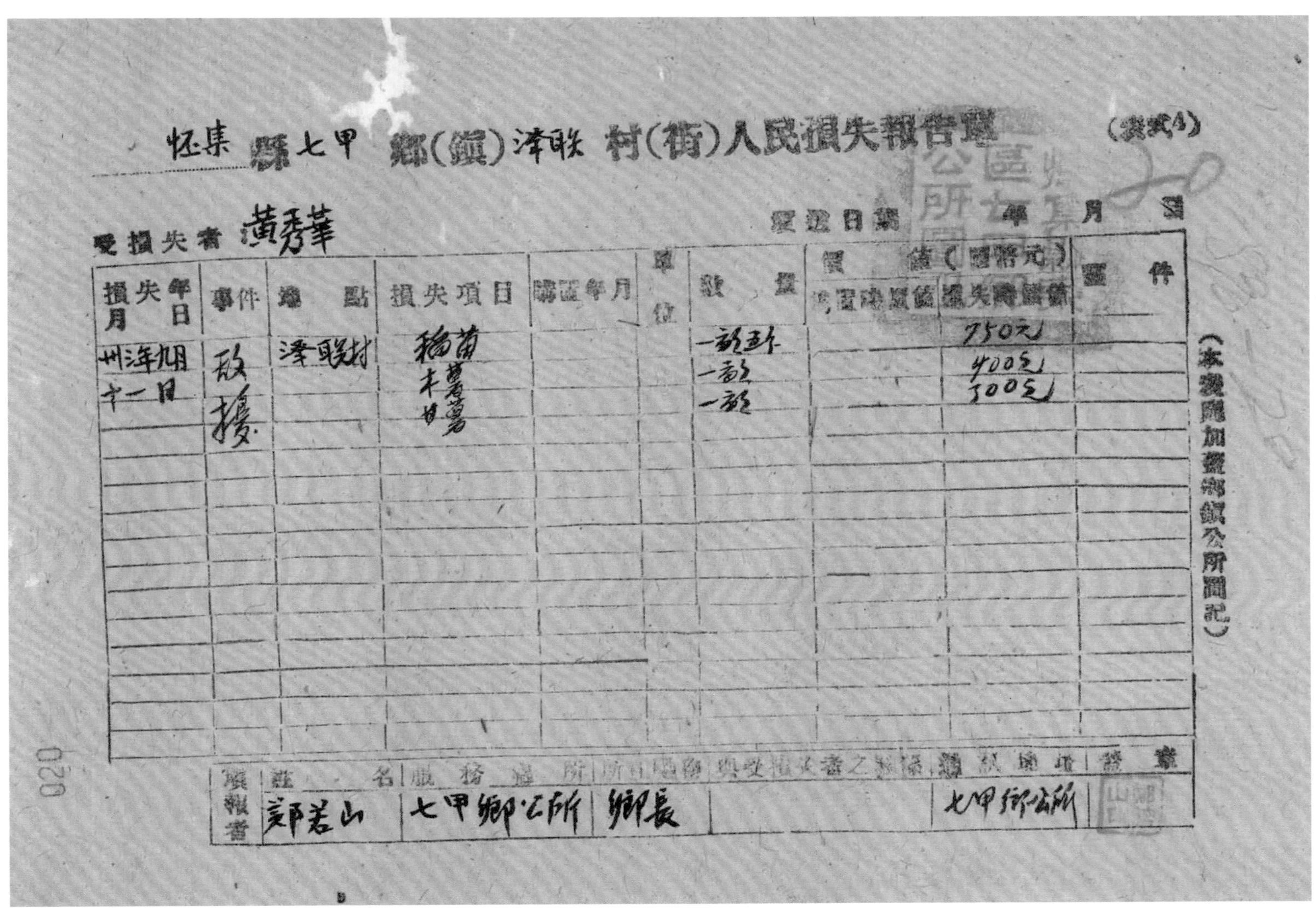

怀集县七甲乡（镇）泽联村（街）人民损失报告单　（表式4）

受损失者　黄秀华　　　　填送日期　　年　　月　　日

损失年月日	事件	地点	损失项目	购置年月	单位	数量	价值（国币元）购置时价值	损失时价值	证件
卅三年九月十一日	敌扰	泽联村	稻苗			一亩五分		750元	
			木薯			一亩		400元	
			甘薯			一亩		300元	

报告者	姓名	服务处所	所任职务	与受损失者之关系	通信地址	盖章
	郑若山	七甲乡公所	乡长		七甲乡公所	

（本表限加盖乡镇公所图记）

七甲乡泽联村黄茂华财产损失报告单（一九四五年十月二十六日）

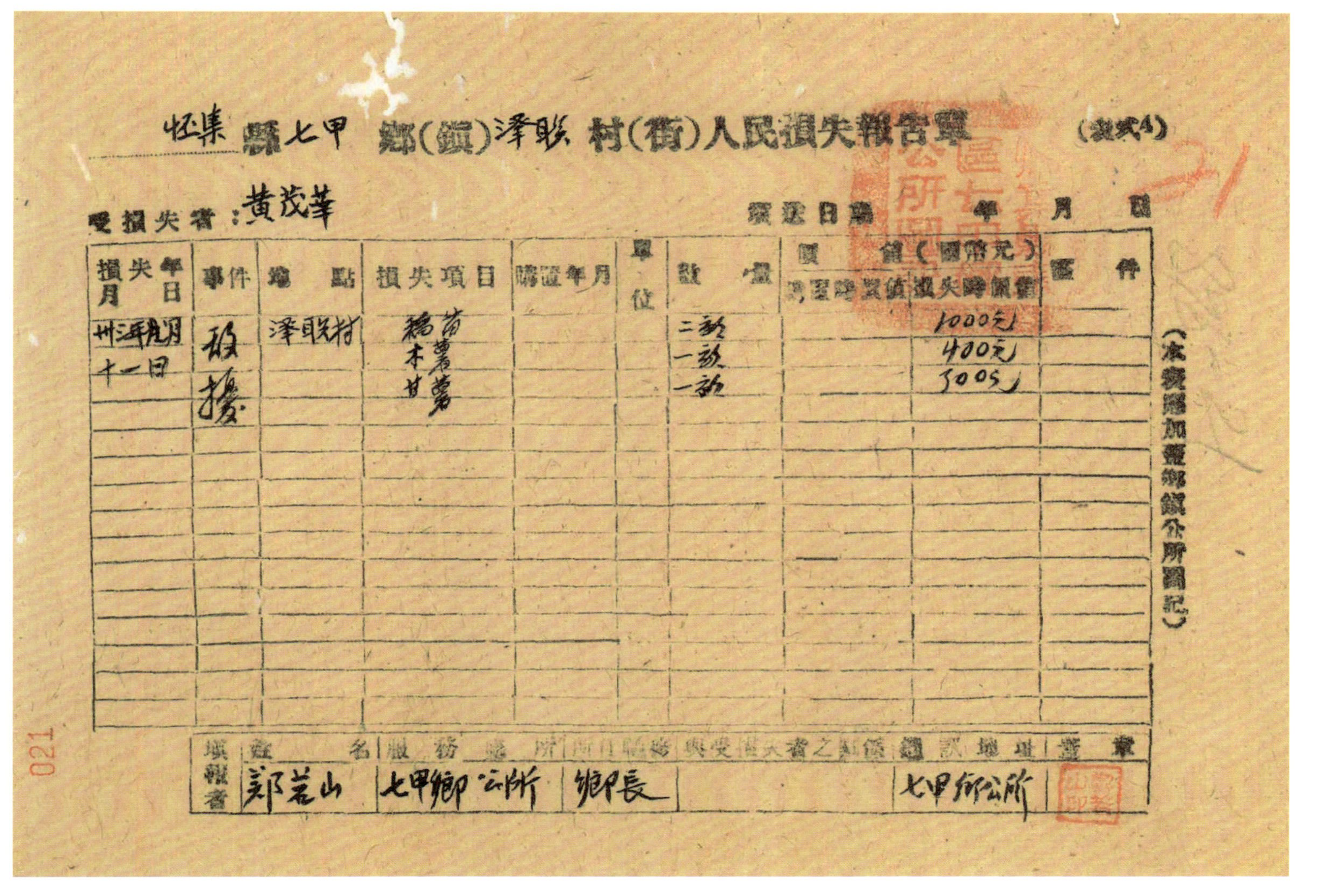

怀集县七甲乡（镇）泽联村（街）人民损失报告单　（式4）

受损失者：黄茂华　　填送日期　年　月　日

损失年月日	事件	地点	损失项目	购置年月	单位	数量	价值（国币元）购置时价值	价值（国币元）损失时价值	证件
卅三年九月十一日	敌扰	泽联村	稻谷			二石		1000元	
			木薯			一石		400元	
			甘薯			一石		300元	

（本表须加盖乡镇公所图记）

填报者	姓名	服务处所	所任职务	与受损失者之关系	通讯地址	盖章
	郑若山	七甲乡公所	乡长		七甲乡公所	

七甲乡泽联村黄荫华财产损失报告单（一九四五年十月二十六日）

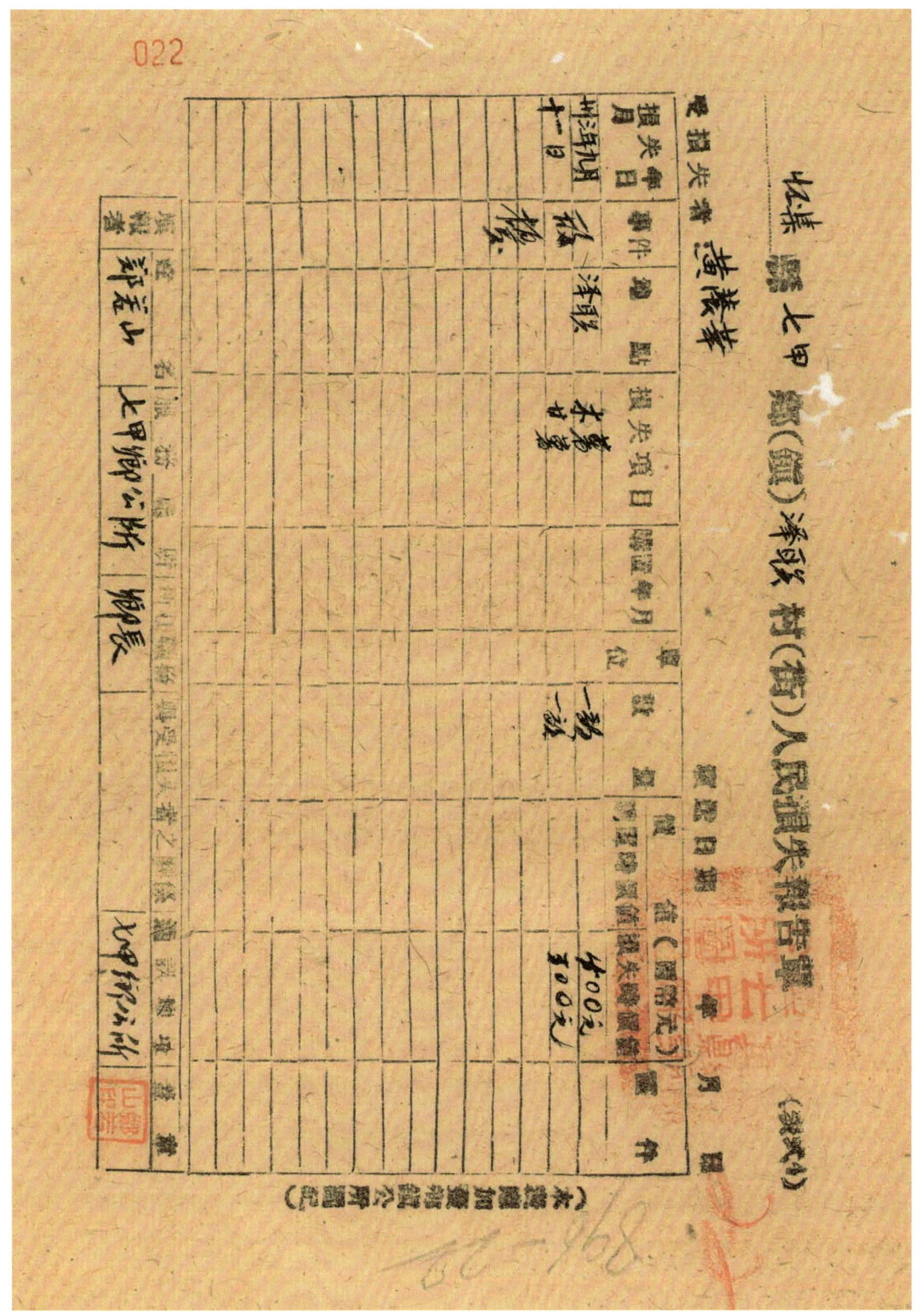

022

忻县縣七甲鄉（鎮）泽联村（街）人民損失報告單（表式1）

填送日期　年　月　日

受損失者　黃蔭華

損失年月日	事件	地點	損失項目	購置年月	單位	數量	價值（國幣元）購置時價值	損失時價值
卅三年九月十一日	搶掠	泽联	衣服			一套	400元	
			布			一疋	300元	

直轄機關學校團體或事業　名稱　印信

報告者　鄭?山　服務處所　七甲鄉公所　與受損失者之關係　鄉長　蓋章　七甲鄉公所

（本表需加蓋機關公所圖記）

七甲乡泽联村黄瑞华财产损失报告单（一九四五年十月二十六日）

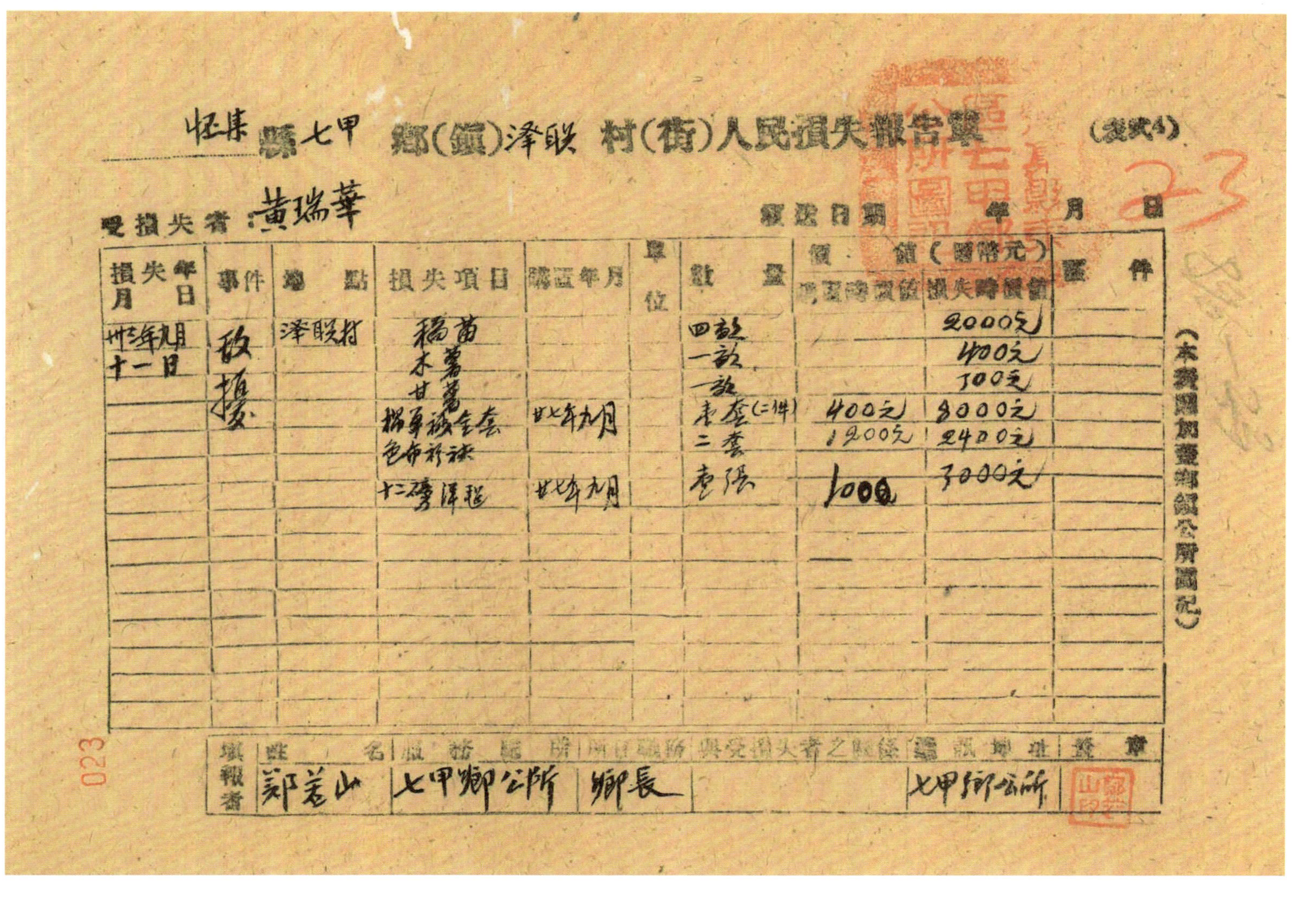

怀集縣七甲鄉（鎮）泽联村（街）人民損失報告單　（表式4）

受損失者：黄瑞華　　填送日期　年　月　日

損失年月日	事件	地點	損失項目	購置年月	單位	數量	價值（國幣元）購置時價值	價值（國幣元）損失時價值	證件
卅三年九月十一日	敌擾	泽联村	稻苗			四畝		2000元	
			木薯			一畝		400元	
			甘薯			一畝		300元	
			棉单被全套	廿七年九月		壹套（二件）	400元	8000元	
			色布衫裤			二套	1200元	2400元	
			十二磅洋毯	廿七年九月		壹張	1000	3000元	

填報者	姓名	服務處所	所任職務	與受損失者之關係	通訊地址	蓋章
	郑若山	七甲鄉公所	鄉長		七甲鄉公所	[印]

（本表限加蓋鄉鎮公所圖記）

023

七甲乡泽联村黄水弟财产损失报告单（一九四五年十月二十六日）

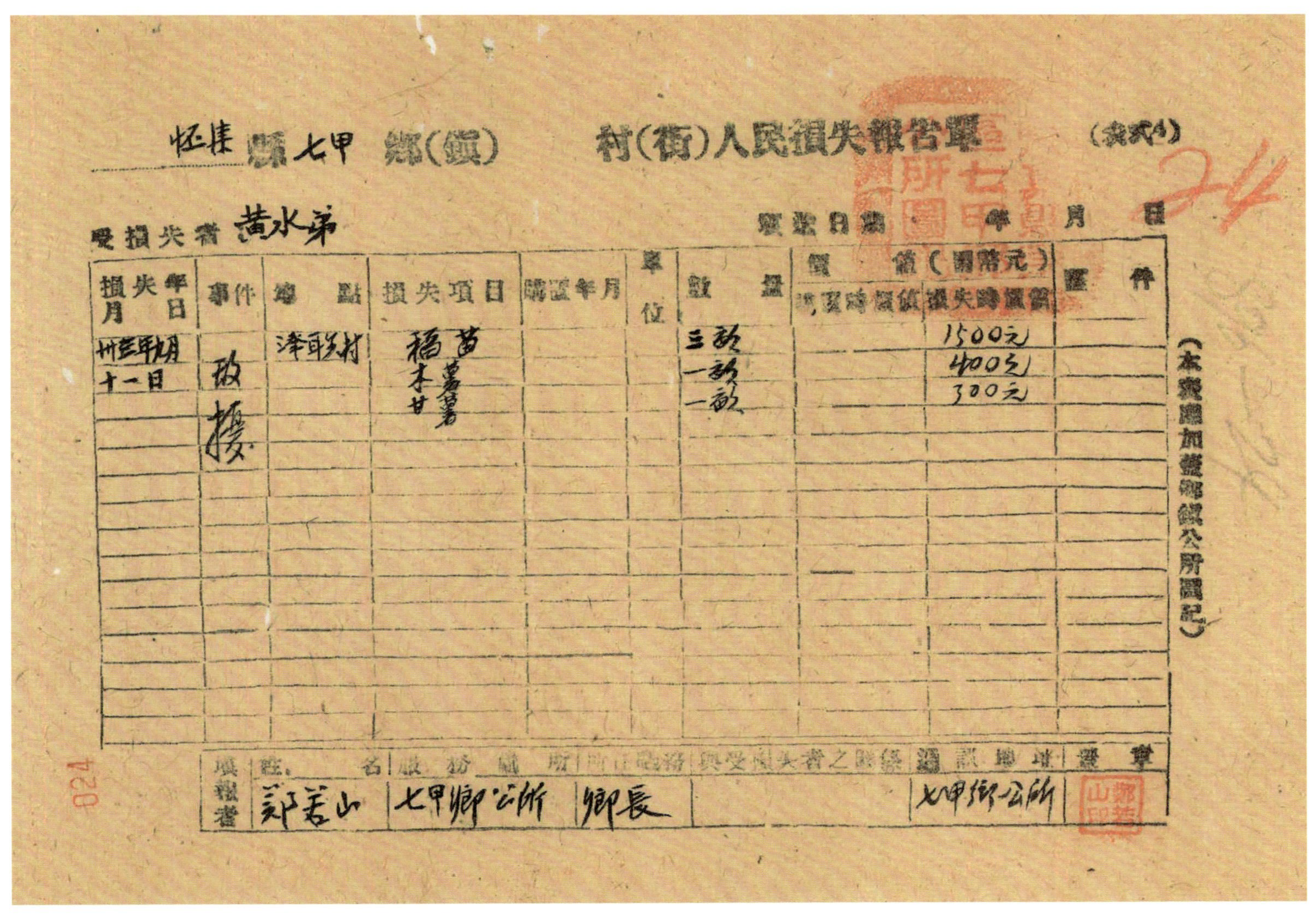

怀集 縣 七甲 鄉（鎮） 村（街）人民損失報告單 （表式1）

受損失者 黄水弟　　填送日期　年　月　日

損失年月日	事件	地點	損失項目	購置年月	單位	數量	價值（國幣元）購置時價值	價值（國幣元）損失時價值	證件
卅三年九月十一日	敌擾	泽联村	稻苗			三畝		1500元	
			木薯			一畝		400元	
			甘薯			一畝		300元	

填報者	姓名	服務處所	所任職務	與受損失者之關係	通訊地址	蓋章
	鄭若山	七甲鄉公所	鄉長		七甲鄉公所	鄭若山印

（本表應加蓋鄉鎮公所圖記）

七甲乡泽联村黄水林财产损失报告单（一九四五年十月二十六日）

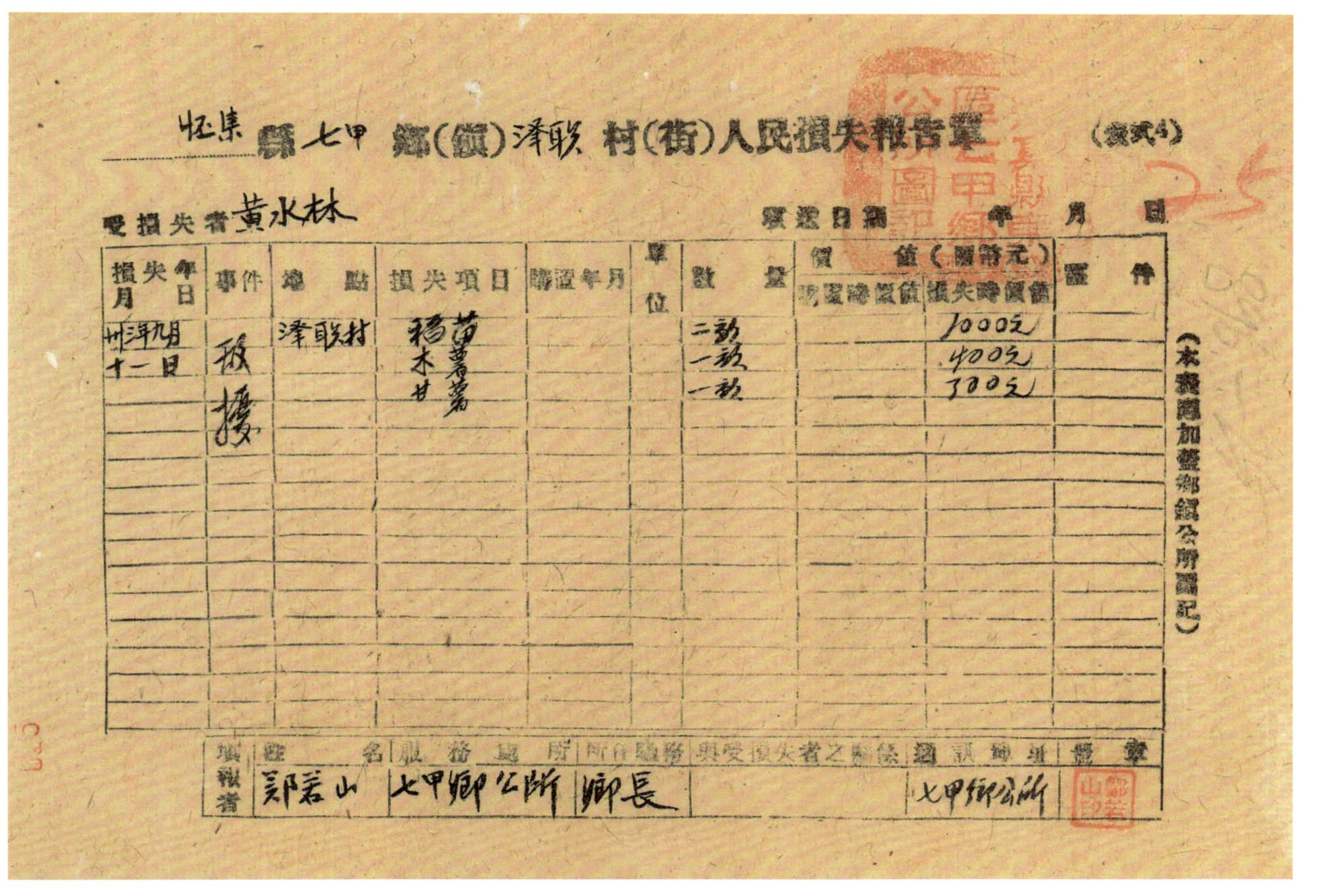

怀集縣七甲鄉（鎮）泽联村（街）人民損失報告單　　（表式4）

受損失者黃水林　　填送日期　　年　　月　　日

損失年月日	事件	地點	損失項目	購置年月	單位	數量	價值（國幣元）購置時價值	價值（國幣元）損失時價值	證件
卅三年九月十一日	被擄	泽联村	稻苗			二畝		1000元	
			木薯			一畝		400元	
			甘薯			一畝		300元	

填報者	姓名	服務處所	所任職務	與受損失者之關係	通訊地址	蓋章
	郑若山	七甲鄉公所	鄉長		七甲鄉公所	

（本表需加蓋鄉鎮公所圖記）

七甲乡泽联村黄文极财产损失报告单（一九四五年十月二十六日）

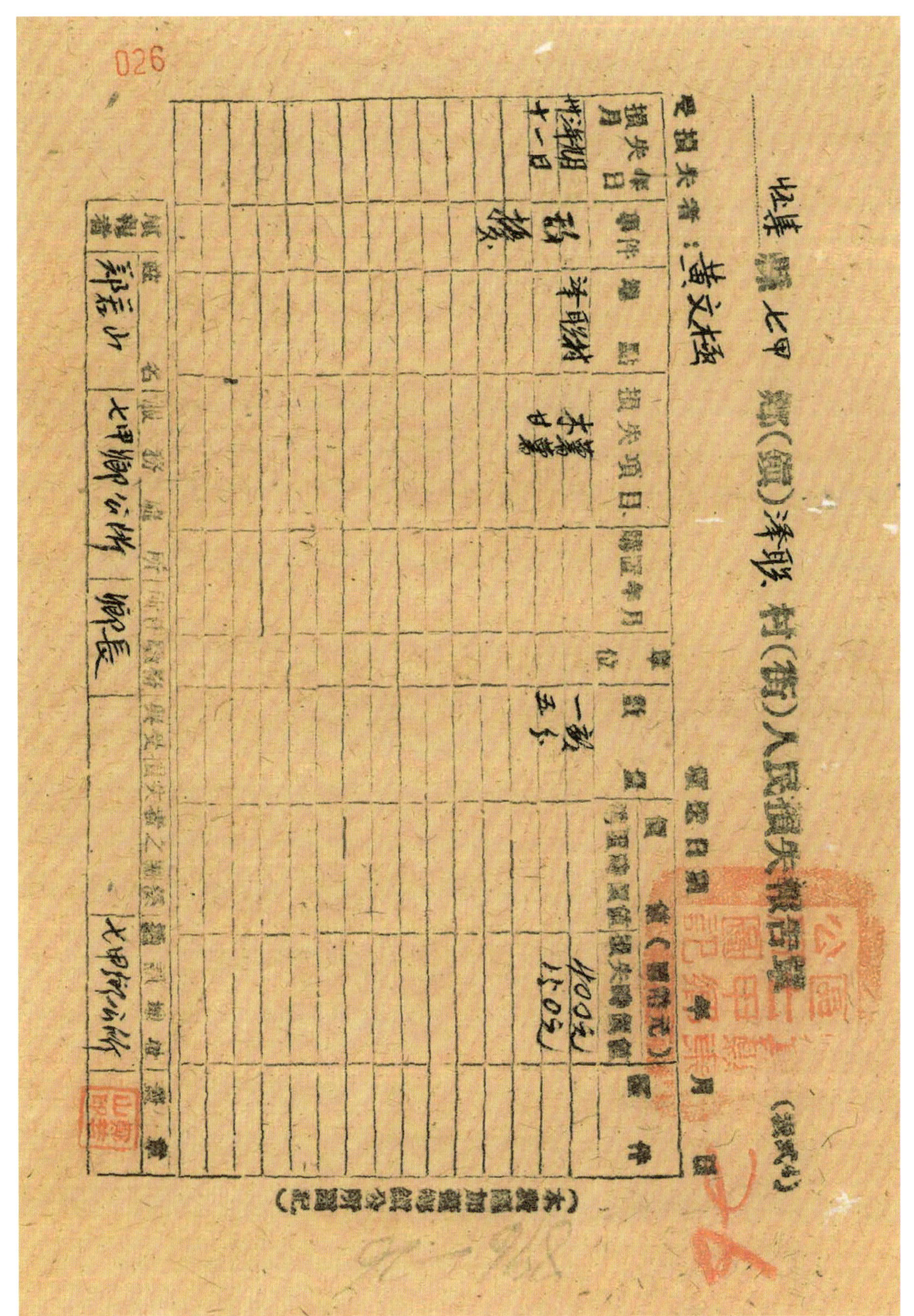

怀集县七甲乡（镇）泽联村（街）人民损失报告单　（表式4）

受损失者：黄文极　　填送日期　年　月　日

损失年月日	事件	地点	损失项目	购置年月	单位	数量	价值（国币元）购置时价值	损失时价值	证件
卅四年八月十一日	敌扰	泽联村	木薯			一亩		400元	
			甘薯			五分		150元	

填报者	姓名	服务处所	所任职务	与受损失者之关系	通讯地址	盖章
	郑若山	七甲乡公所	乡长		七甲乡公所	（印）

（本表须加盖乡镇公所图记）

026

七甲乡泽联村黄盈华财产损失报告单（一九四五年十月二十六日）

怀集縣七甲鄉(鎮)　　村(街)人民損失報告單　　(表式4)

受損失者　黄盈華　　　　填送日期　年　月　日

損失年月日	事件	地點	損失項目	購置年月	單位	數量	價值(國幣元) 購置時價值	損失時價值	證件
卅三年九月十一日	敵擾	泽联村	稻苗			三畝		1500元	
			木薯			一畝		400元	
			甘薯			一畝		300元	

填報者	姓名	服務處所	所任職務	與受損失者之關係	通訊地址	蓋章
	郭若山	七甲鄉公所	鄉長		七甲鄉公所	郭若山印

(本表應加蓋鄉鎮公所圖記)

七甲乡泽联村黄瑞南财产损失报告单（一九四五年十月二十六日）

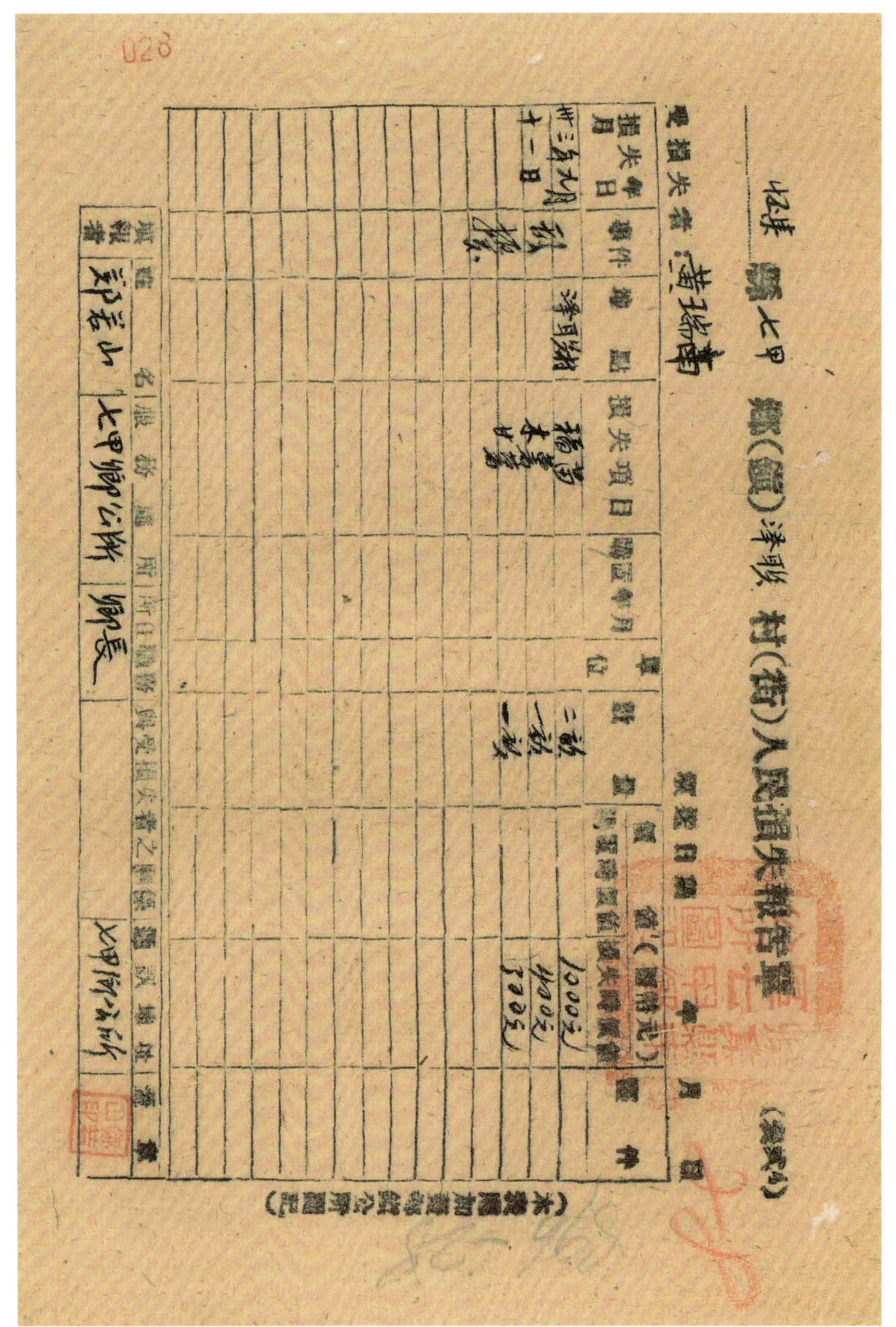

怀集縣七甲鄉（鎮）泽联村（街）人民損失報告單　（表式4）

受損失者：黄瑞南　　填送日期　年　月　日

損失年月日	事件	地點	損失項目	購置年月	單位	數量	價值（國幣元）購置時價值	損失時價值	證件
卅三年九月十一日	敌擾	泽联村	稻苗			二畝		1000元	
			木薯			一畝		400元	
			甘薯			一畝		300元	

填報者	姓名	服務處所	所任職務	與受損失者之關係	通訊地址	蓋章
	鄭若山	七甲鄉公所	鄉長		七甲鄉公所	鄭若山印

（本表應加蓋鄉鎮公所圖記）

七甲乡泽联村黄玉声财产损失报告单（一九四五年十月二十六日）

029

（表式4）

怀集縣七甲鄉(鎮)泽联村(街)人民損失報告單

受損失者：黄玉聲

填送日期　　年　　月　　日

損失年月日	事件	地點	損失項目	購置年月	單位	數量	價值（國幣元）購置時價值	損失時價值	證件
卅三年五月十一日	敌扰	泽联村	稻苗			二畝		1000元	
			木薯			一畝		400元	
			甘薯			一畝		300元	

填報者	姓名	服務處所	所任職務	與受損失者之關係	通訊地址	蓋章
	郑若山	七甲鄉公所	鄉長		七甲鄉公所	

（本表須加蓋鄉鎮公所圖記）

七甲乡泽联村黄月荣财产损失报告单（一九四五年十月二十六日）

懷集縣七甲鄉(鎮)澤聯村(街)人民財產損失報告單 (表式4)

填送日期 卅四年十月廿六日

受損失者：黃月榮

損失年月日	事件	地點	損失項目	購置年月	單位	數量	價值(國幣元) 購置時價值	價值(國幣元) 損失時價值	證件
卅三年九月十一日	被擄	澤聯村	衣服			一套		4000元	

報告者	姓名	服務處所	所任職務	與受損失者之關係	通訊地址	蓋章
	鄧右山	七甲鄉公所	鄉長		七甲鄉公所	[印]

(本表應加蓋鄉鎮公所圖記)

七甲乡泽联村黄灿荣财产损失报告单（一九四五年十月二十六日）

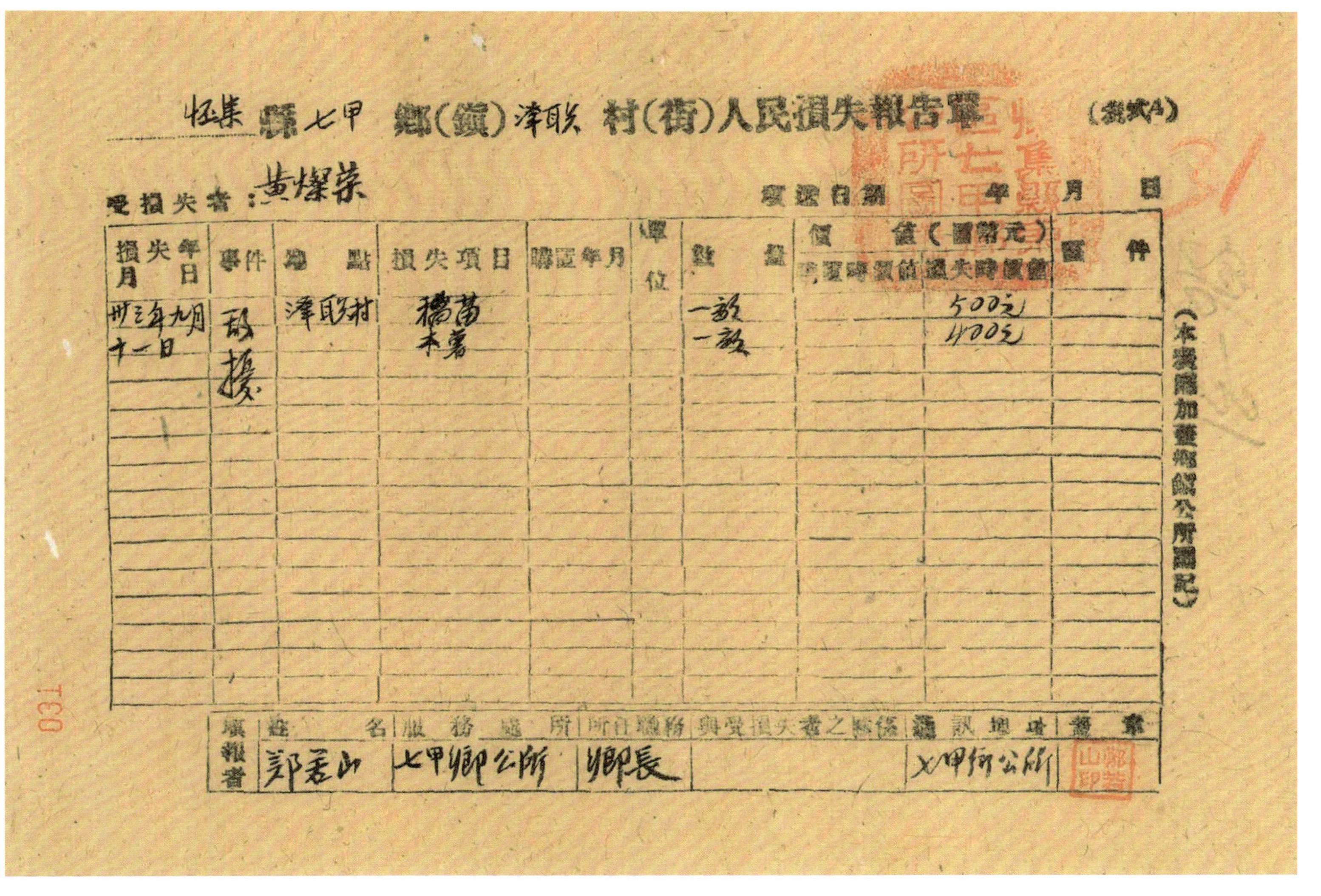

031

怀集縣七甲鄉（鎮）泽联村（街）人民損失報告單　（表式4）

受損失者：黃燦荣　　　　填送日期　　年　　月　　日

損失年月日	事件	地點	損失項目	購置年月	單位	數量	價值（國幣元）購置時價值	價值（國幣元）損失時價值	證件
卅三年九月十一日	敌擾	泽联村	稻苗			一畝		500元	
			木薯			一畝		400元	

填報者	姓名	服務處所	所任職務	與受損失者之關係	通訊地址	蓋章
	郭岳山	七甲鄉公所	鄉長		七甲鄉公所	郭岳山印

（本表需加蓋鄉鎮公所圖記）

七甲乡泽联村黄应华财产损失报告单（一九四五年十月二十六日）

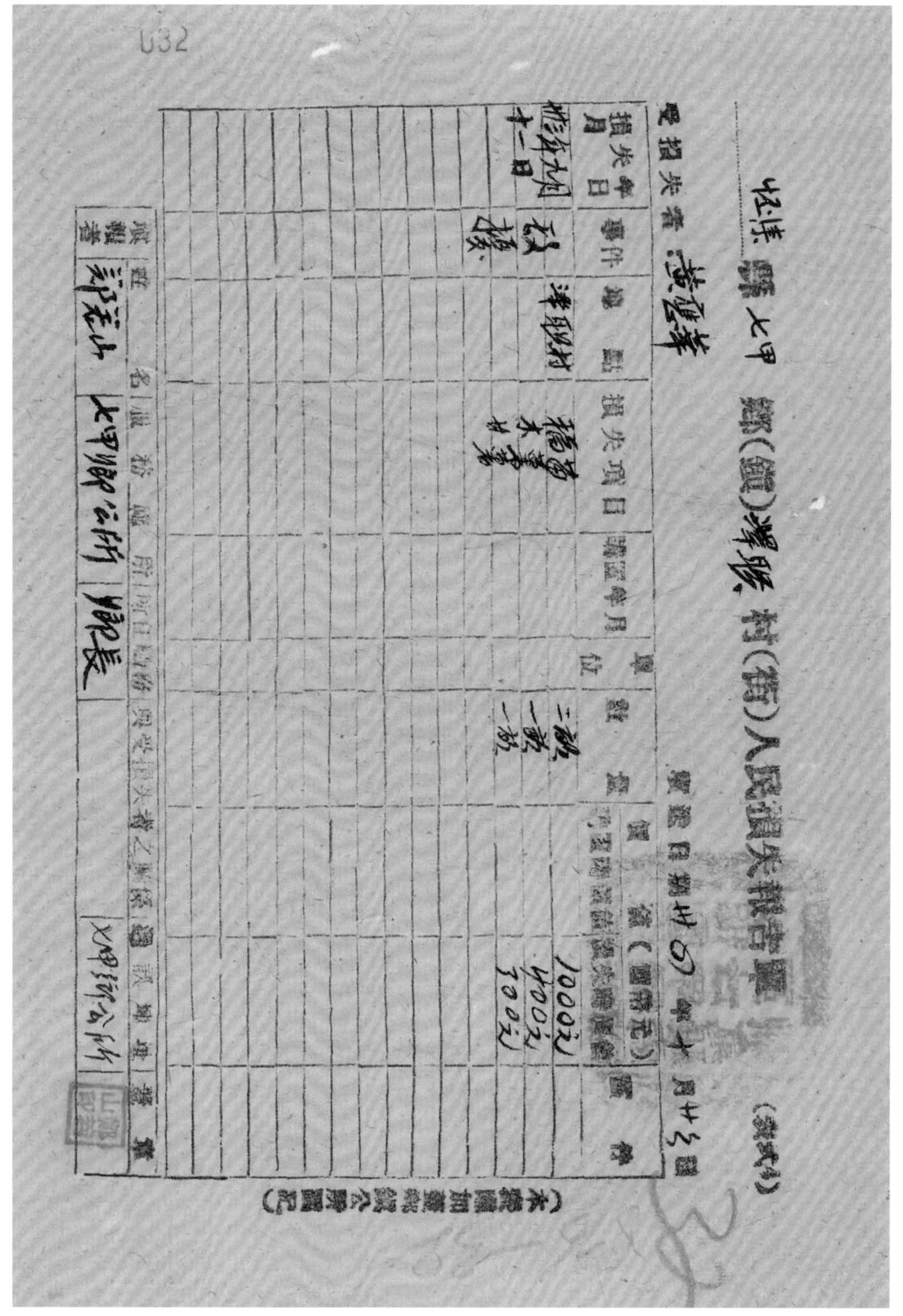

怀集县七甲乡（镇）泽联村（街）人民损失报告单 （表式4）

受损失者：黄应华 填送日期：卅四年十月廿六日

损失年月日	事件	地点	损失项目	购置年月	单位	数量	价值（国币元）购置时价值	价值（国币元）损失时价值	证件
卅四年九月十一日	敌掳	泽联村	稻谷			二担		1000元	
			木薯			一担		400元	
			甘薯			一担		300元	

填报者	姓名	服务处所	所任职务	与受损失者之关系	通讯地址	盖章
	郑若山	七甲乡公所	乡长		七甲乡公所	郑若山印

（本表应加盖乡镇公所图记）

七甲乡泽联村黄女财产损失报告单（一九四五年十月二十六日）

懷集 縣七甲 鄉(鎮)泽联 村(街)人民財產損失報告單 （表式4）

受損失者：黃女

填送日期卅四年十月廿六日

損失年月日	事件	地點	損失項目	購置年月	單位	數量	價值（國幣元）購置時價值	價值（國幣元）損失時價值	證件
卅三.九月十一	敌擄	泽联村	稻苗			一[illegible]		500元	
			木薯			一[illegible]		400元	
			甘薯			五[illegible]		150元	

（本表應加蓋鄉鎮公所關記）

填報者	姓名	服務處所	所任職務	與受損失者之關係	通訊地址	蓋章
	郑若山	七甲鄉公所	鄉長		七甲鄉公所	

七甲乡泽联村黄秀运财产损失报告单（一九四五年十月二十六日）

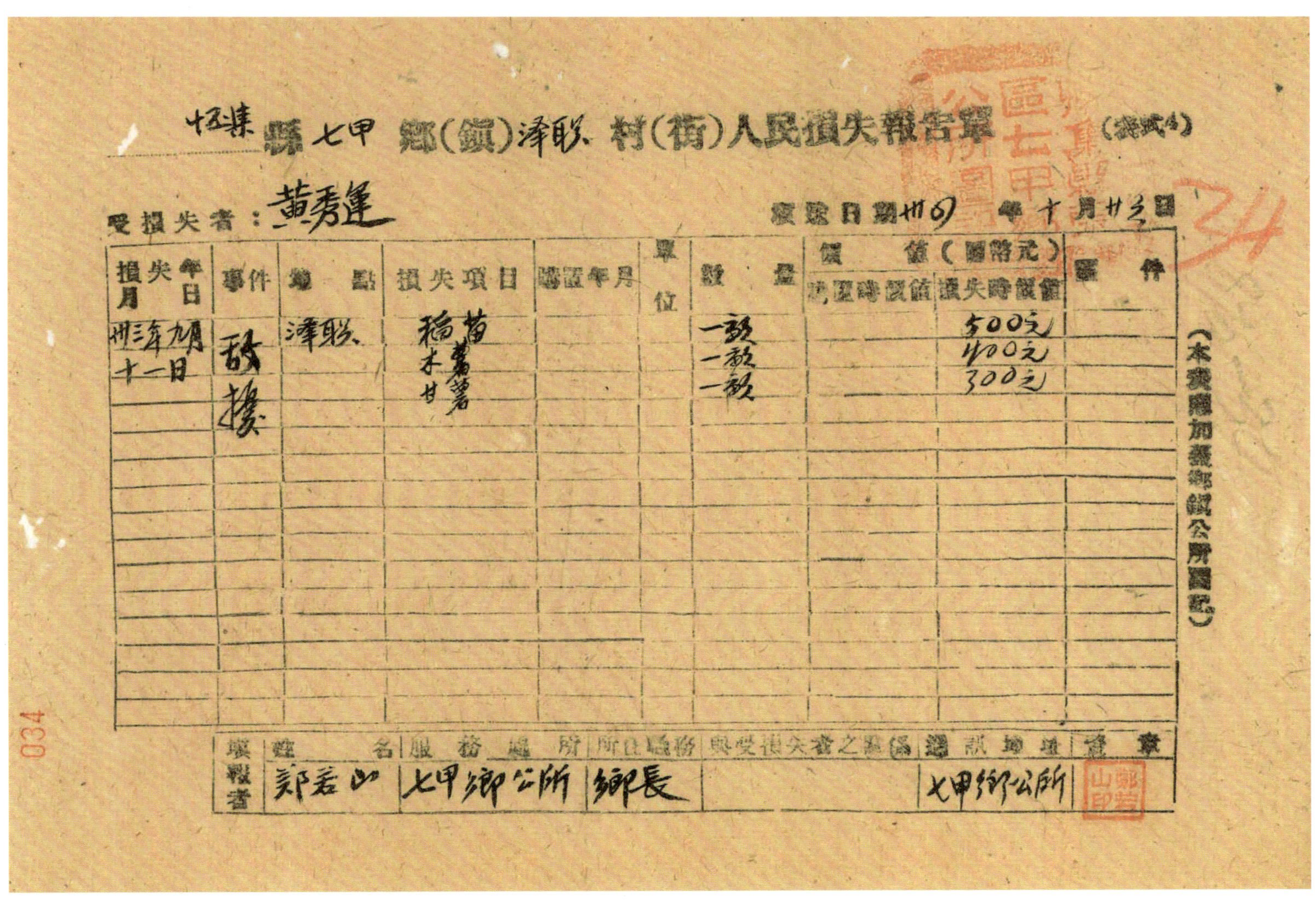

034

怀集县七甲乡(镇)泽联村(街)人民损失报告单 (表式4)

受损失者：黄秀运　　填送日期卅四年十月廿六日

损失年月日	事件	地点	损失项目	购置年月	单位	数量	价值(国币元) 购置时价值	价值(国币元) 损失时价值	证件
卅三年九月十一日	敌扰	泽联	稻苗			一亩		500元	
			木薯			一亩		400元	
			甘薯			一亩		300元	

(本表应加盖乡镇公所图记)

填报者	姓名	服务处所	所任职务	与受损失者之关系	通讯地址	盖章
	郑若山	七甲乡公所	乡长		七甲乡公所	郑若山印

七甲乡泽联村黄茂元财产损失报告单（一九四五年十月二十六日）

035

怀集縣七甲鄉（鎮）泽联村（街）人民損失報告單　（表式4）

受損失者　黃茂元　　　　報告日期　卅四年十月廿六日

損失年月日	事件	地點	損失項目	購置年月	單位	數量	價值（國幣元）購置時價值	價值（國幣元）損失時價值	證件
卅三年九月十一日	敌擾	泽联村	稻苗			二畝		1000元	
			木薯			一畝		400元	
			甘薯			一畝		300元	

填報者	姓名	服務處所	所任職務	與受損失者之關係	通訊地址	蓋章
	郑若山	七甲鄉公所	鄉長		七甲鄉公所	[郑若山印]

（本表須加蓋鄉鎮公所圖記）

七甲乡泽联村黄茂贤财产损失报告单（一九四五年十月二十六日）

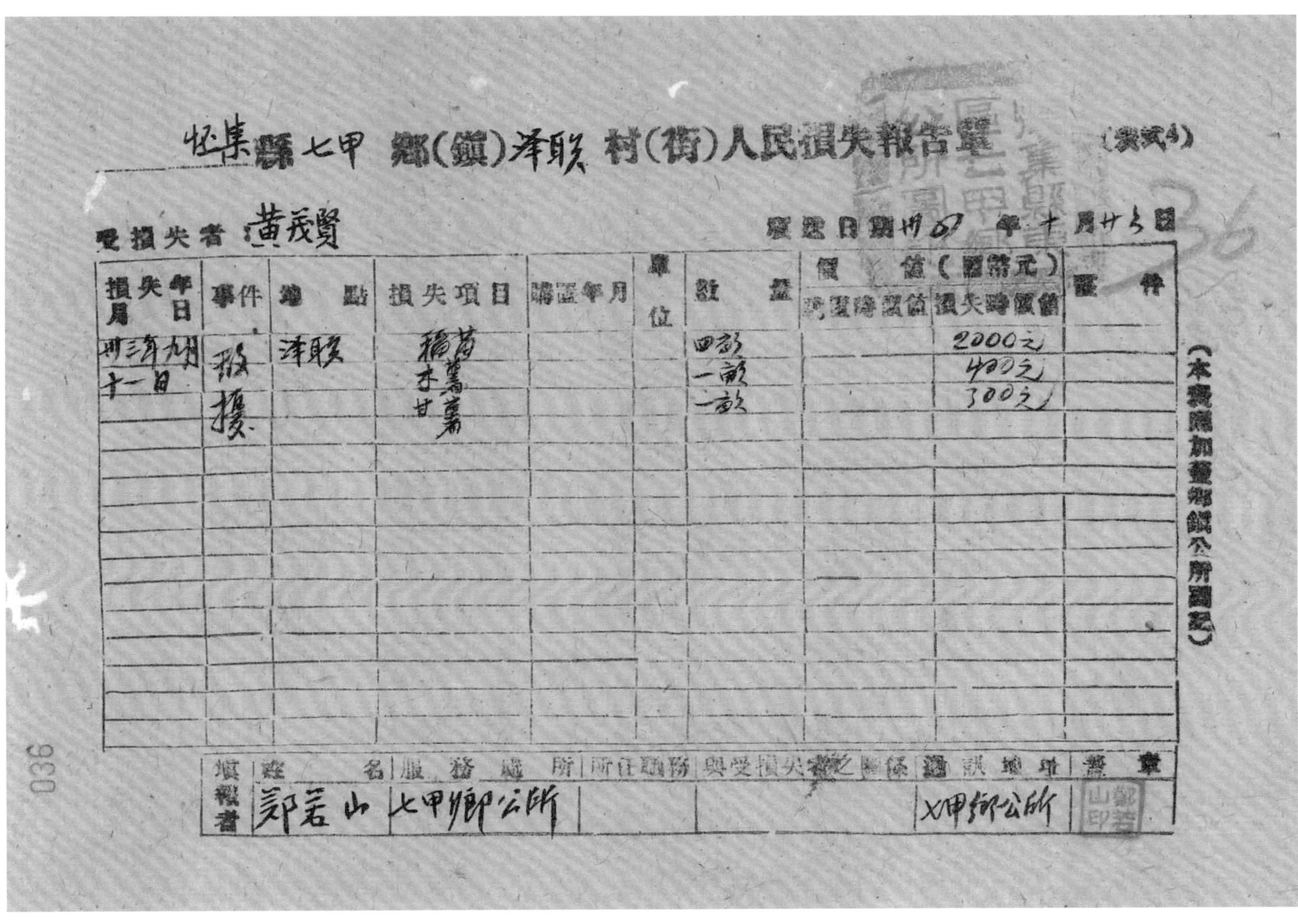

怀集縣七甲鄉（鎮）泽聯村（街）人民損失報告單 （表式4）

受損失者 黄茂賢　　　　填送日期卅四年十月廿六日

損失年月日	事件	地點	損失項目	購置年月	單位	數量	價值（國幣元） 購置時價值	損失時價值	證件
卅三年九月十一日	搶擄	泽聯	稻谷			四畝		2000元	
			木薯			一畝		400元	
			甘薯			一畝		300元	

填報者	姓名	服務處所	所任職務	與受損失者之關係	通訊地址	蓋章
	鄧若山	七甲鄉公所			七甲鄉公所	鄧若山印

（本表應加蓋鄉鎮公所圖記）

036

七甲乡泽联村黄火运财产损失报告单（一九四五年十月二十六日）

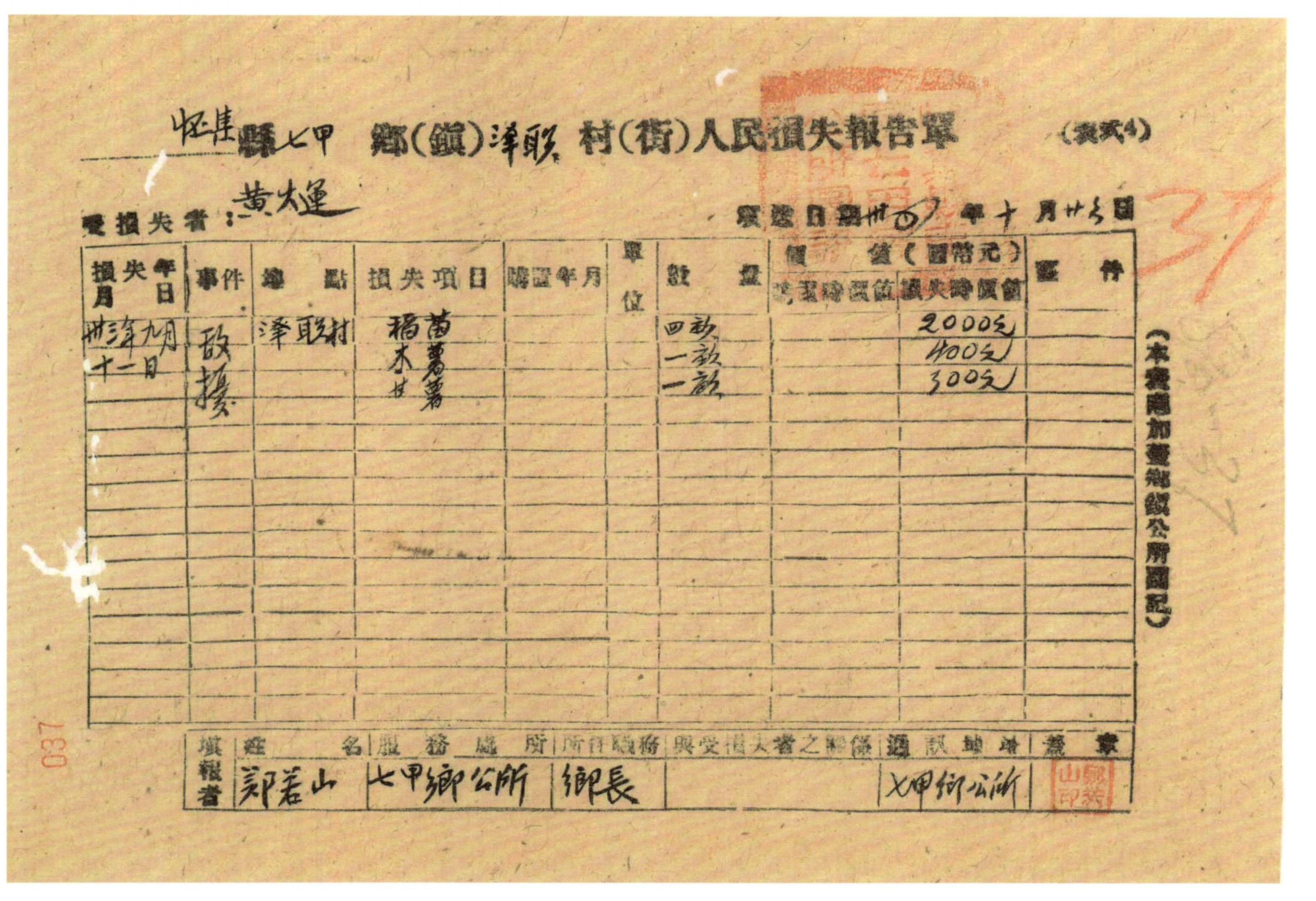

怀集縣七甲鄉（鎮）泽联村（街）人民損失報告單　　（表式4）

受損失者：黄火运　　　　填送日期卅四年十月廿六日

損失年月日	事件	地點	損失項目	購置年月	單位	數量	價值（國幣元）購置時價值	價值（國幣元）損失時價值	證件
卅三年九月十一日	敌扰	泽联村	稻苗			四亩		2000元	
			木薯			一亩		400元	
			甘薯			一亩		300元	

填報者	姓名	服務處所	所任職務	與受損失者之關係	通訊地址	蓋章
	郑若山	七甲乡公所	乡长		七甲乡公所	[印]

（本表須加蓋鄉鎮公所圖記）

七甲乡泽联村黄长干财产损失报告单（一九四五年十月二十六日）

038

怀集县七甲乡（镇）泽联村（街）人民财产损失报告单 （表式4）

受损失者 黄长幹

填送日期 卅四年 十月廿六日

损失年月日	事件	地点	损失项目	购置年月	单位	数量	价值（国币元） 购置时价值	价值（国币元） 损失时价值	证件
卅三年九月十一日	敌扰	泽联	稻苗			三担		1500元	
			木薯			一担		400元	
			甘薯			一担		300元	

报告者	姓名	服务处所	所任职务	与受损失者之关系	通讯地址	盖章
	郑若山	七甲乡公所	乡长		七甲乡公所	[印]

（本表须加盖乡镇公所图记）

七甲乡泽联村黄日荣财产损失报告单（一九四五年十月二十六日）

怀集縣七甲鄉（鎮）泽联村（街）人民財產損失報告單　（表式4）

受損失者：黄日荣　　　　填送日期卅四年十月廿六日

損失年月日	事件	地點	損失項目	購置年月	單位	數量	價值（國幣元）購置時價值	損失時價值	證件
卅三年九月十一日	敌擾	泽联村	稻谷			三畝		1500元	
			木薯			一畝		400元	
			甘薯			一畝		300元	

（本表應加蓋鄉鎮公所圖記）

填報者	姓名	服務處所	所任職務	與受損失者之關係	通訊地址	蓋章
	郑若山	七甲鄉公所	鄉長		七甲鄉公所	

七甲乡泽联村黄转京财产损失报告单（一九四五年十月二十六日）

040

懷集縣七甲鄉（鎮）澤聯村（街）人民財產損失報告單　（表式4）

受損失者　黃轉京　　　　填送日期卅四年十月廿六日

損失年月日	事件	地點	損失項目	購置年月	單位	數量	價值（國幣元）購置時價值	損失時價值	證件
卅三年九月十一日	敵擾	澤聯村	稻苗			三畝		1500元	
			木薯			一畝		1400元	
			甘薯			一畝		300元	

（本表應加蓋鄉鎮公所圖記）

填報者	姓名	服務處所	所任職務	與受損失者之關係	通訊地址	蓋章
	鄭若山	七甲鄉公所	鄉長		七甲鄉公所	鄭若山印

七甲乡泽联村黄喜华财产损失报告单（一九四五年十月二十六日）

怀集縣七甲鄉(鎮)泽联村(街)人民財產損失報告單

（表式4）

受損失者：黃喜華

填送日期卅四年十月廿六日

損失年月日	事件	地點	損失項目	購置年月	單位	數量	價值(國幣元) 購置時價值	價值(國幣元) 損失時價值	證件
卅三年九月十一日	敌擾	泽联村	稻苗			二畝		1000元	
			木薯			一畝		400元	
			甘薯			一畝		300元	

填報者	姓名	服務處所	所任職務	與受損失者之關係	通訊地址	蓋章
	郑善山	七甲鄉公所	鄉長		七甲鄉公所	鄭善山印

（本表應加蓋鄉鎮公所圖記）

041

七甲乡泽联村邓聚多财产损失报告单（一九四五年十月二十六日）

懷集縣七甲鄉（鎮）澤聯村（街）人民財產損失報告單　（表式4）

受損失者：鄧聚多

填送日期卅四年十月廿六日

損失年月日	事件	地點	損失項目	購置年月	單位	數量	價值（國幣元）購置時價值	價值（國幣元）損失時價值	證件
卅三年九月十一日	敵擾	澤聯村	稻苗			四畝		2000元	
			木薯			一畝		400元	
			甘薯			一畝		100元	

填報者	姓名	服務處所	所任職務	與受損失者之關係	通訊地址	蓋章
	鄧若山	七甲鄉公所	鄉長		七甲鄉公所	[印]

（本表應加蓋鄉鎮公所圖記）

042

七甲乡泽联村莫土财产损失报告单（一九四五年十月二十六日）

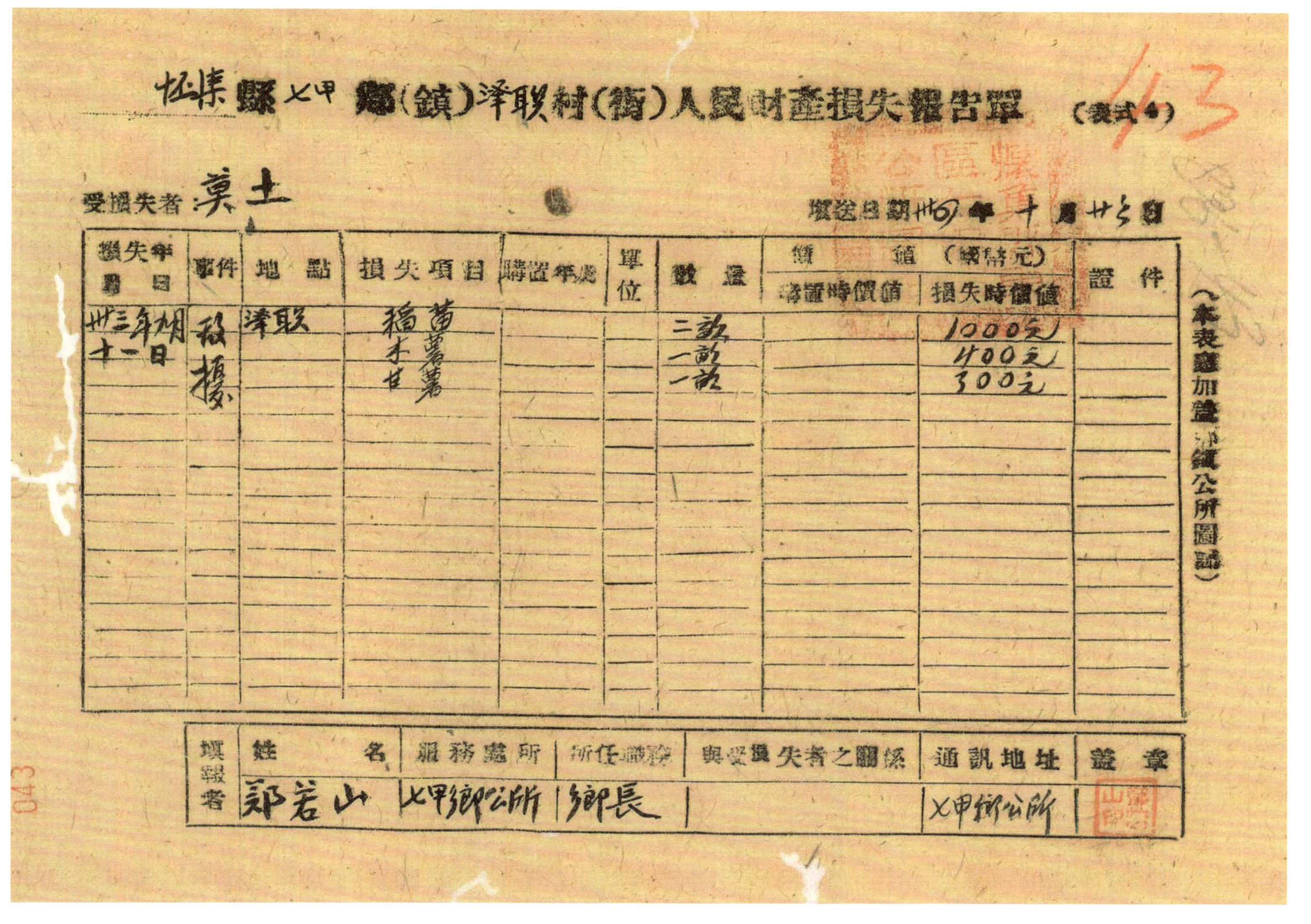
043

懷集縣七甲鄉（鎮）澤聯村（街）人民財產損失報告單　（表式4）

受損失者　莫土　　　填送日期卅四年十月廿六日

損失年月日	事件	地點	損失項目	購置年月	單位	數量	價值（國幣元）購置時價值	損失時價值	證件
卅三年九月十一日	殺擄	澤聯	稻苗			二畝		1000元	
			木薯			一畝		400元	
			甘薯			一畝		300元	

（本表應加蓋鄉鎮公所圖記）

填報者	姓名	服務處所	所任職務	與受損失者之關係	通訊地址	蓋章
	鄭若山	七甲鄉公所	鄉長		七甲鄉公所	[印]

43

七甲乡泽联村黄郁华财产损失报告单（一九四五年十月二十六日）

懷集縣七甲鄉(鎮)澤聯村(街)人民財產損失報告單　（表式4）

受損失者：黄郁華　　　填送日期　卅四年十月廿六日

損失年月日	事件	地點	損失項目	購置年月	單位	數量	價值（國幣元）購置時價值	價值（國幣元）損失時價值	證件
卅三年九月十二日	敌擾	澤聯村	白米		市斤	十斤八两		600元	
			母雞			壹隻		300元	
			稻谷			三畝		1500元	
			木薯			一畝		400元	
			甘薯			一畝		300元	

（本表應加蓋鄉鎮公所圖記）

填報者	姓名	服務處所	所任職務	與受損失者之關係	通訊地址	蓋章
	鄭若山	七甲鄉公所	鄉長		七甲鄉公所	[印]

044

七甲乡泽联村黄享华财产损失报告单（一九四五年十月二十六日）

怀集縣七甲鄉（鎮）泽联村（街）人民財產損失報告單 （表式4）

受損失者：黄享華

填送日期卅四年十月廿六日

損失年月日	事件	地點	損失項目	購置年月	單位	數量	價值（國幣元）購置時價值	價值（國幣元）損失時價值	證件
卅三年九月十一日	敌擾	泽联村	稻苗			三畝		1500元	
			木薯			一畝		400元	
			甘薯			一畝		300元	

（本表應加蓋鄉鎮公所圖記）

填報者	姓名	服務處所	所任職務	與受損失者之關係	通訊地址	簽章
	郑若山	七甲鄉公所	鄉長		七甲鄉公所	

045

七甲乡泽联村黄萃华财产损失报告单（一九四五年十月二十六日）

046

怀集縣七甲鄉(鎮)泽联村(街)人民財產損失報告單 (表式1)

填送日期卅四年十月廿六日

受損失者：黄萃华

損失年月日	事件	地點	損失項目	購置年月	單位	數量	價值(國幣元) 購置時價值	損失時價值	證件
卅三年九月十一日	日寇掳掠	泽联村	母雞			一只		300元	
			稻谷		斤	470斤		2000元	
			[illegible]			三[illegible]		1500元	
			[illegible]			一[illegible]		400元	
			[illegible]			一[illegible]		300元	

填報者	姓名	服務處所	所任職務	與受損失者之關係	通訊地址	蓋章
	沈[illegible]	七甲鄉公所	鄉長		七甲鄉公所	

(本表遇加蓋[illegible]鎮公所圖記)

七甲乡泽联村黄火孙财产损失报告单（一九四五年十月二十六日）

怀集縣七甲鄉（鎮）澤聯村（街）人民財產損失報告單（表式4）

受損失者：黄火孫

填送日期卅四年十月廿六日

損失年月日	事件	地點	損失項目	購置年月	單位	數量	價值（國幣元）購置時價值	價值（國幣元）損失時價值	證件
卅三年九月十二日	敵擾	澤聯村	雞母			一隻		300元	
			鍋利			一只		60元	
			藤笠			一只		50元	
			稻苗			二畝		1000元	
			木薯			一畝		400元	
			甘薯			一畝		300元	

（本表應加蓋鄉鎮公所圖記）

填報者	姓名	服務處所	所任職務	與受損失者之關係	通訊地址	蓋章
	鄭若山	七甲鄉公所	鄉長		七甲鄉公所	[印]

七甲乡泽联村黄意华财产损失报告单（一九四五年十月二十六日）

怀集县七甲乡（镇）泽联村（街）人民财产损失报告单　（表式4）

受损失者：黄意華　　填送日期：卅四年十月廿六日

损失年月日	事件	地点	损失项目	购置年月	单位	数量	价值（国币元）购置时价值	损失时价值	证件
卅三年九月十二日	敌扰	泽联村	公雞			三隻		500元	
			手刀			一枝		120元	
			菜刀			一枝		100元	
			鑊蓋			三个		60元	
			鑊剷			一枝		60元	
			稻谷			二担		1000元	
			木薯			一畝		400元	
			甘薯			一畝		300元	

（本表应加盖乡镇公所图记）

填报者	姓名	服务处所	所任职务	与受损失者之关系	通讯地址	盖章
	鄧若山	七甲乡公所	乡长		七甲乡公所	

048

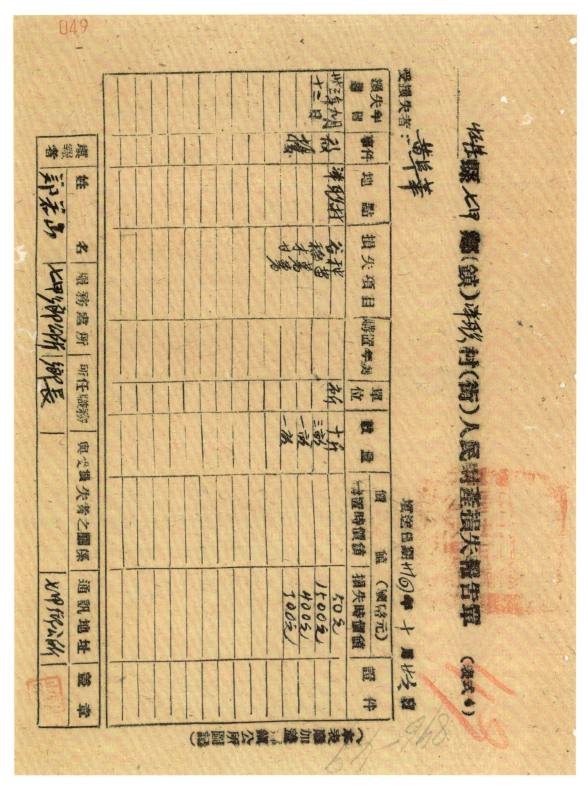

七甲乡泽联村黄阜华财产损失报告单（一九四五年十月二十六日）

懷集縣七甲鄉（鎮）澤聯村（街）人民財產損失報告單　（表式4）

受損失者：黄阜華　　填送日期卅四年十月廿六日

損失年月日	事件	地點	損失項目	購置年月	單位	數量	價值（國幣元）購置時價值	價值（國幣元）損失時價值	證件
卅三年九月十二日	敵擾	澤聯村	谷种		斤	十斤		50元	
			稻苗			三畝		1500元	
			木薯			一畝		400元	
			甘薯			一畝		300元	

（本表應加蓋鄉鎮公所圖記）

報告者	姓名	服務處所	所任職務	與受損失者之關係	通訊地址	蓋章
	鄭若山	七甲鄉公所	鄉長		七甲鄉公所	

七甲乡泽联村黄萼华财产损失报告单（一九四五年十月二十六日）

050

怀集县七甲乡（镇）泽联村（街）人民财产损失报告单　（表式6）

受损失者 黄萼华　　填送日期 卅四年 十月 廿六日

损失年月日	事件	地点	损失项目	购置年月	单位	数量	价值（国币元）购置时价值	价值（国币元）损失时价值	证件
卅三年九月十一日	敌掳	泽联村	猪苗			二只		5000元	
			钢丝罗斗			一只		100元	
			锄利			一枚		60元	
			制服			一套		2600元	

填报者	姓名	服务处所	所任职务	与受损失者之关系	通讯地址	签章
	郑若山	七甲乡公所	乡长		七甲乡公所	

（本表由加盖乡镇公所图记）

七甲乡泽联村黄彩琼财产损失报告单（一九四五年十月二十六日）

怀集縣七甲鄉（鎮）澤聯村（街）人民財產損失報告單　（表式4）

受損失者：黃彩琼

填送日期　卅四年　十月廿六日

損失年月日	事件	地點	損失項目	購置年月	單位	數量	價值（國幣元） 購置時價值	價值（國幣元） 損失時價值	證件
卅三年九月十一日		澤聯村	洋毡			一張		3000元	
			铺利			一只		60元	
			大青藍衫			一件		1000元	
			麻布衫			一件		800元	

（本表應加蓋鄉鎮公所圖記）

填報者	姓名	服務處所	所任職務	與受損失者之關係	通訊地址	蓋章
	鄧若山	七甲鄉公所	鄉長		七甲鄉公所	（印）

051

七甲乡泽联村黄彩棠财产损失报告单（一九四五年十月二十六日）

怀集县七甲乡（镇）泽联村（街）人民财产损失报告单　（表式4）

受损失者：黄彩棠　　填送日期卅四年十月廿六日

损失年月日	事件	地点	损失项目	购置年月	单位	数量	价值（国币元）购置时价值	价值（国币元）损失时价值	证件
卅三年九月十一日	敌扰	泽联村	稻谷			500斤		250元	
			铜水壶			一只		200元	
			铁镬			一枚		60元	
			手刀			二枚		200元	

（本表应加盖乡镇公所图记）

填报者	姓名	服务处所	所任职务	与受损失者之关系	通讯地址	盖章
	郑若山	七甲乡公所	乡长		七甲乡公所	[印]

052

七甲乡泽联村黄金华财产损失报告单（一九四五年十月二十六日）

U53

始興縣七甲鄉（鎮）泽联村（街）人民財產損失報告單（表式4）

受損失者：黄金華　　填送日期卅四年十月廿六日

損失年月日	事件	地點	損失項目	購置年月	單位	數量	價值（國幣元）購置時價值	損失時價值	證件
卅三年九月十一日	敌擾	泽联村	铁锅			二只		800元	

（本表應加蓋鄉鎮公所圖記）

填報者	姓名	服務處所	所任職務	與受損失者之關係	通訊地址	蓋章
	郑若山	七甲鄉公所	鄉長		七甲鄉公所	[印]

七甲乡泽联村黄纪茂财产损失报告单（一九四五年十月二十六日）

054

懷集縣七甲鄉（鎮）澤聯村（街）人民財產損失報告單　（表式4）

受損失者：黃紀茂　　　填送日期卅四年十月廿六日

損失年月日	事件	地點	損失項目	購置年月	單位	數量	價值（國幣元）購置時價值	損失時價值	證件
卅三年九月十一日	敌擾	澤聯村	稻苗			二畝		1030元	
			木薯			一畝		400元	
			甘薯			一畝		300元	

（本表應加蓋鄉鎮公所圖記）

填報者	姓名	服務處所	所任職務	與受損失者之關係	通訊地址	蓋章
	鄧若山	七甲鄉公所	七甲鄉長		七甲鄉公所	

七甲乡泽联村黄灼辉财产损失报告单（一九四五年十月二十六日）

懷集縣七甲鄉（鎮）澤聯村（街）人民財產損失報告單　（表式4）

受損失者：黃灼輝　　填送日期：卅四年十月廿六日

損失年月日	事件	地點	損失項目	購置年月	單位	數量	價值（國幣元）購置時價值	損失時價值	證件
卅三年九月十一日	搶擄	澤聯村	銅水煲			一只		30元	
			銅利			一只		60元	
			稻苗			二畝		1000元	
			木薯			一畝		400元	
			甘薯			一畝		300元	

填報者	姓名	服務處所	所任職務	與受損失者之關係	通訊地址	蓋章
	鄭若山	七甲鄉公所	鄉長		七甲鄉公所	

（本表應加蓋鄉鎮公所圖記）

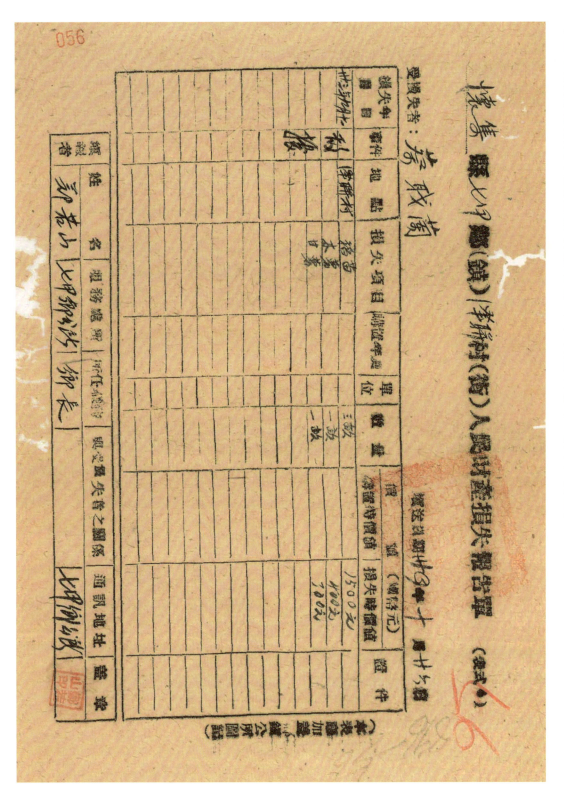

七甲乡泽联村蔡职兰财产损失报告单（一九四五年十月二十六日）

懷集縣七甲鄉（鎮）澤聯村（街）人民財產損失報告單　（表式4）

受損失者：蔡職蘭　　填送日期卅四年十月廿六日

損失年月日	事件	地點	損失項目	購置年月	單位	數量	價值（國幣元）購置時價值	損失時價值	證件
卅三年九月廿七	敵擾	澤聯村	稻苗			三畝		1500元	
			木薯			一畝		400元	
			甘薯			一畝		200元	

（本表應加蓋鄉鎮公所圖記）

填報者	姓名	服務處所	所任職務	與受損失者之關係	通訊地址	蓋章
	鄭若山	七甲鄉公所	鄉長		七甲鄉公所	鄭若山印

056

七甲乡泽联村黄颜蓄财产损失报告单（一九四五年十月二十六日）

057

怀集县七甲乡（镇）泽联村（街）人民财产损失报告单（表式1）

填送日期卅四年十月廿六日

受损失者：黄颜蓄

损失年月日	事件	地点	损失项目	购置年月	单位	数量	价值（国币元）购置时价值	损失时价值	证件
卅三年9月廿一	敌擾	泽联村	稻谷			三担		1500元	
			木薯			一担		400元	
			甘薯			一担		300元	

报告者	姓名	服务处所	所任职务	与受损失者之关系	通讯地址	盖章
	邓希山	七甲乡公所	乡长		七甲乡公所	

（本表须加盖乡镇公所图记）

七甲乡泽联村黄水生财产损失报告单（一九四五年十月二十六日）

懷集縣七甲鄉（鎮）澤聯村（街）人民財產損失報告單　（表式4）

受損失者：黃水生　　　　填送日期卅四年十月廿六日

損失年月日	事件	地點	損失項目	購置年月	單位	數量	價值（國幣元）購置時價值	價值（國幣元）損失時價值	證件
卅三年九月十一	敌侵	澤聯村	木薯			一畝		400元	

（本表應加蓋鄉鎮公所圖記）

填報者	姓名	服務處所	所任職務	與受損失者之關係	通訊地址	蓋章
	鄧若山	七甲鄉公所	鄉長		七甲鄉公所	[印]

七甲乡泽联村黄亦庠财产损失报告单（一九四五年十月二十六日）

怀集县七甲乡（镇）泽联村（街）人民财产损失报告单 （表式4）

受损失者：黄亦庠　　　　填送日期卅四年十月廿六日

损失年月日	事件	地点	损失项目	购置年月	单位	数量	价值（国币元） 购置时价值	价值（国币元） 损失时价值	证件
卅三年九月廿一	敌掳	泽联村	铁锅			二只		400元	
			菜刀			一把		100元	
			水盆			一只		30元	
			锅盖			一只		30元	
			瓦汤煲			一只		100元	
			木薯粉		斤	廿斤		400元	
			稻米		〃	七十斤		1050元	

（本表应加盖乡镇公所图记）

填报者	姓名	服务处所	所任职务	与受损失者之关系	通讯地址	盖章
	郑若山	七甲乡公所	乡长		七甲乡公所	郑若山印

059

七甲乡泽联村黄庆庠财产损失报告单（一九四五年十月二十六日）

懷集縣七甲鄉（鎮）澤聯村（街）人民財產損失報告單　（表式4）

受損失者：黃慶庠　　填送日期卅四年十月廿六日

損失年月日	事件	地點	損失項目	購置年月	單位	數量	價值（國幣元）購置時價值	損失時價值	證件
卅三年九月十一	敌擾	澤聯村	稻谷		市斤	200斤		3000元	
			口盅			一只		50元	
			生铁锅			一只		140元	
			菜刀			一张		100元	
			茶壶			一只		50元	
			蓝[illegible]			一只		200元	

（本表應加蓋鄉鎮公所圖記）

填報者	姓名	服務處所	所任職務	與受損失者之關係	通訊地址	蓋章
	鄭若山	七甲鄉公所	鄉長		七甲鄉公所	

060

七甲乡泽联村黄灼惠财产损失报告单（一九四五年十月二十六日）

懷集縣七甲鄉(鎮)澤聯村(街)人民財產損失報告單　（表式4）

受損失者：黄灼惠　　填送日期卅四年十月廿六日

損失年月日	事件	地點	損失項目	購置年月	單位	數量	價值（國幣元）購置時價值	損失時價值	證件
卅三年九月廿一	敌擾	澤聯村	水壳			一只		30元	
			錫利			一只		60元	
			稻苗			一畝		500元	

（本表應加蓋鄉鎮公所圖記）

填報者	姓名	服務處所	所任職務	與受損失者之關係	通訊地址	蓋章
	鄧若山	七甲鄉公所	鄉長		七甲鄉公所	

七甲乡泽联村黄始华财产损失报告单（一九四五年十月二十六日）

懷集縣七甲鄉（鎮）澤聯村（街）人民財產損失報告單　（表式4）

受損失者：黄始華　　填送日期卅四年十月廿六日

損失年月日	事件	地點	損失項目	購置年月	單位	數量	價值（國幣元）購置時價值	損失時價值	證件
卅三年九月卅一	敌擾	澤聯村	鉄鍋			一只		400元	
			公母雞			二隻		600元	
			稻苗			三畝		1500元	
			李薯			一畝		400元	
			甘薯			二畝		600元	

（本表應加蓋鄉鎮公所圖記）

填報者	姓名	服務處所	所任職務	與受損失者之關係	通訊地址	蓋章
	鄭若山	七甲鄉公所	鄉長		七甲鄉公所	鄭若山印

七甲乡泽联村黄载衡财产损失报告单（一九四五年十月二十六日）

懷集縣七甲鄉（鎮）澤聯村（街）人民財產損失報告單　（表式4）

受損失者：黃載衡　　填送日期卅四年十月廿六日

損失年月日	事件	地點	損失項目	購置年月	單位	數量	價值（國幣元）購置時價值	價值（國幣元）損失時價值	證件
卅三年九月十一	敵擾	澤聯村	鑊蓋			一只		30元	
			公母雞			十一隻		2700元	
			菜刀一			一枝		100元	
			鐮刀			一枝		60元	
			禾苗			三畝		1500元	
			木薯			一畝		400元	
			甘薯			一畝		300元	

（本表應加蓋鄉鎮公所圖記）

報告者	姓名	服務處所	所任職務	與受損失者之關係	通訊地址	蓋章
	鄧若山	七甲鄉公所	鄉長		七甲鄉公所	鄧若山印

063

七甲乡泽联村黄聚林财产损失报告单（一九四五年十月二十六日）

懷集縣七甲鄉（鎮）澤聯村（街）人民財產損失報告單　（表式4）

受損失者：黄聚林

填送日期卅四年十月廿六日

損失年月日	事件	地點	損失項目	購置年月	單位	數量	價值（國幣元）購置時價值	價值（國幣元）損失時價值	證件
卅三年九月廿	敌擾	澤聯村	禾苗			二畝		1000元	
			木薯			一畝		4000元	
			甘薯			一畝		300元	

（本表應加蓋鄉鎮公所圖記）

填報者	姓名	服務處所	所任職務	與受損失者之關係	通訊地址	蓋章
	鄧若山	七甲鄉公所	鄉長		七甲鄉公所	

064

七甲乡泽联村黄庆华财产损失报告单（一九四五年十月二十六日）

065

懷集縣七甲鄉(鎮)澤聯村(街)人民財產損失報告單 (表式4)

受損失者：黃慶華　　填送日期卅四年十月廿六日

損失年月日	事件	地點	損失項目	購置年月	單位	數量	價值(國幣元) 購置時價值	價值(國幣元) 損失時價值	證件
卅三年九月十一日	敵擾	澤聯村	木薯			一畝		400元	
			甘薯			一畝		300元	

(本表應加蓋鄉鎮公所圖記)

填報者	姓名	服務處所	所任職務	與受損失者之關係	通訊地址	簽章
	鄭若山	七甲鄉公所	鄉長		七甲鄉公所	鄭若山印

七甲乡泽联村蔡普华财产损失报告单（一九四五年十月二十六日）

懷集縣七甲鄉（鎮）澤聯村（街）人民財產損失報告單 （表式4）

受損失者：蔡普華

填送日期卅四年十月廿六日

損失年月日	事件	地點	損失項目	購置年月	單位	數量	價值（國幣元）購置時價值	損失時價值	證件
卅三年九月廿一	敵擾	澤聯村	大水缸			二只		500元	
			大公雞			十二隻		1800元	
			中瓦缸			二只		100元	
			早谷米		斤	三十斤		200元	

（本表須加蓋鄉鎮公所圖記）

填報者	姓名	服務處所	所任職務	與受損失者之關係	通訊地址	蓋章
	鄧若山	七甲鄉公所	鄉長		七甲鄉公所	[印]

七甲乡泽联村蔡普田财产损失报告单（一九四五年十月二十六日）

懷集縣七甲鄉（鎮）澤聯村（街）人民財產損失報告單　（表式4）

受損失者：蔡普田

填送日期 卅四年十月廿六日

損失年月日	事件	地點	損失項目	購置年月	單位	數量	價值（國幣元）購置時價值	價值（國幣元）損失時價值	證件
卅三年九月十一	敵擾	澤聯村	稻苗			四畝		2000元	
			木薯			一畝		400元	
			甘薯			一畝		700元	

（本表須加蓋鄉鎮公所圖記）

填報者	姓名	服務處所	所任職務	與受損失者之關係	通訊地址	蓋章
	鄧若山	七甲鄉公所	鄉長		七甲鄉公所	[印]

七甲乡泽联村蔡实田财产损失报告单（一九四五年十月二十六日）

怀集縣七甲鄉（鎮）泽聯村（街）人民財產損失報告單 （表式[illegible]）

受損失者：蔡实田

填送日期卅四年十月廿六日

損失年月日	事件	地點	損失項目	購置年月	單位	數量	價值（國幣元） 購置時價值	價值（國幣元） 損失時價值	證件
卅三年九月十一	敌擾	泽聯村	稻米		市斤	五十斤		750元	
			木薯粉		〃	三十斤		600元	
			母雞			一隻		250元	
			直泣			一只		200元	

（本表須加蓋鄉鎮公所圖記）

填報者	姓名	服務處所	所任職務	與受損失者之關係	通訊地址	蓋章
	鄧若山	七甲鄉公所	鄉長		七甲鄉公所	

069

七甲乡泽联村蔡后华财产损失报告单（一九四五年十月二十六日）

懷集縣七甲鄉(鎮)澤聯村(街)人民財產損失報告單　（表式4）

（本表應加蓋鄉鎮公所圖記）

受損失者：蔡后華　　填送日期卅四年十月廿六日

損失年月日	事件	地點	損失項目	購置年月	單位	數量	價值（國幣元）購置時價值	價值（國幣元）損失時價值	證件
卅三年九月十一	敌擾	澤聯村	稻菁			二畝		1000元	
			木薯			一畝		400元	
			甘薯			一畝		300元	

填報者	姓名	服務處所	所任職務	與受損失者之關係	通訊地址	蓋章
	郭善山	七甲鄉公所	鄉長		七甲鄉公所	

072

七甲乡泽联村梁锡汉氏财产损失报告单（一九四五年十月二十六日）

懷集縣七甲鄉（鎮）澤聯村（街）人民財產損失報告單 （表式4）

受損失者：梁錫漢氏

填送日期卅四年十月廿六日

損失年月日	事件	地點	損失項目	購置年月	單位	數量	價值（國幣元）購置時價值	價值（國幣元）損失時價值	證件
卅三年九月十一	搶擄	澤聯村	母雞及仔			九隻		496元	
			大公雞			二隻		300元	
			菜刀			一枚		100元	

填報者	姓名	服務處所	所任職務	與受損失者之關係	通訊地址	蓋章
	鄧若山	七甲鄉公所	鄉長		七甲鄉公所	

（本表應加蓋鄉鎮公所圖記）

073

七甲乡泽联村蔡进盛财产损失报告单（一九四五年十月二十六日）

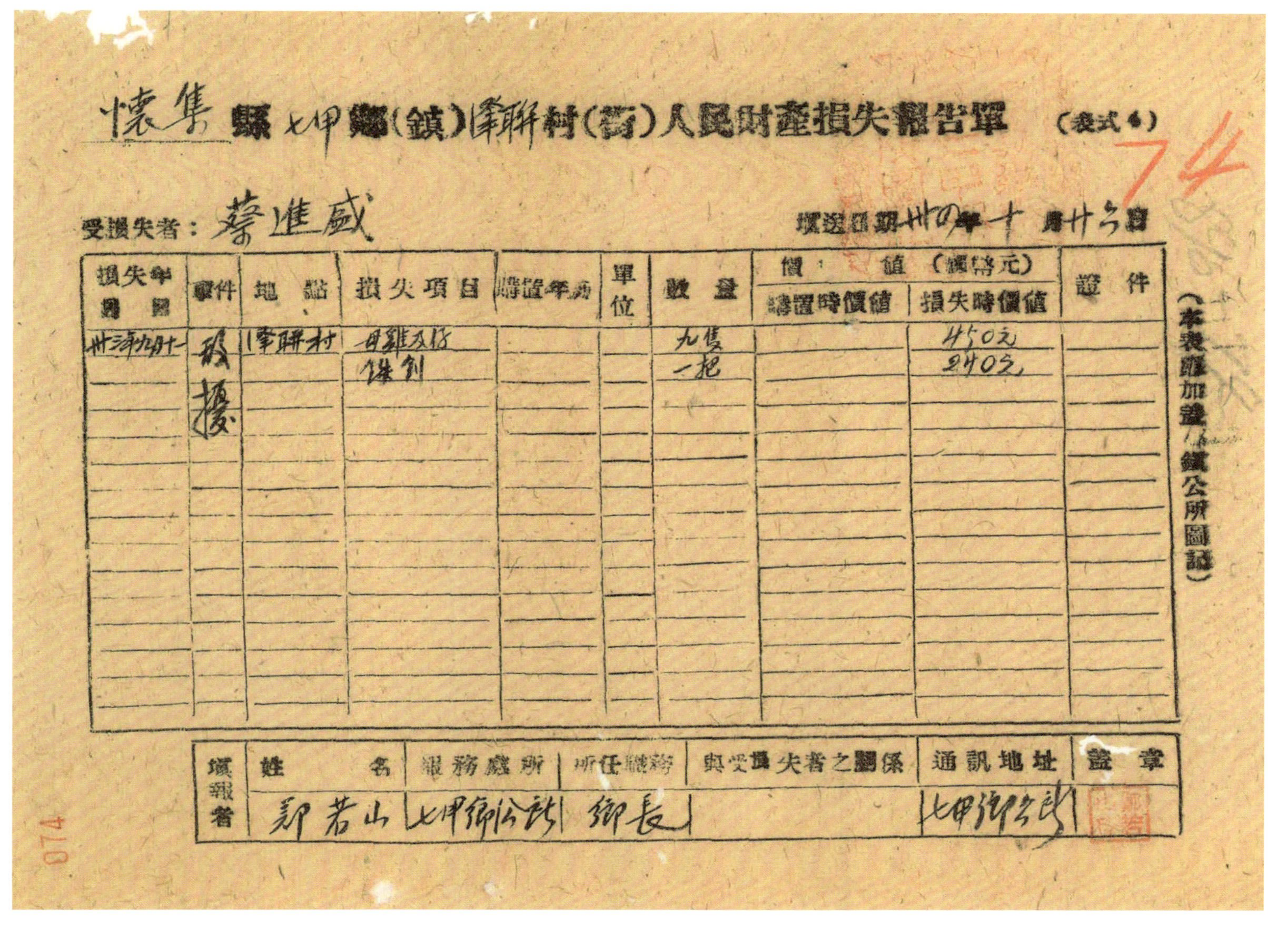

懷集縣七甲鄉（鎮）泽聯村（街）人民財產損失報告單　（表式6）

受損失者：蔡進盛　　填送日期卅四年十月廿六日

損失年月日	事件	地點	損失項目	購置年月	單位	數量	價值（國幣元）購置時價值	價值（國幣元）損失時價值	證件
卅三年九月十一	敌擾	泽聯村	母雞及仔			九隻		450元	
			鋤刀			一把		240元	

（本表應加證／鄉鎮公所圖記）

填報者	姓名	服務處所	所任職務	與受損失者之關係	通訊地址	蓋章
	鄧若山	七甲鄉公所	鄉長		七甲鄉公所	

074

七甲乡大布村陈遂生财产损失报告单（一九四五年十月二十四日）

懷集縣七甲鄉（鎮）大布村（街）人民損失報告單 （表式6）

受損失者：陳遂生　　　　填送日期卅四年十月廿四日

損失年月日	事件	地點	損失項目	購置年月	單位	數量	價值（國幣元）購置時價值	價值（國幣元）損失時價值	證件
卅三年九月廿一	敌扰	大布村	綿被		張	2		10000元	
〃		〃	衣服		套	4		90000元	
〃		〃	中豬		隻	1		15000元	
〃		〃	旱谷		斤	300		6000元	
〃		〃	鴨母		隻	6		12000元	
〃		〃	鉄鑊		隻	2		1000元	
〃		〃	牛		隻	1		20000元	
〃		〃	雞		隻	4		2500元	

（本表須加蓋鄉鎮公所圖記）

填報者	簽名	服務處所	所任職務	與受損失者之關係	通訊地址	蓋章
	邓锡焜	七甲鄉公所				

085

七甲乡大布村陈琼山财产损失报告单（一九四五年十月二十四日）

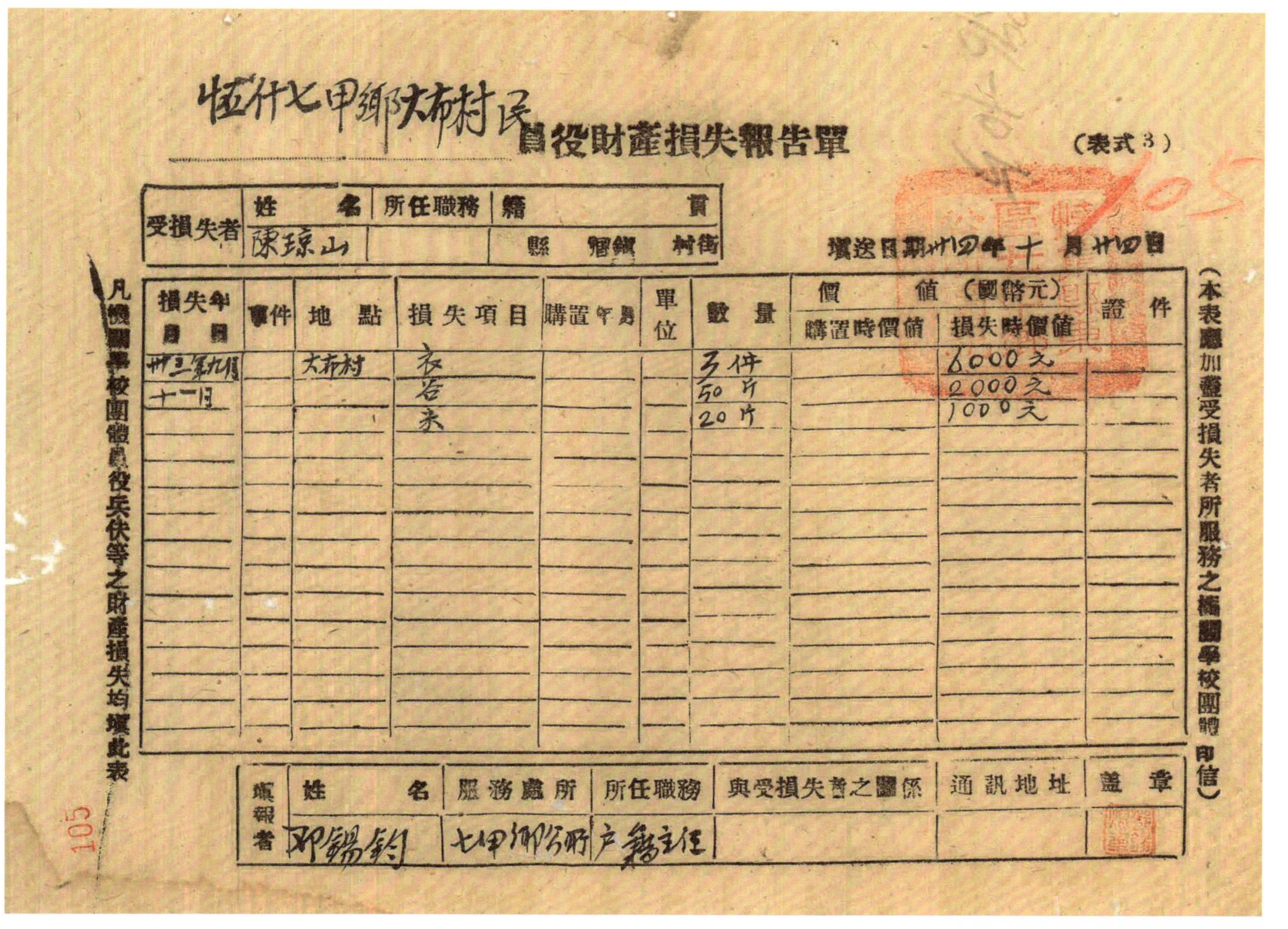

[illegible]七甲鄉大布村民[illegible]役財產損失報告單　（表式3）

受損失者	姓名	所任職務	籍貫
	陳琼山		縣　鄉鎮　村街

填送日期卅四年十月卅四日

損失年月日	事件	地點	損失項目	購置年月	單位	數量	價值（國幣元）購置時價值	價值（國幣元）損失時價值	證件
卅三年九月十一日		大布村	衣			3件		6000元	
			谷			50斤		2000元	
			米			20斤		1000元	

填報者	姓名	服務處所	所任職務	與受損失者之關係	通訊地址	蓋章
	邓锡钧	七甲乡公所	户籍主任			

凡機關學校團體或役兵伕等之財產損失均填此表

（本表應加蓋受損失者所服務之機關學校團體印信）

105

七甲乡大布村陈国斌财产损失报告单（一九四五年十月二十四日）

114

怀集县七甲乡（镇）大布村（街）人民损失报告单（表式4）

受损失者：陈国斌　　　　报送日期：卅四年十月廿四日

损失年月日	事件	地点	损失项目	购置年月	单位	数量	价值（国币元）购置时价值	价值（国币元）损失时价值	证件
卅三年九月十一日	敌抢	大布村	衣服		套	2		5000元	
			母鸡		隻	20		400元	
			木薯		斤	1000		500元	
			中猪		隻	1		1000元	
			谷		斤	300		1500元	

填报者	姓名	服务处所	所任职务	与受损失者之关系	通讯地址	盖章
	邓锡琨	七甲乡公所	户籍主任			

（本表限加盖乡镇公所图记）

514-968

114

七甲乡大布村陈远彬财产损失报告单（一九四五年十月二十四日）

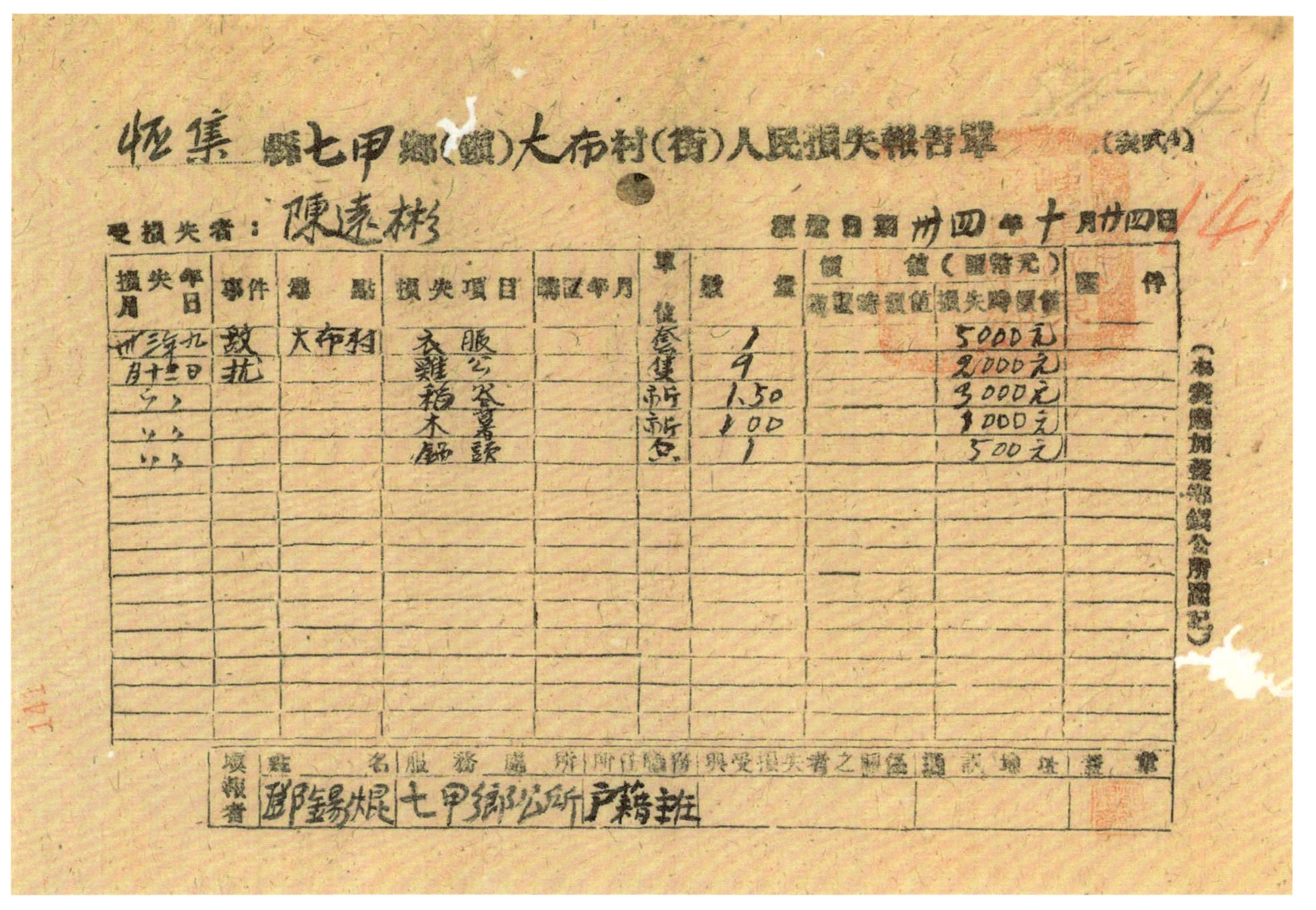

恆集縣七甲鄉(鎮)大布村(街)人民損失報告單　(表式4)

受損失者：陳遠彬　　填送日期　卅四年十月廿四日

損失年月日	事件	地點	損失項目	購置年月	單位	數量	價值(國幣元) 購置時價值	損失時價值	證件
卅三年九月十三日	敵抗	大布村	衣服		套	1		5000元	
〃〃			雞公		隻	9		2000元	
〃〃			稻谷		斤	150		3000元	
〃〃			木薯		斤	100		1000元	
〃〃			鋤頭		只	1		500元	

填報者	姓名	服務處所	所任職務	與受損失者之關係	通訊地址	蓋章
	鄧錫焜	七甲鄉公所	戶籍主任			

(本表應加蓋鄉鎮公所圖記)

七甲乡大布村陈仕照财产损失报告单（一九四五年十月二十四日）

怀集縣七甲鄉（鎮）大布村（街）人民損失報告單 （表式4）

受損失者：陳仕照 填送日期 卅四年十月廿四日

損失年月日	事件	地點	損失項目	購置年月	單位	數量	價值（國幣元） 購置時價值	損失時價值	證件
卅三年五月十二日	敌抢	大布村	衣服		套	2		5000元	
〃			甲母		只	20		4000元	
〃			木薯		斤	1000		5000元	
〃			中猪		只	1		1,000元	
〃			稻谷		斤	300		1,500元	

填報者	姓名	服務處所	所任職務	與受損失者之關係	通訊地址	蓋章
	鄧錫焜	七甲鄉公所	户籍主任			

（本表須經加蓋鄉鎮公所圖記）

142

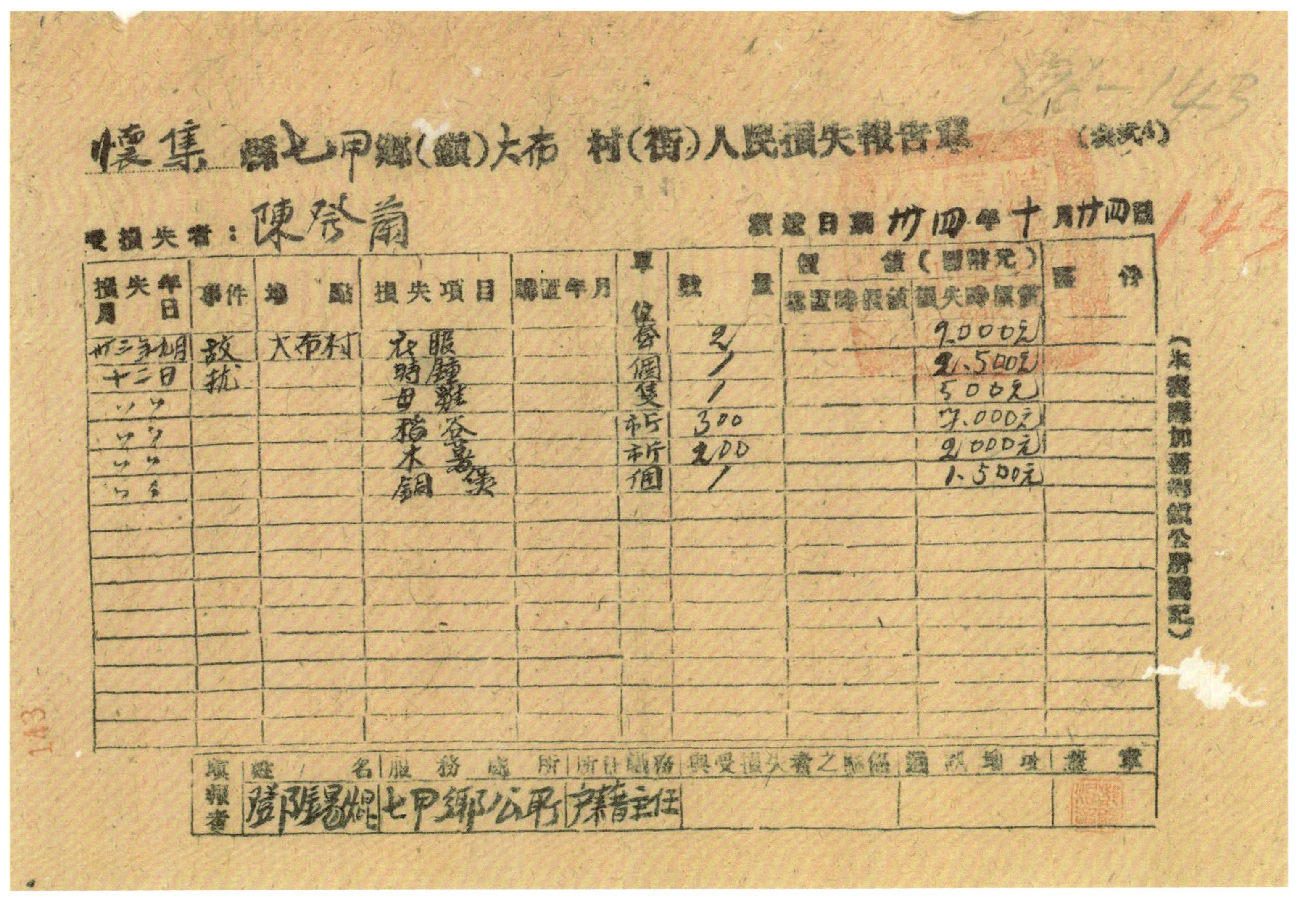

懷集縣七甲鄉（鎮）大布村（街）人民損失報告單（表式4）

受損失者：陳發蘭　　填送日期卅四年十月廿四日

損失年月日	事件	地點	損失項目	購置年月	單位	數量	價值（國幣元）購置時價值	價值（國幣元）損失時價值	證件
卅三年九月十二日	敵擾	大布村	衣服		件套	2		9,000元	
〃〃			時鐘		個	1		2,500元	
〃〃			母雞		隻	1		500元	
〃〃			稻谷		市斤	300		7,000元	
〃〃			木薯		市斤	200		2,000元	
〃〃			銅煲		個	1		1,500元	

（本表應加蓋機關公章或印記）

填報者	姓名	服務處所	所任職務	與受損失者之關係	通訊地址	蓋章
	鄧陽焜	七甲鄉公所	戶籍主任			

七甲乡大布村陈发兰财产损失报告单（一九四五年十月二十四日）

七甲乡大布村陈月照财产损失报告单（一九四五年十月二十四日）

144

懷集縣七甲鄉(鎮)大布村(街)人民損失報告單 (表式4)

受損失者：陳月照　　　填送日期卅四年十月廿四日

損失年月日	事件	地點	損失項目	購置年月	單位	數量	價值(國幣元) 購置時價值	損失時價值	證件
卅三年九月十二日	敌扰	大布村	衣服	\	套	3		1,2000元	
〃〃			大鍋頭		只	2		2,000元	
〃〃			谷子		斤	200		5,600元	
〃〃			木薯		斤	300		1,0000元	
〃〃			公雞		隻	4		600元	
〃〃			棉被		張	2		9000元	
〃〃			單被		張	1		5000元	

填報者	姓名	服務處所	所任職務	與受損失者之關係	通訊地址	印章
	鄧[illegible]棍	七甲鄉公所	户籍主任			

(本表須加蓋鄉鎮公所圖記)

七甲乡大布村黄淑玲财产损失报告单（一九四五年十月二十四日）

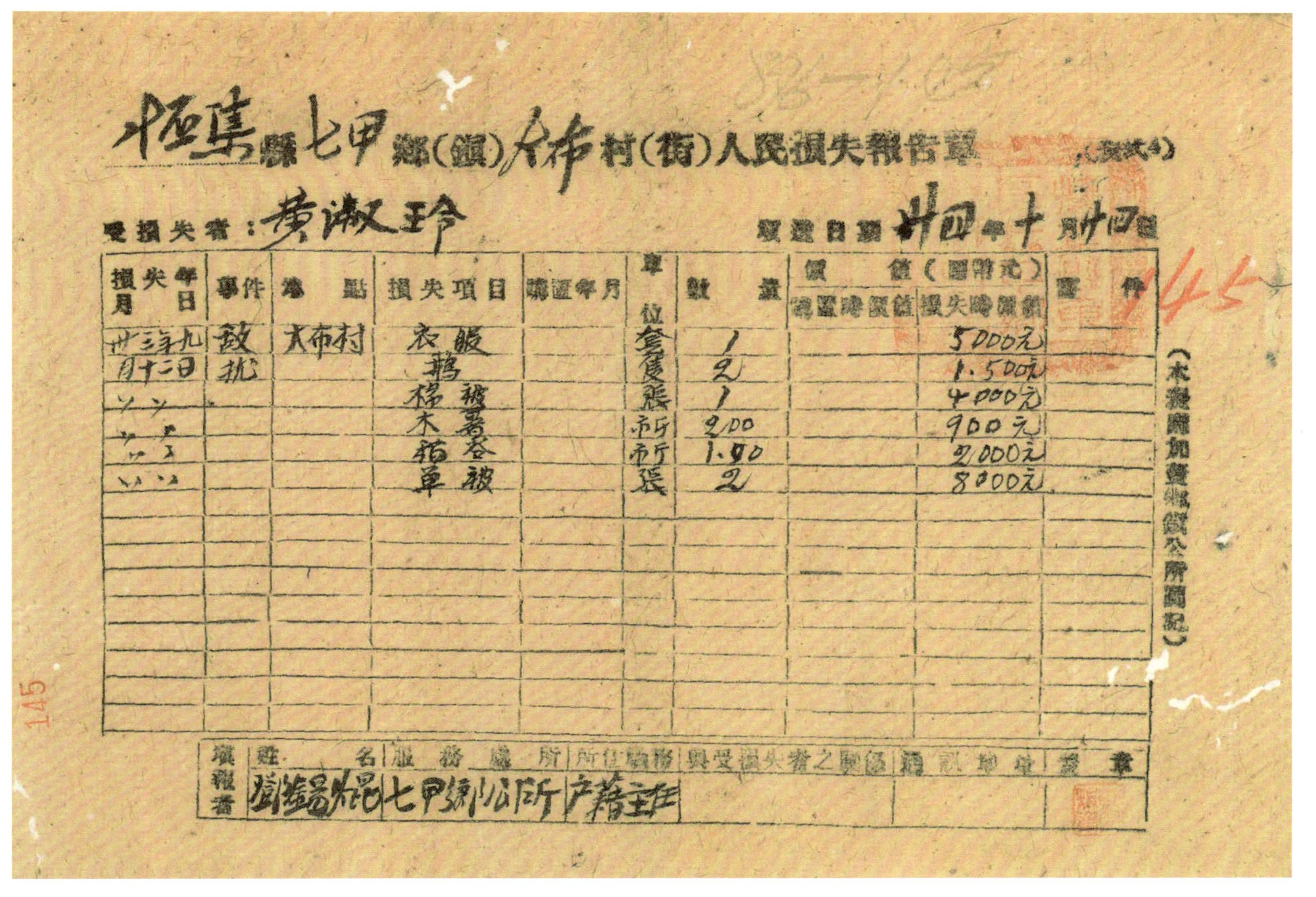

中恆集縣七甲鄉(鎮)大布村(街)人民損失報告單 (表式4)

受損失者：黃淑玲　　填送日期 卅四年十月廿四日

損失年月日	事件	地點	損失項目	購置年月	單位	數量	價值（國幣元）購置時價值	損失時價值	證件
卅三年九月十二日	敵擾	大布村	衣服		套	1		5000元	
〃			鵝		隻	2		1.500元	
〃			棉被		張	1		4000元	
〃			木薯		市斤	200		900元	
〃			稻谷		市斤	1.00		2000元	
〃			單被		張	2		8000元	

填報者	姓名	服務處所	所任職務	與受損失者之關係	通訊地址	蓋章
	劉錫焜	七甲鄉公所	户籍主任			

（本表須加蓋鄉鎮公所圖記）

145

七甲乡大布村陈卓雄财产损失报告单（一九四五年十月二十四日）

146

145

怀集 县七甲 乡（镇）大布 村（街）人民财产损失报告单 （表式4）

受损失者：陈卓雄

填送日期卅四年十月廿四日

损失年月日	事件	地点	损失项目	购置年月	单位	数量	价值（国币元） 购置时价值	价值（国币元） 损失时价值	证件
卅三年九月十二日	敌扰	大布村	衣服		套	2		5000元	
			田母		只	20		4000元	
			木薯		市斤	1000		500元	
			中蚊		张	1		1000元	
			稻谷		斤	300		6000元	

（本表应加盖乡镇公所关记）

填报者	姓名	服务处所	所任职务	与受损失者之关系	通讯地址	盖章
	邓锡焜	七甲乡公所	户籍主任			

七甲乡大布村陈希贤财产损失报告单（一九四五年十月二十四日）

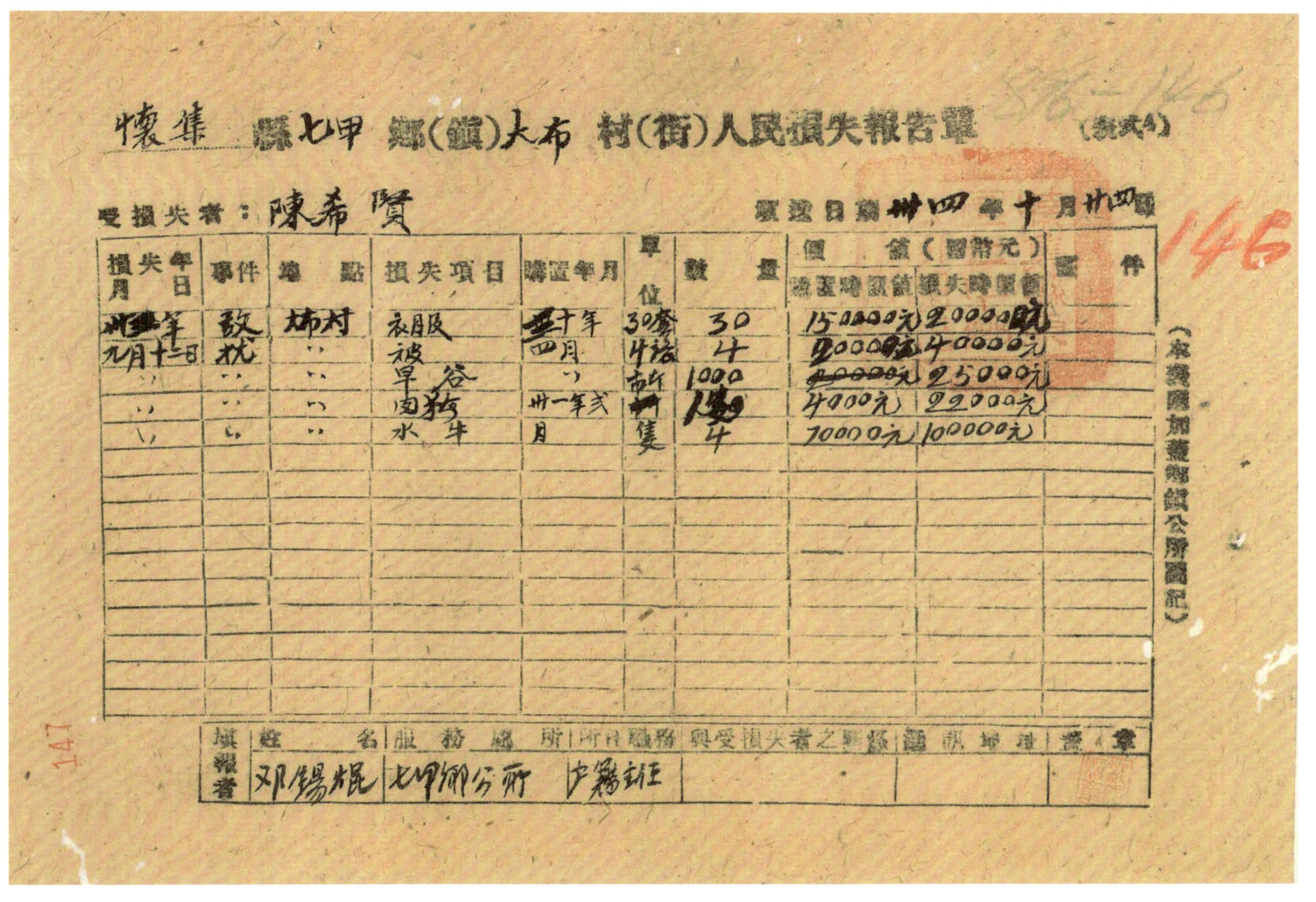

懷集縣七甲鄉（鎮）大布村（街）人民損失報告單（表式4）

受損失者：陳希賢　　　填送日期卅四年十月廿四日

損失年月日	事件	地點	損失項目	購置年月	單位	數量	價值（國幣元）購置時價值	價值（國幣元）損失時價值	證件
卅四年九月十二日	敌扰	布村	衣服	卅年四月	30套	30	150000元	200000元	
〃	〃	〃	被	〃	4張	4	20000元	40000元	
〃	〃	〃	早谷	〃	市斤	1000	[illegible]元	25000元	
〃	〃	〃	肉猪	卅一年弍月	[illegible]	[illegible]	4000元	22000元	
〃	〃	〃	水牛	〃	隻	4	70000元	100000元	

填報者	姓名	服務處所	所任職務	與受損失者之關係	通訊地址	蓋章
	邓錫焜	七甲鄉公所	户籍主任			

（本表應加蓋鄉鎮公所圖記）

147

146

七甲乡大布村陈钟岱财产损失报告单（一九四五年十月二十四日）

怀集 县七甲 乡（镇）大布 村（街）人民财产损失报告单 （表式4）

受损失者：陈钟岱　　　　　　　　　　　　填送日期卅四年十月廿四日

损失年月日	事件	地点	损失项目	购置年月	单位	数量	价值（国币元）购置时价值	价值（国币元）损失时价值	证件
卅三年九月十二日	敌扰	大布村	衣服		套	9		5000元	
		〃	草料		斤	900		6000元	
			木柴		斤	600		10000元	

（本表应加盖乡镇公所图记）

填报者	姓名	服务处所	所任职务	与受损失者之关系	通讯地址	盖章
	邓锡焜	七甲乡公所	户籍主任			

148　147

七甲乡大布村陈胜强财产损失报告单（一九四五年十月二十五日）

怀集 县七甲 乡（镇）大布 村（街）人民财产损失报告单 （表式4）

受损失者：陈胜强

填送日期 卅四年十月廿四日

损失年月日	事件	地点	损失项目	购置年月	单位	数量	价值（国币元）购置时价值	价值（国币元）损失时价值	证件
卅三年九月十二日	敌抢	大布村	衣服		套	3		15000元	
		〃	被		床	1		10000元	
			早米		斤	300		6000元	
			蚊帐		堂	1		12000元	

（本表应加盖乡镇公所图记）

填报者	姓名	服务处所	所任职务	与受损失者之关系	通讯地址	盖章
	邓锡焜	七甲乡公所	户籍主任			

134

七甲乡大布村陈益生财产损失报告单（一九四五年十月二十五日）

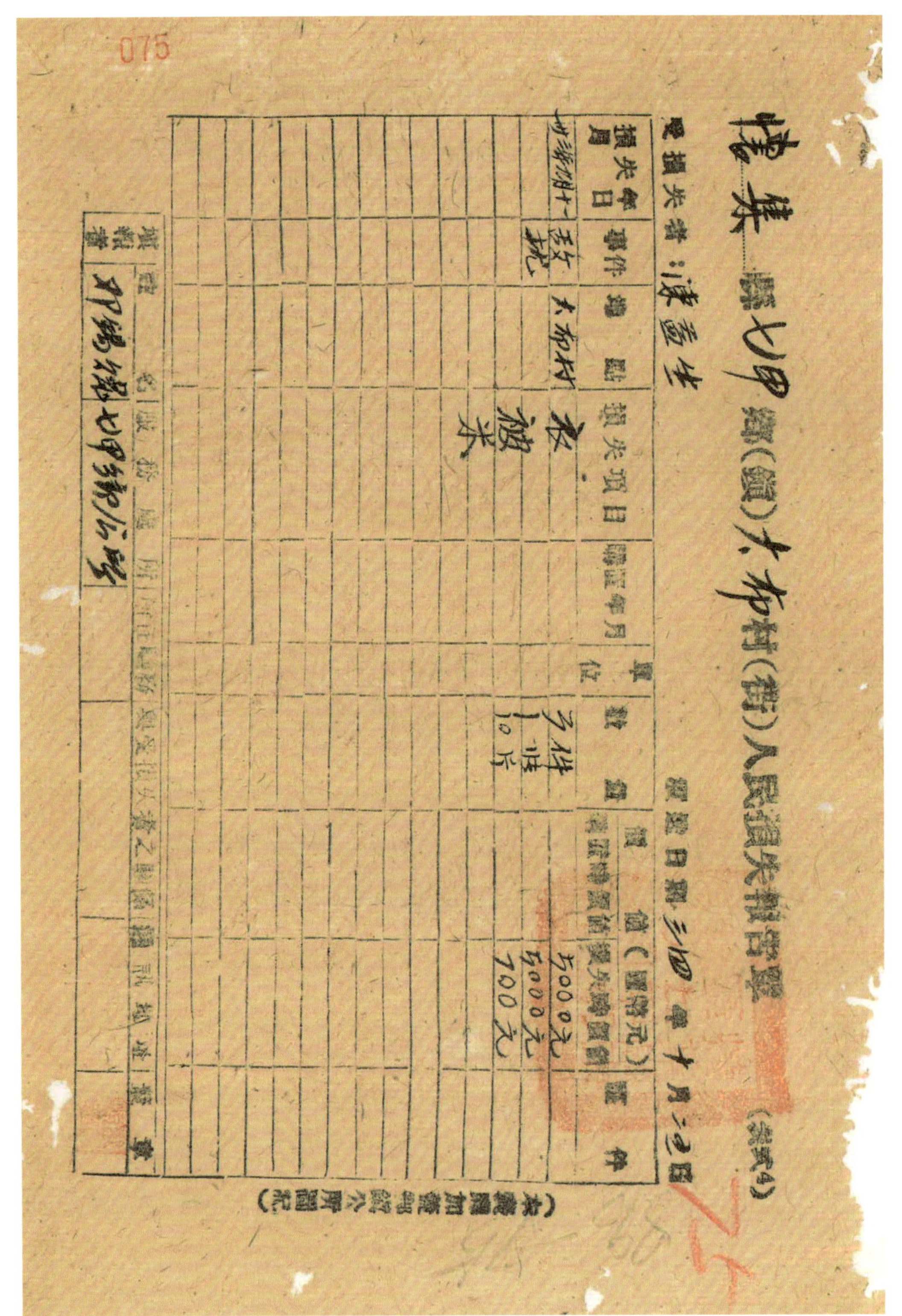
075

懷集縣七甲鄉(鎮)大布村(街)人民損失報告單 (表式4)

受損失者：陳益生　　填送日期 三四年十月二五日

損失年月日	事件	地點	損失項目	購置年月	單位	數量	價值(國幣元) 購置時價值	損失時價值	證件
卅三年九月十一	敌扰	大布村	衣			3件		5000元	
			被			1张		5000元	
			米			10斤		700元	

填報者	姓名	服務處所	與受損失者之關係	通訊地址	蓋章
	邓锡镳	七甲乡公所			

(本表須加蓋鄉鎮公所圖記)

七甲乡大布村陈必照财产损失报告单（一九四五年十月二十五日）

怀集 縣 七甲 鄉（鎮）大布 村（街）人民財產損失報告單 （表式4）

受損失者：陳必照　　　　　　　　填送日期 卅四年 十 月二五日

損失年月日	事件	地點	損失項目	購置年月	單位	數量	價值（國幣元）購置時價值	價值（國幣元）損失時價值	證件
卅三年九月十一		大布村	衣			2件		4000元	
			被			1件		10000元	

（本表應加盖鄉鎮公所圖記）

填報者	姓名	服務處所	所任職務	與受損失者之關係	通訊地址	蓋章
	鄧錫綿	七甲鄉公所	户籍主任			

七甲乡大布村陈燊娥财产损失报告单（一九四五年十月二十五日）

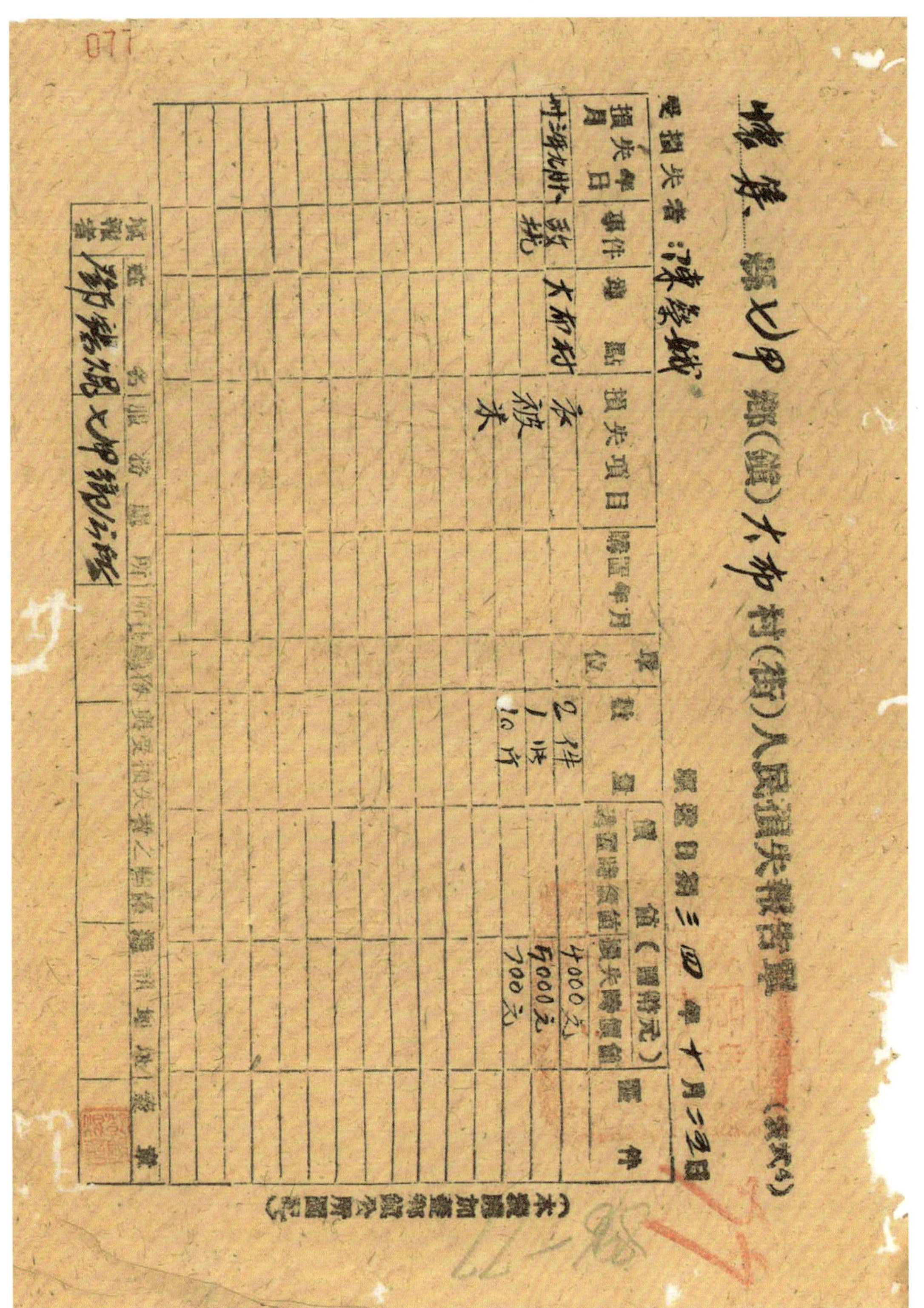

懷集縣七甲鄉(鎮)大布村(街)人民損失報告單 (表式3)

填送日期 三十四年十月二五日

受損失者：陳燊娥

損失年月日	事件	地點	損失項目	購置年月	單位	數量	價值(國幣元) 購置時價值	損失時價值	證件
卅三年七月卅一日	敌机	大布村	衣		件	2		4000元	
			被		張	1		5000元	
			米		斤	10		700元	

填報者	姓名	服務處所	所任職務	與受損失者之關係	通訊地址	蓋章
	劉錫禎	七甲鄉鄉公所				

七甲乡大布村陈守纪财产损失报告单（一九四五年十月二十五日）

怀集县七甲乡（镇）大布村（街）人民损失报告单 （表式4）

受损失者：陈守纪　　填送日期 三四年十月二日

损失年月日	事件	地点	损失项目	购置年月	单位	数量	价值（国币元） 购置时价值	价值（国币元） 损失时价值	证件
卅三年四月十一	敌扰	大布村	衣			3件		5000元	
			被			1张		5000元	
			米			10斤		700元	

填报者	姓名	服务处所	所任职务	与受损失者之关系	通讯地址	盖章
	邓锡焜	七甲乡公所	户籍班			

（本表应加盖乡镇公所图记）

七甲乡大布村陈伟元财产损失报告单（一九四五年十月二十五日）

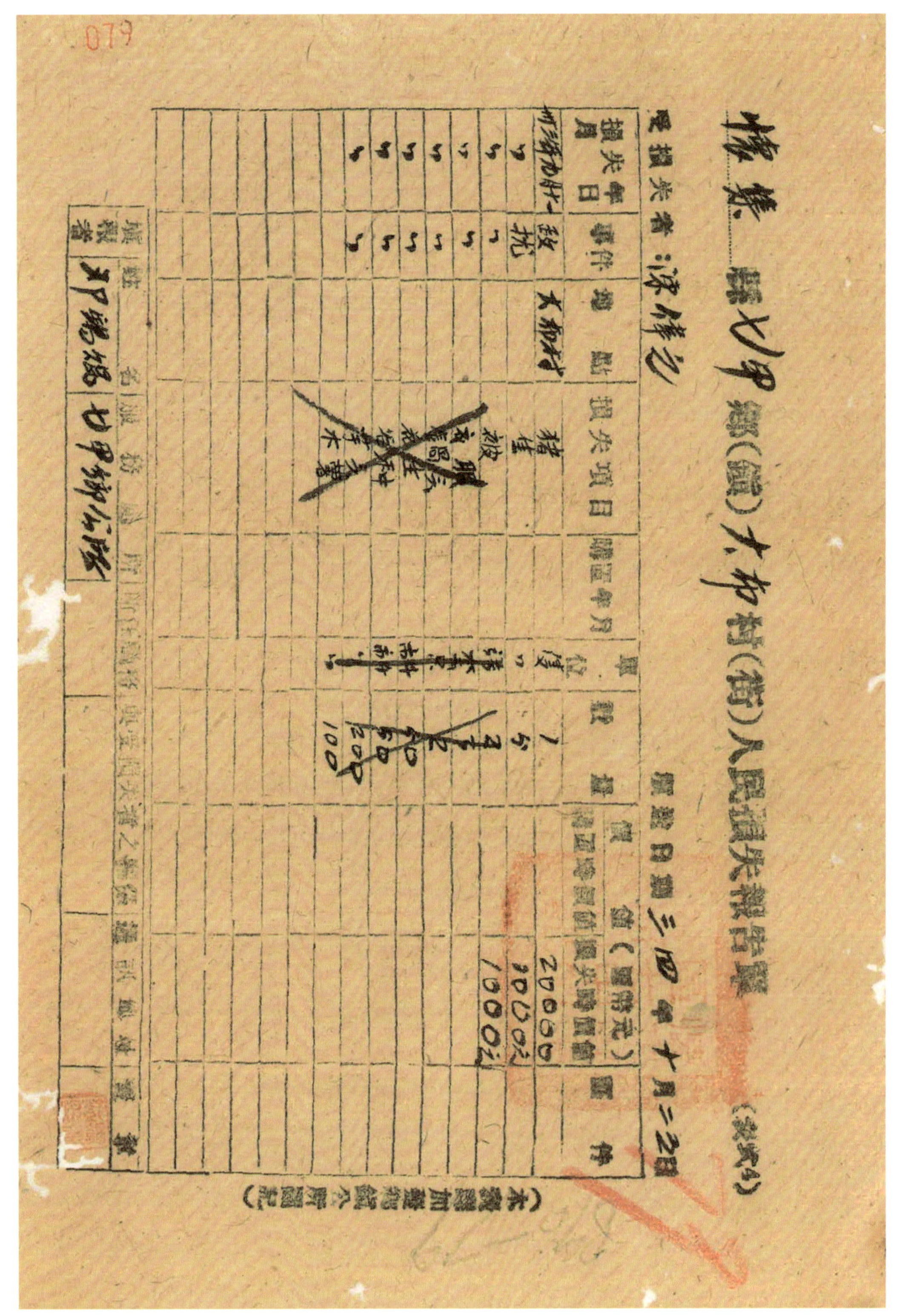

懷集 縣 七甲 鄉(鎮) 大布 村(街) 人民損失報告單 (表式4)

填送日期 三四 年 十 月 二五 日

受損失者：陳偉元

損失年月日	事件	地點	損失項目	購置年月	單位	數量	價值(國幣元) 購置時價值	價值(國幣元) 損失時價值	證件
卅三年九月卅一	敌扰	大布村	猪		隻	1		20000	
〃	〃		牲			5		10000	
〃	〃		被					10000	

名稱 服務處所 與受損失者之關係 住址 通訊地址 印章

填報者 七甲鄉鄉長 七甲鄉公所

（本表應加蓋報告人之印章）

七甲乡大布村陈廷元财产损失报告单（一九四五年十月二十五日）

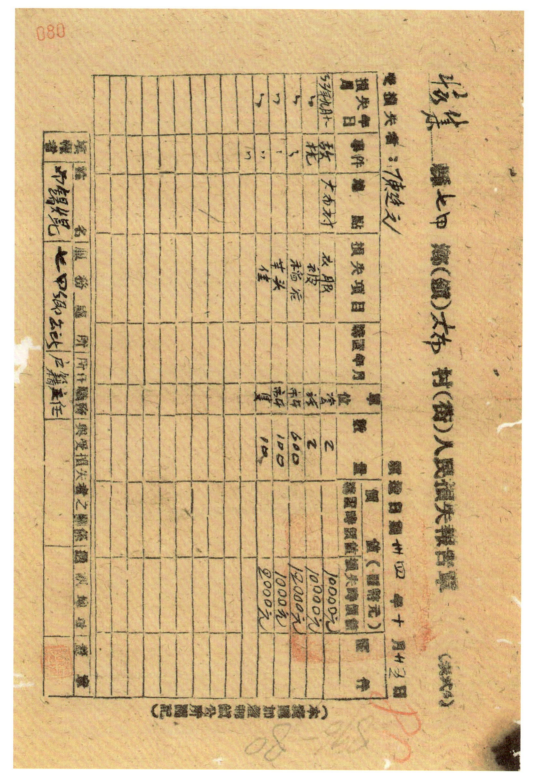

始兴县七甲乡(镇)大布村(街)人民损失报告单 (表式4)

受损失者：陈廷元

填送日期卅四年十月廿五日

损失年月日	事件	地点	损失项目	购置年月	单位	数量	价值(国币元) 购置时价值	损失时价值	证件
33年九月十一	敌机	大布村	衣服		套	2		10000元	
〃	〃		被		张	2		10000元	
〃	〃		稻谷		市斤	600		12000元	
〃	〃		芋头		市斤	100		1000元	
〃	〃		佳		只	10		2000元	

填报者	姓名	服务处所	所任职务	与受损失者之关系	通讯地址	盖章
	邓锡焜	七甲乡公所	户籍主任			

(本表须加盖乡镇公所图记)

080

七甲乡大布村黄顺姐财产损失报告单（一九四五年十月二十五日）

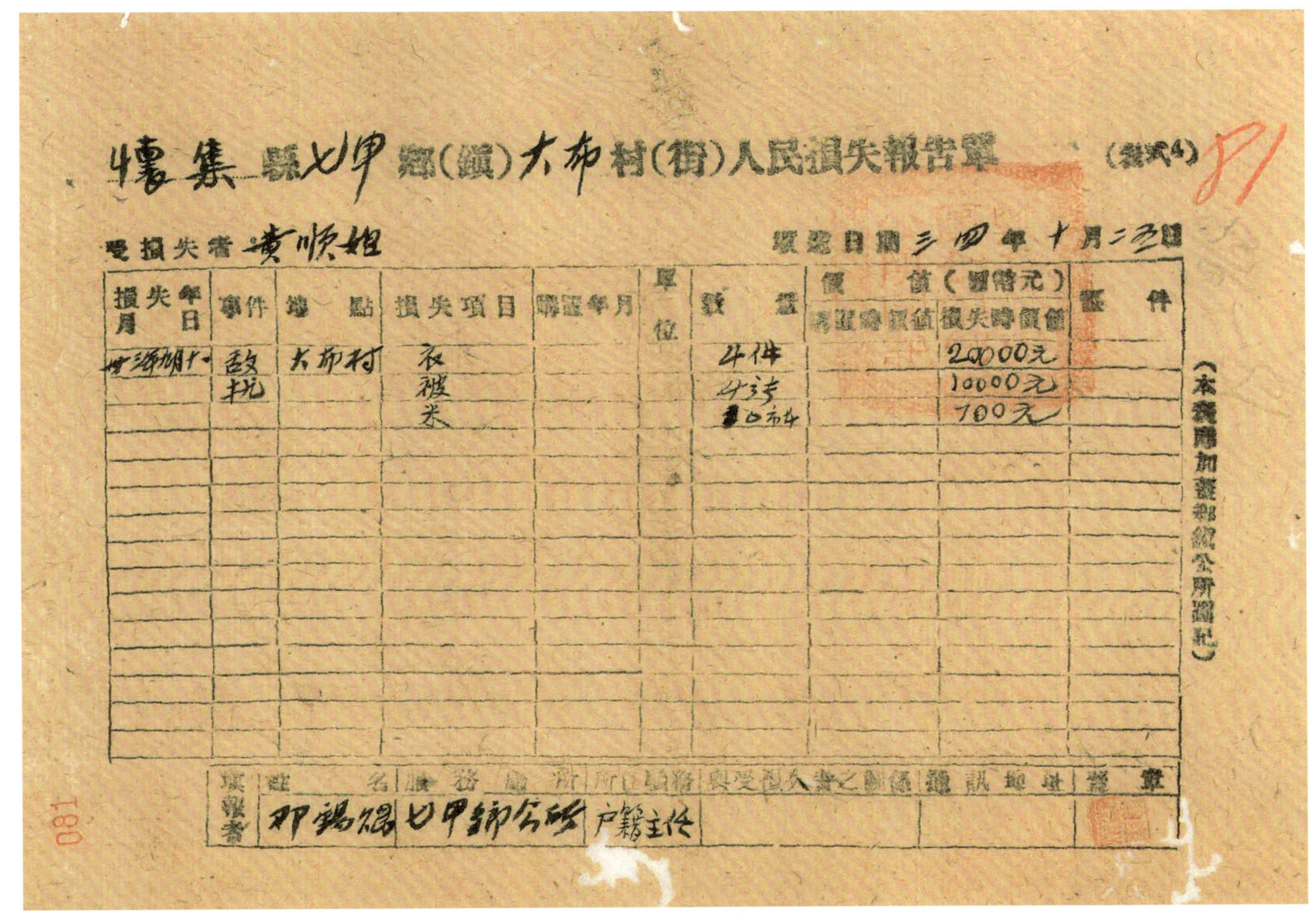

懷集縣七甲鄉(鎮)大布村(街)人民損失報告單 (格式4)

受損失者 黄顺姐　　　　填送日期 三四年十月二五日

損失年月日	事件	地點	損失項目	購置年月	單位	數量	價值(國幣元) 購置時價值	價值(國幣元) 損失時價值	證件
卅三年九月十一	敌扰	大布村	衣			4件		20000元	
			被			4张		10000元	
			米			[illegible]0市斤		700元	

填報者	姓名	服務處所	所任職務	與受損失者之關係	通訊地址	蓋章
	邓锡焜	七甲鄉公所	户籍主任			

(本表需加蓋鄉鎮公所圖記)

懷集縣七甲鄉（鎮）大布村（街）人民損失報告單　（表式4）

受損失者：陳有光　　　　填送日期 卅四年十月廿五日

損失年月日	事件	地點	損失項目	購置年月	單位	數量	價值（國幣元）購置時價值	損失時價值	證件
卅三年九月十日	敌扰	大布村	被		床	2		4000元	
			衣服		套	4		8000元	
			花生		斤	100		10000元	
			黄豆		〃	60		6000元	
			早白米		〃	50		3000元	
			隹		隻	10		2000元	
			饭锅		只	2		1000元	
			芋头		斤	100		3000元	
			水桶		只	2		500元	

（本表須加蓋鄉鎮公所圖記）

填報者	姓名	服務處所	所任職務	與受損失者之關係	通訊地址	蓋章
	邓锡焜	七甲鄉公所	户籍主任			

七甲乡大布村陈辰元财产损失报告单（一九四五年十月二十五日）

懷集縣七甲鄉(鎮)大布村(街)人民損失報告單 (表式4)

受損失者：陳辰元　填送日期卅四年十月二五日

損失年月日	事件	地點	損失項目	購置年月	單位	數量	價值(國幣元) 購置時價值	損失時價值	證件
卅四年九月十一日	敵擾	大布村	衣服			5套		20000元	
			被			2床		10000元	
			谷			2百		4000元	
			柴			10斤		2000元	
			鍋			1只		20000元	

報告者	姓名	服務處所	所任職務	與受損失者之關係	通訊地址	蓋章
	鄧錫琨	七甲鄉公所				

(本單須加蓋鄉鎮公所圖記)

七甲乡大布村陈董火财产损失报告单（一九四五年十月二十五日）

懷集縣七甲鄉（鎮）大布村（街）人民損失報告單　（表式4）

受損失者：陳董火　　　　填送日期卅四年十月二三日

損失年月日	事件	地點	損失項目	購置年月	單位	數量	價值（國幣元）購置時價值	價值（國幣元）損失時價值	證件
卅三年九月十一	敌扰	大布村	被		張	3		4000	
〃	〃		衣服		套	4套		6000	
〃	〃		米		市斤	420			
〃	〃		牛		隻	2		30000	
〃	〃		猪母		隻	2			
〃	〃		雞		隻	20			
〃	〃		稻谷	〃	市斤	500		10000	

填報者	姓名	服務處所	所任職務	與受損失者之關係	通訊地址	蓋章
	邓锡焜	七甲鄉公所				

（本表須加蓋鄉鎮公所關記）

84

七甲乡大布村陈远杰财产损失报告单（一九四五年十月二十五日）

怀集 县七甲 乡（镇）大布 村（街）人民损失报告单 （表式3）

受损失者：陈远杰　　填送日期　卅四年十月二五日

损失年月日	事件	地点	损失项目	购置年月	单位	数量	价值（国币元）购置时价值	价值（国币元）损失时价值	证件
33年九月十一	敌扰	大布村	衣服		套	2		5000	
			田亩		亩	20		4000	
			木薯		市斤	1.000		500	
			中猪		只	1		1.000	
			稻谷		市斤	500		1.500	

填报者	签名	服务处所	所任职务	与受损失者之关系	通讯地址	盖章
	邓锡焜	七甲乡公所				

（本表应加盖乡镇公所图记）

086

七甲乡大布村陈远彦财产损失报告单（一九四五年十月二十五日）

懷集縣七甲鄉(鎮)大布村(街)人民損失報告單

（表式3）

受損失者：陳遠彥　　　　填送日期卅四年十月二五日

損失年月日	事件	地點	損失項目	購置年月	單位	數量	價值（國幣元）購置時價值	價值（國幣元）損失時價值	證件
卅三年九月十一	被擄	大布村	衣服			5套		20000元	
			被			2床		10000元	
			毯			1天		10000元	
			雞			10斤		1000元	
			鴨			10斤		100元	

填報者	姓名	服務處所	所任職務	與受損失者之關係	通訊地址	蓋章
	邓錫焜	七甲鄉公所				

（本表限加蓋鄉鎮公所關記）

087

七甲乡大布村陈远绵财产损失报告单（一九四五年十月二十五日）

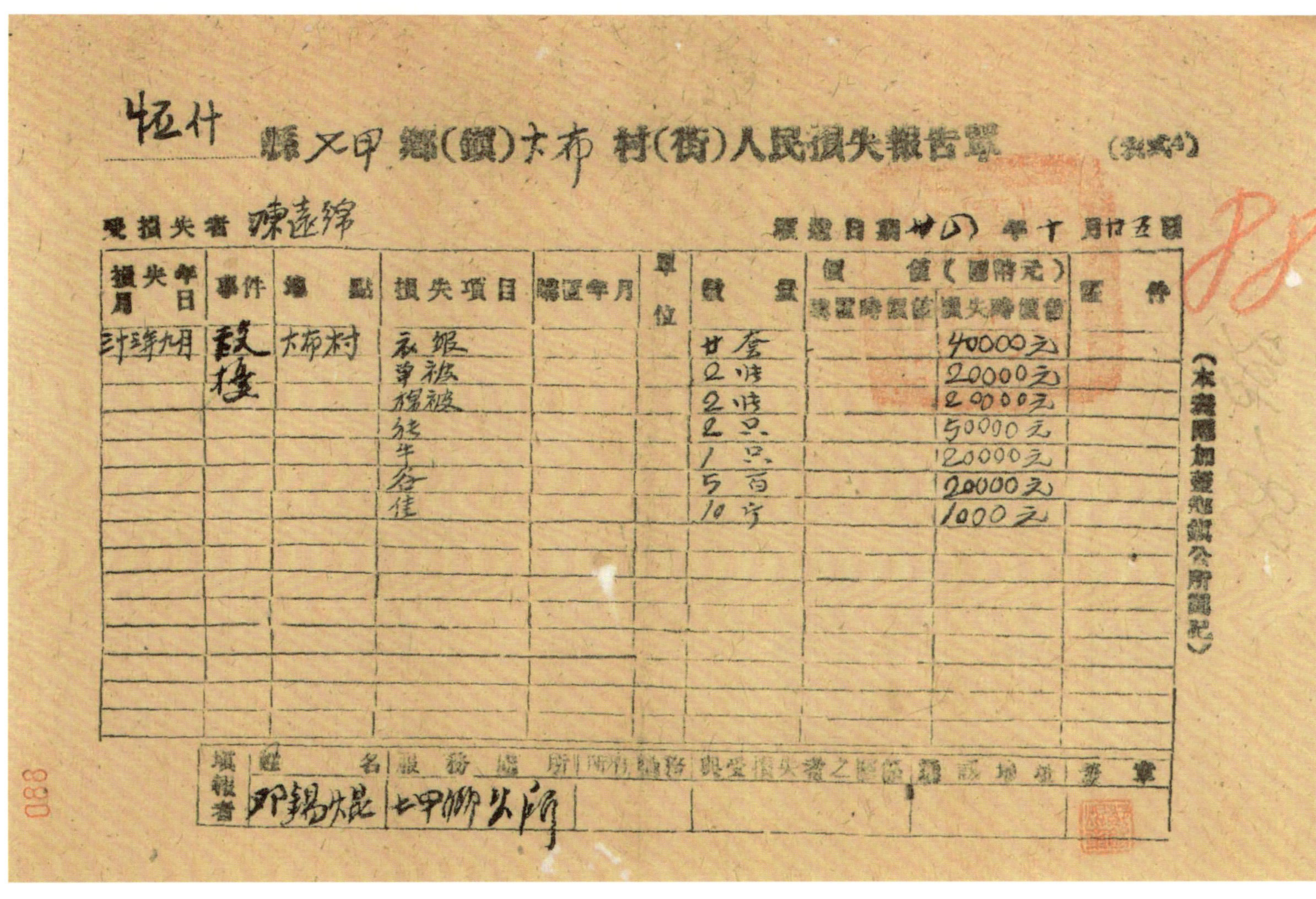

怀什 县 七甲 乡(镇) 大布 村(街)人民损失报告单 （表式4）

受损失者 陈远绵　　填送日期 卅四 年 十 月廿五日

损失年月日	事件	地点	损失项目	购置年月	单位	数量	价值（国币元） 购置时价值	价值（国币元） 损失时价值	证件
卅三年九月	敌掠	大布村	衣服			廿套		40000元	
			单被			2件		20000元	
			棉被			2件		20000元	
			猪			2只		50000元	
			牛			1只		20000元	
			谷			5百		20000元	
			住			10宇		1000元	

（本表须加盖乡镇公所图记）

填报者	姓名	服务处所	所任职务	与受损失者之关系	通讯地址	盖章
	邓锡焜	七甲乡公所				

088

七甲乡大布村陈金铃财产损失报告单（一九四五年十月二十五日）

怀什 縣 七甲 鄉（鎮） 大布 村（街）人民損失報告單 （表式4）

受損失者 陳金鈴　　　　填送日期 卅(34)年十月廿五日

損失年月日	事件	地點	損失項目	購置年月	單位	數量	價值（國幣元）購置時價值	價值（國幣元）損失時價值	證件
卅三年九月卅	敌扰	大布村	衣服		套	4套		10000元	
〃		〃	被		張	2件		40000元	
〃		〃	谷		斤	3百		10000元	
〃		〃	佳		斤	10斤		1000元	
〃		〃	牛		头	1头		20000元	
〃		〃	鍋头		只	2只		1800元	
〃		〃	芋头		斤	50斤		500元	
〃		〃	黄豆		斤	40斤		2000元	
〃		〃	鋤头		只	3只		900元	

填報者	姓名	服務處所	所任職務	與受損失者之關係	通訊地址	蓋章
	邓錫焜	七甲鄉公所				

（本表須加蓋鄉鎮公所圖記）

七甲乡大布村陈亚满财产损失报告单（一九四五年十月二十五日）

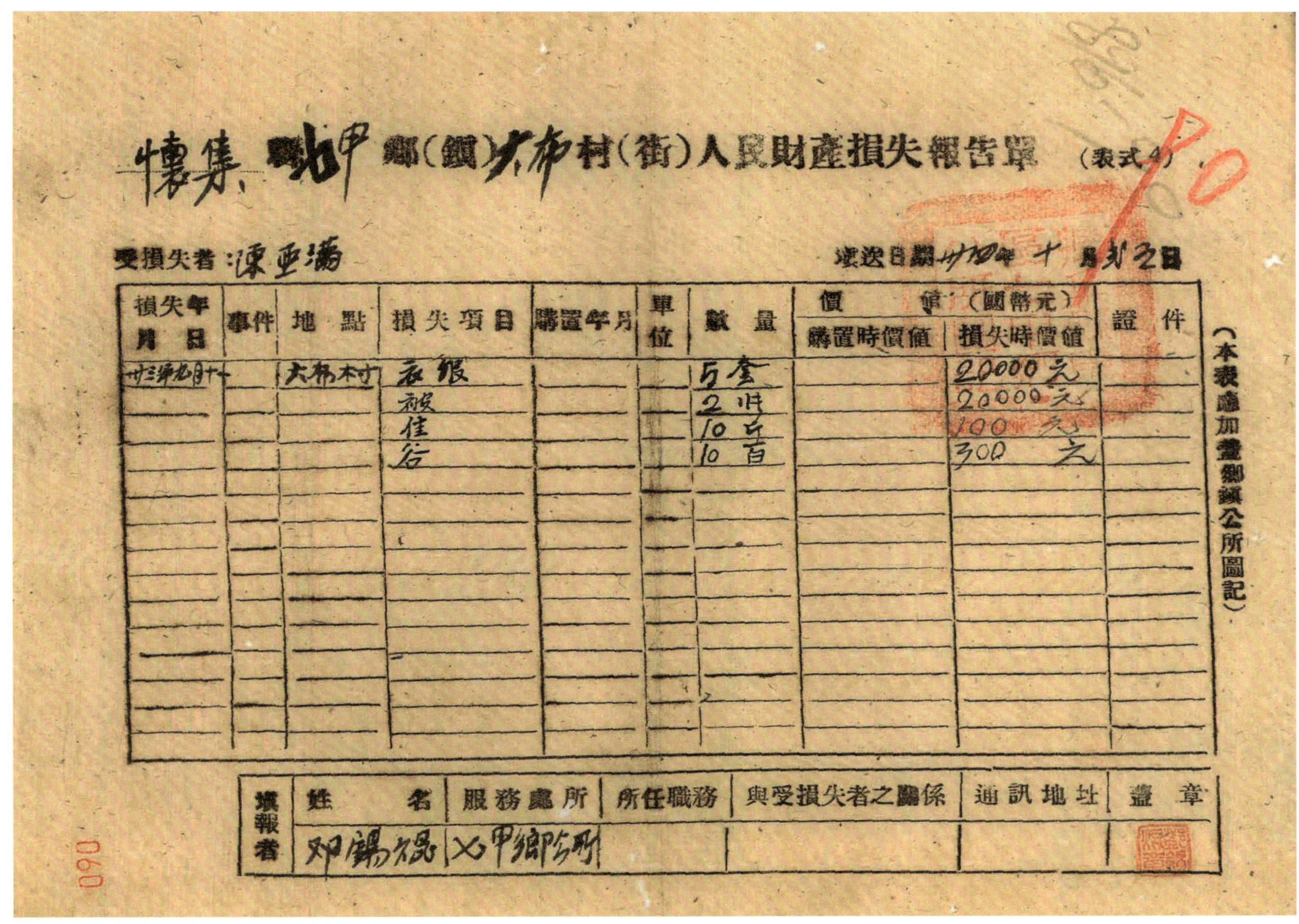

090

懷集七甲鄉（鎮）大布村（街）人民財產損失報告單　（表式4）

受損失者：陳亞滿　　填送日期 卅四年十月廿五日

損失年月日	事件	地點	損失項目	購置年月	單位	數量	價值（國幣元）購置時價值	價值（國幣元）損失時價值	證件
卅三年九月十		大布村	衣服			5套		20000元	
			被			2件		20000元	
			住			10斤		100元	
			谷			10百		300元	

填報者	姓名	服務處所	所任職務	與受損失者之關係	通訊地址	蓋章
	鄧錫祺	七甲鄉公所				

（本表應加蓋鄉鎮公所圖記）

七甲乡大布村陈远松财产损失报告单（一九四五年十月二十五日）

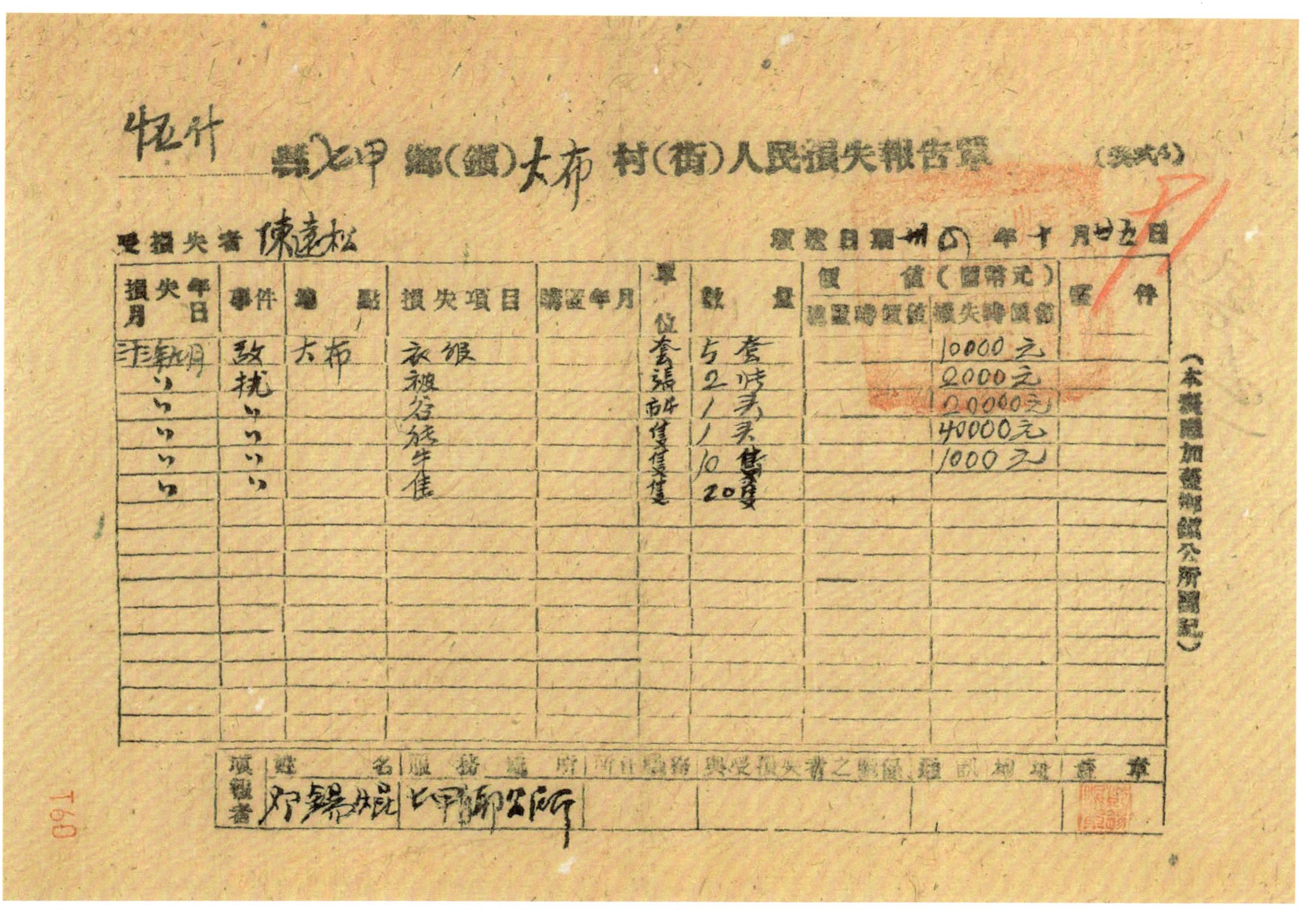

牺件

县七甲 乡（镇）大布 村（街）人民损失报告单 （表式4）

受损失者 陳遠松　　　　　　填送日期卅四年十月廿五日

损失年月日	事件	地点	损失项目	购置年月	单位	数量	价值（国币元）购置时价值	价值（国币元）损失时价值	证件
[illegible]九月	敌扰	大布	衣服		套	5套		10000元	
〃	〃		被		張	2床		2000元	
〃	〃〃		谷		市石	1[illegible]		20000元	
〃	〃〃		猪		隻	1头		40000元	
〃	〃〃		牛		隻	10隻		1000元	
〃	〃〃		雞		隻	20隻			

（本表须加盖乡镇公所图记）

填报者	姓名	服务处所	所任职务	与受损失者之关系	通讯地址	盖章
	邓锡琨	七甲乡公所				

160

七甲乡大布村陈子发财产损失报告单（一九四五年十月二十五日）

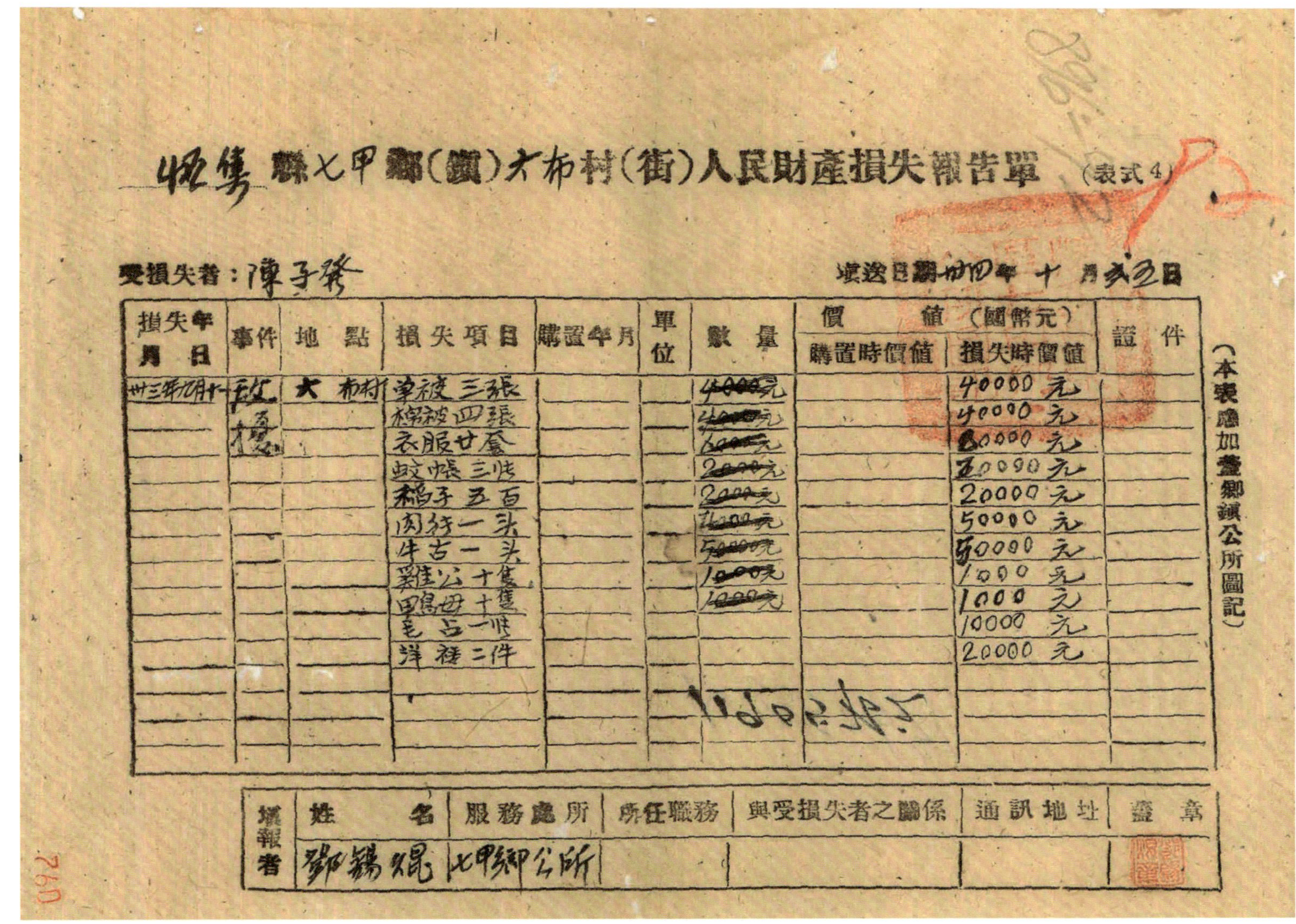

懷集縣七甲鄉（鎮）大布村（街）人民財產損失報告單 （表式4）

受損失者：陳子發　　填送日期 卅四年十月廿五日

損失年月日	事件	地點	損失項目	購置年月	單位	數量	價值（國幣元）購置時價值	價值（國幣元）損失時價值	證件
卅三年九月十一	敵侵擾	大布村	桌被三張			~~4000元~~		40000元	
			棉被四張			~~4000元~~		40000元	
			衣服廿套			~~6000元~~		80000元	
			蚊帳三床			~~2000元~~		20000元	
			穀子五百			~~2000元~~		20000元	
			肉猪一头			~~7000元~~		50000元	
			牛古一头			~~5000元~~		50000元	
			雞公十隻			~~1000元~~		1000元	
			鴨母十隻			~~1000元~~		1000元	
			毛氈一張					10000元	
			洋襪二件					20000元	

填報者	姓名	服務處所	所任職務	與受損失者之關係	通訊地址	蓋章
	鄧錫焜	七甲鄉公所				

（本表應加蓋鄉鎮公所圖記）

七甲乡大布村陈树生财产损失报告单（一九四五年十月二十五日）

十万集縣七甲鄉（鎮）　　村（街）人民損失報告單　（表式4）

受損失者：陳樹生　　　　填送日期卅四年十月廿五日

損失年月日	事件	地點	損失項目	購置年月	單位	數量	價值（國幣元）購置時價值	價值（國幣元）損失時價值	證件
三十三年九月卅	敌扰	大布村	衣服		套	2		5000元	
〃		〃	田谷		担	20		4000元	
〃		〃	木薯		斤	1000		500元	
〃		〃	中猪		隻	1		1.000元	
〃		〃	旱谷		斤	300		7.500元	
〃		〃	牛		隻	2		4.000元	
〃		〃	房屋		栋	十		2.000元	

填報者	姓名	服務處所	所任職務	與受損失者之關係	通訊地址	蓋章
	邓锡琨	七甲乡公所				

（本表照加蓋鄉鎮公所圖記）

七甲乡大布村陈蕊文财产损失报告单（一九四五年十月二十五日）

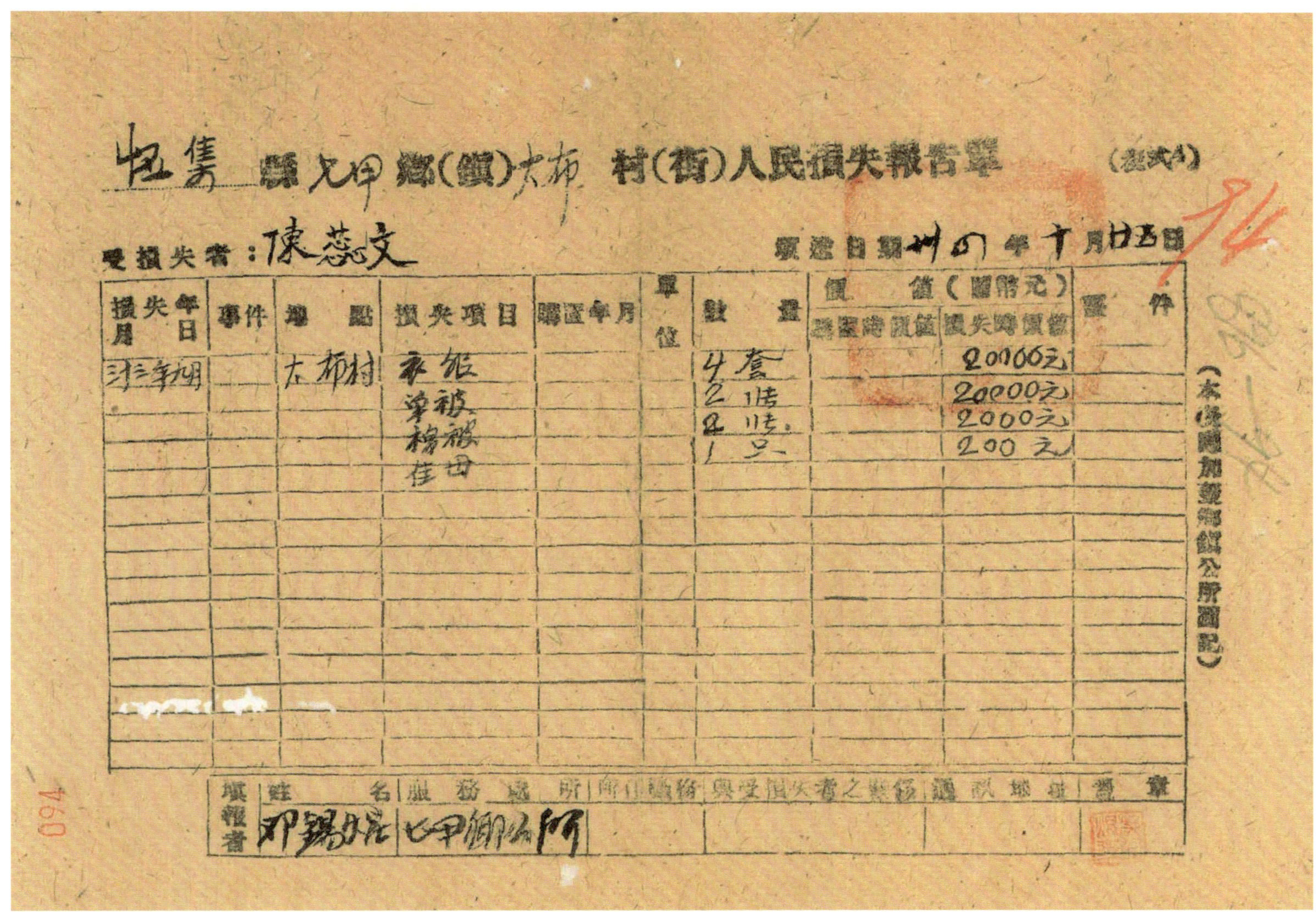

怀集县七甲乡（镇）大布村（街）人民损失报告单　（表式4）

受损失者：陈蕊文　　填送日期卅四年十月廿五日

损失年月日	事件	地点	损失项目	购置年月	单位	数量	价值（国币元）购置时价值	价值（国币元）损失时价值	证件
卅三年九月		大布村	衣服			4套		20000元	
			单被			2床		20000元	
			棉被			2张		2000元	
			[illegible]			1只		200元	

填报者	姓名	服务处所	所任职务	与受损失者之关系	通讯地址	盖章
	邓锡光	七甲乡公所				

（本表应加盖乡镇公所图记）

七甲乡大布村陈以谟财产损失报告单（一九四五年十月二十五日）

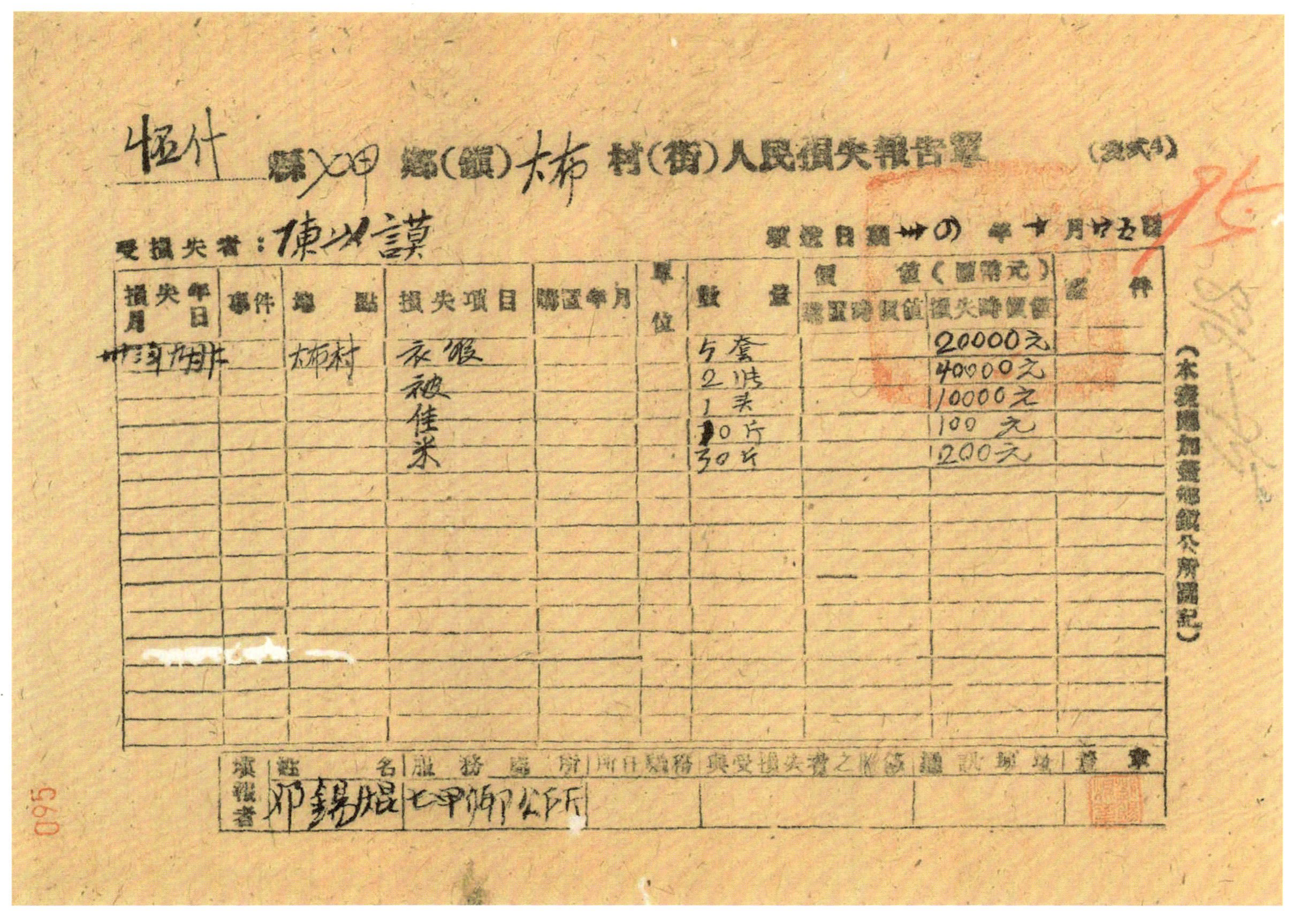

恆什縣七甲鄉（鎮）大布村（街）人民損失報告單　（表式4）

受損失者：陳以謨　　填送日期卅四年十月廿五日

損失年月日	事件	地點	損失項目	購置年月	單位	數量	價值（國幣元）購置時價值	價值（國幣元）損失時價值	證件
卅三年九月		大布村	衣服			5套		20000元	
			被			2張		40000元	
			佳			1头		10000元	
			米			10斤		100元	
						30斤		200元	

填報者	姓名	服務處所	所任職務	與受損失者之關係	通訊地址	蓋章
	邓錫焜	七甲鄉公所				

（本表須加蓋鄉鎮公所圖記）

七甲乡大布村陈立模财产损失报告单（一九四五年十月二十五日）

怀集县七甲乡（镇）大布村（街）人民财产损失报告单　（表式4）

受损失者：陈立模　　　　填送日期卅四年十月廿五日

损失年月日	事件	地点	损失项目	购置年月	单位	数量	价值（国币元）购置时价值	价值（国币元）损失时价值	证件
三十四年[illegible]		大布村	棉衣			2套		10000元	
			被			1张		10000元	
			佳			10斤		100元	

（本表处加盖乡镇公所图记）

填报者	姓名	服务处所	所任职务	与受损失者之关系	通讯地址	盖章
	邓锡福	七甲乡公所				

096

七甲乡大布村陈隶川财产损失报告单（一九四五年十月二十五日）

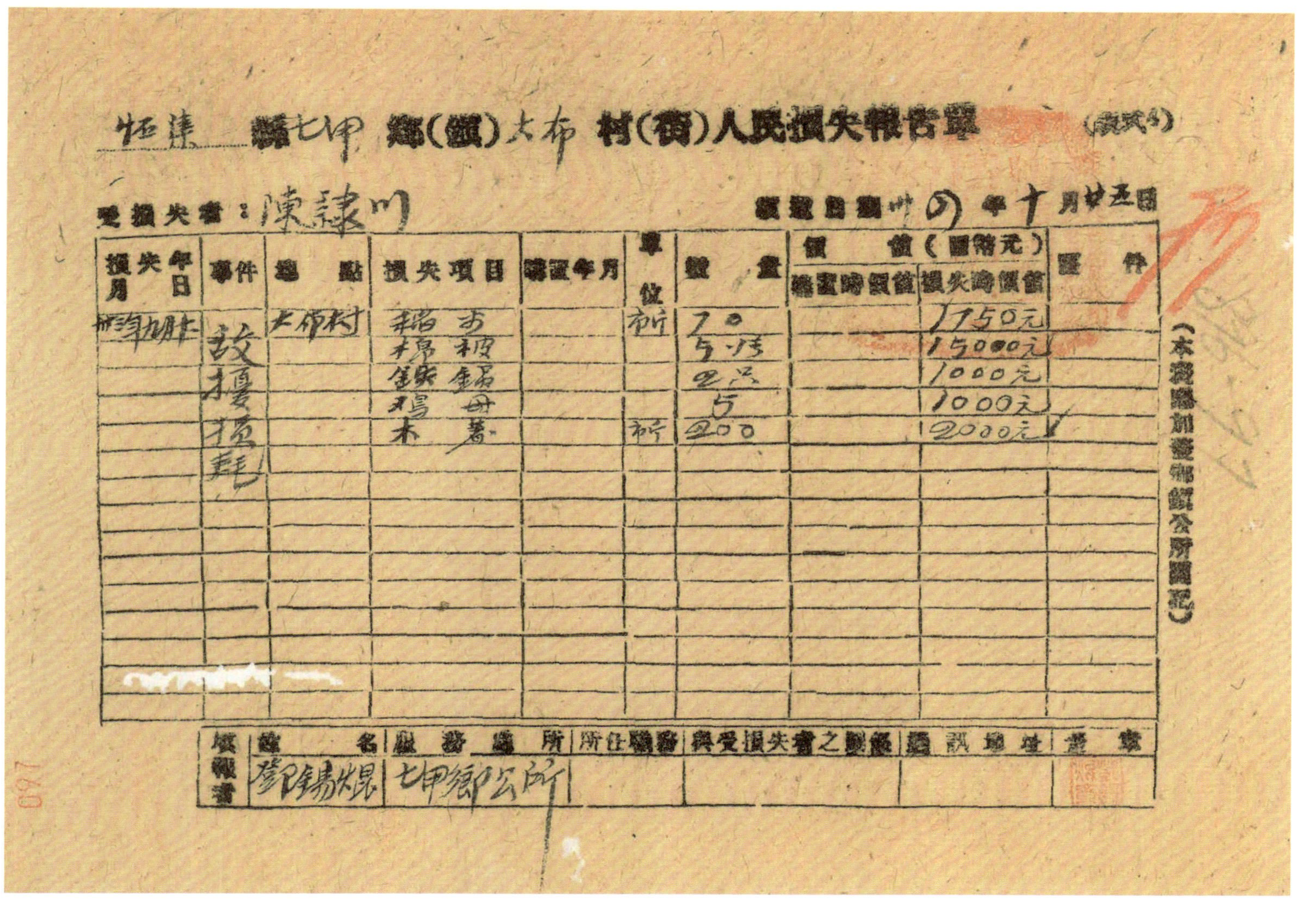

江津縣七甲鄉（鎮）大布村（街）人民損失報告單 （表式4）

受損失者：陳隸川　　填送日期卅四年十月廿五日

損失年月日	事件	地點	損失項目	購置年月	單位	數量	價值（國幣元）購置時價值	損失時價值	證件
卅三年九月廿日	敌擾搶耗	大布村	稻谷		市斤	70		1750元	
			棉被			5床		15000元	
			鐵鍋			2口		1000元	
			鷄母			5		1000元	
			木薯		市斤	200		2000元	

填報者	姓名	服務處所	所任職務	與受損失者之關係	通訊地址	蓋章
	劉錫焜	七甲鄉公所				

（本表應加蓋鄉鎮公所圖記）

七甲乡大布村陈有模财产损失报告单（一九四五年十月二十五日）

懷集縣七甲鄉（鎮）大布村（街）人民損失報告單　（表式1）

受損失者：陳有模　　填送日期卅四年十月廿五日

損失年月日	事件	地點	損失項目	購置年月	單位	數量	價值（國幣元）購置時價值	損失時價值	證件
卅三年九月十一	敵機轟炸	大布村	大罐		埕	40		1200元	
			料酒		斤	200		8000元	
			鷄公巷		斤	30		4000元	
			肉鴨		斤	5		100元	
			谷子		斤	40		1000元	
			鐵鍋			1只		600元	
			銅煲			1只		1000元	
			銅盆			1只		300元	

填報者	姓名	服務處所	所任職務	與受損失者之關係	通訊地址	蓋章
	鄧錫煜	七甲鄉公所	文書			

（本表限加蓋鄉鎮公所圖記）

098　82-968

七甲乡大布村陈守灼财产损失报告单（一九四五年十月二十五日）

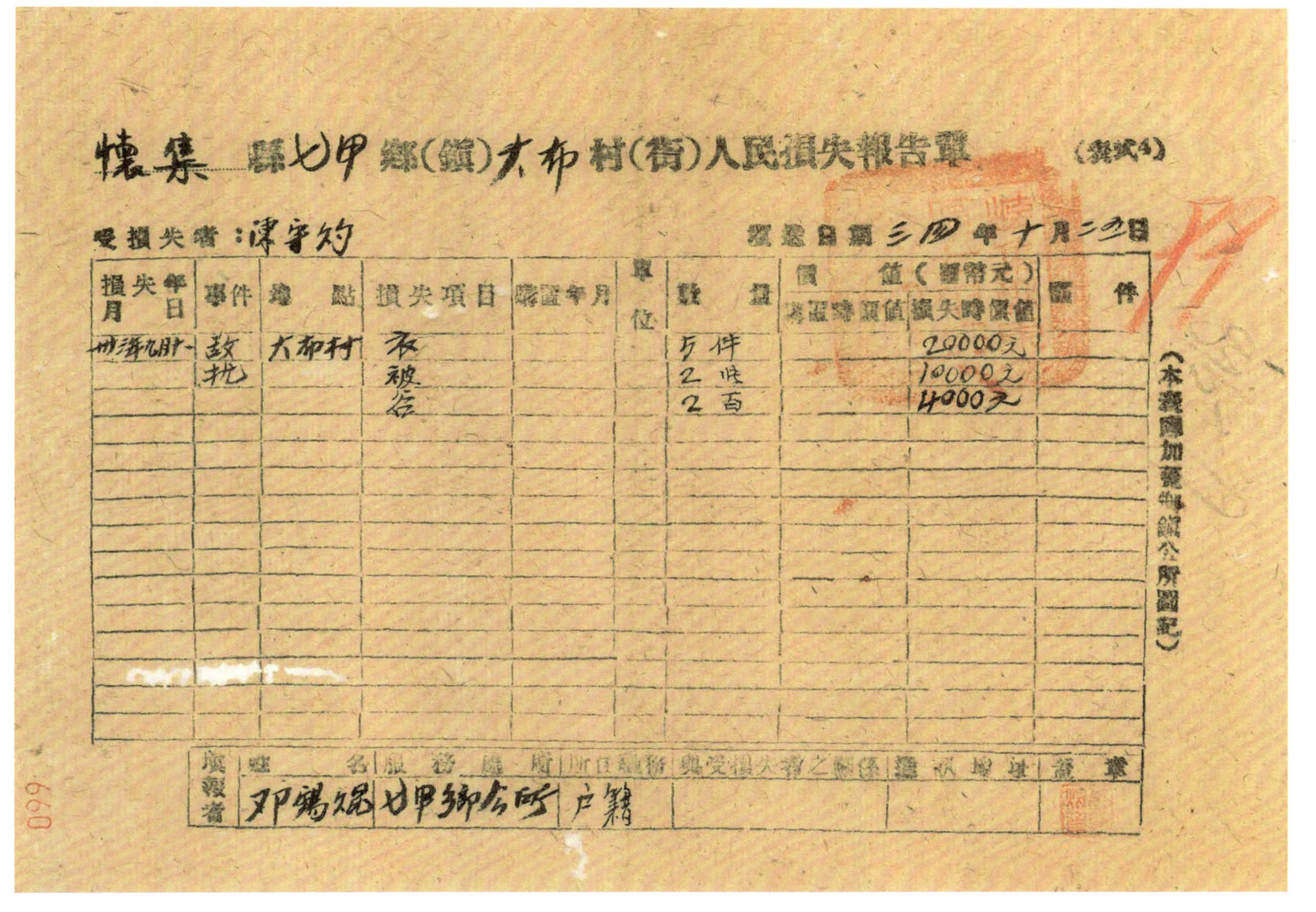

099

懷集縣七甲鄉(鎮)大布村(街)人民損失報告單　(表式4)

受損失者：陳守灼　　填送日期　三四年十月二五日

損失年月日	事件	地點	損失項目	購置年月	單位	數量	價值(國幣元) 購置時價值	損失時價值	證件
卅年九月一	敌扰	大布村	衣			5件		20000元	
			被			2张		10000元	
			谷			2石		4000元	

填報者	姓名	服務處所	所任職務	與受損失者之關係	通訊地址	蓋章
	邓锡焜	七甲鄉公所	户籍			

(本表須加蓋鄉鎮公所圖記)

七甲乡大布村陈种强财产损失报告单（一九四五年十月二十五日）

懷集縣七甲鄉（鎮）大布村（街）人民損失報告單 （表式4）

受損失者：陳種強　　　　填送日期卅四年十月廿五日

損失年月日	事件	地點	損失項目	購置年月	單位	數量	價值（國幣元）購置時價值	損失時價值	證件
33年九月十一日	敵擾	大布村	牛		只	1		25000	
			猪		只	2		20000	
			谷		市斤	300		6000	

（本單限加蓋鄉鎮公所圖記）

填報者	姓名	服務處所	所任職務	與受損失者之關係	通訊地址	蓋章
	邓錫焜	七甲鄉公所	户籍主任			

100

七甲乡大布村陈乃健财产损失报告单（一九四五年十月二十五日）

101

懷集縣七甲鄉（鎮）大布村（街）人民損失報告單　（表式4）

受損失者　陳乃健　　　填送日期卅四年十月二五日

損失年月日	事件	地點	損失項目	購置年月	單位	數量	價值（國幣元）購置時價值	價值（國幣元）損失時價值	證件
卅三年九月十十		大布村	衣			5件		10000元	
			被			2床		20000元	
			谷			2百		4000元	
			米			10斤		3000元	

（本表應加蓋鄉鎮公所圖記）

填報者	姓名	服務處所	所任職務	與受損失者之關係	通訊地址	簽章
	鄧錫焜	七甲鄉公所	戶籍主任			

七甲乡大布村陈侯卿财产损失报告单（一九四五年十月二十五日）

103

懷集縣七甲鄉（鎮）大布村（街）人民財產損失報告單　（表式4）

受損失者：陳侯卿

填送日期卅四年十月廿五日

損失年月日	事件	地點	損失項目	購置年月	單位	數量	價值（國幣元）購置時價值	價值（國幣元）損失時價值	證件
卅三年九月十一	劫掠	大布村	衣		套	3		7500元	
			被		張	2		6000元	
			猪		隻	1		10000元	
			牛		隻	1		30000元	

（本表應加蓋鄉鎮公所圖記）

填報者	姓名	服務處所	所任職務	與受損失者之關係	通訊地址	蓋章
	邓錫焜	七甲鄉公所				

103

七甲乡大布村陈石进财产损失报告单（一九四五年十月二十五日）

懷集縣七甲鄉(鎮)大布村(街)人民損失報告單　（表式4）

受損失者：陳石進　　填送日期　三十四年十月二五日

損失年月日	事件	地點	損失項目	購置年月	單位	數量	價值(國幣元) 購置時價值	損失時價值	證件
卅三年九月廿一		大布村	被			1 張		10000元	
			米			10 斤		300元	

填報者	姓名	服務處所	所任職務	與受損失者之關係	通訊地址	簽章
	鄧錫煜	七甲鄉公所	户籍主任			

（本表隨加發鄉鎮公所調記）

七甲乡大布村陈有义财产损失报告单（一九四五年十月二十五日）

怀集 縣七甲 鄉(鎮)大布 村(街)人民損失報告單 (表式4)

受損失者：陳有義　　　　填送日期 卅四年十月廿五日

損失年月日	事件	地點	損失項目	購置年月	單位	數量	價值（國幣元）購置時價值	損失時價值	證件
卅三年九月十一	敌扰	大布村	甲		隻	15		5000元	
			佳		〃	10		3000元	
〃	〃		大猪		〃	2		20000元	
〃	〃		稻谷		市斤	850		16000元	
〃	〃		衣服		〃	10		50000元	
〃	〃		木薯		〃	100		11500元	
〃	〃		芋头		市斤	800		4000元	
〃	〃		花生		市斤	200		4000元	
〃	〃		黄豆		市斤	100		5000元	
	〃		红瓦		只	25		2500元	
			水桶		〃	4		400元	
			单被		张	4		20000元	
			棉被		〃	4		30000元	
			锅盖		只	3		400元	
			锅头		只	3		2000元	

填報者	姓名	服務處所	所任職務	與受損失者之關係	通訊地址	蓋章
	邓锡焜	七甲鄉公所	户籍主任			

（本單應加蓋鄉鎮公所圖記）

七甲乡大布村陈亚色财产损失报告单（一九四五年十月二十五日）

懷集縣七甲鄉（鎮）大布村（街）人民財產損失報告單 （表式4）

受損失者：陳亞色　　　　　　　　　　　　　　　　　　填送日期卅四年十月二五日

損失年月日	事件	地點	損失項目	購置年月	單位	數量	價值（國幣元）購置時價值	價值（國幣元）損失時價值	證件
卅三年九月十一		大布村	衣服			2		4000元	
			被			1		10000元	

（本表應加蓋鄉鎮公所圖記）

填報者	姓名	服務處所	所任職務	與受損失者之關係	通訊地址	蓋章
	鄧錫焜	七甲鄉公所	户籍主任			

七甲乡大布村陈守爱财产损失报告单（一九四五年十月二十五日）

怀集县七甲乡（镇）大布村（街）人民损失报告单　（表式4）

受损失者：陈守爱　　填送日期卅四年十月廿五日

损失年月日	事件	地点	损失项目	购置年月	单位	数量	价值（国币元）购置时价值	损失时价值	证件
33年9月十一	敌扰	大布村	牛		只	2		40000元	
〃	〃		中猪		〃	200		20000元	
〃	〃		谷种		斤	200		4000元	
〃	〃		木薯		〃	100		1000元	
〃	〃		花生		〃	100		20000元	
〃	〃		衣服		套	5		20000元	
〃	〃		芋头		斤	200		1000元	
〃	〃		佳		只	20		6000元	
〃	〃		甲		〃	10		4000元	
〃	〃		饭锅		只	3		1000元	
〃	〃		水桶		只	2		200元	
〃	〃		被		张	4		20000元	

填报者	姓名	服务处所	所任职务	与受损失者之关系	通讯地址	盖章
	邓锡焜	七甲乡公所	户籍主任			

（本表须加盖乡镇公所图记）

109

七甲乡大布村陈毓生财产损失报告单（一九四五年十月二十五日）

臨川縣七甲鄉（鎮）大布村（街）人民財產損失報告單 （表式4）

受損失者 陳毓生　　填送日期 卅四年十月廿五日

損失年月日	事件	地點	損失項目	購置年月	單位	數量	價值（國幣元）購置時價值	價值（國幣元）損失時價值	證件
34.9.11		大布村	衣			4件		8000元	
			被			2床		20000元	
			毯			1条		2000元	
			牛			1头			

（本表應填送鄉鎮公所匯記）

填報者	姓名	服務處所	所任職務	與受損失者之關係	通訊地址	蓋章
	鄧錫鈞	七甲公所	[illegible]主任			

七甲乡大布村陈远情财产损失报告单（一九四五年十月二十五日）

懷集縣七甲鄉(鎮)大布村(街)人民損失報告單 (表式4)

受損失者：陳遠情　　填送日期卅四年十月廿五日

損失年月日	事件	地點	損失項目	購置年月	單位	數量	價值（國幣元）購置時價值	價值（國幣元）損失時價值	證件
卅三年九月十一	敌扰	大布村	衣服		套	2		5000元	
〃		〃	中猪		隻	1		10000元	
〃		〃	牛		隻	[illegible]		60000	
〃		〃	锄头		隻	3		450元	
〃		〃	水桶		担	1		100元	
〃		〃	旱谷		斤	400		8000元	
〃		〃	木薯		斤	200		6000元	
〃		〃	花生		斤	50		250	
〃		〃	鸭母		隻	5		10000元	

填報者	姓名	服務處所	所任職務	與受損失者之關係	通訊地址	蓋章
	邓锡焜	七甲乡公所	户籍主任			

（本表須加蓋鄉鎮公所圖記）

111

七甲乡大布村陈义苟财产损失报告单（一九四五年十月二十五日）

怀集县七甲乡（镇）大布村（街）人民损失报告单　（表式4）

受损失者：陳義苟　　填送日期卅四年十月二三日

损失年月日	事件	地点	损失项目	购置年月	单位	数量	价值（国币元）购置时价值	价值（国币元）损失时价值	证件
卅三年九月十一	敌扰	大布村	被窝		張	2		6000	
			鞋		雙	10		2000元	
			中衿		件	1		10000元	
			稻谷		市斤	四百		6000元	
			锅头		只	5		2500元	
			黄豆		市斤	100		2000元	
			衣服		套	3		4500元	

填报者	姓名	服务处所	所任职务	与受损失者之关系	通讯地址	盖章
	邓锡焜	七甲乡公所	户籍主任			

（本表应加盖乡镇公所图记）

112

七甲乡大布村陈有居财产损失报告单（一九四五年十月二十五日）

113

懷集縣七甲鄉(鎮)大布村(街)人民損失報告單 （表式4）

受損失者：陳有居　　填送日期卅四年十月二五日

損失年月日	事件	地點	損失項目	購置年月	單位	數量	價值(國幣元) 購置時價值	價值(國幣元) 損失時價值	證件
卅三年九月十一	敌扰	大布村	鴨		隻	3		900元	
〃	〃		雞		〃	5		10000元	
〃	〃		中猪		〃	1		10000元	
〃	〃		谷種		市斤	50		4[illegible]0元	
〃	〃		衣服		套	3		2[illegible]00元	
〃	〃		木薯		市斤	100		750元	
〃	〃		芋头		〃	50		3000	
〃	〃		花生		〃	60		4000	
〃	〃		黄豆		〃	80	—	900元	
〃	〃		鍋头		只	2		900元	
〃	〃		缸瓦		只	10		100	
〃	〃		水桶		只	2		100	
〃			鋤头		只	3		450	

填報者	姓名	服務處所	所任職務	與受損失者之關係	通訊地址	蓋章
	鄧鴻熾	七甲鄉公所	幹事			

（此表用紙加蓋鄉鎮公所圖記）

113

七甲乡大布村陈自达财产损失报告单（一九四五年十月二十五日）

115

懷集縣七甲鄉（鎮）大布村（街）人民損失報告單

（表式4）

受損失者：陳自達　　填送日期　三四年十月二五日

損失年月日	事件	地點	損失項目	購置年月	單位	數量	價值（國幣元）購置時價值	價值（國幣元）損失時價值	證件
卅三年九月十一	敌扰	大布村	春服		套	2		5000元	
		〃	甲母		隻	20.		4000元	
		〃	木薯		斤	1000		500元	
			中猪		隻	1.		1.000元	
			稻米		斤	300		1500元	

填報者	姓名	服務處所與所任職務	與受損失者之關係	通訊地址	蓋章
	邓锡焜	七甲乡郎公所户籍主任			

（本表應加蓋鄉鎮公所圖記）

七甲乡大布村陈连德财产损失报告单（一九四五年十月二十五日）

（表式4）

怀集县七甲乡（镇）大布村（街）人民损失报告单

填送日期 卅四年十月廿五日

受损失者：陈连德

损失年月日	事件	地点	损失项目	购置年月	单位	数量	价值（国币元） 购置时价值	损失时价值	证件
卅三年九月十一	敌机	大布村	被		张	2		15000元	
			衣服		套	7		49000元	

填报者	姓名	服务处所	所任职务	与受损失者之关系	通讯地址	盖章
	邓锡焜	七甲乡公所	户籍主任			

（本表应由填报乡镇公所盖记）

七甲乡大布村陈远甘财产损失报告单（一九四五年十月二十五日）

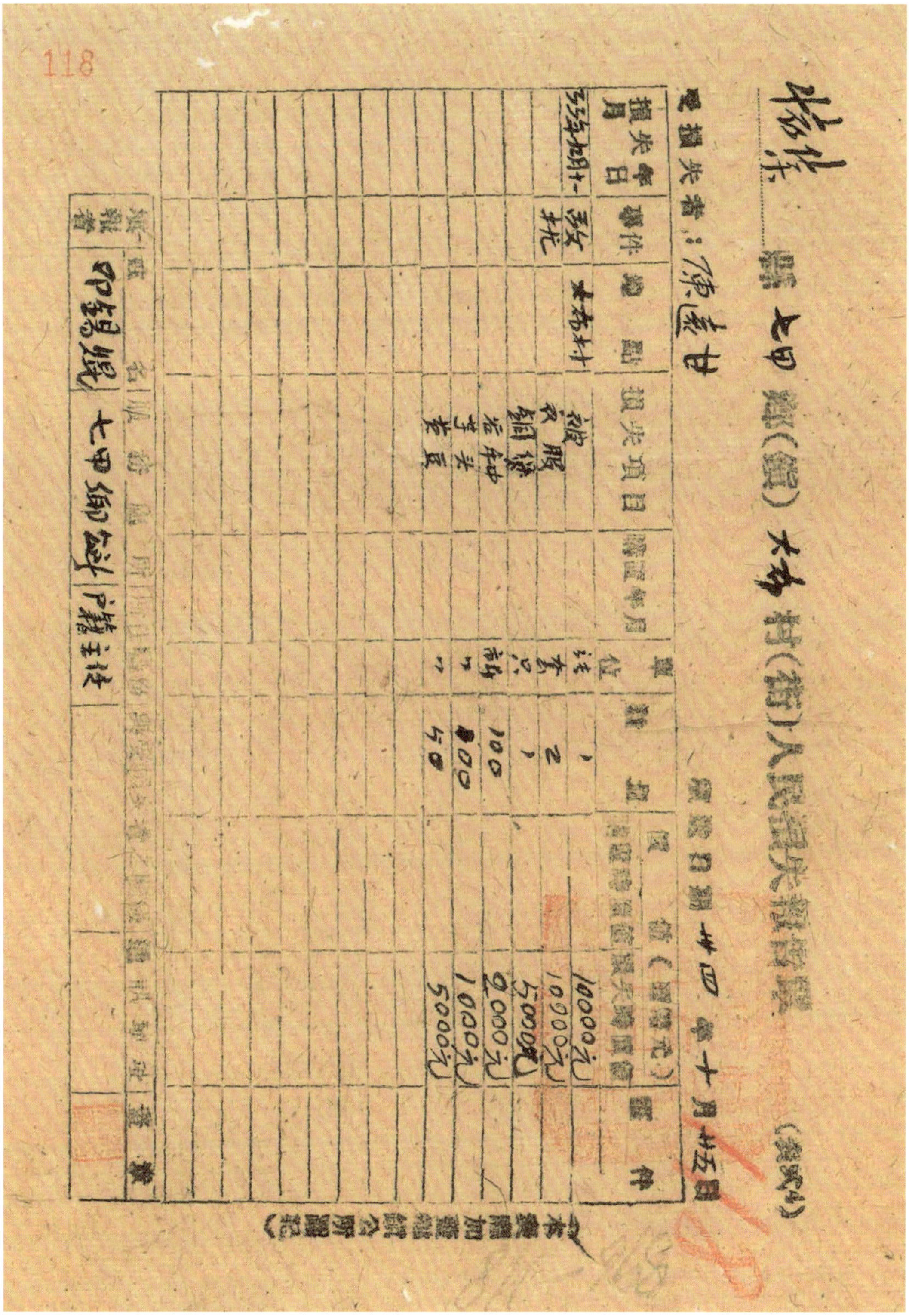

懷集縣七甲鄉(鎮)大布村(街)人民損失報告單　（表式4）

受損失者：陳遠甘　　　　填送日期 卅四年十月廿五日

損失年月日	事件	地點	損失項目	購置年月	單位	數量	價值(國幣元) 購置時價值	損失時價值	證件
33年9月11	敌扰	大布村	被		张	1		10000元	
			衣服		套	2		10000元	
			銅煲		只	1		5000元	
			谷种		觔	100		2000元	
			芋头		〃	800		1000元	
			黄豆		〃	50		5000元	

（本表應加蓋鄉鎮公所圖記）

填報者	姓名	服務處所與所任職務		與受損失者之關係	通訊地址	蓋章
	邓锡焜	七甲鄉公所	户籍主任			

118

七甲乡大布村陈远义财产损失报告单（一九四五年十月二十五日）

怀集县七甲乡（镇）大布村（街）人民损失报告单 （表式4）

受损失者：陈远义　　　　填送日期卅四年十月廿五日

损失年月日	事件	地点	损失项目	购置年月	单位	数量	价值（国币元）购置时价值	价值（国币元）损失时价值	证件
卅三年九月十一	敌扰	大布村	牛		只	2		50000元	
			中猪		只	2		30000元	
			稻谷		斤	400		8000元	

填报者	姓名	服务处所	所任职务	与受损失者之关系	通讯地址	盖章
	邓锡焜	七甲乡公所	户籍主任			

（本表须加盖乡镇公所图记）

七甲乡大布村陈守朋财产损失报告单（一九四五年十月二十五日）

懷集縣七甲鄉（鎮）大布村（街）人民損失報告單　（表式4）

受損失者：陳守朋　　填送日期卅四年十月廿五日

損失年月日	事件	地點	損失項目	購置年月	單位	數量	價值（國幣元）購置時價值	價值（國幣元）損失時價值	證件
卅三年九月十一	敌扰	大布村	衣被		[illegible]	1		10000元	
			衣服		套	2		10000元	
			米		斤	20		800元	
			鍋		[illegible]	1		500元	

填報者	姓名	服務處所	所任職務	與受損失者之關係	通訊地址	蓋章
	鄧錫焜	七甲鄉公所	戶籍主任			

（本表應加蓋鄉鎮公所圖記）

七甲乡大布村陈平照财产损失报告单（一九四五年十月二十五日）

121

怀集县七甲乡（镇）大布村（街）人民损失报告单 （表式1）

受损失者：陈平照　　填送日期卅四年十月廿五日

损失年月日	事件	地点	损失项目	购置年月	单位	数量	价值（国币元）购置时价值	损失时价值	证件
卅三年九月[illegible]	敌寇掳掠	大布村	鸡公		只	14		2000元	
			鸭母		只	8		12000元	
			中猪		市斤	6		7000元	
			水牛牯		头	1		150000元	
			稻谷		市斤	200		3000元	
			甘薯		市斤	300		6000元	

填报者	姓名	服务处所	所任职务	与受损失者之关系	通讯地址	盖章
	邓锡焜	七甲乡公所	[illegible]主任			

（本表应加盖乡镇公所图记）

七甲乡大布村陈家亮财产损失报告单（一九四五年十月二十五日）

懷集縣七甲鄉（鎮）大布村（街）人民損失報告單 （表式4）

受損失者：陳家亮　　填送日期卅四年十月廿五日

損失年月日	事件	地點	損失項目	購置年月	單位	數量	價值（國幣元）購置時價值	價值（國幣元）損失時價值	證件
33年9月十一	敌耗	大布村	沙牛		隻	4		70000元	
〃			中猪		〃	1		10000元	
〃	〃		佳		〃	20		4000元	
〃	〃		新棉被		張	4		30000元	
〃	〃		衣服		套	7		35000元	
〃	〃		鞋		对	5		2000元	
〃	〃		時鐘		只	1		1000元	
〃	〃		芋头		斤	200		6000元	
〃	〃		早白米		〃	40		1500元	
〃	〃		糯谷		〃	600		12000元	
			生油		〃	5		1200元	

填報者	姓名	服務處所	所任職務	與受損失者之關係	通訊地址	蓋章
	邓錫焜	七甲鄉公所	户籍主任			

（本表需加蓋鄉鎮公所圖記）

七甲乡大布村陈如杰财产损失报告单（一九四五年十月二十五日）

123

怀集县七甲乡（镇）大布村（街）人民财产损失报告单 （表式4）

受损失者：陳如杰　　　　填送日期 卅四年 十 月 廿五日

损失年月日	事件	地点	损失项目	购置年月	单位	数量	购置时价值（国币元）	损失时价值（国币元）	证件
卅三年九月十	敌擾耗	大布村	棉被		床	4		8000元	
			衣服		套	3		5000元	
			鸭母		隻	20		2000元	
			大猪		斤	1500		20000元	
			稻谷		斤	2000		30000元	
			大芋		斤	800		1,000元	
			桁杉	廿七年九月	根	500		150000元	

（本表应加盖乡镇公所图记）

填报者	姓名	服务处所	所任职务	与受损失者之关係	通讯地址	盖章
	邓锡棍	七甲乡公所	户籍主任			[印]

七甲乡大布村陈如松财产损失报告单（一九四五年十月二十五日）

怀集县七甲鄉（鎮）大布村（街）人民財產損失報告單　（表式4）

受損失者：陳如松　　填送日期卅四年十月廿五日

損失年月日	事件	地點	損失項目	購置年月	單位	數量	價值（國幣元）購置時價值	價值（國幣元）損失時價值	證件
卅三年九月十一	敌擾	大布村	衣服		套	2		5000元	
			鷄母		只	3		200元	
			鴨母		隻	20		4000元	
			中猪		[illegible]	4[illegible]		4000元	
			稻谷		市斤	300		4500元	
			木薯		市斤	100		500元	

（本表應加蓋鄉鎮公所圖記）

填報者	姓名	服務處所	所任職務	與受損失者之關係	通訊地址	蓋章
	邓錫湖	七甲鄉公所	户籍主任			

124

七甲乡大布村陈如绵财产损失报告单（一九四五年十月二十五日）

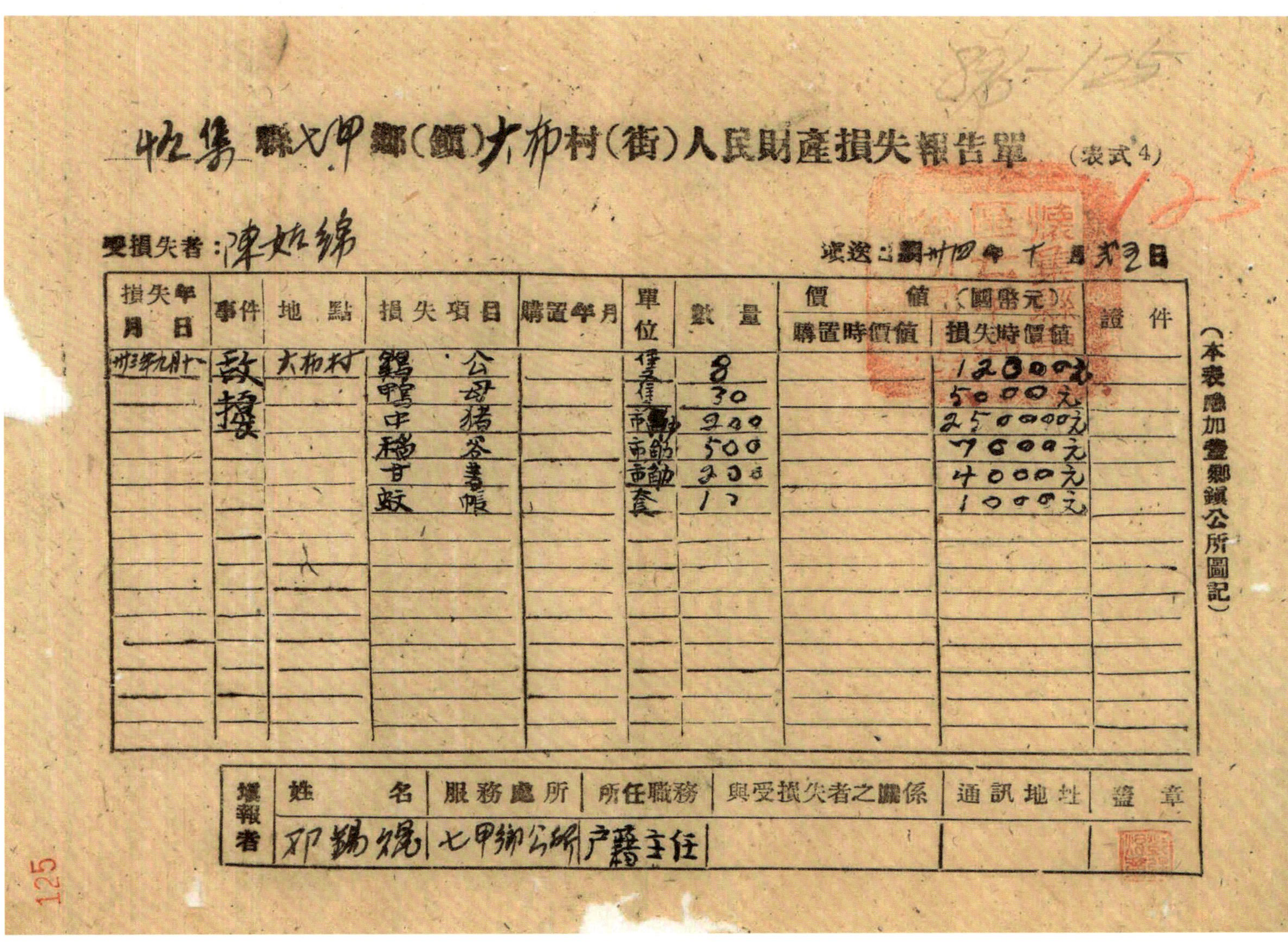

125

怀集县七甲乡（镇）大布村（街）人民财产损失报告单 （表式4）

受损失者：陈如绵　　填送日期卅四年十月廿五日

损失年月日	事件	地点	损失项目	购置年月	单位	数量	价值（国币元）购置时价值	价值（国币元）损失时价值	证件
卅三年九月廿一	敌扰	大布村	鸡公		只	8		12000元	
			鸭母		只	30		5000元	
			中猪		市斤	200		250000元	
			稻谷		市斤	500		7600元	
			甘薯		市斤	300		4000元	
			蚊帐		套	1		1000元	

报告者	姓名	服务处所	所任职务	与受损失者之关系	通讯地址	盖章
	邓锡焜	七甲乡公所	户籍主任			

（本表应加盖乡镇公所图记）

七甲乡大布村陈如模财产损失报告单（一九四五年十月二十五日）

懷集縣七甲鄉（鎮）大布村（街）人民財產損失報告單 （表式4）

受損失者：陳如模　　填送日期：卅四年十月廿五日

損失年月日	事件	地點	損失項目	購置年月	單位	數量	價值（國幣元）購置時價值	價值（國幣元）損失時價值	證件
卅三年九月十一	敵擾	大布村	鴨母		隻	60		9000元	
			中豬		市斤	150斤		10000元	
			水牛母		頭	1		26000元	
			稿谷		市斤	400		6000元	
			甘薯		市斤	200		4000元	

填報者	姓名	服務處所	所任職務	與受損失者之關係	通訊地址	蓋章
	邓嫣娓	七甲鄉公所	户籍主任			

（本表應加蓋鄉鎮公所圖記）

七甲乡大布村陈如生财产损失报告单（一九四五年十月二十五日）

懷集縣七甲鄉（鎮）大布村（街）人民財產損失報告單　（表式4）

受損失者：陳如生　　填送日期卅四年十月廿五日

損失年月日	事件	地點	損失項目	購置年月	單位	數量	價值（國幣元）購置時價值	價值（國幣元）損失時價值	證件
卅三年拾月十一	敵擾	大布村	鷄公		隻	16		5000元	
			鴨母		隻	50		7000元	
			大豬		市觔	150		20000元	
			穀谷		市觔	500		8000元	
			甘薯		市觔	400		8000元	
			樹杉	二七年八月	根	700		20000元	

填報者	姓名	服務處所	所任職務	與受損失者之關係	通訊地址	蓋章
	鄧錫鴻	七甲鄉公所	鄉主任			

（本表應加蓋鄉鎮公所圖記）

七甲乡大布村陈辰宜财产损失报告单（一九四五年十月二十五日）

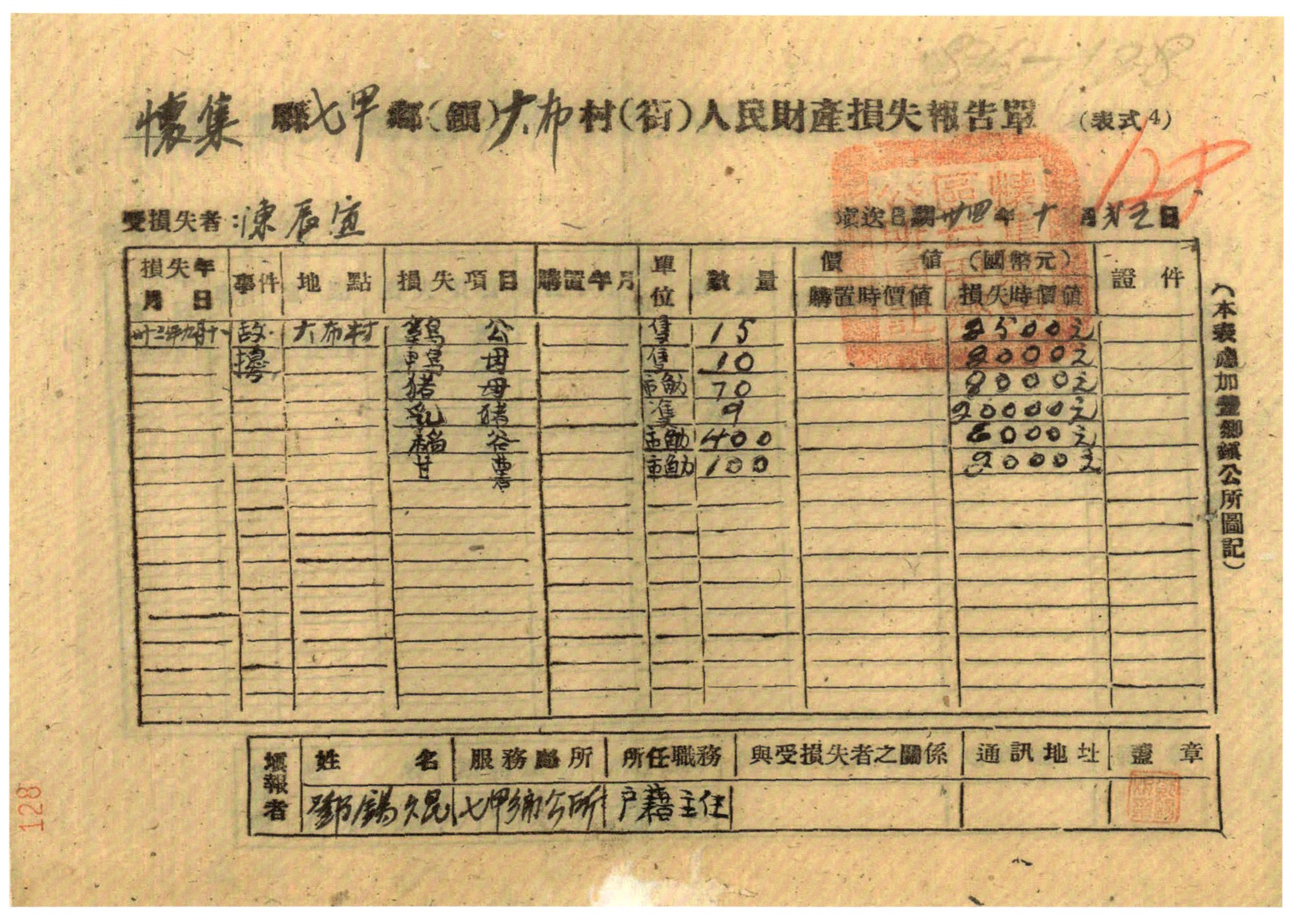

128

懷集縣七甲鄉（鎮）大布村（街）人民財產損失報告單 （表式4）

受損失者：陳辰宜　　　　塡送日期 卅四年十月廿五日

損失年月日	事件	地點	損失項目	購置年月	單位	數量	價值（國幣元）購置時價值	價值（國幣元）損失時價值	證件
卅三年九月十一	敌擾	大布村	鷄公		隻	15		25000元	
			鴨母		隻	10		20000元	
			猪母		市斤	70		20000元	
			乳猪		隻	9		20000元	
			稻谷		市斤	400		6000元	
			甘薯		市斤	100		2000元	

填報者	姓名	服務處所	所任職務	與受損失者之關係	通訊地址	蓋章
	鄧錫焜	七甲鄉公所	户籍主任			

（本表應加蓋鄉鎮公所圖記）

128

七甲乡大布村陈兆中财产损失报告单（一九四五年十月二十五日）

怀集县七甲乡（镇）大布村（街）人民财产损失报告单 （表式4）

受损失者：陈兆中　　　　送达日期：卅四年十月廿五日

损失年月日	事件	地点	损失项目	购置年月	单位	数量	价值（国币元）购置时价值	价值（国币元）损失时价值	证件
卅三年四月十		大布村	棉被		套	1		1500元	
			衣服		套	1		2000元	
			鸡公		隻	12		2000元	
			鸭母		隻	4		600元	
			稻谷		市斤	100		1500元	

（本表应加盖乡镇公所图记）

填报者	姓名	服务处所	所任职务	与受损失者之关系	通讯地址	盖章
	邝锡绲	七甲乡公所	乡主任			

129

七甲乡大布村陈亚希财产损失报告单（一九四五年十月二十五日）

130

恒集　縣七甲　鄉（鎮）大布村（街）人民財產損失報告單　（表式4）

受損失者：陳亚希　　　　　　　　填送日期卅四年十月廿五日

損失年月日	事件	地點	損失項目	購置年月	單位	數量	價值（國幣元）購置時價值	價值（國幣元）損失時價值	證件
卅三年九月十一	敌擾	大布村	棉被		套	1		1000元	
			鷄公		隻	10		1500元	
			中猪		市斤	50		6000元	
			稻谷		市斤	200		30000元	
			甘薯		市斤	100		20000元	

（本表應加蓋鄉鎮公所圖記）

填報者	姓名	服務處所	所任職務	與受損失者之關係	通訊地址	蓋章
	邓錫焜	七甲鄉公所	鄉主任			

七甲乡大布村陈宅华财产损失报告单（一九四五年十月二十五日）

懷集縣七甲鄉（鎮）大布村（街）人民財產損失報告單　（表式4）

131

受損失者：陳宅華　　填送日期卅四年十月廿五日

損失年月日	事件	地點	損失項目	購置年月	單位	數量	價值（國幣元）購置時價值	價值（國幣元）損失時價值	證件
卅三年九月十一	敌擄	大布村	衣服		套	8		3000元	
			鷄公		隻	30		3000元	
			稻谷		市斤	200		3000元	
			大米		市斤	100		500元	

（本表處加蓋鄉鎮公所圖記）

填報者	姓名	服務處所	所任職務	與受損失者之關係	通訊地址	蓋章
	邓錫焜	七甲鄉公所	鄉主任			

-131

七甲乡大布村陈汝达财产损失报告单（一九四五年十月二十五日）

恒集 縣七甲 鄉（鎮）大布村（街）人民財產損失報告單 （表式4）

受損失者：陳汝達　　　　　　　　　　　　　　填送日期卅四年十月廿五日

損失年月日	事件	地點	損失項目	購置年月	單位	數量	價值（國幣元）購置時價值	價值（國幣元）損失時價值	證件
卅三年九月十一	敌擾	大布村	棉被		套	1	8000元	8000元	
			衣服		套	4	6000元	6000元	
			鷄公		隻	12	2500元	[illegible]00元	
			稻谷		市斤	100	1500元	1500元	
			甘薯		市斤	100	2000元	2000元	

（本表應加蓋鄉鎮公所圖記）

報告者	姓名	服務處所	所任職務	與受損失者之關係	通訊地址	蓋章
	邓錫焜	七甲鄉公所	户籍主任			

七甲乡大布村陈有诚财产损失报告单（一九四五年十月二十五日）

133

懷集縣七甲鄉（鎮）大布村（街）人民損失報告單 （表式4）

受損失者：陳有誠　　填送日期卅四年十月廿五日

損失年月日	事件	地點	損失項目	購置年月	單位	數量	價值（國幣元）購置時價值	價值（國幣元）損失時價值	證件
卅三年九月卅一	敵擾損耗	大布村	中豬		隻	150		20000元	
			谷子		斤	500		10000元	
			白米		斤	70		2800元	
			鉄鍋			两只		1000元	
			[illegible]			1只		400元	
			鸡鴨		20	30		6000元	
			棉被			2張		10000元	
			衫衣			3套		450元	
			白扑		斤	10		1000元	
			棉布			2疋		20000元	
			木薯		斤	30		800元	
			花生			30		1500元	
			水桶			2担		1000元	
			信紙			2刀		500元	

填報者	姓名	服務處所	所任職務	與受損失者之關係	通訊地址	蓋章
	[illegible]錫焜	七甲鄉公所				

（本表須加蓋鄉鎮公所圖記）

133

七甲乡大布村陈普照财产损失报告单（一九四五年十月二十五日）

怀集縣七甲鄉(鎮)大布村(街)人民財產損失報告單 (表式4)

受損失者：陳普照

填送日期 卅四年十月廿五日

損失年月日	事件	地點	損失項目	購置年月	單位	數量	價值（國幣元）購置時價值	價值（國幣元）損失時價值	證件
33年12月十一	敌扰	大布村	猪		只	2		90000元	
			稻谷		斤	300		6000元	

（本表須加蓋鄉鎮公所圖記）

填報者	姓名	服務處所	所任職務	與受損失者之關係	通訊地址	蓋章
	鄧錫焜	七甲鄉公所	户籍主任			

七甲乡大布村陈自强财产损失报告单（一九四五年十月二十五日）

懷集 縣七甲 鄉(鎮)大布 村(街)人民損失報告單 (表式4)

受損失者：陳自強

填送日期卅四年十月廿五日

損失年月日	事件	地點	損失項目	購置年月	單位	數量	價值(國幣元) 購置時價值	價值(國幣元) 損失時價值	證件
33年九月十一日	敵擾	大布村	衣服		套	3		7500	
			被[illegible]		張	1		3000	
			[illegible]		[illegible]	1		10000	

填報者	姓名	服務處所	所任職務	與受損失者之關係	通訊地址	蓋章
	鄧錫熾	七甲鄉公所	户籍主任			

(本表限加蓋鄉鎮公所圖記)

136

七甲乡大布村陈钟骥财产损失报告单（一九四五年十月二十五日）

137

临桂 縣七甲 鄉（鎮）大布 村（街）人民損失報告單 （表式4）

受損失者：陳鍾驥

填送日期卅四年十月廿五日

損失年月日	事件	地點	損失項目	購置年月	單位	數量	價值（國幣元）購置時價值	價值（國幣元）損失時價值	證件
卅三年九月十一日	敌扰	大布村	衣服		套	3		7500	
			被		件	10		2000	
			鞋		双	2		20000	

填報者	姓名	服務處所	所任職務	與受損失者之關係	通訊地址	蓋章
	邓锡焜	七甲乡公所	户籍主任			[印]

（本單須加蓋鄉鎮公所圖記）

七甲乡大布村陈硕强财产损失报告单（一九四五年十月二十五日）

138

怀集县七甲乡(镇)大布村(街)人民财产损失报告单 （表式4）

填送日期卅四年十月廿五日

受损失者：陈硕强

损失年月日	事件	地点	损失项目	购置年月	单位	数量	价值（国币元） 购置时价值	损失时价值	证件
33年九月十一日	敌机	大布村	牛		只	乙		60000元	
			谷		市斤	300		60000元	

报告者	姓名	服务处所与所任职务		与受损失者之关系	通讯地址	盖章
	邓镇煜	七甲乡公所	户籍主任			

（本表应加盖报告者公章或私章）

138

七甲乡大布村陈汝其财产损失报告单（一九四五年十月二十五日）

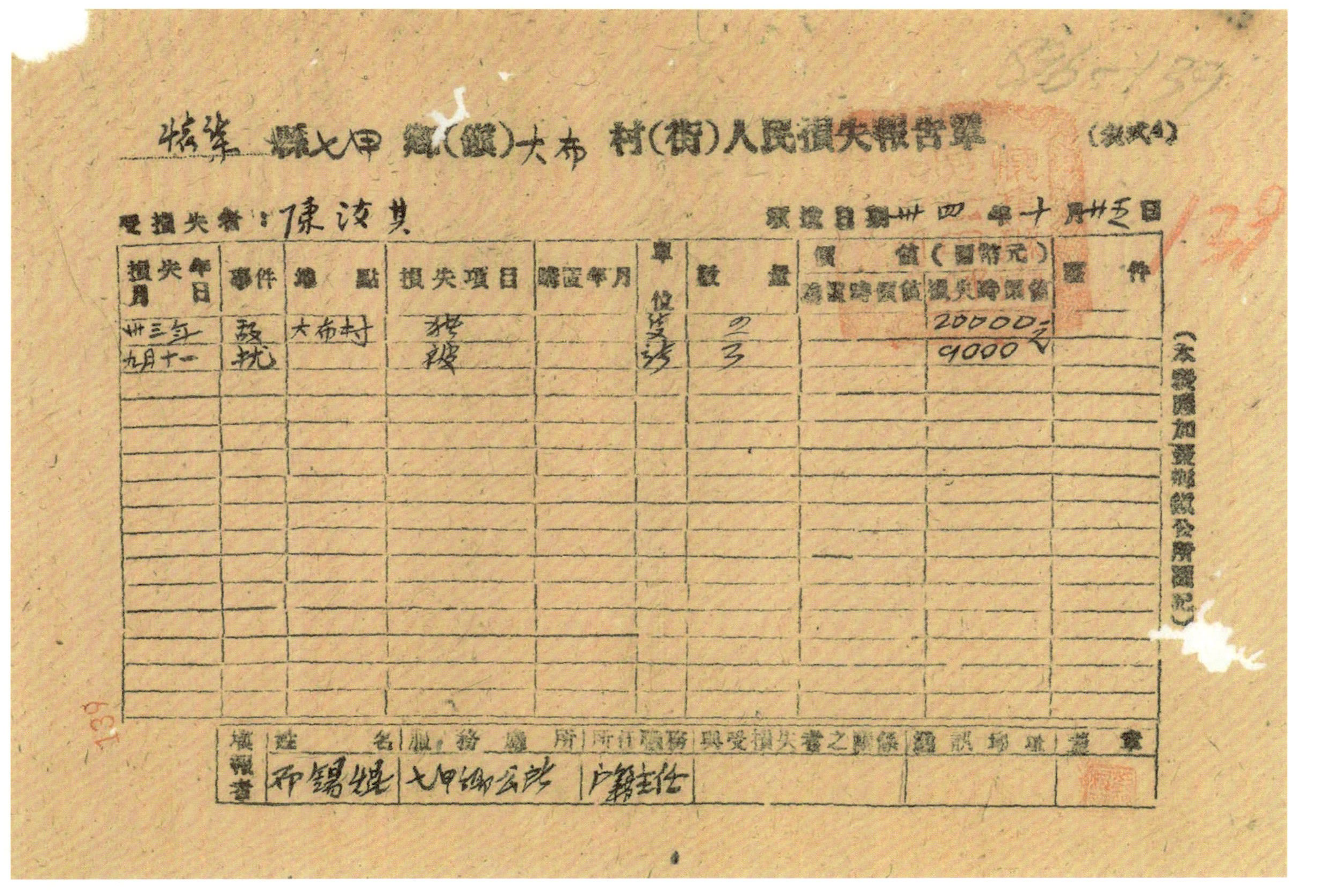

博罗县七甲乡(镇)大布村(街)人民损失报告单 (表式4)

受损失者：陈汝其　　填送日期卅四年十月廿五日

损失年月日	事件	地点	损失项目	购置年月	单位	数量	价值(国币元) 购置时价值	价值(国币元) 损失时价值	证件
卅三年九月十一	敌扰	大布村	猪		只	二		20000元	
			被		张	三		9000元	

(本表须加盖乡镇公所图记)

填报者	姓名	服务处所	所任职务	与受损失者之关系	通讯地址	盖章
	邓锡焜	七甲乡公所	户籍主任			

七甲乡大布村陈焉池财产损失报告单（一九四五年十月二十五日）

縣　鄉（鎮）　村（街）人民損失報告單　（表式4）

受損失者 陳焉池　　報送日期 卅四年十月廿五日

損失年月日	事件	地點	損失項目	購置年月	單位	數量	價值（國幣元）購置時價值	價值（國幣元）損失時價值	證件
卅三年九月十八	敌扰	大布村	鴨		隻	[illegible]0		2000元	
〃	〃	〃	早谷		斤	400		8000元	
〃		〃	綿被		張	3		9000元	
〃		〃	衣服		套	4		6000元	
〃		〃	隹		隻	10		2000元	
〃		〃	中豬		隻	1		10000元	
〃		〃	鋤头		只	2		500	
〃		〃	牛		隻	1		30000元	
〃		〃	鑊头		只	3		[illegible]000元	

（本表須加蓋鄉鎮公所圖記）

填報者	姓名	服務處所	所任職務	與受損失者之關係	通訊地址	蓋章
	邓锡焜	七甲鄉公所	户籍主任			

七甲乡大布村陈益谟财产损失报告单（一九四五年十月二十五日）

怀集县七甲乡（镇）大布村（街）人民财产损失报告单

（表式4）

受损失者：陈益谟

填送日期：卅四年十月廿五日

损失年月日	事件	地点	损失项目	购置年月	单位	数量	价值（国币元）购置时价值	损失时价值	证件
卅三年九月六	敌机轰炸	大布村	鸡公		隻	16		3000元	
			鸭母		隻	30		5000元	
			猪母		隻	1		120000元	
			乳猪		隻	2		30000元	
			甲猪		隻	2		350000元	
			稻谷		市斤	500		7000元	
			大芋		市斤	300		15000元	
			甘薯		市斤	200		4000元	
			蚊帐		套	4		6000元	
			棉被		套	6		10000元	
			生炒		市斤	25		2000元	
			铁镬		隻	6		120000元	
			白米		白米	80		2000元	

（本表须加盖乡镇公所图记）

填报者	姓名	服务处所	所任职务	与受损失者之关系	通讯地址	盖章
	邓锡焜	七甲乡公所	户籍主任			

149

148

七甲乡大布村陈崇强财产损失报告单（一九四五年十月二十五日）

懷集縣七甲鄉(鎮)大布村(街)人民損失報告單（表式4）

受損失者：陳崇強　　填送日期卅四年十月廿五日

損失年月日	事件	地點	損失項目	購置年月	單位	數量	價值（國幣元）購置時價值	價值（國幣元）損失時價值	證件
33年9月十一	敵擾	大布村	豬		隻	2		20000	
			穀		斤	500		10000	

（本表須加蓋鄉鎮公所圖記）

填報者	姓名	服務處所	所任職務	與受損失者之關係	通訊地址	蓋章
	邓錫焜	七甲鄉公所	户籍主任			

七甲乡大布村陈有斌财产损失报告单（一九四五年十月二十五日）

懷集縣七甲鄉（鎮）大布村（街）人民損失報告單 （表式4）

受損失者：陳有斌　填送日期 卅四年十月二三日

損失年月日	事件	地點	損失項目	購置年月	單位	數量	價值（國幣元）購置時價值	損失時價值	證件
卅三年九月		大布村	衣			3件		6000元	
			被			2 [illegible]		4000元	
			米			20斤		200元	

填報者	姓名	服務處所	所任職務	與受損失者之關係	通訊地址	蓋章
	邓錫煋	七甲鄉公所				

（本表應加蓋鄉鎮公所圖記）

七甲乡大布村陈芝番财产损失报告单（一九四五年十月二十五日）

152

怀集縣七甲鄉（鎮）大布村（街）人民財產損失報告單 （表式4）

151

受損失者 陳芝番

填送日期 三四年十月二五日

損失年月日	事件	地點	損失項目	購置年月	單位	數量	價值（國幣元）購置時價值	價值（國幣元）損失時價值	證件
三四年四月[?]	敌扰	大布村	衣					7000元	
			甲					1000元	
			隹[?]					1000元	
			被					500元	
			鍋					400元	
			竿[?]					1000元	
			屋					1000元	

（本表應加蓋鄉鎮公所圖記）

填報者	姓名	服務處所	所任職務	與受損失者之關係	通訊地址	蓋章
	邓锡焜	七甲公所	户籍主任			

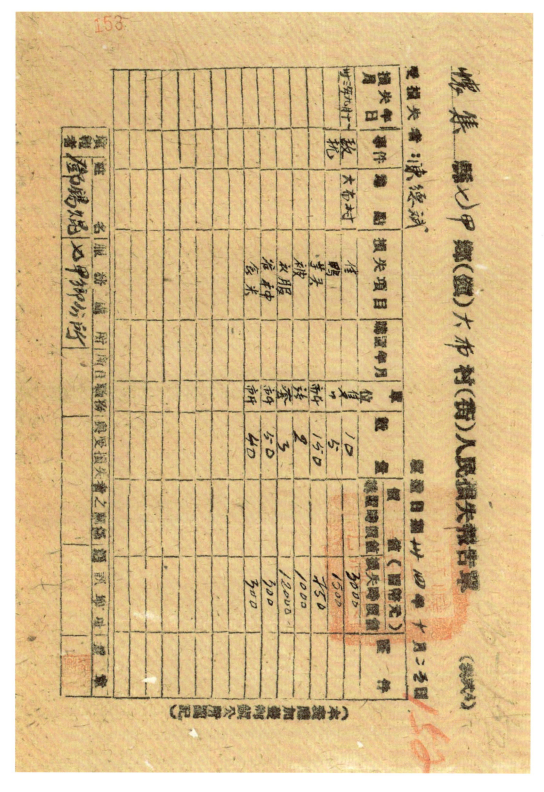

七甲乡大布村陈德斌财产损失报告单（一九四五年十月二十五日）

懷集縣七甲鄉（鎮）大布村（街）人民損失報告單　（表式3）

受損失者：陳德斌　　　　填送日期卅四年十月二五日

損失年月日	事件	地點	損失項目	購置年月	單位	數量	價值（國幣元）購置時價值	損失時價值	證件
卅三年九月十一	敌扰	大布村	佳		隻	10		3000	
			鴨		隻	5		1500	
			芋头		斤	150		750	
			被		張	2		1000	
			衣服		套	3		12000	
			谷种		斤	50		300	
			谷米		斤	40		300	

（本表應加蓋鄉鎮公所圖記）

填報者	姓名	服務處所與所任職務	與受損失者之關係	通訊地址	蓋章
	鄧錫焜	七甲鄉公所			

七甲乡大布村陈远高财产损失报告单（一九四五年十月二十五日）

154

怀集县七甲乡（镇）大布村（街）人民损失报告单　（式样4）

受损失者：陳遠高　　填送日期卅四年十月二五日

损失年月日	事件	地点	损失项目	购置年月	单位	数量	价值（国币元） 购置时价值	价值（国币元） 损失时价值	证件
卅三年九月廿一	敌扰	大布村	衣服		套	2		5000元	
			甲母		隻	20		4000元	
			木薯		斤	1000		500元	
			中猪		隻	1		1500元	
			稻谷		斤	300		6000元	
			綿被		張	2		10000元	
			鑊頭		只	2		1000元	
			佳西		隻	2		500元	
			單被		張	2		4000元	
			芋元		市斤	200		1000元	

填报者	姓名	服务处所	所任职务	与受损失者之关系	通讯地址	盖章
	邓锡灿	七甲乡公所				

（本表须加盖乡镇公所图记）

153

七甲乡大布村陈以斌财产损失报告单（一九四五年十月二十五日）

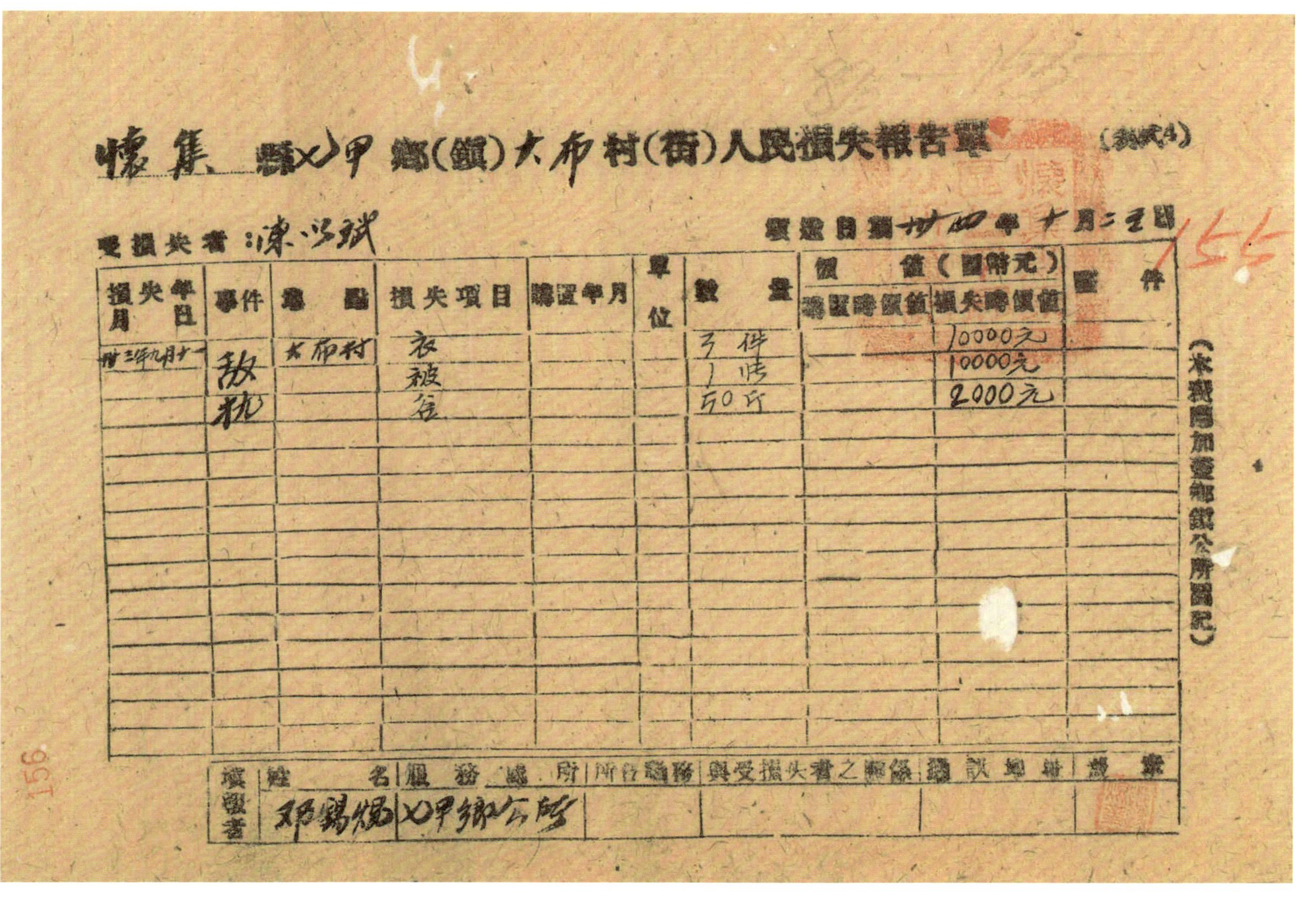

懷集縣七甲鄉（鎮）大布村（街）人民損失報告單　（式樣4）

受損失者：陳以斌　　　填送日期卅四年十月二五日

損失年月日	事件	地點	損失項目	購置年月	單位	數量	價值（國幣元）購置時價值	價值（國幣元）損失時價值	證件
卅三年九月十一	敵机	大布村	衣			3件		10000元	
			被			1床		10000元	
			谷			50斤		2000元	

填報者	姓名	服務處所	所任職務	與受損失者之關係	通訊地址	蓋章
	鄧錫煬	七甲鄉公所				

（本表應加蓋鄉鎮公所圖記）

七甲乡大布村陈家振财产损失报告单（一九四五年十月二十五日）

怀集 縣七甲 鄉（鎮）大布 村（街）人民財產損失報告單 （表式4）

156

受損失者：陳家振　　填送日期卅四年十月廿五日

損失年月日	事件	地點	損失項目	購置年月	單位	數量	價值（國幣元）購置時價值	價值（國幣元）損失時價值	證件
卅三年九月下	敵擾掠耗	大布村	被		張	2		1000元	
			衣		套	7		1500元	
			鍋		副	2		900元	
			米		斤	30		800元	
			芋		斤	80		40元	

（本表應加蓋鄉鎮公所圖記）

填報者	姓名	服務處所	所任職務	與受損失者之關係	通訊地址	蓋章
	鄧錫焜	七甲公所	户籍主任			

157

七甲乡大布村陈煜斌财产损失报告单（一九四五年十月二十五日）

懷集縣七甲鄉（鎮）大布村（街）人民損失報告單

（表式4）

154

受損失者：陳煜斌　　　　填送日期卅四年十月　日

損失年月日	事件	地點	損失項目	購置年月	單位	數量	價值（國幣元）購置時價值	價值（國幣元）損失時價值	證件
卅三年九月十一	敌扰	大布村	中猪		隻	1		8000	
			佳		〃	12		3600	
			稻谷		斤	500		6000	
			木薯		〃	350		1750	
			大鍋煲		只	1		500	
			沙牛		隻	2		25000	
			被		張	1		3000	
			[illegible]織行李		〃	1		4000	
			錦鐵桶		只	2		2000	
			蚊帳		張	1		2500	
			大布帳		張	1		5000	
			銅面盆		只	1		800	

（本表需加蓋鄉鎮公所圖記）

填報者	姓名	服務處所	所任職務	與受損失者之關係	通訊地址	蓋章
	邓錫焜	七甲鄉公所				

155

七甲乡王洞村邓如凌财产损失报告单（一九四五年十月二十四日）

158

懷集縣七甲鄉（鎮）王洞村（街）人民損失報告單　（表式4）

受損失者：鄧如凌　　填送日期卅四年十月廿四日

損失年月日	事件	地點	損失項目	購置年月	單位	數量	價值（國幣元）購置時價值	損失時價值	證件
卅二年三月	河道漂流堆積	王洞	杉木	廿九年十月	件	500件	2000元	924000元	

填報者	姓名	服務處所	所任職務	與受損失者之關係	通訊地址	蓋章
	鄧[illegible]山	七甲鄉公所	鄉長			

（本表應加蓋鄉鎮公所圖記）

157

七甲乡王洞村邓至德财产损失报告单（一九四五年十月二十四日）

怀集縣七甲鄉（鎮）王洞村（街）人民損失報告單　（表式4）

受損失者　鄧至德　　　　報告日期　卅四年十月廿四日

損失年月日	事件	地點	損失項目	購置年月	單位	數量	價值（國幣元）購置時價值	價值（國幣元）損失時價值	證件
卅年六月	河道阻滞浸朽	王洞村	楄竹	廿八年七月	把	1600把	600元	5000元	
〃〃			丁竹	〃〃	〃	500把	1200元	8400元	

填報者	姓名	服務處所	所任職務	與受損失者之關係	通訊地址	蓋章
	鄭秀山	七甲鄉公所	鄉長			

（本表需加蓋鄉鎮公所圖記）

七甲乡王洞村钱焕祖财产损失报告单（一九四五年十月二十四日）

懷集 縣七甲 鄉(鎮)王洞 村(街)人民損失報告單 (表式4)

受損失者：錢煥祖　　填送日期 卅四年十月廿四日

損失年月日	事件	地點	損失項目	購置年月	單位	數量	價值(國幣元) 購置時價值	價值(國幣元) 損失時價值	證件
廿九年七月	河道	王洞村	杉木	廿七年 月	件	590件	2400元	6000元	
〃 〃	封鎖	〃 〃	梁	〃 〃	〃	1000件	1900元	3000元	

填報者	姓名	服務處所	所任職務	與受損失者之關係	通訊地址	蓋章
	鄭若山	七甲鄉公所	鄉長			

（本表應加蓋鄉鎮公所圖記）

160

159

七甲乡王洞村邓乃瑞财产损失报告单（一九四五年十月二十四日）

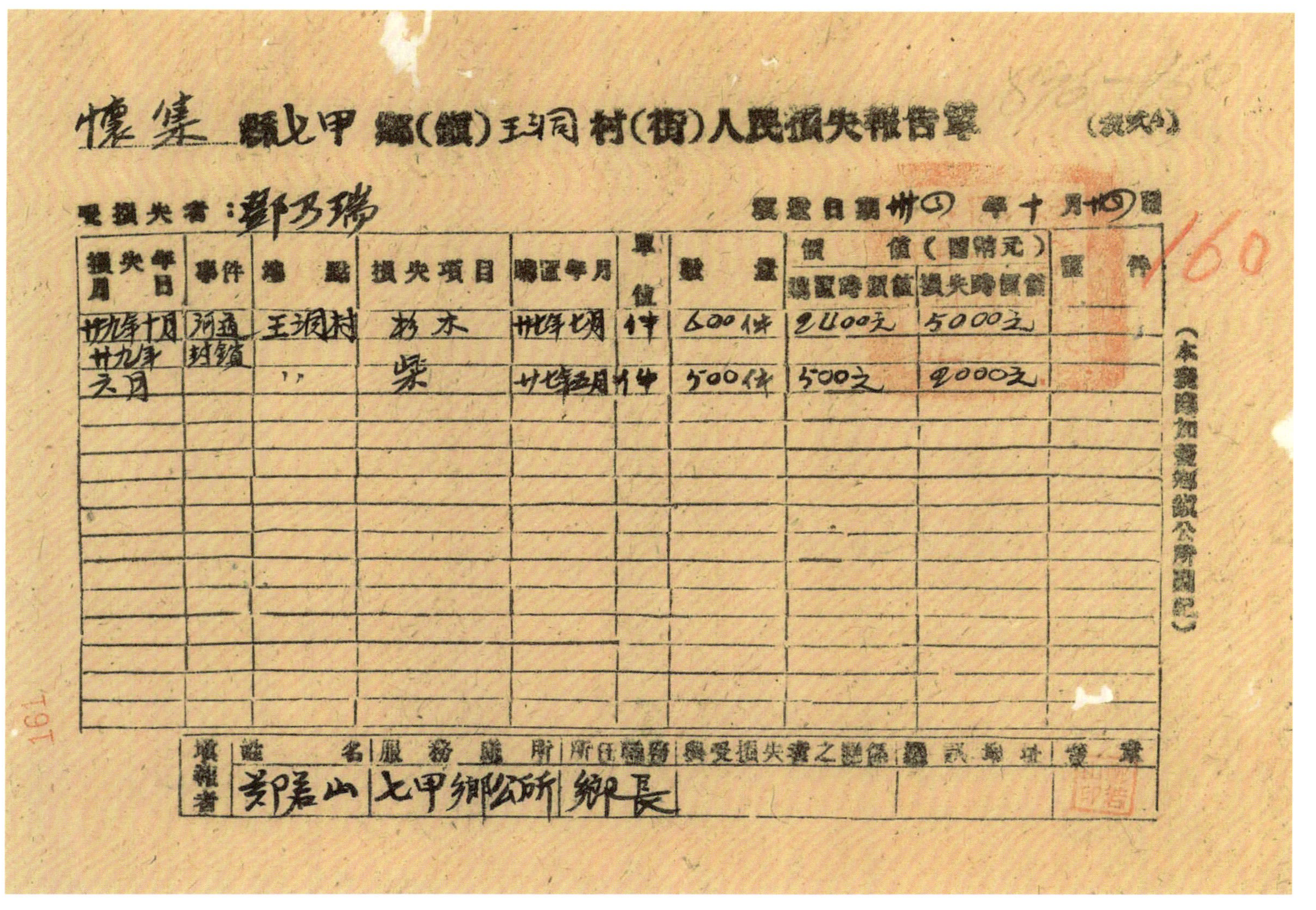

怀集县七甲乡（镇）王洞村（街）人民损失报告单 （表式4）

受损失者：邓乃瑞　　填送日期 卅四年十月廿四日

损失年月日	事件	地点	损失项目	购置年月	单位	数量	价值（国币元）购置时价值	价值（国币元）损失时价值	证件
廿九年十月	河道封锁	王洞村	杉木	卅年七月	件	600件	2400元	5000元	
廿九年六月		〃	柴	廿七年五月	件	500件	500元	2000元	

填报者	姓名	服务处所	所任职务	与受损失者之关系	通讯地址	盖章
	邓若山	七甲乡公所	乡长			

（本表应加盖乡镇公所图记）

七甲乡王洞村邓积瑞财产损失报告单（一九四五年十月二十四日）

縣　鄉(鎮)　村(街)人民損失報告單　(表式4)

受損失者：鄧積瑞　　填送日期 卅四年十月廿四日

損失年月日	事件	地點	損失項目	購置年月	單位	數量	價值(國幣元) 購置時價值	損失時價值	證件
卅年五月		王洞村	杉木	廿七.五月	件	500	2000元	5000元	

(本表隨加蓋鄉鎮公所圖記)

報告者	姓名	服務處所	所任職務	與受損失者之關係	通訊地址	蓋章
	鄭美山	七甲鄉公所	鄉長			

七甲乡王洞村邓如松财产损失报告单（一九四五年十月二十四日）

竹溪县七甲乡（镇）王洞村（街）人民损失报告单　（表式4）

受损失者：邓如松　　填送日期　卅四年十月廿四日

损失年月日	事件	地点	损失项目	购置年月	单位	数量	价值（国币元）购置时价值	损失时价值	证件
卅年十月	河道[illegible]渡杉	王洞	工竹	廿八年三月	把	200	1000元	3000元	

（本表应加盖乡镇公所图记）

填报者	姓名	服务处所	所任职务	与受损失者之关系	通讯地址	盖章
	郑彦山	七甲乡公所	乡长			

七甲乡王洞村邓如冈财产损失报告单（一九四五年十月二十四日）

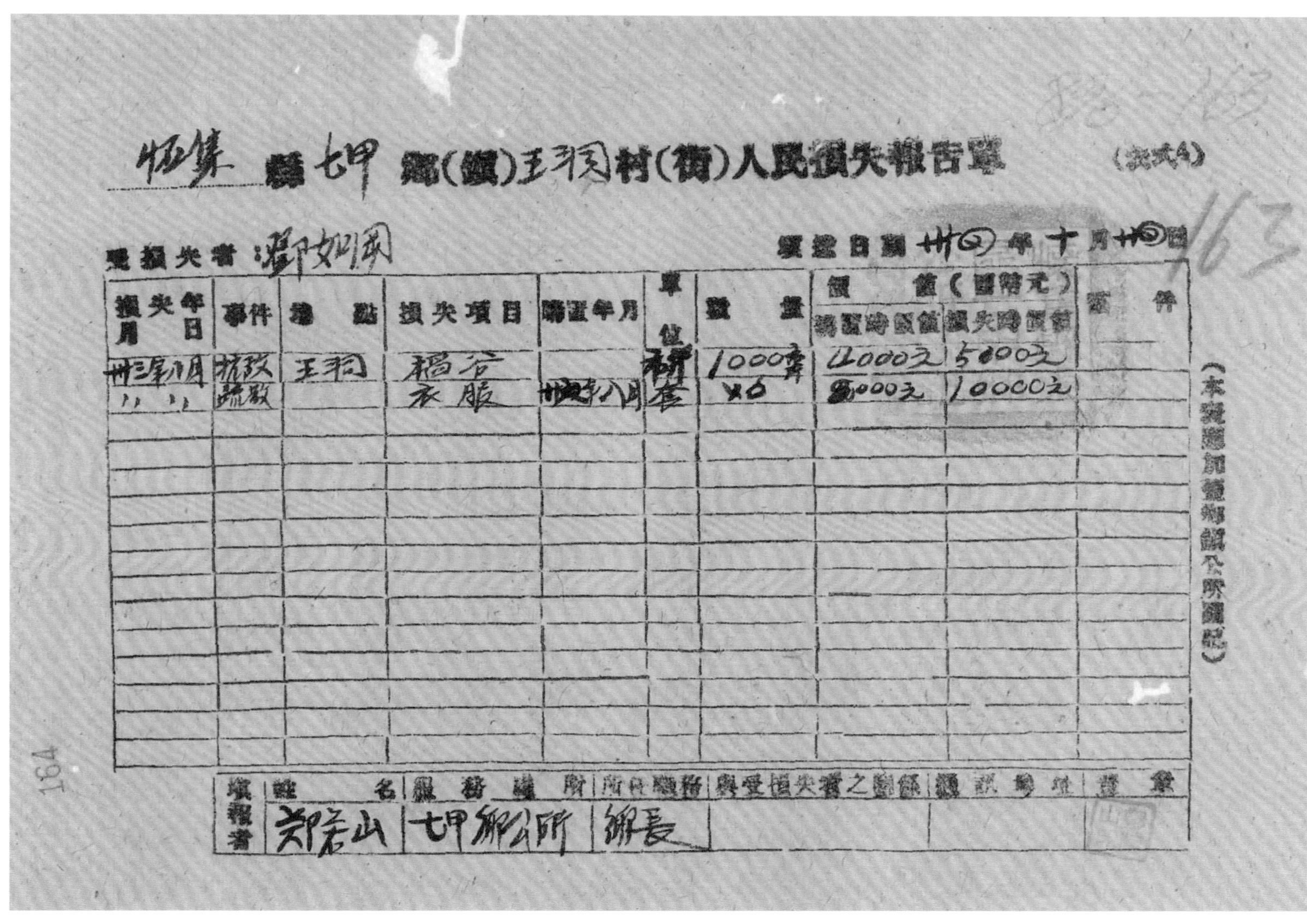

怀集县七甲乡（镇）王洞村（街）人民损失报告单　　（表式4）

受损失者：邓如冈　　　　填送日期　卅四年十月廿四日

损失年月日	事件	地点	损失项目	购置年月	单位	数量	价值（国币元）购置时价值	损失时价值	证件
卅三年八月	抗敌蹂躏	王洞	稻谷		斤	1000斤	20000元	50000元	
〃〃			衣服	卅[illegible]年八月	套	10	8000元	10000元	

填报者	姓名	服务机关	所任职务	与受损失者之关系	通讯地址	盖章
	郑若山	七甲乡公所	乡长			

（本单应加盖乡镇公所图记）

七甲乡王洞村邓焕德财产损失报告单（一九四五年十月二十四日）

恒集县七甲乡（镇）王洞村（街）人民损失报告单　（表式4）

受损失者：邓焕德　　填送日期　卅四年十月廿四日

损失年月日	事件	地点	损失项目	购置年月	单位	数量	价值（国币元）购置时价值	损失时价值	证件
卅四年七月	河道封锁	王洞村	柴	廿九年六月	件	2000	2400元	7200元	
〃 〃			杉木	〃 〃	〃	1000件	4900元	21600元	
卅四年八月	协敌迁移费	王洞村	稻谷	廿三年六月	市斤	3000市斤	1800元	3600元	

填报者	姓名	服务处所	所任职务	与受损失者之关系	通讯地址	盖章
	郑岩山	七甲乡公所	乡长			

（本表应加盖乡镇公所图记）

165

164

七甲乡王洞村邓积庆财产损失报告单（一九四五年十月二十四日）

怀集县七甲乡(镇)王洞村(街)人民损失报告单　(表式6)

填送日期　卅四年十月廿四日

受损失者　邓积庆

损失年月日	事件	地点	损失项目	购置年月	单位	数量	价值(国币元) 购置时价值	价值(国币元) 损失时价值	证件
卅、五、		王洞	谷	卅、五、	斤	500	2000元	5000元	

报告者	名称	服务处所	与受损失者之关系	通讯地址	盖章
	邓积庆	七甲乡公所	乡长		

怀集县七甲乡（镇）王洞村（街）人民损失报告单 （表式4）

遭损失者：邓积厚

填送日期卅四年十月廿四日

损失年月日	事件	地点	损失项目	购置年月	单位	数量	价值（国币元）购置时价值	损失时价值	证件
卅三年八月	[illegible]	[illegible]洞	水牛		隻	壹隻	1800元	5800元	

（本表应加盖乡镇公所图记）

填报者	姓名	服务处所	所任职务	与受损失者之关系	通讯地址	签章
	郑芳山	七甲乡公所	乡长			

七甲乡王洞村邓积厚财产损失报告单（一九四五年十月二十四日）

七甲乡王洞村邓如锦财产损失报告单（一九四五年十月二十四日）

七甲乡王洞村邓如棠财产损失报告单（一九四五年十月二十四日）

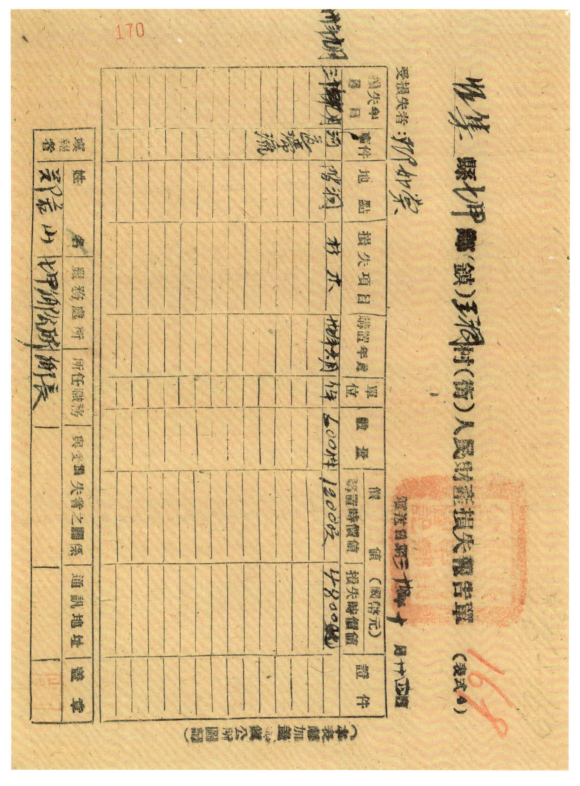

收集縣七甲鄉（鎮）王洞村（街）人民財產損失報告單（表式4）

168

受損失者：鄧如棠

填送日期三十四年十月廿四日

損失年月日	事件	地點	損失項目	購置年月	單位	數量	價值（國幣元）購置時價值	價值（國幣元）損失時價值	證件
卅三年九月	敵過[illegible]	[illegible]洞	杉木	卅[illegible]月	件	600件	1200元	4800元	

（本表鄉加蓋鄉鎮公所圖記）

填報者	姓名	服務處所	所任職務	與受損失者之關係	通訊地址	蓋章
	鄧若山	七甲鄉公所	鄉長			

170

七甲乡王洞村邓琼琛财产损失报告单（一九四五年十月二十四日）

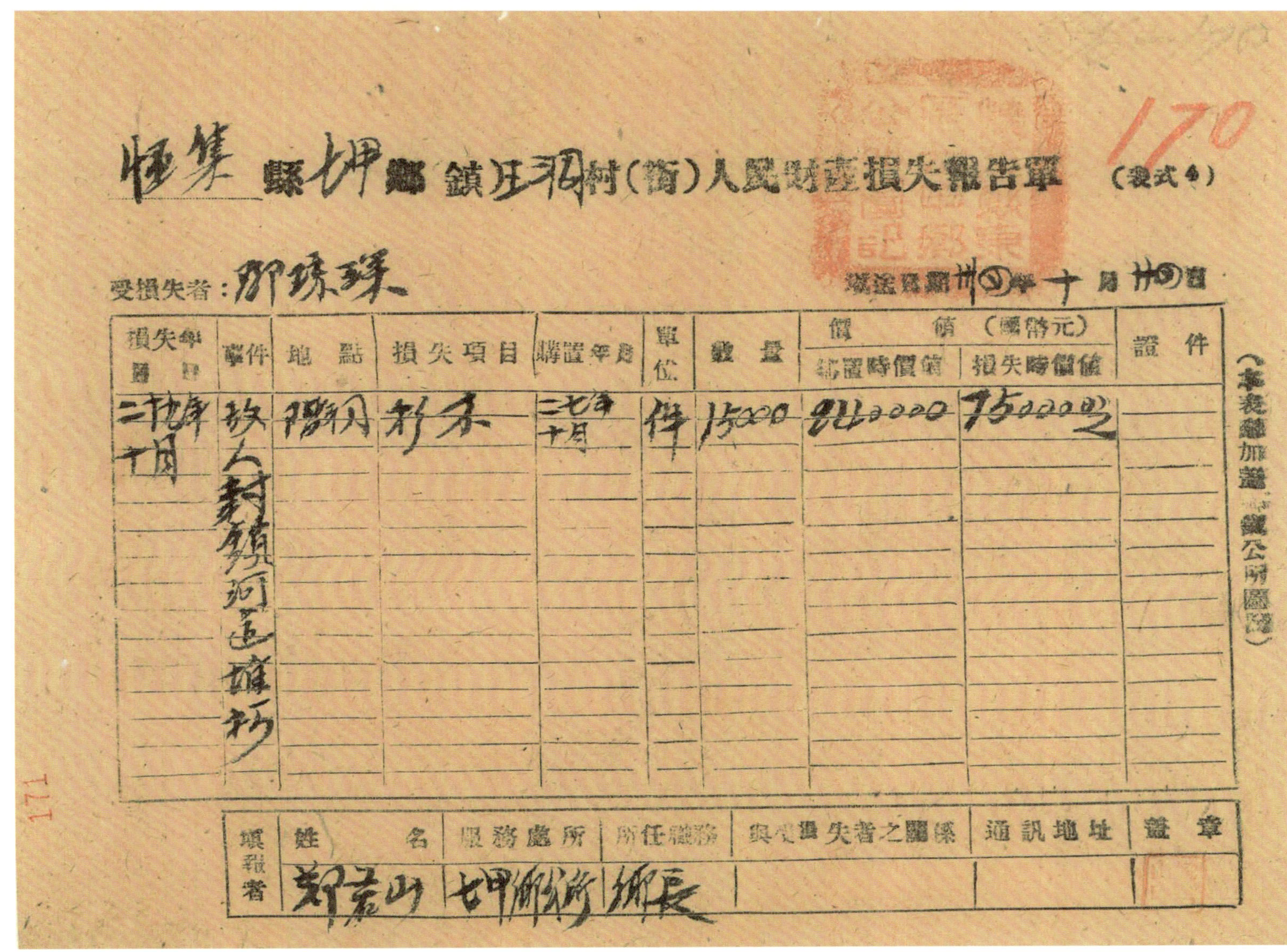

170

懷集縣七甲鄉(鎮)王洞村(街)人民財產損失報告單（表式4）

受損失者：鄧琼琛　　填送日期卅四年十月廿四日

損失年月日	事件	地點	損失項目	購置年月	單位	數量	價值（國幣元）購置時價值	損失時價值	證件
二十九年十月	敌人封锁河道抢掠	王洞	杉木	二十七年十月	件	15000	8400000	7500000元	

（本表編號加蓋鄉鎮公所圖記）

171

填報者	姓名	服務處所	所任職務	與受損失者之關係	通訊地址	蓋章
	鄧崑山	七甲鄉公所	鄉長			

七甲乡王洞村邓柄槐财产损失报告单（一九四五年十月二十五日）

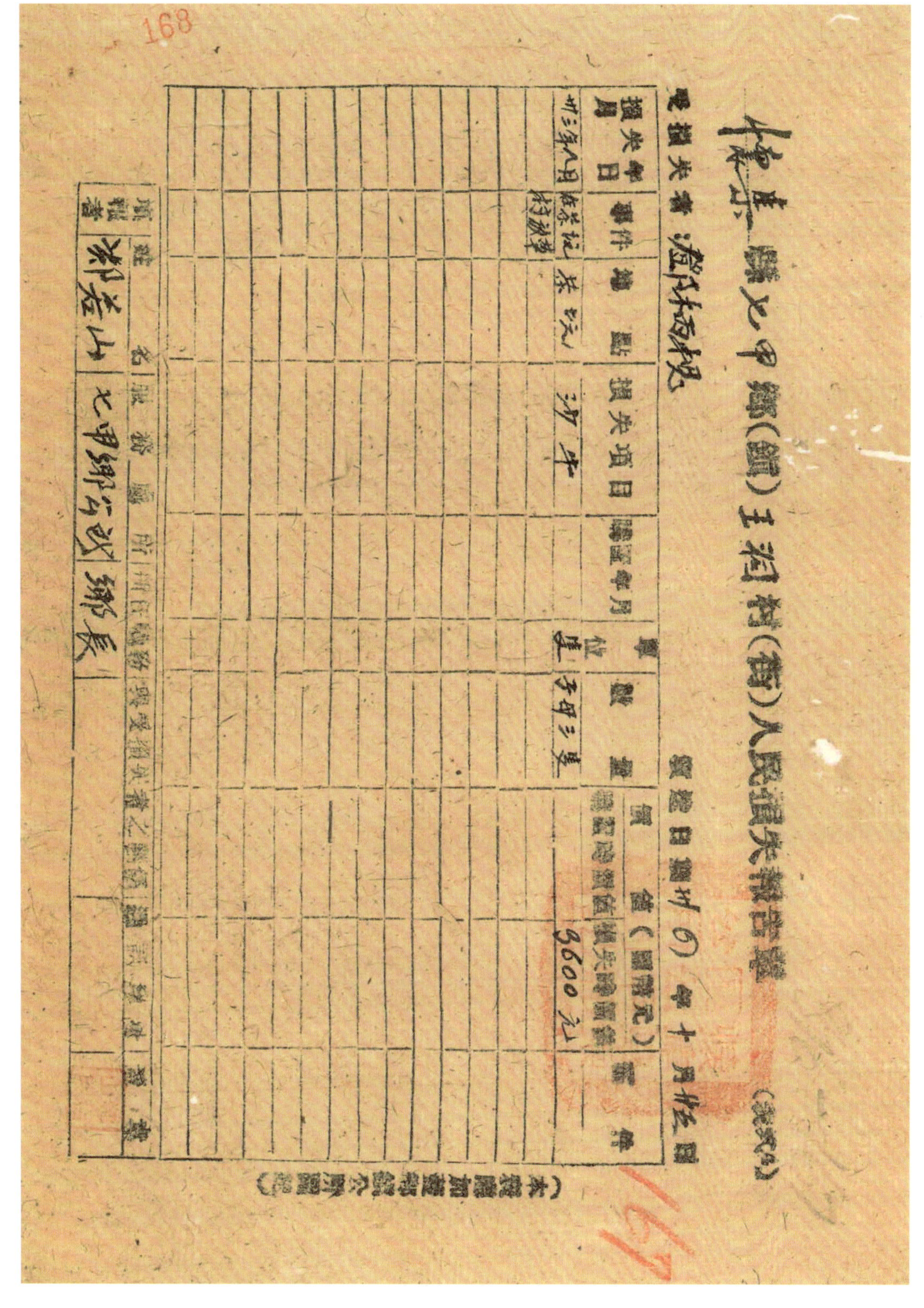

懷集縣七甲鄉（鎮）王洞村（街）人民損失報告單（表式1）

受損失者 鄧柄槐　　填送日期卅四年十月廿五日

損失年月日	事件	地點	損失項目	購置年月	單位	數量	價值（國幣元）購置時價值	損失時價值	證件
卅三年八月	在茶坑村放草	茶坑	沙牛		隻	子母三隻		3600元	

填報者	姓名	服務處所	所任職務	與受損失者之關係	通訊地址	蓋章
	鄧若山	七甲鄉公所	鄉長			

（本表需加蓋鄉鎮公所圖記）

七甲乡白象村邓兆娟财产损失报告单（一九四五年十月二十四日）

怀集縣七甲鄉（鎮）白象村（街）人民財產損失報告單　（表式4）

895-178

受損失者：鄧兆娟　　　　填送日期卅三年十月廿四日

損失年月日	事件	地點	損失項目	購置年月	單位	數量	價值（國幣元） 購置時價值	損失時價值	證件
卅三年九月十三	敌擾	白象村	衣服		套	10		20000元	
			棉甲被		條	2		8000元	
			洋毯		張	2		4000元	
			谷種		斤	200		1000元	

（本表應加蓋鄉鎮公所圖記）

報告者	姓名	服務處所	所任職務	與受損失者之關係	通訊地址	蓋章
	鄭若山	七甲鄉公所	鄉長			

043

七甲乡白象村程彩南财产损失报告单（一九四五年十月二十五日）

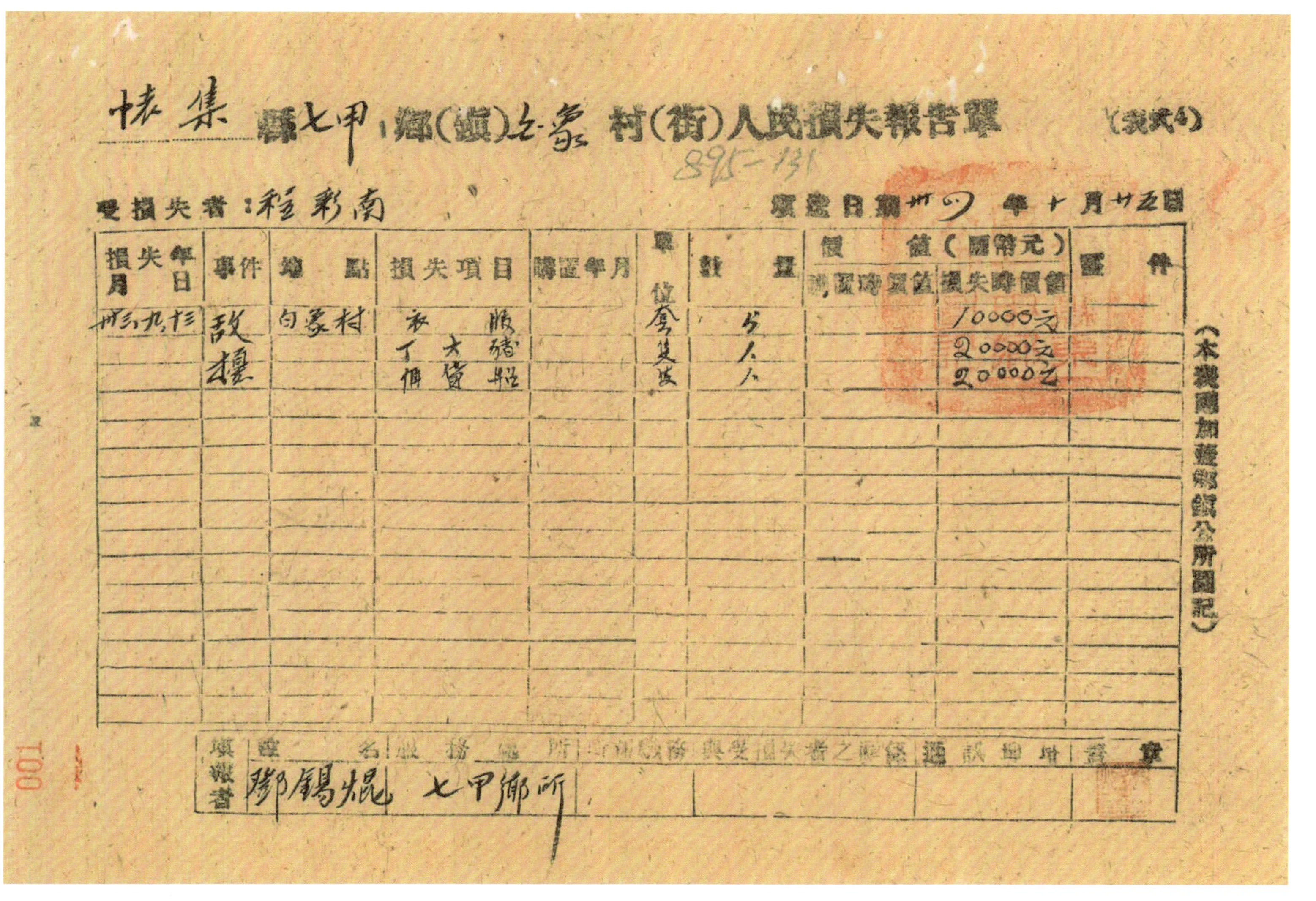

懷集縣七甲鄉(鎮)白象村(街)人民損失報告單　(表式4)

895-131

受損失者：程彩南　　填送日期卅四年十月廿五日

損失年月日	事件	地點	損失項目	購置年月	單位	數量	價值(國幣元) 購置時價值	價值(國幣元) 損失時價值	證件
卅三.九.十三	敌擾	白象村	衣服		套	5		10000元	
			丁大豬		只	1		20000元	
			俱貨船		只	1		20000元	

填報者	姓名	服務處所	與受損失者之關係	通訊地址	蓋章
	鄧錫焜	七甲鄉所			

(本表需加蓋鄉鎮公所圖記)

001

七甲乡白象村程卓南财产损失报告单（一九四五年十月二十五日）

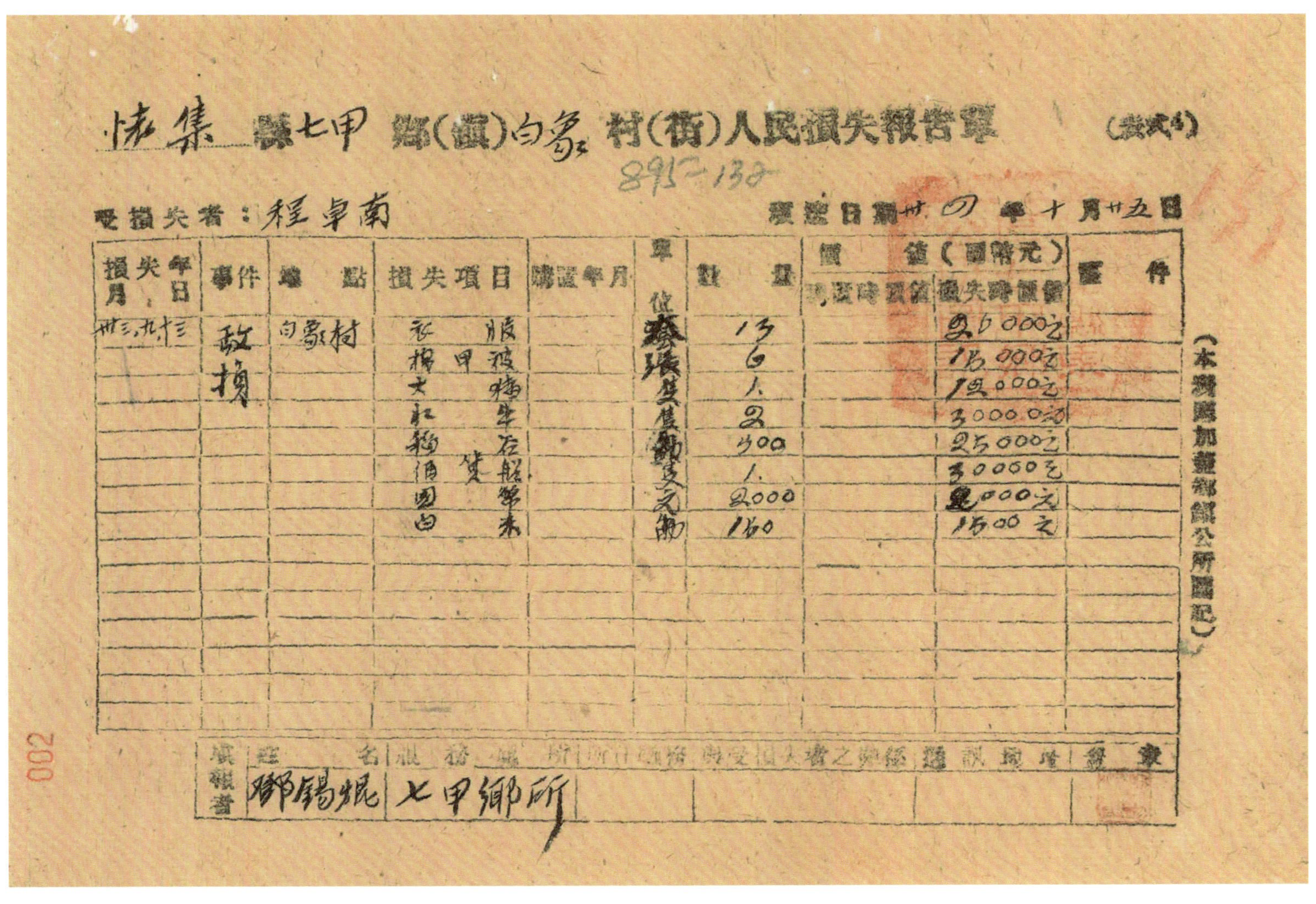

怀集县七甲乡（镇）白象村（街）人民损失报告单　（表式4）

受损失者：程卓南　填送日期卅四年十月廿五日

损失年月日	事件	地点	损失项目	购置年月	单位	数量	价值（国币元）购置时价值	损失时价值	证件
卅三.九.廿三	敌抢	白象村	衣服		套	13		26000元	
			棉甲被		张	6		156000元	
			大猪		[illegible]	1		150000元	
			水牛		[illegible]	2		300000元	
			稻谷		[illegible]	500		250000元	
			[illegible]		[illegible]	1		300000元	
			[illegible]		[illegible]	2000		200000元	
			白米		[illegible]	160		16000元	

（本栏须加盖乡镇公所图记）

填报者	姓名	服务处所与所任职务	与受损失者之关系	通讯地址	盖章
	邓锡焜	七甲乡所			

七甲乡白象村郭亚灿财产损失报告单（一九四五年十月二十五日）

懷集縣七甲鄉(鎮)白象村(街)人民損失報告單　（表式1）

受損失者：郭亞燦　　填送日期卅四年十月廿五日

損失年月日	事件	地點	損失項目	購置年月	單位	數量	價值（國幣元）購置時價值	價值（國幣元）損失時價值	證件
卅三年九、十三	被敌擾	白象村	鷄[illegible]		隻	20		4000元	
			甲被		張	3		9000元	

填報者	姓名	服務處所	所任職務	與受損失者之關係	通訊地址	蓋章
	鄧錫焜	七甲鄉公所				

（本表應加蓋鄉鎮公所圖記）

七甲乡白象村郭永兆财产损失报告单（一九四五年十月二十五日）

004

898-134

懷集縣七甲鄉（鎮）白象村（街）人民損失報告單 （表式4）

受損失者：郭永兆　　　　填送日期卅四年十月廿五日

損失年月日	事件	地點	損失項目	購置年月	單位	數量	價值（國幣元）購置時價值	損失時價值	證件
卅三年九月十三	被敵耗散	白象村	中衣		隻	2		10000元	
			棉服		套	1.1		22000元	

填報者	姓名	服務處所	所任職務	與受損失者之關係	通訊地址	蓋章
	鄧錫棍	七甲鄉公所				

（本單應加蓋鄉鎮公所圖記）

七甲乡白象村郭家祥财产损失报告单（一九四五年十月二十五日）

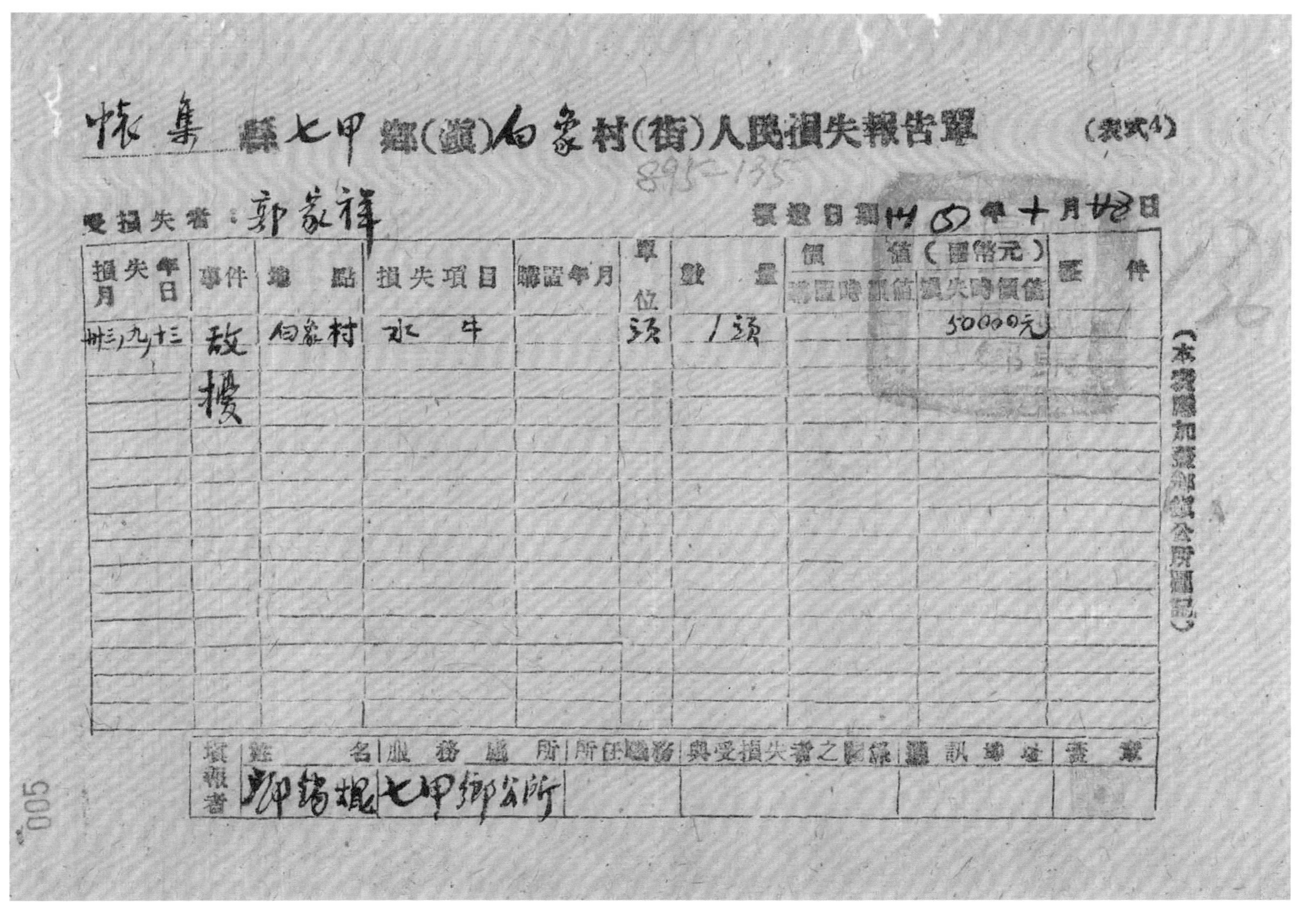

懷集縣七甲鄉（鎮）白象村（街）人民損失報告單　（表式4）

895-135

受損失者：郭家祥　　填送日期卅四年十月廿八日

損失年月日	事件	地點	損失項目	購置年月	單位	數量	價值（國幣元）購置時價值	價值（國幣元）損失時價值	證件
卅三，九，十三	敌擄	白象村	水牛		頭	1頭		50000元	

報告者	姓名	服務處所	所任職務	與受損失者之關係	通訊地址	蓋章
	郭錫棍	七甲鄉公所				

（本表應加蓋鄉鎮公所圖記）

005

七甲乡白象村郭敬年财产损失报告单（一九四五年十月二十五日）

懷集縣七甲鄉（鎮）白象村（街）人民損失報告單　（表式4）

受損失者：郭敬年　　填送日期卅四年十月廿五日

損失年月日	事件	地點	損失項目	購置年月	單位	數量	價值（國幣元） 購置時價值	價值（國幣元） 損失時價值	證件
卅三年九月十三	被敌抢散	白象村	水牛		頭	1		20000元	
			猪仔		隻	2		6080元	
			大猪		隻	1		12600元	

填報者	姓名	服務處所	與受損失者之關係	通信地址	蓋章
	鄧錫焜	七甲鄉公所			

（本表應加蓋鄉鎮公所圖記）

006

七甲乡白象村郭呈祥财产损失报告单（一九四五年十月二十五日）

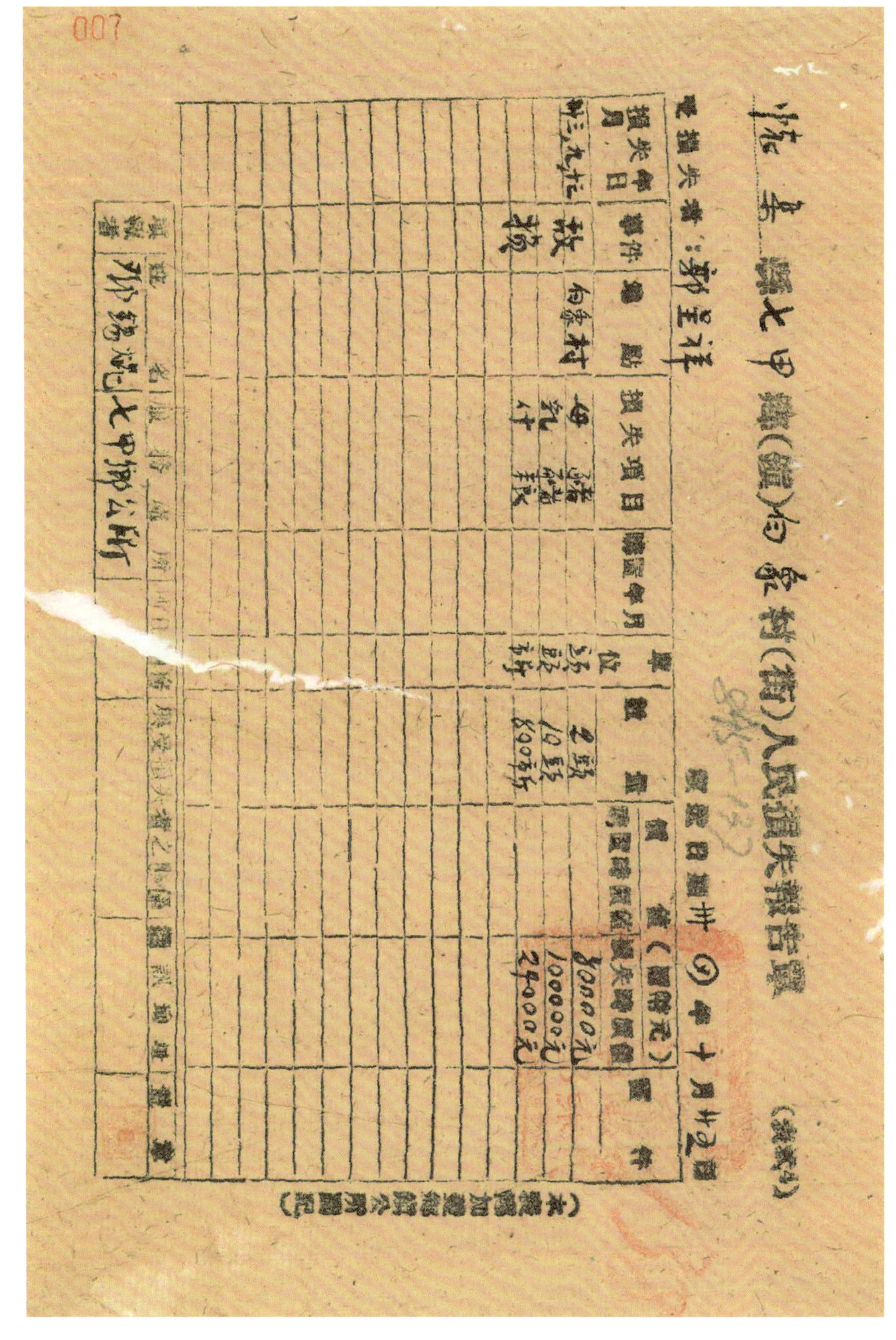

懷集縣七甲鄉（鎮）白象村（街）人民損失報告單　（表式4）

845-132

受損失者：郭呈祥　　填送日期卅四年十月廿五日

損失年月日	事件	地點	損失項目	購置年月	單位	數量	價值（國幣元）購置時價值	損失時價值	證件
卅三，九，十七	敵掠	白象村	母豬		頭	2頭		80000元	
			乳豬		頭	10頭		100000元	
			什糧		斤	800斤		24000元	

填報者	姓名	服務處所	所任職務	與受損失者之關係	通訊地址	蓋章
	邓錫焜	七甲鄉公所				

（本表須加蓋鄉鎮公所圖記）

007

七甲乡白象村郭邓氏财产损失报告单（一九四五年十月二十五日）

懷集縣七甲鄉(鎮)白象村(街)人民損失報告單 (表式4)

受損失者：郭鄧氏　　　　填送日期卅四年十月廿五日

損失年月日	事件	地點	損失項目	購置年月	單位	數量	價值(國幣元) 購置時價值	價值(國幣元) 損失時價值	證件
卅三.九.十三	敌扰	白象村	衣服		套	6		15000	
			鷄鴨		隻	20		4000	
			木薯		市斤	200		1000	
			稻谷		市斤	500		2500	

(本單須加蓋鄉鎮公所圖記)

填報者	姓名	服務處所	所任職務	與受損失者之關係	通訊地址	蓋章
	鄧錫焜	七甲鄉公所				

七甲乡白象村程木清财产损失报告单（一九四五年十月二十五日）

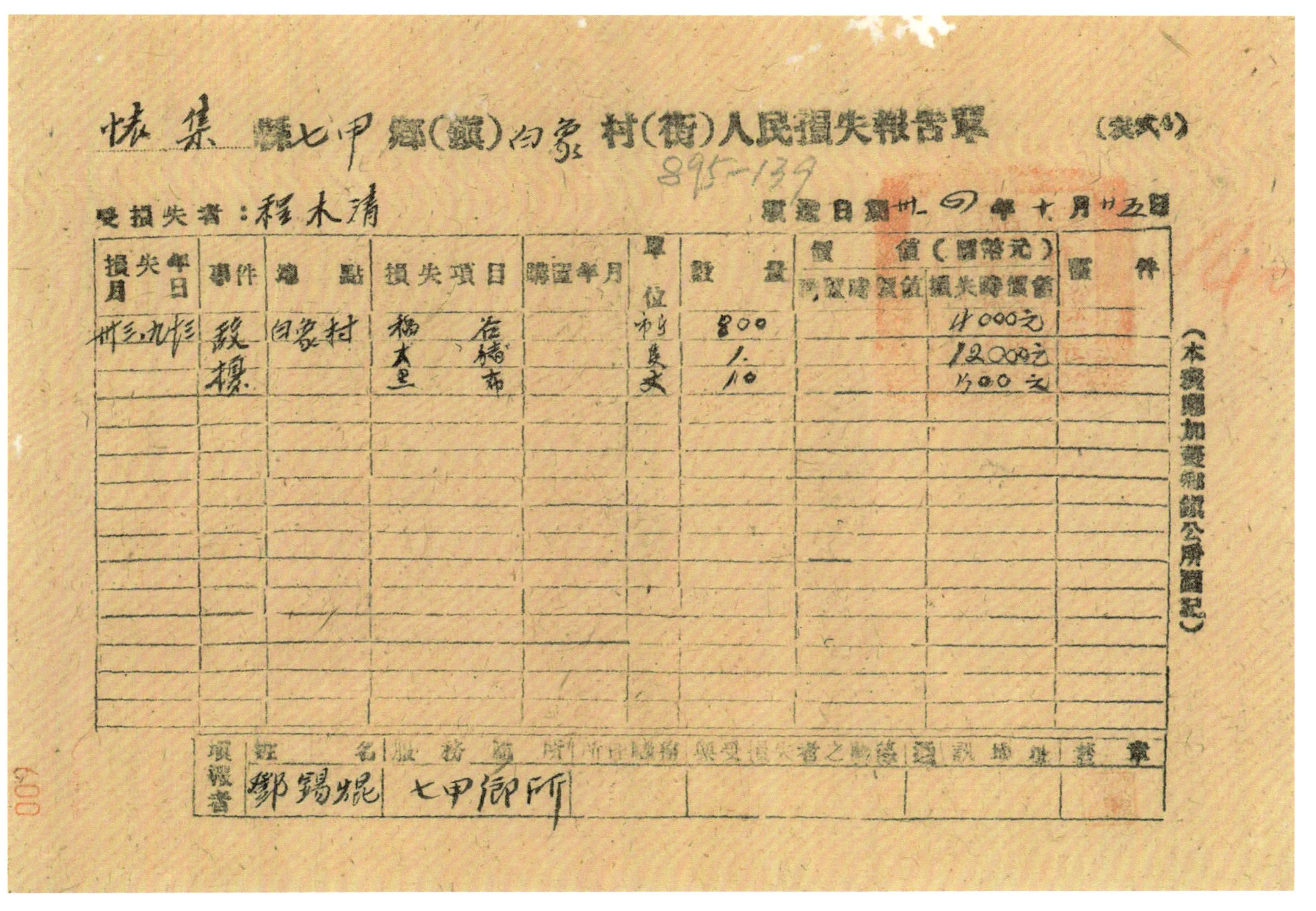

009

懷集縣七甲鄉（鎮）白象村（街）人民損失報告單　（表式3）

895-139

受損失者：程木清　　填送日期卅四年十月廿五日

損失年月日	事件	地點	損失項目	購置年月	單位	數量	價值（國幣元）購置時價值	損失時價值	證件
卅三.九.初	被擄	白象村	棉花		斤	800		48000元	
			大被		張	1		12000元	
			黑布		丈	10		1500元	

報告者	姓名	服務處所	所任職務	與受損失者之關係	通訊地址	蓋章
	鄭錫焜	七甲鄉所				

（本表應加蓋鄉鎮公所圖記）

七甲乡白象村郭伯祥财产损失报告单（一九四五年十月二十五日）

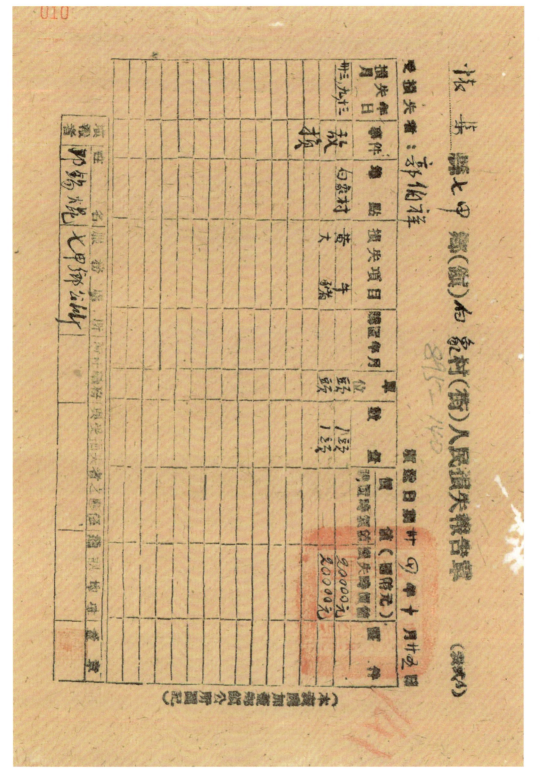

懷集縣七甲鄉（鎮）白象村（街）人民損失報告單　（表式3）

受損失者：郭伯祥　　填送日期 卅四年十月廿五日

損失年月日	事件	地點	損失項目	購置年月	單位	數量	價值（國幣元）購置時價值	價值（國幣元）損失時價值	證件
卅三，九，十三	敌掳	白象村	黄牛		頭	1頭		20000元	
			大猪		頭	1頭		20000元	

填報者	姓名	服務處所	所任職務	與受損失者之關係	通訊地址	蓋章
	郭錫焜	七甲鄉公所				

（本表應加蓋鄉鎮公所圖記）

七甲乡白象村陈以文财产损失报告单（一九四五年十月二十五日）

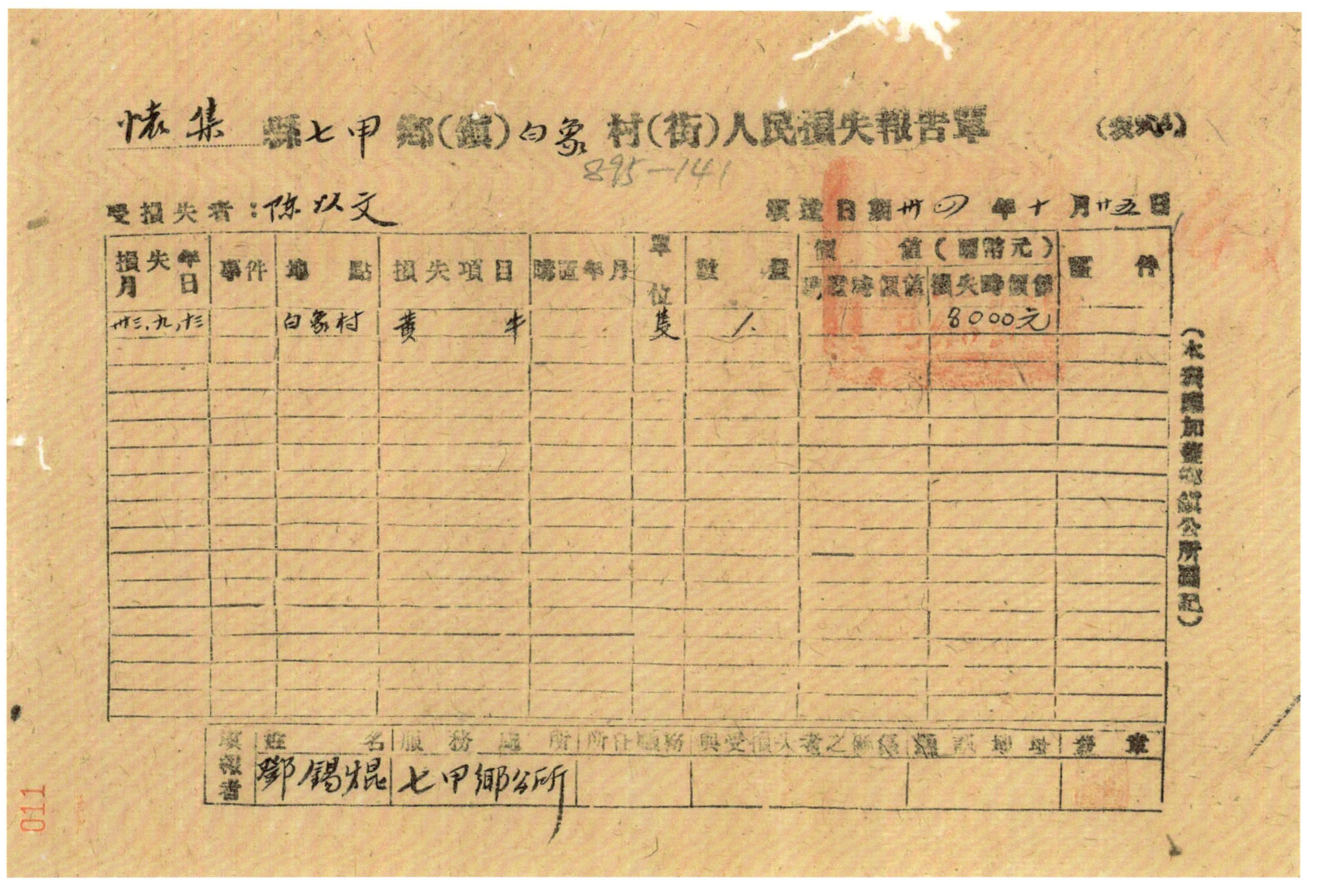

011

懷集縣七甲鄉（鎮）白象村（街）人民損失報告單 （表式1）

895-141

受損失者：陳以文　　　　填送日期卅四年十月廿五日

損失年月日	事件	地點	損失項目	購置年月	單位	數量	價值（國幣元）購置時價值	價值（國幣元）損失時價值	證件
卅三.九.廿		白象村	黄牛		隻	1		8000元	

（本表須加蓋鄉鎮公所圖記）

填報者	姓名	服務處所	所任職務	與受損失者之關係	通信地址	印章
	鄧錫焜	七甲鄉公所				

七甲乡白象村郭朝甫财产损失报告单（一九四五年十月二十五日）

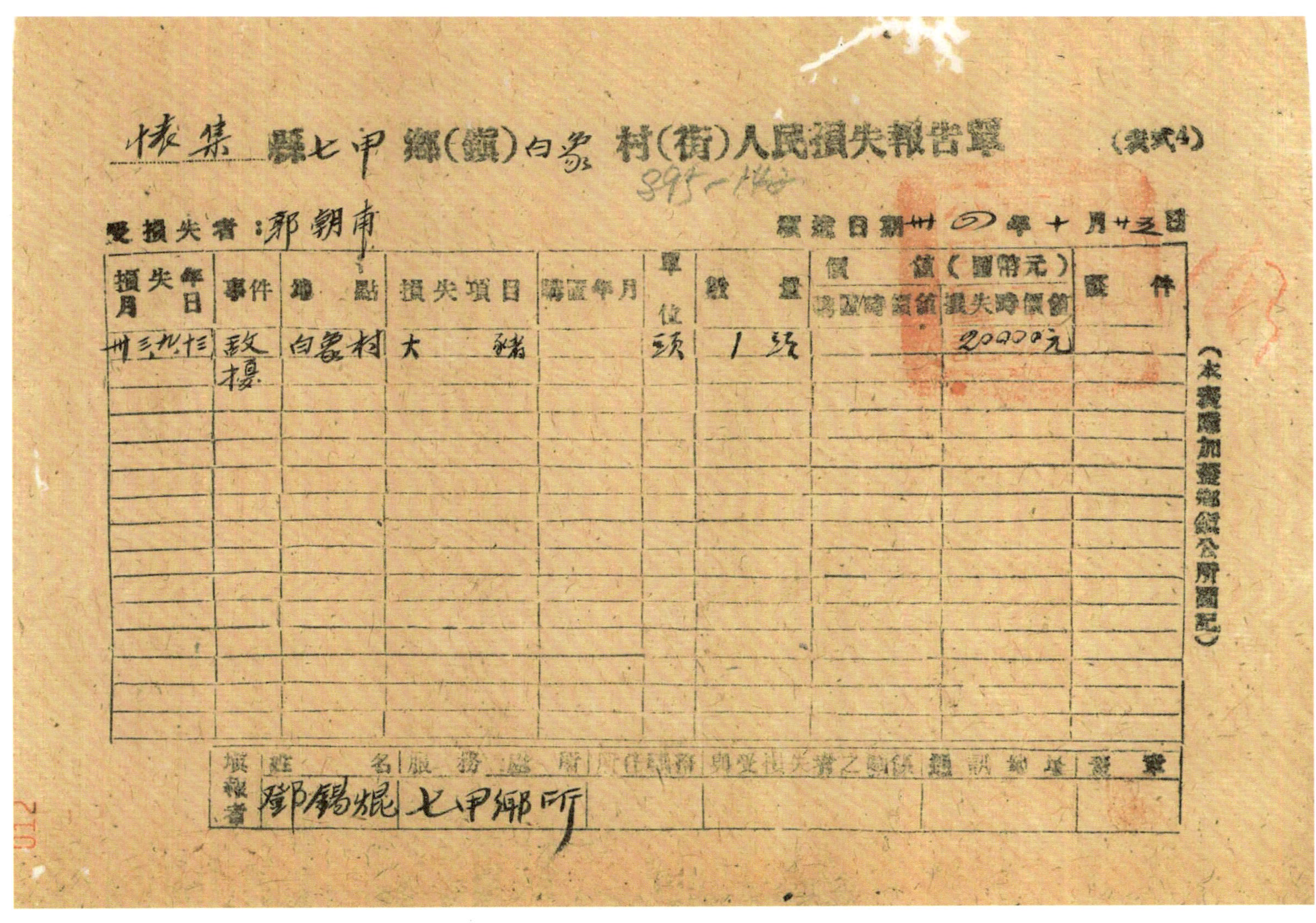

懷集縣七甲鄉（鎮）白象村（街）人民損失報告單　（表式4）

受損失者：郭朝甫　　填送日期卅四年十月廿五日

損失年月日	事件	地點	損失項目	購置年月	單位	數量	價值（國幣元）購置時價值	損失時價值	證件
卅三.九.廿三	敌擾	白象村	大猪		頭	1頭		200000元	

填報者	姓名	服務處所	所任職務	與受損失者之關係	通訊地址	蓋章
	鄧錫焜	七甲鄉所				

（本表應加蓋鄉鎮公所圖記）

七甲乡白象村郭亚荫财产损失报告单（一九四五年十月二十五日）

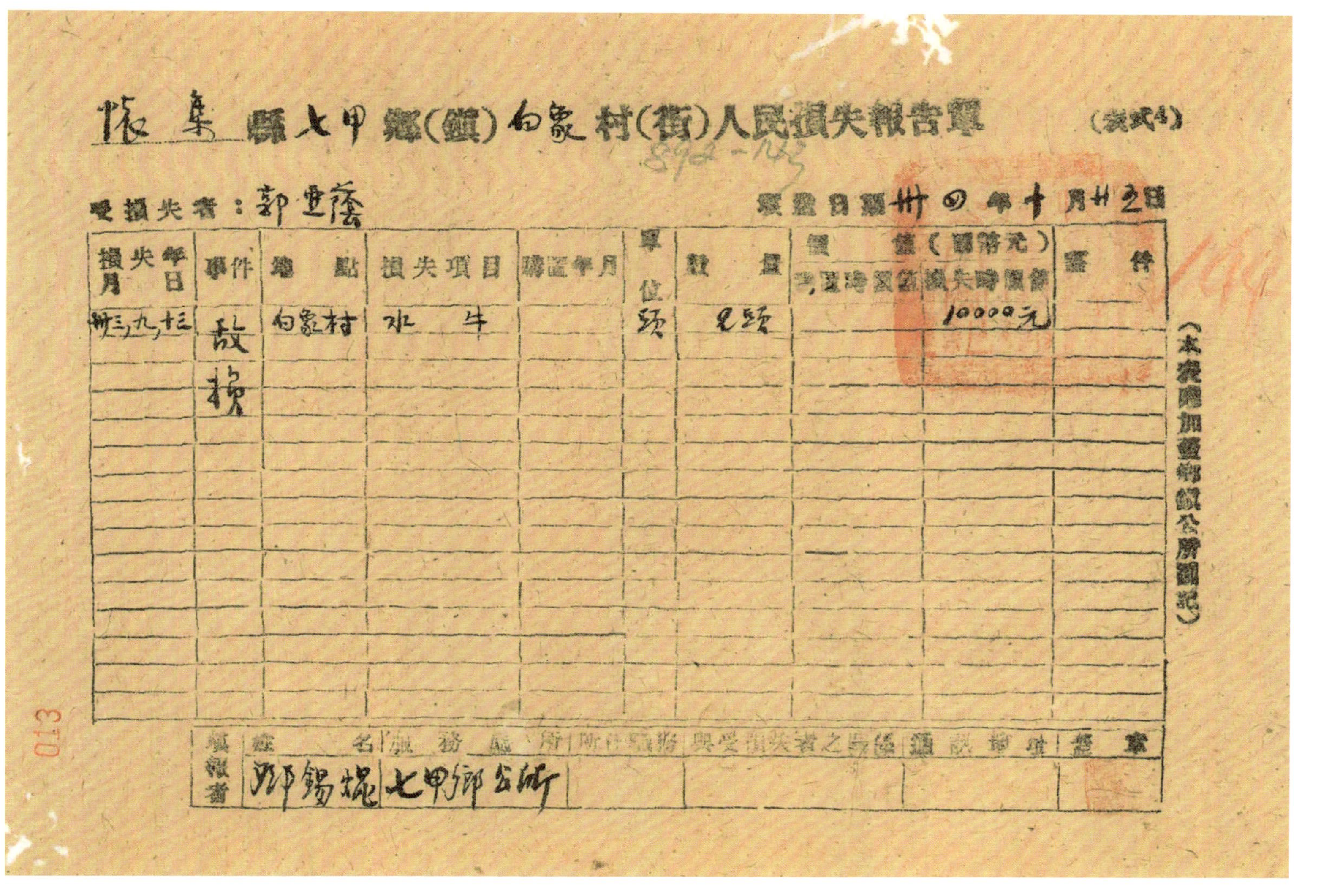

怀集縣七甲鄉（鎮）白象村（街）人民損失報告單　（表式4）

受損失者：郭亞蔭　　　　填送日期　卅四年十月廿五日

損失年月日	事件	地點	損失項目	購置年月	單位	數量	價值（國幣元）購置時價值	損失時價值	證件
卅三、九、十三	敌擄	白象村	水牛		頭	2頭		10000元	

填報者	姓名	服務處所	所任職務	與受損失者之關係	通訊地址	蓋章
	郭錫焜	七甲鄉公所				

（本表應加蓋鄉鎮公所圖記）

七甲乡白象村陈家桐财产损失报告单（一九四五年十月二十五日）

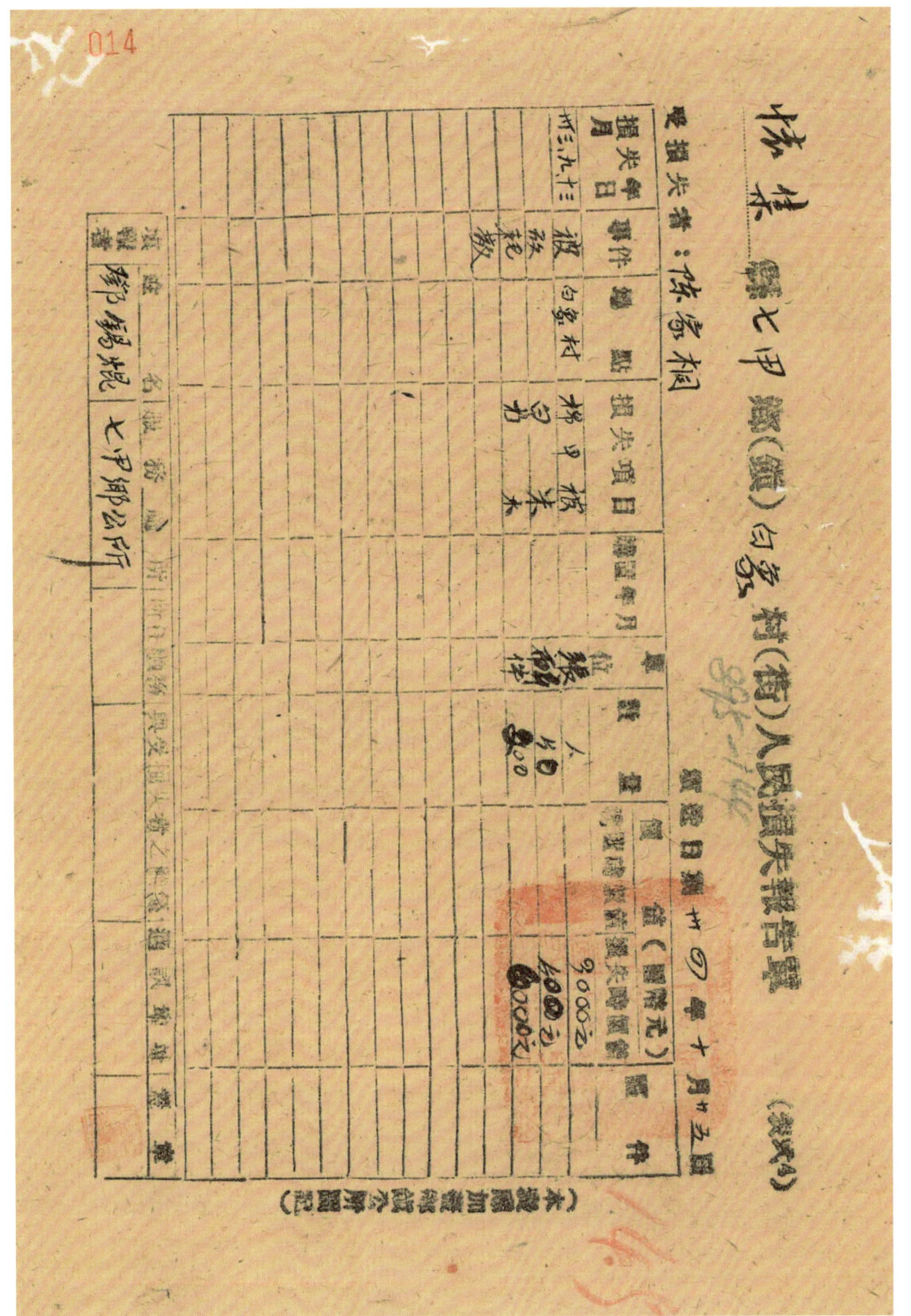

014

怀集县七甲乡（镇）白象村（街）人民损失报告单 （表式4）

受损失者：陈家桐

填送日期 卅四年十月廿五日

损失年月日	事件	地点	损失项目	购置年月	单位	数量	价值（国币元）购置时价值	价值（国币元）损失时价值	证件
卅三.九.十三	被敌耗散	白象村	棉甲被		张	1		3000元	
			白米		斛	50		600元	
			杂木		件	200		6000元	

直辖机关学校团体或事业 名称 印信

受损失者 服务处所与受损失者之关系 通讯地址

填报者 邓锡棍 七甲乡公所 盖章

（本表须加盖填送机关公章）

七甲乡白象村郭亚雨财产损失报告单（一九四五年十月二十五日）

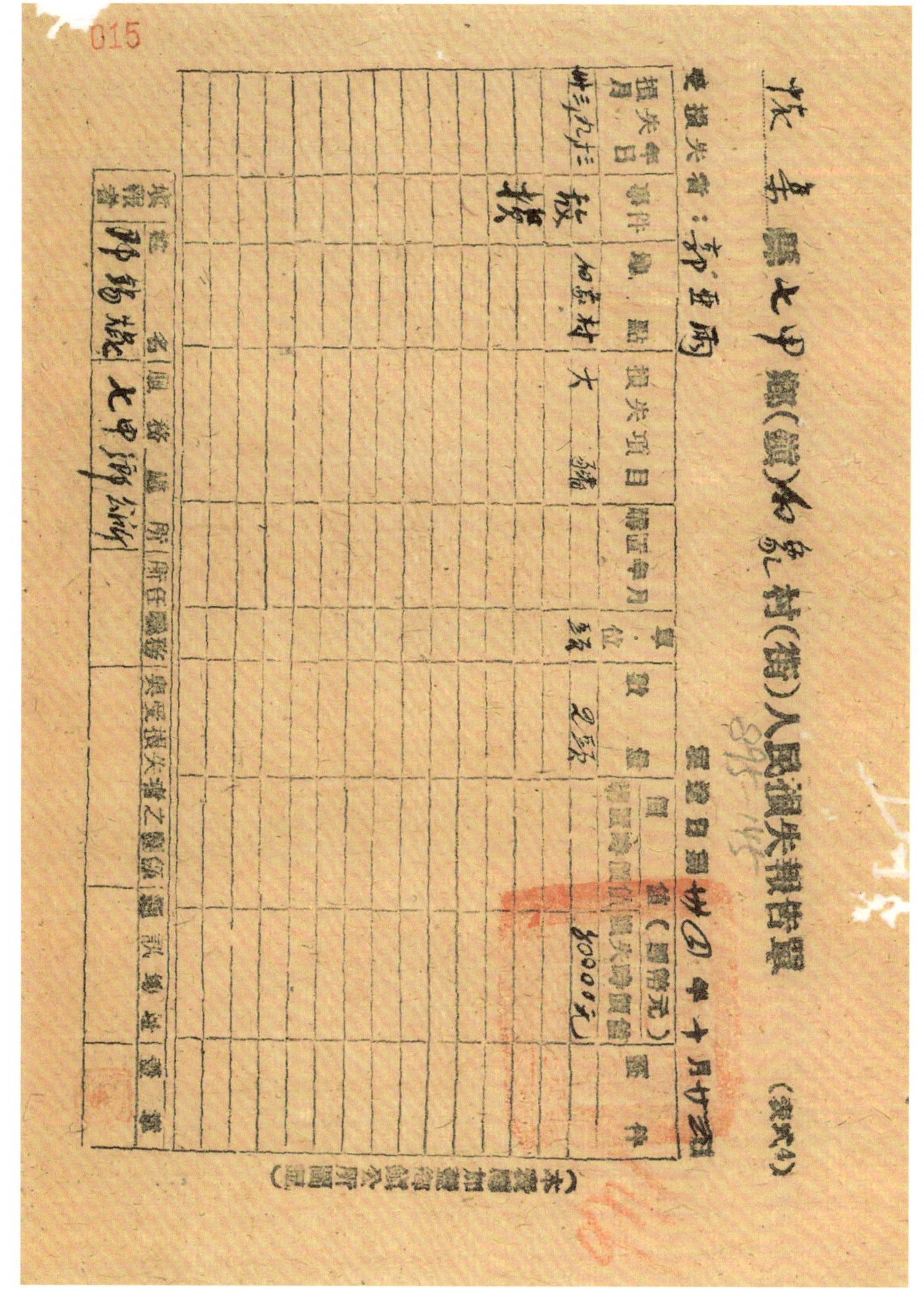

015

怀集縣七甲鄉(鎮)白象村(街)人民損失報告單　(表式4)

895-145

受損失者：郭亞雨　　填送日期 卅四年十月廿五日

損失年月日	事件	地點	損失項目	購置年月	單位	數量	價值(國幣元) 購置時價值	價值(國幣元) 損失時價值	證件
卅三.九.十三	敵擄	白象村	大豬		頭	2頭		80000元	

填報者	姓名	服務處所	所任職務	與受損失者之關係	通訊地址	蓋章
	鄧錫旋	七甲鄉公所				

(本表須加蓋鄉鎮公所圖記)

七甲乡白象村郭敬颜财产损失报告单（一九四五年十月二十五日）

016

懷集縣七甲鄉（鎮）白象村（街）人民損失報告單 （表式4）

895-146

受損失者：郭敬顏　　　　填報日期 卅四年十月廿五日

損失年月日	事件	地點	損失項目	購置年月	單位	數量	價值（國幣元）購置時價值	損失時價值	證件
卅三，九，十三	敵擾	白象村	時鐘		個			48000元	
			稻谷		斤			100000元	
			什粮		斤			72000元	
			布疋		尺			48000元	
			松棠		桶			400000元	
			杉		件			4000000元	
			傢売		枝			100000元	
			子彈		顆			10000元	

填報者	姓名	服務處所	所任職務	與受損失者之關係	通訊地址	蓋章

（本表應加蓋鄉鎮公所圖記）

七甲乡白象村程聚和财产损失报告单（一九四五年十月二十五日）

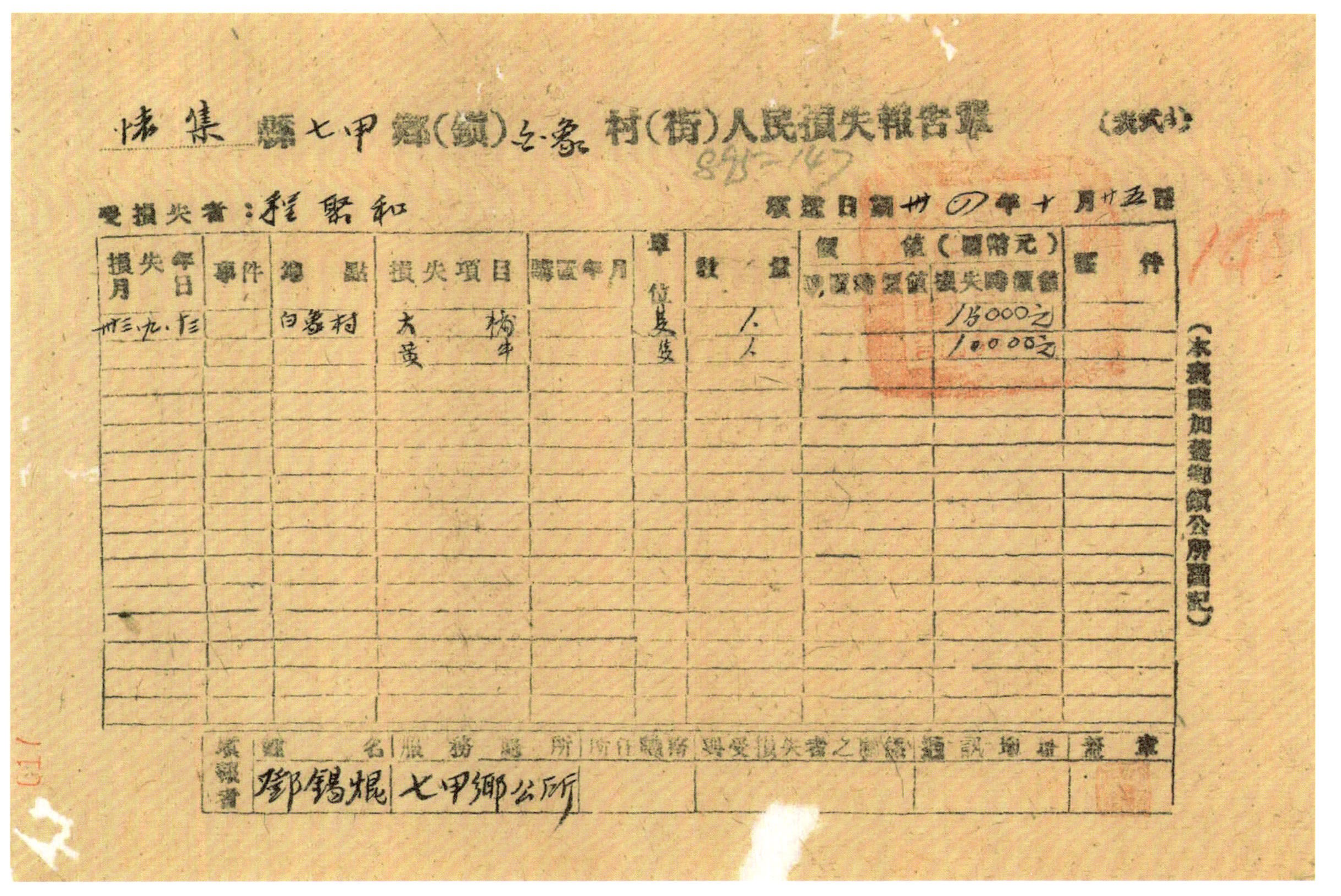

懷集縣七甲鄉（鎮）白象村（街）人民損失報告單　（表式1）

受損失者：程聚和　　　　填送日期卅四年十月廿五日

損失年月日	事件	地點	損失項目	購置年月	單位	數量	價值（國幣元）購置時價值	價值（國幣元）損失時價值	證件
卅三.九.十		白象村	大水牛		隻	1		15000元	
			黃牛		隻	1		10000元	

填報者	簽名	服務處所	所任職務	與受損失者之關係	通訊地址	蓋章
	鄧錫焜	七甲鄉公所				

（本表須加蓋鄉鎮公所圖記）

七甲乡白象村程汝南财产损失报告单（一九四五年十月二十五日）

018

懷集縣七甲鄉(鎮)白象村(街)人民損失報告單　（表式3）

825-148

受損失者：程汝南　　填送日期卅四年十月廿五日

損失年月日	事件	地點	損失項目	購置年月	單位	數量	價值（國幣元）購置時價值	損失時價值	證件
卅三，九，十三		白象村	时钟	個	個	1		2000元	
			棉毛衫	件	件	2		20000元	
			毛线		磅	200		6000元	

填報者	姓名	服務處所	與受損失者之關係	通訊地址	蓋章
	鄧錫焜	七甲鄉公所			

（本表應加蓋鄉鎮公所圖記）

149

七甲乡白象村郭其祥财产损失报告单（一九四五年十月二十五日）

懷集縣七甲鄉（鎮）白象村（街）人民損失報告單　（表式3）

受損失者：郭其祥　　填送日期　卅四年十月廿五日

損失年月日	事件	地點	損失項目	購置年月	單位	數量	價值（國幣元）購置時價值	價值（國幣元）損失時價值	證件
卅三,九,十三	敌擾	白象村	水牛		頭	1		50000元	
			什粮		斤	1000斤		30000元	
			稻谷		斤	1000斤		50000元	
			衣服		套	10套		40000元	
			布尺		尺	8尺		32000元	

（本表應加蓋鄉鎮公所圖記）

填報者	姓名	服務處所	所任職務	與受損失者之關係	通訊地址	蓋章
	鄧錫焜	七甲鄉所				

七甲乡白象村程及荣财产损失报告单（一九四五年十月二十五日）

怀集县七甲乡（镇）白象村（街）人民损失报告单 （表式4）

受损失者：程及荣 填送日期卅四年十月廿五日

损失年月日	事件	地点	损失项目	购置年月	单位	数量	价值（国币元） 购置时价值	损失时价值	证件
卅三.九.廿	敌掳	白象村	耕[illegible]牛		[illegible]	1		10000元	
			谷		[illegible]	100		3000元	

（本表应加盖乡镇公所关记）

填报者	姓名	服务处所	所任职务	与受损失者之关系	通讯地址	盖章
	邓锡焜	七甲乡所				

七甲乡白象村程有南财产损失报告单（一九四五年十月二十五日）

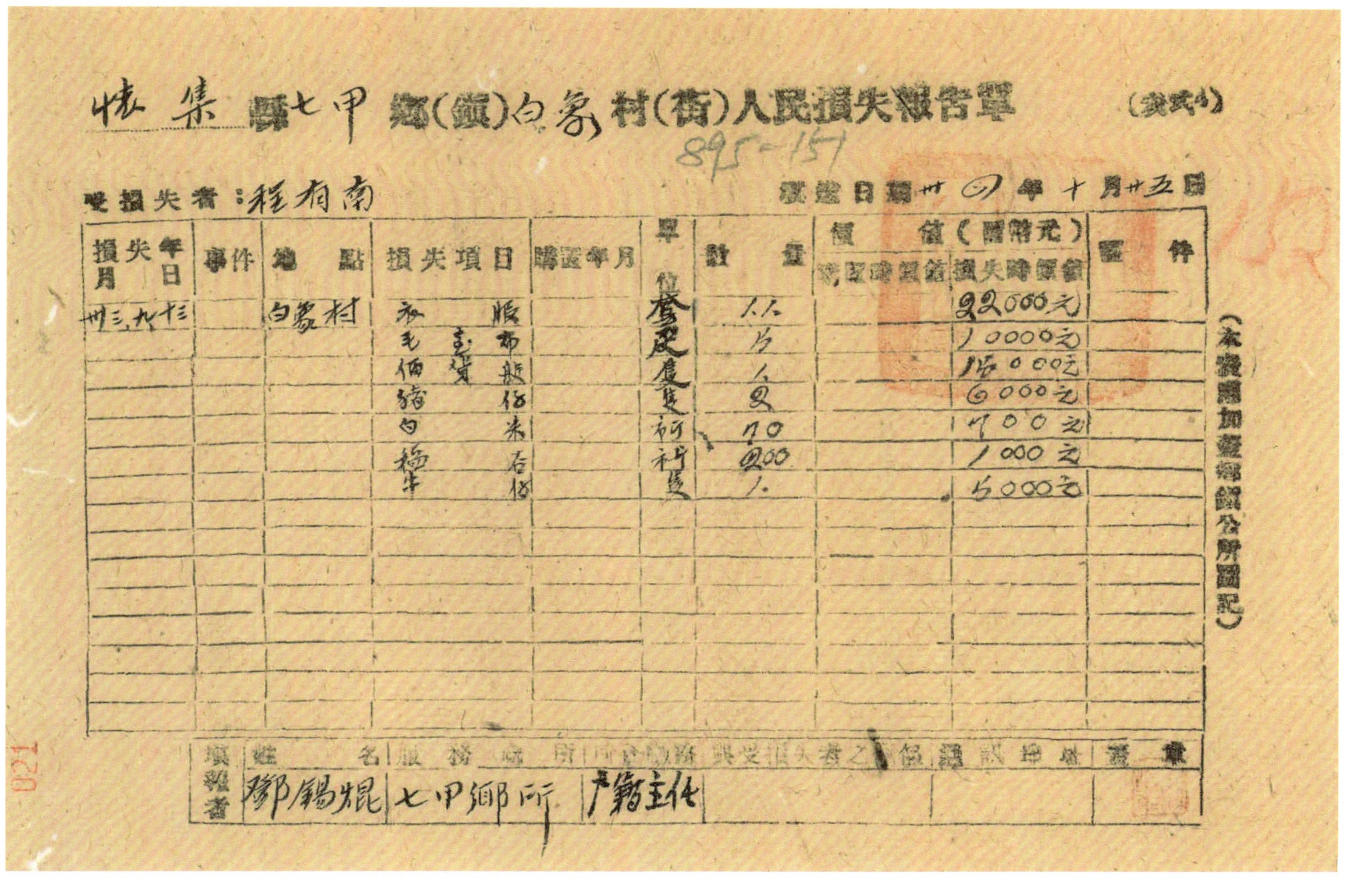

懷集縣七甲鄉（鎮）白象村（街）人民損失報告單 （表式5）

895-151

受損失者：程有南　　填送日期卅四年十月廿五日

損失年月日	事件	地點	損失項目	購置年月	單位	數量	價值（國幣元）購置時價值	價值（國幣元）損失時價值	證件
卅三.九.十三		白象村	衣服		套	11		22000元	
			毛布		疋	5		10000元	
			傢私		套	4		15000元	
			豬仔		隻	2		6000元	
			白米		斤	70		400元	
			稻谷		斤	200		1000元	
			耕牛		隻	1		5000元	

填報者	姓名	服務處所	所任職務	與受損失者之關係	通訊地址	蓋章
	鄧錫焜	七甲鄉所	户籍主任			

（本表需加蓋鄉鎮公所圖記）

七甲乡白象村程树南财产损失报告单（一九四五年十月二十五日）

怀集县七甲乡（镇）白象村（街）人民损失报告单（表式4）

填送日期卅四年十月廿五日

受损失者：程树南

损失年月日	事件	地点	损失项目	购置年月	单位	数量	价值（国币元）购置时价值	损失时价值	证件
卅三.九.廿	敌扰	白象村	衣服		套	4		10000元	
			棉胎		张	1		2000元	
			绸帽		顶	20		2500元	
			白布		丈	10		6000元	
			中猪		只	1		6000元	
			甲被		张	1		3000元	
			木薯		市斤	1000		6000元	
			旧米		市斤	90		900元	
			稻谷		市斤	400		2000元	

（本表须加盖乡镇公所图记）

报告者	姓名	服务处所与受损失者之关系	通讯地址	盖章
	邓锡焜	七甲乡公所		

七甲乡白象村程守真财产损失报告单（一九四五年十月二十五日）

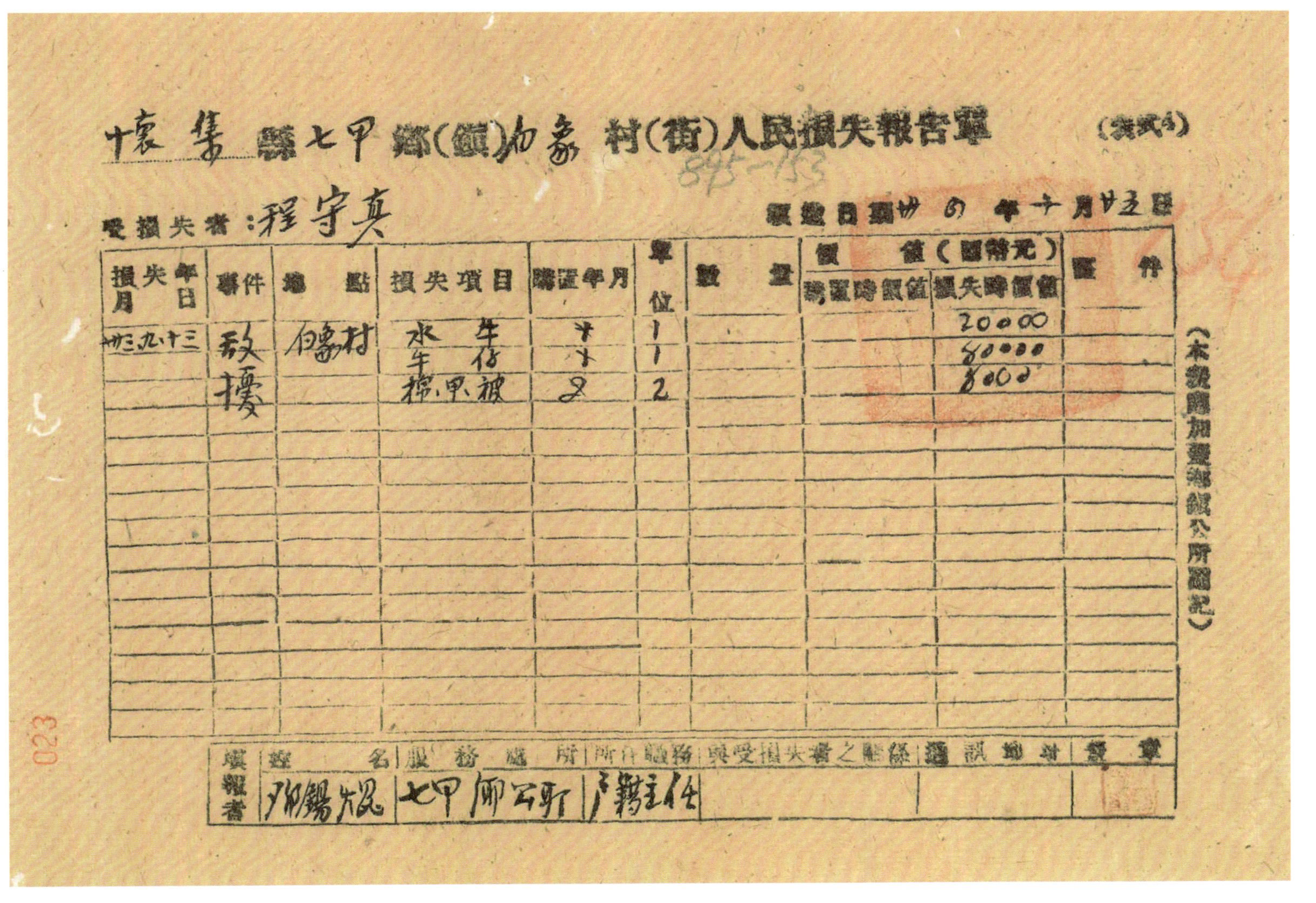

懷集縣七甲鄉(鎮)白象村(街)人民損失報告單　（表式3）

受損失者：程守真　　填送日期卅四年十月廿五日

損失年月日	事件	地點	損失項目	購置年月	單位	數量	價值(國幣元) 購置時價值	價值(國幣元) 損失時價值	證件
卅三.九.十三	敌擾	白象村	水牛	[illegible]	1			20000	
			牛仔	[illegible]	1			80000	
			棉、甲、被	[illegible]	2			8000	

填報者	姓名	服務處所	所任職務	與受損失者之關係	通訊地址	蓋章
	鄧錫焜	七甲鄉公所	户籍主任			

（本表應加蓋鄉鎮公所圖記）

七甲乡白象村郭庆祥财产损失报告单（一九四五年十月二十五日）

怀集縣七甲鄉(鎮)白象村(街)人民損失報告單　(表式4)

受損失者：郭慶祥　　　　填送日期卅四年十月廿五日

損失年月日	事件	地點	損失項目	購置年月	單位	數量	價值(國幣元) 購置時價值	價值(國幣元) 損失時價值	證件
卅三.九.十三	敵擾	白象村	稻谷		市斤	1000斤		50000元	
			什粮		市斤	800斤		2400元	
			大豬		頭	2頭		80000元	
			水牛		頭	1頭		50000元	

填報者	姓名	服務處所	所任職務	與受損失者之關係	通信地址	蓋章
	鄧錫焜	七甲鄉所				

(本表須加蓋鄉鎮公所圖記)

七甲乡白象村程守兴财产损失报告单（一九四五年十月二十五日）

怀集县七甲乡（镇）白象村（街）人民损失报告单

（表式4）

受损失者：程守兴　　填送日期卅四年十月廿五日

损失年月日	事件	地点	损失项目	购置年月	单位	数量	价值（国币元）		证件
							购置时价值	损失时价值	
卅三.九.十三		白象村	衣服		套	6		12000元	
			稻谷		市斤	200		1000元	
			白米		市斤	100		1000元	

填报者	姓名	服务处所与所任职务	与受损失者之关系	通讯地址	盖章
	邓锡焜	七甲乡公所			

（本表须加盖乡镇公所图记）

七甲乡白象村邓以玲财产损失报告单（一九四五年十月二十五日）

懷集縣七甲鄉（鎮）白象村（街）人民損失報告單　（表式4）

受損失者：鄧以玲

填送日期 卅四年十月廿五日

損失年月日	事件	地點	損失項目	購置年月	單位	數量	價值（國幣元）購置時價值	價值（國幣元）損失時價值	證件
卅三年九月三	被亂耗損	白象村	衣服		套	20		60000元	
			黑布		疋	5		10000元	
			時鐘		個	1		2000元	
			稻穀		市斤	1000		60000元	
			大豬		隻	2		32000元	
			牛		隻	1		20000元	
			[illegible]		[illegible]	300		9000元	
			雞		隻	40		12000元	
			[illegible]		擔	300		75000元	
			[illegible]		把	5000		25000元	
			[illegible]		件	10000		50000元	
			[illegible]		[illegible]	400		12000元	
			[illegible]		枝	1		50000元	
			[illegible]		[illegible]	50		1500元	

填報者	姓名	服務處所	所任職務	與受損失者之關係	通訊地址	蓋章
	鄧錫[illegible]	七甲鄉公所	户籍主任			

（本表應加蓋鄉鎮公所圖記）

七甲乡白象村张金连财产损失报告单（一九四五年十月二十五日）

懷集 縣七甲 鄉(鎮)白象 村(街)人民損失報告單 （表式4）

受損失者：張金連　　填送日期 卅四 年 十 月廿五 日

損失年月日	事件	地點	損失項目	購置年月	單位	數量	價值（國幣元） 購置時價值	損失時價值	證件
卅三.九.十三	敌擾	白象村	衣服		套	拾		20000元	
			黑布		疋	弍		26000元	
			時錶		個	壹		2000元	
			稻谷		市斤	四百斤		20000元	
			大猪		隻	壹		16000元	
			黄牛		隻	壹		9000元	

填報者	姓名	服務處所	所任職務	與受損失者之關係	通訊地址	蓋章
	邓鍚焜	七甲鄉公所	鄉務主任			

（本表應加蓋鄉鎮公所關記）

七甲乡白象村郭锡兆财产损失报告单（一九四五年十月二十五日）

怀集县七甲乡（镇）白象村（街）人民损失报告单　（表式4）

受损失者：郭锡兆　　填送日期卅四年十月廿五日

损失年月日	事件	地点	损失项目	购置年月	单位	数量	价值（国币元） 购置时价值	价值（国币元） 损失时价值	证件
卅三年九月十三	被敌耗散	白象村	母猪		头	1		14000元	
			猪仔		只	10		4000元	
			[illegible]布		尺	[illegible]		1000元	
			[illegible]布		尺	[illegible]		8000元	
			[illegible]茶		市斤	1000		5000元	
			衣服		套	6		12000元	
			木薯		[illegible]	1000		[illegible]元	

填报者	姓名	服务处所	所任职务	与受损失者之关系	通讯地址	盖章
	郑锡焜	七甲乡所				

（本表应加盖乡镇公所图记）

七甲乡白象村郭邓氏财产损失报告单（一九四五年十月二十五日）

怀集县七甲乡（镇）白象村（街）人民损失报告单　（表式4）

受损失者：郭邓氏　　填送日期卅四年十月廿三日

损失年月日	事件	地点	损失项目	购置年月	单位	数量	价值（国币元）购置时价值	价值（国币元）损失时价值	证件
卅三.九.廿三	敌擾	白象村	衣服		[illegible]	件		14000元	
			木器		斤	600		2600元	
			中猪		隻	1		6000元	
			稻谷		斤	400		2000元	
			白米		斤	100		1600元	

填报者	姓名	服务处所	所任职务	与受损失者之关系	通讯地址	盖章
	邓锡焜	七甲乡公所				

（本表须加盖乡镇公所图记）

895-159

029

七甲乡白象村郭吉兆财产损失报告单（一九四五年十月二十五日）

懷集縣七甲鄉(鎮)白象村(街)人民損失報告單 (表式4)

填送日期 卅四年十月廿五日

受損失者：郭吉兆

損失年月日	事件	地點	損失項目	購置年月	單位	數量	價值(國幣元) 購置時價值	損失時價值	證件
卅三年九月十三日	敌扰	白象村	衣服 [illegible] [illegible] 稻谷		套 [illegible] [illegible] [illegible] 斤	2 20 1000 1 300		5000元 4000元 4000元 1000元 1500元	

填報者	名	服務處所	所任職務	與受損失者之關係	通訊地址	蓋章
	[illegible]	七甲鄉公所	户籍干事			

(本表應加蓋填報公章)

七甲乡白象村罗芝妍财产损失报告单（一九四五年十月二十五日）

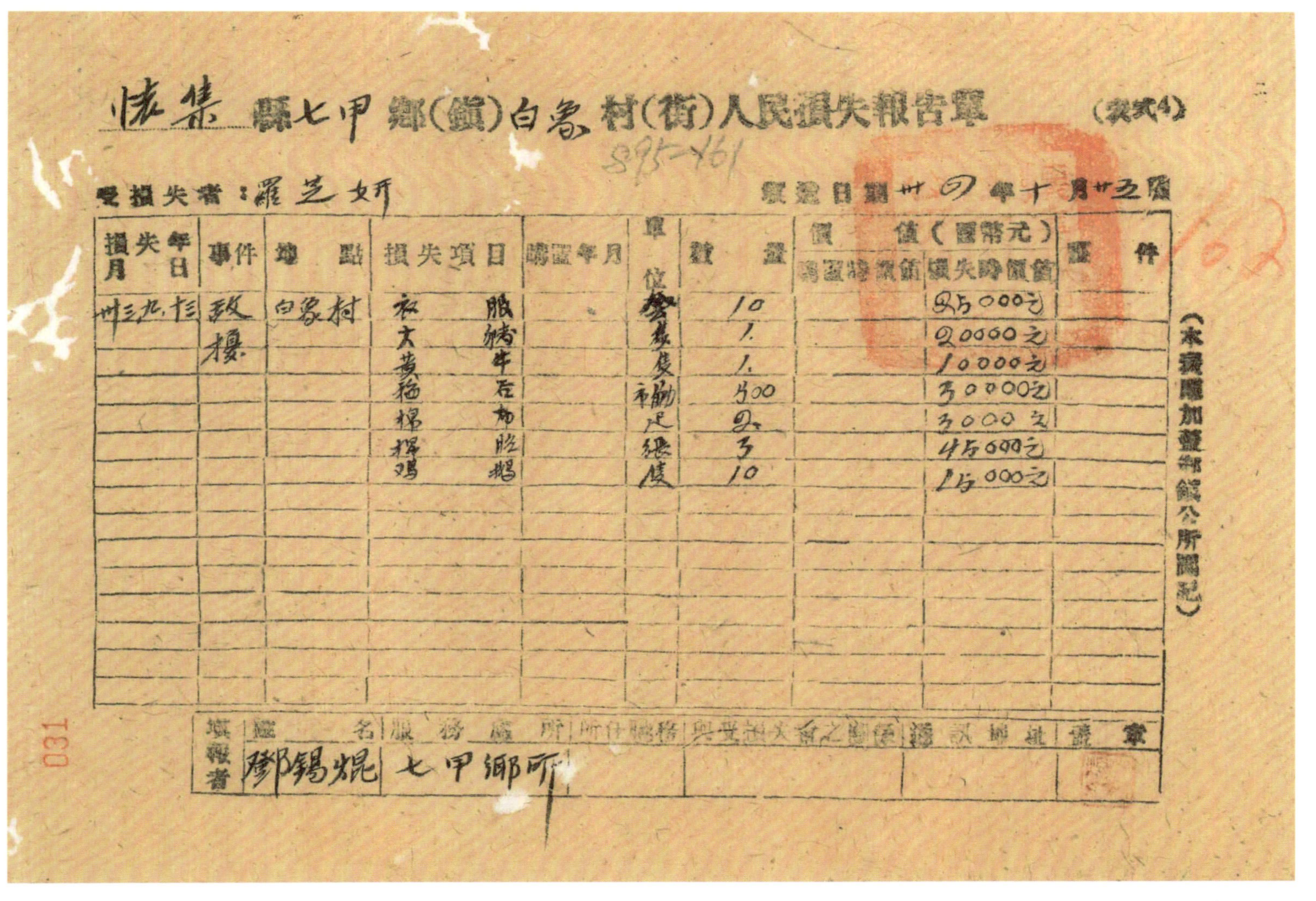

（表式4）

懷集縣七甲鄉（鎮）白象村（街）人民損失報告單

受損失者：羅芝妍　　　　填送日期卅四年十月廿五日

損失年月日	事件	地點	損失項目	購置年月	單位	數量	價值（國幣元）購置時價值	價值（國幣元）損失時價值	證件
卅三，九，十三	敵擾	白象村	衣服		套	10		25000元	
			文帳		床	1		20000元	
			黃牛		隻	1		10000元	
			稻谷		市斤	500		30000元	
			棉布		疋	2		3000元	
			樟腦		綑	3		45000元	
			鷄鵝		隻	10		15000元	

填報者	姓名	服務處所	所任職務	與受損失者之關係	通訊地址	蓋章
	廖錫焜	七甲鄉所				

（本表應加蓋鄉鎮公所圖記）

031

895-461

七甲乡白象村郭子祥财产损失报告单（一九四五年十月二十五日）

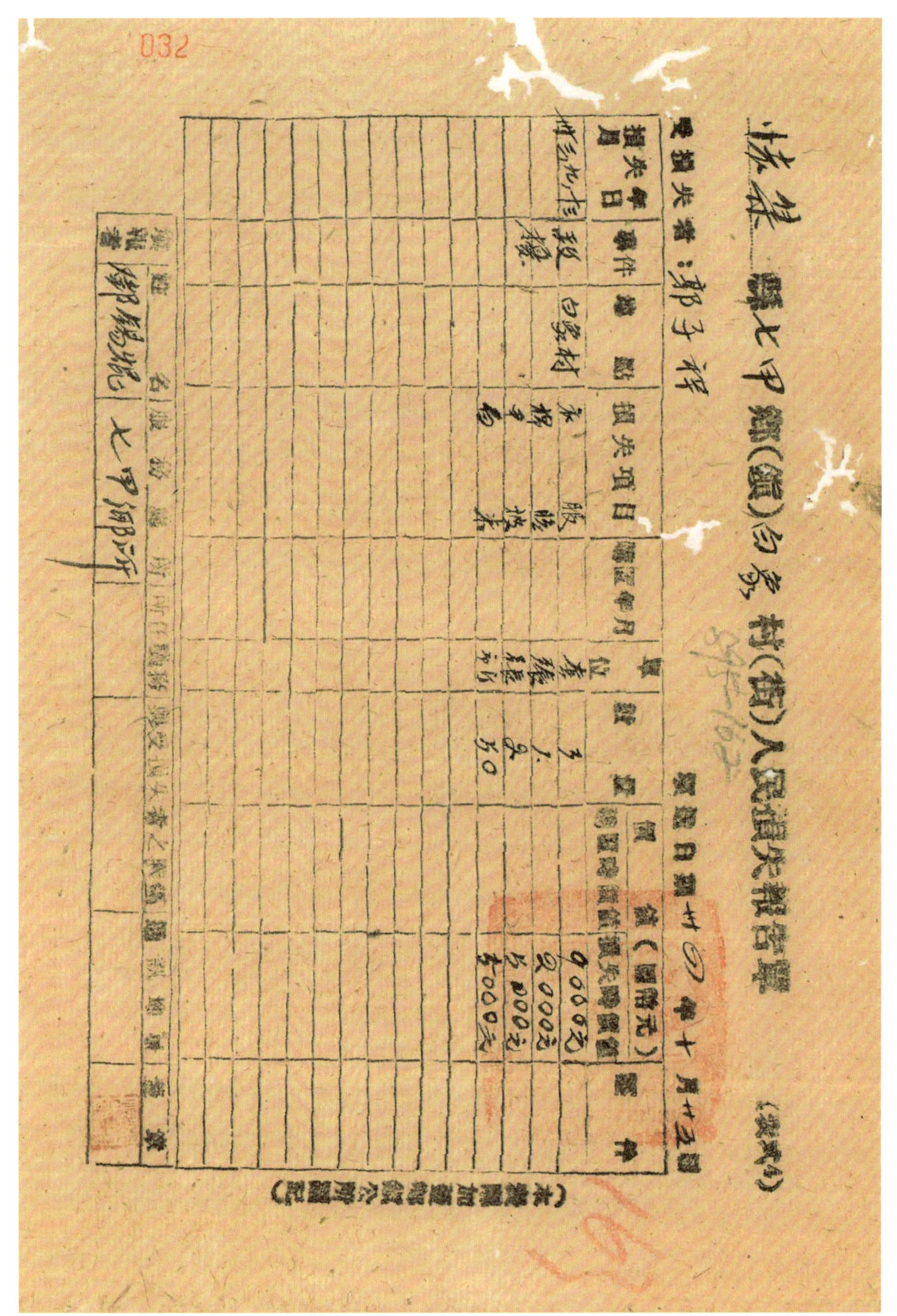

懷集縣七甲鄉(鎮)白象村(街)人民損失報告單 (表式4)

填送日期 卅四年十月廿五日

受損失者：郭子祥

損失年月日	事件	地點	損失項目	購置年月	單位	數量	價值(國幣元) 購置時價值	損失時價值	證件
卅三,九,十三	[illegible]擾	白象村	衣服		套	3		90000元	
			[illegible]		張	1		20000元	
			[illegible]		張	2		50000元	
			[illegible]布		[illegible]	50		50000元	

填報者	姓名	服務處所	與受損失者之關係	住址	通訊地址	蓋章
	[illegible]	七甲鄉所				

（本表應由鄉鎮公所填報）

七甲乡白象村郭锦荣财产损失报告单（一九四五年十月二十五日）

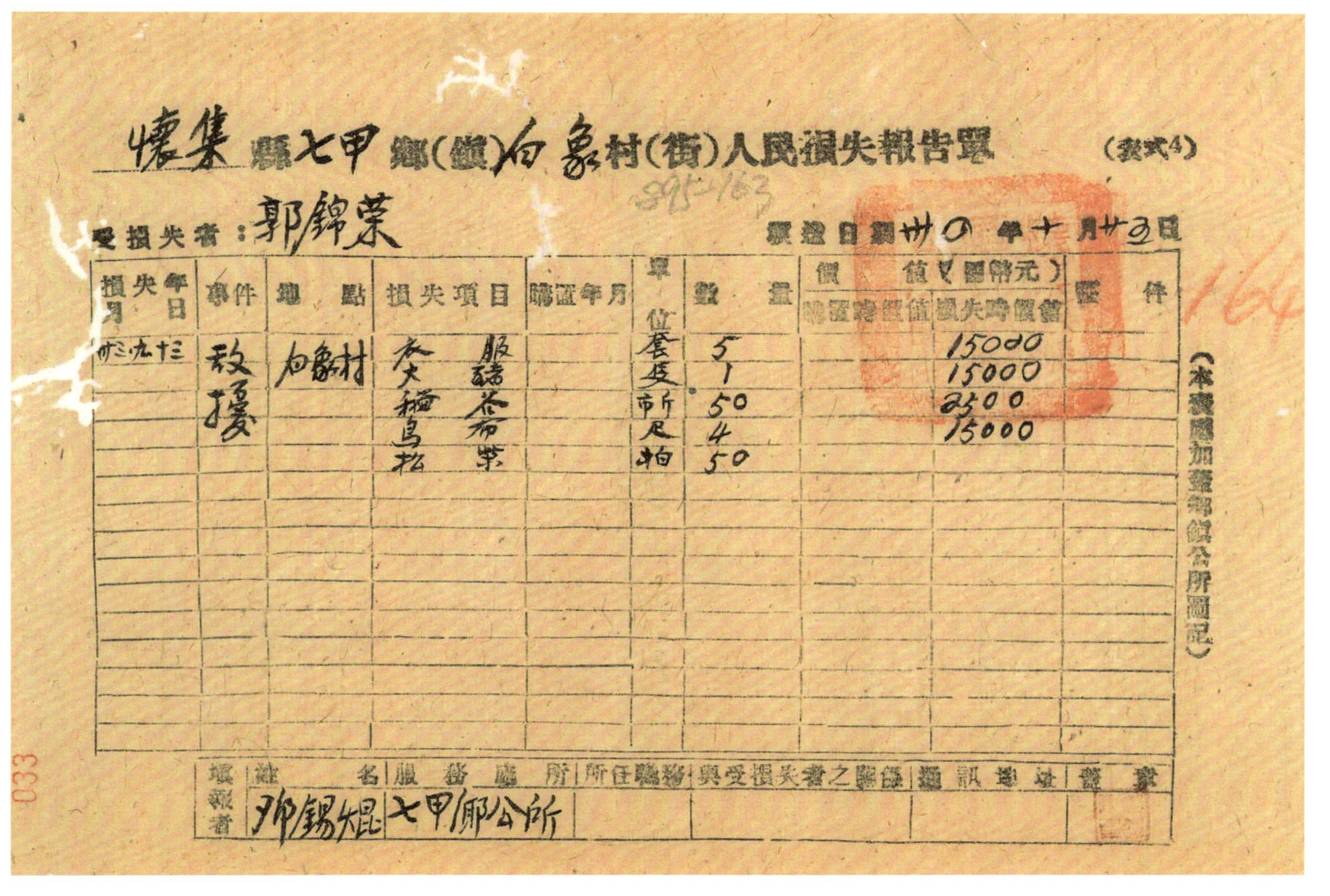

懷集縣七甲鄉（鎮）白象村（街）人民損失報告單　（表式4）

受損失者：郭錦榮　　填送日期卅〇年十月廿五日

損失年月日	事件	地點	損失項目	購置年月	單位	數量	價值（國幣元）購置時價值	價值（國幣元）損失時價值	證件
卅三.九.十三	敌擾	白象村	衣服		套	5		15000	
			大鑊		隻	1		15000	
			稻谷		市斤	50		2500	
			烏布		尺	4		15000	
			松柴		担	50			

填報者	姓名	服務處所	所任職務	與受損失者之關係	通訊地址	蓋章
	郭錫焜	七甲鄉公所				

（本表應加蓋鄉鎮公所圖記）

七甲乡白象村邓水妹财产损失报告单（一九四五年十月二十五日）

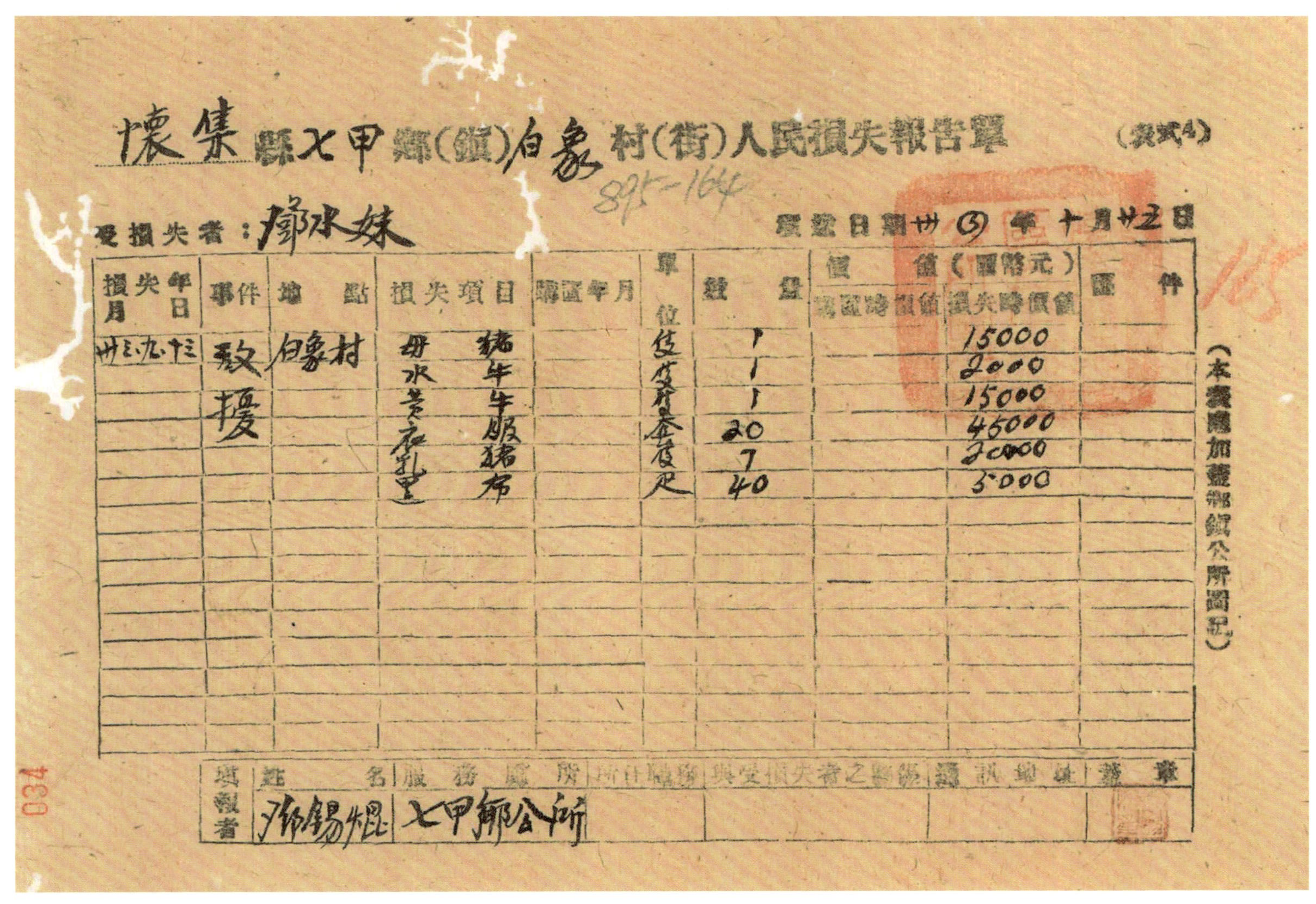

懷集縣七甲鄉(鎮)白象村(街)人民損失報告單　（表式4）

895-164

受損失者：鄧水妹　　填報日期卅③年十月廿五日

損失年月日	事件	地點	損失項目	購置年月	單位	數量	價值（國幣元）購置時價值	價值（國幣元）損失時價值	證件
卅三.九.十三	敌擾	白象村	母猪		隻	1		15000	
			水牛		隻	1		2000	
			黄牛		隻	1		15000	
			衣服		套	20		45000	
			乳猪		隻	7		20000	
			土布		尺	40		5000	

（本表應加蓋鄉鎮公所圖記）

填報者	姓名	服務處所	所任職務	與受損失者之關係	通訊地址	蓋章
	鄧錫焜	七甲鄉公所				

034

七甲乡白象村蔡蕊南财产损失报告单（一九四五年十月二十五日）

035

懷集縣七甲鄉（鎮）白象村（街）人民財產損失報告單　（表式4）

895—165

受損失者：蔡蕊南　　填送日期卅四年十月廿五日

損失年月日	事件	地點	損失項目	購置年月	單位	數量	價值（國幣元）購置時價值	價值（國幣元）損失時價值	證件
卅三.九.十三	敌掠	白象村	猪母		隻	1		13000	
			猪仔		隻	10		20000	
			稻谷		斤	1500		75000	

（本表應加蓋鄉鎮公所圖記）

填報者	姓名	服務處所	所任職務	與受損失者之關係	通訊地址	蓋章
	鄧錫焜	七甲鄉公所				

七甲乡白象村郭敬臣财产损失报告单（一九四五年十月二十五日）

怀集县七甲乡（镇）白象村（街）人民财产损失报告单 （表式4）

受损失者：郭敬臣

填送日期 卅四年十月廿五日

损失年月日	事件	地点	损失项目	购置年月	单位	数量	价值（国币元）购置时价值	损失时价值	证件
卅三年九月十三	敌抢	白象村	衣服		套	3		6000	
			谷子		市斤	200		1000	
			鸡鸭		隻	15		3000	

填报者	姓名	服务处所	所任职务	与受损失者之关系	通讯地址	盖章
	郭敬臣	七甲乡公所				

（本表应加盖乡镇公所图记）

七甲乡白象村郭甘林财产损失报告单（一九四五年十月二十五日）

懷集縣七甲鄉（鎮）白象村（街）人民財產損失報告單 （表式4）

受損失者：郭甘林　　　　填送日期　卅四年十月廿五日

損失年月日	事件	地點	損失項目	購置年月	單位	數量	價值（國幣元）購置時價值	損失時價值	證件
卅三年九月十三	被敌耗散	白象村	棉胎		張	4	6000元	6000	
			衣服		套	8	16000元	16000	
			鑊仔		只	1	2500元	2500	

填報者	姓名	服務處所	所任職務	與受損失者之關係	通訊地址	蓋章
	鄺錫焜	七甲鄉公所				

（本表應加蓋鄉鎮公所圖記）

七甲乡白象村邓芙蓉财产损失报告单（一九四五年十月二十五日）

懷集縣七甲鄉(鎮)白象村(街)人民財產損失報告單 (表式4)

受損失者：鄧芙蓉　　　　填送日期 卅四年十月廿五日

損失年月日	事件	地點	損失項目	購置年月	單位	數量	價值(國幣元) 購置時價值	價值(國幣元) 損失時價值	證件
卅三年九月十三	被敌抢散	白象村	衣服		套	4		10000元	
			棠木		根	100		20000元	
			稻谷		石	800		4000元	

(本表應加蓋鄉鎮公所圖記)

填報者	姓名	服務處所	所任職務	與受損失者之關係	通訊地址	蓋章
	鄧錫炘	七甲鄉公所				

七甲乡白象村黄永丰财产损失报告单（一九四五年十月二十五日）

七甲乡白象村黄永鸿财产损失报告单（一九四五年十月二十五日）

懷集縣七甲鄉（鎮）白象村（街）人民財產損失報告單 （表式4）

受損失者：黃永鴻

填送日期卅四年十月廿五日

損失年月日	事件	地點	損失項目	購置年月	單位	數量	價值（國幣元）購置時價值	價值（國幣元）損失時價值	證件
卅三、九、十三	敵擾	白象村	衣服		套	20		50000	
			[illegible]		度	1		18000	
			稻谷		斤	1500		75000	

填報者	姓名	服務處所	所任職務	與受損失者之關係	通訊地址	蓋章
	鄧錫焜	七甲鄉公所				

（本表應加蓋鄉鎮公所圖記）

七甲乡白象村黄绍箕财产损失报告单（一九四五年十月二十五日）

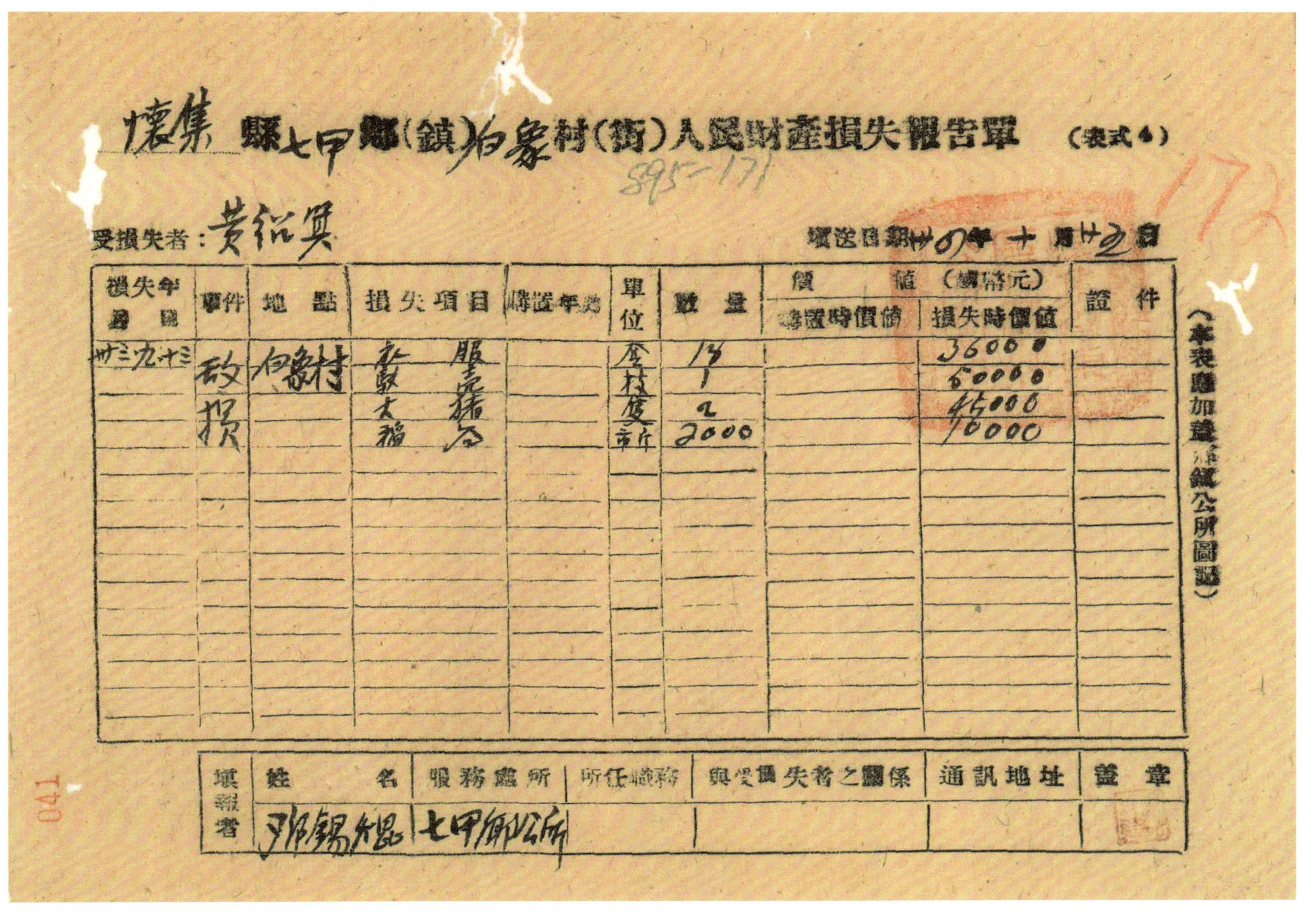

懷集縣七甲鄉（鎮）白象村（街）人民財產損失報告單　（表式4）

受損失者：黄绍箕

填送日期卅四年十月廿五日

損失年月日	事件	地點	損失項目	購置年月	單位	數量	價值（國幣元） 購置時價值	損失時價值	證件
卅三.九.十三	敌损	白象村	衣服		套	13		36000	
			鸟枪		枝	1		60000	
			大猪		隻	2		45000	
			稻谷		市斤	2000		10000	

（本表應加蓋鄉鎮公所圖記）

填報者	姓名	服務處所	所任職務	與受損失者之關係	通訊地址	蓋章
	邓锡焜	七甲鄉公所				

七甲乡白象村黄绍表财产损失报告单（一九四五年十月二十五日）

懷集縣七甲鄉(鎮)白象村(街)人民財產損失報告單　　(表式4)

895-170

受損失者：黄绍表　　　　填送日期　卅四年十月廿五日

損失年月日	事件	地點	損失項目	購置年月	單位	數量	價值(國幣元) 購置時價值	價值(國幣元) 損失時價值	證件
卅三年九月十三		白象村	毛布		丈	10		20000元	
			衣服		套	15		30000元	
			大褸		[illegible]	五		35000元	
			稻谷		斤	1500		75000元	

(本表應加蓋鄉鎮公所圖記)

填報者	姓名	服務處所	所任職務	與受損失者之關係	通訊地址	簽章
	鄧锡焜	七甲鄉公所	户籍主任			

113

042

七甲乡白象村黄棣卿财产损失报告单（一九四五年十月二十五日）

十衷集縣七甲鄉（鎮）白象村（街）人民財產損失報告單　（表式4）

受損失者：黄棣卿　　填送日期卅四年十月廿五日

損失年月日	事件	地點	損失項目	購置年月	單位	數量	價值（國幣元） 購置時價值	損失時價值	證件
卅三.九.十三	敌掳	白象村	稻谷		斤	500		25000	
			棉布		丈	15		45000	
			棉被		張	3		45000	

（本表應加蓋鄉鎮公所圖記）

填報者	姓名	服務處所	所任職務	與受損失者之關係	通訊地址	蓋章
	鄧錫焜	七甲鄉公所				

七甲乡白象村黄文娇财产损失报告单（一九四五年十月二十五日）

懷集縣七甲鄉(鎮)白象村(街)人民財產損失報告單　（表式4）

受損失者：黄文嬌　　填送日期卅四年十月廿五日

損失年月日	事件	地點	損失項目	購置年月	單位	數量	價值（國幣元）購置時價值	價值（國幣元）損失時價值	證件
卅三.九.十三	敵損	白象村	衣服		套			6000	
			[illegible]		件			2800	
			棉被		張			2000	

填報者	姓名	服務處所	所任職務	與受損失者之關係	通訊地址	蓋章
	鄧錫焜	七甲鄉公所				

（本表應加蓋鄉鎮公所圖記）

七甲乡白象村黄永炯财产损失报告单（一九四五年十月二十五日）

懷集縣七甲鄉（鎮）白象村（街）人民財產損失報告單　（表式4）

受損失者：黄永炯　　　　填送日期卅四年十月廿五日

損失年月日	事件	地點	損失項目	購置年月	單位	數量	價值（國幣元）購置時價值	價值（國幣元）損失時價值	證件
卅三.九.十三	敌损	白象村	棉被		張	2		4000	
			[illegible]贡缎		件	1		20000	
			衣服		套	2		4000	

填報者	姓名	服務處所	所任職務	與受損失者之關係	通訊地址	蓋章
	邓锡焜	七甲鄉公所				

（本表應加蓋鄉鎮公所圖記）

七甲乡白象村郭达志财产损失报告单（一九四五年十月二十五日）

懷集縣七甲鄉(鎮)白象村(街)人民財產損失報告單　(表式4)

受損失者：郭達志　　填送日期卅四年十月廿五日

損失年月日	事件	地點	損失項目	購置年月	單位	數量	價值(國幣元) 購置時價值	價值(國幣元) 損失時價值	證件
卅三.九.十三	被擄	白象村	中猪		隻	1		6000	
			甲被		張	3		7500	
			禍仓艇		隻	1		3000	

(本表應加蓋鄉鎮公所圖記)

報告者	姓名	服務處所	所任職務	與受損失者之關係	通訊地址	蓋章
	鄭若山	七甲鄉公所	鄉長			

七甲乡白象村郭敬洪财产损失报告单（一九四五年十月二十五日）

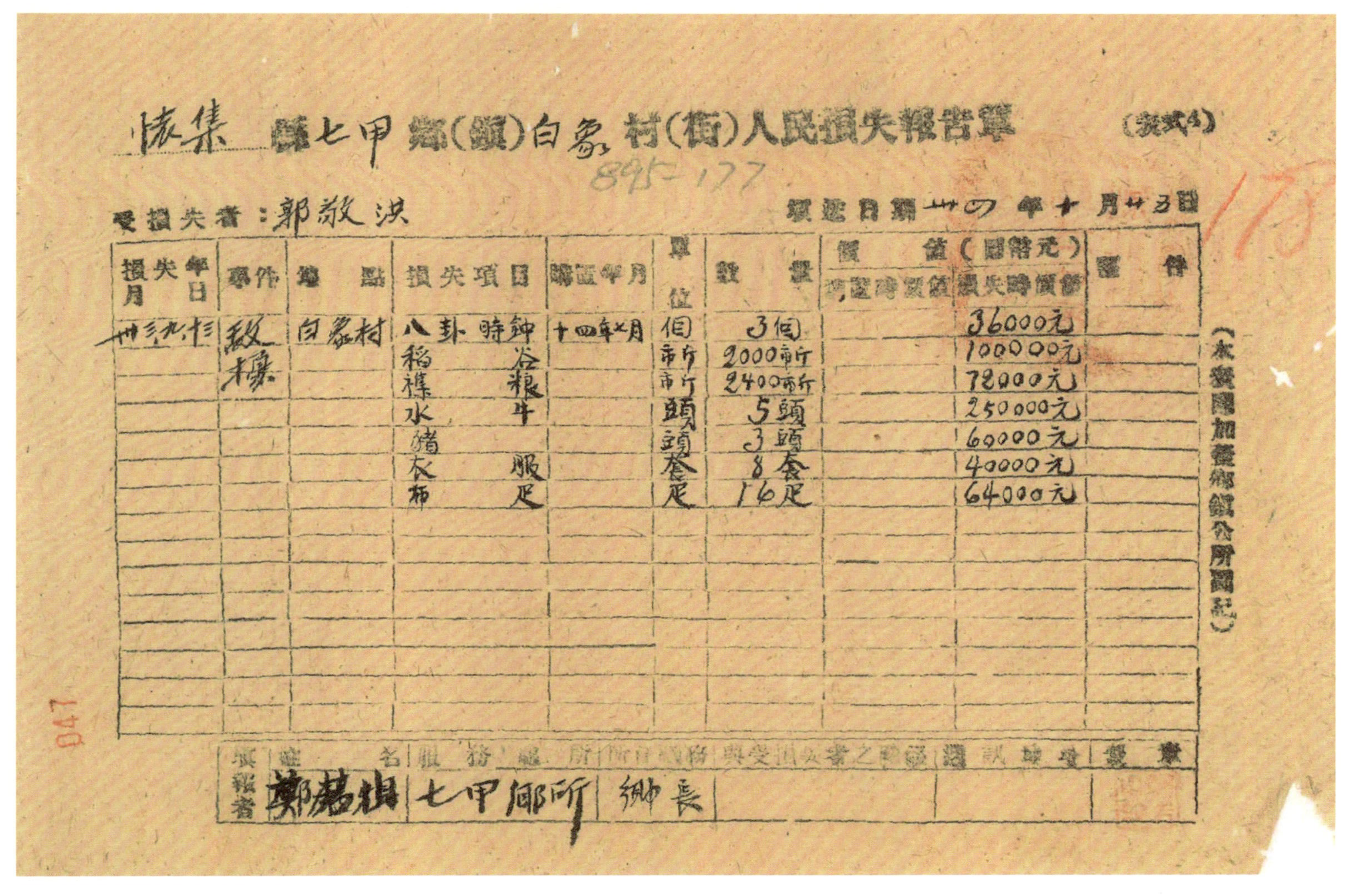

懷集縣七甲鄉(鎮)白象村(街)人民損失報告單　(表式4)

895-177

受損失者：郭敬洪　　填送日期卅四年十月廿五日

損失年月日	事件	地點	損失項目	購置年月	單位	數量	價值(國幣元) 購置時價值	損失時價值	證件
卅三、九、廿三	敵機	白象村	八卦時鐘	十四年七月	個	3個		36000元	
			稻谷		市斤	2000市斤		100000元	
			襍粮		市斤	2400市斤		72000元	
			水牛		頭	5頭		250000元	
			豬		頭	3頭		60000元	
			衣服		套	8套		40000元	
			布疋		疋	16疋		64000元	

填報者	姓名	服務處所	所任職務	與受損失者之關係	通訊地址	蓋章
	郭[illegible]	七甲鄉所	鄉長			

(本表須加蓋鄉鎮公所圖記)

七甲乡白象村郭广贞财产损失报告单（一九四五年十月二十五日）

懷集縣七甲鄉(鎮)白象村(街)人民財產損失報告單 (表式4)

受損失者：郭廣貞

填送日期卅四年十月廿五日

損失年月日	事件	地點	損失項目	購置年月	單位	數量	價值(國幣元) 購置時價值	價值(國幣元) 損失時價值	證件
卅三.九.十三	敌擾	白象村	大猪	—	隻	1		15000	
			棉被		張	2		4000	

(本表應加蓋鄉鎮公所圖記)

填報者	姓名	服務處所	所任職務	與受損失者之關係	通訊地址	蓋章
	鄭若山	七甲鄉公所	鄉長			

七甲乡白象村邓瑞和财产损失报告单（一九四五年十月二十五日）

懷集縣七甲鄉（鎮）白象村（街）人民財產損失報告單 （表式4）

受損失者：鄧瑞和　　　　　　　　　　　　　　填送日期卅三年十月廿五日

損失年月日	事件	地點	損失項目	購置年月	單位	數量	價值（國幣元）購置時價值	價值（國幣元）損失時價值	證件
卅三年	放擄	白象村	棉胎		張	4		6000元	
			鷄母		隻	20		3000元	
			鴨母		隻	20		3000元	
			竹[illegible]		[illegible]	200		1000元	

（本表應加蓋鄉鎮公所圖記）

填報者	姓名	服務處所	所任職務	與受損失者之關係	通訊地址	蓋章
	鄭若山	七甲鄉公所	鄉長			

七甲乡白象村郭敬良财产损失报告单（一九四五年十月二十五日）

懷集縣七甲鄉（鎮）白象村（街）人民財產損失報告單　（表式4）

受損失者：郭敬良　　填送日期卅四年十月廿五日

損失年月日	事件	地點	損失項目	購置年月	單位	數量	價值（國幣元）購置時價值	價值（國幣元）損失時價值	證件
卅三.九.十三	毁損	白象村	衣服		套	5		10000	
			豬		頭	2		4000	
			黄牛		隻	2		15000	

（本表由各該鄉鎮公所圖記）

填報者	姓名	服務處所	所任職務	與受損失者之關係	通訊地址	蓋章
	郭岩山	七甲鄉公所	鄉長			

七甲乡白象村郭乃湛、郭秋华财产损失报告单（一九四五年十月二十五日）

怀集县七甲乡（镇）白象村（街）人民财产损失报告单　（表式4）

受损失者：郭乃湛 秋华　　填送日期卅四年十月廿五日

损失年月日	事件	地点	损失项目	购置年月	单位	数量	价值（国币元）购置时价值	价值（国币元）损失时价值	证件
卅三年九月十三	敌损	白象村	衣服		套	30		60000元	
			洋毡		张	2		8000元	
			棉被		张	3		6000元	
			稻谷		斤	1000		5000元	

（本表应加盖乡镇公所图记）

填报者	姓名	服务处所	所任职务	与受损失者之关系	通讯地址	盖章
	郑荣山	七甲乡公所	乡长			

七甲乡白象村郭若瑞、郭若普财产损失报告单（一九四五年十月二十五日）

395-183

怀集县七甲乡(镇)白象村(街)人民财产损失报告单 （表式4）

受损失者：郭若瑞 郭若普

填送日期 卅四年 十月 廿五日

损失年月日	事件	地点	损失项目	购置年月	单位	数量	价值（国币元）购置时价值	价值（国币元）损失时价值	证件
卅三年九月十三	敌耗敌	白象村	棉胎		张	6		9000元	
			鸡鸭		只	10		15000元	

（本表须加盖乡镇公所图记）

填报者	姓名	服务处所	所任职务	与受损失者之关系	通讯地址	盖章
	郭若昌	七甲乡公所	乡长			

七甲乡白象村郭远盛财产损失报告单（一九四五年十月二十五日）

懷集縣七甲鄉（鎮）白象村（街）人民財產損失報告單　（表式4）

受損失者：郭遠盛

填送日期　卅四年十月廿五日

損失年月日	事件	地點	損失項目	購置年月	單位	數量	價值（國幣元）購置時價值	價值（國幣元）損失時價值	證件
卅三.九.十三	敌損	白象村	時鍾		個	1		12000元	
			稻谷		市斤	800		40000元	
			雜粮		市斤	1200		36000元	
			水牛		隻	2		100000元	
			母猪		隻	1		20000元	
			乳猪		隻	12		120000元	
			衣服		套	4		20000元	
			布疋		疋	2		24000元	

（本表應加蓋鄉鎮公所圖記）

填報者	姓名	服務處所	所任職務	與受損失者之關係	通訊地址	蓋章
	鄺若山	七甲鄉公所	鄉長			

七甲乡白象村梁致楠财产损失报告单（一九四五年十月二十五日）

懷集縣七甲鄉(鎮)白象村(街)人民財產損失報告單 （表式4）

受損失者：梁致楠　　　　填送日期卅四年十月廿五日

損失年月日	事件	地點	損失項目	購置年月	單位	數量	價值（國幣元）購置時價值	價值（國幣元）損失時價值	證件
卅三.九.十三	敵損	白象村	大豬		頭	2		50000	
			稻穀		斤	2000		60000	
			什粮		斤	1000		30000	

填報者	姓名	服務處所	所任職務	與受損失者之關係	通訊地址	壹章
	郑君山	七甲乡公所	乡长			

（本表應加蓋鄉鎮公所圖記）

七甲乡白象村梁致祥财产损失报告单（一九四五年十月二十五日）

中山縣七甲鄉(鎮)白象村(街)人民財產損失報告單 （表式4）

受損失者：梁致祥　　　　填送日期卅四年十月廿五日

損失年月日	事件	地點	損失項目	購置年月	單位	數量	價值（國幣元）購置時價值	價值（國幣元）損失時價值	證件
卅三,九,十三	敵擄	白象村	水牛		頭	4		200000	
			大豬		頭	3		70000	
			稻穀		市斤	6000		30000	
			松柴		担	1000		1000000	
			篙竹		把	20000		2000000	
			杉件		件	100000		1000000	

填報者	姓名	服務處所	所任職務	與受損失者之關係	通訊地址	蓋章
	鄧若山	七甲鄉公所	鄉長			

（本表應加蓋鄉鎮公所圖記）

七甲乡白象村邓自和财产损失报告单（一九四五年十月二十五日）

怀集縣七甲鄉(鎮)白象村(街)人民財產損失報告單　（表式4）

受損失者：鄧自和　　　　填送日期卅四年十月廿五日

損失年月日	事件	地點	損失項目	購置年月	單位	數量	價值（國幣元）購置時價值	價值（國幣元）損失時價值	證件
卅三，九，十三	敌擾	白象村	母豬		頭	1		25000	
			大豬			2		50000	
			水牛		仝	2		100000	
			紫枱		枱	500		500000	
			杉件		件	60000		600000	

（本表應加蓋鄉鎮公所圖記）

填報者	姓名	服務處所	所任職務	與受損失者之關係	通訊地址	蓋章
	鄭羨山	七甲鄉公所	鄉長			

七甲乡白象村邓举义财产损失报告单（一九四五年十月二十五日）

懷集縣七甲鄉（鎮）白象村（街）人民財產損失報告單　（表式4）

受損失者：鄧舉義　　　　填送日期卅四年十月廿五日

損失年月日	事件	地點	損失項目	購置年月	單位	數量	價值（國幣元）購置時價值	價值（國幣元）損失時價值	證件
卅三，九，廿	敵擾	白象村	水牛		頭	10		500000	
			母豬		頭	4		80000	
			稻谷		斤	20000		600000	
			什糧		斤	15000		320000	

（本表應加蓋鄉鎮公所圖記）

填報者	姓名	服務處所	所任職務	與受損失者之關係	通訊地址	蓋章
	鄭茂山	七甲鄉公所	鄉長			

七甲乡白象村邓绍椿财产损失报告单（一九四五年十月二十五日）

059

懷集縣七甲鄉(鎮)白象村(街)人民財產損失報告單 （表式4）

填送日期卅四年十月廿五日

受損失者：鄧紹椿

損失年月日	事件	地點	損失項目	購置年月	單位	數量	價值（國幣元）購置時價值	損失時價值	證件
卅三,九,十三	敵搶	白象村	水牛		頭	5		250000	
			大豬			4		800000	
			稻谷		市斤	5000		150000	
			紙幣		元	36000		36000	
			竹根		市斤	4000		40000	

報告者	姓名	服務處所	所任職務	與受損失者之關係	通訊地址	蓋章
	邓肇山	七甲鄉公所	鄉長			

（本表總加蓋鄉鎮公所圖記）

七甲乡白象村黄灼南财产损失报告单（一九四五年十月二十五日）

懷集縣七甲鄉（鎮）白象村（街）人民財產損失報告單 （表式4）

受損失者：黄灼南（原名炫清

填送日期卅四年十月廿五日

損失年月日	事件	地點	損失項目	購置年月	單位	數量	價值（國幣元） 購置時價值	價值（國幣元） 損失時價值	證件
卅三，九，十三	被敌損失	白象村	水牛		頭	4		200000	
			母豬			2		50000	
			大豬			2		60000	
			稻谷		斤	2000		60000	
			什粮			3000		30000	

（本表須加蓋鄉鎮公所圖記）

填報者	姓名	服務處所	所任職務	與受損失者之關係	通訊地址	蓋章
	鄭孝山	七甲鄉公所	鄉長			

七甲乡白象村郭乃芳财产损失报告单（一九四五年十月二十五日）

懷集縣七甲鄉（鎮）白象村（街）人民財產損失報告單　（表式4）

受損失者：郭乃芳　　填送日期卅四年十月廿五日

損失年月日	事件	地點	損失項目	購置年月	單位	數量	價值（國幣元）購置時價值	價值（國幣元）損失時價值	證件
卅三、九、十三	敵損	白象村	棉被		張	6		35000	
			雞鴨		隻	70		6000	
			片糖		市斤	150		70000	
			谷種		市斤	200		1000	
			毛毡		張	1		30000	

（本表應加盖鄉鎮公所圖記）

填報者	姓名	服務處所	所任職務	與受損失者之關係	通訊地址	盖章
	鄭若山	七甲鄉公所	鄉長			

七甲乡白象村郭寿椿、郭若文财产损失报告单（一九四五年十月二十五日）

懷集 縣 七甲 鄉（鎮） 白象 村（街）人民財產損失報告單 （表式4）

受損失者：郭 壽椿 若文

填送日期 卅四年 十月 廿五 日

損失年月日	事件	地點	損失項目	購置年月	單位	數量	價值（國幣元） 購置時價值	價值（國幣元） 損失時價值	證件
卅三年九月十三	敌横	白象村	棉被		張	3		6000元	
			什粮		斤	1000		5000元	
			甲母		隻	30		5000元	
			肉豬		隻	2		15000元	

填報者	姓名	服務處所	所任職務	與受損失者之關係	通訊地址	蓋章
	鄭若山	七甲鄉公所	鄉長			

（本表應加蓋鄉鎮公所圖記）

七甲乡白象村郭暖炽财产损失报告单（一九四五年十月二十五日）

063

懷集縣七甲鄉(鎮)白象村(街)人民財產損失報告單 (表式4)

填送日期 卅四年十月廿五日

受損失者：郭暖熾

損失年月日	事件	地點	損失項目	購置年月	單位	數量	價值(國幣元) 購置時價值	損失時價值	證件
卅三年九月十三	敌[illegible]燹	白象村	棉胎		張	1		13000元	
			雞鴨		隻	4		1000元	
			竹[illegible]		市斤	2000		10000元	

填報者	姓名	服務處所	所任職務	與受損失者之關係	通訊地址	蓋章
	郭[illegible]山	七甲鄉公所	鄉長			

(本表應用鄉鎮公所圖記)

七甲乡白象村刘月娥、郭松秋财产损失报告单（一九四五年十月二十五日）

懐集縣七甲鄉（鎮）白象村（街）人民財產損失報告單　（表式4）

受損失者：刘月娥　郭松秋

填送日期卅四年十月廿五日

損失年月日	事件	地點	損失項目	購置年月	單位	數量	價值（國幣元）購置時價值	價值（國幣元）損失時價值	證件
卅三年九月十三	被敌扰散	白象村	大猪		隻	1		14000元	
			中猪		隻	1		6000元	
			棉胎		張	2		3000元	
			衣服		套	7		14000元	
			稿谷		斤	400		2000元	

（本表應加蓋鄉鎮公所圖記）

填報者	姓名	服務處所	所任職務	與受損失者之關係	通訊地址	蓋章
	鄭岩山	七甲鄉公所	鄉長			

七甲乡白象村郭聚祥、郭寿祥财产损失报告单（一九四五年十月二十五日）

懷集縣七甲鄉（鎮）白象村（街）人民財產損失報告單　（表式4）

受損失者：郭聚祥 郭壽祥　　填送日期卅四年十月廿五日

損失年月日	事件	地點	損失項目	購置年月	單位	數量	價值（國幣元）購置時價值	價值（國幣元）損失時價值	證件
卅三，九，十三	被損	白象村	稻谷		市斤	2000		60000	
			什粮			2000		30000	

（本表應加蓋鄉鎮公所圖記）

填報者	姓名	服務處所	所任職務	與受損失者之關係	通訊地址	蓋章
	郭若山	七甲鄉公所	鄉長			

七甲乡白象村郭雨秋、郭若贵财产损失报告单（一九四五年十月二十五日）

懷集縣七甲鄉(鎮)白象村(街)人民財產損失報告單　(表式4)

受損失者：郭雨秋　郭若貴　　填送日期卅四年十月廿五日

損失年月日	事件	地點	損失項目	購置年月	單位	數量	價值(國幣元) 購置時價值	價值(國幣元) 損失時價值	證件
卅三,九,十三	敵頑	白象村	水牛		頭	2		100000	
			大豬			1		25000	
			杆糧		市斤	1000		30000	

(本表應加蓋鄉鎮公所關記)

	姓名	服務處所	所任職務	與受損失者之關係	通訊地址	蓋章
填報者	郭若山	七甲鄉公所	鄉長			

七甲乡白象村郭乃翰、郭乃祥财产损失报告单（一九四五年十月二十五日）

怀集縣七甲鄉(鎮)白象村(街)人民財產損失報告單 (表式4)

受損失者：郭乃翰 郭乃祥

填送日期卅四年十月廿五日

損失年月日	事件	地點	損失項目	購置年月	單位	數量	價值(國幣元) 購置時價值	價值(國幣元) 損失時價值	證件
卅三,九,十三	敌擄	白象村	水牛		頭	4		200000	
			稻谷		斤	3000		90000	

(本表應加蓋鄉鎮公所圖記)

填報者	姓名	服務處所	所任職務	與受損失者之關係	通訊地址	蓋章
	郭羲山	七甲鄉公所	鄉長			

七甲乡白象村郭达昭、郭若怡财产损失报告单（一九四五年十月二十五日）

怀集縣七甲鄉（鎮）白象村（街）人民財產損失報告單 （表式4）

受損失者：郭達昭
郭若怡

填送日期 卅四年十月廿五日

損失年月日	事件	地點	損失項目	購置年月	單位	數量	價值（國幣元） 購置時價值	價值（國幣元） 損失時價值	證件
卅三，九，十三	敌擾	白象村	稻谷		斤	2000		60000	
			什粮		斤	4000		60000	

（本表應加蓋鄉鎮公所圖記）

填報者	姓名	服務處所	所任職務	與受損失者之關係	通訊地址	蓋章
	郭若山	七甲鄉公所	鄉長			

068

七甲乡白象村郭成邦、郭志邦财产损失报告单（一九四五年十月二十五日）

怀集县七甲乡（镇）白象村（街）人民财产损失报告单　（表式4）

受损失者　郭成邦　郭志邦　　　　填送日期卅四年十月廿五日

损失年月日	事件	地点	损失项目	购置年月	单位	数量	价值（国币元）购置时价值	价值（国币元）损失时价值	证件
卅三，九，十三	敌掳	白象村	黄牛	[illegible]	头	2		50000	
			水牛	[illegible]	头	1		50000	
			稻谷	~~2000~~	市斤	2000		60000	

（本表由乡镇公所汇記）

填报者	姓名	服务处所	所任职务	与受损失者之关系	通讯地址	盖章
	郑[illegible]山	七甲乡公所	乡长			

七甲乡白象村郭荫钿、郭树贞财产损失报告单（一九四五年十月二十五日）

懷集縣七甲鄉(鎮)白象村(街)人民財產損失報告單 （表式4）

受損失者：郭蔭鈿 郭樹貞

填送日期卅四年十月廿五日

損失年月日	事件	地點	損失項目	購置年月	單位	數量	價值（國幣元） 購置時價值	價值（國幣元） 損失時價值	證件
卅三，九，十三	敵擾	白象村	水牛		頭	2		100000	
			大豬		頭	2		60000	
			什粮		市斤	800		22400	

（本表應加蓋鄉鎮公所圖記）

填報者	姓名	服務處所	所任職務	與受損失者之關係	通訊地址	蓋章
	郑茂山	七甲鄉公所	鄉長			

七甲乡白象村黄哲荣、黄达荣财产损失报告单（一九四五年十月二十五日）

怀集縣七甲鄉(鎮)白象村(街)人民財產損失報告單 (表式4)

填送日期卅四年十月廿五日

受損失者：黄哲荣 達荣

損失年月日	事件	地點	損失項目	購置年月	單位	數量	價值(國幣元) 購置時價值	價值(國幣元) 損失時價值	證件
卅三,九,十三	敌損	白象村	水牛		頭	2		100000	
			大豬		頭	2		60000	
			稻谷		市斤	1000		30000	

(本表應加蓋鄉鎮公所圖記)

填報者	姓名	服務處所	所任職務	與受損失者之關係	通訊地址	蓋章
	鄭若山	七甲鄉公所	鄉長			

七甲乡白象村邓宅华财产损失报告单（一九四五年十月二十五日）

懷集縣七甲鄉（鎮）白象村（街）人民財產損失報告單 （表式4）

受損失者：鄧宅華

塡送日期卅四年十月廿五日

損失年月日	事件	地點	損失項目	購置年月	單位	數量	價值（國幣元）購置時價值	價值（國幣元）損失時價值	證件
卅三，九，十三	敵損	白象村	大豬		頭			30000	
			稻谷		觔			24000	
			什粮					11000	

（本表應加蓋鄉鎮公所圖記）

填報者	姓名	服務處所	所任職務	與受損失者之關係	通訊地址	蓋章
	鄭若山	七甲鄉公所	鄉長			

七甲乡白象村李妙貌财产损失报告单（一九四五年十月二十五日）

怀集縣七甲鄉（鎮）白象村（街）人民財產損失報告單　（表式4）

受損失者：李妙貌　　填送日期卅四年十月廿七日

損失年月日	事件	地點	損失項目	購置年月	單位	數量	價值（國幣元）購置時價值	價值（國幣元）損失時價值	證件
卅三，九，十三	敵擄	白象村	水牛		頭	1		50000	
			稻谷		斤	1000		30000	
			什粮		斤	800		12000	

（本表應加蓋鄉鎮公所圖記）

填報者	姓名	服務處所	所任職務	與受損失者之關係	通訊地址	蓋章
	鄭羨山	七甲鄉公所	鄉長			

七甲乡白象村郭锡池、郭启祥财产损失报告单（一九四五年十月二十五日）

怀集縣七甲鄉（鎮）白象村（街）人民財產損失報告單　（表式4）

受損失者：郭錫池、郭啓祥　　填送日期卅四年十月廿五日

損失年月日	事件	地點	損失項目	購置年月	單位	數量	價值（國幣元）購置時價值	價值（國幣元）損失時價值	證件
卅三，九，十三	敌擾	白象村	稻谷		斤	2000		60000	
			什粮		斤	4000		60000	

（本表總加蓋鄉鎮公所圖記）

報告者	姓名	服務處所	所任職務	與受損失者之關係	通訊地址	蓋章
	郭若山	七甲鄉公所	鄉長			

七甲乡白象村邓畅和财产损失报告单（一九四五年十月二十五日）

懷集縣七甲鄉（鎮）白象村（街）人民損失報告單　（表式4）

受損失者　鄧暢和　　　　填送日期卅四年十月廿五日

損失年月日	事件	地點	損失項目	購置年月	單位	數量	價值（國幣元）購置時價值	損失時價值	證件
卅三.九.廿	敵擾	白象村	衣服		套	20		40000	
			毛布		疋	10		25000	
			水牛		隻	2		60000	
			大豬		隻	2		35000	
			稻谷		斤	300		60000	
			[illegible]		枝	1		3000	
			[illegible]		個	100		15000	

填報者	姓名	服務處所	所任職務	與受損失者之關係	通訊地址	蓋章
	鄭若山	七甲鄉公所	鄉長			

（本單須加蓋鄉鎮公所圖記）

七甲乡白象村郭玉式财产损失报告单（一九四五年十月二十五日）

怀集縣七甲鄉（鎮）白象村（街）人民財産損失報告單　（表式4）

受損失者：郭玉式　　　　填送日期卅四年十月廿五日

損失年月日	事件	地點	損失項目	購置年月	單位	數量	價值（國幣元）購置時價值	損失時價值	證件
卅三.九.十三	敌擾	白象村	布服		床	2		3000	
			武装衣服		套	2		6000	
			農具		件	200		40000	

填報者	姓名	服務處所	所任職務	與受損失者之關係	通訊地址	蓋章
	鄭著山	七甲鄉公所	鄉長			

（本表應加蓋鄉鎮公所圖記）

076

七甲乡白象村郭秀廷财产损失报告单（一九四五年十月二十五日）

懷集縣七甲鄉(鎮)白象村(街)人民財產損失報告單 （表式4）

受損失者：郭秀廷　　　填送日期卅四年十月廿五日

損失年月日	事件	地點	損失項目	購置年月	單位	數量	價值（國幣元） 購置時價值	價值（國幣元） 損失時價值	證件
卅三·九·十三	敵損	白象村	[illegible]		張	3		4000	
			衣箱		〃	2		10000	
			杉木		件	5000		25000	
			松柴		担	200		60000	

（本表應加蓋鄉鎮公所圖記）

填報者	姓名	服務處所	所任職務	與受損失者之關係	通訊地址	蓋章
	郭若山	七甲鄉公所	鄉長			

七甲乡白象村郭静玻财产损失报告单（一九四五年十月二十五日）

懷集縣七甲鄉（鎮）白象村（街）人民財產損失報告單 （表式4）

受損失者：郭靜玻　　　　填送日期卅四年十月廿五日

損失年月日	事件	地點	損失項目	購置年月	單位	數量	價值（國幣元）購置時價值	價值（國幣元）損失時價值	證件
卅三 九 十三	敵擾	白象村	棉服		張	3		4000	
			茶种		市斤	200		1000	
			母猪		隻	1		10000	
			稻谷		市斤	800		4000	

（本表應加蓋鄉鎮公所圖記）

填報者	姓名	服務處所	所任職務	與受損失者之關係	通訊地址	蓋章
	鄭若山	七甲鄉公所	鄉長			

078

七甲乡白象村郭绍球财产损失报告单（一九四五年十月二十五日）

怀集县七甲乡（镇）白象村（街）人民财产损失报告单　（表式4）

受损失者：郭绍球

填送日期卅四年十月廿五日

损失年月日	事件	地点	损失项目	购置年月	单位	数量	价值（国币元）购置时价值	价值（国币元）损失时价值	证件
卅三.九.十三	被掠	白象村	衣服		套	15		30000	
			棉胎		张	2		4000	
			粮食稻谷		斤	1000		5000	
			谷种		市斤	300		15000	

（本表须加盖乡镇公所图记）

填报者	姓名	服务处所	所任职务	与受损失者之关系	通讯地址	盖章
	郑若山	七甲乡公所	乡长			

079

七甲乡白象村郭绍开财产损失报告单（一九四五年十月二十五日）

895-210

懷集縣七甲鄉(鎮)白象村(街)人民財產損失報告單　(表式4)

受損失者：郭绍開　　填送日期卅四年十月廿三日

損失年月日	事件	地點	損失項目	購置年月	單位	數量	價値(國幣元) 購置時價値	價値(國幣元) 損失時價値	證件
卅三.九.十三	敌擾	白象村	大猪		隻	2		30000	
			什粮		觔	100		5000	

(本表應加蓋鄉鎮公所圖記)

填報者	姓名	服務處所	所任職務	與受損失者之關係	通訊地址	蓋章
	郭若山	七甲鄉公所	鄉長			

80

七甲乡白象村邓宅宝财产损失报告单（一九四五年十月二十五日）

懷集縣七甲鄉（鎮）白象村（街）人民財產損失報告單　（表式4）

受損失者：鄧宅寶　　　　填送日期　卅四年十月廿五日

損失年月日	事件	地點	損失項目	購置年月	單位	數量	價值（國幣元）購置時價值	損失時價值	證件
卅三年九月十三	敌损	白象村	什粮		市斤	200		10000	
			鸡鸭		隻	30		45000	
			棉日被		張	1		6000	

（本表應加蓋鄉鎮公所圖記）

填報者	姓名	服務處所	所任職務	與受損失者之關係	通訊地址	蓋章
	鄧若山	七甲鄉公所	鄉長			

081

七甲乡白象村石爱月财产损失报告单（一九四五年十月二十五日）

懷集縣七甲鄉（鎮）白象村（街）人民財產損失報告單　（表式4）

受損失者：石愛月　　填送日期卅四年十月廿五日

損失年月日	事件	地點	損失項目	購置年月	單位	數量	價值（國幣元）購置時價值	價值（國幣元）損失時價值	證件
卅三.九.十三	敵擾	白象村	豬		隻	1		14000	
			稻谷		斤	2		10000	

（本表應加蓋鄉鎮公所圖記）

填報者	姓名	服務處所	所任職務	與受損失者之關係	通訊地址	蓋章
	鄧錫焜	七甲鄉公所				

七甲乡丰亨村黄瑞鸿财产损失报告单（一九四五年十月二十四日）

怀集县七甲乡（镇）丰亨村（街）人民财产损失报告单 （表式4）

受损失者：黄瑞鸿

填送日期卅四年十月廿四日

损失年月日	事件	地点	损失项目	购置年月	单位	数量	价值（国币元） 购置时价值	价值（国币元） 损失时价值	证件
民廿八年	敌人封锁河道堆坭	灌头坑口	杉件	民廿六年	件	1600	19500元	125000元	
民廿九年		〃	松柴	〃	担	5000	54800元	450000元	

填报者	姓名	服务处所	所任职务	与受损失者之关系	通讯地址	盖章
	郑若山	七甲乡公所	乡长	主管	七甲乡	[印]

（本表应加盖乡镇公所图记）

七甲乡丰亨村黄凤卿财产损失报告单（一九四五年十月二十四日）

怀集 縣七甲鄉（鎮）豐亨 村（街）人民財產損失報告單 （表式4）

受損失者：黄凤卿

填送日期 民國卅四年十月廿四日

損失年月日	事件	地點	損失項目	購置年月	單位	數量	價值（國幣元）購置時價值	價值（國幣元）損失時價值	證件
民廿九年	堆积	丰亨河边	松柴	民廿六年	石	4500	48000元	420000元	
民卅三年	敌人塔桥散失	大輀口	杉 1件	民卅式年	1件	14500	28800元	62500元	

（本表應加蓋鄉鎮公所圖記）

填報者	姓名	服務處所	所任職務	與受損失者之關係	通訊地址	蓋章
	郑若山	七甲鄉公所	鄉長	主管	七甲鄉所	

084

七甲乡丰亨村黄瑞禧财产损失报告单（一九四五年十月二十四日）

懷集縣七甲鄉（鎮）豐亨村（街）人民財產損失報告單　（表式4）

受損失者：黄瑞禧　　填送日期卅四年十月廿四日

損失年月日	事件	地點	損失項目	購置年月	單位	數量	價值（國幣元）購置時價值	價值（國幣元）損失時價值	證件
民廿九年	敵人封鎖河道摧毀	半布坑口	杉件	民廿六年	件	2400	25000元	145000元	
〃		〃	松柴	民廿六年	石	3560	40000元	240000元	

（本表應加蓋鄉鎮公所圖記）

填報者	姓名	服務處所	所任職務	與受損失者之關係	通訊地址	蓋章
	鄭若山	七甲鄉公所	鄉長	主管	七甲鄉公所	[illegible]

七甲乡莲花村关锡财产损失报告单（一九四五年十月二十三日）

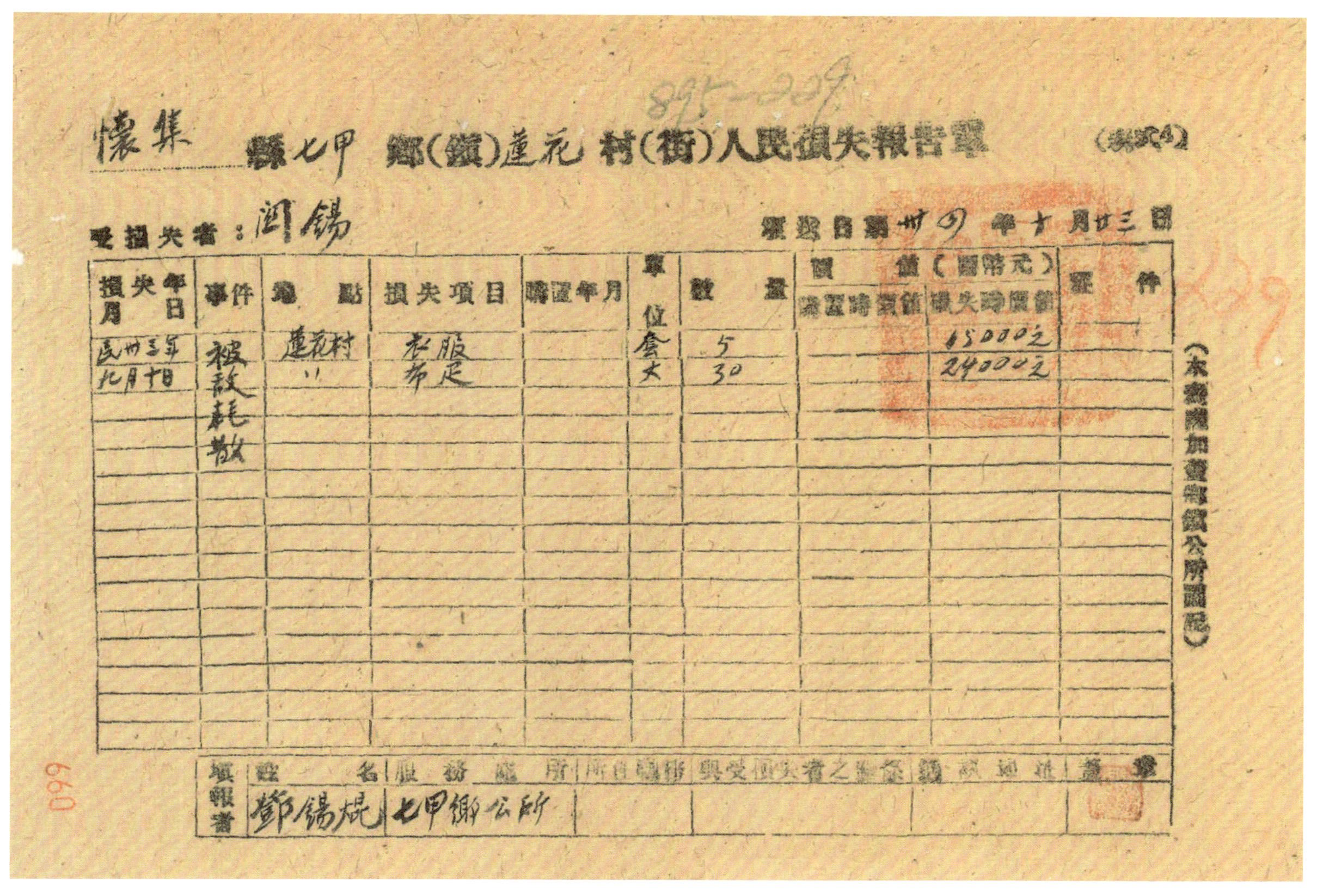

懷集 縣七甲 鄉(鎮)蓮花 村(街)人民損失報告單 （式樣4）

受損失者：潤錫

報告日期 卅四 年 十 月 廿三 日

損失年月日	事件	地點	損失項目	購置年月	單位	數量	價值（國幣元）購置時價值	價值（國幣元）損失時價值	證件
民卅三年九月十日	被敌耗散	蓮花村	衣服		套	5		15000元	
		〃	布疋		丈	30		24000元	

（本表應附加蓋鄉鎮公所圖記）

填報者	姓名	服務處所	所任職務	與受損失者之關係	通訊地址	蓋章
	鄧錫焜	七甲鄉公所				

七甲乡莲花村卢叶祥财产损失报告单（一九四五年十月二十四日）

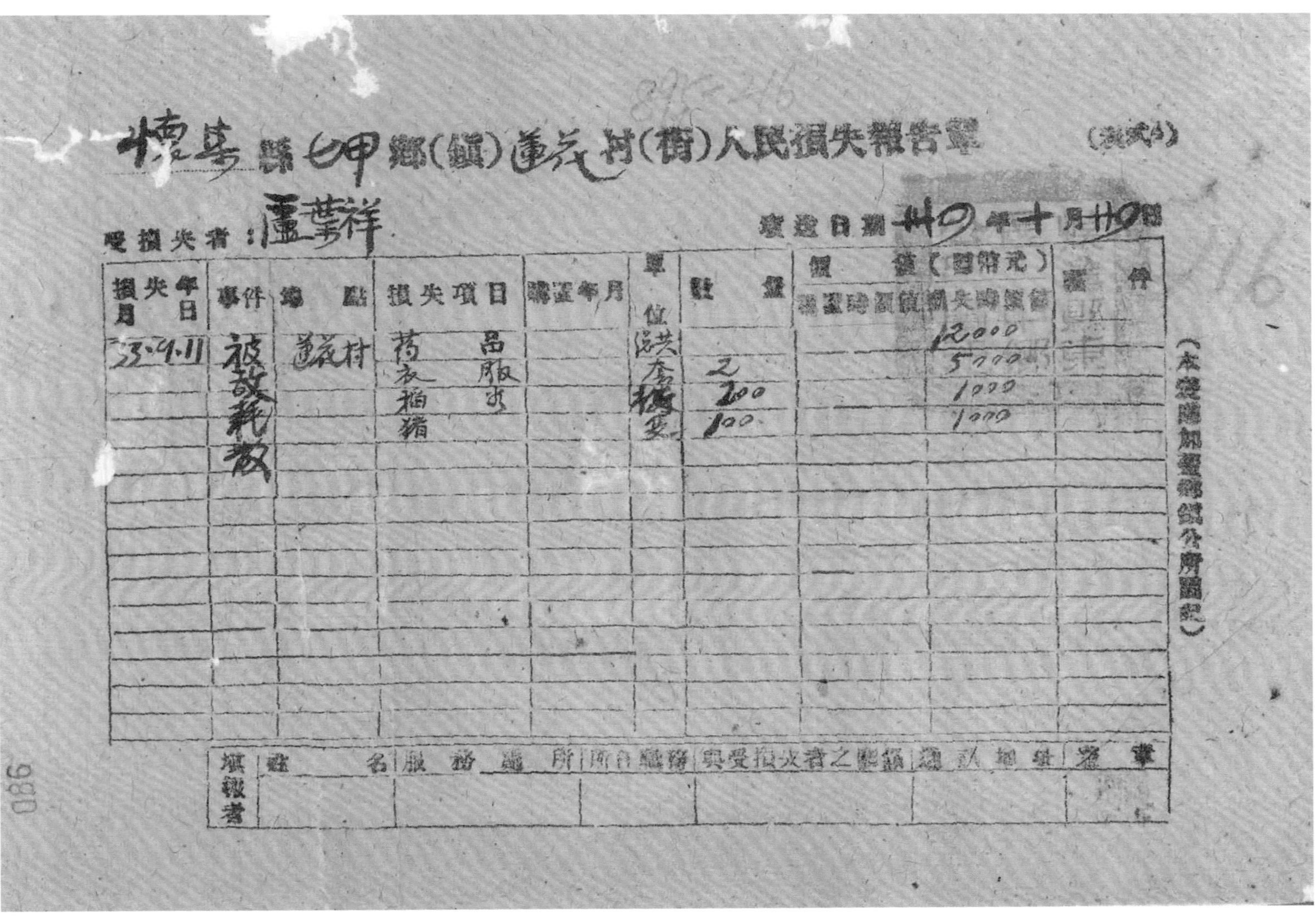

怀集县七甲乡（镇）莲花村（街）人民损失报告单 （表式4）

受损失者：卢叶祥　　填送日期 卅四年十月廿四日

损失年月日	事件	地点	损失项目	购置年月	单位	数量	价值（国币元）购置时价值	价值（国币元）损失时价值	证件
33.4.11	被敌[illegible]	莲花村	药品		[illegible]			12000	
			衣服		[illegible]	之		5000	
			稻谷		[illegible]	200		1000	
			猪		[illegible]	100		1000	

填报者	姓名	服务处所	所任职务	与受损失者之关系	通讯地址	盖章

（本表应附加盖乡镇公所图记）

七甲乡莲花村陈如杰财产损失报告单（一九四五年十月二十四日）

895—219

懷集縣七甲鄉蓮花村人民財產損失報告單

（表式3）

受損失者	姓名	所任職務	籍貫
	陳如杰		懷集縣七甲鄉蓮花村

填送日期卅四年十月24日

損失年月日	事件	地點	損失項目	購置年月	單位	數量	價值（國幣元）購置時價值	價值（國幣元）損失時價值	證件
卅三年九十一日	被敌耗散	蓮花村	棉被		張	7		24000	
			蚊帳		〃	8		2500	
			飯鍋		个	5		4660	
			猪		隻	1		21000	
			鸡鸭鹅		〃	10		2100	

報告者	姓名	服務處所	所任職務	與受損失者之關係	通訊地址	蓋章
	邓錫焜	七甲鄉公所	户籍主任			

（本表應加蓋受損失者所服務之機關學校團體印信）

凡機關學校團體員役兵伕等之財產損失均填此表

089

七甲乡莲花村彭超分财产损失报告单（一九四五年十月二十四日）

懷集縣七甲鄉蓮花村人民財產損失報告單

（表式3）

受損失者	姓名	所任職務	籍貫
	彭超分		懷集縣七甲鄉蓮花村

填送日期 卅四年十月廿四日

損失年月日	事件	地點	損失項目	購置年月	單位	數量	價值（國幣元）購置時價值	損失時價值	證件
33.4.11	被敵耗散	蓮花村	被蚊帳		張	共3		3000	
			板鉄		斤	100		24000	
			肥豬		隻	6		1200	

凡機關學校團體或事業之財產損失均填此表

填報者	姓名	服務處所	所任職務	與受損失者之關係	通訊地址	蓋章
	鄧陽娘	七甲鄉公所	户籍主任			

（本表應加蓋受損失者所服務之機關學校團體印信）

091

七甲乡莲花村陈黎氏财产损失报告单（一九四五年十月二十四日）

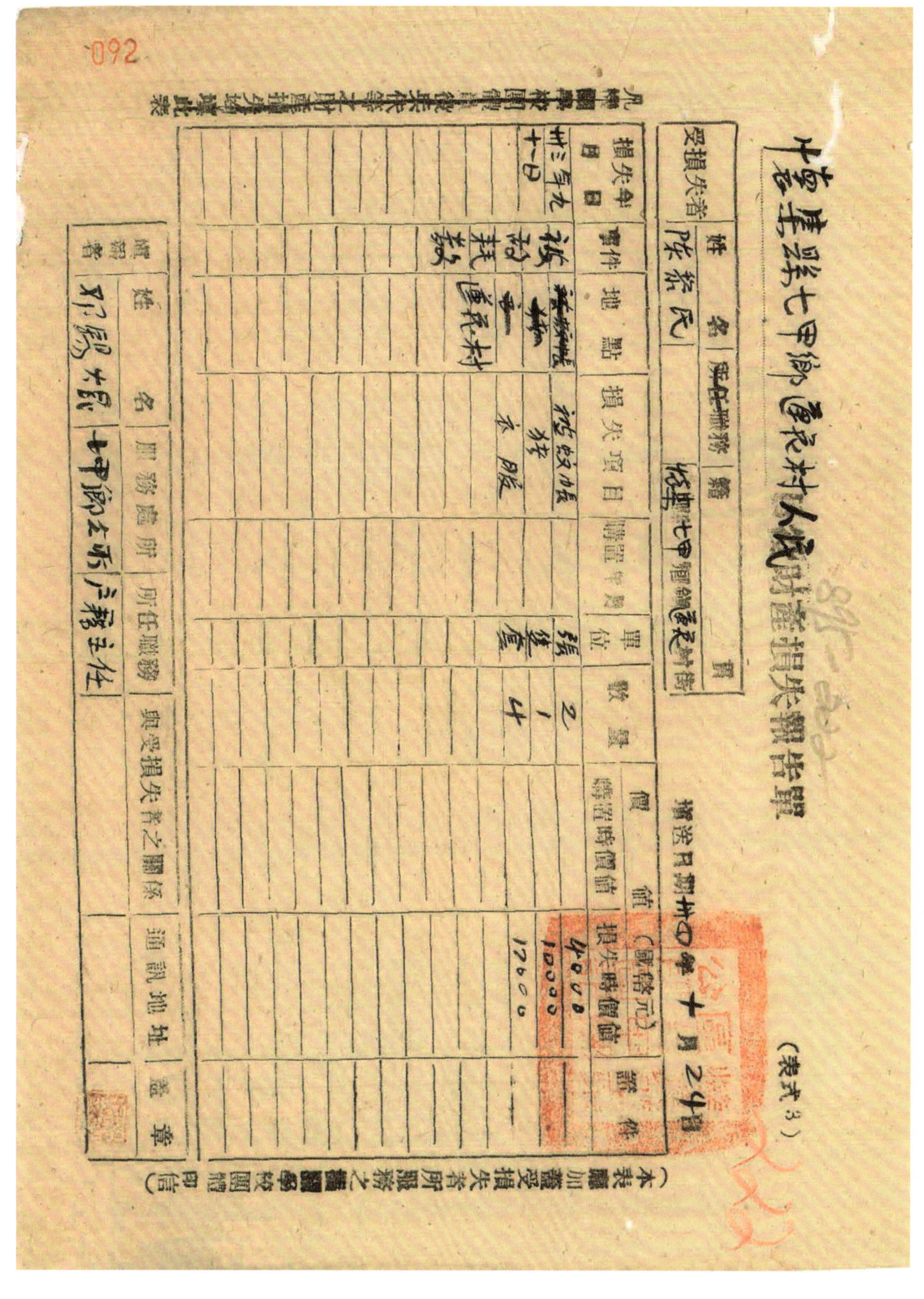

092

中山縣第七甲鄉蓮花村人民財產損失報告單

（表式3）

填送日期卅四年十月24日

受損失者	姓名	陈黎氏	所任職務		籍貫	中山縣七甲鄉蓮花村

損失年月日	事件	地點	損失項目	購置年月	單位	數量	價值（國幣元）購置時價值	價值（國幣元）損失時價值	證件
卅三年九月十一日	被敵劫掠	本鄉蓮花村	被蚊帳		張	2		40000	
			被		張	1		10000	
			衣服		套	4		17000	

凡屬學校團體或事業之財產損失請填報此表

填報者	姓名	服務處所	所任職務	與受損失者之關係	通訊地址	蓋章
	邵賜大	七甲鄉公所	户籍主任			

（本表應加蓋受損失者所服務之機關學校團體印信）

七甲乡莲花村陈美贤财产损失报告单（一九四五年十月二十四日）

怀集县七甲乡莲花村人民财产损失报告单

（表式3）

填送日期 卅四年十月24日

受损失者	姓名	陈美贤	服务处所与所任职务		籍贯	怀集县七甲乡莲花村街

损失年月日	事件	地点	损失项目	购置年月	单位	数量	价值（国币元）购置时价值	价值（国币元）损失时价值	证件
卅三年九月十一日	敌寇抢劫	莲花村	衣服		[illegible]	[illegible]		6600	
			[illegible]		[illegible]	[illegible]		100	
			[illegible]		[illegible]	[illegible]		2000	
			[illegible]					400	

报告者	姓名	服务处所	所任职务	与受损失者之关系	通讯地址	盖章
	邓锡纶	七甲乡公所	户籍主任			

凡机关学校团体或事业受有损失者，应由各该主管填报。

本表应加盖受损失者所服务之机关学校团体或事业印信。

七甲乡莲花村蔡兆年财产损失报告单（一九四五年十月二十四日）

懷集縣七甲鄉(鎮)蓮花村(街)人民損失報告單　(表式4)

受損失者：蔡兆年　　　　填送日期卅四年十月24日

損失年月日	事件	地點	損失項目	購置年月	單位	數量	價值(國幣元) 購置時價值	價值(國幣元) 損失時價值	證件
三十三年十月	被敵耗散	蓮花村	早谷		市斤	4000		2000	
			被、衣服、蚊帳		總共			42000	
			什物雜貨		總共			46000	
			松桿		株	80000		160000	
			杉桿		株	60000		180000	

(本表應加蓋鄉鎮公所圖記)

填報者	姓名	服務處所	所任職務	與受損失者之關係	通信地址	蓋章
	鄧錫根	七甲鄉公所	户籍主任			

094

七甲乡莲花村关棱财产损失报告单（一九四五年十月二十四日）

怀集县七甲乡（镇）莲花村（街）人民损失报告单　（表式4）

受损失者：关棱　　　　填送日期 卅四年十月廿四日

损失年月日	事件	地点	损失项目	购置年月	单位	数量	价值（国币元）购置时价值	损失时价值	证件
33.10.11		莲花	蚊帐		床	[illegible]		[illegible]	
			棉被		、	5		5000	
			稻谷		市斤	700		3500	
			猪		隻	3		4000	
			衣服		套	12		36000	

填报者	姓名	服务处所	所任职务	与受损失者之关系	通讯地址	签章
	郑锡焜	七甲乡公所				

（本表须加盖乡镇公所图记）

七甲乡莲花村蔡鹤年财产损失报告单（一九四五年十月二十四日）

098

懷集縣七甲鄉(鎮)蓮花村(街)人民損失報告單　　（表式4）

受損失者：蔡鶴年　　填送日期卅四年十月廿四日

損失年月日	事件	地點	損失項目	購置年月	單位	數量	價值（國幣元） 購置時價值	損失時價值	證件
卅三年八月卅一		蓮花村	稻谷		市斤	1000		5000	
			白米		〃	500		11000	
			猪		隻	1		6000	
			米机		副	1		8000	
			什货		總共			220000	

填報者	姓名	服務處所	所任職務	與受損失者之關係	通訊地址	蓋章
	鄧錫[illegible]	七甲鄉公所				

（本表應加蓋鄉鎮公所圖記）

七甲乡莲花村关则雄财产损失报告单（一九四五年十月二十四日）

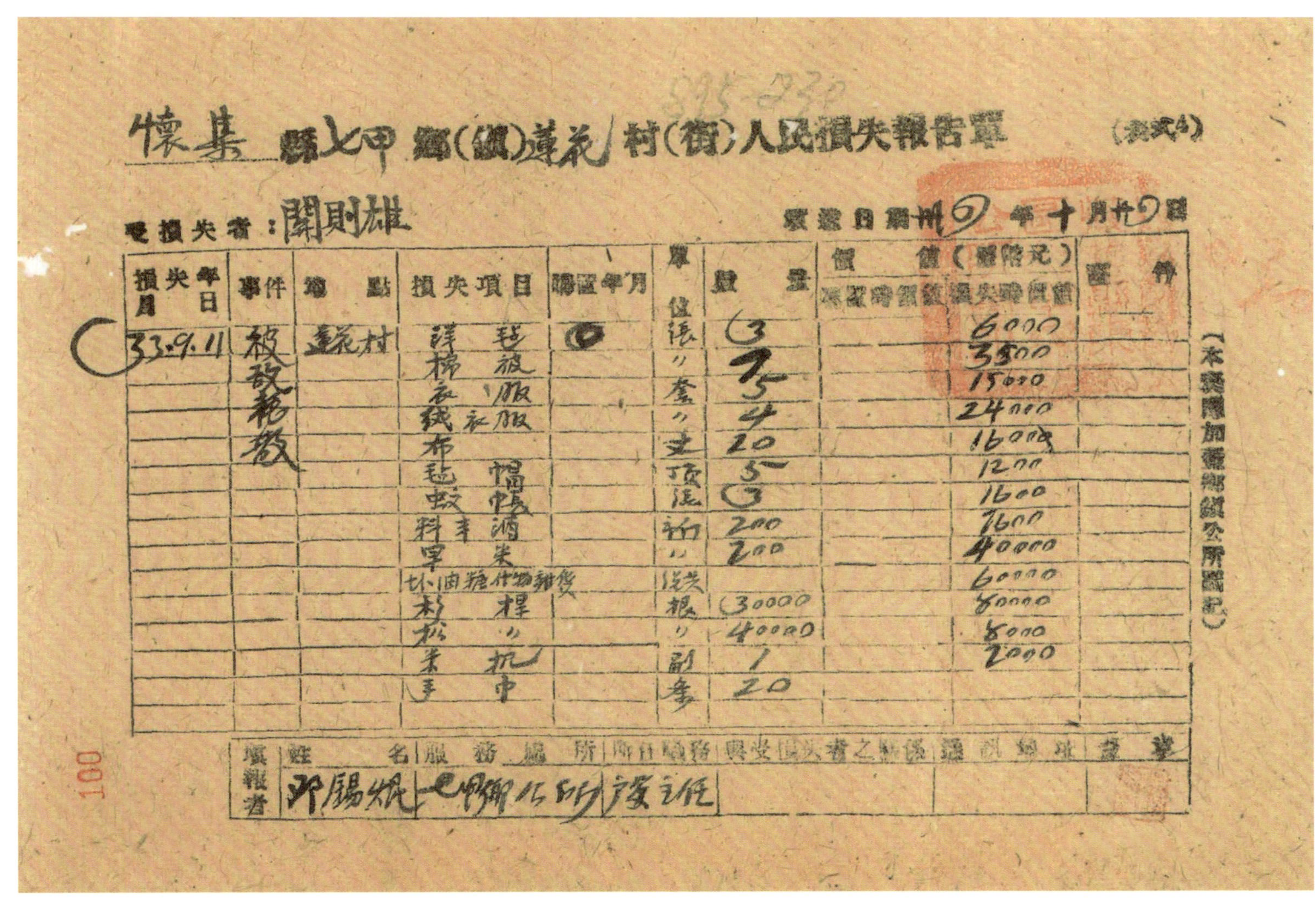

懷集縣七甲鄉（鎮）蓮花村（街）人民損失報告單　（表式4）

受損失者：關則雄　　　　填送日期卅四年十月廿四日

損失年月日	事件	地點	損失項目	購置年月	單位	數量	價值（國幣元）購置時價值	價值（國幣元）損失時價值	證件
33.9.11	被敵焚毁	蓮花村	洋毡		張	3		6000	
			棉被		〃	7		3500	
			衣服		套	5		15000	
			絨衣服		〃	4		24000	
			布		丈	20		16000	
			毡帽		頂	5		1200	
			蚊帳		張	3		1600	
			料半酒		斤	200		1600	
			早米		〃	200		40000	
			什油糖什物雜貨		従夫			60000	
			杉桿		根	30000		80000	
			松〃		〃	40000		8000	
			米机		副	1		2000	
			手巾		条	20			

填報者	姓名	服務處所	所任職務	與受損失者之關係	通訊地址	蓋章
	鄧錫焜	七甲鄉公所	户籍主任			

（本表應加蓋鄉鎮公所圖記）

七甲乡莲花村欧乃英财产损失报告单（一九四五年十月二十四日）

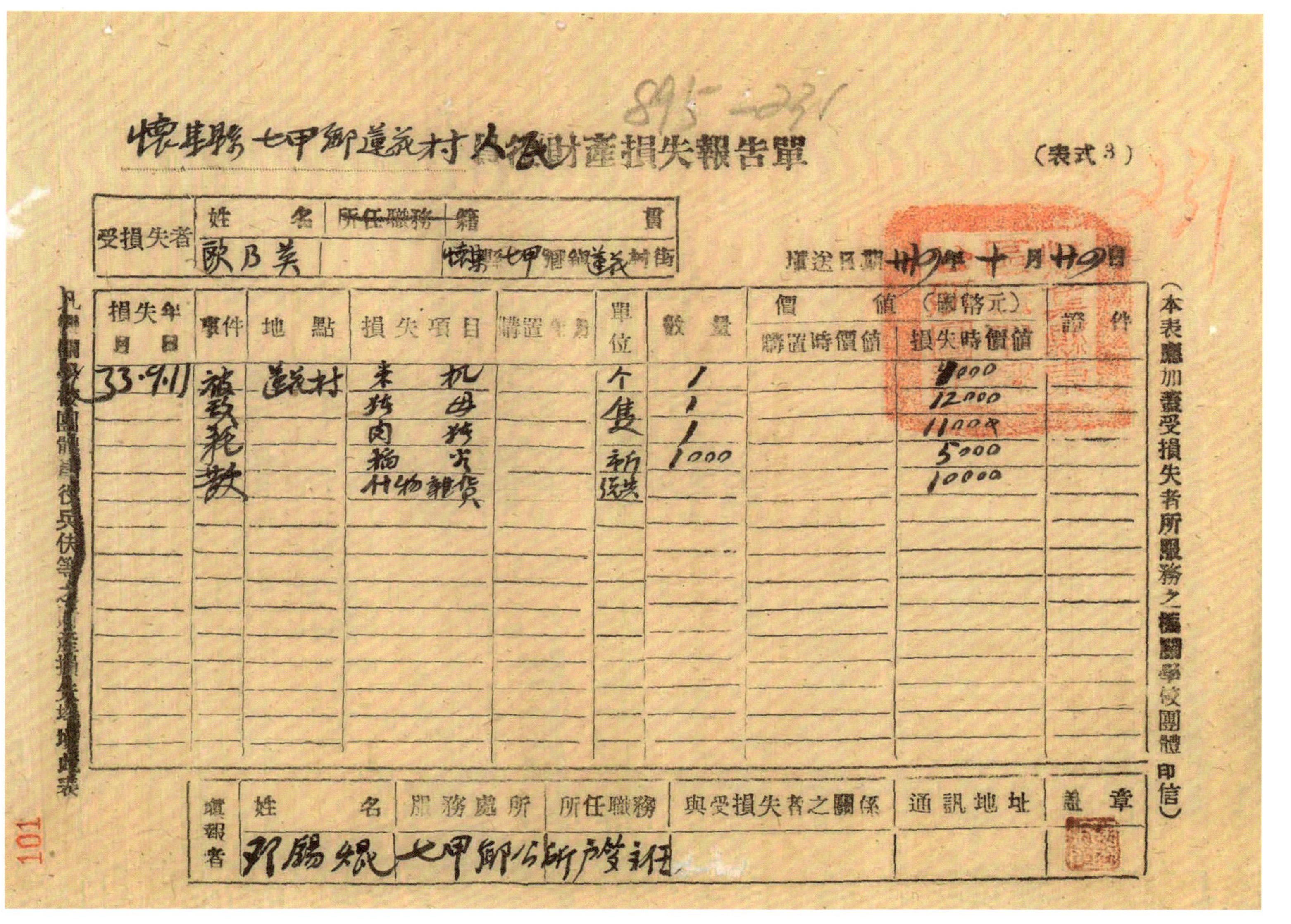

懷集縣七甲鄉蓮花村人民財產損失報告單 （表式3）

受損失者	姓名	所任職務	籍貫
	歐乃英		懷集縣七甲鄉蓮花村街

填送日期 卅四年十月廿四日

損失年月日	事件	地點	損失項目	購置年月	單位	數量	價值（國幣元）購置時價值	價值（國幣元）損失時價值	證件
33.9.11	被敌耗燬	蓮花村	米机		个	1		[illegible]000	
			猪母		隻	1		12000	
			肉猪			1		11000	
			稻谷		斤	1000		5000	
			什物雜貨					10000	

凡機關學校團體或兵伕等之財產損失均應填此表

（本表應加蓋受損失者所服務之機關學校團體印信）

填報者	姓名	服務處所	所任職務	與受損失者之關係	通訊地址	蓋章
	邓鹏银	七甲鄉公所	户籍主任			

七甲乡莲花村钟文林财产损失报告单（一九四五年十月二十四日）

103

895-223

懷集縣七甲鄉(鎮)蓮花村(街)人民損失報告單 （表式4）

受損失者：鍾文林　　　　填送日期　卅四年十月廿四日

損失年月日	事件	地點	損失項目	購置年月	單位	數量	價值（國幣元）購置時價值	價值（國幣元）損失時價值	證件
33.10.11		蓮花	谷子		市斤	400		8000	
			猪		隻	1		5110	
			被		張	2		8000	
			衣服		套	4		12000	

填報者	姓名	服務處所	所任職務	與受損失者之關係	通訊地址	蓋章
	鄧錫焜	七甲鄉公所				

（本表須加蓋鄉鎮公所關記）

七甲乡莲花村蔡裕屏财产损失报告单（一九四五年十月二十四日）

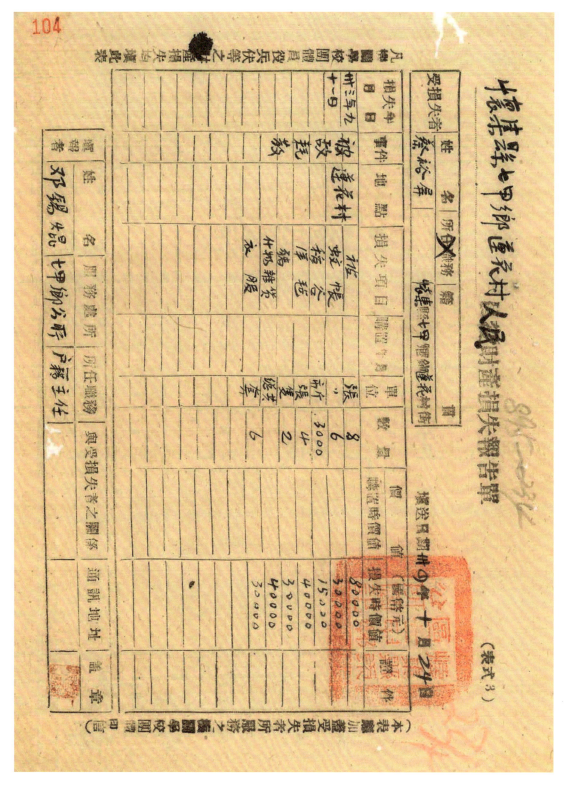

懷集縣七甲鄉蓮花村人民財產損失報告單

（表式3）

受損失者	姓名	所任職務	籍貫
	蔡裕屏		懷集縣七甲鄉蓮花村街

填送日期 卅四年十月24日

損失年月日	事件	地點	損失項目	購置年月	單位	數量	價值（國幣元） 購置時價值	損失時價值	證件
卅三年九十一日	被敌耗散	蓮花村	被		張	8		80000	
			蚊帐		〃	6		30000	
			稻谷		斤	3000		15000	
			毛毯		張	4		40000	
			豬		隻	2		30000	
			什物雜货		総共			40000	
			衣服		套	6		30000	

凡機關學校團體員役兵伕等之財產損失均填此表

（本表應加蓋受損失者所服務之機關學校團體印信）

填報者	姓名	服務處所	所任職務	與受損失者之關係	通訊地址	蓋章
	邓錫焜	七甲鄉公所	户籍主任			

七甲乡莲花村关李氏财产损失报告单（一九四五年十月二十四日）

105

懷集縣七甲鄉（鎮）蓮花村（街）人民損失報告單　（式樣4）

受損失者：關李氏　　填送日期卅四年十月24日

損失年月日	事件	地點	損失項目	購置年月	單位	數量	價值（國幣元）購置時價值	價值（國幣元）損失時價值	證件
卅三年九月十一日	被敵耗劫	蓮花村	國		元			20000	
			皮箱		個	3		3000	
			洋毯		張	2		48000	
			麻布		丈	30		24000	
			棉被		張	4		56000	
			布被		〃	4		60000	
			綢紗衣服		件	4		84000	
			金鈪		对	2		20000	
			什物雜具		綜共			12000	
			布衣		件	10		35000	

填報者	姓名	服務處所	所任職務	與受損失者之關係	通訊地址	蓋章
	邓錫焜	七甲鄉公所	户籍主任			

（本表需加蓋鄉鎮公所圖記）

七甲乡莲花村欧玉种财产损失报告单（一九四五年十月二十四日）

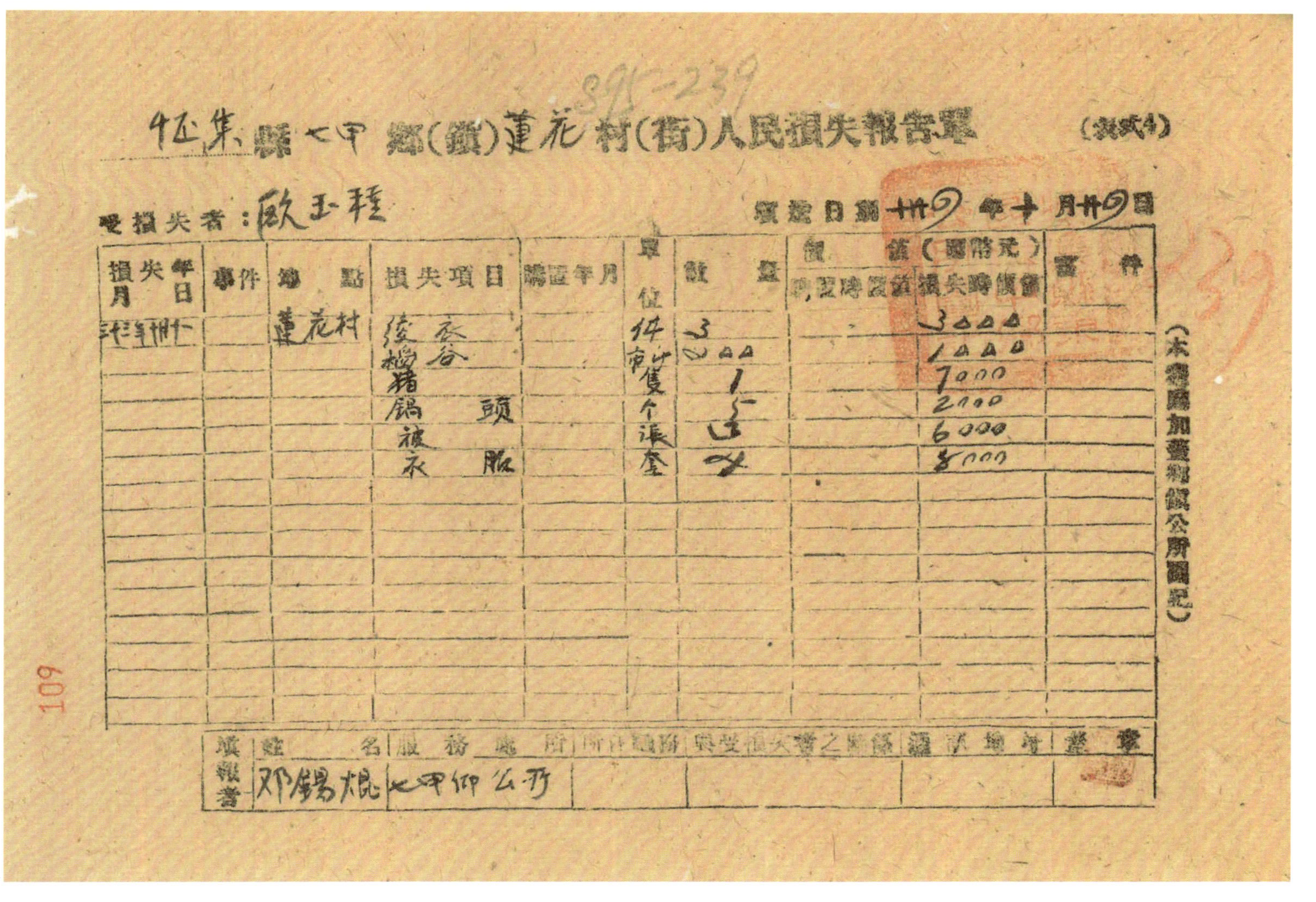

懷集縣七甲鄉（鎮）蓮花村（街）人民損失報告單　（式樣4）

受損失者：歐玉種　　填送日期卅四年十月廿四日

損失年月日	事件	地點	損失項目	購置年月	單位	數量	價值（國幣元）購置時價值	損失時價值	證件
卅三年卅十		蓮花村	綫衣		件	3		3000	
			稻谷		市斤	2000		1000	
			猪		隻	1		7000	
			鍋頭		個	5		2100	
			被		張	15		6000	
			衣服		套	24		8000	

填報者	姓名	服務處所	所任職務	與受損失者之關係	通訊地址	蓋章
	邓錫焜	七甲鄉公所				

（本單應加蓋鄉鎮公所圖記）

七甲乡莲花村冯亚渠财产损失报告单（一九四五年十月二十四日）

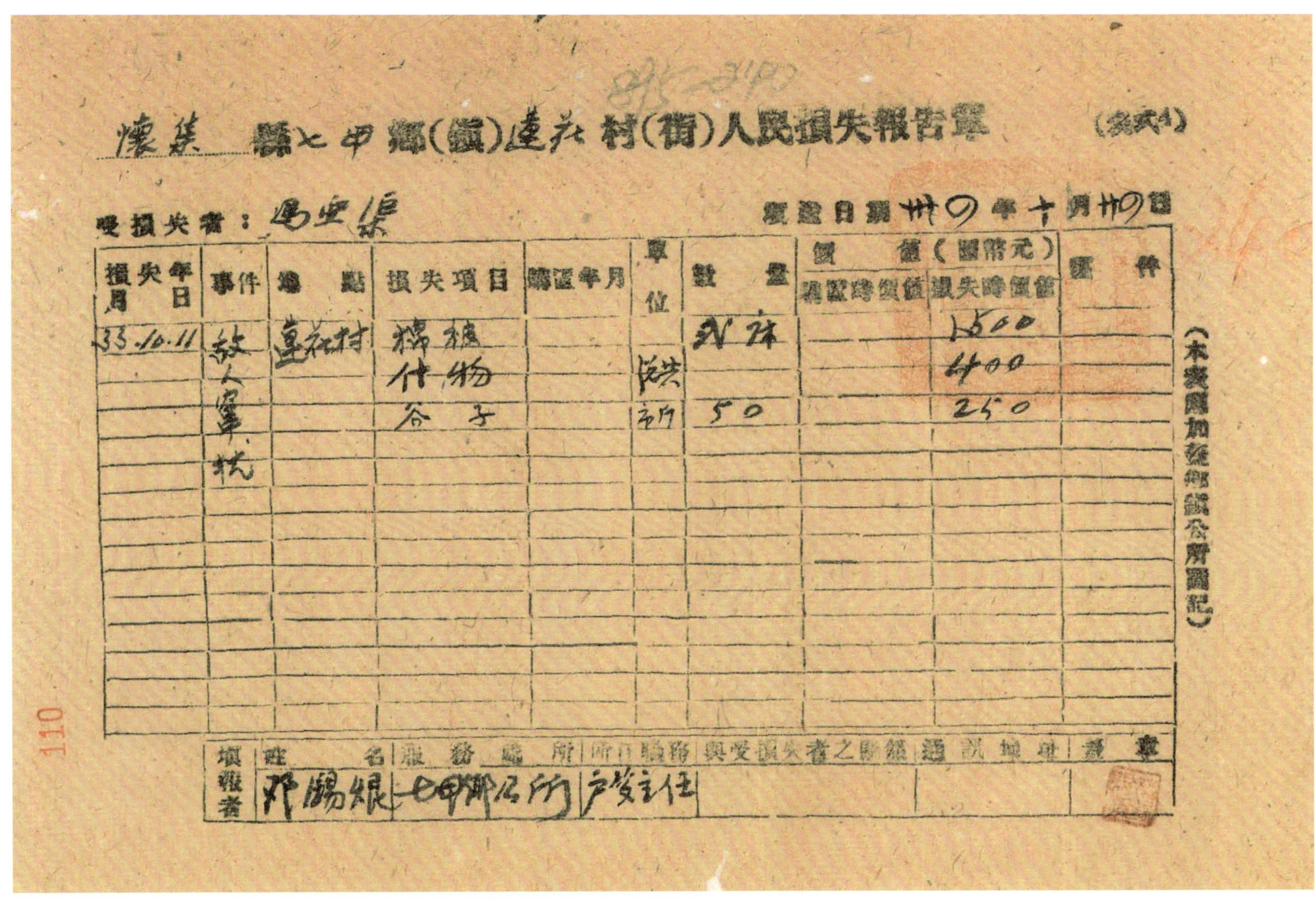

懷集縣七甲鄉(鎮)蓮花村(街)人民損失報告單 （表式4）

受損失者：馮亞渠　　　　報送日期卅四年十月廿四日

損失年月日	事件	地點	損失項目	購置年月	單位	數量	價值（國幣元）購置時價值	價值（國幣元）損失時價值	證件
33.10.11	敌人窜扰	蓮花村	棉被			弍斤		1500	
			什物		陆件			400	
			谷子		斤	50		250	

填報者	姓名	服務處所	所任職務	與受損失者之關係	通訊地址	蓋章
	邓腸娘	七甲鄉公所	户籍主任			

（本表應加蓋鄉鎮公所圖記）

110

七甲乡莲花村何容财产损失报告单（一九四五年十月二十四日）

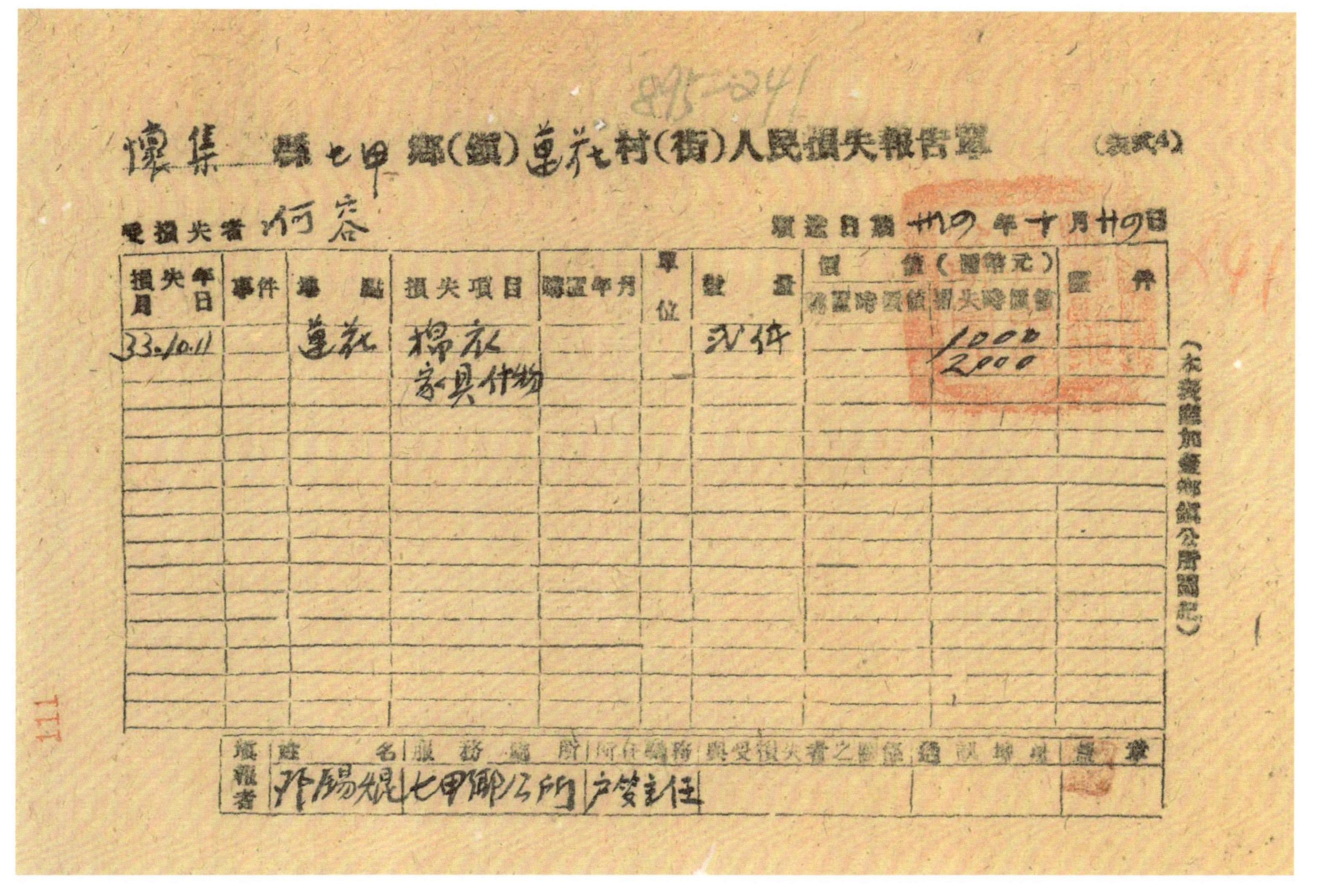

懷集縣七甲鄉（鎮）蓮花村（街）人民損失報告單 （表式4）

受損失者 何容　　　　填送日期 卅四年十月廿四日

損失年月日	事件	地點	損失項目	購置年月	單位	數量	價值（國幣元）購置時價值	價值（國幣元）損失時價值	證件
33.10.11		蓮花	棉衣 家具什物			卅件		1000 2000	

填報者	姓名	服務處所	所任職務	與受損失者之關係	通訊地址	蓋章
	何陽焜	七甲鄉公所	户籍主任			

（本表經加蓋鄉鎮公所圖記）

七甲乡莲花村陈怀邦祀财产损失报告单（一九四五年十月二十四日）

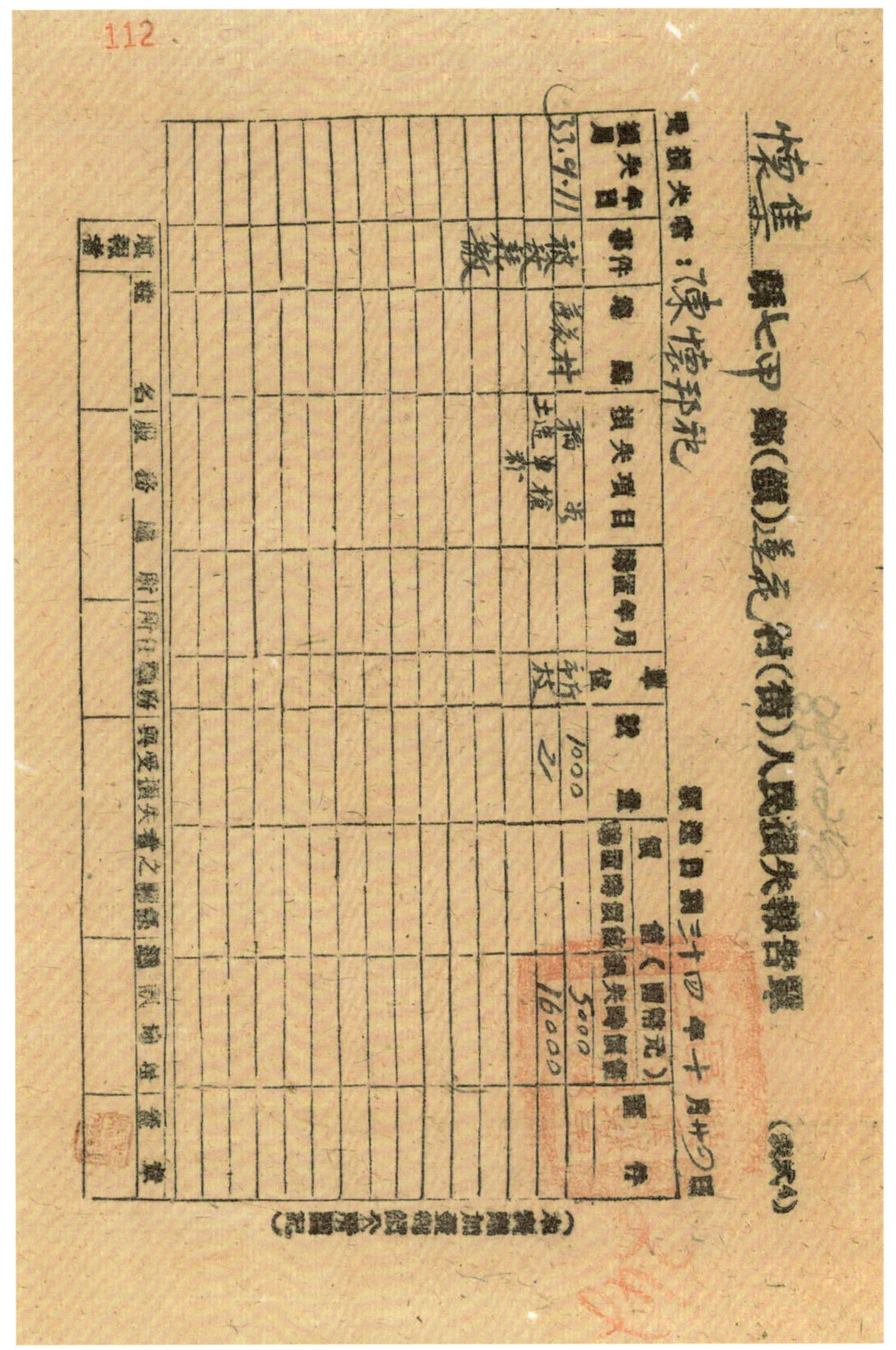

112

懷集縣七甲鄉（鎮）蓮花村（街）人民財產損失報告單 （表式4）

填送日期三十四年十月廿四日

受損失者：陳懷邦祀

損失年月日	事件	地點	損失項目	購置年月	單位	數量	價值（國幣元）購置時價值	損失時價值	證件
33.9.11	被敵焚毁	蓮花村	稻草		斤	1000		3000	
			土造單槍		枝	2		16000	

直轄機關學校團體或事業 名稱 印信 受損失者 服務處所 與受損失者之關係 通訊地址 蓋章

七甲乡莲花村陈树田财产损失报告单（一九四五年十月二十四日）

懷集縣七甲鄉（鎮）蓮花村（街）人民損失報告單　（表式1）

受損失者：陳樹田　　填送日期　卅四年十月廿四日

損失年月日	事件	地點	損失項目	購置年月	單位	數量	價值（國幣元）購置時價值	損失時價值	證件
33.10.11		蓮花	衣服		套	5		4000	
			穀子		斤	600		3000	
			牛		隻	1		10000	
			牀			1		5500	
			被		張	2		1000	
			雞鴨鵝		隻	15		3000	
			毡		張	2		12000	
			什物家具		[illegible]			2600	

填報者	姓名	服務處所	所任職務	與受損失者之關係	通信地址	蓋章
	鄧錫焜	七甲鄉公所				

（本表應加蓋報告公所圖記）

七甲乡莲花村陈永兆、陈石花财产损失报告单（一九四五年十月二十四日）

118

怀集县七甲乡莲花村人民财产损失报告单

（表式3）

填送日期 卅四年十月二十四日

受损失者	姓名	陈永兆 陈石花	籍贯	怀集县七甲乡莲花村

损失年月日	事件	地点	损失项目	购置年月	单位	数量	价值（国币元）购置时价值	损失时价值	证件
卅三年九月十一日	被敌抢劫	莲花村	杂谷		市斤	500		4000	
			白米		〃	20		500	
			衣服		套	5		15000	
			家具		对	3		1000	

凡机关学校团体或事业之财产损失由各该主管填报此表

填报者	姓名	服务处所	所任职务	与受损失者之关系	通讯地址	盖章
	邓锡光	七甲乡公所	户籍主任			

（本表应加盖受损失者所服务之机关学校团体或事业印信）

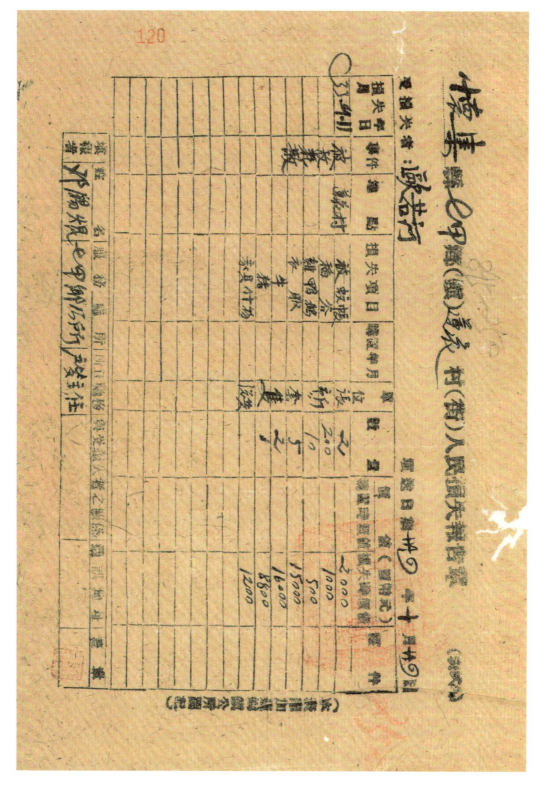

七甲乡莲花村欧若河财产损失报告单（一九四五年十月二十四日）

懷集縣七甲鄉（鎮）蓮花村（街）人民損失報告單　（表式3）

受損失者：歐若河　　　　填送日期卅四年十月廿四日

損失年月日	事件	地點	損失項目	購置年月	單位	數量	價值（國幣元）購置時價值	損失時價值	證件
33.4.11	被敵軍擄	蓮花村	蚊帳		張	2		2000	
			稻谷		斤	200		1000	
			雞鴨鵝			10		500	
			衣服		套	5		15000	
			牛		隻	2		16000	
			豬			1		8800	
			家具什物		[illegible]			12000	

填報者	姓名	服務處所	所任職務	與受損失者之關係	通訊地址	蓋章
	鄧腸焜	七甲鄉公所	户籍主任			

（本表應加蓋鄉鎮公所圖記）

七甲乡莲花村冯树熊财产损失报告单（一九四五年十月二十四日）

懷集縣七甲鄉（鎮）蓮花村（街）人民損失報告單　（表式A）

受損失者：馮樹熊　　填送日期　卅四年十月廿四日

損失年月日	事件	地點	損失項目	購置年月	單位	數量	價值（國幣元）購置時價值	損失時價值	證件
民卅三.九十一日	被敌耗散	蓮花村	猪		斤	100	800	1000	
		〃	被蚊帳		張	2		450	
		〃	稻穀		斤	200	—	1000	

填報者	姓名	服務處所	所任職務	與受損失者之關係	通訊地址	蓋章
	鄭勝焜	七甲鄉公所	户籍主任			

（本表應加蓋鄉鎮公所圖記）

七甲乡莲花村冯达星财产损失报告单（一九四五年十月二十四日）

懷集縣七甲鄉（鎮）蓮花村（街）人民損失報告單　（表式4）

受損失者：馮達星　　填送日期卅四年十月廿四日

損失年月日	事件	地點	損失項目	購置年月	單位	數量	價值（國幣元）購置時價值	價值（國幣元）損失時價值	證件
33.9.11	被敵搶散	蓮花村	牛		隻	1		8000	
			被　蚊帳		張	5		15000	
			衣　服		套	5		15000	
			稻　谷		斤	200		10000	
			雞　鴨鵝		隻	20		5000	

（本表需加蓋鄉鎮公所圖記）

填報者	姓名	服務處所	所任職務	與受損失者之關係	通訊地址	蓋章
	邓勝根	七甲鄉公所	户籍主任			

七甲乡莲花村欧家骥财产损失报告单（一九四五年十月二十四日）

懷集縣七甲鄉（鎮）蓮花村（街）人民損失報告單　（表式4）

受損失者：歐家驥　填送日期卅四年十月廿四日

損失年月日	事件	地點	損失項目	購置年月	單位	數量	價值（國幣元）購置時價值	價值（國幣元）損失時價值	證件
民卅三年九月十一日	被敌耗散	蓮花村	稻谷		斤	400		2000元	
		〃	被		張	2		2000	
		〃	衣服		套	4		12000	
		〃	蚊帳		張	4		6000	
		〃	书籍		本	20		95000	
		〃	什物		總共			2000	
		〃	鷄鴨		斤	10		1000	
			柴		斤	150		2500	
			布疋		丈	10		6000	

填報者	簽名	服務處所	所任職務	與受損失者之關係	通訊地址	蓋章
	鄧錫焜	七甲鄉公所	户籍主任			

（本表應加蓋鄉鎮公所鈐記）

七甲乡莲花村欧蔡氏财产损失报告单（一九四五年十月二十四日）

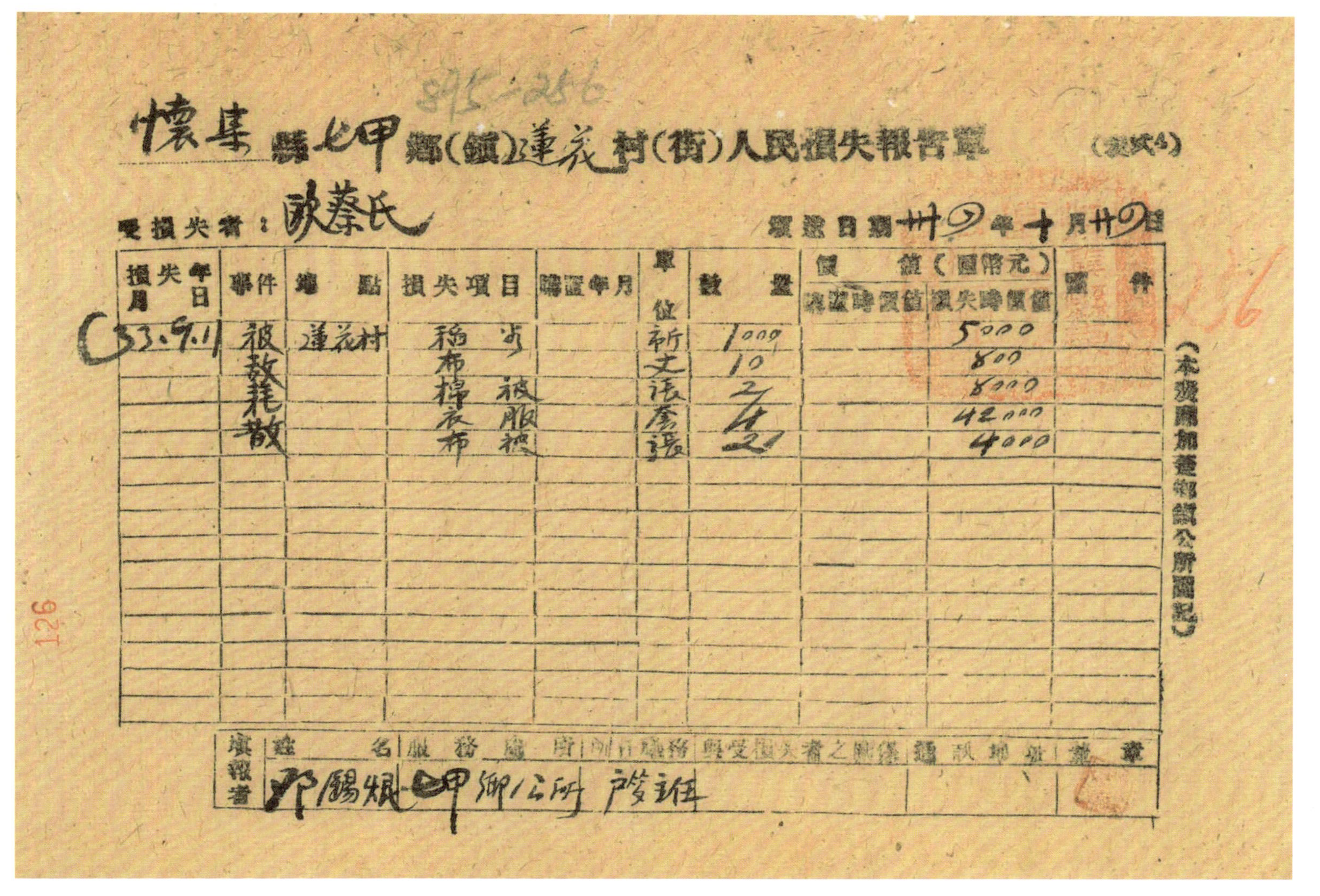

懷集縣七甲鄉(鎮)蓮花村(街)人民損失報告單　(表式4)

受損失者：歐蔡氏　　填送日期 卅四年十月廿四日

損失年月日	事件	地點	損失項目	購置年月	單位	數量	價值(國幣元) 購置時價值	損失時價值	證件
33.9.1	被敌搶散	蓮花村	稻谷		斤	1000		5000	
			布		丈	10		800	
			棉被		張	2		8000	
			衣服		套	42		42000	
			布被		張	2		4000	

填報者	姓名	服務處所	所任職務	與受損失者之關係	通訊地址	蓋章
	邓鹏焜	七甲鄉公所	户籍			

(本表須加蓋鄉鎮公所圖記)

七甲乡莲花村欧汉森财产损失报告单（一九四五年十月二十四日）

127

895-257

怀集县　　乡（镇）　　村（街）人民损失报告单　（表式4）

受损失者：欧汉森　　　　填送日期卅四年十月廿四日

损失年月日	事件	地点	损失项目	购置年月	单位	数量	价值（国币元）购置时价值	价值（国币元）损失时价值	证件
33.9.11	被敌耗散	莲花村	稻谷		斤	1000		5000	
			衣服		套	8		24000	
			棉被		张	2		1200	
			杂粮		斤	2000		8000	
			花生		〃	30		400	
			土造单响枪		枝	1		4500	
			芋头		斤	30		250	

填报者	姓名	服务处所	所任职务	与受损失者之关系	通讯地址	盖章
	邓锡炯	七甲乡公所	户籍主任			

（本表须加盖乡镇公所图记）

七甲乡莲花村欧炳燊财产损失报告单（一九四五年十月二十四日）

懷集縣七甲鄉(鎮)蓮花村(街)人民損失報告單　(表式4)

受損失者：歐炳燊　　填送日期卅四年十月24日

損失年月日	事件	地點	損失項目	購置年月	單位	數量	價值(國幣元) 購置時價值	價值(國幣元) 損失時價值	證件
卅三年九月十一日	被敌耗散	蓮花村	棉被		張	4		16000	
			衣服		套	8		24000	
			稻谷		市斤	1000		5000	
			洋毡		張	1		10000	
			什物		總共			2000	
			鸡鸭鹅		市斤	20		200	
			猪		市斤	200		2000	

報告者	姓名	服務處所	所任職務	與受損失者之關係	通訊地址	蓋章
	鄧錫焜	七甲鄉公所	户籍主任			

(本表應加蓋鄉鎮公所圖記)

七甲乡莲花村欧史氏财产损失报告单（一九四五年十月二十四日）

895-259

懷集 縣 七甲 鄉（鎮）蓮花 村（街）人民損失報告單　　（表式4）

受損失者：歐史氏　　　　報送日期 卅四 年 十 月 廿四 日

損失年月日	事件	地點	損失項目	購置年月	單位	數量	價值（國幣元）購置時價值	價值（國幣元）損失時價值	證件
民卅三、九十一日	被敵轟毀	蓮花村	被		張	2		1200	
			毯帳		〃	4		1600	
			稻谷		斤	200		2000	
			家私什物		[illegible]			1000	
			布疋		丈	4		8000	
			雜糧		斤	400		8000	
			豬		斤	200		20000	
			衣服		套	3		9000	

填報者	姓名	服務處所	所任職務	與受損失者之關係	通訊地址	蓋章
	鄧錫燭	七甲鄉公所	户籍主任			

（本表應加蓋鄉鎮公所圖記）

129

七甲乡莲花村程卓荣财产损失报告单（一九四五年十月二十五日）

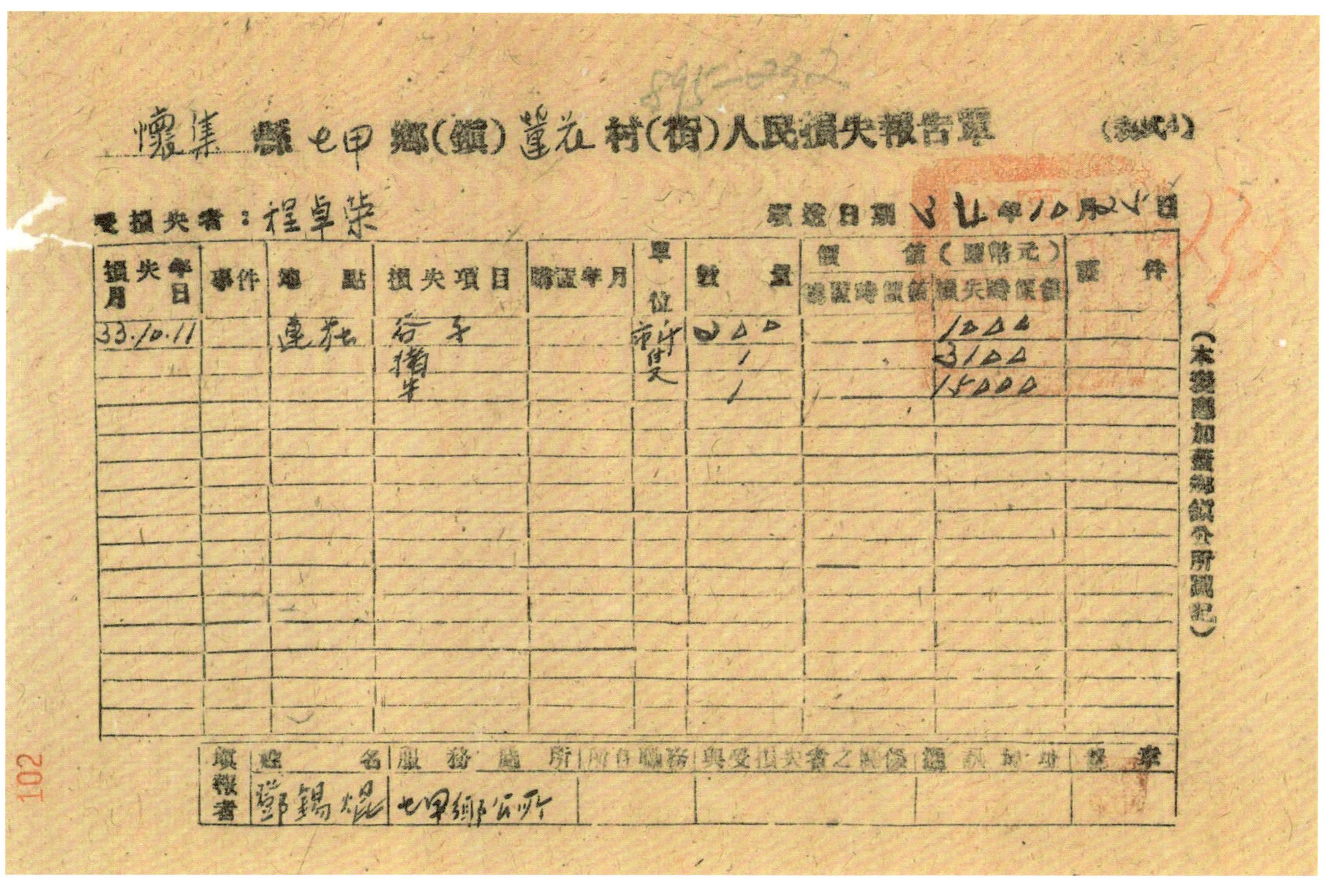

懷集縣七甲鄉(鎮)蓮花村(街)人民損失報告單 (表式1)

受損失者：程卓榮　　填送日期 34年10月25日

損失年月日	事件	地點	損失項目	購置年月	單位	數量	價值(國幣元) 購置時價值	價值(國幣元) 損失時價值	證件
33.10.11		蓮花	谷子		市斤	200		1000	
			豬		隻	1		3100	
			牛		隻	1		15000	

填報者	姓名	服務處所	所任職務	與受損失者之關係	通訊地址	蓋章
	鄧錫焜	七甲鄉公所				

(本表應加蓋鄉鎮公所圖記)

七甲乡莲花村陈远绵财产损失报告单（一九四五年十月二十五日）

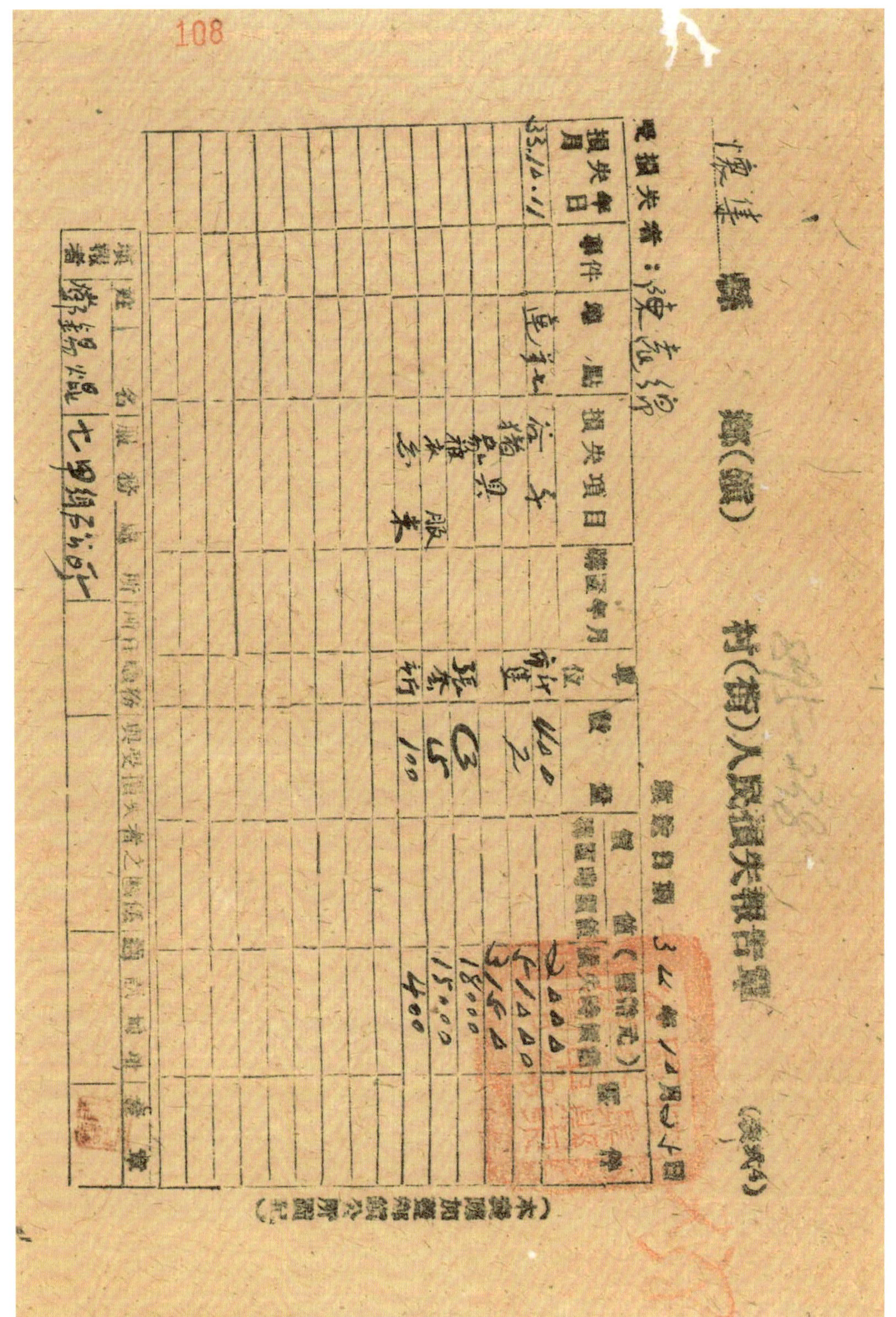

108

怀集县　　乡（镇）　　村（街）人民损失报告单　　（表式4）

受损失者：陈远绵　　　　填送日期　34年10月25日

损失年月日	事件	地点	损失项目	购置年月	单位	数量	价值（国币元）购置时价值	价值（国币元）损失时价值	证件
33.10.11		莲花	谷子		市斤	400		2000	
			猪		隻	2		51000	
			家具					3150	
			被		张	3		18000	
			衣服		套	5		15000	
			[illegible]米		市斤	100		400	

填报者	姓名	服务处所	所任职务	与受损失者之关系	通讯地址	盖章
	郑锡焜	七甲乡公所				

（本表应加盖乡镇公所图记）

七甲乡莲花村陈树海财产损失报告单（一九四五年十月二十五日）

113

懷集縣七甲鄉（鎮）蓮花村（街）人民損失報告單　（表式4）

受損失者：陳樹海　　　　填送日期 34年10月25日

損失年月日	事件	地點	損失項目	購置年月	單位	數量	價值（國幣元）購置時價值	價值（國幣元）損失時價值	證件
33.10.11		蓮花	棉被		床	2		1500	
			金戒指		個	1 重2.5分		9000	
			牛		隻	1		6500	
			書籍文具					100000	
			樂器					8000	
			稻谷		市斤	600		3000	
			十二磅洋毡		床	1		5500	

（本表應加蓋鄉鎮公所圖記）

填報者	姓名	服務處所	所任職務	與受損失者之關係	通訊地址	蓋章
	鄧錫焜	七甲鄉公所				

七甲乡莲花村陈树南财产损失报告单（一九四五年十月二十五日）

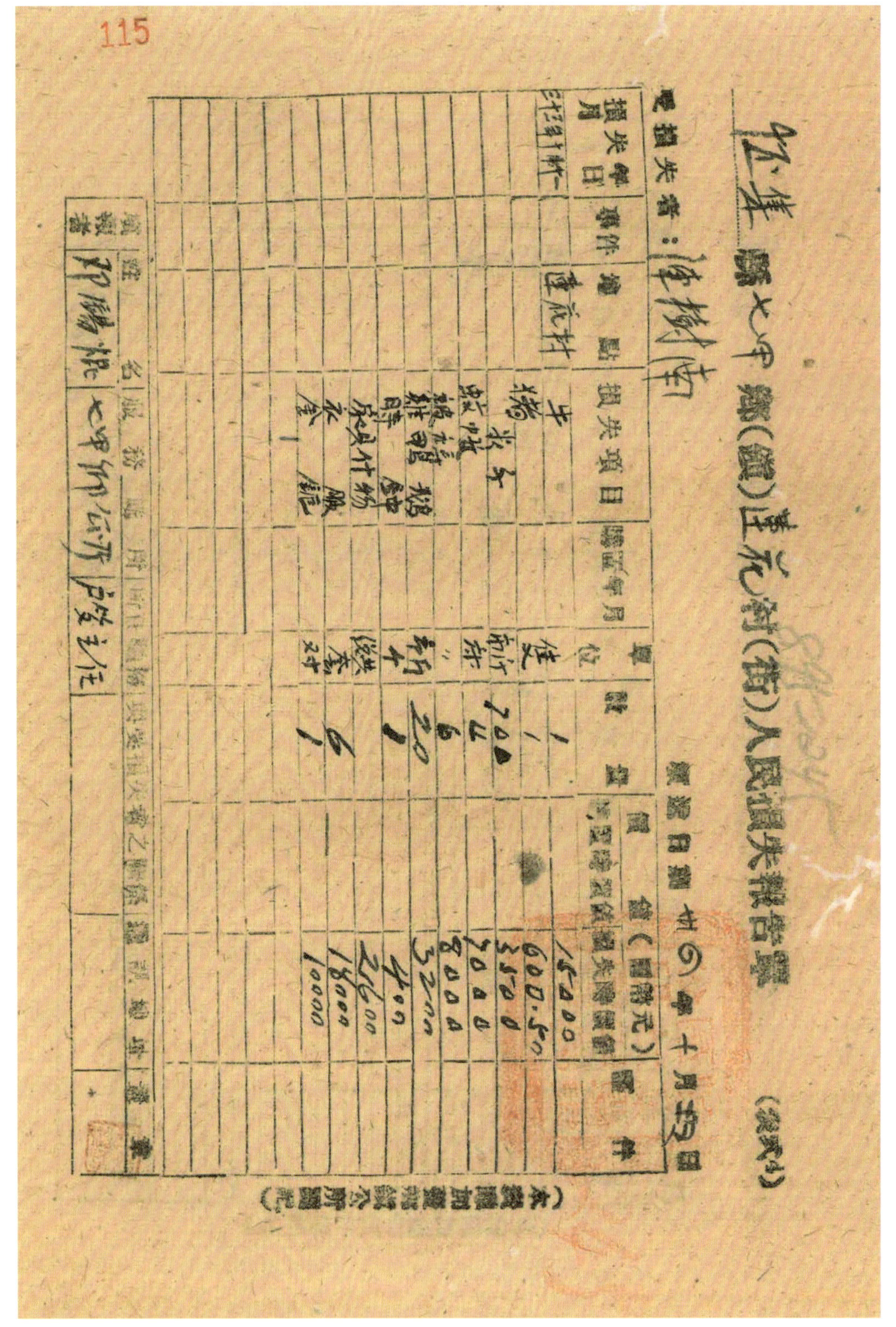

115

怀集縣七甲鄉（鎮）蓮花村（街）人民損失報告單　（表式1）

受損失者：陳樹南　　填送日期　卅四年十月廿五日

損失年月日	事件	地點	損失項目	購置年月	單位	數量	價值（國幣元）購置時價值	價值（國幣元）損失時價值	證件
三十三年十月廿一		蓮花村	牛		隻	1		15000	
			豬		隻	1		600.50	
			米谷		市斤	700		3500	
			蚊帳		床	4		7000	
			被褥		"	6		8000	
			雞鴨鵝		斤	20		3200	
			時鐘		个	1		400	
			家具什物		總共			2600	
			衣服		套	6	—	18000	
			金鐲		对	1		10000	

（本表應加蓋鄉鎮公所圖記）

填報者	姓名	服務處所	所任職務	與受損失者之關係	通訊地址	蓋章
	邓锡焜	七甲鄉公所	户籍主任			

七甲乡莲花村欧氏财产损失报告单（一九四五年十月二十五日）

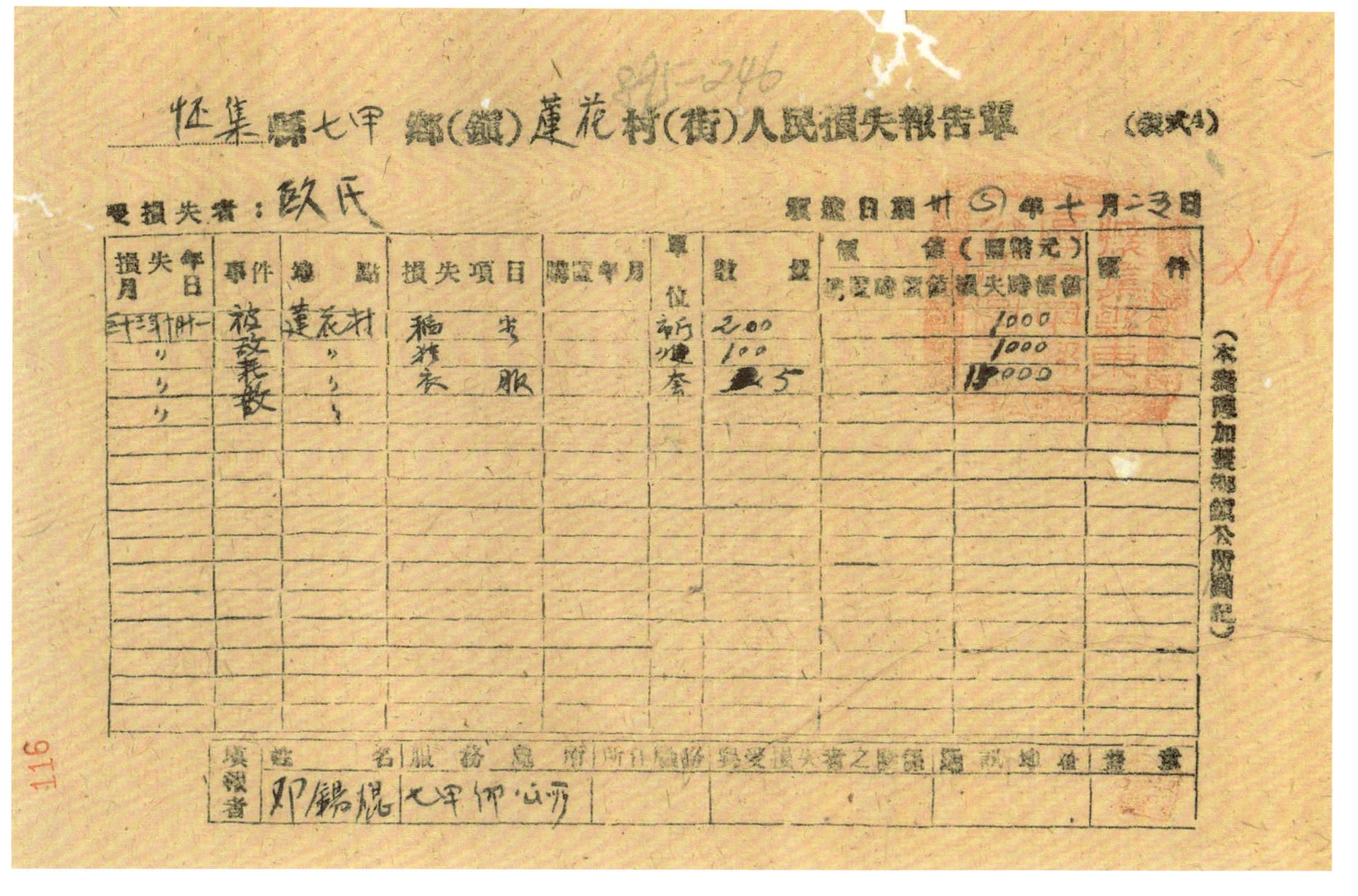

怀集县七甲乡（镇）莲花村（街）人民损失报告单　　（表式1）

受损失者：欧氏　　填送日期卅四年十月二三日

损失年月日	事件	地点	损失项目	购置年月	单位	数量	价值（国币元）购置时价值	价值（国币元）损失时价值	证件
卅三年卅一	被敌兵毁	莲花村	稻谷		市斤	200		1000	
〃	〃	〃	[illegible]		[illegible]	100		1000	
〃	〃	〃	衣服		套	5		15000	
〃		〃							

填报者	姓名	服务处所与所任职务	与受损失者之关系	通讯地址	盖章
	邓锡焜	七甲乡公所			

（本表须加盖乡镇公所图记）

七甲乡莲花村陈亿谦财产损失报告单（一九四五年十月二十五日）

懷集縣七甲鄉(鎮)蓮花村(街)人民損失報告單 （表式4）

受損失者：陳億謙　　填送日期卅四年十月廿五日

損失年月日	事件	地點	損失項目	購置年月	單位	數量	價值(國幣元) 購置時價值	價值(國幣元) 損失時價值	證件
卅三年九月十一日	被敌耗散	蓮花村	衣服		套	4		2000元	
		〃	稻谷		斤	200		1000元	
		〃	猪		隻	100市斤		1000元	

填報者	姓名	服務處所	所任職務	與受損失者之關係	通訊地址	蓋章
	鄧錫焜	七甲鄉公所				

（本表應加蓋報告人所在公所圖記）

七甲乡莲花村钱氏财产损失报告单（一九四五年十二月二十六日）

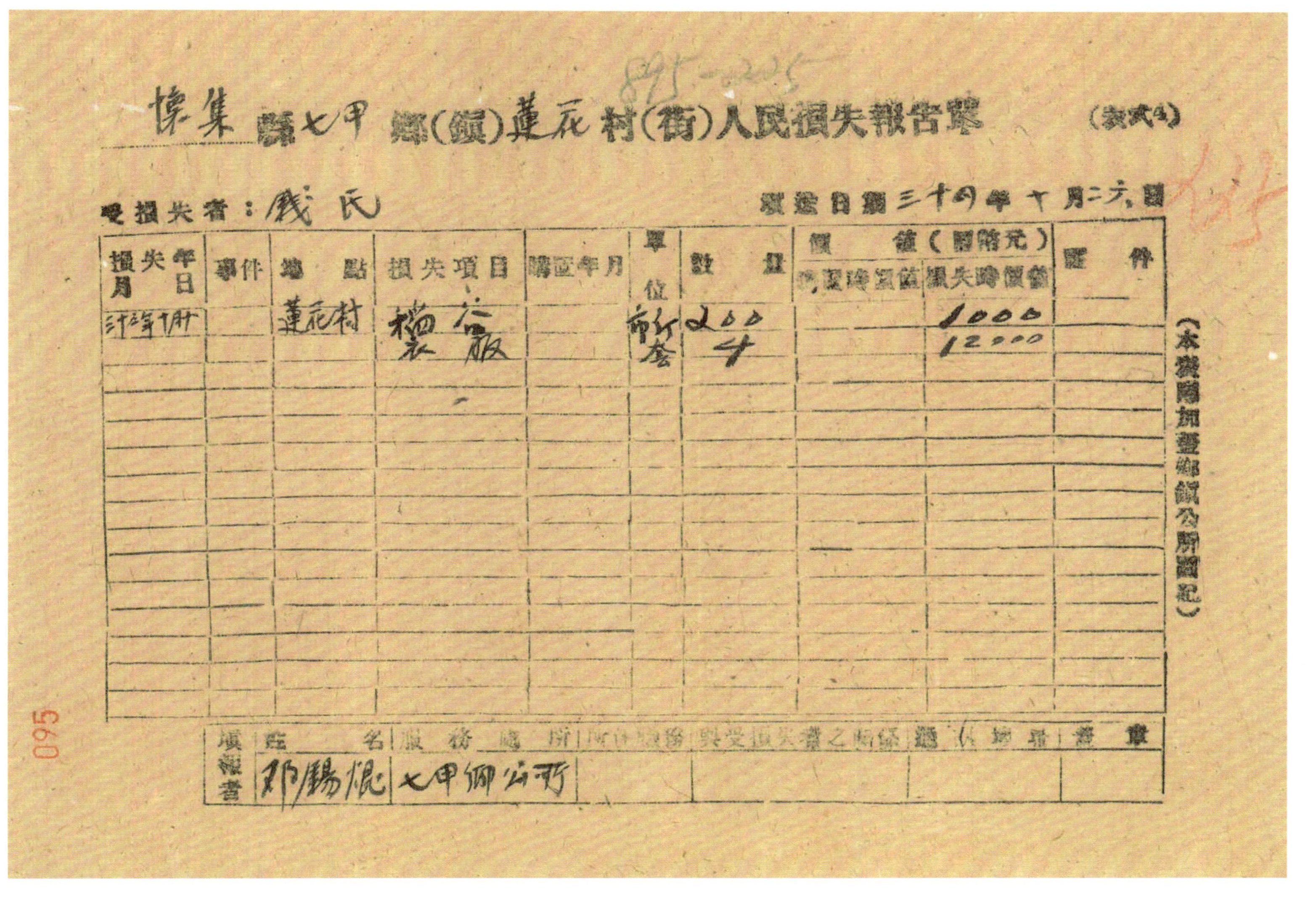

懷集縣七甲鄉（鎮）蓮花村（街）人民損失報告單　（表式4）

受損失者：錢氏　　填送日期三十四年十月二六日

損失年月日	事件	地點	損失項目	購置年月	單位	數量	價值（國幣元）購置時價值	損失時價值	證件
卅三年9月		蓮花村	穀		市斤	200		1000	
			衣服		套	4		12000	

填報者	姓名	服務處所	所任職務	與受損失者之關係	通信地址	蓋章
	鄧錫根	七甲鄉公所				

（本表須加蓋鄉鎮公所圖記）

七甲乡莲花村关伯祥财产损失报告单（一九四五年十月）

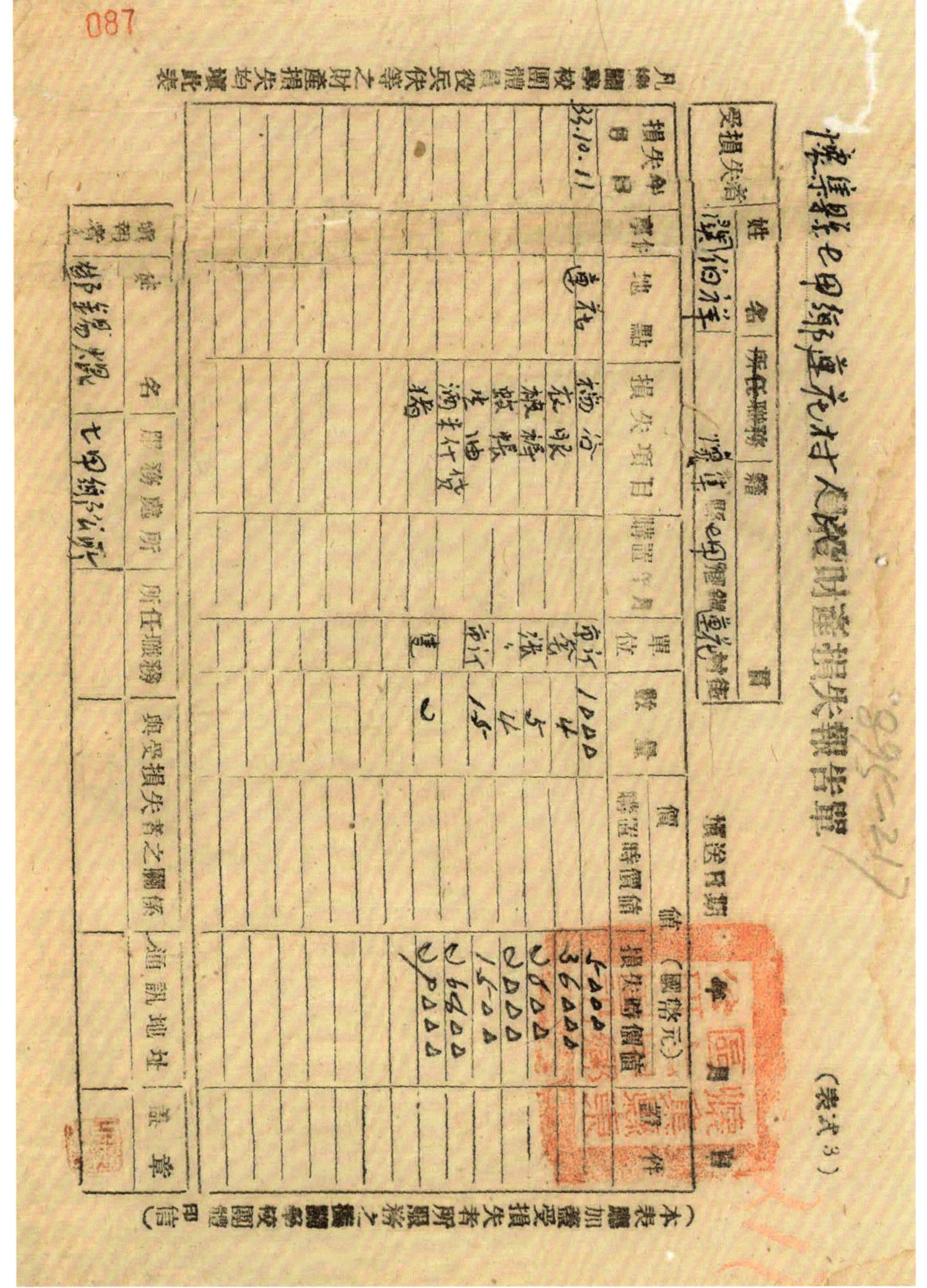

087

（表式3）

樟樹縣七甲鄉蓮花村人民財產損失報告單

填送日期

受損失者	姓名	關伯祥	所任職務		籍貫	樟樹縣七甲鄉蓮花村

損失年月日	事件	地點	損失項目	購置年月	單位	數量	價值（國幣元） 購置時價值	損失時價值	證件
33.10.11		蓮花	穀谷		市石	1000		5000	
			衣服		套	4		36000	
			被帳		張	5		20000	
			生油		市斤	15		15000	
			什貨					64000	
			豬		隻	2		80000	

報告者	姓名	鄧錫根	服務處所	七甲鄉公所	所任職務		與受損失者之關係		通訊地址		蓋章

凡機關學校團體或事業之財產損失均填此表

（本表應加蓋受損失者所服務之機關學校團體印信）

七甲乡莲花村黄彩琼财产损失报告单（一九四五年十月）

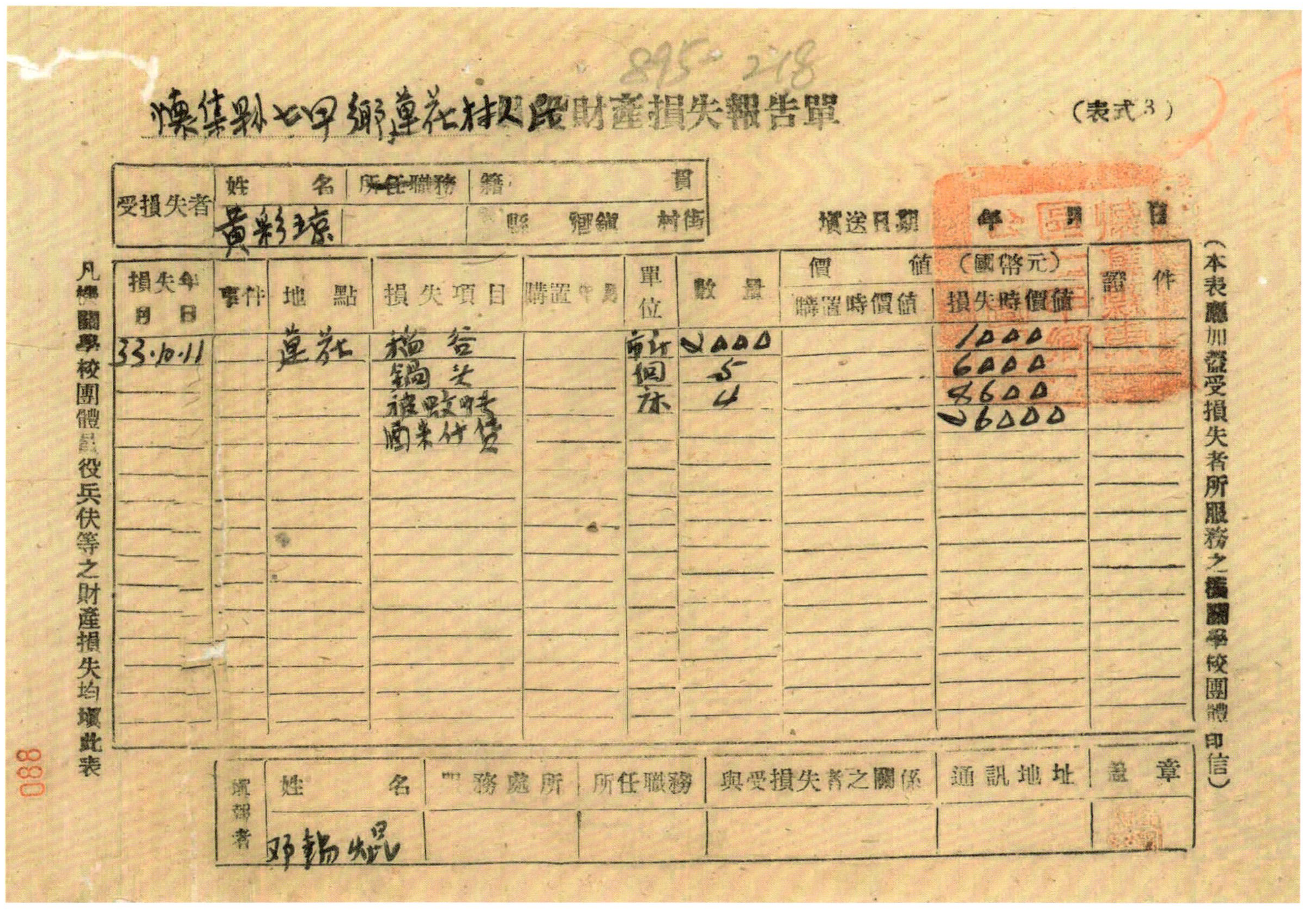
懷集縣七甲鄉蓮花村財產損失報告單

（表式3）

受損失者	姓名	所任職務	籍貫
	黄彩琼		縣 鄉鎮 村街

填送日期 年 月 日

損失年月日	事件	地點	損失項目	購置年月	單位	數量	價值（國幣元）購置時價值	價值（國幣元）損失時價值	證件
33.10.11		蓮花	稻谷		市斤	2000		1000	
			鍋头		個	5		6000	
			被服蚊帳		床	4		8600	
			商米什貨					26000	

填報者	姓名	服務處所	所任職務	與受損失者之關係	通訊地址	蓋章
	邓锡焜					

凡機關學校團體或役兵伕等之財產損失均填此表

（本表應加蓋受損失者所服務之機關學校團體印信）

七甲乡莲花村黄维干财产损失报告单（一九四五年十月）

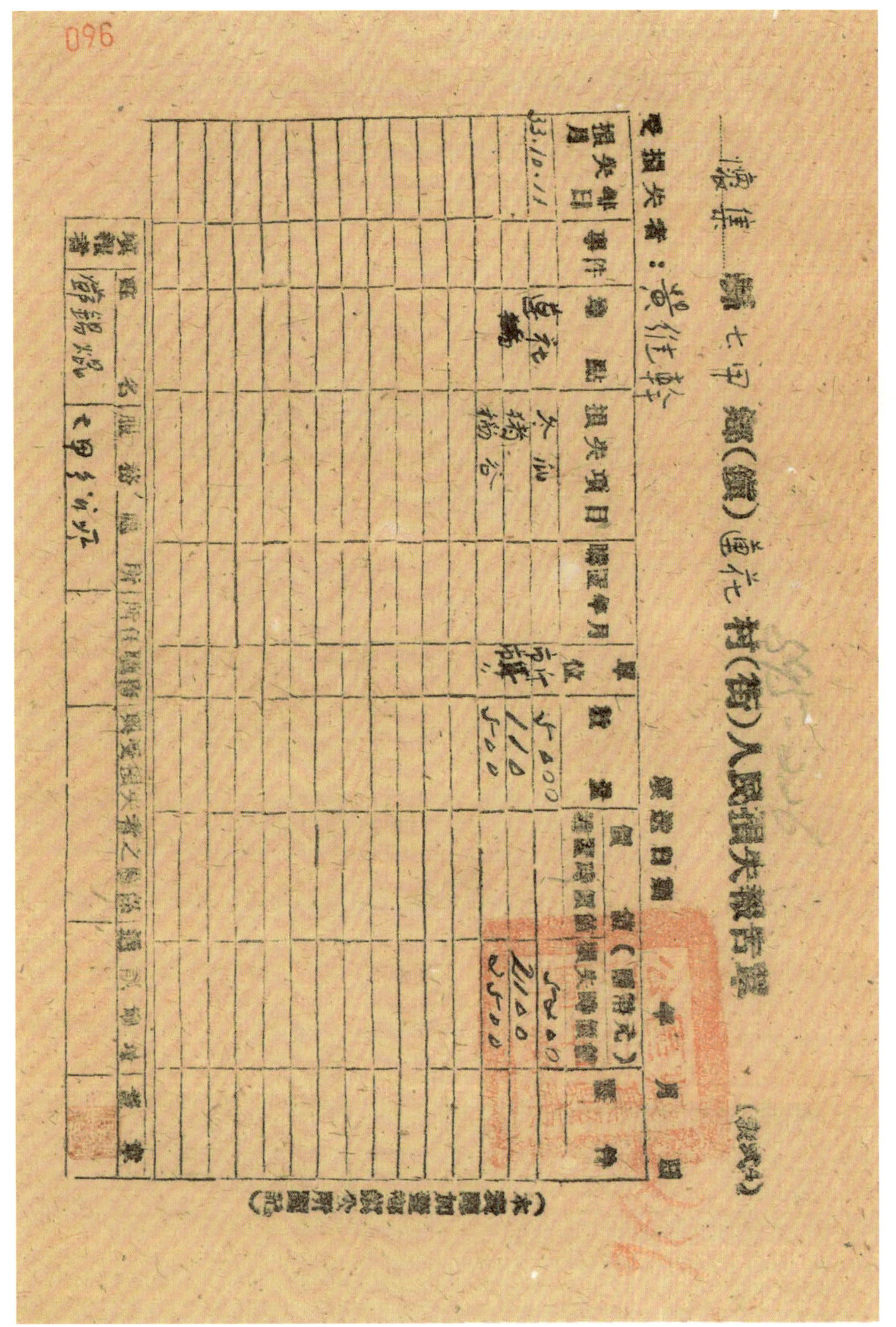

懷集縣七甲鄉(鎮)蓮花村(街)人民損失報告單 (表式4)

受損失者：黃維幹　　填送日期　年　月　日

損失年月日	事件	地點	損失項目	購置年月	單位	數量	價值(國幣元) 購置時價值	價值(國幣元) 損失時價值	證件
33.10.11		蓮花村	冬瓜		市斤	5000		5000	
			猪		市斤	110		2100	
			糯谷		"	500		2500	

(本表應加蓋鄉鎮公所圖記)

填報者	姓名	服務處所	所任職務	與受損失者之關係	通信地址	蓋章
	鄧錫焜	七甲乡公所				

七甲乡莲花村陈欧氏、陈伍生财产损失报告单（一九四五年十月）

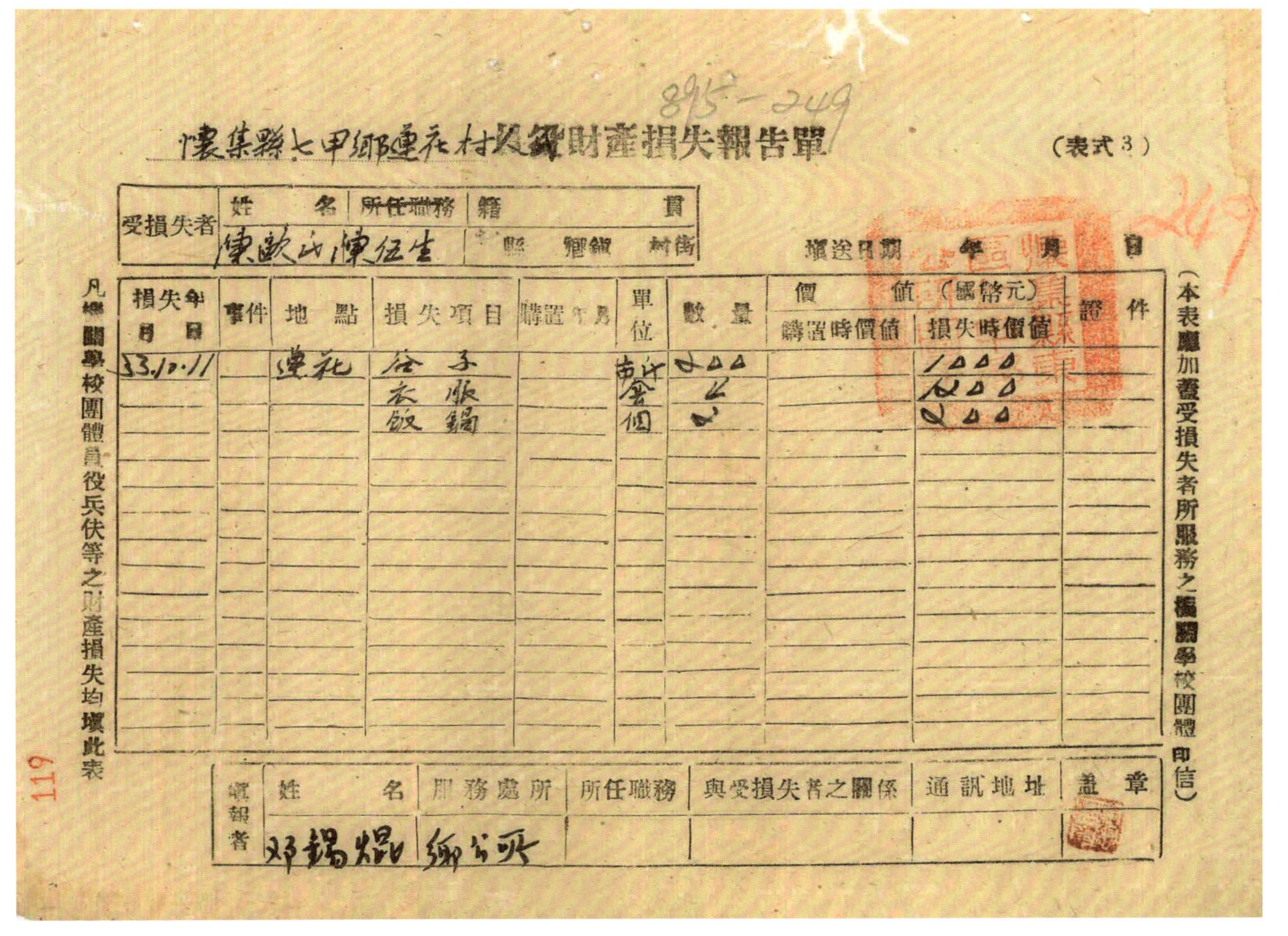

895-249

懷集縣七甲鄉蓮花村人民財產損失報告單　　（表式3）

填送日期　　年　　月　　日

受損失者	姓名	所任職務	籍貫
	陳歐氏、陳伍生		縣　鄉鎮　村街

損失年月日	事件	地點	損失項目	購置年月	單位	數量	價值（國幣元）購置時價值	價值（國幣元）損失時價值	證件
33.10.11		蓮花	谷子		市斤	200		1000	
			衣服		套	2		2000	
			飯鍋		個	2		2000	

凡機關學校團體員役兵伕等之財產損失均填此表

（本表應加蓋受損失者所服務之機關學校團體印信）

填報者	姓名	服務處所	所任職務	與受損失者之關係	通訊地址	蓋章
	鄧錫焜	鄉公所				

119

二、怀集县渡头乡人民财产损失调查报告单

渡头乡大坑村蔡挺茂财产损失报告单（一九四五年十月二十九日）

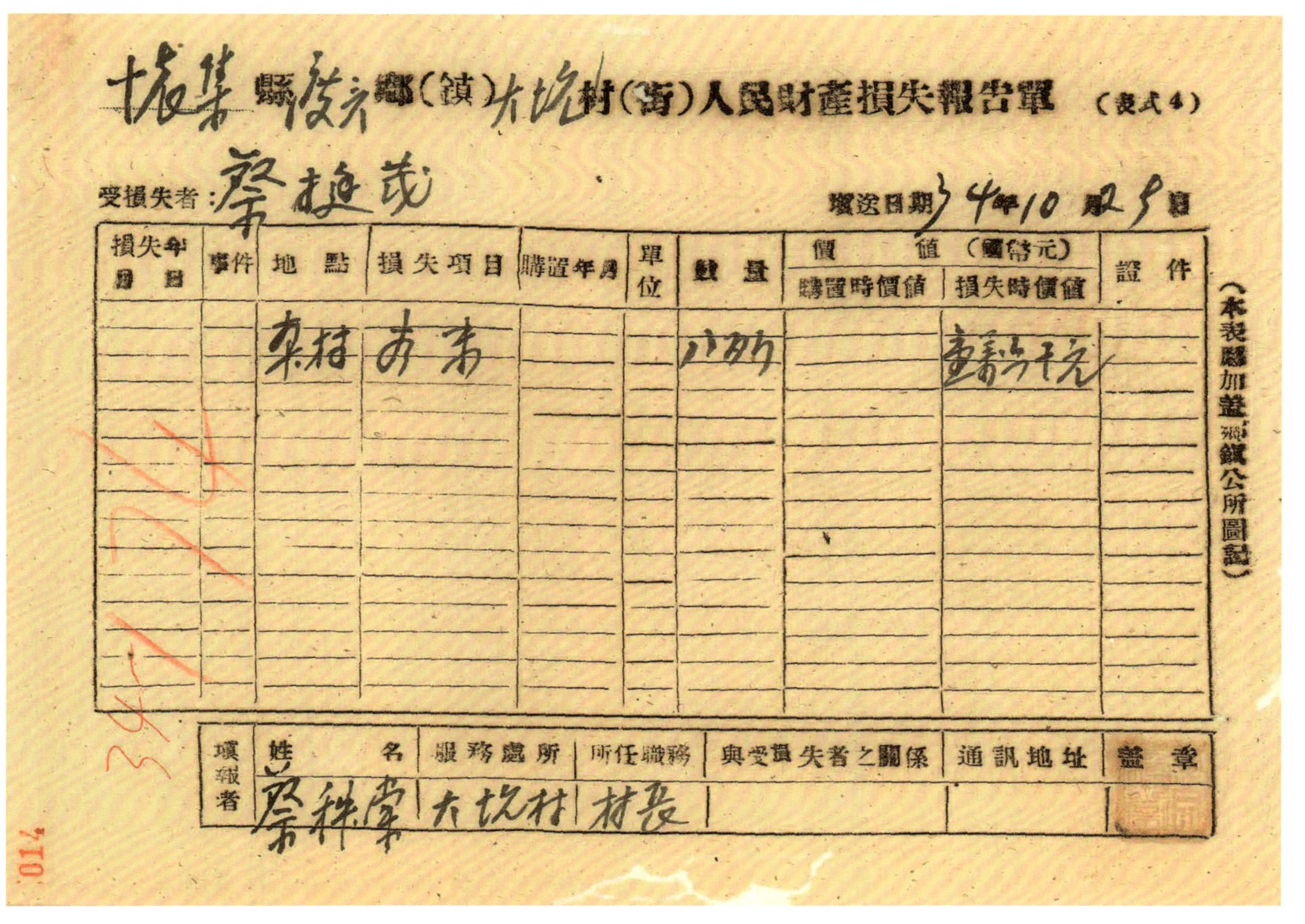

增城縣渡头鄉（鎮）大坑村（街）人民財產損失報告單　（表式4）

受損失者：蔡挺茂　　填送日期 34年10月29日

損失年月日	事件	地點	損失項目	購置年月	單位	數量	價值（國幣元）購置時價值	價值（國幣元）損失時價值	證件
		東村	[illegible]			[illegible]		[illegible]	

（本表需加蓋鄉鎮公所圖記）

填報者	姓名	服務處所	所任職務	與受損失者之關係	通訊地址	蓋章
	蔡[illegible]	大坑村	村長			

渡头乡大坑村蔡拔开财产损失报告单（一九四五年十月）

懷集縣渡頭鄉（鎮）大坑村（街）人民財產損失報告單 （表式4）

受損失者：蔡拔開

填送日期　年　月　日

損失年月日	事件	地點	損失項目	購置年月	單位	數量	價值（國幣元）購置時價值	價值（國幣元）損失時價值	證件
		東村	水牛			三頭		六千元	

（本表須加蓋鄉鎮公所圖記）

填報者	姓名	服務處所	所任職務	與受損失者之關係	通訊地址	蓋章
	蔡株棠	大坑村	村長			

渡头乡大坑村蔡梅弟财产损失报告单（一九四五年十月）

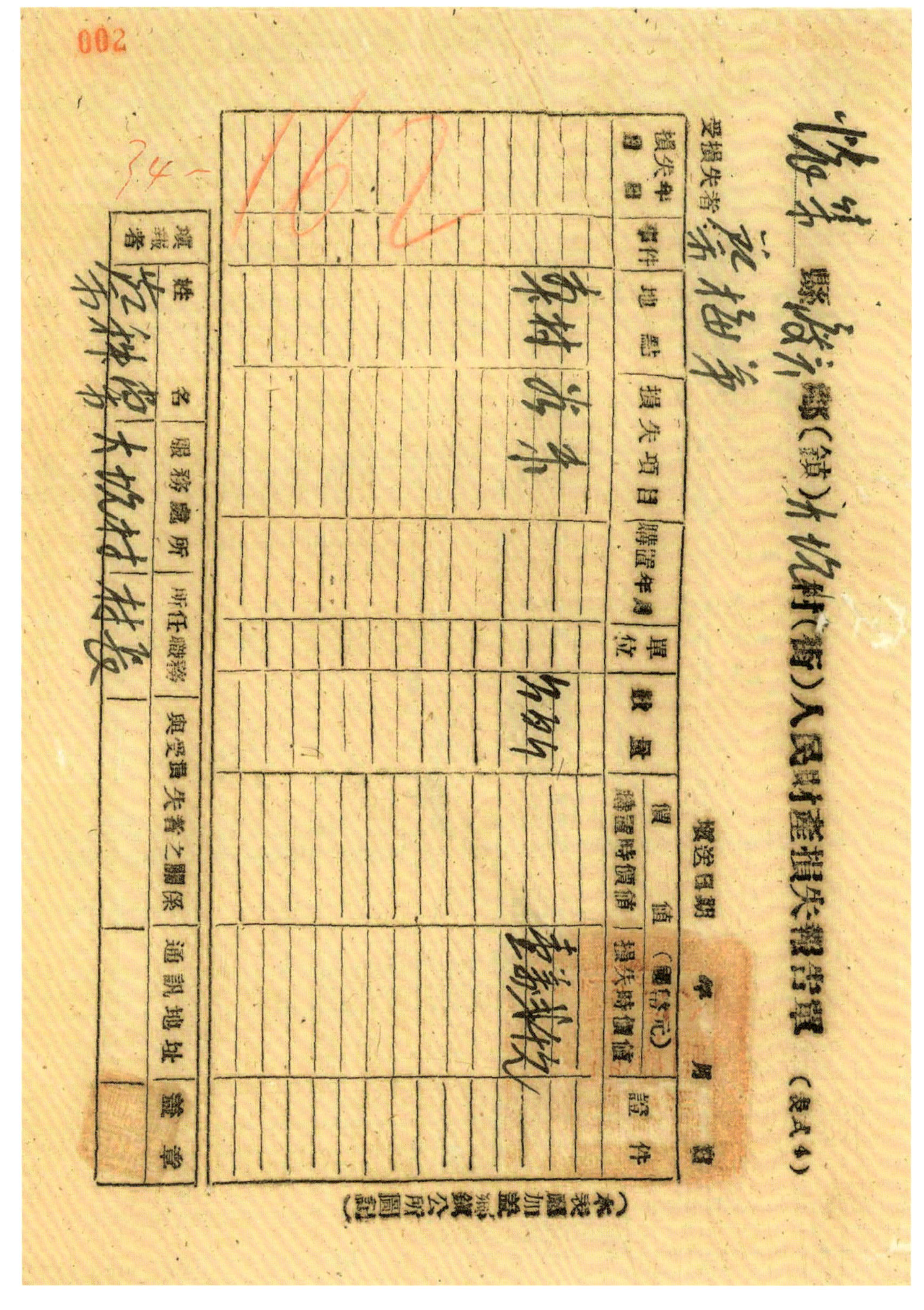

怀集縣渡头鄉（鎮）大坑村（街）人民財產損失報告單　（表式4）

受損失者　蔡梅弟　　　　填送日期　年　月　日

損失年月日	事件	地點	損失項目	購置年月	單位	數量	價值（國幣元）購置時價值	價值（國幣元）損失時價值	證件
		東村	谷米			伍百斤		壹萬貳仟元	

（本表經加蓋鄉鎮公所圖記）

填報者	姓名	服務處所	所任職務	與受損失者之關係	通訊地址	蓋章
	蔡秋棠	大坑村	村長			

渡头乡大坑村蔡周南财产损失报告单（一九四五年十月）

懷集縣渡頭鄉（鎮）大坑村（街）人民財產損失報告單（表式4）

填送日期　　年　　月　　日

受損失者 蔡周南

損失年月日	事件	地點	損失項目	購置年月	單位	數量	價值（國幣元）購置時價值	價值（國幣元）損失時價值	證件
		東村	房屋			七間		壹百萬元	

填報者	姓名	服務處所	所任職務	與受損失者之關係	通訊地址	盖章
	[illegible]	大坑村	村長			

（本表須加蓋鄉鎮公所圖記）

渡头乡大坑村蔡步南财产损失报告单（一九四五年十月）

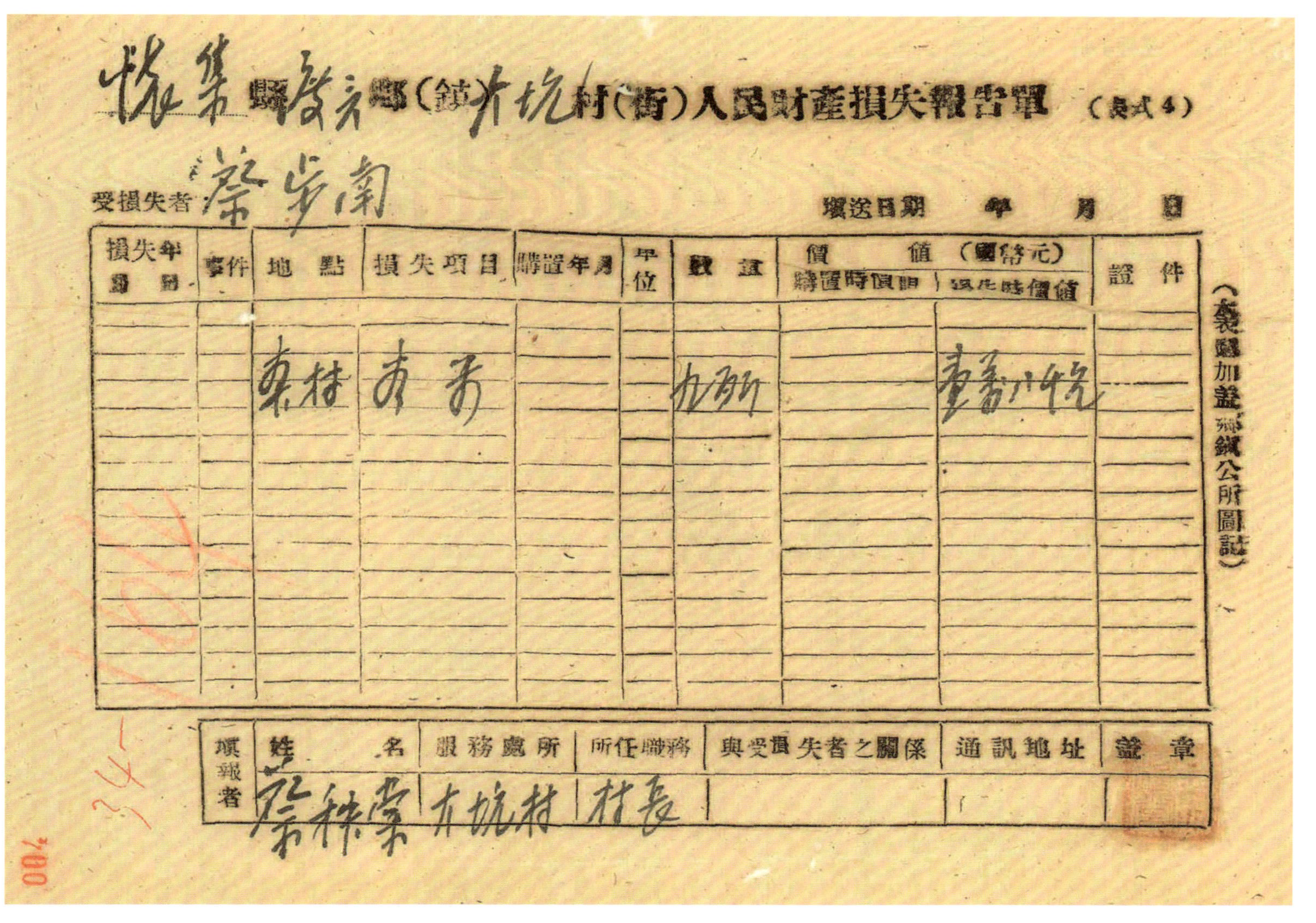

[illegible]縣渡头鄉（鎮）大坑村（街）人民財產損失報告單（表式4）

受損失者：蔡步南　　填送日期　年　月　日

損失年月日	事件	地點	損失項目	購置年月	單位	數量	價值（國幣元）購置時價值	價值（國幣元）損失時價值	證件
		東村	[illegible]			[illegible]		[illegible]	

（本表須加蓋鄉鎮公所圖記）

填報者	姓名	服務處所	所任職務	與受損失者之關係	通訊地址	蓋章
	蔡[illegible]	大坑村	村長			

渡头乡大坑村蔡若湞财产损失报告单（一九四五年十月）

005

怀集县渡头乡（镇）大坑村（街）人民财产损失报告单（表式4）

填送日期 年 月 日

受损失者：蔡若湞

损失年月日	事件	地点	损失项目	购置年月	单位	数量	价值（国币元）购置时价值	损失时价值	证件

填报者	姓名	服务处所	所任职务	与受损失者之关系	通讯地址	盖章

渡头乡大坑村蔡鹤年财产损失报告单（一九四五年十月）

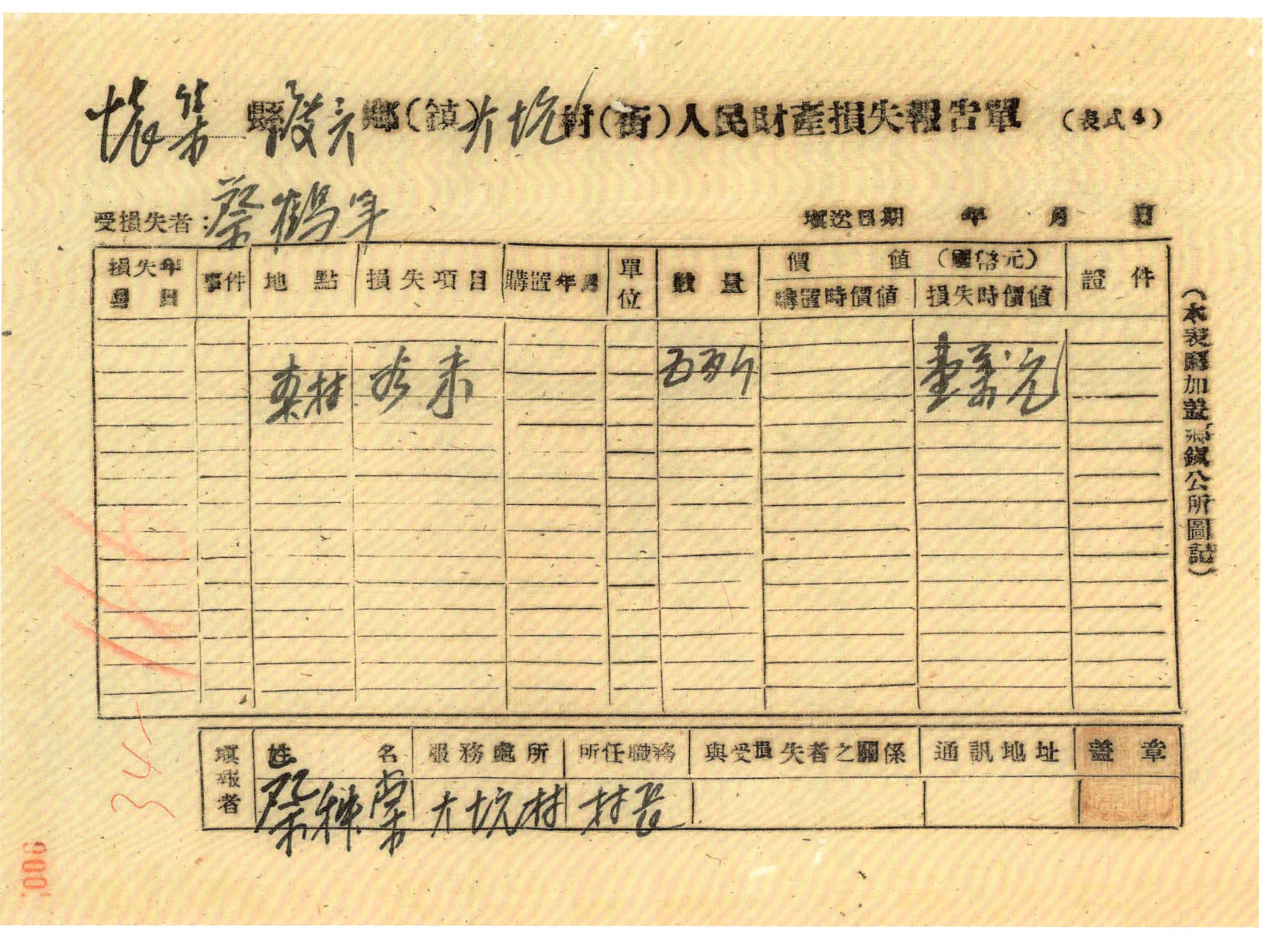

饒平縣渡头鄉（鎮）大坑村（街）人民財產損失報告單　（表式4）

受損失者：蔡鶴年　　　　填送日期　　年　　月　　日

損失年月日	事件	地點	損失項目	購置年月	單位	數量	價值（國幣元）購置時價值	價值（國幣元）損失時價值	證件
		本村	杉木			五萬斤		壹萬元	

報告者	姓名	服務處所	所任職務	與受損失者之關係	通訊地址	蓋章
	蔡錦堂	大坑村	村長			

（本表須加蓋鄉鎮公所圖記）

渡头乡大坑村蔡灼棠财产损失报告单（一九四五年十月）

懷集縣渡头鄉（鎮）大坑村（街）人民財產損失報告單　（表式4）

受損失者：蔡灼棠　　　　填送日期　　年　　月　　日

損失年月日	事件	地點	損失項目	購置年月	單位	數量	價值（國幣元）購置時價值	價值（國幣元）損失時價值	證件
		東村	房屋			壹所		贰萬元	

填報者	姓名	服務處所	所任職務	與受損失者之關係	通訊地址	蓋章
	蔡[illegible]棠	大坑村	村長			

（本表須加蓋鄉鎮公所圖記）

渡头乡大坑村蔡挺寿财产损失报告单（一九四五年十月）

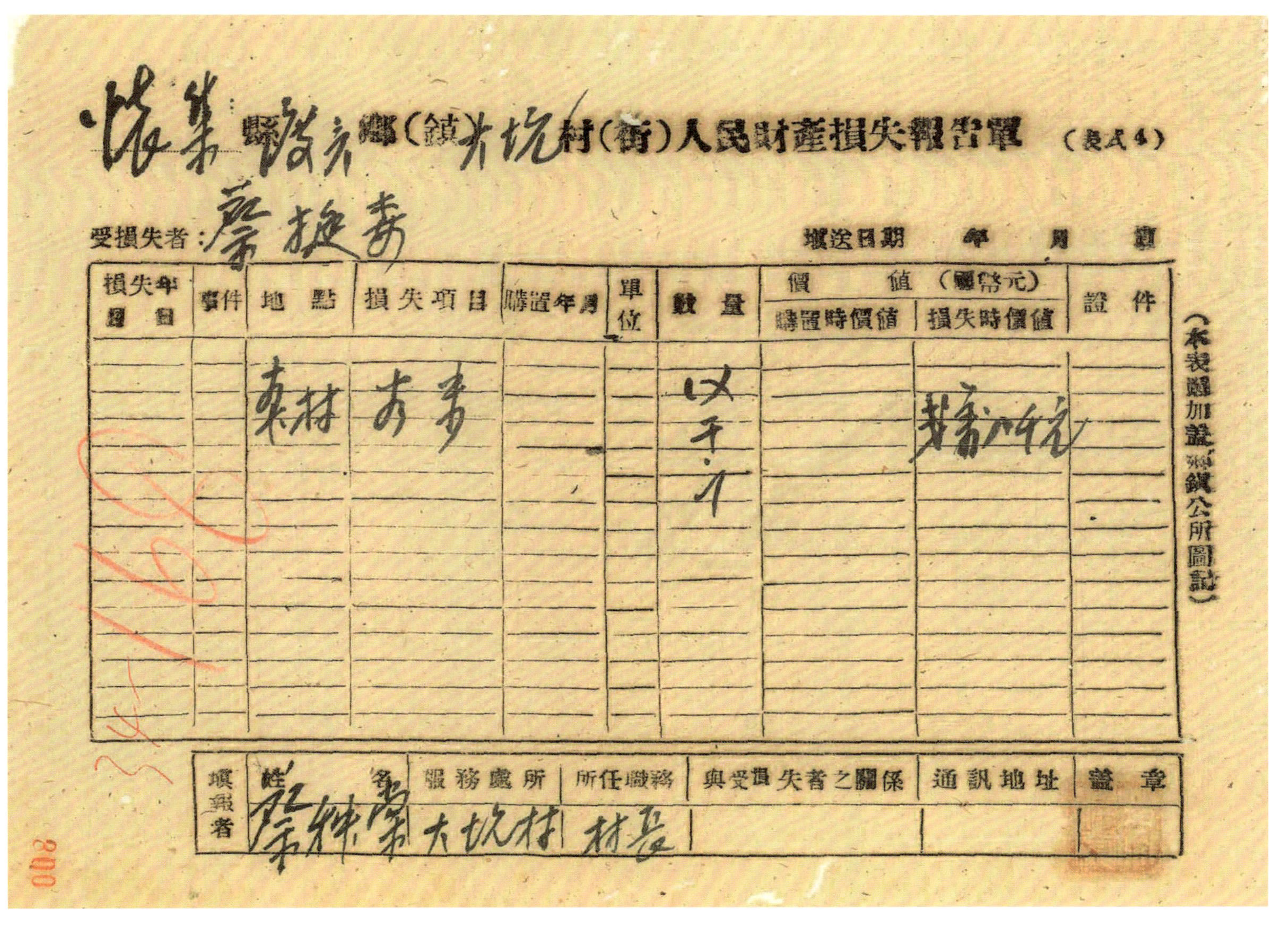

[illegible]縣渡头鄉（鎮）大坑村（街）人民財產損失報告單　（表式4）

受損失者：蔡挺寿　　填送日期　年　月　日

損失年月日	事件	地點	損失項目	購置年月	單位	數量	價值（國幣元）購置時價值	價值（國幣元）損失時價值	證件
		本村	[illegible]			以千斤		[illegible]	

（本表須加蓋鄉鎮公所圖記）

填報者	姓名	服務處所	所任職務	與受損失者之關係	通訊地址	蓋章
	[illegible]	大坑村	村長			

008

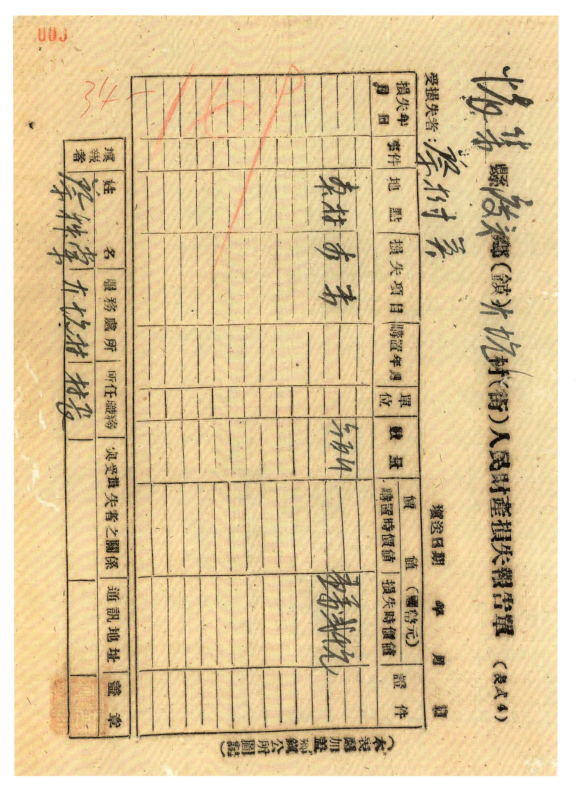

渡头乡大坑村蔡树英财产损失报告单（一九四五年十月）

浮梁縣渡头鄉（鎮）大坑村（街）人民財產損失報告單 （表式4）

填送日期　　年　　月　　日

受損失者：蔡樹英

損失年月日	事件	地點	損失項目	購置年月	單位	數量	價值（國幣元）購置時價值	價值（國幣元）損失時價值	證件
		东村	房屋						

填報者	姓名	服務處所	所任職務	與受損失者之關係	通訊地址	蓋章
	蔡樹英	大坑村	村長			

（本表須加蓋鄉鎮公所圖記）

渡头乡大坑村蔡柏年财产损失报告单（一九四五年十月）

010

怀集縣 渡头鄉（鎮）大坑村（街）人民財產損失報告單 （表式4）

填送日期 年 月 日

受損失者：蔡柏年

損失年月日	事件	地點	損失項目	購置年月	單位	數量	價值（國幣元）購置時價值	價值（國幣元）損失時價值	證件
		本村	房屋			四間		八千元	

（本表鄉加蓋鄉鎮公所圖記）

填報者	名	服務處所	所任職務	與受損失者之關係	通訊地址	蓋章
姓	蔡[illegible]	大坑村	村長			

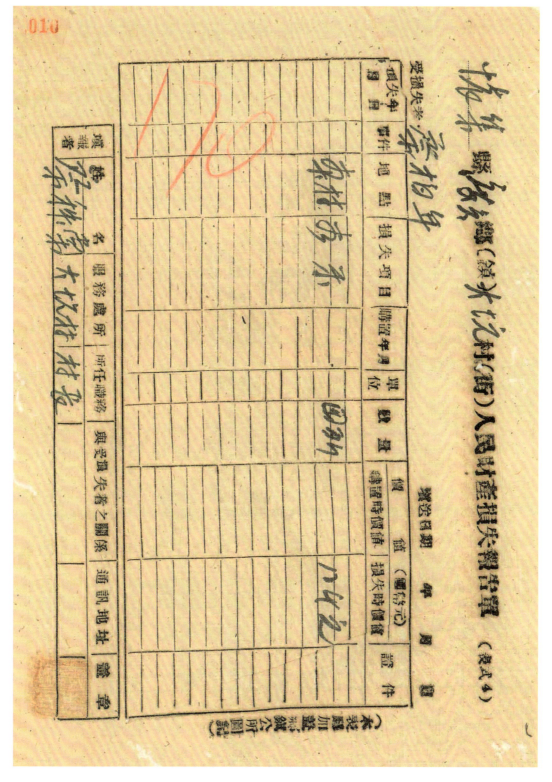

渡头乡大坑村蔡挺玉财产损失报告单（一九四五年十月）

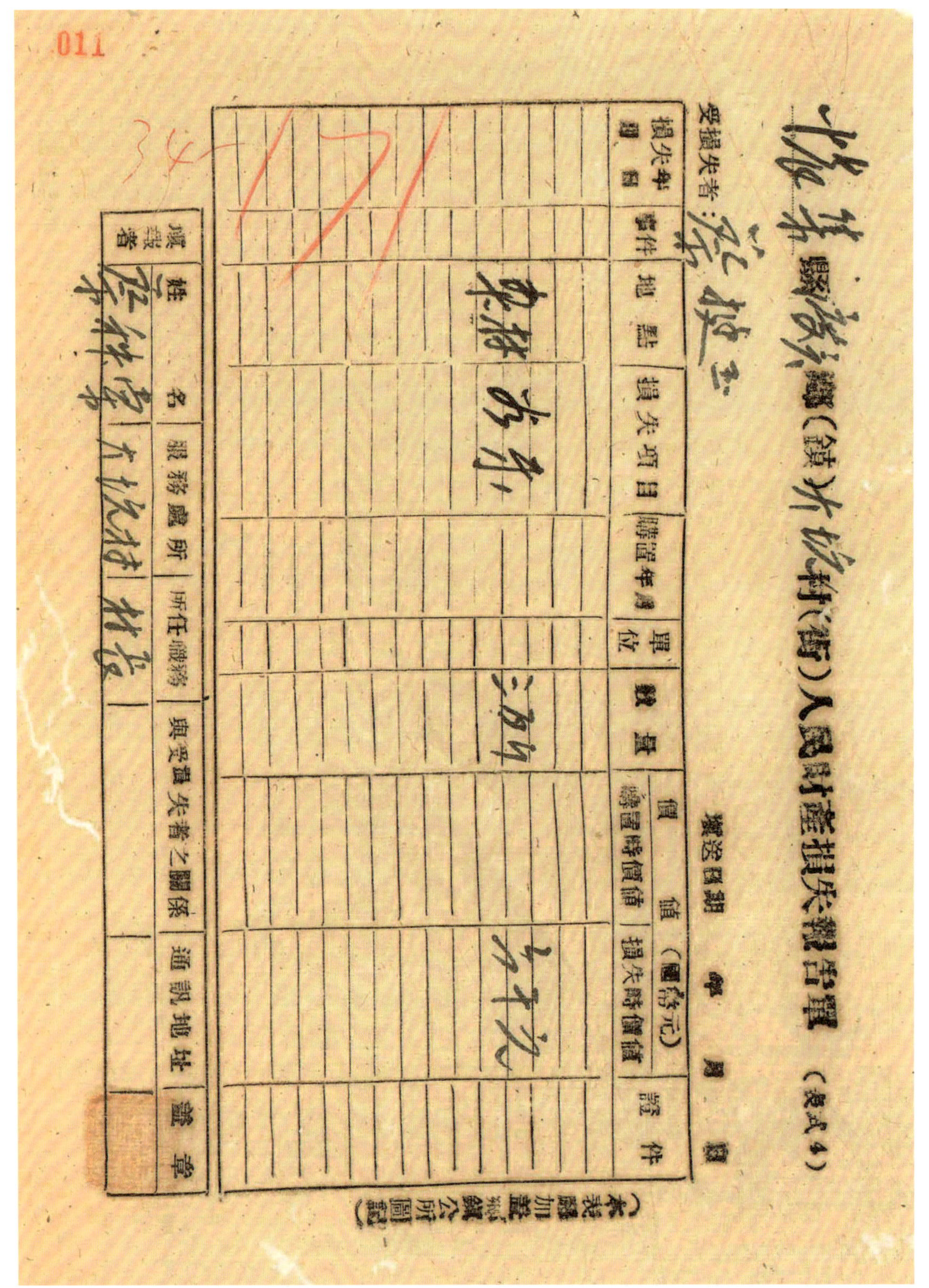

怀集县渡头乡(镇)大坑村(街)人民财产损失报告单 (表式4)

填送日期 年 月 日

受损失者：蔡挺玉

损失年月日	事件	地点	损失项目	购置年月	单位	数量	价值(国币元) 购置时价值	损失时价值	证件
		东村	布匹			二百[illegible]		六千元	

直辖填报者	姓名	服务处所	所任职务	与受损失者之关系	通讯地址	盖章
	蔡[illegible]	大坑村	村长			

（本表须加盖乡镇公所图记）

渡头乡大坑村蔡聚臣财产损失报告单（一九四五年十月）

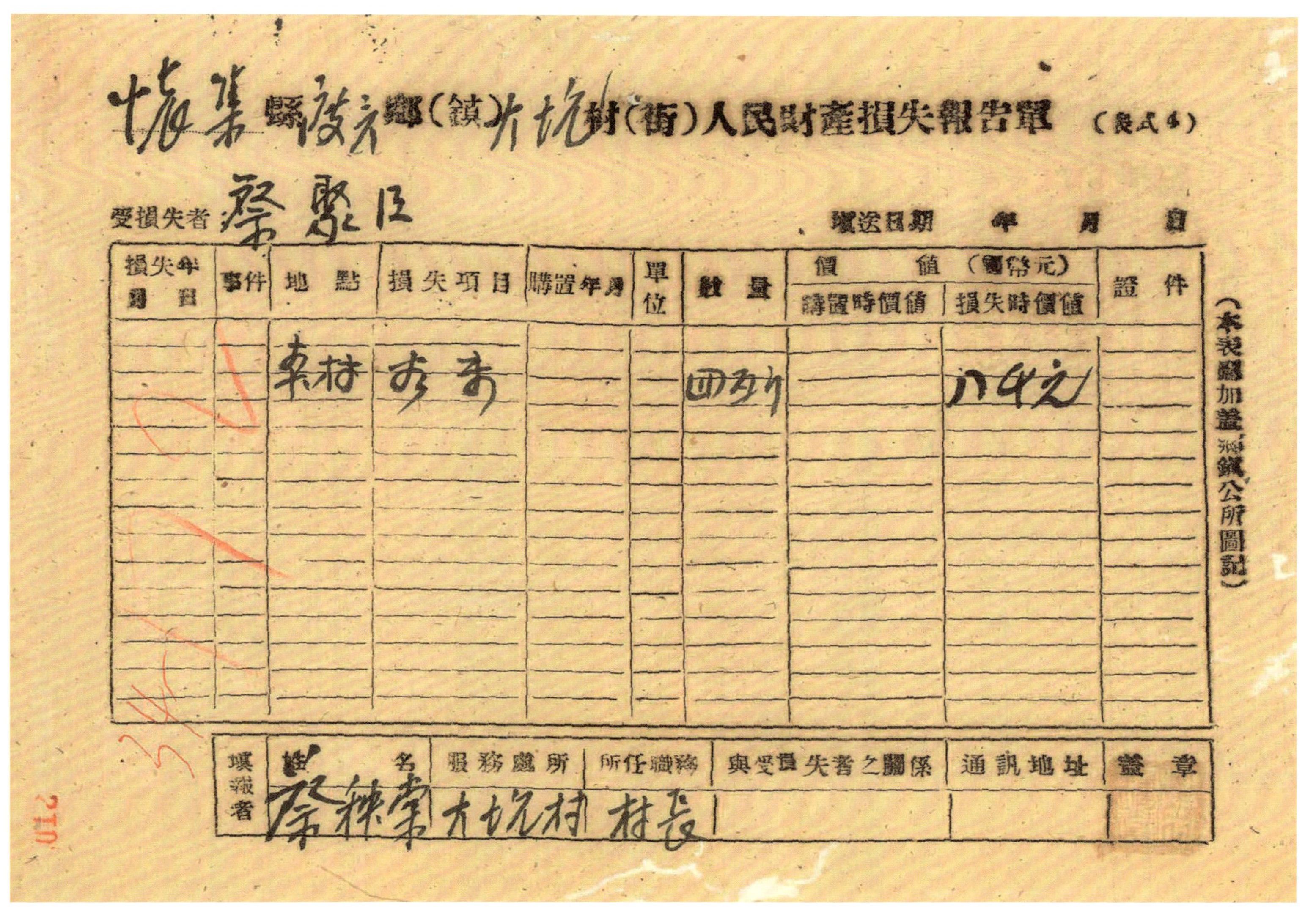

塘集縣渡頭鄉(鎮)大坑村(街)人民財產損失報告單　(表式4)

受損失者　蔡聚臣　　　　填送日期　年　月　日

損失年月日	事件	地點	損失項目	購置年月	單位	數量	價值(國幣元) 購置時價值	價值(國幣元) 損失時價值	證件
		東村	房屋			四五間		八十萬元	

（本表須加蓋鄉鎮公所圖記）

填報者	姓名	服務處所	所任職務	與受損失者之關係	通訊地址	蓋章
	蔡棣棠	大坑村	村長			

012

渡头乡大坑村蔡立开财产损失报告单（一九四五年十月）

015

34-175

懷集縣渡頭鄉（鎮）大坑村（街）人民財產損失報告單 （表式4）

填送日期　年　月　日

受損失者：蔡立開

損失年月日	事件	地點	損失項目	購置年月	單位	數量	價值（國幣元）購置時價值	損失時價值	證件
		東村	西南手布			四列		八十元	

填報者	姓名	服務處所	所任職務	與受損失者之關係	通訊地址	蓋章
	蔡樹棠	大坑村	村長			

（本表須加蓋鄉鎮公所圖記）

渡头乡大坑村郑芝瑞财产损失报告单（一九四五年十月）

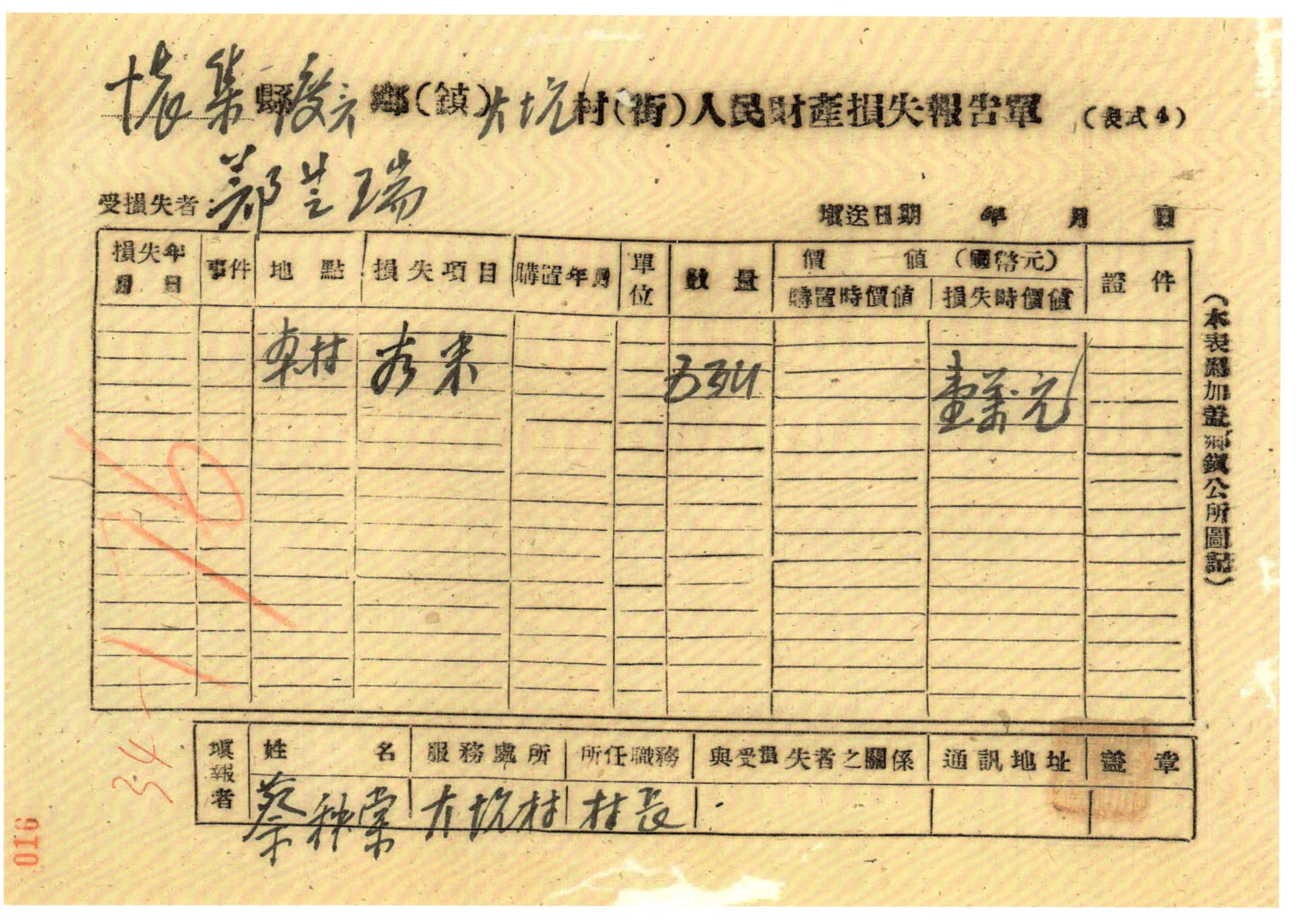

[illegible]县渡头乡(镇)大坑村(街)人民财产损失报告单 （表式4）

受损失者：郑芝瑞

填送日期　　年　　月　　日

损失年月日	事件	地点	损失项目	购置年月	单位	数量	价值（国币元） 购置时价值	损失时价值	证件
		本村	[illegible]			[illegible]		壹万元	

（本表须加盖乡镇公所图记）

填报者	姓名	服务处所	所任职务	与受损失者之关系	通讯地址	盖章
	蔡秋棠	大坑村	村长			

34

016

渡头乡大坑村蔡绍南财产损失报告单（一九四五年十月）

017

34-17

懷集縣渡頭鄉（鎮）大坑村（街）人民財產損失報告單（表式4）

填送日期　年　月　日

受損失者：蔡紹南

損失年月日	事件	地點	損失項目	購置年月	單位	數量	價值（國幣元）購置時價值	損失時價值	證件
		本村	[illegible]			[illegible]		[illegible]	

填報者	姓名	服務處所	所任職務	與受損失者之關係	通訊地址	蓋章
	[illegible]	大坑村	村長			

（本表須加蓋鄉鎮公所圖記）

渡头乡大坑村蔡海棠财产损失报告单（一九四五年十月）

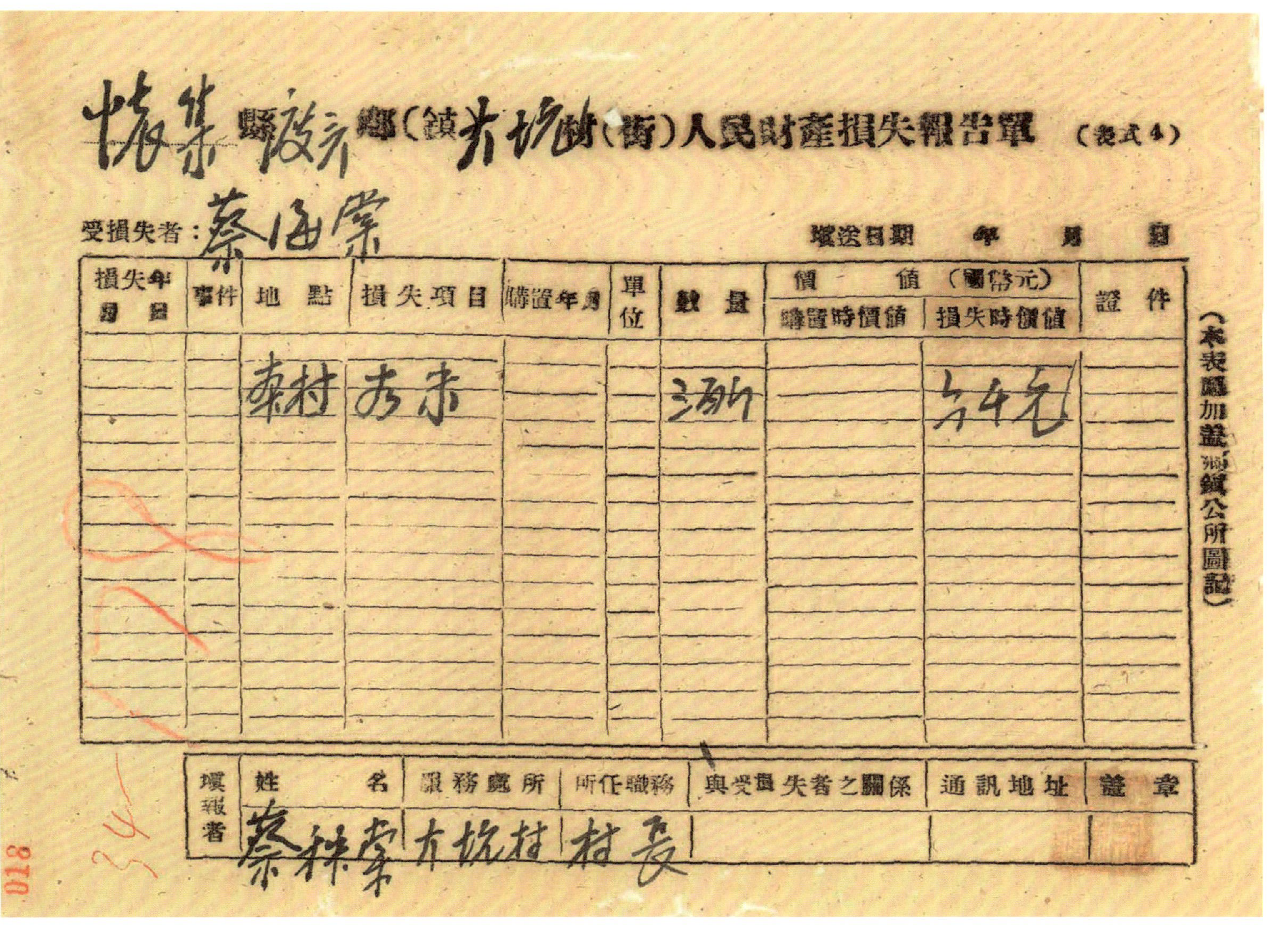

惠阳縣 渡头鄉（鎮） 大坑村（街）人民財產損失報告單 （表式4）

受損失者：蔡海棠　　填送日期　年　月　日

損失年月日	事件	地點	損失項目	購置年月	單位	數量	價值（國幣元）購置時價值	價值（國幣元）損失時價值	證件
		東村	房屋			三間		六千元	

（本表須加蓋鄉鎮公所圖記）

填報者	姓名	服務處所	所任職務	與受損失者之關係	通訊地址	蓋章
	蔡梓亭	大坑村	村长			

渡头乡大坑村蔡为监财产损失报告单（一九四五年十月）

019

懷集縣渡头鄉（鎮）大坑村（街）人民財產損失報告單　（表式4）

填送日期　　年　　月　　日

受損失者：蔡為監

損失年月日	事件	地點	損失項目	購置年月	單位	數量	價值（國幣元）購置時價值	價值（國幣元）損失時價值	證件
		本村	房屋			四間		114元	

填報者	姓名	服務處所	所任職務	與受損失者之關係	通訊地址	印章
	蔡任容	大坑村	村長			

（本表須加蓋鄉鎮公所圖記）

渡头乡大坑村蔡兆监财产损失报告单（一九四五年十月）

怀集縣渡头鄉（鎮）大坑村（街）人民財產損失報告單　（表式4）

受損失者：蔡兆监　　　　填送日期　　年　　月　　日

損失年月日	事件	地點	損失項目	購置年月	單位	數量	價值（國幣元）購置時價值	價值（國幣元）損失時價值	證件
		本村	谷米			三百斤		五千元	

（本表須加蓋鄉鎮公所圖記）

填報者	姓名	服務處所	所任職務	與受損失者之關係	通訊地址	蓋章
	蔡種棠	大坑村	村長			

渡头乡大坑村蔡淼森财产损失报告单（一九四五年十月）

怀集[illegible]县渡[illegible]乡（镇）大坑村（街）人民财产损失报告单　（表式4）

受损失者：蔡淼森　　填送日期　年　月　日

损失年月日	事件	地点	损失项目	购置年月	单位	数量	价值（国币元）购置时价值	价值（国币元）损失时价值	证件
		本村	衣米			[illegible]		[illegible]	

（本表须加盖乡镇公所图记）

填报者	姓名	服务处所	所任职务	与受损失者之关系	通讯地址	盖章
	蔡耕棠	大坑村	村长			

渡头乡大坑村蔡鹤珍财产损失报告单（一九四五年十月）

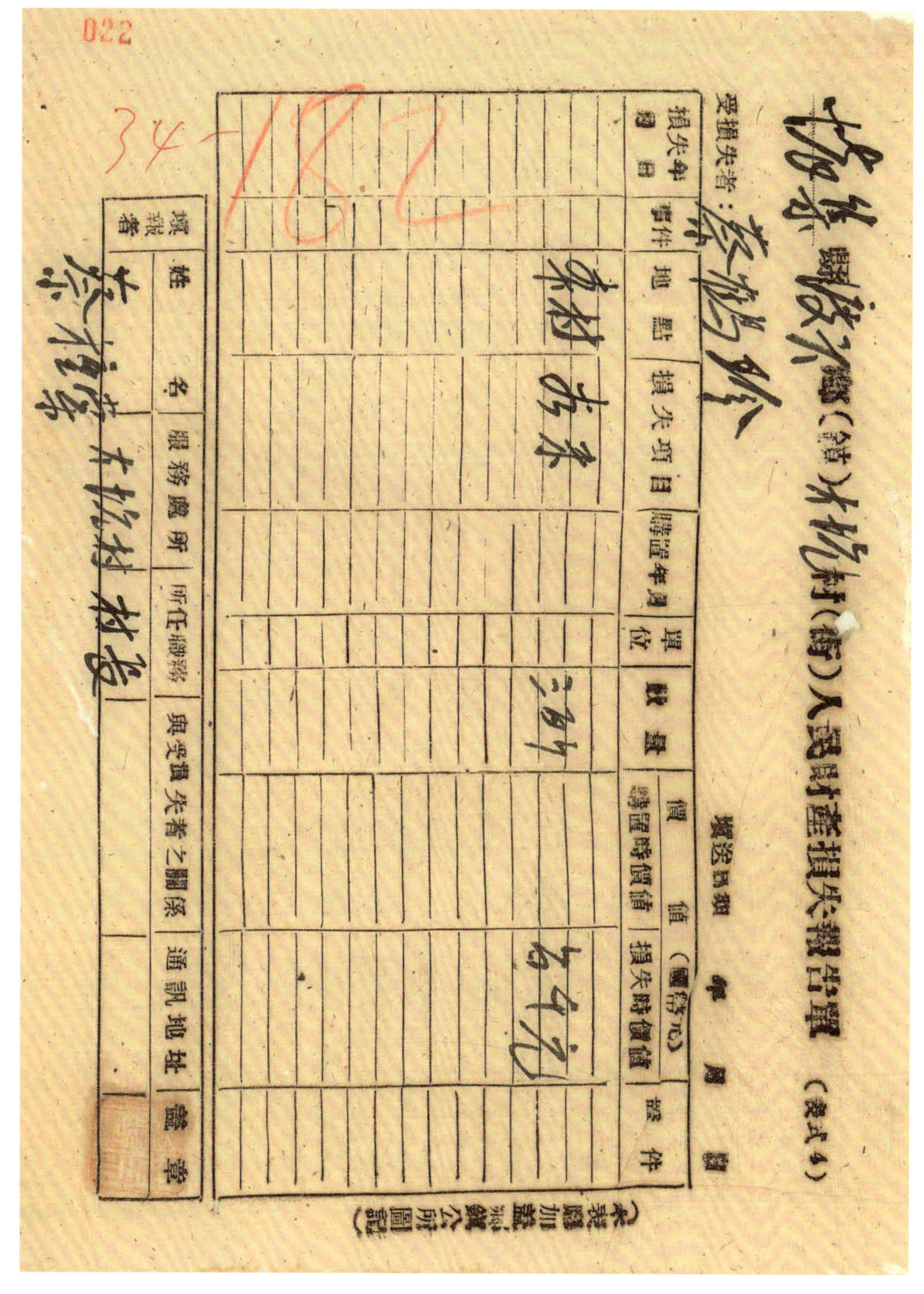

信宜县渡头乡（镇）大坑村（街）人民财产损失报告单（表式4）

填送日期 年 月 日

受损失者：蔡鹤珍

损失年月日	事件	地点	损失项目	购置年月	单位	数量	价值（国币元）购置时价值	损失时价值	证件
		本村	衣服			二件		五千元	

填报者	姓名	服务处所	所任职务	与受损失者之关系	通讯地址	盖章
	蔡[illegible]	大坑村	村长			

（本表须加盖乡镇公所图记）

渡头乡大坑村蔡志南财产损失报告单（一九四五年十月）

怀集縣渡頭鄉（鎮）大坑村（街）人民財產損失報告單 （表式4）

填送日期　年　月　日

受損失者：蔡志南

損失年月日	事件	地點	損失項目	購置年月	單位	數量	價值（國幣元）購置時價值	價值（國幣元）損失時價值	證件
		東村	房子			壹間		壹萬元	

填報者	姓名	服務處所	所任職務	與受損失者之關係	通訊地址	蓋章
	蔡[illegible]	大坑村	村長			

（本表應加蓋鄉鎮公所圖記）

渡头乡河潮村谌锡年财产损失报告单（一九四五年十月二十五日）

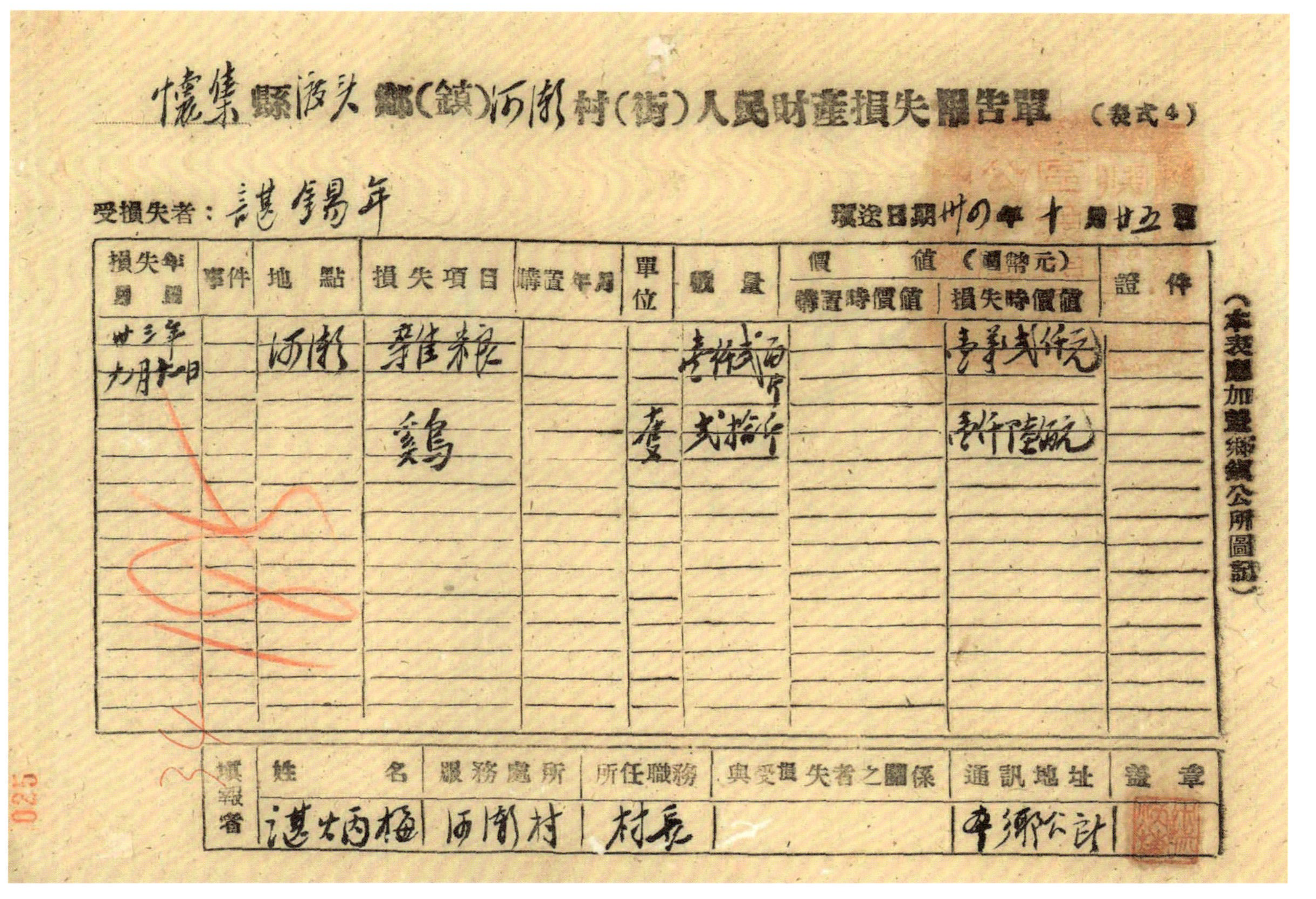

懷集縣渡頭鄉（鎮）河潮村（街）人民財產損失報告單　（表式4）

受損失者：谌錫年

填送日期卅四年十月廿五日

損失年月日	事件	地點	損失項目	購置年月	單位	數量	價值（國幣元）購置時價值	價值（國幣元）損失時價值	證件
卅三年九月廿四日		河潮	雜糧			壹仟貳佰斤		壹萬貳仟元	
			雞		隻	貳拾隻		壹仟陸佰元	

填報者	姓名	服務處所	所任職務	與受損失者之關係	通訊地址	蓋章
	谌炳梅	河潮村	村長		本鄉公所	

（本表須加蓋鄉鎮公所圖記）

渡头乡河潮村谌而好财产损失报告单（一九四五年十月二十五日）

怀集县渡头乡（镇）河潮村（街）人民财产损失报告单　（表式4）

受损失者：谌而好　　填送日期34年10月25日

损失年月日	事件	地点	损失项目	购置年月	单位	数量	价值（国币元）购置时价值	损失时价值	证件
卅三年九月十一日		河潮村	谷粮			壹仟斤		壹万元	
			鸡		九只	壹拾斤		捌百元	

（本表应加盖乡镇公所图记）

填报者	姓名	服务处所	所任职务	与受损失者之关系	通讯地址	盖章
	谌炳梅	河潮村	村长		本乡公所	

渡头乡河潮村谌想好财产损失报告单（一九四五年十月二十五日）

027

34

中山縣渡头鄉（鎮）河潮村（街）人民財產損失報告單（表式4）

受損失者：谌想好

填送日期34年10月25日

損失年月日	事件	地點	損失項目	購置年月	單位	數量	價值（國幣元）購置時價值	價值（國幣元）損失時價值	證件
33年9月11日		河潮村	雜糧			九百斤		九仟元	

（本表應加蓋鄉鎮公所圖記）

填報者	姓名	服務處所	所任職務	與受損失者之關係	通訊地址	蓋章
	谌炳梅	河潮村	村長		本鄉公所	[印]

渡头乡河潮村谌金财产损失报告单（一九四五年十月二十五日）

028

34—

懷集縣渡头鄉（鎮）河潮村（街）人民財產損失報告單 （表式4）

受損失者：谌金

填送日期34年10月25日

損失年月日	事件	地點	損失項目	購置年月	單位	數量	價值（國幣元）購置時價值	價值（國幣元）損失時價值	證件
卅三年九月十日		本村	雜粮			陸佰斤		陸仟元	

填報者	姓名	服務處所	所任職務	與受損失者之關係	通訊地址	蓋章
	谌炳梅	河潮村	村長		本鄉公所	[印]

（本表應加蓋鄉鎮公所圖記）

渡头乡河潮村谌炳分财产损失报告单（一九四五年十月二十五日）

怀集縣渡头鄉（鎮）河潮村（街）人民財產損失報告單 （表式4）

受損失者：谌炳分　　填送日期34年10月25日

損失年月日	事件	地點	損失項目	購置年月	單位	數量	價值（國幣元） 購置時價值	損失時價值	證件
卅三年九月十二日		本村	新粮			貳仟斤		貳萬元	
			鸡			貳拾斤		貳仟元	
			中猪			壹隻		柒仟元	

（本表應加蓋鄉鎮公所圖記）

填報者	姓名	服務處所	所任職務	與受損失者之關係	通訊地址	蓋章
	谌炳[illegible]	河潮村	村长		本鄉公所	

.029

渡头乡河潮村谌石弟财产损失报告单（一九四五年十月二十五日）

030

3450

懷集縣渡頭鄉（鎮）河潮村（街）人民財產損失報告單　（表式4）

填送日期 34年10月25日

受損失者：谌石弟

損失年月日	事件	地點	損失項目	購置年月	單位	數量	價值（國幣元）購置時價值	損失時價值	證件
卅七年九月十日		本村	穀粮			叁仟斤		叁万元	

報告者	姓名	服務處所	所任職務	與受損失者之關係	通訊地址	蓋章
	谌福桂	河潮村	村長		本鄉河潮	[印]

（本表應加蓋鄉鎮公所圖記）

渡头乡河潮村谌维生财产损失报告单（一九四五年十月二十五日）

031

34-1

桂東縣渡頭鄉(鎮)河潮村(街)人民財產損失報告單 (表式4)

填送日期34年10月25日

受損失者：谌維生

損失年月日	事件	地點	損失項目	購置年月	單位	數量	價值(國幣元) 購置時價值	損失時價值	證件
卅三年九月十日		本村	穀稻			四擔		四仟元	

填報者	姓名	服務處所	所任職務	與受損失者之關係	通訊地址	蓋章
	谌炳福	河潮村	村長		本河石塅	

(本表須加蓋鄉鎮公所圖記)

渡头乡河潮村谌鸿年财产损失报告单（一九四五年十月二十五日）

032

懷集縣渡头鄉（鎮）河潮村（街）人民財產損失報告單　（表式4）

受損失者：諶鴻年　　　　填送日期34年10月25日

損失年月日	事件	地點	損失項目	購置年月	單位	數量	價值（國幣元）購置時價值	價值（國幣元）損失時價值	證件
卅叁年九月十一日		本村	雜粮			壹仟斤		壹萬元	
			大豬		壹隻	壹佰廿斤		壹萬捌仟元	
			雞		八隻	弍十斤		壹仟陸百元	

（本表應加蓋鄉鎮公所圖記）

填報者	姓名	服務處所	所任職務	與受損失者之關係	通訊地址	蓋章
	諶炳梅	河潮村	村長		本鄉公所	

渡头乡河潮村邵均玲财产损失报告单（一九四五年十月二十五日）

怀集縣渡头鄉(鎮)河潮村(街)人民財產損失報告單 (表式4)

受損失者：邵均玲

填送日期34年10月25日

損失年月日	事件	地點	損失項目	購置年月	單位	數量	價值(國幣元) 購置時價值	價值(國幣元) 損失時價值	證件
卅三年九月十一日		本村	雜粮			捌斤		捌仟元	

填報者	姓名	服務處所	所任職務	與受損失者之關係	通訊地址	蓋章
	谈炳梅	河潮村	村長		本鄉公所	

(本表應加蓋鄉鎮公所圖記)

渡头乡河潮村邵新苟财产损失报告单（一九四五年十月二十五日）

怀集县渡头乡（镇）河潮村（街）人民财产损失报告单（表式4）

填送日期34年10月25日

受损失者 邵新苟

损失年月日	事件	地点	损失项目	购置年月	单位	数量	价值（国币元）购置时价值	价值（国币元）损失时价值	证件
卅三年九月十日		本村	耕犁			壹副		壹仟元	

报告者	姓名	服务处所	所任职务	与受损失者之关系	通讯地址	盖章
	[illegible]	河潮村	村长		本村大厅	

（本表应加盖乡镇公所图记）

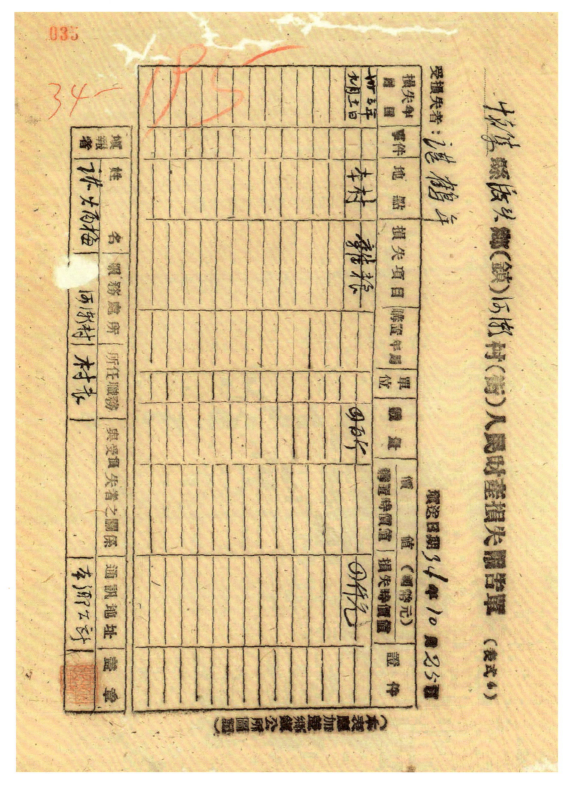

渡头乡河潮村谌鹤年财产损失报告单（一九四五年十月二十五日）

中牟县渡头乡（镇）河潮村（街）人民财产损失报告单　（表式4）

受损失者：谌鹤年　　　　填送日期34年10月25日

损失年月日	事件	地点	损失项目	购置年月	单位	数量	价值（国币元）购置时价值	价值（国币元）损失时价值	证件
卅三年九月十三日		本村	杂粮			四百斤		四仟元	

填报者	姓名	服务处所	所任职务	与受损失者之关系	通讯地址	盖章
	谌炳梅	河潮村	村长		本乡公所	

（本表应加盖乡镇公所图记）

渡头乡河潮村谌升平财产损失报告单（一九四五年十月二十五日）

懷集縣渡头鄉(鎮)河潮村(街)人民財產損失報告單 (表式4)

填送日期 34年10月25日

受損失者：谌升平

損失年月日	事件	地點	損失項目	購置年月	單位	數量	價值(國幣元) 購置時價值	價值(國幣元) 損失時價值	證件
卅三年九月廿日		本村	稻谷			伍拾石		[illegible]	

報告者	姓名	服務處所	所任職務	與受損失者之關係	通訊地址	蓋章
	谌炳桓	河潮村	村長		本鄉六甲	

(本表應加蓋鄉鎮公所圖記)

渡头乡河潮村谌汝分财产损失报告单（一九四五年十月二十五日）

懷集縣渡頭鄉（鎮）河潮村（街）人民財產損失報告單（表式4）

受損失者：諶汝分　　填送日期 34年10月25日

損失年月日	事件	地點	損失項目	購置年月	單位	數量	價值（國幣元）購置時價值	價值（國幣元）損失時價值	證件
卅三年九月十二日		本村	谷粮			壹仟斤		壹萬元	
			大猪		壹隻	壹百五十斤		壹萬陸仟元	
			花生			弍百斤		壹萬陸仟元	

填報者	姓名	服務處所	所任職務	與受損失者之關係	通訊地址	蓋章
	諶炳梅	河潮村	村长		本鄉公所	[印]

（本表應加蓋鄉鎮公所圖記）

渡头乡河潮村谌炳燊财产损失报告单（一九四五年十月二十五日）

怀集县渡头乡(镇)河潮村(街)人民财产损失报告单 (表式4)

填送日期 34年10月25日

受损失者：谌炳燊

损失年月日	事件	地点	损失项目	购置年月	单位	数量	价值（国币元）购置时价值	价值（国币元）损失时价值	证件
卅三年九月廿日		本村	[illegible]			[illegible]		[illegible]	

(本表由各乡镇公所汇报)

填报者	姓名	服务处所	所任职务	与受损失者之关系	通讯地址	盖章
	谌炳燊	河潮村	村长		[illegible]	

渡头乡河潮村谌升年财产损失报告单（一九四五年十月二十五日）

怀集县渡头乡（镇）河潮村（街）人民财产损失报告单 （表式4）

受损失者：谌升年

填送日期34年10月25日

损失年月日	事件	地点	损失项目	购置年月	单位	数量	价值（国币元）购置时价值	价值（国币元）损失时价值	证件
卅三年九月上旬		本村	稻谷			陆百斤		壹万贰仟元	
			杂粮			叁百斤		叁仟元	
			花生			贰百斤		壹万陆仟元	

填报者	姓名	服务处所	所任职务	与受损失者之关系	通讯地址	盖章
	谌炳梧	河潮村	村长		本乡公所	

（本表应加盖乡镇公所图记）

渡头乡河潮村谌炳蔚财产损失报告单（一九四五年十月二十五日）

040

怀集县渡头乡（镇）河潮村（街）人民财产损失报告单 （表式4）

填送日期 34年10月25日

受损失者：谌炳蔚

损失年月日	事件	地点	损失项目	购置年月	单位	数量	价值（国币元） 购置时价值	损失时价值	证件
卅四年九月廿日		本村	稻谷			伍佰斤		国币壹万元	
			杂粮			壹仟斤		国币壹万元	
			花生			贰佰斤		国币壹万贰仟元	
			鸡		[illegible]	廿只		贰仟元	
			木柴		[illegible]	壹佰贰拾斤		国币壹万[illegible]仟元	

填报者	姓名	服务处所	所任职务	与受损失者之关系	通讯地址	盖章
	谌炳蔚	河南村	村长		本乡河南	

（本表须加盖乡镇公所图记）

渡头乡河潮村谌绍宽财产损失报告单（一九四五年十月二十五日）

怀集县渡头乡（镇）河潮村（街）人民财产损失报告单　（表式4）

受损失者：谌绍宽　　填送日期 34年10月25日

损失年月日	事件	地点	损失项目	购置年月	单位	数量	价值（国币元） 购置时价值	价值（国币元） 损失时价值	证件
卅三年九月廿日		本村	谷米粮			柒斤		柒仟元	
			棉被			壹张		捌仟元	
			花生			壹斤		捌仟元	
			家禽		只	廿只		壹仟陆佰元	
			牛栏		担	捌担		捌仟元	
			稻米			叁斤		叁仟元	

（本表应加盖乡镇公所图记）

填报者	姓名	服务处所	所任职务	与受损失者之关系	通讯地址	盖章
	谌炳植	河潮村	村长		本乡公所	[印]

渡头乡河潮村谌炳梅财产损失报告单（一九四五年十月二十五日）

懷集縣渡头鄉（鎮）河潮村（街）人民財產損失報告單　（表式4）

受損失者　谌炳梅　　　填送日期34年10月25日

損失年月日	事件	地點	損失項目	購置年月	單位	數量	價值（國幣元）購置時價值	價值（國幣元）損失時價值	證件
卅三年九月十二日		本村	稻谷			壹仟五百斤		叁万元	
			杂粮			伍百斤		伍仟元	
			花生			壹百斤		捌仟元	
			大猪		壹隻	壹百五十斤		壹万捌仟元	
			棉被			壹張		伍仟元	

填報者	姓名	服務處所	所任職務	與受損失者之關係	通訊地址	蓋章
	谌炳梅	河潮村	村長		本鄉公所	

（本表應加蓋鄉鎮公所圖記）

渡头乡河潮村谌炳文财产损失报告单（一九四五年十月二十五日）

[illegible]縣渡头鄉(鎮)河潮村(街)人民財產損失報告單 （表式4）

受損失者：諶炳文　　　　　　　　　　填送日期 34年 10月 25日

損失年月日	事件	地點	損失項目	購置年月	單位	數量	價值（國幣元） 購置時價值	價值（國幣元） 損失時價值	證件
卅三年九月十日		本村	穀[illegible]			捌石		捌仟元	
			花生			壹石		捌仟元	
			中猪		壹隻	捌拾斤		捌仟元	

填報者	姓名	服務處所	所任職務	與受損失者之關係	通訊地址	蓋章
	諶炳梅	河潮村	村長		本鄉公所	[seal]

（本表應加蓋鄉鎮公所圖記）

渡头乡河潮村谌杏弟财产损失报告单（一九四五年十月二十五日）

怀集县渡头乡(镇)河潮村(街)人民财产损失报告单 （表式4）

填送日期 34年10月25日

受损失者：谌杏弟

损失年月日	事件	地点	损失项目	购置年月	单位	数量	价值（国币元）购置时价值	价值（国币元）损失时价值	证件
卅三年九月二十日		本村	谷稻			捌拾斤		陆仟元	
			衣服			拾件		壹万元	

填报者	姓名	服务处所	所任职务	与受损失者之关系	通讯地址	盖章
	谌炳福	河潮村	村长		本乡河潮	

（本表应加盖乡镇公所图记）

渡头乡河潮村谌积善财产损失报告单（一九四五年十月二十五日）

懷集縣渡头鄉（鎮）河潮村（街）人民財產損失報告單　（表式4）

受損失者：諶積善　　填送日期 34年10月25日

損失年月日	事件	地點	損失項目	購置年月	單位	數量	價值（國幣元）購置時價值	價值（國幣元）損失時價值	證件
卅三年九月十一日		本村	稻穀			[illegible]		壹萬元	
			花生			[illegible]		壹萬捌仟元	

填報者	姓名	服務處所	所任職務	與受損失者之關係	通訊地址	蓋章
	諶[illegible]	河潮村	村長		本鄉公所	

（本表應加蓋鄉鎮公所圖記）

渡头乡河潮村谌凯年财产损失报告单（一九四五年十月二十五日）

懷集縣渡头鄉（鎮）河潮村（街）人民財產損失報告單　（表式4）

受損失者：谌凱年　　　　填送日期 34年 10月 25日

損失年月日	事件	地點	損失項目	購置年月	單位	數量	價值（國幣元）購置時價值	價值（國幣元）損失時價值	證件
卅三年九月十一日		本村	雜粮			陸斤		陸仟元	
			花生			壹斤		壹萬元	

（本表應加蓋鄉鎮公所圖記）

	姓名	服務處所	所任職務	與受損失者之關係	通訊地址	蓋章
填報者	谌炳楹	河潮村	村長		本鄉公所	

047

34

渡头乡河潮村谌棣业财产损失报告单（一九四五年十月二十五日）

048

怀集县渡头乡（镇）河潮村（街）人民财产损失报告单　（表式4）

受损失者：谌棣業　　　　填送日期34年10月25日

损失年月日	事件	地点	损失项目	购置年月	单位	数量	价值（国币元）购置时价值	价值（国币元）损失时价值	证件
卅三年九月十一日		本村	稻谷			壹仟五百斤		叁万元	
			大猪		壹隻	贰佰斤		壹万捌仟元	
			花生			贰佰斤		壹万陆仟元	
			什粮			捌佰斤		捌仟元	

（本表须加盖乡镇公所图记）

报告者	姓名	服务处所	所任职务	与受损失者之关系	通讯地址	盖章
	谌炳梅	河潮村	村长		本乡公所	

渡头乡河潮村谌玉甫财产损失报告单（一九四五年十月二十五日）

什邡县渡头乡（镇）河潮村（街）人民财产损失报告单　（表式4）

受损失者：湛玉甫　　填送日期：34年10月25日

损失年月日	事件	地点	损失项目	购置年月	单位	数量	价值（国币元）购置时价值	损失时价值	证件
卅三年九月十一日		本村	什粮			陆斗		陆仟元	
			花生			壹佰斤		捌仟元	

填报者	姓名	服务处所	所任职务	与受损失者之关系	通讯地址	盖章
	湛炳楷	河潮村	村长		本乡公所	（印）

（本表应加盖乡镇公所图记）

034

渡头乡河潮村黎垣庆财产损失报告单（一九四五年十月二十五日）

050

（表式4）

怀集縣渡头鄉（鎮）河潮村（街）人民財產損失報告單

填送日期 34年10月25日

受損失者：黎垣慶

損失年月日	事件	地點	損失項目	購置年月	單位	數量	價值（國幣元）購置時價值	損失時價值	證件
卅三年九月廿四日		本村	什粮			捌担		捌仟元	
			稻谷			叁担		陸仟元	

填報者	姓名	服務處所	所任職務	與受損失者之關係	通訊地址	蓋章
	張炳楷	河潮村	村長		本鄉河潮	

（本表須蓋鄉鎮公所圖記）

渡头乡河潮村黎锡明财产损失报告单（一九四五年十月二十五日）

051

怀集县渡头乡（镇）河潮村（街）人民财产损失报告单 （表式4）

填送日期 34年10月25日

受损失者：黎锡明

损失年月日	事件	地点	损失项目	购置年月	单位	数量	价值（国币元）购置时价值	价值（国币元）损失时价值	证件
卅三年九月廿日		本村	什粮			捌佰斤		捌仟元	
			花生			叁佰斤		捌仟元	

填报者	姓名	服务处所	所任职务	与受损失者之关系	通讯地址	盖章
	陈炳植	河潮村	村长		本河潮村	

（本表由乡镇公所汇记）

渡头乡河潮村黎云庆财产损失报告单（一九四五年十月二十五日）

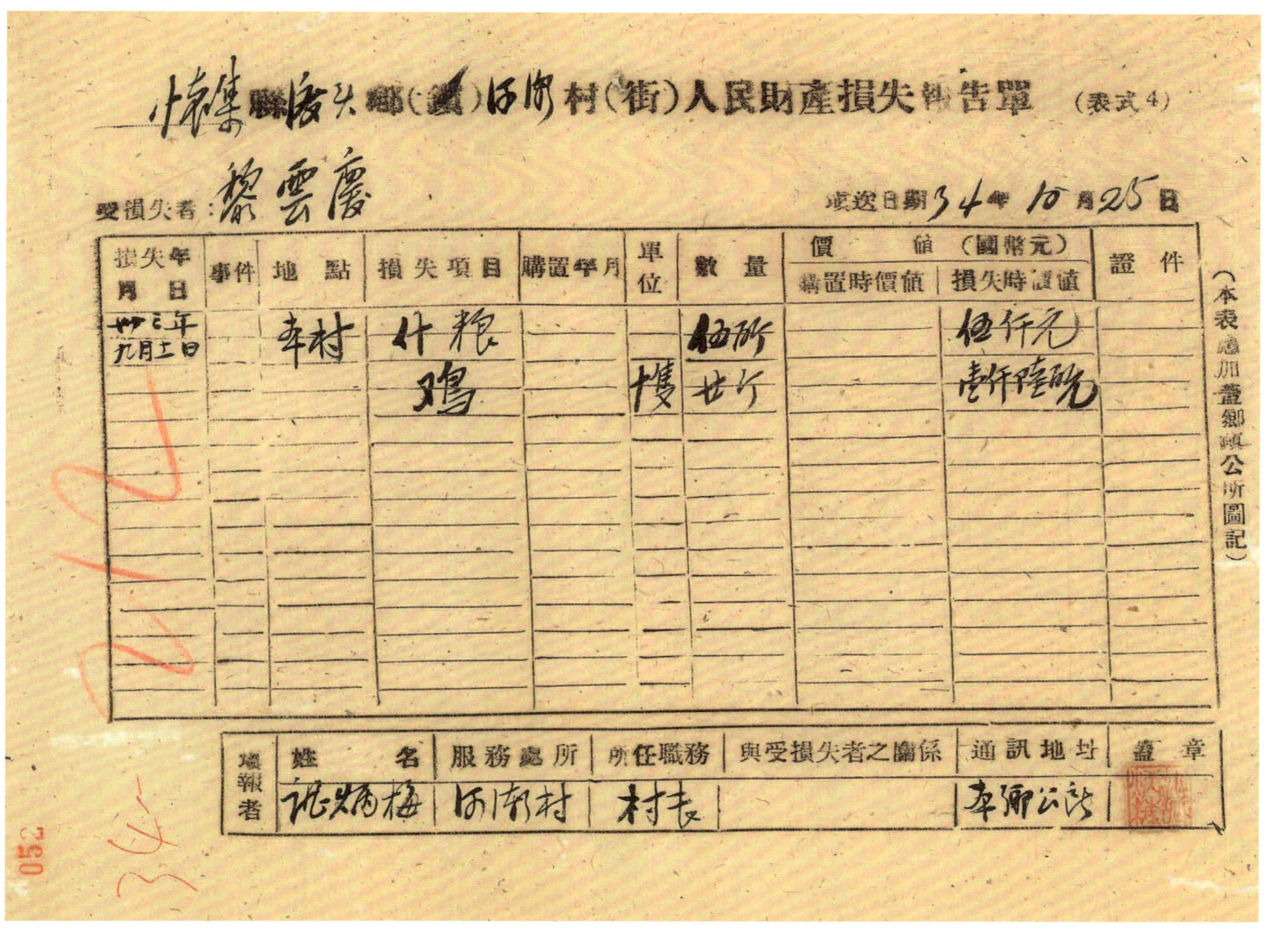

懷集縣渡头鄉（鎮）河潮村（街）人民財產損失報告單　（表式4）

受損失者：黎雲慶　　填送日期34年10月25日

損失年月日	事件	地點	損失項目	購置年月	單位	數量	價值（國幣元）購置時價值	價值（國幣元）損失時價值	證件
卅三年九月上日		本村	什粮			伍拾		伍仟元	
			鸡		隻	廿只		壹仟陸佰元	

填報者	姓名	服務處所	所任職務	與受損失者之關係	通訊地址	蓋章
	梁炳梅	河潮村	村長		本鄉公所	

（本表應加蓋鄉鎮公所圖記）

渡头乡河潮村黎启宽财产损失报告单（一九四五年十月二十五日）

怀集县渡头乡（镇）河潮村（街）人民财产损失报告单 （表式4）

受损失者：黎启宽　　填送日期 34年10月25日

损失年月日	事件	地点	损失项目	购置年月	单位	数量	价值（国币元）购置时价值	价值（国币元）损失时价值	证件
卅三年九月十七日		本村	什粮			弍百斤		柒仟元	
			衣生			壹百斤		捌仟元	

填报者	姓名	服务处所	所任职务	与受损失者之关系	通讯地址	盖章
	谢炳梅	河潮村	村长		本乡公所	

（本表应加盖乡镇公所图记）

渡头乡河潮村黎镜明财产损失报告单（一九四五年十月二十五日）

[illegible]縣渡头鄉（鎮）河潮村（街）人民財產損失報告單 （表式4）

受損失者：黎鏡明　　填送日期 34年10月25日

損失年月日	事件	地點	損失項目	購置年月	單位	數量	價值（國幣元）購置時價值	價值（國幣元）損失時價值	證件
卅三年九月十日		本村	什粮			壹仟斤		壹萬元	
			花生			式拾斤		壹萬陸仟元	
			中猪			七十斤		七仟元	

（本表應加蓋鄉鎮公所圖記）

填報者	姓名	服務處所	所任職務	與受損失者之關係	通訊地址	蓋章
	張炳梅	河潮村	村長		本鄉公所	（印）

渡头乡河潮村黎启图财产损失报告单（一九四五年十月二十五日）

怀集縣渡头鄉（鎮）河潮村（街）人民財產損失報告單　（表式4）

受損失者：黎启图　　填送日期34年10月25日

損失年月日	事件	地點	損失項目	購置年月	單位	數量	價值（國幣元）購置時價值	價值（國幣元）損失時價值	證件
卅三年九月十日		本村	谷粮			壹仟斤		壹万元	—
			花生			壹百斤		捌仟元	

（本表須加蓋鄉鎮公所圖記）

填報者	姓名	服務處所	所任職務	與受損失者之關係	通訊地址	蓋章
	黎炳植	河潮村	村長		本鄉公所	[印]

055

34-

渡头乡河潮村黎克明财产损失报告单（一九四五年十月二十五日）

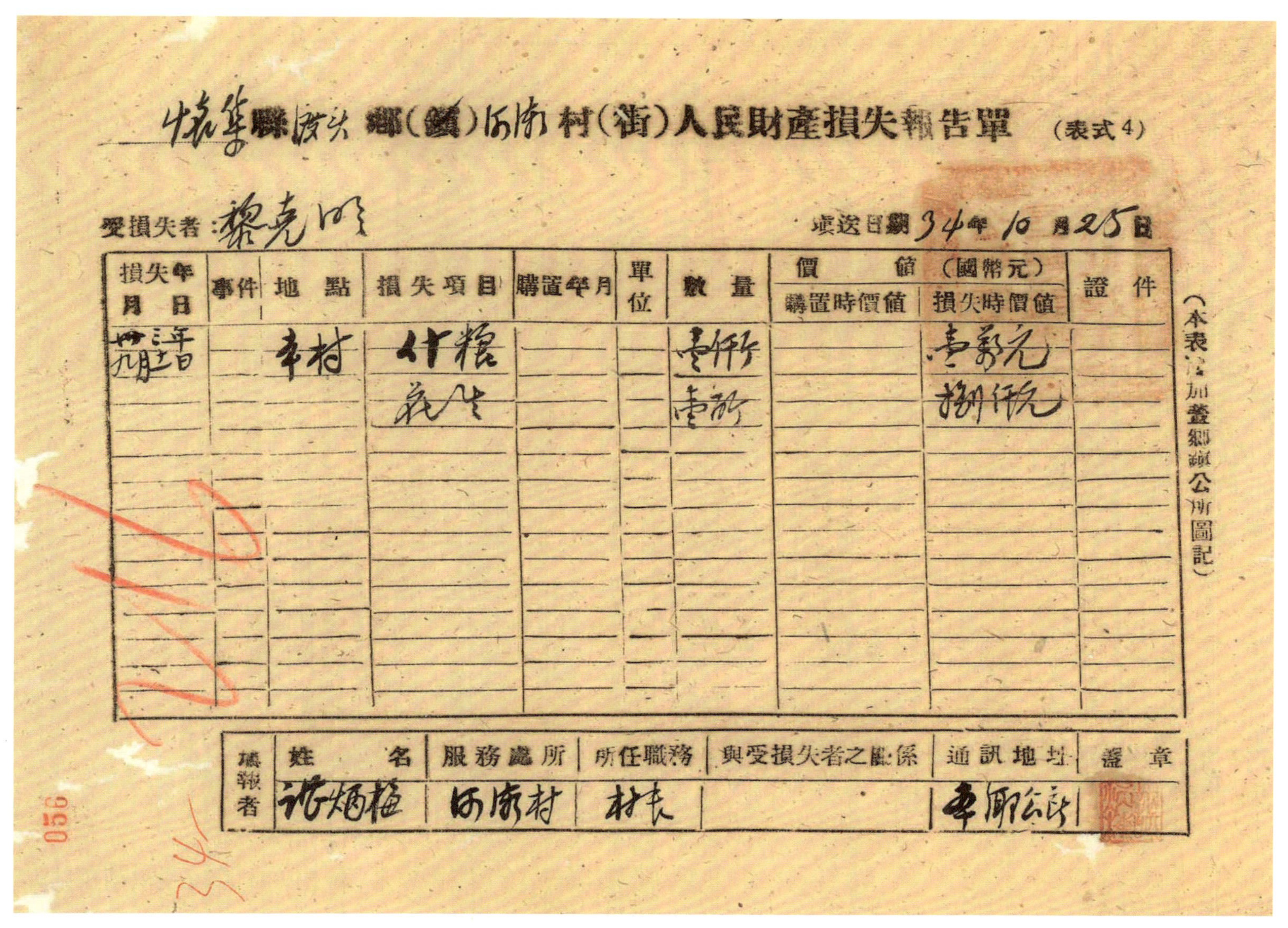

怀集县渡头乡（镇）河潮村（街）人民财产损失报告单 （表式4）

受损失者：黎克明　　　　填送日期 34年10月25日

损失年月日	事件	地点	损失项目	购置年月	单位	数量	价值（国币元）购置时价值	价值（国币元）损失时价值	证件
卅三年九月十三日		本村	什粮			壹仟斤		壹万元	
			衣服			壹批		捌仟元	

（本表须加盖乡镇公所图记）

报告者	姓名	服务处所	所任职务	与受损失者之关系	通讯地址	盖章
	张炳桓	河潮村	村长		本乡公所	

渡头乡河潮村敬水清财产损失报告单（一九四五年十月二十五日）

懷集縣渡头鄉（鎮）河南村（街）人民財產損失報告單 （表式4）

受損失者 敬水清　　填送日期 34年10月25日

損失年月日	事件	地點	損失項目	購置年月	單位	數量	價值（國幣元）購置時價值	價值（國幣元）損失時價值	證件
卅三年九月上旬		本村	竹粮			陸佰		陸仟元	
			鸡		隻	拾斤		捌佰元	

（本表應加蓋鄉鎮公所圖記）

填報者	姓名	服務處所	所任職務	與受損失者之關係	通訊地址	蓋章
	谢炳梅	河南村	村長		本鄉公所	[印]

渡头乡河潮村敬煜年财产损失报告单（一九四五年十月二十五日）

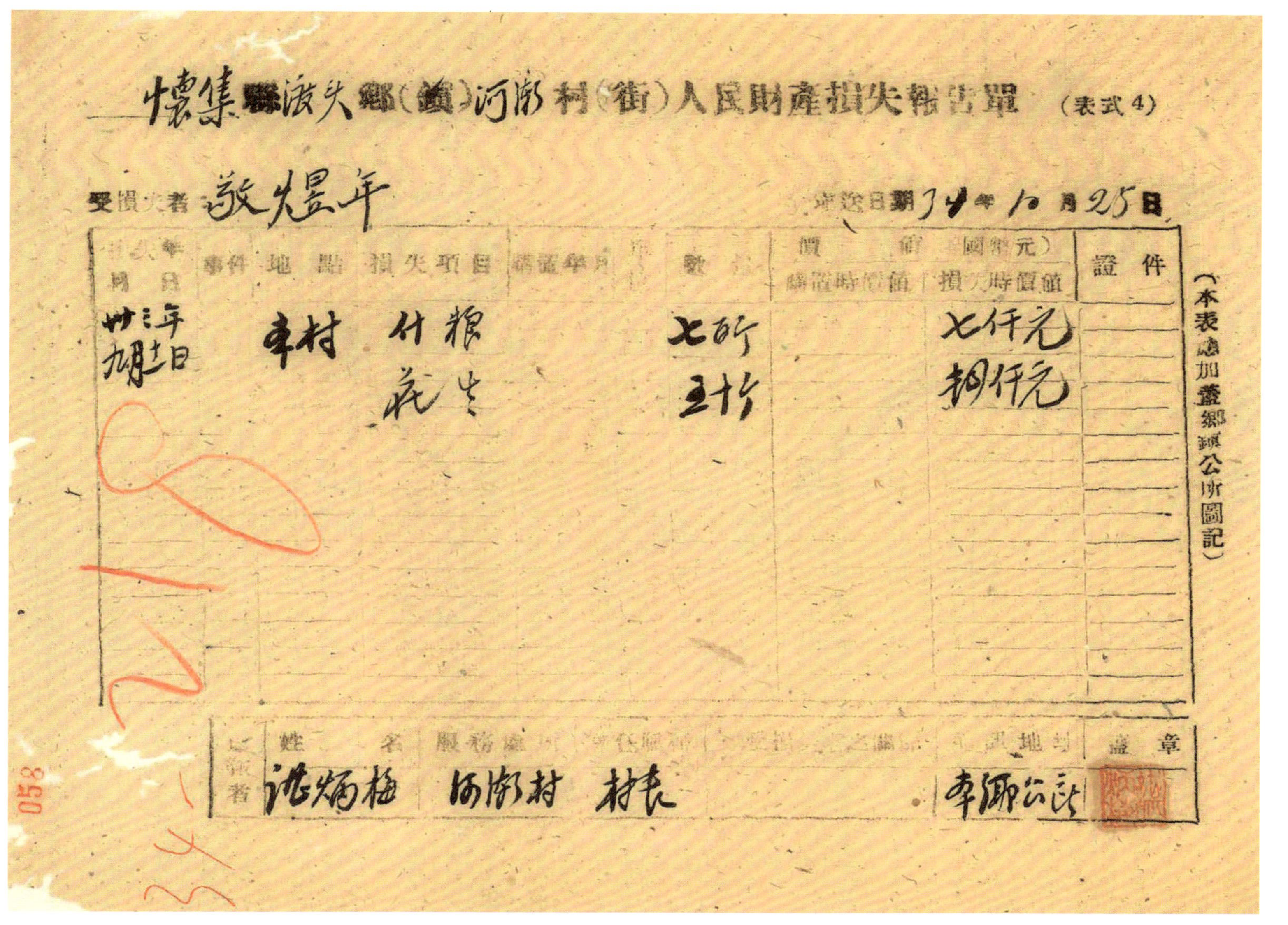

懷集縣渡頭鄉（鎮）河潮村（街）人民財產損失報告單　（表式4）

受損失者　敬煜年　　　　填送日期　34年10月25日

損失年月日	事件	地點	損失項目	購置年月	單位	數量	價值（國幣元）購置時價值	價值（國幣元）損失時價值	證件
卅三年九月廿日		本村	竹粮			七斤		七仟元	
			花生			五斤		捌仟元	

報告者	姓名	服務處所	所任職務	與受損失者之關係	通訊地址	蓋章
	張炳梅	河潮村	村長		本鄉公所	

（本表應加蓋鄉鎮公所圖記）

渡头乡河潮村祝怀都财产损失报告单（一九四五年十月二十五日）

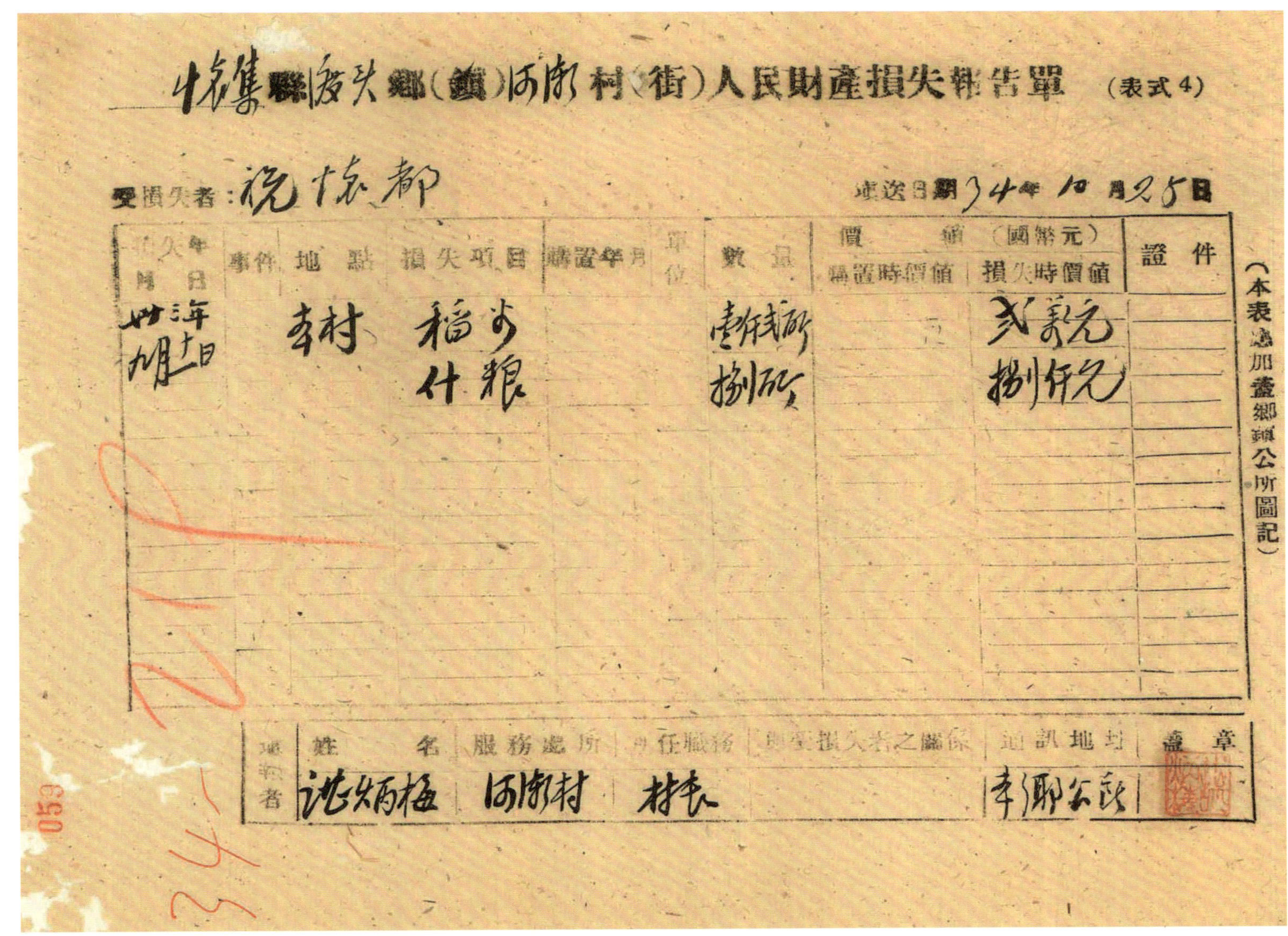

怀集县渡头乡（镇）河潮村（街）人民财产损失报告单 （表式4）

受损失者：祝怀都　　填送日期 34年10月25日

损失年月日	事件	地点	损失项目	购置年月	单位	数量	价值（国币元）购置时价值	损失时价值	证件
卅[illegible]年九月十日		本村	稻谷			[illegible]		贰万元	
			什粮			[illegible]		捌仟元	

报告者	姓名	服务处所	所任职务	与受损失者之关系	通讯地址	盖章
	祝炳梧	河潮村	村长		本乡公所	

（本表应加盖乡镇公所图记）

渡头乡河潮村敬耀棠财产损失报告单（一九四五年十月二十五日）

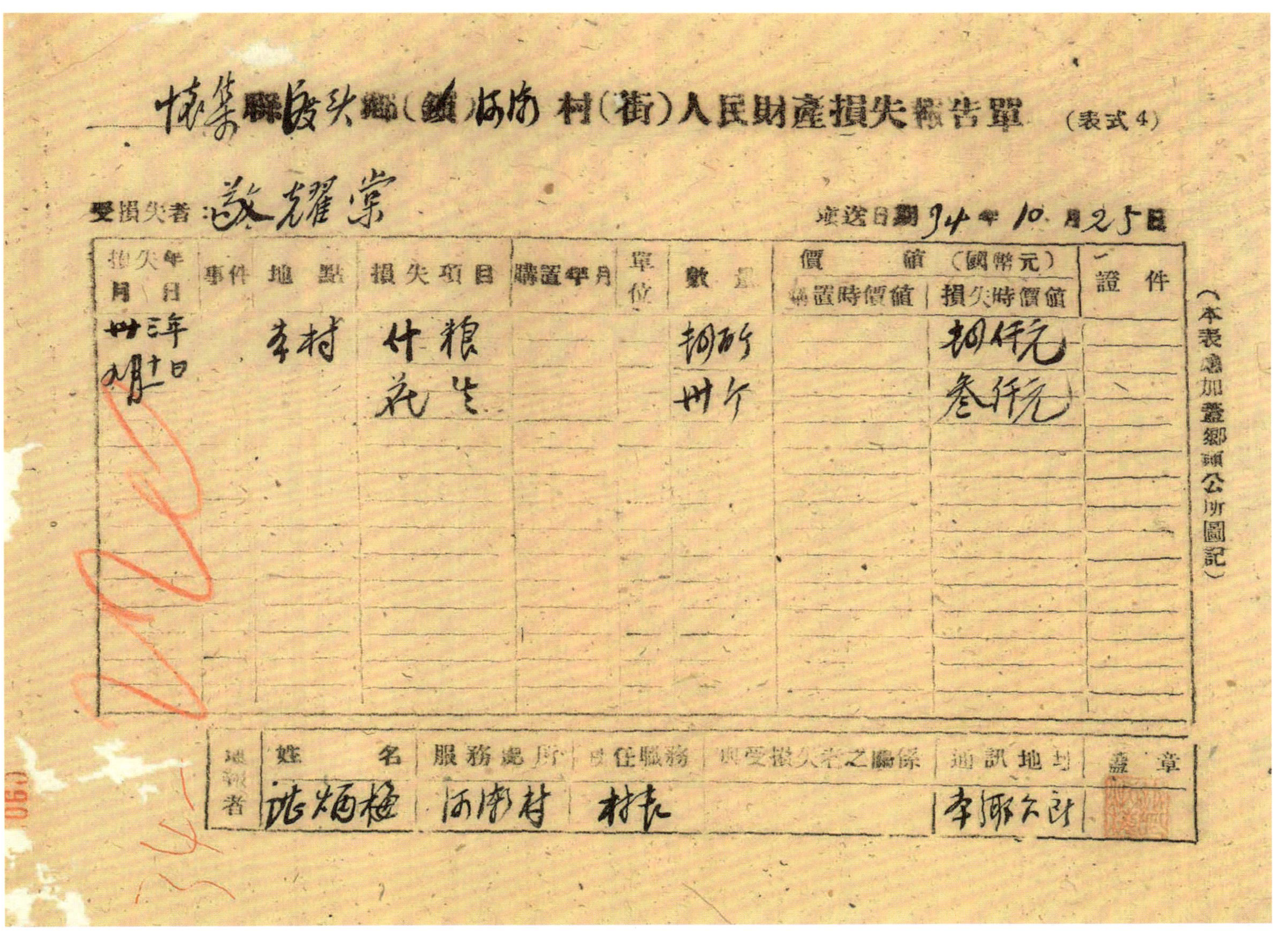

增城县渡头乡（镇）河潮村（街）人民财产损失报告单　（表式4）

受损失者：敬耀棠　　送递日期 34年10月25日

损失年月日	事件	地点	损失项目	购置年月	单位	数量	价值（国币元）购置时价值	价值（国币元）损失时价值	证件
卅三年八月十日		本村	竹粮			捌斤		捌仟元	
			花生			卅斤		叁仟元	

报告者	姓名	服务处所	所任职务	与受损失者之关系	通讯地址	盖章
	潘炳槐	河潮村	村长		李源六村	[印]

（本表应加盖乡镇公所图记）

渡头乡河潮村祝志林财产损失报告单（一九四五年十月二十五日）

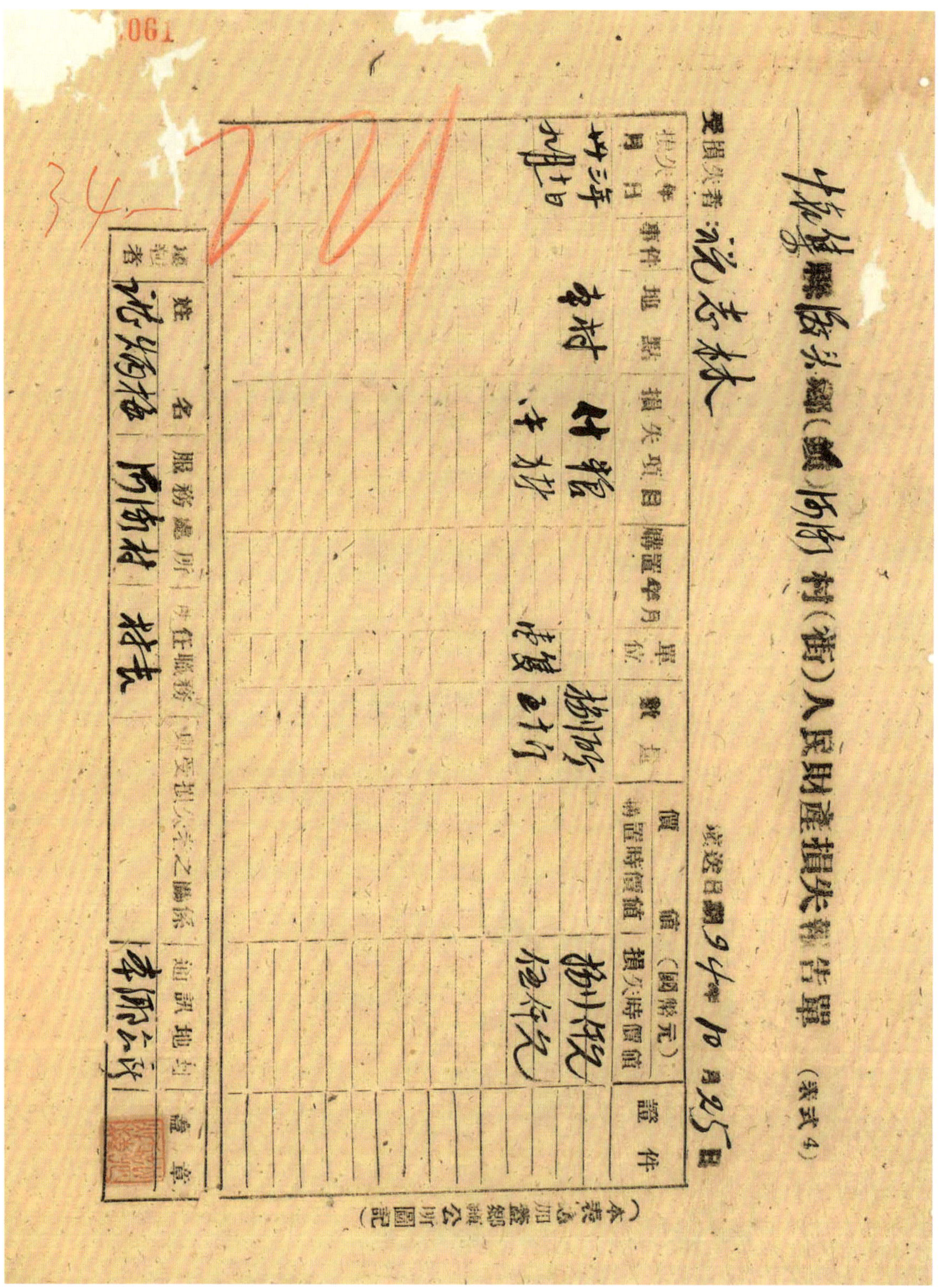

懷集縣渡頭鄉（鎮）河潮村（街）人民財產損失報告單 （表式4）

填送日期 34年10月25日

受損失者：祝志林

損失年月日	事件	地點	損失項目	購置年月	單位	數量	價值（國幣元）購置時價值	損失時價值	證件
卅三年九月十日		本村	竹籮			捌拾個		捌仟元	
			木柜			[illegible]		伍仟元	

報告者	姓名	服務處所	所任職務	與受損失者之關係	通訊地址	蓋章
	祝炳植	河潮村	村長		本鄉公所	

（本表須加蓋鄉鎮公所圖記）

渡头乡河潮村祝树南财产损失报告单（一九四五年十月二十五日）

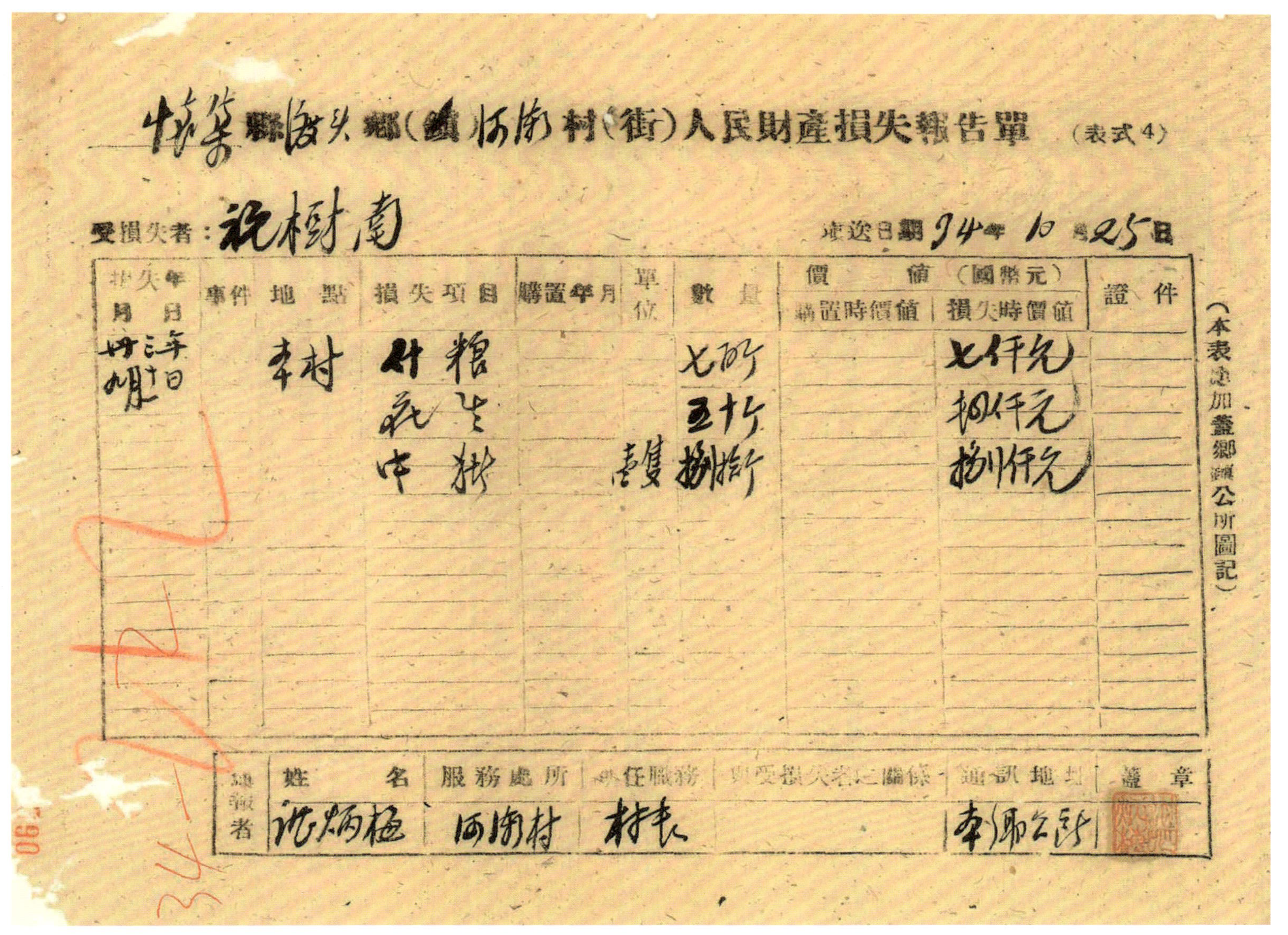

博羅縣渡头鄉（鎮）河潮村（街）人民財產損失報告單　（表式4）

受損失者：祝樹南　　填送日期 34年10月25日

損失年月日	事件	地點	損失項目	購置年月	單位	數量	價值（國幣元）購置時價值	價值（國幣元）損失時價值	證件
卅三年九月十日		本村	谷粮			七斤		七仟元	
			花生			五十斤		捌仟元	
			牛		壹隻	捌拾斤		捌仟元	

報告者	姓名	服務處所	擔任職務	與受損失者之關係	通訊地址	蓋章
	祝炳桓	河潮村	村長		本鄉公所	[seal]

（本表应加盖鄉鎮公所圖記）

渡头乡河潮村黎炳南财产损失报告单（一九四五年十月二十五日）

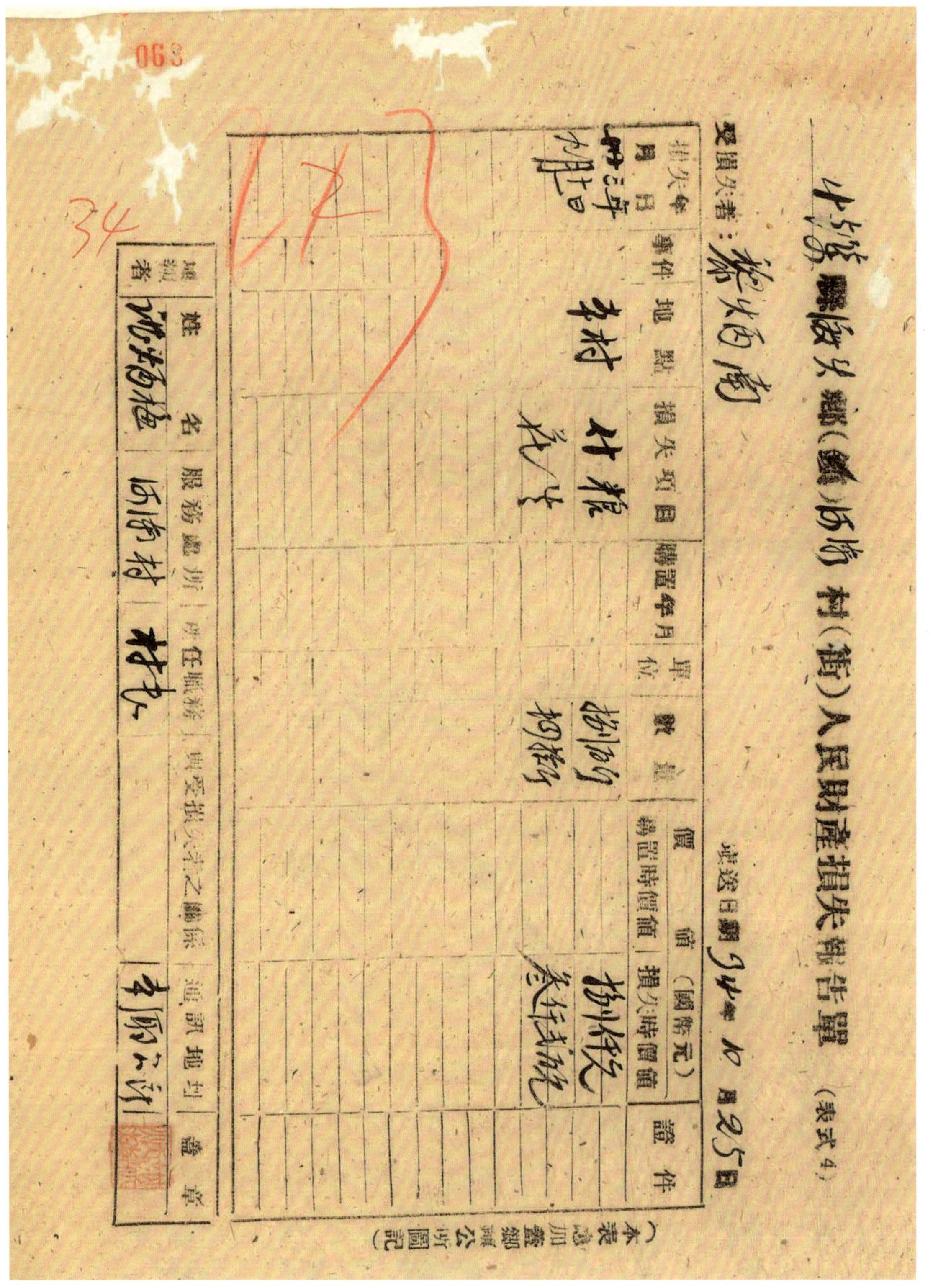

怀集县渡头乡（镇）河潮村（街）人民财产损失报告单 （表式4）

填送日期 34年10月25日

受损失者：黎炳南

损失年月日	事件	地点	损失项目	购置年月	单位	数量	价值（国币元）购置时价值	价值（国币元）损失时价值	证件
卅三年九月十日		本村	竹棚			捌间		捌仟元	
			花生			捌担		叁仟五百元	

填报者	姓名	服务处所	所任职务	与受损失者之关系	通讯地址	盖章
	黎炳南	河潮村	村长		本乡河潮村	

（本表必须加盖乡镇公所图记）

渡头乡河潮村敬先养财产损失报告单（一九四五年十月二十五日）

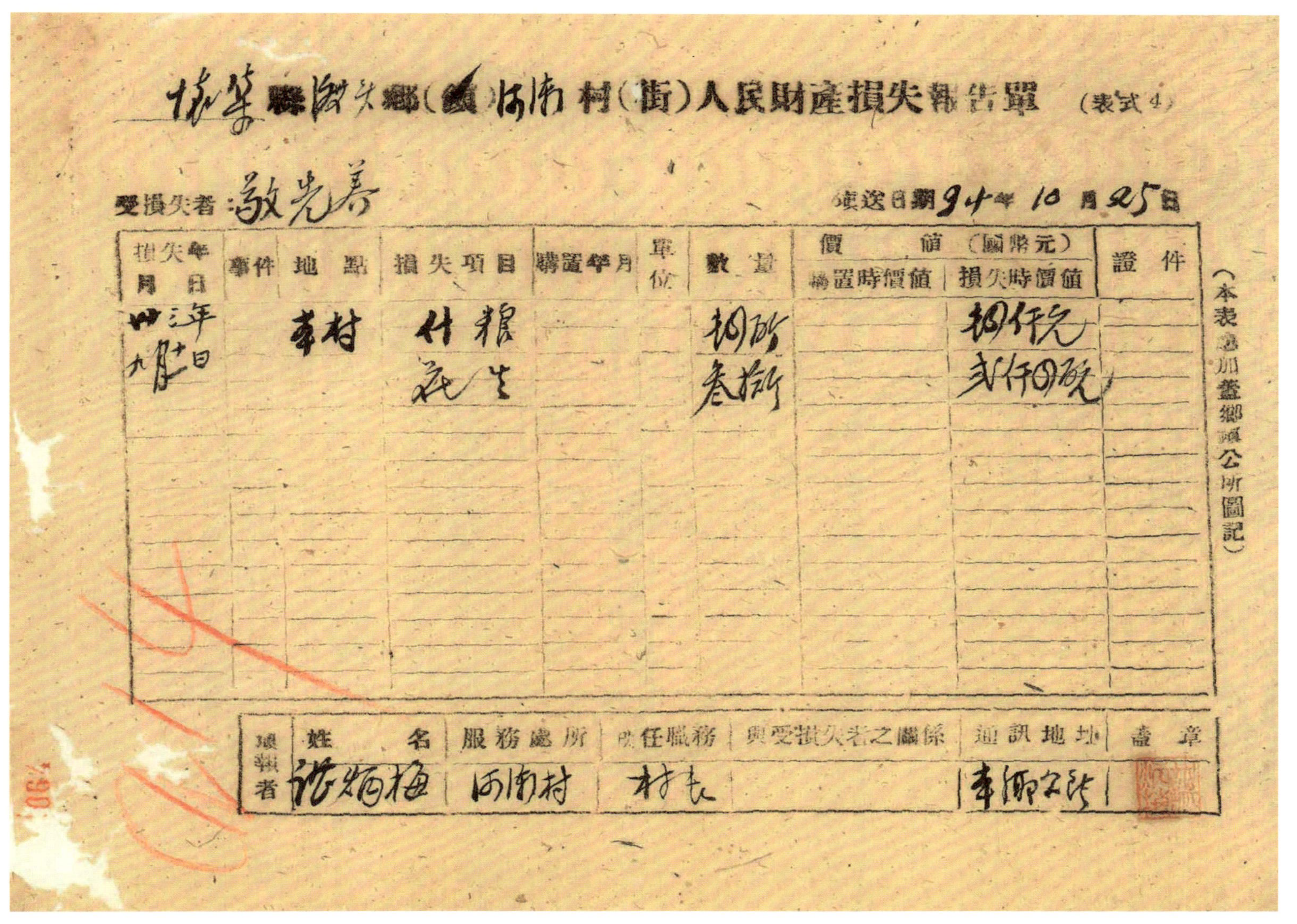

梅[illegible]縣渡頭鄉（鎮）河潮村（街）人民財產損失報告單 （表式4）

受損失者：敬先養　　填送日期 34年10月25日

損失年月日	事件	地點	損失項目	購置年月	單位	數量	價值（國幣元）		證件
							購置時價值	損失時價值	
卅三年九月廿日		本村	什粮			捌[illegible]		捌仟元	
			花生			叁[illegible]		弍仟四百元	

填報者	姓名	服務處所	所任職務	與受損失者之關係	通訊地址	蓋章
	張炳梅	河潮村	村長		本[illegible]	

（本表須加蓋鄉鎮公所圖記）

渡头乡河潮村敬积梅财产损失报告单（一九四五年十月二十五日）

怀集县渡头乡（镇）河潮村（街）人民财产损失报告单 （表式4）

填送日期 34年10月25日

受损失者：敬积梅

损失年月日	事件	地点	损失项目	购置年月	单位	数量	价值（国币元）购置时价值	价值（国币元）损失时价值	证件
卅三年[illegible]		本村	竹[illegible]			[illegible]		[illegible]元	
			衣[illegible]			[illegible]		[illegible]元	

填报者	姓名	服务处所	所任职务	与受损失者之关系	通讯地址	盖章
	敬积梅	河潮村	村长		[illegible]	

（本表由乡镇公所填报）

渡头乡河潮村敬裕盛财产损失报告单（一九四五年十月二十五日）

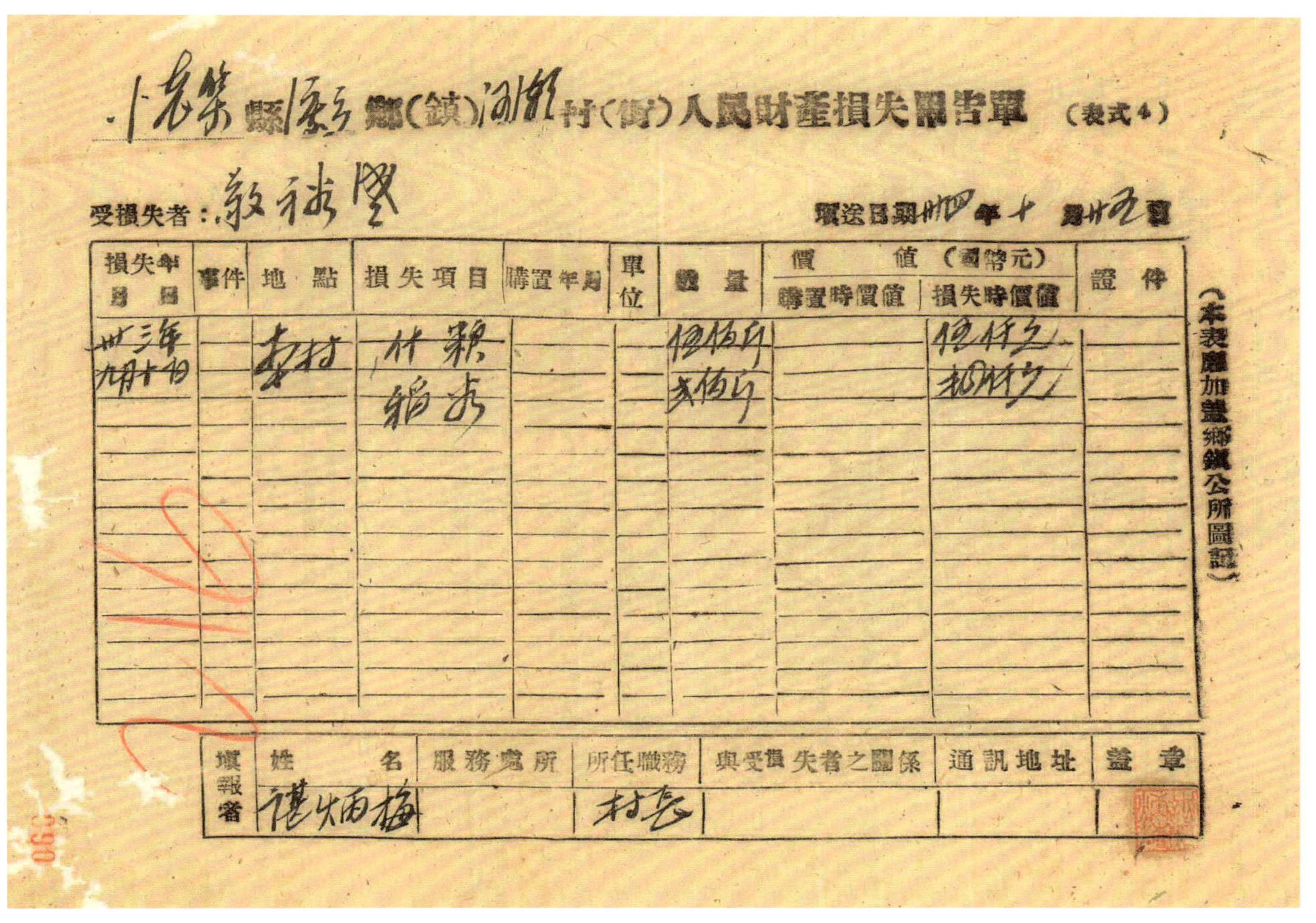

[illegible]縣渡頭鄉（鎮）河潮村（街）人民財產損失報告單　（表式4）

受損失者：敬裕盛　　填送日期卅四年十月廿五日

損失年月日	事件	地點	損失項目	購置年月	單位	數量	價值（國幣元）購置時價值	價值（國幣元）損失時價值	證件
卅三年九月十日		本村	竹穀			伍佰斤		伍仟元	
			稻谷			弍佰斤		捌仟元	

填報者	姓名	服務處所	所任職務	與受損失者之關係	通訊地址	蓋章
	譚炳梅		村長			

（本表應加蓋鄉鎮公所圖記）

渡头乡河潮村谌炳林财产损失报告单（一九四五年十月二十五日）

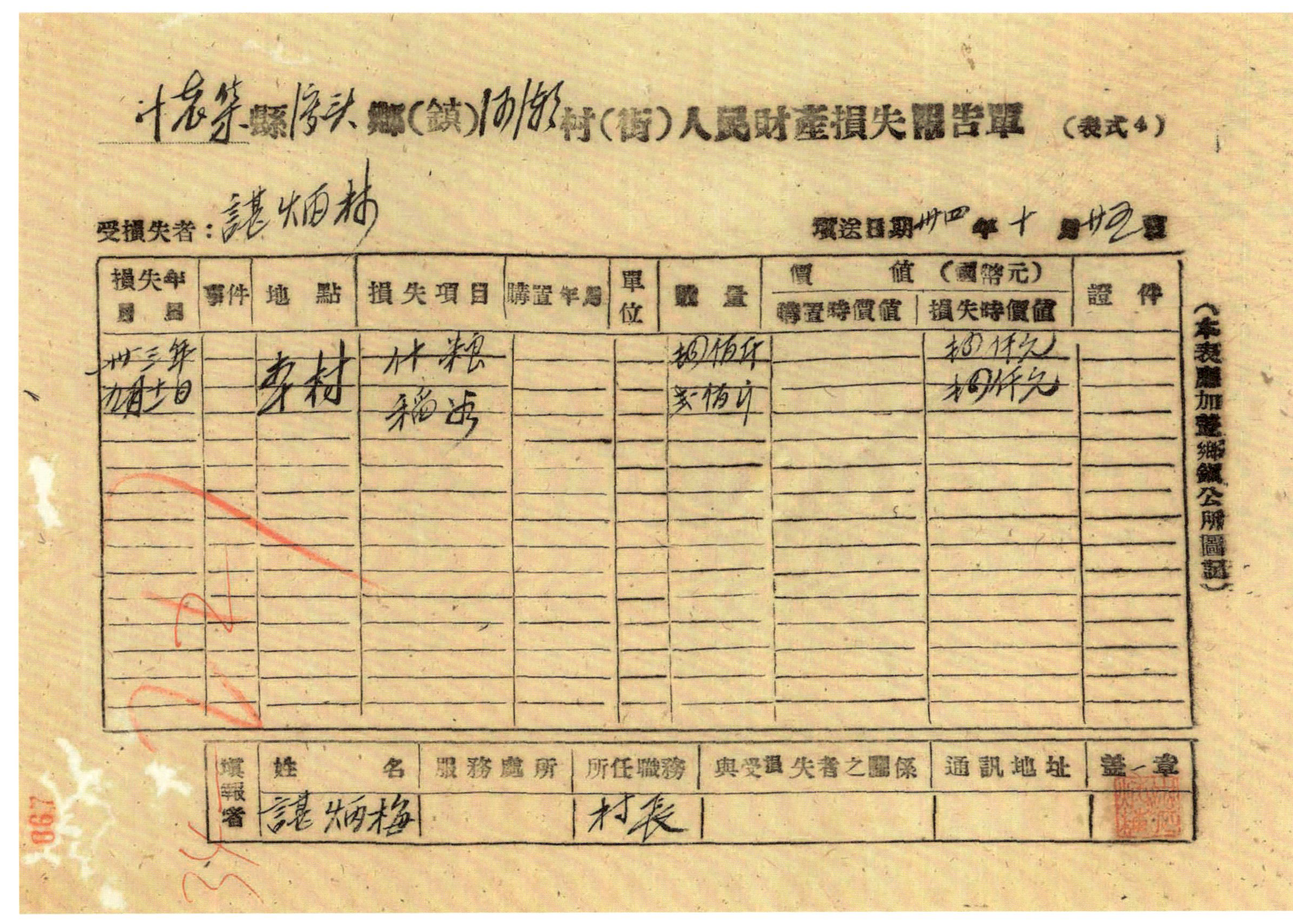

怀集縣渡頭鄉（鎮）河潮村（街）人民財產損失報告單　（表式4）

受損失者：謌炳林　　填送日期卅四年十月廿五日

損失年月日	事件	地點	損失項目	購置年月	單位	數量	價值（國幣元）購置時價值	價值（國幣元）損失時價值	證件
卅三年九月廿日		本村	什粮			捌佰斤		捌仟元	
			稻谷			柒佰斤		捌仟元	

填報者	姓名	服務處所	所任職務	與受損失者之關係	通訊地址	蓋章
	謌炳梅		村長			

（本表應加蓋鄉鎮公所圖記）

渡头乡河潮村谌兆年财产损失报告单（一九四五年十月二十五日）

湘潭县渡头乡(镇)河潮村(街)人民财产损失报告单　(表式4)

受损失者：谌兆年　　填送日期卅四年十月廿五日

损失年月日	事件	地点	损失项目	购置年月	单位	数量	价值(国币元) 购置时价值	价值(国币元) 损失时价值	证件
卅三年九月五日		本村	稻谷			八佰斤		壹万陆仟元	
			花生			二佰斤		壹万陆仟元	

填报者	姓名	服务处所	所任职务	与受损失者之关系	通讯地址	盖章
	谌炳梅		村长			

(本表应加盖乡镇公所图记)

渡头乡河潮村谌家禧财产损失报告单（一九四五年十月二十五日）

懷集縣渡头鄉（鎮）河潮村（街）人民財產損失報告單　（表式4）

受損失者：諶家禧　　填送日期卅四年十月廿五日

損失年月日	事件	地點	損失項目	購置年月	單位	數量	價值（國幣元）購置時價值	損失時價值	證件
卅三年九月十日		本村	稻谷			八佰斤		壹萬陆仟元	
			大猪			壹百二斤		壹萬捌仟元	

填報者	姓名	服務處所	所任職務	與受損失者之關係	通訊地址	蓋章
	諶炳梅		村長			（印）

（本表應加蓋鄉鎮公所圖記）

渡头乡河潮村谌雪容财产损失报告单（一九四五年十月二十五日）

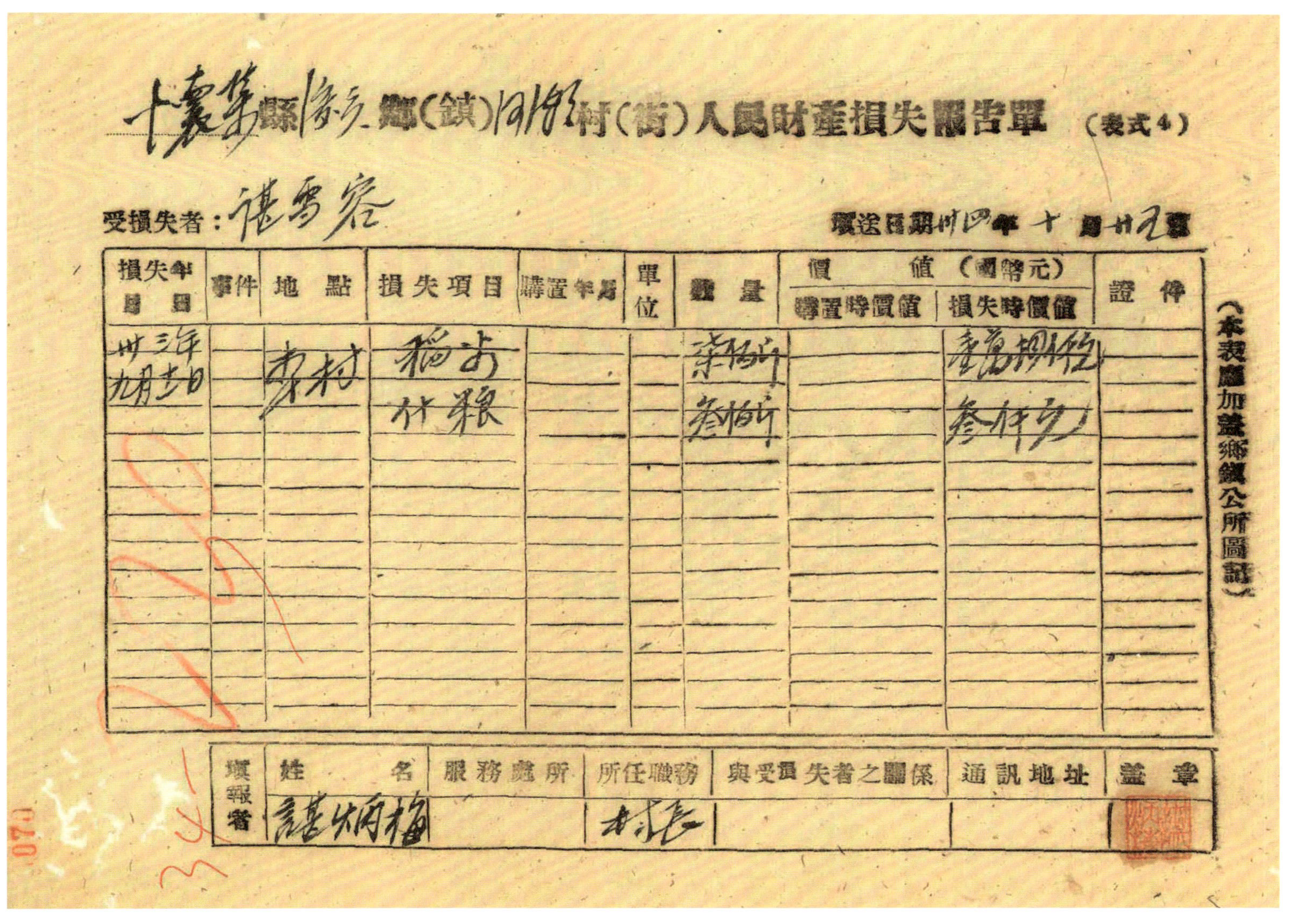

[illegible]縣渡頭鄉（鎮）河潮村（街）人民財產損失報告單　（表式4）

填送日期卅四年十月廿五日

受損失者：諶雪容

損失年月日	事件	地點	損失項目	購置年月	單位	數量	價值（國幣元） 購置時價值	價值（國幣元） 損失時價值	證件
卅三年九月廿日		本村	稻谷			柒佰斤		叁萬捌仟伍[illegible]	
			竹粮			叁佰斤		叁仟元	

填報者	姓名	服務處所	所任職務	與受損失者之關係	通訊地址	蓋章
	諶炳梅		村長			[印]

（本表應加蓋鄉鎮公所圖記）

渡头乡河潮村谌达华财产损失报告单（一九四五年十月二十五日）

怀集县渡头乡(镇)河潮村(街)人民财产损失报告单 （表式4）

受损失者：谌達華　　　　填送日期卅四年十月廿五日

损失年月日	事件	地点	损失项目	购置年月	单位	数量	价值(国币元) 购置时价值	价值(国币元) 损失时价值	证件
卅三年九月廿日		本村	竹箩			捌佰个		捌仟元	
			花生			叁佰斤		捌仟元	

填报者	姓名	服务处所	所任职务	与受损失者之关系	通讯地址	盖章
	谌炳梅		村长			

（本表应加盖乡镇公所图记）

034 071

渡头乡河潮村谌键华财产损失报告单（一九四五年十月二十五日）

[illegible]縣渡頭鄉（鎮）河潮村（街）人民財產損失報告單 （表式4）

受損失者：諶鍵華　　　　填送日期卅四年十月廿五日

損失年月日	事件	地點	損失項目	購置年月	單位	數量	價值（國幣元）購置時價值	價值（國幣元）損失時價值	證件
卅三年九月廿日		本村	什糧			叁佰斤		[illegible]	
			花生			伍十斤		[illegible]	

填報者	姓名	服務處所	所任職務	與受損失者之關係	通訊地址	蓋章
	諶炳梅		村長			

（本表應加蓋鄉鎮公所圖記）

渡头乡河潮村湛耀年财产损失报告单（一九四五年十月二十五日）

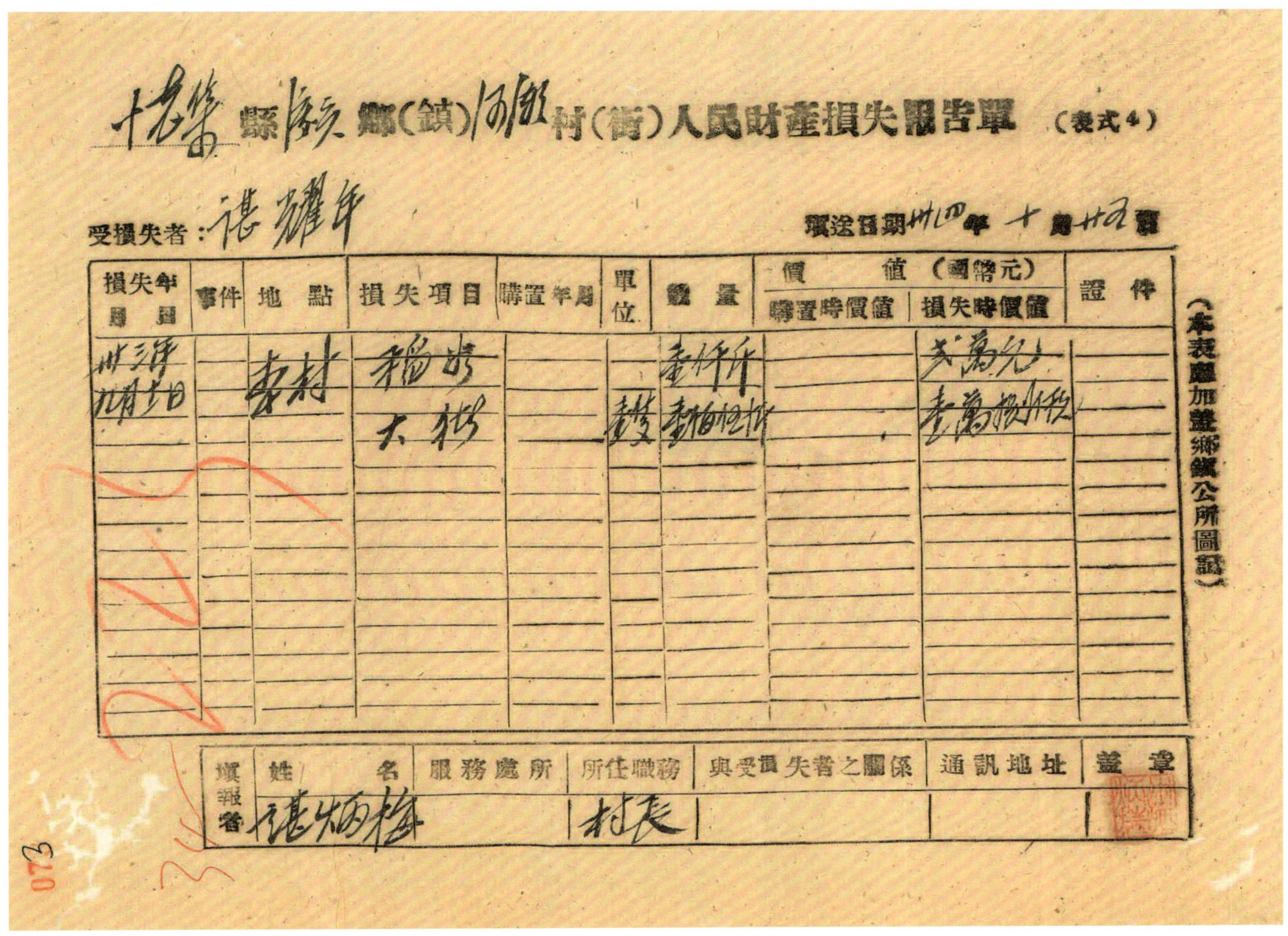

怀集县渡头乡（镇）河潮村（街）人民财产损失报告单 （表式4）

受损失者：湛耀年

填送日期卅四年十月廿五日

损失年月日	事件	地点	损失项目	购置年月	单位	数量	价值（国币元）购置时价值	价值（国币元）损失时价值	证件
卅三年九月十日		本村	稻谷			壹仟斤		贰万元	
			木[illegible]		[illegible]	[illegible]		壹万[illegible]	

填报者	姓名	服务处所	所任职务	与受损失者之关系	通讯地址	盖章
	湛炳梅		村长			

（本表应加盖乡镇公所图记）

渡头乡河潮村谌琼华财产损失报告单（一九四五年十月二十五日）

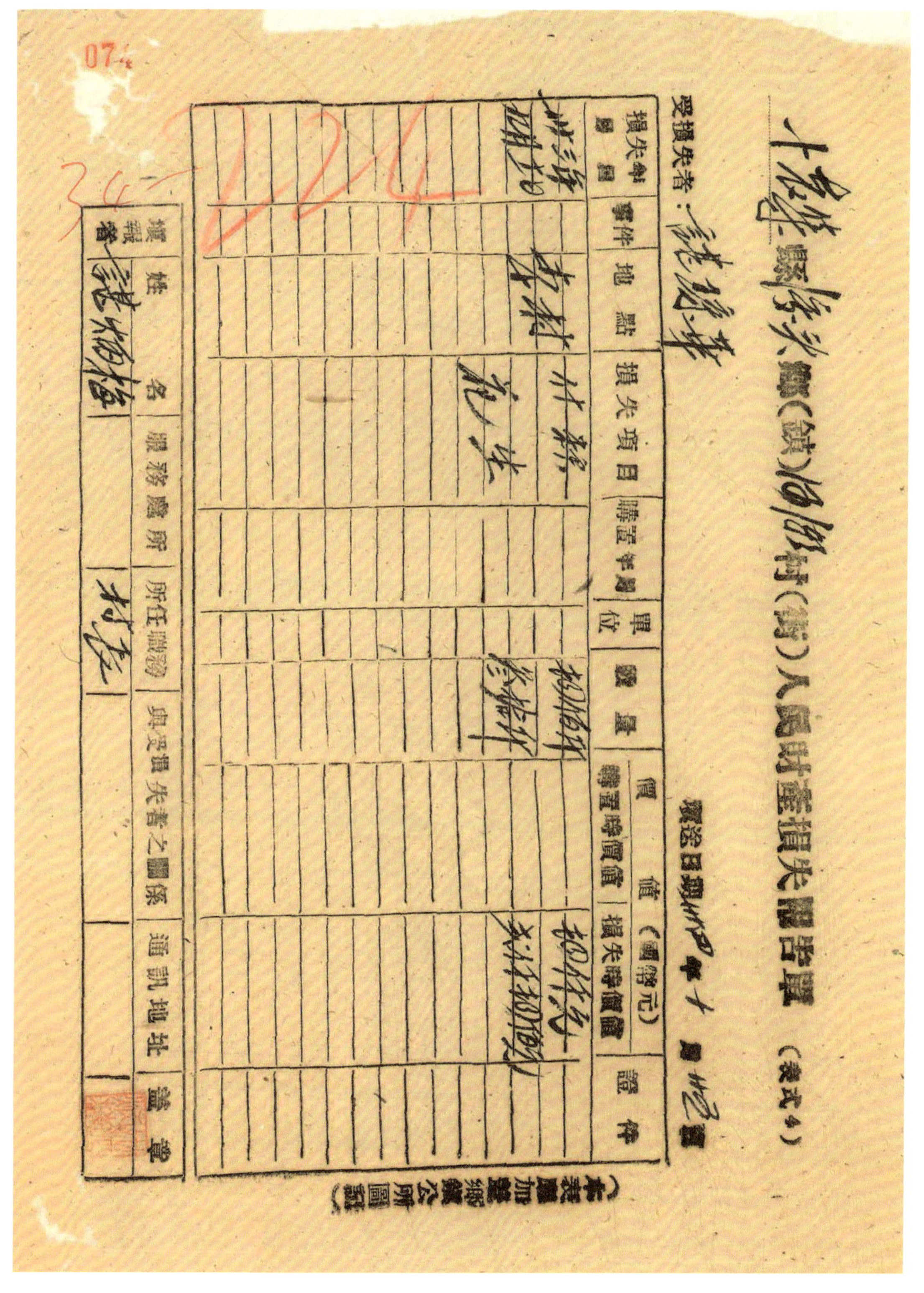

[illegible]县渡头乡（镇）河潮村（街）人民财产损失报告单（表式4）

填送日期卅四年十月廿五日

受损失者：谌琼华

损失年月日	事件	地点	损失项目	购置年月	单位	数量	价值（国币元） 购置时价值	价值（国币元） 损失时价值	证件
[illegible]		本村	竹料			[illegible]		[illegible]	
			花生			[illegible]		[illegible]	

填报者 姓名	服务处所	所任职务	与受损失者之关系	通讯地址	盖章
谌[illegible]		村长			

（本表应加盖乡镇公所图记）

渡头乡河潮村谌阿苟财产损失报告单（一九四五年十月二十五日）

075

怀集县渡头乡(镇)河潮村(街)人民财产损失报告单 （表式4）

填送日期卅四年十月廿五日

受损失者：谌阿苟

损失年月日	事件	地点	损失项目	购置年月	单位	数量	价值（国币元）购置时价值	价值（国币元）损失时价值	证件
卅三年九月廿日		本村	什粮			[illegible]		[illegible]	
			花生			[illegible]		[illegible]	

报告者	姓名	服务处所	所任职务	与受损失者之关系	通讯地址	盖章
	谌阿苟		村长			

（本表须加盖乡镇公所图记）

渡头乡河潮村谌超华财产损失报告单（一九四五年十月二十五日）

兴国县渡头乡（镇）河潮村（街）人民财产损失报告单　（表式4）

填送日期卅四年十月廿五日

受损失者：谌超华

损失年月日	事件	地点	损失项目	购置年月	单位	数量	价值（国币元）购置时价值	价值（国币元）损失时价值	证件
卅三年九月廿日		本村	稻谷			[illegible]		[illegible]	
			木料			[illegible]		[illegible]	

报告者	姓名	服务处所	所任职务	与受损失者之关系	通讯地址	盖章
	谌[illegible]		村长			

（本表须加盖乡镇公所图记）

渡头乡河潮村谌立谦财产损失报告单（一九四五年十月二十五日）

懷集縣渡头鄉（鎮）河潮村（街）人民財產損失報告單　（表式4）

受損失者：謀立謙　　　　填送日期卅四年十月廿五日

損失年月日	事件	地點	損失項目	購置年月	單位	數量	價值（國幣元）購置時價值	價值（國幣元）損失時價值	證件
卅三年九月十二日		本村	什粮			柒佰斤		柒仟元	
			花生			壹佰斤		捌仟元	

（本表應加蓋鄉鎮公所圖記）

填報者	姓名	服務處所	所任職務	與受損失者之關係	通訊地址	蓋章
	謀炳梅		村長			

渡头乡河潮村谌立言财产损失报告单（一九四五年十月二十五日）

怀集县渡头乡（镇）河潮村（街）人民财产损失报告单　（表式4）

受损失者：谌立言

填送日期卅四年十月廿五日

损失年月日	事件	地点	损失项目	购置年月	单位	数量	价值（国币元）购置时价值	价值（国币元）损失时价值	证件
卅三年九月廿日		本村	谷粮			捌佰斤		捌仟元	
			花生			伍拾斤		捌仟元	

填报者	姓名	服务处所	所任职务	与受损失者之关系	通讯地址	盖章
	谌炳梅		村长			

（本表应加盖乡镇公所图记）

渡头乡河潮村谌立信财产损失报告单（一九四五年十月二十五日）

怀集县渡头乡（镇）河潮村（街）人民财产损失报告单 （表式4）

受损失者：谌立信

填送日期卅四年十月廿五日

损失年月日	事件	地点	损失项目	购置年月	单位	数量	价值（国币元）购置时价值	价值（国币元）损失时价值	证件
卅三年九月十四日		本村	稻谷			陆佰斤		叁万贰仟元	
			什粮			捌佰斤		捌仟元	

（本表须加盖乡镇公所图记）

填报者	姓名	服务处所	所任职务	与受损失者之关系	通讯地址	盖章
	谌炳梅		村长			

渡头乡河潮村谌炳年财产损失报告单（一九四五年十月二十五日）

[illegible]县修水乡(镇)河潮村(街)人民财产损失报告单　（表式4）

受损失者：谌炳年　　　　填送日期卅四年十月廿五日

损失年月日	事件	地点	损失项目	购置年月	单位	数量	价值（国币元）购置时价值	价值（国币元）损失时价值	证件
卅三年九月十一日		本村	什粮			捌佰斤		捌仟元	
			花生			叁佰斤		捌仟元	

（本表应加盖乡镇公所图记）

填报者	姓名	服务处所	所任职务	与受损失者之关系	通讯地址	盖章
	谌炳梅		村长			

渡头乡河潮村谌寿图财产损失报告单（一九四五年十月二十五日）

怀集县渡头乡（镇）河潮村（街）人民财产损失报告单 （表式4）

填送日期卅四年十月廿五日

受损失者：谌寿图

损失年月日	事件	地点	损失项目	购置年月	单位	数量	价值（国币元）购置时价值	损失时价值	证件
[illegible]	[illegible]	本村	[illegible]			[illegible]		[illegible]	
			[illegible]			[illegible]		[illegible]	

填报者	姓名	服务处所	所任职务	与受损失者之关系	通讯地址	盖章
	[illegible]		村长			

（本表须加盖乡镇公所图记）

渡头乡河潮村谌立鋆财产损失报告单（一九四五年十月二十五日）

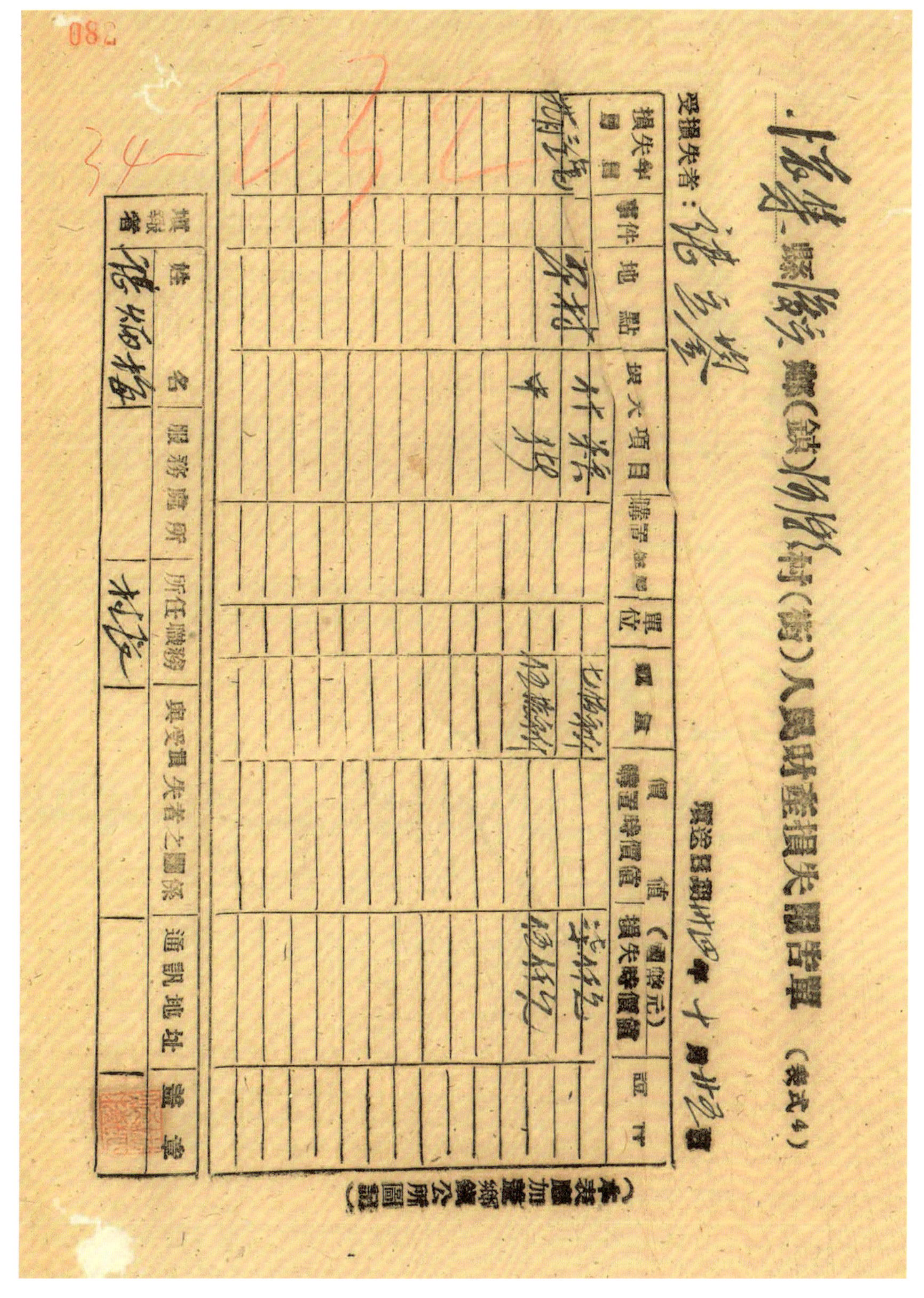

上饶县渡头乡（镇）河潮村（街）人民财产损失报告单（表式4）

渡头乡河潮村谌立盛财产损失报告单（一九四五年十月二十五日）

怀集县渡头乡（镇）河潮村（街）人民财产损失报告单　（表式4）

受损失者：谌立盛

填送日期卅四年十月廿五日

损失年月日	事件	地点	损失项目	购置年月	单位	数量	价值（国币元）购置时价值	价值（国币元）损失时价值	证件
卅三年九月十日		本村	稻谷			壹仟斤		弍万元	
			大猪			壹佰捌拾斤		壹万肆仟元	
			花生			壹佰斤		捌仟元	

（本表应加盖乡镇公所图记）

填报者	姓名	服务处所	所任职务	与受损失者之关系	通讯地址	盖章
	谌炳梅		村长			

渡头乡河潮村谌德番财产损失报告单（一九四五年十月二十五日）

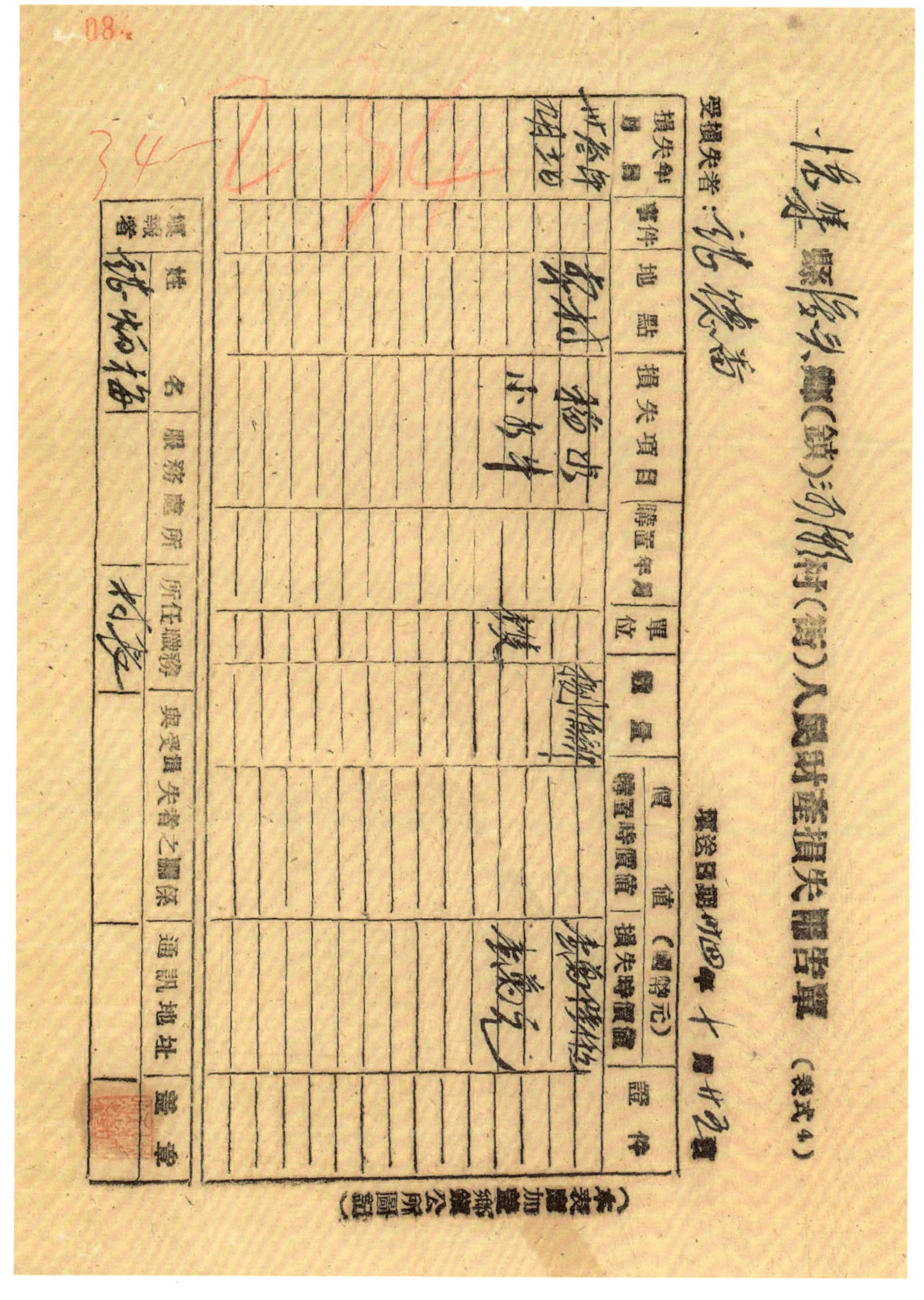

[illegible]縣渡头鄉（鎮）河潮村（街）人民財產損失報告單 （表式4）

受損失者：[illegible]德番

填送日期 卅四年 十 月 廿五 日

損失年月日	事件	地點	損失項目	購置年月	單位	數量	價值（國幣元）購置時價值	價值（國幣元）損失時價值	證件
卅四年[illegible]		本村	猪母			[illegible]		[illegible]	
[illegible]			小猪仔		[illegible]			[illegible]元	

直轄機關學校團體或事業	名稱	印信

報告者	姓名	服務處所	所任職務	與受損失者之關係	通訊地址	蓋章
	[illegible]		村長			

（本表須加蓋鄉鎮公所圖記）

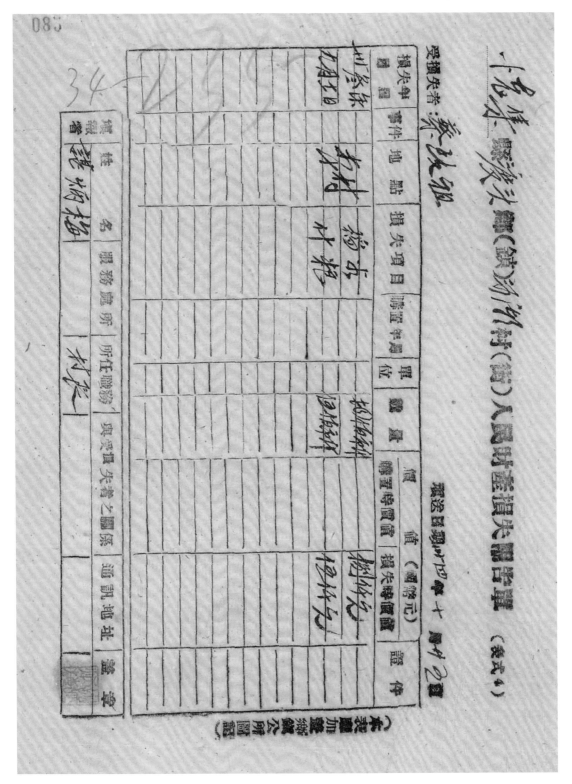

渡头乡河潮村蔡致祖财产损失报告单（一九四五年十月二十五日）

怀集县渡头乡（镇）河潮村（街）人民财产损失报告单　（表式4）

受损失者：蔡致祖　　填送日期卅四年十月廿五日

损失年月日	事件	地点	损失项目	购置年月	单位	数量	价值（国币元）购置时价值	价值（国币元）损失时价值	证件
卅叁年九月[illegible]日		本村	稻谷			捌佰斤		捌仟元	
			什粮			伍佰斤		伍仟元	

填报者	姓名	服务处所	所任职务	与受损失者之关系	通讯地址	盖章
	谌炳梅		村长			[印]

（本表应加盖乡镇公所图记）

渡头乡河潮村蔡祥兰财产损失报告单（一九四五年十月二十五日）

（表式4）

化州縣渡頭鄉（鎮）河潮村（街）人民財產損失報告單

填送日期卅四年十月 日填

受損失者：蔡祥蘭

損失年月日	事件	地點	損失項目	購置年月	單位	數量	價值（國幣元）購置時價值	損失時價值	證件
卅三年九月廿日		本村	衣			[illegible]		壹萬叁仟元	
			竹粗			[illegible]		叁仟元	
			牛欄			[illegible]		叁仟元	

填報者	姓名	服務處所	所任職務	與受損失者之關係	通訊地址	蓋章
	張炳雄		村長			

（本表應加蓋鄉鎮公所圖記）

渡头乡河潮村蔡家生财产损失报告单（一九四五年十月二十五日）

懷集縣渡頭鄉(鎮)河潮村(街)人民財產損失報告單　（表式4）

受損失者：蔡家生　　填送日期卅四年十月廿五日

損失年月日	事件	地點	損失項目	購置年月	單位	數量	價值（國幣元） 購置時價值	損失時價值	證件
卅三年九月廿四日		本村	稻谷			伍佰斤		叁萬元	

填報者	姓名	服務處所	所任職務	與受損失者之關係	通訊地址	蓋章
	張炳梅		村長			

（本表應加蓋鄉鎮公所圖記）

渡头乡河潮村蔡杏兰财产损失报告单（一九四五年十月二十五日）

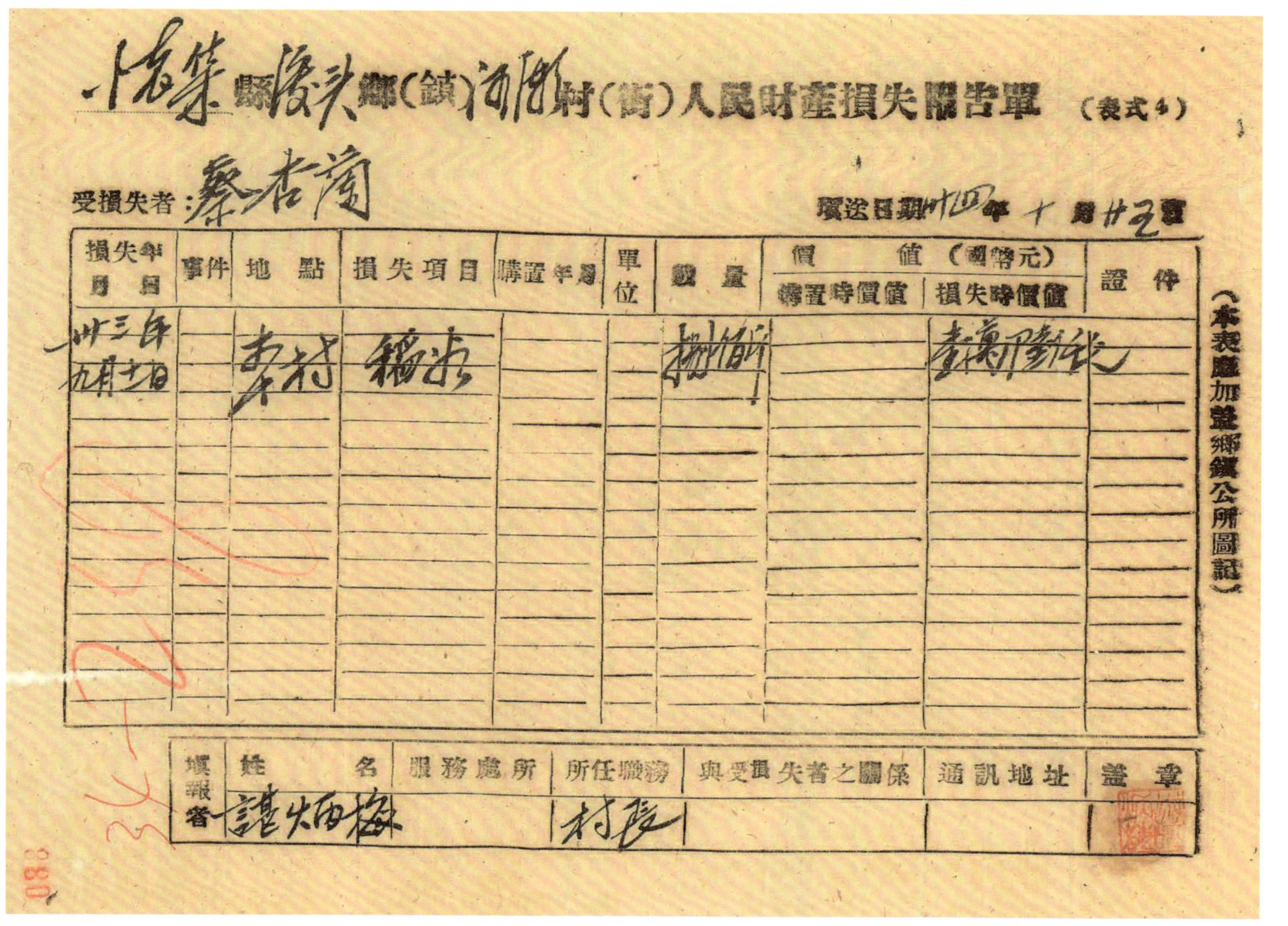

縣渡頭鄉（鎮）河潮村（街）人民財產損失報告單　（表式4）

受損失者：蔡杏蘭

填送日期卅四年十月廿五日

損失年月日	事件	地點	損失項目	購置年月	單位	數量	價值（國幣元）購置時價值	損失時價值	證件
		本村	稻穀						

填報者	姓名	服務處所	所任職務	與受損失者之關係	通訊地址	蓋章
			村長			

（本表應加蓋鄉鎮公所圖記）

渡头乡河潮村蔡福林财产损失报告单（一九四五年十月二十五日）

懷集縣渡頭鄉（鎮）河潮村（街）人民財產損失報告單 （表式4）

填送日期卅四年十月廿五日

受損失者：蔡福林

損失年月日	事件	地點	損失項目	購置年月	單位	數量	價值（國幣元）購置時價值	損失時價值	證件
卅三年九月廿四		本村	稻谷			叁佰斤		陸仟元	

填報者	姓名	服務處所	所任職務	與受損失者之關係	通訊地址	蓋章
	蔡[illegible]		村長			

（本表應加蓋鄉鎮公所圖記）

渡头乡河潮村蔡水弟财产损失报告单（一九四五年十月二十五日）

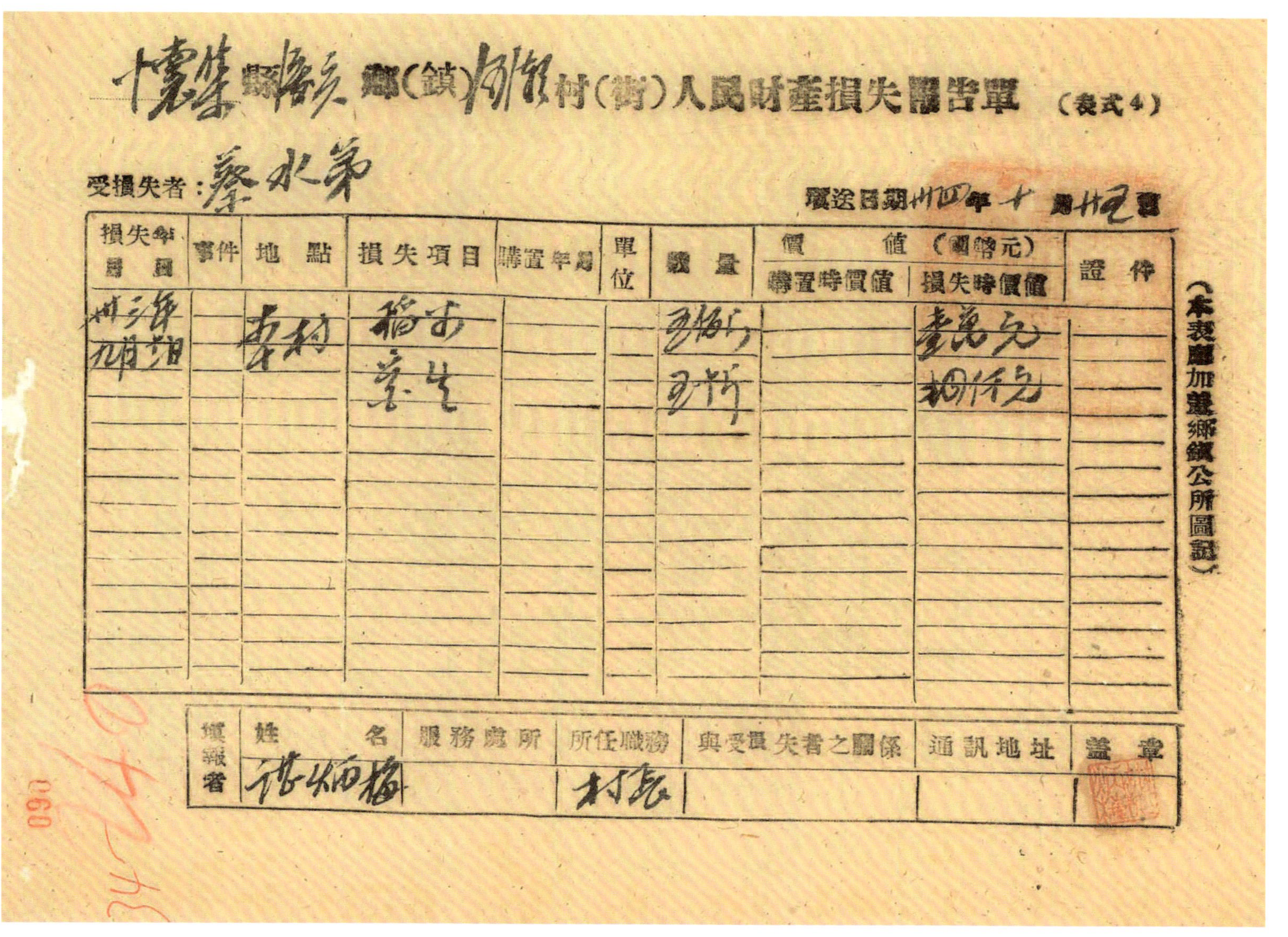

[illegible]縣渡头鄉（鎮）河潮村（街）人民財產損失報告單 （表式4）

受損失者：蔡水弟

填送日期卅四年十月廿五日

損失年月日	事件	地點	損失項目	購置年月	單位	數量	價值（國幣元）購置時價值	價值（國幣元）損失時價值	證件
卅三年九月廿日		本村	稻穀			五擔		壹萬元	
			桑葉			五擔		捌仟元	

（本表應加蓋鄉鎮公所圖記）

填報者	姓名	服務處所	所任職務	與受損失者之關係	通訊地址	蓋章
	張炳梅		村長			

渡头乡河潮村蔡东兰财产损失报告单（一九四五年十月二十五日）

怀集县渡头乡（镇）河潮村（街）人民财产损失报告单　（表式4）

受损失者：蔡东兰　　　　报送日期卅四年十月廿五日

损失年月日	事件	地点	损失项目	购置年月	单位	数量	价值（国币元）购置时价值	损失时价值	证件
卅三年[illegible]月[illegible]日	[illegible]	东村	稻谷			[illegible]		[illegible]万元	
			小水牛		只			壹万元	

（本表应加盖乡镇公所图记）

填报者	姓名	服务处所	所任职务	与受损失者之关系	通讯地址	盖章
	谌炳梅		村长			

091

341

渡头乡河潮村蔡双生财产损失报告单（一九四五年十月二十五日）

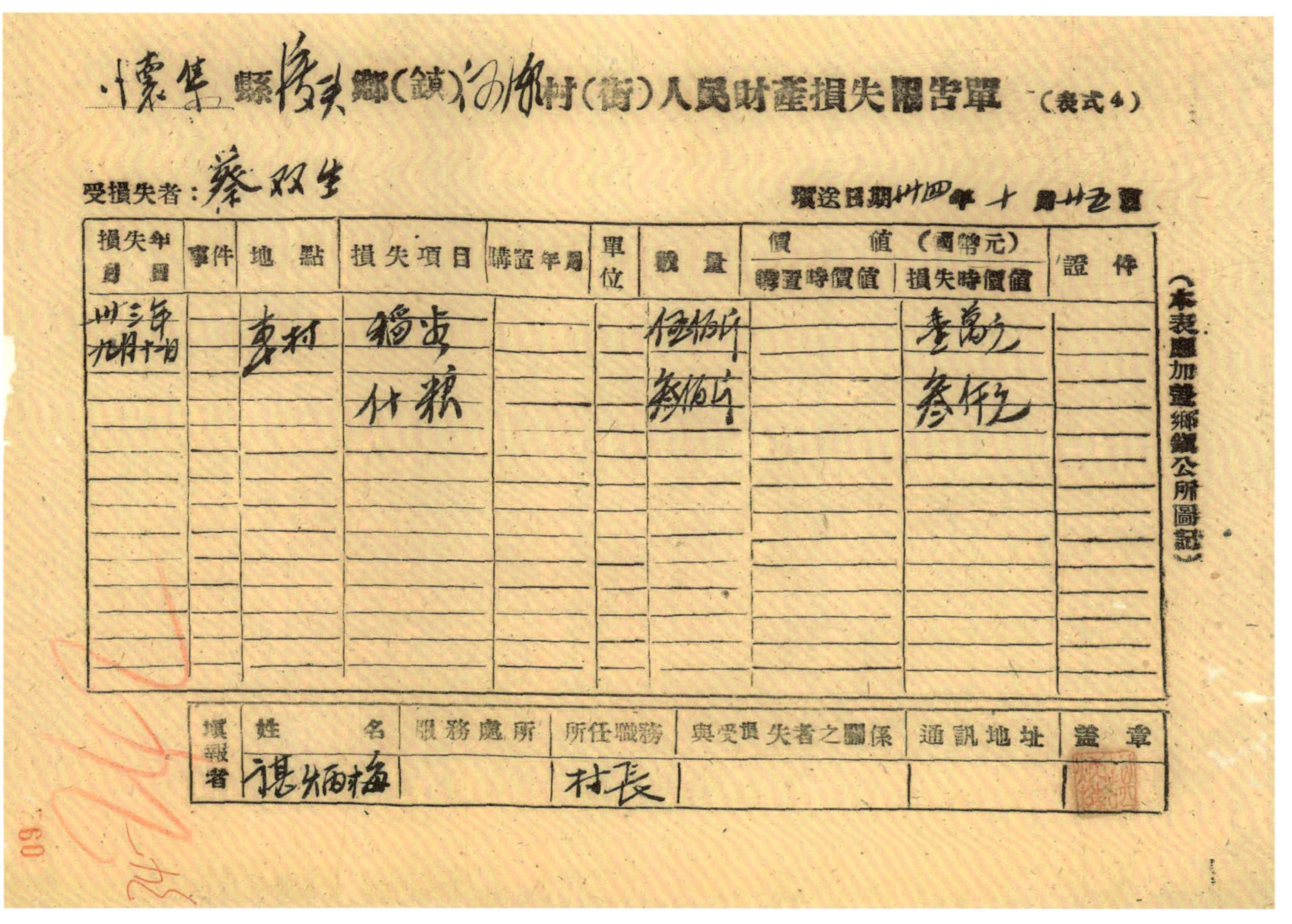

懷集縣渡头鄉（鎮）河潮村（街）人民財產損失報告單　（表式4）

受損失者：蔡双生

填送日期卅四年十月廿五日

損失年月日	事件	地點	損失項目	購置年月	單位	數量	價值（國幣元）購置時價值	價值（國幣元）損失時價值	證件
卅三年九月十一日		本村	稻谷			伍佰斤		壹万元	
			什粮			叁佰斤		叁仟元	

（本表應加蓋鄉鎮公所圖記）

填報者	姓名	服務處所	所任職務	與受損失者之關係	通訊地址	蓋章
	谌炳梅		村長			[印]

渡头乡河潮村蔡阿更财产损失报告单（一九四五年十月二十五日）

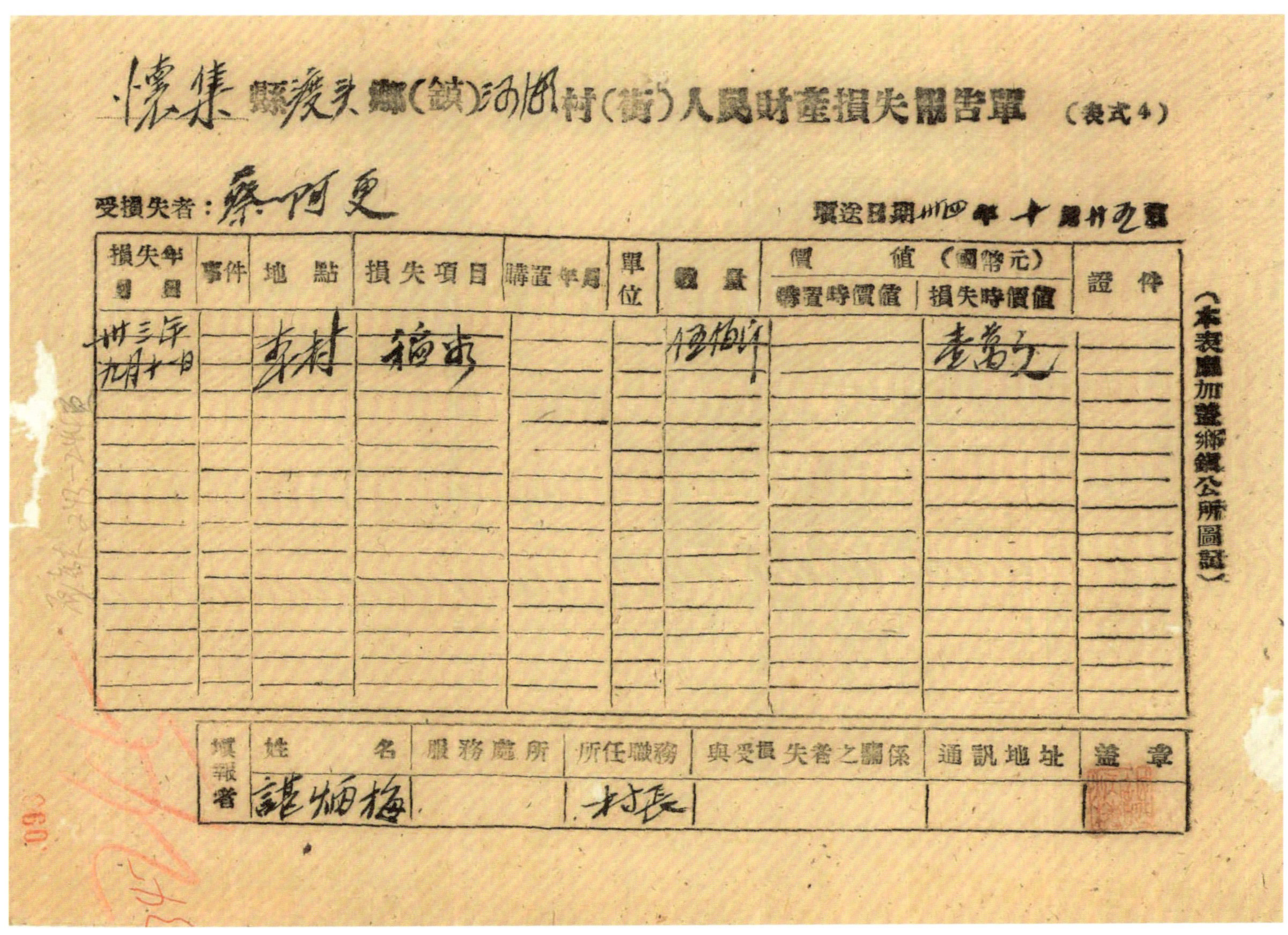

懷集縣渡头鄉（鎮）河潮村（街）人民財產損失報告單 （表式4）

受損失者：蔡阿更

填送日期卅四年十月廿五日

損失年月日	事件	地點	損失項目	購置年月	單位	數量	價值（國幣元）購置時價值	價值（國幣元）損失時價值	證件
卅三年九月十一日		本村	稻谷			伍佰斤		壹萬元	

（本表須加蓋鄉鎮公所圖記）

填報者	姓名	服務處所	所任職務	與受損失者之關係	通訊地址	蓋章
	譚炳梅		村長			

渡头乡河潮村蔡廷高财产损失报告单（一九四五年十月二十五日）

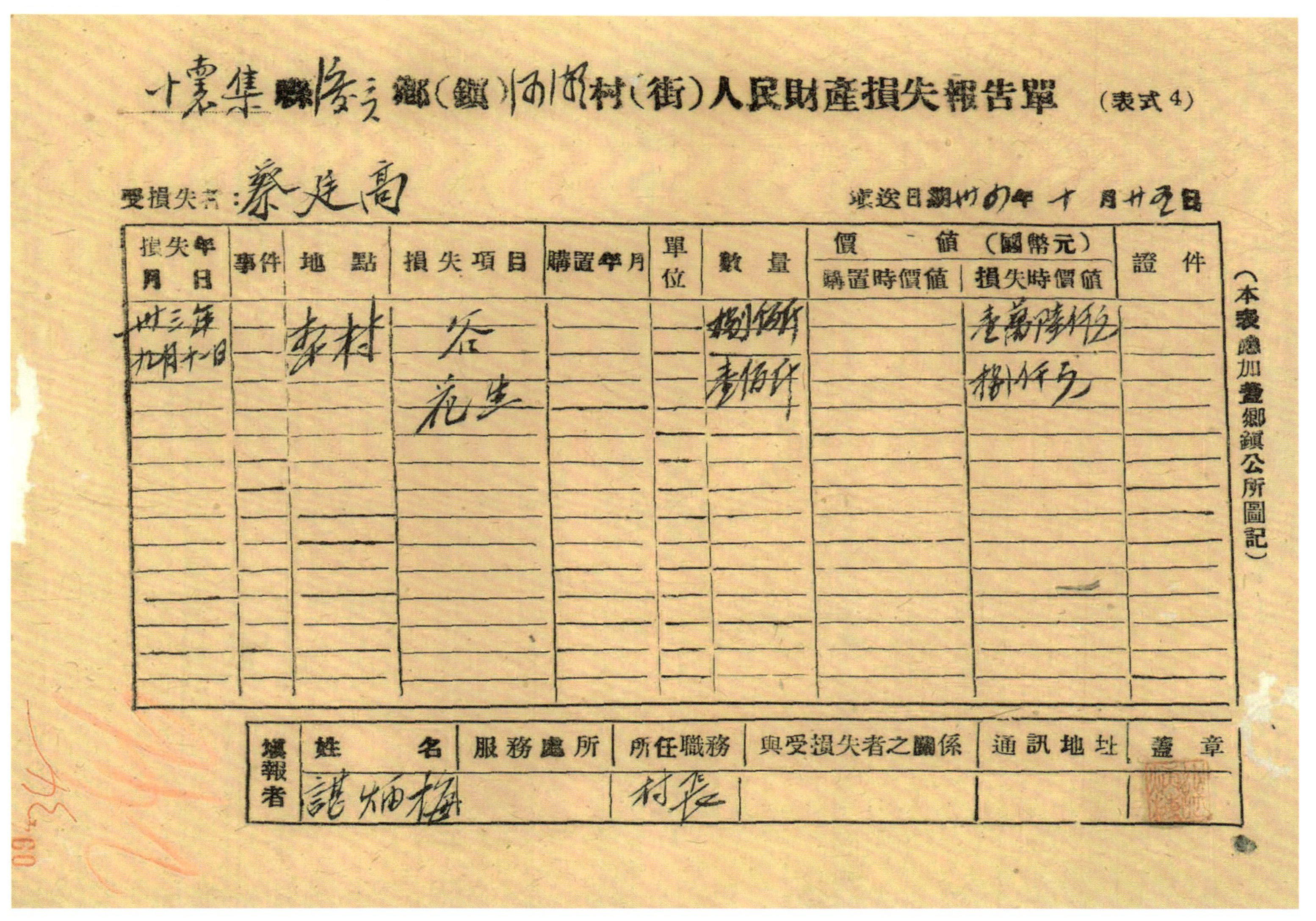

懷集縣渡头鄉（鎮）河潮村（街）人民財產損失報告單　（表式4）

受損失者：蔡廷高　　　　填送日期卅四年十月廿五日

損失年月日	事件	地點	損失項目	購置年月	單位	數量	價值（國幣元）購置時價值	價值（國幣元）損失時價值	證件
卅三年九月十一日		本村	谷			捌佰斤		壹萬陸仟元	
			花生			壹佰斤		捌仟元	

（本表應加蓋鄉鎮公所圖記）

填報者	姓名	服務處所	所任職務	與受損失者之關係	通訊地址	蓋章
	諶炳梅		村長			

渡头乡河潮村蔡瑞兰财产损失报告单（一九四五年十月二十五日）

懷集縣渡頭鄉（鎮）河潮村（街）人民財產損失報告單（表式4）

填送日期卅四年十月廿五日

受損失者：蔡瑞蘭

損失年月日	事件	地點	損失項目	購置年月	單位	數量	價值（國幣元）購置時價值	損失時價值	證件
[illegible]	[illegible]	本村	[illegible]			[illegible]		[illegible]	

填報者	姓名	服務處所	所任職務	與受損失者之關係	通訊地址	蓋章
	[illegible]		村長			[seal]

（本表應加蓋鄉鎮公所圖記）

渡头乡河潮村蔡少兰财产损失报告单（一九四五年十月二十五日）

懷集縣渡头鄉（鎮）河潮村（街）人民財產損失報告單 （表式4）

受損失者：蔡少蘭

填送日期卅四年十月廿五日

損失年月日	事件	地點	損失項目	購置年月	單位	數量	價值（國幣元）購置時價值	價值（國幣元）損失時價值	證件
卅三年九月十日		本村	谷			捌佰斤		捌仟元	
			什粮			捌佰斤		捌仟元	

（本表應加蓋鄉鎮公所圖記）

填報者	姓名	服務處所	所任職務	與受損失者之關係	通訊地址	蓋章
	諶炳梅		村長			[illegible]

096

渡头乡河潮村蔡锡兰财产损失报告单（一九四五年十月二十五日）

懷集縣渡头鄉（鎮）河潮村（街）人民財產損失報告單 （表式4）

受損失者 蔡錫蘭

填送日期 卅四年十月廿五日

損失年月日	事件	地點	損失項目	購置年月	單位	數量	價值（國幣元）購置時價值	價值（國幣元）損失時價值	證件
卅叁年九月十日		本村	谷	〃		柒佰斤		壹萬捌仟元	
			杉料			陸佰斤		陸仟元	
			花生			叁佰斤		捌仟元	

（本表應加蓋鄉鎮公所圖記）

填報者	姓名	服務處所	所任職務	與受損失者之關係	通訊地址	蓋章
	譚炳梅		村長			[seal]

渡头乡河潮村蔡廷璋财产损失报告单（一九四五年十月二十五日）

渡头鄉(鎮)河潮村(街)人民財產損失報告單 (表式4)

填送日期 卅四年十月廿五日

受損失者：蔡廷璋

損失年月日	事件	地點	損失項目	購置年月	單位	數量	價值(國幣元) 購置時價值	價值(國幣元) 損失時價值	證件
卅三年九月十日	[illegible]	本村	衣			[illegible]		壹萬元	

填報者	姓名	服務處所	所任職務	與受損失者之關係	通訊地址	蓋章
	[illegible]		村長			

(本表應加蓋鄉鎮公所圖記)

渡头乡河潮村冯伍财产损失报告单（一九四五年十月二十五日）

怀集县渡头乡（镇）河潮村（街）人民财产损失报告单 （表式4）

填送日期卅四年十月廿五日

受损失者：冯伍

损失年月日	事件	地点	损失项目	购置年月	单位	数量	价值（国币元）购置时价值	损失时价值	证件
卅三年九月十四日	—	本村	屋	—	—	壹间		拾万元	

报告者	姓名	服务处所	所任职务	与受损失者之关系	通讯地址	盖章
	谭炳梧		村长			

（本表应加盖乡镇公所图记）

渡头乡河潮村蔡新兰财产损失报告单（一九四五年十月二十五日）

十裏集縣渡头鄉（鎮）河潮村（街）人民財產損失報告單　（表式4）

受損失者：蔡新蘭　　填送日期卅四年十月廿五日

損失年月日	事件	地點	損失項目	購置年月	單位	數量	價值（國幣元）購置時價值	價值（國幣元）損失時價值	證件
卅三年九月十一日		本村	谷			伍佰斤		壹萬元	
			中猪			伍拾斤		伍仟元	

填報者	姓名	服務處所	所任職務	與受損失者之關係	通訊地址	蓋章
	諶炳梅		村長			

（本表應加蓋鄉鎮公所圖記）

渡头乡河潮村蔡廷勋财产损失报告单（一九四五年十月二十五日）

懷集縣渡頭鄉（鎮）河潮村（街）人民財產損失報告單 （表式4）

填送日期卅四年十月廿五日

受損失者：蔡廷勳

損失年月日	事件	地點	損失項目	購置年月	單位	數量	價值（國幣元）購置時價值	損失時價值	證件
[illegible]		本村	[illegible]			[illegible]		[illegible]	
[illegible]			[illegible]			[illegible]		[illegible]	

	姓名	服務處所	所任職務	與受損失者之關係	通訊地址	蓋章
填報者	[illegible]		[illegible]			

（本表應加蓋鄉鎮公所圖記）

渡头乡河潮村蔡益兰财产损失报告单（一九四五年十月二十五日）

懷集縣渡头鄉（鎮）河潮村（街）人民財產損失報告單　（表式4）

受損失者：蔡益蘭　　　　填送日期卅四年十月廿五日

損失年月日	事件	地點	損失項目	購置年月	單位	數量	價值（國幣元）購置時價值	價值（國幣元）損失時價值	證件
卅三年九月十一日	—	本村	雜粮	—	—	捌佰斤	—	捌仟元	
			花生	—	—	伍拾斤	—	捌仟元	

（本表應加蓋鄉鎮公所圖記）

填報者	姓名	服務處所	所任職務	與受損失者之關係	通訊地址	蓋章
	譚炳梅		村長			

渡头乡河潮村蔡廷辉财产损失报告单（一九四五年十月二十五日）

懷集縣渡头鄉（鎮）河潮村（街）人民財產損失報告單　（表式4）

受損失者：蔡廷輝　　　　填送日期卅四年十月廿五日

損失年月日	事件	地點	損失項目	購置年月	單位	數量	價值（國幣元）購置時價值	價值（國幣元）損失時價值	證件
卅三年九月十一日		本村	什粮			捌佰斤		捌仟元	
			衣服			叁拾件		叁仟捌百元	

（本表應加蓋鄉鎮公所圖記）

填報者	姓名	服務處所	所任職務	與受損失者之關係	通訊地址	蓋章
	谌炳梅		村長			

渡头乡河潮村蔡英兰财产损失报告单（一九四五年十月二十五日）

[illegible]縣渡头鄉（鎮）河潮村（街）人民財產損失報告單　（表式4）

受損失者：蔡英蘭　　填送日期　卅四年十月廿五日

損失年月日	事件	地點	損失項目	購置年月	單位	數量	價值（國幣元）購置時價值	價值（國幣元）損失時價值	證件
卅三年九月十日		本村	竹粮			叁佰斤		叁仟元	

（本表應加蓋鄉鎮公所圖記）

填報者	姓名	服務處所	所任職務	與受損失者之關係	通訊地址	蓋章
	張炳楹		村長			

渡头乡河潮村蔡廷宽财产损失报告单（一九四五年十月二十五日）

怀集县渡头乡（镇）河潮村（街）人民财产损失报告单 （表式4）

受损失者：蔡廷宽　　填送日期 卅四年 十 月 廿五日

损失年月日	事件	地点	损失项目	购置年月	单位	数量	价值（国币元）购置时价值	损失时价值	证件
卅三年九月十一日		本村	竹根			陆佰斤		陆仟元	
			花生			叁佰斤		叁万元	

（本表应加盖乡镇公所图记）

填报者	姓名	服务处所	所任职务	与受损失者之关系	通讯地址	盖章
	谌炳梅		村长			

渡头乡河潮村蔡凤业财产损失报告单（一九四五年十月二十五日）

懷集縣渡头鄉（鎮）河朗村（街）人民財產損失報告單 （表式4）

受損失者 蔡鳳業　　填送日期 卅四年十月廿五日

損失年月日	事件	地點	損失項目	購置年月	單位	數量	價值（國幣元） 購置時價值	價值（國幣元） 損失時價值	證件
卅三年九月廿日		本村	什粮			捌佰斤		捌仟元	

（本表應加蓋鄉鎮公所圖記）

報告者	姓名	服務處所	所任職務	與受損失者之關係	通訊地址	蓋章
	譚炳梅		村長			

渡头乡河潮村蔡富都财产损失报告单（一九四五年十月二十五日）

怀集县渡头乡（镇）河潮村（街）人民财产损失报告单 （表式4）

填送日期卅四年十月廿五日

受损失者：蔡富都

损失年月日	事件	地点	损失项目	购置年月	单位	数量	价值（国币元）购置时价值	损失时价值	证件
卅三年九月廿一日		本村	衣	伊		伍佰件		壹万元	
			什物			捌佰件		捌仟伍元	

填报者	姓名	服务处所	所任职务	与受损失者之关系	通讯地址	盖章
	张炳棠		村长			

（本表由乡镇公所加盖图记）

渡头乡河潮村蔡廷彦财产损失报告单（一九四五年十月二十五日）

懷集縣渡頭鄉（鎮）河潮村（街）人民財產損失報告單 （表式4）

受損失者：蔡廷彦　　　　填送日期卅四年十月廿五日

損失年月日	事件	地點	損失項目	購置年月	單位	數量	價值（國幣元）購置時價值	價值（國幣元）損失時價值	證件
卅三年九月十日		李村	谷			七佰斤		捌仟元	
			什粮			伍佰斤		伍仟元	

（本表應加蓋鄉鎮公所圖記）

填報者	姓名	服務處所	所任職務	與受損失者之關係	通訊地址	蓋章
	譚炳梅		村長			[印]

渡头乡河潮村蔡廷森财产损失报告单（一九四五年十月二十五日）

怀集县渡头乡（镇）河潮村（街）人民财产损失报告单（表式4）

填送日期卅四年十月廿五日

受损失者：蔡廷森

损失年月日	事件	地点	损失项目	购置年月	单位	数量	价值（国币元）购置时价值	价值（国币元）损失时价值	证件
卅三年[illegible]		本村	[illegible]			[illegible]		[illegible]	
			[illegible]			[illegible]		[illegible]	

填报者	姓名	服务处所	所任职务	与受损失者之关系	通讯地址	盖章
	[illegible]		村长			

（本表须加盖乡镇公所图章）

渡头乡河潮村蔡浦清财产损失报告单（一九四五年十月二十五日）

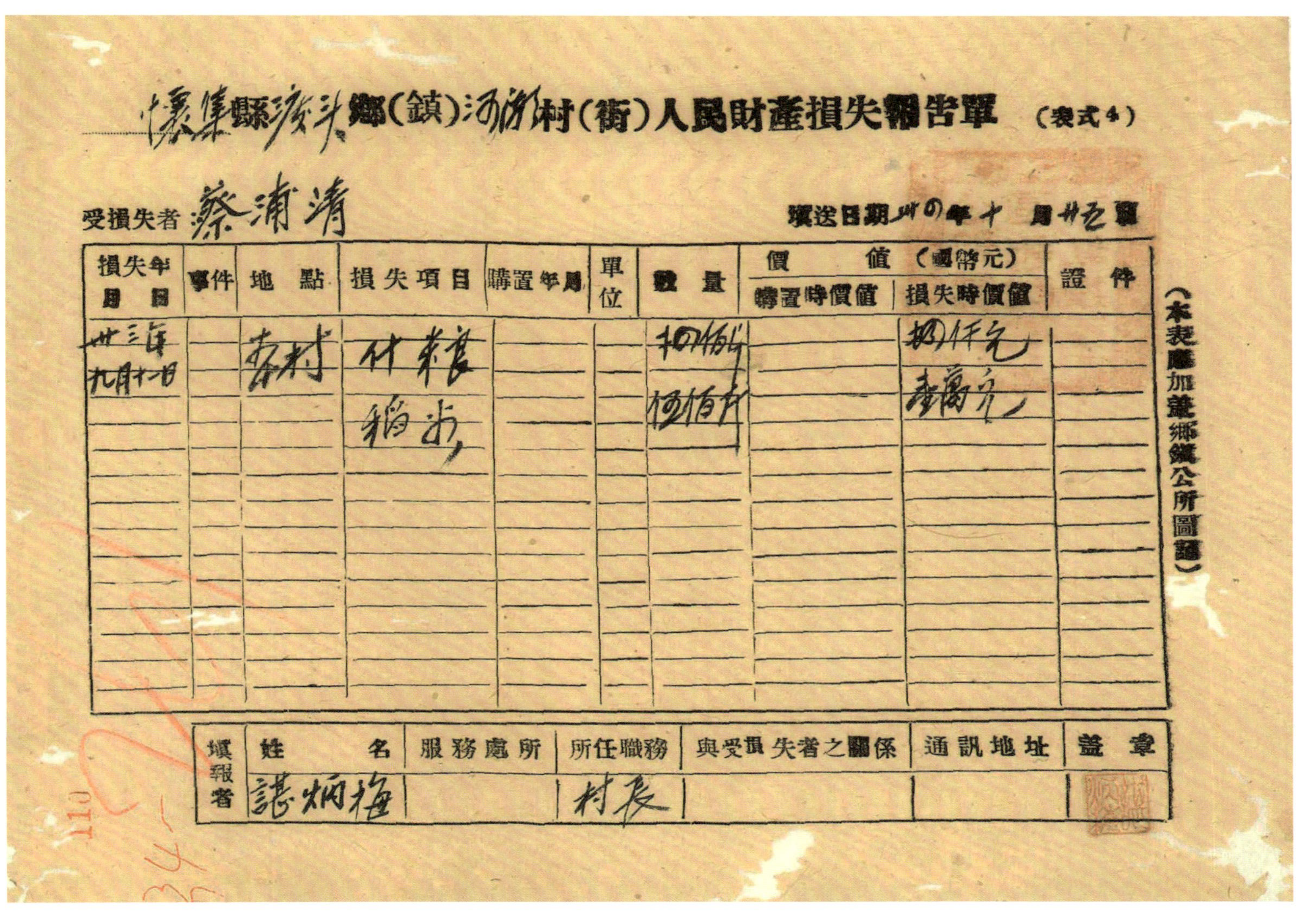

懷集縣渡头鄉（鎮）河潮村（街）人民財產損失報告單 （表式4）

受損失者：蔡浦清　　　　填送日期 卅四年十月廿五日

損失年月日	事件	地點	損失項目	購置年月	單位	數量	價值（國幣元）購置時價值	價值（國幣元）損失時價值	證件
卅三年九月十一日		本村	什粮			捌佰斤		捌仟元	
			稻米			伍佰斤		叁萬元	

填報者	姓名	服務處所	所任職務	與受損失者之關係	通訊地址	蓋章
	諶炳梅		村長			（印）

（本表應加蓋鄉鎮公所圖記）

渡头乡河潮村区贡廷财产损失报告单（一九四五年十月二十五日）

懷集縣渡頭鄉（鎮）河潮村（街）人民財產損失報告單　（表式4）

受損失者：區貢廷　　填送日期卅四年十月廿五日

損失年月日	事件	地點	損失項目	購置年月	單位	數量	價值（國幣元）購置時價值	價值（國幣元）損失時價值	證件
卅三年九月十二日		本村	白米			捌佰斤		捌佰元	
			谷子			叁佰斤		捌仟元	

填報者	姓名	服務處所	所任職務	與受損失者之關係	通訊地址	蓋章
	區炳梅		村長			[印]

（本表應加蓋鄉鎮公所圖記）

渡头乡河潮村蔡以棠财产损失报告单（一九四五年十月二十五日）

懷集縣渡头鄉（鎮）河潮村（街）人民財產損失報告單 （表式4）

受損失者：蔡以棠　　　　填送日期卅四年十月廿五日

損失年月日	事件	地點	損失項目	購置年月	單位	數量	價值（國幣元）購置時價值	價值（國幣元）損失時價值	證件
卅三年九月十四日		東村	竹粮			伍佰斤		伍仟元	
			中猪			捌拾斤		捌仟元	

報告者	姓名	服務處所	所任職務	與受損失者之關係	通訊地址	蓋章
	張炳梅		村長			[印]

（本表應加蓋鄉鎮公所圖記）

渡头乡河潮村钱黎氏财产损失报告单（一九四五年十月二十五日）

懷集縣渡头鄉（鎮）河潮村（街）人民財產損失報告單　（表式4）

受損失者：钱黎氏　　　　填送日期卅四年十月廿五日

損失年月日	事件	地點	損失項目	購置年月	單位	數量	價值（國幣元）購置時價值	價值（國幣元）損失時價值	證件
卅叁年九月十一日		本村	材粮			肆佰斤		肆仟元	
			衣裳			伍拾件		肆仟元	

（本表應加蓋鄉鎮公所圖記）

填報者	姓名	服務處所	所任職務	與受損失者之關係	通訊地址	蓋章
	陳炳梅		村長			[印]

渡头乡河潮村林银玉财产损失报告单（一九四五年十月二十五日）

怀集县渡头乡(镇)河潮村(街)人民财产损失报告单　(表式4)

受损失者：林银玉　　填送日期卅四年十月廿五日

损失年月日	事件	地点	损失项目	购置年月	单位	数量	价值(国币元) 购置时价值	价值(国币元) 损失时价值	证件
卅三年九月十日		李村	什粮			捌佰斤		捌仟元	
			棉被			壹张		叁仟元	

填报者	姓名	服务处所	所任职务	与受损失者之关系	通讯地址	盖章
	谭炳梅		村长			[印]

(本表应加盖乡镇公所图记)

渡头乡河潮村彭天林财产损失报告单（一九四五年十月二十五日）

懷集縣渡头鄉（鎮）河潮村（街）人民財產損失報告單　（表式4）

受損失者：彭天林　　填送日期卅四年十月廿五日

損失年月日	事件	地點	損失項目	購置年月	單位	數量	價值（國幣元）購置時價值	價值（國幣元）損失時價值	證件
卅三年九月十日		本村	竹粮			捌佰斤		捌仟元	
			牛猪		只	捌拾斤		捌仟元	

（本表應加蓋鄉鎮公所圖記）

填報者	姓名	服務處所	所任職務	與受損失者之關係	通訊地址	蓋章
	譚炳梅		村長			[印]

116

渡头乡河潮村布锦泉财产损失报告单（一九四五年十月二十五日）

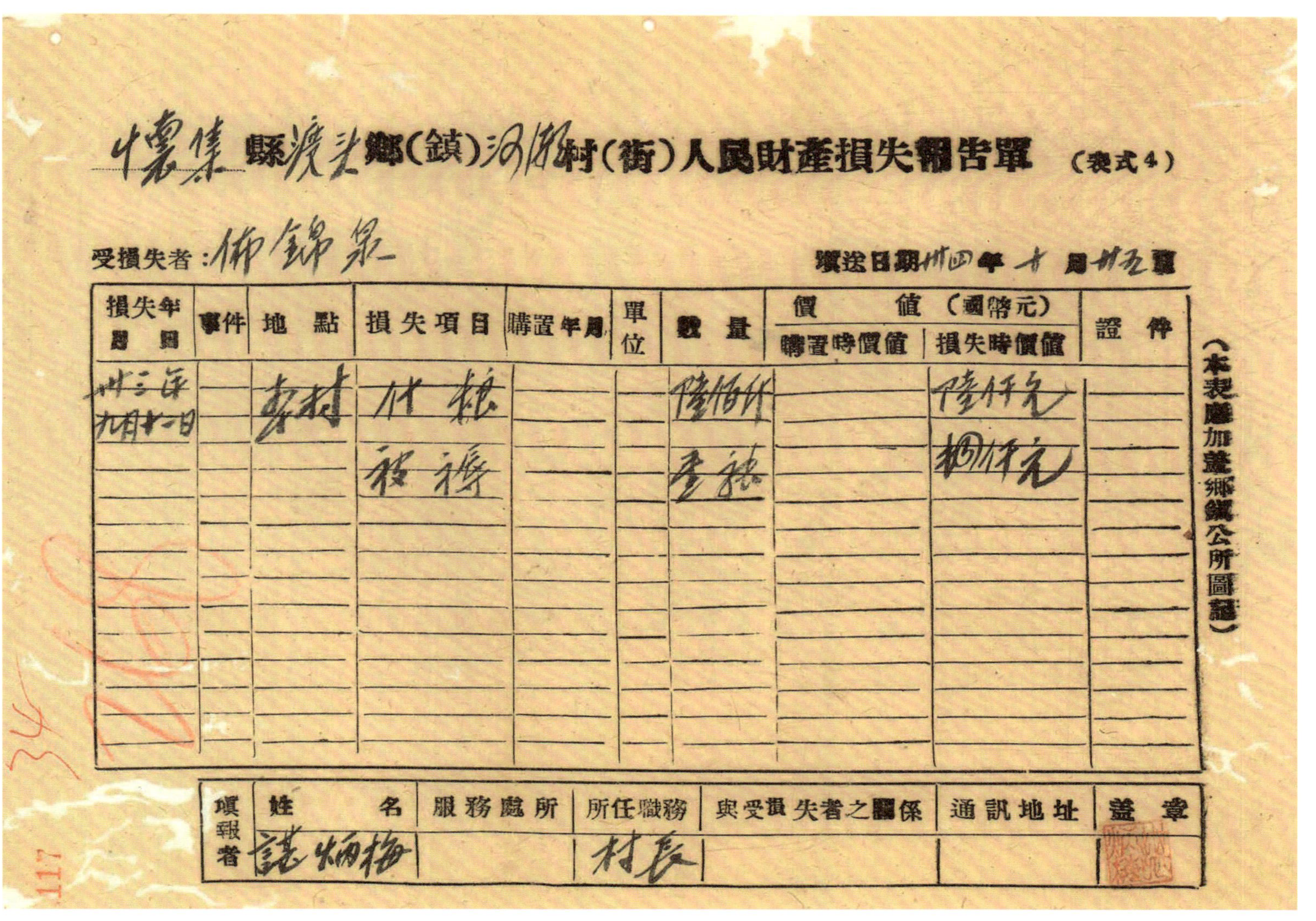

懷集縣渡头鄉（鎮）河潮村（街）人民財產損失報告單（表式4）

受損失者：布錦泉

填送日期卅四年十月廿五日

損失年月日	事件	地點	損失項目	購置年月	單位	數量	價值（國幣元）購置時價值	價值（國幣元）損失時價值	證件
卅三年九月廿一日		本村	什粮			陆佰斤		陆仟元	
			衣服			叁箱		捌仟元	

填報者	姓名	服務處所	所任職務	與受損失者之關係	通訊地址	蓋章
	譚炳梅		村長			

（本表應加蓋鄉鎮公所圖記）

117

渡头乡河潮村布礼泉财产损失报告单（一九四五年十月二十五日）

懷集縣渡头鄉（鎮）河潮村（街）人民財產損失報告單 （表式4）

受損失者：佈礼泉

填送日期卅四年十月廿五日

損失年月日	事件	地點	損失項目	購置年月	單位	數量	價值（國幣元）購置時價值	價值（國幣元）損失時價值	證件
卅叁年九月十一日		本村	竹糠			叁佰斤		叁仟元	

（本表應加蓋鄉鎮公所圖記）

填報者	姓名	服務處所	所任職務	與受損失者之關係	通訊地址	蓋章
	謝炳梅		村長			[印]

113

34

渡头乡河潮村钱灼年财产损失报告单（一九四五年十月二十五日）

怀集县渡头乡（镇）河潮村（街）人民财产损失报告单 （表式4）

受损失者：钱灼年

填送日期卅四年十月廿五日

损失年月日	事件	地点	损失项目	购置年月	单位	数量	价值（国币元）购置时价值	价值（国币元）损失时价值	证件
卅三年九月十日		本村	稻谷			叁佰斤		捌仟元	
			杂粮			陆佰斤		陆仟元	

填报者	姓名	服务处所	所任职务	与受损失者之关系	通讯地址	盖章
	钱炳梅		村长			[印]

（本表应加盖乡镇公所图记）

渡头乡河潮村钱灼槐财产损失报告单（一九四五年十月二十五日）

怀集縣渡头鄉（鎮）河潮村（街）人民財產損失報告單 （表式4）

受損失者：钱灼槐

填送日期卅四年十月廿五日

損失年月日	事件	地點	損失項目	購置年月	單位	數量	價值（國幣元）購置時價值	價值（國幣元）損失時價值	證件
卅三年九月十一日		本村	稻谷			捌佰斤		捌仟元	
			杂粮			叁佰斤		叁仟元	
		縣城	棉被			壹张		伍仟元	
			棉衣衫			壹件		贰仟五佰元	
			衣服			壹套		叁仟元	
			其他					伍仟元	

填報者	姓名	服務處所	所任職務	與受損失者之關係	通訊地址	蓋章
	谌炳梅		村长			

（本表應加蓋鄉鎮公所圖記）

渡头乡河潮村陈金水财产损失报告单（一九四五年十月二十五日）

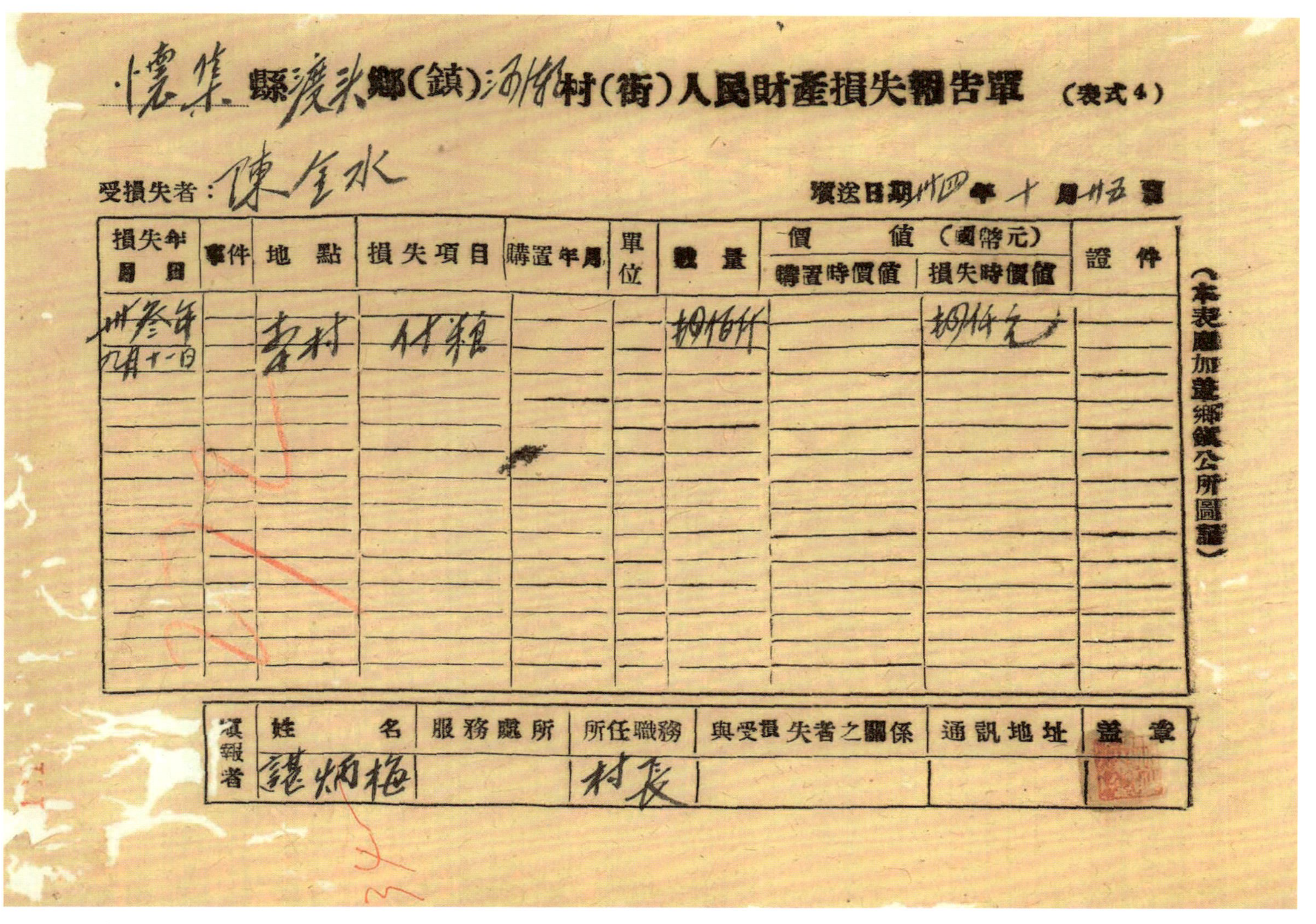

懷集縣渡头鄉(鎮)河潮村(街)人民財產損失報告單　（表式4）

受損失者：陳金水　　填送日期卅四年十月廿五日

損失年月日	事件	地點	損失項目	購置年月	單位	數量	價值(國幣元) 購置時價值	價值(國幣元) 損失時價值	證件
卅叁年九月十一日		本村	什粮			捌佰斤		捌仟元	

填報者	姓名	服務處所	所任職務	與受損失者之關係	通訊地址	蓋章
	譚炳梅		村長			

（本表應加蓋鄉鎮公所圖記）

渡头乡河潮村蔡士杰财产损失报告单（一九四五年十月二十五日）

懷集縣渡頭鄉(鎮)河潮村(街)人民財產損失報告單 (表式4)

受損失者：蔡士杰

填送日期 卅四年十月廿五日

損失年月日	事件	地點	損失項目	購置年月	單位	數量	價值(國幣元) 購置時價值	價值(國幣元) 損失時價值	證件
卅三年九月十日		本村	稻穀			捌佰斤		壹萬陸仟元	
			什糧			叁佰斤		壹萬元	
			花生			弍佰斤		壹萬陸仟	

填報者	姓名	服務處所	所任職務	與受損失者之關係	通訊地址	蓋章
	諶炳梅		村長			

(本表應加蓋鄉鎮公所圖記)

122

34

渡头乡河潮村蔡连妹财产损失报告单（一九四五年十月二十五日）

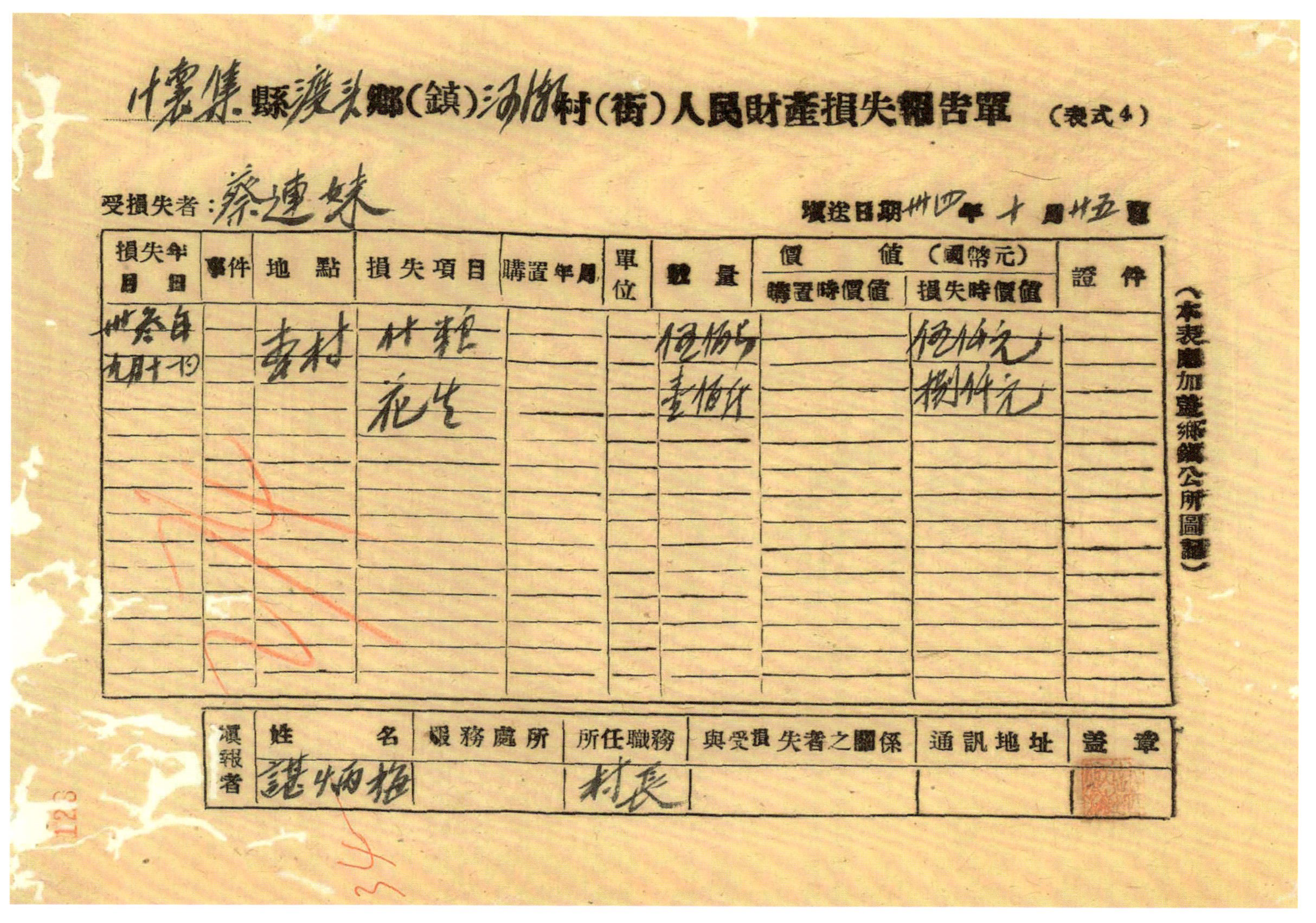

懷集縣渡头鄉（鎮）河潮村（街）人民財產損失報告單 （表式4）

受損失者：蔡連妹

填送日期卅四年十月廿五日

損失年月日	事件	地點	損失項目	購置年月	單位	數量	價值（國幣元）購置時價值	價值（國幣元）損失時價值	證件
卅叁年九月十四		本村	什粮			伍佰斤		伍仟元	
			花生			壹佰斤		捌仟元	

填報者	姓名	服務處所	所任職務	與受損失者之關係	通訊地址	蓋章
	谌炳楷		村長			[印]

（本表應加蓋鄉鎮公所圖記）

渡头乡河潮村蔡肇荣财产损失报告单（一九四五年十月二十五日）

懷集縣渡头鄉（鎮）河潮村（街）人民財產損失報告單　（表式4）

受損失者　蔡肇荣　　　　填送日期卅四年十月廿五日

損失年月日	事件	地點	損失項目	購置年月	單位	數量	價值（國幣元）購置時價值	價值（國幣元）損失時價值	證件
卅三年九月十日		本村	稻谷			壹仟斤		弍萬元	
			竹粮			壹仟斤		壹萬元	

（本表應加蓋鄉鎮公所圖記）

填報者	姓名	服務處所	所任職務	與受損失者之關係	通訊地址	盖章
	諶炳梅		村長			

渡头乡河潮村蔡益年财产损失报告单（一九四五年十月二十五日）

懷集縣渡头鄉（鎮）河潮村（街）人民財產損失報告單 （表式4）

受損失者：蔡益年

填送日期卅四年十月廿五日

損失年月日	事件	地點	損失項目	購置年月	單位	數量	價值（國幣元） 購置時價值	價值（國幣元） 損失時價值	證件
卅三年九月十日		本村	什粮			捌佰斤		捌仟元	
			花生			壹佰斤		捌仟元	

填報者	姓名	服務處所	所任職務	與受損失者之關係	通訊地址	蓋章
	譚炳梅		村長			

（本表應加蓋鄉鎮公所圖記）

渡头乡河潮村蔡绍年财产损失报告单（一九四五年十月二十五日）

懷集縣渡头鄉(鎮)河潮村(街)人民財產損失報告單 (表式4)

受損失者：蔡绍年　　填送日期卅四年十月廿五日

損失年月日	事件	地點	損失項目	購置年月	單位	數量	價值（國幣元）購置時價值	價值（國幣元）損失時價值	證件
卅叁年九月十一日		本村	什粮			陆佰斤		陆仟元	
			花生			叁佰斤		叁萬元	

（本表應加蓋鄉鎮公所圖記）

填報者	姓名	服務處所	所任職務	與受損失者之關係	通訊地址	蓋章
	譚炳梅		村長			[印]

128

34

渡头乡河潮村蔡树尧财产损失报告单（一九四五年十月二十五日）

懷集縣渡头鄉（鎮）河潮村（街）人民財產損失報告單 （表式4）

受損失者：蔡樹堯

填送日期卅四年十月廿五日

損失年月日	事件	地點	損失項目	購置年月	單位	數量	價值（國幣元）購置時價值	價值（國幣元）損失時價值	證件
卅三年九月十一日		本村	什粮			叁佰斤		叁仟元	
			被褥			壹牀		叁仟元	

（本表應加蓋鄉鎮公所圖記）

填報者	姓名	服務處所	所任職務	與受損失者之關係	通訊地址	蓋章
	譚炳梅		村長			[印]

渡头乡河潮村蔡煜寿财产损失报告单（一九四五年十月二十五日）

128

懷集縣渡頭鄉（鎮）河潮村（街）人民財產損失報告單 （表式4）

受損失者：蔡煜壽

填送日期卅四年十月廿五日

損失年月日	事件	地點	損失項目	購置年月	單位	數量	價值（國幣元） 購置時價值	價值（國幣元） 損失時價值	證件
卅叁年九月十日		本村	衣			叁佰斤		陸仟元	
			什粮			伍佰斤		伍仟元	

（本表應加蓋鄉鎮公所圖記）

填報者	姓名	服務處所	所任職務	與受損失者之關係	通訊地址	蓋章
	諶炳梅		村長			[印]

渡头乡河潮村蔡灼钿财产损失报告单（一九四五年十月二十五日）

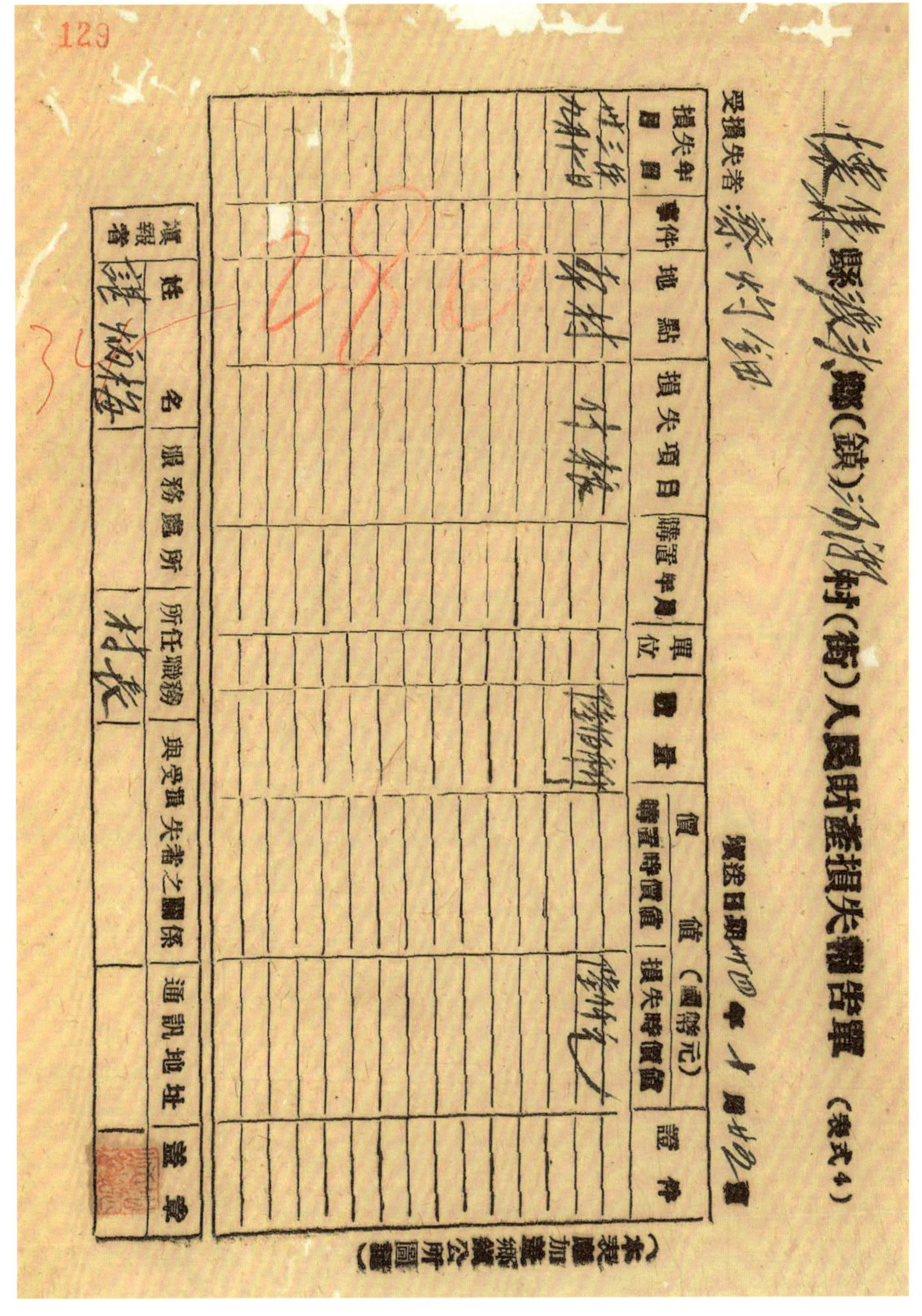

129

台山縣渡頭鄉（鎮）河潮村（街）人民財產損失報告單 （表式4）

填送日期卅四年十月廿五日

受損失者：蔡灼鈿

損失年月日	事件	地點	損失項目	購置年月	單位	數量	價值（國幣元）購置時價值	損失時價值	證件
卅三年九月廿日		本村	什物			陸佰件		陸仟元	

填報者	姓名	服務處所	所任職務	與受損失者之關係	通訊地址	蓋章
	[illegible]		村長			

（本表應加蓋鄉鎮公所圖章）

渡头乡河潮村吴博臣财产损失报告单（一九四五年十月二十五日）

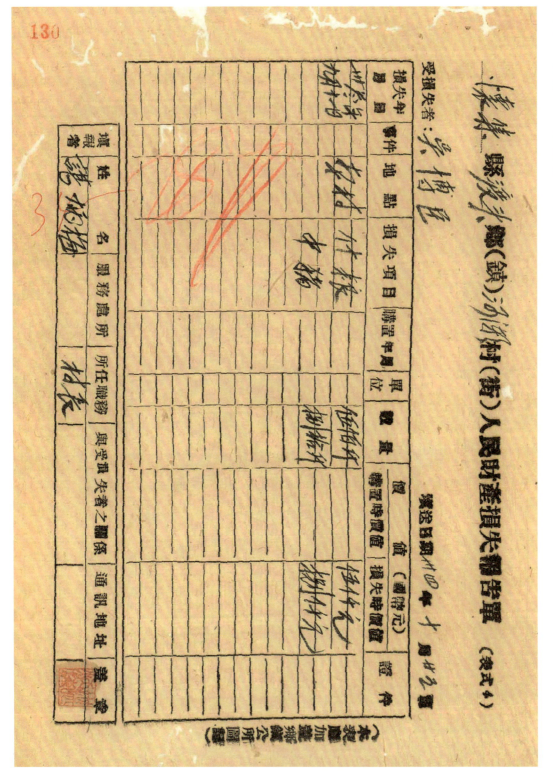

懷集縣渡头鄉（鎮）河潮村（街）人民財產損失報告單　（表式4）

受損失者：吳博臣　　填送日期卅四年十月廿五日

損失年月日	事件	地點	損失項目	購置年月	單位	數量	價值（國幣元）購置時價值	價值（國幣元）損失時價值	證件
卅叁年九月十七日		本村	竹粮			伍佰斤		伍仟元	
			中豬			捌拾斤		捌仟元	

（本表應加蓋鄉鎮公所圖記）

填報者	姓名	服務處所	所任職務	與受損失者之關係	通訊地址	蓋章
	譚炳梅		村長			[印]

130

渡头乡河潮村蔡廷爱财产损失报告单（一九四五年十月二十五日）

131

懷集縣渡頭鄉（鎮）河潮村（街）人民財產損失報告單　（表式4）

受損失者：蔡廷愛　　填送日期卅四年十月廿五日

損失年月日	事件	地點	損失項目	購置年月	單位	數量	價值（國幣元）購置時價值	價值（國幣元）損失時價值	證件
卅叁年九月十一日		本村	什粮			捌佰斤		捌仟元	
			花生			陸拾斤		捌仟捌佰元	

填報者	姓名	服務處所	所任職務	與受損失者之關係	通訊地址	蓋章
	諶炳梅		村長			[印]

（本表應加蓋鄉鎮公所圖記）

渡头乡河潮村张耀财产损失报告单（一九四五年十月二十五日）

懷集縣渡头鄉(鎮)河潮村(街)人民財產損失報告單 （表式4）

受損失者：張耀

填送日期卅四年十月廿五日

損失年月日	事件	地點	損失項目	購置年月	單位	數量	價值（國幣元）購置時價值	價值（國幣元）損失時價值	證件
卅三年九月十八日		本村	白米			廿斛		捌佰元	
			國幣					玖仟元	

（本表應加蓋鄉鎮公所圖記）

填報者	姓名	服務處所	所任職務	與受損失者之關係	通訊地址	蓋章
	譚炳梅		村長			

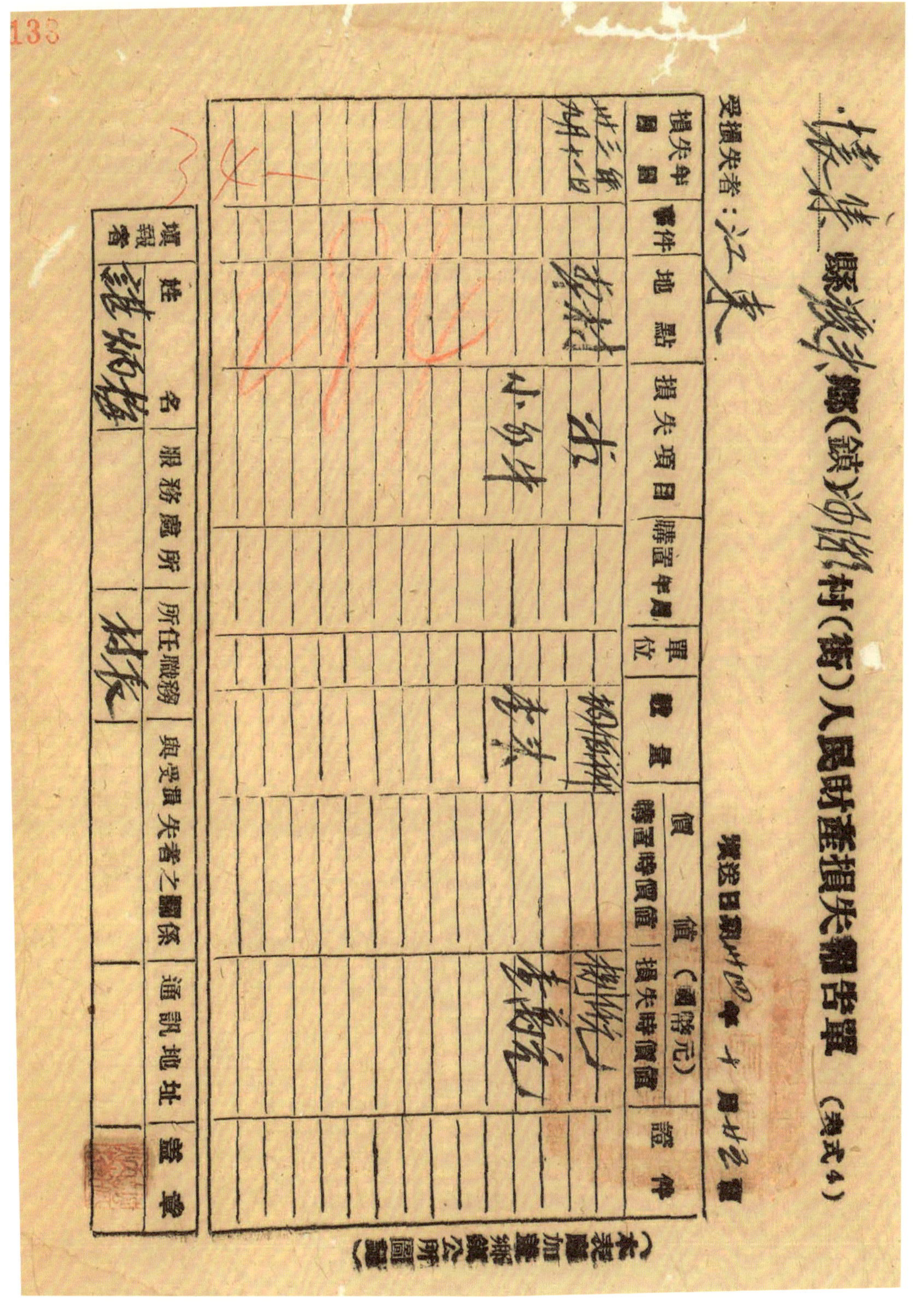

133

（表式4）

惠安縣渡头鄉（鎮）河潮村（街）人民財產損失報告單

填送日期卅四年十月廿五日

受損失者：江東

損失年月日	事件	地點	損失項目	購置年月	單位	數量	價值（國幣元）購置時價值	價值（國幣元）損失時價值	證件
卅三年四月十日		本村	穀			捌佰斤		捌仟元	
			小豬牛			壹頭		壹仟元	

填報者	姓名	服務處所	所任職務	與受損失者之關係	通訊地址	蓋章
	江炳梧		村長			

（本表由鄉鎮公所填報）

渡头乡河潮村江东财产损失报告单（一九四五年十月二十五日）

渡头乡河潮村蔡惠妹财产损失报告单（一九四五年十月二十五日）

134

怀集县渡头乡（镇）河潮村（街）人民财产损失报告单　（表式4）

受损失者　蔡惠妹　　　填送日期卅四年十月廿五日

损失年月日	事件	地点	损失项目	购置年月	单位	数量	价值（国币元）购置时价值	价值（国币元）损失时价值	证件
卅三年九月十日		本村	稻谷			叁佰斤		壹万捌仟元	

18,000

填报者	姓名	服务处所	所任职务	与受损失者之关系	通讯地址	盖章
	谭炳梅		村长			

（本表应加盖乡镇公所图记）

渡头乡罗逢村谌祥贤财产损失报告单（一九四五年十月二十六日）

怀集縣渡头鄉（鎮）羅逢村（街）人民財產損失報告單 （表式4）

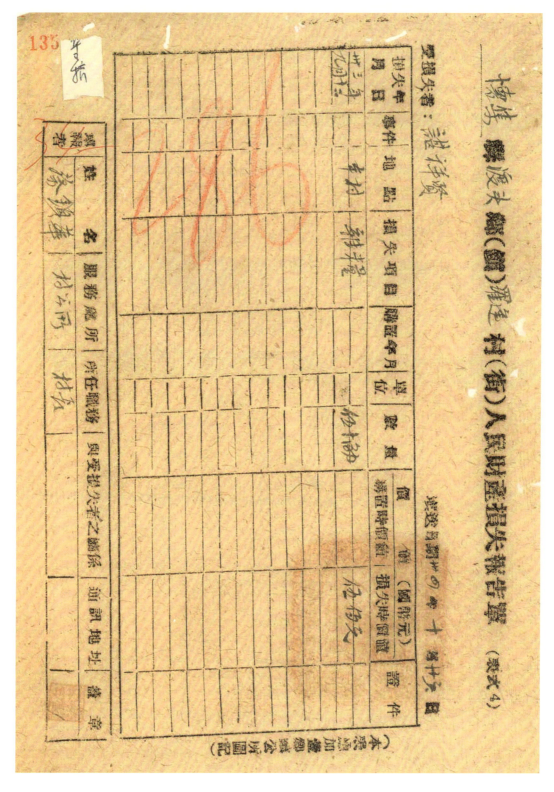

受損失者：諶祥賢

填送日期 卅四年十月廿六日

損失年月日	事件	地點	損失項目	購置年月	單位	數量	價值（國幣元） 購置時價值	損失時價值	證件
卅三年九月十二		本村	雜糧			伍十觔		伍佰元	

（本表應加蓋鄉鎮公所圖記）

填報者	姓名	服務處所	所任職務	與受損失者之關係	通訊地址	蓋章
	徐鎮華	村公所	村長			

渡头乡罗逢村郑广才财产损失报告单（一九四五年十月二十六日）

136

懷集縣渡头鄉(鎮)羅逢村(街)人民財產損失報告單 (表式4)

受損失者：鄭廣才

填送日期卅四年十月廿六日

損失年月日	事件	地點	損失項目	購置年月	單位	數量	價值(國幣元) 購置時價值	價值(國幣元) 損失時價值	證件
卅三年九月十二		本村	木器			壹佰副		壹仟元	
			其他			贰件		肆佰元	

(本表總加蓋鄉鎮公所圖記)

報告者	姓名	服務處所	所任職務	與受損失者之關係	通訊地址	蓋章
	蔡鎮華		村長			

渡头乡罗逢村郑自棠财产损失报告单（一九四五年十月二十六日）

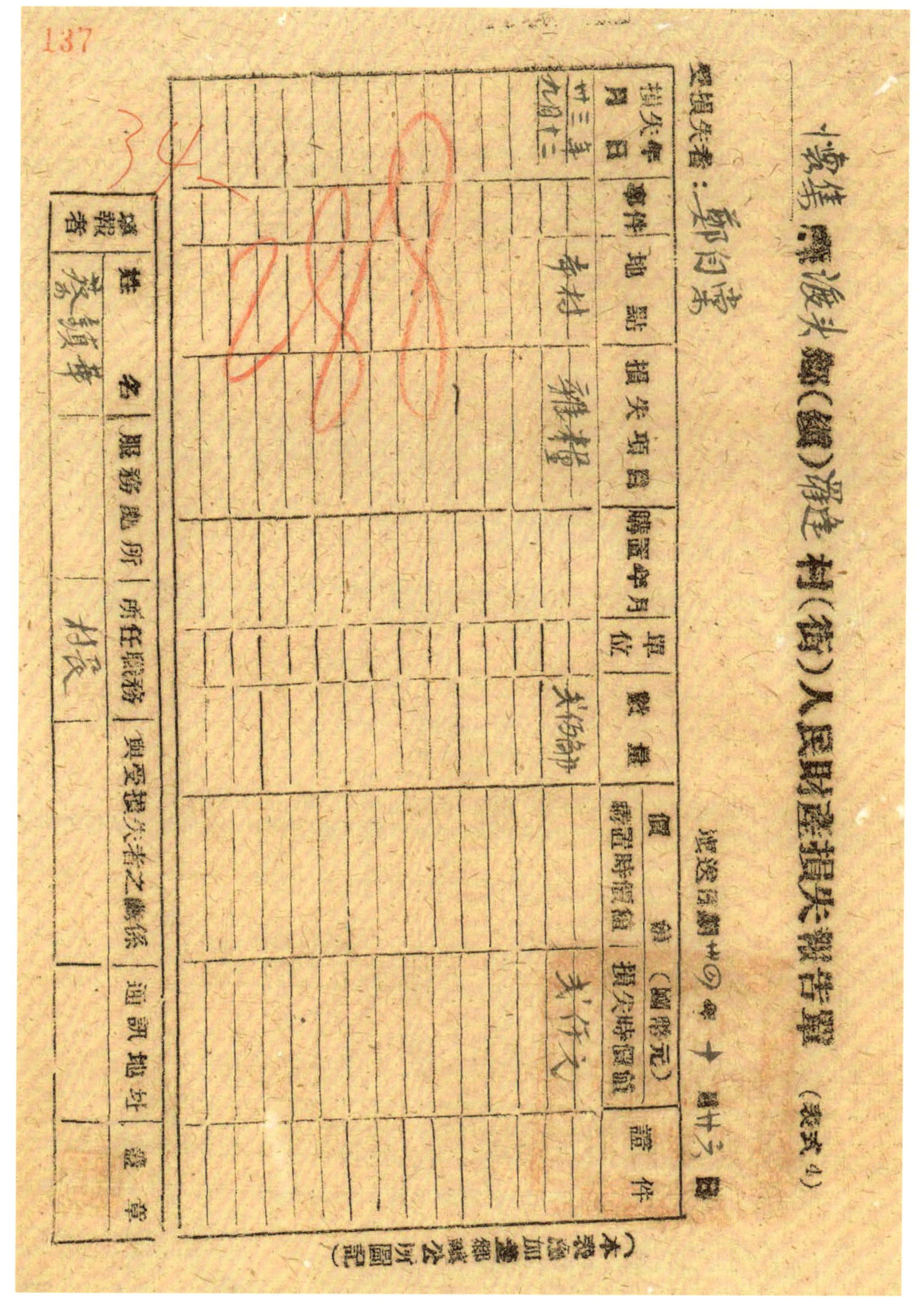

怀集縣渡头鄉(鎮)羅逢村(街)人民財產損失報告單 (表式4)

填送日期卅四年十月廿六日

受損失者：鄭自棠

損失年月日	事件	地點	損失項目	購置年月	單位	數量	價值（國幣元）購置時價值	損失時價值	證件
卅三年九月廿二		本村	稻穀			弍佰斤		弍仟元	

填報者	姓名	服務處所	所任職務	與受損失者之關係	通訊地址	蓋章
	蔡鎮華		村長			

（本表繳由鄉鎮公所彙記）

渡头乡罗逢村郑敏琚财产损失报告单（一九四五年十月二十六日）

138

懷集縣渡頭鄉(鎮)羅逢村(街)人民財產損失報告單 (表式4)

填送日期卅四年十月廿六日

受損失者：鄭敏琚

損失年月日	事件	地點	損失項目	購置年月	單位	數量	價值(國幣元) 購置時價值	損失時價值	證件
卅三年九月十三		本村	稻谷			叁仟斤		陸仟元	
			白米			貳仟斤		陸仟元	
			大水牛			壹只		叁萬元	

報告者	姓名	服務處所	所任職務	與受損失者之關係	通訊地址	蓋章
	羅錦華		村長			

(本表應加蓋鄉鎮公所圖記)

渡头乡罗逢村郑敏兆财产损失报告单（一九四五年十月二十六日）

138

懷集縣渡头鄉（鎮）羅逢村（街）人民財產損失報告單　（表式4）

受損失者：鄭敏兆　　填送日期卅四年十月廿六日

損失年月日	事件	地點	損失項目	購置年月	單位	數量	價值（國幣元）購置時價值	價值（國幣元）損失時價值	證件
卅三年九月十二		本村	木薯			柒佰斤		伍仟元	

（本表應加蓋鄉鎮公所圖記）

報告者	姓名	服務處所	所任職務	與受損失者之關係	通訊地址	蓋章
	蔡鎮華		村長			

34

渡头乡罗逢村蔡亚淼财产损失报告单（一九四五年十月二十六日）

懷集縣渡头鄉（鎮）羅逢村（街）人民財產損失報告單 （表式4）

受損失者：蔡亚淼

填送日期卅四年十月廿六日

損失年月日	事件	地點	損失項目	購置年月	單位	數量	價值（國幣元）購置時價值	價值（國幣元）損失時價值	證件
卅三年九月十三		本村	大沙牛			壹隻		弍萬元	
			木薯			弍佰斤		弍仟元	

（本表須加蓋鄉鎮公所圖記）

填報者	姓名	服務處所	所任職務	與受損失者之關係	通訊地址	蓋章
	蔡鎮華		村長			

140

渡头乡罗逢村蔡维彬财产损失报告单（一九四五年十月二十六日）

懷集縣渡头鄉（鎮）羅逢村（街）人民財產損失報告單 （表式4）

受損失者：蔡維彬

填送日期卅四年十月廿六日

損失年月日	事件	地點	損失項目	購置年月	單位	數量	價值（國幣元）購置時價值	價值（國幣元）損失時價值	證件
卅三年九月十二		本村	木薯			弍佰斤		弍仟元	

（本表須加蓋鄉鎮公所圖記）

填報者	姓名	服務處所	所任職務	與受損失者之關係	通訊地址	蓋章
	蔡鎮華		村長			

141

渡头乡罗逢村郑荫棠财产损失报告单（一九四五年十月二十六日）

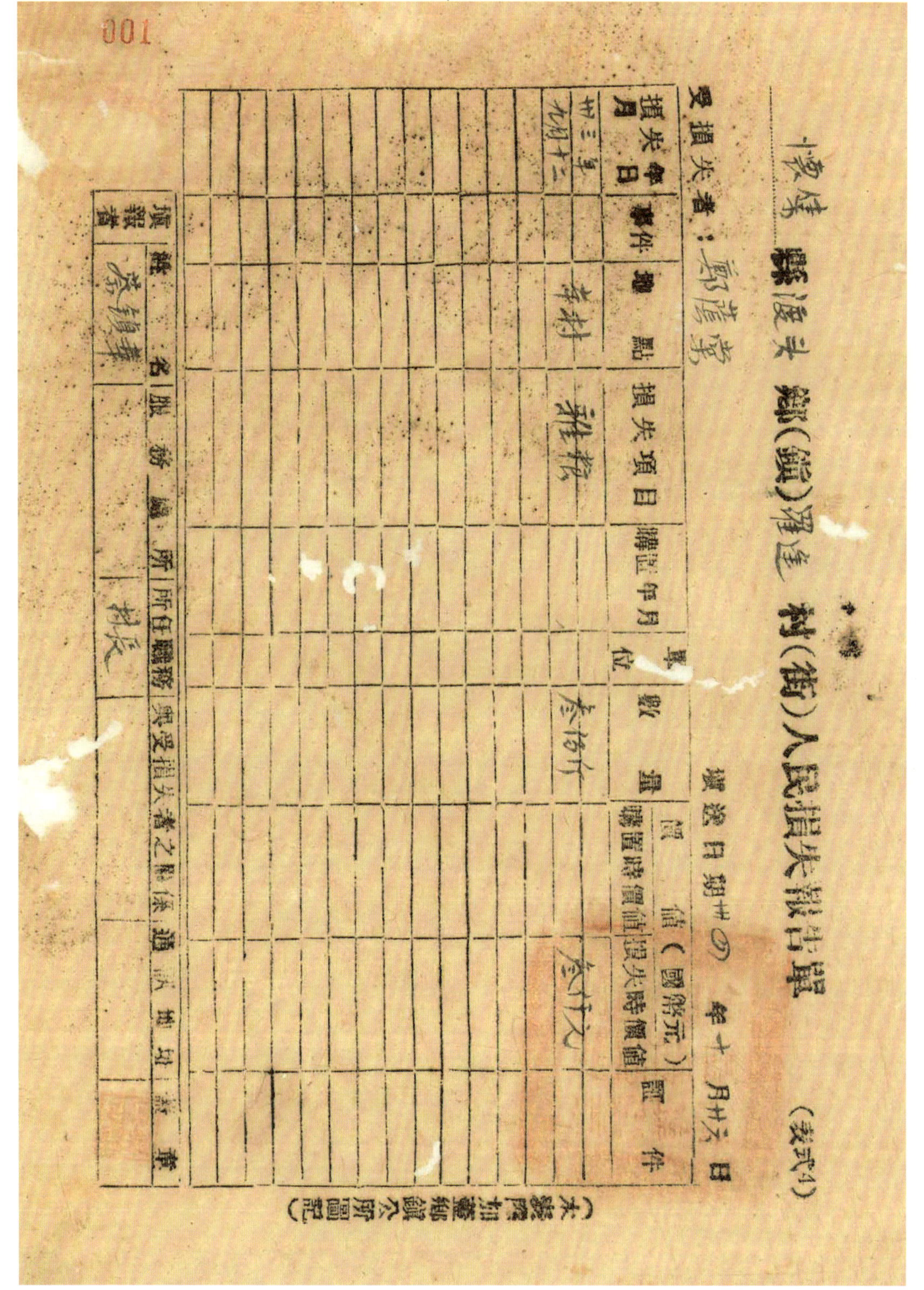

001

懷集縣渡头鄉（鎮）羅逢村（街）人民損失報告單　　（表式4）

填送日期卅四年十月廿六日

受損失者：鄭蔭棠

損失年月日	事件	地點	損失項目	購置年月	單位	數量	價值（國幣元）購置時價值	損失時價值	證件
卅三年九月十二		本村	雜糧			叁佰斤		叁仟元	

填報者	姓名	服務處所	所任職務	與受損失者之關係	通訊地址	蓋章
	蔡錫華		村長			

（本表應加蓋鄉鎮公所圖記）

渡头乡罗逢村黄兆洪财产损失报告单（一九四五年十月二十六日）

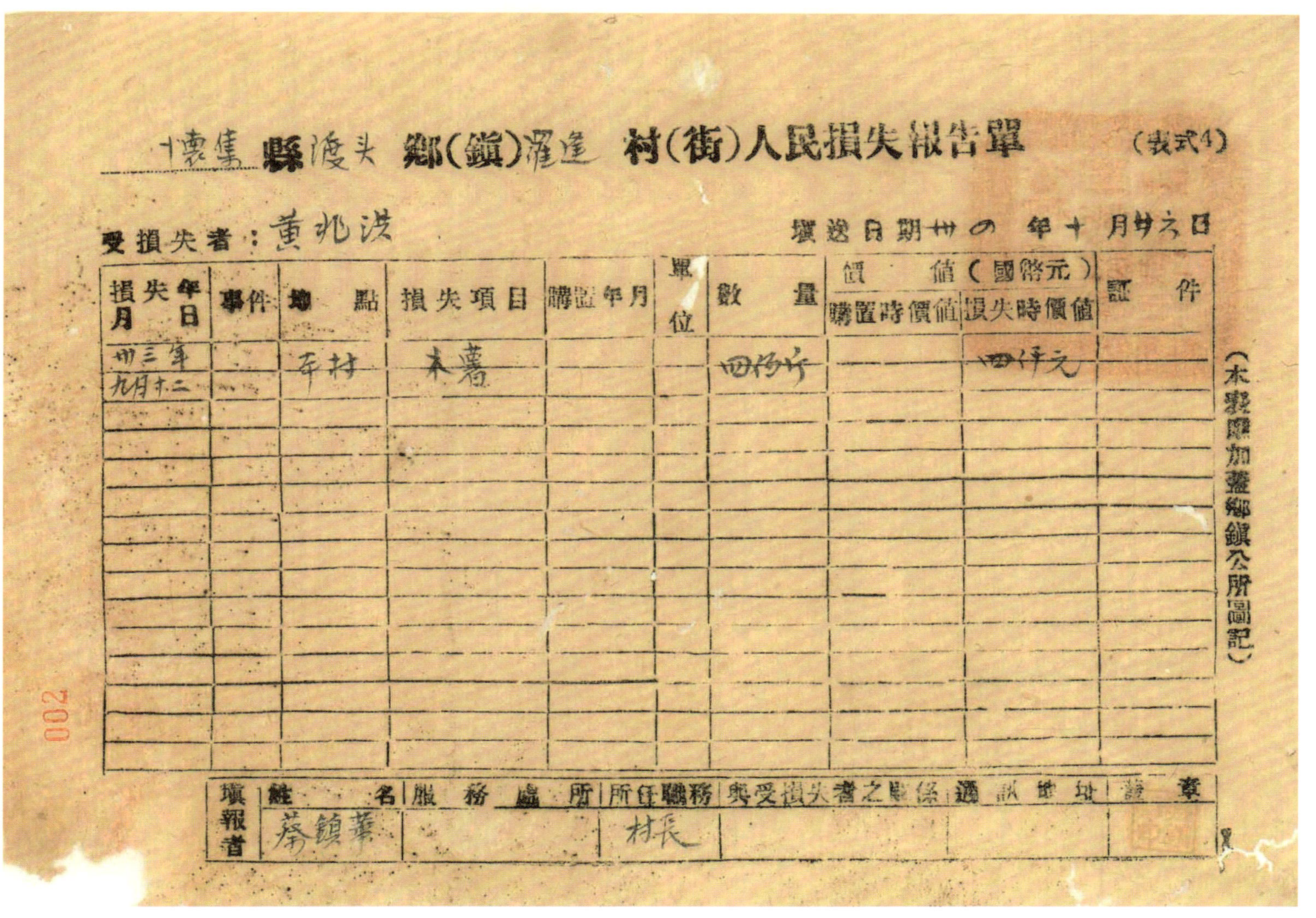

懷集縣渡头鄉（鎮）羅逢村（街）人民損失報告單　（表式4）

受損失者：黃兆洪　　　　填送日期卅四年十月廿六日

損失年月日	事件	地點	損失項目	購置年月	單位	數量	價值（國幣元）購置時價值	價值（國幣元）損失時價值	證件
卅三年九月十二	〃	本村	木薯			四佰斤		四仟元	

002

填報者	姓名	服務處所	所任職務	與受損失者之關係	通訊地址	蓋章
	蔡鎮華		村長			

（本表應加蓋鄉鎮公所圖記）

渡头乡罗逢村谢枝盛财产损失报告单（一九四五年十月二十六日）

懷集縣渡頭鄉（鎮）羅逢村（街）人民損失報告單 （表式1）

填送日期 卅四年十月廿六日

受損失者：謝枝盛

損失年月日	事件	地點	損失項目	購置年月	單位	數量	價值（國幣元）購置時價值	價值（國幣元）損失時價值	證件
卅三年九月十二		本村	小艇			壹艘		六萬元	

報告者	姓名	服務處所	所任職務	與受損失者之關係	通訊地址	蓋章
	謝錫華		村長			

（本表應加蓋鄉鎮公所圖記）

渡头乡罗逢村梁蔡氏财产损失报告单（一九四五年十月二十六日）

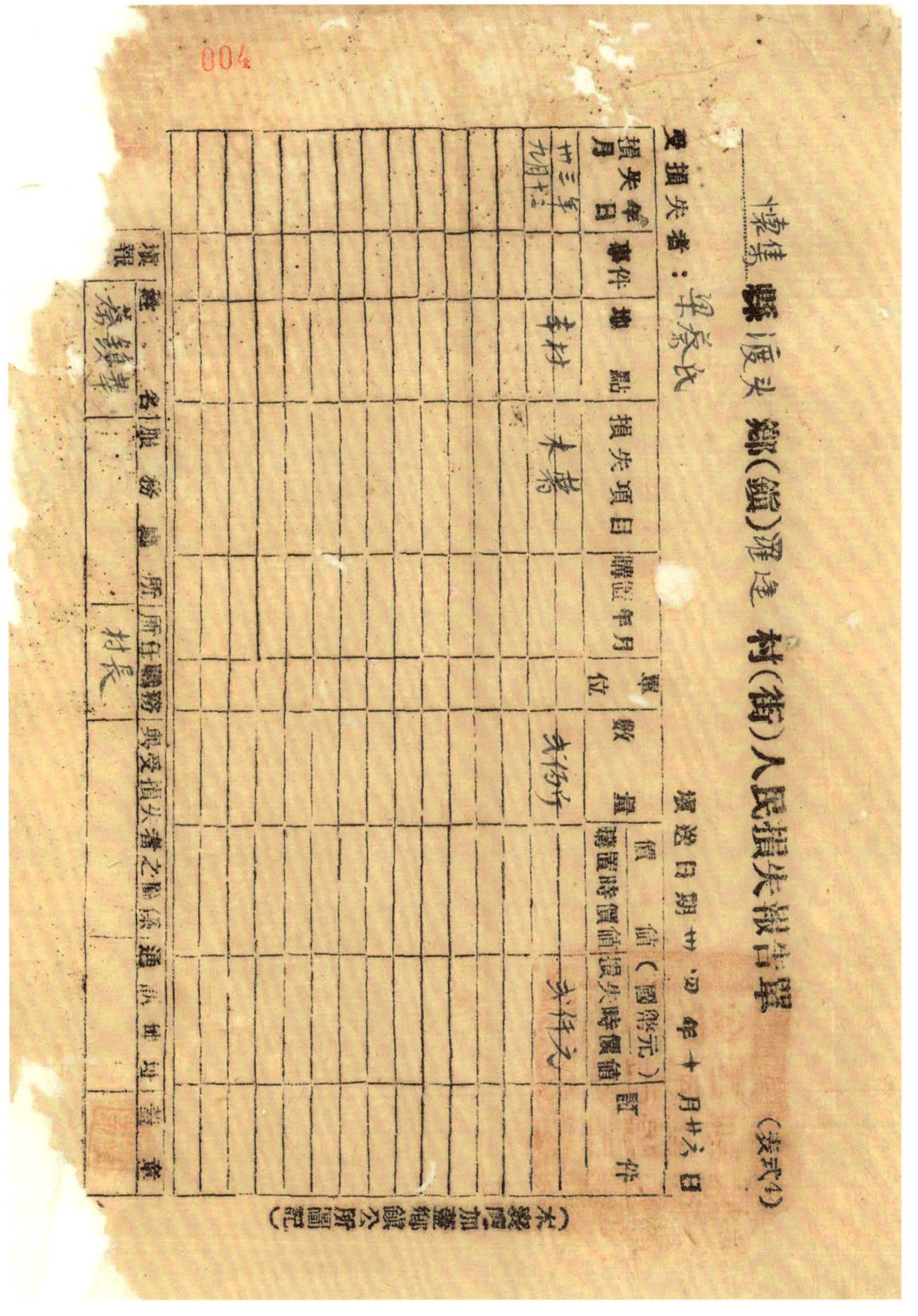

（表式4）

懷集縣渡头鄉（鎮）羅逢村（街）人民損失報告單

填送日期 卅四年十月廿六日

受損失者：梁蔡氏

損失年月日	事件	地點	損失項目	購置年月	單位	數量	價值（國幣元）購置時價值	價值（國幣元）損失時價值	證件
卅三年九月廿三		本村	米谷			弍佰斤		弍仟元	

填報者 名稱	服務處所	所任職務	與受損失者之關係	通訊地址	蓋章
蔡錦華		村長			

（本表應加蓋鄉鎮公所圖記）

渡头乡罗逢村梁阿银财产损失报告单（一九四五年十月二十六日）

005

（表式4）

懷集縣渡頭鄉（鎮）羅逢村（街）人民損失報告單

填送日期 卅四年十月廿六日

受損失者：梁阿銀

損失年月日	事件	地點	損失項目	購置年月	單位	數量	價值（國幣元）購置時價值	損失時價值	證件
卅三年九月十二		本村	木薯			弍万斤		弍仟元	

填報者	姓名	服務處所	所任職務	與受損失者之關係	通訊地址	蓋章
	蔡鏡華		村長			

（本表須加蓋鄉鎮公所圖記）

渡头乡罗逢村谌国番财产损失报告单（一九四五年十月二十六日）

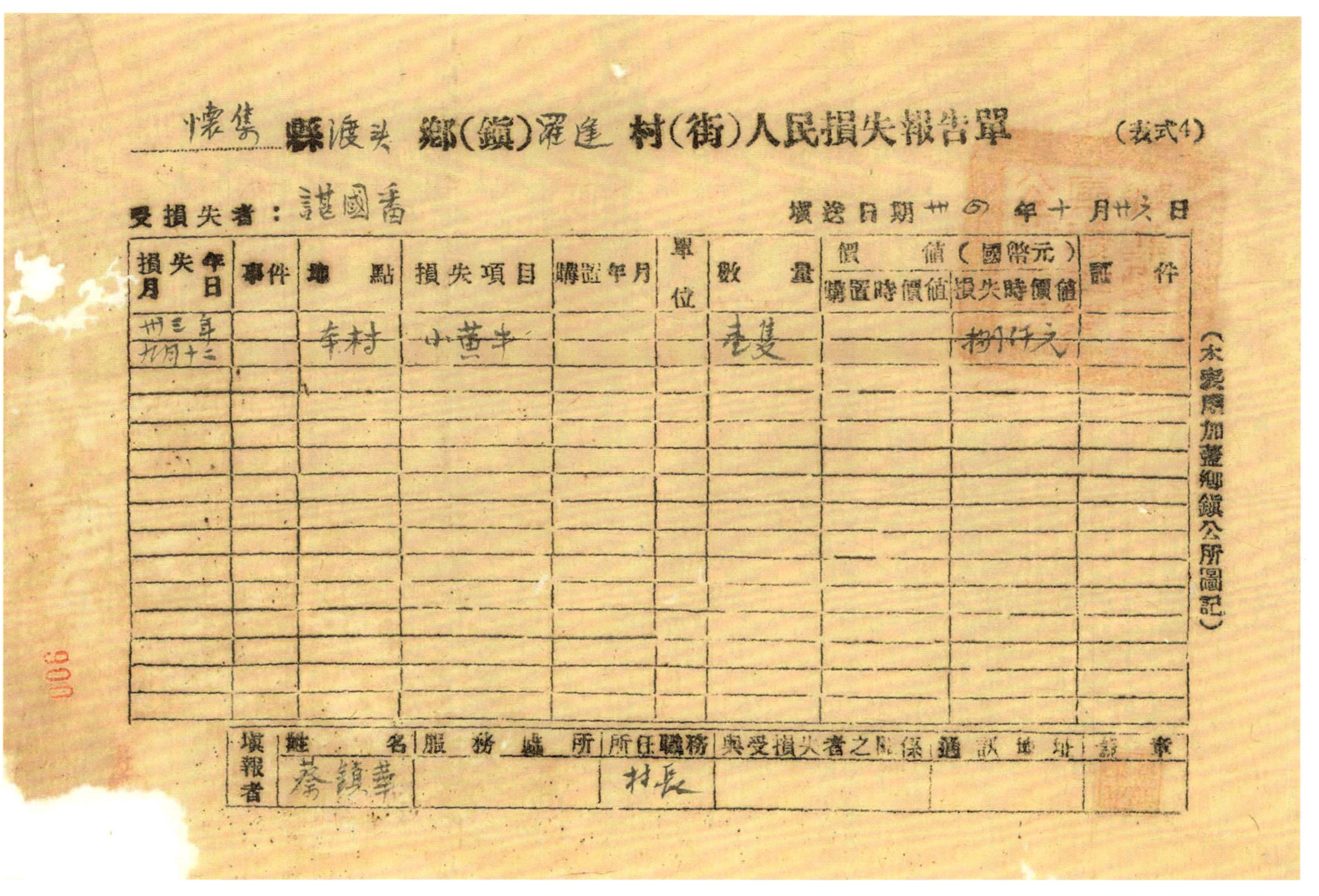

006

懷集縣渡头鄉(鎮)羅逢村(街)人民損失報告單　(表式4)

受損失者：諶國番　　填送日期卅四年十月廿六日

損失年月日	事件	地點	損失項目	購置年月	單位	數量	價值（國幣元）購置時價值	價值（國幣元）損失時價值	證件
卅三年九月十二		本村	小黄牛			壹隻		捌仟元	

填報者	姓名	服務處所	所任職務	與受損失者之關係	通訊地址	蓋章
	秦鎮華		村長			

(本表需加蓋鄉鎮公所圖記)

渡头乡罗逢村谌固弟财产损失报告单（一九四五年十月二十六日）

007

怀集 縣 渡头 鄉(鎮) 羅逢 村(街)人民損失報告單　　（表式4）

受損失者：諶固弟　　　　填送日期 卅四 年 十 月 廿六 日

損失年月日	事件	地點	損失項目	購置年月	單位	數量	價值（國幣元） 購置時價值	損失時價值	證件
卅三年九月十六		本村	雜糧			叁佰斤	——	叁仟元	

（本表應加蓋鄉鎮公所圖記）

填報者	姓名	服務處所	所任職務	與受損失者之關係	通訊地址	蓋章
	蔡鎮華		村長			

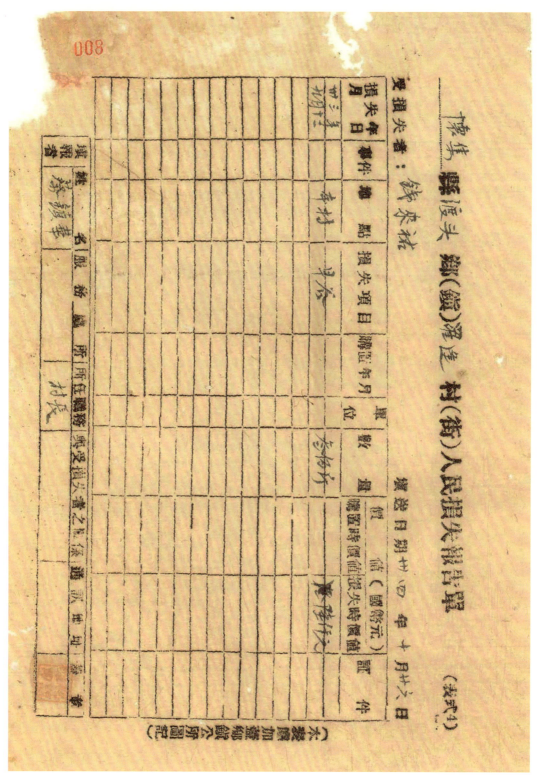

渡头乡罗逢村钱来祐财产损失报告单（一九四五年十月二十六日）

008

懷集縣渡头鄉(鎮)羅逢村(街)人民損失報告單　　(表式4)

受損失者：錢來祐　　　　填送日期卅四年十月廿六日

損失年月日	事件	地點	損失項目	購置年月	單位	數量	價值(國幣元) 購置時價值	價值(國幣元) 損失時價值	證件
卅三年九月十二		本村	早谷			叁佰斤		叁陸仟元	

填報者	姓名	服務處所	所任職務	與受損失者之關係	通訊地址	蓋章
	蔡鎮華		村長			

(本表應加蓋鄉鎮公所圖記)

渡头乡罗逢村郑进昌财产损失报告单（一九四五年十月二十六日）

懷集縣渡头鄉（鎮）羅逢村（街）人民損失報告單　（表式4）

受損失者：鄭進昌　　填送日期　卅四年十月廿六日

損失年月日	事件	地點	損失項目	購置年月	單位	數量	價值（國幣元）購置時價值	價值（國幣元）損失時價值	證件
卅三年九月十二		本村	大水牛			弍隻	—	陸萬元	
			早谷			伍万斤	—	壹萬元	

填報者	姓名	服務處所	所任職務	與受損失者之關係	通訊地址	蓋章
	蔡鎮華		村長			

（本表需加蓋鄉鎮公所圖記）

009

渡头乡罗逢村郑之榕财产损失报告单（一九四五年十月二十六日）

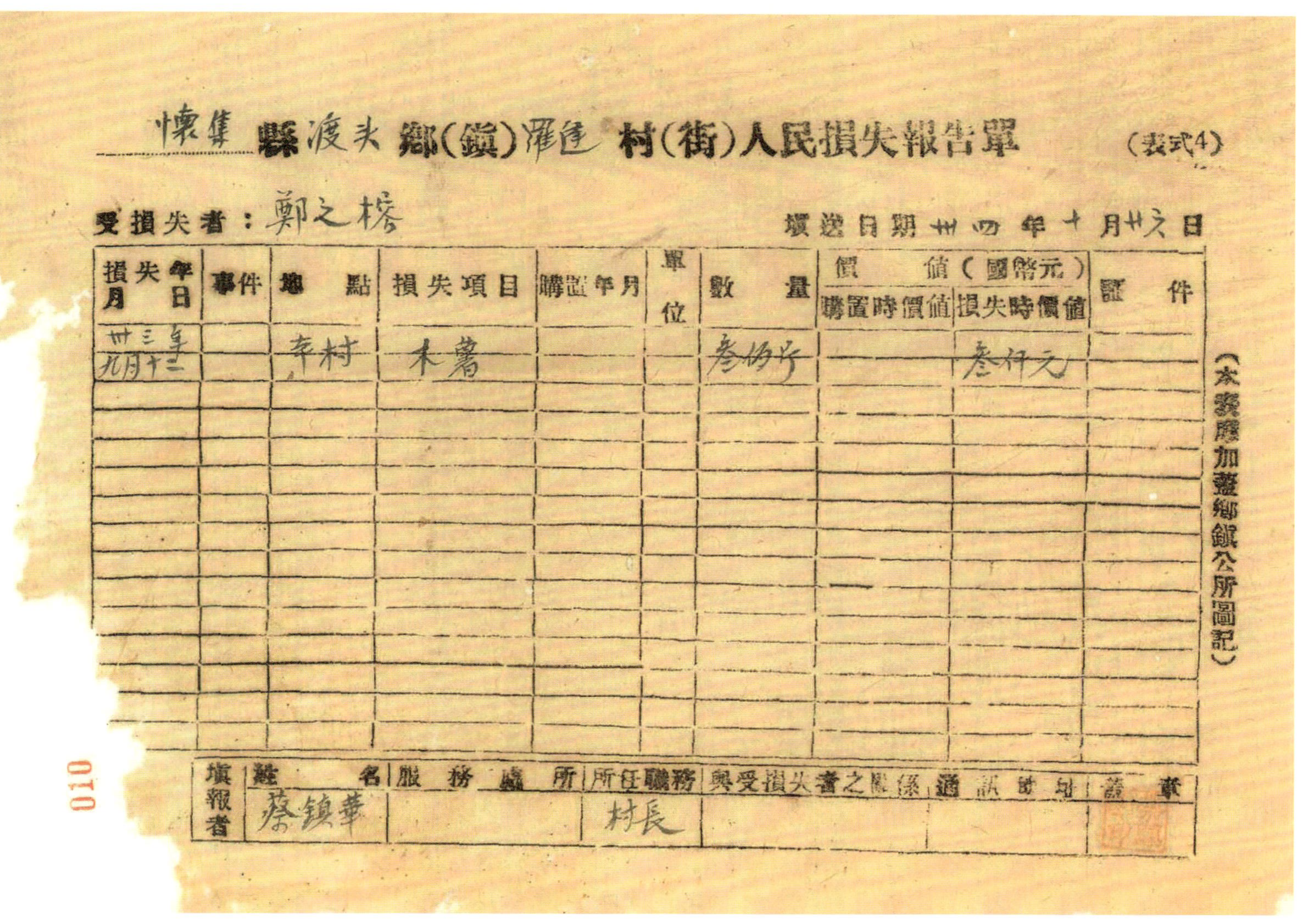

懷集縣渡头鄉(鎮)羅逢村(街)人民損失報告單 (表式4)

受損失者：鄭之榕　　填送日期 卅四年十月廿六日

損失年月日	事件	地點	損失項目	購置年月	單位	數量	價值(國幣元) 購置時價值	價值(國幣元) 損失時價值	證件
卅三年九月十二		本村	木器			叁拾件		叁仟元	

填報者	姓名	服務處所	所任職務	與受損失者之關係	通訊地址	蓋章
	蔡鎮華		村長			

(本表應加蓋鄉鎮公所圖記)

010

渡头乡罗逢村郑作宣财产损失报告单（一九四五年十月二十六日）

011

（表式4）

懷集縣渡头鄉（鎮）羅逢村（街）人民損失報告單

填送日期 卅四年十月廿六日

受損失者：鄭作宣

損失年月日	事件	地點	損失項目	購置年月	單位	數量	價值（國幣元）購置時價值	價值（國幣元）損失時價值	證件
卅三年九月十二		本村	木薯			弍拾斤		弍仟元	

填報者	姓名	服務處所	所任職務	與受損失者之關係	通訊地址	蓋章
	蔡鎮華		村長			

（本欄加蓋鄉鎮公所圖記）

渡头乡罗逢村郑之彰财产损失报告单（一九四五年十月二十六日）

懷集縣渡头鄉（鎮）羅逢村（街）人民損失報告單　（表式4）

受損失者：鄭之彰　　填送日期　卅四年十月廿六日

損失年月日	事件	地點	損失項目	購置年月	單位	數量	價值（國幣元）購置時價值	損失時價值	證件
卅三年九月十二		本村	中水牛			壹隻	—	壹萬元	
			木薯			弍佰斤	—	弍仟元	

填報者	姓名	服務處所	所任職務	與受損失者之關係	通訊地址	蓋章
	蔡鎮華		村長			[印]

（本表應加蓋鄉鎮公所圖記）

012

渡头乡罗逢村郑之梅财产损失报告单（一九四五年十月二十六日）

013

懷集縣渡头鄉（鎮）羅逢村（街）人民財產損失報告單 （表式4）

填送日期 卅四年十月廿六日

受損失者：鄭之梅

損失年月日	事件	地點	損失項目	購置年月	單位	數量	價值（國幣元）購置時價值	價值（國幣元）損失時價值	証件
卅三年九月十二		本村	木薯			弍百斤		弍仟元	
			早谷			弍百斤		四仟元	

填報者	姓名	服務處所	所任職務	與受損失者之關係	通信地址	蓋章
	蔡鎮華		村長			

（本表限加蓋鄉鎮公所圖記）

渡头乡罗逢村郑之桢财产损失报告单（一九四五年十月二十六日）

怀集县渡头乡（镇）罗逢村（街）人民损失报告单　　（表式4）

014

受损失者：郑之桢　　填送日期卅四年十月廿六日

损失年月日	事件	地点	损失项目	购置年月	单位	数量	价值（国币元） 购置时价值	价值（国币元） 损失时价值	证件
卅三年九月十三		本村	杂粮			四百斤		四仟元	

填报者	姓名	服务处所	所任职务	与受损失者之关系	通讯地址	盖章
	蔡镇华		村长			

（本表应加盖乡镇公所图记）

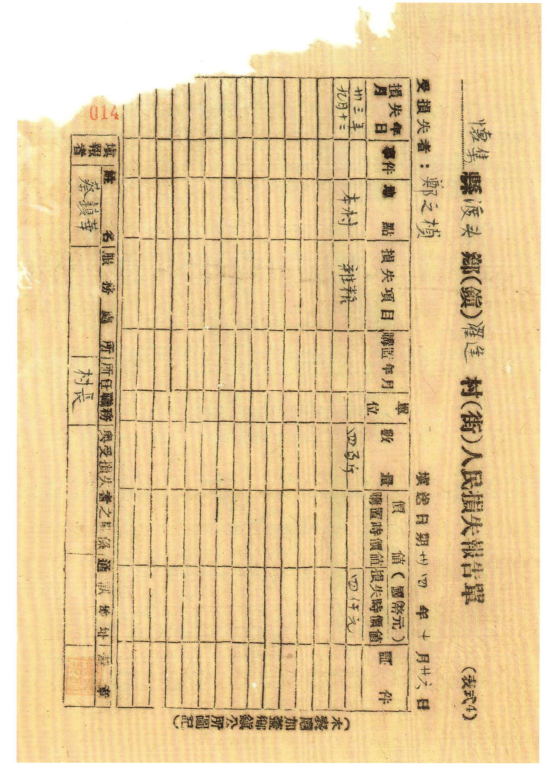

渡头乡罗逢村黎石养财产损失报告单（一九四五年十月二十六日）

懷集縣渡头鄉(鎮)羅逢村(街)人民損失報告單 （表式1）

受損失者：黎石养　　填送日期　卅四年十月廿六日

損失年月日	事件	地點	損失項目	購置年月	單位	數量	價值(國幣元) 購置時價值	價值(國幣元) 損失時價值	證件
卅三年九月十二		本村	木薯			弍百斤		弍仟元	

（本表應加蓋鄉鎮公所圖記）

填報者	姓名	服務處所	所任職務	與受損失者之關係	通訊地址	簽章
	蔡鎮華		村長			

015

渡头乡罗逢村郑星华财产损失报告单（一九四五年十月二十六日）

懷集縣渡头鄉（鎮）羅逢村（街）人民損失報告單　（表式1）

受損失者：鄭星華　　　填送日期卅四年十月廿六日

損失年月日	事件	地點	損失項目	購置年月	單位	數量	價值（國幣元）購置時價值	價值（國幣元）損失時價值	證件
卅三年九月十二		本村	木薯			弍伯斤		弍仟元	

（本表應加蓋鄉鎮公所圖記）

填報者	姓名	服務處所	所任職務	與受損失者之關係	通訊地址	簽章
	蔡鎮華		村長			

016

渡头乡罗逢村郑温氏财产损失报告单（一九四五年十月二十六日）

017

怀集县渡头乡（镇）罗逢村（街）人民损失报告单　（表式4）

受损失者：郑温氏　　填送日期卅四年十月廿六日

损失年月日	事件	地点	损失项目	购置年月	单位	数量	价值（国币元）购置时价值	价值（国币元）损失时价值	证件
卅三年九月十二		本村	杂粮			贰佰斤		贰仟元	

（未盖県加盖乡镇公所图记）

填报者	姓名	服务处所	所任职务	与受损失者之关系	通讯地址	盖章
	蔡镇华		村长			

渡头乡罗逢村郑信昌财产损失报告单（一九四五年十月二十六日）

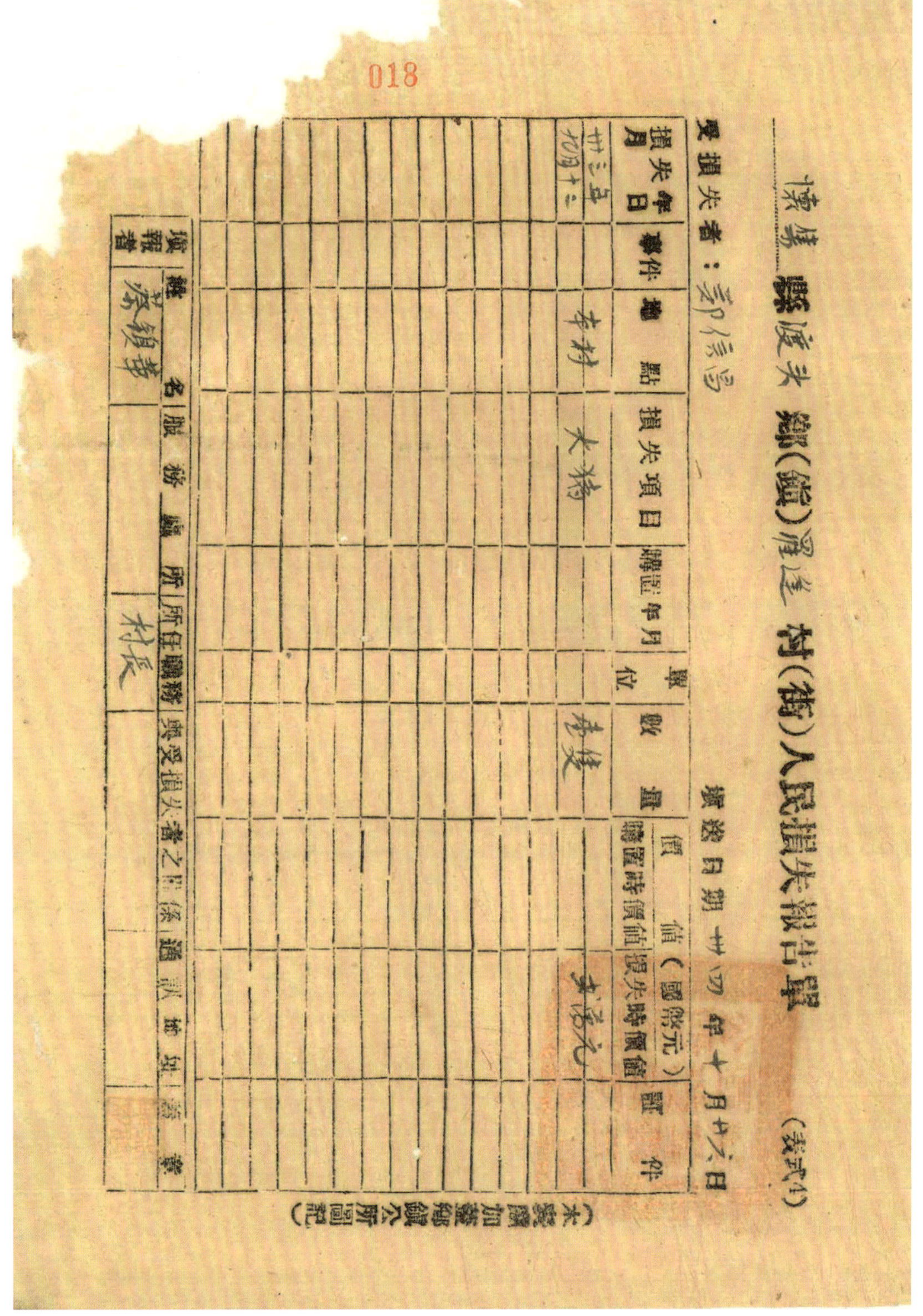

懷集縣渡头鄉（鎮）羅逢村（街）人民損失報告單 （表式1）

填送日期 卅四年十月廿六日

受損失者：鄭信昌

損失年月日	事件	地點	損失項目	購置年月	單位	數量	價值（國幣元）購置時價值	價值（國幣元）損失時價值	證件
卅三年九月十二		本村	木橋			壹條		壹万元	

填報者	姓名	服務處所	所任職務	與受損失者之關係	通訊地址	蓋章
	鄭錦華		村長			

（未蓋鄉鎮公所圖記）

渡头乡罗逢村郑之惠财产损失报告单（一九四五年十月二十六日）

18—)

（表式4）

懷集縣渡头鄉（鎮）羅逢村（街）人民損失報告單

填送日期 卅四年十月廿六日

受損失者：郑之惠

損失年月日	事件	地點	損失項目	購置年月	單位	數量	價值（國幣元）購置時價值	損失時價值	證件
卅三年九月十二		本村	耕牛 大水牛			四百斤 壹隻		八仟元 叁萬元	

填報者	姓名	服務處所	所任職務	與受損失者之關係	通訊地址	蓋章
	蔡鎮華		村長			

（本表應加蓋鄉鎮公所圖記）

渡头乡罗逢村郑亚汉财产损失报告单（一九四五年十月二十六日）

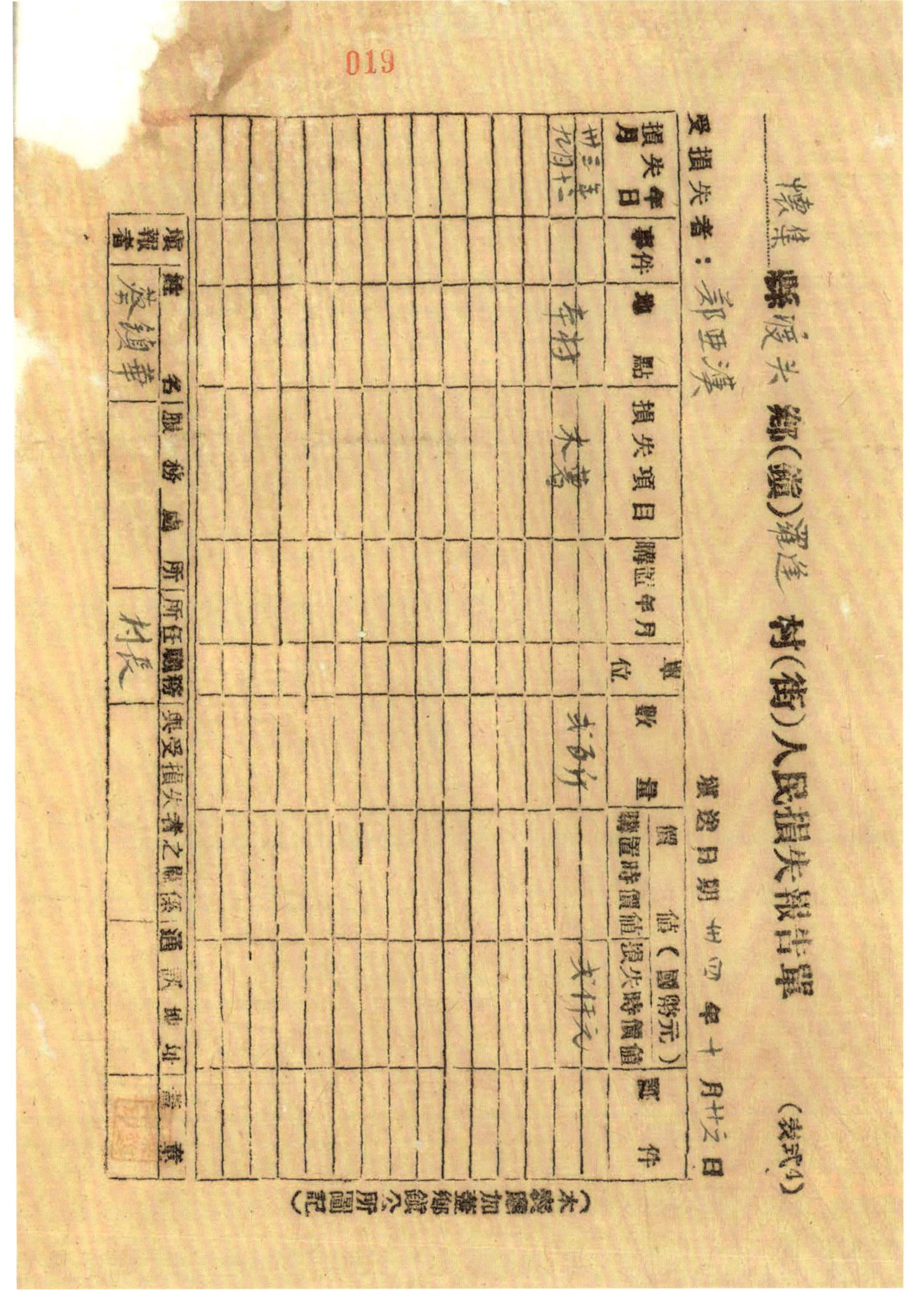

懷集縣渡头鄉（鎮）羅逢村（街）人民損失報告單　（表式4）

填送日期　卅四年十月廿六日

受損失者：郑亚漢

損失年月日	事件	地點	損失項目	購置年月	單位	數量	價值（國幣元）購置時價值	價值（國幣元）損失時價值	証件
卅三年九月十二		本村	衣箸[?]			弍多件[?]		弍仟元	

填報者	姓名	服務處所	所任職務	與受損失者之關係	通訊地址	蓋章
	梁錫華[?]		村長			

（本表應加蓋鄉鎮公所圖記）

019

渡头乡罗逢村蔡群喜财产损失报告单（一九四五年十月二十六日）

020

懷集縣渡头鄉（鎮）羅逢村（街）人民損失報告單　（表式1）

受損失者：蔡群喜　　填送日期　卅四年十月廿六日

損失年月日	事件	地點	損失項目	購置年月	單位	數量	價值（國幣元）購置時價值	價值（國幣元）損失時價值	證件
卅三年九月十二		本村	旱谷			叁百斤		陸仟元	
			大水牛			壹隻		叁萬元	

（本表須加蓋鄉鎮公所圖記）

填報者	姓名	服務處所	所任職務	與受損失者之關係	通訊地址	蓋章
	蔡鎮華		村長			[印]

渡头乡罗逢村郑德丰财产损失报告单（一九四五年十月二十六日）

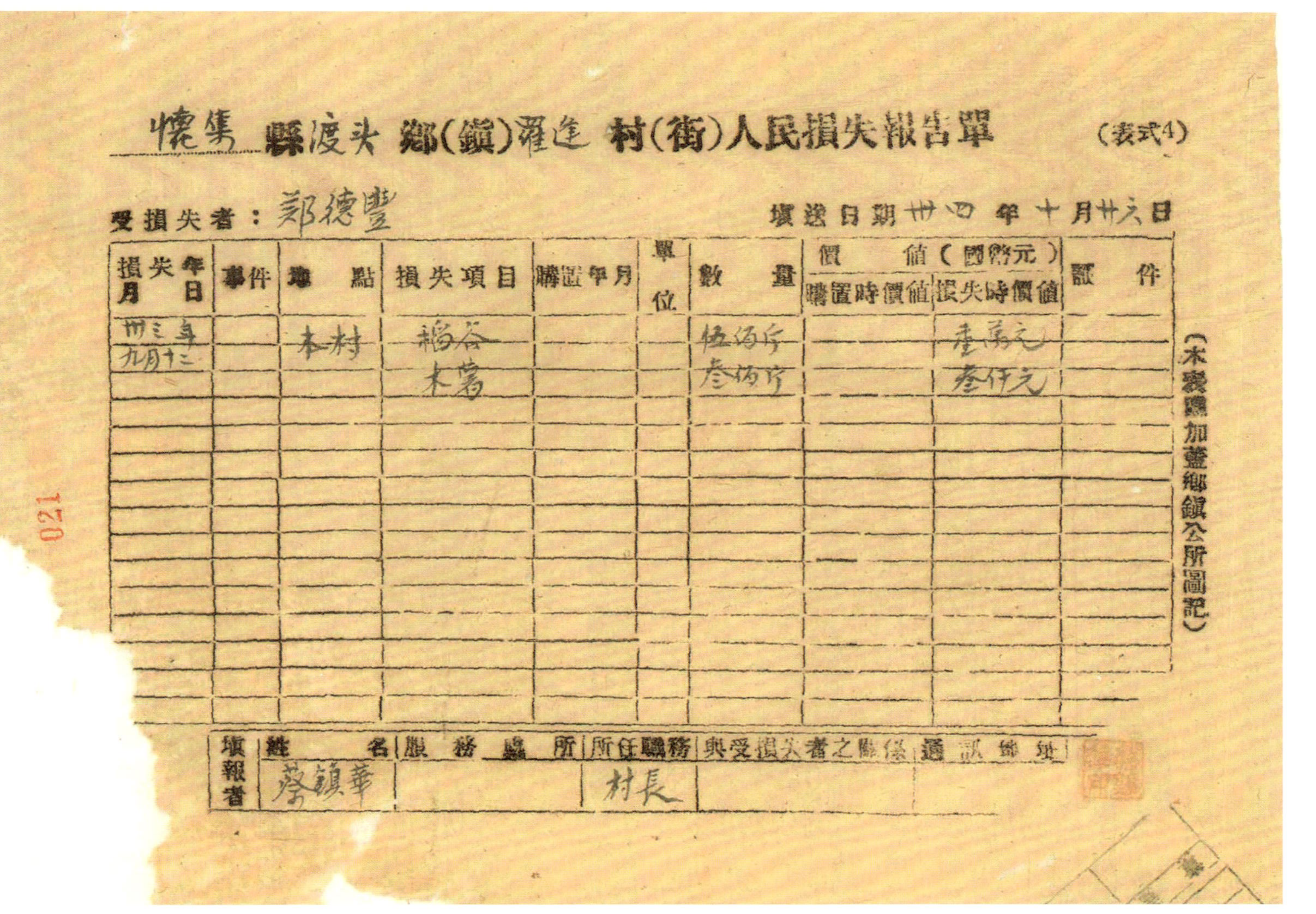

懷集縣渡头鄉(鎮)羅逢村(街)人民損失報告單　（表式4）

受損失者：鄭德豐　　填送日期卅四年十月廿六日

損失年月日	事件	地點	損失項目	購置年月	單位	數量	價值（國幣元）購置時價值	價值（國幣元）損失時價值	證件
卅三年九月十二		本村	稻谷			伍佰斤		壹萬元	
			木薯			叁佰斤		叁仟元	

填報者	姓名	服務處所	所任職務	與受損失者之關係	通訊地址
	蔡鎮華		村長		

（未裝應加蓋鄉鎮公所圖記）

021

渡头乡罗逢村郑致祥财产损失报告单（一九四五年十月二十六日）

022

懷集縣渡头鄉(鎮)罗逢村(街)人民損失報告單　（表式4）

填報日期　卅四年十月廿六日

受損失者：郑致祥

損失年月日	事件	地點	損失項目	購置年月	單位	數量	價值（國幣元）購置時價值	損失時價值	證件
卅三年九月十二		本村	雜穀			伍百斤		伍仟元	

填報者	姓名	服務處所	所任職務	與受損失者之關係	通訊地址	蓋章
	鄭錦華		村長			

（本表限加蓋鄉鎮公所圖記）

渡头乡罗逢村郑亚宜财产损失报告单（一九四五年十月二十六日）

懷集縣渡头鄉（鎮）羅逢村（街）人民損失報告單　（表式4）

受損失者：鄭亜宜　　填送日期　卅四年十月廿六日

損失年月日	事件	地點	損失項目	購置年月	單位	數量	價值（國幣元）購置時價值	價值（國幣元）損失時價值	證件
卅三年九月十二		本村	木薯			叁佰斤	〃	叁仟元	

（本表應加蓋鄉鎮公所圖記）

填報者	姓名	服務處所	所任職務	與受損失者之關係	通訊地址	蓋章
	蔡鎮華		村長			

023

渡头乡罗逢村郑亚兴财产损失报告单（一九四五年十月二十六日）

024

懷集縣渡頭鄉（鎮）羅逢村（街）人民損失報告單

（表式4）

填送日期 卅四年十月廿六日

受損失者：郑亚兴

損失年月日	事件	地點	損失項目	購置年月	單位	數量	價值（國幣元）購置時價值	價值（國幣元）損失時價值	証件
卅三年九月十三		本村	木器			大小5件		五仟元	

填報者	姓名	服務處所	所任職務	與受損失者之關係	通訊地址	蓋章
	孙镇华		村長			

（本表應加蓋鄉鎮公所圖記）

渡头乡罗逢村郑罗荀财产损失报告单（一九四五年十月二十六日）

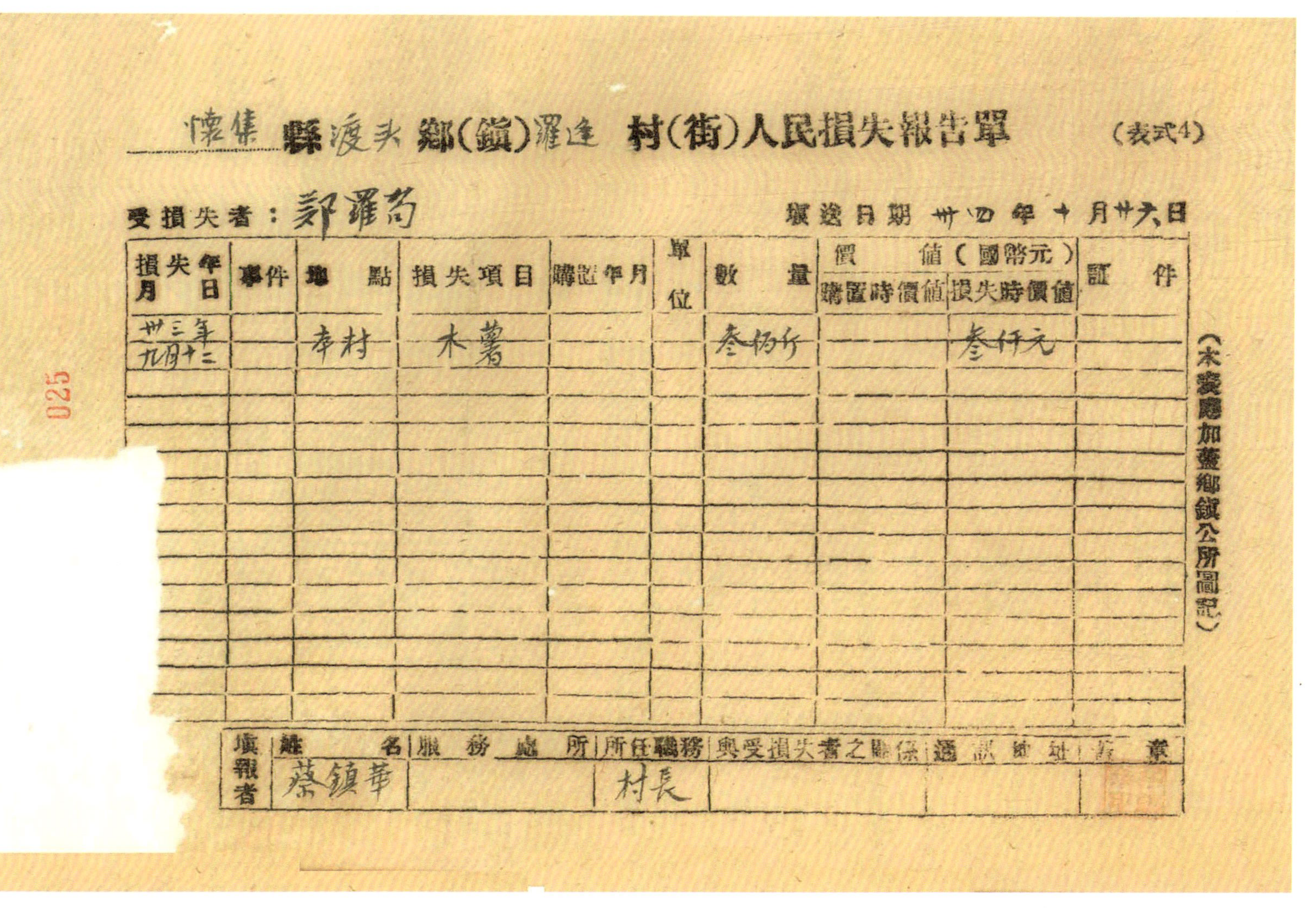

懷集縣渡头鄉（鎮）羅逢村（街）人民損失報告單 （表式4）

受損失者：鄭羅荀　　填送日期　卅四年十月廿六日

損失年月日	事件	地點	損失項目	購置年月	單位	數量	價值（國幣元）購置時價值	價值（國幣元）損失時價值	證件
卅三年九月十二		本村	木薯			叁佰斤		叁仟元	

填報者	姓名	服務處所	所任職務	與受損失者之關係	通訊地址	蓋章
	蔡鎮華		村長			

（未蓋鄉鎮公所圖記）

025

渡头乡罗逢村郑德睿财产损失报告单（一九四五年十月二十六日）

懷集縣渡头鄉(鎮)羅逢村(街)人民損失報告單　(表式4)

受損失者：郑德睿　　填送日期卅四年十月廿六日

損失年月日	事件	地點	損失項目	購置年月	單位	數量	價值（國幣元）購置時價值	價值（國幣元）損失時價值	證件
卅三年九月十三		本村	早谷			伍佰斤		叁萬元	
			木薯			陸佰斤		陸仟元	

填報者	姓名	服務處所	所任職務	與受損失者之關係	通訊地址	蓋章
	蔡鎮華		村長			

（本表需加蓋鄉鎮公所圖記）

渡头乡罗逢村郑亚七财产损失报告单（一九四五年十月二十六日）

027

懷集縣渡头鄉（鎮）羅逢村（街）人民損失報告單　（表式4）

受損失者：郑亚七　　　　填送日期卅四年十月廿六日

損失年月日	事件	地點	損失項目	購置年月	單位	數量	價值（國幣元）購置時價值	損失時價值	證件
卅三年九月十二		本村	雜粮			叁百斤		叁仟元	

填報者	姓名	服務處所	所任職務	與受損失者之關係	通訊地址	蓋章
	蔡鎮華		村長			

（本表應加蓋鄉鎮公所圖記）

渡头乡罗逢村郑德贤财产损失报告单（一九四五年十月二十六日）

懷集縣渡头鄉（鎮）羅逢村（街）人民損失報告單　　（表式4）

受損失者：郑德賢　　　　填送日期　卅四年十月廿六日

損失年月日	事件	地點	損失項目	購置年月	單位	數量	價值（國幣元）購置時價值	價值（國幣元）損失時價值	證件
卅三年九月十三		本村	木薯			伍百斤	—	伍仟元	

（本表隨加蓋鄉鎮公所圖記）

填報者	姓名	服務處所	所任職務	與受損失者之關係	通訊地址	蓋章
	蔡鎮華		村長			[印]

渡头乡罗逢村郑德培财产损失报告单（一九四五年十月二十六日）

怀集县渡头乡（镇）罗逢村（街）人民损失报告单　（表式1）

受损失者：郑德培　　填送日期　卅四年十月廿六日

损失年月日	事件	地点	损失项目	购置年月	单位	数量	价值（国币元）购置时价值	价值（国币元）损失时价值	证件
卅三年九月十二		本村	中沙牛			壹隻		捌仟元	
			木薯			叁佰斤		叁仟元	

填报者	姓名	服务处所	所任职务	与受损失者之关系	通讯地址	盖章
	蔡锁华		村长			

（本表应加盖乡镇公所图记）

029

渡头乡罗逢村徐亚番财产损失报告单（一九四五年十月二十六日）

懷集縣渡头鄉(鎮)羅逢村(街)人民損失報告單　(表式4)

受損失者：徐亚番　　填送日期　年　月　日

損失年月日	事件	地點	損失項目	購置年月	單位	數量	價值（國幣元）購置時價值	價值（國幣元）損失時價值	證件
卅三年九月十二		本村	雜粮			弍佰斤		弍仟元	

(本表須加蓋鄉鎮公所圖記)

填報者	姓名	服務處所	所任職務	與受損失者之關係	通訊地址	蓋章
	蔡鎮華		村長			

030

渡头乡罗逢村徐益周财产损失报告单（一九四五年十月二十六日）

懷集縣渡头鄉（鎮）羅逢村（街）人民損失報告單　（表式4）

受損失者：徐益周　　　填送日期　卅四年十月廿六日

損失年月日	事件	地點	損失項目	購置年月	單位	數量	價值（國幣元） 購置時價值	價值（國幣元） 損失時價值	證件
卅三年九月十二		本村	木薯			弍佰觔		弍仟元	

填報者	姓名	服務處所	所任職務	與受損失者之關係	通訊地址	蓋章
	蔡鎮華		村長			

（本表應加蓋鄉鎮公所圖記）

渡头乡罗逢村徐考周财产损失报告单（一九四五年十月二十六日）

632

懷集縣渡头鄉(鎮)羅逢村(街)人民損失報告單　　(表式4)

受損失者：徐考周　　填送日期卅四年十月廿六日

損失年月日	事件	地點	損失項目	購置年月	單位	數量	價值(國幣元) 購置時價值	價值(國幣元) 損失時價值	證件
卅三年九月十二		本村	木薯			叁百斤		叁仟元	

填報者	姓名	服務處所	所任職務	與受損失者之關係	通訊地址	蓋章
	蔡鎮華		村長			

(未設鄉加蓋鄉鎮公所圖記)

渡头乡罗逢村徐受芳财产损失报告单（一九四五年十月二十六日）

033

懷集縣渡头鄉（鎮）羅逢村（街）人民損失報告單 （表式1）

受損失者：徐受芳　　　　填送日期 卅四年十月廿六日

損失年月日	事件	地點	損失項目	購置年月	單位	數量	價值（國幣元）購置時價值	價值（國幣元）損失時價值	證件
卅三年九月十二		本村	木薯			叁百斤		叁仟元	
			旱谷			贰百斤		四仟元	

填報者	姓名	服務處所	所任職務	與受損失者之關係	通訊地址	蓋章
	蔡鎮華		村長			[印]

（本表應加蓋鄉鎮公所圖記）

渡头乡罗逢村徐水旺财产损失报告单（一九四五年十月二十六日）

034

（表式4）

懷集縣渡头鄉（鎮）羅逢村（街）人民損失報告單

受損失者：徐水旺　　填送日期 卅四年十月廿六日

損失年月日	事件	地點	損失項目	購置年月	單位	數量	價值（國幣元）購置時價值	價值（國幣元）損失時價值	證件
卅三年九月十二		本村	木薯			叁百斤		叁仟元	

填報者	姓名	服務處所	所任職務	與受損失者之關係	通訊地址	蓋章
	蔡鎮華		村長			[印]

（本表應加蓋鄉鎮公所圖記）

渡头乡罗逢村徐宝盛财产损失报告单（一九四五年十月二十六日）

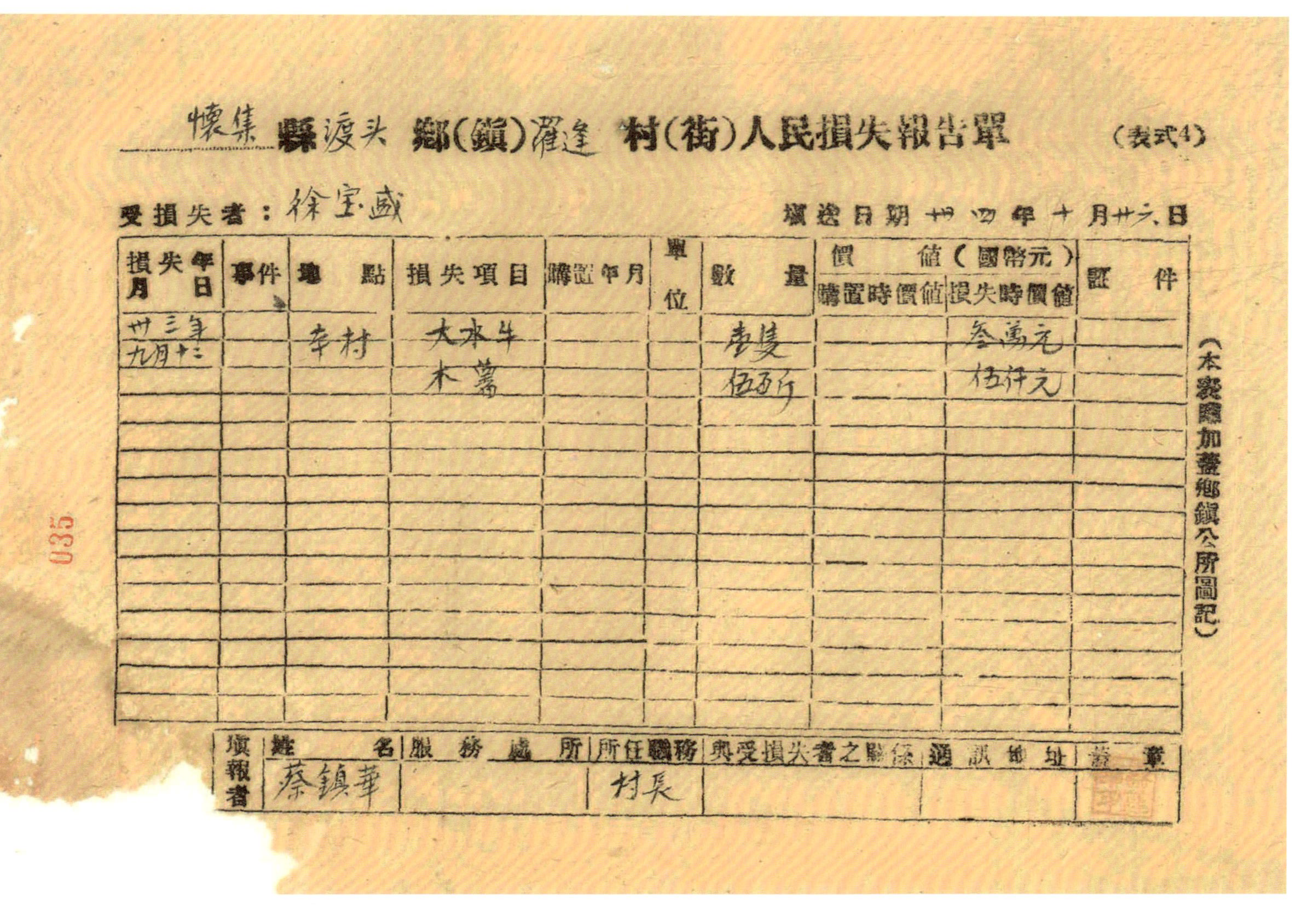

懷集縣渡头鄉(鎮)濯逢村(街)人民損失報告單　　(表式4)

受損失者：徐宝盛　　填送日期 卅四年十月廿六日

損失年月日	事件	地點	損失項目	購置年月	單位	數量	價值(國幣元) 購置時價值	價值(國幣元) 損失時價值	證件
卅三年九月十二		李村	大水牛			壹隻		叁萬元	
			木篙			伍百斤		伍仟元	

填報者	姓名	服務處所	所任職務	與受損失者之關係	通訊地址	蓋章
	蔡鎮華		村長			[印]

(本表應加蓋鄉鎮公所圖記)

渡头乡罗逢村黎景涵财产损失报告单（一九四五年十月二十六日）

036

懷集縣渡頭鄉（鎮）羅逢村（街）人民損失報告單　（表式4）

填送日期 卅四年十月廿六日

受損失者：黎景涵

損失年月日	事件	地點	損失項目	購置年月	單位	數量	價值（國幣元）購置時價值	價值（國幣元）損失時價值	證件
卅三年九月十二		本村	木薯			三百斤		叁仟元	

填報者	姓名	服務處所	所任職務	與受損失者之關係	通訊地址	蓋章
	黎錦華		村長			

（本表應加蓋鄉鎮公所圖記）

渡头乡罗逢村刘槐南财产损失报告单（一九四五年十月二十六日）

懷集縣渡頭鄉（鎮）羅逢村（街）人民損失報告單

（表式4）

受損失者：劉槐南

填送日期卅四年十月廿六日

損失年月日	事件	地點	損失項目	購置年月	單位	數量	價值（國幣元）購置時價值	價值（國幣元）損失時價值	證件
卅三年九月十七		本村	木薯			叁百斤		叁仟元	

填報者	姓名	服務處所	所任職務	與受損失者之關係	通訊地址	蓋章
	蔡鎮華		村長			

（本表應加蓋鄉鎮公所圖記）

渡头乡罗逢村刘元逢财产损失报告单（一九四五年十月二十六日）

懷集縣渡头鄉（鎮）羅逢村（街）人民損失報告單　　（表式4）

受損失者：劉元逢　　　　填送日期　卅四年十月廿六日

損失年月日	事件	地點	損失項目	購置年月	單位	數量	價值（國幣元）		證件
							購置時價值	損失時價值	
卅三年九月十三		本村	早谷			叁百斤	—	陆仟元	
			木薯			伍百斤		伍仟元	

（本表應加蓋鄉鎮公所圖記）

填報者	姓名	服務處所	所任職務	與受損失者之關係	通訊地址	蓋章
	蔡鎮華		村長			

渡头乡罗逢村梁思财产损失报告单（一九四五年十月二十六日）

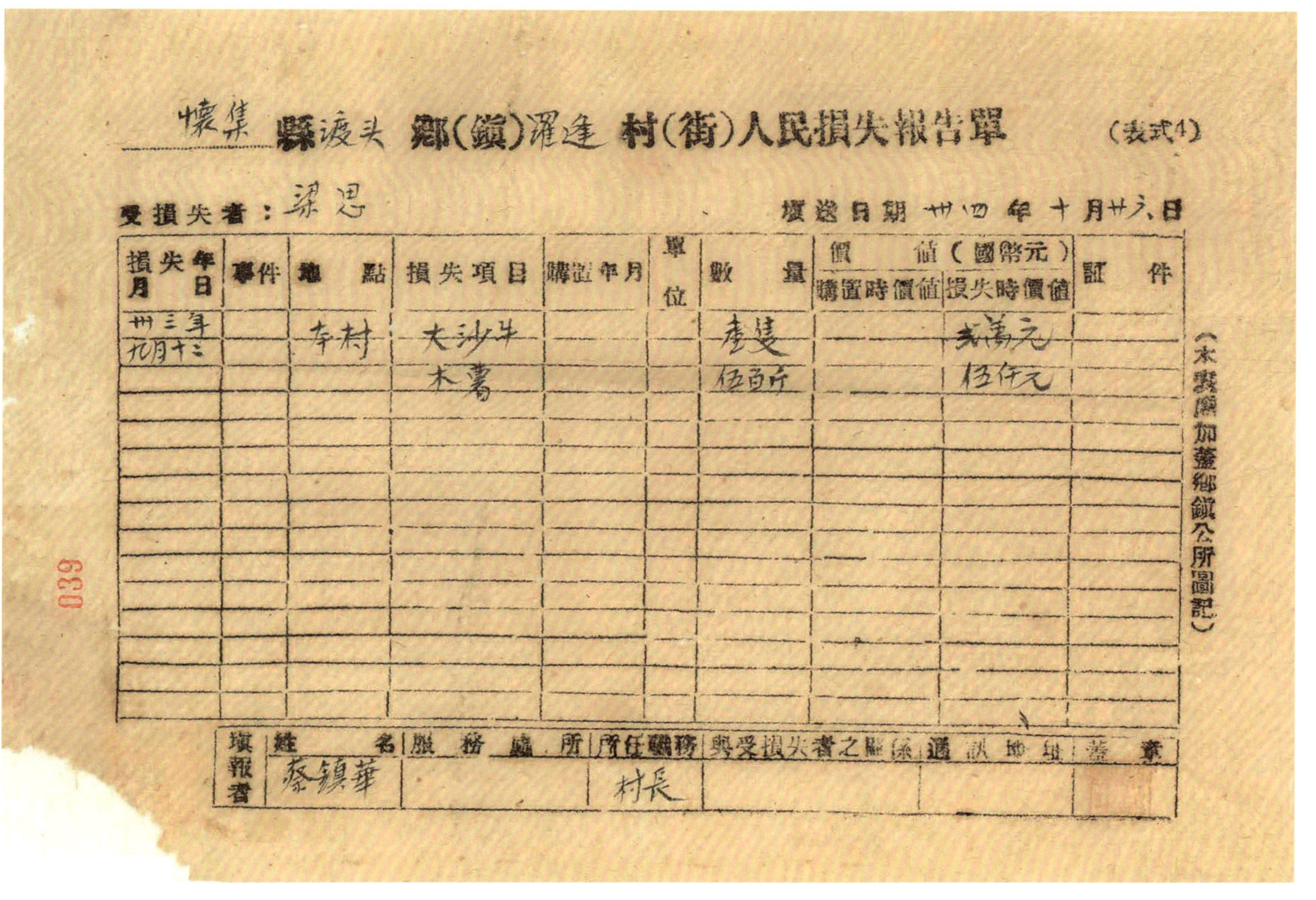

懷集縣渡头鄉（鎮）羅逢村（街）人民損失報告單　（表式4）

受損失者：梁思　　填送日期　卅四年十月廿六日

損失年月日	事件	地點	損失項目	購置年月	單位	數量	價值（國幣元）購置時價值	價值（國幣元）損失時價值	證件
卅三年九月十三		本村	大沙牛			壹隻	—	武萬元	
			木薯			伍百斤	—	伍仟元	

（本表須加蓋鄉鎮公所圖記）

填報者	姓名	服務處所	所任職務	與受損失者之關係	通訊地址	蓋章
	蔡鎮華		村長			

渡头乡罗逢村植祥英财产损失报告单（一九四五年十月二十六日）

040

懷集縣渡頭鄉（鎮）羅逢村（街）人民損失報告單 （表式4）

填送日期 卅四年十月廿六日

受損失者：植祥英

損失年月日	事件	地點	損失項目	購置年月	單位	數量	價值（國幣元）購置時價值	損失時價值	證件
卅三年九月十三		本村	大水牛			壹隻	—	叁萬元	
			旱谷			伍百斤	—	壹萬元	
			木薯			伍百斤	—	伍仟元	

填報者	姓名	服務處所與所任職務	與受損失者之關係	通訊地址	蓋章
	蔡錦華	村長			

（本表應加蓋鄉鎮公所圖記）

渡头乡罗逢村植彭氏财产损失报告单（一九四五年十月二十六日）

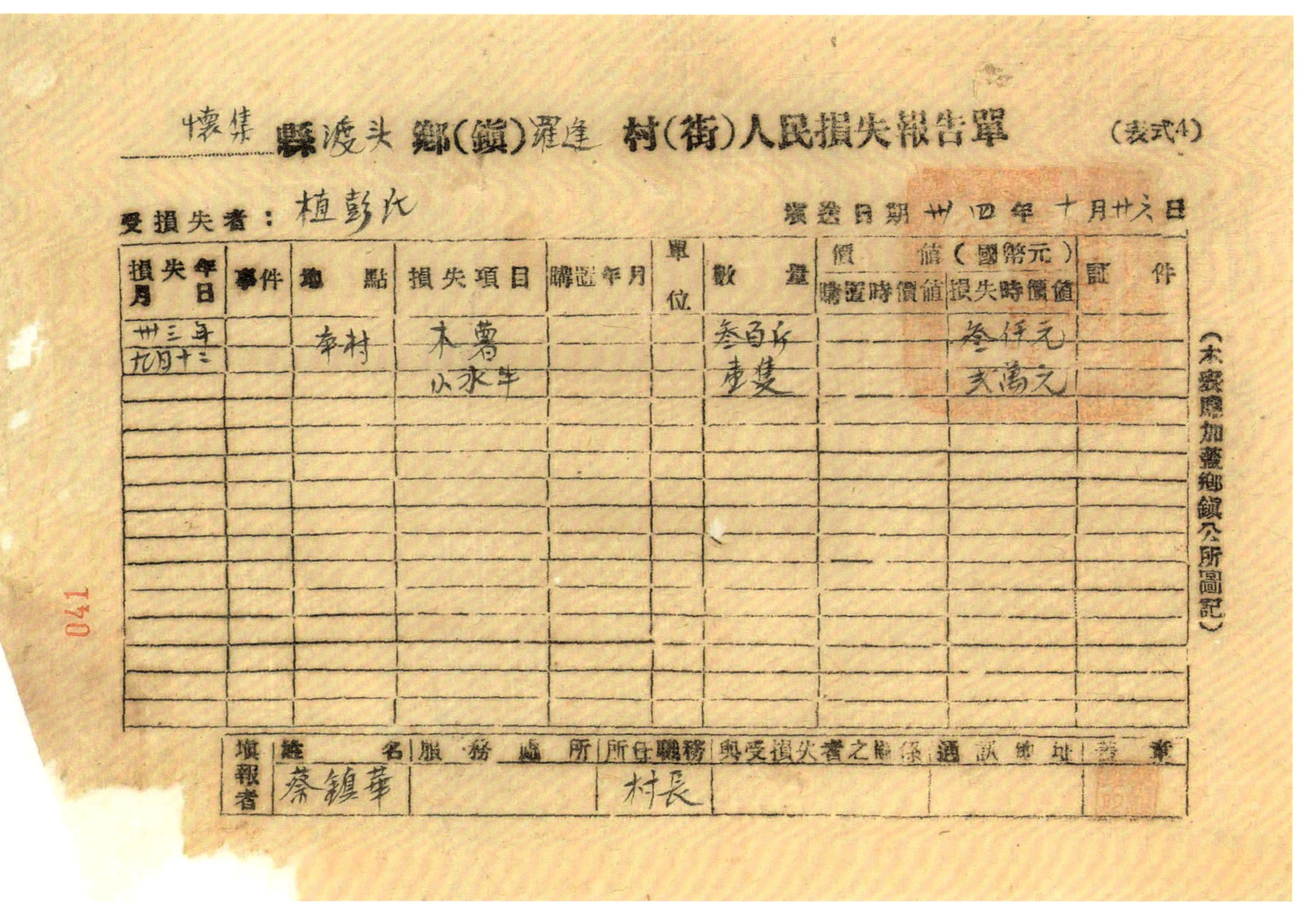

041

懷集縣渡头鄉(鎮)羅逢村(街)人民損失報告單　（表式4）

受損失者：植彭氏　　填送日期　卅四年十月廿六日

損失年月日	事件	地點	損失項目	購置年月	單位	數量	價值（國幣元）購置時價值	價值（國幣元）損失時價值	證件
卅三年九月十三		本村	木薯			叁百斤		叁仟元	
			小水牛			壹隻		弍萬元	

（本表應加蓋鄉鎮公所圖記）

填報者	姓名	服務處所	所任職務	與受損失者之關係	通訊地址	蓋章
	蔡鎮華		村長			

渡头乡罗逢村植蔡氏财产损失报告单（一九四五年十月二十六日）

怀集縣渡头鄉(鎮)羅逢村(街)人民損失報告單 (表式4)

受損失者：植蔡氏 填送日期 卅四年十月廿六日

損失年月日	事件	地點	損失項目	購置年月	單位	數量	價值(國幣元) 購置時價值	價值(國幣元) 損失時價值	證件
卅三年九月十二		本村	木薯			叁百斤		叁仟元	
			旱谷			伍百斤		壹萬元	

填報者	姓名	服務處所	所任職務	與受損失者之關係	通訊地址	蓋章
	蔡鎮華		村長			

(本表應加蓋鄉鎮公所圖記)

渡头乡罗逢村植祥焕财产损失报告单（一九四五年十月二十六日）

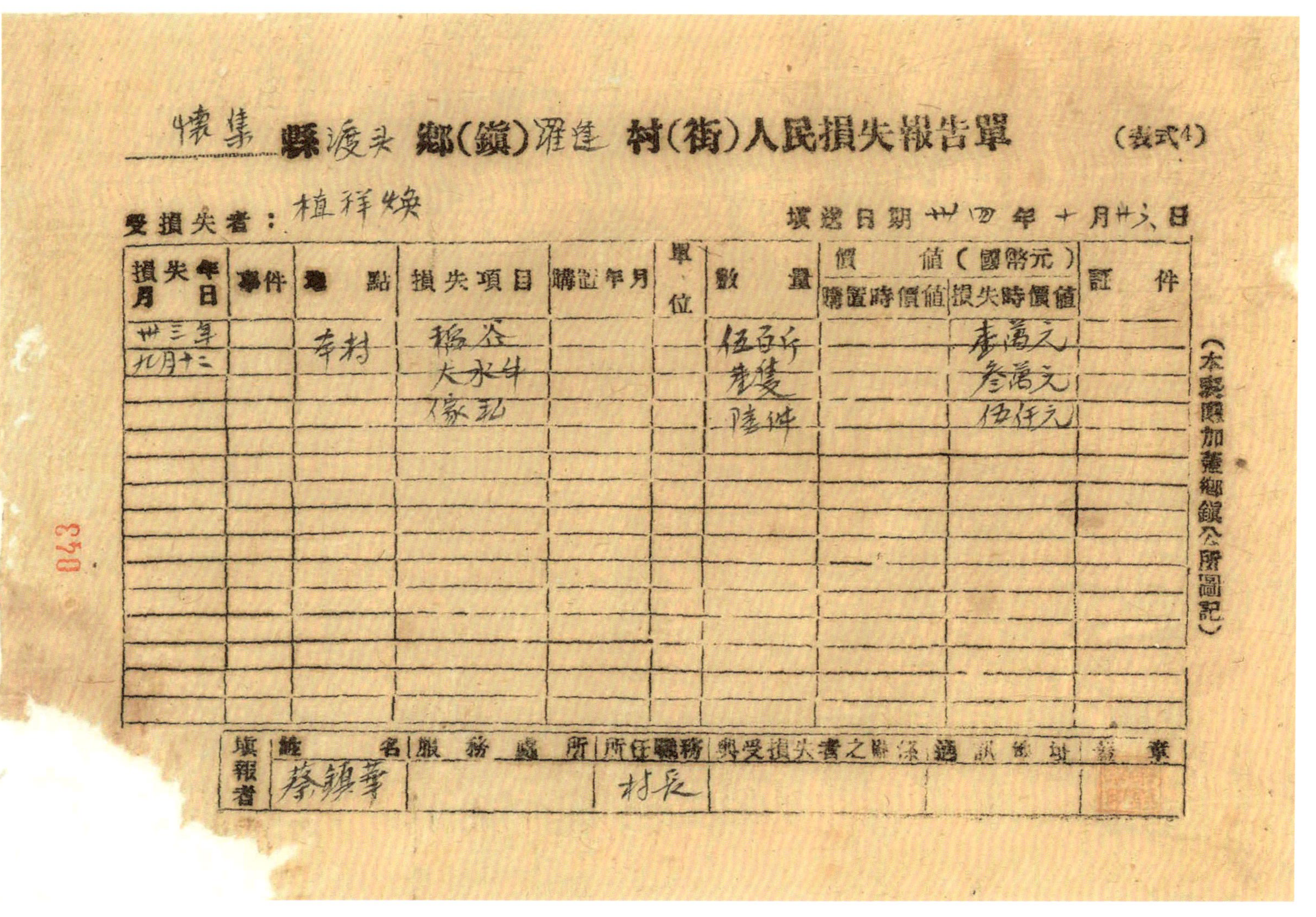

043

懷集縣渡头鄉（鎮）羅逢村（街）人民損失報告單　（表式4）

受損失者：植祥煥　　填送日期　卅四年十月廿六日

損失年月日	事件	地點	損失項目	購置年月	單位	數量	價值（國幣元）購置時價值	價值（國幣元）損失時價值	證件
卅三年九月十二		本村	稻谷			伍百斤		壹萬元	
			大水牛			壹隻		叁萬元	
			傢私			陸件		伍仟元	

填報者	姓名	服務處所	所任職務	與受損失者之關係	通訊地址	蓋章
	蔡鎮華		村長			

（本表限加蓋鄉鎮公所圖記）

渡头乡罗逢村植亚横财产损失报告单（一九四五年十月二十六日）

懷集縣渡头鄉（鎮）羅逢村（街）人民損失報告單　（表式4）

受損失者：植亚横　　填送日期　卅四年十月廿六日

損失年月日	事件	地點	損失項目	購置年月	單位	數量	價值（國幣元）購置時價值	價值（國幣元）損失時價值	證件
卅三年九月廿二		本村	雜粮			伍百斤		伍仟元	
			稻谷			弍百斤		四仟元	

填報者	姓名	服務處所	所任職務	與受損失者之關係	通訊地址	蓋章
	蔡鎮華		村長			[印]

（本表應加蓋鄉鎮公所圖記）

渡头乡罗逢村植祥开财产损失报告单（一九四五年十月二十六日）

怀集县渡头乡(鎮)罗逢村(街)人民損失報告單　（表式4）

受損失者：植祥開　　　　填送日期卅四年十月廿六日

損失年月日	事件	地點	損失項目	購置年月	單位	數量	價值（國幣元）購置時價值	價值（國幣元）損失時價值	證件
卅三年九月十二		本村	大水牛			壹隻		叁萬元	
			雜糧			叁百斤		叁仟元	

填報者	姓名	服務處所	所任職務	與受損失者之關係	通訊地址	簽章
	蔡鎮華		村長			

（本欄應加蓋鄉鎮公所圖記）

渡头乡罗逢村植祥规财产损失报告单（一九四五年十月二十六日）

048

怀集县渡头乡（镇）罗逢村（街）人民损失报告单　（表式4）

受损失者：植祥规　　填送日期　卅四年十月廿六日

损失年月日	事件	地点	损失项目	购置年月	单位	数量	价值（国币元）购置时价值	价值（国币元）损失时价值	证件
卅三年九月十二		本村	木薯			叁百斤		叁仟元	

填报者	姓名	服务处所	所任职务	与受损失者之关系	通讯地址	盖章
	蔡镇华		村长			

（本表须加盖乡镇公所图记）

渡头乡罗逢村张可发财产损失报告单（一九四五年十月二十六日）

047

怀集縣渡头鄉（鎮）羅逢村（街）人民損失報告單

（表式1）

受損失者：張可發

填送日期卅四年十月廿六日

損失年月日	事件	地點	損失項目	購置年月	單位	數量	價值（國幣元）購置時價值	價值（國幣元）損失時價值	證件
卅三年九月十二		本村	水牛			壹隻	—	叁萬元	
			早谷			叁百斤	—	陆仟元	
			木薯			伍百斤	—	伍仟元	

	姓名	服務處所	所任職務	與受損失者之關係	通訊地址	蓋章
填報者	秦鎮華		村長			

（本表應加蓋鄉鎮公所圖記）

渡头乡罗逢村张可信财产损失报告单（一九四五年十月二十六日）

048

怀集縣渡头鄉（鎮）羅逢村（街）人民損失報告單　（表式1）

受損失者：張可信　　報送日期 卅四年十月廿六日

損失年月日	事件	地點	損失項目	購置年月	單位	數量	價值（國幣元）購置時價值	價值（國幣元）損失時價值	證件
卅三年九月十二		本村	雜粮	—	—	五百斤	—	五仟元	

填報者	姓名	服務處所	所任職務	與受損失者之關係	通訊地址	蓋章
	蔡鎮華		村長			[印]

（本表應加蓋鄉鎮公所圖記）

渡头乡罗逢村张火孙财产损失报告单（一九四五年十月二十六日）

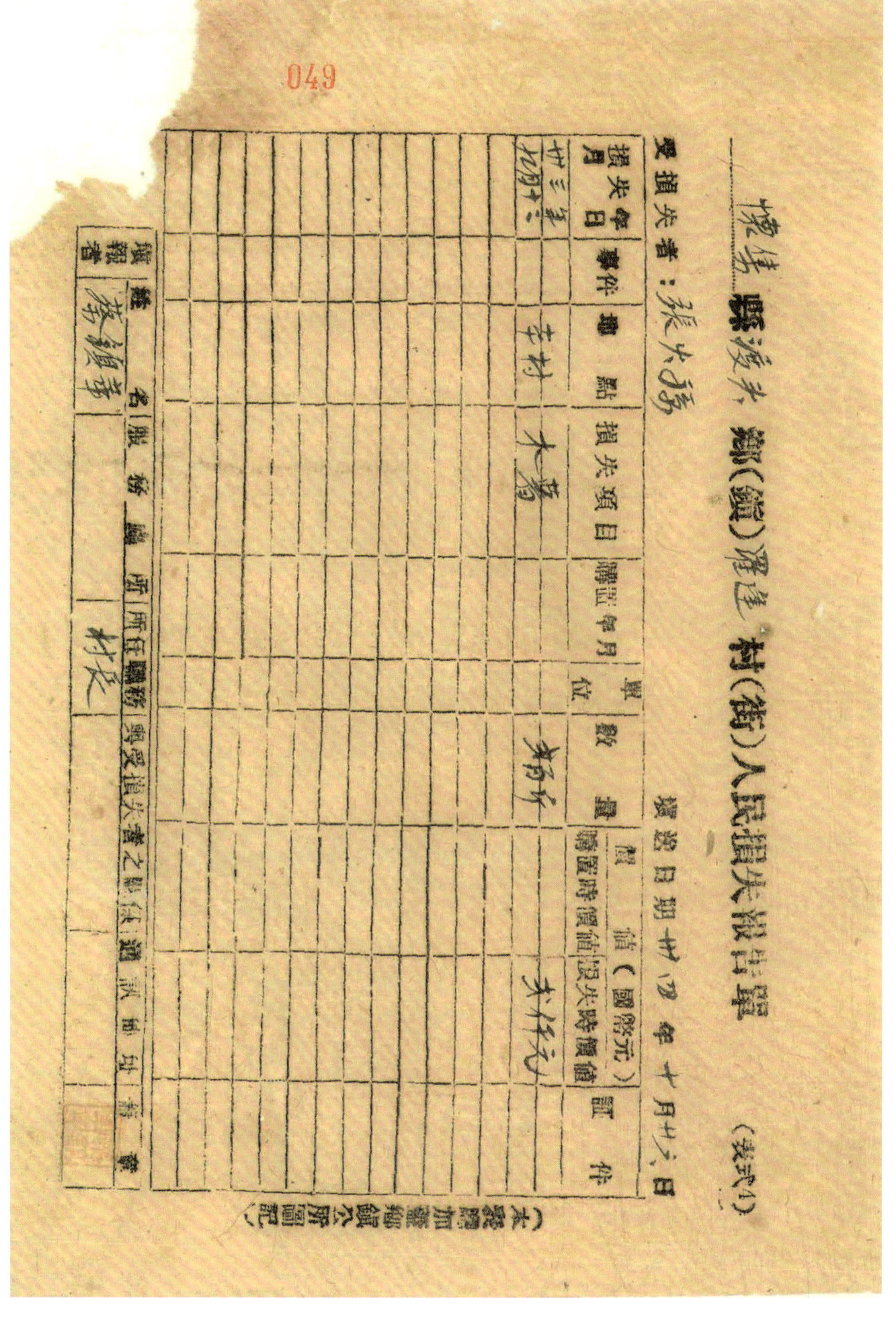

懷集縣渡头鄉（鎮）羅逢村（街）人民損失報告單　（表式1）

填送日期　卅四年十月廿六日

受損失者：張火孫

損失年月日	事件	地點	損失項目	購置年月	單位	數量	價值（國幣元）購置時價值	價值（國幣元）損失時價值	證件
卅三年九月十六		本村	木薯			叁佰斤		叁仟元	

報告者	姓名	服務處所	所任職務	與受損失者之關係	通訊地址	蓋章
	蔡鎮華			村長		

（本表需加蓋鄉鎮公所圖記）

渡头乡罗逢村张少尧财产损失报告单（一九四五年十月二十六日）

050

怀集縣渡头鄉（鎮）羅逢村（街）人民損失報告單　（表式4）

受損失者：張少堯　　填送日期 卅四 年 十 月廿六日

損失年月日	事件	地點	損失項目	購置年月	單位	數量	價值（國幣元）購置時價值	價值（國幣元）損失時價值	証件
卅三年九月十二		本村	木薯			叁佰斤		叁仟元	

填報者	姓名	服務處所	所任職務	與受損失者之關係	通訊地址	蓋章
	蔡鎮華		村長			[illegible]

（本表應加蓋鄉鎮公所圖記）

渡头乡罗逢村张可智财产损失报告单（一九四五年十月二十六日）

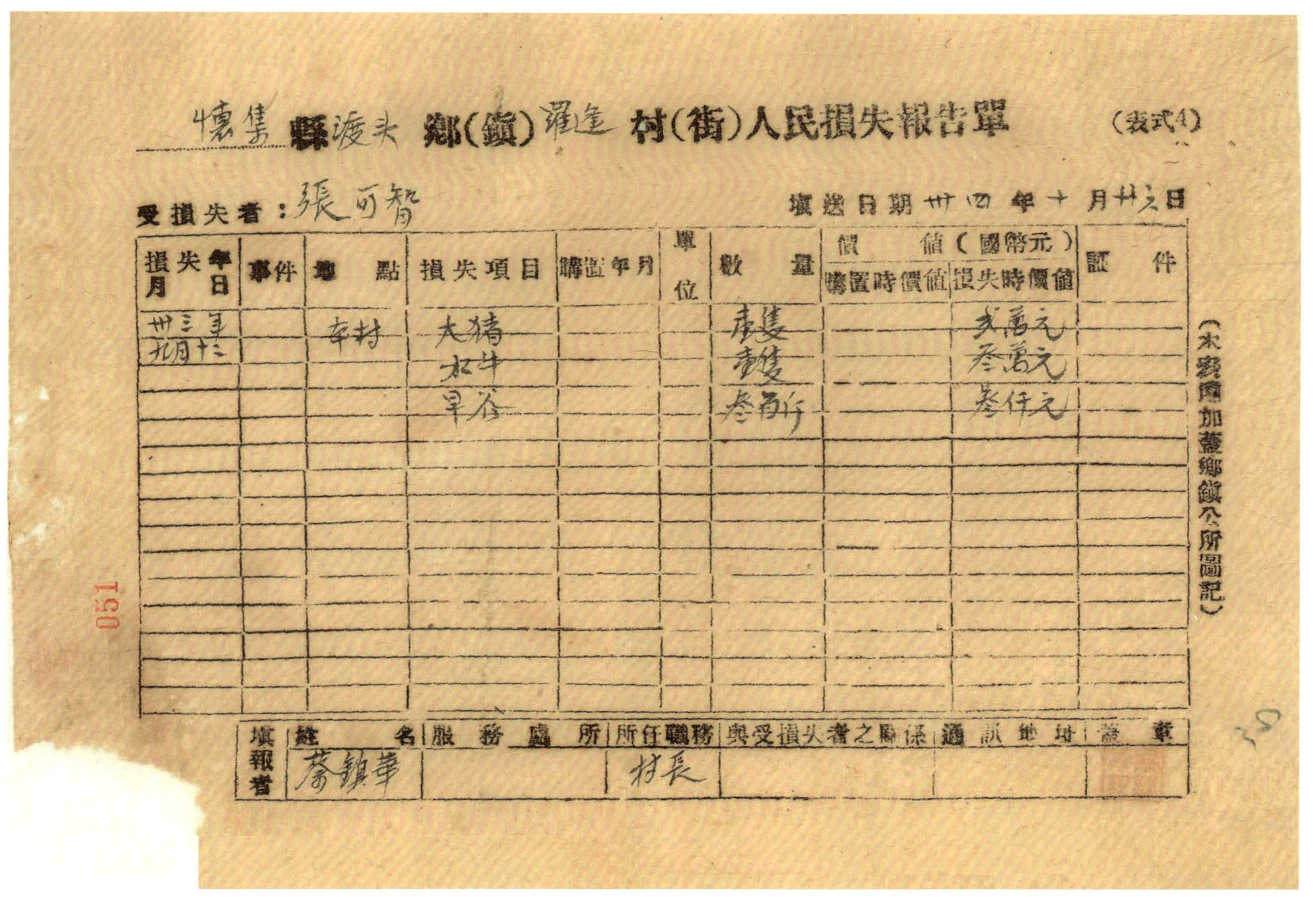

懷集縣渡头鄉（鎮）羅逢村（街）人民損失報告單　（表式4）

受損失者：張可智　　填送日期卅四年十月廿六日

損失年月日	事件	地點	損失項目	購置年月	單位	數量	價值（國幣元）購置時價值	價值（國幣元）損失時價值	證件
卅三年九月十七		本村	大猪			壹隻		貳萬元	
			水牛			壹隻		叁萬元	
			早谷			叁百斤		叁仟元	

（未設鄉鎮公所者應加蓋鄉鎮公所圖記）

填報者	姓名	服務處所	所任職務	與受損失者之關係	通訊地址	蓋章
	蔡鎮華		村長			

051

渡头乡罗逢村郑蔡氏财产损失报告单（一九四五年十月二十六日）

052

怀集县渡头乡(镇)罗逢村(街)人民损失报告单 (表式4)

填送日期 卅四年十月廿六日

受损失者：郑蔡氏

损失年月日	事件	地点	损失项目	购置年月	单位	数量	价值（国币元）购置时价值	损失时价值	证件
卅三年九月十三		本村	大沙牛			壹只	—	五万元	
			木薯			叁百斤	—	叁仟元	

填报者	姓名	服务处所	所任职务	与受损失者之关系	通讯地址	盖章
	蔡锦华		村长			

（本表应加盖乡镇公所图记）

渡头乡罗逢村伍彦高财产损失报告单（一九四五年十月二十六日）

惠陽縣渡头鄉(鎮)羅逢村(街)人民損失報告單

(表式4)

受損失者：伍彥高

填送日期 卅四年十月廿六日

損失年月日	事件	地點	損失項目	購置年月	單位	數量	價值(國幣元) 購置時價值	價值(國幣元) 損失時價值	證件
卅三年九月十二		本村	木薯			叁百斤	—	叁仟元	

填報者	姓名	服務處所	所任職務	與受損失者之關係	通訊地址	簽章
	蔡鎮華		村長			

(本表須加蓋鄉鎮公所圖記)

渡头乡罗逢村伍树德财产损失报告单（一九四五年十月二十六日）

054

怀集县渡头乡（镇）罗逢村（街）人民损失报告单　（表式4）

受损失者：伍树德　　填发日期　卅四年十月廿六日

损失年月日	事件	地点	损失项目	购置年月	单位	数量	价值（国币元）购置时价值	价值（国币元）损失时价值	证件
卅三年九月十二		本村	雜粮			弍佰斤		弍仟元	

填报者	姓名	服务处所	所任职务	与受损失者之关系	通讯地址	盖章
	李镇华		村长			

（未设乡镇公所者应加盖乡镇公所图记）

渡头乡罗逢村郑钱氏财产损失报告单（一九四五年十月二十六日）

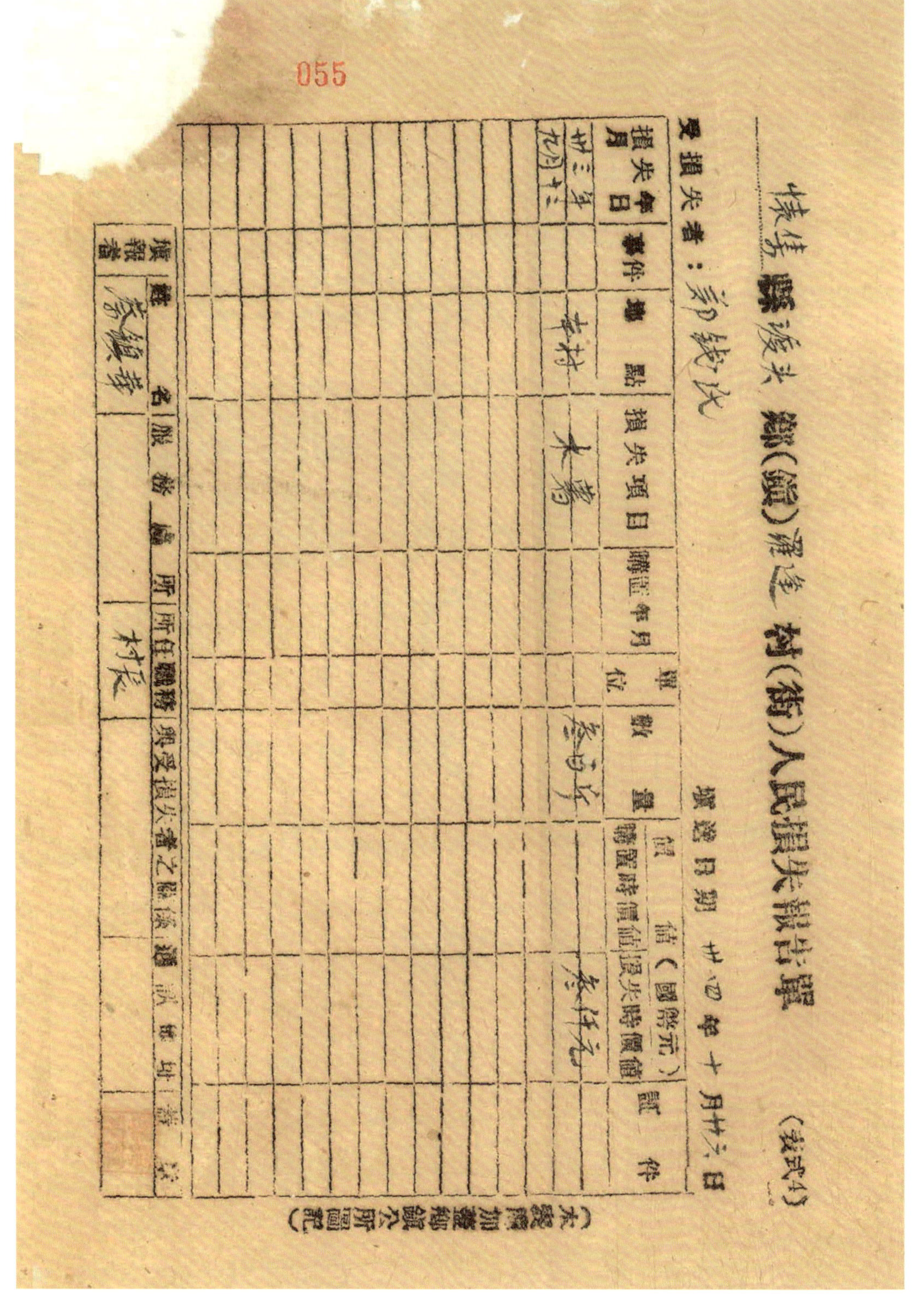

055

懷集縣渡头鄉(鎮)羅逢村(街)人民損失報告單

（表式4）

受損失者：鄭錢氏

填送日期 卅四年十月廿六日

損失年月日	事件	地點	損失項目	購置年月	單位	數量	價值（國幣元）購置時價值	價值（國幣元）損失時價值	證件
卅三年九月十二		本村	木薯			叁百斤	—	叁仟元	

填報者	姓名	服務處所	所任職務	與受損失者之關係	通訊地址	蓋章
	蔡鎮華		村長			

（本表應加蓋鄉鎮公所圖記）

渡头乡罗逢村郑之年财产损失报告单（一九四五年十月二十六日）

056

（表式4）

怀集县渡头乡（镇）罗逢村（街）人民损失报告单

填送日期 卅四年十月廿六日

受损失者：郑之年

损失年月日	事件	地点	损失项目	购置年月	单位	数量	价值（国币元）购置时价值	价值（国币元）损失时价值	证件
卅三年九月十三		本村	木寮			贰百斤		贰仟元	

填报者	姓名	服务处所	所任职务	与受损失者之关系	通讯地址	盖章
	蔡锡华		村长			

（本表应加盖乡镇公所图记）

渡头乡罗逢村蔡炳林财产损失报告单（一九四五年十月二十六日）

057

懷仁縣渡头鄉(鎮)羅逢村(街)人民損失報告單

（表式4）

受損失者：蔡炳林

填送日期 卅四年十月廿六日

損失年月日	事件	地點	損失項目	購置年月	單位	數量	價值（國幣元） 購置時價值	損失時價值	證件
卅三年九月十二		本村	木薯			弍百斤		弍仟元	

（本表須加蓋鄉鎮公所圖記）

填報者	姓名	服務處所	所任職務	與受損失者之關係	通訊地址	蓋章
	蔡鎮華		村長			

渡头乡罗逢村冯有南财产损失报告单（一九四五年十月二十六日）

怀集县渡头乡（镇）罗逢村（街）人民损失报告单　（表式4）

受损失者：冯有南　　　　填送日期卅四年十月廿六日

损失年月日	事件	地点	损失项目	购置年月	单位	数量	价值（国币元）购置时价值	价值（国币元）损失时价值	证件
卅三年九月十二		本村	黄狗			壹隻		伍佰斤	
			旱谷			叁佰斤		陆佰斤	

填报者	姓名	服务处所	所任职务	与受损失者之关系	通讯地址	盖章
	蔡镇华		村长			

（本表应加盖乡镇公所图记）

渡头乡罗逢村冯金财产损失报告单（一九四五年十月二十六日）

懷集縣渡头鄉（鎮）羅逢村（街）人民損失報告單　（表式4）

受損失者：馮金　　　填送日期　卅四年十月廿六日

損失年月日	事件	地點	損失項目	購置年月	單位	數量	價值（國幣元）		證件
							購置時價值	損失時價值	
卅三年九月十二		本村	雜粮			弍佰斤		弍仟元	

填報者	姓名	服務處所	所任職務	與受損失者之關係	通訊地址	蓋章
	蔡鎮華		村長			

（本表應加蓋鄉鎮公所圖記）

059

渡头乡罗逢村冯之盛财产损失报告单（一九四五年十月二十六日）

060

懐集縣渡头鄉(鎮)羅逢村(街)人民損失報告單　（表式4）

受損失者：馮之盛　　填送日期卅四年十月廿六日

損失年月日	事件	地點	損失項目	購置年月	單位	數量	價值(國幣元) 購置時價值	價值(國幣元) 損失時價值	證件
卅三年九月十二		本村	大水牛			壹隻	—	叁萬元	
			早谷			叁百斤	—	陸仟元	

填報者	姓名	服務處所	所任職務	與受損失者之關係	通訊地址	蓋章
	蔡鎮華		村長			

（本表應加蓋鄉鎮公所圖記）

渡头乡罗逢村刘发财产损失报告单（一九四五年十月二十六日）

061

恃什縣渡夫鄉（鎮）羅逢村（街）人民損失報告單　（表式4）

受損失者：劉發　填送日期卅四年十月廿六日

損失年月日	事件	地點	損失項目	購置年月	單位	數量	價值（國幣元）購置時價值	價值（國幣元）損失時價值	證件
卅三年九月十二		本村	雜糧			弍百斤	——	弍仟元	

填報者	姓名	服務處所	所任職務	與受損失者之關係	通訊地址	蓋章
	蔡鎮華		村長			[印]

（本表應加蓋鄉鎮公所圖記）

渡头乡罗逢村刘邵氏财产损失报告单（一九四五年十月二十六日）

懷集縣渡头鄉(鎮)羅逢村(街)人民損失報告單　(表式4)

受損失者：劉邵氏　　填送日期 卅四年十月廿六日

損失年月日	事件	地點	損失項目	購置年月	單位	數量	價值(國幣元) 購置時價值	價值(國幣元) 損失時價值	証件
卅三年九月十二		本村	大水牛			壹隻	—	叁萬元	
			早谷			伍百斤	—	壹萬元	

填報者	姓名	服務處所	所任職務	與受損失者之關係	通訊地址	蓋章
	蔡鎮華		村長			

(本表需加蓋鄉鎮公所圖記)

渡头乡罗逢村伍任高财产损失报告单（一九四五年十月二十六日）

怀集縣渡头鄉（鎮）羅逢村（街）人民損失報告單　（表式4）

受損失者：伍任高　　　填送日期卅四年十月廿六日

損失年月日	事件	地點	損失項目	購置年月	單位	數量	價值（國幣元）購置時價值	價值（國幣元）損失時價值	證件
卅三年九月十二		本村	雜糧			叁百斤	—	叁仟元	
			中豬			壹隻	—	壹萬元	

填報者	姓名	服務處所	所任職務	與受損失者之關係	通訊地址	蓋章
	蔡鎮華		村長			

（本表應加蓋鄉鎮公所圖記）

渡头乡罗逢村李亚生财产损失报告单（一九四五年十月二十六日）

懷集縣渡头鄉(鎮)羅逢村(街)人民損失報告單　(表式4)

受損失者：李亚生　　填送日期卅四年十月廿六日

損失年月日	事件	地點	損失項目	購置年月	單位	數量	價值(國幣元) 購置時價值	損失時價值	證件
廿三年九月十二		本村	木薯			叁百斤		叁仟元	
			旱谷			伍百斤		壹萬元	

(本表應加蓋鄉鎮公所圖記)

填報者	姓名	服務處所	所任職務	與受損失者之關係	通訊地址	蓋章
	李镇華		村長			[illegible]

渡头乡罗逢村李元进财产损失报告单（一九四五年十月二十六日）

065

怀集縣渡头鄉（鎮）羅逢村（街）人民損失報告單　（表式4）

受損失者：李元進　　填送日期卅四年十月廿六日

損失年月日	事件	地點	損失項目	購置年月	單位	數量	價值（國幣元）購置時價值	價值（國幣元）損失時價值	證件
卅三年九月十二		本村	中豬			壹隻	—	伍仟元	
			木薯			四百斤	—	四仟元	

填報者	姓名	服務處所	所任職務	與受損失者之關係	通訊地址	蓋章
	蔡鎮華		村長			

（本表應加蓋鄉鎮公所圖記）

渡头乡罗逢村陈灼荣财产损失报告单（一九四五年十月二十六日）

990

懷集縣渡头鄉（鎮）羅逢村（街）人民損失報告單　（表式4）

受損失者：陳灼榮　　填送日期卅四年十月廿六日

損失年月日	事件	地點	損失項目	購置年月	單位	數量	價值（國幣元）購置時價值	價值（國幣元）損失時價值	證件
卅三年九月十二		本村	小沙牛			壹隻	—	捌仟元	
			木薯			弍百斤	—	弍仟元	

填報者	姓名	服務處所	所任職務	與受損失者之關係	通訊地址	蓋章
	蔡鎮華		村長			

（本表應加蓋鄉鎮公所圖記）

渡头乡罗逢村李亚炒财产损失报告单（一九四五年十月二十六日）

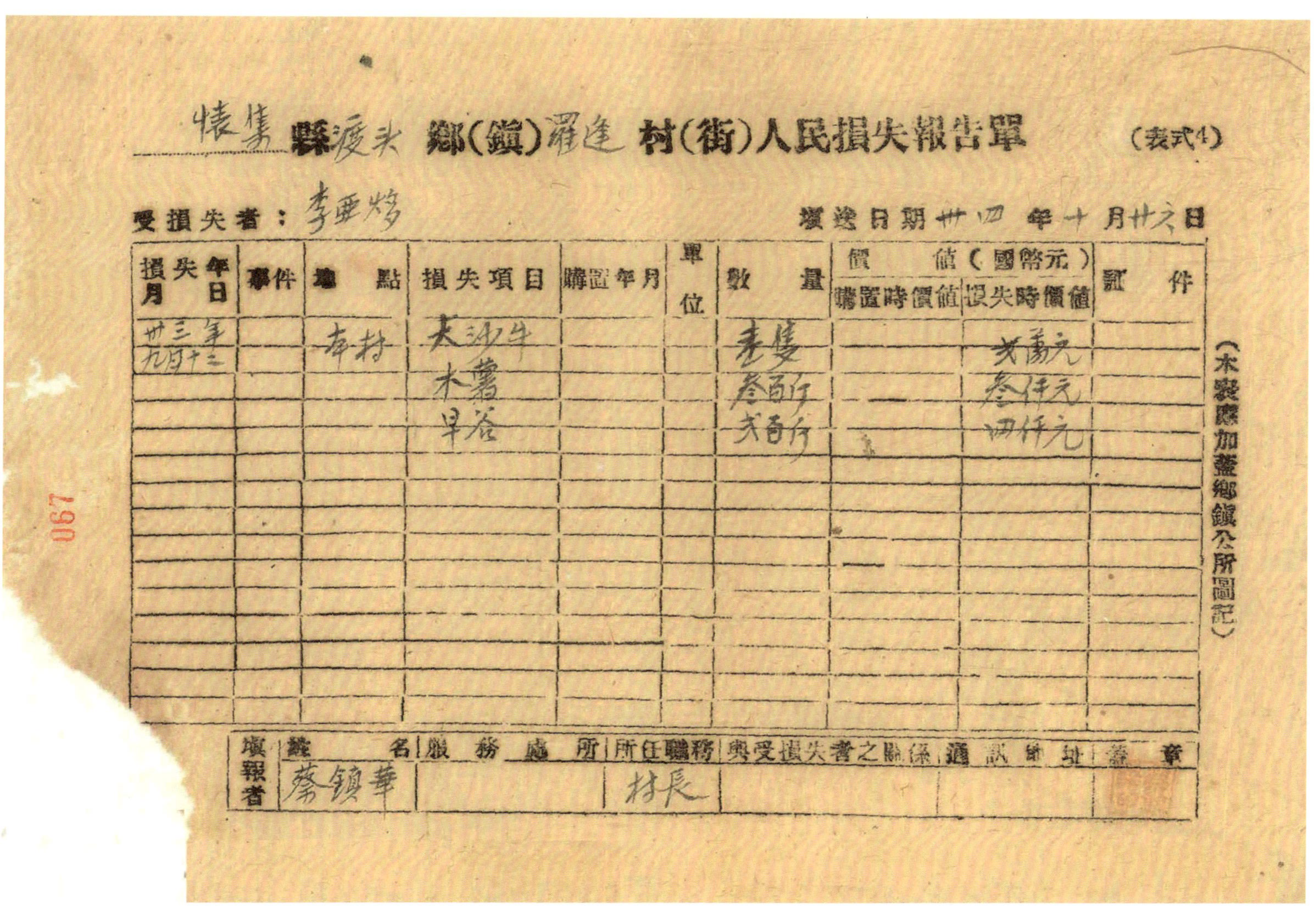

懷集縣渡头鄉（鎮）羅逢村（街）人民損失報告單　（表式4）

受損失者：李亞炒

填送日期卅四年十月廿六日

損失年月日	事件	地點	損失項目	購置年月	單位	數量	價值（國幣元）購置時價值	價值（國幣元）損失時價值	証件
卅三年九月十三		本村	大沙牛			壹隻		弍萬元	
			木薯			叁百斤	—	叁仟元	
			早谷			弍百斤		四仟元	

填報者	簽名	服務處所	所任職務	與受損失者之關係	通訊地址	蓋章
	蔡鎮華		村長			[seal]

（本表應加蓋鄉鎮公所圖記）

渡头乡罗逢村李荣财产损失报告单（一九四五年十月二十六日）

怀集县渡头乡（镇）罗逢村（街）人民损失报告单　（表式4）

受损失者：李荣　　　　填送日期卅四年十月廿六日

损失年月日	事件	地点	损失项目	购置年月	单位	数量	价值（国币元）购置时价值	价值（国币元）损失时价值	证件
卅三年九月十三		本村	大水牛			壹隻		叁萬元	
			木薯			伍百斤		伍仟元	
			旱谷			叁百斤		陸仟元	

（本表应加盖乡镇公所图记）

填报者	姓名	服务处所	所任职务	与受损失者之关系	通讯地址	盖章
	蔡镇华		村长			

渡头乡罗逢村李三妹财产损失报告单（一九四五年十月二十六日）

恃集縣渡头鄉（鎮）羅逢村（街）人民損失報告單　（表式4）

受損失者：李三妹　　　　填送日期卅四年十月廿六日

損失年月日	事件	地點	損失項目	購置年月	單位	數量	價值（國幣元）購置時價值	價值（國幣元）損失時價值	證件
卅三年九月十二		本村	中稻			叁擔		陸仟元	
			雜糧			弍百斤		弍仟元	

填報者	姓名	服務處所	所任職務	與受損失者之關係	通訊地址	蓋章
	秦鎮華		村長			

（本表應加蓋鄉鎮公所圖記）

069

渡头乡罗逢村刘观模财产损失报告单（一九四五年十月二十六日）

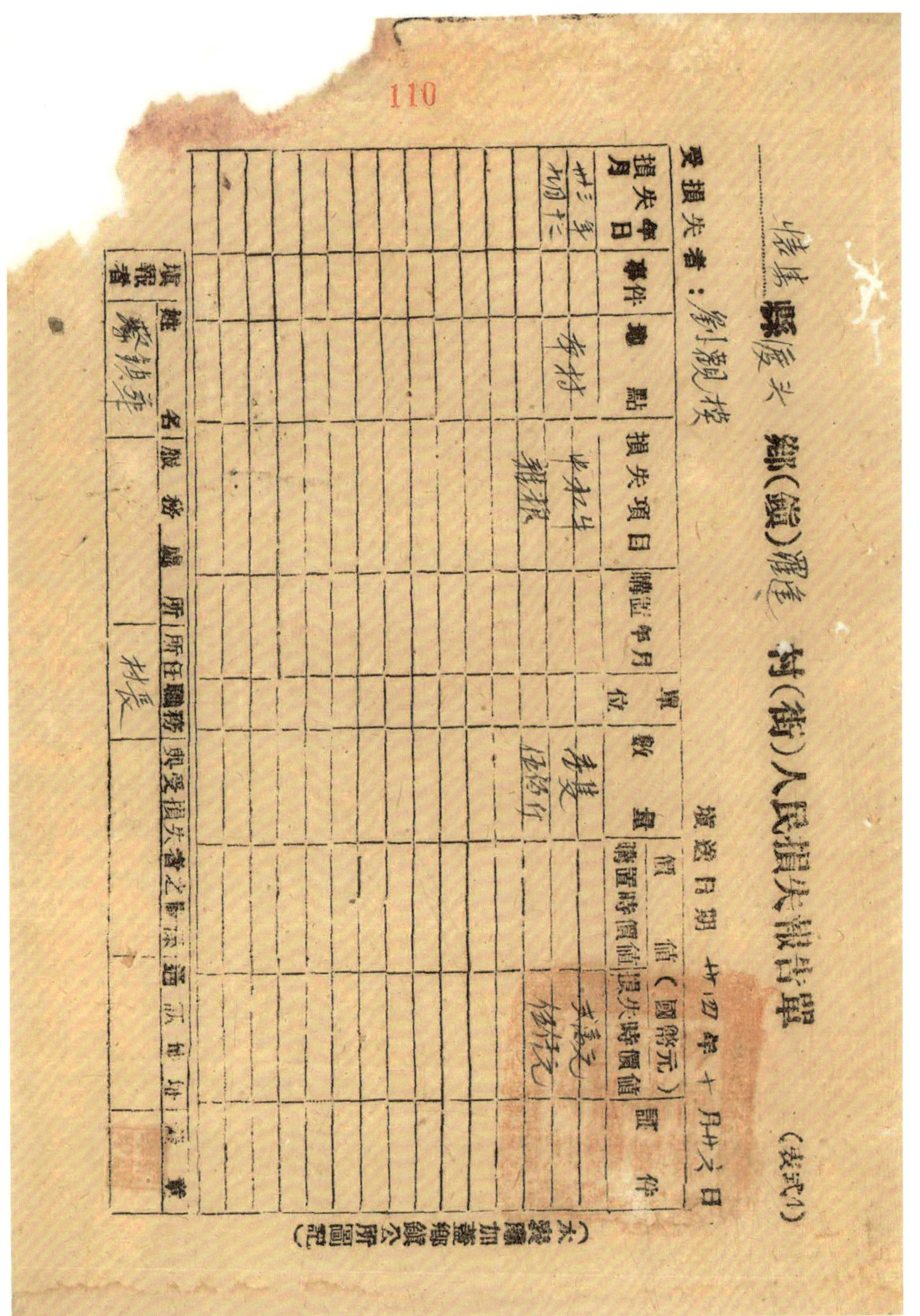

110

懷集縣渡头鄉(鎮)羅逢村(街)人民損失報告單 (表式1)

填送日期 卅四年十月廿六日

受損失者：劉觀模

損失年月日	事件	地點	損失項目	購置年月	單位	數量	價值(國幣元) 購置時價值	損失時價值	證件
卅三年九月廿		本村	水牛			壹隻		叁萬元	
			稻穀			伍拾石		伍仟元	

填報者	姓名	服務處所	所任職務	與受損失者之關係	通訊地址	蓋章
	劉觀模			本人		

（本表須加蓋鄉鎮公所圖記）

渡头乡罗逢村杨东海财产损失报告单（一九四五年十月二十六日）

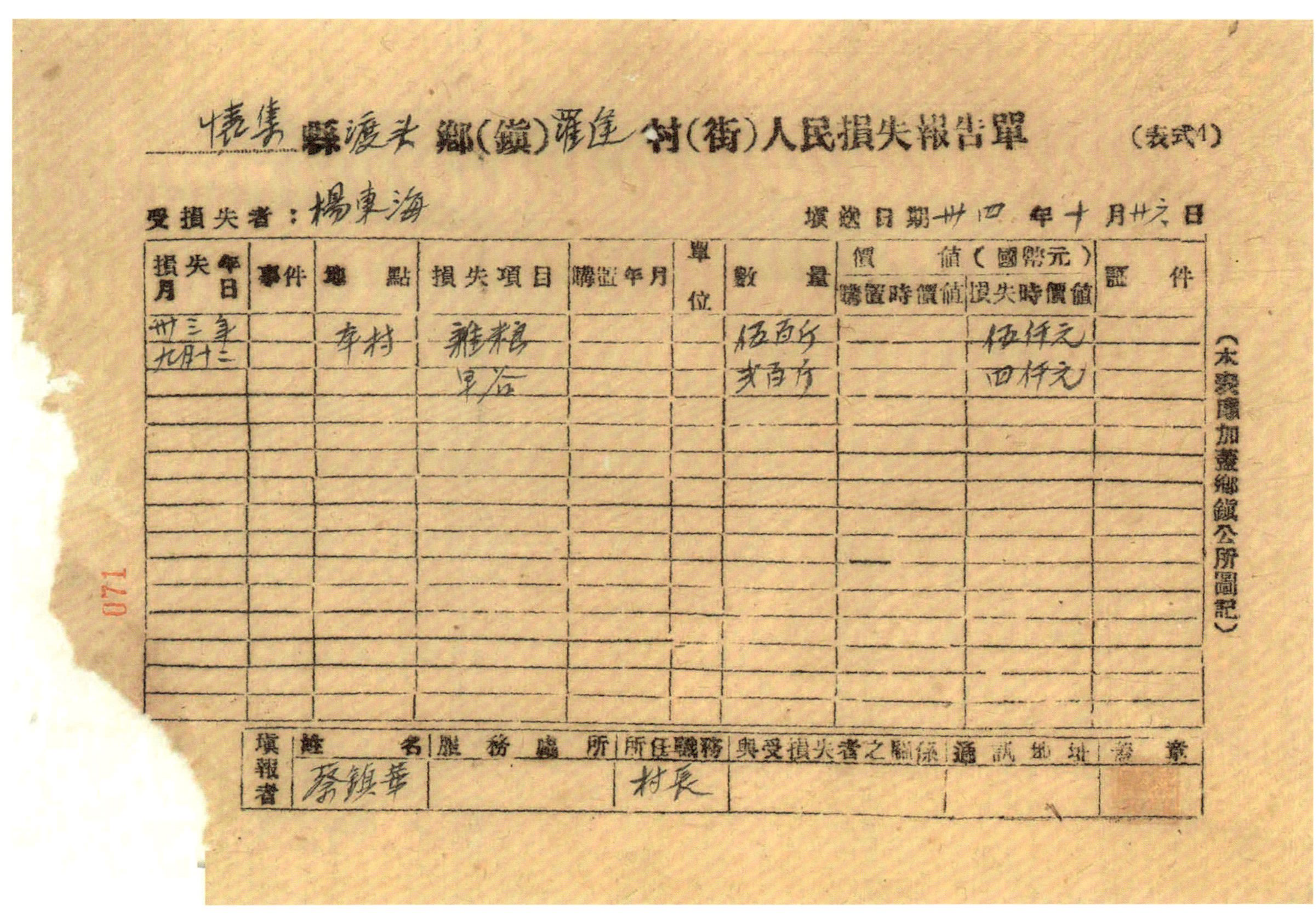

071

懷集縣渡头鄉(鎮)羅逢村(街)人民損失報告單　(表式1)

受損失者：楊東海　填送日期卅四年十月廿六日

損失年月日	事件	地點	損失項目	購置年月	單位	數量	價值(國幣元) 購置時價值	價值(國幣元) 損失時價值	證件
卅三年九月十二		本村	雜粮			伍百斤	—	伍仟元	
			早谷			弍百斤	—	四仟元	

填報者	姓名	服務處所	所任職務	與受損失者之關係	通訊地址	蓋章
	蔡鎮華		村長			

(本表應加蓋鄉鎮公所圖記)

渡头乡罗逢村杨月德财产损失报告单（一九四五年十月二十六日）

（表式4）

怀集縣渡头鄉（鎮）罗逢村（街）人民損失報告單

受損失者：楊月德　　填送日期卅四年十月廿六日

損失年月日	事件	地點	損失項目	購置年月	單位	數量	價值（國幣元）購置時價值	價值（國幣元）損失時價值	證件
卅三年九月十二		本村	雜粮			叁百斤		叁仟元	

填報者	姓名	服務處所	所任職務	與受損失者之關係	通訊地址	蓋章
	蔡鎮華		村長			

（本表應加蓋鄉鎮公所圖記）

072

渡头乡罗逢村杨国南财产损失报告单（一九四五年十月二十六日）

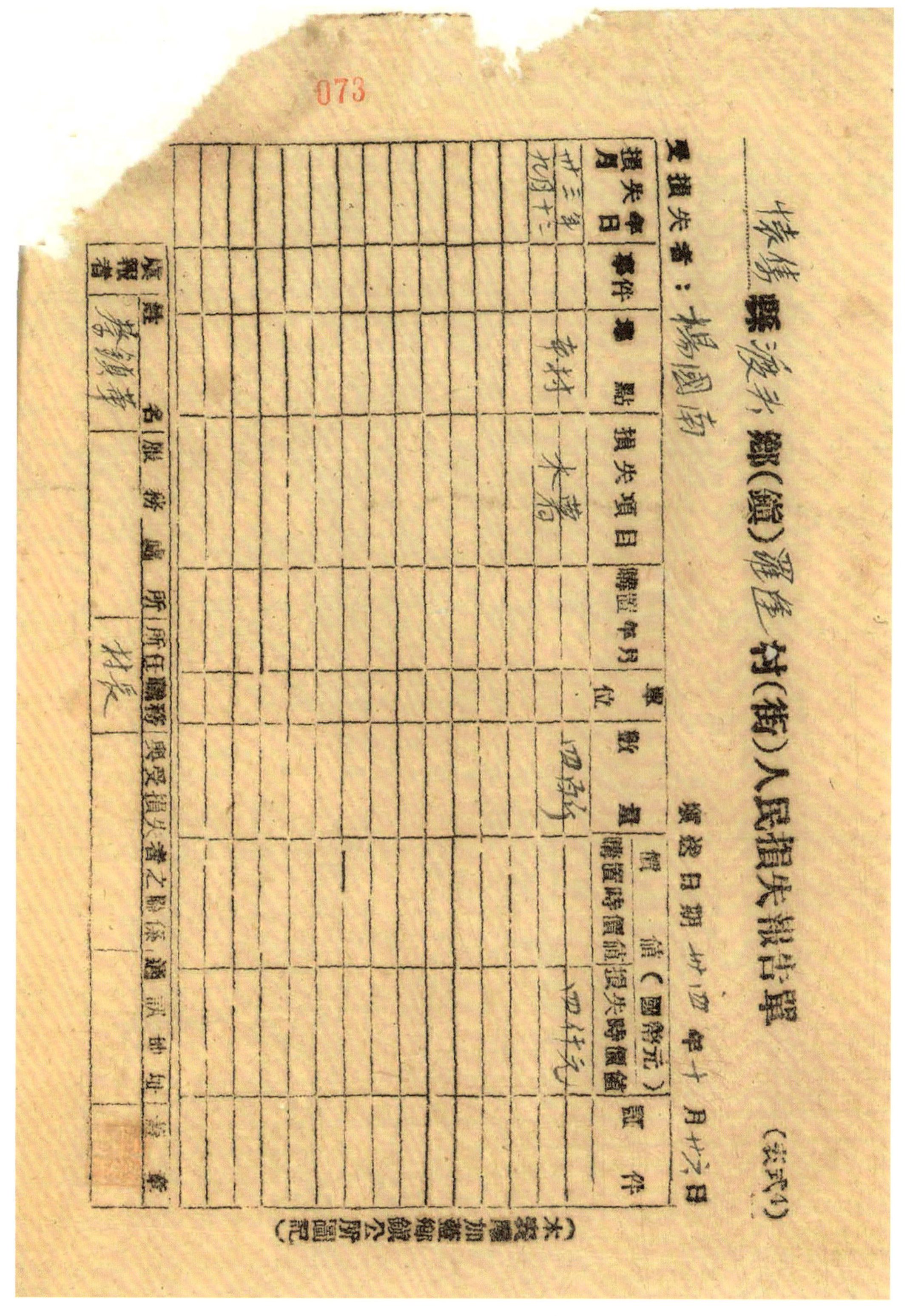

（表式4）

懷集縣渡头鄉（鎮）羅逢村（街）人民損失報告單

填送日期 卅四年十月廿六日

受損失者：楊國南

損失年月日	事件	地點	損失項目	購置年月	單位	數量	價值（國幣元）購置時價值	價值（國幣元）損失時價值	證件
卅三年九月十三		本村	木器			四件		四仟元	

報告者	姓名	服務處所	所任職務	與受損失者之關係	通訊地址	蓋章
	蔡鎮華		村長			

（本表應加蓋鄉鎮公所圖記）

073

渡头乡罗逢村杨亚君财产损失报告单（一九四五年十月二十六日）

怀集縣渡头鄉（鎮）羅逢村（街）人民損失報告單　（表式4）

受損失者：楊亞君　　填送日期卅四年十月廿六日

損失年月日	事件	地點	損失項目	購置年月	單位	數量	價值（國幣元）購置時價值	價值（國幣元）損失時價值	證件
卅三年九月十二		本村	木薯			叁拾斤		叁仟元	

填報者	姓名	服務處所	所任職務	與受損失者之關係	通訊地址	蓋章
	蔡鎮華		村長			

（本欄須加蓋鄉鎮公所圖記）

074

渡头乡罗逢村杨京海财产损失报告单（一九四五年十月二十六日）

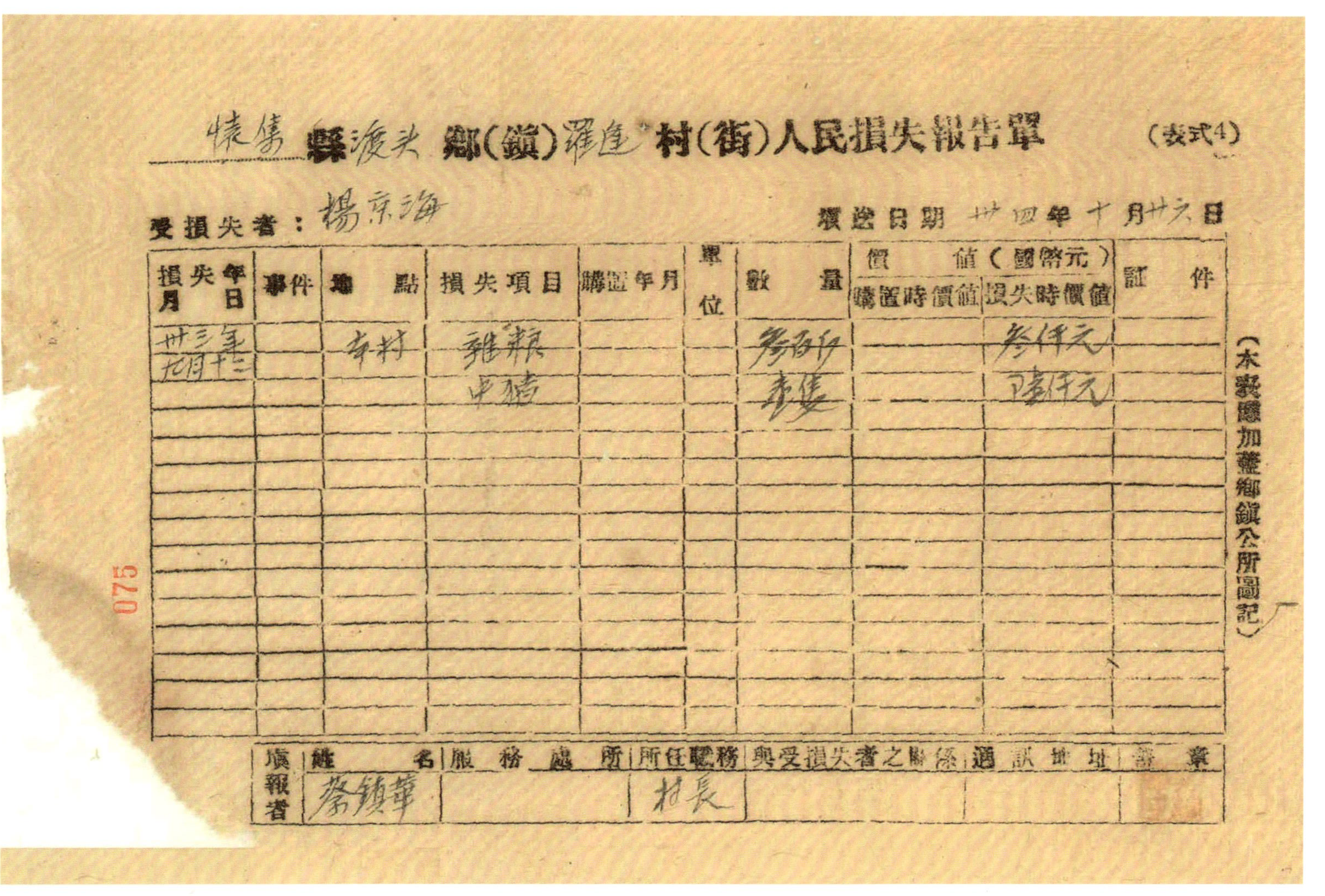

懷集縣渡头鄉（鎮）羅逢村（街）人民損失報告單　（表式4）

受損失者：楊京海　　填送日期　卅四年十月廿六日

損失年月日	事件	地點	損失項目	購置年月	單位	數量	價值（國幣元）購置時價值	價值（國幣元）損失時價值	証件
卅三年九月十二		本村	雜粮			叁百斤	—	叁仟元	
			牛猪			壹隻	—	陆仟元	

（本表應加蓋鄉鎮公所圖記）

填報者	姓名	服務處所	所任職務	與受損失者之關係	通訊地址	蓋章
	蔡鎮華		村長			

075

渡头乡罗逢村巫亚荀财产损失报告单（一九四五年十月二十六日）

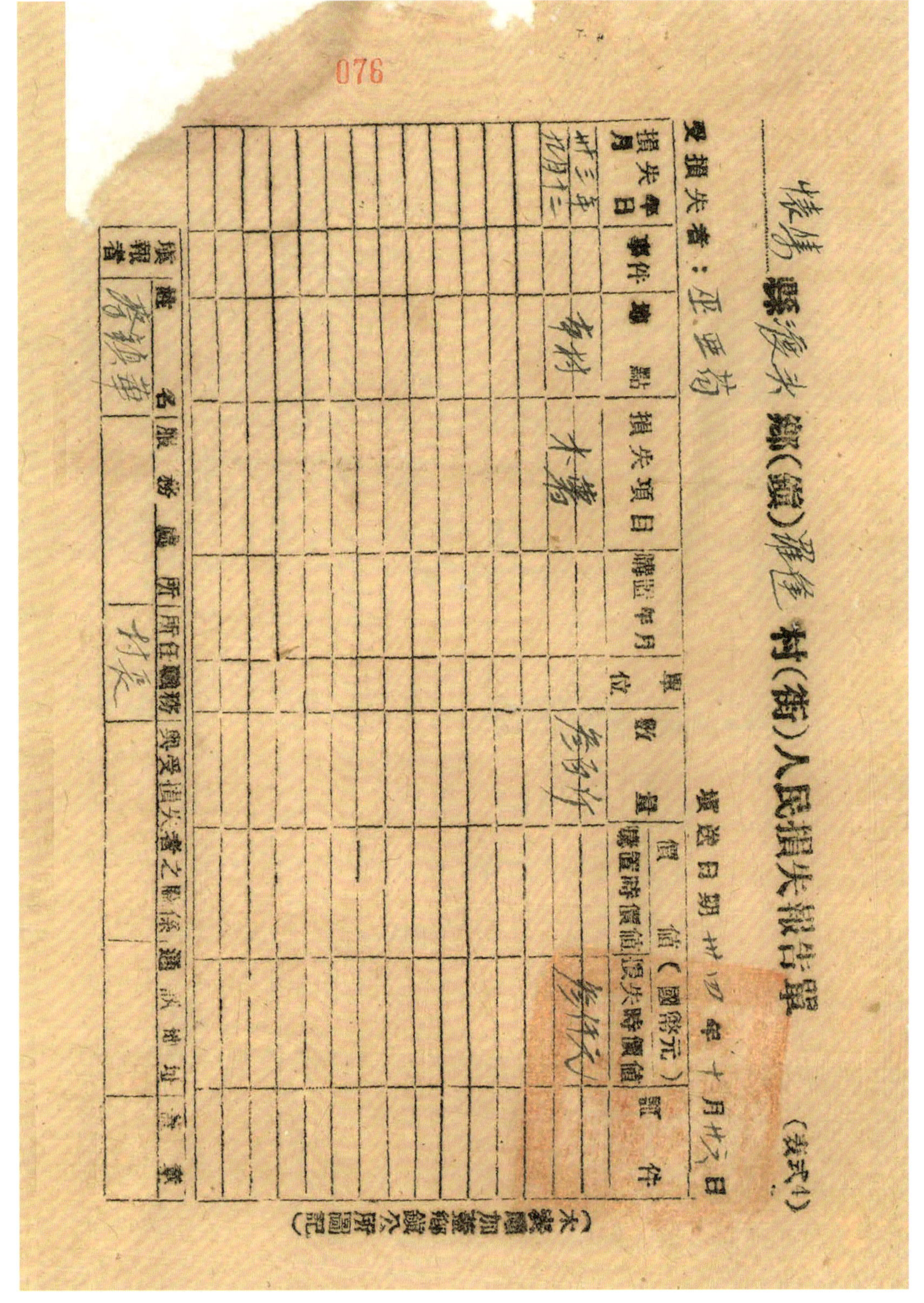

076

（表式1）

懷集縣渡头鄉（鎮）羅逢村（街）人民損失報告單

填送日期 卅四年十月廿六日

受損失者：巫亞荀

損失年月日	事件	地點	損失項目	購置年月	單位	數量	價值（國幣元）購置時價值	價值（國幣元）損失時價值	證件
卅三年九月十二		本村	木薯			叁百斤		叁仟元	

填報者	姓名	服務處所	所任職務	與受損失者之關係	通訊地址	蓋章
	唐錦華		村長			

（未繳驗加蓋鄉鎮公所圖記）

渡头乡罗逢村蔡亚土财产损失报告单（一九四五年十月二十六日）

怀集縣渡头鄉（鎮）羅逢村（街）人民損失報告單

（表式4）

受損失者：蔡亚土　　　　填送日期卅四年十月廿六日

損失年月日	事件	地點	損失項目	購置年月	單位	數量	價值（國幣元）購置時價值	價值（國幣元）損失時價值	證件
卅三年九月十二		本村	早谷			叁百斤		陸仟元	
			中猪			壹隻		七仟元	

填報者	姓名	服務處所	所任職務	與受損失者之關係	通訊地址	蓋章
	蔡鎮華		村長			

（本表應加蓋鄉鎮公所圖記）

渡头乡罗逢村蔡广宗财产损失报告单（一九四五年十月二十六日）

078

懷集縣渡头鄉（鎮）羅逢村（街）人民損失報告單 （表式4）

受損失者：蔡廣宗　　　填送日期 卅四年十月廿六日

損失年月日	事件	地點	損失項目	購置年月	單位	數量	價值（國幣元）購置時價值	價值（國幣元）損失時價值	證件
卅三年九月十三		本村	大水牛			壹隻		叁萬元	
			早谷			伍佰斤		壹萬元	

填報者	姓名	服務處所	所任職務	與受損失者之關係	通訊地址	蓋章
	蔡鎮華		村長			

（本欄應加蓋鄉鎮公所圖記）

渡头乡罗逢村蔡效宗财产损失报告单（一九四五年十月二十六日）

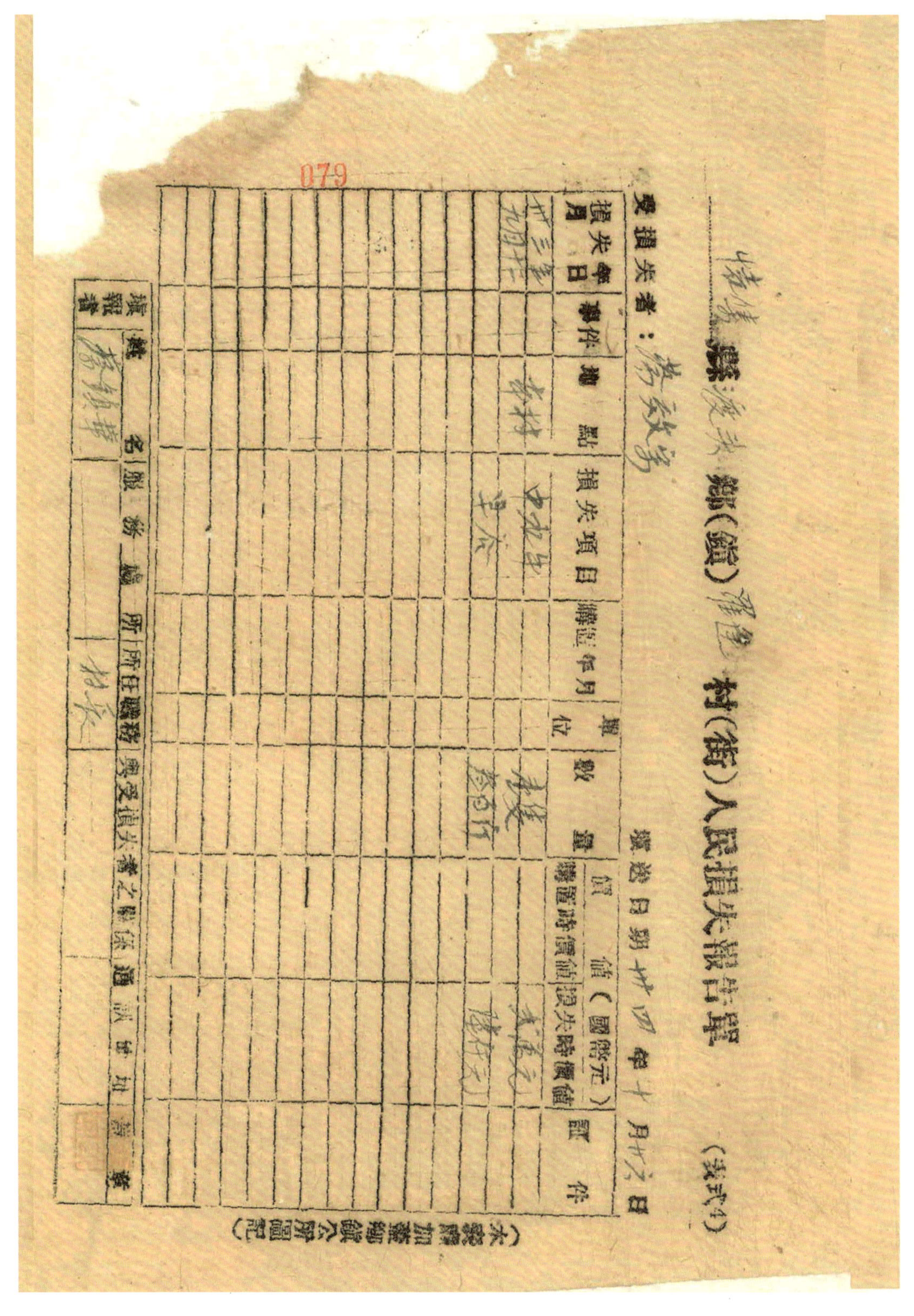

（表式4）

陆丰县渡头乡（镇）罗逢村（街）人民损失报告单

填送日期卅四年十月廿六日

受损失者：蔡效宗

损失年月日	事件	地点	损失项目	购置年月	单位	数量	价值（国币元）购置时价值	价值（国币元）损失时价值	证件
卅三年九月廿一日		本村	中水牛			壹只		柒仟元	
			早谷			叁百斤		陆仟元	

填报者	姓名	服务处所	所任职务	与受损失者之关系	通讯地址	盖章
	蔡镇华		村长			

（本表须加盖乡镇公所图记）

渡头乡罗逢村蔡汝宗财产损失报告单（一九四五年十月二十六日）

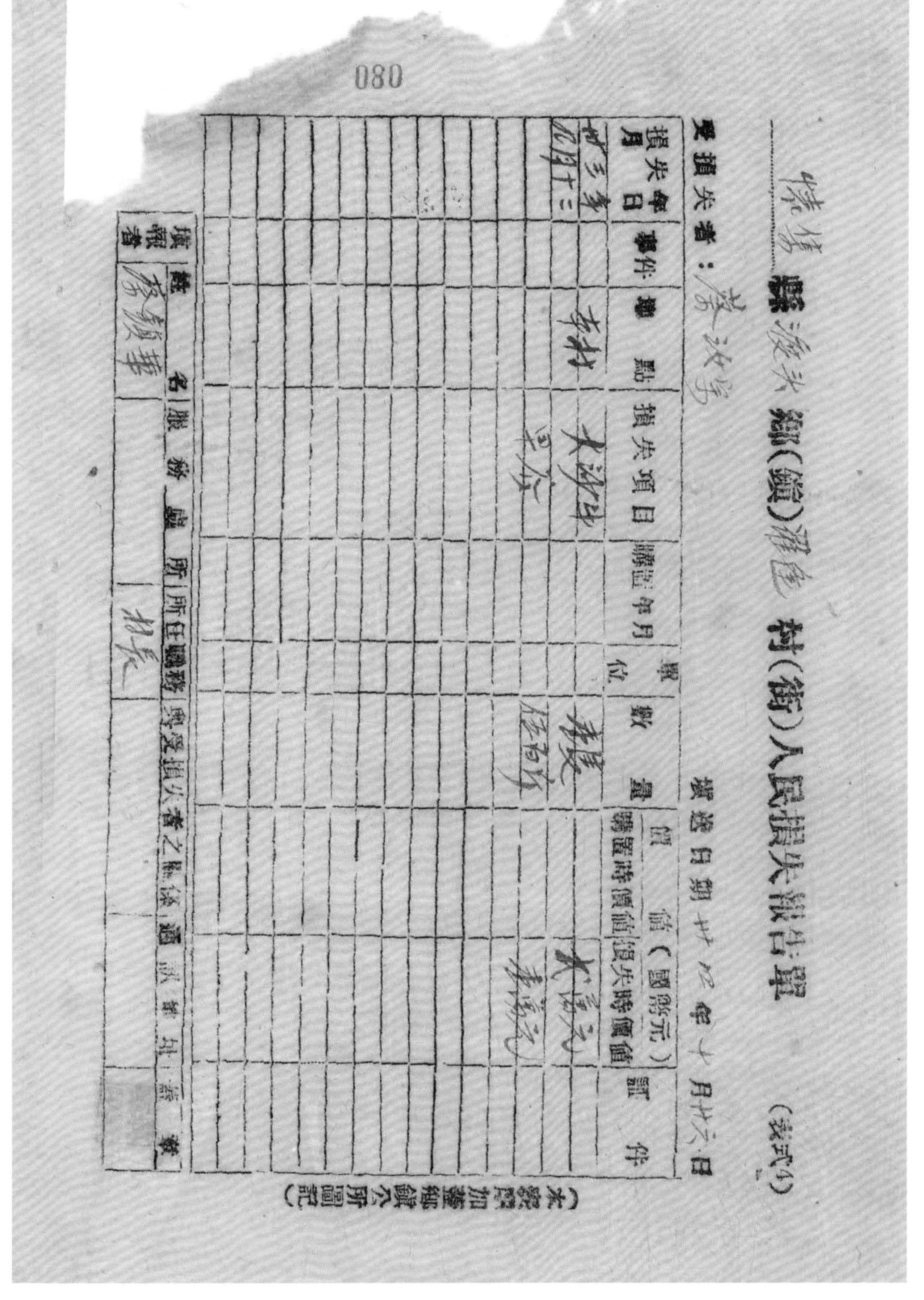

080

懷集縣渡头鄉(鎮)羅逢村(街)人民損失報告單　　(表式4)

受損失者：蔡汝宗　　填送日期卅四年十月廿六日

損失年月日	事件	地點	損失項目	購置年月	單位	數量	價值（國幣元）購置時價值	損失時價值	證件
卅三年九月十二		本村	大沙牛			壹隻		弍萬元	
			早谷			伍佰斤		壹萬元	

填報者	姓名	服務處所	所任職務	與受損失者之關係	通訊地址	蓋章
	蔡穎華		村長			

（本欄經加蓋鄉鎮公所圖記）

渡头乡罗逢村蔡耀宗财产损失报告单（一九四五年十月二十六日）

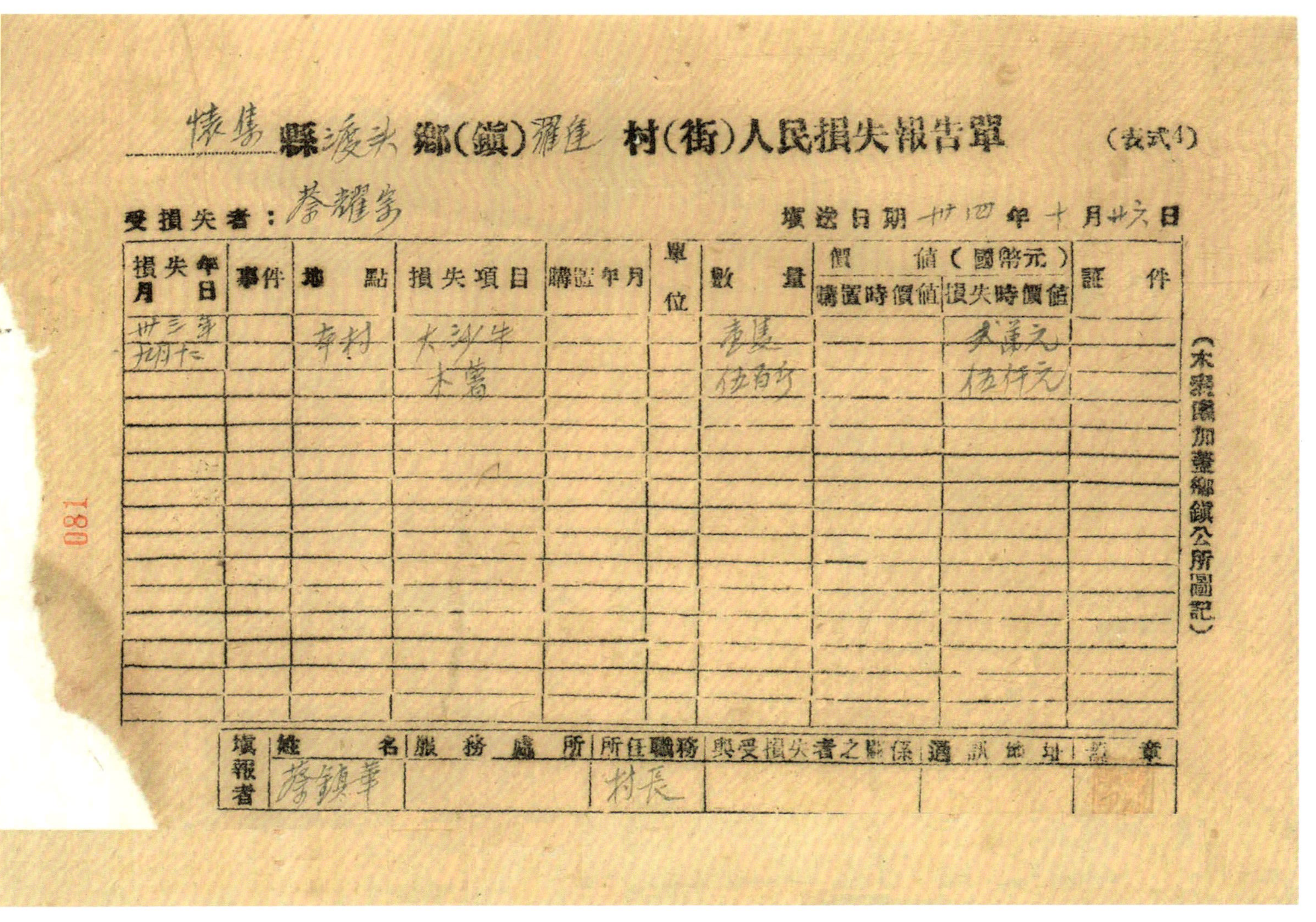

懷集縣渡頭鄉（鎮）羅逢村（街）人民損失報告單　（表式4）

受損失者：蔡耀宗　　　填送日期　卅四年十月廿六日

損失年月日	事件	地點	損失項目	購置年月	單位	數量	價值（國幣元）購置時價值	價值（國幣元）損失時價值	證件
卅三年九月十		本村	大水牛			壹隻		貳萬元	
			木薯			伍百斤		伍仟元	

填報者	姓名	服務處所	所任職務	與受損失者之關係	通訊地址	蓋章
	蔡鎮華		村長			

（未經區加蓋鄉鎮公所圖記）

081

渡头乡罗逢村蔡维宽财产损失报告单（一九四五年十月二十六日）

082

懷集縣渡头鄉（鎮）羅逢村（街）人民損失報告單　（表式4）

受損失者：蔡維宽　　填送日期 卅四年十月廿六日

損失年月日	事件	地點	損失項目	購置年月	單位	數量	價值（國幣元）購置時價值	價值（國幣元）損失時價值	證件
卅三年九月十二		本村	谷米			壹百斤		叁百仟	

（本表需加蓋鄉鎮公所圖記）

填報者	姓名	服務處所	所任職務	與受損失者之關係	通訊地址	蓋章
	蔡鎮華		村長			

渡头乡罗逢村蔡承宗财产损失报告单（一九四五年十月二十六日）

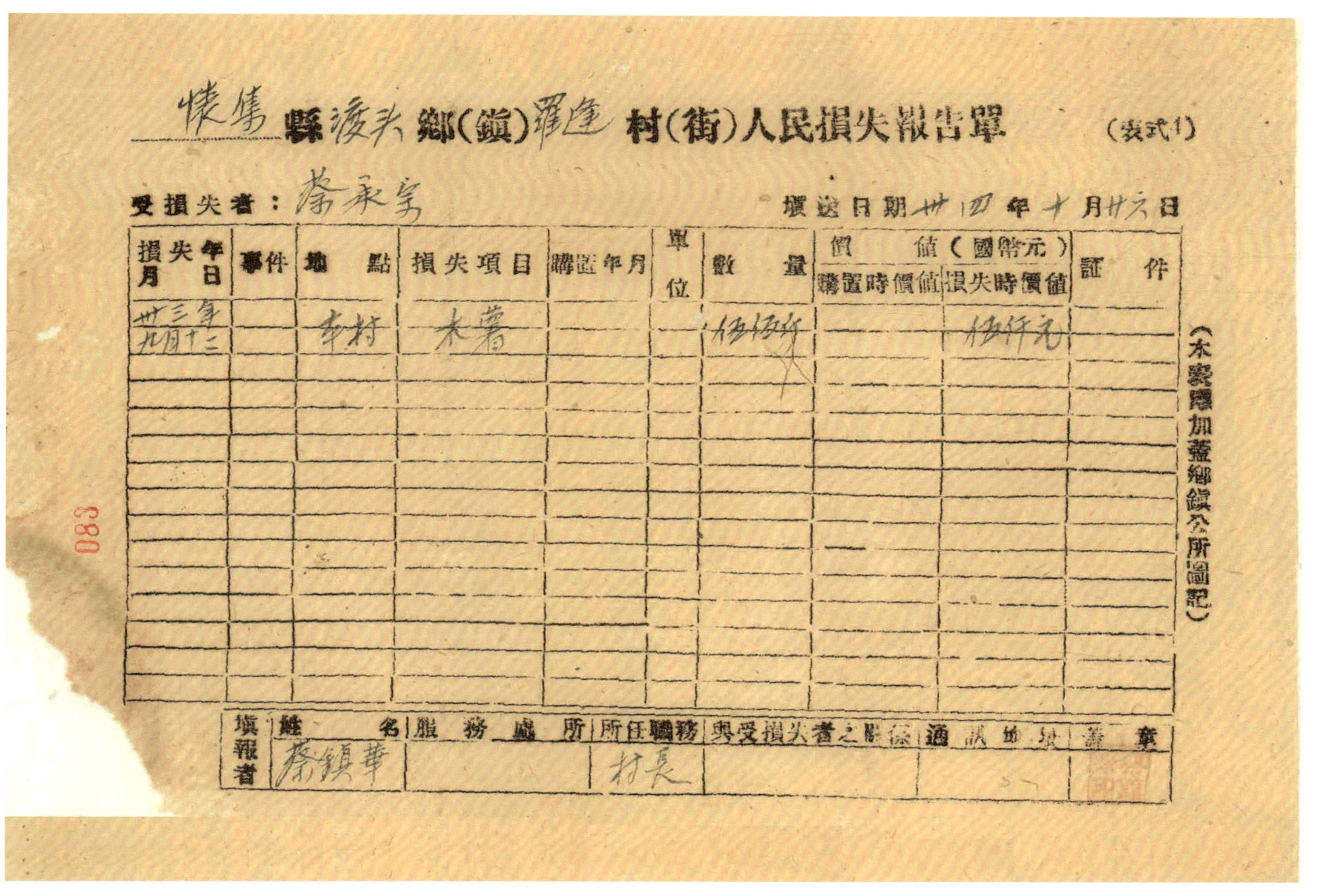

083

懷集縣渡头鄉(鎮)羅逢村(街)人民損失報告單　(表式1)

受損失者：蔡承宗　　填送日期 卅四年十月廿六日

損失年月日	事件	地點	損失項目	購置年月	單位	數量	價值(國幣元) 購置時價值	價值(國幣元) 損失時價值	證件
卅三年九月十二		本村	木薯			伍佰斤		伍仟元	

填報者	姓名	服務處所	所任職務	與受損失者之關係	通訊地址	蓋章
	蔡鎮華		村長			

(本表應加蓋鄉鎮公所圖記)

渡头乡罗逢村蔡盛宗财产损失报告单（一九四五年十月二十六日）

084

懷集縣渡头鄉(鎮)羅逢村(街)人民損失報告單　（表式4）

受損失者：蔡盛宗　　填送日期　卅四年十月廿六日

損失年月日	事件	地點	損失項目	購置年月	單位	數量	價值（國幣元） 購置時價值	價值（國幣元） 損失時價值	證件
卅三年九月十二		本村	木薯			叁百斤		叁仟元	

（本表爲加蓋鄉鎮公所圖記）

填報者	姓名	服務處所	所任職務	與受損失者之關係	通訊地址	蓋章
	蔡鎮華		村長			

渡头乡罗逢村张福珠财产损失报告单（一九四五年十月二十六日）

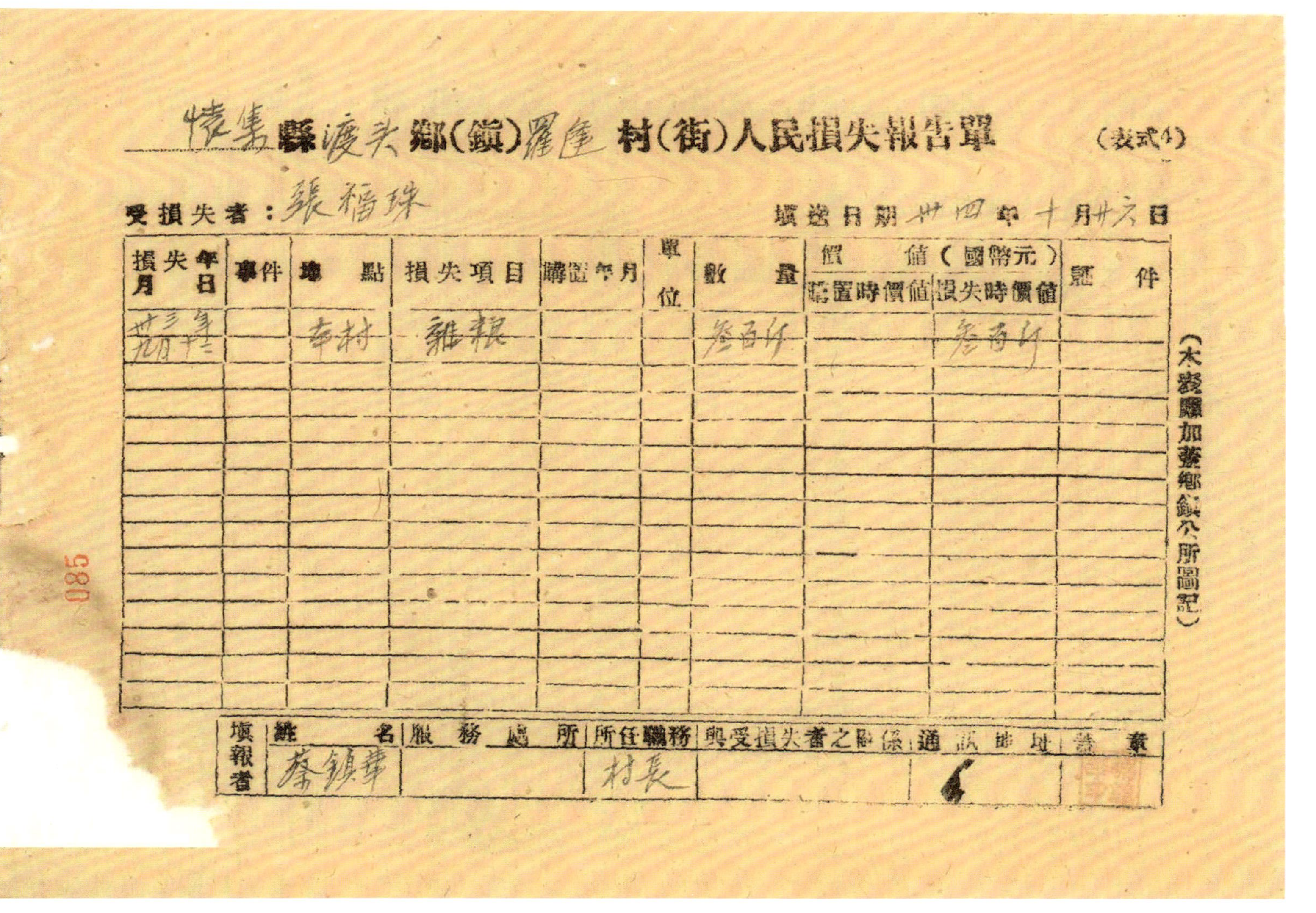

怀集縣渡头鄉（鎮）羅逢村（街）人民損失報告單　（表式4）

受損失者：張福珠　　填送日期卅四年十月廿六日

損失年月日	事件	地點	損失項目	購置年月	單位	數量	價值（國幣元）購置時價值	價值（國幣元）損失時價值	證件
卅三年九月十三		本村	雜粮			叁百斤		叁百斤	

填報者	姓名	服務處所	所任職務	與受損失者之關係	通訊地址	蓋章
	秦鎮華		村長			

（本表須加蓋鄉鎮公所圖記）

渡头乡罗逢村张宽珠财产损失报告单（一九四五年十月二十六日）

懷集縣渡头鄉(鎮)羅逢村(街)人民損失報告單　　(表式十)

受損失者：張寬珠　　　　填送日期卅四年十月廿六日

損失年月日	事件	地點	損失項目	購置年月	單位	數量	價值（國幣元）購置時價值	價值（國幣元）損失時價值	證件
卅三年九月十二		本村	大紅牛			壹隻		叁萬元	
			早谷			伍百斤		壹萬元	

填報者	姓名	服務處所	所任職務	與受損失者之關係	通訊地址	蓋章
	蔡鎮華		村長			

(本表應加蓋鄉鎮公所圖記)

086

渡头乡罗逢村张可滔财产损失报告单（一九四五年十月二十六日）

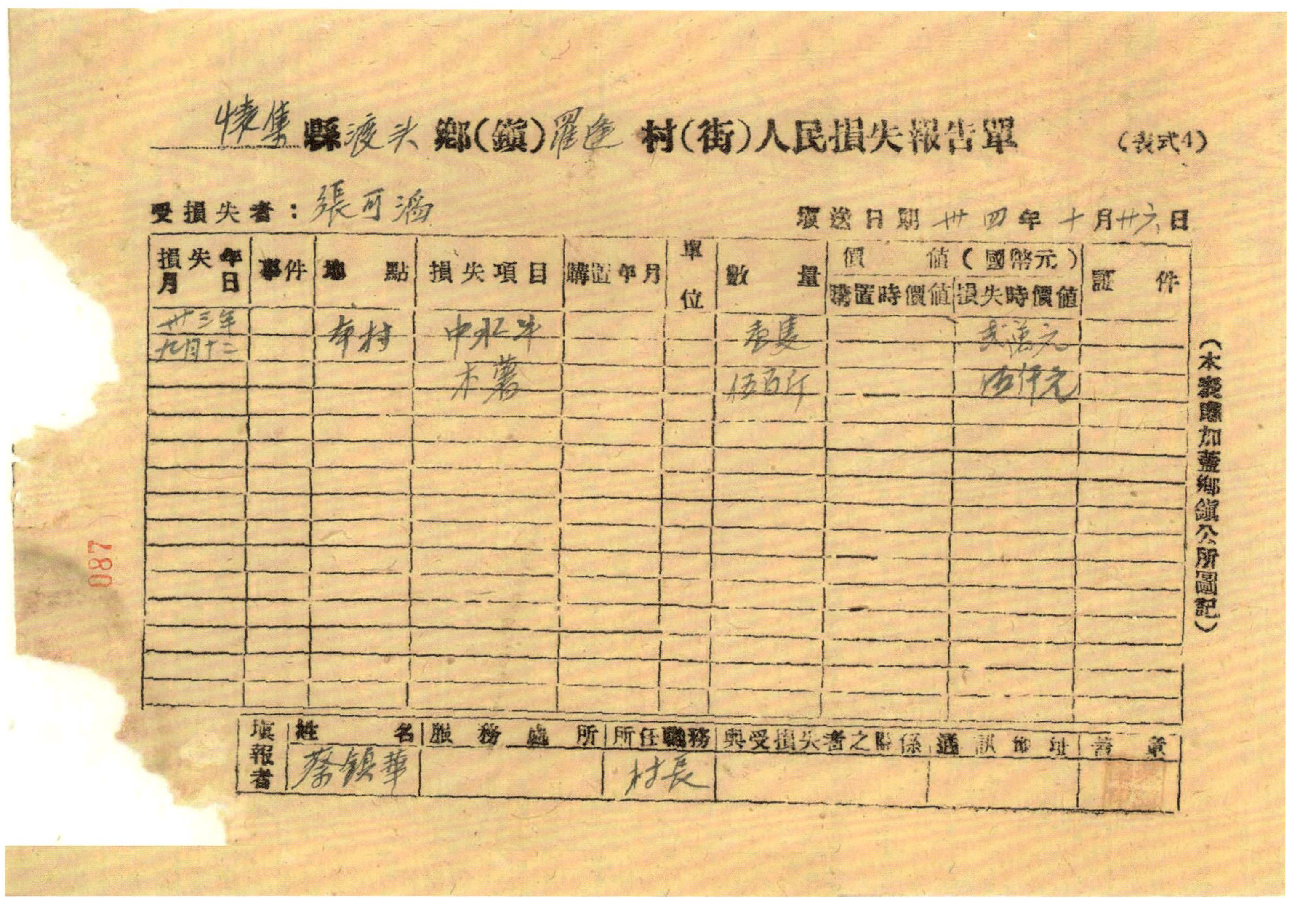

087

懷集縣渡头鄉（鎮）羅逢村（街）人民損失報告單　（表式4）

受損失者：張可滔　　填送日期 卅四年十月廿六日

損失年月日	事件	地點	損失項目	購置年月	單位	數量	價值（國幣元）購置時價值	損失時價值	證件
卅三年九月十二		本村	中水牛			壹隻		貳萬元	
			木器			伍百斤	—	伍仟元	

填報者	姓名	服務處所	所任職務	與受損失者之關係	通訊地址	蓋章
	蔡鎮華		村長			

（本表應加蓋鄉鎮公所圖記）

渡头乡罗逢村张焕珠财产损失报告单（一九四五年十月二十六日）

懷集縣渡头鄉（鎮）羅逢村（街）人民損失報告單　（表式1）

受損失者：張煥珠　　填送日期　卅四年十月廿六日

損失年月日	事件	地點	損失項目	購置年月	單位	數量	價值（國幣元）購置時價值	價值（國幣元）損失時價值	證件
卅三年九月十二		本村	中水牛			壹隻		弍萬元	
			早谷			伍百斤		壹萬元	
			木薯			伍百斤		伍仟元	

填報者	姓名	服務處所	所任職務	與受損失者之關係	通訊地址	蓋章
	蔡鎮華		村長			

（未設鄉鎮公所者應加蓋鄉鎮公所圖記）

渡头乡罗逢村张可宜财产损失报告单（一九四五年十月二十六日）

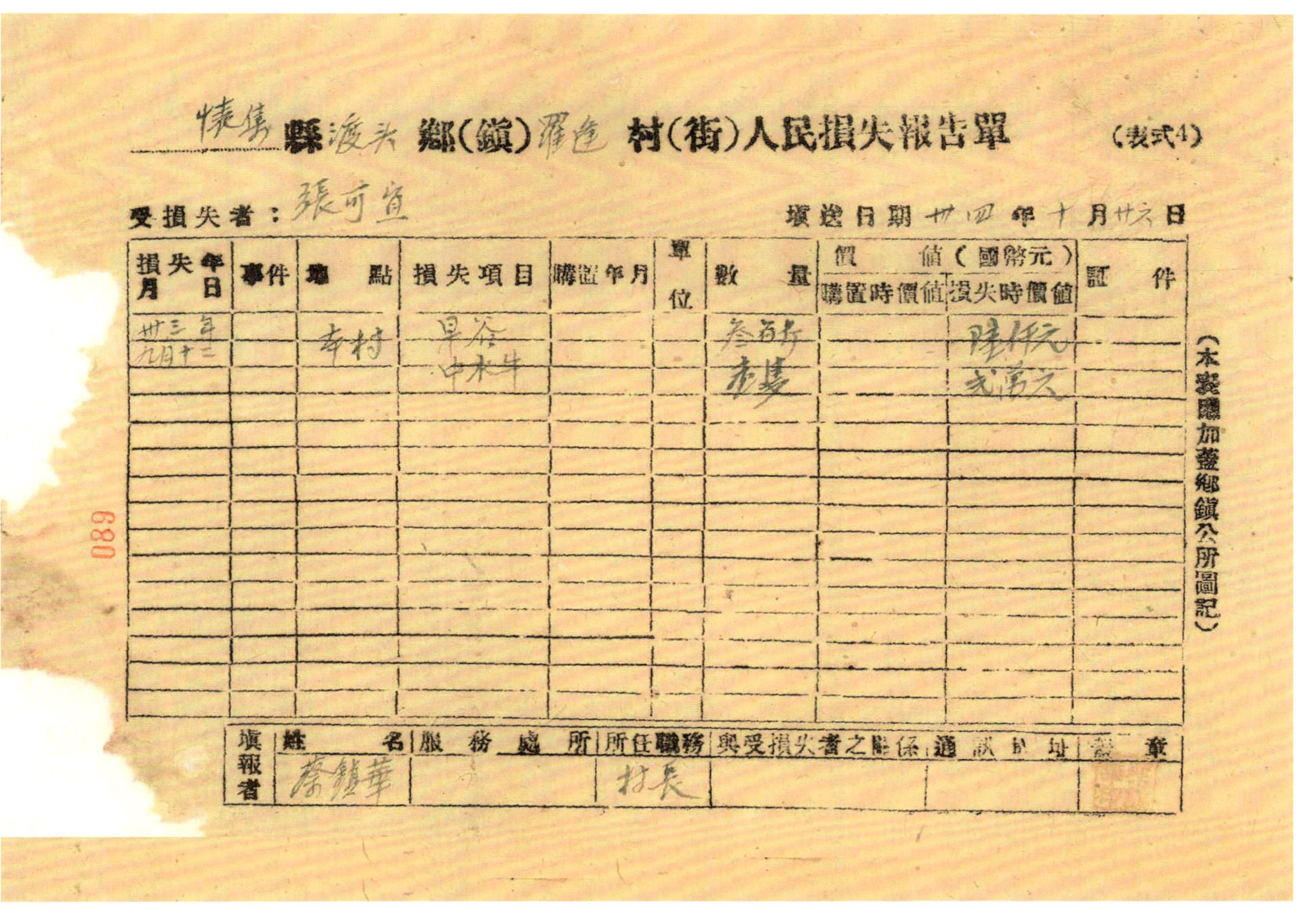

怀集縣渡头鄉（鎮）罗逢村（街）人民損失報告單　（表式4）

受損失者：張可宜　　填送日期 卅四年十月廿六日

損失年月日	事件	地點	損失項目	購置年月	單位	數量	價值（國幣元）購置時價值	價值（國幣元）損失時價值	證件
卅三年九月十三		本村	早谷			叁百斤		陆仟元	
			水牛			壹隻		贰万元	

填報者	姓名	服務處所	所任職務	與受損失者之關係	通訊地址	蓋章
	蔡鎮華		村長			

（本表需加蓋鄉鎮公所圖記）

渡头乡罗逢村卓金水财产损失报告单（一九四五年十月二十六日）

090

懷集縣渡头鄉（鎮）羅逢村（街）人民損失報告單　　（表式4）

受損失者：卓金水　　　　填送日期卅四年十月廿六日

損失年月日	事件	地點	損失項目	購置年月	單位	數量	價值（國幣元）		證件
							購置時價值	損失時價值	
卅三年九月十二		本村	木薯			弍百斤		弍仟元	

填報者	姓名	服務處所	所任職務	與受損失者之關係	通訊地址	蓋章
	蔡鎮華		村長			

（本表應加蓋鄉鎮公所圖記）

渡头乡罗逢村蔡维海财产损失报告单（一九四五年十月二十六日）

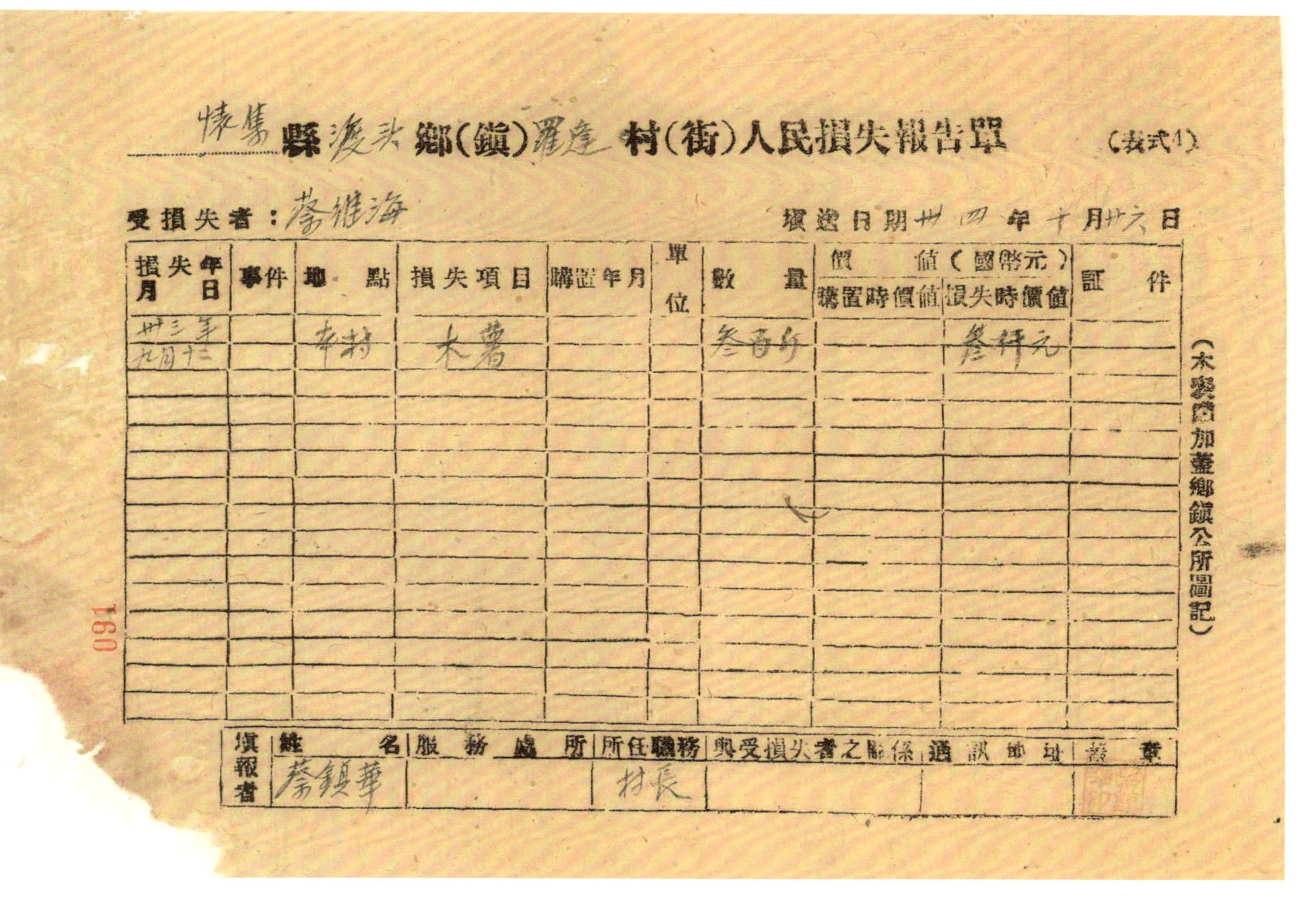

惠阳縣渡头鄉(鎮)羅逢村(街)人民損失報告單　（表式1）

受損失者：蔡维海　　填送日期卅四年十月廿六日

損失年月日	事件	地點	損失項目	購置年月	單位	數量	價值（國幣元）購置時價值	價值（國幣元）損失時價值	證件
卅三年九月十三		本村	木薯			叁百斤		叁仟元	

填報者	姓名	服務處所	所任職務	與受損失者之關係	通訊地址	蓋章
	蔡镇華		村長			

（本表應加蓋鄉鎮公所圖記）

091

渡头乡罗逢村蔡大尧财产损失报告单（一九四五年十月二十六日）

懷集縣渡头鄉(鎮)羅逢村(街)人民損失報告單　(表式4)

受損失者：蔡大堯　　　填送日期卅四年十月廿六日

損失年月日	事件	地點	損失項目	購置年月	單位	數量	價值(國幣元) 購置時價值	價值(國幣元) 損失時價值	證件
卅三年九月十二		本村	旱谷			四百斤		捌仟元	
			中豬			壹隻		陸仟元	

(本表應加蓋鄉鎮公所圖記)

填報者	姓名	服務處所	所任職務	與受損失者之關係	通訊地址	蓋章
	蔡鎮華		村長			[印]

092

渡头乡罗逢村蔡佐尧财产损失报告单（一九四五年十月二十六日）

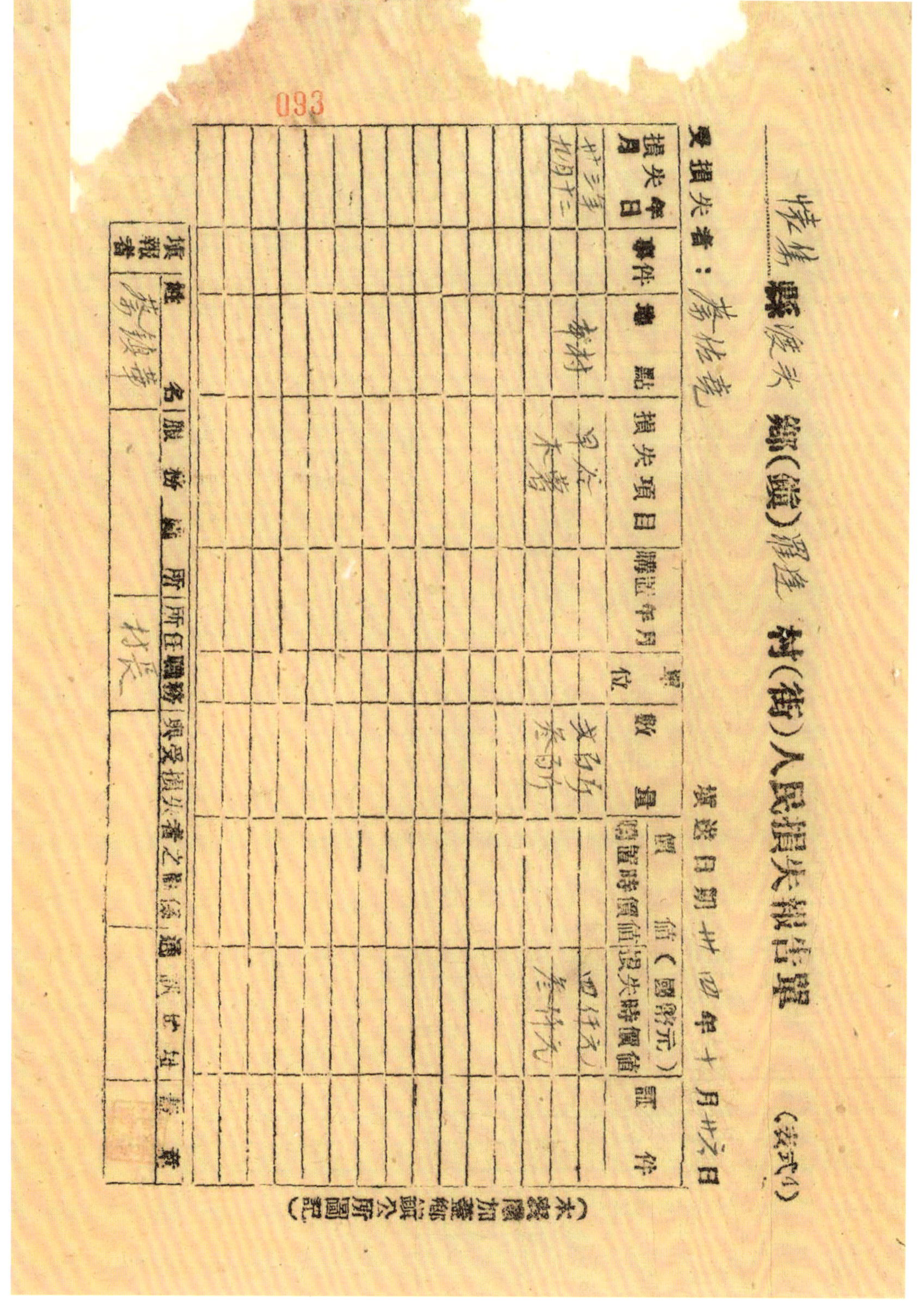

（表式1）

怀集县渡头乡（镇）罗逢村（街）人民损失报告单

填送日期卅四年十月廿六日

受损失者：蔡佐尧

损失年月日	事件	地点	损失项目	购置年月	单位	数量	价值（国币元）购置时价值	价值（国币元）损失时价值	证件
卅三年		本村	早谷			弍百斤		四仟元	
九月廿三			禾草			叁百斤		叁仟元	

填报者	姓名	服务处所	所任职务	与受损失者之关系	通讯地址	盖章
	蔡振华		村长			

（本表应加盖乡镇公所图记）

渡头乡罗逢村蔡维绪财产损失报告单（一九四五年十月二十六日）

094

懷集縣渡头鄉（鎮）羅逢村（街）人民損失報告單　（表式4）

受損失者：蔡維緒　　填送日期　卅四年十月廿六日

損失年月日	事件	地點	損失項目	購置年月	單位	數量	價值（國幣元）		證件
							購置時價值	損失時價值	
卅三年九月十二		本村	木薯			叁百斤		叁仟元	

填報者	姓名	服務處所	所任職務	與受損失者之關係	通訊地址	蓋章
	蔡鎮華		村長			[印]

（本表應加蓋鄉鎮公所圖記）

渡头乡罗逢村蔡祖荫财产损失报告单（一九四五年十月二十六日）

懷集縣渡头鄉(鎮)羅逢村(街)人民損失報告單 （表式4）

受損失者：蔡祖蔭　　填送日期 卅四年十月廿六日

損失年月日	事件	地點	損失項目	購置年月	單位	數量	價值（國幣元）購置時價值	價值（國幣元）損失時價值	證件
卅三年九月十二		本村	木薯			叁百斤	—	叁仟元	

填報者	姓名	服務處所	所任職務	與受損失者之關係	通訊地址	蓋章
	蔡鎮華		村長			[印]

（本表應加蓋鄉鎮公所圖記）

渡头乡罗逢村蔡维汉财产损失报告单（一九四五年十月二十六日）

960

懷集縣渡頭鄉(鎮)羅逢村(街)人民損失報告單 (表式4)

填送日期 卅四年十月廿六日

受損失者：蔡維漢

損失年月日	事件	地點	損失項目	購置年月	單位	數量	價值(國幣元) 購置時價值	損失時價值	證件
卅三年九月十三	[illegible]	本村	木器			大约		壹仟元	

填報者：姓名 蔡維漢　服務處所　所任職務　與受損失者之關係 本人　通訊地址　蓋章

(本表應加蓋鄉鎮公所圖記)

渡头乡罗逢村蔡受禅财产损失报告单（一九四五年十月二十六日）

097

懷集縣渡头鄉(鎮)羅逢村(街)人民損失報告單　　(表式4)

受損失者：蔡受禅　　填送日期卅四年十月廿六日

損失年月日	事件	地點	損失項目	購置年月	單位	數量	價值(國幣元) 購置時價值	價值(國幣元) 損失時價值	證件
卅三年九月十二		本村	木薯			叁佰斤	—	叁仟元	

(未設鄉加蓋鄉鎮公所圖記)

填報者	姓名	服務處所	所任職務	與受損失者之關係	通訊地址	蓋章
	蔡鎮華		村長			[illegible]

渡头乡罗逢村蔡乃祥财产损失报告单（一九四五年十月二十六日）

懷集縣渡头鄉（鎮）羅逢村（街）人民損失報告單　（表式4）

受損失者：蔡乃祥　　　填送日期　卅四年十月廿六日

損失年月日	事件	地點	損失項目	購置年月	單位	數量	價值（國幣元）購置時價值	價值（國幣元）損失時價值	證件
卅三年九月十三		本村	木薯			弍拾斤		弍仟元	

填報者	姓名	服務處所	所任職務	與受損失者之關係	通訊地址	蓋章
	蔡鎮華		村長			

（本表應加蓋鄉鎮公所圖記）

098

渡头乡罗逢村蔡维权财产损失报告单（一九四五年十月二十六日）

懷集縣渡头鄉（鎮）羅逢村（街）人民損失報告單　　（表式4）

受損失者：蔡維權　　　　填送日期　卅四年十月廿六日

損失年月日	事件	地點	損失項目	購置年月	單位	數量	價值（國幣元）購置時價值	價值（國幣元）損失時價值	證件
卅三年九月十二		本村	早谷			叁百斤		陆仟元	
			中猪			壹隻		陆仟元	

填報者	姓名	服務處所	所任職務	與受損失者之關係	通訊地址	蓋章
	蔡鎮華		村長			

（本表應加蓋鄉鎮公所圖記）

099

渡头乡罗逢村蔡亚烂财产损失报告单（一九四五年十月二十六日）

怀集縣渡头鄉（鎮）罗逢村（街）人民損失報告單　（表式4）

受損失者：蔡亚爛　　填送日期卅四年十月廿六日

損失年月日	事件	地點	損失項目	購置年月	單位	數量	價值（國幣元）購置時價值	價值（國幣元）損失時價值	證件
卅三年九月十二		本村	白米			壹百斤		叁仟元	

填報者	姓名	服務處所	所任職務	與受損失者之關係	通訊地址	蓋章
	蔡鎮華		村長			

（本表應加蓋鄉鎮公所圖記）

100

渡头乡罗逢村蔡刘氏财产损失报告单（一九四五年十月二十六日）

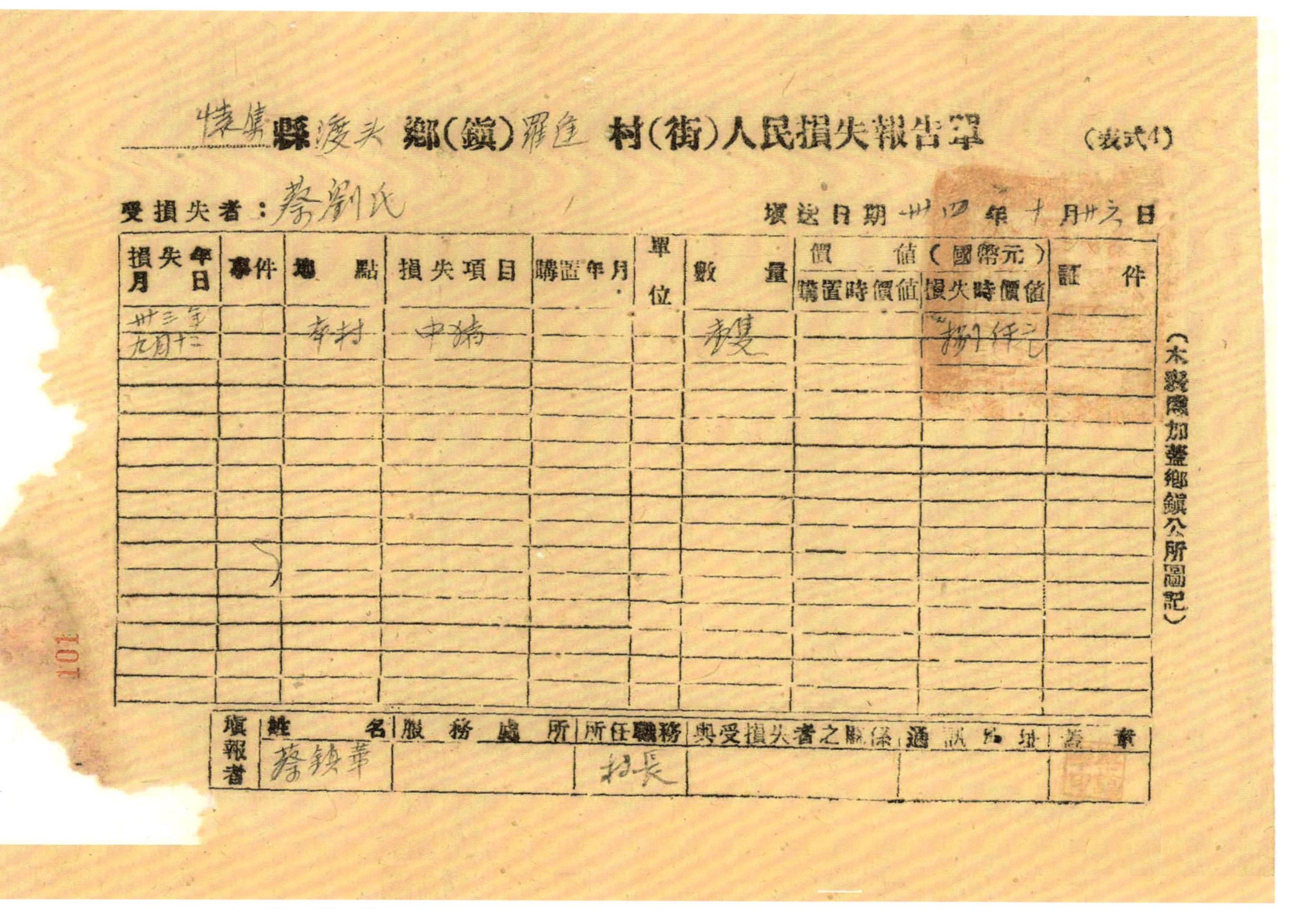

101

懷集縣渡头鄉（鎮）羅逢村（街）人民損失報告單　　（表式1）

受損失者：蔡劉氏　　　　填送日期　卅四年十月廿六日

損失年月日	事件	地點	損失項目	購置年月	單位	數量	價值（國幣元）購置時價值	價值（國幣元）損失時價值	證件
卅三年九月十二		本村	中豬			乙隻		捌仟元	

填報者	姓名	服務處所	所任職務	與受損失者之關係	通訊地址	蓋章
	蔡鎮華		村長			

（本表應加蓋鄉鎮公所圖記）

渡头乡罗逢村蔡广祥财产损失报告单（一九四五年十月二十六日）

102

怀集 縣 渡头 鄉（鎮）羅逢 村（街）人民損失報告單　（表式1）

填送日期 卅四 年 十 月 廿六 日

受損失者：蔡廣祥

損失年月日	事件	地點	損失項目	購置年月	單位	數量	價值（國幣元）購置時價值	價值（國幣元）損失時價值	證件
卅三年九月十二		本村	大水牛			壹隻		叁萬元	
			早谷			陸佰斤		壹萬元	
			禾薯			肆佰斤		肆仟元	

填報者	姓名	服務處所	所任職務	與受損失者之關係	通訊地址	蓋章
	蔡錫華		村長			

（本表應加蓋鄉鎮公所圖記）

渡头乡罗逢村蔡耀祥财产损失报告单（一九四五年十月二十六日）

慈溪縣渡头鄉(鎮)羅逢村(街)人民損失報告單　　(表式4)

受損失者：蔡耀祥　　填送日期卅四年十月廿六日

損失年月日	事件	地點	損失項目	購置年月	單位	數量	價值（國幣元）購置時價值	價值（國幣元）損失時價值	證件
卅三年九月十二		本村	木薯	—		叁百斤	—	叁仟元	

填報者	姓名	服務處所	所任職務	與受損失者之關係	通訊地址	蓋章
	蔡鎮華		村長			

（本表應加蓋鄉鎮公所圖記）

103

渡头乡罗逢村蔡乐丰财产损失报告单（一九四五年十月二十六日）

104

懷集縣渡頭鄉(鎮)羅逢村(街)人民損失報告單 (表式1)

填送日期 卅四年十月廿六日

受損失者：蔡樂豐

損失年月日	事件	地點	損失項目	購置年月	單位	數量	價值(國幣元) 購置時價值	價值(國幣元) 損失時價值	證件
卅三年九月十二	[illegible]	本村	木器			[illegible]		[illegible]	

填報者 姓名 蔡錦華 服務處所 所任職務 村長 與受損失者之關係 通訊地址 [illegible] 蓋章

(本表應加蓋鄉鎮公所圖記)

渡头乡罗逢村蔡伍氏财产损失报告单（一九四五年十月二十六日）

105

懷集縣渡头鄉（鎮）羅逢村（街）人民損失報告單　（表式4）

受損失者：蔡伍氏　　填送日期　卅四年十月廿六日

損失年月日	事件	地點	損失項目	購置年月	單位	數量	價值（國幣元）購置時價值	價值（國幣元）損失時價值	證件
卅三年九月十二		本村	木薯			弍百斤		弍仟元	

填報者	姓名	服務處所	所任職務	與受損失者之關係	通訊地址	蓋章
	蔡鎮華		村長			[印]

（本表應加蓋鄉鎮公所圖記）

渡头乡罗逢村蔡考成财产损失报告单（一九四五年十月二十六日）

106

怀集縣渡头鄉（鎮）罗逢村（街）人民損失報告單　（表式4）

受損失者：蔡考成　　填送日期　卅四年十月廿六日

損失年月日	事件	地點	損失項目	購置年月	單位	數量	價值（國幣元）購置時價值	損失時價值	證件
卅三年九月十二		本村	雜粮			弍百斤	—	弍仟元	

（本表應加蓋鄉鎮公所圖記）

填報者	姓名	服務處所	所任職務	與受損失者之關係	通訊地址	蓋章
	蔡鎮華		村長			

渡头乡罗逢村蔡怡成财产损失报告单（一九四五年十月二十六日）

107

懷集縣渡头鄉（鎮）羅逢村（街）人民損失報告單　（表式4）

受損失者：蔡怡成　　填送日期卅四年十月廿六日

損失年月日	事件	地點	損失項目	購置年月	單位	數量	價值（國幣元）購置時價值	價值（國幣元）損失時價值	證件
卅三年九月十三		本村	木薯			弍百斤		弍仟元	

（本表應加蓋鄉鎮公所圖記）

填報者	姓名	服務處所	所任職務	與受損失者之關係	通訊地址	簽章
	蔡鎮華		村長			

渡头乡罗逢村蔡佛妹财产损失报告单（一九四五年十月二十六日）

108

怀集县渡头乡（镇）罗逢村（街）人民损失报告单　　（表式4）

受损失者：蔡佛妹　　填送日期卅四年十月廿六日

损失年月日	事件	地点	损失项目	购置年月	单位	数量	价值（国币元） 购置时价值	损失时价值	证件
卅三年九月十二		本村	雜粮			弍佰斤		弍仟元	

填报者	姓名	服务处所	所任职务	与受损失者之关系	通讯地址	盖章
	蔡镇華		村長			

（本表应加盖乡镇公所图记）

三、怀集县凤冈乡人民财产损失调查报告单

凤冈乡石湾村郑禹勋财产损失报告单（一九四五年十月）

[illegible]縣鳳岡鄉（鎮）石湾村（街）人民財產損失報告單　（表式4）

受損失者：鄭禹勳　　　　填送日期卅四年十月　日

損失年月日	事件	地點	損失項目	購置年月	單位	數量	價值（國幣元）購置時價值	價值（國幣元）損失時價值	證件
卅三年九月十二日	疏散	本籍	布	廿四年	5丈	5丈	7.5元	10000元	
			洋毯		1床	1床	12元	4000元	
			稻谷		100	1000斤		20000元	

（本表須加蓋鄉鎮公所圖記）

填報者	姓名	服務處所	所任職務	與受損失者之關係	通訊地址	蓋章
	劉廷基	鳳岡鄉公所	鳳岡[illegible]公所	鄉民	鳳岡鄉公所	

001

凤冈乡石湾村李卓荣财产损失报告单（一九四五年十月）

002

懷集縣鳳岡鄉（鎮）石湾村（街）人民財產損失報告單　（表式4）

受損失者：李卓荣

填送日期　卅四年十月　日

損失年月日	事件	地點	損失項目	購置年月	單位	數量	價值（國幣元）購置時價值	價值（國幣元）損失時價值	證件
卅四年九月廿一日	敵擾	本籍	稻谷			500斤		5000元	
			衣服		3	3套	6元	4500元	

（本表應加蓋鄉鎮公所圖記）

填報者	姓名	服務處所	所任職務	與受損失者之關係	通訊地址	蓋章
	劉炎基	鳳岡鄉公所	鄉長	鄉民	鳳岡鄉公所	

凤冈乡石湾村李兆庆财产损失报告单（一九四五年十月）

惠陽縣鳳岡鄉（鎮）石灣村（街）人民財產損失報告單　（表式4）

受損失者：李兆慶

填送日期　卅四年　十　月　日

損失年月日	事件	地點	損失項目	購置年月	單位	數量	價值（國幣元）購置時價值	價值（國幣元）損失時價值	證件
[illegible]	[illegible]	本籍	稻谷			2500斤		25000元	
			猪		1	1隻		2000元	
			牛		1	1隻		24000元	
			棉衣		4	4件		8000元	

填報者	姓名	服務處所	所任職務	與受損失者之關係	通訊地址	蓋章
	劉廷基	鳳岡鄉公所	[illegible]	鄉長	鳳岡鄉公所	

（本表應用鄉鎮公所圖記）

003

凤冈乡石湾村陈守杨财产损失报告单（一九四五年十月）

004

懷集縣鳳岡鄉（鎮）石湾村（街）人民財產損失報告單 （表式4）

受損失者：陳守楊　　填送日期卅四年十月　日

損失年月日	事件	地點	損失項目	購置年月	單位	數量	價值（國幣元）購置時價值	損失時價值	證件
[illegible]	流散	本籍	豬	卅二年	1	1隻	300元	15000元	

填報者	姓名	服務處所	所任職務	與受損失者之關係	通訊地址	蓋章
	[illegible]	鳳岡鄉公所	鄉長	鄉長	鳳岡鄉公所	

（本表應加蓋鄉鎮公所圖記）

凤冈乡石湾村李东初财产损失报告单（一九四五年十月）

[illegible]縣鳳岡鄉（鎮）石灣村（街）人民財產損失報告單　（表式4）

受損失者：李東初　　填送日期卅四年十月　日

損失年月日	事件	地點	損失項目	購置年月	單位	數量	價值（國幣元）購置時價值	價值（國幣元）損失時價值	證件
[illegible]年九月十二日	疏散	本籍	衣服		3	3套	6元	4500元	
			布		8	8丈	16元	16000元	

（本表應加蓋鄉鎮公所圖記）

填報者	姓名	服務處所	所任職務	與受損失者之關係	通訊地址	蓋章
	劉廷[illegible]	鳳岡鄉公所	鄉長	鄉民	鳳岡鄉公所	

005

凤冈乡石湾村李若珠财产损失报告单（一九四五年十月）

懷集縣鳳岡鄉（鎮）石湾村（街）人民財產損失報告單　（表式4）

受損失者：李若珠　　　　填送日期卅四年 十 月　日

損失年月日	事件	地點	損失項目	購置年月	單位	數量	價值（國幣元）購置時價值	損失時價值	證件
卅四年六月[illegible]	疏散	本籍	猪		1	1隻		20000元	
			衣物		1			12000元	
			金[illegible]		1	1支		1000元	

填報者	姓名	服務處所	所任職務	與受損失者之關係	通訊地址	蓋章
	劉拜莊	鳳岡鄉公所	鄉長	鄉民	鳳岡鄉公所	

（本表應加蓋鄉鎮公所圖記）

009

凤冈乡石湾村莫廷槐财产损失报告单（一九四五年十月）

德慶縣鳳岡鄉（鎮）石灣村（街）人民財產損失報告單　（表式4）

受損失者：莫廷槐　　　　填送日期卅四年十月　日

損失年月日	事件	地點	損失項目	購置年月	單位	數量	價值（國幣元）購置時價值	價值（國幣元）損失時價值	證件
卅四年九月十二日	抗戰	本籍	稻谷			500斤		5000元	
			棉被		1	1	廿一年九月	2000元	
			麻布		1匹	1匹丈		12600元	

報告者	姓名	服務處所	所任職務	與受損失者之關係	通訊地址	蓋章
	劉廷基	鳳岡鄉公所	鄉長	鄉長	鳳岡鄉公所	

（本表須加蓋鄉鎮公所圖記）

凤冈乡石湾村冯炉元财产损失报告单（一九四五年十月）

懷集縣鳳岡鄉（鎮）石灣村（街）人民財產損失報告單 （表式4）

受損失者：馮炉元　　填送日期 卅四年 十 月 日

損失年月日	事件	地點	損失項目	購置年月	單位	數量	價值（國幣元）購置時價值	價值（國幣元）損失時價值	證件
[illegible]十二日	疏散	本籍	稻谷		500	500斤		5000元	
			蚊帳	卅三年四月	1	1張		1500元	
			鉄犁		1	[illegible]		1000元	
			鉄鈀		1	1支		400元	

填報者	姓名	服務處所	所任職務	與受損失者之關係	通訊地址	蓋章
	劉廷基	鳳岡鄉公所	鄉長	鄉民	鳳岡鄉公所	

（本表應加蓋鄉鎮公所圖記）

凤冈乡石湾村李兆膺财产损失报告单（一九四五年十月）

懷集縣鳳岡鄉(鎮)石灣村(街)人民財產損失報告單 (表式4)

受損失者：李兆膺　　　　填送日期卅四年十月　日

損失年月日	事件	地點	損失項目	購置年月	單位	數量	價值(國幣元) 購置時價值	價值(國幣元) 損失時價值	證件
卅一年九月十二日	疏散	本籍	稻谷			1500斤		15000元	
			豬	卅三年一月	1	1隻	3000元	30000元	
			狗	廿八年四月		1隻	240	960元	
			豬母			8隻		20000元	
			豬苗					32000元	

(本表應加蓋鄉鎮公所圖記)

填報者	姓名	服務處所	所任職務	與受損失者之關係	通訊地址	蓋章
	劉廷莊	鳳岡鄉公所	鄉長	鄉民	鳳岡鄉公所	

009

凤冈乡石湾村李若桧财产损失报告单（一九四五年十月）

懷集縣鳳岡鄉（鎮）石湾村（街）人民財產損失報告單 （表式4）

受損失者：李若檜　　填送日期：三十四年十月　日

損失年月日	事件	地點	損失項目	購置年月	單位	數量	價值（國幣元）購置時價值	價值（國幣元）損失時價值	證件
卅三年九月十二日	沦陷	本籍	洋毡	廿四年[illegible]月	1	1張	15元	5000元	
			棉胎	廿五年八月	1	1張	6元	3000元	
			牛	廿三年九月	1	1隻	100元	25000元	
			猪		1	1隻		20000元	
			谷		1000	100斤		10000元	
			時鐘		1	1隻		6000元	

（本表應加蓋鄉鎮公所圖記）

報告者	姓名	服務處所	所任職務	與受損失者之關係	通訊地址	蓋章
	劉若[illegible]	鳳岡鄉公所	鄉長	鄉長	鳳岡鄉公所	

凤冈乡石湾村李钟烈财产损失报告单（一九四五年十月）

寮步縣鳳岡鄉（鎮）石灣村（街）人民財產損失報告單

（表式4）

受損失者：李鐘烈

填送日期 卅四年 十 月 日

損失年月日	事件	地點	損失項目	購置年月	單位	數量	價值（國幣元）購置時價值	價值（國幣元）損失時價值	證件
卅一年九月十二日	[illegible]	鳳岡鄉石灣村	稻谷	卅三年七月		2000斤		20000元	
			棉胎	廿四年	二	6斤	6元	6000元	
			蚊帐	廿二年	三	2床	5元	2000元	

（本表應加蓋鄉鎮公所圖記）

填報者	姓名	服務處所	所任職務	與受損失者之關係	通訊地址	蓋章
	劉任莊	鳳岡鄉公所	鄉長	鄉長	鳳岡鄉公所	

011

凤冈乡石湾村李钟岱财产损失报告单（一九四五年十月）

懷集縣鳳岡鄉（鎮）石灣村（街）人民財產損失報告單 （表式4）

受損失者：李鍾岱　　　　填送日期 卅四年 十 月 日

損失年月日	事件	地點	損失項目	購置年月	單位	數量	價值（國幣元）購置時價值	價值（國幣元）損失時價值	證件
卅三年八月十二日	淪陷	本鄉	衣服	卅三年	三	3件	3元	4500元	
			時鐘	十八時	一	1個	12元	5000元	
			鴨		五	5隻		1000元	
			鷄		三	3隻		900元	

（本表須加蓋鄉鎮公所圖記）

填報者	姓名	服務處所	所任職務	與受損失者之關係	通訊地址	蓋章
	劉廷基	鳳岡鄉公所	鄉長	鄉民	鳳岡鄉公所	

凤冈乡石湾村李有涌财产损失报告单（一九四五年十月）

[illegible]縣鳳岡鄉（鎮）石灣村（街）人民財產損失報告單 （表式4）

受損失者：李有湧　　　　　　　　　　　　　　　　填送日期　　年　　月　　日

損失年月日	事件	地點	損失項目	購置年月	單位	數量	價值（國幣元）購置時價值	價值（國幣元）損失時價值	證件
[illegible]年九月十二日	疏散	本鄉	猪	卅二年一月	一	1隻	3000元	3000元	
			鷄		四	4		9000元	

（本表應加蓋鄉鎮公所圖記）

報告者	姓名	服務處所	所任職務	與受損失者之關係	通訊地址	蓋章
	劉廷莊	鳳岡鄉公所	鄉長	鄉民	鳳岡鄉公所	

013

凤冈乡石湾村李兆康财产损失报告单（一九四五年十月）

懷集縣鳳岡鄉（鎮）石灣村（街）人民財產損失報告單 （表式4）

受損失者：李兆康

填送日期 年 月 日

損失年月日	事件	地點	損失項目	購置年月	單位	數量	價值（國幣元）購置時價值	價值（國幣元）損失時價值	證件
[illegible]九月十二日	流寇	本籍	狗	廿九年	1	1隻	4元	400元	
			棉胎	廿五年	2	2件	6元	6000元	
			生油	廿	15	15斤		3000元	
			衣服		4	4套	[illegible]	5000元	
			棉被	廿二年	14	14丈	15元	15000元	

填報者	姓名	服務處所	所任職務	與受損失者之關係	通訊地址	蓋章
	劉廷基	鳳岡鄉公所	鄉長	鄉長	鳳岡鄉公所	

（本表須加蓋鄉鎮公所圖記）

014

凤冈乡金坪村高翊乾财产损失报告单（一九四五年十月）

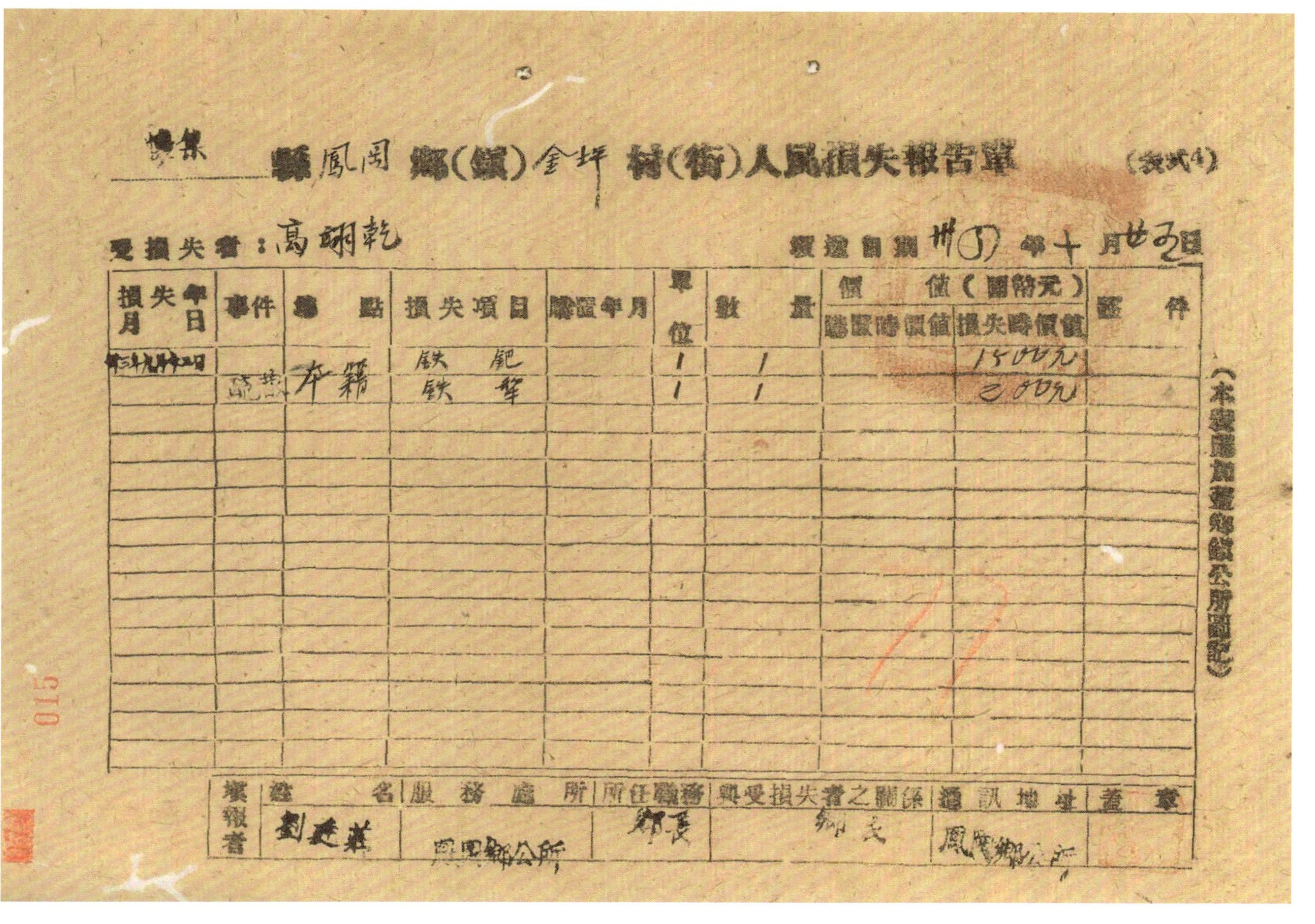

（表式4）

[illegible]縣鳳岡鄉（鎮）金坪村（街）人民損失報告單

受損失者：高翊乾

填送日期 卅四年十月廿五日

損失年月日	事件	地點	損失項目	購置年月	單位	數量	價值（國幣元）購置時價值	價值（國幣元）損失時價值	證件
卅三年九月十二日		本籍	鉄耙		1	1		1500元	
			鉄犂		1	1		2000元	

填報者	姓名	服務處所	所任職務	與受損失者之關係	通訊地址	蓋章
	劉建華	鳳岡鄉公所	鄉長	鄉長	鳳岡鄉公所	

（本表應加蓋鄉鎮公所圖記）

凤冈乡金坪村高定民财产损失报告单（一九四五年十月）

怀集县凤冈乡（镇）金坪村（街）人民损失报告单　　（表式1）

受损失者：高定民　　　　填送日期　　年　　月　　日

损失年月日	事件	地点	损失项目	购置年月	单位	数量	价值（国币元）购置时价值	价值（国币元）损失时价值	证件
卅二年九月十二日	疏散	本籍	棉花		5	5斤		2500元	
			稻谷		500	500斤		5000元	

填报者	姓名	服务处所	所任职务	与受损失者之关系	通讯地址	盖章
	刘寿英	凤冈乡公所	乡长	乡民	凤冈[illegible]公所	

（本表限加盖乡镇公所图记）

凤冈乡金坪村邓传丽财产损失报告单（一九四五年十月）

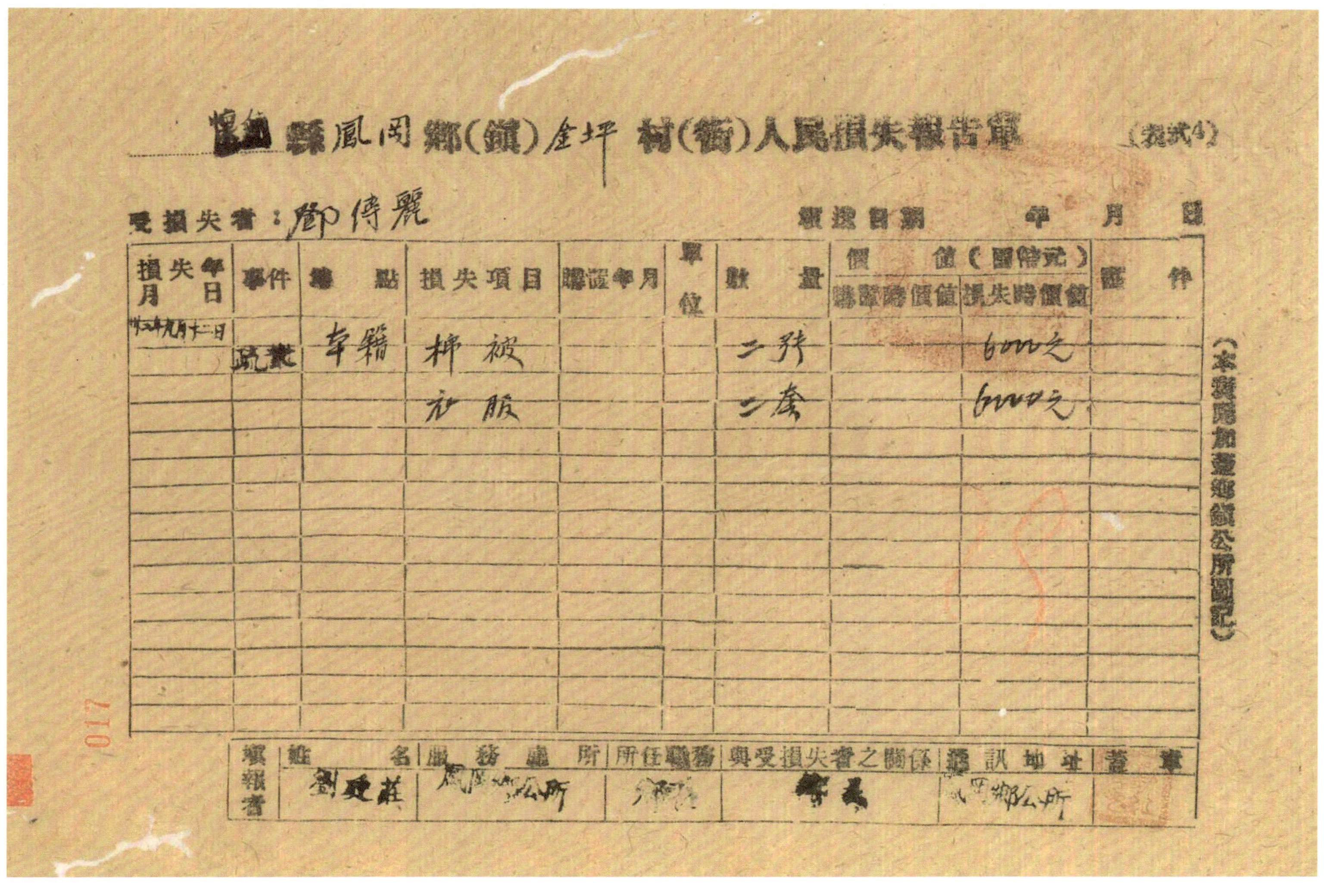

懷集縣鳳岡鄉（鎮）金坪村（街）人民損失報告單 （表式4）

受損失者：鄧傳麗　　　　填送日期　　年　　月　　日

損失年月日	事件	地點	損失項目	購置年月	單位	數量	價值（國幣元）購置時價值	損失時價值	證件
卅三年九月十二日	疏散	本籍	棉被			二件		6000元	
			衣服			二套		6000元	

填報者	姓名	服務處所	所任職務	與受損失者之關係	通訊地址	蓋章
	劉受莊	鳳岡鄉公所	[illegible]	鄉長	鳳岡鄉公所	

（本表須加蓋鄉鎮公所圖記）

凤冈乡金坪村范创枢财产损失报告单（一九四五年十月）

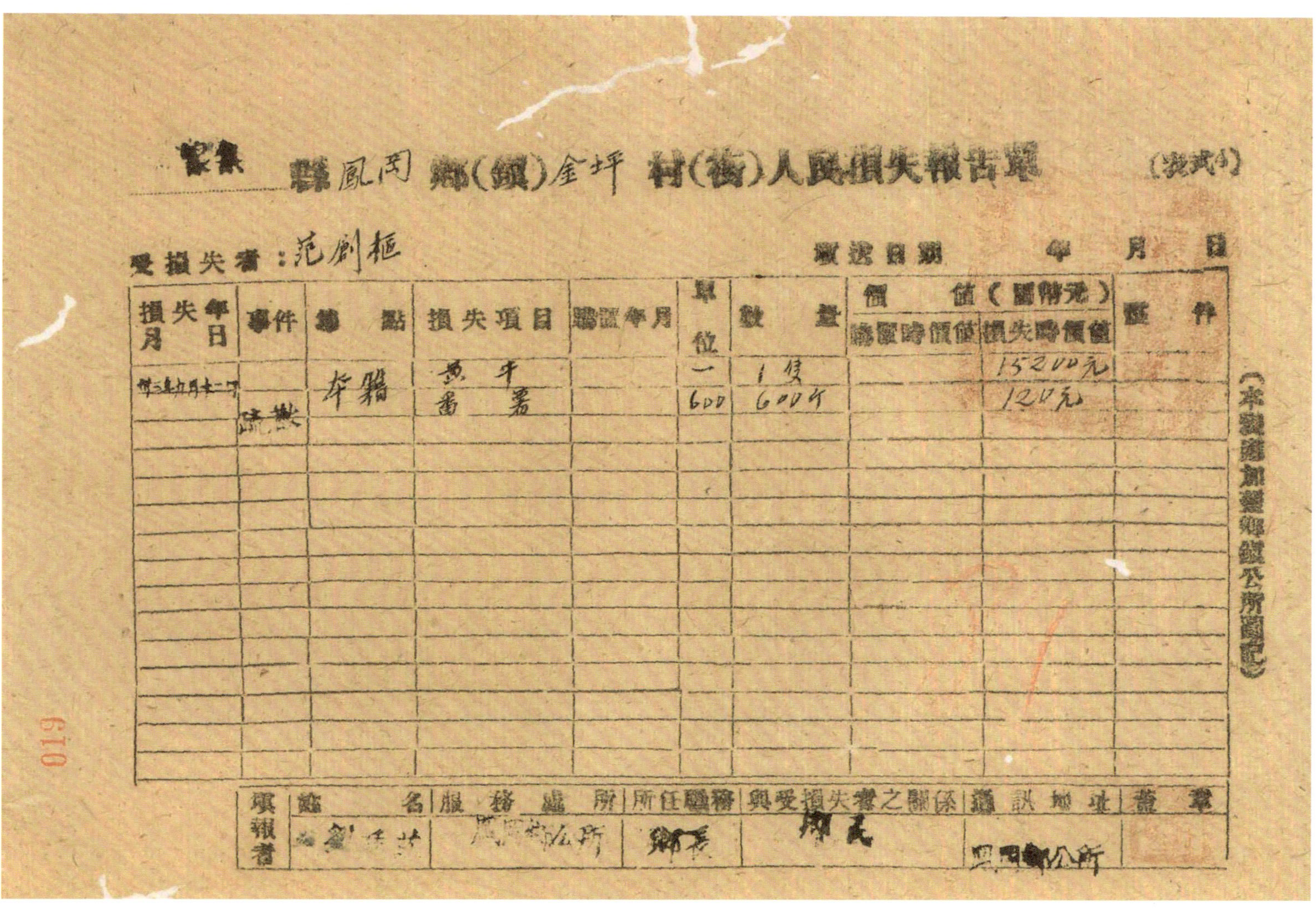

[illegible]縣凤冈鄉(鎮)金坪村(街)人民損失報告單　（表式1）

受損失者：范創樞　　填送日期　年　月　日

損失年月日	事件	地點	損失項目	購置年月	單位	數量	價值（國幣元）購置時價值	損失時價值	證件
卅三年九月十二日	[illegible]	本籍	黄牛		一	1隻		15200元	
			番薯		600	600斤		120元	

填報者	名	服務處所	所任職務	與受損失者之關係	通訊地址	蓋章
	[illegible]	凤冈鄉公所	鄉長	鄉民	凤冈鄉公所	

（本表應加蓋鄉鎮公所圖記）

019

凤冈乡金坪村李正效财产损失报告单（一九四五年十月）

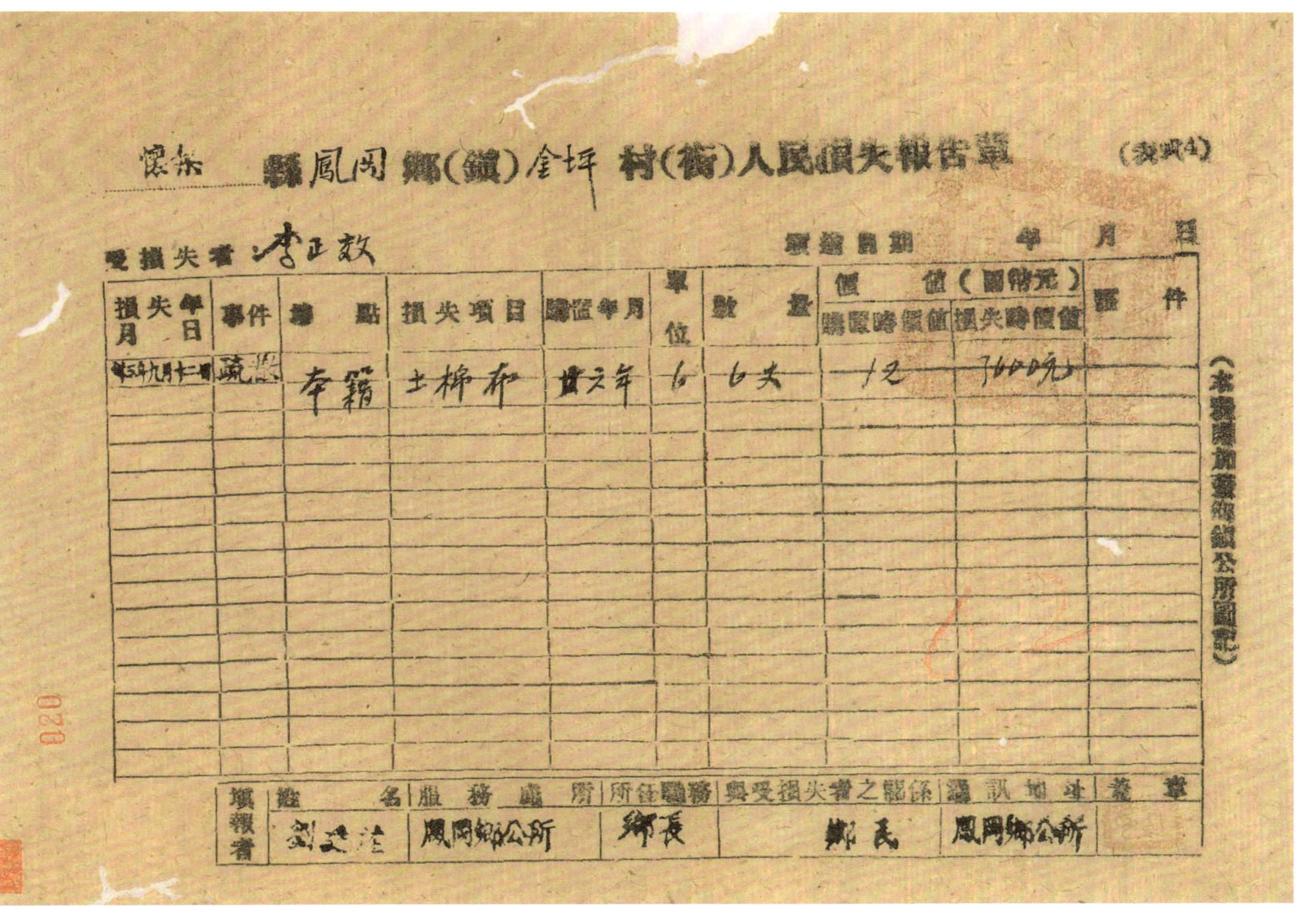

（表式4）

怀余县凤冈乡（镇）金坪村（街）人民财产损失报告单

受损失者：李正效

填送日期　　年　　月　　日

损失年月日	事件	地点	损失项目	购置年月	单位	数量	价值（国币元）购置时价值	价值（国币元）损失时价值	证件
卅三年九月十二日	疏散	本籍	土棉布	廿六年	6	6丈	12元	7600元	

填报者	姓名	服务处所	所任职务	与受损失者之关系	通讯地址	盖章
	刘	凤冈乡公所	乡长	乡民	凤冈乡公所	

（本表须加盖乡镇公所图记）

凤冈乡金坪村莫汝湛财产损失报告单（一九四五年十月）

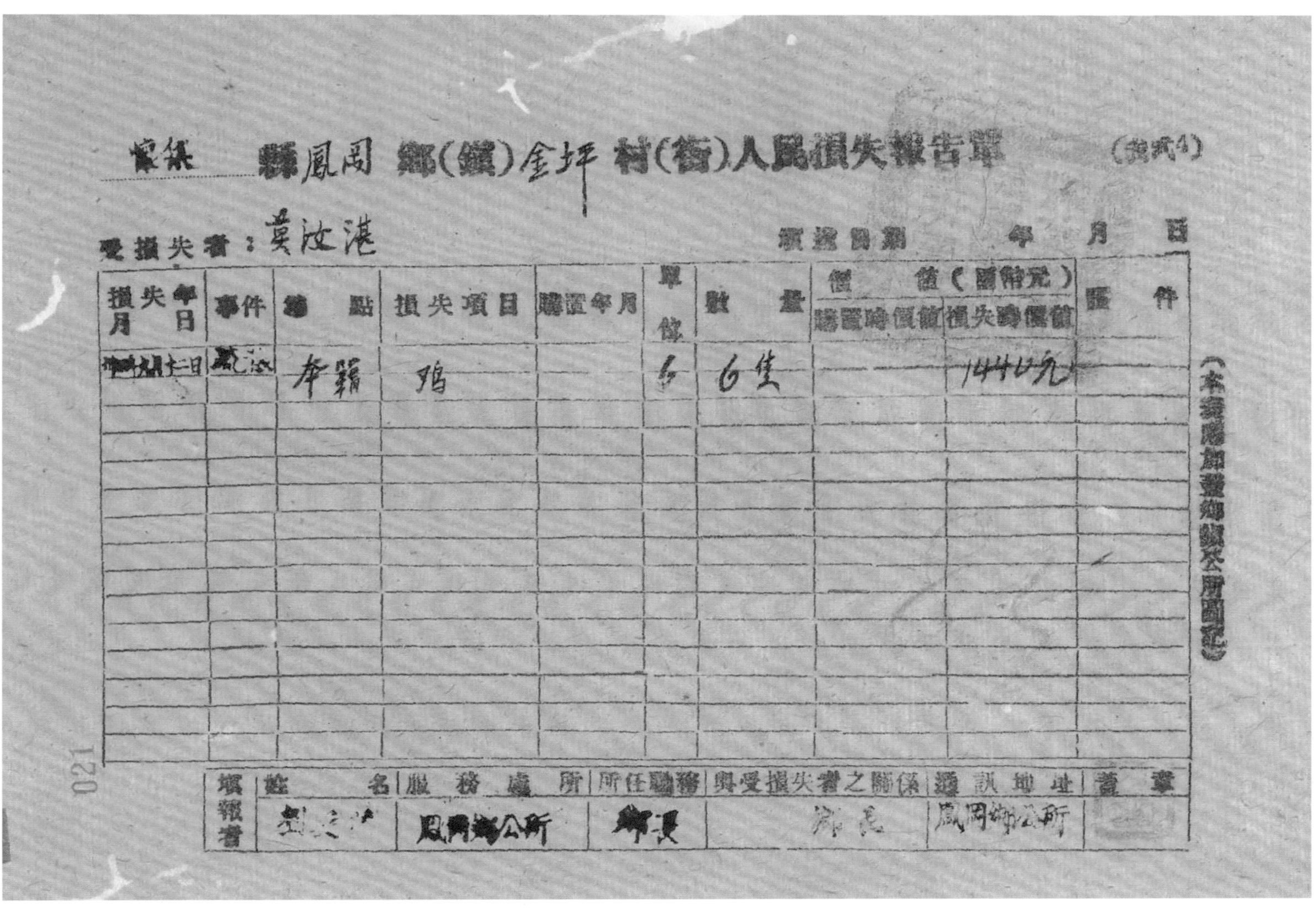

懷集縣鳳岡鄉（鎮）金坪村（街）人民損失報告單　（表式4）

受損失者：莫汝湛　　　填送日期　年　月　日

損失年月日	事件	地點	損失項目	購置年月	單位	數量	價值（國幣元）購置時價值	價值（國幣元）損失時價值	證件
[illegible]	敵人	本籍	鸡		只	6隻		1440元	

填報者	姓名	服務處所	所任職務	與受損失者之關係	通訊地址	蓋章
	劉[illegible]	鳳岡鄉公所	鄉長	鄉長	鳳岡鄉公所	

（本表應加蓋鄉鎮公所圖記）

021

凤冈乡金坪村邓超传财产损失报告单（一九四五年十月）

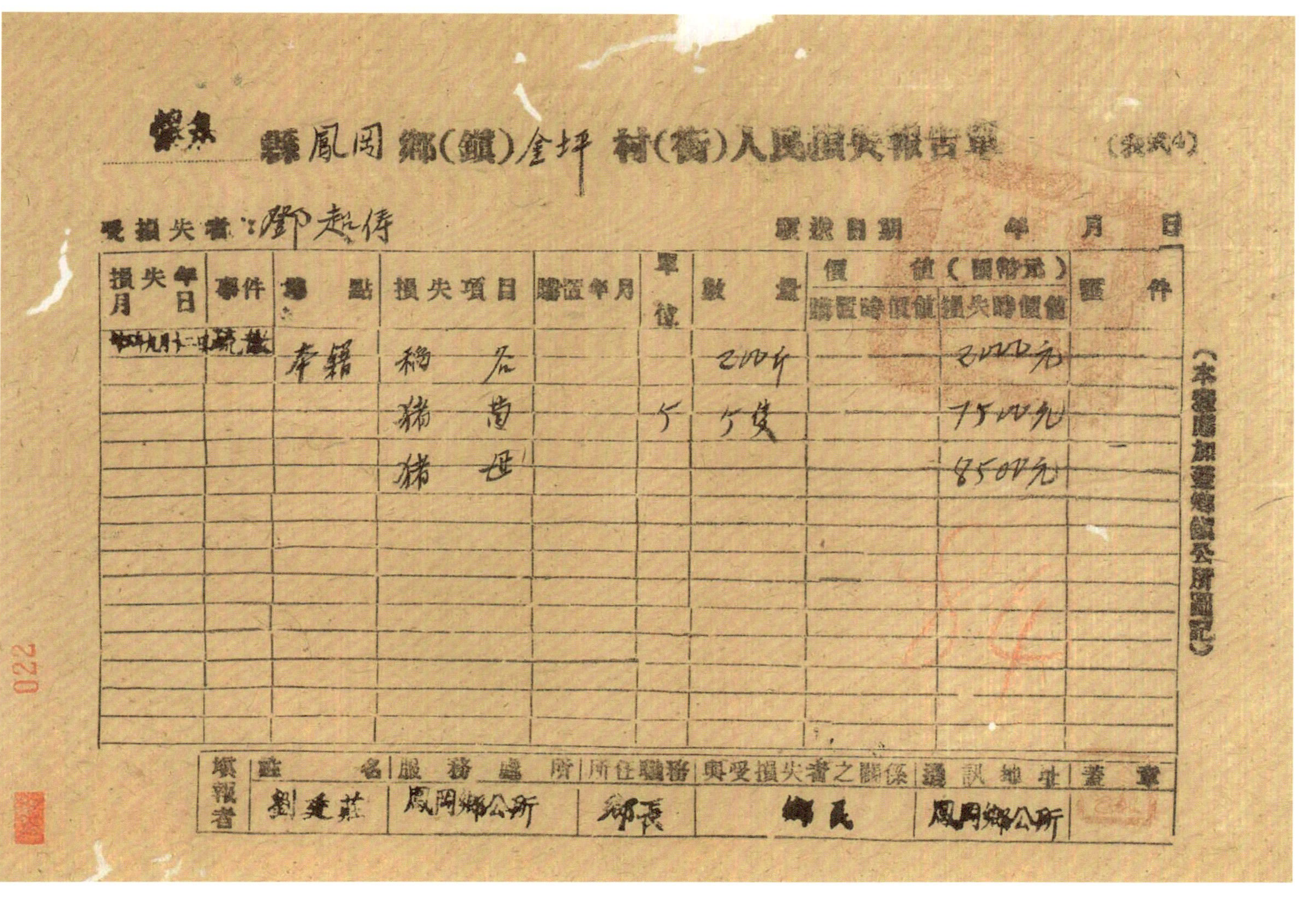

（表式4）

縣鳳岡鄉（鎮）金坪村（街）人民損失報告單

受損失者：鄧超傳　　　填報日期　　年　　月　　日

損失年月日	事件	地點	損失項目	購置年月	單位	數量	價值（國幣元）購置時價值	價值（國幣元）損失時價值	證件
卅四年[illegible]	[illegible]	本籍	稻谷			200斤		2000元	
			豬崽		5	5隻		7500元	
			豬母					8500元	

填報者	姓名	服務處所	所任職務	與受損失者之關係	通訊地址	蓋章
	劉秉莊	鳳岡鄉公所	鄉長	鄉民	鳳岡鄉公所	

（本表應加蓋鄉鎮公所圖記）

凤冈乡龙门村伍承文财产损失报告单（一九四五年十月）

懷集縣鳳岡鄉（鎮）龍門村（街）人民財產損失報告單　（表式4）

受損失者：伍承文　　　　填送日期　年　月　日

損失年月日	事件	地點	損失項目	購置年月	單位	數量	價值（國幣元）購置時價值	價值（國幣元）損失時價值	證件
三十三年九月十四日			時鐘		1	1		3500元	
			狗		1	1		1100元	

填報者	姓名	服務處所	所任職務	與受損失者之關係	通訊地址	蓋章
	劉[illegible]	鳳岡鄉公所	[illegible]	鄉民	鳳岡鄉公所	

（本表應加蓋鄉鎮公所圖記）

凤冈乡龙门村龙如干财产损失报告单（一九四五年十月）

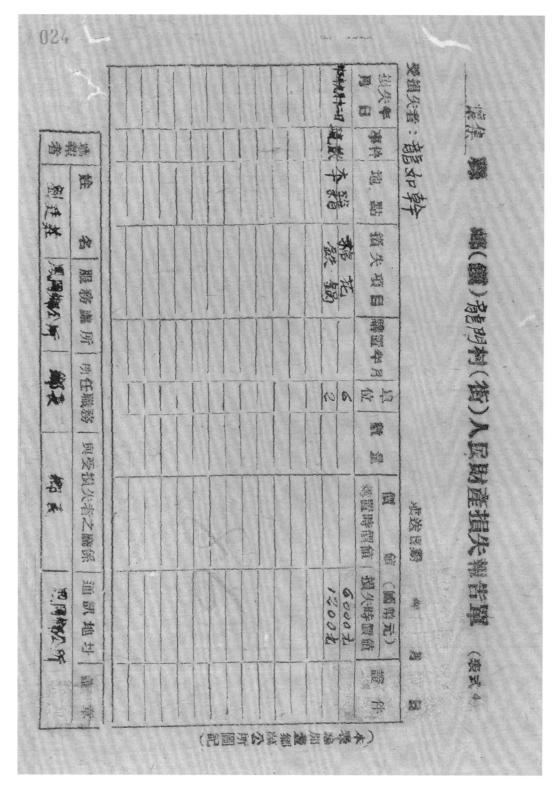

懷集縣　　鄉（鎮）龍門村（街）人民財產損失報告單　（表式4）

受損失者：龍如幹　　　　填送日期　　年　　月　　日

損失年月日	事件	地點	損失項目	購置年月	單位	數量	價值（國幣元）購置時價值	價值（國幣元）損失時價值	證件
卅三年九月十二日	疏散	本籍	棉花		6			6000元	
			鐵鍋		2			1200元	

（本表為用壹鄉鎮公所圖記）

填報者	姓名	服務處所	所任職務	與受損失者之關係	通訊地址	蓋章
	劉廷基	鳳岡鄉公所	鄉長	鄉長	鳳岡鄉公所	

024

凤冈乡龙门村陈子泰财产损失报告单（一九四五年十月）

懷集 縣 　鄉（鎮）龍門村（街）人民財產損失報告單 （表式4）

受損失者：陳子泰

填送日期 　年 　月 　日

損失年月日	事件	地點	損失項目	購置年月	單位	數量	價值（國幣元）		證件
							購置時價值	損失時價值	
[illegible]年九月十二日	[illegible]	本籍	銅鍋		1	1		1000元	
			鐵煲		1	1		500元	
			面盆		1	1		500元	

（本表適用於鄉鎮公所圖記）

填報者	姓名	服務處所	所任職務	與受損失者之關係	通訊地址	簽章
	劉桂林	鳳岡鄉公所	鄉長	鄉民	鳳岡鄉公所	

025

凤冈乡龙门村陈本基财产损失报告单（一九四五年十月）

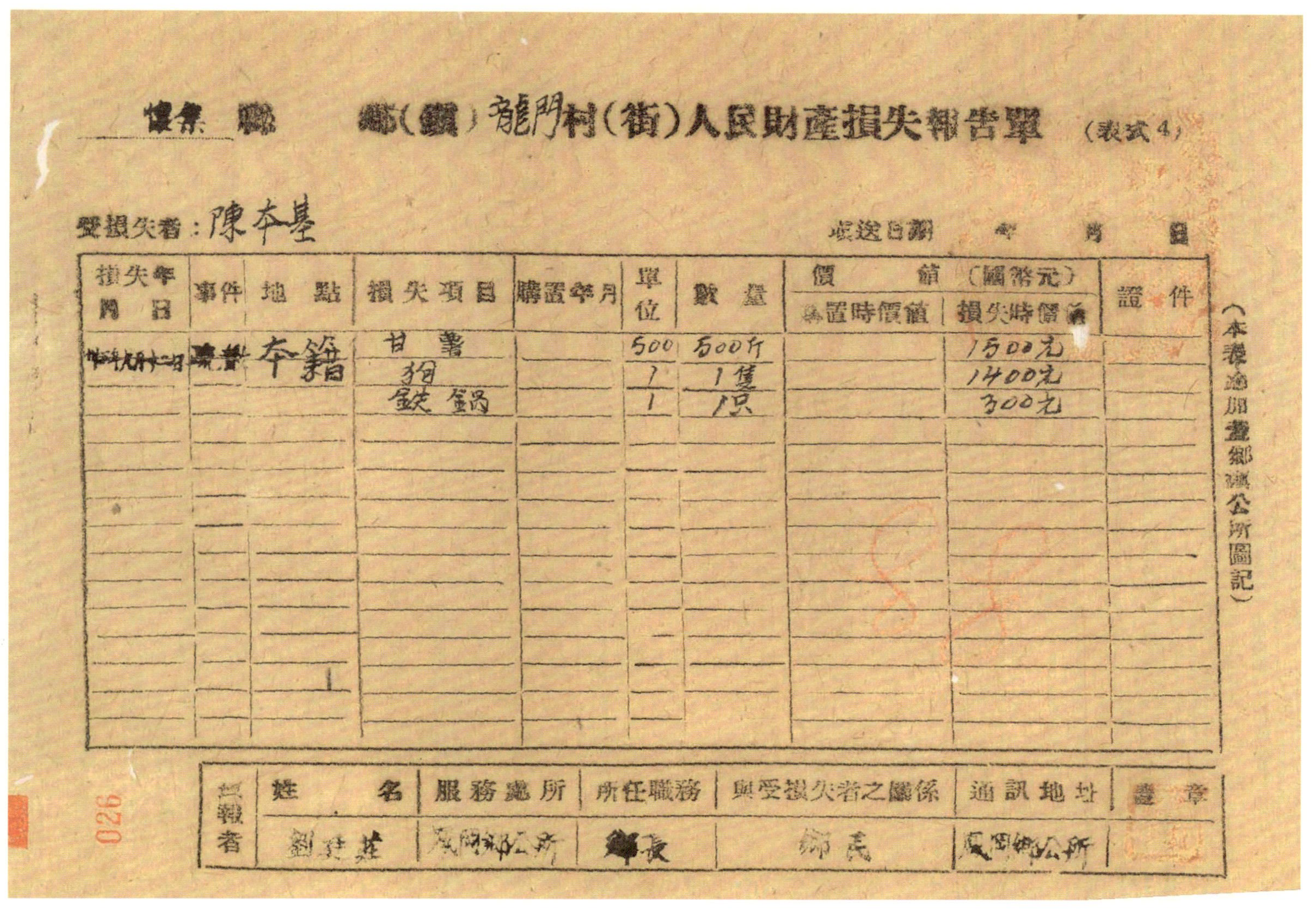

懷集縣　鄉(鎮)龍門村(街)人民財產損失報告單　（表式4）

受損失者：陳本基　　填送日期　年　月　日

損失年月日	事件	地點	損失項目	購置年月	單位	數量	價值（國幣元） 購置時價值	價值（國幣元） 損失時價值	證件
[illegible]	[illegible]	本籍	甘薯		500	500斤		1500元	
			狗		1	1隻		1400元	
			鉄鍋		1	1只		300元	

（本表適用于鄉鎮公所圖記）

填報者	姓名	服務處所	所任職務	與受損失者之關係	通訊地址	蓋章
	劉[illegible]基	鳳岡鄉公所	鄉長	鄉民	鳳岡鄉公所	

026

凤冈乡龙门村伍立权财产损失报告单（一九四五年十月）

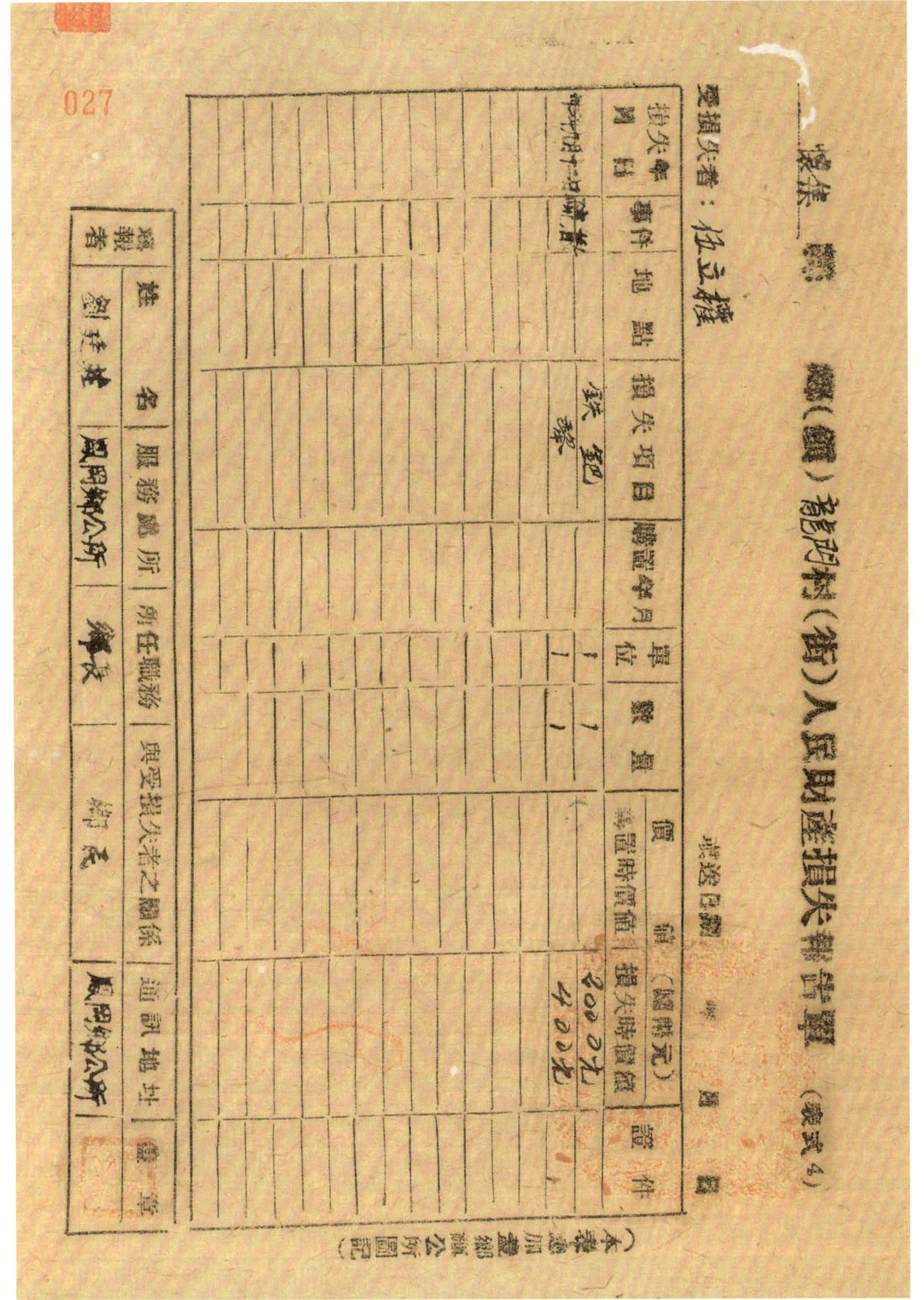

027

懷集縣（鎮）龍門村（街）人民財產損失報告單（表式4）

填送日期　年　月　日

受損失者：伍立權

損失年月日	事件	地點	損失項目	購置年月	單位	數量	價值（國幣元）購置時價值	損失時價值	證件
中華民國[illegible]	[illegible]		鐵鍋		1	1		2000元	
			犁		1	1		4000元	

填報者	姓名	服務處所	所任職務	與受損失者之關係	通訊地址	蓋章
	劉[illegible]	鳳岡鄉公所	鄉長	鄉長	鳳岡鄉公所	

（本表適用於鄉鎮公所填報）

凤冈乡龙门村谢普恒财产损失报告单（一九四五年十月）

懷集縣　鄉（鎮）龍門村（街）人民財產損失報告單　（表式4）

受損失者：謝普恒　　　　填送日期　年　月　日

損失年月日	事件	地點	損失項目	購置年月	單位	數量	價值（國幣元）購置時價值	價值（國幣元）損失時價值	證件
卅二年六月十二日	敵燬	本籍	牛		1	1隻		24000元	
			谷		500	500斤		5000元	

報告者	姓名	服務處所	所任職務	與受損失者之關係	通訊地址	蓋章
	劉廷英	鳳岡鄉公所	鄉長	鄉長	鳳岡鄉公所	

（本表應加蓋鄉鎮公所圖記）

028

凤冈乡四村村莫汝青财产损失报告单（一九四五年十月二十五日）

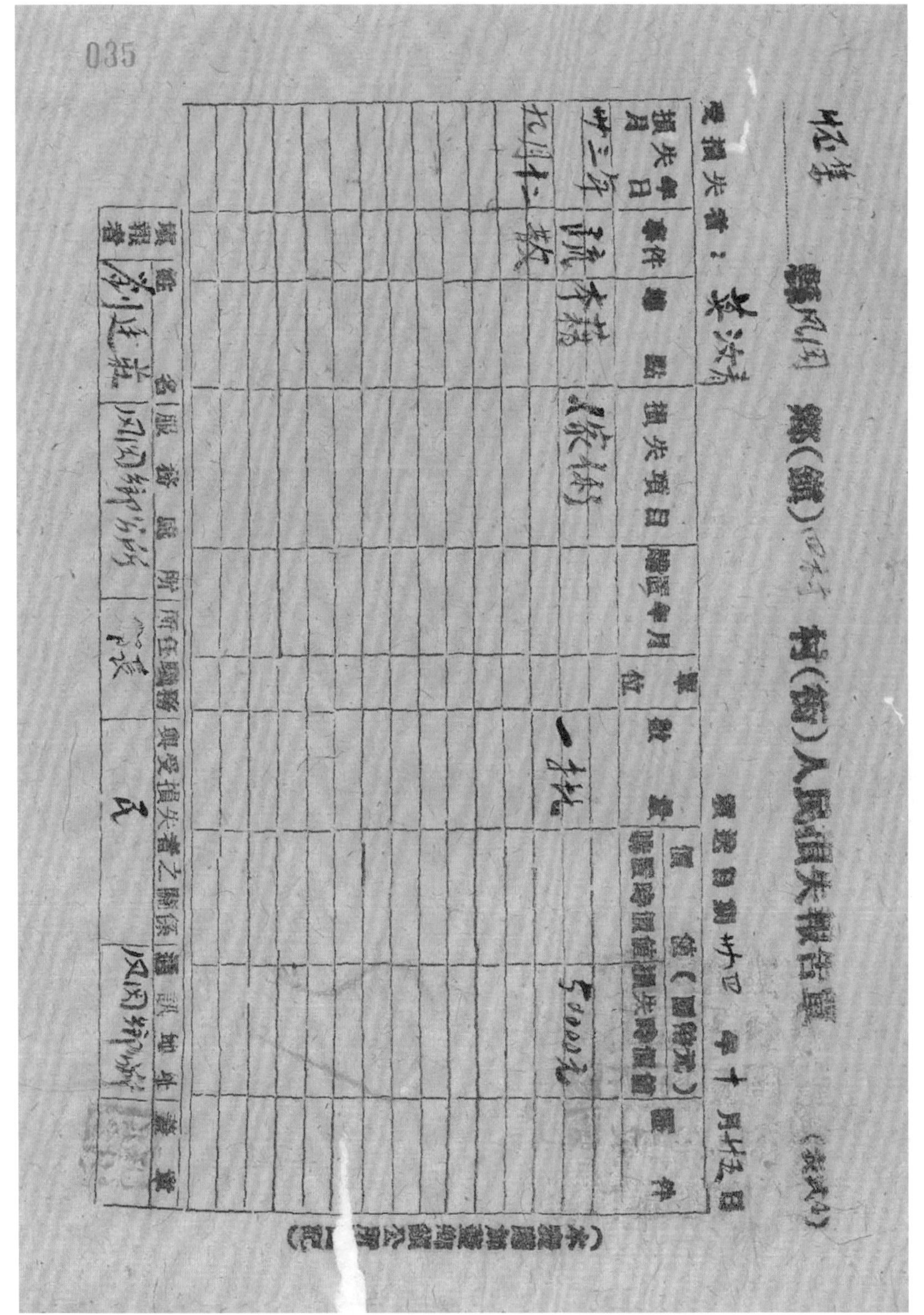

035

怀集县凤冈乡(镇)四村村(街)人民损失报告单　（表式4）

受损失者：莫汝青　　填送日期卅四年十月廿五日

损失年月日	事件	地点	损失项目	购置年月	单位	数量	价值（国币元）购置时价值	价值（国币元）损失时价值	证件
卅三年九月十二	疏散	本村	家私			一批		50000元	

填报者	姓名	服务处所	所任职务	与受损失者之关系	通讯地址	盖章
	刘廷燕	凤冈乡公所	乡长	民	凤冈乡公所	

（本表须加盖乡镇公所印记）

凤冈乡四村村冯孩华财产损失报告单（一九四五年十月）

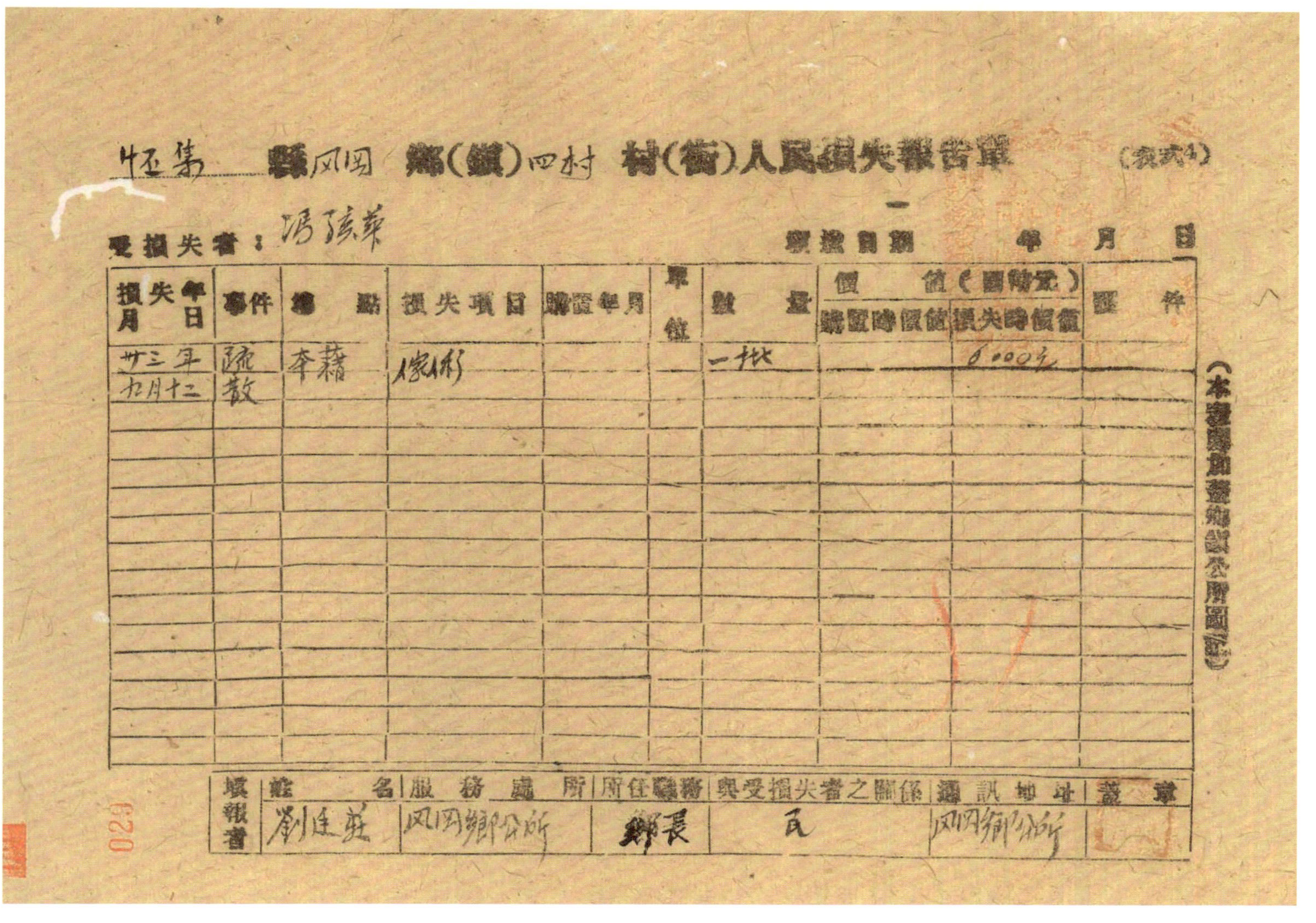

怀集 縣凤冈 鄉（鎮）四村 村（街）人民損失報告單 （表式4）

受損失者：冯孩華　　填送日期　　年　　月　　日

損失年月日	事件	地點	損失項目	購置年月	單位	數量	價值（國幣元）購置時價值	損失時價值	證件
卅三年九月十二	疏散	李藉	傢俬			一批		6000元	

填報者	姓名	服務處所	所任職務	與受損失者之關係	通訊地址	蓋章
	劉连莊	凤冈鄉公所	鄉長	民	凤冈鄉公所	

（本表須加蓋鄉鎮公所圖記）

029

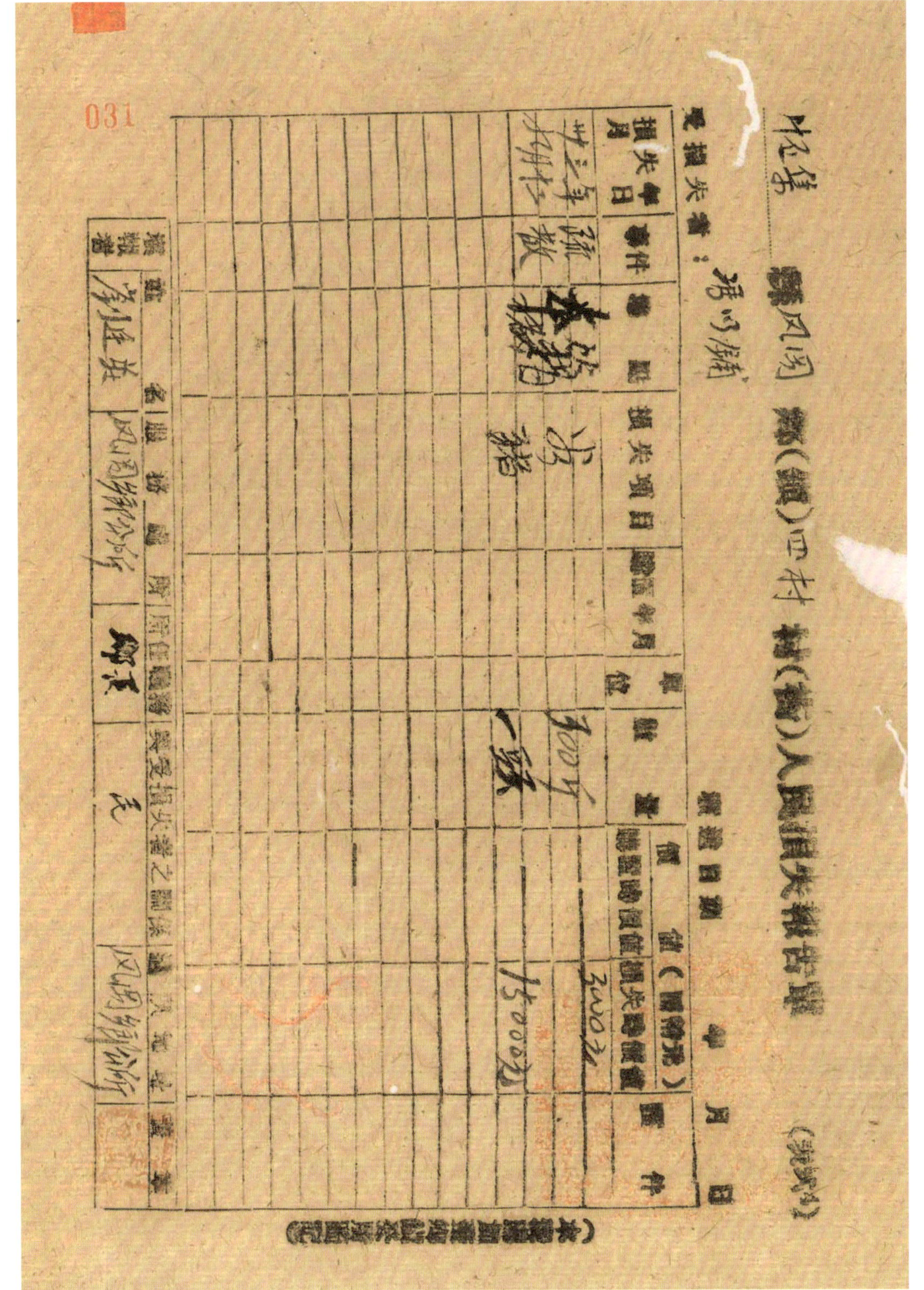

怀集县凤冈乡（镇）四村村（街）人民损失报告单

受损失者：冯以铺

损失年月日	事件	地点	损失项目	购置年月	单位	数量	价值（国币元）购置时价值	价值（国币元）损失时价值	证件
卅三年	流散	本乡	谷			300斤		3000元	
卅四年	掳散	本乡	猪			1头		15000元	

报告者：凤冈乡公所

凤冈乡公所

凤冈乡四村村冯以铺财产损失报告单（一九四五年十月）

凤冈乡四村村雷荫春财产损失报告单（一九四五年十月）

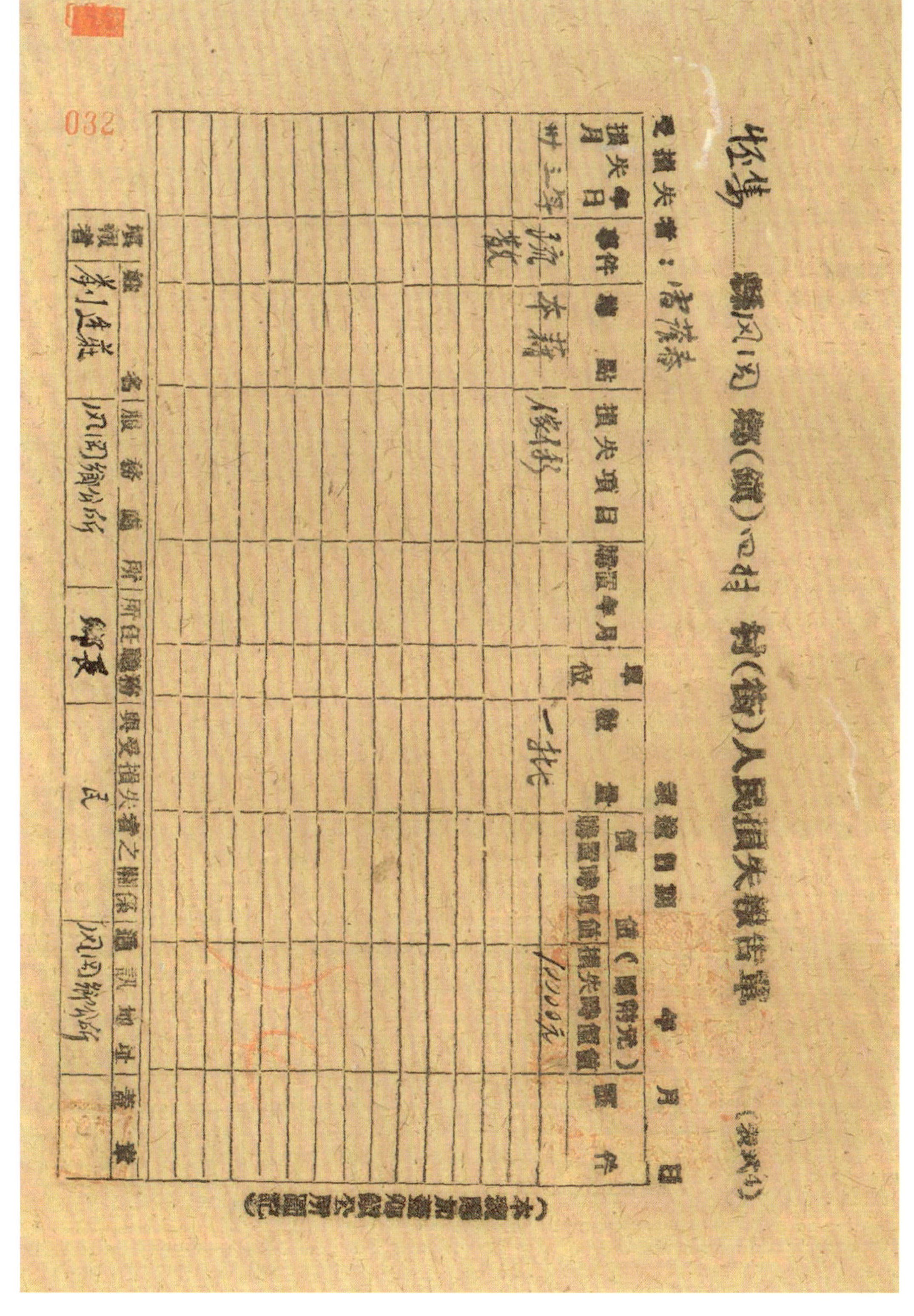

（表式4）

临海县凤冈乡（镇）四村村（街）人民损失报告单

填报日期　　年　　月　　日

受损失者：雷荫春

损失年月日	事件	地点	损失项目	购置年月	单位	数量	价值（国币元）购置时价值	价值（国币元）损失时价值	证件
卅三年	流散	本村	傢私			一批		100000元	

填报者	名	服务处所	所任职务	与受损失者之关系	通讯地址	盖章
	李小连庄	凤冈乡公所	乡长	民	凤冈乡公所	

（本表[illegible]）

凤冈乡四村村莫汝助财产损失报告单（一九四五年十月）

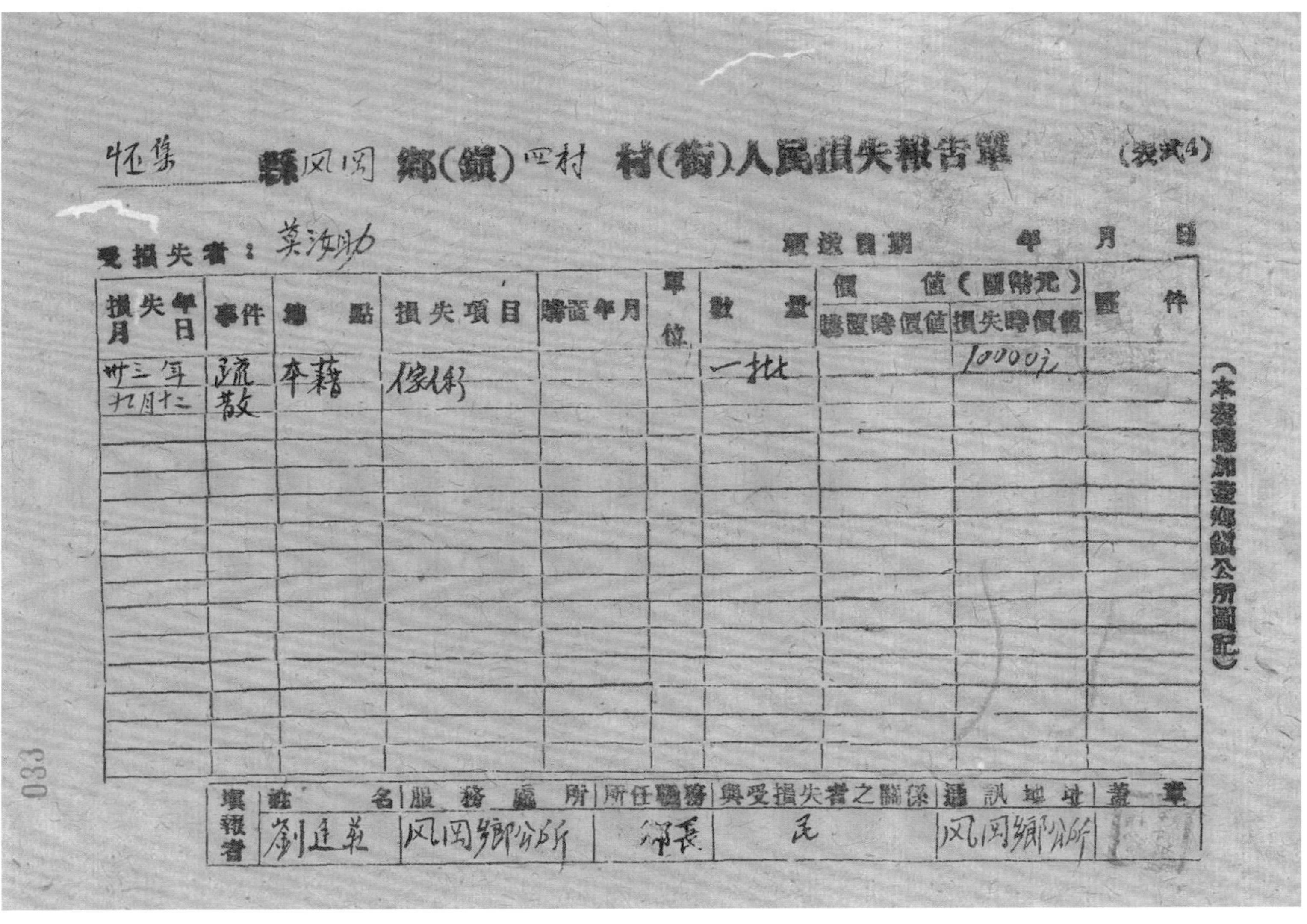
怀集縣凤冈鄉(鎮)四村村(街)人民損失報告單　(表式4)

受損失者：莫汝助　　填送日期　年　月　日

損失年月日	事件	地點	損失項目	購置年月	單位	數量	價值(國幣元) 購置時價值	價值(國幣元) 損失時價值	證件
卅三年九月十二	疏散	本藉	傢俬			一批		10000元	

填報者	姓名	服務處所	所任職務	與受損失者之關係	通訊地址	蓋章
	劉廷莊	凤冈鄉公所	鄉長	民	凤冈鄉公所	

(本表應加蓋鄉鎮公所圖記)

033

凤冈乡四村村陈异香财产损失报告单（一九四五年十月）

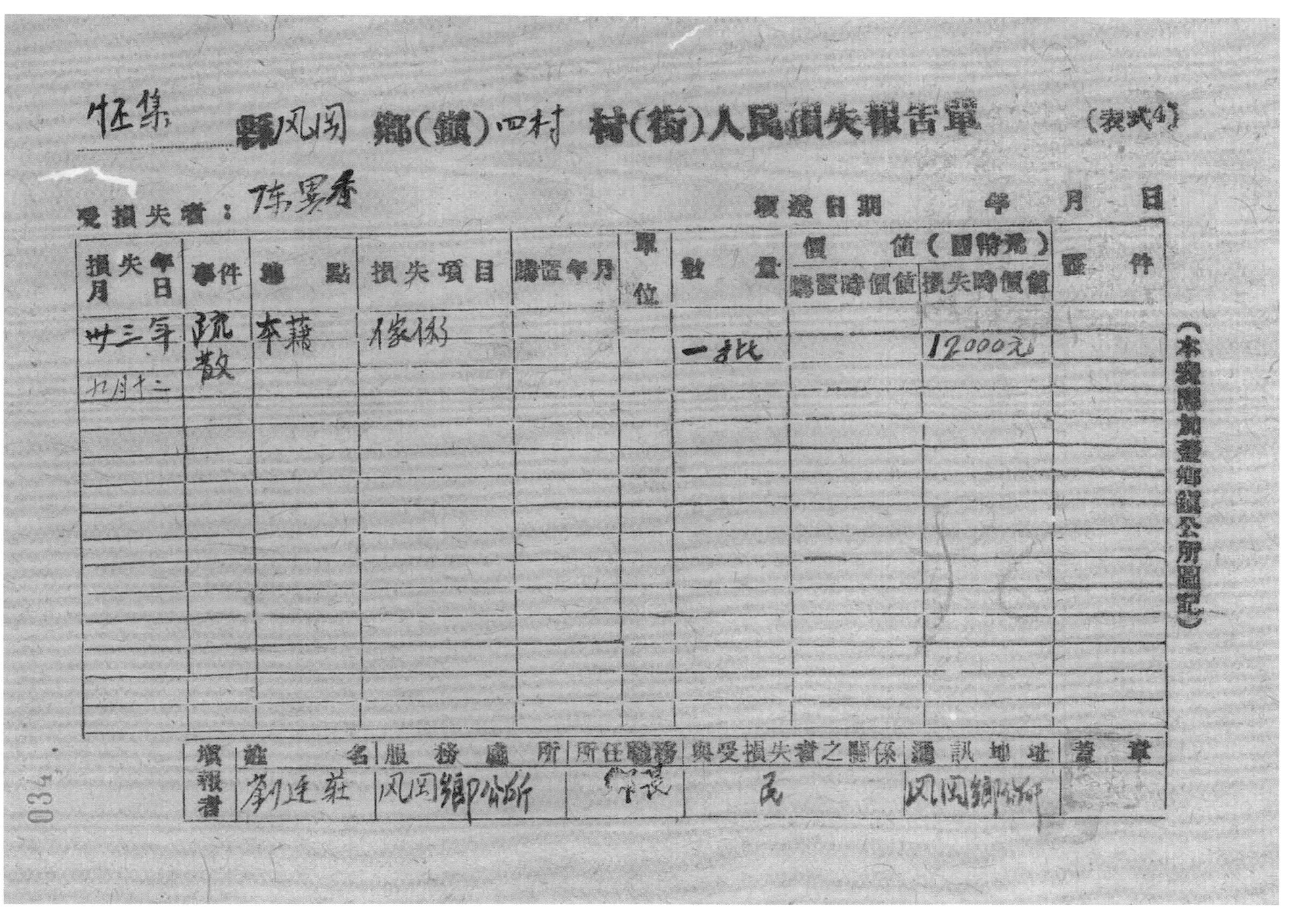

怀集縣凤冈鄉(鎮)四村村(街)人民損失報告單 （表式4）

受損失者：陈異香

填送日期 年 月 日

損失年月日	事件	地點	損失項目	購置年月	單位	數量	價值（國幣元）		證件
							購置時價值	損失時價值	
卅三年九月十二	疏散	本籍	傢俬			一批		12000元	

（本表需加蓋鄉鎮公所圖記）

填報者	姓名	服務處所	所任職務	與受損失者之關係	通訊地址	蓋章
	刘廷庄	凤冈鄉公所	鄉長	民	凤冈鄉公所	

034

凤冈乡三甲村伍瑞庭财产损失报告单（一九四五年十月二十五日）

036

懷集縣凤冈鄉（鎮）三甲村（街）人民財產損失報告單（表式4）

受損失者：伍瑞庭

填送日期卅四年十月廿五日

損失年月日	事件	地點	損失項目	購置年月	單位	數量	價值（國幣元）購置時價值	損失時價值	證件
[illegible]	燒殺	本鄉	鐵鍋		3	3.		900元	
			鷄		6	6.		2000元	
			稻谷		2000	2000		20000元	

（本表須加蓋鄉鎮公所圖記）

填報者	姓名	服務處所	所任職務	與受損失者之關係	通訊地址	蓋章
	[illegible]	凤冈鄉公所	鄉長	鄉長	凤冈鄉公所	

凤冈乡三甲村伍琰元财产损失报告单（一九四五年十月二十五日）

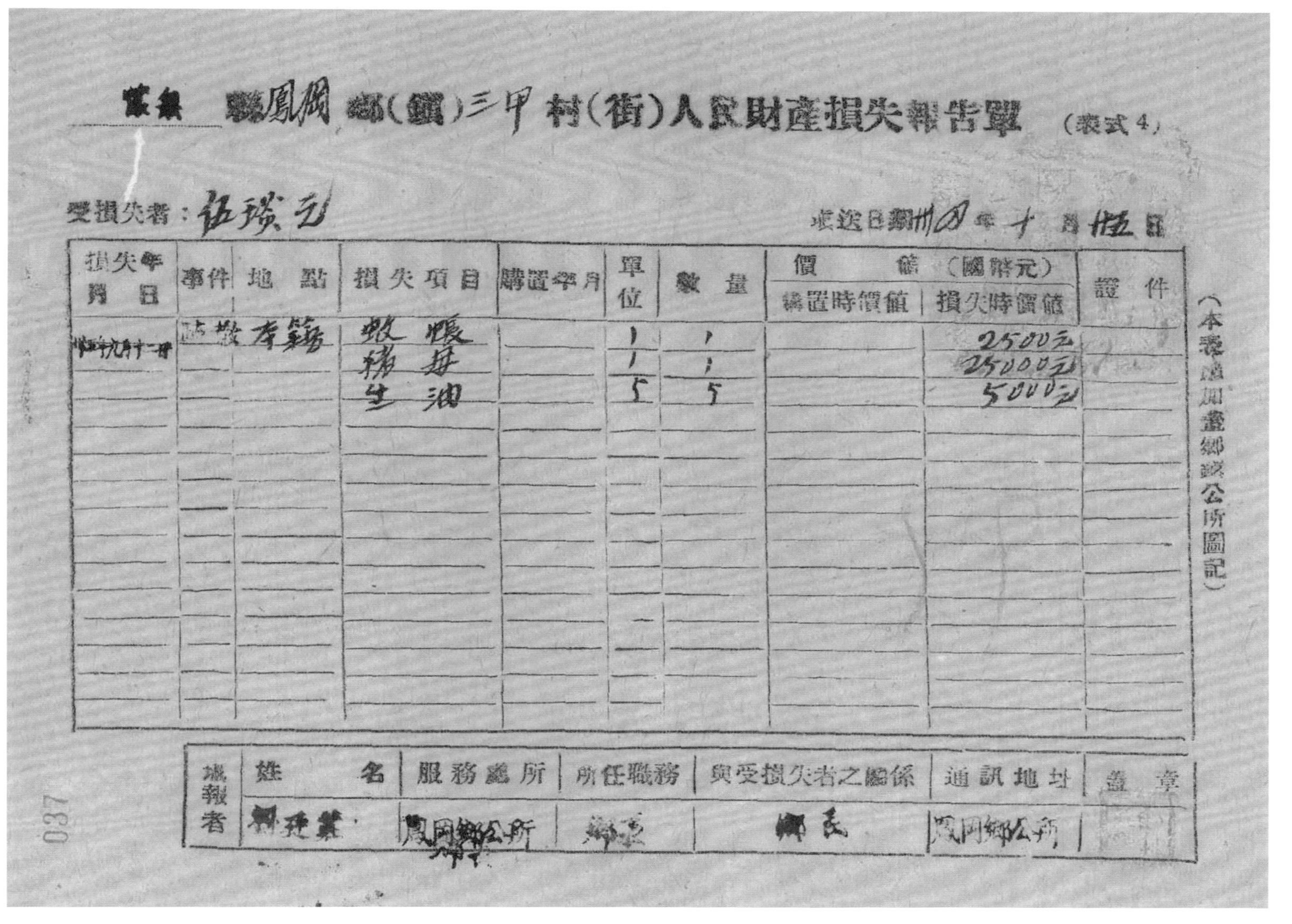

富[illegible] 縣鳳岡 鄉(鎮)三甲 村(街)人民財產損失報告單 (表式4)

受損失者：伍琰元　　　　填送日期卅四年十月廿五日

損失年月日	事件	地點	損失項目	購置年月	單位	數量	價值(國幣元) 購置時價值	價值(國幣元) 損失時價值	證件
卅四年九月十一日	疏散	本籍	蚊帳		1	1		2500元	
			棉被		1	1		25000元	
			生油		5	5		5000元	

填報者	姓名	服務處所	所任職務	與受損失者之關係	通訊地址	蓋章
	郭建業	鳳岡鄉公所	鄉長	鄉民	鳳岡鄉公所	

(本表適用畫鄉鎮公所圖記)

凤冈乡三甲村李荣福财产损失报告单（一九四五年十月二十五日）

038

（表式4）

凤冈乡（镇）三甲村（街）人民财产损失报告单

填送日期 卅四年十月廿五日

受损失者：李荣福

损失年月日	事件	地点	损失项目	购置年月	单位	数量	价值（国币元）购置时价值	损失时价值	证件
卅四年七月	[illegible]	本镇	衣服			二套		60000元	
			棉被			二套		80000元	

报告者	姓名	服务处所	所任职务	与受损失者之关系	通讯地址	盖章
	刘楚荣	凤冈乡公所	乡长	乡民	凤冈乡公所	

（本表盖凤冈乡乡公所图记）

凤冈乡三甲村刘士族财产损失报告单（一九四五年十月二十五日）

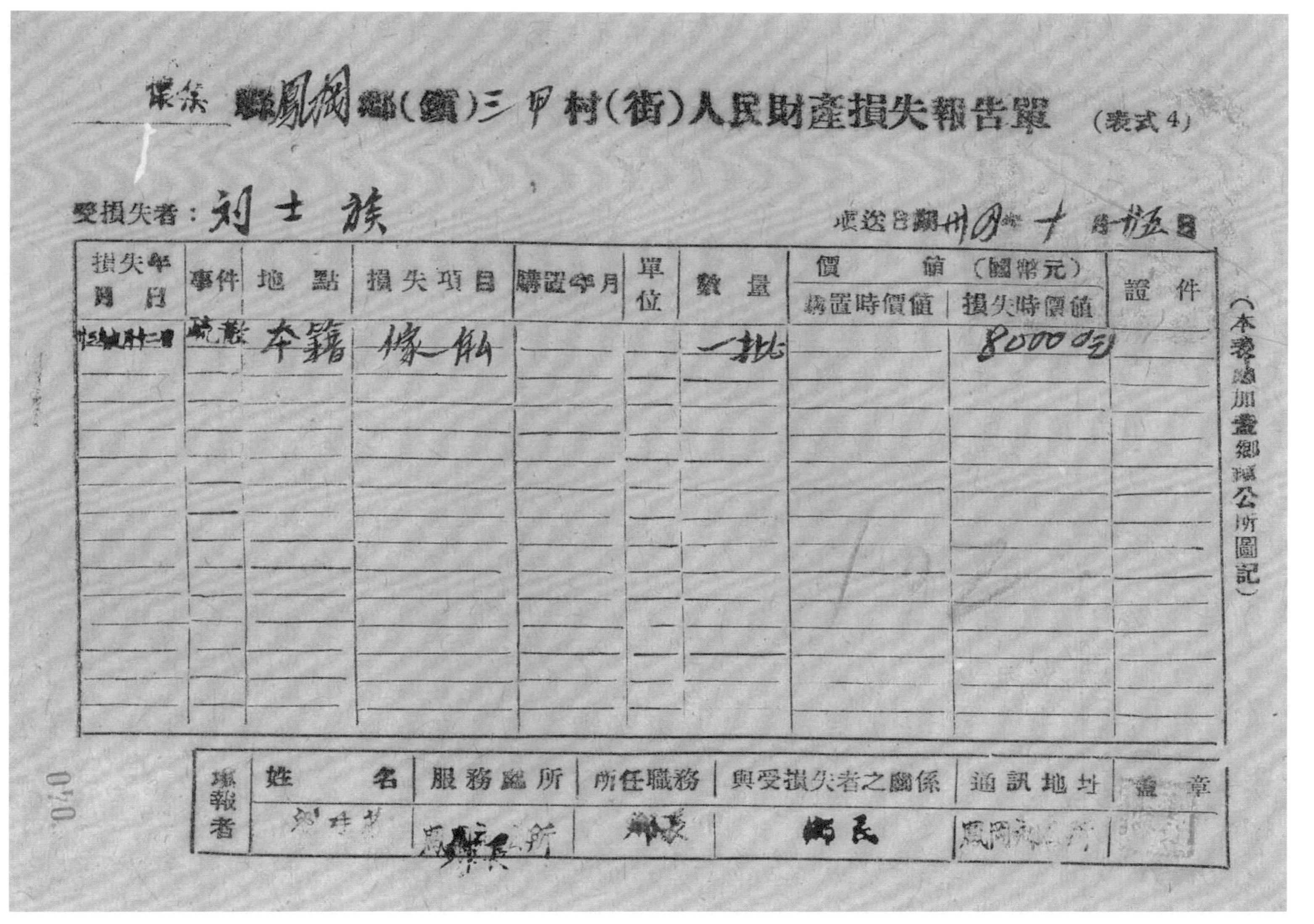

[illegible]縣鳳岡鄉（鎮）三甲村（街）人民財產損失報告單　（表式4）

受損失者：刘士族　　呈送日期卅四年十月廿五日

損失年月日	事件	地點	損失項目	購置年月	單位	數量	價值（國幣元）購置時價值	價值（國幣元）損失時價值	證件
卅[illegible]年[illegible]月廿三日	疏散	本籍	傢俬			一批		8000元	

（本表應加蓋鄉鎮公所圖記）

填報者	姓名	服務處所	所任職務	與受損失者之關係	通訊地址	蓋章
	刘[illegible]	鳳岡鄉公所	鄉長	鄉民	鳳岡鄉公所	[illegible]

040

凤冈乡三甲村龙兆吉财产损失报告单（一九四五年十月二十五日）

懷集縣鳳岡鄉（鎮）三甲村（街）人民財產損失報告單 （表式4）

受損失者：龍兆吉

填送日期卅四年十月廿五日

損失年月日	事件	地點	損失項目	購置年月	單位	數量	價值（國幣元）購置時價值	價值（國幣元）損失時價值	證件
卅三年九月十一日	[illegible]	本籍	傢俬			一批		150000元	

（本表需加蓋鄉鎮公所圖記）

報告者	姓名	服務處所	所任職務	與受損失者之關係	通訊地址	蓋章
	[illegible]	鳳岡鄉公所	[illegible]	鄉民	鳳岡鄉公所	

041

凤冈乡三甲村刘锦棠财产损失报告单（一九四五年十月二十五日）

懷集縣　　鄉(鎮)　　村(街)人民財產損失報告單　（表式4）

受損失者：劉錦棠　　　　填送日期　卅四年　十月　廿五日

損失年月日	事件	地點	損失項目	購置年月	單位	數量	價值（國幣元） 購置時價值	損失時價值	證件
[illegible]	疏散	本籍	傢俬			一批		100000元	

（本表須加蓋鄉鎮公所圖記）

填報者	姓名	服務處所	所任職務	與受損失者之關係	通訊地址	蓋章
	[illegible]	鳳岡鄉公所	[illegible]	鄉民	鳳岡鄉公所	

凤冈乡三甲村刘汉财产损失报告单（一九四五年十月二十五日）

懷集縣鳳岡鄉（鎮）三甲村（街）人民財產損失報告單　（表式4）

受損失者：刘漢

填送日期卅四年十月廿五日

損失年月日	事件	地點	損失項目	購置年月	單位	數量	價值（國幣元） 購置時價值	價值（國幣元） 損失時價值	證件
[illegible]	疏散	本籍	谷			500斤		5000元	
			牛			二頭		90000元	
			猪			二頭		15000元	
			衣服			五套		15000元	

（本表應加蓋鄉鎮公所圖記）

填報者	姓名	服務處所	所任職務	與受損失者之關係	通訊地址	蓋章
	劉[illegible]	鳳岡鄉公所	[illegible]	[illegible]民	鳳岡鄉公所	

043

凤冈乡三甲村刘廷秀财产损失报告单（一九四五年十月二十五日）

[illegible]縣鳳岡鄉(鎮)三甲村(街)人民財產損失報告單　(表式4)

受損失者：劉廷秀　　填送日期卅四年十月廿五日

損失年月日	事件	地點	損失項目	購置年月	單位	數量	價值(國幣元) 購置時價值	損失時價值	證件
卅三年九月十二日	[illegible]	本籍	傢俬			一批		50000元	

報告者	姓名	服務處所	所任職務	與受損失者之關係	通訊地址	蓋章
	劉廷莊	鳳岡鄉公所	[illegible]	[illegible]	鳳岡鄉公所	

(本表過鳳岡鄉鎮公所圖記)

凤冈乡三甲村蔡士钊财产损失报告单（一九四五年十月二十五日）

懷集縣鳳岡鄉（鎮）三甲村（街）人民財產損失報告單　（表式4）

受損失者：蔡士釗　　　　填送日期卅四年十月廿五日

損失年月日	事件	地點	損失項目	購置年月	單位	數量	價值（國幣元）購置時價值	價值（國幣元）損失時價值	證件
卅四年九月十一日	疏散	本籍	牛		1	1		24000元	
			銅鍋		1	1		10000元	
			棉被		2	2		6000元	

報告者	姓名	服務處所	所任職務	與受損失者之關係	通訊地址	蓋章
	劉[illegible]	鳳岡鄉公所	鄉長	鄉長	鳳岡鄉公所	

（本表須加蓋鄉鎮公所圖記）

045

凤冈乡三甲村蔡士焘财产损失报告单（一九四五年十月二十五日）

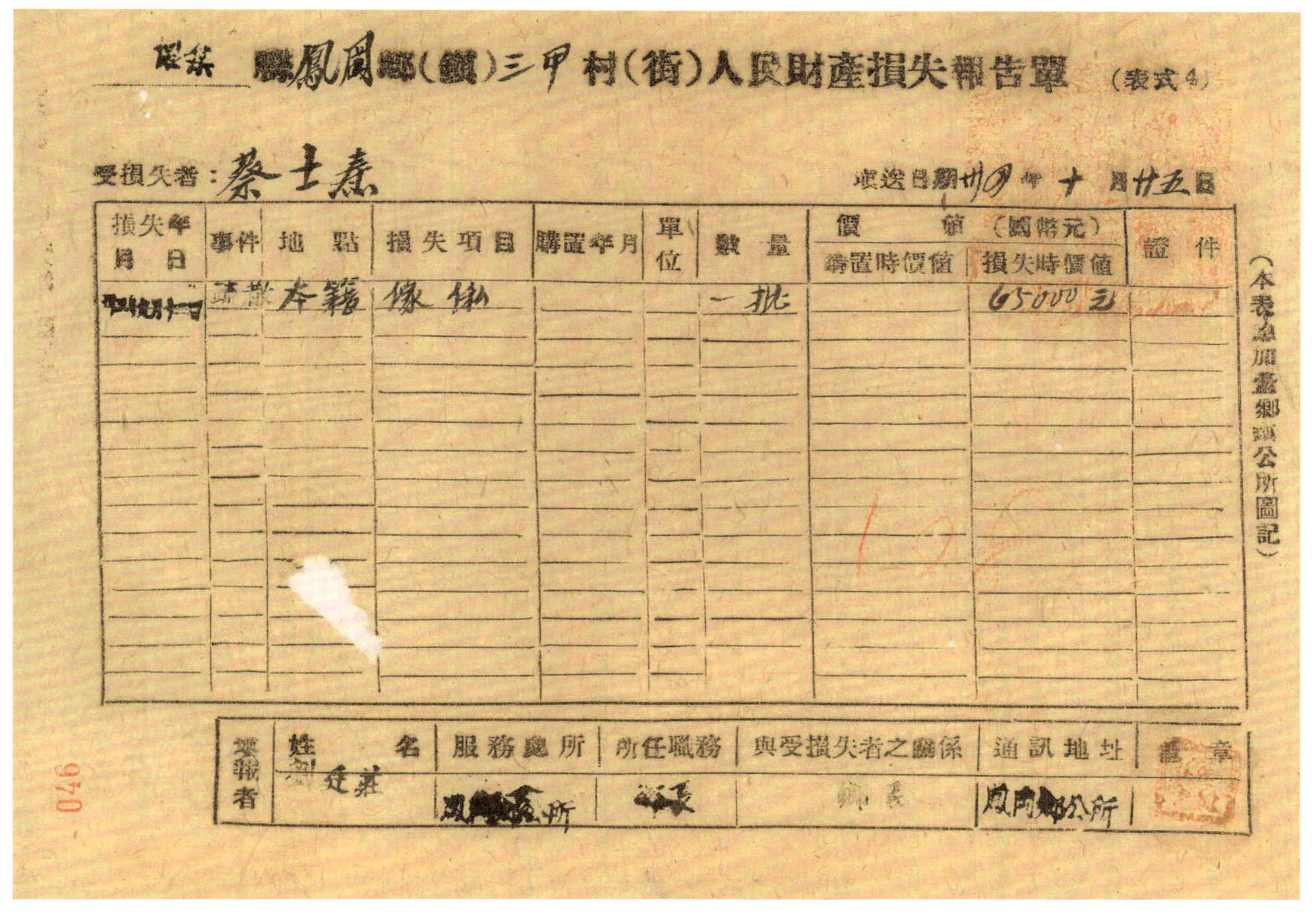

[illegible]縣鳳岡鄉（鎮）三甲村（街）人民財產損失報告單　（表式4）

受損失者：蔡士焘　　填送日期卅四年十月廿五日

損失年月日	事件	地點	損失項目	購置年月	單位	數量	價值（國幣元）購置時價值	價值（國幣元）損失時價值	證件
[illegible]	[illegible]	本籍	傢[illegible]			一批		65000元	

報告者	姓名	服務處所	所任職務	與受損失者之關係	通訊地址	蓋章
	[illegible]廷基	鳳岡鄉公所	[illegible]長	鄉長	鳳岡鄉公所	

（本表必須加蓋鄉鎮公所圖記）

凤冈乡三甲村龙子贞财产损失报告单（一九四五年十月二十五日）

懷集 鳳岡鄉（鎮）三甲村（街）人民財產損失報告單 （表式4）

受損失者：龍子貞　　填送日期卅四年十月廿五日

損失年月日	事件	地點	損失項目	購置年月	單位	數量	價值（國幣元）購置時價值	損失時價值	證件
卅四年元月十二日	遭敵	本籍	被		1	1張		1000元	
			衣服		5	5套		6000元	
			犁		1	2只		100元	
			耙		1	1只		200元	
			時鐘		1	1只		1000元	
			草毯		1	1張		2000元	
			穀		400	400斤		4000元	
			蚊帳		3	3張		3000元	
			豬		1	1頭		1500元	
			牛		1	1頭		1000元	

填報者	姓名	服務處所	所任職務	與受損失者之關係	通訊地址	蓋章
	[illegible]	鳳岡鄉公所	鄉長	鄉長	鳳岡鄉公所	[illegible]

（本表須加蓋鄉鎮公所圖記）

047

凤冈乡三甲村龙寿元财产损失报告单（一九四五年十月二十五日）

[illegible]縣鳳岡鄉（鎮）三甲村（街）人民財產損失報告單　（表式4）

受損失者：龍壽元　　　　　　　　　　　　　　　　填送日期卅四年十月廿五日

損失年月日	事件	地點	損失項目	購置年月	單位	數量	價值（國幣元）購置時價值	價值（國幣元）損失時價值	證件
[illegible]	疏散	本籍	棉被		2	2張		2000元	
			单毯		1	1張		3900元	
			時鐘		1	1只		1500元	
			豬		1	1頭		2000元	
			蚊帳		3	3張		1000元	
			衣服		7	7套		8000元	

填報者	姓名	服務處所	所任職務	與受損失者之關係	通訊地址	蓋章
	[illegible]	鳳岡鄉公所	鄉長	鄉民	鳳岡鄉公所	

（本表應加蓋鄉鎮公所圖記）

048

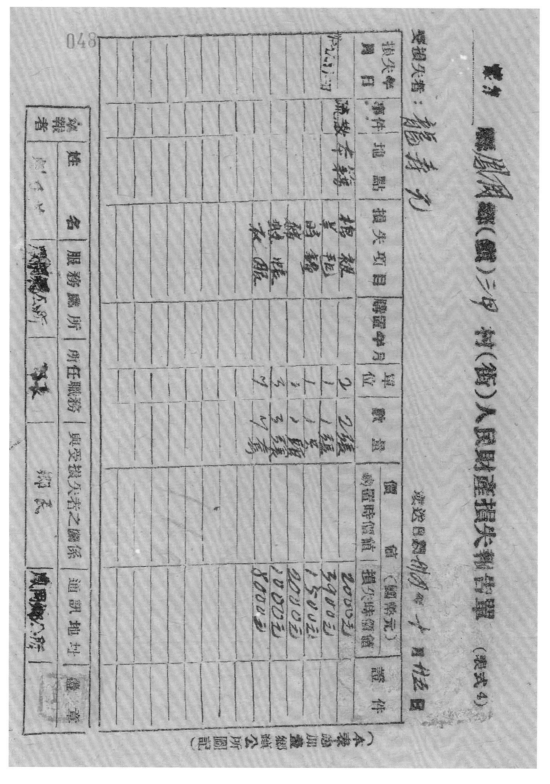

凤冈乡三甲村龙蕊青财产损失报告单（一九四五年十月二十五日）

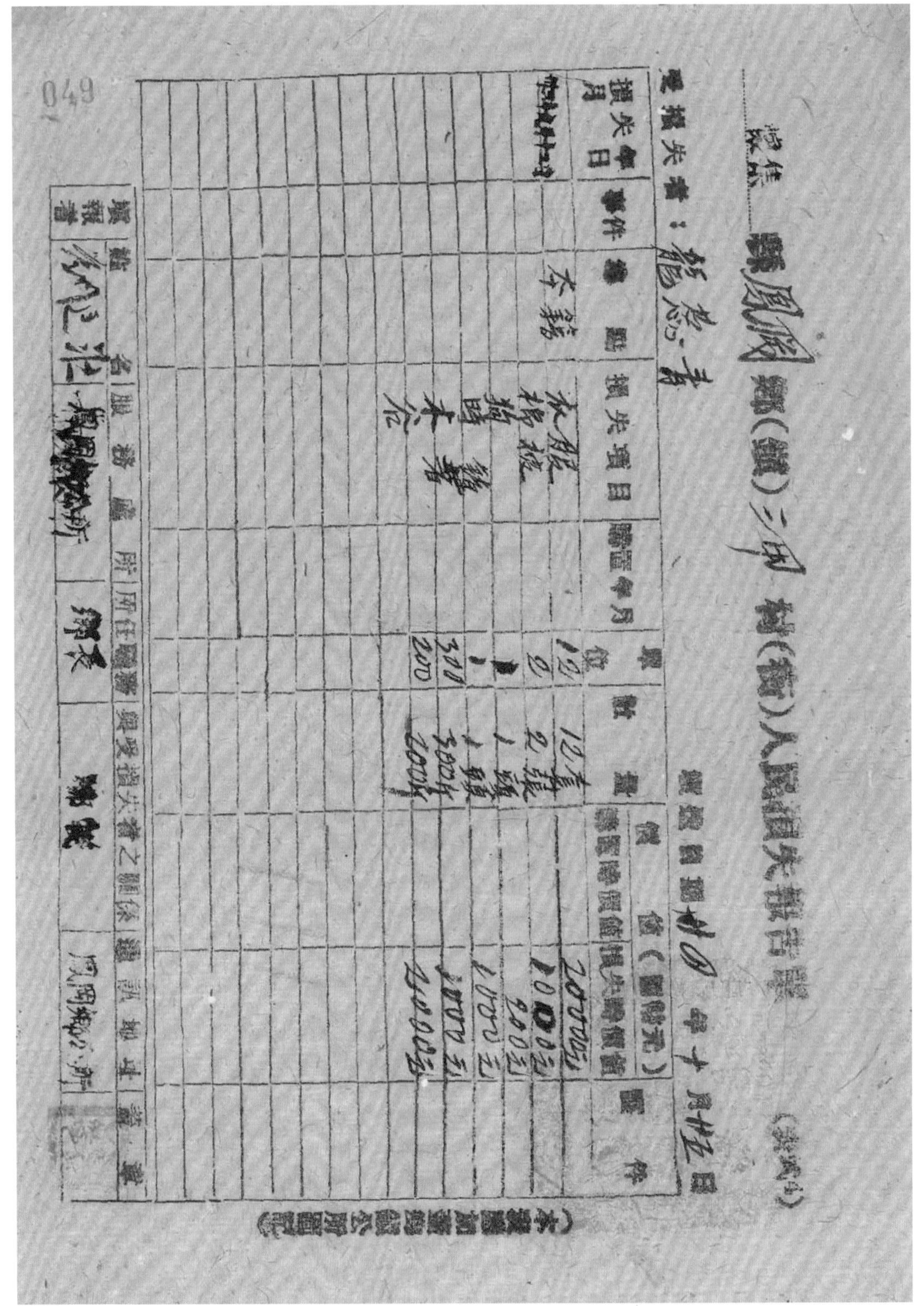

（表式4）

怀集县凤冈乡（镇）三甲村（街）人民损失报告单

填送日期 卅四年十月廿五日

受损失者：龙蕊青

损失年月日	事件	地点	损失项目	购置年月	单位	数量	价值（国币元） 购置时价值	损失时价值	证件
卅四年十一月		本籍	衣服		12	12套	[illegible]	20000元	
			棉被		2	2张	[illegible]	1000元	
			猪		1	1头	[illegible]	6000元	
			谷		300	300斤	[illegible]	5000元	
			谷		200	200斤	[illegible]	24000元	

填报者	姓名	龙蕊青	服务处所	凤冈乡公所	所任职务	乡长	与受损失者之关系	乡长	通讯地址	凤冈乡公所	盖章

（本表由乡镇公所汇转）

凤冈乡三甲村龙金枝财产损失报告单（一九四五年十月二十五日）

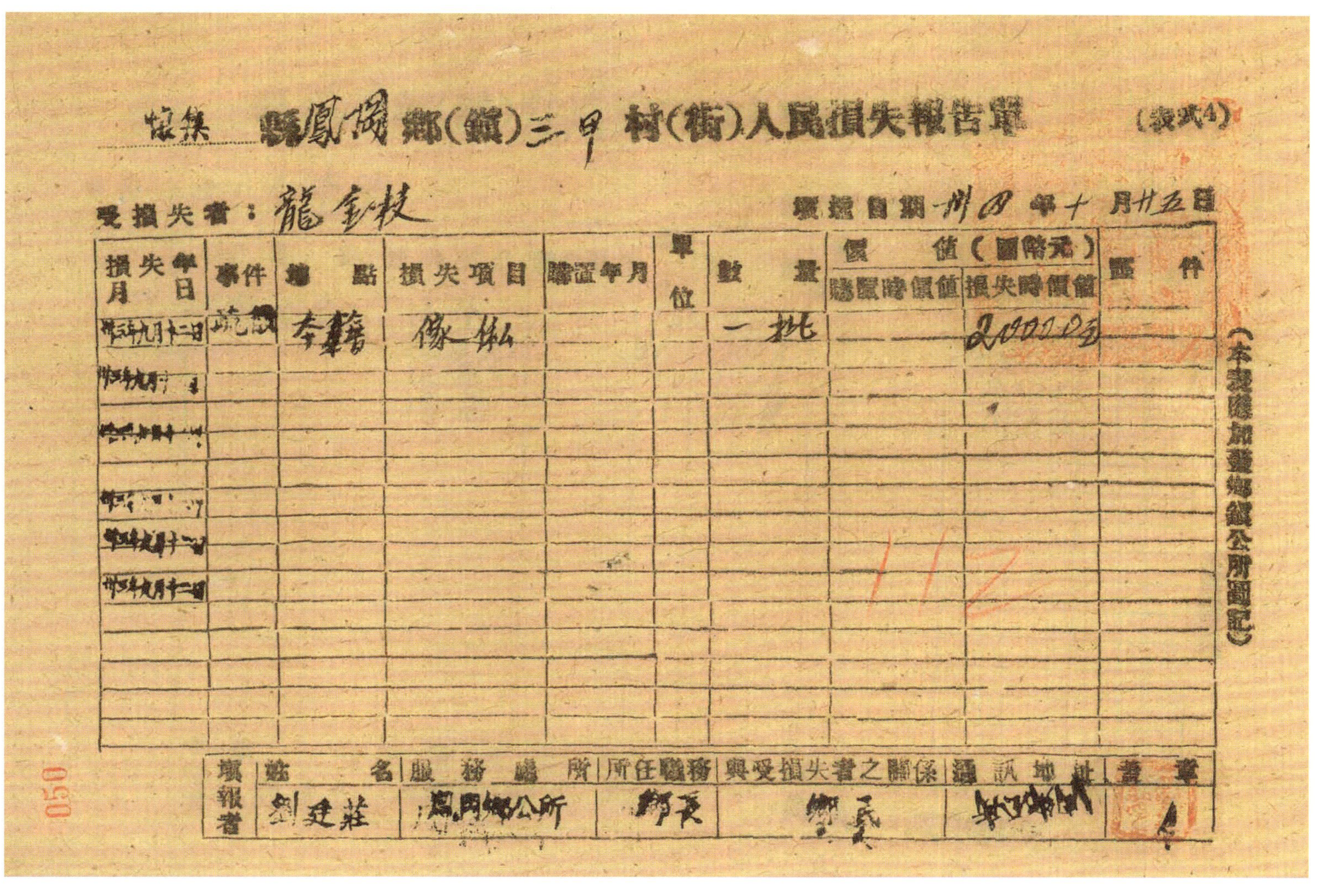

怀集县凤冈乡（镇）三甲村（街）人民损失报告单 （表式4）

受损失者：龍金枝　　填报日期：卅四年十月廿五日

损失年月日	事件	地点	损失项目	购置年月	单位	数量	价值（国币元）购置时价值	价值（国币元）损失时价值	证件
卅四年九月十二日	流贼	本乡	傢俬			一批		200000元	

填报者	姓名	服务处所	所任职务	与受损失者之关系	通讯地址	盖章
	刘建莊	凤冈乡公所	乡长	乡民	[illegible]	

（本表应加盖乡镇公所图记）

四、怀集县龙湾乡人民财产损失调查报告单

龙湾乡利民村梁乃云财产损失报告单（一九四五年十月）

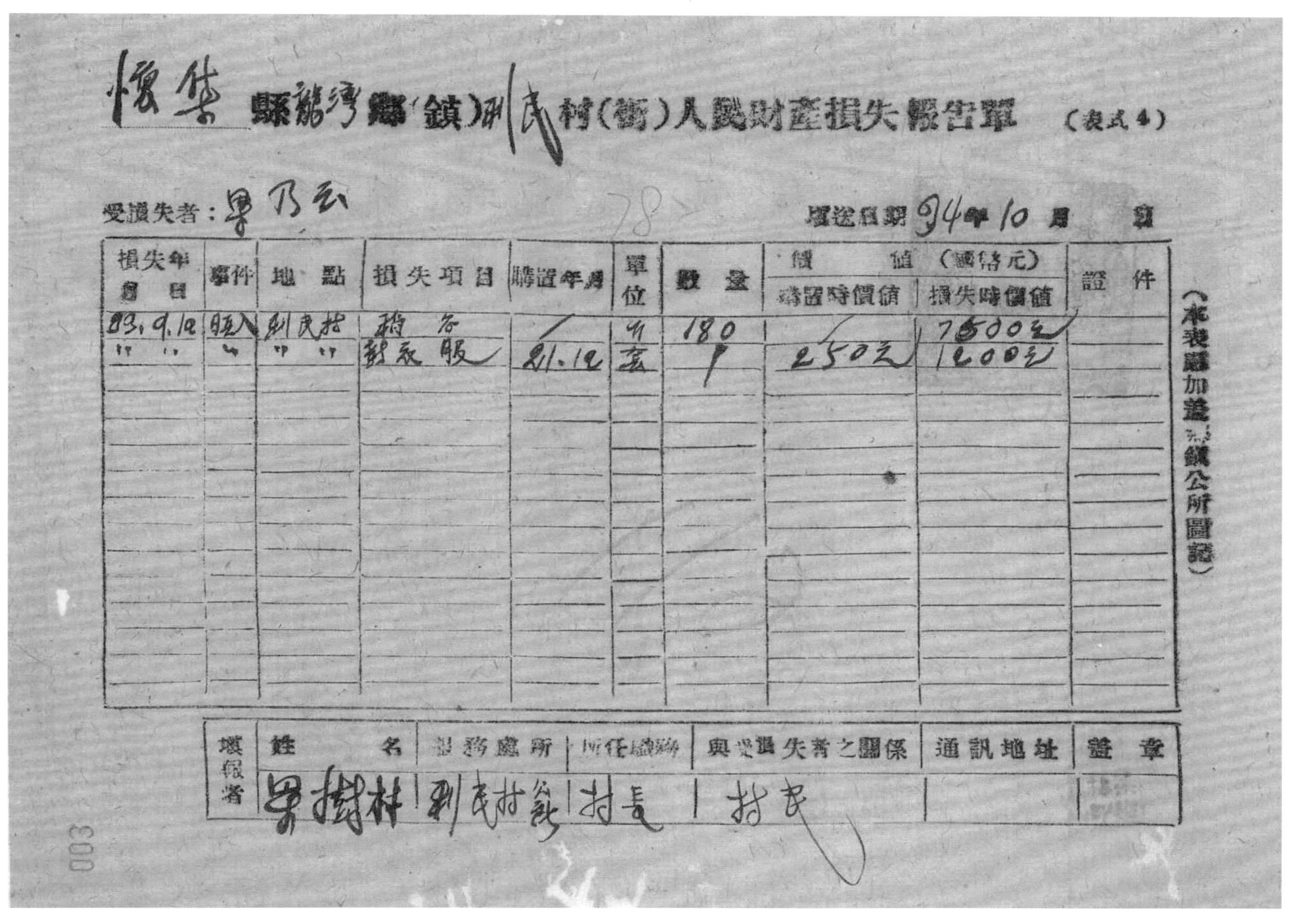

怀集县龙湾乡(镇)利民村(街)人民财产损失报告单 （表式4）

受损失者：梁乃云　　　　填送日期 34年10月 日

损失年月日	事件	地点	损失项目	购置年月	单位	数量	价值（国币元）购置时价值	价值（国币元）损失时价值	证件
33.9.12	敌人	利民村	稻谷	/	斤	180		7500元	
〃	〃	〃	被衣服	31.12	套	1	250元	1200元	

填报者	姓名	服务处所	所任职务	与受损失者之关系	通讯地址	盖章
	梁树林	利民村公所	村长	村民		

（本表须加盖乡镇公所图记）

龙湾乡利民村梁长都财产损失报告单（一九四五年十月）

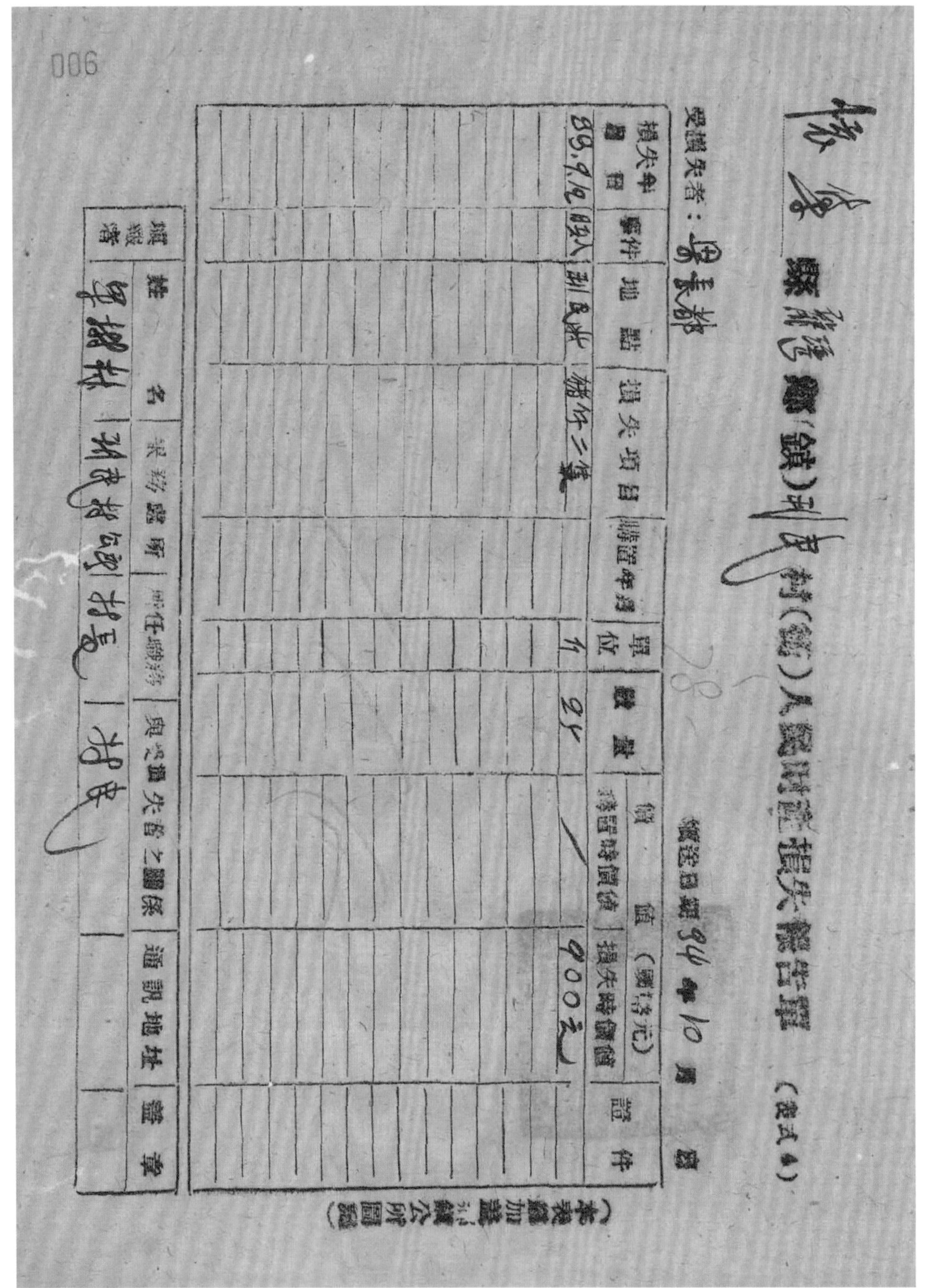

006

懷集縣龍灣鄉（鎮）利民村（街）人民財產損失報告單（表式4）

填送日期34年10月 日

受損失者：梁長都

損失年月日	事件	地點	損失項目	購置年月	單位	數量	價值（國幣元）購置時價值	損失時價值	證件
33.9.12	日敌入	利民村	猪仔二隻		只	2只	/	900元	

報告者	姓名	服務處所與所任職務	與受損失者之關係	通訊地址	蓋章
	梁樹林	利民村公所村長	村長		

（本表須加蓋鄉鎮公所圖記）

龙湾乡利民村梁汝林财产损失报告单（一九四五年十月）

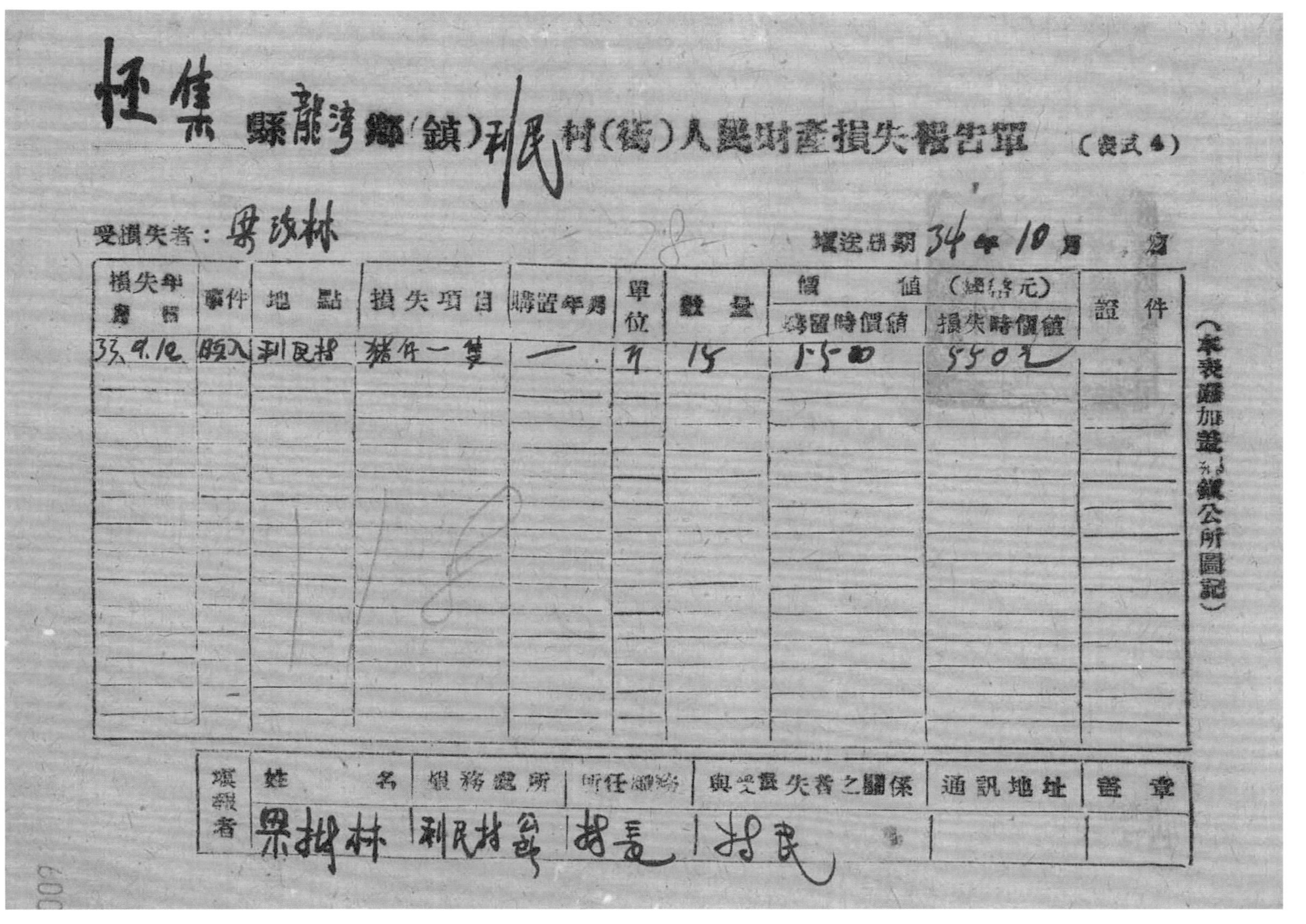

桓集縣龍湾鄉（鎮）利民村（街）人民財產損失報告單 （表式4）

受損失者：梁汝林　　填送日期 34年10月　日

損失年月日	事件	地點	損失項目	購置年月	單位	數量	價值（國幣元）購置時價值	損失時價值	證件
33.9.10	敌入	利民村	猪仔一隻	—	只	15	1500	550元	

填報者	姓名	服務處所	所任職務	與受損失者之關係	通訊地址	蓋章
	梁樹林	利民村公所	村長	村民		

（本表應加蓋鄉鎮公所圖記）

龙湾乡利民村梁乃智财产损失报告单（一九四五年十月）

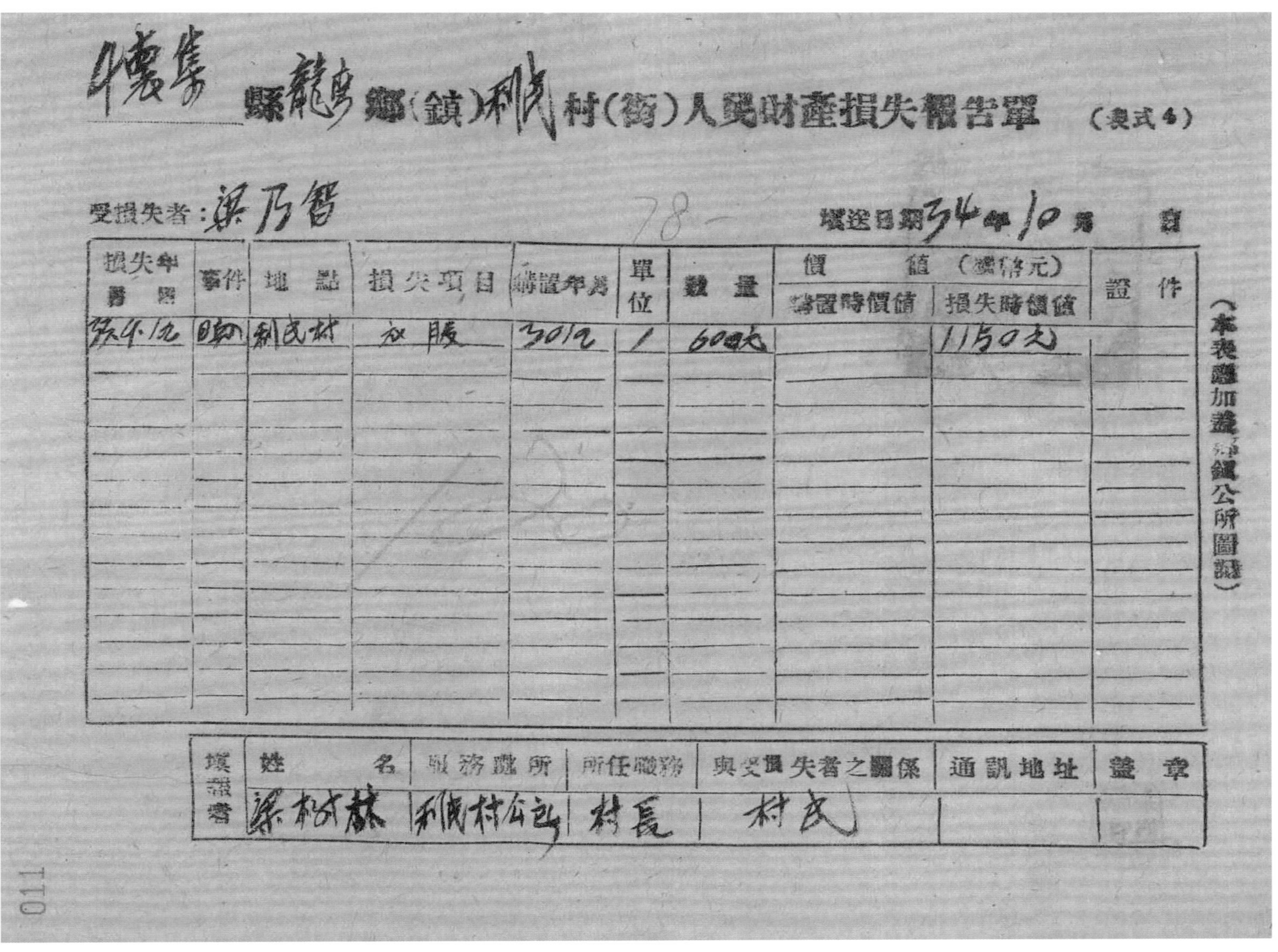

懷集縣龍湾鄉(鎮)利民村(街)人民財產損失報告單　(表式4)

受損失者：梁乃智　　填送日期34年10月　日

損失年月日	事件	地點	損失項目	購置年月	單位	數量	價值（國幣元） 購置時價值	價值（國幣元） 損失時價值	證件
34.4.12	日机	利民村	衣服	30.12	1	600元		1150元	

（本表應加蓋鄉鎮公所圖記）

填報者	姓名	服務處所	所任職務	與受損失者之關係	通訊地址	蓋章
	梁樹林	利民村公所	村長	村民		

龙湾乡利民村梁茂椿财产损失报告单（一九四五年十月）

怀集縣龍灣鄉（鎮）利民村（街）人民財產損失報告單 （表式4）

受損失者：梁茂椿

填送日期34年10月 日

損失年月日	事件	地點	損失項目	購置年月	單位	數量	價值（國幣元）購置時價值	價值（國幣元）損失時價值	證件
33.9.12	敌入	利民村	衣服三套	30.8	套	3	1200元	3500元	

（本表應加蓋鄉鎮公所圖記）

填報者	姓名	服務處所	所任職務	與受損失者之關係	通訊地址	蓋章
	梁樹林	利民村公所	村長	村民		

013

龙湾乡利民村梁长廉财产损失报告单（一九四五年十月）

怀集县龙湾乡（镇）利民村（街）人民损失报告单　（表式4）

78

受损失者：梁长廉　　填送日期 34年10月　日

损失年月日	事件	地点	损失项目	购置年月	单位	数量	价值（国币元） 购置时价值	损失时价值	证件
33.9	日寇入	龙湾圩	[illegible]酒式缸	/	个	70	900元	1050元	
〃 〃	〃	〃 〃	酒甑	26.7	副	1	45元	400元	
〃 〃	〃	〃 〃	酒榨	26.10	座	1	5元	400元	

填报者	姓名	服务处所	所任职务	与受损失者之关系	通讯地址	盖章
	梁树林	利民村公所	村长	村民		

（本表须加盖乡镇公所图记）

014

龙湾乡利民村梁长铭财产损失报告单（一九四五年十月）

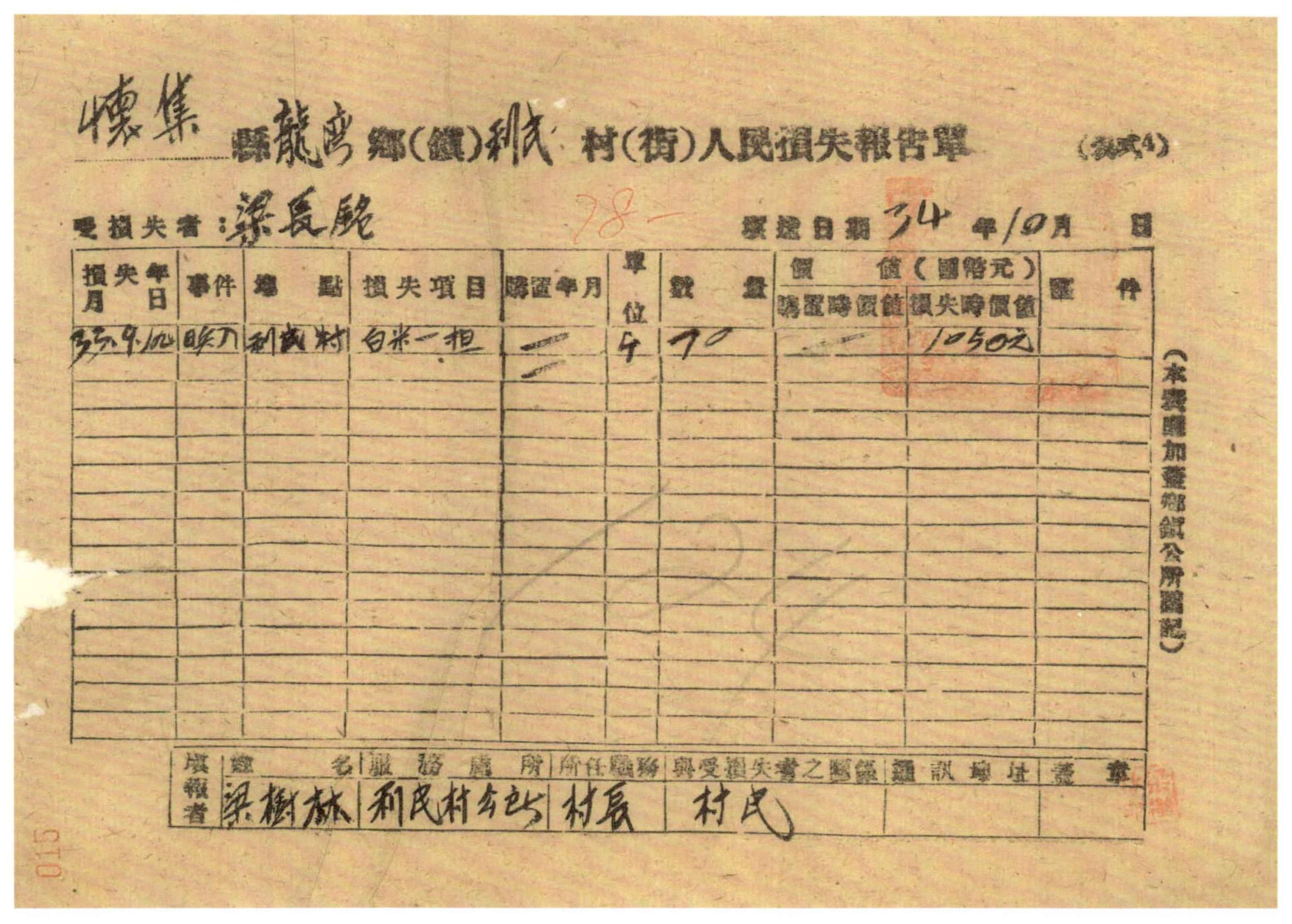

懐集縣龍湾鄉（鎮）利民村（街）人民損失報告單　（表式4）

78—

受損失者：梁長銘　　填送日期 34 年 10 月　日

損失年月日	事件	地點	損失項目	購置年月	單位	數量	價值（國幣元）購置時價值	價值（國幣元）損失時價值	證件
33.9.10	日寇	利民村	白米一担	—	斤	70	—	1050元	

（本表應加蓋鄉鎮公所圖記）

填報者	姓名	服務處所	所任職務	與受損失者之關係	通訊地址	蓋章
	梁樹林	利民村公所	村長	村民		

龙湾乡利民村梁长砚财产损失报告单（一九四五年十月）

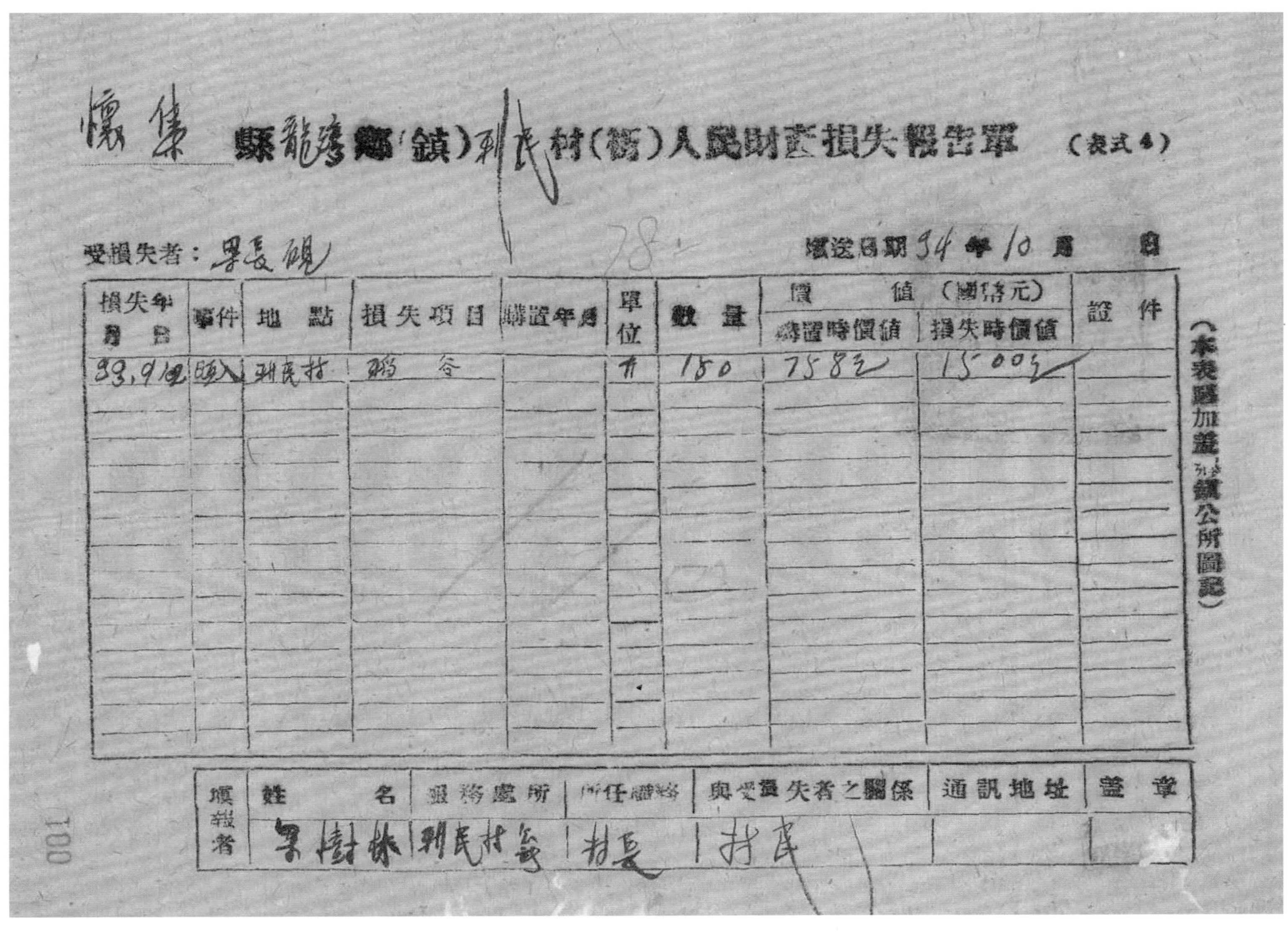

懷集縣龍灣鄉（鎮）利民村（街）人民財產損失報告單 （表式4）

受損失者：梁長硯

填送日期34年10月 日

損失年月日	事件	地點	損失項目	購置年月	單位	數量	價值（國幣元） 購置時價值	損失時價值	證件
33,9月	敵入	利民村	稻谷		斤	180	758元	15000元	

（本表應加蓋鄉鎮公所圖記）

填報者	姓名	服務處所	所任職務	與受損失者之關係	通訊地址	蓋章
	梁樹林	利民村公所	村長	村民		

001

龙湾乡盘寨村梁普业财产损失报告单（一九四五年十月二十五日）

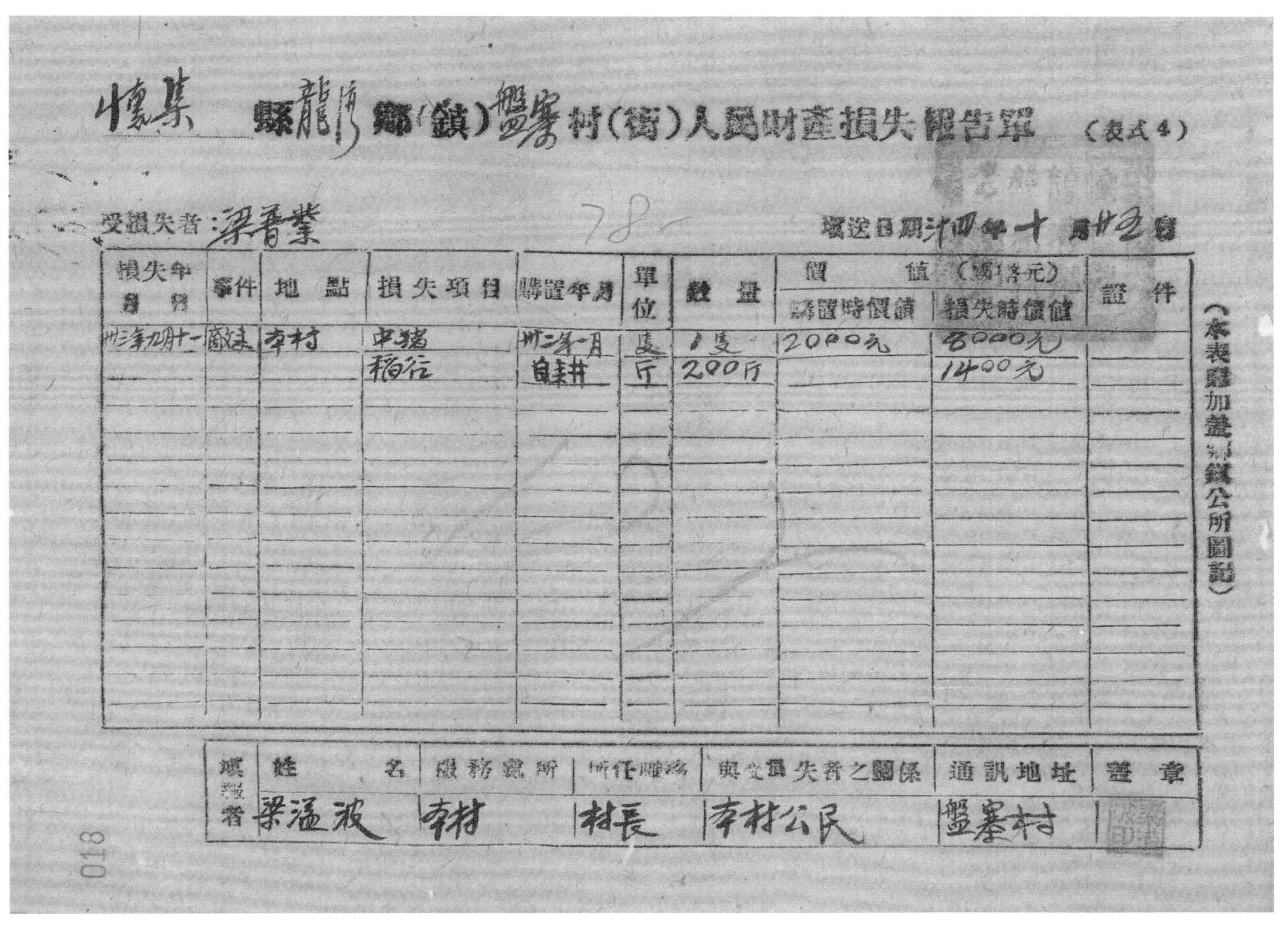

懷集縣龍門鄉（鎮）盤寨村（街）人民財產損失報告單　（表式4）

78

受損失者：梁普業　　　　填送日期卅四年十月廿五日

損失年月日	事件	地點	損失項目	購置年月	單位	數量	價值（國幣元）購置時價值	價值（國幣元）損失時價值	證件
卅三年九月十一	敵來	本村	中豬	卅二年一月	隻	1隻	2000元	8000元	
			稻谷	自耕	斤	200斤		1400元	

（本表由縣加蓋鄉鎮公所圖記）

填報者	姓名	服務處所	所任職務	與受損失者之關係	通訊地址	蓋章
	梁溢波	本村	村長	本村公民	盤寨村	

018

龙湾乡盘寨村梁树清财产损失报告单（一九四五年十月二十五日）

懷集 縣龍湾鄉（鎮）盤寨村（街）人民財產損失報告單　（表式4）

受損失者：梁樹清　　填送日期卅四年十月廿五日

損失年月日	事件	地點	損失項目	購置年月	單位	數量	價值（國幣元）購置時價值	損失時價值	證件
卅三年九月十	敵軍	本村	耕牛	卅二年二月	头	1隻	5000元	15000元	
			單被	卅二年七月	張	2張	4000元	5400元	
			肉猪	卅二年一月	隻	2隻	4000元	20000元	
			稻谷	自耕	斤	500斤		3500元	

（本表應加蓋鄉鎮公所圖記）

填報者	姓名	服務處所	所任職務	與受損失者之關係	通訊地址	蓋章

019

龙湾乡盘寨村梁树庸财产损失报告单（一九四五年十月二十五日）

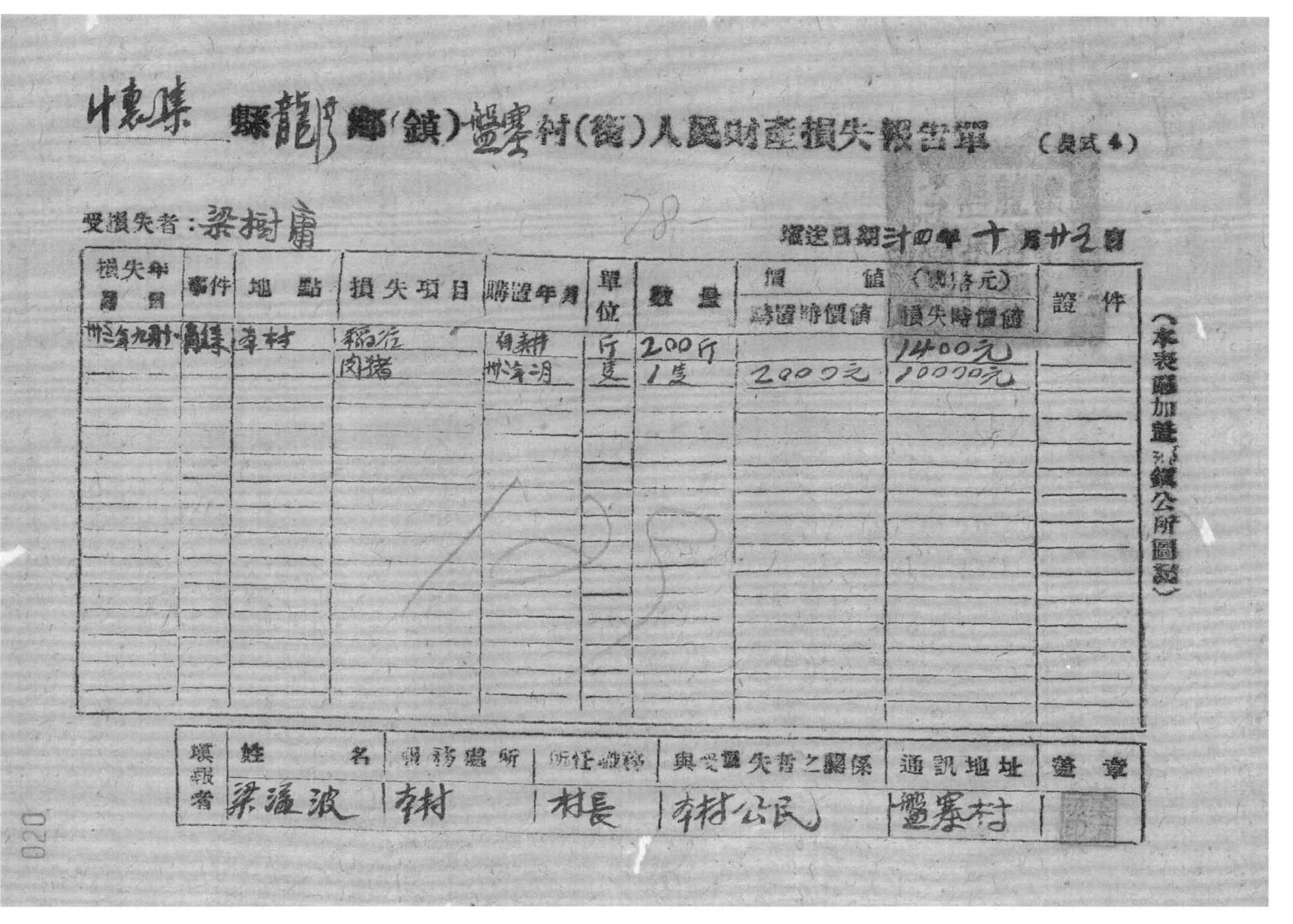

叶集縣龍灣鄉（鎮）盤寨村（街）人民財產損失報告單　（表式4）

受損失者：梁樹庸

填送日期卅四年十月廿五日

損失年月日	事件	地點	損失項目	購置年月	單位	數量	價值（國幣元）購置時價值	價值（國幣元）損失時價值	證件
卅三年九月十[illegible]	[illegible]	本村	稻谷	自耕	斤	200斤		1400元	
			肉猪	卅二年二月	隻	1隻	2000元	10000元	

填報者	姓名	服務處所	所任職務	與受損失者之關係	通訊地址	蓋章
	梁滙波	本村	村長	本村公民	盤寨村	

（本表應加蓋鄉鎮公所圖記）

龙湾乡盘寨村梁树田财产损失报告单（一九四五年十月二十五日）

懷集縣龍灣鄉（鎮）盤寨村（街）人民財產損失報告單 （表式4）

受損失者：梁樹田　　填送日期 卅四年十月廿五日

損失年月日	事件	地點	損失項目	購置年月	單位	數量	價值（國幣元）購置時價值	價值（國幣元）損失時價值	證件
卅三年九月十一	敵來	本村	水牛乸	廿九年三月	隻	1隻	2000元	30000元	

填報者	姓名	服務處所	所任職務	與受損失者之關係	通訊地址	蓋章
	梁滔祿	本村	村長	本村公民	盤寨村	

（本表需加蓋鄉鎮公所圖記）

龙湾乡盘寨村梁乃勋财产损失报告单（一九四五年十月二十五日）

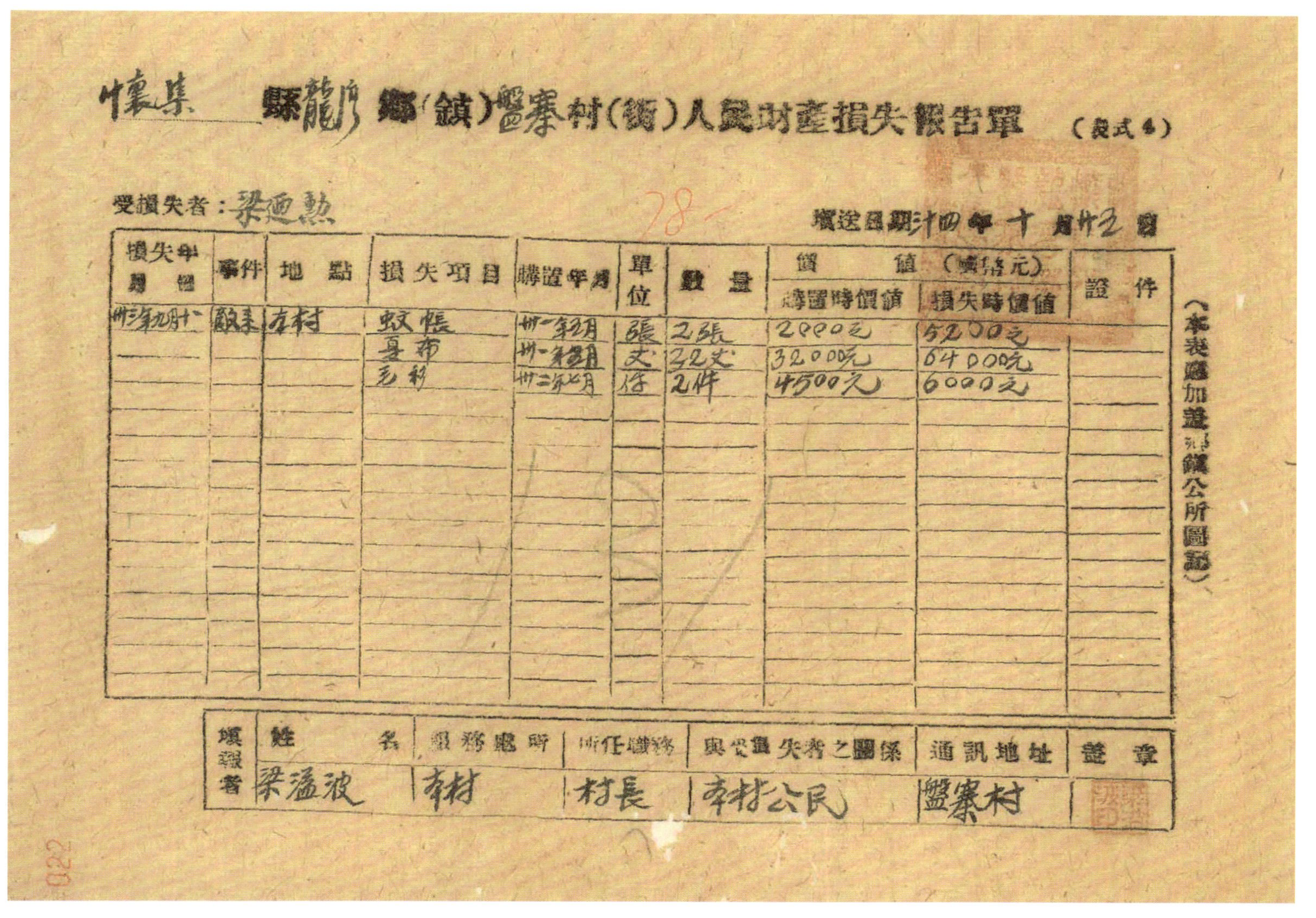

懷集 縣龍門 鄉（鎮）盤寨村（街）人民財產損失報告單 （表式4）

受損失者：梁迺勳

填送日期卅四年十月廿五日

損失年月日	事件	地點	損失項目	購置年月	單位	數量	價值（國幣元） 購置時價值	價值（國幣元） 損失時價值	證件
卅三年九月十	敵來	本村	蚊帳	卅一年[illegible]月	張	2張	2000元	5200元	
			夏布	卅一年[illegible]月	丈	32丈	32000元	64000元	
			衫裤	卅二年七月	件	2件	4500元	6000元	

（本表應加蓋鄉鎮公所圖記）

填報者	姓名	服務處所	所任職務	與受損失者之關係	通訊地址	蓋章
	梁[illegible]波	本村	村長	本村公民	盤寨村	

龙湾乡盘寨村梁乃咏财产损失报告单（一九四五年十月二十五日）

怀集县龙湾乡（镇）盘寨村（街）人民财产直接损失报告单　（表式4）

填送日期三十四年十月廿五日

受损失者：梁通咏

损失年月日	事件	地点	损失项目	购置年月	单位	数量	价值（国币元）购置时价值	损失时价值	证件
卅四年六月	敌寇	本村	耕牛	卅三年二月	头	1头	12000元	48000元	
			稻谷	自耕	斤	200斤		2100元	

报告者	姓名	服务处所	所任职务	与受损失者之关系	通讯地址	盖章
	梁通咏	本村	村长	本村公民	盘寨村	

（本表须加盖乡镇公所图记）

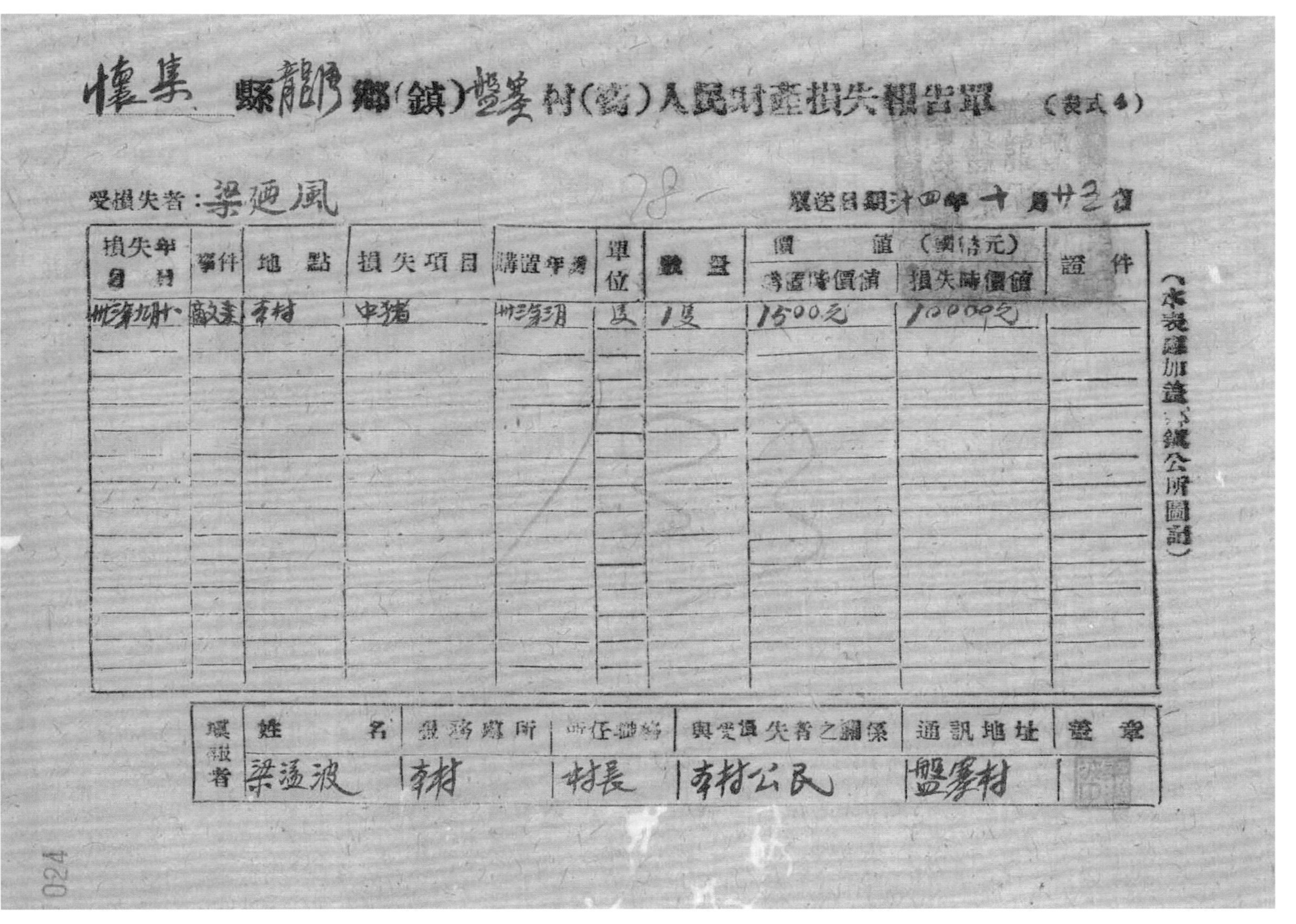

懷集縣龍灣鄉（鎮）盤寨村（街）人民財產損失報告單　（表式4）

受損失者：梁廼鳳

填送日期卅四年十月廿2日

損失年月日	事件	地點	損失項目	購置年月	單位	數量	價值（國幣元）購置時價值	價值（國幣元）損失時價值	證件
卅三年九月十、	敵來	本村	中猪	卅三年三月	隻	1隻	1500元	10000元	

報告者	姓名	服務處所	所任職務	與受損失者之關係	通訊地址	蓋章
	梁廼波	本村	村長	本村公民	盤寨村	

（本表應加蓋該鄉鎮公所圖記）

024

龙湾乡盘寨村梁乃禧财产损失报告单（一九四五年十月二十五日）

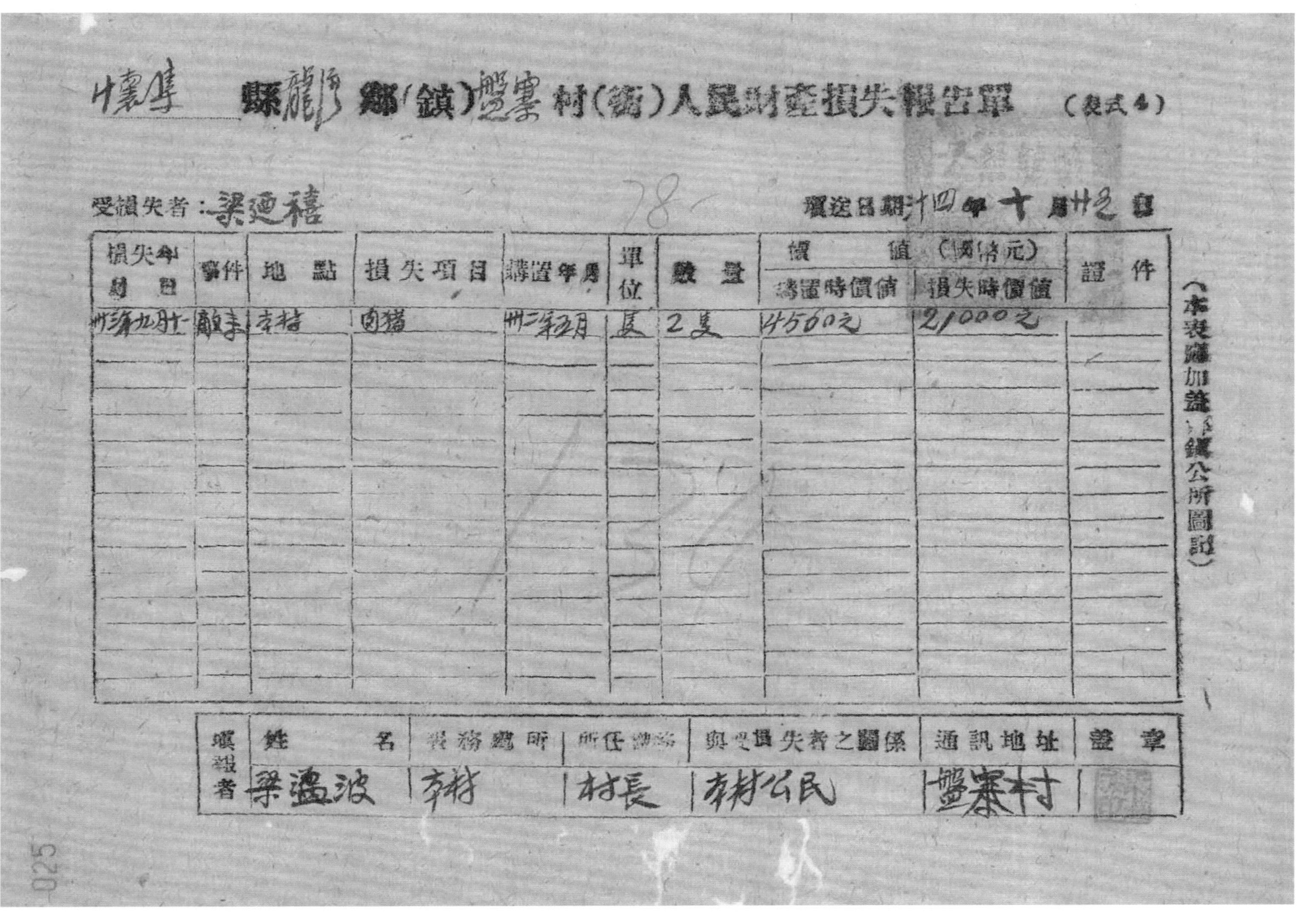

怀集县龙湾乡（镇）盘寨村（街）人民财产损失报告单 （表式4）

受损失者：梁乃禧　　填送日期卅四年十月廿五日

损失年月日	事件	地点	损失项目	购置年月	单位	数量	价值（国币元） 购置时价值	损失时价值	证件
卅三年九月十一	敌来	本村	肉猪	卅二年五月	只	2只	45600元	21000元	

填报者	姓名	服务处所	所任职务	与受损失者之关系	通讯地址	盖章
	梁温波	本村	村长	本村公民	盘寨村	

（本表须加盖乡镇公所图记）

龙湾乡盘寨村梁直苟财产损失报告单（一九四五年十月二十五日）

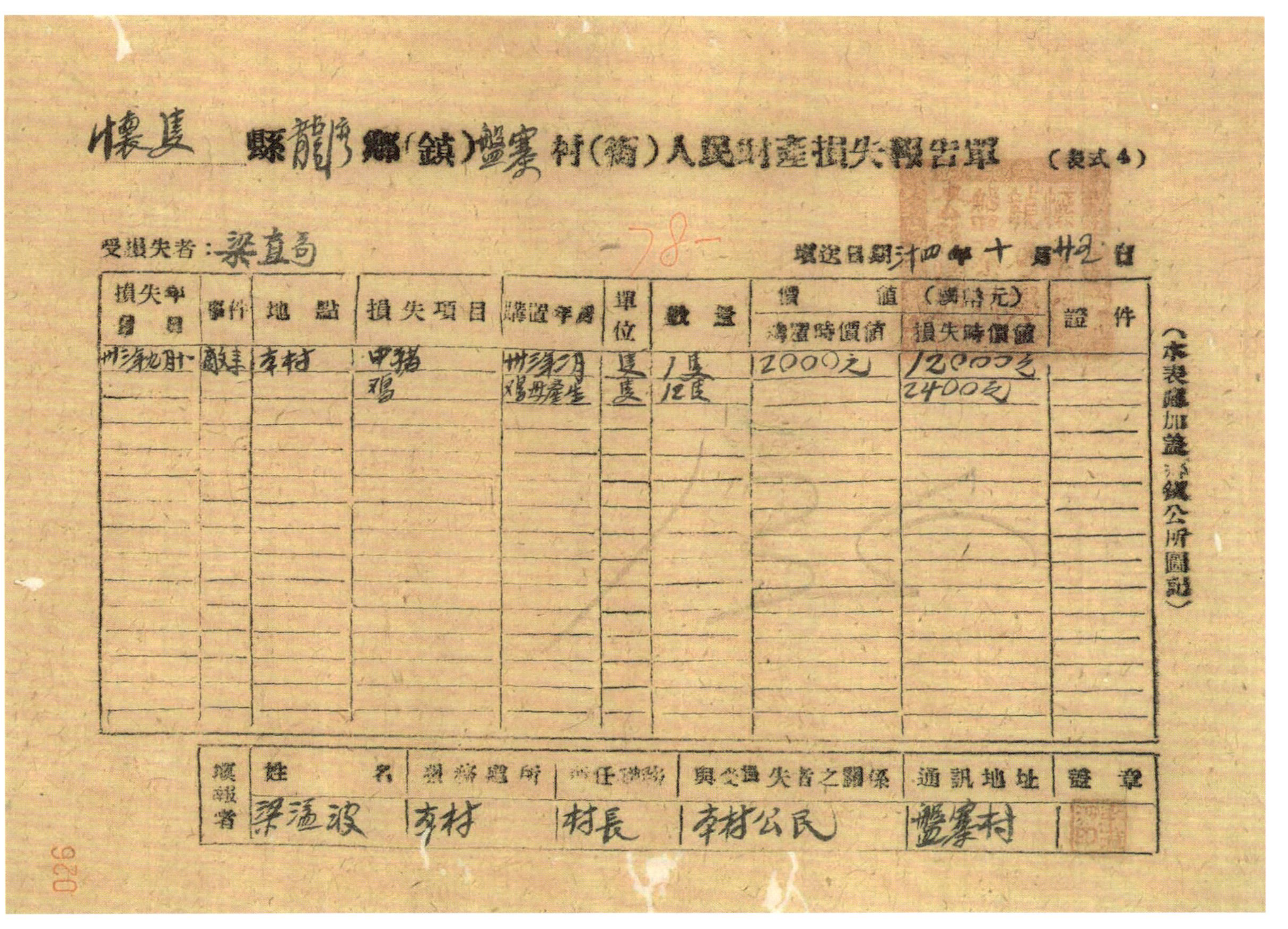

懷集縣龍灣鄉（鎮）盤寨村（街）人民財產損失報告單 （表式4）

受損失者：梁直苟　　　　填送日期　卅四年十月廿五日

損失年月日	事件	地點	損失項目	購置年月	單位	數量	價值（國幣元）購置時價值	損失時價值	證件
卅三年九月卅	敵來	本村	甲豬	卅三年二月	隻	1隻	2000元	12000元	
			雞	雞母產生	隻	12隻		2400元	

（本表須加蓋鄉鎮公所圖記）

填報者	姓名	服務處所	所任職務	與受損失者之關係	通訊地址	簽章
	梁溢波	本村	村長	本村公民	盤寨村	[seal]

龙湾乡盘寨村梁乃梅财产损失报告单（一九四五年十月二十五日）

懷集縣龍灣鄉（鎮）盤寨村（街）人民財產損失報告單　（表式4）

受損失者：梁廼梅　　　填送日期卅四年十月廿五日

損失年月日	事件	地點	損失項目	購置年月	單位	數量	價值（國幣元）購置時價值	價值（國幣元）損失時價值	證件
卅三年九月	敵來	本村	蚊帳	卅二年2月	張	1張	400元	1200元	
			衫袂	卅二年七月	套	1套	2200元	8500元	

填報者	姓名	服務處所	擔任職務	與受損失者之關係	通訊地址	蓋章
	梁廼波	本村	村長	本村公民	盤寨村	

（本表須加蓋鄉鎮公所圖記）

龙湾乡盘寨村梁乃清财产损失报告单（一九四五年十月二十五日）

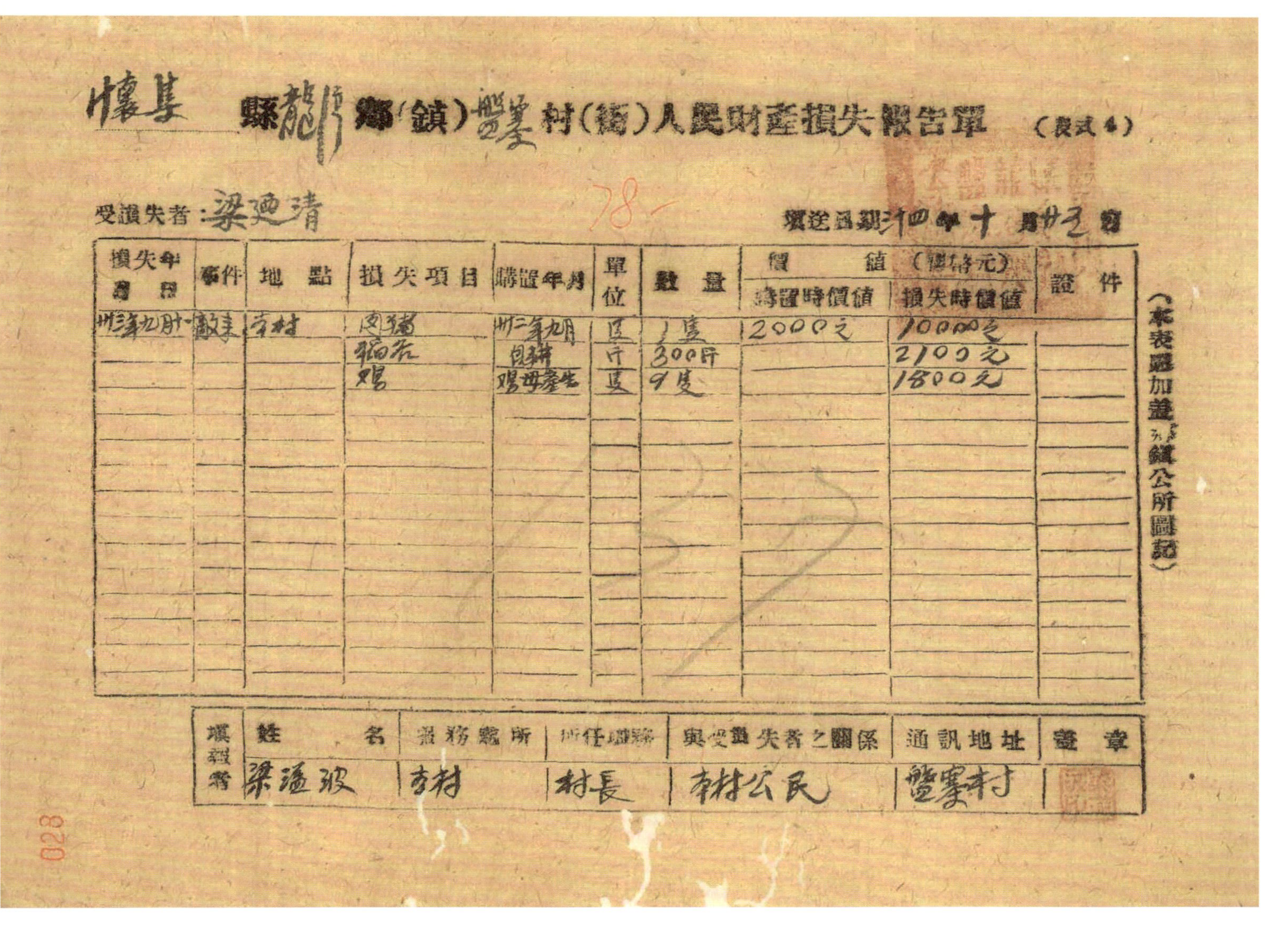

懷集縣龍門鄉（鎮）盤寨村（街）人民財產損失報告單　（表式4）

受損失者：梁廼清

填送日期卅四年十月廿五日

損失年月日	事件	地點	損失項目	購置年月	單位	數量	價值（國幣元）購置時價值	價值（國幣元）損失時價值	證件
卅三年九月	敵來	本村	肉豬	卅二年九月	隻	1隻	2000元	10000元	
			稻谷	自耕	斤	300斤		2100元	
			鴨	鴨母產生	隻	9隻		1800元	

填報者	姓名	服務處所	所任職務	與受損失者之關係	通訊地址	蓋章
	梁廼波	本村	村長	本村公民	盤寨村	

（本表須加蓋鄉鎮公所圖記）

龙湾乡盘寨村梁瑞和财产损失报告单（一九四五年十月二十五日）

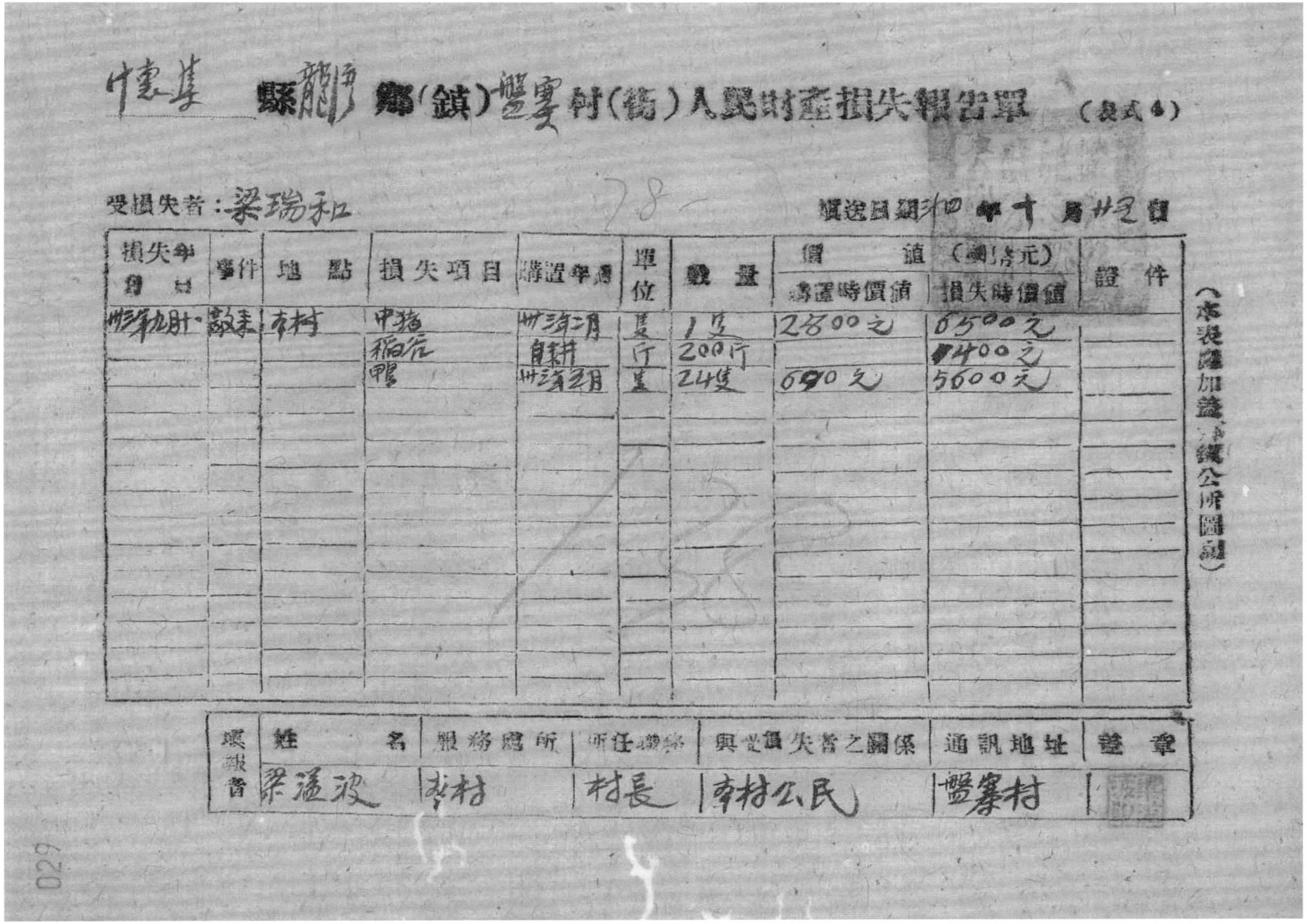

懷集縣龍灣鄉（鎮）盤寨村（街）人民財產損失報告單 （表式4）

受損失者：梁瑞和

填送日期卅四年十月廿五日

損失年月日	事件	地點	損失項目	購置年月	單位	數量	價值（國幣元）購置時價值	價值（國幣元）損失時價值	證件
卅三年九月廿一	敵來	本村	中豬	卅三年二月	隻	1隻	2800元	6500元	
			稻谷	自耕	斤	200斤		1400元	
			鴨	卅三年三月	隻	24隻	690元	5600元	

（本表須加蓋鄉鎮公所圖記）

填報者	姓名	服務處所	所任職務	與受損失者之關係	通訊地址	簽章
	梁溢波	本村	村長	本村公民	盤寨村	

029

龙湾乡盘寨村梁联业财产损失报告单（一九四五年十月二十五日）

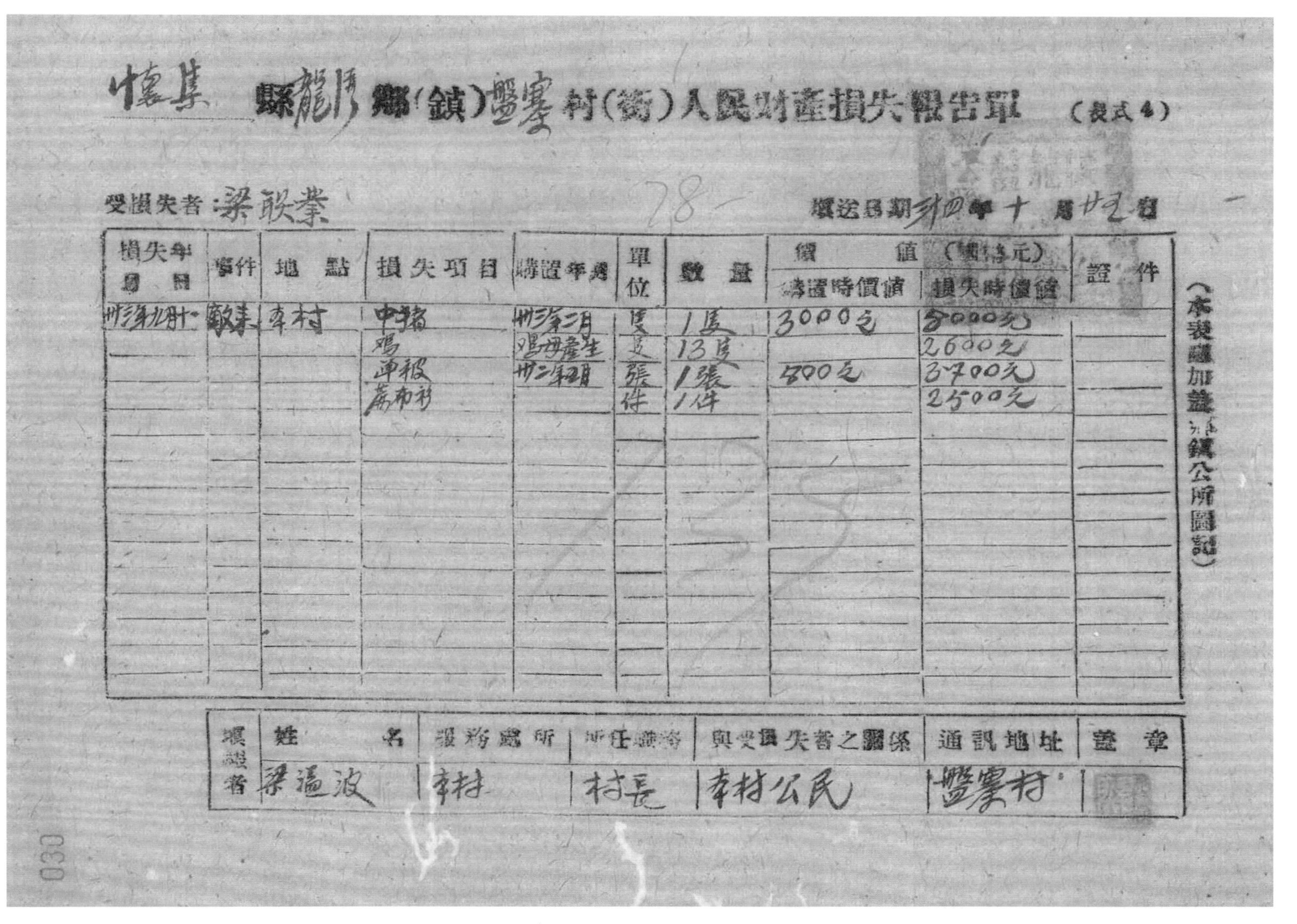

懷集縣龍灣鄉（鎮）盤寨村（街）人民財產損失報告單　（表式4）

受損失者：梁聯業　　　　填送日期卅四年十月廿五日

損失年月日	事件	地點	損失項目	購置年月	單位	數量	價值（國幣元）購置時價值	損失時價值	證件
卅三年九月廿	敵來	本村	中豬	卅三年二月	隻	1隻	3000元	8000元	
			鴨	鴨母產生	隻	13隻		2600元	
			單被	卅二年3月	張	1張	800元	3700元	
			蔴布衫		件	1件		2500元	

填報者	姓名	服務處所	所任職務	與受損失者之關係	通訊地址	蓋章
	梁福波	本村	村長	本村公民	盤寨村	

（本表應加蓋鄉鎮公所圖記）

龙湾乡盘寨村梁名扬财产损失报告单（一九四五年十月二十五日）

031

懷集縣龍灣鄉(鎮)盤寨村(街)人民財產損失報告單　（表式4）

受損失者：梁名揚　　　　填送日期卅四年十月廿五日

損失年月日	事件	地點	損失項目	購置年月	單位	數量	價值（國幣元）購置時價值	價值（國幣元）損失時價值	證件
卅三年九月廿二日	敵來	本村	雞	自飼產生	隻	20隻		2000元	

（本表應加蓋鄉鎮公所圖記）

填報者	姓名	服務處所	所任職務	與受損失者之關係	通訊地址	簽章
	梁藴枚	本村	村長	本村公民	盤寨村	

龙湾乡盘寨村梁仍奎财产损失报告单（一九四五年十月二十五日）

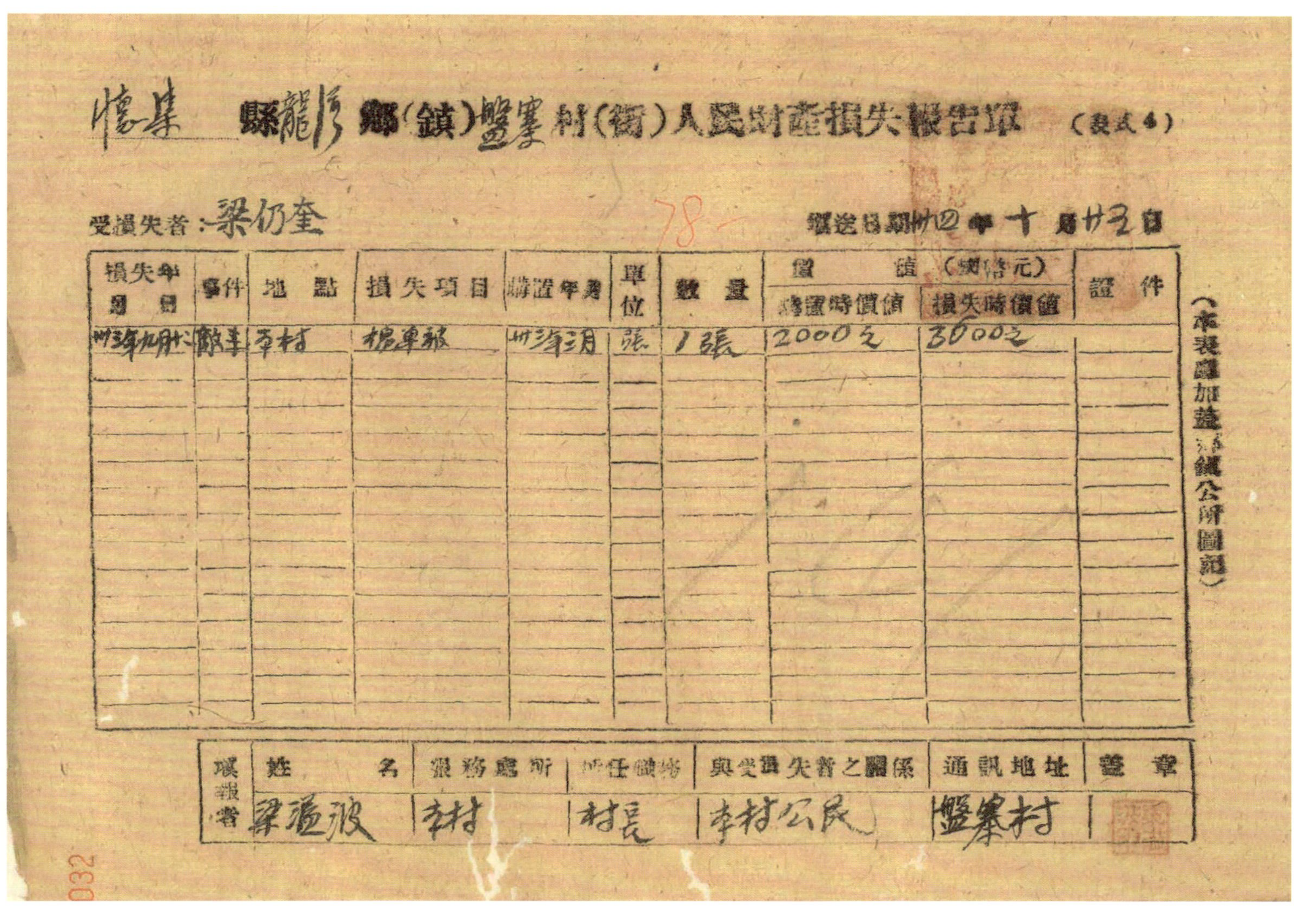

懷集縣龍灣鄉（鎮）盤寨村（街）人民財產損失報告單　（表式4）

受損失者：梁仍奎　　填送日期卅四年十月廿五日

損失年月日	事件	地點	損失項目	購置年月	單位	數量	價值（國幣元）購置時價值	損失時價值	證件
卅三年九月廿六日	敵軍	本村	棉單被	卅三年三月	張	1張	2000元	3000元	

（本表須加蓋鄉鎮公所圖記）

填報者	姓名	服務處所	所任職務	與受損失者之關係	通訊地址	蓋章
	梁滄波	本村	村長	本村公民	盤寨村	[印]

龙湾乡盘寨村梁灿焕财产损失报告单（一九四五年十月二十五日）

怀集 县龍湾 乡（鎮）盤寨 村（街）人民財產損失報告單 （表式4）

受損失者：梁燦焕

填送日期 卅四年 十 月 廿五 日

78

損失年月日	事件	地點	損失項目	購置年月	單位	數量	價值（國幣元） 購置時價值	損失時價值	證件
卅三年九月廿六	敵來	盤寨村	中豬	卅三年二月	隻	1隻	3000元	12000元	
			公鴨	鴨仔孵生	隻	15隻		3000元	

（本表應加蓋鄉鎮公所圖記）

填報者	姓名	服務處所	所任職務	與受損失者之關係	通訊地址	蓋章
	梁福波	盤寨村	村長	本村公民	盤寨村	

033

龙湾乡盘寨村梁仍清财产损失报告单（一九四五年十月二十五日）

懷集縣龍灣鄉（鎮）盤寨村（街）人民財產損失報告單　（表式4）

受損失者：梁仍清

填送日期卅四年十月廿五日

損失年月日	事件	地點	損失項目	購置年月	單位	數量	價值（國幣元）購置時價值	價值（國幣元）損失時價值	證件
卅三年九月廿	敵來	本村	夏布	卅三年六月	尺	100[illegible]	2000元	30000元	
			棉被	卅二年四月	張	1張	1000元	4000元	
			稻谷	自耕	斤	200斤		[illegible]400元	

（本表應加蓋鄉鎮公所圖記）

填報者	姓名	服務處所	所任職務	與受損失者之關係	通訊地址	蓋章
	梁遜波	本村	村長	本村公民	盤寨村	

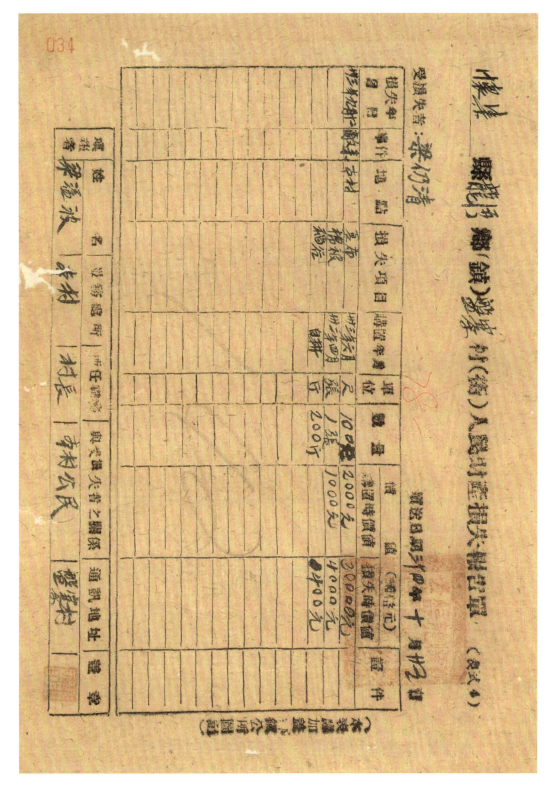

龙湾乡盘寨村谢云祥财产损失报告单（一九四五年十月二十五日）

036

怀集縣龍灣鄉（鎮）盤寨村（街）人民財產損失報告單　（表式4）

受損失者：謝雲祥　　　　　　填送日期34年10月24日

損失年月日	事件	地點	損失項目	購置年月	單位	數量	價值（國幣元） 購置時價值	損失時價值	證件
33.6.11	[illegible]	盤寨	棉被	20年	張	一張	600元	8000元	
〃	〃		稻谷	自耕	斤	400	—	3000元	
〃	〃		毡毛毯	26年	張	一張	200元	3000元	
〃	〃		大成[illegible]褲	22年	套	2套	210元	20000元	
〃	〃		白麻布	31年	丈	50丈	200元	30000元	
〃	〃		遠東[illegible]褲	27年	套	3套	200元	30000元	

（本表須加蓋鄉鎮公所圖記）

填報者	姓名	服務處所	所任職務	與受損失者之關係	通訊地址	蓋章
	梁溫波	盤寨村	村長	鄰居	盤寨村	

龙湾乡盘寨村谢云田财产损失报告单（一九四五年十月二十五日）

修集 县龙湾乡（镇）盘寨村（街）人民财产损失报告单 （表式4）

受损失者：谢雲田　　78

填送日期　　年　　月　　日

损失年月日	事件	地点	损失项目	购置年月	单位	数量	价值（国币元）购置时价值	价值（国币元）损失时价值	证件
33.4.17	敌损	盘寨	禾猪	32.11	[illegible]	180斤	6360元	20000元	
〃	〃	〃	什物	32.11	[illegible]	60斤	6000元	15500元	
〃	〃								

（本表应加盖乡镇公所图记）

填报者	姓名	服务处所	所任职务	与受损失者之关系	通讯地址	盖章
	梁運源	本村	村長	本村公民	盤寨村	

037

龙湾乡盘寨村谢熊昌财产损失报告单（一九四五年十月二十八日）

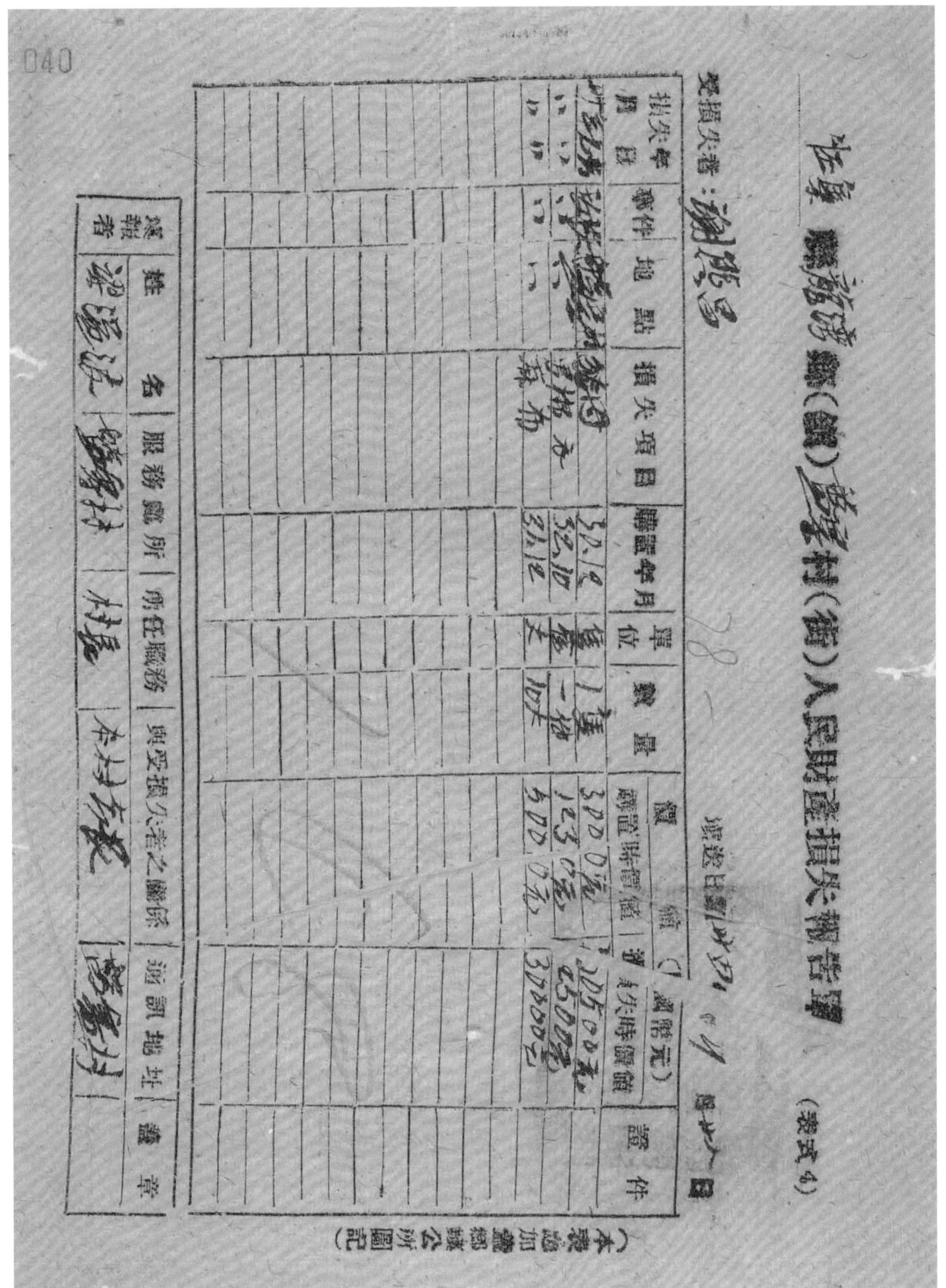

怀集县龙湾乡（镇）盘寨村（街）人民財產損失報告單　　（表式4）

受損失者：谢熊昌　　　　填送日期卅四年十月廿八日

損失年月日	事件	地點	損失項目	購置年月	單位	數量	價值（國幣元）購置時價值	價值（國幣元）損失時價值	證件
[illegible]	[illegible]	[illegible]	[illegible]	30.12	[illegible]	1[illegible]	3000元	20500元	
〃	〃	〃	[illegible]布	32.10	[illegible]	一[illegible]	1230元	4500元	
〃	〃	〃	麻布	31.12	丈	10丈	5000元	30000元	

填報者	姓名	服務處所	所任職務	與受損失者之關係	通訊地址	蓋章
	梁[illegible]	[illegible]村	村長	本村村長	[illegible]村	

（本表應加蓋鄉鎮公所圖記）

龙湾乡盘寨村邹受荣财产损失报告单（一九四五年十月二十八日）

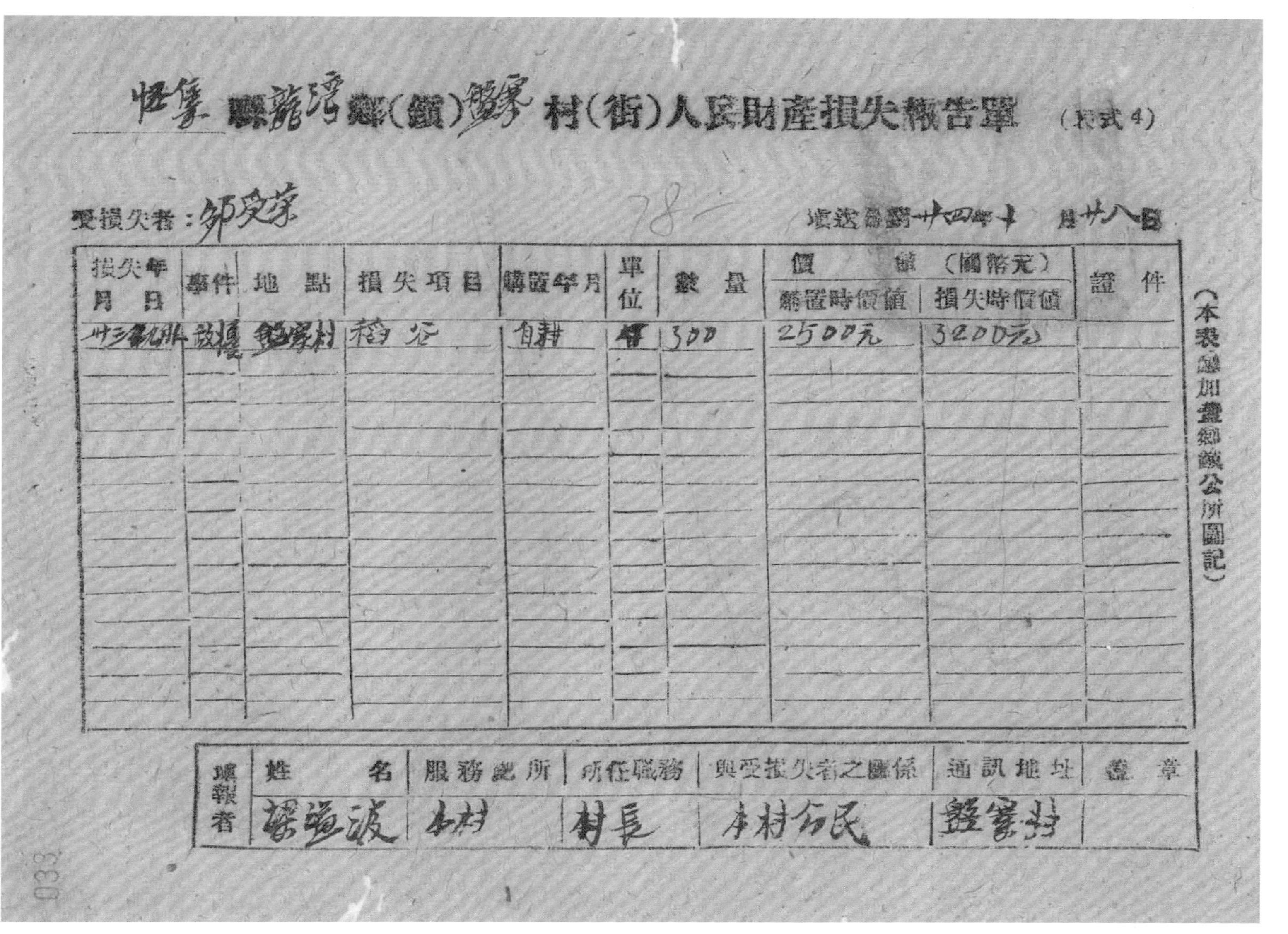

[illegible]縣龍湾鄉(鎮)盤寨村(街)人民財產損失報告單 (格式4)

受損失者：邹受荣　　78　　填送日期 卅四年十月廿八日

損失年月日	事件	地點	損失項目	購置年月	單位	數量	價值（國幣元）購置時價值	價值（國幣元）損失時價值	證件
卅三年[illegible]	敌侵	盤寨村	稻谷	自耕	[illegible]	300	2500元	3200元	

（本表應加蓋鄉鎮公所圖記）

填報者	姓名	服務處所	所任職務	與受損失者之關係	通訊地址	蓋章
	[illegible]	本村	村長	本村人民	盤寨村	

033

龙湾乡盘寨村谢传舟财产损失报告单（一九四五年十月）

怀集县龙湾乡（镇）盘寨村（街）人民财产损失报告单 （表式4）

受损失者：谢传舟

填送日期卅四年十月　日

损失年月日	事件	地点	损失项目	购置年月	单位	数量	价值（国币元）购置时价值	价值（国币元）损失时价值	证件
卅三年九月	敌机	盘寨	家私什物	历年		[illegible]	20000元	160000元	
〃	〃	〃	猪母	〃		1头	2000元	150000元	

填报者	姓名	服务处所	所任职务	与受损失者之关系	通讯地址	盖章
	[illegible]	本村	村长	本村公民	盘寨村	

（本表应加盖乡镇公所图记）

后记

本书编纂工作在怀集县《抗日战争档案汇编》工作领导小组和编纂委员会的具体领导下进行。

本书史料主要来自怀集县档案馆。中国第二历史档案馆，广东省档案馆以及华南师范大学历史文化学院黄珍德副教授等同志审阅了书稿，提出重要修改意见。

本书在编纂修改过程中邀请了怀集县委宣传部原副部长罗天兴、怀集县县志办原主任林昉、怀集县教育局教研室原副主任、中学特级教师黎斯禹等一批专家学者，负责书稿编纂的咨询审议工作。怀集县小学高级教师盘海波、马子平等同志参与编纂服务工作。怀集县党史办、县志办、县政协文委通过不同方式对本书编纂工作给予支持和帮助，中华书局对本书编纂出版工作给予鼎力支持，仅向上述同志及单位致以诚挚的感谢！

编　者

二〇一九年十月